U0509559

中国甲骨学（增订本）

王宇信 著

上

经典力量

上海书店出版社

王宇信，一九四〇年五月生于北京平谷区和平街，一九五六年北京平谷中学初中毕业，一九五九年北京良乡中学高中毕业，一九六四年北京大学历史系考古专业毕业后，考入中国科学院历史研究所（现属中国社会科学院）胡厚宣教授甲骨学商史专业研究生。现任中国社会科学院荣誉学部委员、中国历史研究院古代史研究所研究员、中国社会科学院研究生院博士生导师、中国殷商文化学会名誉会长、中国文字博物馆顾问、中宣部、教育部语信司等“古文字与中华文明传承发展工程”专家委员会顾问、安阳师范学院甲骨文研究院教授。专攻甲骨学与先秦史，并参加了郭沫若主编《甲骨文合集》的编纂工作，后任《甲骨文合集释文》组组长，协助主编胡厚宣教授工作，并任《合集释文》总审校。合著有《甲骨文字诂林》、《中国政治制度通史》（先秦卷）、《中国古代文明与国家形成研究》、《商周甲骨文》、十一卷本《商代史》等。主编并参与撰著有《甲骨文精粹释译》、《甲骨学一百年》、《甲骨学发展 120 年》、《殷墟文化大典》（三卷六册）等等，另主编多部论文集。个人主要著作有《建国以来甲骨文研究》、《西周甲骨探论》、《甲骨学通论》、《甲骨学导论》、《西周》、《新中国甲骨学七十年》等，有论文数十种。

甲骨学四堂

罗振玉(1866—1940),号雪堂。编著《殷虚书契》、《殷虚书契菁华》、《殷虚书契后编》、《殷虚书契续编》等。

王国维(1877—1927),号观堂。著有《殷卜辞中所见先公先王考》、《殷虚卜辞中所见地名考》等。

郭沫若(1892—1978),字鼎堂。著有《甲骨文字研究》、《卜辞通纂》、《殷契萃编》等。

董作宾(1895—1963),字彦堂。著有《甲骨文断代研究例》、《殷虚文字甲编》、《乙编》等。

殷墟遗址

安阳小屯村北殷墟遗址甲骨文字之出土地

当年殷墟考古时风华正茂的考古“十兄弟”（即李景聃、石璋如、李光宇、刘耀［即尹达］、尹焕章、祁延霈、胡厚宣、王湘、高去寻、潘实君［即潘悫］等同事暨“四大导师”、傅斯年、董作宾、梁思永、李济等师长）及师友同仁。

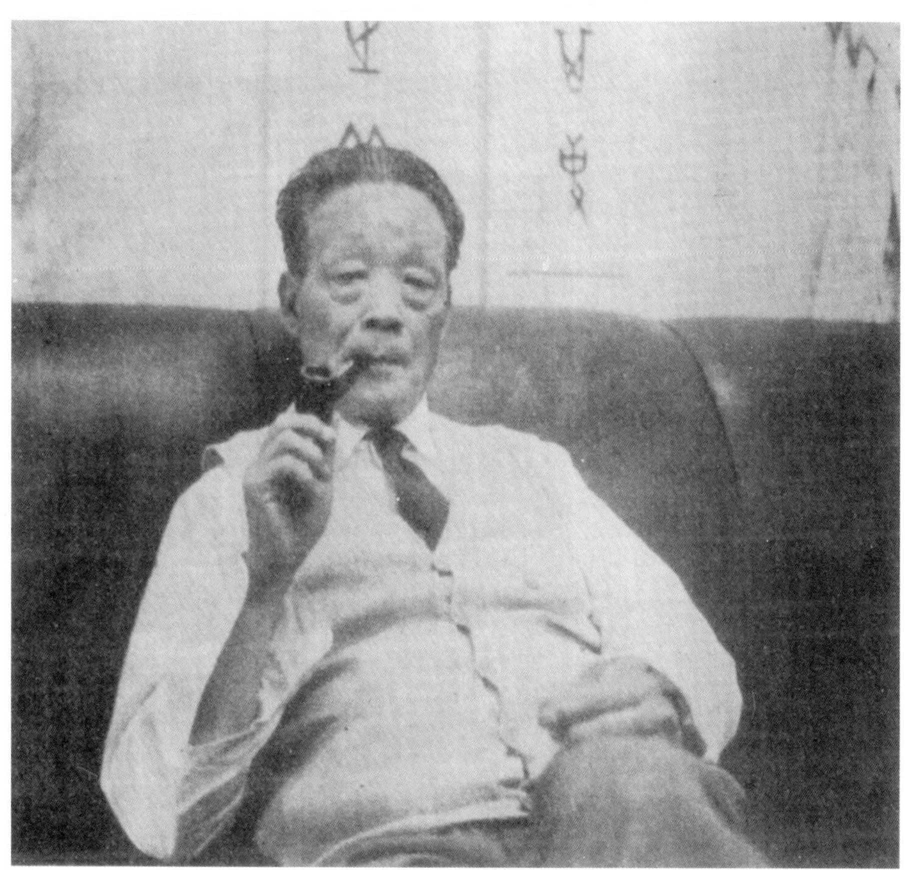

董作宾先生（1895—1963）

陈梦家先生（1911—1966）

于省吾先生(1896—1984)

商承祚先生(1902—1992)

胡厚宣先生（1911—1995）

彩色图版一

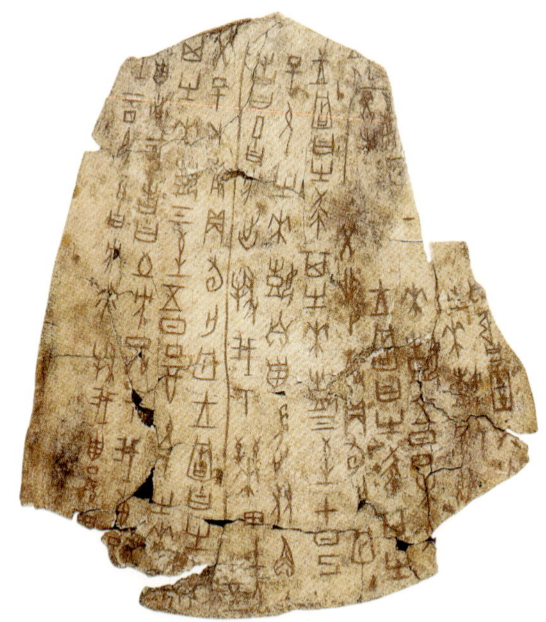

《国博》035 正(《合集》6057 正)

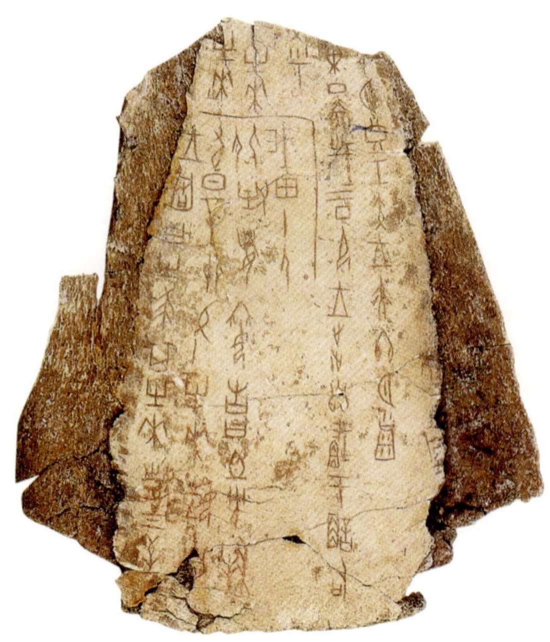

《国博》035 反(《合集》6057 反)

《合集》137 正　　《合集》137 反

《合集》10405 正　　《合集》10405 反

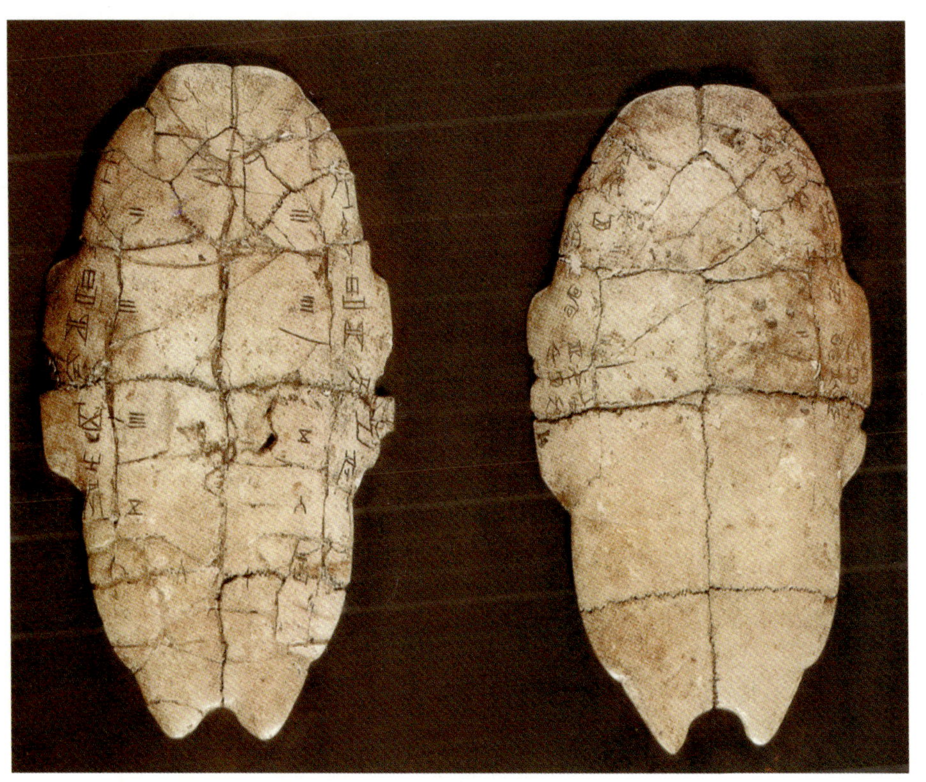

《国博》062 正　　《国博》068 正

彩色图版五

《国博》026

《国博》028 正

《国博》046

《国博》122

《国博》261

《国博》190

《屯南》1128
（H24：427）

《英藏》2674(《库》1506)

彩色图版九

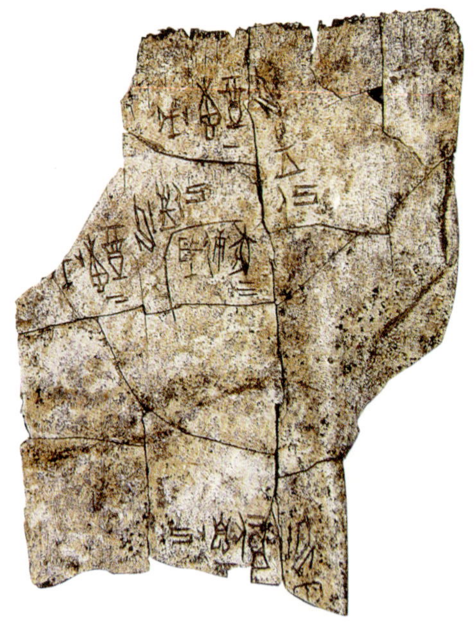

《花东》162（H3：515）

《花东》37（H3：123＋373）

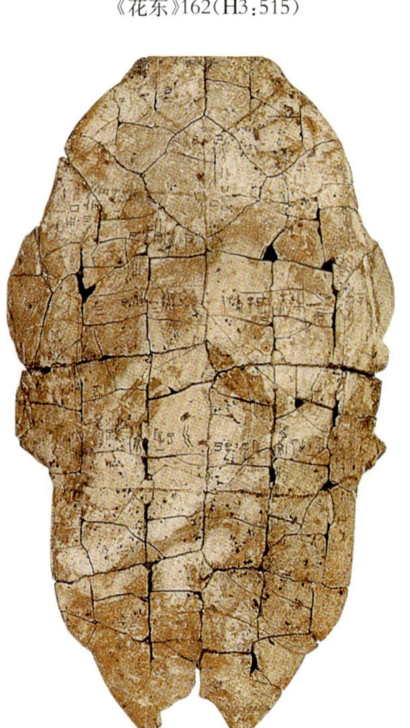

《花东》391（H3：1246）

《花东》53（H3：196＋197＋871）

山东济南大辛庄出土有字甲骨(正面)

山东济南大辛庄出土有字甲骨(反面)

洛阳 2008 年发现的有字西周卜骨

彩色图版十三

洛阳 2008 年发现的有字西周卜骨(局部放大)

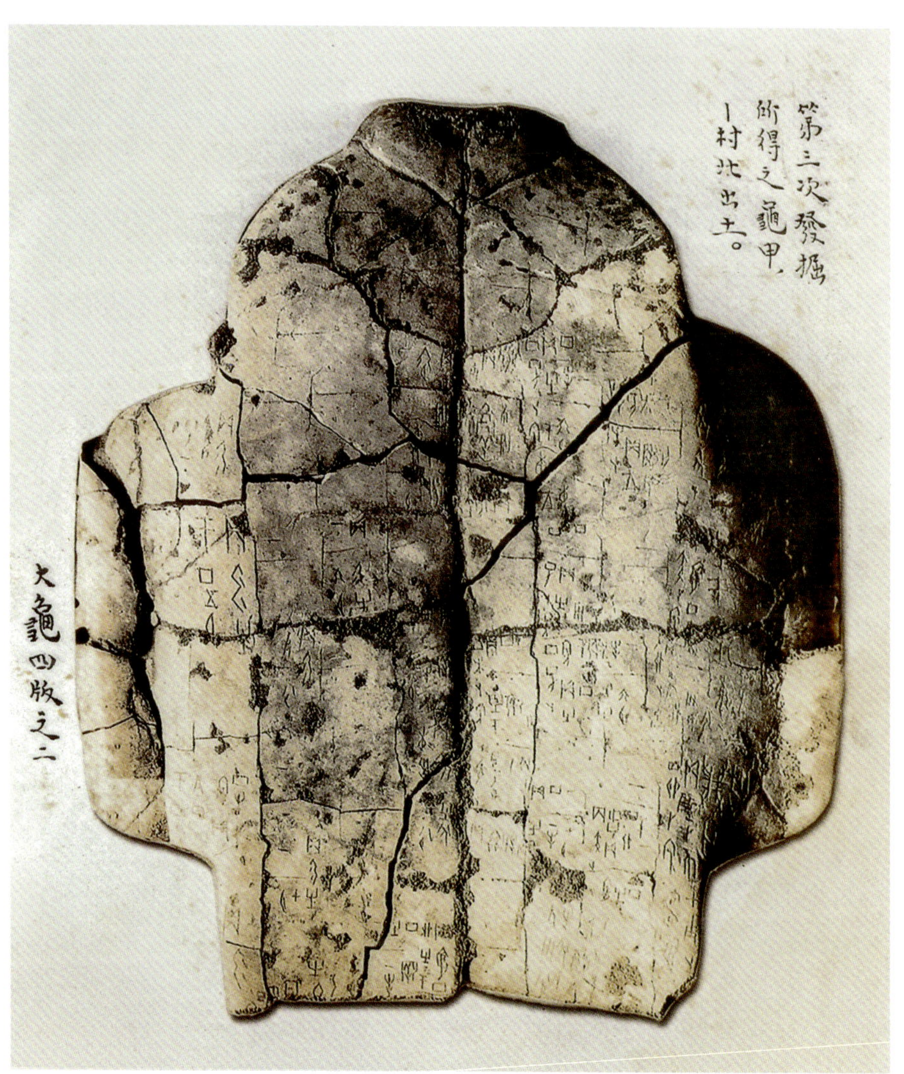

大龟四版之二　图上文字说明乃董作宾手迹

甲骨拓本图版一

第一期(武丁)《合集》14294

第一期(武丁)《合集》1107

第一期(武丁)《合集》32 正

第一期(武丁)《合集》137 正

第一期(武丁)《合集》5611 正

第一期(武丁)《合集》10405 正

第一期(武丁)《合集》1075 正

第一期(武丁)《合集》559 正

甲骨拓本图版三

第二期（祖庚、祖甲）《合集》26643

第二期（祖庚、祖甲）《合集》26681

第二期（祖庚、祖甲）《合集》26682

第三期（廪辛、康丁）
《合集》27456

第三期（廪辛、康丁）
《合集》27146

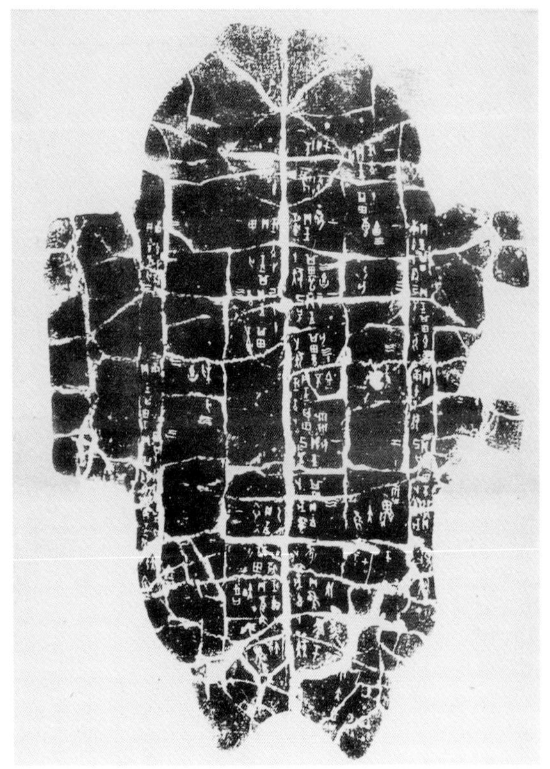

甲骨拓本图版五

第四期(武乙、文丁)《合集》32028

第四期(武乙、文丁)《合集》32087

第四期(武乙、文丁)《合集》32235

第四期(武乙、文丁)《合集》39329 正

第四期(武乙、文丁)《合集》32308

甲骨拓本图版七

第五期(帝乙、帝辛)《合集》35400

第五期(帝乙、帝辛)《合集》35745

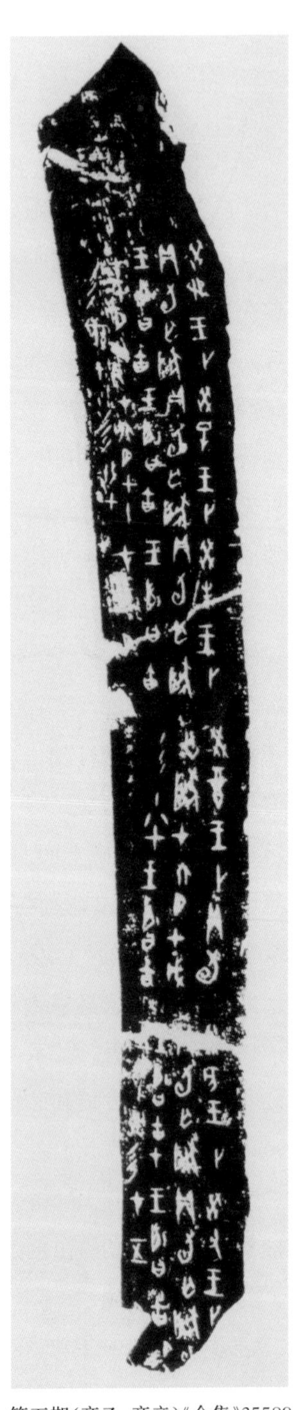

第五期(帝乙、帝辛)《合集》35589

写在《中国甲骨学》(增订本)书前的话

王宇信

这次2021年《中国甲骨学》(增订本)由上海书店出版社出版,已是距二〇〇九年八月拙著《中国甲骨学》的出版,过了一十二个年头之久了。还记得,此书二〇〇九年八月在山东烟台福山召开的"纪念伟大的爱国主义者王懿荣发现甲骨文110周年国际学术研讨会"上首发,旋即受到了参会的二百多名中外学者的重视和推崇。这部以甲骨文研究为核心,包括考古学和殷商史、古代科技和古代工艺以及甲骨文书法篆刻艺术等方面研究,并论及殷墟遗址保护与弘扬等,即凡与甲骨文有关殷商文化广义的甲骨学研究,在《中国甲骨学》一书中,都有相当的体现并进行自己的总结,或探索、论证。

现在重印的这部增订本《中国甲骨学》,比十二年前初版本的内容要丰富得多了。这是因为二〇〇九年版的《中国甲骨学》,是在我一九八九年出版的《甲骨学通论》基础上的前进和拓展,而现在出版的增订本《中国甲骨学》,则是对二〇〇九初版的《中国甲骨学》的细化与再拓展、再提高。读者可以发现,那部初版的《中国甲骨学》,在内容方面早已超出了《甲骨学通论》(一九八九年版)狭义甲骨学的范围,诸如甲骨学全新分支学科西周甲骨学的构建、周原甲骨"曹"和"周方伯"辨析等,甲骨文书法篆刻艺术的弘扬等,商代养马业的发展和商朝军制的马、射兵种和战车的配置考辨等,时下被一些人神化、汉儒化的古玉研究及殷人宝玉和玉观念在甲骨文中的实迹等,商代历史文化新课题的探索等。不仅如此,殷墟发掘与中国考古学的形成,殷墟申遗成功提出的新课题等等,都成了《甲骨学通论》研究所包容不了的新课题、新领域。而将其扩而大之,就顺理成章地成为《中国甲骨学》(二〇〇九年版)中编和下编广义甲骨学的有机组成部分;而这次增订本《中国甲骨学》(二〇二一年版),是在中编、下编搭建更宽广平台的基础上,继续描绘了春秋时人用玉及玉观念,还与汉儒化的玉研究和玉实际有相当的时代距离。科学发掘第一次发现的江苏铜山商代社祀遗址山东桓台史家成卒城堡的推定等等,以及殷墟何以成世界文化遗产及必然性等。而甲骨文也成为世界非物质文化遗产及研究进入新百年顶层设计的"全面深入发展与弘扬"的"新阶段",学者们为迎接新世纪的研究再辉煌,推出了一批开局巨献。如此等等。这些涉及面广,内容丰富多彩的殷商文化研究新课题与研究成果,就成了《中国甲骨学》(增订本)与时俱进,需要加以补充、修订的新鲜内容,从而使此书所涉及的有关殷商文化研究领域,又有所拓展和深化,这就使世界文化遗产殷墟和甲骨文得到了全方位、多角度、深层次的展现与弘扬。因此,增订本《中国甲骨学》(二〇二一年),比二〇〇九初版的《中国甲骨学》又有所前进并进一步扩大了研究广度。

我感谢上海书店出版社,为落实习近平同志"在新形势下,要确保甲骨文等古文字研究有人做,有传承"等一系列指示精神。"为促进文明交流互鉴和人类社会进步作出新的更大的贡献",毅然下决心出版了我这部增订成九十多万字的《中国甲骨学》著作。当今的出版界,在大力提倡社会效益的同时,也不得不考虑维持出版社人吃马喂运作的经济效益。而上海书店出版社,自甘承受着巨大经济压力,用了洪荒之力去筹集经费,显示了作为在国内外出版界有着相当影响的上海书店出版社,发展学术事业的气概和历史的担当!学术界应向他们致敬!

不食人间烟火的我,以为《中国甲骨学》(2009 年版)出版发行后,不久就会增订再版呢!这是因为此书发行后,好评如潮。先是一些中央、地方报刊及时介绍了此书出版讯息(如《光明日报》二〇〇九年十二月十六日《甲骨学研究的新成果》;又如,《新京报》二〇一〇年一月十六日《中国甲骨学》等)。一些海内外著名学者纷纷推崇和评介此书,诸如刘正教授《评王宇信〈中国甲骨学〉》(《中国历史文物》二〇〇九年第六期)、王晖教授《20 世纪中国甲骨学通论的力作》(《殷都学刊》二〇一〇年第一期、又,《文博》二〇一〇年第二期)、朱歧祥教授《综览〈中国甲骨学〉》(《中国社会科学报》二〇一〇年五月十八日)、齐心教授等《〈中国甲骨学〉评介》(《甲骨学 110

年》,中国社会科学出版社,二〇〇九年十一月版)、朱彦民教授《学问浮沉转深邃,学问淑世兼益人》(《南方文物》二〇一〇年第二期)、魏建震教授《甲骨学研究的总结与发展》(《中国出版年鉴(2010年)》,年鉴出版社,二〇一〇年版)、曹定云教授《甲骨学发展的新总结》(《考古》二〇一一年第九期)等等。正由于《中国甲骨学》以他的学术质量在学界引起了热烈的反响,因而在二〇一三年荣获中国社会科学院第五届离退休人员优秀科研成果一等奖。

我在平时与许仲毅先生的通话时,时而把某先生发表书评之事告诉他。当我把获院级奖消息告诉他后,作为此书的责任编辑,他非常高兴,并对我说:再过一些时候,可考虑增订重印一次……以往出版我的著作,都是北京的一些出版社。这次《中国甲骨学》,敲开了上海人民出版社的大门,并一炮走红,我真是踌躇满志,也就一厢情愿地准备起《中国甲骨学》的增订重版了。为对读者负责,我在二〇〇九年十二月,还认真、仔细地读了一遍全书,又发现不少错字、误处没有校出,并一一记录下来,以备再版校对时之用……

说句实在的话,将《中国甲骨学》与我的成名作《甲骨学通论》权衡比较,前者在我心目中的分量还是要重一些。这是因为以《通论》为基础的《中国甲骨学》,又前进和拓展了许多。《甲骨学通论》是我着力系统而科学地阐述甲骨学基本规律、基本研究方法和基本研究课题,从而把几代甲骨学家所取得的成就、又如何取得这些成就的心路历程展现出来,是我学习领会前辈学者发现和创造性成果的总结。坦白地说,书中除了西周甲骨新领域的探讨和首开甲骨文书法列入甲骨学研究之列等,却鲜有我自己研究的创见和发明。而这部以《通论》为基础的《中国甲骨学》(二〇〇九年),则有了不少我可以回答的本人在甲骨文殷商文化研究方面作了些什么工作,探索了一些什么问题,又是怎么回答的等等。当然,此书不是我的研究“大全”,只是有选择地收入我对学界提出的一些热点课题的探索、开拓与回答。但这也足以说明,我这么多年来,不只是进行《合集》等大型集体项目和甲骨学史、甲骨学通论性著作“述而不作”的研究,而是在追踪着殷商考古、甲骨文材料的新发现和提出的新的热点、难点课题,进行着我自己的探索、思考,并力求作出回答。《中国甲骨学》的上编,是我学习和领会前辈学者取得成就的总集成,提供后来人学习、借鉴和以此为出发点地再前进。而中、下编,就是展示我本人殷商文化研究成果的园地。就是这些学界的涓涓细流,汇成了广义的甲骨学研究多年成就的汪洋大海的!

虽然如此,三十多年前出版的拙著《甲骨学通论》(一九八九年版)还是发挥了他的历史作用的。诚如甲骨学一代宗师李学勤教授在为此书所作的《序》中所指出的,“就内容言,概述了殷墟甲骨研究的历史现状,兼及西周甲骨;就论点言,寓议论于叙述,表现出作者本人的见解;就体例言,深入浅出,照顾到不同层次的广大读者”。因而这部“以更广阔的眼界,涵括了甲骨学全领域”的六十多万字的《甲骨学通论》,“剪裁适度,字数属于中型,十分适合社会需要”。

确被李学勤教授不幸言中! 一九八九年,此书在安阳殷墟“纪念甲骨文发现90周年国际学术研讨会”上首发后,学术界赞誉有加,好评不断。甲骨学一代宗师胡厚宣教授发表了《〈甲骨学通论〉读后》(《光明日报》一九九〇年四月十八日)、宋镇豪教授发表了《甲骨学的科学总结和系统开拓》(《中原文物》一九八九年第四期)、杨升南教授推出《一部有特色的商周甲骨学专著》(《中国社会科学》一九九〇年第四期)、李绍连教授大力《评〈甲骨学通论〉》(《中国史研究动态》一九九〇年第七期)等等。正如中国殷商文化学会副秘书长李绍连教授中肯地对我说:“这部《通论》大书,奠定了你在殷商文化学会的地位!”

拙著《通论》一九八九年的出版,适应了甲骨学研究进入了“全面深入发展时期”的社会需要。一九八二年《甲骨文合集》的全部面世,推动了甲骨学研究的大发展,研究著述无论从数量上还是质量上都有了很大增长和深化。“这样丰富的材料,又加众说纷纭,即使专门作甲骨学研究的人,也难以一一浏览。关心甲骨学的读者迫切需要综论性质的书”(李学勤:《序〈甲骨学通论〉》,一九八七年三月)。而在当年,“篇幅更大的,有‘文革’前出版的陈梦家的《殷墟卜辞综述》,可惜迄今30年,新出的材料和研究,有待继续收进”。而“在台湾出版的有严一萍的《甲骨学》两厚册,也可惜内地的材料和研究,不够齐全”(胡厚宣:《甲骨学通论》序,一九八七年四月)。如此等等,《甲骨学通论》的出版,就适应了甲骨学发展的社会需要,并自一九八九年初版以后,又几经增订再版。第二次印行,即中国社会科学出版社把此书列入“国庆五十周年献礼图书”,增补一章“甲骨学研究一百年”重印出版。在此期间,韩国成均馆大学李宰硕博士正着手翻译此书,并于二〇〇四年由首尔东文选出版社出版;第三次是二〇一五年,经一定增订的《通论》再次出版。为适应殷墟二〇〇六年申报“世遗”成功给学术界提出的全新课题,《通论》把《世界文化遗产殷墟的保护、弘扬与构建和谐社会》提上了议事日程。与此同时,《通论》还增补了一九七八年以后,“甲骨学研究”进入了“全面深入发展的新阶段”专章,从而使本书更接甲骨学不断发展的地气;此后不久,又进行了第四次印制,将没作增订的二〇一五年《通论》(增订本),又在二〇二〇年六月第二次印刷了一次。如此等等,《通论》在三十多年中几次重印,也刺激了我想增订重印《中国甲骨学》的愿望和信心。

二〇一三年,我曾利用《中国甲骨学》获奖的消息,向上海人民出版社负责同志谈起此书再版之事。当时回答说,这部书很好,书店卖得也不错,但目前库里还有存书,等一等再说……其后的几年间,我又联系了多次,但一直也没有给我一个准话:是出,还是不出?一晃又是几年过去了。二〇一五年拙著《通论》第三次重印后,我把消息告诉了上海人民出版的朋友,并希望他能把我重印《中国甲骨学》的愿望转告有关负责同志……但又是一直没有下文……直到二〇一九年,当我得知《通论》又要在二〇二〇年重印的消息后,又与上海人民出版社联系拙著重印之事。恰好我与上海人民出版社签的十年合同也已到期。我的朋友许仲毅先生告诉我,虽然社里没有明确意见,你可以以“合同到期”为理由,自行与有关出版社联系重印此书事宜……许先生的一番话,启示我不能再在一棵树上吊死,我又开始在北京做重印《中国甲骨学》的尝试……

北京一些出版界的朋友,也都很看重此书。但一听没有出版资助,便就望而却步了。最后,还是主要以出版传统优秀图书为使命的文物出版社,有兴趣出版此书。主任编审许海意教授,多年与我有合作关系,社科基金资助的大型项目《甲骨文合集》(精修本)就由他任责任编辑正在制作中。他深知《中国甲骨学》(二〇〇九年版)在甲骨学界享有的声誉和在我心中的地位,他自告奋勇要做此书的责任编辑。就在《中国甲骨学》的再版如此这般的成功运作,并到了谈签订出版合同的前夕,已退休的上海书店出版社社长、《中国甲骨学》(二〇〇九年版)责任编辑、我的好朋友许仲毅先生,在 2020 年 8 月给我的电话中,高兴地通知我,“社方的有关领导充分研究后,决定增订重印《中国甲骨学》,希望你不要再把此书给别人了!多年的老朋友了,还希望你理解和继续支持出版社……”不久,在二〇二〇年九月,现任上海书店出版社社长孙瑜编审给我也打来电话,说准备在“疫情”缓解后,与许社长一起进京来看望我,并签出版合同。但是,在严峻的“外防输入,内防扩散”的“抗疫”形势下,还是尽量减少出门劳顿为佳,在电话和现代通讯中,就可以完成人对人的办事程序和流程。后来上海方面通知,由曹勇庆和邹烨同志担任《中国甲骨学》(增订本)责任编辑并负责出版事宜。在二〇二〇年十二月中旬,曹勇庆同志就给我寄来了在二〇二一年十二月底以前,由上海书店出版社出版《中国甲骨学》(增订本)的《合同》。

上海人办事就是麻利、干脆、快捷。一旦经深思熟虑确定下来的事儿,就会马不停蹄地全力做下去。二〇二一年四月十六日,我收到责任编辑曹勇庆、邹烨同志寄来的“快件”。在发给我长达 5 页的信中,先向我报告了“《中国甲骨学》原稿、修订部分及新增部分”已审读,并催我将书稿中暂缺的个别新增插图、摹本和部分没交齐的新增补文稿早日交齐。此外,还对文稿中一些不同写法的同一古文字也一一列出,供我归并、统一之用。这说明,此书已经付排一段时间了,这是他们在校改小样基础上的“审读意见”。果然不出我所料,在二〇二一年六月三十日,就收到了曹勇庆同志特快专递发来的小样一大包,我一数页码,《中国甲骨学》(增订本)小样共 980 多页……我在校读小样时,发现排出的小样,不仅已把我校读初版原书时发现的错处已一一校正,还有不少我没有校出的错字和不合编辑规范之处,也再一次校正和规范化,表现出他心细如发,一丝不苟的高度责任心和敬业精神。我收入书中的不少文稿,都是原封不动的由学生或朋友录制,再集中到许海意编审处,由他一并发给上海责任编辑曹勇庆同志,因而还“原汁原味”地保留着文章的原开头和结尾。曹勇庆、邹烨同志在审读时,对此一一进行了加工,从而使经过他们改头换尾的一番努力,文稿就有机地融入了《中国甲骨学》(增订本)全书章节的整个体系之中。这一番十分得体的加工,充分显示了曹勇庆、邹烨同志了得的编辑功力,为《中国甲骨学》增光添色不少。我在这里向他们花费了大量劳动和付出的心力,表示诚挚的慰问和感谢!

二〇〇九年《中国甲骨学》第一次出版时,是上海人民出版社主动找我约稿的。而十二年后的这次增订再版,虽然出版社犹豫斟酌再三,最后还可以说是出版社就出书事找到了我。特别是在我没有一笔可观的“出版资助”情况下,决定将此书增订再版,是需承受住巨大的经济压力的!我知道,上海书店出版社之所以毅然承印《中国甲骨学》(增订本),一是因为此书的社会影响和为出版社赢得了荣誉,因而上海人民出版社舍不得把这部书让给别人;在反复权衡利弊后,还是下决心由自己重印制作此书;此外,更重要的是,适逢甲骨文研究全面深入发展与弘扬“新阶段”已开始,再攀时代高峰,需出版更多精品力作,打造新百年研究再辉煌。上海人民出版社、上海书店出版社,为了落实习近平同志“要重视发展有重要价值和传承意义的绝学、冷门学科”,“如甲骨文等古文字研究等”多次讲话精神,闻风而动,决定增订出版《中国甲骨学》等一批有影响的著作,显示了在全国和世界出版界享有相当声誉的上海人民出版社、上海书店出版社的时代担当和历史使命。我在这里向上海人民出版社、上海书店出版社的有关领导致敬!我也在这里,向我的好朋友许仲毅先生表示衷心的感谢!是他的信任和青睐,游说和协调,使拙著《中国甲骨学》得以在上海两次出版、重印。此中甘苦寸心知!我再一次向许仲毅先生致以慰问和感谢!我也感谢孙瑜社长和曹勇庆、邹烨责任编辑!是他(她)们辛勤的劳动,使拙著从文字上得到了进一步的提高。我也应衷心感谢文物出版社和主任编审许海意先生!是他们对拙著的认同和理解,增加了我重印增订《中国甲骨学》的信心和坚持！虽然这次《中国甲骨学》(增订本)与文物出版社擦肩而过，但来日方长，相信我们今后合作的机会多多！

我应汗颜和自责的，是把不菲的“出版资助”推给了靠经济运作维持正常运行的出版社。我要向克服和消化巨大经济压力，并自己千方百计筹集《中国甲骨学》(增订本)出版费用的上海书店出版社致敬！并诚恳地说声“对不起了！”

在增订本《中国甲骨学》书前，写下上面我要说的话，就是要使读者们认识到，写出有学术价值的著作很难，而出版有价值的学术著作更相当的难！特别是有相当学术影响并得到社会承认的著作修订再版，就更难上加难！而难就难在“出版资助”上。我感谢邓小平改革开放时代成就我的甲骨学研究之路！我感谢习近平新时代为我的总结性著作《中国甲骨学》(增订本)的出版提供了契机！老骥伏枥，壮心未已。我还要继续在力所能及的奋斗中，享受幸福感！我还要继续跟在青年人之后，在追踪甲骨文研究中，享受获得感！路漫漫其修远兮，愿与同道者共勉并努力加餐饭！

二〇二一年八月三十一日凌晨草毕，

二〇二一年九月三日整理定稿毕。

目录

鼓励和期望　起点与追求

上　编

中　　编

下　　编

鼓励和期望　起点与追求

序《建国以来甲骨文研究》*

（一九七九年十二月）

胡厚宣

我们中国社会科学院历史研究所所编《甲骨文合集》一书的出版，是甲骨学史上的一件大事，这对于今后甲骨学和商史研究的进一步深入开展，无疑会起到很大的推动作用。

在我们编辑《甲骨文合集》过程中，我一向主张通过这一大型工作，要尽量多出一些成果和人才，要求研究室内参加工作的同志们边干边学，充分占有资料，深入研究问题，把史料的整理与科学研究紧密结合起来。二十年来，虽然《甲骨文合集》一书的编纂工作由于种种原因屡有中断，但我们研究室的不少同志仍然锲而不舍，坚持钻研。现在，随着《甲骨文合集》一书的陆续出版，研究室同志们的一批科研成果也不断问世。敬爱的郭沫若同志离开我们已经一年多了，但他生前对我“要大力培养接班人”的嘱咐一直萦绕耳边。虽然编纂《甲骨文合集》和审阅同志们的文章、著作以及辅导甲骨文爱好者等项工作占去了我不少精力和时间，但看到甲骨学界一片兴旺景象和一批有志于从事甲骨文研究的青年人正在茁壮成长，心中感到无限欣慰。

王宇信同志从我学习甲骨文以来，我就是先让他参加《甲骨文合集》的编纂工作，采取边干边学的培养方法，首先认识熟悉了甲骨文，以便充分占有甲骨资料。与此同时，为了使他能够较为全面地掌握甲骨学基础知识并为商史研究打好基础，要求他全面阅读和学习前人和近人的有关甲骨学和商史论著并作出详细笔记。他这本《建国以来甲骨文研究》，就是在学习甲骨文过程中，对建国以来甲骨学发展的一个概述。在他动笔之前，曾就关

---

* 这是胡厚宣先生为作者第一部著作《建国以来甲骨文研究》（中国社会科学出版社1981年出版）所作的序言。

于写作此书征求过我的意见。我觉得这是一件颇有意义的工作,要求他尽量把材料收集齐全,并要对三十年来甲骨文研究成果予以正确而科学的估计,以供学术界研究时的参考。

甲骨文自一八九九年发现以后,到现在已经整整经历了八十个年头。甲骨文是殷王室后期利用龟甲、兽骨进行占卜的记事文字,内容丰富,数量繁多,对“文献不足征”的商代历史研究,是极为珍贵的历史资料。八十年来,共出土甲骨文材料十五万片以上,著录甲骨材料的书刊,专书有七十多种,论文有四十多种,总计一百一十多种;在此期间,甲骨文的研究工作也有了长足的进步。这八十年的前五十年是第一阶段,主要是从文字的认识、研究的开始,到基础的奠定和研究工作的进一步展开。发表研究论著的作者达三百人,各种论著近九百种。而建国以来的三十年,是甲骨文研究的第二阶段,除了继续对前一阶段提出的甲骨学上的一些重要问题作深入探讨外,还出现了一批以马克思列宁主义为指导,用甲骨文资料来研究商代社会的生产方式、阶级斗争和社会性质方面的论述。这一时期新出现的甲骨文论著作者近一百人,而仅就国内发表的甲骨文论著而言,据不完全统计就有四百种之多。由于甲骨文八十年来研究的不断深入和资料的积累,写出一部以马克思列宁主义为指导的科学性强的《商代史》专著,已是为期不远的事情了。

甲骨文不仅是商代历史研究的珍贵史料,而且与考古学和古代科学技术、语言学研究等方面也有着密切的联系。正因为如此,甲骨学这门年青的学科自从它一诞生起,就引起了国内外学术界的重视,不少外国学者出版了甲骨著录、专著和论文,使甲骨学成为蔚为大观的一门世界性的学问。仅就以我们的近邻日本而言,就有专门研究甲骨文的学术组织——甲骨学会,不少很有创见的论文发表在专门的甲骨文刊物——《甲骨学》和其他史学杂志上。近年来,比较著名的著作有贝塚茂树教授的《京都大学人文科学研究所藏甲骨文字》及他主编的《古代殷帝国》;岛邦男教授的《殷墟卜辞研究》和《殷虚卜辞综类》;白川静教授的《甲骨文集》,《甲骨金文学论丛》及《甲骨文之世界》;伊藤道治教授的《日本所见甲骨录》、《古代殷王朝》和《中国古代王朝之形成》以及赤塚忠教授的《中国古代的宗教与文化》等等。后起的学者还有立命馆大学的玉田继雄，编有《甲骨关系文献序跋辑成》共五辑。等等，等等。贝塚茂树教授、岛邦男教授、伊藤道治教授、佐藤武敏教授、林巳奈夫教授、松丸道雄教授等人又写了很多颇有见地的甲骨论文；加拿大籍华裔学者许进雄博士编纂了《殷虚卜辞后编》、《皇家安大略博物馆藏明义士旧藏甲骨文字》，《皇家安大略博物馆藏怀特氏等旧藏甲骨文字》等书；美籍华裔学者周鸿翔教授编纂了《商殷帝王本纪》及《美国所藏甲骨录》等书。美国加州大学教授吉德炜博士（D.N.Keightley）也写了《商代史料》一书。这些专家也还都写了不少的很有质量的论文。另外我国港台地区的学术著作还不在其内。正因为甲骨文研究引起了国际学术界的重视，前不久周鸿翔教授在给我的来信中谈到，遍布世界各国的甲骨学者都在呼吁可否就在甲骨文的故乡——安阳殷墟召开一次国际性的甲骨学术会议。这一切，就更促进和激励我们中国的甲骨学界奋发图强，向甲骨学这一学科的高峰攀登，作出更大成绩，为世界契林作出我们应有的贡献。

我们必须全面地继承前人研究的科学成果，并在前人研究的基础上不断有所发现，有所发明，有所创造，有所前进。随着《甲骨文合集》一书的出版和今后研究工作的进一步深入，我们就十分需要对建国以来甲骨文研究做一全面的总结并对在哪些方面取得了科学的结论，哪些问题正在探索，哪些问题则刚刚提出等等有所了解，“温故而知新”，从而通过艰苦劳动，取得更新的成果。王宇信同志的这本《建国以来甲骨文研究》，虽然不能说对三十年来甲骨文研究成果面面俱到，但甲骨学界所取得的主要成果及提出的一些主要问题基本已概括于该书之中。将分散于几十种刊物、报纸上的几百篇甲骨论述中的菁华荟于一书，可以鸟瞰建国以来甲骨学发展的全貌。且不说这种将甲骨文研究园地的点点香花汇合成一个立体的花坛是很有意义的工作，就从本书的内容方面来说，对研究甲骨学、古代史、考古学和科技史等方面的学人也有一定的参考价值。

这本书不仅材料丰富，概括性强，而且深入浅出，还反映了殷商考古的最新成果。对于学习甲骨文的研究生、大学生以及爱好甲骨文和商代史的中学教师、业余工作者也是一本有用而方便的入门工具书。特别是书后附有的"建国以来甲骨文论著简目",不仅对专业研究者十分便利,而且还可便初学甲骨者"按图索骥",较为全面和顺利地查找三十年来的甲骨文论著,为学习和研究打好基础。

"老骥伏枥,壮心未已"。我虽年近古稀,但在这科学的春天,我一定抓紧时间完成郭老让我具体负责主持编纂的《甲骨文合集》及释文等尚未完成的工作,并要日夜兼程,整理好我的《甲骨学商史论丛》等上百万字的旧作,还要努力争取写出一些科学论文并带好研究生,为祖国的四个现代化更多的贡献力量。

序《建国以来甲骨文研究》*

（一九七九年十二月）

李学勤

殷墟甲骨是在一八九八年的下半年发现的，至一八九九年为学者所鉴定，迄今已八十年了。甲骨的发现和研究改变了中国古史的面貌，同时在中国古文字学内产生了一个新分支，即甲骨学。

甲骨学八十年间的发展，经历了三个阶段。从一八九九年到一九二七年可以说是第一阶段，当时的甲骨都是偶然发现以至盗掘得来的，学者只能就流散材料分别研讨。一九二八年到一九四九年是第二阶段，经过十五次殷墟发掘，获得不少有出土记录的甲骨，但当时的发掘报告，由于种种原因，解放前仅公布了一小部分，学者尚难利用。这两个阶段，合在一起恰好五十年，胡厚宣同志等曾撰有专著，作了很好的总结。

新中国建立后，考古工作飞跃发展，殷墟又出土了很多甲骨。发掘资料的陆续发表，为甲骨学的进展提供了条件。三十年来，甲骨研究的各个方面，从马克思主义理论指导下的商史研究，到文字的考释、断代的探索，都取得前所未有的成绩。经过二十年的努力，总集甲骨资料的《甲骨文合集》今年开始出版，可谓甲骨学史上划时期的里程碑。在这继往开来的时刻，很需要对建国以来这一阶段的甲骨学成果作出新的总结。王宇信同志这部书的重要意义，我以为正在于此。

甲骨学发展到现在，已经是比较成熟的学科，积累了大量的材料和文献，有自己的研究范围和课题。谁要研究中国的古代历史文化，就必须对甲骨学有一定的知识。对于有志涉猎甲骨学这一园地的人们，王宇信同志

---

* 这是李学勤先生为笔者所著《建国以来甲骨文研究》（中国社会科学出版社 1981 年出版）所作的序言。李先生“序”中提出的“甲骨学当前”的三大课题，直到今天还是摆在我们面前值得进一步深入探索的重大课题。

这部书是很好的导游图,值得竭诚推荐。书中不仅对甲骨学近三十年的成果进行概括,而且提出了甲骨研究未来的方向,所以即使是对这门学科已经相当熟悉的读者,从这部书也可以得到很大的启发。

谈到甲骨学当前的课题,我想利用这个机会提一点想法,作为王宇信同志著作的补充。

过去陈梦家同志为《甲骨缀合编》撰序,他说:“我向来认为要利用甲骨,必须先整理它。整理的工作,是琐碎繁重,利人不利己的。但若不经过这种技术的手续,则研究本身是无从下手的。”研究甲骨必先经过整理,《甲骨文合集》的刊行可以说完成了整理工作最关键的一步。下一步似应解决这样几个问题:

第一是甲骨的分期。分期的确定,对各种历史文物来说,都是研究的前提。董作宾的“五期”分法通行多年,由于新材料大批出现,已有改变的必要。特别是“第四期”究属何时,国内外已有很多争论。至于他的“新旧派”之说,更很少有人接受。现在看来,甲骨分期问题比过去想象的要复杂一些,一个王世不仅有一种卜辞,一种卜辞也未必限于一个王世。

“五期”分法之所以有其成就,是因为它是以发掘坑位关系为基础的。如今要建立更完善适用的分期法,也必须以考古材料为主要依据,综合分析,反复探讨,才能超过前人,适应当前的需要。

第二是卜辞的排谱。前人研究甲骨,限于当时的条件,每每局限于一字一句的考察。实际上甲骨卜辞本来是互相关联,成组成套的,只是由于残碎离散,才呈现出断烂的面貌。有些学者曾根据卜辞的干支、内容,把分散的材料集中起来,就能反映更多的历史情况,有意外的收获。这种排谱的工作做得很少,很值得继续努力。

殷墟甲骨最丰富的发现,应推 YH127 一坑龟甲。这批卜甲在地下本来完整,而且显然是同时的,现在已经缀合了不少,但用排谱的方法进行整理,还没有人着手尝试。我相信,如果花费几年时间,把这一工作做好,必能对甲骨学以及商代史的研究有较大的贡献。

第三是继续考释卜辞文字。在我们看来,文字的辨识也是整理甲骨的一项基础工作。甲骨文的不同字数据说已逾五千，但必须承认，其中已经释定，为学者所公认的，数目并不很多。有些在卜辞中经常出现的字，到现在还不认识，不懂得怎么讲。至于词语的解释，文法的研究，更处于非常薄弱的阶段。

比如说有一个“酌”字，既常见于殷墟卜辞，又屡出于西周金文。它究竟是什么字，确切的意思是什么，并没有答案。目前多数人习惯把它写成“酒”字，其实这个字不从“水”而从“彡”。商至周初文字凡“飨酒”之“酒”都作“酉”，和“酌”字的区别是很清楚的。又例如卜辞中常见的“㞢”字，或写作“𡉀”，旧释为“之”，于上下文义不合。后来发现它的用法和“又”相同，然而“㞢”何以读为“又”？“有祐”可以写成“㞢又”，也可以写成“又又”，为什么不能写作“㞢㞢”？却没有令人满意的说明。由此看来，卜辞很多字我们是不认识的，很多辞我们不能通解，应该作更深入的研究，使我们对商代历史文化的探索能有更坚实可靠的材料基础。

王宇信同志多年参加《甲骨文合集》的编纂工作，他的这本书确实是“利人不利己”的。书末附有三十年来甲骨论著目录，极便检索，我们应当向作者表示感谢。

《甲骨学通论》序*

（一九八七年四月十日）

胡厚宣

宇信同志撰著《甲骨学通论》一书讫，要我写篇序文，这倒引起了我自己的一些回忆。

我一九三四年北大史学系毕业后，进入中央研究院历史语言研究所，先发掘殷墟，继作《殷虚文字甲编》释文①，后又整理《乙编》②，其中包括一九三六年第十三次发掘所得一二七坑的甲骨，日子长了，就走上了甲骨学研究的道路。

当时，我认为研究甲骨，首先应该掌握材料。甲骨文的材料，以史语所发掘所得为多，但此外中外公私所藏也不少，因此我就写了《甲骨文材料之统计》一文③，以后陆续修改，直到一九八四年我还写了一篇《八十五年来甲骨文发现之再统计》④。

抗日战争起，我随史语所从南京迁长沙，经桂林到昆明。一九四〇年，在史语所由昆明迁四川的时候，我离开了史语所，到成都齐鲁大学教书，就给同学们讲授甲骨文字。为了教学参考，我写过一些有关甲骨学概论性质的文章。一九四三年，我写过《甲骨学概要》⑤。一九四五年，我写过《甲骨

---

* 这是胡厚宣先生为笔者所著《甲骨学通论》（中国社会科学出版社 1989 年 6 月版）所作的序。

① 《殷虚文字甲编释文》稿本，一九三六年。屈万里整理补编为《殷虚文字甲编考释》，台北“中央研究院”历史语言研究所，一九六一年。

② 董作宾：《殷虚文字乙编》上辑，一九四八年；中辑，南京中央研究院历史语言研究所，一九四九年；下辑，台北“中央研究院”历史语言研究所，一九五三年。中国科学院考古研究所重印，科学出版社，一九五六年。

③ 刊天津《益世报·人文周刊》第十三期，一九三七年四月二日。又转载在开明书店《月报》一卷五期。

④ 刊《史学月刊》，一九八四年，第五期。又转载在《古籍整理出版情况简报》第一二九期。

⑤ 刊《大学月刊》二卷一期，一九四三年。

学绪论》①。一九四六年,我写过《甲骨学简说》②。一九四七年,我写过《甲骨学提纲》③。

一九四六年我还写过《甲骨文发现之历史》④、《甲骨学研究的经过》⑤。当我编印《甲骨学商史论丛》的时候,在书的最后,还附上了《甲骨文发现之历史及其材料之统计》一文⑥。

一九四四年三月二十日,当我写《甲骨学商史论丛》一书的自序时,我曾立志要"对甲骨文字作一番通盘总括之彻底整理"。打算先作一些专题论著,编印《甲骨学商史论丛》若干集,"然后作《甲骨文字学》及《商史新证》两书,以期完成彻底整理之宿愿"⑦。《论丛》在成都出了四集,抗战乃获胜利。我从后方成都东归,为了急于搜集材料,奔走于宁、沪、京、津,以探访沦陷时期新出土和流散的甲骨。

一九四七年,我在上海任教于复旦大学,先后完成了《京津》⑧、《宁沪》⑨、《南北》⑩、《续存》⑪等战后新获甲骨四书。此外又出版了《殷墟发掘》⑫等几本小册子。《甲骨学商史论丛》,就没有时间再继续编印。

一九四九年上海解放,我同全国人民一样,无比欢欣鼓舞,急忙写印了《五十年甲骨文发现的总结》⑬和《五十年甲骨学论著目》⑭两书。本来还有一本《五十年来的甲骨学》,因见董作宾先生已在《大陆杂志》上陆续发表《甲骨学五十年》⑮,遂搁置未再付印。我这样做,是想对旧中国五十年甲骨

---

① 收入《甲骨学商史论丛》二集,成都齐鲁大学国学研究所,一九四五年。

② 刊成都《中央日报》专刊,一九四六年四月十九日。

③ 刊天津《大公报》,一九四七年一月八日。又上海《大公报》《文史周刊》第十三期,同月十五日。

④⑤ 刊成都《中央日报》专刊,一九四六年四月二十日。

⑥ 收入《甲骨学商史论丛》初集第四册,成都齐鲁大学国学研究所,一九四四年。

⑦ 《〈甲骨学商史论丛〉自序》,收入同前。

⑧ 《战后京津新获甲骨集》,群联出版社,一九五四年。

⑨ 《战后宁沪新获甲骨集》,来熏阁,一九五一年。

⑩ 《战后南北所见甲骨录》,来熏阁,一九五一年。

⑪ 《甲骨续存》,群联出版社,一九五五年。

⑫ 学习生活出版社,一九五五年。

⑬ 商务印书馆,一九五一年。

⑭ 中华书局,一九五二年。

⑮ 董作宾:《甲骨学五十年》,刊台北《大陆杂志》一卷三期至六卷十二期,一九五〇年至一九五三年。又单行本,大陆杂志社,艺文印书馆发行,一九五五年。

学的研究,作一个小结。然后在新中国,再通过学习,掌握马克思主义的立场、观点和方法,对甲骨学作出新的研究。

一九五三年人民出版社派人来上海复旦大学向我组稿。一九五四年五月二十八日同我订了合同,要出版我的《甲骨学商史论丛》一书,并约我编写一本《甲骨学概论》,还预付了一部分稿酬。

一九五六年我忽然奉调来北京中国科学院历史研究所工作①。一到所就赶上"大鸣大放"和"反右斗争"。又去了一趟苏联。从苏联回来后,一直就筹备编辑《甲骨文合集》。为了搜集资料,在三年暂时困难时期,我"南征北战",几乎跑遍了全国,确实花了不少时间和精力。一九六六年"文化大革命"起,不但《甲骨文合集》的工作完全停止,出版《甲骨学商史论丛》和写作《甲骨学概论》,就更无从谈起了。

一直到一九七八年党的十一届三中全会以后,《甲骨文合集》才继续编完,陆续出版②。在此书的编辑过程中,培养出来一批甲骨学研究的后起之秀。《合集》图版,虽然出齐,但释文、来源表和选本等等,则迄今还在总校和编辑之中。

十一届三中全会以后,国内形势一片大好,对外开放,对内搞活,各种体制不断改革,呈现出空前未有的安定团结局面。科学研究,来到了百花争艳的春天。甲骨学研究当然也是空前活跃,学习研究的人增多了,出版的书刊也就大大地增多了。

就在这甲骨学学习研究空前活跃,所谓"甲骨热"的时候,甲骨学概论一类的专书也就不断出版,像一九八〇年肖艾的《甲骨文史话》③,孟世凯的《殷墟甲骨文简述》④,一九八五年吴浩坤、潘悠的《中国甲骨学史》⑤,一九八六年王明阁的《甲骨学初论》⑥,范毓周的《甲骨文》⑦。陈炜湛还有一本

① 现属中国社会科学院。

② 郭沫若主编,胡厚宣总编辑:《甲骨文合集》,一九七八年至一九八二年。

③④ 文物出版社,一九八〇年。

⑤ 上海人民出版社,一九八五年。

⑥ 黑龙江人民出版社,一九八六年。

⑦ 人民出版社,一九八六年。

《甲骨文简论》,尚在印刷中①。

吴浩坤、潘悠、范毓周是我的学生和研究生,孟世凯是跟我一起编辑《甲骨文合集》的同事。肖、孟、范三书,篇幅较小,都不过几万字。王书有十六万字。吴、潘之书,比较详密,有二十八万字。篇幅更大的,在“文化大革命”以前出版的有陈梦家的《殷虚卜辞综述》②,可惜迄今三十年,新出的材料和研究,有待继续收进。在台湾出版的有严一萍的《甲骨学》两厚册③,也可惜内地的材料和研究,不够齐全,诚然这都是憾事。

宇信同志,一九六四年北大历史系考古专业毕业,毕业后考取了由我指导的研究生。研究生毕业以后,留在中国社会科学院历史研究所,又跟我一道编辑《甲骨文合集》及《合集释文》,后又协助我担任《合集释文》的总校工作。他天资颖异,又艰苦卓绝。二十年来,既完成了集体任务,复撰写了《建国以来甲骨文研究》④及《西周甲骨探论》⑤等书。现在又在前人研究的基础上,总结已有的成果并提出自己的所见,写成了《甲骨学通论》一书,从发现到研究,从卜法到文例,从断代到分期,从辨伪到缀合,从文字到历史等等,无不全面论述。并论及近年周原新发现之西周甲骨,亦颇详赡,全书达五十余万字,煌煌巨制,真可谓“后来居上”者矣!

这几年我在《甲骨文合集》编辑工作组内,主编《甲骨文与殷商史》不定期学刊,在发刊词里我就勉励大家先作专题研究,然后再在专题研究的基础上向编写《甲骨学》与《殷商史》的方向迈进⑥。果然前不久彭邦炯同志写了一部《商史探微》,今宇信同志又完成了一部《甲骨学通论》,硕果有成,这是值得庆祝的大好事。我前曾为《商史探微》作了序,于今又为《甲骨学通论》撰作序文。这是因为我早年提出的工作,已经由他们完成,所以我感到非常高兴!

但是学无止境,应该精益求精,盼宇信与邦炯两位同志继续努力,写出更加精湛的著作来。余虽不敏,愿更为序之。

---

① 此书已由上海古籍出版社于一九八七年五月出版。

② 科学出版社,一九五六年。

③ 台北艺文印书馆,一九七八年。

④ 中国社会科学出版社,一九八一年。

⑤ 中国社会科学出版社,一九八四年。

⑥ 《〈甲骨文与殷商史〉前言》,上海古籍出版社,一九八三年。

序《甲骨学通论》*

（一九八七年三月）

李学勤

宇信同志《甲骨学通论》一书竣稿，要我写几句话。这是我第三次①为他的甲骨学著作撰序了，可是还觉得有不少话要说。

近年常有人谈到学术界的“信息爆炸”，是否普遍现象，我不完全清楚，但至少在甲骨学研究方面确有信息量迅速增长的事实。殷墟甲骨的发现，迄今已近九十年；近些年颇受重视的西周甲骨的发现也有三十多年了。有关著述如林，牵涉范围异常广泛，最近一段时间，作品更是愈来愈多。听亲手统计的朋友讲，一九八六年发表的这方面论著，数量又创新纪录。这样丰富的材料，又加众说纷纭，即使专门作甲骨学研究的人也难一一浏览。关心甲骨学的读者迫切需要综论性质的书，汇诸家学说为一炉，这是不难理解的。

当前大家常读的甲骨学的综论，主要有三部，即陈梦家《殷虚卜辞综述》、岛邦男《殷墟卜辞研究》和严一萍《甲骨学》。前两种出版于五十年代，后一种问世亦近十年，事实上这三种书现在都是不易看到的。大家所期待的新的综论，应该把这一学科的最新进展包括进去，换句话说，要对甲骨学作出再一次的总结。总结不仅要有广博的概括，而且要有精审的别择（这或许更重要）。

宇信同志写综论性质的著作，有特殊的优越条件。他多年参加《甲骨文合集》的编纂，撰有《建国以来甲骨文研究》及《西周甲骨探论》，在材料的

---

* 这是李学勤先生为笔者所著《甲骨学通论》（中国社会科学出版社 1989 年 6 月版）所作的序。

① 第二次即为拙著《西周甲骨探论》撰序（中国社会科学出版社 1984 年版）。本序李先生呼吁：要重视卜辞所反映的礼制研究。

掌握和情况的熟悉方面已为综论奠立基础。他的这部《通论》不是他前两本专著的重复，而是以更开阔的眼界，涵括了甲骨学的全领域。就内容言，概述了殷墟甲骨研究的历史和现状，兼及西周甲骨；就论点言，寓议论于叙述，表现出作者本人的见解；就体例言，深入浅出，照顾到不同层次的广大读者；就材料言，尽可能援引国内（包括港台）外各家著作，并附有几种工具性质的目录，甚便于检索。具备这样几点特色的《通论》，相信会得到大家的欢迎。

总结和展望是分不开的。宇信同志在《通论》中，对甲骨学的前景已谈了不少。我乘此机会再补充几句。

在为《建国以来甲骨文研究》写的小序里，我曾提到三个课题：第一是甲骨的分期，第二是卜辞的排谱，第三是文字的继续考释。这三点都是基础性的工作，而分期又是整理研究的前提。使人高兴的是，殷墟甲骨分期的探讨近十年来打开了新局面。展开了热烈讨论，影响及于海内外。讨论中虽有不同意见，对研究的深入都有所促进。现在，建国前后发掘甲骨的有关材料（包括过去没有发表的，如《殷虚文字甲编》的坑位记录）基本上都已公布，这就为按考古学方法和要求进行甲骨分期提供了前所未有的条件，看来问题的解决已为期不远了。

还有一个相当重要的课题，长期以来为大家所忽略了，就是甲骨卜辞所反映礼制的研究。殷墟甲骨是商朝占卜的遗物，卜辞内涵无一不与古代礼制有关。在甲骨发现的早期，有些学者曾试探由之探讨“殷礼”，后来从事这种研究的人逐渐减少，对于卜辞中体现的当时制度，每每脱离礼制，甚至凭想象去解释。这种现象的出现，和一种流行的看法有关。不少人觉得，甲骨文的研究不像金文那样离不开文献知识，因为商代没有多少文献传留下来，《尚书》中的《商书》、《诗经》中的《商颂》，被认为是后人窜改以至伪托的。至于后世文献关于商的记载，更难依据，所以研究甲骨似乎不必有深厚的文献基础。这样看，割断了商周两朝制度和文化的连续性。孔子曾经说过，商周礼制是相因袭的，由商到周只是损益的关系。近年对商周金文的探索，在很大程度上证明了这一点。因此，可以从文献和其他材料中的周代礼制,上推商代礼制,这对研究卜辞,认识商代的历史文化,将有很大的帮助。我们不妨说,礼制的探索在一定意义上是甲骨研究的一把钥匙。

甲骨学当前的课题还有许多,有志于研究的读者可以从宇信同志这部书中得到启发。我非常赞同宇信同志所说,甲骨学的研究不是已经完成,而是刚刚开始。有些人看到这门学科有了这么多论著,仅目录索引便有厚厚的一本,以为重大课题都被前人做尽,今后不会有较大的突破,这并不符合学科发展的实际。真正深入于甲骨研究的人,会感到这片园地虽经过很多人开辟,仍然是满目丛莽,有好多很基本、很重要的问题尚待解决。《甲骨学通论》一书的出版,肯定会把更多的新生力量引导到这个园地中来。甲骨学目前正方兴未艾。

我们曾经设想,古文字学各个分支都应有通论性的著作。著作可以是大型、近百万字的,也可以是中或小型、适合多数读者阅读的。宇信同志完成的《甲骨学通论》,剪裁适度,字数属于中型,十分适合社会的需要。书的优点,只要略作翻阅就会一目了然,实在不用我饶舌推荐。

于北京紫竹院

韩文版《甲骨学通论》自序

《甲骨学通论》译成韩语并将在韩国出版，我感到非常高兴。我高兴的理由，是因为甲骨文这一中华民族很古老的文字，从一八九九年被发现至今九十多年以来，通过中国和外国学者的共同努力与探索，已成为有很丰富的研究资料和严密规律的专门学问。谁要想了解并研究灿烂的中国古代文明，谁就必须具有一定的甲骨学知识。所以，甲骨文不仅在中国有不少的研究者和爱好者，甚至在世界，诸如日本、加拿大、英国、美国、德国、瑞士、新加坡、韩国、意大利等国家，也有不少学者为研究甲骨文而投入自己毕生的精力并做出了卓越的贡献。可以说，甲骨文已成为使用不同母语的各国学者之间的共同语言及学术交流的桥梁，已成为国际性的学问。韩国民族是具有悠久的历史和伟大创造力的民族。自古以来，中国和韩国在政治、经济和文化方面不断地进行着友好的交流。我希望在韩国出版这本《甲骨学通论》，能在将来为更多的韩国朋友了解中国古代文明提供方便，也希望研究甲骨文的韩国学者能通过本书，了解中国学者正在进行的甲骨学和商史方面的研究课题，这也是本书力图为加强两国之间学术交流做出的微薄努力吧！我高兴的另外一个原因，就是这本书在韩国出版以后，可以使我在国外得到更多的知音（甲骨学爱好者，包括从未见过面的读者朋友们），因而首先向本书译者——尊敬的朋友李宰硕博士表示衷心的感谢！众所周知，进行中文学术著作的翻译是一件很辛苦的工作，尤其是与中国古代文明有关的甲骨文、金文著作的翻译更是辛苦，更何况是把这些著作用韩语译出来并出版呢！因为甲骨文和金文与目前通用的中国汉字差别很大，所以这些著作的出版工作连中国一般的出版社都会觉得困难而不敢着手。因此，我对东文选决定出版这部书的勇气表示衷心的赞赏，这是学术发展的福音！与此同时，我也叹服我的朋友李宰硕博士的学识和翻译水平，李宰硕博士为翻译这本书付出了长期的创造性努力。我直到一九九〇年六月十一日才知道这本书正译成韩文。五月二十二至二十六日,我参加了在美国洛杉矶召开的夏文化国际研讨会,散会后,为了换机票,在旧金山逗留了十天。回到北京后不久,我收到了由中国社会科学出版社通过李英华小姐寄给我的一封信。李小姐告诉我,韩国的一个出版社正在推进《甲骨学通论》的翻译工作,并告诉我他们要求把书上我的照片和简介寄给他们。那时候,我才知道李宰硕博士已经默默地着手做了大量的翻译工作了。我和这位未曾谋面的数年前在书上已相识的"老"朋友以写信作为交流方式,一起探索学术和人生,俨然成为学术的知己,这就是中国人常说的"以文会友"吧!我相信将来一定会与研究甲骨学的未知朋友们,相聚在北京(或者韩国首尔),一起探讨关于中国古代文明和韩国古代文明的各种问题;而且通过这些朋友们的创造和努力,将来也会让我在韩国结识更多的朋友(我所尊敬的读者),我认为这是我莫大的荣幸!

我从事甲骨学和中国古代史研究完全是个偶然。我的家庭没有可以继承的"家学",除了作为小学老师的父亲王志宽先生"忠厚传家久,诗书继世长"的教导以外,再没有更多的中国古代文化方面熏陶了。哺育我的故乡平谷县位于北京东北部的山区,虽然我居住在县城,可是新中国成立初期的县城,是比不上现在县内任何一个普通村庄的繁荣程度的。我的故乡四面环山,县城位于盆地中央,一条小河从县城旁自东向西流过。在四十年前,我故乡的交通极其不便,全县处于很封闭的状态,当时那里没有火车,偶尔能见到隔日一次开往北京的长途汽车,就会让我觉得很新鲜而神秘。当时,平谷县什么工业都没有,甚至连电和电灯都没有,更遑论现在几乎所有的家庭都有的电视机了。那时如果某个家庭有个矿石收音机(俗称"耳机子"),就会成为村民羡慕的对象。乡亲们日出下地劳动,日落回家休息,在这块土地上子子孙孙劳动生息着……

我的故乡不仅经济不发达,文化也很落后——全县只有一所六年制的小学和可以叫"最高学府"的初级中学而已(现在,不但个个村庄有小学,而且每个乡镇都设立了高级中学)。一九五六年,我成为这座"最高学府"的第三届毕业生。为了上高级中学,我十六岁便离开了故乡,由北京东北部的平谷向北京西南方向离家约一百公里的良乡县继续学习。由于我的故乡历史上的“古迹”——几所庙宇早就被日本人烧掉，变为一堆废墟，因而除了从历史课中学到若干历史知识以外，我没有接受过较多的中国古代文化方面的教育，也没有机会接触些“古书”。直到现在，我和朋友们谈到我少年时代的生活时，常自称“山里人”，或说自己是“土老帽儿”（北京称“乡下人”土话）。在这样的环境中，文艺作品却让我兴趣十足。这些作品使我大开眼界，并对未知的外部世界有了了解。我期望成为著名的作家，以便用我的笔描写我的故乡，希望把我周围发生的所有事情传达给外部世界的人。我在“熟读唐诗三百首，不会作诗也会吟”的启示下，拼命地读我所可以看到的文艺作品。因此，我将本不多的零用钱省下来买我所感兴趣的长篇小说、短篇小说集、诗歌集、剧本等，反复地读并反复地思索着、探求着、模仿着……由于我上的良乡中学离家较远，所以平时只好在学校住宿。因经济的原因，只有暑假和寒假才能回家。每个周末，离学校较近的同学都回家去了，而我呢，为了减少思乡之愁并读我喜欢的书，就到良乡县文化馆的阅览室随便翻看各种文艺杂志，沉浸在书中就会忘记孤独。就这样，在阅读书报中度过周末。有的时候，新的小说出版了，因为在学校借不到那些新书，为了享受先睹于别人的快乐，我便跑到新华书店看书。我还记得，当时对我影响最深的是《青春之歌》。这部著名的小说，我就是站在良乡新华书店的书架旁边，一页一页地读完的。我读了一些书后，有空时，又想过写作，例如小说、诗歌、剧本等都曾试着写过。虽然我写了不少，但是除了在语文课上，经常被老师选作“范文”宣读，或在学校举办的联欢晚会上，演出我所编辑的节目和朗诵我写的诗歌以外，连一篇文章都没有以印刷的方式正式发表过，但我还是受到很大的鼓舞，喜形于色，绝没想过自己文艺创作的才能不够，只是觉得自己文艺创作的修养还不足。因而电影的“蒙太奇”、诗歌的“阶梯式”、艺术的“典型”等都强烈地吸引着我。

在一九五九年高中毕业前夕，学校让我们参观了周口店中国猿人洞窟。为了节省车费，全班同学徒步而行，一口气就走了三十多公里路程，所以我们又渴又累。不过这里真是“别有洞天”，我们祖先的伟大创造力让人感到自豪,他们的奋斗精神也鼓舞着我们。在中国猿人(北京人)洞窟里的火堆旁,那些以考察祖国名山大川和找到人类文明足迹为使命的考古学家,引起了我强烈的羡慕。准备考大学时,正好看到北京大学的招生简章,上面有新开设的以培养考古专家为目标的"考古专业"。经过多方面的考虑后,我决定放弃原本报考中文系的想法,选择了北京大学历史系考古学专业,并有幸考上了,在激动和喜悦中开始了我的大学生活。不过在教室里,每天接触的都是艰涩的史实、猿人的头骨、石器、骨器和陶盆等,与我想象中的"文史不分家"确实相差甚远。因此,我很快对其失去了兴趣。我还记得,当时我们班不少同学跟我有同样的想法,他们大部分也都是原来喜欢文学,可是后来因多种原因转而学习考古学,感觉到了"历史性误会"。确实,我们不少同学都因为对专业的不满意而犯了一次"通病"——闹专业思想。随着在实习中对考古学理解的加深,我的同学们逐渐对考古学产生了浓厚的兴趣。祖国优秀的文化遗产和等待着被打开的一座座"地下博物馆"深深地吸引着我们……从二十世纪六十年代至今,同班的同学在全国各地文物考古研究单位或博物馆任职,不少同学主持了重大的考古发现,现已在学术上有所成就并成为在国内外相当有名望的考古学家。我曾见到一位老同学,与他谈到了自己的学术收获,同时也谈到了上大学时的"历史性误会"。我们一边回顾这段有意思的如烟往事,一边发出大笑,为我们年轻时的天真和幼稚而笑。现在,我们都不再为选择考古学专业后悔,也没有为放弃文学而感到遗憾。

目前,我们能用流利的文字整理出研究成果和研究报告,这与我们上中学时的语言文字基础训练有着不可分割的关系。俗语说"言而无文,行之未远",就是指说话要别人一听就清楚,写文章和著作要读者一看就理解。在研究工作当中,除了占有大量资料和创造性的分析外,用文字表达也应是很重要的环节。我们想,如果满腹经纶,却表达不出来,就如同茶壶里煮饺子,量大口小,倒不出来;又像满屋珍宝,只能自己把玩一样,的确是很遗憾的。或者能够表达出来,但文章玄妙、语言晦涩,就会使本就很深奥的学问更加让人无法理解、不知所云。因此,我们做学问、写文章,要像学术界泰斗郭沫若那样气势磅礴，宛如江河一泻千里；或像前辈学者顾颉刚那样细致慎重，行云流水般地把观点表达出来。他们的文章娓娓道来，使大家兴致勃勃地去阅读，重要的史实和深奥的文字，一点没有高深莫测的感觉，所以他们拥有广大的读者群，而不至于曲高和寡。因此，不仅作家必须重视语言文字修养，从事学术研究工作的人（无论是自然科学或者社会科学），也必须从青少年时便开始强化语言文字的训练，这会使未来的研究工作得到无穷的帮助！这是我在多年的研究工作中切实体会到的。直到现在我还有个习惯，就是每到一个从未去过的地方考察古代文化遗址时，都会写几句古诗作为纪念。它意味着“我足迹的记录”，或叫做“咏史诗”吧，这才是“文史不分家”！

在此，我之所以回顾起我走上研究甲骨学和古代史道路的这个“历史性误会”的选择，是想告诉那些未谋面的韩国读者，中国古代文化遗产是很丰富的。就像我这样生性迟钝的人，也是一旦进入了中国古代文化的灿烂的殿堂，便也可取得学术上的成就。俗语说“蓬生麻中，不扶自直”，中国古代文明熏染和育成了我们。我认为对中国古代文化感兴趣的韩国朋友们，一旦进入了门径，便可“升堂入室”，成为中国古代文化研究的专家！幸亏我高中毕业后，有了这个“历史性误会”的选择，才让我决定走上研究甲骨学和中国古代史的道路。如今我已经进入“天命”之年，也自知文艺细胞的缺乏，虽然我不能像作家那样，用笔书写过去 40 年间我的故乡和祖国的变化，但我能坐在书斋里，用笔来记录和发掘中国古代文化的珍品，并力图把历史上的种种迷雾拨开，我在为让他们在人类文化考古史上重新放出光芒而努力。这就是我的工作和使命！我把不能懒惰作为奋斗的基石，我愿意同那些对中国古代文明研究有兴趣的韩国朋友们共同努力！在此，我再一次向为了出版《甲骨学通论》韩语版做出创造性劳动的李宰硕博士表示衷心的感谢！如果这本书的出版能使更多的韩国朋友了解中国古代文化并对其感兴趣，我会为此感到欣慰！希望今后中韩两国人民在学术文化和其他方面的交流与合作不断加强，取得更大的发展！

王宇信一九九〇年秋写于中国社会科学院历史研究所

《中国甲骨学》前言

这部《中国甲骨学》出版的时候，我把三十多年前胡厚宣教授、李学勤教授为我的第一部著作《建国以来甲骨文研究》所作的序言，和二十年前我的第二部著作《甲骨学通论》再一次所作的序言在这部新作前刊出，是为了表达我对二位先生当年对我学习中国甲骨学的鼓励、期望与支持的由衷感谢！不宁唯是，还表示我对一九六四年至今，这四十多年的学术生涯中，令我终生难忘的《甲骨文合集》的集体科研工作为我打下的甲骨学基础，以及我个人在甲骨学的学习、研究和著述中，对《建国以来甲骨文研究》和《甲骨学通论》这两部旧作的却极为看重。应该说，这部《中国甲骨学》，是从《建国以来甲骨文研究》开始，经过我对《甲骨学通论》的学习和总结、思考，并追踪不断涌现的中国甲骨学研究发展的大量新材料、新成果，由此带动自己的理解和认识不断深化的基础上所完成的一部通论性著述。

而在三十年、二十年前胡厚宣师和李学勤先生为我所写序言中提出的一些课题(实际是给整个甲骨学界提出的)和十分深邃的意见，有的今天已经有人完成，有的尚在进行中，有的在加深认识和再讨论中，有的至今还没人进行……因此，这几篇对中国甲骨学发展有前瞻性意见的序言，历久弥新，至今仍对中国甲骨学研究富有启示和指导意义。

三十年前，科学春天的到来，使我参加的《甲骨文合集》的集体研究工作步入正轨。为了工作的需要，我们加强了中国甲骨学的学习。胡厚宣师的《五十年甲骨学论著目》，董作宾大师的《甲骨学五十年》、《甲骨学六十年》，陈梦家先生的《殷虚卜辞综述》等名著，使我们知道了前五十多年的甲骨学的研究成果和取得的成就。此后，研究现状和取得的进展是什么？我开始整理新中国成立三十多年来甲骨学的论著目，以图厘清甲骨学的研究现状和所取得的进展，并试图与胡师的《五十年甲骨学论著目》(当时此书已很少，可以说是一册难求)相承接。这个工作初告一段落后，我与好友周绍泉(后来成为著名徽州文书专家)谈起,周先生建议说,以前有《甲骨学五十年》、《甲骨学六十年》,你何不写这三十年,把“目录”做为附录呢?不是一九七九年正是甲骨文发现八十周年么?!我一听甚有道理,于是确定了大纲,就日以继夜地写起来。可以说,当时年青,写作精力旺盛,基本上十天左右就写完一章,再经修改、誊清,《建国以来甲骨文研究》全书八章共用了三个月左右的时间。书稿写出来不很困难,但出版却很没有底。因为当时出版社较少,古文字排印困难(甲骨字、冷僻字要找老印刷工人刻铅字,成本颇高),老一辈知名学者出书都困难,又何况我辈孺子!中华书局、人民出版社压稿甚多,我连想都不敢想去叩其大门。适逢中国社会科学院胡乔木院长为解决社科院老专家出书困难,成立了中国社会科学出版社。真是天无绝人之路!抱着试试看的心情,我把书稿交给了新成立不久的中国社会科学出版社。当时甲骨文等古文字学科,可不像现在这么“热”,在人们眼中是神秘并鲜有人问津的冷门。中国社会科学出版社不顾印数征订少或书卖不出去的风险,硬是在一九八一年将《建国以来甲骨文研究》出版。出乎意料的是,该书出版以后,很快就销售一空,新华书店就要求重印了几千册。书受到欢迎并很快售完,并不是因为书写得如何好,而是因为十年动乱后,古文字学书籍很少出版,我这本书才成了“书荒”市场的抢手货。直到现在我见到不少从未谋过面的学者,都说上大学时就读过我的书……二〇〇二年一月我在日本东京都驹泽大学访问,专程从福冈赶来的愈慰慈教授,特意带来他二十多年前在上海买的《建国以来甲骨文研究》,请我在发黄的扉页上签字留念。翻着他红笔、蓝笔在书上勾画的点点记号,我颇有感慨,真可谓“他乡遇故知了”!

《建国以来甲骨文》出版以后,《甲骨文合集》也陆续出齐。胡厚宣师命我为释文组长,协助他处理由各位学者承担的《合集释文》工作。在此期间,我又开始了中国甲骨学通论性的系统学习,诸如分期断代,卜法文例,新发现甲骨文的理解和新著的研读,甲骨学家的成就及其贡献等,也追踪着西周甲骨的发现和研究的进展,并也时而就一些专题发表意见……现在还记得,一九八四年李学勤先生命我为福建师大来历史研究所进修的青年教师徐心希讲授中国甲骨学。我第一次给学生讲课,当然要经过一番认真准备,我把从老师那里、把自己对中国甲骨学的学习中的理解、心得以及参加《甲骨文合集》工作实践中所感悟的东西,一一加以系统、条理化,努力讲给徐君听。徐君敏而好学,现已成福州师范大学名牌教授并培养博士研究生。一九八六年,安阳师专(现安阳师范学院)办了一个"殷商文化研究班",故好友聂玉海教授诚请我和杨升南教授为他们讲课,我和杨兄住了十多天,上午我讲"中国甲骨学",下午杨升南讲"商史专题研究",前后共讲了三十三个学时。在此期间,晚上还应安阳市文化局党相魁局长之邀,为文物考古、博物馆和甲骨书法爱好者参加的讲座讲中国甲骨学十多次。

本来我多年来一直恪守先母"言多语失"的教诫,无论在高中、大学,还是在工作单位很少讲话,因而养成生性木讷,在人多场合一发言就脸红心跳,讲着前边忘了后边的毛病。因为出席会议多了,就要发言,有时感到很狼狈。我为此曾请教过李学勤教授,他诙谐地对我说,"讲演就和唱戏一样,台上一站,要做到'目中无人'……"胡厚宣师也对我说过,"我们搞研究工作的人不像大学老师天天给学生讲课,讲课要有艺术性,要锻炼。咱们都缺乏这方面的锻炼……"就是在安阳师专和文化局的这些讲课,使我在"大庭广众"中讲话受到锻炼,而且讲课效果也出乎我的意料,反映还相当的好!

有了三次讲中国甲骨学基础知识的经验,对初学者需要了解什么样的基础知识,又怎样把前辈学者的成果为他们所掌握并应用于实践和操作中去,前辈学者提出哪些前瞻性问题需要大家进一步研究等等,我心里逐渐有了数。我的中国甲骨学通论的讲稿,实际上是我学习、理解,并研究中国甲骨学的一个过来人的体会,授课实践表明,还是很有入门参考价值的。在胡厚宣师和李学勤先生的支持和鼓励下,在"殷商文化研究班"和安阳市文化局听过我讲课的学生们的怂恿下,我开始把自己学习中国甲骨学的体会和心得,以及对中国甲骨学追求的一些收获,在讲稿的基础上加以整理、补充,完成了一部适应多层次读者需要的《甲骨学通论》书稿,时间是在一九八七年初。

但是,原约我写这部书稿的出版社朋友,说他们的出版社小,没有力量出版这部五十多万字的著作(实际上是怕赔钱太多),要求我大加删削,控制在二十万字以内方可接受。但我又舍不得“割爱”。就在我犹豫不决又无可奈何的情况下,中国社会科学出版社历史编辑室主任谢亮生先生和陈宝辉先生见到了我,表示欣然接受这部书稿,并说:“我们就是需要出大部头的学科建设基础性的论著,不怕字数多!”说来也有些汗颜,本来《甲骨学通论》小样在一九八八年就已三校毕,一九八八年此书就可以在下半年印出。何以迟至一九八九年才出版呢?原来是在当时工资较低(我当时副教授每月一百二十元)的情况下,本想书一出版,得笔稿费可以补充家用及购置一些书籍。全稿三校后,一切为作者利益着想的谢亮生主任向我透露:可能从一九八九年起,稿酬将有大幅度提高(每千字从九元增加至二十五元)。建议我推迟一下出版,以增加点收入。我当下就同意了他的意见,一是正好一九八九年是甲骨文发现九十周年,二是花这么多力量写了这部书,推迟一下可以提高劳动力的“价值”,这又何乐而不为呢?读者也可以发现,胡厚宣师、李学勤教授写的《甲骨学通论》序,落款日期都是一九八七年四月,而书是一九八九年出版,原因就在于此。

我的学习和研究中国甲骨学的阶段性著作——《甲骨学通论》一九八九年出版以后,至今(二〇〇八年)已经近二十个来年了。此书出版以后,也受到了大学历史系、考古系学生和老师的欢迎。承蒙厚爱,不少大学教课的朋友们将此书列为大学生或硕士、博士研究生的必读参考书。韩国首尔的东文选出版社二〇〇四年还出版了李宰硕教授的韩文译本《甲骨学通论》。有时我出国访问或讲学,在接待我的教授研究室里,也常见他们书架上放着《甲骨学通论》。由于此书售完和读者的需要,中国社会科学出版社请我略加补充,又于一九九九年出版了增订本的《甲骨学通论》。一部原以为读者面较窄的“冷门”甲骨学著作,竟如此得到读者的欢迎,又是出版社和我本人所始料未及的。这说明,甲骨文这一中华古老文字在中国和世界文明史上的重要地位,被愈来愈多的人所认识。谁要想认识中国古代文化,都必须从甲骨文开始。不少有志于探索古代社会奥秘的年轻人,都像当年前辈大师郭沫若那样,敢于向号称“绝学”的甲骨学挑战,面对暴眼鼓睛、诘曲聱耳的甲骨文,知难而上,下定决心要"读破它、利用它,打开它的秘密",终于步入堂奥,取得了自己研究的成就。而我从事中国甲骨学研究和学习的阶段性成果《甲骨学通论》的写作,不过是作为甲骨文学习的过来人,"结合自己学习和研究甲骨学的体会"而已。这部书如能使广大读者在学习甲骨学的道路上少走弯路,那就实现了我写作的目的。

时光荏苒,日月如梭。这二十多年来,甲骨学研究又有了长足的进步。各地甲骨文的重大发现层出不穷,诸如一九九一年殷墟花园庄东地甲骨、二〇〇二年殷墟小屯南地甲骨和陕西扶风齐家西周甲骨、二〇〇三年春山东济南大辛庄商代有字卜甲和当年底陕西岐山周公庙有字西周卜甲等等。一些重要甲骨材料也整理公布,诸如《甲骨文合集补编》、《殷墟花园庄东地甲骨》、《周原甲骨文》等等。一些甲骨学研究的总结性著作陆续面世,诸如《甲骨学一百年》、《百年甲骨学论著目》、《甲骨文合集释文·来源表》、《甲骨文精粹释译》等等,以及前不久出版的《甲骨文校释总集》(全二十卷)等。新甲骨材料的出土和公布以及一批总结性著作的出版,推动了甲骨学研究"全面深入"阶段(一九七八年以后)的继续发展。

而当年撰述《甲骨学通论》时,在系统而科学地阐述甲骨学基本规律、基本研究方法与研究课题和基本著作及前辈学者的研究特点时,力图反映当时(近九十年来)甲骨学研究所取得的成就,以期"不仅可以供初学者作入门参考,而且还可以使具有相当水平的学者掌握研究的最新成果,从而从最前进的一线出发,取得更大成就"(《通论》前言,第十页)。很显然,要达到这样的目的,《甲骨学通论》一书的内容也要与时俱进,把这二十多年来甲骨学研究所取得的一系列成就,包括我个人对中国甲骨学的理解和研究的最新成果,也要纳入其中,而不能再固步自封在原"九十年"的范围之内了,这就是我把《中国甲骨学》提上写作日程的缘由。再有一点值得庆幸的是,我的身体健康状况还不错。虽然早有增订《甲骨学通论》写成一部新的《中国甲骨学》之心,但"惰性"和其他种种原因却打消了我修订《甲骨学通论》之意,而上海人民出版社的慷慨约稿,唤起了我心中的不断进取之火,激励我完成了《中国甲骨学》的工作。

《中国甲骨学》前言

我自二〇〇三年七月退休以后，仍承蒙朋友们的记挂，时常邀我出席一些学术会议，提交的论文就成了我的“入场券”。平时在完成承担的课题之余，也关心着甲骨文新材料的发现和新论作的问世，对一些甲骨学理论和甲骨学史上的问题，经常进行着思考。诸如《殷墟花园庄东地甲骨》出版以后，研究者趋之若鹜，而殷墟 YH127 甲骨坑发现七十多年来，为什么专坑整理研究者却很鲜见；甲骨学家明义士，过去多以他收假甲骨“腐臭变质”为笑谈，而他研究甲骨学的贡献和“字型”断代泽及士林的影响却没有人深谈。再如学者们的大师风范和学者之间的友谊和奉献，促进了《甲骨文字释林》、《甲骨文字诂林》和《甲骨文合集》等划时代工程的完成。如此等等，我有关甲骨学理论、发现与著录和甲骨学家的研究等论作，在《中国甲骨学》的上篇有较集中的论述；我的《西周甲骨探论》一九八四年出版以后，一九九二年以后又有河北邢台南小汪西周甲骨、一九九六年北京房山琉璃河西周有字甲骨及二〇〇三年陕西岐山周公庙西周有字卜甲等地新出土材料的公布。我对周原甲骨和邢台甲骨又进行了多层面的思考与探索，较《西周甲骨探论》又有所深入。我这些有关西周甲骨的研究意见，这次在《中国甲骨学》中篇专论西周甲骨学部分有集中体现；以甲骨文为核心，包括考古学、商史、科学技术、古代工艺以及书法等等方面的殷商文化，即广义的甲骨学研究，博大精深，几代学者为其弘扬贡献了毕生精力。诸如我国兴起的甲骨书法热，以艺术形式普及甲骨文字考释成果，对甲骨文贴近生活，深入民众很有意义。近年来我为一些甲骨书法集写了几篇序言，其中谈了一些对甲骨书法的看法、心得，作为补充，收入《中国甲骨学》“甲骨文与甲骨书法”一章之中。时下还有一些“热点”议题，诸如被收藏界一些大师们吹得神乎其神的古玉，我根据甲骨文和古文献论述殷代的宝玉、用玉及玉观念的实践，或许能把“玉”从玄之又玄的天上请到人间世界。二〇〇六年七月，殷墟被列入世界文化遗产名录，是殷商文化学界的大事。保护好、利用好、管理好殷墟这座人类文明的宝库，把它完整地留给子孙后代，并如何使当地居民享受到“申遗”成功的成果，又给我们提出了全新的课题。一百多年来，甲骨学研究经历了“草创时期”（一八九九年至一九二八年)、“发展时期”(一九二八年至一九四九年)、“深入发展时期”(一九四九年至今),并取得了辉煌成就。而我们则认为,自一九八七年以后,甲骨学研究又取得了阶段性的进步,是为“全面深入发展时期”。如此等等,我的这些较狭义的甲骨学范畴更宽泛一些的殷商文化论述,作为广义的甲骨学内容,列入了《中国甲骨学》的下篇。

经过如此这般的一番增补,这部《中国甲骨学》就与二十多年前的《甲骨学通论》有了很大的不同。这就是在本书上、中、下三篇中,增加了我这些年来对甲骨学、甲骨学史、商周甲骨文和殷商文化的追求和探索,认识和理解,学习和研究的内容。希望能使读者得到启示,或进行重新研究、争论,以推动甲骨学研究的前进。

学海无涯,人生苦短。三十多年前为《建国以来甲骨文研究》题签的著名南明史专家谢国桢教授早已离开了我们。而二十年前为《甲骨学通论》题签的德高望重的史学大师周谷城教授和为本书写序的甲骨学大师胡厚宣教授也已离我们而去,但他们的道德文章永驻人间!每次翻阅《建国以来甲骨文研究》和《甲骨学通论》,看到谢老儒雅、清秀的题签和周谷老苍劲有力的题签以及胡先生在“序”中对我们“学无止境,应该精益求精”的教诲与期盼,总是感到无比亲切。大师们的音容笑貌恍如昨日。当年我们一起编辑《甲骨文合集》的年青学者,也早已步入“耳顺”之年退了休。应永深、牛继斌先生几年前驾鹤西归。而退休后健在的同事们退而不休,仍在关心着甲骨学界的风云。孟世凯教授《甲骨学辞典》新近面世,彭邦炯教授的填补空白的专著《甲骨文医学资料考证与研究》也于不久前出版。挚友杨升南教授一九九九年后大病一场,但上天保佑他战胜病魔,又在向《花东》进军,成了主张花东 H3 卜辞中“子”为武丁之子说的“领头羊(杨)”。至于我本人,这部才完成的《中国甲骨学》,或能反映我在甲骨学研究的“全面深入发展时期”,追随新一代学者们之后,仍在学习着、工作着、研究着、前进着的身影。

时下流行的名段:“钱多钱少,没完没了。官大官小,都有烦恼。新友旧友,越多越好。全家健康,才是最好”云云,颇富哲理,对生活理解得异常透彻。正逐步向“古稀之年”迈进的我，早就相信一切都尽人事，在天命。一些事不可不求，但不可刻意去求。一切都在于自然，以平常心态处世。还是要乐一点儿，玩一点儿，学一点儿，想开一点儿，健康一点儿，长寿一点儿吧！养精蓄锐，争取再修订一次《中国甲骨学》吧！在这里，我要感谢保障了我“全家健康，才是最好”的我的妻子朱月萍女士。几十年来，她不嫌我当年的“俸禄”微薄，千方百计地安排好全家的生活，并承担了全部家务，从而保障了我们全家健康和使我能把全部精力用到研究工作中去。因此，我些许成就的取得，都是与她的奉献、支持和寄托的厚望分不开的。虽然几十年的岁月，磕磕绊绊也有时免不了发生，但“糟糠”之妻却是“永久牌”的。在《中国甲骨学》完成的时候，我在这里要郑重地说：感谢在我几十年的学术生涯中，与我同甘共苦的妻子——朱月萍女士！在二〇〇八年九月二十九日，妻子忽然对我说，今天是咱们结婚四十周年银婚日。成天东忙西忙，何时结的婚早已不记得了。我也不搞什么浪漫的补拍婚纱照之类的“雅事”，写下一首诗，以表示永不忘记吧。题为《银婚四十年感怀》：“卌年风雨碰锅盘，书山深处觅清泉。笔耕暇时赏古器，金屋易得养娇难。”我认为，这比钻戒之类做纪念品更有意义，因为这首《感怀》道出了我的心曲！

我还应在这里特别感谢我的母亲——韩淑茹老太夫人。我的母亲以她对子女们的大爱和寄托的无限期望，支持着并支撑她度过了九十四年的曲折人生旅途。有时代的变迁和世事的沧桑，有世态的炎凉和人间的真情。有种种生活的磨难和改革开放后的小康生活……我二〇〇八年五月为母亲立的墓碑上，用甲骨书法写上了：“四十年河东历风雨，一百年河西品小康。”在二十年前，我把新出版的《甲骨学通论》奉献给母亲时，这位能识文断字的七十多岁的老人欣慰的笑容恍如昨日。而今天，当《中国甲骨学》出版的时候，我还要在心中献给母亲一部……我和其他各位学者一样，怎么能不怀念和感谢在幕后为我们的成就作默默奉献的家人们呢！

作者谨志

二〇〇八年六月于北京

方庄“入帘青小庐”

第一章 绪　论

第一节 什么是甲骨学

甲骨学是以古遗址出土供占卜用的有字龟甲和兽骨为研究对象的一门学问。这些有字龟甲和兽骨，主要为商朝后期（公元前十四世纪至公元前十一世纪）的遗物；近年在山西、陕西、北京等西周遗址中，也有有字甲骨出土，扩大了甲骨学的研究范围，对此，我们将在本书中编作专门论述。

这些供占卜记事用的有字龟甲和兽骨，就是我国文化宝库中的珍品——甲骨文。甲骨文自一八九九年被发现以后，迄今已积累了十五万片左右的资料①，为甲骨学的建立奠定了坚实的基础。

甲骨学是一门新兴的学问。由于一百多年来出土材料的不断增多和收集材料手段的逐渐科学化，通过国内外一批造诣很深的学者对文字的释读、卜法文例的探索、分期断代的确立、文字内容的社会历史与文化的考证和深入研究，以及学科本身发展史的建立等等，甲骨学已成为一门有严密规律和许多重大研究课题的新兴学科。

“衣带渐宽终不悔，为伊消得人憔悴”。不少优秀的甲骨学者，或筚路蓝缕，开拓榛莽；或发凡启例，凿破鸿濛，为甲骨学的建立耗尽了心血，付出了大量艰苦的、创造性的劳动。一批饮誉海内外的甲骨学者的名字，将在甲骨学史和我国近代学术史上占有重要地位。他们不少的真知灼见和缜密的研究方法，已成为甲骨学领域值得继承和研究的宝贵财富，并将永远启迪后学，对开创甲骨学研究的新局面有着重大的意义。

① 有关一八九九年以来殷墟甲骨文材料的发现，参见胡厚宣：《八十五年来甲骨文材料之再统计》，《史学月刊》，一九八四年，第五期。有关西周甲骨材料之统计，参见王宇信：《西周甲骨探论》，第十九至二十页，中国社会科学出版社，一九八四年四月。

古代占卜用龟甲和兽骨上的文字——甲骨文,是甲骨学研究的重要对象之一。因此,甲骨学属于传统的金石学范畴。所谓"金石学",即"研究中国历代金石之名义、形式、制度、沿革;及其所刻文字图像之体例、作风;上自经史考订,文章义例,下至艺术鉴赏之学也"①。"金"即"吉金",包括铜器上的铭文和器形,主要是青铜器上所铸铭文以及度量衡器、刻符、玺印、钱币、铜镜等上面的文字和图像等。"石"即"乐石",包括古代石刻上的文字及造型,主要是碑碣、墓志,此外还有摩崖石刻、造像、经幢、柱础、石阙等等。我国传统金石学的形成,最早可追溯至西汉,到宋朝大盛,出现了用图像和拓本(或摹本)表现古器物器形和古文字的金石图谱,是金石学正式形成时期。历元明两朝的中衰,至清朝出土的金石材料增多,研究又复兴盛。与此同时,研究的范围也愈来愈广,又涉及陶器、简牍、封泥等等,已远非"吉金"、"乐石"所能包容了。特别是清朝末年甲骨文的出土,使金石学又增加了新内容②。

甲骨文材料和传统的金石学研究材料——金石文字及其图像一样,是古代遗留下来的实物资料,是通过考古发掘手段取得的(特别是在一九二八年科学发掘殷墟甲骨文以后)。因此,甲骨学研究又是隶属于近代田野考古学的一门分支学科。所谓考古学,"是根据古代人类活动遗留下来的实物来研究人类古代情况的一门科学"③。"如果依照现代的学科分类来说,实际上包括有铭刻学(Epigraphy)和考古学(Archaeology)两门学科。北宋金石学家吕大临在《考古图》的序文中说:'观其器,诵其言,形容仿佛,以追三代之遗风,如见其人矣。'他把古器物的形制和铭刻文词二者区分得很清楚"④。

我国近代田野考古学的初创,以一九二八年中国学者自己主持进行的殷墟大规模科学发掘为标志。从一九二八年至一九三七年先后在安阳殷

① 朱剑新:《金石学》,第三页,文物出版社,一九八一年新一版。

② 关于我国传统金石学的发展历史,参阅朱剑新:《金石学》,第三十四至六十四页。

③ 夏鼐:《什么是考古学》,《考古》,一九八四年,第十期。

④ 夏鼐:《〈殷周金文集成〉前言》,《考古》,一九八四年,第四期。

墟进行的十五次大规模科学发掘工作，奠定了我国田野考古学的基础①。而发掘工作的缘起，就是为了科学地收集甲骨文。田野考古学的发展，不仅获得了大量科学发掘的甲骨新资料，也促进了甲骨学研究的前进。因此，甲骨学与田野考古学有着密切的关系，并成为隶属于考古学的一门分支学科。

应该明确的是，甲骨文并不就是甲骨学。甲骨文只是商朝后期遗留下来的珍贵文物和史料，它的科学价值，只有随着甲骨学研究的发展，才愈益为人们所认识。为什么这样说呢？甲骨文距今时代久远，古文献中也失去记载，几千年来深埋地下，鲜为人知。在学者认识和开始购藏甲骨文的一八九九年以前，安阳殷墟所“埋藏龟甲”出土已三十余年，“不自今日始也”②。但一直不知其为何物，故被当做“龙骨”成批卖给药店或被填入枯井处理掉，造成了巨大损失。直到甲骨文被发现的初期阶段，学者们对其内容和规律也仍然是茫然无知的，只不过是作为秘不示人的“古董”珍藏、把玩而已。此外，甲骨文经过埋藏时期的断烂，发掘过程中的破损，辗转收藏过程中的断裂等等，大部分都很碎小，被称为“断烂朝报”，要想利用很为困难。

而甲骨学，是以甲骨文为研究对象的专门学科，是甲骨文自身固有规律系统的和科学的反映。正是由于甲骨学的不断发展，这些“断烂朝报”中所蕴藏的古代社会奥秘才被学者们一一窥破。因此，我们决不能把甲骨文与甲骨学混为一谈。

第二节　中国的“旧学”自甲骨文出土而另辟一新纪元

中国传统学术，“既包含有时代局限性的内容，也包含有恒久价值的内

---

① 参阅夏鼐：《中国文明的起源》，第三页，文物出版社，一九八五年。

② 罗振常：《洹洛访古游记》，宣统三年（一九一一年）二月二十一日条记，蟫隐庐印行，一九三六年。

容,既有陈陋的偏见,也有明锐的睿智;既有过时的糟粕,也有深湛的精华”①。就在一八四〇年鸦片战争以后,我国进入半殖民地半封建社会,西方自然科学和社会科学学说也传入了中国,从而使“中华学术周遭冲击,文化基脉遇空前挑战”②。就在这严重的时刻,中国一批博学鸿儒处变不惊,作出了创造性的反映而开时代之先,完成了中国传统学术向近现代学术的转型。而一八九九年甲骨文的发现和罗振玉、王国维等学者的努力,使“中国之旧学自甲骨之出而另辟一新纪元”③。

一、 甲骨文的发现和研究,标志着中国传统学术向近代学术转型

一八九九年王懿荣发现甲骨文以后,一九〇三年《铁云藏龟》的出版,使甲骨文由“古董”变为可资研究的“史料”。而一九〇四年《契文举例》的出版,标志着甲骨文研究的开始。其后,经过罗振玉、王国维等学者的努力,甲骨文研究经历了它发展道路上的识文字、断句读时期。罗振玉《殷虚书契考释》及其后的《增订考释》,“为有清一代‘小学’之一总结,它标志着以《说文》为中心的‘小学’的结束,代表着一个以地下出土的古文字资料为研究中心的新学科正在兴起,实在起着继往开来的作用”。罗、王二氏之所以取得巨大成就,站在甲骨学研究“草创时期”的高峰,是因为他们在乾嘉以来学者所取得成就的基础上,又随十九世纪末二十世纪初的中西学术的融合的大潮,把研究向前推进了一步。这就是因为他们与传统研究方法“相异之处也很多,由于他们所碰到的问题,所见到的材料(即罗氏所谓‘文字之福’)远比乾嘉诸儒要多得多,又由于他们不同程度上吸收了近代的科学方法,所以他们的治学方法具有与乾嘉朴学迥然不同的特征”④。这就是学者所指出的“二重证据法”、“不迷信《说文》,对《说文》持批判态度”和

① 张岱年:《国学大师丛书》总序,百花洲文艺出版社,一九九五年十一月。

② 钱宏:《重写近代诸子春秋》、《王国维评传》,百花洲文艺出版社,一九九六年。

③ 郭沫若:《中国古代社会研究》,第二一三页,人民出版社,一九五四年版。

④ 曾宪通、陈炜湛:《论罗振玉和王国维在古文字学研究领域内的地位和作用》,《古文字研究》第四辑,中华书局,一九八〇年。

“‘阙疑待问’的科学态度”等等。

二、 为殷商考古学的发展提供了契机

一九〇八年，罗振玉访知甲骨文确切出土地为河南安阳小屯村以后，一九一〇年又在《殷商员卜文字考》“序”中进一步考证出小屯村为“武乙之虚”，而一九一四年在《殷虚书契考释》“自序”中又进一步确定了小屯为“洹水故墟，旧称亶甲，今证之卜辞，则是徙于武乙去于帝乙”的晚商武乙、文丁、帝乙三王时的都城。这是很有意义的工作，不仅学者们通过古董商，而且还可派人直接去安阳小屯收集甲骨，从而减少了甲骨资料的损失，并扩大了甲骨文的搜求。与此同时，对甲骨文以外的其他出土文物也开始购求，为殷墟考古学积累了资料，并为一九二八年殷墟科学发掘工作开了先河。

一九二八年以科学发掘殷墟甲骨文为契机，在河南安阳小屯村开始了历时十年，先后十五次的大规模科学发掘工作，从而使中国历史时期的考古学经历了“萌芽时期”（一、二、三次）、“形成时期”（四、五、六、七、八、九次）、“成熟时期”（十次至十五次），并为新中国殷墟考古的“黄金时代”奠定了坚实的基础和培养了一批举世闻名的考古学家。

与此同时，近代田野考古学方法引入甲骨学研究领域，从而使在金石文字之学影响下形成的甲骨学发生了一场深刻变革，即《甲骨文断代研究例》把甲骨学研究纳入了历史考古学范畴，成为中国考古学的一门分支学科。

三、 为新史学的发展奠定了坚实的基础

二十世纪初“疑古派”学者否定了封建主义借以立身安命的儒家经典和伪古史体系，因而引起学者对新史料的搜集和上古史的重建工作。

在考古学者向地下发掘新材料的同时，罗振玉、王国维等学者向我们提供了无数的真实的甲骨文史料，并与“疑古”完全相反，走上“释古”、“证古”的道路。王国维《殷卜辞中所见先公先王考》等名篇，“均抉发了三千多年来所久被埋没的秘密。我们要说殷墟的发现是新史学的开端，王国维的

业绩是新史学的开山,那是丝毫也不算过分的"①。

不仅如此。中国唯物主义的历史科学研究,也是从罗、王的甲骨文资料的收集、整理和研究开始的。号称"异军"的马克思主义史学大师郭沫若的研究,是从《殷虚书契》和《殷虚书契考释》为起点的。郭沫若以历史唯物主义为指导,利用甲骨文资料研究商代社会历史,奠定了我国马克思主义历史科学的基础。他的划时代著作《中国古代社会研究》、《十批判书》、《奴隶制时代》和主编的《中国史稿》等书,勾画出了我国马克思主义历史科学从不成熟到成熟的发展轨迹。

第三节　甲骨学与其他学科的关系

一八九九年以来出土的十五万片甲骨文和历年殷墟发掘所得大量遗迹、遗物,为恢复商代社会面貌提供了珍贵的第一手资料。正如胡厚宣先生所指出的:

> 现在这十六万片甲骨,每片平均即以十个字计,已有一百六十万言。包括内容非常丰富。再加上大量的遗迹遗物的文化遗存,不但商史可据以研究,就是商以前和商以后的好多古史上的问题,也可以从这里探求获得解决②。

正是由于甲骨学者的努力和甲骨学的形成、发展,这十五万片甲骨文才成为时代早晚明确、文句辞义贯通的科学研究第一手资料。甲骨学成为与汉语史、语言学和历史学、考古学、古代科学技术史等学科有着密切联系的一门重要学问。

首先,在汉语史和语言学的研究中,甲骨学占有重要地位。

众所周知,甲骨文距今已三千多年,是目前我国发现的最早的有系统

---

① 郭沫若:《古代研究的自我批判》,《十批判书》,第四页,科学出版社,一九五五年。

② 胡厚宣:《殷墟发掘》,第二页,学习生活出版社,一九五五年。胡先生当时统计甲骨资料共出土十六万片。

的文字。甲骨文本身已是比较成熟的文字，说明在我国文字发展史上，还有更早的文字，有待我们发现和研究。多年来，在一些仰韶文化遗址，如陕西西安半坡、长安五楼、临潼姜寨、零口、垣头、郃阳莘野、铜川李家沟、宝鸡北首岭、甘肃秦安大地湾等处①以及青海乐都柳湾②等地，发掘出土的陶器上都有刻划符号发现。有的学者认为这些是“具有文字性质的符号”③；“对后世文字发明有一定影响，但本身决不是文字”④；“某些记号为汉字所吸收，并不能证明它们本来就是文字”⑤。但也有学者认为，“结绳、刻木等才是真正的原始记事方法，我们的先民使用过这种方法，后来发展为刻划的标记，逐步具备形音义而形成文字。陶器符号的发展，正反映了这样的过程”⑥。在一些龙山文化遗址，如山东青岛赵村⑦、河南永城王油坊⑧等地也都有刻划符号的发现。二十世纪六十年代以来对夏文化的探索取得了很大进展，在河南偃师二里头遗址也有刻划符号的发现⑨。特别是河南登封县告城镇王城冈遗址发现了已相当成熟的会意字“共”字等⑩。值得注意的是，“分布在中国东部的大汶口文化和良渚文化，也发现有陶器符号，其形体更接近商周文字，为探讨文字起源投射了新的光明”。“大汶口文化的符号比较端正规整，有象形性，很像后来的青铜铭文。多数古文字学者同意这种符号是文字，因为它们都能依照古文字的规律释读”⑪。甲骨文与大

① 王志俊：《关中地区仰韶文化刻划符号综述》，《考古与文物》，一九八〇年，第三期。

② 青海省文物管理处考古队等：《青海乐都原始社会墓地反映出的主要问题》，《考古》，一九七六年，第六期。

③ 郭沫若：《古代文字之辩证的发展》，《考古》，一九七二年，第三期。

④ 汪宁生：《从原始记事到文字发明》，《考古学报》，一九八一年，第一期。

⑤ 裘锡圭：《汉字形成问题的初步探索》，《中国语文》，一九七八年，第三期。

⑥ 李学勤：《考古发现与中国文字起源》，《中国文化研究集刊》第二辑，复旦大学出版社，一九八五年二月。

⑦ 孙善德：《青岛市郊区发现新石器时代和殷周遗址》，《考古》，一九六五年，第九期。

⑧ 商丘地区文管会等：《一九七七年河南永城王油坊遗址发掘概况》，《考古》，一九七八年，第一期。

⑨ 洛阳发掘队：《河南偃师二里头遗址发掘简报》，《考古》，一九六五年，第五期。

⑩ 李先登：《王城冈遗址出土的铜器残片及其它》，《文物》，一九八四年，第十一期。

⑪ 李学勤：《考古发现与中国文字起源》。有关大汶口文化的文字性质及社会性质的讨论已编入《大汶口文化讨论文集》，齐鲁书社，一九七九年十一月。

汶口文化、登封告城镇王城冈等地发现的文字是一脉相承的,在我国文字发展史上占有重要地位。

世界各民族文字基本可以分为三个系统。一种是音素文字,有若干个音素符号,再由音素符号组成音节,若干个音节组成表达意义的词。拉丁语系和斯拉夫语系属于音素文字。另一种是音节文字,即每一个符号代表一个音节,再由若干音节组成表达意思的词。日本语属于音节文字系统。第三种是表意文字,这就是中国的汉字。每一个汉字既代表一定的音节,又有一定的意义,较为常用的字有四五千个①。四千多年来,汉字虽然经过发展变化,但中间嬗递之迹可见,对中华民族的形成起了巨大的凝聚作用。

关于汉文字的造字原则,即所谓"六书"说,自战国末年提出,直到西汉末年以后才有较为详细的叙述,但班固《汉书·艺文志》和郑众《周礼·保氏注》中六书的名目和次序都有所不同。

东汉许慎《说文·序》说:

> 《周礼》八岁入小学,保氏教国子先以六书:一曰指事,指事者,视而可识,察而可见,上下是也。二曰象形,象形者,画成其物,随体诘诎,日月是也。三曰形声,形声者,以事为名,取譬相成,江河是也。四曰会意,会意者,比类合谊,以见指捴,武信是也。五曰转注,转注者,建类一首,同意相受,考老是也。六曰假借,假借者,本无其字,依声托事,令长是也。

虽然许慎的说法两千多年来被视为圭臬,但"六书"是有很大局限性的。正如唐兰早在一九三四年《古文字学导论》中已指出的:"六书说的缺点,第一是不精密,我们不能把它来分析一切文字。第二是不清晰,我们很难知道它们的确实的定义。这种学说是早应当废弃的。"他首先提出了"三书"说,即:"第一是象形文字,第二是象意文字,这两种是属于上古期的图绘文字,第三是形声文字,是属于近古期的声符文字。这三种文字的分类,可以包

① 参阅唐兰:《中国文字学》,第六十七至七十五页,上海古籍出版社,一九七九年新一版。

括一切中国文字，不归于形，必归于义，不归于意，必归于声。”[①]夏鼐基本赞同唐兰的创见，并进一步作了分析，认为：六书“实际上是指象形、象意（包括象事）和象声，而以象形为基本。象形的字，如画一个圆圈以代表太阳，画一个半圆以代表月亮，比较容易明白。象意的字，或用两个或更多的象形字合为一字使人领会意思，象许慎所说的止戈为武，人言为信（会意），或用几个不成字的点划以表示意思，如许慎所举的上、下二字（指事）。象声的字是用同音的象形字以代表无法象形或象意的抽象概念或‘虚字’（假借），或于同音的象形字之外，又加一表示含义的象形字（后世称为‘部首’），合成一字（形声）。这样使用不同部首，便可使同音而异义的字区别开来，不致混淆。至于‘转注’到底指什么，二千年来各种说法纷纭，我们暂时可以不必去管它”[②]。也有的学者认为，甲骨文的造字法主要有象形、假借、形声三种。在商朝武丁时期（即第一期）的甲骨文里，这三种类型的文字都已存在。但比较而言，形声字还不太发达，而象形字做音符的假借字还比较多。直到商末帝乙、帝辛时期（即第五期），形声字才较为发达起来。我们今天的汉字，还是以象形字为基础。可见，甲骨文已具备了今日汉字结构的基本要素[③]。

甲骨学研究表明，甲骨文的文法也基本上具备今日汉语语法的要素，开了汉语语法之先河。甲骨文的词位基本上具有名词、代词、动词、形容词、连词、介词等。句子形式有主语、谓语、宾语（包括直接宾语及间接宾语）等成分。甲骨文的句型，有简单句，也有复合句。复合句中有主从式、并列式、连动式等[④]。

甲骨文字契刻劲遒，布局和谐，行款错落有致，古朴中蕴藏着隽永的艺

---

① 唐兰：《古文字学导论》增订本，第四〇二至四〇三页，齐鲁书社，一九八一年；并参考唐兰《中国文字学》，第七七至七九页。

② 参见夏鼐：《中国文明的起源》，《文物》，一九八五年，第八期；又收入夏鼐：《中国文明的起源》，第八十五至八十七页。

③ 参阅陈梦家：《殷虚卜辞综述》，第七十三至八十页，科学出版社，一九五六年。

④ 参阅管燮初：《殷虚甲骨刻辞的语法研究》，中国科学院出版，一九五三年；又陈梦家：《殷墟卜辞综述》，第三章《文法》。

术魅力。因而甲骨书法,也为后世书法篆刻提供了大量可资借鉴和研究的最早资料。

其次,甲骨学与历史学有着密切关系。

已如前述,正是由于甲骨学的形成和发展,十五万片甲骨文里所蕴藏的古代社会奥秘,才被学者们一一窥破。从而使甲骨文从“古董”变为古代社会研究的珍贵史料,学术价值大大提高。一百多年来,甲骨学者依据甲骨文材料,结合考古学、民族学和古文献资料,基本上为我们勾画出了商代奴隶社会的面貌。这方面的典范,就是郭沫若主编的《中国史稿》一书有关商代社会的论述。甲骨文中有关商代奴隶和奴隶主阶级活动的记载,使学者得以论证了商代社会的阶级结构和社会性质①。众和羌是商代社会生产的主要承担者②,大批俘虏被用于祭祀或殉葬时的“人牲”与“人殉”③。奴隶和平民经常用逃亡来反抗奴隶主阶级的残酷剥削和压榨,直至酿成“焚廪暴动”④。商王朝为了巩固自己的统治,国家机器有了进一步的加强。商王自称“余一人”,并通过对上帝的信仰将王权神化。商王朝建立了左中右三师的军队,由“内服”和“外服”的各级官吏组成了庞大的官僚机构,在全国各地设置了监狱并制定了严酷的刑罚。后世的“五刑”在甲骨文中就已滥觞⑤。商王朝不仅加强镇压奴隶和平民的反抗,还经常对外发动掠夺性战争。自武丁起至文丁时代,主要用兵于北方和西北各方国。而在商末帝

---

① 参阅王宇信:《建国以来甲骨文研究》,第五章第一节,中国社会科学出版社,一九八一年三月。

② 参阅王宇信:《建国以来甲骨文研究》,第五章第二节。

③ 参阅王宇信:《建国以来甲骨文研究》,第四章第三节。

④ 参阅王宇信:《建国以来甲骨文研究》,第五章第四节。

⑤ 参阅王宇信:《建国以来甲骨文研究》,第五章第三节。有关商代官制的文章还可参阅:裘锡圭:《甲骨卜辞中所见“田”、“牧”、“卫”等职官研究》,《文史》第十九辑;杨升南:《卜辞所见诸侯对商王室的臣属关系》,《甲骨文与殷商史》第一辑,上海古籍出版社,一九八三年;王宇信:《商王朝的内外职官》,《文史知识》,一九八三年,第十一期;王贵民:《商朝官制及其历史特点》,《历史研究》,一九八六年,第四期。有关商代军制的文章还可参阅:杨升南:《略论商代军队》,《甲骨探史录》,三联书店,一九八二年;王贵民:《甲骨文所见的商代军队数则》,《甲骨探史录》;王贵民:《就殷墟甲骨文所见试说“司马”职名的起源》,《甲骨文与殷商史》第一辑;陈恩林:《商代军队组织略述》,《全国商史学术讨论会论文集》(《殷都学刊》增刊),一九八五年二月。

乙、帝辛时期，则主要用兵于东南的夷方。甲骨文中出现不少方名和地名，为研究商代历史地理和疆域提供了重要资料①。有关商族鸟图腾遗迹和亲族制度、“非王卜辞”等，对研究商民族的起源和家族形态、宗法制度也很有意义②。胡厚宣《殷商史》于二〇〇三年由上海人民出版社出版。此外，大型的十一卷本《商代史》由宋镇豪主编，杨升南、罗琨、常玉芝、王震中等十多位学者参与各卷撰写也已完稿，可望于二〇〇九年由中国社会科学出版社出版。

其三，甲骨学与古代科学技术史的研究也有着紧密的联系。

我国古代劳动人民通过辛勤劳动和不断在实践里总结经验，在古代科学技术领域有不少创造和发明。这不仅是发展我国科学技术可供借鉴的宝贵遗产，也是人类文化宝库中的重要财富。农业是商代社会生产的主要部门，甲骨文记载表明，商代已经种植了黍、麦、稻、粟等农作物并掌握了这些农作物的整个栽培过程。有关植物水分生理学知识的记载，要比古代希腊相关的记载早一千多年③。商代的畜牧业也很发达，后世的六畜马牛羊鸡犬豕，在商代都有驯养并有大量贮备。其中尤以养马业最受国家重视并取得了突出的发展。当时已经掌握了执驹、攻特、相马等改良和培育优良马种的技术④。杨升南一九九二出版的《商代经济史》(贵州人民出版社)对商代农业、畜牧业、渔猎等有系统而全面的总结性论述。商代医学也已达到较高水平。甲骨文中有关商人疾病的记载表明，基本上已具有了今天的内、外、耳鼻喉、牙、泌尿、妇产、小儿、传染各科。而有关龋齿的记载，比埃及和印度的同类记载要早七百至一千年⑤。我国传统的“针灸学”，在世界

---

①　参阅王宇信:《建国以来甲骨文研究》,第五章第六节。

②　参阅王宇信:《建国以来甲骨文研究》,第五章第五节。这方面的论述还可参阅:裘锡圭:《关于商代的宗族组织和贵族平民两个阶级的研究》,《文史》第十七辑;罗琨:《殷卜辞中的高祖与商人的传说时代》,《全国商史学术讨论会论文集》;朱凤翰:《论商人诸宗族与商王朝的关系》,《全国商史学术讨论会论文集》;杨升南:《从殷墟卜辞中的“示”、“宗”说到商代的宗法制度》,《中国史研究》,一九八五年,第三期。

③　参见王宇信:《建国以来甲骨文研究》,第六章第一节;裘锡圭:《甲骨文中所见的商代农业》,《全国商史学术讨论会论文集》。

④　参见王宇信:《建国以来甲骨文研究》,第六章第二节。

⑤　参见王宇信:《建国以来甲骨文研究》,第六章第四节。

上享有盛誉。我国医学的这一宝贵财富,甲骨文中已有记载①。彭邦炯二〇〇八年一月由人民卫生出版社出版的《甲骨文医学资料考辨与研究》,对此有全面的论述和总结。商代天文历法也达到很高水平。商人对气象的观察很注意,甲骨文中有不少关于风云雾雨雷雪雹阴的记载,为古气象学的研究提供了最早的文字资料。而有关日食、月食和星象的记录,对古天文学的研究和历法的定朔很有价值。商代是阴阳合历,武丁时期年终置闰,称"十三月"。祖庚、祖甲时"年中置闰"。商代以干支纪日,将一个月分为三旬,并将一天分为不同的时段,以人文或自然为依据,创造了记时的专名——时称②。常玉芝一九九八年出版的《殷商历法研究》(吉林文史出版社),对商代历法进行了全面研究和复原工作。

其四,甲骨学对殷商考古学的深入研究有重大推动作用。

河南安阳殷墟的发掘,奠定了我国近代田野考古学的基础。而一九二八年科学发掘殷墟的缘起,就是为了搜求甲骨文。殷墟文化分期,为殷商考古学确立了标尺,而殷墟文化分期的绝对年代,就是以遗迹、遗物的考古学相对年代参据甲骨学分期断代成果确定的③。不少商代重要遗迹、遗物的性质和年代的考定,诸如举世闻名的"妇好墓"年代及妇好在历史上的活动④、王陵区祭祀场的推定⑤、人殉与人牲的研究⑥、殷墟西区族墓葬的研究⑦以及江苏铜山丘湾商代社祀遗址的推定⑧等等,都与甲骨学的研究成果密不可分。

---

① 胡厚宣:《论殷人治疗疾病之方法》,《中原文物》,一九八四年,第四期。

② 参见王宇信:《建国以来甲骨文研究》,第六章第五节。相关论著还可参阅:常正光:《殷历考辨》,《古文字研究论文集》,一九八二年五月;张培瑜等:《试论殷代历法的月与月相的关系》,《南京大学学报》,一九八四年,第一期;胡厚宣:《卜辞"日月又食"说》,《出土文献研究》,文物出版社,一九八五年;宋镇豪:《试论殷代的记时制度》,《全国商史学术讨论会论文集》。

③ 参见王宇信:《建国以来甲骨文研究》,第四章第一节。

④ 参见王宇信:《建国以来甲骨文研究》,第四章第四节。

⑤⑥ 参见王宇信:《建国以来甲骨文研究》,第四章第三节。

⑦ 《一九六九年——一九七七年殷墟西区墓葬发掘报告》,《考古学报》,一九七九年,第一期。

⑧ 参见王宇信:《建国以来甲骨文研究》,第四章第二节。

甲骨学在科学研究中具有如此重要的价值，愈益引起了国内外学术界的重视。国内（包括台港澳地区）有一批著名学者，研究时不畏辛劳，“譬如冥行长夜，乍睹晨星，既得微行，又蹈荆棘，积思若痗，雷霆不闻，操觚在手，寝馈或废”①，真是此中甘苦寸心知！不少学者为甲骨学的发展，贡献了毕生的精力，著作等身，饮誉海内外。与此同时，国外也有一批造诣很深的学者，为甲骨学的发展，殚精竭虑，孜孜以求，取得了很大成就。日本、美国、加拿大、英国、澳大利亚、法国等国家的学者，出版了不少甲骨学著录、专著和很有见地的甲骨学商史研究论文。经过几代学者的辛勤耕耘，甲骨学苑已是繁花似锦，一派繁荣。

山川异域，同研甲骨。甲骨文是中国古代文化珍品，也是世界人民的共同文明财富。甲骨学的策源地在中国，但科学无国界，甲骨学研究吸引了不少外国学者探索古代文明形成的注意力和兴趣，已成为一门国际性学问。在我国的一些大学和科学研究机构里，有一批专门研究甲骨学、殷商史和考古学的学者。一九八四年十月成立的专门的学术组织——中国殷商文化学会，促进了学者间的交流和学术活动。在国外，与我们一衣带水的邻邦日本，也有专门的甲骨学研究学术组织——甲骨学会，并出版专门的《甲骨学》杂志，发表了不少有价值的论文。美国一些有影响的学术刊物，如哈佛大学的《亚洲评论》和古代中国研究会的《古代中国》等刊物也发表甲骨论文或对我国及其他国家出版的甲骨学著作的评论等文章。正由于甲骨学已成为一门国际性的学问，因而对加强中外文化交流，愈来愈发挥着重大的作用。

第四节　刻苦钻研甲骨学，成功之路就在你的脚下

甲骨文是我们中华民族的优秀文化艺术珍品。充分利用甲骨文材料

① 罗振玉：《〈殷虚书契考释〉序》，一九一五年。

研究商代社会历史文化,对继承和发扬我们中华民族的优良传统,建设社会主义精神文明,激发我们的民族自豪感,对广大人民群众进行爱国主义和历史唯物主义教育是很有意义的。

甲骨文虽然有悠久的历史,但与金文、石刻文字等金石学的其他分支学科相比,甲骨学的“资历”却要年青得多。尽管一百多年来甲骨学研究取得了很大进展,但还有很多方面需要进一步深入研究和探索。作为甲骨文“故乡”的十多亿人口的泱泱大国,中国应对甲骨学研究领域的一系列重大学术问题拥有发言权,国外学者对我们寄托很大希望。开创甲骨学研究的新局面,把甲骨学研究水平提高到新的高度,是时代赋予我国甲骨学界的历史使命。

但是,当前的甲骨学研究还远远不能适应时代的需要。原因之一是,甲骨学研究队伍小。一批有造诣的甲骨学者年事已高。甲骨学界的一颗颗巨星,诸如陈梦家、唐兰、郭沫若、于省吾、商承祚、胡厚宣等前辈学者已相继陨落。一些健在的学者,正抓紧时间整理旧作或培养研究生,再开拓新的领域,已是力不从心。他们的学识和治学经验已到了亟需继承和抢救的时候了。而一些在新中国成长起来的中年学者,虽然日夜兼程,夺回了被浪费十年之久的宝贵时光,成为在甲骨学研究前台的骨干力量,但他们人数不多,现在也已步入老年。而“文革”后一批自学成才者和新培养的研究生,给甲骨学研究队伍增添了新鲜活力,他们正在走向成功,成为甲骨学研究的学科带头人。目前甲骨学的研究队伍比“文革”前大有扩大,但从甲骨学研究发展的需要看,这支队伍毕竟人数太少。同时,这支人数不多的甲骨学研究队伍,一度曾把主要力量投放在了繁重的教学工作或甲骨资料的整理和公布方面。诸如编纂《甲骨文合集》、《小屯南地甲骨》、《甲骨文合集释文》、《甲骨文字典》、《殷墟甲骨刻辞类纂》、《甲骨文考释类编》、《甲骨文合集考释》等等大型资料书和工具书,占用了不少的人力。虽然这些工作是有利于甲骨学的发展,有利于子孙后世的基础工作,但也耗费了不少甲骨学者的精力,甲骨学研究领域的不少课题,因此还没有人研究或还没有深入、全面地研究。这种情况,是需要中国甲骨学界尽快改变的。

可喜的是，现在有许多对古代文明热衷并有志于攀登甲骨学研究高峰的青年人，不怕困难，正向这门号称“绝学”的深奥学问挑战。他们是甲骨学研究队伍大有希望的后备力量，蕴涵着无限的潜力。

其实，甲骨学并不像人们想象的那么困难。只要学习目的明确，方法对头，坚持数年，是不难攻克甲骨学难关的。

甲骨学泰斗郭沫若，一九二七年大革命失败以后，旅居日本，为宣传社会发展规律学说，潜心研究中国古代史。他“想通过一些已识未识的甲骨文字的阐述，来了解殷代的生产方式、生产关系和意识形态”①，并为了“向搞旧学问的人挑战”②，决心研究甲骨文。他一九二八年八月底在日本东京上野图书馆开始查阅罗振玉《殷虚书契》，他发现此书满目都是“毫无考释的一些拓片”，但并不气馁，而是产生了迫切想“读破它、利用它、打开它秘密”的信念，自此步入甲骨学堂奥。九月初郭沫若又去东京的文求堂书店访求有关甲骨入门书，见到罗振玉的《殷虚书契考释》。但遗憾的是他买不起，又不能将书借出，只得望书兴叹。后来郭沫若从书店主人庆大郎处得知：东洋文库有这类藏书。于是郭沫若通过新闻记者山上政义的帮助，又经过作家藤村成吉的介绍，借用山上政义在中国曾使用过的假名“林守仁”，与东洋文库主任石田干之助取得了联系，在一两个月内，便“读完了库中所藏一切甲骨文字和金文的著作”。与此同时，他把有关中国考古发现的著作“差不多都读了”，觉得“对于中国古代的认识算得到了一个可以自信的把握”③。郭沫若也由此打开了甲骨学这一神秘殿堂的大门并升堂入室。一九三〇年郭沫若出版了《中国古代社会研究》，开辟了史学研究的新天地。他一系列的甲骨学著作，如《卜辞通纂》、《殷契粹编》、《甲骨文字研究》、《殷契余论》等，在甲骨学史上占有重要的地位。著名作家凤子曾与郭

---

① 郭沫若：《〈甲骨文字研究〉重印弁言》，《郭沫若全集》考古编第一卷，科学出版社，一九八二年。

② 郭沫若：《〈金文丛考〉重印弁言》，人民出版社，一九五四年。

③ 龚济民、方仁念：《郭沫若年谱》上卷，第一九四至一九五页，天津人民出版社，一九八二年。

沫若一起旅居日本。有一天凤子因事到郭沫若住处,看到他正专心致志地研究甲骨文①。凤子感到好奇,一面翻看着郭沫若的研究资料,一面深为郭沫若这种刻苦钻研精神所感动,陷入了沉思之中。郭沫若连忙捧出一些甲骨碎片让凤子看,向她滔滔不绝地谈起有关的文字记载和研究心得,引起凤子的兴趣。他笑着对凤子说:“你有兴趣?如有兴趣,我包你学三个月就会辨认甲骨文!”当年郭沫若以自己一两个月就掌握了甲骨文的实践,要包凤子三个月就学会甲骨文。

我们举郭沫若自学甲骨的例子,是为了向有志于甲骨学研究的青年朋友们说明,甲骨学并不像有些人所说的那么难学,那么玄而又玄。当然,当年的郭沫若已具有深厚的国学基础和渊博的学识,并掌握了科学方法论,又有聪颖过人的头脑,再加上他“抱着挑战的态度”,因此能以超人的毅力,在一两个月内便洞察了甲骨学的奥秘,此后,他独辟蹊径,屡创新说,成为甲骨学的一代宗师。郭沫若(鼎堂)与罗雪堂(振玉)、王观堂(国维)、董彦堂(作宾)等甲骨学家一起,被称为甲骨学史上的“四堂”。

我们在这里不谈那些经过大学考古专业的系统训练后,考上研究生,经过名家指点和自己的钻研,在甲骨学研究方面已做出成绩的同志。就是那些没有机会上大学的人,只要学习目的明确,方法正确,有条件接触必要的甲骨资料,通过自己不懈的努力,也会取得事业上的成功。这方面的例子并不少见。“文革”结束以后,在全国各地,都有一批以“发扬中华民族的固有文化,学习并继承老一辈古文字学家的已有成就,争取成为古文字学的接班人”②为己任的青年人,努力学习甲骨学。他们当中有的身有残疾,但身残志坚,“别人是两脚往上登,我却必须用四肢爬”进古文字学研究领域③。也有人二十多年来历尽坎坷,但利用业余时间自学,终于“用勤奋和毅力叩开古文字奥秘的大门”,取得了显著的成绩;“一个人必须要有远大的理想和抱负,也就是古人所谓的‘立志’,再加上勤奋刻苦,持之以恒,任

① 凤子:《雨中千叶——访郭老故居》,《光明日报》,一九八一年八月十六日。

② 《上海青年古文字学社社章》,《古文字》第一期,一九七九年。

③ 余长安:《他拄着双拐向上攀登》,《光明日报》,一九八三年八月十八日。

何科学难关都是可以攻克的。不想付出艰辛的劳动，却只想收获，这简直是一种梦想”①。上海青年古文字学社的一些年青人，有的曾经是工人，有的是干部或是在校大学生。他们在完成本职工作或学习之后，业余坚持自学甲骨文等古文字，还定期聚会，或交流切磋学术，或访问古文字学家；还出版了发表自己习作的不定期油印刊物《古文字》。经过艰苦努力，他们当中有的人考上了硕士、博士研究生，有的人在大学任教，有的人在博物馆、出版社或科学研究机构从事古文字的研究工作。其中有一位陈建敏，曾当过战士、工人，后来通过自学有了一定的甲骨学基础，被上海社会科学院历史研究所破格录用为助理研究员，先后发表了《董作宾后期的甲骨学研究》(《中国史研究动态》，一九八一年，第八期)、《甲骨学研究的进展》(《社会科学》，一九八二年，第四期)、《论午组卜辞的称谓系统及其时代》(《全国商史学术讨论会论文集》，一九八五年二月)②等论文。还有一些“痴迷”古文字的年青人，经名师调教，诸如宋镇豪、王蕴智等，如今已成甲骨学界领军人物。

在我们国家，自学者并不是在孤军奋战，人民和社会关注着他们并给他们提供了成长的条件。有的被派到有关单位深造，有的得到专家的指点和鼓励。著名史学家周谷城曾为《古文字》题写了刊头，寄托了老一辈学者对青年后辈的殷切希望。也有的著名学者大声疾呼，“组织一些古文字学者编著古文字各个分支的概论，如《甲骨概论》、《青铜器概论》、《战国文字概论》、《简牍概论》之类”的入门书，以便“培养较多的古文字人材”③，而且

① 王慎行：《用勤奋和毅力叩开古文字奥秘的大门》，《河北学刊》，一九八五年，第六期。王慎行贤弟与我同庚，亦出身“卑微”，但他没有我幸运能上大学和得到名师指教。他自学成才，叩开了古文字研究的大门。每次来京，都来看我，诉说历经的坎坷和艰辛，使我颇受激励。惜体力严重透支，在上世纪九十年代因患癌症辞世。一九九三年我去西安出席“周秦文化研讨会”，见到他的遗孀，竟唏嘘不能语也。二〇〇八年六月补记于此，以示对故友的纪念。

② 建敏同志与我通信多年，一九八四年十月“全国商史学术讨论会”方得谋面。时隔一年，忽闻建敏已于一九八五年十二月三十日因心脏病猝发病逝。闻后语噎，竟不能相信。建敏值三十七岁盛年，正是甲骨学研究大有作为之时。苍天不永，夺我才人，呜呼，痛哉！建敏所历成功之路，是值得青年同志们学习的！

③ 李学勤：《古文字学术讨论会与古文字学的发展》，《中国史研究动态》，一九七九年，第三期。

还身体力行,编著了《古文字学初阶》(李学勤著,中华书局,一九八五年。此书由韩国河永三教授译为韩文,于一九九一年首尔《东文选》出版社出版)。还有学者撰写了《殷墟甲骨文基础七讲》①、《殷墟甲骨文简述》②、《甲骨文史话》③等甲骨学入门书和工具书,为有志于甲骨学研究的青年朋友提供自学的入门向导。

甲骨学入门并不难,而且一百多年来甲骨学的发展和所取得的成就,又为自学者较快取得成绩提供了优越的条件。这主要表现在:

一、现在收集研究材料要方便得多了。甲骨著录书,是我们研究的基础。过去著录书出版较少,看材料是十分不容易的,不少前辈学者因受材料的局限,研究也很困难。孙诒让的《契文举例》,只接触一种书。罗振玉的《殷虚书契考释》,只接触四种书。孙海波的《甲骨文编》,只接触到八种书。陈梦家的《殷虚卜辞综述》,接触到四十多种书。岛邦男的《殷虚卜辞综类》,接触到六十多种书。而现在,共有各种著录甲骨的专书和论文一百二十七种以上,远远超过了《殷虚卜辞综类》一书所收的范围。此外,过去一些甲骨著录由于出版较早,加之印数较少,极难收集齐备。而今天,只要有《甲骨文合集》、《小屯南地甲骨》、《怀特氏等收藏甲骨文集》、《东京大学东洋文化研究所藏甲骨文字》、《甲骨文合集补编》、《殷墟花园庄东地甲骨》等书,材料就基本齐备,可以在甲骨学研究的广阔天地中纵横驰骋了。

二、过去著录的甲骨,因限于条件,有一些拓本(或照片)印制不清,研究很不方便。现在,十五万片甲骨的藏家都已清楚。不少著录都尽可能地换用了新的拓本。即使个别拓本不清,也可根据线索找到原骨核校。因而研究过程中的"拦路虎"愈来愈少了④。

三、大型的工具书出版日益增多。集一九六二年以前甲骨文字考释之大成的《甲骨文字集释》,全书十四卷八册,已由李孝定编成出版并几度重

① 仁言著,载《殷都学刊》,一九八五年,第一、二、三、四期。

② 孟世凯著,文物出版社,一九八〇年出版。

③ 肖艾著,文物出版社,一九八〇年出版。

④ 以上两点据胡厚宣师一九八五年十月在河南安阳所做《研究甲骨文的大好形势》学术报告记录。

印。日本岛邦男《殷虚卜辞综类》将六十多种甲骨著录的卜辞逐条按一定的部首集中在一起，已于一九六七年出版，一九七一年、一九七七年又几度增订出版，为研究时搜集资料提供了极大方便。此外，更全更好的《甲骨文字典》、《殷墟甲骨刻辞类纂》、《甲骨文字诂林》等书也都已出版，为研究的继续发展奠定了坚实的基础。

四、一百多年来，甲骨学研究有了长足的进步，取得了颇为丰硕的研究成果。一些前辈学者的治学经验和他们所经历的道路，可为我们借鉴。我们今天研究甲骨学，是在前辈学者们奠定的坚实基础上前进的。自然也就赢得了时间，延长了宝贵的科研生命，能够向更新的领域进击。可以说，我们是站在前辈巨人的肩上，理应高屋建瓴，取得更大的成绩。

江山代有才人出。今天研究甲骨学比前人有了较为优越的条件，我们理应百倍珍惜它。俗话说得好：千里之行，始于足下。只要刻苦努力，锲而不舍，一定会在甲骨学研究中取得成就。

第五节　本书的宗旨

语言文字学家与历史考古学家研究甲骨学的侧重点是不同的。

语言文字学家研究甲骨学的侧重点在于甲骨文字的考释、文字产生的历史和语法结构、句子结构等文字学本身的问题。“它的内容既包括铭刻学的资料，也包括像许慎《说文解字》之类的并非铭刻的辗转抄下来的书本上的有关资料”①。因此，今日的语言文字学家，既要精通传统古文字学形体、音韵、训诂等方面的知识和方法，也要对铭刻上的各种古文字材料进行研究。

而历史考古学家，则利用和吸收语言文字学家考释甲骨文字的成果，从历史考古学的角度，研究甲骨的占卜方法和契刻规律、文字的早晚变化

---

① 夏鼐：《〈殷周金文集成〉前言》。

以及文字内容所反映的不同时期的社会政治、经济、文化的发展和变化等等。就研究的内容和范围说来,比语言文字学的研究要丰富和广阔得多。

这本《中国甲骨学》,是从历史考古学的角度,对从开始学习甲骨学,到研究进行过程中的一些问题,介绍一些必要的甲骨学基础知识和基本研究方法。希望有志于甲骨学研究的读者,在阅读本书的基础上,再阅读书中所开列的基本甲骨学书籍,熟悉并学会收集材料,能够独立地对甲骨学本身的一些问题以及殷商史、考古学等方面的问题进行研究。

我们力图在本书中充分体现一百多年来甲骨学研究的成果,尽量将已经解决和正在解决的一些重大学术问题的来龙去脉叙述清楚,对一些正在讨论的问题也有所介绍,以期引起读者的思考并投入讨论中去。这次本书增订再版时,我们还将对一些问题的讨论文章收入,或对读者的研究有所启示。书后附有的甲骨学论著目和甲骨学大事记,也希望能给对甲骨学有一定基础的研究者了解百年来甲骨学发展史和研究工作提供一些方便。

由于河南安阳殷墟甲骨文出土较早,积累的材料非常丰富,研究较为成熟;而西周甲骨的出土和研究,是新中国成立以后的事情,而且出土数量较少,研究还有待进一步深入①。因而传统的所谓"甲骨学",一般是指殷墟甲骨文的研究而言。我们这本《中国甲骨学》,仍以殷墟甲骨文研究为主,是为本书上编的内容;有关西周甲骨的研究和我们的一些看法,在本书的中编叙述。西周甲骨研究虽然限于材料的不多和研究的尚不充分,内容没有殷墟甲骨文丰富,但西周甲骨在新中国成立后的发现和研究,毕竟使甲骨学研究领域形成了一个新的分支学科。今后的任务是使它进一步完善和丰富;而较之狭义的甲骨学更为宽泛的殷商文化的有关研究和探索,收入本书的下编,或可对读者了解殷商文化的专题有所帮助和启示。

① 王宇信:《西周甲骨探论》,第一篇,中国社会科学出版社,一九八四年四月。

上　　编

第二章　甲骨文的发现年代和发现者

史学大师王国维曾深刻地指出,“古来新学问之起,大都由于新发现”,并以我国古代的几次重要发现为例说:“有孔子壁中书出,而后有汉以来古文家之学。有赵宋古器出,而后有宋以来古器物、古文字之学。晋时汲冢竹简出土后,同时杜元凯之注《左传》,稍后郭璞之注《山海经》,已用其说”①。古代如此,近现代亦然。就在王国维生活的清末民初,由于流沙坠简、敦煌写经、内阁大库档案,“四裔”碑铭以及殷墟甲骨文的发现,蔚然形成了几种举世瞩目的新学问。特别是一八九九年甲骨文的发现和其后的科学发掘,形成了甲骨学和殷商考古学这两门全新的学问。从此,由于史料不足而山穷水尽的殷商文化研究峰回路转,柳暗花明,别开了新生面。甲骨学成为与语言文字学、历史学、考古学、古代科学技术史研究等多学科有着密切关系的当今“显学”和世界性学问。因此,一八九九年殷墟甲骨文的发现,是我国学术史上的一件大事,值得大书特书。而它的第一个鉴定和购藏者王懿荣,在我国近代学术史上,特别是甲骨学史上作出了重要的贡献,理所当然地应受到人们的尊重与怀念。

但是,近年又有人旧事重提,对甲骨文的发现年代和它的第一个鉴定、购藏者提出了不同的意见。这引起了甲骨学界和许多对甲骨文感兴趣的人士的关注。我们首先对这两个问题做一回答。

第一节　甲骨文的发现年代能提前到一八九八年吗?

我们这里所说的殷墟甲骨文的发现,是指亲自鉴定甲骨实物,因目睹

① 王国维:《最近二三十年中中国新发现之学问》,《学衡》,第四十五期,一九二五年。

文字而认识它的价值,并把它作为珍贵文物有目的地进行搜集和研究。从这个意义上说,甲骨文的发现应从一八九九年王懿荣鉴定和购藏甲骨文开始。

而一般意义的发现,即甲骨文被从地下挖出来,在一八九九年前的二三十年就开始了。但那种“发现”,只知其作为“龙骨”的药用价值,因而给学术研究造成了重大损失,这怎么能谈得上发现?!也不能把没有见到实物,只是道听途说,据古董商于“座上讼言所见”,怀疑、推测是一种“古简”,就认为是“发现”或“认识”了甲骨文。如果这样,那一开始“见而未收”,后来才“讼言所见”,最后“携来求售”的古董商,理应为甲骨文的第一个发现者了。但实际上,古董商和村民一样,“亦不知其贵也”①,连甲骨文作为一般“古物”的价值都还没有认识到。

甲骨文于一八九九年发现,董作宾②、胡厚宣③、陈梦家④等权威学者言之凿凿,学术界一直没有什么异议。但二十世纪八十年代有人认为“目前出版的几种有关介绍甲骨文知识的小册子,对于普及甲骨文知识是有好处的。但是,谈到甲骨文发现一事时,有的不太确切或不太全面”⑤,力图将甲骨文发现之年提前到一八九八年。此外,还在《天津日报》、《天津文史资料》等报刊杂志上反复申述这一看法。其重要根据就是王襄写于一九五五年的遗作中的一段话:“世人知有殷契,自一八九八年始(即光绪二十四年)”⑥。此说一时成了当时学术界的重大新闻。

甲骨文究竟在哪一年发现?一八九九年发现的说法是否不确切,是否应当提前到一八九八年?将这件事情搞清楚是很有必要也是很有意义的。但是,当事人都早已不在人间,不能向他们去进行调查。今人的说法(包括后人整理的“遗著”),难免有不确切之处或个人的某种主观因素在内,并不

---

① 王襄:《题易穞园殷契拓册》、《河北博物院半月刊》第八十五期,一九三五年。

② 董作宾:《甲骨年表》,《史语所集刊》二本三分,一九三〇年。

③ 见胡厚宣:《五十年甲骨文发现的总结》,第二十至三十五页,商务印书馆,一九五一年;又,胡厚宣:《殷墟发掘》,第十一至十三页,学习生活出版社,一九五五年。

④ 陈梦家:《殷虚卜辞综述》,第一至三页。

⑤ 王翁如:《〈簠室殷契〉跋》,《历史教学》,一九八二年,第九期。

⑥ 见王襄:《簠室殷契》,《历史教学》,一九八二年,第九期。

可尽信。怎么办？幸好不少当事人及与他们有这样或那样关系的人，一般都有著述存世。这是白纸黑字，不能按今人的意志加以解释或修正，能比较确切地反映事情的真实情况。因此，我们只要将有关当事人记述甲骨文发现的文字稍加排列分析，就不难明确得出甲骨文究竟在哪一年发现的结论。

王懿荣是最早的甲骨鉴定、购藏者之一，但他自己并没有给我们留下什么有关此学的文字。因此，我们只能根据他后人的追记，并参照与他同时有关人员的记录，来考证他发现与购藏甲骨文的时间。他的儿子王汉章追忆说：

> 回忆光绪己亥庚子间……估（笔者按：指古董商）取骨之稍大者，则文字行列整齐，非篆非籀，携归京师，为先公述之。先公索阅，细为考订。至其文字，则确在篆籀之间。乃畀以重金，嘱令悉数购归①。

这段文字写于王懿荣一九〇〇年以身殉国的三十四年以后，要算是关于他鉴定、搜集甲骨文较为全面的记述了。王懿荣发现甲骨文时，王汉章不过十岁左右。因此，他在文章中说王懿荣发现甲骨之年是“光绪己亥（一八九九年）庚子（一九〇〇年）间”，他作为非当事人，听到的传闻难免有含混、笼统之处。但我们从与王懿荣同时的有关人士的论著中，还是可以找到较为确切的时间记载。

甲骨学史的第一部著录书《铁云藏龟》，是刘鹗于一九〇三年从自藏甲骨中选拓而成。刘鹗所藏甲骨，就包括了王懿荣死后所售出的大部分藏品②。罗振玉在为《铁云藏龟》一书所写的序言中说：

> ……至光绪己亥而古龟古骨乃出焉……

他是把光绪己亥（即一八九九年）作为甲骨文被发现与购藏之年的。刘鹗本人也为《铁云藏龟》一书写有自序，说：

> 龟版己亥岁出土在河南汤阴县属之古牖里城……

此自序作于光绪癸卯年九月，即一九〇三年，与己亥年相去不过五年。虽

---

① 王汉章：《古董录》，《河北第一博物院画报》第五十期，一九三三年。

② 胡厚宣先生曾谈过，王懿荣后人王福重一九五一年曾捐赠天津博物馆三百片甲骨，而王福庄手里也有一百多片（其中二片赠方豪，现藏台湾），因此过去认为王懿荣死后，甲骨全部卖给刘鹗之说是不全面的。

然刘鹗受古董商之骗而误信羑里为甲骨出土地(此说直到一九〇八年才为罗振玉在《殷虚古器物图录》一书的序中所揭穿),但基本上与王懿荣同时的刘鹗,所记甲骨发现的时间当是可信的。此外,罗振玉的序言所记甲骨发现时间也与刘鹗相同,都为光绪己亥(一八九九年)。这较三十多年后王汉章追述的“己亥庚子间”确切。还有一些论著也谈到甲骨文于光绪己亥即一八九九年发现之事,就不一一列举了。我们只举晚年持不同看法的王襄自己早年的记载也就够了。

王襄也是早期的甲骨购藏家之一。他在一九二五年出版的《簠室殷契征文》一书的序中曾说:

> 自清光绪己亥下迄民国纪元,此十四年间所出甲骨颇有所获,往年编《殷契类纂》兼及旧藏……

在这里王襄也认为甲骨发现之年是光绪己亥(一八九九年)。虽然《簠室殷契征文》较《铁云藏龟》一书晚出了二十多年,但作为甲骨发现的当事人之一的王襄,在著作中追述的甲骨文发现年代与《铁云藏龟》一书罗振玉、刘鹗序中所记的年代是相同的。

一九三〇年出版的董作宾《甲骨年表》(《史语所集刊》二本二分),虽然误把甲骨的发现者说成是端方,但关于甲骨文发现之年还是列在一八九九年栏内的。八年之后,一九三七年出版的董作宾、胡厚宣合著的《甲骨年表》,是据一九三〇年的《甲骨年表》“增订重编”,新表中仍然开宗明义,第一栏就是一八九九年为甲骨文发现并开始搜购之年。这说明,直到此时,甲骨学界关于甲骨文发现于一八九九年的看法是众口一辞,没有异议的。

在《甲骨年表》初版和重编的八年当中,王襄是否有不同看法呢?我们可以看看他在此期间两次著文所谈甲骨的发现和他购藏甲骨的情况。一次是一九三三年,他说:

> 前清光绪己亥年,河南安阳县出贞卜文。是年秋,潍贾始携来乡求售……①

---

① 王襄:《题所录贞卜文册》,《河北博物院半月刊》第三十二、三十三期,一九三三年。

这番叙述较他《簠室殷契征文》一书序中所谈要详细。另一次是在一九三五年，他追述甲骨文被发现之前一年的冬天，即其文中所云“时则清光绪戊戌（即一八九八年）冬十月也”的情况说：

当发现之时，村农收落花生，偶于土中检之，不知其贵也。范贾售古器物来余斋，座上讼言所见，乡人孟定生世叔闻之意为古简，促其诣车访求……

而关于甲骨发现的年代，还像他前几次的记述一样，说：

翌年秋（笔者按：即戊戌之翌年己亥——一八九九年），携来求售，名之曰龟版。人世知有殷契自此始①。

从上引王襄两次谈甲骨发现的文章中，可以看出：在《甲骨年表》两次出版的八年当中，他对甲骨文于一八九九年发现的看法并无异议。而且说得斩钉截铁：“人世知有殷契自此始。”

但是到了一九八二年，即甲骨文发现八十三年以后，王襄写于一九五五年的《簠室殷契》一文发表。而且其《跋》还声称，因为学术界关于甲骨文的发现“不甚确切和不太全面”，故将这篇文章发表，显然有以正视听的目的。《簠室殷契》中说：

世人知有殷契，自公元一八九八年始（即前清光绪二十四年）。潍友范寿轩售古器物来言：“河南汤阴（实是安阳）出骨版（实是龟甲、兽骨），中有文字。”征询吾人，欲得之否？时有乡人孟定生共话，极怂恿其往购，且言欲得之。孟氏意：此骨版为古之简策也。翌年十月，范君来，告之得骨版……既定其物，复审其文，知为三古遗品……孟氏与襄皆寒士，各就力所能得者，收之而已。所余之骨版，据云：尽售诸王廉生（即王懿荣），得价三千金，言之色喜……

当然，如果有确凿的证据和有说服力的新材料，我们并不拘执于甲骨文一八九九年发现的说法，我们也并不反对将甲骨文的发现年代提前。但我们从上引王襄所写的这段文字，并不能找到确切和全面地证明甲骨文于

① 王襄：《题易穞园殷契拓册》。

一八九八年发现的有力证据。这是因为,上引这段文字,使人产生了以下几个不可解释的问题:

其一,写于一九五五年的《簠室殷契》所说的甲骨文发现年代与同一作者在一九二五年《簠室殷契征文》序、一九三三年《题所录贞卜文册》和一九三五年《题易穞园殷契拓册》中所说的不同。特别是他一九三五年所说"翌年秋(按:即一八九九年),携来求售……人世知有殷契自此始"云云,与一九五五年所说"世人知有殷契,自公元一八九八年始"这两段话,所说一事,用语基本相同,只是时间有了变化。究竟是王襄早年记述的时间准确,还是他晚年所记的时间准确呢?按常理说,当事人早年对事情的记述要比晚年更确切些。因此,我们有理由认为他早年三次所谈甲骨文同为一八九九年发现的记述,要比他晚年所说的确切和全面些。

其二,既然文中记古董商来售古器物时说"河南汤阴出骨版,中有文字",那甲骨文的第一个发现者理应是古董商了。因为这时候(一八九八年),连孟定生也只是听说而没有见到实物,只不过是推测"此骨版为古之简策也"。直到"翌年(即一八九九年)十月,范君来,告以得古骨版……既得其物,复审其文,知为三古遗品"之时,才真正是认识与鉴定甲骨的时候。但这与《簠室殷契》开头所云"世人知有殷契,自公元一八九八年始",是互相矛盾的。

其三,一八九九年范贾出售甲骨,究竟是先售于王懿荣,还是先售于王襄、孟定生的呢?王襄《簠室殷契》一文所述是含糊不清的。我们从文中所记"孟氏与襄皆寒士,各就力所能得者,收之而已。所余之骨版,据云:尽售诸王廉生"这段文字看,应是王、孟先于王懿荣购得甲骨。不然的话,又怎么能谈得上"所余之骨版""尽售诸王廉生"呢?但"据云:尽售诸王廉生"后接着又说:"得价三千金。言之色喜……"则又应是范估先卖甲骨给王懿荣。不然的话,又怎么能知道范估从王懿荣处"得价三千金",并因大宗买卖做成而在王襄、孟定生面前"言之色喜"呢?其实,王襄的其他著作中是说清了这一事实的。如《题易穞园殷契拓册》曾说,一八九八年古董商"见而未收",到一八九九年再次至津时,才将甲骨"携来求售,名之曰龟版"。

王襄写于一九五七年的《〈镈于室契文余珠〉序》[1]说，“至则见范，询其所谓‘殷契’者果何以（按：此字原文为行草‘似’字）?”可知甲骨文确当为王懿荣首先认识和购藏。因为在他以前，还没有人将殷墟所出甲骨文称之为“龟版”或“殷契”的。

尽管《簠室殷契》一文关于甲骨的最早购藏者及年代有种种模棱之处，但我们通过分析比较各种有关记述后，有一点还是明确的，即王襄自述他购藏甲骨也是始于一八九九年，这与他一九三三年、一九三五年所发表的两篇文章所记的时间是相同的。

《簠室殷契》文末有一段文字：“余（按：王襄自称）也宝此殷契，近六十年”。注释者对此加以考证说：

> 自清光绪二十四年（一八九八年）作者购藏殷契起，至乙未（一九五五年）写本文时止，近六十年了。

此注把王襄购藏甲骨的时间说得很清楚，但“注”是注者个人为达某种目的注者本人的意见。从上引几篇王襄的文章中，从没见他自己说购藏甲骨自一八九八年开始。所以我们不难发现，注释者是把王襄“听说”河南有“古骨”出土之年与王襄“购藏”甲骨之年合而为一了。这就人为地把甲骨发现与购藏的时间往前提了一年。王襄一九五七年在《〈镈于室契文余珠〉序》中，也说自己鉴定、购藏甲骨，“时前清光绪己亥（即一八九九年）冬十月也”。因此，注释者把时间提前到一八九八年不仅缺乏根据，也没有作认真的考证，是不足为训的。我们想，王襄老先生如地下有知，也不会同意“注”者无视他多次写就的光绪己亥年的。

自《簠室殷契》及其《跋》将甲骨文的发现时间人为地提前以后，也有人随声附和，认为学术界公认的甲骨文发现于“清光绪二十五年（按：即一八九九年）”的说法“时间较晚了”，一时成了重大新闻。那么，应该“较早”到

---

① 李先登：《孟广慧旧藏甲骨选介》文中所引，载《古文字研究》第八辑，中华书局，一九八三年二月。王襄此“序”原手写影印件发表在天津古籍出版社一九九六年出版之胡厚宣《甲骨续存补编》（甲编中册），第二七一至二七三页。此“序”亦说王、孟初见甲骨实物为“时前清己亥（笔者注：一八九九年）冬十月也”。此“序”原件，似可平息王氏后人硬将甲骨文发现提前至一八九八年引起之争论，请翻阅此件原稿。

什么时候呢? 我们不妨引述该文一段话进行分析:

> 一八九八年潍县古董商人范寿轩到天津去售古物之时,向王襄、孟定生等知识分子请教,而孟定生等判断可能是古代简策,促其前往收购。一八九九年范寿轩由小屯村购回甲骨,带到天津,请王襄、孟定生等鉴定,始确定为古代文物与古文字,甲骨文就是这样被发现和鉴定的。①

文中所说甲骨文发现之年也是模棱两可的。究竟是一八九八年还是一八九九年,并未明确回答。其实,此文所说的范寿轩带甲骨至天津的一八九九年,与该文中的"清光绪二十五年"本是同一年。如果真像作者所说的,甲骨文发现于"清光绪二十五年""时间较晚了",那自然就应是作者在文中所述的一八九八年范寿轩向王、孟等知识分子"请教"的时候。但细揣上述引文,我们不难发现,就是连主张甲骨文发现年代应提前的作者本人,也并不认为这"请教"之年就是将甲骨"始确定为古代文物与古文字"之年的。

我们对甲骨发现者、与发现者同时的有关人物及后人留下的记述,认真分析、比较和研究后,只要有实事求是之心,就不难得出公正的结论:甲骨文确是发现于一八九九年,而不能人为地提前到一八九八年。此外,当事人及与当事人同时代的人的记述,总比后人的追述之辞要可信的多。因为"后人",毕竟是以后的人,所述多是听自传闻,应加以考订,切不可遽信。

第二节　甲骨文的第一个发现者王懿荣

关于甲骨文的第一个发现者,董作宾在一九三〇年出版的《甲骨年表》"己亥　清光绪二十五年　西历一千八百九十九年"栏下记:

> 山东潍县古董商人范维卿,初以安阳小屯村出土的甲骨文字介绍

① 李先登:《也谈甲骨文的发现》,《光明日报》,一九八三年十一月十五日。

于世……本年范估才开始收买若干片，献于端方。

对王懿荣是甲骨文的第一个鉴定、购藏者，是有不同看法的。《甲骨年表》中记：

相传安阳小屯殷故墟出土的甲骨文字，为王懿荣所发现，但据村人所言，初购求者为古董商人范维卿。范为端方搜买古物，往来武安彰德一带，见甲骨刻有文字，购若干片献端方，端喜极，每字酬以价银二两五钱，范乃竭力购致。村人至今以为美谈。据访闻，今端方家出售古器物，有甲骨文字，可证村人之言不虚。王懿荣得自北京在次年（按：即一九〇〇年），为时较晚。

学术界曾一度流传甲骨的第一个发现和购藏者为端方。陈梦家对此做了研究，谓："《洹洛访古记》（上，十二页）说'至近三年（谓宣统元年以来）余兄（按：即指罗振玉）专意收此，京客东客所有，无不留之。继之者为端午桥尚书，其余好古之士如沈子培方伯亦尝购之'。《甲骨研究》页九、十五说'一九〇四年范氏又得一千块，到长沙售归端方'。""我们以为端方收藏甲骨当在王、刘（笔者按：指王懿荣、刘鹗）之后，与罗（笔者按：指罗振玉）同时或前后，即当光绪的末叶。""宣统三年，端方死于四川，甲骨的大部分归其婿项城袁氏。一九四七年秋，辗转归于罗福颐，伪片甚多。"陈梦家认为，据"此点可推知其收藏不能甚早"①。因此，端方不是第一个购藏甲骨者。

也有以刘鹗为第一个发现和购藏甲骨者的。汐翁在《华北日报华北画刊》一九三一年第八九期上发表的《龟甲文》中说：

是年丹徒刘鹗铁云客游京师，寓福山正儒私第。正儒病痁，服药用龟版，购自菜市口达仁堂。铁云见龟版有契刻篆文，以示正儒，相与惊讶……铁云遍历诸肆，择其文字较明者购以归。

一九三七年重编的《甲骨年表》，在己亥年（一八九九年）栏内，据此增补了刘鹗鉴定、购藏甲骨的记事。但注明"惟原文误以为光绪戊戌（笔者按：即

① 陈梦家：《殷虚卜辞综述》，第六五一页。

一八九八年)年事,特更正之”。

不仅《龟甲文》所记甲骨发现年代有误,而且关于刘鹗为第一个甲骨的发现、购藏者也不确切。这是因为王懿荣一八九九年第一个开始搜集、鉴定甲骨,很少为外人所知。正如王国维所记:甲骨“初出土后,潍县估人得其数片,以售之福山王文敏懿荣(闻每字银四两)。文敏命秘其事,一时所出,先后皆归之”①。陈梦家也“依据不同记载”考证,王懿荣共三次购藏甲骨:“第一次,己亥一八九九年秋,范估以十二版售于王氏,每版银二两;第二次,庚子一九〇〇年春,范估又以八百片售于王氏……《铁云藏龟》自序云:‘庚子岁有范姓客挟百余片走京师,福山王文敏公懿荣见之狂喜,以厚价留之’;第三次,庚子,同上自序云‘后有潍县赵君执斋得数百片,亦售归王文敏’。”而“刘氏自序中提到王氏两次收购甲骨,皆在庚子那年”。他又据刘鹗《抱残守缺斋日记》辛丑(一九〇一年)十月二十八日记载的“今早王端士来,其说与赵(执斋)孚。端士云:文敏计买两次,第一次二百金,第二次一百余金……”云云考证,“刘氏只相信王氏在庚子年买了两批”,并不知王懿荣在一八九九年购藏第一批甲骨之事②。罗振常《洹洛访古游记》宣统三年(即一九一一年)二月二十三日记:“后村人得骨,均以售范。范亦仅售与王文敏公,他人无知者”。这一记载可补证陈梦家“在王氏生前,刘氏似并未曾看到他的甲骨”③的分析是有道理的。因此,刘鹗不可能如汐翁文中所讲,一八九九年在王懿荣家中见到甲骨,也不可能那时就“遍历诸肆”去购藏甲骨文。刘鹗开始购藏甲骨文,陈梦家据《抱残守缺斋日记》辛丑(一九〇一年)十月二十日所记“晚点龟骨共千三百件”,认为“一九〇一年后刘氏自己有收藏”④,比王懿荣为晚。

报纸专好猎奇以哗众取宠。一篇满是错误时间和错误地点的小文,本不足训。但自此以后却形成了一桩历时几十年的“公案”,直到最近还有人热衷于考证北京菜市口是否有个达仁堂、吃中药是否将“龙骨”捣碎煎熬等等。刘鹗在王懿荣处见到甲骨本是子虚乌有,却有人以假当真,孜孜矻矻

① 王国维:《最近二三十年中中国新发现之学问》。

②③④ 陈梦家:《殷虚卜辞综述》,第六四七页。

地去考证其存在，哪里会得出什么结果呢?!

甲骨文一八九九年被发现以后，它的第一个购藏者应是王懿荣。刘鹗在《铁云藏龟》自序中说得很清楚：

> ……庚子岁有范姓客，挟百余片走京师，福山王文敏公懿荣见之狂喜，以厚价留之。后有潍县赵君执斋得数百片，亦售归文敏……

虽然刘鹗记王懿荣始购甲骨之年较一八九九年迟后一年，但并没有宣称他本人是甲骨的第一个购藏者。

刘鹗的好友罗振玉曾于一九〇一年在刘家见到所藏甲骨。他在一九一〇年出版的《殷商贞卜文字考》自序中，也是把王懿荣作为购藏甲骨的第一人：

> 光绪己亥，予闻河南之汤阴发现古龟甲兽骨，其上皆有刻辞，为福山王文敏公所得，恨不得遽见也。

罗振玉是继王懿荣、刘鹗等人之后的著名甲骨收藏家，他从一九〇七年开始购藏，直到一九四〇年逝世，先后收藏达三万片之多①。他并加以刊布和研究，为甲骨学的形成和发展做出了贡献。他早就留意于此学，说甲骨最早购藏者为王懿荣当非虚语。

还应该谈一下王襄和孟定生。虽然不能认为他们在一八九八年首先发现甲骨文，但他们在一八九九年与王懿荣不约而同地先后鉴定、购藏甲骨文是可能的。长期以来，王襄、孟定生对甲骨学的这一贡献被人们忽视了，虽然王襄一再写文申述，但毕竟声音太微弱了。直到一九四四年，胡厚宣在《甲骨学商史论丛》初集四册《甲骨文发现之历史及其材料之统计》文中指出，与王懿荣“同时搜求甲骨者，尚有王襄及孟定生，此事前人多未知”。嗣后，胡厚宣一九五一年在《五十年甲骨文发现的总结》②、一九五五年在《殷墟发掘》③，陈梦家在一九五六年出版的《殷虚卜辞综述》④中，对王、孟二氏的这一贡献多次予以肯定。因这些著作影响较大，才恢复了他

---

① 参见胡厚宣：《五十年甲骨文发现的总结》，第二十至三十二页；又胡厚宣：《殷墟发掘》，第十八至二十五页；陈梦家：《殷虚卜辞综述》，第六四九至六五一页。

② 胡厚宣：《五十年甲骨文发现的总结》，第二十至二十二页。

③ 胡厚宣：《殷墟发掘》，第十四至十五页。

④ 陈梦家：《殷虚卜辞综述》，第六四八页。

们在甲骨学史上作为甲骨较早发现和购藏者的地位。

为什么甲骨的较早发现和购藏者王襄、孟定生,在甲骨学史上长期没有得到应有的地位呢?我们认为,有以下几个方面的原因:

其一,虽然王襄、孟定生与王懿荣基本同时认识并购藏甲骨文,但王、孟"惜皆寒素,力有不逮,仅于所见十百数中获得一二,意谓不负所见,借资考古而已"①。"孟氏与余(笔者按:即王襄)皆困于力,未能博收"②;而与他们基本同时或稍后的甲骨收藏家,家资富有,所购甚多。王懿荣在一九〇〇年就已购得一千三百多片。刘鹗在一九〇二年就收得一千多片,至一九〇九年流死新疆以前已购藏五千多片。端方一九〇四年已购藏一千多片。与这些早期收藏家比较起来,王襄、孟定生确是购入较少。他们一八九九年"仅于所见十百数中获得一二",再加上一九〇〇年四月范贾去天津"以零碎殷契,质津钱十千而去"③那次所购进的一批,早期购藏充其量"大约五六百片左右"④。直到一九一一年前后,因甲骨文"清季出土日富,购求者鲜,其值大削。余(笔者按:即王襄)时读书故京师,且京津两地所遇,尽以获得……最括存四千余品"⑤。再加上安阳殷墟小屯村"一九一七年有大批甲骨发现,卖给了王襄和霍保禄。王襄的东西,一部分后来收入所编《簠室殷契征文》一书"⑥。以上各批,总计购得四千五百片左右,其中当以一九一七年所获一批为最佳。从以上的叙述我们可以看到,王襄、孟定生在早期收藏家中,因购藏较少和精品不多,故没有像王懿荣、刘鹗等大宗收藏家那样引人注目。

其二,王襄所藏甲骨,于一九二五年才选拓成《簠室殷契征文》出版,而且此书印制不精,拓本又有剪割描画,人们一度怀疑其材料的可靠性,缩小了此书的影响。而与王襄同时或稍后的甲骨收藏家,如王懿荣、刘鹗、罗振

---

① 王襄:《题所录贞卜文册》。

② 王襄:《题易穞园殷契拓册》。

③ 王襄:《簠室殷契》。据胡厚宣先生一九八四年在全国商史学术讨论会上说,他曾看过这批甲骨摹本,确是小片。只从其中选用三片。

④ 胡厚宣:《五十年甲骨文发现的总结》,第二十二页。

⑤ 王襄:《题易穞园殷契拓册》。

⑥ 胡厚宣:《五十年甲骨文发现的总结》,第三十五页。

玉等人的藏品，一九〇三年在《铁云藏龟》、一九一一年在《殷虚书契》、一九一四年在《殷虚书契精华》、一九一五年在《铁云藏龟之余》、一九一七年在《戬寿堂所藏殷虚文字》、一九二五年在《铁云藏龟拾遗》等书中，早已先王襄的收藏而公布。“秘而不宣，与藏之地下何异”。正因为这些收藏家藏品公布早，在社会上流传较广并为世人所研究使用，自然也就扩大了它们收藏者的影响。

其三，王襄自一九〇〇年以后，“时值军尘澒洞，老母病笃，志在缓人之急，固不重此殷契。念之余痛悸心，至今犹觉懔懔。自是不谈殷契者且十二年”①，直到一九二〇年才出版了他的《簠室殷契类纂》一书。而在这二十多年期间，一九一〇年出版了罗振玉的《殷商贞卜文字考》，一九一四年出版了罗振玉的《殷虚书契考释》，一九一七年出版了孙诒让于一九〇四年写成的《契文举例》等书，甲骨学研究经历了识文字、断句读的草创阶段。特别是王国维一九一七年发表的《殷卜辞中所见先公先王考》及其后的《续考》②等重要论文，把甲骨文应用到商史研究领域，大大地提高了甲骨学的学术地位。在甲骨学的形成阶段，王襄由于较长时间的沉默，没有能更多地发挥自己作为早期甲骨购藏者的影响。

其四，自一九二八年起到一九三七年，河南安阳殷墟先后进行了十五次大规模科学发掘工作。甲骨学研究也开始突破前一时期传统金石学的局限，与近代田野考古的科学方法结合起来。以董作宾为代表的一批甲骨学者用更为科学和缜密的方法论分期，探商史，说卜法，谈文例，把甲骨学研究提高到了新的水平。郭沫若则异军突起，用马克思主义指导甲骨学商史研究，开辟了我国史学和甲骨学研究的新天地。不少古代社会的奥秘被学者们窥破。而王襄在《簠室殷契类纂》和《簠室殷契征文》二书完成以后，“他去浙江、闽、粤、滇工作”，直到“一九三四年由湖北回天津”。虽然他将“这批甲骨都随身带着，供研究和摩挲欣赏”③，但公务使他无暇全力研究。我们除了见到他一九三三年的《题所录贞卜文册》和一九三五年的《题易穞

① 王襄：《簠室殷契》。

② 王国维：《观堂集林》第九卷，第四〇九至四五〇页，中华书局，一九五九年六月版。

③ 王翁如：《〈簠室殷契〉跋》。

园殷契拓册》等公开发表的不多文章外,就只有一九八二年发表的写于一九五五年的《簠室殷契》了。因此,在甲骨学研究取得长足进步的第二时期,即殷墟科学发掘时期,也即甲骨学形成和发展的关键时期,自然是建树较多的郭沫若、董作宾和其后的于省吾、胡厚宣、陈梦家等学者“众领风骚”,成了甲骨学坛的“中心人物”。

虽然如此,王襄、孟定生还是可以与王懿荣一起,作为甲骨文的最早发现者,在甲骨学史上应有一定地位。王襄的《簠室殷契类纂》和《簠室殷契征文》二书,为甲骨学的发展作出了贡献。关于王襄的甲骨学研究及其贡献,我们将在本书第十五章第一节详述,这里就不再多谈了。

第三节　关于甲骨文发现的其他说法和几点新补证

由于某种原因,一度流行一种较为时髦的说法,即甲骨文是“小屯村农民发现的”。我们只要看一下罗振常所记述的情况,就自然会明白农民是怎样“发现”甲骨的。

> 此地埋藏龟骨前三十余年已发现,不自今日始也。谓某年某姓犁田,忽有数骨片随土翻起。视之上有刻划,且有作殷色者(即涂朱者),不知为何物。北方土中埋藏物多,每耕耘或见稍奇之物,随即处掘之,往往得铜器、古泉、古镜等得善价。是人得骨以为异,乃更深掘,又得多数,姑取藏之,然无过问者。其极大胛骨,近代无此兽类,土人因目之为龙骨,携以视药铺。药物中因有龙骨、龙齿,今世无龙,每以古骨充之,不论人畜。且古骨研末,又愈刀创。故药铺购之,一斤才得数钱。骨之坚者,或又购以刻物。乡人农暇,随地发掘,所得甚夥,检大者售之。购者或不取刻文,则以铲削之而售。其小块及字多不易去者,悉以填枯井。①

① 罗振常:《洹洛访古游记》,宣统三年(一九一一年)二月二十日条。

这种“发现”与鉴定上面刻有古文字并作为古代珍贵文物而有意识地购藏是不可同日而语的。这种“发现”如果指甲骨文“重见天日”，被从地下翻出来，只能造成这一重要史料的毁灭，给学术研究造成不可弥补的损失。因为直到一八九九年王懿荣亲自见到甲骨实物并鉴定、购藏以前，小屯村民只知它是“一斤才值数钱”的“龙骨”入药煎服，被人们一剂剂吃掉，连作为一般“古董”的价值还没有意识到呢！怎么能谈得上甲骨文是小屯村农民发现的呢？

也有人认为早在一八九九年前几年，在北京和天津的一些封建官僚和知识分子中就开始搜求甲骨文了。但口说无凭，并没有任何证据。从情理上说，古董商在一八九八年还不知道甲骨为文物，直到一八九九年才将甲骨带到北京、天津请人鉴定。那么，在此“前几年”，居住在北京和天津的封建官僚和知识分子，从何人之手去“搜求甲骨文”呢？难道这些人能日行千里，直接从小屯村农民手中“搜求”“一斤才值数钱”的“龙骨”不成？须知，就是一八九九年甲骨文被鉴定后，学者们还相当长时间不知其确切出土地呢！

说甲骨文比一八九九年早六年，即一八九四年由画家胡石查发现，倒还有一点所谓的“证据”，即有一张甲骨拓片印有“石查手拓”钤记。且不说在王懿荣等鉴定、购藏甲骨以前无人认识甲骨文为何物，就是那方钤记，明眼人一看就知有人做了手脚。此外，胡厚宣先生曾谈起，他为此研究过有关资料并访问过胡石查的好友著名古文字学家容庚。容庚明确地说：并无此事。因此，这是一件早已了却了的公案，再也没人提起了。

王襄、孟定生基本上可与王懿荣一起作为甲骨文的最早发现者，但不是第一个发现者，本章第二节已做过叙述。还有一些旁证也可以证明这一点。其一，王孝禹（即王瓘）、方若、王绪祖、罗振玉等甲骨收藏家，都曾居住天津并与王襄有过交往。特别是罗振玉，自一九一九年至一九二八年寓居津门达十年之久，其所纂《殷虚书契续编》一书，就收有王襄藏骨拓本。如王襄早于王懿荣收购甲骨并有重要藏品，上述同好必引此为美谈。但他们都没有论及王襄一八九八年发现并购藏甲骨之事，这绝非疏忽。其二，甲骨学家加拿大人明义士,自一九一四年开始在河南安阳小屯村搜集甲骨并进行研究,直至抗日战争爆发才离开中国。明义士对小屯每宗甲骨出土及流传情况,因"身临其境"而了如指掌,故所著《甲骨讲义》(一九三三年)记载最为准确、详赡和具有权威性。明义士此书据一九一四年范估所言,记一八九九年秋王懿荣从范估处以每版银二两之值,收得甲骨十二版。但从未讲甲骨第一位购藏者为天津王襄。

如第二节所述,王襄自己一直是认为"前清光绪己亥(一八九九年)年,河南安阳县出贞卜文"的。直到一九五五年,他才在《簠室殷契》中提出"世人知有殷契,自公元一八九八年始(即清光绪二十四年)"的新说法。一些人为将甲骨文发现之年提前,据此引申考证,费了不少笔墨。殊不知,除此以外,王襄在晚年还有两次谈到有关甲骨发现的文字。一是写于一九五三年的《题宝契小相》,收入《簠室诗稿》第二册(未刊),云:

惟昔己亥秋之季,潍贾创获甲骨文。

至今小屯侯庄地,宗庙陵寝溯有殷。

……

二是写于一九五七年的《孟定生殷契序》,收入《簠室文稿》第四册(未刊),云:

昔潍友范寿轩来津,携有河南安阳所出之殷契。同人等以为人间未见之奇,遂奔走相告,咸至范君寓所,时前清光绪己亥冬十月也……

上述二文乃天津社会科学院历史研究所崔志远一九八四年十二月二十四日信中见告。这为我们甲骨文的发现年代不能前提到一八九八年的看法,增加了更为直接的证据,特在此鸣谢!笔者完全赞同崔志远所说:"此二条恰在《簠室殷契》一文写作之前后,即以王氏晚年所说,此二条之准确性更大些。"①现王襄一九五七年所手写的"序"之原文影印件,已收入1996年天津古籍出版社出版之胡厚宣《甲骨续存补编》(甲编中册)第271~273页,可供学人查考。

① 崔志远:《关于殷墟甲骨文发现的通信》,《殷都学刊》,一九八五年,第二期。

总之，我们要采取实事求是的科学态度，既不能像过去那样，长期忽视王襄、孟定生作为甲骨文发现者在甲骨学史上的地位，也不能矫枉过正，把甲骨文发现之年，人为地提前到一八九八年，从而否定甲骨文的最早发现者王懿荣。更不能为了强调什么，认为甲骨的最早发现者是“小屯村农民”，从而否定王懿荣、王襄、孟定生等甲骨文最早发现者所起的历史作用。不能以王懿荣是“当时在北京的大官僚”，而不公正地对待他。其实，王懿荣在一九〇〇年八国联军攻陷北京后，以身殉职，是一位伟大的爱国主义者。现在，人民已把他列入历史上爱国主义者的英雄行列，将永远受到尊敬与怀念。

第三章　甲骨文出土地与时代的确定及甲骨文的命名

现在一提起甲骨文，人们马上就会把它与举世闻名的河南安阳殷墟小屯村联系起来。关于它的时代，自然会想到我国历史上的商王朝①。可是甲骨文在一八九九年发现以后的十多年中，人们对它的确切出土地和所属时代却不甚了了。至于它的名称，因经典失载，长期以来无人知晓。学者们面对这一陌生的事物，力图给它以较为确切，能反映其本质和特征的命名。但由于学者们对它观察的角度和理解的不同，所以一度甲骨文的名称繁多，五花八门。

第一节　甲骨文出土地的探索和意义

一八九九年甲骨文被发现以后，好长时间学者们并不知它出土于何地。

这是因为学者们购藏甲骨文，多是在北京等大城市坐等古董商上门"求售"。这些古董商，有"京估"和"东估"之分，即由来自北京和来自山东的两部分人组成。所谓"京估"，资本雄厚，他们来到安阳后，并不亲自去小屯村收购，而是"概居旅店，俟人持物来售。服用颇奢，恒留妓停宿"。所谓"东估"，"则甚苦，所居为极狭隘之小饭店或人家。日间则四出巡回乡村，谓之'跑乡'"②。学者们早年关于甲骨出土之地的种种传说，多源于这些古

① 人们长期以来形成了"殷墟甲骨文"的概念。新中国成立以后，特别是一九七七年西周甲骨文成批发现以后，形成了甲骨学研究领域的新分支，打破了这一凡谈甲骨则必殷商的传统看法。确切地说，甲骨文应包括殷墟甲骨和西周甲骨。殷墟甲骨文因一百多年来发现材料丰富和研究较为成熟，因此"甲骨学"主要指殷墟甲骨规律的研究。至于西周甲骨这门新分支学科，将在本书中编介绍。

② 罗振常：《洹洛访古游记》，宣统三年（一九一一年）二月二十三日条。

董商之口。

有的学者认为甲骨出土于河南汤阴。罗振玉说过，“光绪己亥予闻河南之汤阴发现古龟甲兽骨”①。日本甲骨学者林泰辅一九〇九年曾写过《清国河南汤阴发现之龟甲兽骨》②的论文，顾名思义，他当时也是把汤阴做为甲骨文出土地的。

汤阴县南三十里确有一名叫后小屯的村子，但此地从未出过甲骨。安阳市西北五里左右的一个名叫小屯的村子，才是甲骨的真正出土地。小屯村子很小，“当时户数约三十，皆农业。地为河水冲积土，植棉麦黍类。洹水泛滥之年，田乃歉收，否则丰穰。村口正南，入口有一社公祠”③。而流经小屯村北和村东的洹水，由于人间的沧桑和环境的污染，曾一度成为细水浊流，与七八十年前的情形大不相同。一九九七年修建殷墟博物苑时经大力整治，才又浊水变清。当年的洹水是这样的：

> 河幅阔处七八丈，狭处二三丈。多广滩，白沙平铺如练。水清浅，最浅处才数寸。夏间则涨至滩，最大之年乃没田。然村基尚不为所没……凡府城、小屯及出骨地，均在洹水本流之南。④

小屯村北与洹水之间，为甲骨主要出土地。罗振玉等学者早年所说甲骨出于河南汤阴是不确切的。

也有学者一度认为甲骨文出土于河南汤阴羑里。一九〇三年刘鹗曾说“在河南汤阴县属之古牖里城”⑤出土甲骨文。牖里即羑里。一九一〇年日本学者富冈谦藏还认为甲骨出土于此，曾写过《古羑里城出土龟甲之说明》⑥的论文。

传说中的羑里城，位于今河南汤阴县城以北八华里处。在汤河与羑河之间的平原上，有一高出周围地面五米许的高台，南北长一〇六米，东西宽一〇三米，面积达十万九百一十八平方米左右。这就是所谓的羑里城。这

---

① 罗振玉：《〈殷商贞卜文字考〉自序》，玉简斋石印，一九一〇年。

② 载《史学杂志》二十八编，第八、九、十期，一九〇九年。

③④ 罗振常：《洹洛访古游记》，宣统三年（一九一一年）三月二十日记。

⑤ 刘鹗：《〈铁云藏龟〉自序》，抱残守缺斋石印，一九〇三年。

⑥ 载《史学研究会演讲集》第三集，一九一〇年七月。

里实际是一处高出地面的古文化遗址,文化层厚达七米。下层土质中有灰土、红烧土掺杂在一起,并出土灰色篮纹、方格纹、绳纹陶片等。此外,还有白灰面房基。中层及上层,是商末周初文化层,断崖上可以看到不少灰、黑陶器残片,还有夯筑痕迹等①。羑里遗址及其上面有关周文王被拘的"古迹"②,现已得到妥善保护。虽然羑里是一处古代遗址,而且晚期文化层与甲骨文第五期的时代相当,但此地从未出土过一片甲骨。因此,学者们所谓羑里出甲骨的说法,当是听自误传。

也有甲骨出自卫辉的说法。罗振玉一九〇八年访知甲骨确切出土地在安阳小屯以前,也曾相信过甲骨出土卫辉的说法,云:"估人讳言出卫辉。"③这当然也是靠不住的。更有美国学者方法敛,在一九〇六年还认为"一八九九年卫辉府附近古朝歌城故址,有古物发现"④。

《史记·周本纪》正义说:"《帝王世纪》云帝乙复济河北,徙朝歌,其子纣仍都焉。"朝歌为晚商都城。郭沫若一九三一年在《戊辰彝考释》和一九三三年《卜辞通纂》后记中亦主"帝乙迁沬",即都朝歌之说,谓:"由新旧史料之合证,帝乙末年必曾移徙其政治中心于朝歌,特安阳之旧都仍存,其宗庙存储无改;地层有羼杂处者乃经安阳土人之翻乱耳。"⑤朝歌遗址在今河南淇县县城西北,有一传说比干被杀的地方——摘心台。台周长三百米,高十三米,为一龙山至商周时期古遗址,遗址所出商周之际陶片正与甲骨文第五期,即帝乙、帝辛时期相当。当地流传不少有关纣王的传说,诸如有纣王的城墙、宫殿、鹿台、墓葬等"古迹"⑥。但因探查和发掘工作开展不够,有关此地的文化内涵尚不清楚。有人主张,"探讨殷都,应当把朝歌城作为重点之一"。这是因为"武丁至帝辛时期的都城一定还在安阳周围,有可能是在淇县朝歌"⑦,这是今后应加以注意研究的。

---

① 参看《安阳风物揽胜》,第一四一至一四五页,一九八四年出版。

② 有关羑里的情况,请参看拙著:《西周史话》,《"八卦"与传说中的羑里遗址》,中国青年出版社(《祖国丛书》版)。

③ 罗振玉:《集蓼集》,《贞松老人遗稿甲集》,第三十一页,一九四一年。

④ 方法敛:《中国原始文字考》,《卡内基博物院报告》第四期,一九〇六年。

⑤ 郭沫若:《〈卜辞通纂〉后记》,科学出版社,一九八三年六月。

⑥ 有关朝歌的情况,可参看《安阳风物揽胜》,第一六二至一七三页。

⑦ 秦文生:《殷墟非殷都考》,《郑州大学学报》,一九八五年,第一期。

虽然如此，朝歌却从未出土过甲骨文。有的学者认为甲骨文出土于此，也是源于误传。

罗振玉经过多年的留意探寻，终于在一九〇八年知道了甲骨文的确切出土地应在河南安阳小屯村。他说："光绪戊申，予既访知贞卜文字出土之地应为洹滨之小屯。"①戊申（一九〇八）年上溯至己亥（一八九九）年，学者们考知甲骨的确切出土地，经过了十年之久。后来曾有人撰文说罗振玉得知甲骨文出土地为小屯不是在"戊申（一九〇八年）"，而是在一九一〇年云云。按逻辑，一九〇八年罗氏从古董商之口得知甲骨确切出土地为小屯村，才能在其后的一九一一年派人专去安阳小屯收购甲骨，也才能将其出土地小屯考订为"武乙之虚"。得知出土地"小屯"村和考证其为"武乙之墟"并派人专程前往，是两码事而不能混而为一。不然，你看罗氏一年之内又是得知甲骨出土地是小屯，马上又考知为殷墟并写《殷商贞卜文字考》，又是一九一一年派人专程去小屯收购甲骨。……何其忙也！还是以当事人自己最早记载的年代更为可信，几十年后的人想推翻当事人自己最早的说法，只能使人越来越糊涂②。

关于甲骨出土地学者们之所以有上述种种错误说法，是上了古董商的当。自从甲骨文被发现以后，售价日昂。已如前述，王懿荣购藏甲骨，"每字银四两"，"每版银二两"，或"以厚价留之"，"得价三千金"。端方购藏甲骨，"每字酬以价银二两五钱"。挖出甲骨的小屯村民与收藏甲骨学者之间的中介人——古董商，为了垄断甲骨的出售以牟取厚利，故意对甲骨的真正出土地秘而不宣，或声东击西地制造混乱，从而使甲骨学者误信传言，一个个被蒙在鼓里，因而有了上述种种的错误说法。而甲骨文确切出土地小屯村被罗振玉考证出来，对甲骨学的研究有很大意义：

其一，减少了甲骨资料的损失，有利于研究工作的开展。古董商出售

① 罗振玉：《〈殷虚古器物图录〉序》，一九一六年。

② 与罗振玉讨论发现出土甲骨地小屯村不是一九〇八年而应是一九一〇年"较为妥当"的文章，见郭旭东：《罗振玉确知甲骨真正出土地时间考》，《殷商文明论集》，第一四四至一五一页，中国社会科学出版社，二〇〇八年。

甲骨,为了求得“善价”,多搜集骨大字多者。而片小字少者,往往弃之不顾。罗振玉早已感到这一问题,他在一九一一年二月曾说:

> 古卜用龟,辅之以兽骨,骨大龟小。贾人但取其大者,每遗龟甲不取。实则龟骨均有异字,必须兼收并蓄。去年恒轩至彰德,曾得若干,亦仅取龟甲之字多者,小而字少者亦弃之。苟非羁于职守,吾将至其地尽量收之。虽龟屑不令遗。①

这是一九一一年所记,文中所说“去年”即一九一〇年,罗振玉就派估人去出甲骨地小屯村直接收购了。罗振玉正是在这样的思想指导下,才又一次派罗振常去安阳小屯村直接坐地收购,使许多字少片小的甲骨不致遭到毁灭,从而提供了不少“有新异之字者”,减少了甲骨资料的损失,有利于研究工作的开展。

其二,扩大了甲骨文的搜求,为甲骨学研究提供了更多的资料。自一九〇八年罗振玉考知甲骨出土地为河南安阳小屯村以后,学者们不仅通过古董商,还直接派人去小屯村大量收购。罗振玉曾派古董商去河南,“瘁吾力以购之。一岁所获,殆愈万”。后又于一九一一年直接“命弟子敬振常,妇弟范恒斋兆昌,至洹阳发掘之,所得又再倍焉”②。

在罗振玉等学者派古董商或自己亲属去小屯大批收购甲骨以前,当地人“售此绝少大宗,缘村人数十家,各售所掘。甚至一家之兄弟妇稚亦不相通假,人持自有之骨……间有大宗,则数人合掘一坎,以其所得,藏于一家封志之,不得独发。既售,乃分其资。有一家藏骨甚多者,必以良窳相错,匀配为若干分,陆续售之,恐一次售出不得善价也……骨价殊不昂”③。

但自一九一一年罗振玉派亲属去安阳小屯大宗收购以后,小屯村民出售甲骨的情形就有了变化,“论价甚不易。彼以经验,亦粗别美恶。凡骨中有奇形之字,必索高价,大块尤昂,惟碎小者较廉。然彼必大小同售,不令选择。恐大者售出,小者无人顾问也……”④。

---

① 罗振常:《洹洛访古游记》,宣统三年(一九一一年)二月十五日条。

② 罗振玉:《〈殷虚书契〉序》,一九一三年。

③ 罗振常:《洹洛访古游记》,宣统三年(一九一一年)二月十八日条。

④ 罗振常:《洹洛访古游记》,宣统三年(一九一一年)二月十九日条。

从一九一一年二月十五日罗振常与范兆昌在河南安阳小屯村收购甲骨起，至二月二十九日范兆昌把甲骨等物运回北京为第一阶段。在此期间，“每日所得甲骨，皆记其数。至昨日止共得六千七百余块，全数运北，不为少矣”①。范护送古物回京后，罗振常继续留在安阳收购甲骨，从二月二十九日至三月十七日为第二阶段。其间，三月七日范又从北京赶回河南，继续与罗振常一起收购甲骨，至十七日仍先护送古物回京。据罗振常说：“昨钩稽账目，龟甲兽骨两次运京者，大小共得一万二千五百余块，可云大观。小屯存骨信乎已罄。而此巨量之骨，其有助于考古甚大，断可知也。”②

罗振玉派人去安阳小屯直接收购所得甲骨中的精品，有几版大肩胛骨。有的正反面都有字，字多内容也重要，并且有的字口涂满朱砂。不仅在他本人所藏甲骨中，就是在殷墟出土全部十五万片甲骨中也是所见不多的，确实是殷墟甲骨中的“菁华”。罗振玉将这些大骨的正、反面照片收入《殷虚书契菁华》③一书中出版。《洹洛访古游记》记这几版著名甲骨的购藏情况是这样的：

宣统三年(一九一一年)二月二十八日记：

晴。昨日所得，以小块龟甲为多，中、大者少。然得二大块(见《殷虚书契菁华》第三页、第五页)。尚有一块全文满字而涂朱者，索价过昂，未能购定……

是日计所得龟骨已不少，而斧资将竭，其所余仅可再收二日。恒轩谓余：此次大块不多，前仅得大块一(见《殷虚书契菁华》第四页)……

恒轩去二三时，欣然归来，随一土人提柳筐，卧大骨片于其中。恒轩出骨于筐，如捧圭璧，盖即昨日议价未成者也(见《殷虚书契菁华》第一页)……

① 罗振常：《洹洛访古游记》，宣统三年(一九一一年)二月二十九日条。

② 罗振常：《洹洛访古游记》，宣统三年(一九一一年)三月十七日条。

③ 此书一九一四年十月影印出版。后又有翻印本和《传古别录》本。但《传古》本页数有错，与原版及翻印本不同。

宣统三年(一九一一年)三月十四日记:

……有数大片,有一片满字,虽非全文,所缺不多(见《殷虚书契菁华》第二页),比骨片之王犹多数字,彼称王,此亦可称公也。又一片字不多,中间亦全文(见《殷虚书契菁华》第六页)……

而《殷虚书契菁华》第一页所著录的胛骨(即《合集》6057号正反,例图1)[①]购入时还有一段趣闻呢!据《洹洛访古游记》宣统三年(一九一一年)二月二十八日记:

初虽增价,彼(笔者按:指持骨者)愈坚持。后告以余等将他往,可售则售,不可则已。匆匆欲行。有一老者,留其姑坐,而与其子及诸人密议,似欲买某姓之地,将以此为地价者。良久乃议决售之。此片有百余字,数段皆文字完全,为骨片中所仅见。此家有此片已久,小屯人及估客多知之。待价而沽,不肯轻售。余等初至小屯时,即向索观,时并无价,遂无可商。昨日忽出此,且有定价,即因欲购地之故。适逢其会,竟得成议……

此版正、反拓本已收入《合集》,为6057号正、反。[②]

① 为说明问题,有关论述可与例图对照。为排印方便,我们集中到本书后《例图》部分。例图1即为书后《例图》第一号,以下皆仿此,不再注。

② 此版正面为谢济所拓,反面为笔者所拓,当年所拓情景,至今历历在目。时值一九七六年四月五日,胡厚宣先生亲笔写信给中国历史博物馆史树青教授,我二人将此信交史树青教授,交涉完毕,才取出此片"特藏品",我们则保证"不能拓损",方由谢济拓正面。当时在座者还有铜器专家石志廉、玉器专家傅大卣。我与诸先生寒暄后,一年青同志让我为其写甲骨字。写完之后,史树青教授送我一张才出土不久之尕马台齐家文化铜镜拓本,我甚善并随之请三位先生在拓片空处题字,各位慨允,尚留一空处。史老说:"还有一填空处,由你自己去写吧!"……下午,由我继续拓此骨文反面。当天,群众悼念周恩来总理已达高潮,从历史博物馆向西面窗外望去,纪念碑成了花圈的海洋,悼念的人群在广场上密布,达十万之众。四月五日下午四时许,我拓究6057的反面,将甲骨完璧奉还后,我与谢济去纪念碑感受悼念总理的悲愤场景。高声宣誓者有之,痛斥"四人帮"者有之,痛哭流涕者有之……我与谢济议论说:"这是民心呵!"但第二天早晨,新闻联播宣布:四月六日凌晨,镇压了天安门广场上的反革命暴徒云云。一九七八年邓小平复出后,所谓"四·五反革命暴乱"始得平反,乾坤扭转,改革开放新时期到来。三十多年前拓《合集》6057之经历刻骨难忘,此版今已收入《合集》。而史树青教授所赠齐家文化铜镜拓本及史、石、傅诸前辈之题字,也成为我的珍贵藏品。如今,石志廉先生、傅大卣先生、史树青先生皆已先后驾鹤西归,在《中国甲骨学》出版时,写此以示对诸先生的怀念,并权作在所贻拓片上所填之"空白"吧!笔者二〇〇八年十一月九日记。

其三，扩大了殷墟甲骨文以外出土文物的搜求，为考古学研究积累了资料。河南安阳小屯一带，在出土甲骨以前，早在宋代就不断有青铜器出土。宋代《考古图》中就把此地出土的铜器误注为出自“亶甲墓”或“亶甲城”。据研究，其他一些宋代金文著录书如《博古图》、《啸堂集古录》等收入的一些商代铜器，虽然没有“注明出土地，但就形制、花纹、款识各方面看来”，“大概也是宋代从殷墟出土的东西”①。元人纳新的《河朔访古记》也有这里出土铜器情况的记述。

清末安阳小屯一带出“龙骨”以后，往往于其掘处出土铜器、古货币、铜镜等。在一八九九年以前，就有古董商来安阳小屯村收购古董——一些较为珍贵的文物。罗振玉深知，与甲骨文一起，“必尚有三代古物，其尊彝戈剑之类必为估客买去。其余估客所不取者，必尚有之”。如不加以搜集，将给考古学研究带来损失。因此，罗振常等人去安阳小屯收购甲骨时，还遵照罗振玉“即不知其名，苟确为古物而非近代之器，弟（笔者按：即指罗振常）幸为我致之”的嘱咐，对出土古物尽力搜求。罗振常要求小屯村民“无论何物，但是土中者，必携来无遗”②，以便看货定价，收得了不少商、周、秦、汉时期直至元代的文物，其中有不少精品。罗振玉一九一六年出版的《殷虚古器物图录》一书，所收不少器物就是此行所得。

虽然收购小屯所出其他文物不是此行的主要目的，但搜集并保护了古代文物。不仅抢救和积累了大量的研究资料，而且对考古学的研究也是很有意义的工作。

其四，确知甲骨出土地为河南安阳小屯村，对确定小屯村为晚商都城和甲骨文为晚商遗物的研究也有很大意义。这是因为人们必然会提出小屯为何出土甲骨文的问题。也就是为确定小屯为商朝晚期都城提供了重要线索。与此相关，甲骨文在商朝晚期都城出土，也为学者根据甲骨文本身进行研究而得出它应为商朝晚期物，提供了有力的证据。

其五，甲骨文出土地的确定，进一步促进了一九二八年以后的殷墟大

---

① 胡厚宣：《殷墟发掘》，第六至七页。

② 罗振常：《洹洛访古游记》，宣统三年（一九一一年）二月十六日条。

规模科学发掘工作,从而为殷商考古学的研究开了先河。关于此,我们将在本书第四章第三节论述。

第二节 甲骨文时代的确定和小屯为殷墟的研究

众所周知,甲骨文为商代晚期盘庚迁殷至纣之灭的二百七十三年之间之物。但在甲骨文发现的初期,学者们对它所属的时代认识是不同的。

据说王懿荣在开始鉴定并购藏甲骨时,就认为它是“商代卜骨”①了。但这只是他的后人根据传闻所记,仅可供我们作为参考而已。

刘鹗一九〇三年在《铁云藏龟》自序中曾说甲骨文是“殷人刀笔文字”,乃商朝遗物。但由于对这种从未见过的古代文字的研究尚属初期,不仅对其内容不甚了然,而且所见资料也较少,当时学者们对刘鹗定其时代为“殷”,并不以为然。

罗振玉在《铁云藏龟》序中,把甲骨文称之为“夏殷之龟”,包括从公元前二十一世纪至公元前十一世纪这一段时期。但是,且不用说当时,就是迄今也没有发现过一片相当于历史上夏代的甲骨文。孙诒让一九〇四年在《契文举例》序中,认为甲骨文应是“周以前”之物,看法与罗振玉基本相同。

随着甲骨文出土地小屯的被确知和对甲骨文内容研究的逐渐深入,罗振玉一九一〇年“于刻辞中得殷帝王名谥十余,乃恍然悟此卜辞者,实为殷室王朝之遗物”②。这时他对甲骨文时代的看法,与刘鹗基本相同了。

虽然一九一一年还有个别学者认为甲骨文是“周朝”遗物,写了题为《最近发现之周朝文字》③的论文,但没有引起什么反响。

已如前述,甲骨学者罗振玉派古董商和自己亲属直接去安阳小屯搜购,先后共得甲骨二万多片。由于所见材料的增多和考证出甲骨出土地小

---

① 王汉章:《古董录》,《河北第一博物院画报》第五十期,一九三三年。

② 罗振玉:《〈殷商贞卜文字考〉自序》。

③ 方法敛:《最近发现之周朝文字》,《英国皇家亚洲文会杂志》十月号,一九一一年。

屯一带为晚商都城，他更坚定了甲骨应为商朝遗物的认识。随后，他将所得甲骨“寒夜拥炉，手加毡墨，拟先编墨本为《殷虚书契》前编，考释为《后编》”。一九一二年在日本“乃以一年之力，编为《前编》八卷，付工精印，而《后编》亦将次写定”①，《殷虚书契》于一九一三年出版发行。接着罗振玉又于一九一四年印行《殷虚书契菁华》、一九一六年印行《殷虚书契后编》、一九一六年印行《殷虚古器物图录》等几部较早的甲骨著录书。这些书名明确地表明罗振玉认为甲骨乃商朝旧都所出，为商朝遗物。与此同时，小屯村也已被他考订为晚商都城，为甲骨的时代提供了佐证。因此，自罗振玉这几部有影响的甲骨著录陆续出版后，甲骨文为商朝遗物在学术界也就再无争议了。

就在罗振玉研究甲骨文时代并考虑甲骨文出土地小屯村在历史上的地位的时候，日本学者林泰辅将自己的甲骨学论著寄给了他。林文旁征博引，对罗振玉一九〇三年为《铁云藏龟》所写的序有所补苴，使罗振玉深感一些问题仍需认真研究。因而他在一九一〇年，“乃以退食余晷，尽发所藏墨拓，又从估人之来中州者，博观龟甲兽骨数千枚，选其尤殊者七百。并询知发现之地，乃在县西五里之小屯，而非汤阴（笔者按：据《殷虚古器物图录》序，光绪戊申，即一九〇八年罗氏已访知小屯为甲骨出土地之时），其地为武乙之虚……”②，即商王武乙时之都城。经过进一步研究以后，一九一三年罗振玉考证出小屯村即“洹水故墟，旧称亶甲。今证之卜辞，则是徙于武乙去于帝乙”③。这样，罗振玉便把小屯村确定为商朝从武乙历文丁、帝乙三王时期的都城了。

确定小屯村为商朝何时的都城，对判断甲骨文的时代至关重要。众所周知，商汤灭夏建立商王朝，到武王伐纣商朝灭亡，包含了公元前十六世纪至公元前十一世纪这段相当长的时间。甲骨文为整个有商一代之物？抑或商朝某一段时间之物？而小屯为武乙至帝乙时的晚商都城一经确定，此地出土的甲骨文自然也应为晚商遗物了。

---

① 罗振玉：《〈殷虚书契〉自序》，一九一三年。

② 罗振玉：《〈殷商贞卜文字考〉自序》，一九一〇年。

③ 罗振玉：《〈殷虚书契〉自序》。

王国维在《说殷》一文中考证说,“殷之为洹水南之殷墟,盖不待言”,“今龟甲兽骨出土,皆在此地,盖即盘庚以来殷之旧都”。“而殷墟卜辞中所祀帝王,讫于康祖丁、武祖乙、文祖丁。罗参事(笔者按:即罗振玉)以康祖丁为庚丁,武祖乙为武乙,文祖丁为文丁,其说至不可易(见《殷虚书契》考释)。则帝乙之世,尚宅殷墟”①。

此后,又经其他学者,如董作宾在《殷虚沿革》②、《甲骨文断代研究例》③,胡厚宣在《甲骨学提纲》④等论文中进一步研究,甲骨文出土地小屯村为“殷代后半期从盘庚迁殷到纣亡国,八世十二王二百七十三年间的旧都”⑤,基本上为学术界所接受了。随着甲骨文的出土,河南省安阳市小屯村曾是晚商都城的辉煌历史被学者们考证出来。而由于甲骨文的继续出土和科学发掘工作的开展,这个昔日不惹人注意的北方普通村落,不仅在国内,而且也成了国外学术界注意的地方。

三千多年前,今天的小屯一带是《史记·殷本纪》正义引《竹书纪年》所说的“自盘庚徙殷,至纣之灭,二百七十三年,更不迁都”的晚商都城。商王朝后期的盘庚、小辛、小乙、武丁、祖庚、祖甲、廪辛、康丁、武乙、文丁、帝乙、帝辛等王曾居住在这里。当年的殷都,到处是雄伟的宫殿和巍峨的宗庙,为商王朝政治、经济和文化的中心。甲骨文里常记“洹其作兹邑祸”(《续》2·28·4)。胡厚宣谓:“殷之旧墟,在今河南安阳小屯村北,正当洹水南岸,常受水灾,则‘兹邑’必指殷之首都商邑,当无问题。”⑥公元前一〇五七年武王伐纣⑦,商纣王牧野兵败,逃至鹿台自焚而死。商朝灭亡以后,繁华的都城就成为一片废墟了。其后不久,被武王封于朝鲜的“箕子朝周,过故殷墟,感宫室毁坏,生禾黍,箕子伤之,欲哭则不可,欲泣为其近妇人。乃作

---

① 王国维:《说殷》,《观堂集林》第十二卷,第五二三至五二五页。

② 载《史语所集刊》二本二分,一九三〇年。

③ 载《庆祝蔡元培先生六十五岁论文集》上册,一九三三年。

④ 载上海《大公报》,一九四七年一月十五日。

⑤ 胡厚宣:《殷墟发掘》,第四页。

⑥ 胡厚宣:《殷卜辞中的上帝和王帝》上,《历史研究》,一九五九年,第九期。

⑦ 参见张钰哲、张培瑜:《殷周天象和征商年代》,《人文杂志》,一九八五年,第五期。关于武王伐纣年代,历来众说纷纭,自一九九六年五月启动的“夏商周断代工程”,进行多学科的合作与联合攻关,在其阶段性成果《夏商周断代工程1996—2000年阶段成果报告》(简本)中,确定武王伐纣年代为公元前一〇四六年,见该书第八十八页,世界图书出版公司;二〇〇〇年版。

《麦秀之诗》以歌咏之。其诗曰:‘麦秀渐渐兮,禾黍油油。彼狡童兮,不与我好兮!’所谓狡童者,纣也。殷民闻之,皆为流涕”①。

西周时期,今安阳一带属卫,春秋战国时期先属卫,后属魏,又属赵,秦昭襄王五十年(公元前二五七年)占领此地后,才始名“安阳”②,属上党郡。《战国策·魏策一》曾记张仪为秦连横说魏王,谓“……合纵者一天下,约为兄弟,刑白马,以盟于洹水之上,以相坚也……”。这一带因地理位置和地势平坦,被看做理想的诸侯会盟处。

直到秦末农民大起义时,今安阳小屯一带——殷墟故地上,还发生了一件戏剧性的事件。《史记·项羽本纪》载,秦将章邯迫于形势,派人见项羽。而项羽也考虑到自己连打恶仗,人员、军粮渐少,争取章邯反秦较为有利,因而“项羽乃与期洹水南殷墟上”。在殷墟——今日的小屯村北一带与走投无路的章邯会盟,立章邯为“雍王”,壮大了反抗秦王朝的力量。

此后,在昔日殷都——今日的小屯村一带,再也没有发生过什么可以载入史册的历史事件了。虽然洹水千百年来滔滔不绝地向人们诉说着她所见到当年殷都的一切,但除了“唐人杜佑《通典》、宋人罗泌《路史》及吕大临《考古图》都以‘安阳西北五里’‘洹水之滨’殷墟所在为河亶甲城和河亶甲墓”③以及元人纳新《河朔访古记》中提过这里曾是河亶甲城以外,直到明朝小屯村立村以前,这里是一片植满五谷的农田,再也无人提起,成了被人遗忘的历史“后院”。

明万历四年(一五七六年),正式以小屯名村④。清末甲骨文出土以后,这个被历史遗忘的村落才声名大振。“河亶甲居相,见《太平御览》八十三引古本《竹书纪年》。据《史记·殷本纪》引《括地志》说相在内黄县东南十三里,并不在安阳,说安阳是河亶甲城,虽错误,但这块地方是殷都,也有墓葬,由殷墟发掘看来,则是事实”⑤。正是由于甲骨文的大批出土和殷墟遗

---

① 《史记·宋微子世家》。

② 《史记·秦本纪》“……攻汾城,即从唐拔宁新中,宁新中更名安阳”。

③ 胡厚宣:《殷墟发掘》,第四页。

④ 参见董作宾:《殷虚沿革》,《史语所集刊》二本二分,一九三〇年。笔者每次查阅这本集刊,都见到封面及扉页上所钤篆文“张秉权印”四字。此书乃张先生旧物,现藏中国社会科学院历史研究所图书馆,至今已数十年矣!做为后学,笔者对先生充满敬仰、怀念之情。

⑤ 胡厚宣:《殷墟发掘》,第四至五页。

址的不断科学发掘,小屯村这一“蕞尔一邑”,才蜚声国内外,成为学者们瞩目和向往的地方。

甲骨学家罗振玉,对安阳殷墟怀有特殊感情,曾打算晚年归隐小屯村研究,并终老于此。据罗振常《洹洛访古游记》宣统三年(一九一一年)三月初八日条说,罗振玉“欲于此卜宅”,并“嘱探其地可售否”,永远守护殷墟。但终因地价太贵,几经努力未成,“遂不再图”。其事还见于“三月十一日”、“三月十五日”等条。虽然罗振玉放弃了在小屯村买福地的打算,但他还是在一九一五年春天亲自到安阳小屯村踏访,成为到过殷墟的第一位中国甲骨学家。罗振玉在《五十日梦痕录》(一九一五年收入《雪堂丛刊》)第二十二页记述他亲历小屯的情况说:

> 近十余年间,龟甲兽骨,悉出于此。询之土人,出甲骨之地,约四十余亩。因往履其地,则甲骨之无字者,田中累累皆是……其地种麦及棉,乡人每以刈棉后,即是发掘。其穴深者二丈许,掘后填之,后种植焉。所出之物,甲骨以外,蜃壳至多,与甲骨等,往岁所未知也。古兽角亦至多,其角非今世所有……

日本学者林泰辅曾怀疑甲骨是伪刻,见到实物以后,方确信不疑并进行研究,一九二一年出版了《龟甲兽骨文字》一书。他对安阳殷墟也怀有浓厚的兴趣,一九一八年亲赴安阳小屯考察并搜集甲骨①,是到过殷墟的第一位日本甲骨学家。

今天的安阳小屯村举世闻名。不仅国内许多甲骨学者都要亲自到小屯村考察殷墟,就是国外学者也以不能踏访殷墟为憾事。正如胡厚宣在一九七九年说的:“前不久周鸿翔教授(按:美籍华裔学者,任职美国加州洛杉矶大学)在给我的来信中谈到,遍布世界各国的甲骨学者都在呼吁可否就在甲骨文的故乡——安阳殷墟召开一次国际性的甲骨学术会议”②,表达了外国学者对安阳殷墟的特殊感情。一九八七年九月,近百名国内外有影响的学者聚会殷墟,在胡厚宣主持下,召开了中国殷商文化国际讨论会。国

① 胡厚宣:《五十年甲骨文发现的总结》,第三十二页。

② 胡厚宣:《〈建国以来甲骨文研究〉序》,中国社会科学出版社,一九八一年。

内外学者交流学术，踏访殷墟，对殷商文化研究产生了深远的影响。

甲骨文为“殷室王朝之遗物”的确定，大大提高了它的学术价值，从而为史料较少的殷商文化研究提供了一批时代明确的珍贵资料，也为确定小屯村一带为商都的研究提供了可靠的证据。而关于小屯村为盘庚迁殷后晚商都城的研究，不仅明确了甲骨文为晚商之物，也为以后进行的分期断代研究确定了具体的时间范围。因此，正如有的学者所指出的：“把甲骨出土的地点考证出来”，是“罗振玉的主要成就”之一①。

对于安阳小屯村作为殷墟的历史地位，多数学者赞成《史记·殷本纪》正义引《竹书纪年》的说法。但也有人对此提出异议。如本章第一节所述。郭沫若一九三一年就提出“卜辞乃帝乙末年徙朝歌以前之物”，并在一九三三年出版的《卜辞通纂》一书中对“帝乙迁沫”之事又重加申述。直到晚年，郭沫若对此问题还极为关心，要求参加《甲骨文合集》一书编辑工作的学者就“到底有没有帝辛卜辞”进行研究②，以便证明有否帝乙迁都朝歌之事。近二十年来，学术界又旧案重提，对帝乙、帝辛时迁都与否展开了热烈争论③，与此同时，也有人不同意安阳殷墟为盘庚所迁，认为“安阳小屯很可能是从武丁才开始建都的”，而“盘庚把都城迁到了河南偃师”，推测“偃师古城的第二次修筑很可能是盘庚时期所为”④；也有人认为“盘庚未迁殷墟”。现在的安阳殷墟，“只能是商代晚期的陵墓区和祭祀场所”。因为这里进行发掘工作已几十年，却“连城墙的任何迹象都没有”。殷墟应有街道、宫城和大型宫殿，“都城和陵墓区应该有一定的距离而不应在一起”，因而不是殷都。真正的殷墟“有可能是在淇县朝歌”⑤。

---

① 戴家祥：《甲骨文的发现及其学术意义》，《历史教学问题》，一九五七年，第三期。

② 参见胡厚宣：《郭沫若同志在甲骨学上的巨大贡献》，《考古学报》，一九七八年，第四期。

③ 见戴志强等：《试论帝乙帝辛时期殷都未迁》，《全国商史学术讨论会论文集》；田涛：《谈朝歌为殷纣帝都》（同上论文集）。

④ 彭金璋、晓田等：《试论河南偃师商城》（同上论文集）。

⑤ 秦文生：《殷墟非殷都考》，《郑州大学学报》，一九八五年，第一期。日本学者宫崎市定在一九七〇年就已提出这一看法，其说见所著《中国上代の都市国家とその墓地——商邑は何处にあフたか》（正、补），《东洋史研究》（28—4）、（29—2.3 合），一九七〇年。

第三节　甲骨文的命名种种

一九〇三年《铁云藏龟》出版以后,甲骨文不再是个别学者书斋中秘不示人的"古董",成为广大学者的研究资料。但因甲骨文在典籍中没有记载,因而在研究过程中,它的出土地、时代等的考证花费了学者不少精力,就是它究竟应叫什么名字,学者们起初也茫然不知。

名称是对事物本质的概括。"名不正,则言不顺"[①]。学者们面对甲骨文这一完全陌生的事物,由于观察和研究的角度不同,命名一度五花八门。学者们给甲骨文命名,归纳起来,无非是根据以下几个方面:

一、 按甲骨质料命名

有称甲骨文为"龟"的。《铁云藏龟》最早称甲骨文为"龟"。刘鹗所藏其余甲骨,后又分别由罗振玉一九一五年著录在《铁云藏龟之余》、叶玉森一九二五年著录在《铁云藏龟拾遗》、李旦丘一九三九年著录在《铁云藏龟零拾》等书中。仍沿刘铁云称"龟"之旧,表明这几批甲骨系刘鹗旧藏。

也有称甲骨文为"龟甲"的。如一九一〇年日本人富冈谦藏的《古羑里城出土龟甲之说明》[②]。

也有称甲骨文为"龟甲兽骨"的,如一九〇九年日本人林泰辅《清国河南汤阴发现之龟甲兽骨》[③]、一九一五年石滨纯太郎等《河南出土之龟甲兽骨》[④]、一九二四年马衡《三千年前的龟甲兽骨》[⑤]等。

刘鹗所购甲骨以龟版为多,故称甲骨文为"龟"。但这一名称以偏概全,大量的刻字牛胛骨就不能反映出来。而且古代遗址常出龟甲,如山东

---

① 《论语·子路》。

② 载日本《史学研究会讲演集》第三册。

③ 载日本《史学杂志》二十卷,第八、九、十期。

④ 载日本《东亚研究》五卷,第七、八期。

⑤ 载北京《京报副刊》第二十号,一九二四年十二月二十五日。

大汶口文化遗址的墓葬及与其时代相近的南京北阴阳营青莲冈文化遗址中就曾见到过①,却显然不属于甲骨文范畴;而在藁城台西村商代遗址②、江苏铜山丘湾商代遗址③和安阳殷墟遗址,也出土大量未刻字的卜用龟甲,虽然也是甲骨学的研究对象(研究卜法),但不是甲骨文。称甲骨文为"龟甲兽骨",虽然较"龟"要全面和前进一步,但各种兽骨在古代遗址中所出甚多。而甲骨文的兽骨却是专门用于占卜记事之用。供占卜用的兽骨最早应是河南淅川仰韶文化层中出土的羊肩胛骨。在龙山文化时期遗址和商周遗址中更多有发现④。虽然和无字卜用龟甲、胛骨一样,为甲骨学卜法研究提供了有用资料,但因其上没有文字,也不是甲骨文。

二、 按文字书写方法命名

孙诒让最早称甲骨文为"契文"。契即契刻,契文即用刀刻的文字。他在一九〇四年写成的甲骨学史上第一部甲骨学研究著作就以《契文举例》为书名。或称为"契",如叶玉森一九二四年出版了《说契》、《研契枝谭》等书。或称为"殷契",如一九二〇年王襄出版了《簠室殷契类纂》、一九三三年商承祚出版了《殷契佚存》、郭沫若出版了《殷契余论》、叶玉森出版了《殷契钩沉》等,一九三七年郭沫若出版了《殷契粹编》、一九四三年于省吾出版了《双剑誃殷契骈枝》等等。或称为"殷虚书契",如罗振玉一九一一年出版了《殷虚书契》、一九一四年出版了《殷虚书契菁华》、一九一六年出版了《殷虚书契后编》、一九三三年出版了《殷虚书契续编》等。也有称为"殷商甲骨刻文"的,如一九三五年曹铨在吴县《国专月刊》一卷二号上发表了《殷商甲骨刻文考》等等。

---

① 《新中国的考古发现与研究》,第九三页,文物出版社,一九八四年。又,南京博物院:《南京北阴阳营第一、第二次的发掘》,《考古学报》,一九五八年,第一期。

② 李学勤、唐云明:《河北藁城台西甲骨的初步考察》,《考古与文物》,一九八二年,第三期。

③ 南京博物院:《江苏铜山丘湾古遗址的发掘》,《考古》,一九七三年,第二期。

④ 参见肖良琼:《周原卜辞和殷墟卜辞之异同初探》,其附表一、二、三统计全国各地历年所出不同时期卜甲、卜骨颇为齐备。载《甲骨文与殷商史》,上海古籍出版社,一九八三年。

诚然,甲骨文多是用刀契刻在龟甲兽骨上的文字,即刘鹗所说的“刀笔文字”,因此称甲骨文为“契”、“殷契”或“殷虚书契”、“甲骨刻文”等等,是有一定道理的。但是,甲骨文并不全是刀刻而成,也有用朱、墨写在龟甲或兽骨之上的,因而这样的命名也不甚全面。

三、 按甲骨文的用途命名

“殷人尊神,率民以事神,先鬼而后礼”①。殷人尊神信鬼的结果,就是天天卜,事事卜,以指导商王朝的国家大事和日常行止。占卜以后,将有关之事记在所用龟甲、兽骨之上,这就是十五万片甲骨文的由来。不少学者就是按其这一特殊用途命名的。罗振玉又曾称甲骨文为“贞卜文字”,一九一〇年他出版了《殷商贞卜文字考》。王襄称之为“贞卜文”,他一九三三年写有《题所录贞卜文册》(《河北博物院画刊》,三十二期)一文;或称之为“卜辞”,一九一七年加拿大人明义士出版了《殷虚卜辞》一书,王国维也在这年发表了著名论文《殷卜辞中所见先公先王考》及《续考》两文,一九二八年董作宾在《安阳发掘报告》第一期上发表了《新获卜辞写本》,一九三三年郭沫若出版了《卜辞通纂》一书,一九三六年唐兰在《清华学报》十一卷三期上发表了《卜辞时代的文学和卜辞文学》一文,胡厚宣一九四四年出版的《甲骨学商史论丛》初集四册中收入了《卜辞地名和古人居丘说》等等论文,都以“卜辞”给甲骨文命名。

称甲骨文为“卜辞”,说明学者已明确了甲骨文的用途,研究有了深入。但是,甲骨文并不全是卜辞,如武丁时的五种记事刻辞以及甲骨文中的表谱刻辞、干支表及杂置卜辞中的记事“羲京刻辞”等。因此,将甲骨文一概称之为“卜辞”,亦不太科学。

四、 按甲骨文的出土地命名

有的学者将甲骨文称为“殷墟文字”,如余永梁一九二六年于清华研究

① 《礼记·表记》。

院《国学论丛》一卷一号上发表了《殷墟文字考》。一九二八年至一九三七年科学发掘殷墟所得甲骨，《殷虚文字甲编》、《殷虚文字乙编》及缀合书《殷虚文字丙编》、《殷虚文字缀合》等等，也以"殷虚文字"命名。既表明了这些书与前此著录传世甲骨著作的不同；也表明了甲骨文与两周以后的文字，诸如青铜铭文、玺印、货币等文字的不同。

但是，殷墟历年出土有文字的遗物并不仅仅是甲骨文，其他如石磬、石玉器、骨蚌器、陶器等，特别是青铜器上都有文字发现。这些文字既与占卜无关，也非甲骨文所能包容。因而将甲骨文称之为"殷墟文字"概念仍是较为含混的，不能反映甲骨文专门作为与占卜有关的记事文字的特点。此外，甲骨文除在安阳殷墟出土以外，在河南郑州二里冈中商遗址也有出土①。不仅如此，山西洪赵、陕西周原岐山、扶风、北京昌平、房山、河南洛阳、河北邢台等地还出土了西周甲骨文②。很显然，称甲骨文为"殷虚文字"包容不了地区和时代不同的甲骨文的丰富内容。

上述种种命名，都不能准确、全面地反映甲骨文的本质和特征。

五、将质料与文字结合起来命名

有称甲骨文为"龟版文"的，如一九一九年日本后藤朝太郎写有《殷代龟版文之族字》，在《民族与历史》一卷三号上发表。一九二八年加拿大明义士在《东方杂志》二十五卷三号上发表《殷虚龟甲文字发掘的经过》等等。这种命名虽然不能包括刻有文字的胛骨，但注意到了甲骨文质料与文字的不可分割性。

也有称甲骨文为"骨刻文"的，如英国金璋一九一二年之《骨上所刻之哀文与家谱》及一九三三年之《古代骨刻文中龙龟之研究》等，也失之片面，忽略了还有刻文字卜龟的这另一部分。

称甲骨文为"龟甲兽骨文字"，较为全面。如日本人后藤朝太郎一九一

---

①　裴明相：《略谈郑州商代前期的骨刻文字》，《全国商史学术讨论会论文集》。

②　参阅王宇信：《西周甲骨探论》，第一篇。及《琉璃河遗址一九九六年度发掘报告》，《文物》，一九九七年，第六期。《洛阳新发现西周有字卜骨》，《北京晚报》，二〇〇八年十一月二日。《邢台南小汪周代遗址西周遗存的发掘》，《文物春秋》，一九九二年增创等等。

五年在《东洋学报》四卷一期、五卷一期上发表《龟甲兽骨文字研究》的论文,一九二一年日本人林泰辅出版了《龟甲兽骨文字》一书等等。这就弥补了上述各执一端的片面性。

而最简单明确的命名还是"甲骨文",一九二一年陆懋德在十二月二十五日北京《晨报副刊》上发表了《甲骨文之发现及其价值》,容庚也在一九二四年北京大学《国学季刊》一卷四期上发表了《甲骨文之发现及其考释》,一九二五年王国维在《学衡》第四十五期发表的文章中有一段小标题为《殷虚甲骨文字及其书目》,郭沫若一九三一年出版了著名的《甲骨文字研究》一书,董作宾一九三三年发表了甲骨学史上划时代的名作《甲骨文断代研究例》。不少有影响的甲骨著录,如日本贝塚茂树编《京都大学人文科学研究所藏甲骨文字》、郭沫若主编的《甲骨文合集》等等,都以"甲骨文"命名这种文字。

称"甲骨文"既包含了卜用龟甲和兽骨上的文字,又包含了非卜用龟甲和兽骨上的文字。既有卜辞,又有记事刻辞,此外,无论龟、骨上的契刻文字,还是朱书、墨书,都是甲骨文的一部分内容。甲骨文自然专指龟、骨上的文字,可将它与陶、石、骨、蚌、玉、铜器上的文字区别开来,专指与占卜有关的文字。

虽然有的学者至今还沿用"契文"、"卜辞"等称呼甲骨文,但正如胡厚宣先生所指出的:"总之,一切的名称,都不如叫'甲骨文'或'甲骨文字',比较恰当。"①

我们从上述有关甲骨文命名种种,可以看出:甲骨文命名与甲骨学的研究是密切相关的,即有一个由知之不多,只涉及表面,到逐渐深入,由表及里的过程。在甲骨文才被发现时,人们只能根据对甲骨外形的直观认识,称之为"龟"域"兽骨"、"龟甲";或看到刀刻文字,称之为"契"或"骨刻文字"。而在甲骨文时代和出土地小屯被确定为殷都以后,甲骨文的用途逐渐明确,便称之为"殷虚书契"、"殷虚卜辞"或"殷虚文字"了。当然,"甲骨文"一名为更多人所接受,是由于殷墟科学发掘工作展开以后,人们对殷墟所出的文字材料有了更进一步认识的结果。

---

① 参阅胡厚宣:《五十年甲骨文发现的总结》,第八、九页;并参阅胡厚宣:《甲骨学绪论》,《甲骨学商史论丛》二集下册,一九四四年。

第四章　甲骨文、甲骨学与甲骨学的科学界定

虽然甲骨学研究经历了"草创时期"、"发展时期"和"深入发展时期"的进展并取得了巨大的成绩，但"甲骨学"的科学界定出现却很晚。一九八八年九月台湾出版张秉权的《甲骨文与甲骨学》一书，第一次较为全面地给甲骨学作了科学界定：

甲骨学所研究的是甲骨文，但并不限于甲骨文字，凡是和卜用甲骨以及卜辞所涉及的一些有关的事项，都在研究的范围之列。

基本与此同时，一九八九年六月中国社会科学出版社出版的王宇信的《甲骨学通论》，也给甲骨学作了科学的界定：

应该明确的是，甲骨文并不是甲骨学。甲骨文只是商朝后期遗留下来的珍贵文物和史料，它的科学价值，只有随着甲骨学研究的发展，才愈益为人们所认识。

而甲骨学，是以甲骨文为研究对象的专门学科，是甲骨文自身固有规律系统的和科学的反映。正是由于甲骨学的不断发展，这些"断烂朝报"中所蕴藏的古代社会奥秘才被学者们一一窥破。因此，我们决不能把甲骨文与甲骨学混为一谈。①

可以说，直到甲骨学发展的"深入发展时期"的后一阶段，即一九七八年以后的"全面深入发展"阶段，"甲骨学"的科学界定才"千呼万唤始出来"。为什么"甲骨学"的科学界定如此"姗姗来迟"呢？这是因为：其一学者们曾一度"把甲骨文与甲骨学混一谈"。其二是这种界定只有在对甲骨进行多角度、全方位认识和研究后才能作出。

---

① 王宇信：《甲骨学通论》，第三至四页，中国社会科学出版社，一九八九年。

第一节　甲骨文与甲骨学的学名由来

如前所述,由于殷墟甲骨文典籍失载,学者们对它的名字是茫然无知的。对其称呼五花八门。直到一九二一年陆懋德发表了《甲骨文之发现及学术价值》①以后,陆续发表了不少以"甲骨文"为题的论文篇名,此后才开始称为"甲骨文"。一九二四年容庚发表了《甲骨文之发现及其考释》②,一九二五年王国维在《最近二三十年中中国新发现之学问》文中出现节标题"殷墟甲骨文字及其书目"③,一九三〇年董作宾发表了《甲骨文研究之扩大》④,一九三一年郭沫若出版了《甲骨文字研究》,一九三三年董作宾发表了《甲骨文断代研究例》等。不少有影响的大型甲骨著录,诸如贝塚茂树《京都大学人文科研究所藏甲骨文字》、郭沫若主编《甲骨文合集》等等都以甲骨文名其书名了。甲骨文遂成为学界通用的称呼。

"甲骨学"一名的提出则比较晚,是在"甲骨文"一名出现十年以后的一九三一年。周予同在开明书店的《中学生杂志》上,发表了《关于甲骨学》,才使"甲骨学"之名第一次出现在甲骨学术界。其后,"甲骨学"就逐渐成为学者较为常用的名词了。诸如下列论述即是:

一九三三年　布那科夫:《甲骨学之新研究》,《通报》三二卷五期。

　　　　　　朱芳圃:《甲骨学文字编》,商务印书馆。

一九三四年　戴家祥:《评甲骨学文字编》,天津《大公报》图书副刊二十五期。

　　　　　　李星可:《甲骨学目录并序》,《中法大学月刊》四卷四期。

一九三五年　郑师许:《我国甲骨学发现史》,复旦大学中文系《文学期

① 载《北京晨报副刊》,一九二一年十月二十五日。
② 载北京大学《国学季刊》,第一卷第四期,一九二四年。
③ 载《学衡》,第四五期,一九二五年。
④ 载《安阳发掘报告》,第二期,一九三〇年。

刊》,第二期。

陈竟明:《三十五年来的甲骨学》,《考古社刊》第三期。

一九三六年　小川茂树:《甲骨学之新展开》,《东洋史研究》二卷二期。

一九三七年　蒋大沂:《甲骨学小史》,《民报》,《上海市博物馆周刊》十六期。

一九四三年　胡厚宣:《甲骨学概要》,《大学》二卷一期。

一九四四年　胡厚宣:《甲骨学商史论丛》初集共四册,齐鲁大学国学研究所出版。

一九四五年　胡厚宣:《甲骨学概论》,《论丛》二集下册。

胡厚宣:《甲骨学类目》,《论丛》二集下册。

胡厚宣:《甲骨学商史论丛》二集共二册。

胡厚宣:《甲骨学商史论丛》三集全一册。

一九四六年　胡厚宣:《甲骨学简论》,成都《中央日报商朝甲骨铜器展览专刊》上,四月二十日。

胡厚宣:《甲骨学研究之经过》,成都《中央日报商朝甲骨铜器展览专刊》下,四月二十日。

一九四七年　胡厚宣:《甲骨学提纲》,上海《大公报·文史周刊》十三期。

《胡厚宣氏甲骨学研究近况》,天津《大公报·图书周刊》。

一九四九年　胡厚宣:《五十年来之甲骨学》,复旦大学讲义本。

一九五二年　胡厚宣:《五十年甲骨学论著目》,中华书局。

一九五五年　董作宾:《甲骨学五十年》,艺文印书馆。

一九六五年　董作宾:《甲骨学六十年》,艺文印书馆。

一九七八年　严一萍:《甲骨学》,艺文印书馆。

一九八五年　吴浩坤、潘悠:《中国甲骨学史》,上海人民出版社。

一九八八年　张秉权:《甲骨文与甲骨学》,国立编译馆。

一九八九年　王宇信:《甲骨学通论》,中国社会科学出版社。

一九九一年　濮茅左:《甲骨学与商史论著目录》,上海古籍出版社。

一九九九年　王宇信、杨升南主编:《甲骨学一百年》,中国社会科学出版社。

宋镇豪主编:《百年甲骨学论著目》,语文出版社。

……

从上面的叙述可以看到,虽然一八九九年甲骨文已被发现,但科学概括出"甲骨文"一名是在一九二一年,即殷墟甲骨文被发现二十多年以后。在甲骨文发现不久,学者们只能从其质料的观察,称其为"龟"(一九〇三年),"龟甲兽骨"(一九〇九年)、"龟甲"(一九一〇年)。或从甲骨上刻有文字,称之为"契文"(一九〇四年)、"书契"(一九一一年);由于孙诒让一九〇四年在《契文举例》中就有"卜事第三",又经过学者们的进一步研究,认识了甲骨文与占卜有关,因此一九一〇年罗振玉出版的《殷商贞卜文字考》以贞卜文字为其书名,书中有"卜法第三",对甲骨文的性质有了进一步认识。在此基础上,有学者一九一三年以后称之为"卜骨"。①而一九一五年以后,或有学者称之为"卜辞";②甲骨文是刻在龟甲、兽骨上的文字,所以一九一三年有学者将质料与文字相合称之为"骨刻文"③,一九一五年有学者称之为"龟甲兽骨文字"④,或在一九一九年称之"龟版文"。⑤直到一九二一年陆懋德才开始提出"甲骨文"⑥这一较为确切的名称。此后,特别是在殷墟科学发掘出土甲骨文以后,这一名称基本上被甲骨学者所普遍接受下来。

而"甲骨学"一名的提出,较之"甲骨文"一名晚了十年。一九三一年周予同在《中学生杂志》发表《关于甲骨学》,第一次提出"甲骨学",此后很快为甲骨学界所接受。"甲骨学"一名之所以在这时提出,是一九二八年的殷

---

① 〔德〕穆勒:《中国古代卜骨论》,《人类学杂志》,第六期,一九一〇年。又:〔英〕库寿龄:《河南之卜骨》,《亚洲文会杂志》,第四十五期。一九一四年。

② 王国维:《殷墟卜辞中所见地名考》,《雪堂丛刻》所收(一九一五年)。

③ 〔英〕金璋:《古代骨刻文中龙龟文研究》,一九一三年七月。

④ 〔日〕后藤朝太郎:《龟甲兽文字之研究》,日本《东洋学报》,四卷一期、五卷一期,一九一五年。

⑤ 〔日〕后藤朝太郎:《殷代龟版文中之族字》,日本《民族与历史》,一卷三号,一九一九年。

⑥ 陆懋德:《甲骨文之发现及其价值》,《北京晨报副刊》,一九二一年十二月二十五日。

墟科学发掘，把甲骨学研究从“草创时期”推进到“发展时期”的必然结果。

殷墟的科学发掘，为甲骨学研究提出了一系列课题，从而促使董作宾《甲骨文研究的扩大》一文的出现。①董作宾在此文中“草拟了一个甲骨文研究的范围”，共五大类，二十五小类的研究课题，大大超过了前一时期把甲骨文作为“金石文字”研究的“契学”范围。正因为殷墟发掘促使“甲骨文研究的扩大”，与前一时期的“金石文字”研究有所不同了。因此，他才提出来“愿与治‘契学’的同志一一讨论之”。

《甲骨文研究之扩大》的五大类二十五小类，虽然仍以甲骨文名之，但基本已涵括了甲骨学研究的内容，因而一九三一年周予同提出“甲骨学”，是这一时期殷墟科学发掘推动甲骨学研究取得发展的反映。一九三三年董作宾《甲骨文断代研究例》的发表，标志着“甲骨学研究突破了传统金石学时期，进入了历史考古研究的新时期”②，甲骨学由此形成。我们从前面所列篇目可以看出，自一九三一年周予同提出“甲骨学”一名以后，历年出版以“甲骨学”为名的著作所在多有，标志“甲骨学”一名已为学术界普遍接受。

我们从上列以“甲骨学”命名的研究论作可以看出，愈是对甲骨学诸规律有所发明和阐发的学者，诸如董作宾、胡厚宣等，发表以“甲骨学”为题名的著作就愈多。董作宾的《甲骨学五十年》和《甲骨学六十年》，“对于学术界，将不仅是过去甲骨学研究的总报告，而更是今后研究甲骨学的指程碑”。③这是因为“五十年来，经过无数学者的钻研努力，而能够提纲挈领建立起甲骨学体系的，惟彦堂先生。第一，如果没有贞人的发现，就不能作断代的区分。第二，如果没有历谱的建立，就没有正确的殷商年代；也不会知道礼制上的新旧分派。今天十万甲骨离不开这个体系；也就是甲骨已经有了成为一种专门学问的基础”；④关于董作宾对甲骨学研究所作出的巨大贡

① 董作宾：《甲骨文研究的扩大》，《安阳发掘报告》，第二期，一九三〇年。

② 张岂之主编：《中国近代史学学术史》，第四八二页，中国社会科学出版社，一九九六年。

③④ 严一萍：《甲骨学五十年》序，艺文印书馆，一九五五年。

献,本书第十五章第三节将作系统论述。另一位甲骨学大师胡厚宣,在一九四三年写出了《甲骨学概要》,一九四四年、一九四五年出版了名作《甲骨学商史论丛》初集(四册)、二集(上下)。《甲骨学商史论丛》"对记事刻辞、卜龟来源、文字释读、校对重片等方面也有所论述,并对甲骨学史也进行了总结"。①特别是胡厚宣一九四五年的《甲骨学概论》,从辨名、出土、时代、类别、尺寸、数量、卜法、卜辞、文例、字数、长文、典册等方面对甲骨学进行了结论性的论述,反映了自一八九九年殷墟甲骨文发现以来,特别是一九二八年殷墟科学发掘以来甲骨学研究所取得的进展。而文后所附的八十八个注解,反映了五十多年来学者们对甲骨学规律的探索和追求。除《甲骨学商史论丛》外,胡厚宣还撰写了不少研究论文和出版了多种甲骨书刊,涉及了甲骨学研究的各个方面,这些重要论著与《甲骨学商史论丛》相辅相成,互为表里,推动了这一时期甲骨学研究的发展。胡厚宣对甲骨学研究的卓越贡献,本书第十六章第三节有详细论述。

第二节 "甲骨学"的科学界定

甲骨学家写"甲骨学"是很有意义的事情。他们"是想用它来宣扬甲骨文,推广甲骨学,同时,也对自己的所学所知,作一交代"。②因此,董作宾、胡厚宣等甲骨学大师以他们的探索和追求,努力开拓甲骨学,从而使有丰富的甲骨文资料为研究对象和具有广泛的研究课题,并有着较为严密规律的甲骨学研究体系得以粗具规模。

虽然如此,甲骨学作为一门新兴学科,还有很多完善和发展的余地。董作宾在二十世纪五十年代曾说,"五十年来的甲骨文字研究,现在可以说略得门径,也可以说是初登程途,全部整理与研究的结果,尚须还有所待"。③他在

---

① 王宇信:《甲骨学研究的发展与胡厚宣教授的贡献》,《甲骨文与殷商史》第三辑,上海古籍出版社,一九九一年。

② 张秉权:《关于甲骨文与甲骨学》代序,艺文印书馆,一九八八年。

③ 董作宾:《甲骨学六十年》,第一〇三页,艺文印书馆,一九六五年。

六十年代又曾说过："真正科学的甲骨学研究，至多是刚刚开始，也许尚待起头。六十年，也不过如此。"①正因为如此，所以前辈大师殚精竭虑，为我们构筑成功了甲骨学的框架，但尚未画龙点睛，给甲骨学作出一个科学的界定。

这是因为学者们一度把甲骨文混同"甲骨学"，如一九三五年郑师许《我国甲骨学发现史》、陈竞明《三十五年来的甲骨学》等即是。诚如张秉权所指出的："甲骨文是中国的一种古代的文字，自然也是中国文字的一部分。如果甲骨学的内容和范围，只限于甲骨的文字方面的学问，那么说它属于文字学的一部分，自然没有错。事实上，现在的甲骨学所研究的对象，不仅限于文字方面的一隅。所以它与文字学应该是两门不同的学科。这一点，恐怕连先师董彦堂（作宾）先生都还没有仔细加以分别。"②

确是如此，董作宾曾说："'甲骨学'三个字连在一起成为一个名词，是新近的事；甲骨学成为一种学问，也是新近的事。"但是他又说："我生在光绪乙未（一八九五年），比起甲骨学要大他四岁。"

董作宾是说他比一八九九年发现的甲骨文要大四岁。而"'甲骨学'三个字连在一起成为一个名词，是新近的事"。很显然，他这里把甲骨文混同了甲骨学。此外，他还说过："甲骨学所研究的是甲骨文字，甲骨文字是写或刻在龟的腹甲、背甲和牛的肩胛骨（以前不知有龟背甲，又把牛的肩胛骨边缘，误认为肋骨和胫骨）上面的文字。"并又说："我们今天回头一看这五十年的过程，甲骨学确切是已经由零星的文字考释到了全部史料的整理，有着惊人的进步，成为一个最新的学问。"③

这正是他一九三一年《甲骨文研究的扩大》所列"第（一）文字的研究"的内容。而其中的"拓印、考释、分类、文例、礼制、地理、事项"等，是标明"过去的成绩"的。很显然，说五十年后的"甲骨学确切是已经由零星的文字考释到了全部史料的整理"云云，其主要内容并未超出"文字的研究"一

---

① 董作宾：《甲骨学六十年》，第一四八页。

② 张秉权：《甲骨文与甲骨学》，第三页，台湾"国立编译馆"，一九八八年。

③ 董作宾：《甲骨学六十年》，第一至二页，艺文印书馆，一九六五年。

项,这显然是包容不了他自己一九三一年所列的第二项"实物的观察"(下分五小项)、第三项"地层的关系"(下分四小项)、第四项"同出器物的比较"(下分三小项)、第五项"他国古学的参考"(下分三小项)等等方面的内容的。董氏这里所界定的"甲骨学",实际上只是"甲骨文字之学",即他一九三一年由于"甲骨文研究之扩大"以后,"愿与契学的同志一一讨论"的"契学",①而不是扩大了的甲骨文字研究——他所发展了的甲骨学。

一九二八年的殷墟科学发掘,使甲骨学研究完成"草创时期"向"发展时期"的转变,又经过了一九四九年以后的"深入发展时期",即在甲骨资料的搜集和著录方面、研究课题与研究方法方面又都有了新进展。关于此,本书第四章第三节甲骨文的科学发掘阶段和甲骨学的发展时期(上、下)和第五节甲骨学的深入发展时期(上、下)已作叙述。特别应注意的是,一九七三年有科学地层关系的小屯南地一批甲骨的发现和著录,为甲骨的"考古学考察"提供了重要资料。而一九七三年开始的传世卜骨钻凿形态考察和一九八三年《小屯南地甲骨》下册第三分册将科学发掘所得甲骨背面钻凿形态加以著录和研究,实现了甲骨真正意义上的"观其全体"的研究。因而这一时期的甲骨学研究,其研究对象已不再是单纯的甲骨文字,而兼及背面的钻凿形态,直至无字甲骨了。而其研究方法,已从文字的考释和史料的整理,进一步发展到以考古学为基础的研究。可以说,这是对甲骨(包括有文字和无文字)进行了多角度、全方位的研究和观察。因此,在"甲骨学"深入发展时期的第二阶段,即一九七八年以后的"全面深入发展"阶段,给"甲骨学"作出全面而科学的界定就成为可能了。

因而一九八八年《甲骨文与甲骨学》、一九八九年《甲骨学通论》给"甲骨学"进行科学界定,是自一九三一年"甲骨学"一名提出,五十多年来学者们在甲骨学初步形成以后,对甲骨、甲骨文和甲骨学研究日益深入和全面,认识更加明确和深化的结果。而"甲骨学"的科学界定,也使甲骨学研究更加自觉而避免盲目性。

---

① 董作宾:《甲骨文研究的扩大》,《安阳发掘报告》,第二期,一九三〇年。

第五章　甲骨文发现和甲骨学研究的几个阶段

甲骨文虽然很古老，距今已有三千多年的历史，但甲骨学却很年轻。从一八九九年甲骨文被发现、购藏和研究，直到现在，甲骨学的形成不过才有一百多年的历史。但是，当今的甲骨学，已不仅是国内学苑的一门“显学”，而且是世界不同肤色、不同语言的学者所共同关注的一门国际性学问。

甲骨学的发展是与甲骨文出土的不同阶段同步前进的。胡厚宣在《五十年甲骨学论著目》(中华书局，一九五二年版)序中指出：“殷代的甲骨文字，自从三千四百年以前埋在地下，以至最近的发掘和研讨，按照它的性质，又可以分为八个时期”，即：

> 一、埋藏时期。二、破坏时期。三、药材时期。四、古董时期。五、金石时期。六、文字时期。七、史料时期。八、考古时期。
>
> 而在上述一、二、三等三个时期人们“还不晓得甲骨是殷代的东西，更不晓得甲骨上还刻着殷王的贞卜之辞和与贞卜有关的记事文字。这都是五十年以前的事，可以称为甲骨的前期”。

自一八九九年甲骨文发现以后到一九四九年胡厚宣写作《五十年甲骨学论著目》时，是甲骨学形成并得到发展的五十年。甲骨文发现和研究经历了上述四、五、六、七、八等五个时期。甲骨学“由古董金石的研究，到古文字学的研究，到史料考古学的研究，这是一个极大的进步”。但“甲骨学上的问题，是不是就完全解决了呢？我们的回答是，绝对没有，真正科学的甲骨学研究，至多是刚刚开始，也许还尚待起头”，研究正方兴未艾。可以说，这五十年正是甲骨文大放光彩，甲骨学形成和发展的时期。

甲骨文自一八九九年发现到一九四九年这五十多年间，出土和研究经历了非科学发掘阶段和甲骨学的草创时期、科学发掘阶段和甲骨学的发展时期。一九四九年新中国建立以后到现在，甲骨文又经历了继续科学发掘和在马克思主义指导下的甲骨学深入发展时期。

“温故而知新”。了解甲骨文出土不同阶段的情形和甲骨学发展的历史,对我们学习和研究甲骨学是很有意义的。

第一节　甲骨学的“先史”时期

“甲骨学,是以甲骨文为研究对象的专门学科,是甲骨文自身固有规律系统的和科学的反映”。甲骨学是一门年青的学科,但它的研究对象——甲骨文却有着古远的历史。“甲骨文并不就是甲骨学。甲骨文只是商朝后期遗留下来的珍贵文物和史料,它的科学价值,只有随着甲骨学研究的发展,才愈益为人们所认识”①。从商朝灭亡直到一八九九年甲骨文被鉴定、购藏以前的这一漫长时期,人们并不知有甲骨文这么回事。因此从广义上说,这一阶段只能算是甲骨学史上的“先史”时期,包括了所谓的“埋藏时期”、“破坏时期”和“药材时期”。

所谓“埋藏时期”,即指“远在三千四百年以前,自从殷代的人贞卜完了把甲骨埋在地下以后,大约经过了一个很长的时期,没有人动过它”②。商朝在公元前一〇五七年灭亡③,“失国霾卜”,甲骨文再也不为世人所知。这些殷商王室的占卜记录,在深深的地下“原封不动”地保存了近千年。

所谓“破坏时期”,应自战国、秦汉延续到清末,大约有一千六七百年之久。

战国时期,统治阶级崇倡厚葬,真是“国弥大,家弥富,葬弥厚。含珠鳞施,夫玩好货宝,锺鼎壶滥,舆马衣被戈剑,不可胜其数。诸养生之具,积石积炭,以环其外”④。“其高大若山,其树之若林,其设阙庭、为宫室、造宾阼也若都鄙”⑤。但随厚葬风而起的盗墓之风也很盛行。“奸人闻之,传以相告。上虽以严威重罪禁之,犹不可止”⑥。愈是大墓,愈是无一不被盗掘。

① 参见本书第一章第一节。
② 胡厚宣:《〈五十年甲骨学论著目〉序》,中华书局,一九五二年。
③ 有关商朝灭亡年代的说法不一。我们这里采取的是张钰哲等人的说法。
④ 《吕氏春秋·孟冬纪·节丧》。
⑤ 《吕氏春秋·孟冬纪·安死》。
⑥ 《吕氏春秋·孟冬纪·节丧》“不可止”,高诱注:不可止其发掘。

真是“自古及今，未有不亡之国也；无不亡之国者，是无不抇之墓也。以耳目所闻见，齐、荆、燕尝亡矣，宋、中山已亡矣，赵、魏、韩皆亡矣，其皆故国矣。自此以上者亡国不可胜数，是故大墓亡不抇也”①。在盗墓盛行的情况下，殷墟自然不能幸免，甲骨也会随土挖出。

汉代以后，各地经常有古铜器出土，统治阶级视此为“祥瑞”，古文字学家曾对铜器上的文字进行研究。汉武帝时，“（李）少君见上，上有故铜器，问少君。少君曰：‘此器齐桓公十年陈于柏寝’。已而按其刻，果齐桓公器”。又如所谓尸臣鼎，乃汉宣帝时扶风美阳（今陕西武功）出土，“张敞好古文字”，考释出上面的文字并指出：“此鼎殆周之所以褒赐大臣，大臣子孙刻铭其先功，臧之于宫庙也。”②因此许慎在《说文解字》叙中说，当时“郡国亦往往于山川得鼎彝，其铭即前代之古文，皆自相似”。在各地不断有古铜器出土的秦汉时期，安阳殷墟也可能挖出甲骨文来。因此胡厚宣认为：“有人说秦汉时代曾发现甲骨，这也很有可能。”③

隋唐时期，安阳殷墟一带成为墓地。“十七、十八年（按即一九二八年、一九二九年），三次的发掘，村中和村北的隋唐墓葬，不下二十余处。就中惟卜仁墓葬有志，其余也可由殉葬陶器，瓦俑考见时代。前年村人在村中掘发一墓得破志朱书为唐天宝三年。又于樊夫人墓，得一破志，墨书，时代为大业二年”④。小屯村北和村中，正是甲骨文的集中出土地。因此胡厚宣说：“隋唐时代，既然曾把这里当做广大的墓地，为了埋葬，经常不断地向下挖掘，甲骨文遍地都是，又安有不被发现之理？”⑤

宋代安阳殷墟曾被传为河亶甲城，也常有铜器出土，见于宋代的金石著录和元代纳新《河朔访古记》等书的记载。在出土铜器的时候，有甲骨等其他古物伴出，自然是情理中事。

此外，殷墟小屯一带有人居住后，立村建房时也应有甲骨文出土。因

① 《吕氏春秋·孟冬纪·安死》“抇”，高诱注：抇，发也。按即发掘之意。
② 《汉书·郊祀志》。
③ 胡厚宣：《殷墟发掘》，第五页。
④ 董作宾：《殷墟沿革》，《史语所集刊》二本二分，一九三〇年。
⑤ 胡厚宣：《殷墟发掘》，第八页。

为现小屯村村中和村南,正是甲骨文的集中埋藏区之一。今日小屯村,“据父老相传,大概创自明朝的中叶。据王裕口朱氏家庙碑记,明朝初年的村名,还没有小屯村。十八年(按即一九二九年)秋季发掘得有明万历四年(按即一五七六年)墓砖契券,券上始见小屯村之名”。小屯村民的祖先,相传为明洪武间“从洪洞县迁来的”,与“明初胡大海屠杀安阳人以复仇,安阳居民,十死七八”有关。关于此事有种种传说,虽然于史无证,但也反映了元末明初,由于战乱频仍,灾荒四起,中原人口急剧减少的史实。因此,明初移民至安阳一带,明中叶以后现小屯一带逐渐有人居住①,一直到清朝,居民不断建房、修墓,当也会挖出不少甲骨文来。

正如胡厚宣所说,在这一漫长时期,“也许在战国时代,也许在汉朝,或者宋朝,当有大批的甲骨被掘出,但因为没有人认识,随着就又把它们毁弃了。这样又经过了一个很长的时期,不知毁掉了多少宝贵的史料。所以我们称之为破坏时期”②。

所谓“药材时期”,实际上是甲骨文“破坏时期”的延续,而且有过之而无不及。因为在一般的“破坏时期”,人们还只不过无意识地在挖掘铜器、建房、修墓时,偶然翻出甲骨,视如土芥,弃之不顾。而在“药材时期”,则是有意识地挖掘“龙骨”卖钱,大肆搜挖,给甲骨文造成的破坏和损失比“破坏时期”要严重得多多了。

“龙骨”是我国中药处方中的一味药。龙骨可治小儿、妇科疾病和男子虚弱等症,其粉可以医创止血,化腐生肌,俗称“刀尖药”。中药龙骨,“据近代记载,一种是古脊椎动物骨骼化石,货分南北两路,北路货出于河北山西,销在华北上海;南路货出于川、黔、湘、桂、滇、粤的山洞,销往广州、香港和南洋。另一种就是殷墟出土的甲骨,除在本地零售以外,主要销路在河北的安国和北京”③。

小屯村民有意识地挖掘“龙骨”作为药材出售的具体时间,现已难知其

① 以上参见董作宾:《殷墟沿革》。

② 胡厚宣:《〈五十年甲骨学论著目〉序》。

③ 胡厚宣:《殷墟发掘》,第九页。

详。学者推测，“至少就在清朝的几百年中，也许在明朝或明以前就开始了。平原省安阳县小屯村，有很多人家，以贩卖龙骨药材为生”①。但据我们在本书第二章第三节所引罗振常《洹洛访古游记》宣统三年（一九一一年）二月二十日条所记，“此地埋藏龟骨前三十余年已发现，不自今日始也”，“土人因目之为龙骨，携以视药铺”等记载看，小屯村民当于一八八一年前后才将甲骨做为龙骨出售。因为从罗振常去殷墟收购甲骨之年，即一九一一年上溯三十多年，恰为此时。

此外，董作宾《甲骨年表》以一八九九年为甲骨文发现之年，并记有：

> 先是，小屯北地滨洹水的农田，常有甲骨发现，村人李成检之，售于药店，谓之龙骨，经过数十年。

李成为“小屯薙头商”，即剃头匠。在一八九九年以前，“常用龙骨粉做刀尖药。此地久出龙骨，小屯村民不以为奇。乃以骨片、甲版、鹿角等物，或有或无字，都为龙骨。当时小屯人以为字不是刻上的，是天然长成的，并说有字的不好卖，刮去字药店才要。李成收集龙骨，卖与药店，每斤制钱六文”②，李成终生以出售龙骨为生。即使他从二十多岁开始售卖龙骨，能活到六十岁而不辍其业，也不过四五十年光景，即小屯村民出售甲骨，从一八九九年上溯四五十年，不会早于清末道、咸时期。此外，小屯建村不早于万历四年（一五七六年），所以此地甲骨做为药材龙骨出土的时间不会比万历四年更早。

一八九九年以前的四五十年，甲骨被作为龙骨成批卖给北京或安国的药材商；或磨成细粉，零星在庙会上作为“刀尖药”出售，时间虽然不太长，但毁灭甲骨文之多，前两个时期可要小巫见大巫了。甲骨文被人们当做“龙骨”入药煎服，一剂剂，一锅锅，不知吃掉了多少，给学术事业造成了不可弥补的损失。所以胡厚宣先生“称这个时期为药材时期”③。

甲骨文所经历的上述三个时期，长达三千年左右。这是在一八九九年甲骨文被发现、认识，甲骨学形成以后，学者们为了寻“根”，才回过头来认

---

①③　胡厚宣：《〈五十年甲骨学论著目〉序》。

②　明义士：《甲骨研究讲义》，齐鲁大学，一九三三年石印本。

识的甲骨学形成以前的历史。因此我们说这一段长时间,是甲骨学的"先史"时期。

第二节　甲骨文的非科学发掘阶段和甲骨学的草创时期(上、下)

甲骨文的非科学发掘阶段和甲骨学的草创时期,包括从一八九九年甲骨文被发现、购藏,到一九二八年中央研究院历史语言研究所开始大规模科学发掘安阳殷墟以前的这一段时间。

上

甲骨文的"非科学发掘时期",指小屯村民为了赚钱,青壮劳力以及老幼妇孺竞相挖掘甲骨出售的时期。因甲骨文被学者鉴定以后,售价日昂,较之昔日的"龙骨"可谓"身价百倍"。也有人称这一时期为"盗掘时期",因为挖掘甲骨与挖墓盗宝无异。也有称为"私人挖掘时期"的,以与一九二八年以后,由公家——中央研究院历史语言研究所主持的大规模科学发掘殷墟,搜求甲骨文和其他科学研究资料时期相区别。

这一时期私人挖掘甲骨文的情形是:

一八九九年至一九〇三年期间,小屯村民将甲骨文通过古董商转手,卖至王懿荣、刘铁云等人处。这包括一八九九年王懿荣所得十二片、王襄和孟定生一至二片、一九〇〇年王懿荣通过范估之手八百片和赵估之手几百片,三次共一千四五百片;刘鹗除在一九〇二年购入王懿荣近千片甲骨以外,自己还购得方若三百多片、通过赵估得三千多片、通过三子大绅之手购得千片左右,共收得五千片左右①。这一时期所出甲骨,除了新挖出的以外,还应包括一八九九年以前出土的"龙骨"之余,多为一、二、五期之物。

① 胡厚宣:《五十年甲骨文发现的总结》,第二十至二十三页。

其出土地应在"村北刘姓二十亩谷地中。此地据董氏说是村人最早发掘甲骨之地，大约刘鹗一系的甲骨全出于此地带"①。

一九〇四年"冬，小屯村地主朱坤，率领农佃，大举挖掘甲骨文字于村北洹河南岸朱氏田中，搭席棚，起炉灶，工作甚久。所得甲骨盈数车"②。胡厚宣说这批甲骨都被罗振玉和外国人买去了③。

一九〇九年"春，小屯村前，张学献地，因挖山药沟，发现甲骨文字。村人相约发掘，得'马蹄儿'及'骨条'（村人呼牛胛骨骨端曰'马蹄儿'，胛骨之边破裂成条者曰'骨条'，皆胛骨刻辞较多之处）甚多。又此次发掘，未得地主允许，学献母大骂村人，因被殴打，头破血出，经人调节，未致成讼"④。这批甲骨多为罗振玉所得⑤。

此外，传说小屯村中和村南也出土一批甲骨⑥。

一九一七年，小屯村有大批甲骨出土，为王襄、霍保禄购得⑦。

一九二〇年，华北"五省大旱成灾，乡人迫于饥寒，相约挖掘甲骨文字于小屯村北河畔。凡前曾出土甲骨之处，搜寻再三。附近村人亦多参与"⑧。

一九二三年"春，小屯村中，张学献家菜园内，有字骨出现。学献自掘之，何国栋帮工，得大骨版二，皆有文字。何默记其地，终造成十五年（一九二六年）春间大规模之私掘"⑨。

一九二四年，"小屯村人因筑墙，发现一坑甲骨文字，为明义士所得，其中有极大者"⑩。

---

① 参见胡厚宣：《五十年甲骨文发现的总结》，第十八页；及陈梦家：《殷虚卜辞综述》，第一四一页。

② 董作宾、胡厚宣：《甲骨年表》，一九〇四年至一九〇五年栏记，商务印书馆，一九三七年。

③ 胡厚宣：《五十年甲骨文发现的总结》，第十七、二十四页。

④ 董作宾、胡厚宣：《甲骨年表》，一九〇九年至一九一〇年栏记。

⑤ 胡厚宣：《五十年甲骨文发现的总结》，第二十六页。

⑥ 胡厚宣：《五十年甲骨文发现的总结》，第十八页。

⑦ 胡厚宣：《五十年甲骨文发现的总结》，第三十五页。

⑧ 董作宾、胡厚宣：《甲骨年表》，一九二〇年栏。

⑨ 董作宾、胡厚宣：《甲骨年表》，一九二三年栏。

⑩ 董作宾、胡厚宣：《甲骨年表》，一九二四年栏。

一九二五年,“小屯村人大举私掘于村前大路旁,得甲骨盈数筐,胛骨有长至尺余者。多售于上海估人”①。

一九二六年,小屯村又有大批甲骨出土。当年“春三月,小屯村人在张学献家菜园中大举私掘。时张方为匪掳去,出款多,村人乘机与商,得甲骨文字以半数归之,约遂定。掘得胛骨甚多,多归明义士”。这次挖掘甲骨的规模很大,“共数十人,分三组,鼎足而立,各由深处向中间探求,忽虚土下陷,埋四工人,急救出,皆死而复苏,因罢工。有霍姓子者,至今犹为驼背”②。

一九二八年春天,中央研究院于当年十月正式科学发掘殷墟前,因“北伐军作战安阳,驻兵洹水南岸,小屯村人因废农作。四月,军事结束。村人因受军事影响,无以为生,因与地主相商,得甲骨,以半数与之,乃大事挖掘于村前路旁,及麦场前之树林中,所得甲骨文字,多售与上海开封商人”③。

在私人挖掘甲骨时期,当时的“出龟甲地,在村后田中……土人掘一次,取骨后,即填平。今旧地尚有二穴未填满……新地有一穴正掘……由村后逶迤而北,中间为一带高地,较平地高二三尺,龟甲多出此。及近水涘,地渐低削,土人谓出骨最多处,面积约十三亩云;村口亦有一坎未填满,较前坎大,深三四尺。据云此穴向亦出骨,因掘时土块崩落,压损掘者韩姓之腰,遂辍工。可知有骨地,不必尽在村后。村中亦有之,惟上有村宅,不便发掘耳”④。

王懿荣、王襄、刘鹗等人之后,大量搜集甲骨的学者还有罗振玉等人。罗振玉自一九〇六年开始购藏甲骨,并直接派人去安阳坐地收购,我们在本书第三章第一节已作介绍。

这一时期,国内学者收藏甲骨的情形是:

王懿荣所得　约一千五百片

王襄、孟定生所得　约四千五百片

---

① 董作宾、胡厚宣:《甲骨年表》,一九二五年栏。

② 董作宾、胡厚宣:《甲骨年表》,一九二六年栏。

③ 董作宾、胡厚宣:《甲骨年表》,一九二八年栏。

④ 罗振常:《洹洛访古游记》,宣统三年(一九一一年)二月二十一日条记。

刘鹗所得　约五千片

罗振玉所得　约三万片

其他各家所得　约四千片①

与此同时，不少外国人也染指于我国珍贵的殷墟甲骨文。自一九〇三年起，美国长老会驻山东潍县宣教士方法敛与英国浸礼会驻青州宣教士库寿龄合作，在潍县收购了不少甲骨，并将部分甲骨分别于一九〇六年卖给美国普林斯顿大学，一九〇九年卖给美国卡内基博物馆、英国苏格兰皇家博物馆，一九一一年卖给大英博物院，一九一三年卖给美国飞尔德博物院等多处。德国人威尔茨在青岛曾购买甲骨，后归德国柏林民俗博物院。德国人卫礼贤也把在青岛购来的甲骨转卖瑞士巴赛尔民俗陈列馆和德国佛朗佛中国学院等处。日本人早在罗振玉之前，就专门来人从安阳购走了甲骨近三千版。特别是林泰辅一九一八年到过安阳殷墟以后，日本搜求甲骨的人日益增多，收藏日富②。

特别应介绍一下加拿大人明义士。他于一九一四年任安阳长老会牧师时，就开始搜求甲骨。他经常乘一匹老白马，“游于洹水南岸，考察殷墟出土甲骨文字情形。自此以后，频往调查搜求，所获颇多。惟明氏初得大胛骨，乃新牛骨仿制者，售者欺外人不识真伪，举以鬻之。未久，乃腐臭不可向尔。然明氏从此悉心考究，终成鉴别真伪能手。明氏自谓‘第一次所得之大者，乃全为伪物’。以后乃知小者之不可忽，故所得甲骨以碎片为众”③。他近水楼台，在外国人中所得甲骨最多。“据村人言，十余年间，明氏得甲骨甚伙。民国六年（即一九一七年），明氏出版《殷虚卜辞》时，已藏五万片”④。明义士于一九三七年抗日战争爆发后回国，他把不少精品装箱运往加拿大。另一部分甲骨存当时设在南京的加拿大使馆，又一部分存山东济南的齐鲁大学。解放后，存使馆的甲骨归南京博物院。但存齐鲁大学

① 胡厚宣:《殷墟发掘》，第三十六页。

② 关于外国人搜购殷墟甲骨情形，参见胡厚宣:《五十年甲骨文发现的总结》，第二十四至二十六页；又胡厚宣:《殷墟发掘》，第二十六至三十一页。

③ 董作宾、胡厚宣:《甲骨年表》，一九一四年栏。

④ 董作宾、胡厚宣:《甲骨年表》，一九二七年栏。

的八千多片甲骨却在一九三七年十二月二十七日济南失陷后,一夜之间不知下落。

日本投降后,胡厚宣先生随齐鲁大学回济南,为没有能看到这批甲骨而感到“实在遗憾万分”。一九四九年新中国成立后,这批甲骨仍无线索。直到一九五二年,在齐鲁大学教职员工的动员和帮助下,当时的代理校长林仰山博士(英籍)交出一张英文草图,并说明了埋藏这批甲骨的经过:原来,因怕日本人抢走,所以秘密地将这八千多片甲骨和其他古物装箱,埋藏在齐鲁大学绿荫区内,并将其埋藏位置画了两份草图,正本交明义士,副本由林仰山保存。人们“按图索骥”,终于使这一夜之间就消失了的八千片甲骨文重见天日。外界曾传说因地下潮湿,不少甲骨已经腐烂,但实际上这批甲骨,“好好的并没有一片烂成粉末”①。这批甲骨现藏山东省博物馆。

以上外国人所得甲骨的情况是:

库寿龄、方法敛所得　约五千片

日本人所得　约一万五千片

明义士所得　约三万五千片②

以上非科学发掘时期历年出土的甲骨文,据胡厚宣先生统计,“共约十万片左右”。并举出旁证,说:“《小屯地面下情形分析初步》一文里也说:‘三十年来,甲骨出土的不下十万片’”③。

下

一九〇三年刘鹗《铁云藏龟》一书的出版,扩大了甲骨文资料的流传范围,一些古文字学家才得以研究,标志着甲骨文从学者书斋中的“古董时期”进入了“金石时期”。此后,不少甲骨文陆续著录出版。

这一时期出版的甲骨著录有:罗振玉一九一一年出版了《殷虚书契》

---

①　参阅严强、度伟:《甲骨入藏山东记》,《文物天地》,一九八六年,第一期;胡厚宣:《甲骨入藏山东补记》,《文物天地》,一九八六年,第三期。有关明义士购藏甲骨情形,参阅胡厚宣:《五十年甲骨文发现的总结》,第三十三至三十五页;胡厚宣:《殷墟发掘》,第三十一至三十五页。

②③　胡厚宣:《殷墟发掘》,第三十六页。

(简称《前编》或《前》),一九一四年出版了《殷虚书契菁华》(简称《菁华》或《菁》),一九一五年出版了《铁云藏龟之余》(简称《铁余》或《余》),一九一六年出版了《殷虚书契后编》(简称《后编》或《后》)、《殷虚古器物图录》(简称《殷图》),姬佛佗一九一七年出版了《戬寿堂所藏殷虚文字》(简称《戬》,按:实为王国维氏所编),明义士出版了《殷虚卜辞》(简称《虚》或《明》),林泰辅一九二一年出版了《龟甲兽骨文字》(简称《龟》或《林》),王襄一九二五年出版了《簠室殷契征文》(简称《簠》),叶玉森出版了《铁云藏龟拾遗》(简称《铁遗》或《遗》),罗福成一九二八年出版了《传古别录》第二集等。

以上各书,共收录甲骨九千九百十九片。“发表的材料,虽然只占全部出土甲骨文字的十分之一,但重要材料,已经公布不少,这对开展甲骨文的研究,有很大作用”①。甲骨学研究所取得的成就,首先是在文字的考释和篇章的通读方面,孙诒让、罗振玉、王国维等学者取得了不小成就。

《铁云藏龟》一书出版以后,虽然著名学者孙诒让据以研究,一九〇四年就写出了甲骨学史上第一部研究著作《契文举例》(原稿一九一六年在上海找到,一九一七年出版),但直到罗振玉《殷虚书契》一九一三年出版时,国内外学术界对甲骨文这种古老文字,还是作为传统的金石学资料,多限于它的出土地和时代等方面的考证,不仅对它本身的内容知之很少,而且研究的人也不多。正如罗振玉所说的,“顾先后数年间,仅孙仲容征君(诒让)作札记,此外无闻焉”②。

直到一九一四年,甲骨文研究才进入了所谓的“文字时期”。这一时期的标志就是罗振玉《殷虚书契考释》一书的出版。罗振玉早在《铁云藏龟》一书出版前后,就有意于文字的研究。认为“仲容故深于仓雅周官之学者,然其札记则未能阐发宏旨,予至是始有自任意”。但因“盖彼时年力壮盛,谓岁月方久长,又所学未邃……意斯书(按即指《铁》)既出,必有博识如束广微者③,

① 胡厚宣:《殷墟发掘》,第三十七页。

② 罗振玉:《〈殷虚书契〉序》,一九一三年。

③ 束皙,字广微(二六一至三〇三年),阳平元城(今河北大名)人。西晋文学家,博学多闻。当时汲郡人不准发魏王墓,出竹简数车,即所谓“汲郡竹书”的发现。束皙能辨识其上文字并参加了整理工作,有《束元平集》传世。

为之考释阐明之,固非曾曾小子所敢任也"[①],所以一直没有集中力量进行文字的考释工作。直到一九一四年,即《前》出版了四年多以后,学者们仍不能识读甲骨文。

罗振玉因感"书既出(按:指《前》),群苦其不可读也",乃"发愤为之考释"[②]。为了集中精力,他杜门谢客,"发愤键户者四十余日,遂成《考释》六万余言"[③]。《殷虚书契考释》一书考定帝王二十二,先妣十四,人名七十八,地名一百九十三,文字四百八十五。到一九二七年,罗振玉又将其增订。《增考》所收文字又有增多,考定帝王二十三,先妣十六,人名九十,地名二百三十,文字五百六十。

经过孙诒让、罗振玉、王国维、叶玉森等学者的努力,甲骨文字逐渐被释读出来,可识之字日益增多。在此基础上,一些甲骨文字典,诸如王襄的《簠室殷契类纂》于一九二〇年出版,收入可识字八百七十三个;商承祚的《殷虚文字类编》于一九二三年出版,收入可识的字七百八十九个。在孙诒让写《契文举例》的时候,由于识字太少,或释错的字太多,一般卜辞的内容还十分费解,不能通读。但自《殷虚书契考释》出版以后,甲骨上的文字就可以基本认识,并可以通读整段文句了。

其次,是在文字考释的基础上,用甲骨文作为史料研究商史。王国维不仅在文字考释方面做出了不少贡献,而且还对商周礼制、都邑、地理等方面进行了研究。特别是他一九一七年所写的《殷卜辞中所见先公先王考》及《续考》这两篇著名论文,把甲骨学研究推向一个新阶段,标志着"文字时期"进入了"史料时期"。王国维在这两篇著作中,考证了甲骨文中出现的先公先王和父、兄之名,论证了《史记·殷本纪》所载"有商一代先公先王之名,不见于卜辞者殆鲜"。他还根据《后上》8·14与《戬》1·10的缀合,认为"上甲以后诸先公之次,当为报乙、报丙、报丁、主壬、主癸",指出"《史记》以报丁、报乙、报丙为次,乃违事实"。又据《后上》5·1考证出"祖乙自当为

---

① 罗振玉:《〈殷虚书契后编〉序》,一九一六年。

② 罗振玉:《〈殷虚书契考释〉自序》,一九一四年。

③ 罗振玉:《〈殷虚书契考释〉自序》。

中丁子”，指出“《史记》盖误”。王国维曾就卜辞中的“王亥”研究与罗振玉互相切磋。指出：“夫《山海经》一书，其文不雅驯，其中人物，世亦以子虚乌有视之，《纪年》一书，亦非可尽信者。而王亥之名，竟于卜辞见之……可知古代传说存于周秦之间者，非绝无根据也。”并论述甲骨文中的王恒，说：“王恒一世，以《世本》、《史记》所未载，《山经》、《竹书》所不详，而今于卜辞得之。《天问》之辞，千古不能通其解者，而今由卜辞通之。”①如此等等，大大地提高了甲骨学的学术地位。

甲骨学研究所经历的识文字、断句读阶段，再加上初期研究者对它出土地的探寻、甲骨文的时代和安阳小屯村为殷墟的确定，大致经历了三十多年。由于大量甲骨资料的积累、著录和研究，甲骨学已初具规模，完成了它的“草创时期”。

第三节　甲骨文的科学发掘阶段和甲骨学的发展时期（上、下）

所谓“科学发掘”阶段，指自一九二八年十月开始直到一九三七年六月结束的科学发掘殷墟时期。由中央研究院历史语言研究所主持的安阳殷墟大规模发掘工作，前后共进行了十五次之多，历时达十年之久，取得了丰硕的成果。与此同时，由于近代考古学的科学方法引入了甲骨学领域，甲骨学研究突破了传统金石学和史料学的局限，进入了全面发展的历史考古学时期。

上

中央研究院历史语言研究所一九二八年十月在广州建立。立所伊始，就派董作宾等人去河南安阳殷墟进行大规模科学发掘工作。为什么要发掘安阳殷墟呢？

---

① 参见王国维：《观堂集林》第九卷，第四〇六至四五〇页。

首先,一八九九年甲骨文被发现以后,经过历年的盗掘和古董商的大量收购,特别是一九一一年“罗雪堂派人大举搜求之后,数年之间,出土者数万。自罗氏观之,盖已‘宝藏一空’矣”①。不仅罗振玉,就是其他收藏家、古董商,以至小屯村民也大都认为再不会有大宗出土了。究竟殷墟地下还有没有甲骨文?这是历史语言研究所所关心的问题。因此,在筹建历史语言研究所期间,于一九二八年八月就派董作宾前往安阳殷墟调查甲骨文出土的情形了。

董作宾到安阳后,先向了解当地情况的文化人做调查。他记中学校长张君谈小屯出土甲骨的情形是:

> ……彼曾偕学生旅行其处,见无字之骨片,田中多有。以木枝向地下掘之,深尺余,即得有字者。又谓在村中购求甚易,若云买字骨,则妇孺咸集,曾以洋一元,买得小片盈掬……张君并言近年出土者仍陆续有之,某君尚获有一完全之龟甲云。

董作宾又向安阳城内的古董商调查,他们却多不吐实言,或推说不知。但也有一古董商讲了些实情:

> 言民国初年出者甚多。最近如九年、十四年及本年(按即一九二八年)皆有大宗出土。其物有尚未售出者,并允代为搜求。

董作宾又直接去小屯村调查:

> 至小屯购得甲骨数宗,共百余片,价三元。皆妇孺携来者,如张君所说。间有长二三寸之骨条,索价甚昂,每条约四五元,则一概未买。然由此可证甲骨之出土者多,村人几于家家有之。

董作宾还在一儿童引导之下,踏访村北出土甲骨之地:

> 细审此沙丘之西面,近于棉田之处,有新掘而复填之坑十,于一坑之旁检得无字之骨版一块,确为卜用之骨版,则此童之言似亦非妄。

经过一番认真的调查和实地考察后,他得出了“甲骨挖掘之确犹未尽”的结论。中央研究院历史语言研究所鉴于“甲骨既尚有留遗,而近年之出土者

---

① 董作宾:《民国十七年十月试掘安阳小屯报告书》,《安阳发掘报告》第一期,一九二九年。

又源源不绝，长此以往，关系吾国古代文化至钜之瑰宝，将为无知之土人私掘盗卖以尽，迟之一日，即有一日之损失，是则由国家学术机关以科学方法发掘之，实为刻不容缓之图”①。这就是自一九二八年十月起大规模科学发掘殷墟的缘起。

其次，是大量甲骨流往外国，给我国学术事业造成了巨大损失。已如前述，美国人方法敛、英国人库寿龄和德国人威尔茨、卫礼贤等在山东潍坊、青岛等地大批收购甲骨并转卖给世界各大博物馆；日本人林泰辅、加拿大人明义士等还到安阳小屯村直接搜求甲骨……不少爱国学者对这种状况非常痛心。保护民族历史文化珍品，不让甲骨继续外流，这也是要在安阳殷墟科学发掘甲骨文的重要原因之一。

其三，非科学发掘甲骨文，虽然文字可供学者研究，但“就殷商文化全体说，有好些问题都是文字中所不能解决而就土中情形可以察得出的。这里面显而易见的几个问题，如：这个地方究竟是一个什么地方？忽然埋藏着这些带文字的甲骨？又何为而被废弃？”②等等。盗掘甲骨文，是为了卖钱，与甲骨文一起的遗迹、遗物、地层关系等等都无人顾及，因而破坏了科学资料的完整性。虽然罗振玉一九一一年派罗振常专程去安阳小屯收购甲骨时，曾对甲骨以外的出土物也注意收购，但这些“劫后之余”早已与它们的出土环境——即地层关系相脱离，科学价值大大降低了。为学术研究提供更全面、完整的科学信息和资料，这也是大规模科学发掘安阳殷墟的目的之一。

其四，当时中国的田野考古工作尚属草创阶段，虽然有一些零星的考古工作，但多是在外国人主持之下进行的。如著名的河南渑池县仰韶村新石器时代遗址发掘后，瑞典考古学家安特生认为灰陶文化早于红陶文化。事实上，所谓“灰陶文化”与“红陶文化”这两个考古学文化命名本身就是不科学的，现在已不复使用。当时所谓的“红陶文化”，实际上是新石器时代晚期的仰韶文化遗存，“灰陶文化”，则应是新石器时代晚期的龙山文化遗

① 以上参见董作宾：《民国十七年试掘安阳小屯报告书》。

② 李济：《现代考古学与殷墟发掘》，《安阳发掘报告》第二期，一九三〇年。

物。众所周知,仰韶文化早于龙山文化。安特生之所以得出灰陶文化早于红陶文化的错误论断,是因为他在发掘时把地层关系搞乱了。关于此,尹达《中国新石器时代》①一书有详细的论述。正如一些学者所指出的:"年来国内发掘古代地方,每不能确定年代,如安特生、李济诸君所作,虽生绝大之学术问题,而标年之基本工作,仍不免于猜度"。而安阳殷墟,学者们已考证清楚它为商朝晚期都城。因此,"如将此年代确知之墟中所出器物,为之审定,则其他陶片杂器,可以比较而得其先后,是殷墟知识不啻为其他古墟知识作度量也"②。简言之,可以以殷墟遗址的有关知识作为中国田野考古学的标尺。这也是科学发掘殷墟的重要目的。

中央研究院历史语言研究所从一九二八年到一九三七年的十五次大规模科学发掘殷墟工作,出土了大批有科学记录的甲骨文。历年出土甲骨的情形是:

第一次　一九二八年十月十三日至十月三十日,出土字甲五百五十五片,字骨二百九十九片,共计甲骨八百五十四片。此外,还发现不少铜、陶、骨、蚌、石、玉器等遗物。

第二次　一九二九年三月十七日至五月十日,发现字甲五十五片,字骨六百八十五片,共计甲骨七百四十片。此外,还发现有铜、陶、骨、石器等遗物及遗迹。

第三次　一九二九年十月七日至二十一日及十一月十五日至十二月十二日两阶段,出土字甲二千零五十片,字骨九百六十二片,共计甲骨三千零十二片。著名的"大龟四版"以及牛头刻辞一、鹿头刻辞一就是这次发现的。此外,还发现不少铜、陶、骨、石器等遗物和遗迹。

第四次　一九三一年二月二十一日至五月十二日,出土字甲七百五十一片,字骨三十一片,共计甲骨七百八十二片。其中又有一鹿头刻辞出土。此外,还发现象骨、鲸骨以及铜、陶、骨、玉、石器等遗物及遗迹。

---

①　尹达先生是中国考古学奠基者之一,是我国考古学界和历史学界受人尊敬并有贡献的前辈学者。参看王世民:《尹达》,《中国考古学年鉴》,一九八四年,第二六八至二七〇页,文物出版社,一九八四年。

②　傅斯年:《本所发掘安阳殷墟之经过》,《安阳发掘报告》第二期,一九三〇年。

第五次　一九三一年十一月七日至十二月十九日，出土字甲二百七十五片，字骨一百零六片，总计三百八十一片。其中包括一牛肋骨刻辞。此外，还发现了许多陶、石、骨、蚌器等及不少遗迹。

第六次　一九三二年四月一日至五月三十一日，出土字骨一片。出土陶器及版筑基址。

第七次　一九三二年十月十九日至十二月十五日，出土字甲二十三片，字骨六片，共计甲骨二十九片。发现了更多的版筑基址以及柱础、础石等遗迹。墨书“祀”字陶片就在窖穴E181中发现。

第八次　一九三三年十月二十日至十二月二十五日，出土字甲二百五十六片，字骨一片，共计甲骨二百五十七片。发现两座版筑基址和石础、铜础等重要遗迹、遗物。

第九次　一九三四年三月九日至四月一日，出土甲骨四百三十八片，字骨三片，共计甲骨四百四十一片。在此期间，买得侯家庄南地出土字甲一片及字骨三十片。四月二日至五月三十一日发掘侯家庄南地，发现“大龟七版”及小片字甲一、字骨八，并从农民处又买得二十六片，共计甲骨四十二片。此外，发现版筑基址多处及遗物多种。

一九三四年秋至一九三五年秋，开展了殷墟第十、第十一、第十二次发掘工作，工作地点主要在侯家庄西北冈。这三次发掘西北冈共发现大墓十座（内假墓一座）及小墓一千二百二十八座等重要遗迹及大批遗物。

第十三次　一九三六年三月十八日至六月二十四日，共出字甲一万七千七百五十六片，字骨四十八片，共计甲骨一万七千八百零四片。其中包括著名的一二七坑出土的甲骨一万七千零九十六片。此外，发现版筑基址、穴窖、水沟、战车武士墓等遗迹及大量遗物，其中尤以白陶为精。

第十四次　一九三六年九月二十日至十二月三十一日，发现字甲二片。发现多处版筑基址、水沟等重要遗迹，并出土不少精美铜、陶、石、玉器等遗物。

第十五次　一九三七年三月十六日至六月十九日，出土字甲五百四十九片，字骨五十片，共计甲骨五百九十九片。还发现不少版筑基址以及三座大门和安门、置础、奠基时的杀殉坑及祭祀遗迹，并出土了大理石雕、白陶、漆器及陶奴俑等许多遗物。

此外,一九二九年十月,河南省图书馆何日章等在安阳小屯发掘了两个月。一九三〇年二月二十日至三月九日,何日章等又在小屯村第二次发掘甲骨。以上两次共出土字甲二千六百七十三片,字骨九百八十三片,共计得甲骨三千六百五十六片①。

下

一九二八年开始到一九三七年中止的殷墟大规模科学发掘,历时十年,先后十五次,不仅获得了大量甲骨文,而且发现了丰富的遗迹和遗物,取得了辉煌的成绩,在我国考古学史上占有重要的地位。这是因为:

首先,殷墟科学发掘工作是第一次完全由中国学者主持和参加工作的,改变了以往一些考古工作受外国人控制,或不能对资料进行研究的局面。当时的发掘工作由李济、董作宾、梁思永、郭宝钧、石璋如等人主持,在工作中锻炼和培养了一批有影响的考古学家,如李济、董作宾、梁思永、郭宝钧、吴金鼎、刘耀(即尹达)、石璋如、李景聃、祁延霈、尹焕章、胡厚宣、高去寻、夏鼎等人,后来都成为著名的考古学家。就是新中国成立以后成长起来的一批有成就的考古学者,如邹衡等人,也多参加过安阳殷墟的继续科学发掘工作或踏访过殷墟、摩挲殷墟出土遗物,研究各种重要遗迹。可以说,殷墟发掘为中华民族培养了几代考古学者。

其次,殷墟的十五次大规模科学发掘工作,积累了大批珍贵的考古学资料并形成了一套严格的科学发掘方法,奠定了我国田野考古学的基础。又经过新中国成立以后的继续科学发掘和深入研究,得以对殷墟文化进行分期②。

---

① 关于科学发掘殷墟历年所得甲骨及重要考古发现,详见胡厚宣:《殷墟发掘》,第五十一至一一四页;并参看胡厚宣:《五十年甲骨文发现的总结》,第三十六至四十六页。

② 参见邹衡:《试论殷墟文化分期》,《北京大学学报》,一九六四年,第四、五期;又见邹衡:《夏商周考古论文集》,文物出版社,一九八〇年。中国社会科学院考古研究所安阳发掘队的分期与邹衡略有不同,可参看《新中国的考古发现与研究》(文物出版社,一九八四年)第二二三至二二四页的综述;杨锡璋、杨宝成:《殷代青铜礼器的分期与组合》,《殷墟青铜器》,文物出版社,一九八五年;郑振香:《论殷墟文化分期及其相关问题》,《中国考古学研究》,文物出版社,一九八六年。

而殷墟文化分期建立后，不仅可以对全国各地商代文化遗址的时代进行判断，而且又进一步向上推断出了郑州二里冈中商文化遗存①和分布在豫西、晋南二里头文化类型的早商文化遗存②。溯本求源，这些成就的取得，是一九二八年科学发掘殷墟的继续，实现了“是殷墟知识不啻为其他古墟知识作度量”的初衷。

其三，新中国成立前对安阳殷墟的十五次发掘工作发现了商朝后期的宫殿和王陵等重要遗址。新中国成立以后又继续进行了二十多次科学发掘工作，并取得了很多科学资料。五十多年来对殷墟的发掘和研究，查清了殷墟的范围和布局：殷墟以小屯村为中心，西起北辛庄，东至袁家花园，北自后小营，南抵铁路苗圃，面积约在三十平方公里以上。宫殿和宗庙区在小屯村北与洹水之间，先后发掘出的宫殿基址有五十四座，这里是殷墟的中心区。王陵区分布在洹河以北的侯家庄西北冈、武官村和前小营之间。这里发掘了大墓十一座，并探出大墓两座。墓中出土各种造型精美的铜、玉、骨、象牙、石器等。著名的司母戊鼎、牛鼎、鹿鼎等就是这里大墓出土的。大墓周围布满祭祀坑，而且还有专门的祭祀场。后冈发现过奴隶主贵族墓和圆形祭祀坑，小屯村西发现了著名的商王室妇好墓。孝民屯也发现了贵族墓葬和车马坑。在殷墟中心区宫殿区周围，有许多居民点。在大司空村、高楼庄、薛家庄、四盘磨、梅园庄等地，都发现了小型房基和墓葬。殷墟西区发现墓葬九三九座，为平民墓葬区。不仅在宫殿区曾发现过制骨与铸铜遗址，在北辛庄也发现制骨作坊，铁路苗圃还发现了大规模铸铜遗址等等③。二〇〇〇年八月，发现了花园庄南地制陶作坊遗址，是殷墟科学发掘八十多年来首次发现的商代制陶作坊区，有重大的学术价值④。

其四，一九二八年以来的殷墟科学发掘工作，本来是为了搜集甲骨文，但其学术意义却远远超出甲骨学的范围，不仅获得了大量科学发掘的甲骨

---

① 邹衡：《试论郑州新发现的殷商文化遗址》，《夏商周考古学论文集》。

② 参看：《新中国的考古发现与研究》，第二一五至二一九页。

③ 参看：《新中国的考古发现与研究》，第二二四至二三二页；又杨育彬：《河南考古》，第一一〇至一二一页，中州古籍出版社，一九八五年。

④ 《殷墟首次发现重要的商代制陶作坊区》，《中国文物报》，二〇〇八年十月十五日。

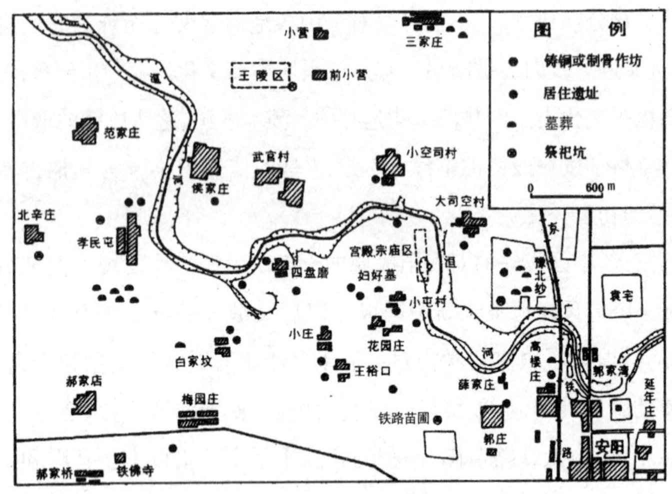

殷墟位置及遗址分布图

文,而且还为我国考古学,特别是殷商考古学奠定了基础。而田野考古学的科学方法论,对甲骨学研究发展的影响是极其深远的。自此以后,甲骨学研究突破了传统金石学只重文字而不注意与文字同出的遗物、遗迹的藩篱,取得了很大发展。(参阅:殷墟位置及遗址分布图)

殷墟科学发掘甲骨,第一次至第九次所得共六千五百十三版。《殷虚文字甲编》(简称《甲》或《甲编》)即由其中选出字甲二千四百七十六片,字骨一千三百九十九片墨拓编成。《甲编》一书共收拓本三千九百三十八号,再加上牛头刻辞一纸、鹿头刻辞二纸、鹿角文字一纸,共编为三千九百四十二号。第十三次至十五次发掘所得甲骨共一万八千四百零五片,经墨拓选编,以《殷虚文字乙编》(简称《乙》或《乙编》)为名出版。《乙编》分上、中、下三集共六册,所收拓本共编为九千一百零五号。河南省图书馆两次发掘所得甲骨共三千六百五十六片,其中八百片拓编为《殷虚文字存真》,九百三十片拓编为《甲骨文录》。董作宾哲裔董玉京将这批运台甲骨摹写整理,共得二千六百七十三片(缺失三百五十七片正另追求中),编成《河南省运台古物:甲骨文专集》由河南省运台古物监护委员会于二〇〇一年七月在台北出版。

由于大量科学发掘甲骨文的出土和近代田野考古学方法的引入，甲骨学研究有了长足的进步。由甲骨学研究的“草创时期”进入发展时期的重要标志，是董作宾甲骨文分期断代说的建立。董氏亲身参加科学发掘甲骨文，从实践中得到启示，对刻辞内容进行了创造性的研究，在一九三三年发表了《甲骨文断代研究例》①这篇甲骨学史上划时代的名著。这篇论文根据十项标准，将殷墟甲骨文分为五个不同时期，奠定了甲骨文分期断代的基础，标志着甲骨学研究达到了一个新的高峰。关于甲骨文分期断代的探索以及十项标准的内容，我们将在本书第八章介绍。

在这里，特别应该着重介绍的是著名的 YH127 坑一万七千零九十六块甲骨的发现。YH127 坑整坑甲骨，是第十三次发掘于一九三六年六月十二日发现的。当时天气渐热，本拟结束此次发掘工作。但就在“扫尾”时，突然发现了这一处未经扰动的整坑甲骨，考古学家们的欢欣之情自可想见。YH127 坑坑口距地面一米七，坑底距地面六米。整坑都布满了甲骨，并有一拳曲人架靠近北壁，身躯大部分压在龟甲之上，只有头和上躯露出龟甲层以外。好像此人是在甲骨倾入坑中之后，才进入坑内的②。

这坑甲骨发现以后，立即在安阳引起轰动。为安全计，派了一个排“自卫团”昼夜守卫。但仍感不安全，于是做了一个大木箱，将 YH127 坑整个连土全部取出，装进箱内，竟重达六吨，运到南京继续进行“室内发掘”。三四个人每天在室内“发掘”一二层，“发掘”了三月之久。一些政府要员附庸风雅，竞相前来参观。当时汪精卫尚未叛国，有一天也前来参观。他本不学无术，以为这坑甲骨为一个大龟，看后卖弄博学说：“这个龟好大呵！”在场的学者无不哑然，相视以目。直到临走时，汪精卫才恍然大悟，说：“呀，原来是好多龟呀！”一时成为人们谈话的笑料③。

---

① 载《庆祝蔡元培先生六十五岁论文集》(《史语所集刊》外编第一种)，一九三三年。

② 参见石璋如：《小屯后五次发掘的重要发现》，《六同别录》上册，一九四五年。

③ 以上据胡厚宣师一九八四年十月在全国商史学术讨论会上的发言记录及一九八五年十一月十三日与胡厚宣师谈话的记录。胡师所谈有人整理后发表，见银耳：《殷墟发掘的轶事趣闻》，《殷都学刊》，一九八四年，第四期。但其所记略有不确之处。此外，董作宾《〈殷虚文字乙编〉序》(《中国考古学报》第四期，一九四九年)也谈到此坑发掘情形，可参看。

YH127坑甲骨确实不同寻常。不仅甲骨数量多,而且现象也十分丰富。这坑甲骨时代单纯,主要为武丁时物,也有一些可能稍早,当为盘庚、小辛、小乙之世,对分期断代研究很有意义。这些甲骨中,有的龟甲卜兆用刀重加刻划,是过去没见过的。也有一些字迹用毛笔书写和刻辞涂朱涂墨的甲骨发现,可对殷人用笔书写的情形有所认识。此坑中的"改制背甲"为一种新例,是将背甲中间锯开,两端近圆形,中间穿孔(例图2)。此坑出土整龟很多,完整的有三百版之多,其中一大龟竟有一尺二寸之巨(《乙》4330),可能来自马来半岛。因整龟较多,才得以确知"甲桥刻辞"所在位置并窥破其秘密。值得注意的是,此坑只出牛骨八块,其余全是龟甲。再结合"大龟四版"、"大龟七版"以及其他几坑甲骨出土的情形研究,可知殷人是甲、骨分埋的。而且YH127坑未经扰动,这么多甲骨集中存放一起,并有一个"管理甲骨"者的遗骸,推知这坑甲骨应是"有意存储"的①。

YH127坑整坑甲骨的发现和其他大量科学发掘所得甲骨文,大大丰富了学者们对甲骨学的认识。过去,传世所得甲骨大多支离破碎,学者们据此难以确知甲骨的"全豹"。而现在,只此一坑就有完整大龟三百多版,再加上缀合材料就更多了。因此学者们眼界大开,思路广阔了。与分期断代说一起,甲骨学其他方面,诸如卜法文例、记事刻辞、卜辞同文、卜辞杂例等等甲骨学本身规律的研究,也取得了很大进展。

与此同时,胡厚宣"综合所有甲骨,作一全面的彻底整理",研究商代方国、农业、气候、婚姻家族、封建制度、天神崇拜等,出版了《甲骨学商史论丛》这一中外有巨大影响的专著。陈梦家研究商代的祭祀、王名、神话与巫术等。唐兰使用偏旁分析法研究甲骨文字,发明颇多。于省吾、杨树达、张政烺等学者也屡创新说,对甲骨文字的考释作出了贡献。特别是郭沫若异军突起,自觉地以唯物史观为指导,研究甲骨文和古代史,奠定了我国马克思主义历史科学的基础。通过以上学者为代表的一批甲骨学者的努力,甲骨学研究发展到了一个全新的阶段,成为成熟的学科。

这里还应补充的是,一九三七年七月七日抗日战争全面爆发,殷墟科

---

① 参见董作宾:《〈殷虚文字乙编〉序》。

学发掘工作暂时中止,直到一九四九年十月一日中华人民共和国成立以后,殷墟科学发掘工作才继续进行。就在这一段停止发掘期间,小屯一带私人盗掘之风又复盛行。盗掘出来的甲骨文,有的流往国外,也有的流到北京、上海等地。据调查,这一时期出土甲骨的情形是:

辅仁大学购藏一百九十五片(现藏北京师范大学),李泰棻购藏一千多片(现藏北京图书馆),于省吾购藏一千多片(现藏清华大学)。

上海孔德研究所购藏二百九十五片(现藏上海博物馆),多为三、四期物,当为小屯村中出土①。

小屯村中一九三七年至一九四五年期间曾出土甲骨一千多片,卖至上海。

上海中国古玩社购藏甲骨一百多片,多为一、二、五期物,应为早年出土于洹滨朱姓地之物,其中有一片与《菁》同文。

一九四五年抗战胜利后,又新出一批甲骨。天津陈保之购藏一百多片,北京徐宗元购藏三百多片,上海郭若愚购藏八十多片,南京中央图书馆购藏四百多片。

另有一批一九四五年后出土的甲骨一千五百五十五片,为解放后上海市文物管理委员会购藏(现藏上海博物馆)②。

总之,从一九二八年开始的殷墟科学发掘工作,不仅为甲骨学研究提供了大量科学资料和丰富的现象,而且由于近代田野考古方法的引入,甲骨学研究的面貌焕然一新。这一时期所取得的巨大进步和成就,是前三十年的草创时期所不可比拟的。

第四节　再谈殷墟YH127甲骨窖藏发现在甲骨学史上的意义及新时期面临的课题

一九三六年六月十二日,在中央研究院第十三次大规模科学发掘殷墟

① 参见胡厚宣:《五十年甲骨文发现的总结》,第四十七页。

② 参见胡厚宣:《五十年甲骨文发现的总结》,第五十二至五十四页。

即将结束的时候,出现了殷墟甲骨文出土史的奇迹,即一个编号为YH127的窖穴内,出土甲骨一万七千零九十六版。如此之多的甲骨一次性面世,不仅是空前的,而迄至目前,一九七三年小屯南地甲骨和一九九一年花园庄东地H3出土成批甲骨的数量之和,也不过是其零头。

关于YH127坑甲骨的出土情况,董作宾《殷虚文字乙编序》(一九四八年)、石璋如《殷虚最近之重要发现附论小屯地层》(《中国考古学报》第二册)、《小屯后五次的重要发现》(《中国考古学报》第四册)、《六同别录》(上册,一九四五年)、《小屯(第一本):遗址的发现与发掘丁编甲骨坑层之二:十三次至十五次出土甲骨》(一九九二年)、胡厚宣《殷墟发掘》(一九五五年)及王宇信《建国以来甲骨文研究》(一九八一年)等著述均有述及并广为国内外学者所熟知。

如此之多的甲骨一次性出土,确实给甲骨学家出了一道发掘的大难题。费尽了一番周折以后,一九三六年七月十二日才运抵南京中央研究院史语所,继续进行了为期三个多月的室内发掘。①

YH127甲骨窖藏坑不仅出土甲骨数量多,而且现象复杂,且甲骨内容丰富,这就把甲骨学研究的"发展时期"(一九二八年至一九四九年)推向了高峰,并为甲骨学研究的"深入发展时期"(一九四九年至今)奠定了基础。

一、 YH127坑丰富了甲骨学的研究内容

自一八九九年甲骨文发现以后,历年虽多有出土,但如YH127坑之数量大,且时代单纯之甲骨一批如此集中出土所见不多。此坑不少新的现象丰富了学者对甲骨学的认识,并向学者提出了需要研究和解决的不少问题,这就是:

(一) YH127坑刻划甲骨卜兆的现象。以前发现的甲骨文,一般刻辞都迎兆并尽量避开卜兆,为的是保存并显示卜兆这些"神示"痕迹。卜兆在占卜中的神秘性,在YH127坑中已不复存在,整理者发现,此坑甲骨刻划

---

① 关于YH127坑发掘并运往南京的趣闻轶事,《中国殷墟》(上海大学出版社,二〇〇六年)第九十一至九十五页所述较详,可参看。

过卜兆者，竟达万片以上①。为什么刻划卜兆？董作宾认为是为了“美观”。因为太卜们据卜兆判断吉凶后，“觉着裂纹细微，不甚醒豁，于是顺手也在卜兆上加以刻划”。但为什么武丁期以后，又不刻划卜兆了呢？却令学者颇费斟酌。

（二）发现了毛笔书写的字迹。虽然在第一次至第九次科学发掘殷墟时，也发现过用毛笔书写的字迹，诸如《甲编》870、2636、2940等版。但此次几版墨书集中出土一坑，便于学者对当时毛笔书写情形的观察研究。对甲骨书法家弘扬甲骨文书法，更具有非同寻常的意义。

（三）涂朱、涂墨甲骨的发现。从YH127坑出土甲骨可以发现，殷人不仅以朱、墨在甲骨上写字，而且刻字以后，有的还涂以朱（或墨）。虽然涂朱、墨者在武丁时为数不多，但对此特殊现象应予以充分注意。究竟为何如此，至今未有满意的答案。

（四）改制背甲的使用。在甲骨卜材中，各期都有使用龟背甲占卜并刻辞的，但YH127坑发现的使用改制背甲却为新例。所谓“改制背甲”，即将一种长而两端不甚规整的较小的龟背甲，由中间锯开，削掉近脊甲之不平部分，再将两端削、磨成近圆形，中间钻一圆孔供穿绳用。改制背甲呈“鞋底形”，使用时与背甲相同，出土数量不多，如《乙编》5271即是。

（五）甲桥刻辞的大量发现。所谓“甲桥刻辞”，胡厚宣谓：“甲即龟甲，桥即骨桥，谓刻于龟甲骨桥背面之一种记事文字也。”②虽然此类刻辞以前著录不少，胡厚宣统计达二百七十三条之多。但因龟甲出土时残断过甚，已难看出这类刻辞在龟腹甲上的位置（而拓本尤难），因而没有引起甲骨学者的注意。YH127甲骨坑有大批完整甲骨出土，甲桥刻辞所在位置甚明。据整理者统计，YH127坑出土甲桥刻辞达三百例之多③，为记事刻辞研究

---

①　胡厚宣：《甲骨六录》，《甲骨学商史论丛》三集，一九四五年。

②　胡厚宣：《武丁时五种记事刻辞考》，《甲骨学商史论丛》初集上，河北教育出版社，二〇〇二年。

③　胡厚宣在上文中统计，共得甲桥刻辞五百七十三例，文中公布见于著录者二百七十三例，余为第13次发掘（即YH127坑）所得，五百七十三减去二百七十三得三百，即三百余例。

提供了启示。

(六) 武丁大龟的发现。YH127 坑发现一版大龟(《乙编》4330),这是一八九九年甲骨文发现以来,迄至目前所见最大龟版。据鉴定,此龟不产自安阳,而是产自马来半岛①,甲骨的产地向学者提出了值得深思的问题。

(七) 成套甲骨的出土。所谓"成套甲骨",即不同版龟甲或兽骨上,刻有内容相同,但占卜序数(即兆记)不一的几块甲骨。据学者统计,YH127 宾组卜辞成套腹甲有十五套之多②。而"最初发现成套甲骨与成套卜辞,完全是由于偶然的机缘与一时的灵感"③,即整理 YH127 坑甲骨,并缀合出版《丙编》的启示。

(八) 殷人甲骨分埋的启示。YH127 坑一万七千零九十六版甲骨中,仅出牛骨八版。这和"大龟四版"、"大龟七版",只出龟甲;而一九七一年小屯西地只出卜骨,一九七三年小屯南地多出牛骨而龟甲极少和一九九一年花东 H3 多为龟甲等现象判断,殷人应甲骨分埋。

(九) 与以往出土甲骨不同,YH127 坑如此之多甲骨堆积的北壁倚一人架,"大部分已被埋在甲骨中,仅头及上躯还露出甲骨以外,这个人可能就是当时管理甲骨的人员"④。此为何许人也,为一千古之谜!

如此等等。YH127 坑丰富、复杂的现象和大量甲骨上契刻的信息,推动了甲骨学发展时期研究的前进。

二、YH127 坑甲骨,把甲骨学研究的"发展时期"(一九二八至一九四九年)推向了高峰

自一九二八年殷墟科学发掘甲骨文开始,出土甲骨文日多。董作宾把田野考古学方法引入甲骨学研究领域中,他"从安阳小屯村殷墟的地面下发掘出来"了"甲骨文字的断代方法"⑤。他一九三三年《甲骨文断代研究

① 伍献文:《武丁大龟之腹甲》,《动植物研究所集刊》第十四卷,第一至六期,一九四三年。

② 具体注号参见刘学顺:《YH127 坑宾组卜辞研究》,博士学位论文(一九九八年)。

③ 张秉权:《甲骨文与甲骨学》,第二〇〇页,台湾,一九八八年。

④ 胡厚宣:《殷墟发掘》,第一〇〇页,学习生活出版社,一九五五年。

⑤ 董作宾:《为书道全集详论卜辞时期之区分》,《董作宾卷》,第五二八页,河北教育出版社,一九九六年。

例》的发表，把甲骨学研究纳入了历史考古学范畴，使甲骨学由金石学的附庸，成为中国考古学的分支学科，从而使甲骨学商代史研究由它的"草创时期"（一八九九年至一九二八年）进入了"发展时期"（一九二八年至一九三七年），研究有了很大进展。而YH127甲骨的发现，把研究推向了它的高峰。这就是：

（一）在甲骨学的自身规律方面，由于YH127坑甲骨有许多新的现象，给学者的研究提出了全新的问题。诸如在分期断代方面，董作宾《断代例》原第四期所谓"不录贞人时期"，即武乙、文丁卜辞的分法就受到了挑战。YH127坑中有一批与他定为文武丁时代的贞人"扶"（《甲》2356、2907）时代相近并有联系的卜辞，诸如我、子（13·0·13335）、衠（13·0·11817，11818）、𠃬（13·0·1491等19见）、车（13·0·10993等2见）、史（13·0·1561）、万（13·0·472）、幸（13·0·52）、䟽（13·0·290）等，从而把《断代例》中定为武丁时期的一批卜辞下移至文武丁时代，这就是他所乐道的"揭穿了文武丁时代卜辞之谜"①。但是，此问题并未解决，只不过为以后甲骨学界的进一步讨论此问题拉开了序幕；胡厚宣则受YH127坑有大量完整龟甲，特别是"甲桥刻辞"部位的启示，搜集了更多的证据，写出了《武丁时五种记事刻辞考》，得出了作为武丁时五种记事刻辞之一的"甲桥刻辞"，所记"一为甲骨之来源"，"二为甲骨文祭祀，盖甲骨在卜用之先，必须经过此种祀典也"②的结论。关于商代卜用龟甲之来源，YH127坑不仅出土马来大龟，而且还有"有来自南氏龟。贞有来自南氏〔龟〕"（《乙》6670）的记载，为学者撰著《殷代卜龟之来源》③，提供了有力证据。

（二）在商史研究方面，YH127坑提供了丰富资料。武丁时卜辞中，有一位常见祖先名下乙，但其为何许人，几十年无人涉及。胡厚宣据YH127坑有关下乙的十五六条卜辞，结合其他著录甲骨及古文献，写出了《卜辞下乙说》一文，得出下乙即为殷王祖乙的不易之论④。殷代的农业，应较为发达。

---

①　董作宾：《乙编序》，《董作宾卷》，第七二一至七三五页，河北教育出版社，一九九六年。

②③　载《甲骨学商史论丛》初集上，第四五二页，河北教育出版社，二〇〇二年。

④　载《甲骨学商史论丛》初集上，第二八二至三〇一页。

但不少学者仅据甲骨文“焚”字,就“凡言殷商之社会经济者,几无不以殷人乃使用烧田耕种法者矣”,低估了商代农业发展水平。而胡厚宣从 YH127 坑出土之新材料“其焚,擒。癸卯允焚,获兕十一,豕十五,毘廿五”(《乙》2507),得到“殷人常烧草以猎兽”的“确凿之证明”,确认“旧籍凡言‘焚’‘烧田’以及‘火田’者,无一不指烧草以猎兽而言也”,写出了著名的《殷代焚田说》①。此外,胡厚宣还使用 YH127 坑甲骨出土的有关“……六日〔甲〕午,月夕有食”(《丙》54)和“下乙宾于帝”、“咸不宾于帝”(《丙 36》)、“下乙弗又”、“戠卯鸟里”(《乙》6664)等材料,使他的名篇《殷代之天神崇拜》一文更加充实。不仅如此,刘体智善斋所藏著名“四方风”大骨,不少学者疑为伪片,但胡厚宣据字体、文例等方面研究,“独疑其不伪”。并据 YH127 坑所出一版武丁时记四方风名卜辞进行辨析和考证,在《甲骨文四方风名考证》中,证明了善斋大骨不伪,并指出“在《大荒经》中四方风名尚与甲骨文字略同,至《尧典》则已有蜕变”。因此,论定《山海经》之《大荒经》“必不能为东汉之伪书也”②。

由于 YH127 坑甲骨新材料和新现象所提出诸多问题的推动和与已出土甲骨材料的全面整理和触类旁通,胡厚宣自一九四四年出版了《甲骨学商史论丛》初、二、三集。此书是他“对甲骨文字做一通盘总括之彻底整理”③的集当时甲骨文之大成的巨著,日本著名学者白川静评价此书是“斯学空前的金字塔式论文集,是继董先生《甲骨文研究断代例》之后又一划时代著作”④。日本爱知大学教授内藤戊申评价此书“确可称为殷代研究的最高峰”⑤。

三、 YH127 坑甲骨为甲骨学研究的“深入发展时期”的前进奠定了基础

虽然 YH127 坑大批甲骨的发现,把“发展时期”的甲骨学研究推向了

① 载《甲骨学商史论丛》初集上,第一五三至一五七页。

② 载《甲骨学商史论丛》初集上,第二七二页,河北教育出版社,二〇〇二年。

③ 胡厚宣:《甲骨学商史论丛自序》,《甲骨学商史论丛》初集上,第十四至十五页,河北教育出版社,二〇〇二年。

④ 白川静:《胡厚宣氏的商史研究》,《立命馆文学》一〇三号,一九五三年。

⑤ 《古代殷帝国》,第二〇二页。

高峰，但因为这批材料一直未公开发表，其影响毕竟有限。诚如胡厚宣在《甲骨学商史论丛》初集的“自序”中所说：“抑余既离中央研究院，则曩作论文，即不便在外间发表。所知材料虽多，中央研究院既未发表，亦自不便引用。故余书颇有未便收入之论文，而忍痛割爱之材料，尤为不少。文中有注明十三次者，系转引自董彦堂先生及厚宣曩在中央研究院所发表之论文者。”

直到一九四八年以后，这批珍贵的材料才得以陆续出版。董作宾编纂之《殷虚文字乙编》上辑，于一九四八年出版。《乙编》中辑，于一九四九年出版。而《乙编》下辑，一九五三年在台湾出版。一九五六年科学出版社将《乙编》下辑在大陆重印，从此内地学者才得以见到全部《乙编》的材料。《乙编》上、中、下三辑所收甲骨，主要是殷墟第十三次、第十四次、第十五次科学发掘所得一万八千四百零五版甲骨编选而成，其中主要是第十三次发掘YH127坑之一万七千零九十六版甲骨。此外，一九九五年钟柏生出版了《乙编补遗》，YH127坑甲骨全部材料公诸于世。

《乙编》公布材料时，尚未进行缀合复原的工作。大陆学者郭若愚、曾毅公、李学勤进行了缀合工作。一九五五年出版的《殷虚文字缀合》中，收有《乙编》缀合三百七十版。台湾张秉权经过多年努力，据YH127坑甲骨实物进行缀合，共得六百二十三张图版，实际缀合三百二十三版，于一九五七年出版了《殷虚文字丙编》上辑一，全书上、中、下三集六册至一九九二年出齐。此外，一九七八年至一九八二年出齐的《甲骨文合集》，也对《甲编》、《乙编》进行大量缀合工作，仅此两书“就缀合一千版以上”①。而台湾艺文印书馆一九九一年出版的严一萍遗著《殷虚第十三次发掘所得卜甲缀合集》，共收缀合版二百二十五号，但除去与《殷虚文字缀合》相重者一百四十七版和《合集》著录相重者外，新缀材料并不很多。刘学顺在博士论文《YH127坑宾组卜辞研究》中，也公布了五例缀合。

《殷虚文字乙编》的出版和有关《乙编》缀合著录的出版，为一九四九年以后的甲骨学研究提供大批完整的资料。自一九四九年以后，更多的学者

① 胡厚宣：《甲骨文合集序》，中华书局，一九七八年。

才得以利用《乙编》(主要是 YH127 坑出土材料),把甲骨学的研究推向了“继续发展时期”,在甲骨学和殷商史研究方面取得了很大进展①。我们从一九四九年至一九七八年各项成就的有关著作中,《乙编》材料引用率之高,就可以看出 YH127 坑甲骨对新时期甲骨学研究的深入发展所起的作用。

一九七八年以后,随着《甲骨文合集》的陆续出版,甲骨学商史研究进入一个更新的阶段——全面发展阶段②。这一时期甲骨学和殷商史研究之所以取得成就和前进,与《甲骨文合集》全面系统公布甲骨材料有关。但需知,《乙编》一书和《丙编》各版基本已被收入《合集》之中,约占《合集》四万一千九百五十六版的三分之一。且《乙编》各版片大、字多,内容也较为重要。所以从这个意义上说,YH127 坑的一万七千零九十六版甲骨对一九四九年以后甲骨学研究的“深入发展”和“全面深入发展”功不可没。

四、 全方位、多角度研究 YH127 坑甲骨——新时期甲骨学面临的课题

YH127 坑甲骨堆积一九三六年六月发现至今,已经七十多年了。已如前述,此坑甲骨数量大、现象复杂、内容丰富。因此 YH127 坑的发现和室内整理期间,就把甲骨学研究的“发展时期”推向了高峰。自一九四八年 YH127 甲骨材料在《乙编》上、中、下辑公布以后,甲骨学殷商史上不少疑点和难点问题得到了全新的证据,奠定了一九四九年以后甲骨学商史研究“深入发展”的基础。一九五六年出版的陈梦家《殷虚卜辞综述》这一甲骨学前七十年成就的总结性著作中,就反映了《乙编》的大批重要材料,为不少重要课题的解决和提出,起到了不可或缺的作用;而一九七八年以后,随着集大成式著录《甲骨文合集》的出版,甲骨学研究无论从著作和论文的数量、研究课题的广泛和深入,还是研究者的人数等方面,都大大超过了此前

---

① 参见王宇信:《甲骨学通论》(增订本),第十七章第三节,中国社会科学出版社,一九九九年。

② 王宇信:《论甲骨学研究“全面深入”发展的新阶段》,《中国历史文物》,二〇〇二年第五期、第六期。

几十年的总和，甲骨学研究进入了“全面深入发展阶段”。虽然这一阶段因《合集》将《乙编》和《丙编》的材料收入，鲜有再引用《乙编》、《丙编》者，但《合集》中的不少重大问题的材料与《乙编》和《丙编》有关。因此，占《合集》四万一千九百五十六版近三分之一的 YH127 坑甲骨材料，永远是甲骨学商史研究弥足珍贵的史料。

《乙编》和《丙编》(即 YH127 所出甲骨)收入《甲骨文合集》并按类编排，便于与同类材料相比较并触类旁通，给研究者带来很大方便。但也不容否认，这样一来就把 YH127 坑甲骨的完整材料打散，分门别类地被纳入了八十年出土甲骨的总体之中。再利用 YH127 材料研究甲骨学殷商史，只能从宏观上进行。因而七十多年来，对 YH127 坑的考古现象及一万七千多版甲骨进行整体研究却被忽略了。

李学勤教授早就有感于此。他在一九七九年就指出：“殷墟甲骨最丰富的发现，应推 YH127 一坑龟甲。这批卜甲在地下本来完整，而且显然是同时的，现在已经缀合了不少，但用排谱的方法进行整理，还没有人着手尝试。我相信，如果花费几年时间，把这一工作做好，必能对甲骨学及商代史的研究有较大的贡献。”①这就是说，应从具体的、微观的角度对 YH127 坑及所出甲骨进行个案研究。遗憾的是，相当长一段时间仍无人有意识地进行 YH127 坑甲骨的全面整理工作。

直到一九九八年，中国社会科学院研究生院历史系刘学顺的博士学位论文《YH127 坑宾组卜辞研究》，才把 YH127 坑甲骨丰富的内容从宾组卜辞这一个方面进行了较系统的研究。全文共分三章，第一章 YH127 卜辞概论，下分四节：第一节发现与整理，第二节著录与缀合，第三节地层与时代，第四节小结；第二章为 YH127 宾组卜辞的性质，下分五节：第一节卜辞埋藏情形分析，第二节 YH127 宾组卜辞所记事类分析，第三节 YH127 内外宾组卜辞的联系，第四节同类甲骨储藏穴对比分析，第五节小结；第三章 YH127 宾组卜辞重要史事的排谱，下分六节：第一节妇好娩与征亘方，第二

---

① 李学勤：《建国以来甲骨文研究序》，中国社会科学出版社，一九八一年。

节妇果娩,第三节征下危,第四节征角,第五节征胄,第六节小结。此文通过对YH127坑有关宾组卜辞的研究,并对YH127坑所记两条月食,即癸未月食(《合集》11483、《丙》56)和甲午月食(《合集》11484、《丙》54)的天文学推断,判断此坑宾组卜辞的具体年代,"约在公元前一二一〇年到公元前一一八〇年",前后约三十年之遗存,这与考古学者从地层上分析的,YH127坑其"年代不会晚于董作宾先生所分的甲骨文的第一期"是相合的;与此同时,对YH127坑所出宾组卜辞的重要事类进行了排谱,即妇好生育与征亘方谱、妇果生育谱、征下危谱、征角谱、征胄谱等,并以妇好生育为界,判断征亘、妇果谱应较早。而征下危时妇好为活跃人物,此谱应较上二谱为晚。征角时,曾有妇好患病的卜问,因而征角谱应较年富力强的妇好征下危谱为晚。而征胄谱未见妇好的信息,妇好或已死去,此谱应年代最晚。刘学顺还根据自己整理YH127坑三十多年中的宾组卜辞发现,"有些字在同一时期会有不同的字形","如占卜征亘方的贞人壳就至少有两种不同字形"。因此认为:"我们要谨慎地利用字形来对宾组卜辞分组"。"字形的不同并不一定意味着时间的不同","这是由于契刻者不同造成的不同风格"。如此等等,如果我们继续对YH127坑甲骨的宾组卜辞和其他卜辞从字体上加以彻底的整理,或许对主张"利用字体对现有的各种卜辞作更细致的分类"的"两系说"学者断代新方案的完善当有新的启示。

遗憾的是,自刘学顺此文提出以后,在大陆上再也未见专门对YH127坑甲骨研究的论文出现。值得注意的是,一九九一年花园庄东地H3坑甲骨以《殷墟花园庄东地甲骨》(云南人民出版社,二〇〇三年)为名出版以后,很快就吸引了甲骨学家的目光。不少学者在《花东》部分材料公布时,就开始进行了研究,诸如刘一曼、曹定云、葛英会、赵诚、黄天树、裘锡圭、刘源、杨升南等。而《花东》出版以后,更有不少的学者从不同的角度进行研究,二〇〇五年台湾东海大学还召开有台湾、大陆和海外学者参加的专就《花东》研究的学术研讨会并出版会议论文集①。与此同时,姚萱完成

① 王建生、朱歧祥主编:《花园庄东地甲骨论丛》,圣环图书股份有限公司,二〇〇六年七月。

了《花东卜辞初步研究》(二〇〇五年)的博士论文,对《花东》甲骨卜辞中的文字多有考证,并重作了《花东》辞文①。而韩江苏完成了《殷墟花东 H3 卜辞主人“子”研究》(一九九六年)的博士论文②,从商史和商代礼制方面,对“子”的身份、地位及与商王和王卜辞人物的关系等方面进行了研究。此外,还有不少系统研究《花东》H3 甲骨的课题正在进行或即将完成。

与《花东》H3 研究的系统、深入和成为当前甲骨学商史研究的热门课题相比,YH127 坑的全部内容学者们至今仍不甚了了。直到现在,仍没有较系统的研究成果在国内面世。是 YH127 坑甲骨的现象、版数、内容等方面的重要性比不上花东 H3 吗? 谁都会说:非也。花东 H3 甲骨比起 YH127 来说,是小巫见大巫。但是,为什么 YH127 坑甲骨却多年不能吸引学者专注研究的热情呢?

我们认为,YH127 坑甲骨的著录出版较早(一九四八年),且其下辑是在我国台湾出版。由于种种原因,大陆学者很难见到《乙编》上、中、下全套及《丙编》、《乙编补遗》等书,这就使学者全面研究 YH127 甲骨的条件受到了局限;自一九七八年《甲骨文合集》出版以后,虽然因《乙编》、《丙编》的材料收入,使学者得以方便地见到和使用这批仅耳闻而不能目睹的重要材料。但 YH127 坑的一批甲骨材料,只能放到宏观的甲骨学商史中去加以研究。因这些材料一律冠以《合集》编号,而《合集》来源表直到一九九九年才出版,因而在《合集》四万余版甲骨中,何者为 YH127 坑所出甲骨,一般学者是难以区分出的。因而也不能从《合集》中将 YH127 坑甲骨全部集中,进行 YH127 坑甲骨的具体的微观研究。即使一九九九年《合集》来源表出版以后,从《合集》中据《来源表》再将 YH127 坑甲骨全部集中,也存有相当大的难度。学者较难见到 YH127 坑甲骨的全部材料,当是鲜有人专门对 YH127 甲骨坑进行全方位、多角度的微观研究的原因。

YH127 坑甲骨,是一座商代历史文化的宝库。YH127 坑甲骨的丰富内涵,已在甲骨学商史研究的宏观研究上,发挥着重大作用。但多年来,对

---

① 姚萱:《殷墟花园庄东地甲骨卜辞初步研究》,线装书局,二〇〇六年十一月。

② 线装书局二〇〇八年出版。

YH127甲骨坑从整体上进行个案的多角度、全方位考察还很不够，从微观上对YH127坑的认识还不甚了了，这里面还有很多课题需要学术界去认识、去发现、去提出、去解决。因此甲骨学界应把李学勤教授在一九七九年十二月呼吁的对YH127坑"用排谱的方法进行整理"，并"花费几年时间，把这一工作做好"的提示和呼吁尽早予以落实！

在此笔者也建议有识之士和支持学术事业发展的出版社，应把YH127坑甲骨的著录书《乙编》和《丙编》在中国大陆重印。在这一研究材料亟缺的情况改变以后，YH127坑甲骨的整体研究就会大大推进，必将推出一批解决并推动新时期甲骨学和商史研究前进的重大成果！

第五节　甲骨学的深入发展时期（上、下）

一九四九年新中国成立以后，我国的甲骨学研究进入了以马克思主义为指导的深入发展时期。这一时期在甲骨学研究方面所取得的进展，主要是继续出土新材料和在集中材料、整理材料、公布材料方面取得了成功；与此同时，利用甲骨文材料对商代社会性质、阶级结构等方面的研究，也提出和解决了不少问题；随着甲骨材料的集中和不断出土，在文字的考释、分期断代研究方面也有了进一步的深入；而西周甲骨的研究和讨论，在甲骨学研究领域里形成了新的分支学科。

上

中华人民共和国成立以后，一九五〇年春天，在百废待举、财政经济相当困难的情况下，国家拨出专门款项用于大规模科学发掘殷墟武官村大墓。这反映了政府对文化科学事业的重视。此后几十年，殷墟发掘工作一直有计划地进行，而且在全国各地又有不少殷商文化遗址发现。在安阳殷墟历年考古发掘工作中，出土甲骨的情形是：

小屯村一带，以前是甲骨集中出土区。新中国成立以后，仍不断有甲骨发现。如一九五五年在小屯东南窖穴H1内发现康丁时代甲骨一片，上刻"丁卯。癸未卜,王其入商弗每。弘吉"字样①。继一九五八年小屯西地出土习刻卜甲一片以后②,一九七一年在探方 T1 第七层又发现卜骨二十一片,其中有字者十片,应为第三、四期廪辛、康丁、武乙、文丁时物。卜骨有凿,有灼,无钻。反面有凿痕和灼痕,正面也有凿和灼痕。值得注意的是,有的骨上将刻辞的"豕"、"豚"、"牛"、"羊"、"犬"等字的头部削去一、二笔,呈现明显的斑痕。也有卜骨上的卜辞刻好后又复刮去,如第十二号卜骨在"兹用"左侧,就留有原刻字痕。第八号卜骨"贞"字下也是如此。第五号、七号、九号卜骨只存一"吉"字,其左侧刻辞全被刮掉。其他如第十一号、十三号、二十号卜骨的刻辞也全部被刮掉③。一九七二年又出土了有字卜骨三片、卜甲一片④。小屯南地一九七三年发现的甲骨为建国以来出土最多的一批,内有龟甲六十九片,牛胛骨四千四百四十二片,其中有字甲骨共四千四百四十二片⑤。另外,一九七五年至一九七七年间,还在小屯村一带先后采集有字卜甲三片、卜骨十片⑥。此外,一九九一年花园庄东地出土一坑甲骨六百多版,完整龟甲较多,内容多与名"子"者有关⑦。二〇〇二年,小屯南地又出土甲骨六百余片,其中有字卜甲、卜龟二百二十八片⑧。

不仅在安阳殷墟中心区小屯一带继续出土甲骨,就是在小屯周围地区,也有甲骨发现。如一九五〇年在四盘磨西地 SP11 内,发现一块横刻三行由数字组成的小字,文句与卜辞的通例不合⑨。这是在小屯村以外,继解放前侯家庄南地、后冈,出土过甲骨的第三个地方;而后冈,解放后又有甲骨发现,一九七一年出土过一片上刻二字的残骨⑩。此外,一九五九年在大

---

① 《一九五五年秋安阳小屯殷墟的发掘》,《考古学报》,一九五八年,第三期。

② 《新中国的考古发现与研究》,第二四四页。

③ 郭沫若:《安阳新出土的牛胛骨及其刻辞》,《考古》,一九七二年,第二期。

④ 《新中国的考古发现与研究》,第二四四页。

⑤ 《一九七三年安阳小屯南地发掘简报》,《考古》,一九七五年,第一期。已收入《小屯南地甲骨》上、下册出版。

⑥ 已收入《小屯南地甲骨》上、下册出版。

⑦ 《殷墟花园庄东地甲骨》,云南人民出版社,二〇〇三年十二月。

⑧ 《安阳殷墟新出土甲骨六百余片》,《中国文物报》,二〇〇二年十月二十五日。

⑨ 郭宝钧:《一九五〇年春殷墟发掘报告》,《中国考古学报》第五册,图版十一,一九五一年。

⑩ 《一九七一年安阳后冈发掘简报》,《考古》,一九七二年,第二期。

司空村发现两块有字卜骨,一片未切臼角,整治粗糙,正面刻"辛贞在衣"四字。另一骨上刻有"文贞"二字,字体纤细。二骨都是武丁时的刀笔文字①。这是已知的小屯以外第四个出土甲骨地点。

安阳殷墟中心区小屯村及其周围各地点,新中国成立以后历次出土的甲骨数量较少,而且内容也较单纯。但一九七三年小屯南地出土的一批甲骨,不仅数量大,内容丰富,且有科学地层依据,在甲骨学史上占有重要的地位。这四千多片甲骨的出土情形是:

> 小屯南地甲骨,除一部分出在近代扰乱层、隋唐墓道及殷代的文化层外,大多数均出自殷代灰坑中,出土甲骨的灰坑共五十八个,少者一片,多者数百片乃至上千片。在多数灰坑中,卜骨、卜甲与陶器碎片、灰烬、兽骨等夹杂在一起,这些甲骨可能当时是作为废物被人们遗弃的。值得注意的是,在少数灰坑中,甲骨集中地大量出土,似为有意识的贮存。例如:H17,共出卜骨、卜甲一百六十五片,其中刻辞卜骨一百零五片、刻辞卜甲二片……又如H24,共出卜骨一千三百一十五片,没有卜甲……只是在坑底部出土少量的碎陶片。此外,还发现个别专放卜骨骨料的灰坑。②

这批甲骨文,其时代应包括甲骨文第一期、第三期、第四期、第五期。但第一期和第五期卜辞数量不多,各有二十片左右,主要为三、四期遗物。刻辞内容十分丰富,涉及商代的祭祀、农业、田猎、征伐、天象、旬夕、王事各个方面。其中有一些较重要的如贞人名、方国名、有关军旅编制、天文、百工等方面的内容,是过去不见或少见的。还有一些新的字、词以及新的人名、地名等,也是过去没见过的③。这给甲骨学和殷商史研究提供了大量新鲜材料。

---

① 《一九五八至一九五九年殷墟发掘简报》,《考古》,一九六一年,第二期。

② 《新中国的考古发现与研究》,第二四五页;并参看:《一九七三年安阳小屯南地发掘简报》;及《〈小屯南地甲骨〉上册序言》,中华书局,一九八〇年。

③ 参见《新中国的考古发现与研究》,第二四五至二四六页;陈邦怀:《〈小屯南地甲骨〉中所发现的若干重要史实》,《历史研究》,一九八二年,第二期;詹鄞鑫:《读〈小屯南地甲骨〉札记》,《考古与文物》,一九八五年,第六期。

在殷墟以外地区也有甲骨文的发现。一九五三年河南郑州二里冈发现两片有字甲骨，一片上刻“又土羊。乙丑贞。从受……七月”等字，是一片习刻。李维明对《郑州出土商代牛肋骨刻辞新识》为“又乇(亳)土羊乙丑贞从受。七月”(载《中国文物报》，二〇〇三年六月十三日)。日本著名学者松丸道雄又将李氏所释改读为“又(侑)乇(亳)土(社)羊？乙丑贞，从受。七月”两条卜辞，在二〇〇三年九月的日本中国考古学会关东部会例会上发表。常玉芝也在《中原文物》(二〇〇七年第五期)发表专论《郑州出土的商代牛肋骨刻辞与社祀遗迹》。如此等等，为郑州商城为“郑亳说”提供了重要佐证。另一件为骨器残部，上刻一“㞢”字①。一九五四年又出土卜骨一片，文字难识②。郑州出土甲骨的时代，有人认为应是第四期武乙、文丁时③，也有人认为应是郑州二里冈期——即早于殷墟的商代中期④。一九五二年在河南洛阳泰山庙遗址LTT53探沟内发现了许多龟腹甲，其中有字甲上的方形凿与竖槽联成低凹正方形，竖槽更深一些。近甲顶端处还钻一圆孔，未透过。正面有兆，右中部有一“五”字。学者认为是殷人，也可能是周初被迁到洛邑的殷人之物⑤。但现在根据钻凿形态可以判明，当为西周物⑥。此外，就在本书增订过程中，又从洛阳传来了发现有字西周甲骨的消息。二〇〇八年六月六日蔡运章教授从洛阳电告笔者：发现牛卜骨一块，共三段十四字，为西周甲骨，已从农民手中征得，但出土于洛阳何地，农民尚“保密”。笔者有幸应洛阳之邀，于七月至洛阳“先睹为快”⑦。

不仅有商代甲骨继续出土，而且在山西洪赵坊堆村、陕西长安沣西、北京昌平白浮、陕西岐山凤雏和扶风齐家等地又不断有西周甲骨发现⑧。二

---

① 《郑州二里冈》，第三十三页，科学出版社，一九五九年。

② 《新中国的考古发现与研究》，第二四五页。

③ 李学勤：《谈安阳小屯以外出土的有字甲骨》，《文物参考资料》，一九五六年，第十一期。

④ 裴明相：《略谈郑州商代前期的骨刻文字》，《全国商史学术讨论会论文集》。

⑤ 陈梦家：《解放后甲骨的新资料和整理研究》，《文物参考资料》，一九五四年，第五期。

⑥ 赵振华：《洛阳两周卜用甲骨的初步考察》，《考古》，一九八五年，第四期。

⑦ 《洛阳新发现西周有字卜骨》，《北京晚报》，二〇〇八年十一月二日。

⑧ 参阅拙著：《西周甲骨探论》，第十一至二十页；又本书下编第十三章第一节。

〇〇三年岐山周公庙遗址又发现刻辞西周背甲两版,一版两条刻辞共十一字,另一版两条刻辞三十九字①。特别有意义的是,一九七三年小屯南地甲骨的出土,使前人争论不休的问题,诸如"自组卜辞"的时代得到了科学发掘地层的证据,并使"历组卜辞"的时代重新掀起热烈的讨论。西周甲骨的出土,扩大了甲骨学家的眼界,从而形成了甲骨学研究领域的新分支。新中国成立以来甲骨文的不断出土,促使这一时期的研究向着甲骨学的深度和广度进军。

新中国成立以后出版的胡厚宣《战后宁沪新获甲骨集》(来熏阁书店,一九五一年)、《战后南北所见甲骨录》上下(来熏阁书店,一九五一年)、《战后京津新获甲骨集》(群联出版社,一九五四年)等甲骨著录,是新中国大规模集中材料、整理材料、公布材料的序幕。早在一九四五年抗战胜利以后,胡厚宣就很快由后方飞往北平(北京)、天津,"调查并搜集战后出土的甲骨文字"。此后"又回到了后方成都"。一九四六年秋天,胡厚宣"从成都随齐鲁大学复员还返济南"之时,"路过南京上海,停留了一个时期,也努力探访战后甲骨出土的情形"。胡厚宣先生的南北之行,所获甲骨甚丰,其事见《五十年甲骨文发现的总结》第四十七至五十四页所述。其间还引发了"北平骨贵"之趣事:

> 乔友声从前是通古斋的经理,现在自己开了一家兴记古玩铺。他向全北京城的古玩铺和收藏家,替我收买甲骨。北京的甲骨行市,就忽然高了起来。他们以为不知有多少从重庆来的人,要搜购甲骨,争着拿出,抬高售价。其实那时买甲骨的,只我一人。②

当时北平的古董商以为从重庆飞来了"接收大员"和众多的阔佬,于是昔日躺在店铺无人问津的断龟残骨,一夜之间身价暴涨,这在某些方面倒像是"洛阳纸贵"③这一著名典故的再现呢!

---

① 《二〇〇三年陕西岐山周公庙遗址调查报告》,《古代文明》(第五卷),文物出版社,二〇〇六年十二月。

② 胡厚宣:《五十年甲骨文发现的总结》,第四九页。

③ "洛阳纸贵",见《晋书·左思传》及《世说新语·文学》。西晋左思,以十年心力写成《三都赋》,初无人识其佳,后来受到当时名士皇甫谧、张载、刘逵、张华等人欣赏并推崇,声名大振。为附庸风雅,京城洛阳豪门富家争相传抄《三都赋》,用纸过多,造成洛阳一时纸贵,成为千古美谈。

新中国成立以后，胡厚宣任上海复旦大学历史系教授。一九五五年出版的《甲骨续存》，是他利用假期遍访祖国南北各地博物馆和研究机构，调查、了解各地收藏甲骨情况时所得甲骨中的一部分编纂而成①。这实际上是以后大规模集中甲骨、整理甲骨、公布甲骨的准备阶段。一九五六年胡厚宣由上海调中国科学院历史研究所（现属中国社会科学院），主持总编辑《甲骨文合集》这一国家大型重点科学研究项目。遵照郭沫若主编“一定尽可能把材料搜集齐全”②的要求，编辑组成员在胡厚宣亲自率领或指导下，先后于一九五九年至一九六〇年、一九六三年、一九六五年、一九七三年、一九七四年分几次若干批，赴全国二十五个省市自治区的四十个城市寻访、收集并拓、照甲骨材料。从一九七八年十月至一九八二年十二月终于全部出齐了《甲骨文合集》十三巨册。这部书是对八十多年来出土甲骨材料的总结，被誉为“甲骨学史上里程碑式的著作”。

台湾和香港的学者也在做这方面的工作。严一萍曾采取“名归主人之办法”，编纂《甲骨集成》。但“只出版一集，就没有继续”了。后来“有了《甲骨文合集》作基础”，才出版了《商周甲骨文总集》十六册③。

一九七三年安阳小屯南地出土的四千多片有字甲骨，经过粘对、缀合、墨拓等科学整理，由中国社会科学院考古研究所编为《小屯南地甲骨》上、下册。上册于一九八〇年由中华书局出版，下册一九八三年出版。一九七七年周原凤雏遗址出土的西周甲骨文，自一九七九年陆续发表，至一九八二年五月全部公布完毕④。王宇信《西周甲骨探论》一书，收入了历年各地出土的西周甲骨三百零一片。严一萍《商周甲骨文总集》也将周原甲骨收入。

新中国成立以后，以《甲骨文合集》为代表的著录书的出版，标志着集中材料、整理材料、公布材料方面取得了巨大成功。这一工作的完成，与甲

① 参见胡厚宣：《〈甲骨续存〉序》，群联出版社，一九五五年。

② 胡厚宣：《郭沫若同志在甲骨学上的贡献》，《考古学报》，一九七八年，第四期。

③ 严一萍：《〈商周甲骨文总集〉序》，艺文印书馆，一九八五年。

④ 陈全方：《陕西岐山凤雏村西周甲骨文概论》，《古文字研究论文集》，一九八二年五月。

骨学一代宗师董作宾念念不忘的“首先应该把材料集中,把所得十万甲骨,汇为一编”①的初衷正相符合,为甲骨学和殷商史的研究提供了丰厚的材料。

下

这一时期甲骨学研究的深入发展,首先表现在分期断代研究方面取得了进展。所谓“文武丁时代卜辞之谜”的一批甲骨,经过多年的讨论和一九七三年小屯南地甲骨出土科学地层的印证,应为第一期武丁时代遗物的趋势已经明朗。而以一九七七年殷墟妇好墓的讨论为契机,一部分传统四期甲骨,即所谓“历组”卜辞应提前到第一期武丁晚与第二期祖庚之际的看法,引起了热烈的争论。关于上述两事的详细情况,我们将在本书第十章第一节、第二节做全面介绍。

文字考释方面也不断有新的论著问世,特别是于省吾一九七九年出版的《甲骨文字释林》共一百九十篇,是作者将解放前“所写的甲骨文字考释,大加删订,和解放后所写的甲骨文字考释,汇集在一起”,集他四十多年“对新的字,和对已识之字在音读义训方面纠正旧说之误而提出新见解”,共考释三百多个甲骨文字的专著②。其他一些著名甲骨学者,也发表了一系列考释甲骨文字的论著,考释严谨、精到,真是石破天惊,发聋振聩。如张政烺的释卜辞裒田③、胡厚宣的释商族鸟图腾④、裘锡圭的释甲骨文中的五刑⑤等等,都是脍炙人口的名篇。一些前辈学者的文字考释之作也结集出版或重印再版。如杨树达的《积微居甲文说·卜辞琐记》和《耐林庼甲文说·卜辞求义》于一九五四年出版。唐兰的《中国文字学》,于一九七九年由上海古籍出版社重印。一九八一年齐鲁书社增订印行他的《古文字学导

① 董作宾:《〈殷虚文字乙编〉序》。

② 于省吾:《〈甲骨文字释林〉序》,中华书局,一九七九年。

③ 张政烺:《卜辞裒田及其相关诸问题》,《考古学报》,一九七三年,第一期。

④ 胡厚宣:《甲骨文商族鸟图腾的遗迹》,《历史论丛》第一辑,中华书局,一九六四年;胡厚宣:《甲骨文所见商族鸟图腾的新证据》,《文物》,一九七七年,第二期。

⑤ 裘锡圭:《甲骨文中所见的商代五刑》,《考古》,一九六一年,第二期。

论》。同年，中华书局也印行了他的《殷虚文字记》等书。一些大型甲骨著录的释文，如《小屯南地甲骨》下册，于一九八五年出版。姚孝遂、肖丁的《小屯南地甲骨考释》一书，于一九八五年出版。《甲骨文合集》十三巨册的释文也已完成初稿，并由胡厚宣领导王宇信、杨升南进行总审校稿工作，于一九九九年甲骨文发现一百周年之际出版问世。《殷墟花园庄东地甲骨》于二〇〇三年出版。释文工作的及时进行并出版，对多学科利用甲骨文资料很有意义。一些工具书，如一九三四年出版的孙海波《甲骨文编》，也进行了增订补充，一九六五年由中华书局出版，较原书“在材料上比较齐备，在考订上采纳了新的研究成果”①。高明的《古文字类编》于一九八〇年由中华书局出版。一些重要的工具书，如李孝定《甲骨文字集释》②和日本岛邦男《殷虚卜辞综类》③，也已翻印。于省吾主编的“汇集各家考释分类编纂，约达三百万字”的《甲骨文字诂林》一书，经编纂工作的学者二十多年的“加紧进行”④，于一九九六年五月由中华书局出版，全书上、中、下三大巨册。随着现代科学技术的进步，电脑技术也逐步引进甲骨学研究领域。二十世纪七十年代起，就有人在做计算机缀合甲骨的尝试⑤，并取得了可喜的成功。

西周甲骨文的发现和研究，是建国以来甲骨学研究所取得的重大成果之一。学者们对西周甲骨的特征、文字、分期、族属、地理、官制等方面的研究，形成了甲骨学研究领域的新分支。王宇信的《西周甲骨探论》，是全面总结这一时期西周甲骨学研究成果的第一本专著，于一九八四年由中国社会科学出版社出版。此外，陈全方《周原与周文化》、《西周甲文注》，徐锡台《周原甲骨文综述》、朱歧祥《周原甲骨研究》、曹玮《周原甲骨文》等专著也陆续出版。西周甲骨的重大学术价值，引起了国内学者和日本、美国、英国和法国等国外甲骨学者的广泛注意。关于此，我们将在本书的中编专门论述。

---

① 《〈甲骨文编〉编辑序言》，中华书局，一九六五年。

② 史语所出版，一九六五年。

③ 汲古书院，一九六七年。

④ 参见于省吾：《忆郭老》，《理论学习》（吉林大学学报哲学社会科学版），一九七八年，第四期。参加此书工作者有姚孝遂、赵诚、王贵民、王宇信、谢济等人。

⑤ 童恩正等：《关于使用电子计算机缀合商代卜甲碎片的初步报告》，《考古》，一九七七年，第一期。

新中国成立以后的殷商史研究,比前五十多年的研究也有了很大进展。新中国成立以前,学者多从微观角度,具体而微地考证甲骨文所反映的某些问题,诸如宗法婚姻、礼制祭祀、方国都邑、历法天象等方面。而新中国成立以后,不仅从微观方面继续进行具体的考证,诸如甲骨文所反映的众人及各种奴隶身份、人殉与人祭、社会阶级结构和阶级斗争、农业的发展等等,还把历史文献、考古学材料和民族学材料与甲骨文记载结合起来,从宏观角度对商代的社会发展阶段和社会性质进行了深入的讨论①,从而有可能勾画出商代社会历史的全貌。郭沫若主编的《中国史稿》有关《奴隶社会的发展——商代》部分,就是较早在这方面所做的成功尝试,为后来编写有关通史著作应用甲骨文和考古材料提供了范例。彭邦炯的商史研究专著《商史探微》,也由重庆人民出版社出版。

但也应该看到,由于某些尽人皆知的影响,我国甲骨学家研究的课题多局限在商代的阶级关系和经济结构方面,也就是商代的政治史和经济史的研究上。甚至连文字的考释,也多从这一角度出发。在一定程度上,学者们研究的范围反倒不如前两个时期广泛,诸如文化史方面的不少课题,因怕遭到"非阶级观点"或片面理解"古为今用"的非议,长期无人涉及。直到一九七六年以后,这种情况才彻底得到改变。一些研究较为薄弱的课题,诸如天文历法、祭祀制度等方面的研究有了加强。常玉芝写出了《商代周祭制度研究》专著,由中国社会科学出版社出版。甲骨文所反映的商代军队的组织和军事制度、家族形态、传说时代的历史等方面的研究也有了深入,推出了不少有价值的著述②。因政治原因而被全部否定的一些甲骨学家,他们在甲骨学史上所作的贡献也被实事求是地予以肯定。经过多年的积累和锤炼,胡厚宣先生的遗作《殷商史》于二〇〇三年出版。当年《甲骨文合集》的编纂者,自二〇〇〇年开始了多卷本的大型《商代史》的撰述

① 有关新中国殷商史研究所取得的成就,参阅王宇信:《建国以来甲骨文研究》第五章。

② 有关这方面的文章,收入胡厚宣主编《甲骨学与殷商史》第一、二辑,上海古籍出版社,一九八三年、一九八六年;《全国商史学术讨论会论文集》。

工作。经过八年多的努力，这部由宋镇豪主持，王宇信、杨升南、常玉芝、罗琨、徐义华、孙雅冰、马季凡、王震中、韩江苏、宫长为、江林昌等老中青学者参加的大型著作已经完稿，已于二〇〇九年出版。

我们今天的甲骨学研究，也要面向世界，面向未来，面向现代化。这是时代赋予我国甲骨学界的使命。甲骨学已成为当今世界上的一门国际性学问。我国不少甲骨文，已成为日本、加拿大、英国、美国、德国、俄罗斯、瑞典、瑞士、法国、新加坡、比利时、韩国等国家博物馆和研究机构中的珍品。作为甲骨文故乡中国的甲骨学者的研究成果和意见，受到各国甲骨同行的重视和尊重，并有不少被翻译介绍给关心华夏文明的世界各国人民。而国外的甲骨学者，也发表了很多颇有价值的专著和论文，诸如：日本贝塚茂树《京都大学人文科学研究所藏甲骨文字》及他主编的《古代殷帝国》，岛邦男的《殷墟卜辞研究》和《殷虚卜辞综类》，白川静的《甲骨文集》、《甲骨金文学论丛》和《甲骨文之世界》，池田末利的《殷虚书契后编释文稿》，伊藤道治的《日本所见甲骨录》、《古代殷王朝》、《中国古代王朝之形成》，赤塚忠的《中国古代的宗教与文化》，松丸道雄的《东京大学东洋文化研究所藏甲骨文字》，以及玉田继雄编的《甲骨关系文献序跋集成》五集。加拿大许进雄出版了《殷虚卜辞后编》、《皇家安大略博物馆藏明义士收藏甲骨》、《皇家安大略博物馆藏怀特氏等收藏甲骨文集》等。美国周鸿翔出版了《商殷帝王本纪》、《美国所藏甲骨录》等，吉德炜出版了《商代史料——中国青铜时代的甲骨文》，等等。世界各国学者出版的甲骨学专著和所撰写的大量论文，为甲骨学的发展作出了贡献，他们的研究成果及研究方法，值得中国同行认真参考和借鉴。

科学无国境。为了促进古文字学研究，加强国际间的学术交流，一九七九年于广州召开的中国古文字学术研究会第二届年会、一九八〇年于成都举行的第三届年会、一九八一年在太原举行的第四届年会等历届年会，都有外国学者参加①。而且，一九八二年在美国夏威夷、一九八三年在我国

① 中国古文字学术研究会，一九七九年成立于长春并举行第一届年会；第五届年会于一九八四年在西安召开；第六届年会于一九八六年在山东长岛召开，此后历届年会，亦都有外国学者参加。

香港都召开过由各国学者(包括中国大陆和台湾的学者)参加的有关中国的甲骨文和其他古文字的国际性学术讨论会。特别是一九八七年九月十日至十六日,在河南安阳召开了殷商文化国际讨论会,一批在国内外享有盛誉的中国和外国学者云集安阳,交流殷商文化研究的心得并踏访殷墟,对促进殷商文化的研究具有深远影响。此外,一九八七年出版的美国《古代中国》第十一号,还对王宇信的《西周甲骨探论》一书发表了评论,并专以西周甲骨为题,发表了美国吉德炜教授、夏含夷教授,中国李学勤教授、王宇信教授和范毓周等人的论文,进行讨论。甲骨学对宣传我国古代文明,加强与世界各国的学术文化交流,愈来愈起着重要作用。

正如前述,自一九二八年殷墟科学发掘甲骨文开始,近代田野考古学方法引入甲骨学研究领域,从而使甲骨学研究发生了巨大的变化,取得了很大的发展。而在科学技术突飞猛进的今天,我们将现代科学技术成果引进甲骨学研究领域,肯定会使甲骨学研究发生一次新的飞跃。目前将计算机技术应用到甲骨的断片缀合,已取得一定的成功,但这仅仅是开始。今后在甲骨学研究的哪些方面可以引进现代科学技术?又如何引入?是学者们立足于甲骨学全面深入发展的战略地位,加以认真思考、研究、探索的新课题。

第六章　论一九七八年以后的甲骨学研究进入了“全面深入发展”的新阶段

自一八九九年殷墟甲骨文发现以后，至今已有一百多年了。由于甲骨文在发掘中国古代优秀文化传统和在世界文明史上的重要地位，所以自它发现起，就引起中国学者和世界各国一批颇有造诣的汉学家的重视，对它的研究成为一门国际性的学问。

一百多年来的甲骨学研究，经历了两大时期，即“前五十年”（一八九九年至一九四九年）①和“后五十年”（一九四九年至一九九九年）。由于各时期的研究呈现出明显的继承性和阶段性，所以甲骨学者又把它分做三个阶段，即研究的“草创阶段”（一八九九年至一九二七年）、“发展阶段”（一九二八年至一九四九年）②和“深入发展时期”（一九四九年至一九九九年）③。由于中国和世界各国几代学者的探索与追求，甲骨学研究在不同阶段都取得了骄人的成绩。对此，学者已有不少百年总结的专著出版④。

但是，把甲骨学的“后五十年”作为一个“深入发展时期”，这与“前五十年”划为“草创阶段”和“发展阶段”相比而言，似显时间过长而没有能体现出其发展过程中的阶段性。而实际上，自一九九九年甲骨学百年以后，又经过了十多个年头的发展。因而根据我们的研究，这“后五十年”的甲骨学发展，无论从资料的掌握和课题的广度和深度方面，还是从研究方法和手段的科学化方面，都已呈现出明显的阶段性特点。因此将其只作为一个“深入发展时期”，是不能反映“后五十年”及当前的的甲骨学研究，经过怎样“全面深入”而走向百多年的辉煌的。

---

① 董作宾：《甲骨学五十年》，艺文印书馆，一九五六年。又胡厚宣：《五十年甲骨文发现的总结》，商务印书馆，一九五一年。

② 胡厚宣：《五十年甲骨学论著目》序言，中华书局，一九五二年。

③ 王宇信：《甲骨学通论》，第九十一页，中国社会科学出版社，一九八九年。

④ 王宇信、杨升南等：《甲骨学一百年》，社会科学文献出版社，一九九九年。

对此,我们一直在进行思考,并多次谈过我们的意见:“可以把一九七八年以后看成是一九四九年以后‘深入发展时期’的甲骨学商史研究‘全面深入发展阶段’”①。虽然我们在《商周甲骨文》②一书的相关论述中,已把甲骨学商史研究“后五十年”分为“深入阶段”(一九四九年至一九七八年)和“全面深入阶段”(一九七八年至一九九九年)两个阶段,但从未对如此分“阶段”的依据进行过系统论述。本书此章就此问题写出专论,以就正于专家同好,这对百多年甲骨学发展史的研究,应是有所裨益。

第一节 一九七八年以后,甲骨学研究资料匮乏的局面根本改观

如所周知,甲骨文资料是甲骨学研究的基础。而一九七八年以后,在“甲骨文的材料集中、整理和刊布方面取得了成功”③。

首先,是在传世甲骨的著录方面。郭沫若主编的《甲骨文合集》,自一九七八年开始出版并于一九八二年全书十三巨册出齐,共收入甲骨四万一千九百五十六片。此书所收甲骨,是集中了分藏于国内二十五个省市自治区四十四个私人藏家和九十五个研究机构、大学、博物馆所收藏的九万多片甲骨,我国港、台地区的三万多片甲骨,以及日本、美国、英国、加拿大、德国、比利时、荷兰、瑞典、法国、韩国等国家的二万多片甲骨,约计十五万片甲骨材料的拓本、照片、摹本或著录书中的材料,按一定标准精选而出的。而从当时所能见到的六十多种著录书中,“共校出重片六千多片,重片次数达一万多。这是一繁琐的工作。它的完成,可以说对旧著录书作了一次清算”④。因此,《甲骨文合集》的出版,“为甲骨学的继续深入研究奠定了基础,它继往开来,是甲骨学史上的里程碑式著作”⑤。

---

① 王宇信、杨升南等:《甲骨学一百年》,第十二页。

② 此书于二〇〇六年七月由文物出版社出版。

③ 王宇信:《甲骨学通论》(增订本),第四六七页,中国社会科学出版社,一九九九年。

④ 王贵民:《一部大型的甲骨文资料汇编——〈甲骨文合集〉》,《中国史研究动态》,一九七九年,第五期。

⑤ 《甲骨学通论》(增订本),第四七〇页,中国社会科学出版社,一九九九年。

在《甲骨文合集》收集资料和近年新公布材料的基础上，中国社会科学院“甲骨学一百年”课题组的学者彭邦炯、谢济、马季凡等，又把一万五千片左右的甲骨资料编为《甲骨文合集补编》，书中还将王宇信、杨升南整理的“殷墟以外遗址出土甲骨”（包括周原甲骨，山西甲骨，沣西甲骨，邢台甲骨，北京琉璃河、昌平白浮、镇江营甲骨，郑州甲骨以及桓台、舞阳出土甲骨等）作为“附录”收入《补编》之中，于一九九九年由语文出版社出版。可以说，《合集》与《合集补编》互为表里，相互补充，是百年出土甲骨的总集成。

与此同时，《甲骨文合集释文来源表》也于一九九九年由中国社会科学出版社出版。《甲骨文合集释文》是由《甲骨文合集》的编纂者依据原稿本所作，因拓本原稿较印制成书更为字迹清晰，故释文较为准确，反映了当代甲骨文字考释的水平。而《来源表》，是《合集》所收四万一千九百五十六片甲骨的“履历表”，其著录、重见及现藏情况一目了然。把这些“秘藏”多年的散乱资料整理出版，受到多年探秘并期盼使用这批资料的学者们的欢迎。《甲骨文合集补编》的释文、来源表等随书同时公布，改变了以往先出著录，释文则“以俟”遥遥无期的“来日”的局面。这些大型著录释文的及时完成，使甲骨学者和其他多学科学者能方便地利用甲骨文材料。

甲骨材料的整理，不仅要做大量的去重、辨伪工作，还有一项重要的工作，即对这些“身首异处”的“断烂朝报”进行缀合复原也是必不可少的。经缀合复原整理而“重归一堂”的完整甲骨，使不少看来并无太大意义的残碎甲骨，“产生了使人意想不到的学术价值”①。因此，《合集》对缀合工作非常重视，“在前人已经做过的基础上尽量继续加以拼合，所以所得就较前人为多”，“总计不下两千余版。单《殷虚文字》甲、乙两编，就拼合了一千版以上”②。但是，正如多年致力于缀合工作的学者所说，“甲骨缀合此一工作是不可能有结束的一天，具有无限性”③。一九九九年蔡哲茂出版了《甲骨缀合集》，将多年缀合的成果汇为一编。书中附有多种著录书的缀合“号码表”，不仅使学者可以方便地了解《甲骨文合集》的缀合情况，而且还可了解《合集》以外的著录书，诸如《屯南》、《英藏》等书的缀合情况。因此，蔡哲茂

---

① 王宇信:《甲骨学通论》(增订本)，第二三四页。

② 胡厚宣:《甲骨文合集》序，一九八二年。

③ 蔡哲茂:《甲骨缀合集》自序，一九九九年。

的《甲骨缀合集》对迄今为止整个学术界的甲骨缀合成果来说,“是一部集大成的著作”①。蔡哲茂先生二〇〇〇年八月在四川“殷商文明暨纪念三星堆遗址发现七十周年国际学术研讨会”期间曾告知笔者说,他对一百年来各家缀合成果进行总检讨的更大型甲骨缀合总集也即将完成并不久可望面世。二〇〇四年,蔡哲茂的《甲骨缀合续集》(上、下)煌煌大著果然出版,蔡君用力之勤,值得敬佩!

其次,是科学发掘甲骨的更为科学的著录。一九二八年殷墟科学发掘以后,出土了大批有科学记录的甲骨,已收入《殷虚文字甲编》和《殷虚文字乙编》二书之中。虽然一九四九年以后,安阳殷墟屡有甲骨出土,但以一九七三年小屯南地甲骨出土为大宗。一九八〇年,出版了《小屯南地甲骨》(上册一、二分册),一九八三年出版了下册(第一、二、三分册)。《屯南》一书“所著录的甲骨,与出土层位、钻凿形态、释文及各项索引浑然一体,给不同需要和从不同角度查找资料提供了极大便利,因此就比《甲》、《乙》二编前进了一步”②。我们评价此书堪称“科学发掘所得甲骨的一部最科学的著录”。此外,一九九一年殷墟花园庄东地出土近六百片有字甲骨也引起学者注意。一九九八年台湾出版的《纪念甲骨文发现一百周年学术研讨会论集》已公布十几版,而一九九九年《考古学报》第三期上,也公布近二十版。现在,已出现台湾学者专就花园庄东地甲骨进行研究的论作,涉及行款及文字的释读。《殷墟花园庄东地甲骨》于二〇〇四年出版后,推动了关于非王卜辞和《花东》“子”的身份及家族形态的研究。王宇信等的《甲骨文精萃释译》也在二〇〇四年出版。

尽管一九二八年至一九三七年殷墟科学发掘所得甲骨,基本已著录在《甲编》、《乙编》两书之中,但仍有一部分片小、字少的甲骨未予收录。“原本考古出土的资料凡是有价值者,无论其价值大小都应当整理发表,何况甲骨”。因此,钟柏生主编的《殷虚文字乙编补遗》,“将第十三次至第十五次的有字甲骨,去除《殷虚文字乙编》所刊载的,剩下来的材料,全数收录在

---

① 裘锡圭:《甲骨缀合集》序,一九九八年七月。

② 王宇信:《甲骨学通论》,第六四八页。

本书中”，并于一九九五年出版。本书还作有《乙补》甲骨出土坑层表、《乙编》与《丙编》“拓本号对照表”、《乙补》与《丙编》“拓本编号对照表”等几种著作互查的表格。可以说，“至此殷墟发掘第十三次至十五次的甲骨原始材料全部发表完毕。后续缀合工作仍要继续努力”①。因此，《乙补》的出版，不仅为缀合工作提供了大量新材料，而且还为《乙编》、《丙编》的利用和勘校提供了极大方便。

一九四九年以后，一段时间内出现了甲骨著录极难见到的窘境。且不说前五十年出版的著录书，就是后五十年出版的几部甲骨著录，诸如《南北》、《宁沪》、《京津》、《续存》、《拾掇》、《零拾》等，也是“时一过往，难以寻觅。至于报刊论文发表的材料，不是印刷不清，就是缩小比例，搜集使用，就更不方便”了②。不少著名大学或研究所、图书馆，所藏甲骨书籍稀如凤毛麟角。因此，甲骨学研究资料的匮乏，使甲骨学的发展和研究队伍的建设受到了很大的局限。

而一九七八年《甲骨文合集》的出版，是对八十多年来出土甲骨文的一个总结。此书再加《东京》、《天理》、《怀特》、《英藏》和《屯南》等书，为学术界提供了极为齐备的殷墟甲骨资料。改变了研究资料匮乏的局面，极大地促进了甲骨学、殷商史、考古学的发展。

第二节　一九七八年以后，甲骨学研究课题向广度和深度拓展

一九四九年以后的甲骨学研究，并不完全像甲骨学大师董作宾所说的那样，即“此学颇形冷落”③。虽然有种种曲折和不尽如人意之处，但甲骨

① 钟柏生：《殷虚文字乙编补遗》前言，一九九五年。

② 胡厚宣：《甲骨文合集》序，一九八二年。

③ 董作宾：《甲骨学六十年》，《中国现代学术经典·董作宾卷》，第二九〇页，河北教育出版社，一九九六年。

学者矢志不移,仍把研究推向了“深入发展”时期,并取得了成就。关于此,王宇信的《建国以来甲骨文研究》一书对一九四九年至一九七九年甲骨学所取得的成就进行了总结。美国著名甲骨学家戴维·恩·凯特利(汉名吉德炜)指出:“这本书对几乎所有重要问题都做了新的有价值的介绍或再介绍。具体地包含了中国甲骨文研究的现状,条理清晰,颇有见地,书中论述精彩,富有指导意义;它的文献目录是令人鼓舞的。”①此书与《甲骨学五十年》相互衔接,互为补充。可以肯定地说,一九四九年以后的甲骨学研究,在“前五十年”的基础上,进入了“深入发展时期”,并取得了新成绩。

而一九七八年以后的甲骨学研究,又比一九四九年至一九七八年的前三十多年,在研究课题的广度和深度方面,有了很大拓展,其成就主要表现在:

一、 分期断代研究方面

首先,是对董作宾提出的“文武丁卜辞之谜”,经过深入讨论后,取得了较为一致的认识。虽然陈梦家自一九四九年、日本贝塚茂树和伊藤道治自一九五三年就与董作宾进行了讨论,先后还有一些学者参与其中,但直到七十年代中期以后,讨论才形成高潮。讨论取得较一致并明确为“武丁时期”的结论,是在一九八〇、一九八三年《小屯南地甲骨》(上、下册)出版以后。在此基础上,更有学者进一步指出了“自组卜辞应为武丁早、中期之物”②。与此同时,在这场讨论中,完成了武乙、文丁卜辞的细区分③,从而使断代研究更为深入。

其次,是关于“历组卜辞”时代的大讨论。以一九七七年殷墟妇好墓的发现和研究为契机,李学勤提出传统作为第四期武乙时代的“历组卜辞”时

---

① 戴维·恩·凯特利(赵功民译):《评〈建国以来甲骨文研究〉》,《历史教学》,一九八二年,第十一期。

② 彭裕商:《殷墟甲骨断代》,中国社会科学出版社,一九九四年。

③ 肖楠:《论武乙、文丁卜辞》,《古文字研究》第八辑,中华书局,一九八〇年。

间应前提，即应是“武丁晚年到祖庚时代”①之物。学者对此展开了热烈而持久的讨论②。这场历时十余年的论战，虽然尚没有取得一致的意见，但使断代研究有了深入。这就是“传统说”的学者，对“历组卜辞”的认识更为全面、深化，完成《殷墟卜辞断代研究》③和《殷墟三、四期甲骨断代研究》④等专著；而主张“历组卜辞”时间前提的学者，在辩论中进一步丰富和完善了自己的论据，并向前推进一步，提出了殷墟王室卜辞演进上的“两系说”。彭裕商《殷墟甲骨断代》（一九九四年中国社会科学出版社）、李学勤、彭裕商《殷墟甲骨分期研究》（一九九六年上海人民出版社）、黄天树《殷墟王卜辞的分类断代》（一九九一年台湾文津出版社）等专著，就是他们对“历组卜辞”系统、全面看法的代表作。

其三，是在构筑甲骨断代新方案方面作了有益探索。董作宾的《甲骨文断代研究例》虽然自一九三三年至今行用不衰，但他并不满意于此，又提出了他自认为可以使甲骨学研究“峰回路转，柳暗花明的意境”的“分派研究”的新方案。一九四五年董作宾的《殷历谱》第一次提出“新、旧派”以后，多年来“不惮烦琐，推出讨论，希望大家多多的予以注意”⑤。但与《甲骨文断代研究例》提出时学者们的热烈响应相反，多年来很少有人对新、旧派方法加以深入讨论或使用。而“特别是通过近年的讨论，将所谓‘文武丁卜辞之谜’真正‘揭穿’以后，一批董氏曾感到‘困惑’的甲骨前移至武丁时代，董氏所藉以立论‘复古’的‘文武丁时代’卜辞已不复存在，因此新派、旧派说之基础已从根本上动摇了”⑥。

李学勤等学者在“历组卜辞”应时间前提的讨论中，提出了殷墟王室卜辞演进的“两系说”，并结合考古地层学的证据和文献学的研究，使其丰富

---

① 李学勤：《论“妇好”墓的年代及有关问题》，《文物》，一九七七年，第一期。

② 双方论战情况，可参见《甲骨学通论》第四七二页所列篇目。

③ 方述鑫著，一九九二年台湾文津出版社。

④ 吴俊德著，一九九九年二月台湾艺文印书馆。

⑤ 董作宾：《为书道全集详论卜辞时代之区分》，《中国现代学术经典·董作宾卷》，第五三〇页，河北教育出版社，一九九六年。

⑥ 王宇信、杨升南等：《甲骨学一百年》，第一七六页。

完善,构筑了断代研究的新方案,其学说的精髓体现在上文所列的几部著作中。虽然目前有不少学者对此新方案并不首肯,认为仍停留在理论探索阶段而实用性、可操作性不强,难于统驭十万片甲骨①等等,但“两系说”毕竟把断代研究引向了新探索,其创新精神还是极为可贵的。

此外,有无第五期帝辛时代卜辞和什么是盘庚时代卜辞,也有学者进行了讨论。但目前其说不成体系,尚无规律性的东西可寻,仍难从十万片甲骨中区分出一批盘庚及帝辛时代卜辞。但这些探索表明,学者们向断代研究中的“难点”问题又前进了一大步。

二、 在甲骨文字的考释方面

甲骨文字的释读,是甲骨学商史研究的重要基础性工作。可以说,后一个五十年比前一个五十年取得了更多的研究成果。关于此,宋镇豪主编的《百年甲骨学论著目》(语文出版社,一九九九年)有全面反映。该书指出:“五十年代以来,甲骨文字研究进入全面审视的第三阶段,大体说来,五六十年代甲骨文字考释的论作数量是以台湾方面为多,七十年代晚后以来在大陆甲骨学界数量大增,有的一年竟能超过二百篇(种)以上者,仍显出经久不衰之势。”②因此,就甲骨文字的考释方面来说,也呈现出一九七八年前后阶段性的不同。一九七八年于省吾出版的《甲骨文字释林》和一九九二年裘锡圭出版的《古文字论集》,代表了新阶段文字考释的最新水平。特别是于省吾的著作开辟了考释文字的新途径,其文字考释在深度和广度方面超过了前人。

尤为有意义的是,作为九十年来甲骨文字考释集大成之作在这一阶段完成。中国一九九六年出版了于省吾主编的《甲骨文字诂林》,而在日本,松丸道雄、高嶋谦一于一九九四年出版了《甲骨文字字释综览》等。这些甲骨文字考释总结性的巨著继往开来,可以说是甲骨文字考释发展的里程碑。

---

① 《甲骨学一百年》对此方案曾提出“疑问”和讨论,见此书第一八一至一八四页。

② 王宇信、杨升南等:《甲骨学一百年》,第一六〇页。

一九七八年以后，甲骨文字的考释成果异彩纷呈，是与此后新出现一批较专业性的刊物（或专集）分不开的。在一九七八年以前，由于刊物较少，或限于排字困难，学者们发表考释文字的著作十分困难。连一些权威学者都在编辑的要求下，不得不尽量减少使用隶定字、冷僻字、甲骨字，甚至用A、B、C代表以“尽量减少刻字”，发表论作颇费周折，更不用说名气尚不大的中青年学者们了；一九七八年以后，原来的老刊物《考古》、《文物》、《考古学报》加增了古文学论作的版面，又出现了多家以发表甲骨文论作著称的刊物。诸如《殷都学刊》（河南安阳，一九七九年对国内外发行至今）、《中原文物》、《华夏考古》、《考古与文物》等。另有成系列的论文集，诸如中华书局的《古文字研究》，上海古籍出版社的《甲骨学与殷商史》，中国殷商文化学会的《夏商周文明研究》、《出土文献研究》等等。这批新出现的学术苑地，推出了不少高质量的甲骨新作，为学术界培养了一批甲骨学新人，意义不可估量。因此，从提供学术论作面世的学术苑地稀疏的不同来看，也显示出后五十年的研究，可分为一九七八年以前和以后两个阶段。

三、 甲骨学研究和甲骨学史科学总结的加强

学者指出：“甲骨学之所以能在不足百年的时间里跻身国学行列，除了学者通过兢兢业业的钻研显露出甲骨的价值之外，也与一些学者不断总结研究成果，指出研究方向，从而促进研究水平的提高分不开的。”①在甲骨学“深入研究时期”的后五十年，较大型的总结性著作有一九五六年陈梦家出版的《殷虚卜辞综述》，内容涉及文字、断代、年代、历法天象、方国地理、先公旧臣、先王先妣、百官、农业、宗教等十二个方面，可谓包罗万象，把自甲骨文发现以来六十五年“广义的”甲骨学研究全景式地呈现出来。而一九七八年台湾出版的严一萍《甲骨学》，则是一部系统而全面论述甲骨学自身规律的“狭义的”甲骨学专著。遗憾的是，此书严承师说（即着力阐述董氏

---

① 张永山：《甲骨学》，《国学通览》，第四十一至四八八页，群众出版社，一九九六年。

的各种发明),而对国内外甲骨学研究所取得的成果和进行的讨论注意不够。

此外,还有从“狭义的”甲骨学角度,对前五十年进展进行总结的著作,这就是董作宾一九五六年由台湾艺文印书馆出版的《甲骨学五十年》。一九八〇年王宇信出版的《建国以来的甲骨文研究》,则对一九四九年以后,直至一九七八年以前的甲骨学研究进展进行了分析。而将一九四九年以后的甲骨学研究作为“深入研究”时期,就是此书第一次提出的。

随着《甲骨文合集》一九七八年的出版,研究课题的深度和广度有新的拓展,研究论文数量上也大有增长,因而一批对九十多年甲骨学研究进行再一次总结的著作出版了。这些总结性著作,多从历史考古学角度入手,而从语言文字学角度进行总结的论述,则相对显得薄弱。一九八七年陈炜湛出版的《甲骨学简论》颇具特色①,该书从语言文字学方面着眼的论述较多。特别是对八十多年来出版的七部甲骨文字典,作了“各有所长,各有所短”的分析,对今后字典的编纂有启示意义。他还指出,“六书理论对甲骨文基本上还是适用的”。此外,对热烈讨论中的“历组卜辞”问题,也发表了明确的意见,不赞成“历组卜辞”时间前提。并认为“‘历组卜辞’的说法本身能否成立,也值得商榷”。一九八三年出版的马如森《殷墟甲骨文引论》,“应就是较为着意从语言文字学方面进行总结的一部甲骨学通论”。特别是本书上编第八章“甲骨文字”,赞成并介绍了孙常叙教授倡导的古文字造字规则的“新六书”理论,即:“象物、象事、象意、假借、形声、转注”②。而该书的“下编”为“可识字形音义简释”,共收入一千零五十个单字也很有意义。应该说,从语言文字学角度对甲骨学成就进行总结的著作,所见不多,必须引起甲骨学界的注意。二〇〇七年一月,王宇信主编的《世界文化遗产:中国殷墟丛书》收入了马如森此书,并以《殷墟甲骨学》为名由上海大学出版社重新出版。此外,在该书“可识字音义简释”的基础上编纂的《殷墟甲骨文实用字典》也收入“丛书”之中,于二〇〇八年由上海大学出版社

① 《甲骨学一百年》,第四二七页。

② 马如森:《甲骨学引论》,第六八五页,东北师大出版社,一九九三年。

出版。

一九七八年以后，从历史考古学角度，对甲骨学进行再一次总结的著作有几部出版，其中老一辈学者张秉权一九八八年出版的《甲骨文与甲骨学》应给予特别的注意。该书“以广阔的视野和深刻的见解，为我们回答了三个方面的主要问题，即‘一、甲骨文是怎样发现的，发掘至今，收获多少？二、甲骨学是什么？它是怎样发展出来的？三、九十年来的甲骨学研究成果，是些什么？我自己又做了些什么？’”①张秉权前辈为甲骨学发展所作出的发凡启例的贡献悉收于是书。与此书基本同时，一九八九年王宇信出版了《甲骨学通论》。此书对九十多年来甲骨学研究的进展，“从发现到研究，从卜法到文例，从断代到分期，从辨伪到缀合，从文字到历史等等，无不全面论述。并论及近年周原新发现之西周甲骨，亦颇详赡”②。该书“下篇”专论西周甲骨，学者认为：“《甲骨学通论》系统性拓展甲骨学的一大贡献，就是敏锐而及时地提出了西周甲骨学的命题。”③

自一九七八年以后，由于环境的宽松和强调历史地、科学地评价前人，对有贡献甲骨学家的成果和经验的总结与研究也逐步提上了日程。“在甲骨学形成和发展的一百多年历史上，许多前辈大师的鸿文巨著也和甲骨文一样，字字珠玑，成为值得借鉴和继承的人类共同文化遗产。而他们所经历的道路和积累的经验，也发人深省，激励和鼓舞着后学者创造甲骨学新一百年研究的再辉煌”④。不仅专门评介甲骨学家的文章和“小传”性的文章常见于各种刊物，而有关甲骨学家的传记，就有一九八三年肖艾的《王国维评传》（文物出版社）、一九九六年刘烜的《王国维评传》（江西百花洲文艺出版社）、一九九五年吕伟达的《甲骨文之父王懿荣》（山东画报出版社）、一九九六年谢宝成的《郭沫若评传》（江西百花洲文艺出版社）、一九九七年张永山、罗琨的《罗振玉评传》（江西百花洲文艺出版社）和二〇〇〇年方辉的

① 王宇信、杨升南等：《甲骨学一百年》，第四三五页。

② 胡厚宣：《甲骨学通论》序，一九八九年。

③ 宋镇豪：《甲骨学的科学总结和系统开拓——评王宇信著〈甲骨学通论〉》，《中原文物》，一九九三年，第四期。

④ 《甲骨学一百年》，第三三五页。

《明义士和他的藏品》(齐鲁书社)等。而王宇信、杨升南等的《甲骨学一百年》则对几代甲骨学家进行了全面的论述,并放在甲骨学史上应有的位置上进行了评价。该书的一大亮点就在于"充分认识和总结经几代学者研究实践考验的成功经验",而这些经验"将成为推动我们新世纪甲骨学研究取得更大成绩的'共同财富'"①。

甲骨学研究不同时期出版的总结性著作,反映了当时的研究水平,并为下一时期的研究指明了方向。被誉为甲骨学研究世纪性总结的《甲骨学一百年》,于一九九九年八月问世。此书写作目的明确,即"为继承国内外学者所取得的成就并使之发扬光大,并使今后的甲骨学研究从理论上、方法上、规律上的探索更为自觉而避免盲目性,从而通过创造性的探索和艰苦的劳动,取得新世纪甲骨学研究的再辉煌,有必要在新世纪来临之际,对百年来的甲骨学研究进行科学的总结"②。《甲骨学一百年》出版以后,颇受海内外学者的重视和好评。台湾著名学者钟栢生认为,此书是继陈梦家《殷虚卜辞综述》之后的又一部重要著作。有此两书,百年甲骨学发展及成果尽收眼底③。而甲骨学家朱歧祥则认为,此书对今后甲骨学研究有里程碑的意义。美国学者也在其专著的序论中,向西方学术界推荐此书④。

为了把学者们百年来的探索追求、开拓创新的成果全面展现给学术界,宋镇豪等在《百年甲骨学论著目(一八九九至一九九九)》的基础上,又编纂了《甲骨文献集成》四十大卷,几千万字。一些出版较早或不易见到的中外文著作,或散见地方刊物而不易找到的论作,均按原作影印收入书中,巴蜀书社已于二○○一年四月出版发行。相信《甲骨文献集成》将大大推动新世纪的甲骨学研究。

---

① 《甲骨学一百年》,第三七九页。

② 王宇信、杨升南:《"甲骨学一百年"成果总序》,一九九九年二月。

③ 钟柏生:《评介〈甲骨学一百年〉》,《中国文字》新二十四期,一九九九年十二月,台湾艺文印书馆。

④ 朱歧祥:《评〈甲骨学一百年〉》,《中国文字》新二十五期,二○○○年十二月,台湾艺文印书馆。

四、西周甲骨分支学科的形成，扩大了甲骨学的研究范围

虽然在一九五九年西周甲骨被李学勤所认识①，并先后在沣西张家坡、洛阳泰山庙、洪赵坊堆村、昌平白浮等地屡有出土，但西周甲骨研究形成高潮，并使之成为甲骨学研究领域新分支学科——西周甲骨学，却是在一九七七年陕西岐山凤雏村宫殿基址西厢二号房内的灰坑发现一万七千片甲骨以后。一九七九年《文物》第十期公布有字甲骨二百八十九片中的三十一片以后，西周甲骨的研究才开始引起甲骨学界的重视。随着材料的陆续公布，学者们对西周甲骨的认识逐步全面和深化。而以甲骨学家陈全方教授一九八二年《陕西凤雏村西周甲骨文概论》把 H_{11}、H_{31} 全部有字甲骨二百八十九片一次公布为标志，西周甲骨进入了深入研究阶段。

西周甲骨的研究，近三十年来取得了长足的进步。学者们或考释其文字，或考证其时代与族属，或探索其分期与特征，或研究其职官与商周关系，或辩证其行款与释读等等，进行了多角度、全方位的探索与研究，已形成了甲骨学研究中的一门新分支学科——西周甲骨学。现在，学者们已把研究的重点放在字数较多，内容较为重要的四片甲骨上。“这类甲骨数量不多，因涉及商王宗庙名和祭及商人祖先，我们不妨称之周原出土的‘庙祭’甲骨”②。不少著名甲骨学者都对“庙祭甲骨”发表了意见，但众说纷纭，莫衷一是。与此有关的族属与分期问题也是各持己见，人言言殊③。这反映了研究的深入与学术的繁荣。

有关西周甲骨研究的专著也陆续出版。一九八四年出版的王宇信《西周甲骨探论》，还把历年各地出土西周甲骨与周原甲骨汇为一编。一九八八年出版的陈全方《周原与周文化》，将甲骨摹本与照相对照公布。一九九

① 李学勤：《谈安阳小屯以外出土的有字甲骨》，《文物参考资料》，一九五六年，第十一期。

② 《甲骨学通论》，第四一一页。

③ 《甲骨学一百年》第八章（第二九〇至三二七页）有专门的介绍和评介得失，请参看。

〇年出版的徐锡台《周原甲骨文综论》,也将摹本与照相同时公布①。一九九七年,台湾静宜大学朱歧祥教授出版的《周原甲骨文研究》,则将陈氏、徐氏的摹本逐号一同刊出。之所以如此,是因周原甲骨文字小如粟米,需放大五倍方能显识。因学者将甲骨放大临摹时,往往字迹点划不一,影响了文字的准确释读和对内容的理解。《甲骨文合集补编》则作为"附录",将所能见到的三种摹本(即陈氏、徐氏和周原文管所晒蓝本)一并刊出,以便于学者研究时比勘、分析,并作有释文,以供研究者参考。为推进西周甲骨研究,"夏商周断代工程"办公室委托曹玮教授,按相同比例将周原甲骨放大照相并加以整理、研究,已于二〇〇二年十月以《周原甲骨文》为题,由世界图书出版公司出版。此外,近年河北邢台②、北京房山琉璃河、镇江营等地又有西周甲骨出土,对卜辞行款的走向识读③和周初燕都城址的始建年代推定④等,都很有价值。

西周甲骨的成批发现和研究,形成了甲骨学研究领域的新分支学科——西周甲骨学,打破了凡谈甲骨则必殷商的传统认识,一下子使甲骨学的研究从时间上和空间上扩大了许多。二〇〇二年陕西扶风齐家⑤、二〇〇三年岐山周公庙⑥、二〇〇五年周公庙发掘⑦和二〇〇八年河南洛阳发现西周有字卜骨⑧等,随着各地这些不断发现的新地点和新的出土材料

---

① 徐锡台教授为老一代的考古学者,周原甲骨的发现者之一,任职于陕西省考古研究所,为中国殷商文化学会理事。自八十年代以来,笔者常与徐教授出席殷商文明国际学术研讨会,并向他请教、切磋。一九九九年五月在山东烟台"纪念王懿荣发现甲骨文100周年研讨会"告别后,一直未能再见面。二〇〇〇年四月下旬,忽闻徐先生在出席"岐山周文化节"时脑溢血症突发不治,笔者不禁泪下语噎……

② 《邢台南小汪周代遗址西周遗存的发掘》,《文物春秋》,一九九二年增刊。

③ 王宇信:《周原甲骨卜辞行款的再认识和邢台西周卜辞的行款走向》,《华夏考古》,一九九五年第二期。

④ 雷兴山:《北京琉璃河遗址新出卜甲浅识》,《中国文物报》,一九九七年三月三十日。又:《琉璃河遗址一九九六年度发掘简报》,《文物》,一九九七年第六期。北京房山镇江营出土西周甲骨彩色照片,发表在《北京文博》一九九七年第四期封二上。

⑤ 曹玮:《周原新出西周甲骨文研究》,《考古与文物》,二〇〇三年第四期。

⑥ 《二〇〇三年陕西岐山周公庙遗址调查报告》,《古代文明》第五卷,文物出版社,二〇〇六年十二月。

⑦ 材料尚未公布,乃北京大学雷兴山教授见告,此次发掘共得西周甲骨七百多片,上有文字四百七十多个。

⑧ 《洛阳新发现西周有字卜骨》,《北京晚报》,二〇〇八年十一月二日。

的增多将使西周甲骨学的研究进一步得到深化。

第三节　一九七八年以后，甲骨学研究方法和手段愈益与当代科技同步发展

甲骨文虽然很古老，但甲骨学却很年青。甲骨学研究手段和方法也亟需与当代科技发展同步。如所周知，“十九世纪末殷墟甲骨文发现之时，正是‘西学东渐’，中国传统文化遭受冲击和挑战的时候，一批甲骨学者处变不惊，紧随时代的步伐，汲取西方自然科学和社会科学中的精华，在研究中取得了超越乾嘉时代的成就”①，从而使甲骨学研究达到“草创阶段”的“识文字、断句读”和“说礼制、探商史”的高峰。而一九二八年殷墟科学发掘以后，正是甲骨学一代宗师董作宾把西方近代田野考古学方法引入甲骨学研究领域，因而“从安阳县小屯村殷墟的地面下发掘出来”了“甲骨文字的断代方法”②，这就凿破鸿濛，把二百七十三年一团“浑沌”的晚商甲骨划在五个早晚不同的时期之中，把甲骨学研究推向了“发展阶段”的高峰。

因此，我们曾多次指出：“把现代科技手段引入甲骨学领域，必将使甲骨学商史研究发生全新的变化”。并呼吁学者们思考：“在甲骨学研究的哪些领域可以引进现代化技术，又如何引入？是值得我们放在甲骨学发展的战略地位，群策群力，加以认真探索的。”③

在甲骨学研究后五十年的“深入发展时期”，一九七三年美国学者周鸿翔等人开始进行电脑缀合甲骨的实验，一九七四年中国学者童恩正等人也进行这方面的尝试。但因存在用人工录制标本信息工作量较大、缀

---

① 王宇信、杨升南等：《甲骨学一百年》，第三八〇至三八三页。

② 董作宾：《为书道全集详论卜辞时代之区分》，《中国现代学术经典·董作宾卷》，第五二八页。

③ 王宇信：《甲骨学研究九十年》，《史学月刊》，一九八九年第四期。又转载于《新华文摘》，一九九〇年，第二期。

合的准确率不高等缺陷,因此,当时主要还是靠甲骨学者广博的甲骨学知识和丰富的经验以及良好的记忆力去缀合甲骨。如致力于缀合甲骨多年并取得丰硕成果的蔡哲茂君就不是靠电脑,而靠的是整理“同文卜辞”。而另一位缀合也颇有所得的常玉芝教授,靠的是她对“周祭卜辞”文例、文句的熟悉。

但是,一九七八年以后,情况就有了很大变化,其表现主要是:

一、 更加注意考古学成果及方法

中国的考古学,已进入它的“黄金时代”,因而甲骨学者更加强调甲骨学今后的发展一定要进一步以考古学为基础,首先是考古“地层学”的科学依据。一九七三年小屯南T53④A出土甲骨的科学地层,为“文武丁时代卜辞之谜”的解决和“历组卜辞”的讨论提供了坚实的证据。其次,是以考古“地层学”为基础的考古遗物研究“类型学”的方法,被“两系说”的学者引入甲骨学字型研究领域。虽然他们的“类型学”概念还需深入讨论,但“类型学”成为他们构筑断代新方案的基础之一,是无可置疑的。

二、 是对甲骨文进行“全方位”研究的加强

前辈大师董作宾多次强调要对甲骨进行“观其全体”的研究。但是,他当时强调的“全体”,只是一版甲骨正面有字的“全体”,而甲骨反面就没有人进行过认真整理、研究,充其量还是一块甲骨的“半体”。虽然早在一九五三年郭若愚《殷契拾掇》著录过几版甲骨反面的钻凿,直到一九七三年许进雄开始注意到反面钻凿的重要性,但许氏关于钻凿研究的总结性著作《甲骨上的钻凿形态研究》发表是在一九七九年。一九八一年以后,中国大陆才有人注意甲骨反面的研究工作,一九八三年出版的《小屯南地甲骨》下册第三分册,收甲骨反面的钻凿、拓片共四百二十一版,并进行了系统、全面的分型分式的断代研究。应该说,这是甲骨学史上第一部与甲骨文字一起,全面著录甲骨反面的钻凿形态并加以研究的著录,为学者从多方面、多角度研究甲骨提供了全面的信息。

不只如此。《一九七三年小屯南地发掘报告》①还把这次发掘所得无字甲骨发表，并对反面的钻凿形态进行了整理研究。因此，甲骨学者逐步把对甲骨的观察移到有字甲骨的反面，再进一步注意到无字甲骨和无字甲骨的反面，这才真正实现了对甲骨进行“观其全体”的研究。经过这样一番处理，不仅使科学发掘甲骨（包括传世甲骨）充分发挥其研究价值，而且也使甲骨学的研究范围扩大了许多。

三、最新科技手段的利用

首先，电脑贮存信息量大的这一功能得到了开发和利用。我们已经谈过，一九七八年以前尝试用电子计算机缀合甲骨并不成功，可谓无果而终。但此路不通，可另寻他途。一九七八年以后，南京的甲骨学者把甲骨文字输入电脑。中国社会科学院历史研究所的甲骨学者，把《甲骨文合集》来源表输入电脑。香港大学中国文化研究所与历史研究所合作，成功地把《甲骨文合集释文》输入电脑古文字资料库。台湾学者亦建立了古文字电脑资料库。韩江苏教授在安阳师范学院从事《甲骨文图文资料库》的课题研究，并取得了成功。台湾成功大学还召开了电脑与现代资讯工程研讨会等。现在一些机关还利用互联网，做到资料、信息共享。中国社会科学院、台湾史语所、河南安阳市人民政府有专门的甲骨学网页。还有一些个人也建立了网页，如中国社会科学院历史研究所宋镇豪教授、林欢等，河南安阳日报社的刘志伟等。电脑资讯方面的巨大潜力，愈益被甲骨学者所利用。

其次，其他高科技手段被引用到甲骨学研究领域。为了推定商积年，一九九六年启动的“夏商周断代工程”，对甲骨文的年代进行了碳 14 常规测定及加速器质谱仪（AMS）测定。从二百零六版有称谓，或地层关系明确，或时代较为明确的龟甲、兽骨上取样测定。如所周知，加速器质谱仪（AMS）技术先进，取样少（0.1 毫克即可）而不伤害甲骨文物，测年准确

① 载《考古学集刊》第九辑，一九九五年，科学出版社。

(±24 年),得出数据快。自一九九〇年澳大利亚学者首先提出用此法对甲骨测年后[①],一直没有实际进行。这次成功地提取了甲骨样品,并正式测定。从这个意义上说,甲骨文年代“传统的‘分期研究’和殷墟甲骨文演进‘两系说’的新方案之间的种种争论和分歧,经过现代科学技术的验证,应该是‘殊途同归,折衷一是’了”[②]。

其三,现代天文学成果被引入甲骨学年代推定。如所周知,武丁时甲骨文有五次月食记录。但其发生具体年代,从二十世纪四十年代董作宾开始推定起,直到今天,已先后有十五位学者进行年代推定,得出的年代是公元前一三七三年至公元前一一八〇年之间,时间跨度为二百多年。而武丁在位才五十九年。盘庚迁殷的晚商,也不过二百七十三年,可见这三十多种说法距历史实际很远。而“夏商周断代工程”,用现代天文学手段对五次月食进行计算,得出了较为可信的年代范围,“再与碳 14 质谱加速仪测算出的年代相勘校,就会得出较为可信的年代数据”[③]了。二〇〇〇年,举世瞩目的“夏商周断代工程”已经结项,其成果《夏商周断代工程一九九六至二〇〇〇年阶段成果报告》(简本)已由世界图书出版公司二〇〇〇年十月出版。

四、 多学科联合攻关、推动甲骨学研究全面现代化

在科学技术飞速发展的今天,时代也要求甲骨学研究现代化。这就意味着甲骨学研究不仅要与人文科学的历史文献学、民族学、宗教学、考古学、语言学等多学科研究相结合,而且还要与当代自然科学,诸如天文学、气象学、农业学和物理学等多种学科的研究相结合。这是因为“当前科学发展的迅速和科学分工的精细,再由一个人进行跨学科的研究愈益困难”。但可以组织多学科联合攻关。“夏商周断代工程”对殷墟甲骨测年就是一个开始。而“断代工程”的成功,“就是组织社会科学家和自然科学家联合

---

① 〔澳〕格勒斯派:《商代甲骨年代测定》,《中原文物》,一九九〇年第三期。

② 王宇信、杨升南等:《甲骨学一百年》,第一九二页。

③ 《甲骨学一百年》,第一九三页。

攻关的成功范例。它不仅对夏商周年代学研究有重大推动，而且也对甲骨学研究的现代化提供了可资借鉴的经验”①。

第四节　一九七八年以后涌现出的大量论作，显示出甲骨学研究进入“全面深入发展”的阶段

从本章以上各节的论述中，我们可以看出，一九七八年以后的甲骨学研究，无论从甲骨资料匮乏的局面得到根本改观，还是从研究课题深度和广度，以及从研究方法与手段愈益与现代科技发展同步方面看，都取得比此前三十多年甲骨学研究具有标志意义的阶段性成果。

正因为如此，一九七八年以后甲骨学论作数目大增。我们不妨列出一组数字，就不难发现一九七八年以后，确实要比此前的“深入研究阶段”要更“全面深入”一步了。

据《建国以来甲骨文研究》附录二“建国以来甲骨文编年论著简目(一九四九——一九七九年九月)”统计，这三十多年中国大陆学者共发表甲骨论著三百十五种左右。

再据《甲骨学通论》附录三“新中国甲骨学论著目(一九四九至一九八六年)”统计，一九四九年至一九八六年中国大陆学者共发表甲骨论著一千一百五十二种左右，减去一九七九年九月以前的三百十五种，那么仅一九七九年九月以后至一九八六年十二月中国大陆学者发表论作共七百三十七种左右。这七年间论著数量是前一时期(三十年)的两倍，与甲骨学研究“前五十年”(一八九九年至一九四九年)论著总和八百七十六种②接近。可以看出中国大陆的甲骨学研究，在一九七八年以后发展之快。

上述两书“目录”所收论作，仅限于中国大陆的学者。如果再加上中国港、台地区和欧美及亚洲各国甲骨学者的论作，数量就会多得多了。

---

① 王宇信、杨升南等:《甲骨学一百年》，第三八三页。

② 胡厚宣:《五十年甲骨学论著目》序言。

据濮茅左一九九一年出版的《甲骨学与商史论著目录》统计,一八九九年至一九八七年近九十年来海内外共发表论作八千六百种左右。

而肖楠《甲骨学论著目录(一九四九——一九七九年)》统计,一九七九年前三十年来海内外共发表论著一千零八十种左右。再加上前五十年发表的八百七十六种,至一九七九年共发表二千种左右。因此据濮氏至一九八七年的八千六百种减去一九七九年前的二千多种,即一九七九年至一九八七年近十年为六千多种(濮氏所收目录,虽过于宽泛,但仍可参考)。

据一九九九年宋镇豪出版的《百年甲骨学论著目》统计,百年来海内外学者共发表论作一万零几百种,如减去濮氏统计的一九八七年以前的八千六百种,则一九八七年至一九九九年近十年间,学者发表论作近二千种。正如宋氏所说,“一九八七年以后至一九九八年,仅十多年间就发表甲骨学商史论作二千多种,平均每年发表近二百种,可见近年甲骨学商史研究的繁荣”①。

以上甲骨论作统计数字表明,一九七八年以后甲骨论作数量逐年创新纪录。特别是《甲骨文合集》出版以后,改变了研究资料匮乏的局面,大大地促进了多种学科,特别是甲骨学和殷商史、考古学的发展,这显示出甲骨学研究进入了“全面深入发展”的阶段。

第五节　商周甲骨文的不断发现,为研究的“全面深入发展”注入了新活力

一九九一年殷墟花园庄东地甲骨和一九九六年北京琉璃河西周甲骨发现以后②,又在各地陆续有商周甲骨文的发现。二〇〇二年在殷墟小屯南地发现卜甲、卜骨六百余片,其中有字者二百二十八片。同年,又在陕西扶风齐家村发现西周卜骨十一片,其中一片为筮数;二〇〇三年三月,山东济南大辛庄遗址有商代晚期卜甲的重大发现。当年十二月,在陕西岐山周

① 王宇信、杨升南等:《甲骨学一百年》,第三九八至三九九页。
② 《琉璃河遗址一九九六年度发掘简报》,《文物》,一九九七年六期。

公庙遗址又有有字西周卜甲的新发现。各地持续不断的商代、西周甲骨文的发现，为“全面深入发展”时期的甲骨学研究注入了新活力。

一、济南大辛庄晚商甲骨文的发现与研究

山东济南大辛庄商代遗址，早在一九三五年就已经发现，并由英国人林仰山公之于学术界。二十世纪五十年代以来，山东省有关部门做过多次考古调查和勘探。一九八四年秋，山东大学等单位对遗址进行了考古发掘①。为了进一步认识大辛庄遗址的文化内涵，二〇〇三年三月又对遗址进行了发掘工作，并颇有收获。其中最重要的发现，就是该次发掘出土的四版有字卜甲。其中第一片（T2302〔5〕B：1）为龟腹甲，由四块甲片缀合而成，保存了右甲桥、前右甲、后右甲、尾右甲、尾左甲及前左甲、后左甲的大部分，可识文字共三十四个。第二片（T2101 H539）上有一用极细物刻成的不识之字。第三片（T2301〔5〕B：1）上有二字。第四片（T2302〔5〕A：2）上有三字（一字残）②。

济南大辛庄有字商代甲骨出土后，著名甲骨学家和考古学家李学勤、李伯谦、王巍、方辉、徐基等进行了初步研究③，并发表了精辟的意见。学者们一致认为，大辛庄卜辞为相当殷墟二、三期之物。从甲骨的整修、钻凿形态、文字字形、文法等方面研究，应与殷墟卜辞同属一个系统，虽然个别字形的写法有其自身的特点。文字字形的分期断代，与考古发掘地层关系和器物特征所得出的年代相合。

此前，商代甲骨文只出土于安阳殷墟和郑州商代遗址，而郑州所出又属习刻，因而山东济南大辛庄遗址出土的甲骨文，堪称殷墟以外地区殷代甲骨文的首次发现。这不仅在甲骨学史上具有重要意义，而且对确定大辛庄遗址的商王朝方国都邑的性质，认识商王朝与东方邦国的关系，对研究

① 《一九八四年秋济南大辛庄遗址试掘述要》，《文物》，一九八五年第六期。又，方辉：《大辛庄遗址的发现与研究》，《山东大学学报》（哲学社会科学版），二〇〇四年，第一期。

② 方辉：《济南大辛庄遗址出土商代甲骨文》，《中国历史文物》，二〇〇三年，第三期。

③ 《“大辛庄甲骨文与商代考古”笔谈》，《文史哲》，二〇〇三年，第四期。

商代社会组织很有意义①。孙雅冰、宋镇豪也发表了专论《济南市大辛庄遗址新出甲骨卜辞探析》②。

总之,大辛庄甲骨的发现,拓宽了商代甲骨的研究范围和扩大了学者的研究视野。

二、 周原甲骨的新探索

二〇〇二年陕西周原遗址的齐家村出土一块西周卜骨,卜骨上共有六行三十七字,三行筮数与三行卜辞交错排列。曹玮《周原新出西周甲骨文研究》(载《考古与文物》二〇〇三年,第四期),对此卜骨及文字进行了公布、考释和研究,指出了这块卜骨是周原地区首次发现的先秦时期卜筮同位的资料,应是西周时期居住在周原地区并与西周王室联姻的异姓贵族占卜和筮占疾愈的记录。周原出土的这一新材料,对探索先秦筮占和易卦的起源与发展很有意义。

二〇〇三年底,陕西周原遗址周公庙又有西周甲骨的重大发现③。为了探寻周族太王迁岐的具体位置,周原考古队的学者对岐山周公庙一带进行了调查。二〇〇三年十二月十四日上午发现了一号和二号西周卜甲④。第一号背甲(C10④:1)现存钻孔十七个,多呈方形或长方形。以龟脊为中心,在钻之外侧有凿,断面呈楔形,凿底深于钻底。在部分钻上可见灼痕,正面有"T"字形兆枝。骨背上两条刻辞十七字。第一条八字,自右往左竖行,为"曰:異。乎觥卫蘷。乎气(?)……"。第二条现存八字,为"曰:彝(?)……囟妹克□于肻";第二号(C10④:2)亦钻外施凿,钻内均有灼痕,正面呈"T"字形兆枝。正面刻辞两条共三十九字,一条刻辞两列共二十三字,为"〔五〕月戈死霸壬午,衍祭履(?)、繁使。占:者……来。乒至,王囟克逸

① 方辉:《济南大辛庄遗址出土商代甲骨文》,《中国历史文物》,二〇〇三年,第三期。

② 载《考古》,二〇〇四年,第二期。

③ 《陕西岐山周公庙遗址考古收获丰硕》,《中国文物报》,二〇〇四年十二月二十一日。

④ 《二〇〇三年陕西岐山周公庙遗址调查报告》,《古代文明》(第五卷),第一五八页,文物出版社,二〇〇六年。

(?)于宵"。另一条刻辞十六字,为"……视马,衍于马自,勿乎人于逆。它(?),终(?),囟亡咎"。(附图 118、119、120)

二〇〇四年二月二十一日在北京大学召开了"周公庙新出甲骨座谈会",李学勤、葛英会等学者对周公庙甲骨的时代、文字释读、历法等问题进行了全面探讨。其精湛论述,《古代文明》(第五卷)上已刊载,并于二〇〇六年由文物出版社出版。此外,东华大学武家璧的最新研究《周公庙龟背甲对贞卜辞考释》也在二〇〇八年三月出版的《古代文明研究通讯》(总三十六期)刊出。周公庙西周甲骨的发现和研究,为西周甲骨研究提出了新的课题,促进了研究的继续深入。

补记:陕西岐山周公庙遗址在岐山县城北七公里处,核心区域近五平方公里。二〇〇四年夏北京大学考古系周原考古队在此进行了科学发掘工作,在四个地点又发现了一批西周甲骨文。迄至本书完稿时,此次西周甲骨重大发现尚未做报道。为飨关心这次重要发现情况的读者,特在这里将北京大学考古系雷兴山教授向笔者介绍的情况补记于本节之后。

第一地点,即祝家巷采集第一、第二号有字卜龟出土处,此坑编号为45,又出土十几片腹甲,其中一片有文字两个。

第二地点,在庙王村北,共发掘灰坑两个(已遭现代遗迹破坏了部分),出土卜甲七百余片,主要为腹甲。从有字卜甲上,初步辨识文字达四百四十余个。

第三地点,位于陵坡墓地南,发掘灰坑一个。虽此次发掘出土卜骨三至四片无字,但调查时曾发现卜骨一片,上有两字。

第四地点,位于白草坡墓地南,发掘灰坑三座,出土四至五十片卜骨,其中有字骨片上,共发现三十多字。

以上发掘第一地点(祝家巷)为西周初年,第二地点(庙王村)为西周中期偏早,第三地点(陵坡墓地南)为先周时期,第四地点(白草坡墓地南)为西周初期。其中第二地点(庙王村)出土卜甲较多,所见文字亦多,达四百四十余字。所见人名有"王季"、"文王"、"叔奠"、"周公"等,所见地名有"新邑"、"唐"等,祭名"宁风"、月相"既吉"等。文字大小与原祝家巷采集之一号、二号相近,初步判断为商末周初物。整理时发现,其钻凿、整治特征与周原其他地点甲骨相近,惟甲桥上刻字之行款走向,与以前出土西周甲骨相反。

目前,周公庙遗址出土的西周甲骨,考古学家正从容整理、研究中。笔者在这里向慨允介绍二〇〇四年周公庙重大发现的雷兴山教授表示感谢!此外,学界翘首以盼的正式发掘简报,迄今未见。正式介绍周公庙发掘收获的报道,仅见《周公庙遗址新出西周甲骨专家座谈会在北京举行》(《中国文物报》,二〇〇九年二月二十日),可参看。希望出土近二十年的周公庙甲骨,能早日公布!

第六节　我们的建议

基于上述理由,我们认为在新中国成立以后甲骨学研究的"深入发展"时期,应自一九七八年以后,研究在前一阶段"深入发展"的基础上,进入了一个"全面深入发展"的新阶段。我们郑重吁请治甲骨学和甲骨学史的朋友们考虑我们的意见,即:

百年甲骨学研究可分"前五十年"(一八九九年至一九四九年)和"后五十年"(一九四九年至一九九九年);

前五十年可划分为"草创阶段"(一八九九年至一九二八年)和"发展阶段"(一九二八年至一九四九年)(实际学术界早已行用);

而"后五十年"研究可划分为"深入发展阶段"(一九四九年至一九七八年)和"全面深入发展阶段"(一九七八年至现在)。

而所谓"全面深入发展阶段"开始的标志,就是一九七八年甲骨文的集大成著录《甲骨文合集》的问世。

而一九九九年在庆祝甲骨学研究的百年辉煌以后,迎来甲骨学研究新世纪的良好开局,并以二〇一六年十月《光明日报》征求优秀甲骨文释读成果《奖励公告》为标志,甲骨文研究进入顶层设计的"全面深入发展与弘扬"新阶段的更新辉煌!

第七章　甲骨的整治与占卜

卜龟和卜筮一样，作为一种迷信习俗，现在已很少有人相信它们了。但在我国古代，人们却认为它们非常灵验。“王者决定诸疑，参以卜筮，断以蓍龟，不易之道也”。“闻古五帝、三王发动举事，必先决蓍龟”。卜蓍在国家的政治生活中，占有重要的位置。古代占蓍用蓍草，占卜用灵龟。“闻蓍生满百茎者，其下必有神龟守之，其上常有青云覆之”。“能得百茎蓍，并得其下龟以卜者，百言百当，是以决吉凶”，真是神妙无比！

但是，自商周以后，有关占卜之道逐渐“推归之至微，要絜于精神”，人们已不得其要领了。至汉朝文、景之时，因很长时间“未遑讲试”，“其精微深妙，多所遗失”，占卜进一步衰落。直到汉武帝即位以后，“博开艺能之路，悉延百端之学，通一伎之士咸得自效”，故“数年之间，太卜大集”①。占卜之事复又兴盛。《史记·龟策列传》里所讲龟卜虽然较详，但已是汉代之制，与商周时代的卜龟之法早已不可同日而语了。

甲骨文是商王朝晚期遗留下来的占卜记事文字。有关古代占卜用龟的记载，虽然一些先秦古籍，诸如《尚书》、《诗经》、《左传》、《国语》以及诸子和《周礼》等书中都有所记载，但语焉不详。商人是怎样占卜的？学者们只得借助出土的甲骨实物结合上述古籍里的一些记述进行考察。

第一节　商代卜用龟甲和兽骨的来源

商代占卜记事所使用的材料主要是甲骨。甲，就是龟甲，以腹甲为主，间或也用背甲。骨，主要是牛肩胛骨，也有一些记事文字间或用牛头骨、鹿

---

① 《史记·龟策列传》。

头骨、人头骨或虎骨等。

商代占卜用龟主要来自南方和西方,这在甲骨文里有记载,如:“贞龟不其南氏”(《合集》8994、《前》5・54・5),“氏”即致送、进贡。这是问:不从南方进贡龟来吧?“有来自南氏龟”(《乙》6670),这是问:有人自南方来进贡龟吧?也有“西龟。一月”(《合集》9001、《前》5・54・6)的记载,是说此龟当自西方而来。甲骨文记载表明,南方和西方当是占卜用龟的产地。古文献中有不少关于南方产龟的记载。《尚书・禹贡》云:“九江纳赐大龟。”“纳”就是贡入,是说从九江进贡来大龟。《国语・楚语》也记载说:“又有薮曰云连徒洲,金木竹箭之所生也。龟珠角齿,皮革羽毛,所以备赋以戒不虞者也。”楚国的薮泽云梦与水中可居之地连成一片,物产丰富,龟就是其中的重要一项。今本《竹书纪年》记,在西周末年厉王时“楚人来献龟贝”。楚地产龟,早已闻名于世,《庄子・秋水》:“吾闻楚有神龟。”直到汉代,长江中游还是占卜用龟的主要产地。《史记・龟策列传》说:“神龟出于江水中,庐江郡常岁时生龟,长尺二寸者二十枚,输太卜官。”司马迁特地前往考察,“余至江南,观其行事,问其长老”。此外,还有一些古文献里也有长江下游产龟的记载。《诗经・鲁颂・泮水》说:“憬彼淮夷……元龟象齿。”淮夷地处淮河与长江下游一带。西方也产龟,《逸周书・王会解》:“伊尹受命,于是为四方令曰……正西……龙角神龟为献。”“凡汉以前之载籍,其言及龟及龟之产地或来源者,大体不外上之八条。其七言龟产南方,其一言西方以龟为献。”“东方或北方产龟之记载,无有焉。此与卜辞所记正合。故吾人以为殷代卜用之龟,大约即来自南方或西方也。”①

生物学家对安阳殷墟出土龟甲的鉴定,也完全证明了这一点。“此种中国胶龟仅产于南方,如福建、广东、广西、海南、台湾等地。今在历史时代之安阳发现实一至有兴味之问题。意见或自他处输入而来者乎?”②。著名的 YH127 坑出土一块最大龟甲(《乙》4330),长一尺二寸。据鉴定,与现在马来半岛的龟类为同一种属③。

---

① 参见胡厚宣:《殷代卜龟之来源》,《甲骨学商史论丛》初集四册。

② 卞美年:《河南安阳遗龟》,《中国地质学会会志》十七卷一号,一九三七年。

③ 参见陈梦家:《殷虚卜辞综述》,第八页。

商代占卜用龟数量是很多的。胡厚宣先生曾就甲骨文发现后四十多年时的材料进行统计，当时共出土有字龟甲近八万零十五片。此外，“历来被弃而不取之无字甲骨，数量实多。又此外未经用过之甲骨原料，亦颇不少”。他推测，无字之龟甲“其至少亦当与有字者数量相等”。因而“合有字甲骨与无字甲骨两者计之，其数量当为：甲十六万零三十片”。如果“以龟甲十片为一全龟”计算，最低限度当用龟“一万六千零三只”①，真是洋洋大观了！

这么多的龟，应主要从南方进贡而来。甲桥常记某人贡入几者，其中一人名“我”，动辄进贡上千只，如《乙》6966“我氐千”即是。另有几次上千只的见于《乙》6967、《乙》3452、《乙》2684、《乙》6686、《乙》1053、《乙》2702等。此外，甲尾刻辞、背甲刻辞也记贡龟数目。据统计，上述几种刻辞所记贡龟数量，“知贡龟共四九一次，凡贡一二三三四版”。“其贡龟之数，总计一万二千三百三十四，与前所言一万六千零三之数，相去固不甚远”②，这恐怕不是偶然的巧合！

占卜用的牛胛骨，当为本地所产。罗振玉在《铁云藏龟》序中曾把牛肩胛骨外缘较厚部分破裂成条形者，称为“牛胫骨”，这是不正确的。此外，也有称肩胛骨为象骨、鹿骨、牛肋骨等等不正确的说法。正如陈梦家所指出的：“象骨只是一种推测，而卜用鹿骨不但在安阳而且在其他地区也有发现。不过安阳出土的，虽有鹿头刻辞（《甲》3940、3941）和鹿角器刻辞（《甲》3942），却不能指定那一块有卜辞的是鹿肩胛骨。”③

商代畜牧业很发达，牛已大批驯养并有丰厚储备。而且在用牛祭祀祖先时，其所用牛数之多，“每骇人听闻”。胡厚宣也曾据《铁云藏龟》等二十多种著录书及一些未著录过的材料，对当时用牛情况做过详细统计。商人用牛祭祀以后，有的祭牲之牛的肩胛骨就保存下来，供占卜之用。

胡厚宣还对四十多年出土甲骨材料中的有字牛胛骨数量进行过统计，计有二万九千五百九十五片。而出土无字牛胛骨的数量至少也应与此数

---

①②　参见胡厚宣：《殷代卜龟之来源》。

③　陈梦家：《殷虚卜辞综述》，第四至五页。

相当,两者合计至少应为五万九千一百九十片。若以"兽骨五片为一副胛骨,则当用胛骨一万一千八百五十八个"①。而一牛左、右肩胛骨为一对共两块,应需牛五千头以上。

历年出土甲骨实物表明,龟甲较牛胛骨为多。胡厚宣据二十八种甲骨著录书中的材料统计,有字龟甲与有字肩胛骨之比例"约为百分之七十三与二十七"②,即有字胛骨不及有字龟甲的三分之一。

第二节 甲骨的整治

龟甲和牛肩胛骨的整治,是占卜的准备阶段。整治包括取材、削锯与刮磨、凿钻制作等工序。经过整治的甲骨不一定全用于占卜,即不一定在背面施灼而正面呈兆。但施灼呈兆的占卜用甲骨则毫无例外地经过整治。占卜使用过的甲骨,才是我们通常所说的卜骨。而没有施灼呈兆的甲骨,虽然有的经过整治,但充其量只能称之为骨料。

正如陈梦家所指出的,"中国古代的文献中,除了述及边裔的少数民族风俗,从来没有记载骨卜的。战国时代的《周礼》、诸子书和汉以后书,往往有记龟卜的,但此等记载,多是片断的又不甚明白"③。一九二八年殷墟科学发掘以后,董作宾在整理第一次发掘和第二次发掘的甲骨材料时,才初步摸清殷人甲骨整治和占卜的过程,其说见《商代龟卜之推测》,载于一九二九年出版的《安阳发掘报告》第一期上。陈梦家也对这一问题进行过研究,他的《甲骨的整治与书契》载于一九五六年科学出版社出版的《殷虚卜辞综述》第一章第三节。限于当时的条件,董作宾谈龟的整治较详,而骨则语焉不详。直到一九七三年小屯南地甲骨出土以后,学者们根据对大量科学发掘牛肩胛骨的研究,才对其整治过程,特别是钻凿制作,有了进一步的认识。其说见一九八三年中华书局出版的《小屯南地甲骨》下册第三分册

①② 参见胡厚宣:《殷代卜龟之来源》。

③ 陈梦家:《殷虚卜辞综述》,第九页。

编纂者所撰的《小屯南地甲骨的钻凿形态》。至此，犹如车的两轮，相得益彰，商代卜甲和卜骨的整治过程明晰地展现在人们面前。

一、取材　即收取、贡纳而来的龟、骨等占卜用材料，尚未经削锯、刮磨等工序。

占卜用龟多在秋天从南方贡来。《周礼·春官》龟人职："凡取龟用秋时，攻龟用春时。"注谓"秋取龟，及万物成也"。因为万物秋成，这时的龟最适于占卜之用。龟的种类很多，"然则卜用之龟，舍水龟盖莫属矣"①。"攻龟用春时"，"攻龟"就是杀龟，春天将龟杀死，剔去血肉、内脏，使之成为龟甲空壳。在"攻龟"之前还要举行祭祀仪式。《周礼·春官》龟人职说："上春衅龟，祭祀先卜。""衅"就是杀牲用血祭之。甲骨文里也有祭龟的记载，如《甲》2697"弜又龟"，即不侑祭于龟。《甲》279"……尞龟……一牛"，即烧祭于龟，用一牛。《佚》234"辛丑卜，尞龟戋三牢"，即辛丑日卜问，烧燎祭于龟宰杀三大牢（即六头牛）么？董作宾认为"衅龟用牛，则春秋时犹存其说，《管子·山权数》篇有曰'之龟为无赀，而藏诸泰台，一日而衅之以四牛，立宝曰无赀'。此可证商人尞龟之'三牛'亦即所以衅之也"②。祭祀以后，就可以把龟杀死。《史记·龟策列传》记载得很详细：

> 于是（宋）元王向日而谢，再拜而受。择日斋戒，甲乙最良，乃刑白雉，及与骊羊；以血灌龟，于坛中央。以刀剥之，身全不伤。脯酒礼之，横其腹肠。

然后把这些空龟壳贮藏起来，以备再进行削锯、刮磨等工序。在殷墟科学发掘"前数年村北河干（约当第一区九坑之北。按：即所谓'朱家地'），曾发现一个储藏龟料之所，大小数百只，皆为腹背完整之龟甲"③。这些，就是春天"攻龟"后留下的骨料。

占卜用牛胛骨可能多在殷都当地筹集，上节已经谈过。在第一次发掘殷墟时，曾发现"未经切错削治之大兽骨也。吾人得此等骨料至多，可数百斤"④，这些是卜用牛胛骨的原料。牛胛骨原料有专门的存贮场所，如一九

---

① 董作宾：《商代龟卜之推测》，《安阳发掘报告》第一期，一九二九年。

② 参见董作宾：《商代龟卜之推测》。

③ 董作宾：《新获卜辞写本后记》，《安阳发掘报告》第一期，一九二九年。

④ 董作宾：《新获卜辞写本后记》。

七三年小屯南地窖穴H99曾出土未经加工的牛胛骨三十一片之多,就是以放置骨料为主的①。

二、削锯与刮磨　龟壳和肩胛骨还要经过削锯、刮磨等工序后,才能施钻凿以备卜用。

龟壳首先从背甲与腹甲的连接处(即所谓"甲桥")锯开,并使一部分"甲桥"连在腹甲上。然后锯去甲桥边缘的突起部分,并错磨成整齐的弧形,使腹甲较为平直。占卜多用龟腹甲,但有时也用背甲。背甲较大的,则从中脊锯开,使之一分为二。一种"改制背甲",在剖开以后,又锯去中脊凸凹较甚部分和首尾两端,成为鞋底形,有时中间穿孔。刮磨时先要刮去龟甲表面的鳞片,并将下面留有的坼文刮平。然后再磨错龟甲正面、里面(即反面)高厚不平的地方,使龟版匀平变薄。错磨之后还要刮磨,使龟版平滑光润。

牛胛骨左、右都可使用。胛骨的上端为骨臼,学名"关节窝"。骨臼的一边有突起的臼角,其背面向下有一突出的骨脊,骨的这部分较薄;臼角下的边缘我们称之为"内缘"。与臼角相对的"外缘"部分,正面有一道较为隆起的部分,外缘较厚而圆。在整治时,先将骨臼从长向切下,去掉骨臼的一半或三分之一。然后再将突出的臼角向下向外切去,成为九十度角的缺口;再将背面臼角以下突起的骨脊整个削平;最后将骨臼下部隆起的地方也尽量削平。我们通常将无骨脊的一面称为正面,有骨脊并施凿、钻的一面为反面。商代卜骨定制,我们面对胛骨正面,右边切去臼角者,即为右胛骨,左边切去臼角者,即为左胛骨。肩胛骨经过削锯之后,还要将正、反面削锯后骨理多孔粗涩的地方以及未削锯的地方进行刮磨处理,使之平滑②。

三、凿钻制作　凿与钻,施于龟甲和兽骨的背面,是为了占卜灼龟时,能在正面呈现出卜兆。

《诗经·大雅·绵》说:"爰始爰谋,爰契我龟。"《荀子·王制》篇也说:"钻龟陈卦。"《韩非子·饰邪》篇说:"凿龟数策。"《史记·龟策列传》说:"必

① 《一九七三年安阳小屯南地发掘简报》。

② 以上参见董作宾:《商代龟卜之推测》;陈梦家:《殷虚卜辞综述》,第十至十一页。

钻龟于庙堂之上。”都是指在占卜以前，还要对龟壳进行凿、钻处理，即在龟甲或兽骨的背面，制作出“枣核形”的凿，或圆窠形的“钻”。董作宾研究甲骨实物后，发现“其灼处必先凿而后钻，凿而不钻者甚少。由其钻处可求得其物之大小”，即所用钻子之大小①。陈梦家在《殷虚卜辞综述》第十二页也说，他“目验了小屯出土的刻辞甲骨，无论是椭长形的凿或圆形的窠，绝大多数是用凿子凿成的，也就是挖出来的”。

一九七三年安阳小屯南地甲骨的发现，为甲骨凿钻的制作和形态的研究提供了大批新资料。经学者们对甲骨实物的观察和研究，凿、钻是这样制作的：

凿　根据学者对小屯南地出土甲骨凿钻形态的研究，没有发现凿子的痕迹。因而认为凿钻不是用凿子凿挖而成的，而是用下述两种方法制作的：

（一）用刀挖刻而成。小屯南地甲骨上的凿，用刀挖刻而成的占多数。观察出土实物标本，可见到不少甲骨凿的内壁上都留有很清晰的刀痕。有的是长方形的凿挖成以后，又用刀继续把凿的边缘加宽，内壁呈现出一圈突棱。如果从平面上看，则显现出内、外两圈。也有的凿是在长方形的基础上，修整并加宽凿的外圈，外圈显现出鼓腹的尖弧形，但凿的内圈仍近似原来的长方形(例图3)。

（二）轮开槽。这种凿应是使用一种与现在砣轮近似的小轮开槽后制成的。凿的这种制作方法，是整理一九七三年小屯南地甲骨的几位学者的新发现，前人从未论及。学者们在整理这批甲骨时，曾从卜骨凿内剥落下土锈块。细心的整理者发现有一些土锈块底部为很规则的弧形，而且表面还有旋纹。他们设想，这种槽是用小轮子开槽后制成的，并将卜骨标本带至北京玉器厂，求教于经验丰富的玉工师傅。玉工师傅听了他们的意见并仔细观察、研究了卜骨凿、钻标本后，也认为弧形凿是轮开槽制成的。这些玉工师傅还与学者一起做了实验，用自制的砣轮在新鲜的牛胛骨上打了两

① 董作宾：《商代龟卜之推测》。

个凿,竟与商代卜骨上的弧形凿惟妙惟肖。就是这样,甲骨学的一个新奥秘被学者们发现了。

虽然都是轮开槽制作凿,但制作时又有一些差别。一种是轮开槽后,不再用刀加工,或只用刀加工凿的边缘部分,而不加工底部,所以这样制作的凿纵剖面保持规则弧形。另一种是轮开槽后,底部用刀加工量较大,刀痕明显,已看不出弧状了(例图 4)。

钻　指的是单独的小圆钻和凿旁的钻。这两种钻的制作方法,据甲骨实物标本观察所见,应主要有三种方法:

(一) 用钻子钻成。据观察,这种钻是一种实心的小圆棒,在卜骨上旋转而成。因为从卜骨钻内取出的锈土块上,留有制作圆钻过程的痕迹。学者们作模拟实验时,制作了一把弓子,把弓弦绕在钻头中部,再用手将一凹形物覆压在钻头的顶端,前后拉动弓子。钻头在洒有细沙的骨上飞快旋转,就可制作出圆钻。模拟实验制作出的圆钻平面呈圆形,钻壁及底光滑并有弦纹,与真正的商代卜骨上的钻毫无二致。

(二) 先轮开槽,再用刀加工,使钻内侧与凿连接。学者们发现,凡是较规整的弧形凿(即轮开槽者),凿旁之"钻"大多是用轮开槽制作的。

(三) 用刀挖刻而成。小屯南地所出甲骨,绝大多数凿旁的"钻",是用刀挖刻而成的。

还发现过一种很特别的"钻",形状是一个小长方凿(例图 5)。

学者们对小屯南地甲骨凿、钻制作工艺的研究发现,甲骨上的"凿"不是用凿子凿成的,而"钻"也很少是用钻子钻就的。几十年来大家习以为常的钻、凿之名,原来是"名不副实"的①。但"积重难返",既然凿、钻这一名称已为学术界所接受,再"正名"不仅很困难,而且也没有必要了。

小屯南地出土的卜甲,凿旁一般也都有"钻"。多数是先轮开槽,然后再用刀加工修整。也有的用刀刻挖而成。虽然一九七三年小屯南地出土卜用龟甲不多,但卜骨上凿、钻的制作工艺程序,对研究商代卜龟的钻凿制

① 以上据中国社会科学院考古研究所整理小屯南地甲骨学者的论述,见《小屯南地甲骨的钻凿形态》,《小屯南地甲骨》下册第三分册,中华书局,一九八三年。

作也很有参考价值。

凿、钻在卜龟上的分布，一般以龟甲反面的中线（俗称“千里路”）为轴，左右对称，分布错落有致。右边，钻在凿之左侧。左边，钻在凿之右侧。牛胛骨背面的凿、钻，一般中部隆起处凿较少，往往排列零乱，多在卜骨外缘较厚处的一侧。左牛胛骨的反面，钻在凿旁之右。右牛肩胛骨的反面，钻在凿旁之左。凿、钻的排列情形有一行长凿者，多在卜骨外缘一侧，如《屯南》2295（例图 6）。有二行凿者，排列又可分四种情况，其一，即背面内缘第一行第一凿与外缘一行第一凿平齐，如《屯南》1126（例图 7）。其二，卜骨内缘一行第一凿与外缘第一行第二凿平齐，如《屯南》2163（例图 8）。其三，卜骨内缘一行第一凿与外缘一行第三凿平齐，如《屯南》728（例图 9）。其四，卜骨内缘第一行第一凿与外缘第一行第四凿平齐，如《屯南》619 等（例图 10）。此外，还有卜骨背面并列三行凿者。如此等等①。

甲骨凿、钻的制作，对占卜很有意义。正如董作宾所说：“凿之，所以使正面（腹甲外面）易于直裂也。钻之，所以使正面易于横裂也。钻凿之后，灼于钻处，即可使正面见纵横之坼文，所谓卜兆者也。”②

甲骨经过取材、削锯与刮磨、凿钻制作等工序后，就算是整治完毕，可供占卜之用了。

第三节　甲骨的占卜与文字的契刻

商王在处理“国之大事”或个人行止时，往往“卜以决疑”，即通过占卜来指导一切活动。占卜时，把整治好的甲骨拿来，施灼呈兆，判断吉凶，然后把所问之事契刻（或书写）在甲骨上，这就完成了占卜的过程。

《周礼・春官》：“菙氏掌共燋契，以待卜事。”所谓燋，学者考证应为“炭，为樵薪之经火烧而焦黑者。而所谓焦黑者，亦即燋也。采来之散木为

① 参见《小屯南地甲骨的钻凿形态》。

② 董作宾：《商代龟卜之推测》。

樵,火烧而焦为燋,炭则其异名而已"①。也有人认为如炬形,灼龟时当用燃着火焰的明火。但炬的火焰摇曳不稳,不能将热力集中于钻处。而上面一放置待灼的甲骨,势必压灭炬火。从出土甲骨实物的灼痕看,灼处火力应当很集中。"多数灼现出内外两层:内层焦黑,是烧灼时的接触面;外层黄褐色,是受热的波及区"②,当是炭火所灼,而非炬火所能奏效的。

《周礼·春官》卜师:"凡卜事眡高,扬火以作龟,致其墨。"扬火作龟,即用炭火烧灼甲骨背面。有钻凿者,则将炭火放置钻处,以便集中火力。有凿无钻者,则用炭火烧灼凿的左(或右)边向中缝的一侧。因甲骨钻凿处都较其他部分为薄,灼时甲骨受热,各处厚薄不同而冷热不匀,故钻凿处率先爆裂,而在甲骨正面呈现出兆干(背面凿处)、兆枝(背面钻处)。在龟甲的正面,以千里路为中心,左甲的兆枝都向右,右甲的兆枝都向左。肩胛骨的正面则左胛骨兆枝都向左,右胛骨的兆枝都向右。上述龟甲与胛骨上兆枝的走向,在殷墟出土卜用甲骨中已成定制,概莫能外。

《史记·龟策列传》记汉代灼龟的具体情节较详,可供我们研究商代灼兆时参考:

> 卜先以造(《索隐》说:造音灶,造谓烧荆之处)灼钻,钻中已,又灼龟首,各三。各复灼所钻中曰正身,灼首曰正足,各三。即以造三周龟,祝曰:"假之玉灵夫子(《索隐》说:尊神龟而为之作号)。夫子玉灵,荆灼而心,令而先知。而上行于天,下行于渊,诸灵数箣(《索隐》:莿音近策,或莿是策之别名。此卜筮之书,其字亦无可核,皆放此),莫如汝信。今日良日,行一良贞。某欲卜某,即得而喜,不得而悔。即得,发乡我身长大,首足收人皆上偶。不得,发乡我身挫折,中外不相应,首足灭去。"

在灼龟时,一边祷祝,一边述说所卜之事。灼完以后,就可根据正面所呈现的兆象来判断吉凶了。《说文》云:"占,视兆问也。"甲骨上的占辞就是根据卜兆所做出的判断。至于什么样的兆象为吉,什么样的兆象为凶,我们今

---

① 董作宾:《商代龟卜之推测》。

② 《小屯南地甲骨的钻凿形态》。

天已经不能得其详了。

甲骨呈兆以后，占卜过程也就结束了。但是，还要把有关卜问事项的内容契刻在甲骨上，这就是我们通常所说的“卜辞”。有关甲骨上卜辞本身及其他有关的专业用语，本书第八章“甲骨学专业用语及甲骨文例”部分将作详细介绍。这里只谈一下甲骨上的文字是怎样刻写上去的。

无论卜甲，还是卜骨上的文字，多是契刻而成，所以刘铁云一九〇三年于《铁》序中就说是“殷人刀笔文字”。也有学者称之为“契文”或“骨刻文”的。但刻写文字的工具是什么？今人只得求助于安阳殷墟考古发掘所得的遗物了。一种是遗址出土的青铜刀、锥。董作宾说：“在第三次发掘大连坑附近大龟四版之地，我们曾发现一把小的铜刀，甚似现世刻字者所用，这大概就是殷人契刻文字的工具。”①近年还在安阳大司空村出土“几件青铜小刻刀”、“两件小铜锥”。安阳苗圃北地还出土过一件铸造精致的“立鸟形铜刻刀”②等等。一种是遗址出土的玉刀。一九五〇年春天发掘武官村大墓，曾出土碧玉刻刀，是“仿当日实用刻刀而模制者，至今锋利仍可刻划龟甲”③。此外，一九七六年著名殷墟妇好墓又出土玉质刻刀二十多件。这些刻刀多为动物形象，当为有实用价值的工艺品④(例图 11)。

据研究，遗址出土的青铜刀可供契刻甲骨文字之用。而青铜锥，“可充作刻划细线之用，如有些卜骨上的数字符号”。玉刀是否能契刻甲骨呢？“通过简单的实验，认识到用玉料磨成锋刃也可以刻划甲骨，不过普通玉料都比较脆，刃锋极易折断，很难掌握。且其磨制加工较之青铜刀的铸造难度要大些。况且硬质玉料又不易得，因而在铸铜技术相当发达和用青铜刀刻字的条件已完全具备的情况下，玉刀即使曾被使用，也不会作为主要的刻字工具”⑤。笔者一九八四年十一月二十日在河南安阳筹备中国殷商文化国际讨论会期间，与杨升南友在安阳宾馆见到专攻仿刻甲骨的郑州工艺

---

① 董作宾：《甲骨文断代研究例》，《庆祝蔡元培先生六十五岁论文集》，一九三三年。

② 据赵铨等：《甲骨文字契刻初探》，《考古》，一九八二年，第一期。

③ 郭宝钧等：《一九五〇年春殷墟发掘报告》，《中国考古学报》第五期，一九五一年。

④ 《殷墟妇好墓》，第一四五至一四六页，文物出版社，一九八〇年。

⑤ 赵铨等：《甲骨文字契刻初探》。

厂侯某。他将所携来的仿刻牛骨让我们欣赏,并谈起玉刀可以刻甲骨之事。他当场手操玉刀为我们做了表演,并云:玉刀刻字,刃并不易折断,只不过是容易将尖用钝而已。但玉质硬度大,磨起来十分不容易……可见学者推测的安阳殷墟出土玉刀为刻字工具的说法是有道理的。

商代甲骨质地坚硬,用青铜刀(更不用说玉刀)能否刻出字来,学者们对此长期表示疑问。郭沫若曾"联想到象牙工艺的工序,因而悟到甲骨在契刻文字或其他削治手续之前,必然是经过酸性溶液的泡制,使之软化的"①。但近年经过模拟实验表明,无论是含水分较大的新鲜骨料,还是已经干硬的较陈骨料,不经软化处理完全可以用铜刀在上面刻字。"至于殷人刻字时,是否曾将骨料施行过某些软化措施,目前很难确定"。即使如此,酸性软化处理"也只能是个比较次要的问题"。主要的问题在于"使刻刀的硬度超过骨料,并保持一定的差距"。刻字实验所用的铜刀,只要含锡量 17%、23.5%、25%、31%就可达到摩氏三至五度。把这些具有一定硬度的青铜刀磨利,"在一般骨料上刻字是完全可以做得到的"。在契刻时,如果仔细观察并模仿商人刻字的刀法,我们今天还能把字刻得与当时甲骨上的字极为近似。此外,"再结合出土甲骨文的细部观察,推测当时刻字的骨料并不很软,因为软化了的骨料反而难以刻出那样精巧规整的笔划来"。不仅模拟实验否定了甲骨契刻前要经软化处理的措施,而且通过调查,也了解到"牙雕工艺中并不需要软化处理,所谓酸浸的办法虽也有耳闻,恐系过去有关该行业的人故意将其神秘化的一种传说罢了"②。

董作宾认为甲骨文字是先写后刻的。他在《甲骨文断代研究例》中说,"卜辞有仅用毛笔书写而未刻的,又有全体仅刻直划的,可见是先写后刻"。又说,"如果不写而刻,那么在每一个字的结构上,稍繁的便不易刻,何况每一笔划,又须刻两面刀锋。一个字犹难先直后横,何况全行?何况全版?"很多学者信而不疑。陈梦家不同意这种说法,认为"书写的字既然较刻辞

① 郭沫若:《古代文字之辩证的发展》,《奴隶制时代》,第二五一页,人民出版社,一九七三年。

② 参见赵铨等:《甲骨文契刻初探》。

为粗大；且常与刻辞相倒，所以书辞并非为刻辞而作的，更不是写了忘记刻的。刻辞有小如蝇头的，不容易先书后刻，况且卜辞所常用的字并不多，刻惯了自然先直后横，本无需先写了作底子"①。经过模拟刻写甲骨实验，"估计一般不必书写起稿，而是依靠熟练的技术，以刀为笔信手刻来而成的"。商代贞人是具有高度文化修养的人，所卜之事早已烂熟于胸，契刻文字自然是轻车熟路，又何需先用毛笔书好墨底以便"模红"呢？

至于刻字时奏刀的先后，董作宾在《甲骨文断代研究例》中认为是先刻全篇的竖划，然后再刻横划的。他认为甲骨文字"这种先直后横的契刻方法，也同于三千年后今日的木板刻字，工匠们为着方便都是先刻了横划，然后补刻直划（这固然是相反的，其实为的便利则一）"，"卜辞既经写，就一手执版，一手提刀，为的版是向着自己，所以就先刻纵笔及斜笔，刻完了，横转过来，再一一补足横划"。这种先刻竖划后刻横划的说法，也是多年来为学术界所接受。但模拟刻写甲骨文字的实验表明，"刻时无论横竖，凡直线均为推刻而成。但推刻的顺逆则根据骨料的形状而定，以便于把握及运刀为准，不受任何限制"。在骨料的左下方边部刻字，竖划多由下向上推刻，横划多由左而右。而在骨料右上方边部刻字时，则竖划多自上而下，横划多由右而左。在骨料中部刻字，笔顺就可灵活掌握。因此"卜辞刻字基本上应是一字刻完再刻一字，而不是许多字先竖后横地刻。为了减少转动骨板的次数而采取通篇或通行先竖刻后横刻的流水作业法，不见得是普遍规律"。"作为一门书法艺术，逐字逐句地刻下来比较容易掌握，利于结构严谨，形体美观，尤其一般并非采取先书后刻的方法，就更难以实行统统先竖后横的刻了"②。这种说法是很有道理的。

施灼问卜并将有关占问事项契刻在甲骨上以后，占卜就结束了，卜用以后的甲骨也就可以作专门处理了。陈梦家把《周礼》一书中有关卜事的职官和他们在占卜过程中所司职事与出土甲骨实物所反映的占卜过程对照如下：

---

① 陈梦家：《殷虚卜辞综述》，第十五页。

② 参见赵铨等：《甲骨文契刻初探》。

龟人　取龟、攻龟(即杀龟,锯、削、刮、磨当亦属之)

菙氏　掌共燋契(即准备所以灼的燃料)

卜师　作龟(即扬火以灼龟,钻、凿之事当亦属之)

大卜　作龟、命龟(即告龟以所卜之事)

占人　占龟(即视兆坼以定吉凶),系币(即书其命龟之事及兆于策而系之于龟)①

可以看出,虽然《周礼》一书所记多托名周制,但商代占卜之制与之确有不少相近之处。

第四节　甲骨占卜后的处理及少数民族保存的骨卜习俗

商人占卜完毕,将所问事项刻记在甲骨上(即卜辞)之后,对所卜问的事项并不就置之脑后了。有时过了若干天以后,所问之事在现实生活中幸而言中,或与所希冀的结果大相径庭,也要刻记在甲骨的有关卜辞之后,这就是所谓的"验辞"。胡厚宣说:

早期卜辞之后,每随记征验之辞。如卜某日是否降雨,及既雨之后,则于此卜辞之后,随记某日允雨。又如卜某日是否天晴,及是日果晴,则于此卜辞之后,随记某日允启。或卜某日王往田猎,及时果有所获,则于卜辞之后,随记允获某兽若干,某兽若干。又卜旬之后,王占有凶,亦每随记几日某某允有某种灾祸来临之长篇记事。晚期帝王,尤好田猎,故王田卜辞之后,其随记获兽之例,尤多至不可胜举②。

如著名的妇好,商王武丁对她的生育之事极为关心,曾为她卜问能否生育男孩。《丙》247说:

甲申卜,㱿,贞妇好娩嘉。王占曰:其唯丁娩,嘉。其唯庚娩,

---

① 参见陈梦家:《殷虚卜辞综述》,第十七页。

② 胡厚宣:《武丁时五种记事刻辞考》,《甲骨学商史论丛》初集三册,一九四四年。

弘吉。

甲申卜，㱿，贞妇好娩嘉，不其嘉。三旬又一日甲寅娩，允不嘉。三旬又一日甲寅娩，不嘉，唯女。

这版卜辞是甲申这一天贞人问卦：妇好要生孩子了，能吉利生男么？商王武丁也亲自看了卜兆，说：是丁日这一天生吉利呢？还是庚日这一天生育大吉呢？同一天又从反面卜问：妇好要生孩子了，不吉利么？过了三十一天以后，到了甲寅日果然应验，妇好分娩不吉，即"三旬又一日甲寅娩，允不嘉"。不吉利到什么程度呢？即生了个女孩子，也就是辞中所记"三旬又一日甲寅娩，不嘉，唯女"。此辞自"三旬又一日"以下，全为记验之辞。不少卜辞之后都记有"验辞"，当是在卜问以后，待所卜之事有了结果（是好或是坏），再由卜人补刻在有关卜辞之后的。因此，"卜辞"与"验辞"不是同时之作。

在一些甲骨上，待文字刻毕以后，还涂以朱砂或墨色，俗称"涂朱"、"涂墨"处理。一般说来，对文字加以涂朱、墨处理以武丁一代为盛行。如《殷虚书契菁华》所著录的几版大骨，字口涂满朱砂，非常醒目。此外，也还有一版上朱墨并施的现象。如《乙》6664 为一龟甲上半部，正面的大字涂朱，小字涂以墨色。《乙》6665 为上甲的背面，也是大字涂朱，小字涂墨色。其他如《战后宁沪所获甲骨集》2.25 至 2.26，为清华大学所藏甲骨，正面与背面都是大字涂朱，而正面的"二告"则涂墨色。《宁沪》2・30 至 2・31 也是清华大学所藏甲骨，骨的正面涂墨，而反面涂朱。《宁沪》2・28 至 2・29 也是清华大学藏骨，一面涂朱，一面涂墨。如此等等，不再列举。

董作宾认为甲骨涂朱涂墨"为的装璜美观，和卜辞本身是没有什么关系的"①。但陈梦家认为"填朱和涂墨是有区别的，并不是为了美观。同版之中，大字小字也是有区别的，所以往往大字填朱而小字填墨"②。中国社会科学院考古研究所经过模拟刻写甲骨的实验，对甲骨涂朱、墨作出了解释，即："书刻细小的文字时，有可能先在骨料上涂色，以便于字划的观察与

① 董作宾：《〈殷虚文字乙编〉序》。

② 陈梦家：《殷虚卜辞综述》，第十五页。

掌握,然后擦拭,则字划中填入颜色十分醒目。有些出土字骨上涂朱,可能出于某种宗教意识,以增加其神秘色彩,一般可能与刻字的涂色有关"①。即在甲骨上涂以墨色(即炭黑),刻字时易于显出白色笔划,以区别刻字处与未刻字处。刻完后将墨色抹去,显出甲骨骨版的本色,而所刻的字口里自然又被抹时的炭黑填满,而文字也更显得醒目。这样解释甲骨"涂墨"处理是有道理的。但甲骨涂朱与刻字可能关系不大。因为朱砂红艳、热烈,为温色。试想在刻字前,将甲骨满版涂以朱砂,必鲜艳耀目。刻字时稍一久视,必使人目眩眼胀,因此刻字时不可能在版上涂以朱红。我们认为甲骨文大字涂朱者,多有重要内容,可能与宗教意识或祭祀的特殊需要有关。山东大汶口文化遗址的诸城前寨出土一件陶大口尊,上面所刻的"旦"字涂有朱红的颜色②。有人推断"陶尊是用于祭祀的礼器,现在又在这礼器上发现了与农事、天象有关的刻文,而且有的刻文上又特意涂上红色。那么,这几件陶尊会不会是用来祭日出、求丰收的呢?"③盛行于商武丁一代的甲骨大字涂朱,不仅仅是为了"美观",也应与一定的宗教信仰或祭祀仪式有关。

有时还要刻划卜兆。在殷墟著名的 YH127 坑甲骨中,就发现了占卜以后,还用刀再刻划卜兆的例子。而且在刻划过的卜兆上,还涂以朱墨。董作宾认为"刻划卜兆这件事,很明白是为的美观"④。胡厚宣在《甲骨六录》《释双剑誃所藏龟甲文字》中说:

> 三版龟甲有一共同点,即卜兆皆经刻过是也。考甲骨卜辞契刻卜兆之例,在已著录之甲骨中,实前所未闻,诸家也从无注意及之者。据余所见,中央大学、华西大学及束天民氏所藏各有一片。中央研究院第十三次发掘殷墟共得甲骨文字一七八〇四片,除(一)经改造过之龟背甲,(二)经刮削重刻之龟腹甲,(三)牛胛骨,(四)武丁以前之甲骨,共约数百版外,其余数千版乃至万版龟甲,其卜兆皆经刻过……此实一至有兴味之事也。

---

① 参见赵铨等:《甲骨文字契刻初探》。

② 任日新:《山东诸城前寨遗址调查》,《文物》,一九七四年,第一期。"旦"字从于省吾释。

③ 邵望平:《远古文明的火花——陶尊上的文字》,《文物》,一九七八年,第九期。

④ 董作宾:《〈殷虚文字乙编〉序》。

他认为这些"皆刻成不规则之深划"，经过刻划的卜兆，"疑与涂朱涂墨之例同，目的在使其显赫，以求美观"。陈梦家对上述说法不以为然，认为"这种说法，尚待考虑"①。但为何如此，未予解释。胡厚宣怀疑其与涂朱涂墨之例相同是很有道理的。我们认为，武丁时代整治甲骨可能有这么一种习惯，即占卜后与刻写文字之前，先要将卜兆用刀刻划一遍。因为灼裂之兆有时在骨面纤细不显，而所刻甲骨文字又不能与卜兆相重（即犯兆），故需先用刀将兆纹加深，这样再刻文字，就不致因看不清兆纹而使文字"犯兆"了。至于涂墨之事，当为将卜兆刻划好之后，再涂墨刻字。字刻好以后，抹去甲骨表面之炭黑，一部分炭黑自然会留在刻划过的卜兆兆纹和文字字口之内。

当然，甲骨文字与刻划兆记的涂朱、涂墨，只是甲骨卜毕处理的一种方法而不是全部方法。具体地说，只是盛行于第一期武丁时代的一种风气。了解了这一点，也就会明白为什么二、三、四、五期以后不少甲骨文字不再涂朱、涂墨的道理了。

甲骨文的最后处理，也就是整个占卜与契刻文字过程的终结阶段是怎样的呢？殷人怎样对待这一批批的"圣物"呢？一九二八年以来的科学发掘殷墟工作，也将这一"终结"从地下"发掘"出来了。首先是"存储"，即有意识地保藏甲骨。例如第一次科学发掘的第九坑，出土一、二、五期甲骨。而第三次发掘的著名的"大连坑"，出土一、二、三期及五期甲骨。说明这些坑武丁时就已使用，历祖庚、祖甲，中间稍停使用后，到了帝乙、帝辛又复开窖，继续用以存储甲骨。而第四次科学发掘的 E16 圆井，只出一、二期甲骨，当是第二期祖甲时此坑塌陷，因而废弃不用，存储的甲骨一直保存到科学发掘时才"重见天日"。而帝乙、帝辛时的征夷方卜辞，多是在外所卜，千里迢迢携回京师，也是为了保存。而小屯村中一带，三、四期甲骨集中出土，侯家庄南地六块腹甲叠在一起，当也是预备带回小屯殷墟"存档"的，但被遗忘于此。其次是"埋藏"，著名的 YH127 坑整坑时代单纯的一万七千

① 陈梦家：《殷虚卜辞综述》，第十六页。

多版龟甲的集中发现说明了这种情况。此坑开挖时本为储藏谷物之用,但后来用于存储甲骨。一九七三年小屯南地甲骨的发掘也为有意“埋藏”甲骨提供了新的例证。《一九七三年安阳小屯南地发掘简报》(《考古》,一九七五年,第一期)披露,“在几个窖穴中发现有大量的卜骨和少量的卜甲集中地放置在一起,而其他的文化遗物如陶片、牛骨则很少”。灰坑 H17“卜骨、卜甲(主要是卜骨)层层叠压放在一起”,“坑内共出卜甲、卜骨一六五片,其中有字的卜甲二片,卜骨一〇五片”。又如灰坑 H62,“坑内埋藏二十片经过整治、凿、灼的卜骨,但无一片有刻辞”。“还发现有以放置骨料为主的窖穴”,等等。正如发掘者所指出的,这些坑“可能是有意识储存的”。其三是“散佚”。在殷墟的不少灰坑、版筑基址的灰土中,也偶有甲骨的发现,这可能是因为当时甲骨使用太多,在集中存储或搬运过程中,难免有所遗落。第六次科学发掘殷墟时,曾在一窖穴土阶旁发现一块五期甲骨,可能就是当年被遗落的。其四是“废弃”。殷墟出土甲骨中,曾发现有骨版被锯去文字的一部分而改做它用的。也有把用过的甲骨,作练习刻字之用。如不少“干支表”就是习刻的作品。收入《甲编》的 2692、2693、2881、2882 四版甲骨,原为一大胛骨,后断裂成二片,正反面都刻有文字。“可是在正面只有十组卜辞伴着卜兆,是第三期贞人何所记的,其余的还有四十段却都是初学的人仿抄贞人何的卜辞,作为习字之用的”。因此,这种供习刻用的废弃甲骨,应是“废物利用”①。一九七三年小屯南地也发现残碎甲骨常与废弃陶片或杂物一起倒入坑中,如灰坑 H2,就有卜甲、卜骨七百九十五片左右与陶片、猪牛骨混杂一起出土。而灰坑 H38,是多次把零星卜甲、卜骨和陶残片一起弃入坑内,共出甲骨二十多片。这些与生活垃圾一起被随意抛弃的甲骨,也应是当年的“废弃”之物。

如本章第三节所述,《周礼》一书所记有关卜官及所司职事,基本上与根据商代甲骨实物研究所恢复的占卜程序相近。但《周礼》一书所讲主要是龟卜。骨卜情况如何?典籍失载。但新中国成立前云南一些少数民族

① 参见董作宾:《〈殷虚文字甲编〉自序》,第八页,商务印书馆,一九四八年。

中还保留着使用动物肩胛骨进行占卜的习俗，这为我们研究商代骨卜的过程提供了重要的佐证。

调查材料表明，新中国成立前，在彝、羌、纳西等少数民族中，使用羊骨进行占卜活动，是日常生活中的一项重要迷信活动。占卜的范围包括生产和生活的各个方面。可以说，占卜决定他们的一切活动。在这些少数民族中，掌管"羊骨卜"活动的人，是本民族的巫师。这些人与商代的"贞人"稍有不同，即还没有脱离生产活动，占卜也还没成为他们一种专门固定的职业。占卜的材料，主要以羊肩胛骨为主。彝族也有使用少量牛、猪肩胛骨的。这些卜用羊、牛骨都是巫师平时贮存的，但他们认为祭祀时杀死的"祭牲"肩胛骨才最有灵验。这与商朝人存贮龟甲、兽骨以备占卜之用的做法是近似的。

占卜的方法与过程，彝、羌、纳西等族基本相同，但以云南永胜县彝族（他鲁人）最为典型，基本有以下几个程序：

一、祷祝。祷祝词主要是由巫师赞扬羊骨的灵验。与此同时，问卜者说出所要占问的事情。这与我们上节所引《史记·龟策列传》有关灼龟时的记述有某些相似之处。在祷告时，有的少数民族（如羌族）还要举行一定的仪式，即手持青稞，燃烧柏枝。

二、祭祀。他鲁人用羊骨进行占卜时，要请羊骨"吃"米。而羌族，则烧青稞。纳西人要在骨上撒小麦。其意是通过祭祀以求得保佑，除去不祥。

三、灼骨。祷告、祭祀以后，将艾叶或火草搓成的颗粒放在骨上并点燃，直到将骨烧出裂纹。纳西族和羌族卜一事灼炙一处，而羌族要烧灼多处。

四、释兆。巫师观察骨面上呈现的裂纹（兆），根据各族自己传统对兆的解释方法，判断占卜的吉凶。

五、处理。释兆以后，有的民族，如纳西族把卜用过的羊骨看成神圣之物，集中埋藏起来或烧掉。

我们可以看到，上述少数民族"羊骨卜"的占卜程序，与殷墟甲骨的占卜程序基本相同。其中第一项祷祝，与殷墟甲骨灼兆时的祷祝及命辞基本相近;第三项灼骨,与殷墟甲骨施灼呈兆程序一致;第四项释兆,相当于殷墟甲骨的占辞;第五项处理,也与商人将卜毕的甲骨有意储存基本相同。"礼失求诸野"。云南几个少数民族以前保存的"羊骨卜"习俗,可以佐证已失传的我国古代骨卜之法①。

① 参看林声:《记彝、羌、纳西族的"羊骨卜"》,《考古》,一九六三年,第三期;林声:《云南永胜县彝族(他鲁人)"羊骨卜"的调查研究》,《考古》,一九六四年,第二期;汪宁生:《彝族和纳西族的羊骨卜——再论古代甲骨占卜习俗》,《文物与考古论集》,文物出版社,一九八六年十二月。

第八章　甲骨学专业用语及甲骨文例

我们在第一章绪论的第一节指出:“甲骨学属于传统的金石学范畴”。“甲骨文材料和传统的金石学研究材料——金石文字及其图像一样,是古代遗留下来的实物资料,是通过考古发掘手段取得的(特别是在一九二八年科学发掘殷墟甲骨文以后)。因此,甲骨学研究又是隶属于近代田野考古学的一门分支学科。”所以甲骨学的不少专业用语,诸如“刻辞”、“分期”等等,是移用金石学和考古学的。但是,甲骨学由于具有独特的研究对象和自身的规律,已成为一门独立的学科,仅仅移用金石学和考古学的专业用语已是远远不够的了。

此外,甲骨文是商代的占卜记事文字,所以文字在龟甲和兽骨上的分布,即所谓文例,也有它自己的独特规律。因此,掌握甲骨学的基本专业用语及甲骨文例,对通读卜辞,进行资料的搜集和研究,是很重要的基础工作。

第一节　甲骨学的基本专业用语

一、 甲骨的正反、左右、内外、上下

龟以腹甲下部较平整、光滑部分为正面,即卜后呈现卜兆的一面。在契刻文字时,腹甲向下的一面翻转过来,正好面对贞人,故一般称之为“正面”。而其背面,即腹甲之内里,表面较为粗糙,虽经刮磨,仍不如正面平整。凿、钻、灼施于龟甲的“反面”。

牛肩胛骨以较平滑的一面为正,而其背面,因锯去骨脊等突起,故骨理粗涩。凿、钻、灼多施于反面。晚期甲骨,如康丁、武乙、文丁时有骨面施

凿、灼的①。

龟甲正面,如例图 12 所示,以中间的中缝即“千里路”为界,分为右、左两部分。右边部分即右龟甲,左边部分即左龟甲。龟甲由九块甲盾组成,即:1.龟中甲。2.龟右首甲。3.龟左首甲。4.龟右前甲。5.龟左前甲。6.龟右后甲。7.龟左后甲。8.龟右尾甲。9.龟左尾甲。

龟甲近边缘处为“外”,近中间千里路部分为“内”。近首部分为“上”,近尾部分为“下”。左龟甲卜兆向右,右龟甲卜兆向左②。

牛肩胛骨左右皆可使用,甲骨文里的所谓“屯”即一对牛肩胛骨。右肩胛骨切臼角处向右,臼角以下一侧较薄,为内侧。与内侧相对处,边缘较圆而厚,即为骨的外侧。肩胛骨上部留有被切去二分之一或三分之一的关节窝,即“骨臼”。因骨臼向内凹而呈半圆形,故小屯村民称之为“马蹄儿”。而骨的外侧,因背面布满凿、钻、灼,故常断裂成条状,俗称“骨条儿”。接近骨臼处,是胛骨的“上”部。骨扇部分较薄,其近下缘部分,为胛骨的“下部”。一般说来,右胛骨上的卜兆兆枝均和骨臼臼角方向一致,即都向右方。左肩胛骨与右肩胛骨恰恰相反,即切臼角处向左,卜兆兆枝也都向左。人们据此两个特点,就可判断肩胛骨的左、右。

二、 兆序

商人卜问时,每灼龟一次,便在龟腹甲正面的兆纹上方记下占卜的次数。因为往往一事从正面卜问以后,又要从反面同问此事,故在龟甲相对称的部位上,也要刻下这一卜的占卜次数。这种表示占卜次数的数目字,就是所谓的“兆序”。

一般定制,龟右甲的兆序刻在兆枝的左上方。与其相对,从反面问卜的兆序刻在兆枝的右上方。也就是说,在龟甲上,兆序和卜辞一样,也是左右相对的。龟甲上的兆序有一、二、三、四、五、六、七、八、九、十。至十以后,“仍由一起,绝不用十一、十二等类合文。此盖因卜兆之旁,地位有限,

① 《小屯南地甲骨的钻凿形态》,《小屯南地甲骨》下册第三分册,第一五二一页,中华书局,一九八三年。

② 张秉权:《卜辞腹甲的序数》,《史语所集刊》二十八本上,一九五六年至一九五七年。

除数字之外，尚须契刻卜辞及兆辞如‘一告’、‘二告’、‘三告’、‘小告’、‘不玄’、‘不玄冥’之类，因恐合文占地较多，故十之后仍由一起也”①。因此，十以后之卜兆仍为一、二、三、四、五……，但表示的是第十一卜、第十二卜、第十三卜、第十四卜、第十五卜……有多至十八卜者②。

牛肩胛骨上的兆序也是刻在兆枝的上方。左胛骨刻在向左的兆枝上部，右胛骨兆序刻在向右的兆枝上部。

兆序是在占卜以后，刻写卜辞之前刻的。据研究甲骨实物，每灼一兆，就要刻一序数字，用以标明此兆为第几次占卜所现。这“是因为在甲骨上，常常发现有些序数字，在刻好之后，又被铲去，这种痕迹，非常明显。起先，我们不知道这是什么缘故，后经仔细观察，探求原因，才知道它占据了卜辞的位置，所以将它铲去，或者铲去以后，又刻到另外一个地方去，如果不是序数比卜辞先刻，那么这种现象是不会发生的”③。

无论龟甲或兽骨上的兆序，都不是卜辞。因为在不少没有刻写卜辞的甲骨上，也布满了卜兆并在兆旁刻有兆序。这些卜用甲骨，当是卜后未刻辞者。但兆序又与卜辞有密切的关系。一般说来，一定的卜兆标志着殷人对事情卜问的次数，或一事数卜，或数次占卜只为一事。

在一版甲骨上，兆序与刻辞、兆记等杂陈在一起，显得十分凌乱、复杂。乍看起来，真使人如坠云里雾里。但仔细分析、研究，还是有一定规律可循的。不少前辈学者，如董作宾、胡厚宣、张秉权等在这方面做了不少的工作。

龟甲上的兆序一般左右对称，可以把它们作分组处理。兆序在龟甲上的排列，主要有下述两种形式：

第一种，自上而下。这种排列形式的兆序，一般龟甲较小，卜辞也较少。又可细分为甲、乙两种型式，甲种为一行自上而下，如《乙》2683（例图13）。乙种为自上而下二行并列，如《乙》5279（例图14）。这两种排列兆序的形式，还可参看《乙》2164、2903、3090、3196、3288、3473、3475、4604、4606、5224、6422、6725、6881等版。

---

① 胡厚宣：《卜辞同文例》，《史语所集刊》九本，一九四七年。张秉权对此持不同看法，认为“殷人贞卜一事，最多只到十次为止”，见《卜辞腹甲的序数》。

② 胡厚宣：《卜辞同文例》。

③ 张秉权：《卜辞腹甲的序数》。

第二种,兆序自内而外,自上而下排列。这样的排列形式,在龟甲上较为常见。又可细分为甲、乙两种型式。甲种多行自内而外,由上而下排列。如《乙》3428、3426、4538 等版(例图 15)。乙种为二行,自内而外,自上而下排列。如《乙》867、2285、3285(例图 16)等。

此外,还有第一种及第二种兆序排列形式共见于一版的。一般说来,这样排列兆序的龟甲都比较大,如《乙》3343、3379、3403 等等。当然,还有个别较为特殊的排列形式,我们就不再详述了①。

牛胛骨的兆序无论左胛骨还是右胛骨,因凿、钻多施于其外侧或内侧,且排列整齐,一般兆序是自下而上排列,如《萃》1211(例图 17)等即是。但也有兆序自下而上,接着再转行自上而下排列者,如《萃》1328(例图 18)等即是。肩胛骨的骨扇较薄部分,因卜兆较少且零乱,刻辞也较少,规律性也不强,故兆序的排列无甚规律可循。

三、 兆记

又有学者称兆记为兆辞,是记有关卜兆情况的。兆记包括“×告”、“吉”、“不玄冥”、“兹用”等。

甲骨兆枝的上方,常记兆序。而在兆枝下方与兆序对应处常记“一告”、“二告”、“三告”、“小告”等等,其“含义不详”②。

兆旁还有时记“吉”、“大吉”、“弘吉”等。

兆旁也有时记“兹用”、“兹不用”、“兹毋用”等。或记“兹御”,御即用。“用即施行,言按所占者施行也”③。

“不玄冥”即不模糊,记兆象明晰④。

---

① 参见张秉权:《卜龟腹甲的序数》。

② 胡厚宣:《甲骨学绪论》,《甲骨学商史论丛》二集下册。

③ 胡厚宣:《甲骨学绪论》;又胡厚宣:《释兹御兹用》,《史语所集刊》八本四分,一九四〇年。

④ 杨向奎:《释不玄冥》,《历史研究》,一九五五年,第一期。关于此语,历来众说纷纭,前辈学者孙诒让、胡光炜、董作宾、郭沫若、许敬参、唐兰、于省吾等都有考释,可参看《甲骨文字集释》十三卷,第三九四九至三九六四页。近人晁福林读为“不再用”,谓“其实际意义是表示尽管甲骨的正面还有空白,但却不再使用了”。见《甲骨文考释两篇》,《语言文字研究专辑》下(《中华文史论丛》增刊),上海古籍出版社,一九八六年六月。现学术界多从杨向奎先生说。

四、卜辞

甲骨文绝大多数是卜辞，卜辞是在贞人灼龟命卜以后，在甲骨上刻记下的有关占问的内容。一条完整的卜辞，包括叙辞、命辞、占辞、验辞四个部分。

叙辞，又称前辞。即占卜的时间和贞人。

命辞，又称贞辞。即此次占卜所问的内容。

占辞，即商王看了卜兆后所下的判断。

验辞，即征验之辞。我们已在第五章第四节叙述，此处从略。

如《合集》6057 正云：

> 癸巳卜，㱿，贞旬亡祸。王占曰：有祟其有来艰。迄至五日丁酉允有来艰自西，沚㦰告曰：土方征于我东鄙，𢦏二邑。工方亦侵我西鄙田。

辞中之“癸巳卜，㱿”，即为叙辞；“贞旬亡祸”，问在未来的十天之内有无灾祸，为命龟之辞；“王占曰：有祟其有来艰”，即王看了卜兆后问可能有不测之灾祸吧，是为占辞；“迄至五日丁酉允有来艰自西，沚㦰告曰：土方征于我东鄙，侵灾二邑。工方亦侵我西鄙田”，癸巳至丁酉正好五日，是五天以后果然应验，西方发生了灾祸之事，即土方来侵东鄙，工方也来侵扰西鄙……此为验辞，在癸巳日卜后，过了五天应验后所补刻。在殷墟卜辞中，如此完整形式的刻辞不是很多，多数没有验辞。也有的省去占辞和验辞两部分。更有的还省去前辞，只刻命辞。但是，以具有前辞和贞辞者为常见①。

第二节　甲骨文例

刻辞在甲骨上的刻写部位（即分布情况）及行款（即左行、右行，或向左、右转行），是有一定规律的，这就是甲骨文例。甲骨文例包含两种类型，

① 参见胡厚宣：《甲骨学绪论》。

一种是卜辞文例(及一些较为特殊的文例),一种是非卜辞的记事文例。认识和掌握甲骨文例的基本知识,对我们正确识读布满一版大龟(或兽骨)上的刻辞内容及认识它们之间的内在联系是很有必要的。

一、 卜辞文例

我们在这里首先谈一下卜辞文例。

严格意义的甲骨文例,是一九二八年殷墟科学发掘以后,董作宾等学者将大量甲骨实物爬梳整理,发凡启例的。董作宾一九二九年载于《安阳发掘报告》第一期的《商代龟卜之推测》一文,有专论《文例》一节。他当时在发现整版龟甲不多的情况下,曾说:"余曩蓄志拼集龟版,使成完全之腹甲,以觇其文字之体例。今既不可能。乃就龟版中之可以认其部位者,凡七十。分别排比,以求其例,其结果乃发现商人书契文辞之公例,盖如此研究之价值,实不减于拼成完全龟版也。"所使用的方法,是将整个龟版分为九部分,再将残破龟甲依此定其部位,并进一步"取其同部位者排比之,其结果则同部者其刻辞之例皆同"。其后不久,新发现的大龟四版,完全证明了董作宾依据残碎龟甲定位所推断的文例①。特别是 YH127 坑大批整甲的发现,更使他发现的甲骨文例受到了检验和证实。董作宾还"取现世之牛肩胛骨,左右各一版,依其形状,以为断定卜用骨版左右及其部位之标准"。"取前三次发掘所得之材料,计摹录骨版二百十一件,卜辞四百八十九例",基本上论定了兽骨上卜辞的文例②。这是董作宾氏对甲骨学的又一重大贡献。其后胡厚宣的《卜辞杂例》(载《史语所集刊》八本三分)及《卜辞同文例》(载《史语所集刊》九本)等文又对甲骨文例多有补苴和深化。前辈学者的研究,使看来错综复杂、"漫无章法"的卜辞,还原为划然有序并系连清楚的卜辞了。

在董作宾以前,胡光炜曾于一九二八年著有《甲骨文例》一书,分《形式》、《辞例》两篇。《形式》一篇,专讲甲骨文例。但胡光炜所谓的左右,是

---

① 董作宾:《大龟四版考释》,《安阳发掘报告》第三期,一九三一年。

② 董作宾:《骨文例》,《史语所集刊》七本一分,一九三六年。

以龟为主。正如董作宾所指出的“然实则违于习惯”。因为我们现在所说的龟之左右，是以人所面对为主。龟向下时的左部，翻过来面向上以后，恰是我们研究时称之为右龟甲部分。而龟向下时的右部，翻过来面向上，即是我们研究时称之为左龟甲部分。此外，胡光炜《甲骨文例》一书，虽然“分类之详尽，固属甚善”，但书中“一则不别常例与例外；一则纲目不清；徒使读者对于契文，益增繁难之感”①。因此，胡氏虽较早研究了甲骨文例，但并未能举一反三，洞其奥隐以开创通例，因而无实用意义。

依甲骨所在部位推断其文例的方法，即所谓“定位”法，是董作宾氏的天才发现，对我们通读卜辞是很有意义的。众所周知，甲骨文大多很碎小，定位法可使我们明确卜辞所在位置及其行款走向，从而更好地解读其内容。否则，如把一条意义明确的卜辞方向读反，就会成为不可理解的一堆奇文怪字。

我们试看龟腹甲上卜辞的分布及行款走向。为使本节所举龟甲各部位有个整体概念，可将各部位与例图 12 整龟腹甲图所在相应位置互相参照，将会使你印象更加深刻。

（一）中甲。《铁》5・1 片（例图 19）。片上两条卜辞，以中间千里路为界，左右对贞。

右辞下行而右，从中间千里路向外转行，即“〔辛〕亥卜，王，贞〔乎〕弜〔狩〕擒”。

左辞下行而左，从中间千里路向左转外行，即“〔辛〕亥卜，王，贞乎弜弗〔狩擒〕”。

（二）左右首甲。《铁》72・1 片（例图 20）。片上之 1 为中甲，2 为右首甲，3 为左首甲。上刻二辞。右首甲 2 上一辞下行而左向内，读为“贞侑于庚三十小宰”。左首甲 3 上一辞下行而右向内，读为“己巳〔卜〕，□，贞好祸凡有〔疾〕”。

（三）右前甲。《铁》261・3（例图 21）。片中之 1 为中甲，2 为右首甲，

① 董作宾：《商代龟卜之推测》。

3 为左首甲残去处示意,4 为右前甲。中甲处刻二辞,左右对贞。右边一辞下行而右,辞为“弜其擒”。左边一辞下行而左,辞为“丙□〔卜〕,□,〔贞弜弗其〕擒。”右前甲上刻一辞,下行而左向内,辞为“庚申卜,王,〔贞〕往来亡祸”。

(四) 左、右前甲。《前》7·3·1(例图 22)。1 为中甲,2 为右首甲,3 为左首甲,4 为右前甲,5 为左前甲。左、右前甲均有两条刻辞。右前甲 4 二辞,第一辞近外缘,自上而下,自外而向内左行,辞为“戊辰〔卜〕,□,贞翌〔辛〕□亚乞氏众人𢀛丁录乎保我”。第二辞近中间千里路,自上而下向外右行,辞为“丁亥卜……复……片祟……幸”。左前甲 5 亦二辞,第一辞近外缘处自上而下,自外向内右行,辞为“贞……于丁三牛”。第二辞近中间千里路,自上而下,自内向外左行,辞为“贞……其……”。

(五) 前左甲上部。《前》4·30·2(例图 23)。片上共三辞。第一辞近外缘处,自上而下,自外而内右行,辞为“贞叀小臣令众黍。一月。”第二辞近中间千里路,辞自上而下,自内向外左行,辞为“贞王心……亡自□。一月”。第三辞在外缘与千里路中间,辞自上而上,自内向外左行,辞为“己〔丑卜〕,□,贞……倗。一月”。

(六) 前右甲上部。《前》2·25·5(例图 24),此为五期卜辞。片上计上部一辞,中部三辞,下部三辞。各辞均自上而下,自内向外右行。第一辞为“叀羊 。兹用”。第二辞为“□辰卜,贞武乙丁其牢。兹用”。第三辞为“辛巳卜,贞王宾上甲不至于多毓衣亡尤”。第四辞为“乙未卜,贞王宾武乙升伐亡尤”。第五辞为“壬〔寅〕……妥……羊”。第五辞为“叀……”。第六辞为“甲……武乙……宰”。

(七) 后左甲上部。《前》2·30·2(例图 25),第五期物。上部三辞,下部三辞,共六辞,辞皆自上而下,自内向外左行。第一辞为“丁卯卜,贞王田疐往来亡灾”。第二辞为“辛未卜,贞王田喜往来亡灾”。第三辞为“乙亥卜,贞王田宫往来亡灾”。第四辞为“壬子〔卜〕,〔贞〕王田□〔往〕来〔亡灾〕”。第五辞为“戊午〔卜〕,〔贞〕王田□往〔来亡灾〕”。第六辞为“壬□〔卜〕,〔贞〕王〔田〕□〔往〕来〔亡灾〕”。

（八）后右甲上部。《前》2・9・3（例图 26），第一期物，本片共三辞。第一辞近中间千里路，辞自上而下，自内向外右行，辞为“乙未卜，宾，贞今日其延雨”。第二辞自上而下，自内向外右行，辞为“乙巳卜，争，贞尞于河五牛沉十牛。十月”。第三辞近外缘处，辞自上而下，自外向内左行，辞为“□□〔卜〕，□，贞……臣在斗”。

（九）后左甲下部。《前》2・4・3（例图 27），第一期，本片共三辞。第一辞自上而下，自内向外左行，辞为“丙戌卜，贞弜自在先不水”。第二辞自上而下，自外向内右行，辞为“丁亥……”。第三辞仅余一字，走向亦应自内向外而左。

（十）后右甲下部。《前》5・6・2（例图 28），第一期，共三辞。第一辞自上而下，自内向外右行，辞为“己巳卜，贞令吴省在南廪。十月”。第二辞自上而下，自外向内左行，辞为“庚寅卜……〔令〕墉……”。第三辞自上而下，自内向外右行，辞为“己酉卜……出”。

据以上各例，并经大量卜辞验证后，董作宾总结出龟甲契刻卜辞文例的规律是：“沿中缝而刻辞者向外，在右右行，在左左行。沿首尾之两边而刻辞者，向内，在右左行，在左右行。如是而已。”①

牛胛骨上契刻的卜辞，多在正面。而刻辞最多的部分，多在左胛骨之右（即外缘）和右胛骨之左（即外缘）。这是因为左、右肩胛骨的外缘部分较其余部分为厚，并且骨质坚韧，所以占卜次数较多，因此刻辞也较多，约占全版刻辞的十分之七八。而左胛骨之内缘（左侧）和右胛骨之内缘（右侧），下部骨质较松而薄，因而上部刻辞较多，而下部刻辞较少，约占全版刻辞的十分之二三。而胛骨中部因更薄和骨质疏松，往往不用于占卜，故一般刻辞较少，约占十分之一二。

肩胛骨上的刻辞，在上部近骨臼处，常有两条卜辞，其下有两个卜兆。这两条卜辞“每从中间起，在左者下行而左。在右者下行而右”②。如《甲骨

---

① 参见董作宾：《商代龟卜之推测》；胡厚宣也有所论述，见《甲骨学绪论》；又可参看一九七二年香港中文大学联合书院出版的李达良：《龟版文例研究》。

② 董作宾：《骨文例》。

文合集》13926(《铁》127·1、《通》别二11·1)为一牛胛骨之上部,切臼角处在左边,卜兆亦向左边(例图29)。其反面《合集》及《铁》、《通》等书均未著录。摹本发表在松丸道雄《散见于日本各地的甲骨文字》三八七号(中译本载《古文字研究》第三辑),胡厚宣先生《记日本京都大学考古研究室所藏一片牛胛骨卜辞》(载《文物与考古》,一九八五年,第六期)一文也发表了此骨的正面拓本及反面摹本,并作有考释。

此片上第一辞自上而下,自内向外右行,辞为"辛丑卜,嗀,贞兄于母庚。三"。第二辞自上而下,自内向外左行,辞为"庚子卜,嗀,贞妇好有子。三月。二"反面是验辞,辞为"王占曰:其……其惟丙不吉。其惟甲戌亦不吉。其惟甲申吉"。松丸道雄将"甲申"之申字误摹为"丑","甲丑"不辞,胡厚宣先生在文中已做辨正。

董作宾据四百八十七例兽骨刻辞进行比较研究后,依照刻辞之部位,定其行文之通例如下:

> 凡完全之胛骨,无论左右,缘近边两行之刻辞,在左方,皆为下行而左,间有下行及左行者。在右方,皆为下行而右,亦间有下行及右行者。左胛骨中部如有刻辞,则下行而右;右胛骨中部反是,但亦有下行而右者。①

具体到牛胛骨上每一条卜辞的排列,无论左缘及右缘,都很规整。多为一辞一辞自下而上,排列有序。如《合集》5157(例图30)共四辞:

(一) 贞〔辛〕亥王入。

(二) 于癸丑入。

(三) 于甲寅入。

(四) 于乙卯入。

此片上四辞辛亥至癸丑相距二日,癸丑至甲寅相距一日,甲寅至乙卯相距一日。四次不同时的占卜,时间不紊,刻辞自下而上排列有序。

也有不同卜辞先自下而上,再自上而下排列的。如《萃》1345(例图

① 参见董作宾:《骨文例》。

31),为第二期甲骨。据切臼角处向右判断,当为一右肩胛骨。外缘处(左侧)共五辞,是自下而上排列。内缘处(右侧)仅余三条卜辞(下残),是接外缘第五辞的时间,自上向下分段排列。此版卜辞应读为:

(一) 己亥卜,旅,贞今夕亡祸。在十二月。一

(二) 庚子卜,旅,贞今夕亡祸。在十二月。一

(三) 辛丑卜,旅,贞今夕亡祸。在十二月。一

(四) 壬寅卜,旅,贞今夕亡祸。在十二月。一

(五) 癸卯卜,旅,贞今夕亡祸。在十二月。一

(六) 甲辰卜,旅,贞今夕亡祸。在十二月。一

(七) 乙巳卜,旅,贞今夕亡祸。在十二月。一

(八) 丙午〔卜〕,〔旅〕,贞今夕亡祸。在□□〔月〕。一

也有内容完全不同的卜辞交错刻在一起,学者们称之为“相间刻辞”①的。如《合集》9465(例图 32),为一期甲骨,共有六条卜辞,卜问三种不同内容。应读为:

(一) 乙卯卜,亘,贞勿锡牛。

(二) 贞锡牛。

(三) 贞锡牛。

(四) 贞翌丙辰不雨。

(五) 贞翌丙辰其雨。

(六) ……〔我〕史步〔伐〕工方〔受有祐〕。

此版卜辞一、二、三与卜辞四、五相间。

虽然兽骨卜辞多为自下而上,刻辞相间,但也有左、右对贞者。如《佚》52(例图 33),为一期卜辞。此版上共七辞:

(一) 戊子卜,沐,翌己丑其雨。一

(二) 戊子卜,沐,翌己丑不雨。一

(三) 己丑卜,沐,翌庚寅其雨。一

---

① 胡厚宣先生将此类卜辞列为“兽骨相间刻辞例”,见《卜辞杂例》,《史语所集刊》八本三分,一九三九年。

(四) 己丑卜,翌庚寅不雨。一

(五) 庚寅卜,沐,翌辛卯不雨。

(六) 翌辛卯其雨。一

(七) 丙戌……①

此版卜辞一、二为一组,三、四为一组,五、六为一组,正反对贞。

此外,无论是龟甲,还是兽骨,上面的刻辞又有正反面相接的例子。

有的命辞在正面,而叙辞刻在反面。如《合集》5298 正、反(例图 34),为一期卜龟,正面有二辞:

(一) 贞王听惟祸。一

(二) 贞王听不惟祸。一

反面亦有二辞:

(一) 戊戌卜。(此辞的正面部位刻第一辞,因此当为“贞王听惟祸”的叙辞)

(二) 雀入二百五十。(甲桥刻辞)

兽骨刻辞也有正、反相接的。如《合集》5951 正、反(例图 35),为一期甲骨。正面一辞,为“贞勿乎逆执𦣞”,为命辞。反面的“癸卯卜,韋”为叙辞,应与正面命辞相接。

有的反面接占辞,如前举《合集》13926(例图 29)即是卜骨占辞正、反相接例。《合集》6057 反(例图 1)的“王占曰……”云云,即接正面的“癸未卜,㱿……”。

《合集》8912 正、反(例图 36),为一期卜龟,反面的叙辞、占辞、验辞,与正面的命辞相接。也有正面的叙辞、命辞、占辞与反面的验辞相接的例子。如《丙》207 正、208 反(例图 37),为一期卜龟。此辞正面为“丙申卜,㱿,贞来乙巳酒下乙。王占曰:酒惟有祟其有毁。乙巳酒,明,雨。伐既,雨。咸伐。亦雨。𢦏卯鸟星”,接反面验辞“九日甲寅不酒,雨。乙巳夕有毁于西”。

---

① 胡厚宣先生称此类卜辞为“兽骨卜辞对贞例”,见《卜辞杂例》。

二、 非卜辞记事文例

再谈非卜辞的记事文例。

非卜辞的记事文例包括刻在甲骨上的记事文字和非甲骨上的记事文字。在龟甲和牛骨上刻写的记事文字包括有关准备卜材的记事刻辞、表谱文字和记事文字等;非甲骨上的记事文字包括人头刻辞、鹿头刻辞、牛头刻辞、骨柶刻辞、虎骨刻辞等。下面分别介绍。

(一) 有关准备卜材的记事刻辞　即记有关占卜前卜材的准备之事,诸如关于甲骨的来源和经过某人的检视等等的记事文字。胡厚宣在《武丁时五种记事刻辞考》(载《甲骨学商史论丛》初集三册,一九四四年)一文对此叙述颇详,主要应包括甲桥刻辞、甲尾刻辞、背甲刻辞、骨臼刻辞、骨面刻辞等五种记事刻辞。此外,胡厚宣在《卜辞记事文字史官签名例》(《史语所集刊》十二本,一九四八年)一文中,又揭示了在记事文字之末,还常有史官签名的做法。

所谓"甲桥刻辞",即刻在龟腹甲两边突出甲桥背面的记事文字。如例图 34(《合集》5298 反)之"雀入二百五十"即为甲桥刻辞。此种刻辞,在胡厚宣以前,"四十余年以来,从无一人注意及之者"。胡厚宣搜集了有关这方面的大量材料并进行了分析研究,为我们论证了甲桥刻辞的主要辞例是:"某入"、"某入若干"、"若干自某入"、"某来若干"、"来自某"、"某氐"、"某氐自某"等等。"入"即贡纳,"来"即贡来,"氐"即致送。所记内容是有关占卜用龟是从何处进贡而来的。也有的辞例是:"自某乞"、"乞自某"、"乞自某若干"、"某取自某"。"乞"即乞求、乞取,即征收、收取之意。所记是说龟甲乃是某人从某地征收而来。此外,还有"某示"、"某示若干"等。"示"即检视,所记说龟甲整治之后,又经由某卜官之手检视验收之事。

所谓"甲尾刻辞",一般都在龟的右尾上。董作宾在《商代龟卜之推测》一文中称之为"尾右甲",唐兰称之为"尾右甲卜辞"(见所著《关于尾右甲卜辞》,《国学季刊》五卷三期)。《合集》9373(例图 38)所示,即为甲尾刻辞。甲尾刻辞的辞例主要有"某入","某来"等,"来"、"入"即贡来、贡纳之意。

甲尾刻辞与甲桥刻辞相比,较为简单,很少记所入龟的具体数字。胡厚宣究其原因,谓:"岂以'甲尾'地位有限,恐与腹甲卜辞相混,遂皆有省略之耶!"但也有一例记某人贡"入二百二十五",见《合集》9334(例图 39),这是甲尾刻辞最大的纪数。

所谓"背甲刻辞",即在龟背甲反面近中间剖开处常刻之一行记事文字。如《甲》2993(例图 40)所示,记丙寅日由某人检视四屯。

在甲骨学研究的早期阶段,因背甲刻辞所见不多,故没有人注意加以研究。胡厚宣先生最早系统做这一工作,搜集了有关这方面的刻辞十三例,指出其辞例有"某乞自某"、"某乞自某若干"、"某乞自某若干屯",或"某入若干"、"某来若干",或"某示"、"某示若干"、"某示若干屯"等等。背甲刻辞之"示若干屯"为甲桥刻辞所不见。"屯",即一对,当指左、右背甲为一屯。所谓"若干屯",即背甲若干对。

所谓"骨臼刻辞",即在骨臼上所刻的记事文字,如《合集》9408(例图 41)即是。骨臼刻辞的辞例有"自某"、"自某乞"、"乞自某若干屯"、"某乞自某若干屯"、"某自某乞若干屯"、"某示"、"示屯若干"、"某示若干屯"、"某示某若干屯"、"某示若干屯又一"(即若干对零一)、"某示若干屯又一冎"、"某示若干屯又一)"等等,有的并注明日期干支。

所谓"骨面刻辞",有的刻在骨正面下部较宽薄处,如《佚》531(例图 42)所示。也有的刻在骨反面靠近边缘部分,如《合集》9386(例图 43)所示。骨面刻辞的辞例基本有"自某"、"自某若干屯"、"乞自某"、"乞自某若干屯"、"某乞自某"、"乞于某若干屯"、"自某乞"、"乞若干屯",也有做"某示"、"某示若干"、"某示若干屯"者。

上述五种有关卜材准备的记事刻辞中,甲尾刻辞及骨臼刻辞前人曾经述及,但有不少谬误之处。如董作宾曾论断甲尾刻辞之"册入"(即为册这个人所贡入)为"册六"或"编六",谓龟版即古之典册①。学者仍有沿其误者,说甲骨文就是我国最早的书籍。后来董作宾虽然认为这类刻辞"与卜

① 董作宾:《商代龟卜之推测》。

辞无关”，但又误认为是“某史入值所为”[①]。唐兰一九三五年力辨“册六”、“编六”之误，并认为是记事文字，指出“‘入’和‘来’是动词，上面的字是名词，这是说一个人入或来的事情”[②]。但仍不可通，没有究明是指某人进贡龟甲的意思。

骨臼刻辞，也是董作宾最早研究的，但他一九三三年认为这一类刻辞为“帚矛刻辞”，“是专门记载馈送颁发铜矛于各地、各国、各人及守卫者的文字”[③]。一九三四年郭沫若力辨其误，以“帚某”为武丁之妃名，谓“屯”（即董释“矛”字者）即“包”，二骨合为一包。“示”为省视之“眎”，指将用毕的甲骨省视封存，其性质如今天的署书头标牙签[④]。唐兰一九三六年在《卜辞时代的文学和卜辞文学》（《清华学报》十一卷五期）中，认为辞中之“屯”字乃为“豕形的倒写”，并认为骨臼刻辞是“贞祭祀的卜辞”。一九三九年他在《天壤阁甲骨文存考释》中又以“示”为人鬼，谓“帚□示者，诸妇之初卒而祭之也”。胡厚宣“在中央研究院曾得发掘所得及其他公私所藏完整零碎甲骨两三万片细玩之，知甲骨中有卜兆而无卜辞者，绝无有卜辞而无所属之卜兆者”，认为骨臼刻辞为“记事文字”。而五种记事刻辞，“绝无一例有钻灼卜兆之痕迹，则其绝非卜辞，必为一种卜辞之外之记事文字可知也”[⑤]。胡厚宣先生全面研究甲骨所得出的有关五种记事刻辞的论断，已为学术界普遍接受，成为不易之论。

综上所述，我们可以看出，凡记“某入若干”的甲桥、甲尾、背甲等刻辞，所记的都是向商王贡龟之事。而有关“乞自某若干”的甲桥、背甲、骨臼、骨面等龟、骨，所记的当为乞取采集龟甲、兽骨之事。而有关“某示若干”的甲桥、背甲、骨臼、骨面等记事刻辞，所记都为检视整治好的龟甲、兽骨以备卜用之事。

---

① 董作宾：《安阳侯家庄出土之甲骨文字》，《田野考古报告》第一期，一九三六年。

② 唐兰：《关于尾右甲卜辞》，《国学季刊》五卷三期，一九三五年。

③ 董作宾：《帚矛说》，《安阳发掘报告》第四期，一九三三年。

④ 郭沫若：《骨臼刻辞之一考察》，《古代铭刻汇考续编》，一九三四年；又收入《甲骨文字研究》（《郭沫若全集》考古编第一卷），科学出版社，一九八二年。

⑤ 参见胡厚宣：《武丁时五种记事刻辞考》。

应该注意的是,上述有关卜材准备的五种记事刻辞"绝不见于祖庚以后之甲骨中,盖此种记事刻辞乃武丁时所特有之风气也"①。与此同时,还有一种风尚也较盛行,即在"记事文字之末,或龟甲之偏僻地方,亦常有记史之签名"②者。"史官签名"的各种情形,是胡厚宣先生较早全面论述的。

史官签名有在背甲刻辞之后者;有在甲桥刻辞之后者;也有在骨臼刻辞之后者,如前举《合集》9408(例图 41)骨臼刻辞之"岳";有在骨面刻辞之后者,如《前》7·25·2(例图 44)之"犬"字;此外,还有与记事刻辞不在一起,另行分刻的,主要有在背甲顶端,如《库》320(例图 45)上之人名;有在甲尾反面,如《甲》3030(例图 46)之人名。在第三期也有极个别史官签名的例子,但只有一名史官名"狄"者,如《甲》1952(例图 47)。据统计,第一期武丁时期签名史官较多,达二十三名。第三期只一名"狄"者。其他各期即第二期祖庚、祖甲,第四期武乙、文丁及第五期帝乙、帝辛时期,都没有史官签名之事。胡厚宣认为:"此史官签名,多于记事文字之末,知此官者,乃记事之史。而记史签名之例,曰殷代即已有之。"③

(二) 有关表谱文字　表谱文字或杂刻在卜辞中间,或刻在甲骨较为偏僻之处,也有刻在废弃甲骨之上的。

表谱刻辞有"干支表"。《合集》11730、《前》3·3·1、《通》1(例图 48),即是一版第一期武丁时代的"干支表",版上刻六旬的干支,惜下部残断。甲骨著录里常见干支表,有人认为是练字用的习刻,但郭沫若不以为然。他认为干支表"殊非任意契刻之说所能解释",并指出其重要性:"借此可觇古代历法之变迁。盖古人初以十干纪日,旬甲至癸为一旬。旬者遍也,周则复始。然十之周期过短,日份易混淆。故复以十二支与十干相配,而成复式之干支记日法。多见三旬式者,盖初历月无大小,仅逮三旬已足,人后始补足为六十甲子者也。以干支纪日,则干支之用至繁,故有此多数之干

① 胡厚宣:《武丁时五种记事刻辞考》。

② 胡厚宣:《卜辞记事文字史官签名例》,《史语所集刊》十二本,一九四八年。

③ 胡厚宣先生对"史官签名"论述颇详,可参见《卜辞记事文字史官签名例》。

支表存在。此种表式与卜辞无关，然欲读卜辞者必自此入手”，“故此等干支表实为解读古代文字之关键。”①有关十干、十二支文字的考释及起源，可参看郭沫若《释支干》一文②。

所谓“家谱刻辞”，所记为商王家系。《契》209（例图 49）即是家谱刻辞，在全部十五万片甲骨中不为多见。著名的《库》1506 片，虽然于省吾先生认为“是我们现在仅此一见的我国三千多年前的宝贵谱牒史料”③，但胡厚宣先生等学者力主此片为伪④。学者们关于此骨真伪的争论，本书第十一章第二节“甲骨文的辨伪”部分将作叙述。

（三）甲骨上的记事文字　即刻写在甲骨上与卜事（包括卜材的准备）无关的记事文字。如例图 50 所示（《通》361、《龟》2・2・12、《前》6・2・3），辞中记“己卯宜于義京羌三卯十牛。中”。还有“左”、“右”记事⑤。这种记事文字，多刻在与卜辞有一定距离处。其他的例子还有《乙》8653、《甲》3913、《甲》2386、《菁》3、《甲》2504、《甲》3361、《前》1・45・5、《前》8・8・3 等等。也有刻在甲骨反面的，如《合集》7780 反、《合集》7814 反等等。

（四）非甲骨上的记事文字　即龟甲、牛胛骨以外的兽骨上的记事文字，包括人头骨刻辞、鹿头刻辞、牛头刻辞、骨柶刻辞、虎骨刻辞等等。至于石器、玉器、铜器、陶器上的文字，已超出了甲骨学研究的范围，我们就不作介绍了。

所谓“人头刻辞”，即在人头骨上刻写的文字。这种习俗，当与商代“诸邦方的君长为殷邦战败俘获以后常杀之祭于殷之先王”有关。“所杀用的方伯的头盖骨上常刻辞记其事，它和史书所记载的习俗可相比较。《史记・大宛列传》‘皆言匈奴破月氏王，以其头为饮器’；《战国策・赵策》‘以

---

① 郭沫若：《卜辞通纂考释》，第二三〇至三三一页，科学出版社，一九八三年。

② 郭沫若：《甲骨文字研究》。

③ 于省吾：《甲骨文“家谱刻辞”真伪辨》，《古文字研究》第四辑，中华书局，一九八〇年。

④ 胡厚宣：《甲骨文“家谱刻辞”真伪问题再商榷》，《古文字研究》第四辑，中华书局，一九八〇年。

⑤ 胡厚宣先生有详细统计并致信郭沫若，其文收入郭沫若《出土文物二三事》，第二十九至三十页，人民出版社，一九七二年。

知伯头为饮器'……"而商代的所谓"用","即杀之以祭"。在甲骨文中,某方伯,特别是某方之人被用以为"人牲"的记载较多①,人头刻辞所用人头之来源不外于此。如《殷虚卜辞综述》图版十四之"善斋藏人头骨刻辞"(例图51)即是。

所谓"鹿头刻辞",即在鹿头骨上刻有文字。殷墟科学发掘甲骨文共得鹿头刻辞两,一为《甲》3940(例图52),一为《甲》3941。《甲》3940记"戊戌王蒿田……文武丁必……王来征……",此为第五期帝乙、帝辛时之物。

所谓"牛头刻辞",即在牛头骨上所刻的记事文字。殷墟科学发掘只得一件,即《甲》3939(例图53),所记商王某祀肜季田于某地获此白兕之事,为第五期帝乙、帝辛时之物。

所谓"骨柶刻辞",共发现两件。一件骨柶著录于《佚》518(例图54),一件为《佚》427。此骨柶刻辞又称"宰丰骨",其考释可参看郭沫若《殷契余论》所收《宰丰骨刻辞》的专论②,此不赘述。

所谓"虎骨刻辞",是刻在虎骨上的纪念文字。百多年来殷墟只出土一件虎骨刻辞,原件现藏加拿大多伦多博物馆。虎骨刻辞拓本已著录于《怀特》B1915(例图55),记载辛酉日商王田猎于鸡录获虎之事,为第五期帝乙、帝辛时物。

以上所举与占卜无关的记事文字,实际上是殷商时代的"应用文"。我们可以看到,除了虎骨刻辞是自左下行而右以外,其他大多是自右下行而左的。文字改革后书写习惯改为自左而右横行,在此以前,自右下行而左的书写习惯由来久矣,滥觞于三千多年前的商王朝③。

第三节　殷人一事多卜和卜辞同文

殷人每灼龟占卜一次,就在兆枝的左(或右)上方刻下兆序,卜毕将所

---

① 参见陈梦家:《殷虚卜辞综述》,第三二五至三二七页。

② 郭沫若:《甲骨文字研究》。

③ 参见董作宾:《殷代"文例"分"常例""特例"二种说》,《中国文字》,第六期。

问之事刻在有关卜兆附近，也就是通常所说的卜辞“守兆”。在甲骨上，刻辞的走向一般是“迎兆”而不“犯兆”。换一句通俗的话说，就是刻辞的走向与兆枝恰好相对，但又不能把字刻在卜兆上。兆序不仅与附近的卜兆有着密切的关系，还表示有关卜兆附近卜辞的占卜次数。

殷人占卜，往往从正面问了，又从反面问，这就是所谓的“正反对贞”。殷人有时一事一卜，但不少卜辞是一事多卜的。有一事二卜、一事三卜（如《前》7·2·2，例图56）、一事四卜、一事五卜、一事六卜、一事七卜、一事八卜（例图57，《前》3·1·1）、一事九卜、十卜、十一卜、十二卜、十三卜、十四卜、十五卜、十六卜、十七卜，直至一事十八卜。

但是，殷人一事多卜，“又有在不同之甲骨上为之者，则同一卜辞，常刻于每一甲骨。即今所谓卜辞同文之例也”①。也有人称之为“成套卜辞”或“成套甲骨”②。甲骨文中有不少“卜辞同文”的例子，过去的研究者常略而不顾。胡厚宣先生首发其轫，全面整理后，发现“两版或两版以上之甲骨，有一辞相同者，有二辞相同者，有三辞相同者，有四辞相同者，有五辞相同者，有六辞相同者，有八辞相同者，有多辞相同者，有辞同卜序相同者，有同文异史者，有同文而一事之正反两面者”③。

所谓“一辞同文”，就是同一件事情在不同的甲骨上反复卜问，不同甲骨上所刻的卜辞文句完全相同，只不过是兆序有别而已。二卜同文的，如例图58的《后下》37·2和《库》1596。这两版都是牛胛骨上部近骨臼处，《后下》37·2为第一卜，而《库》1596为第二卜。

三卜同文的，如例图59的《后上》16·8及《前》5·22·2，二骨同为牛肩胛骨近上部骨臼处。《后上》16·8为第二卜，而《前》5·22·2为第三卜，本辞还应有一骨为第一卜，但未见著录（可能尚未发现或未能保存下来）。

四卜同文的，如《福》11，《前》4·24·1，《后上》16·11，《前》4·24·3（例图60）等四版，关于灵妃不死卜问了四次。

---

①③　胡厚宣：《卜辞同文例》。

②　参见张秉权：《卜龟腹甲的序数》。

还有一事五卜的,就是所问之事,分别在五块甲骨上进行卜问。

所谓"二辞同文",即在不同的甲骨上,所卜二事相同,但所卜次数不一。有二卜者,如《佚》862 所问两事都为第一卜,而《龟》2·24·5 为另一骨,所问两事分别与上一版相同,但皆为第二卜(例图 61);有三卜者,就是一版上所卜二事,需要用三块甲骨占卜三次。

所谓"三辞同文",即在一块甲骨上卜问三事后,又在另外的甲骨上继续卜问上版之三事。据胡厚宣先生研究,"三辞同文之例,皆两卜"①,就是两块甲骨上所刻三辞皆相同。

"四辞同文",就是在一块甲骨上卜问四事以后,还要用另外的甲骨继续占问此相同四事。有用两块甲骨的,也有用三块甲骨的。而"六辞同文",就是在一块甲骨上卜问六事以后,还要在另外的甲骨上继续占问此相同六事。虽然有时各版辞句详略稍有不同,但仍可看出各版有关卜辞所卜之事。

所谓"八辞同文",就是在一版甲骨上卜问八事以后,又在另一甲骨上继续卜问此相同八事。有用两骨者,如《佚》374 及《簠征》1 和《簠天》1 即是(例图 62)。

还有所谓的"多辞同文"例。就是在一版甲骨上有多条卜辞,但在另外的甲骨上也有相同的刻辞。有二卜,即二版者;有三卜,即三版者;也有四卜,即四版者。如《续存》388、《乙》6877、《乙》727 即是第二版、三版、四版,而第一版缺佚(例图 63)。

而所谓"同文正反",就是在不同甲骨上占卜某事,有的甲骨刻辞为正问,有的甲骨刻辞为反问;通常由不同贞人完成,因而又叫"同文异史"。如《续》3·2·2 和《前》7·35·1,同为"癸酉"日卜,所问均为伐工方之事,只是贞人不同(例图 64)。

上述所谓"卜辞同文"种种②,实际是一事多卜后,将内容相同的卜辞刻

---

① 胡厚宣:《卜辞同文例》。

② 胡厚宣《卜辞同文例》论述颇详赡,并附图例二百七十三幅,可参看。

在不同的甲骨上。兆序的系连，使我们知道了它们之间的关系。因此，又有学者称这种成组、成套的甲骨为“成套甲骨”①。一事多卜以后，也有将卜辞刻在一块龟甲（或兽骨）之上的，这就是同版甲骨上的“同文卜辞”，或称之为同版甲骨上的“成套卜辞”。如《乙》6668 右之一、二、三辞同文，而左之一、二、三亦为同文，一套卜辞卜问的是同一内容（例图 65）。

龟甲和兽骨上同文卜辞和成套甲骨研究的发凡启例工作，是胡厚宣最早系统进行的。其后，张秉权又作了不少补苴和深入研究工作。对同文卜辞和成套甲骨的认识，于甲骨学的研究很有意义。同一版甲骨上的同文卜辞，既可以使我们用各条互校疑难文字，又可认识卜辞为什么有时“省略得出奇”。原来，“是由于它处在对贞或成套卜辞之中的关系，所以不必重复地将完全的句子写下来，也可以教人一望而知的”。此外，殷人有时每卜一次刻一辞，也有时卜数次刻一辞，如前举《乙》6668（例图 65）卜九次。因此，卜辞条数并不一定能代表当时真正的占卜次数。所以“对于用卜辞的统计来作为研究殷史的基础，便发生了严重的单位上和方法上的问题了”。也就是说，“我们忽略了卜兆序数，而仅以一条或一片卜辞，代表一次贞卜，那么对于上述各例的成套卜辞和成套腹甲，在统计的时候，势必重复地加以计数。如此，则在统计的单位上，先已发生了严重的问题，所得的结果，就不能够准确了”②。这是我们在研究时应加以注意的。

据目前材料，成套的龟甲和兽骨还没有超过五版以上的。成套的龟，大小基本相同，可能是平时将卜材的龟有意存放一起，卜时逐个使用的。

第四节　特殊的卜辞举例

虽然绝大多数卜辞程式规范，可谓“千篇一律”，但一般之中也有特殊，即也有卜辞在文字刻写方面，或在单词方面，或在行款方面以及占卜契刻

①② 参见张秉权：《卜辞腹甲的序数》。

方面与通常的卜辞不大一样。认识这些卜辞的特殊之处,对我们通读它们是有所裨益的。

一、在文字方面,因为一些字小卜辞,“往往随刀一刻,即可成文。因其不先经书写,少一层校对工夫,故常有夺字、衍字、误字之处;亦有发现有误之处,乃删,乃添,或删而又添者。此例于各期卜辞中所见至多”①。

所谓“夺字”,就是一条卜辞文意不全,契刻时遗漏了文字。这种情况,在第一至第五期甲骨文中都可以看到。如《续》3・8・9片之“共征土方”,应为“共人征土方”,漏刻一“人”字(例图66)。

“衍字”,就是多刻了文字。如《萃》1212之“□□〔卜〕,□,〔贞〕□□父丁□亡尤,在在自賓卜”(例图67),多刻一个“在”字。

“误字”,就是在卜辞中刻错了字。如《契》275片(例图68)之“甲卯卜,贞王宾……”,“甲卯”地支“卯”明显刻错。因为“六甲”即甲子、甲寅、甲辰、甲午、甲申、甲戌,而没有甲卯。

有时刻写卜辞漏字,后又加以添补。如《前》7・30・4(例图69)辞为“〔乙〕酉卜,争,贞乎妇好先共人于宠”,在“好”与“共”字之间,“先”字很显然是添字。漏字填补之例各期多有。《佚》216+《甲》2282片(例图70)之“□未卜,求自上甲、大乙、大丁、大甲、大庚、〔大戊〕、中丁、祖乙、祖辛、祖丁十示率牡”,辞中之“求”与“上甲”之间添一“自”字,其旁并划有添字记号。

也有的卜辞刻字之后又删去,如《虚》634之“癸□甲”之“癸”字上画一圆圈,表示此字已圈去(例图71)。《后上》12・12+《后上》13・2片(例图72)之癸卯日卜条,“王步”之后原刻“亡灾”,但后来于“贞王步亡”与“灾,在八月”两行间又添加“自某于某”一行。便将原刻“步亡”之“亡”字删去,另刻一小“亡”字与灾字相连。

此外,还有的卜辞文字间留有空处不刻文字,这就是所谓“空字未刻”例。而辞中所空的地方,“以地名为多,人名次之,间亦有纪日之干支。由此乃知卜辞之刻,不必尽在贞卜之当天,或亦在贞卜之后若干日以后”。“空而不刻,以待他日之填补”②。《续》3・35・4“〔辛〕卜,出,贞今夕亡祸”

①② 胡厚宣:《卜辞杂例》。

（例图 73），辞中“辛”后所空位置当为一未刻待补之地支字。

也有的卜辞中有个别字与通篇相倒的，“最常见于廪辛康丁时之卜辞中，尤以‘贞人’彭，最喜写倒字；武丁及帝乙帝辛时之卜辞中，亦间或有之。而武丁时之‘甲尾刻辞’，于入龟之人名字，亦每喜倒书”①。《后上》26·5 片“甲辰卜，宾，贞帝于……”（例图 74）的“帝”字倒刻。《甲》2417 片的贞人名三个“彭”字均倒刻（例图 75）。

还有文字侧书的情况。如《甲》2079 片之“鹿”字侧书（例图 76）。这是第三期廪辛康丁时的“一种风尚，即于通篇皆正书之文字中，或以一字侧书”②。在“卜王”卜辞的兆序中也有侧书的，如前举《萃》1328（例图 18）的兆序五、六、七、八、九即是。

有的卜辞中个别文字契刻松散，好像是两个字，这就是所谓“一字析书”。《甲》903（例图 77）之“洹”字，似分为“亘”、“水”二字。

二、单词方面有时也有特例

卜辞人名皆有定制。但有时二字先后颠倒，这就是所谓的“人名倒称”。《萃》193（例图 78）之“甲大”，实为大甲的倒刻。

也有记时干支和成语倒刻的。《佚》493（例图 79）之“辰庚卜”，是“庚辰卜”之误刻。而《前》2·3·4 的“灾亡”，应是“亡灾”的颠倒（例图 80）。

三、在卜辞行款方面，也有一些与常例不同。有的叙辞、命辞杂乱无章，几乎不能属读。《甲》2773 片（例图 81）“贞旬亡卜亘癸丑祸”，实为“癸丑卜，亘，贞旬亡祸”。

有的卜辞横行，与一般下行而左（或右）不同。有的自右向左横行，如《后下》3·8（例图 82）。也有的自左向右横行，如《甲》2333（例图 83）的“上甲、报乙、报丙、报丁”即是。

还有的卜辞左右兼行。一般卜辞常例，应左行，或右行。但有时因“甲骨余地不足，左行者或转而右行，右行者或转为左行，或转于左而右行”③。《佚》281（例图 84）“辛巳卜，狄（居中），贞王田往（居右）来亡灾（居左）”即是

①②③　胡厚宣：《卜辞杂例》。

此例。

在牛胛骨的右左边缘部分,刻辞往往分段契刻。这是“因地位狭隘,刻字乃不能过大或过多”。“否则,一辞即不得已而分为上下两截”①,这就是“一辞分刻两段”。如《前》1·52·5(例图 85),即将一条卜辞的叙辞“壬寅卜……”和命辞“贞王……”分刻为二段。

有的同一面上的卜辞走向互有颠倒,如《甲》2766(例图 86),上部之“□□卜,何,〔贞〕……㞢祖辛”自上而下,与常例没有区别。但下段卜辞“贞其令乎射鹿。驭”全辞倒置,与常例走向相反。也有的甲骨正、反面文字走向相倒,与常例正、反面的文字走向一致不同。如《甲》2698(例图 87),正面各辞走向都为常例,而反面的二字,当为将骨倒置所刻。

四、占卜契刻方面的特例。有一些刻辞与常例不同,但不是因文字、单词或行款方面的错误,也不是因设计不周密造成的。而是因为与一定的占卜程序有关。如《萃》1424(例图 88)之占卜记有二贞人名。商代各期占卜,除第四期卜辞所见贞人较少(只一名“历”者)外,其他各期卜辞常记贞人。一般说来,一条卜辞只记一贞人名。但也有二人同占者。此片上出现之一个贞人,“每与其他史官如争、宾、内等并贞,又祖庚祖甲时亦有大、即两史同贞之一例”。究其原因,“或其中之一史官为后起,于贞卜之事,尚不甚娴熟,故常挟他史官以助之也”②。

商人占卜契刻,多为当时所为。即一条卜辞的叙辞、命辞、占辞为卜后当时所记。只有验辞,是经若干时日所卜之事应验后所补记。但也有“追刻卜辞”的特例。所谓“追刻”,即卜辞记贞卜之日的叙辞,与命辞中所记贞卜之日不同。如《甲》697(例图 89),叙辞为“癸未”,但命辞中为“今乙酉”。癸未与乙酉相距三日,此辞当为癸未日占卜之后,过了三天——“今乙酉”追契。

一九九一年殷墟出土的花园庄东地甲骨,不仅为有关“子”家族的研究提供了丰富的资料,而且文字怪异,行款、文例复杂,不少为前所未知。《殷

①② 胡厚宣:《卜辞杂例》。

墟花园庄东地甲骨》的编纂者在释文时，取得了成绩并在行款识读方面有所突破。而姚萱《殷墟花园庄东地甲骨卜辞的研究》（线装书局，二〇〇六年）和韩江苏《殷墟花东 H_3 卜辞主人"子"研究》（线装书局，二〇〇七年）在前人研究基础上，在文字的释读和行款文例的辨识方面，都有所创新和突破，推动了甲骨文例研究的深化与前进。

第九章　甲骨文的分期断代(上)

本书第三章第二节“甲骨文时代的确定和小屯为殷墟的研究”曾指出：“甲骨文为‘殷室王朝之遗物’的确定，大大提高了它的学术价值，从而为史料较少的殷商文化研究提供了一批时代明确的珍贵资料”。而“关于小屯村为盘庚迁殷后晚商都城的研究，不仅明确了甲骨文为晚商之物，也进一步为以后进行的分期断代研究确定了具体的时间范围”。但仅仅如此，还不能满足甲骨学和商史研究的需要。

这首先是因为自盘庚迁殷至纣之灭，约计二百七十三年的晚商社会的政治和经济的发展并不是一成不变的，而是处在不断的变化和发展之中。因此，只有将这一时期的甲骨文材料进行区分时代的处理，也就是将这十五万片甲骨材料分别统归于它所相当王世的具体时期，才能把有关商代社会历史的研究置于可靠的基础之上。其次，十五万片晚商甲骨文本身，在文字、礼制、经济、政治等方面的内容，每个时期也都有它自己的不同特点。因此，不仅甲骨学本身的发展有必要将甲骨材料进行分期研究，而且大量材料也为分期断代研究提供了可能，其三，一九二八年开始的殷墟科学发掘工作，为甲骨文的分期断代研究提供了大量新鲜材料和重要的启示。而殷墟文化分期绝对年代的确定，也需要甲骨学分期断代研究的成果提供确切的佐证。

甲骨学大师董作宾的名作《甲骨文断代研究例》一九三三年发表以前，虽然不少前辈学者对甲骨文分期断代研究进行过一些探索，但他们将晚商二百七十三年“层垒”造成的甲骨文材料，还只是作“平面”——即横向处理，笼统称之为“殷墟书契”或“殷墟甲骨文”。董作宾这一著作发表，才凿破晚商二百七十三年甲骨文的一团“混沌”，使之犁然贯通，横中有纵，十五万片甲骨文这才尽在经纬之中。

掌握甲骨文分期断代的基本理论和方法，不仅对初学甲骨学的人十分必要,而且也是研究甲骨学和殷商史的重要基础工作之一。只有如此,才能“把每一时代的卜辞,还他个原有的时代,那么,卜辞的价值便更要增高,由笼统的殷人二百年间的卜辞,一跃而为某一帝王时代的直接史料了”①。

第一节　甲骨文分期断代的探索

和其他考古新材料的出土一样,一八九九年殷墟甲骨文发现以后,学者们着手解决的重要问题之一,就是判明它的时代。所谓判明时代,包含两个方面的内容:一是它的大时代。也就是说在中国历史发展的长河中,它相当于哪个阶段(或朝代)。这一问题,经过学者们的探索,甲骨文为晚商遗物已属确定无疑。二是它的具体时代。中国历史上的商王朝,又可划分为不同的时期(或王世)。每一片甲骨文究竟相当哪一位商王时期,这在研究中也必须搞清楚的。因为只有将甲骨文的具体时代判明,才能从十五万片甲骨文里钩稽出商代信史。

自一八九九年甲骨文发现起,学者们就开始了判明甲骨文时代的探索。本书第三章第二节“甲骨文时代的确定和小屯为殷墟的研究”部分,已对王懿荣、刘鹗、罗振玉、王国维等学者对甲骨文时代的研究作了介绍。通过这些学者的努力,甲骨文这一不见经传记载的古代文化艺术珍品,才“从公元前二十一世纪至十一世纪的夏商二代”,逐步明确“是殷代后期从盘庚迁殷到纣辛灭国八世十二王这一段时间的遗物”②,从而为史料较少的商代社会研究提供了十五万片第一手材料。

学者们并未就此止步。随着甲骨学研究的逐步深入,又开始了将晚商二百七十三年甲骨文进行分期断代的探索。王国维在《殷卜辞中所见先公先王考》一文中,“首先用卜辞的称谓定甲骨的年代,大约罗振玉也已有见于此”③,这就是王国维文中所注的“罗参事说”云云。王国维当时考察了下

---

① 董作宾:《大龟四版考释》。
② 王宇信:《建国以来甲骨文研究》,第七至八页。
③ 陈梦家:《殷虚卜辞综述》,第一三五页。

述卜辞:

癸酉卜,贞王宾父丁岁三牛眔兄己一牛,兄庚□□,□□。(《后上》19·14)

癸亥卜,贞兄庚……兄己……(《后上》7·7)

贞兄庚……眔兄己其牛。(《后上》7·9)

并论断说,"考商时诸帝中,凡丁之子无己、庚二人相继在位者,惟武丁之子有孝己(战国秦燕二策、《庄子·外物篇》、《荀子·性恶》《大略》二篇、《汉书·古今人表》均有孝己。《家语·弟子解》云:高宗以后妻杀孝己。则孝己武丁子也),有祖庚、祖甲,则此条乃祖甲时所卜。父丁即武丁,兄己兄庚即孝己及祖庚也。孝己未立,故不见于《世本》及《史记》,而其祀典乃与祖庚同"①。王国维此说虽早在一九一七年发表,但所论确极为精到。上述卜辞为祖甲时物,即我们今天所说的甲骨文第二期。

此外,王国维在考察《后上》25·9"父甲一牡、父庚一牡、父辛一牡"时,论证了"此当为武丁时所卜。父甲、父庚、父辛即阳甲、盘庚、小辛,皆小乙之兄,而武丁诸父也(罗参事说)"②。这一考证也是颇有见地的。此片确实为武丁时所卜,即我们今天所说的甲骨文第一期。

可以说,早在一九一七年左右,王国维、罗振玉就开了以"称谓"定卜辞时代的先河,这是难能可贵的。由于在王国维生活的时代,殷墟科学发掘工作还没有进行,所以完成甲骨文分期断代并使之系统化的使命,是不可能由他们完成的。但他们在探索时闪耀的有关"称谓"的思想火花,无疑对后辈学者凿破甲骨文二百七十三年的"鸿濛"是有很大启示的。

其后在一九二八年,明义士也曾尝试根据"称谓"对甲骨文进行分期断代。他所编辑的《殷虚卜辞后编》一书的手稿,即为董作宾、胡厚宣《甲骨年表》一九二四年"小屯村人因筑墙,发现一坑甲骨文字,为明义士所得,其中有极大者"所记的一批。"此编原分装九大册,每页一片,前六册为藏甲,后三册为藏骨"③。一九七二年由许进雄整理为上、下二册出版。明义士当年

① 王国维:《殷卜辞中所见先公先王考》,《观堂集林》,第四三一页。

② 王国维:《殷卜辞中所见先公先王考》,第四三四页。

③ 许进雄:《〈殷虚卜辞后编〉编者的话》,艺文印书馆,一九七二年。

曾作有序(但未发表),序中说:

一坑之集合(笔者按:即一九二四年小屯出土的一坑)。此屉之整理,先分二部分,一部分为田猎、游行之事,一部分为祭祀之事。此卷之所著录者,则为关于祭祀部分者也。

此一部分之已整理者,按时代之先后,区之为二,即甲屉与丙屉是也。其残余不联读之卜文,加在小四方孔中。

甲屉二(即《明后》3051—3076),武丁时。

武丁称小乙为父乙,母为母庚;羊甲为父甲,盘庚为父庚,小辛为父辛。此屉诸骨,为武丁后半期所卜者。此时代以前之字体,在兽骨重要部分所得者,在一、二集中。

甲屉三(《明后》3077—3095)

与甲屉二同,但无直接提及父乙及字形之整理。

甲屉四(《明后》3096—3126)

与甲屉二及三同。

甲屉五(《明后》3127—3145)

祖庚称武丁为父丁。

在此时代中之兽骨,未有称祖已为兄已者,其字形为大。小乙之所以称为小乙者,乃其孙之所称,因其先祖中已有祖乙之称在祖庙中也。予曾以长时间,疑此大字诸兽骨,或属于盘庚、小辛及小乙之时代,彼等之称及祖丁,但此骨之有父丁及小乙者较之,可决属于祖庚时代。

甲屉六(《明后》3146—3161)

与甲屉五同时,并不在祖庚时代以前,且无祖甲时王宾字体之特点。其字形大而粗草。

甲屉七(《明后》3162—3187)

与甲屉五、六同。

丙屉二(《明后》3220—3239)

祖甲称武丁为父丁,孝已为兄已,祖庚为兄庚。此时代之字体,变为小而细整,尤以王宾等字,特用一种横笔。

丙屉三(《明后》3240—3263)祖甲时。

丙屉四(《明后》3264—3293)康祖丁时。

丙屉五(《明后》3294—3329)同上。

丙屉六(《明后》3330—3354)武祖乙时。

丙屉七(《明后》3355—3381)同上①。

从上引明义士《殷虚卜辞后编》序中可以得知,他当时也是用甲骨文中的"称谓",并较早地注意到"字体",力图对一九二四年小屯村中出土的一批甲骨进行分期处理。众所周知,小屯村中及村南所出甲骨多为较晚的第三期及第四期物,即为"康丁、武乙、文丁三王卜辞",明义士定其为武丁及祖庚时代,是因为他把卜辞中的"父丁"误认为是武丁,"其实是武乙称康丁";又把"父乙"误认为是小乙,而"其实是文丁称武乙","因此他的断代不免全错了"②。虽然如此,明义士在进行分期断代研究时提出的甲骨文"字体"的变化,无疑对后来的分期断代研究是很有意义的。

真正较为缜密系统的分期断代研究,是一九二八年殷墟科学发掘工作开始以后,由甲骨学大师董作宾进行的。一九二八年十月第一次试掘殷墟时,"开工的第一天,是十月十三日,在相距甚远的地方,挖了四个新坑,结果是大失所望,一片甲骨也没有找到"。第二天以后,才改变了方案,依照本村工人的经验,在所谓"第一区"第九坑,即"村北靠近洹水南岸的朱姓地内,翻挖曾经挖过多次的旧坑,找到了许多破碎腐朽的甲骨文字"。又在所谓的"第二区"第二十六坑,即"朱地的西南,刘姓地内,也找到了旧坑",出了一些甲骨文。还在所谓的"第三区"第二十四坑,即"在小屯村中张姓菜园里,又找到了一个未经挖过的新坑",也出土了一些甲骨文。当时主持发掘工作的董作宾仔细观察了上述三个不同区域所出的甲骨文字后,认为"三区各自成为一组,各有特异之点"。即:一区第九坑出土许多规整小字,

① 明义士此序未发表。此处引自李学勤:《小屯南地甲骨与甲骨分期》所附明义士《〈殷虚卜辞后编〉序》,《文物》,一九八一年,第五期。

② 陈梦家:《殷虚卜辞综述》,第一三五至一三六页。

也有雄伟大字;第二区第二十六坑没有一块小字的甲骨片,但有一种较为细弱的书体;而第三区第二十四坑,甲骨书体和一、二两区大不相同。

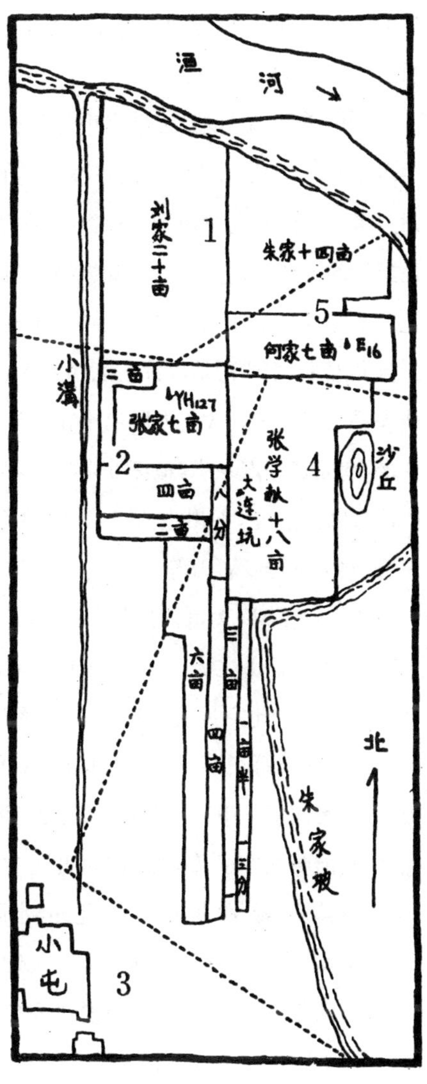

甲骨出土区域图

正是“由于三个地方出土的甲骨文字的不同”,董作宾得到“一个很大的启示”。正如他自己所说:“使我时时刻刻在苦思冥索,要找出一个可以判别卜辞时代的方法。”①董作宾看到甲骨文有“字形之演变,契刻方法与材料之更易”,认为这“决非短时期内所能有”,因此他在一九三三年《甲骨文断代研究例》一文的“十项标准”确立以前,就开始酝酿分期断代的依据和标准。在一九三一年发表于《安阳发掘报告》第三期的《大龟四版考释》一文中,设想分期断代工作“应从各方面观察而求其会通,大要不外下列的数种”,即“一、坑层,二、同出器物,三、贞卜事类,四、所祀帝王,五、贞人,六、文体,七、用字,八、书法”等八项。特别是其中“贞人”一项的提出,是受一九二九年第三次科学发掘殷墟时,著名的“大连坑”南段的长方形坑内,发现四版大龟甲的启示。因为它们“是同时同地出土,又比

① 参见董作宾:《〈殷虚文字甲编〉自序》。

较的完全,所以同时来研究它们,就称它们为大龟四版”①。例图90(《甲》2121)即是其中之一。

以出土“大龟四版”而闻名甲骨学史的“大连坑”,实际上是四个(东段、中段、西段、南段)坑口长、宽各不相同的遗迹相连而成。当时尚处在我国田野考古学的初期阶段,发掘者还不善于依土质、土色的变化划分地层,用地层学的方法处理文化遗迹和遗物。而只是根据下挖的深度多少,处理并记录该深度出土什么遗物。实际上大连坑的四部分是:东段距地表深二至二点九五米,中段距地表深三点四五米,西段距地表深二点四五米,南段距地表深三点五米。大龟四版出土在大连坑的南段长方坑内。此坑“东西长三米,南北宽一点八米,最深处未见底,距地面五点六米,距坑口二点一米;坑口有隋墓一座,下出整龟一,刻字龟版四;再下有蚌壳一层,再下又有贝一层,并夹铜器及石刀等”②。

董作宾受到“大龟四版”的启示,第一个提出了“贞人”说。所谓“贞人”,即“贞卜命龟之人”。卜辞中位于叙辞干支之后,命辞贞字之前的一个字即为其名。此字过去甲骨学者或疑为官名,或疑为地名,或疑为占卜事类。真是众说纷纭,但在辞中都扞格难解。董作宾依据新出土的“大龟四版”中之第四版(《甲》2122),始确定此字为人名。如果贞字之前的此字为地名,其前要加“在”字,如“在向贞”、“在潢贞”等等。因此他断言,“只言‘某某卜某贞’者,决非地名”。此外,本版全为卜旬之辞,如果贞上此字为卜贞“事类”或“职官名”,“则应全版一致”。但这一“卜旬之版,贞上一字不同者六,则非事与官可知”。他说:“可知其决为卜问命龟之人,有时此人名甚似官,则因古人多有以官为名者。又卜辞多‘某某王卜贞’及‘王卜贞’之例,可知贞卜命龟之辞,有时王亲为之,有时使史臣为之,其为书贞卜的人名,则无足疑。”③

---

① 董作宾:《大龟四版考释》。

② 李济:《民国十八年秋季发掘殷墟之经过及其重要发现》,《安阳发掘报告》第二期,第二二六、二三六页,一九三〇年。

③ 参见董作宾:《大龟四版考释》。

“贞人”的发现,对甲骨文的分期断代有着重要的意义。这是因为“凡见于同一版上的贞人,他们差不多可以说是同时”的。上举“大龟四版”之一的《甲》2122片,共有六个贞人,他们在九个月的时间内,轮流贞旬。“他们的年龄无论如何,必须在九个月内是生存着的,最老的和最少的,相差也不能过五十年。因此,可由贞人以定时代”①。“贞人说”使甲骨文分期断代的解决始露端倪。

此后,董作宾曾将《铁云藏龟》、《殷虚书契菁华》等书中出现的同版贞人材料,选出有关的卜辞与“大龟四版”中出现的贞人相比较、印证,“已略可知四版的贞人,大概是在武丁、祖庚之世”,而且从“帝王,书体,同时人名等都可以互证的”②。

董作宾“贞人”的发现和其他几项标准的设想,为他其后发表的《甲骨文断代研究例》这篇甲骨学史上划时代的名作奠定了基础。自甲骨文一八九九年发现以来,罗振玉、王国维等前辈学者所没有能分开的浑沌一团的殷代史料,在殷墟科学发掘以后,被董作宾划分为井然有序的五个不同时期。在一定意义上说,正是有了近代田野考古学的科学方法,董作宾才有可能凿破鸿濛,把甲骨学商史研究推向一个高峰。

第二节　分期断代“五期”说及“十项标准”(上)

董作宾在《大龟四版考释》中提出“贞人”说和设想了其他几项标准以后,又进一步研究了安阳殷墟五次科学发掘以来所得的甲骨材料。此时他“因坑位及出土的甲骨文字的差别,于是更有从文法、词句、书体、字形等方面区分时期的标准”的得出③。原来在《大龟四版考释》中设想的八项标准,经过补充、修正,终于日臻缜密和成熟。这就是董作宾于一九三二年写出并于一九三三年发表的《甲骨文断代研究例》。

---

①② 参见董作宾:《大龟四版考释》。

③ 董作宾:《甲骨文断代研究例》。

《甲骨文断代研究例》,是一篇十万余言的著作。文中构筑的“五期”分法和“十项标准”,至今还是国内外甲骨学界和商史研究中所普遍使用和承认的基本方法。可以毫不夸大地说,这篇甲骨学研究史上的名作,震聋发聩,钩深致远,为甲骨学商史研究开辟了一个全新时期。几十年来,成为几代甲骨学者的基本入门教科书。所谓甲骨文分期断代研究,就是董作宾分期断代学说的继承和发展。

在《甲骨文断代研究例》中,董作宾将盘庚迁殷至纣之灭这二百七十三年、八世十二王的殷墟甲骨文,分为下述五个不同时期,即:

第一期,武丁及其以前(盘庚、小辛、小乙。四世四王);

第二期,祖庚、祖甲(一世二王);

第三期,廪辛、康丁(一世二王);

第四期,武乙、文丁(二世二王);

第五期,帝乙、帝辛(二世二王)。

这五个不同时期,是用下述十项标准研究甲骨文得出的:

> 一、世系,二、称谓,三、贞人,四、坑位,五、方国,六、人物,七、事类,八、文法,九、字形,十、书体。

这“十项标准”犹如一把钥匙,为我们打开了看来似是“浑沌”一团的十五万片甲骨时代先后的大门,使其“各归其主”,有条不紊地划归五个不同时期,隶属八世十二王的名下。因此,熟练地掌握上述分期断代的“十项标准”,不仅是初学甲骨文的基础训练,而且在甲骨学和商史研究工作中也将受益无穷。

这里先将分期断代实践中较为常用和行之有效的几项标准,即世系、称谓、贞人、字形、书体介绍于下。

所谓“世系”,就是商人祖先的世次。世次就是位次,包括直系及旁系,由此可知商先王之间的远近亲属关系。《史记·殷本纪》列有商人先公先王的世系。王国维据卜辞研究,作有《殷卜辞中所见先公先王考》及《续考》①。他

① 王国维:《观堂集林》卷九。

指出“有商一代先公先王之名,不见于卜辞者殆鲜”,并纠正了《史记·殷本纪》所列个别商王世次之误,认为“《世本》、《史记》之为实录,且得于今日证之”,司马迁虽距商朝已远,但他的记述是可信的。经过进一步研究,一九二五年他在《古史新证》中又进一步得出,有商一代三十王,不见于卜辞的只有六王(除帝乙、帝辛)了。到了一九三三年,董作宾《甲骨文断代研究例》发表时,则殷“所祀先王先公,止于文丁,可知最后主祀者为帝乙帝辛”。各代帝王,除末二世之外,全都见于卜辞中了(见后附商世系表)。《史记·殷本纪》所列先公先王的世系,基本可与甲骨文所出现的先公先王名次对照起来。

商汤灭夏(公元前十六世纪左右),建立了商王朝,因此后世称商汤(即大乙、唐)以前为“先公远祖”时期。这一时期又可细分为二段,即自帝喾到振的各祖先,为“先公远祖”;而自上甲微至示癸的各祖先,为“先公近祖”。商人的先公远祖契曾“佐禹治水有功”,被舜命为“司徒”,“封于商,赐姓子氏。契兴于唐虞大禹之际”①。契以下至主癸(示癸),基本上与历史上的夏王朝同时,为公元前二十一世纪至公元前十六世纪这一段时间,又可以称为“先商时期”。商汤(大乙、唐)到祖丁,后世称为“先王前期”;而自盘庚到帝辛,后世称为“先王后期”。自大乙(唐)至祖丁这一段先王前期,为历史上商王朝的前期和中期。自盘庚以后的各先王,定居今河南安阳殷墟小屯村一带不再迁都,是历史上商王朝的后期。殷墟所出十五万片甲骨文,就是这一段时间占卜的遗物。盘庚以前先公先王时期的有字甲骨还没有被我们所认识(或发现)。

“世系”这一标准在甲骨文分期断代研究中虽然不直接使用,但它却起着特殊的决定性作用。有了世系,才能把商族建国前后的历史从纵的方向竖立起来,纲举目张,其他各项标准才有了判明甲骨文时代早晚的客观根据。因此,为了分期断代研究的需要,最好把商世系表中商朝建国以后的直系先王名记熟。如果这一点比较困难,起码也要熟记盘庚以后的直系先

① 《史记·殷本纪》。

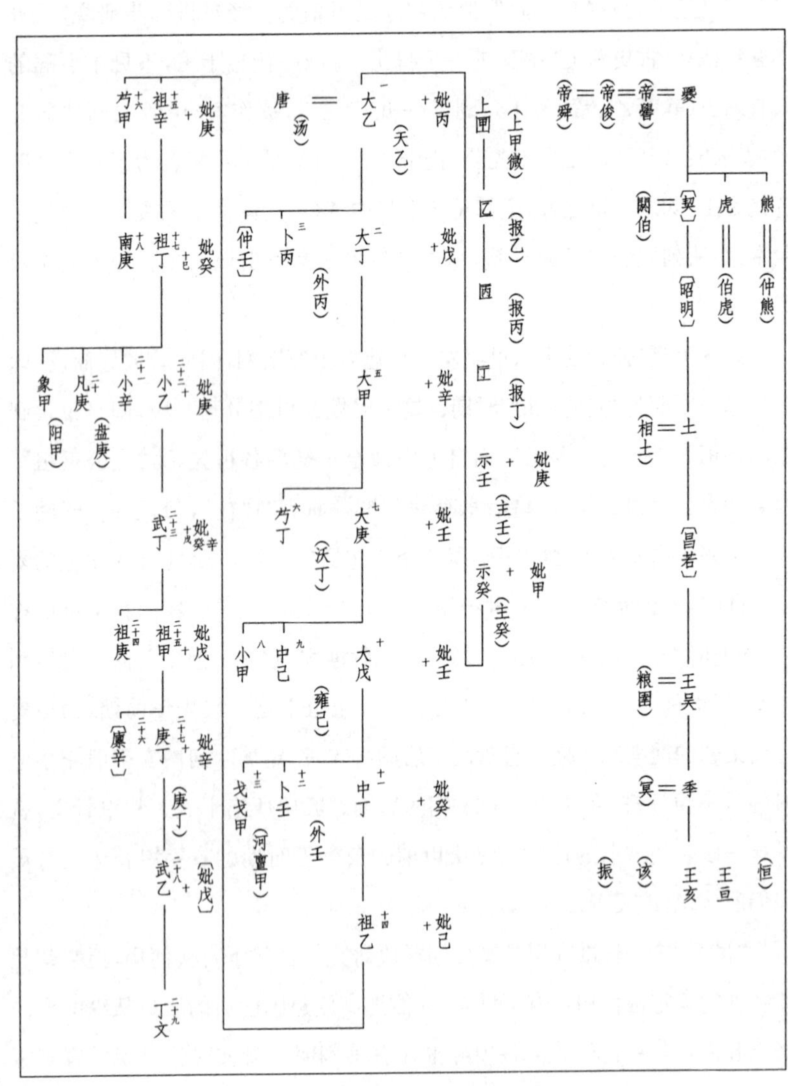

夒
(帝喾)
(帝俊)
(帝舜)
契
(閼伯)
虎
(伯虎)
熊
(仲熊)
(昭明)
土
(相土)
(昌若)
王吴
(粮圉)
季
(冥)
王亥
(该)
(振)
王亘
(恒)
上甲
(上甲微)
匚乙
(报乙)
匚丙
(报丙)
匚丁
(报丁)
示壬
(主壬)
妣庚
示癸
(主癸)
妣甲
大乙
(天乙)
妣丙
唐
(汤)
大丁
妣戊
卜丙
(外丙)
(仲壬)
大甲
妣辛
大庚
妣壬
芍丁
(沃丁)
大戊
妣壬
中己
(雍己)
小甲
中丁
妣癸
卜壬
(外壬)
戋甲
(河亶甲)
祖乙
妣己
祖辛
妣庚
芍甲
祖丁
妣癸
妣己
南庚
小乙
妣庚
小辛
凡庚
(盘庚)
象甲
(阳甲)
武丁
妣癸
妣戊
妣辛
祖甲
妣戊
祖庚
庚丁
(康丁)
妣辛
(廪辛)
武乙
(妣戊)
文丁

商世系表(据《卜辞通纂》)

王名次。尽管是下的“笨”工夫,但将使你在终生研究中受益无穷。

“称谓”是占卜时王对自己亲属的称呼。甲骨文多是在位的王命令史官为其卜问(或王亲自卜问)的,既然史官代表时王卜问或记事,自然卜辞中对所祭祖先的称谓,当以时王与其关系的亲疏、远近而定。时王称自己所祭的父辈为“父某”,母辈为“母某”,兄辈为“兄某”,子辈为“子某”;祖父、祖母以上亲属均称之为“祖某”、“妣某”。辈次更远者,则径称其名谥。据此,就可以在商世系表上将这个占卜的时王所处的时期清楚地推断出来。因此,用表示时王与各祖先关系的称谓判定甲骨文的时代,是分期断代的一个重要标准。

离时王较近的父辈、母辈、兄辈、子辈,称谓关系明确,在分期断代时是较为可靠而常用的。祖父母辈以上的祖先离时王较远,而且均称“祖某”、“妣某”,常出现同名的情况,则不易判断具体为哪位祖、妣,这就要结合其他标准做综合分析了。

我们可举几片卜辞作示例。首先要明确的是,在商世系表上,阳甲、盘庚、小辛、小乙为武丁的父辈,而祖己(未及位早死)、祖庚、祖甲为武丁的子辈;对祖甲来说,祖己、祖庚为其兄,武丁则为其父;而对廪辛、康丁来说,祖己、祖庚、祖甲则为其父辈了。

(一)《萃》310　(例图 91)

己卯卜,行,贞王〔宾〕兄己㱿〔亡〕尤。

□□卜,行,〔贞〕王〔宾〕兄庚〔亡〕尤。

□□卜,□,贞王宾叙亡尤。

此片为骨,刻辞相间,即卜祭兄己后,又卜祭兄庚。兄己、兄庚为祖甲对其两兄的称谓,因此该片时代应为第二期。更确切地说,是第二期祖甲时。而据此片也可以定贞人“行”为第二期贞人。

(二)《萃》313　(例图 92)有一辞云:

父己眔父庚酒。

(三)《萃》335　(例图 93)有一辞云:

其求在父甲,王受又。

已如前述,祖己、祖庚、祖甲是廪辛、康丁的父辈,即称之为“父己”、“父庚”、

“父甲”。则此二片时代为第三期廪辛、康丁时。

(四)《萃》334 (例图 94)

贞侑于父甲。

(五)《萃》306 (例图 95)

戊午卜,行,贞王宾父丁岁二牛……

(六)《萃》237 (例图 96)

于父丁又岁。

第四片称谓为父甲,当为武丁称其父阳甲,所以可定此片为第一期。此片上它辞出现的贞人“争”,也应为第一期武丁时贞人,而且书体作风也为一期特点(关于此,我们下面将详述)。第五片、六片都有“父丁”的称谓,在这种情况下,又如何据称谓以定其时代呢?那就要从总体上来考察了。首先,这两片甲骨的书体,一望即可知其作风不同。其次,在字体方面,如王字写法两片也不同。其三,贞人“行”是第二期人物。因此《萃》306 片之父丁,应是第二期祖庚、祖甲对其父武丁的称谓;而《萃》237 之父丁,当为武乙、文丁对其父辈康丁的称谓,故此片应为第四期物。

这样,根据称谓,我们就可以解决一批不具贞人名或具贞人名的甲骨片。与此同时,不少贞人的时代也就可以确定下来。

“贞人”,是商王朝代表时王占卜并记事的史官,他们都是商王朝的高级知识分子,不同的贞人供职于不同的商王。贞人的时代,是由甲骨上的称谓决定的,如前举第一期贞人“争”和第二期贞人“行”等。有的贞人根据其称谓既已判明时代,也就可以把与他同时出现于一版上的贞人,也定为同一时代,这就是“贞人同版”。如“大龟四版”之一的《甲》2122 所出现的六名贞人,又如《通》29(例图 97)之“争”、“宾”等等。我们再把根据“共版”关系的贞人与其他的贞人系连起来,就可以找出每一时期的贞人组。这样,就可以根据甲骨上出现不同时期的贞人,判定甲骨为该贞人所属时期之物。

甲骨文第一期武丁时代,由于他“享国五十有九年”①,在位的时间较

---

① 《尚书·无逸》。

长，故卜用甲骨也较其他各期为多。如《甲骨文合集》十三巨册，第一期武丁时代竟占七册之多。第一期甲骨文中贞人也较其他各期为多，第二、三期次之，第四、五期最少。尤其是第四期，只有一名贞人名“历”者（例图98、《甲》544）。现将各期较为常见的贞人列名于下：

第一期

㱿　亘　永　宾　争　韦　古　品吉　充

箙　史　内　負　偁

第二期

大　旅　即　行　兄　出　先　兵　喜

尹　卣　逐　涿　洋

第三期

何　宁　㹜　逢　口　彭　卯　专　買

專　吠　逯　定

第四期

历

第五期

黄　派　[illegible]

如此等等,以上仅是我们所列举的应掌握的各期基本贞人而已。中外学者整理全部甲骨文材料得知,目前共出现贞人一百二十八名左右。各位学者对有些贞人所属时代的看法,不尽相同。关于此,可参看文物出版社一九八〇年出版的孟世凯《殷墟甲骨文简述》一书第一二三至一二六页《(一)各家所定甲骨文卜辞贞人时期表》及其说明。还可参看一九八六年黄山书社出版的殷涤非《商周考古简编》第七十至七十六页《甲骨文卜辞贞人分期表》。

以上世系、称谓、贞人,三位一体,是甲骨文分期断代的基础。也有人称此三者为分期断代的"第一标准"。而在三者之中,贞人最为重要。这是因为"卜辞占卜者不外时王与卜人。时王在卜辞只署一'王'字,故无从定其为何王,只有从其对祖先的称谓而定。'卜人'即董氏所谓'贞人',于卜辞署其私名。占卜者之所以重要,因为仅仅依靠称谓断代,其材料究属有限。并且,单独的称谓不足以为断代的标准,如'父乙'可以是武丁称小乙,也可以是文丁称武乙"。所以"占卜者是最好的断代标准,因为:(1)同一卜人可以在不同卜辞中记载若干称谓,如卜人行于某某片称'兄己兄庚',于另片称'父丁',则行必是祖甲时人。(2)在同一版甲骨上往往载有若干卜人,他们是同时的人,因此将同时卜人见于不同版的诸种称谓汇聚起来,可以得到某一时代整个的称谓系统"①。

依据"第一标准",我们就可以定出时代明确的标准甲骨片。这些标准片包括没有贞人而由称谓决定时代的甲骨(但不很多),还包括较多的由贞人可定时代的甲骨。再通过对这些标准甲骨片的整理和归纳,还可以派生出其他的各项标准,诸如方国、人物、事类、文法、字形、书体等等标准去判断甲骨的期别。可以说,这些已是分期断代的"第二标准"了。

---

① 陈梦家:《殷虚卜辞综述》,第一三七页。

第三节　分期断代“五期”说及“十项标准”(中)

“字形”之所以能成为分期断代的标准,是因为学者根据“第一标准”确定了不同时期的标准片后,自然就可看出,似乎相同的一些常用字,在各期之中又有所不同。

几乎每一片甲骨上都要出现的“干支”字,在甲骨文字中最富有时代的变化,因而也就成了分期断代较为常用的重要手段。各期干支字的变化情形如后面所列《干支字演化表》(一、二)所示。

干支字演化表(一)

字形变化 干支 / 期别	甲	乙	丙	丁	戊	己	庚	辛	壬	癸
第一期 武丁										
第二期 祖甲										
第三期										
廪辛康丁										
第四期 武乙										
文丁										
第五期										
帝乙帝辛										

干支字演化表(二)

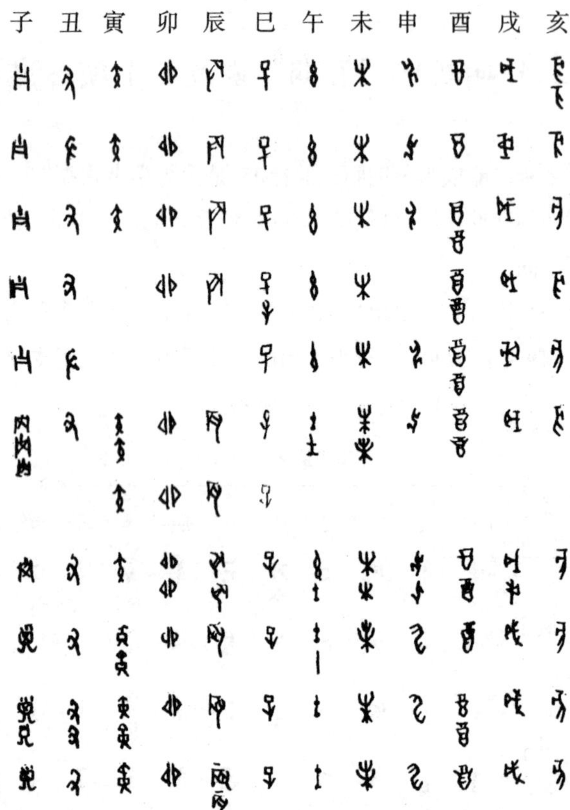

常见字变化表

还有一些常见字如"王"、"贞"、"侑"等等,其时代变化也较明显,如所列《常见字变化表》所示。

以常见的干支字和常用字的变化为基础,在分期断代的实践中,还会发现一些其他富于时代特点的字形。自己可以不断留心、比较,积累一批较富时代特点的字形。我们在遇到没有"称谓"或"贞人"的甲骨时,就可用其上出现的一些富有时代特点的"字形"进行分期断代。

所谓"书体",就是甲骨文的书写作风。由于时代和贞人不同,不同时期甲骨文字的作风总的说来也是不相同的,而每一期内也还有自身的细微

不同。这就是:

第一期　雄伟。有的字形体较大,笔力遒劲。也有的字形体较小,但刚劲。如例图99(《甲》3339)。

第二期　谨饬。文字大小适中,行款均匀整齐,疏密适度。如例图100(《通》75)。

第三期　颓废。常见文字错讹、行款散乱之作。当然,也有文字整齐清秀者,如前举例图92即是。例图101(《甲》2605)即是颓废者。

第四期　劲峭。文字峭拔耸立、粗犷豪放,被人称为“铜筋铁骨”。如例图102(《甲》635)。

第五期　严整。行款排列整齐,多有方整段落,文字细小,结构严整浑厚。如例图103(《通》571)。

从文字书体作风上看,第一期与第五期的区别一望可知。第四期与第一期较难区分,但仔细体会,也还是容易判别的。这就是第一期“文”,字秀丽、规整,第四期“野”,粗犷恣肆。第一期与第二期也容易区别,即第一期文字多雄伟、豪放,第二期文字却多拘谨而细小。第二期与第五期在文字规整、细小方面,有某些相似之处,但第二期文字刻画下刀多显得轻细,而第五期则显得下刀较粗重,有某些压抑感而不如二期轻快。如此等等,须仔细体会。

“书体”在分期断代中是不可忽视的一项标准。这是因为我们在分期实践中经常遇到不具称谓、贞人以及不具典型常用字或其他标准,诸如方国、人物、事类者。这时,我们就可根据书体作风,很快判定甲骨的期别。当然,书体作风仅用上述几句话是不易说清楚的,也是不能记住上述几句话就立刻能进行分期断代实践的。真可以说是只能意会,不可言传。但其奥妙,在分期断代学习和研究过程中反复体味和总结,还是不难掌握的。熟能生巧。书体作风的判别,就和我们见到一个陌生人,根据他的容貌、气质、声音等等,判断他的年龄一样,虽然不能精确得一岁不差,但大体上还是不会相去甚远的。

所谓“方国”,就是甲骨文上所记商王朝各个不同时期与周围方国的关系。方国这一标准,也是由“第一标准”所确定的时代明确的甲骨归纳出来的。因此,我们也就可以用每一个时期甲骨上经常出现的方国作标准,判明一些甲骨的时代。

所谓“人物”,就是甲骨卜辞中出现的史官、诸侯、臣属等人名。由于我们用“第一标准”确定了一些甲骨的时代,因而也就能够确定不同时代的一批自己的“当代”人物。这些不同时期出现的人名,自然也就可以用于判断出现其名的其他甲骨所属的时期。因此,“人物”也就成为分期断代的一项标准了。

所谓“事类”,就是占卜的事情。诸如祭祀、征伐、卜旬、卜夕、田游等等,每个不同时期也有自己不同的风尚和特定的内容。这些自然也是由“第一标准”确定的时代明确的甲骨归纳而来的,因此也可以作为标准判断其他甲骨的时代。

所谓“文法”,就是卜辞的语法、常用语及文例。各期卜辞有各自的特色。这些也是从“第一标准”确定的卜辞中归纳出来的。例如,第一至第五期都有贞旬之辞,但各期有所不同。第一期贞旬多列贞人名,辞例为“干支卜,某,贞旬亡祸”。第二期与第一期基本相同,为“干支卜,某,贞旬亡祸”。第三期也基本与上述二期相同,但有个别不具贞人名者,辞例为“干支卜,贞旬亡祸”。第四期则不具贞人名,并且有的去掉“卜”字,辞例为“干支,贞旬亡祸”。第五期多为王亲自贞旬,有的还注明年月和所在地等。辞例有:“干支王卜,在某贞,旬亡祸。王占曰:吉”,“干支王卜,贞旬亡祸。王占曰:大吉。干支彡某某”,“干支卜,贞王旬亡祸”,“干支卜,贞王旬亡祸。在某月。在某某”,“干支卜,在某某,贞王旬亡祸。在某月,在某次,隹王来征人方”,“干支卜,在某,某,贞王旬亡祸。王来征人方”,等等。还有一些常用语,如一告、二告、小告、不玄冥等常见于第一、二期,而第三期以后则不见。而“吉”、“大吉”、“弘吉”、“驭釐”、“兹用”、“兹御”等等,早期不见,却较常见于三期以后。这些,也可以用于判断甲骨的时代。

所谓“坑位”,董作宾《甲骨文断代研究例》中实际上是指甲骨出土地区。在科学发掘时期,小屯村及其北地曾被划分为一、二、三、四、五区,如

《甲骨出土区域图》所示。据观察,各区出土甲骨文字是不相同的。第一区“我们须注意的,是在朱姓地内同附近一带出土的甲骨文字,它们的时代,只有第一、二期和第五期”。而第二区,出土有第一期、第二期甲骨,“我们也要注意的是绝无一片第五期的卜辞”。至于第三区,“包括所有在小屯村中出土的甲骨文字,是只有三、四期而绝无一片是一、二、五期的。”

正是由于上述各区出土甲骨文字各有特点,因此“以前著录的甲骨文字出土地,可借此推求”①出来,如下表所列:

著录材料出土时期、地点表②

出土地点	开始挖掘	继续挖掘	著录书	收藏者	特 点
第一区(朱地)	1904 年	1920 年	前、后、菁、续、库、龟、卜等	罗振玉、明义士	一、二、五期
第二区(刘地,朱地西南)	1899 年		铁、戬、余、拾等	刘鹗	一、二、四期
第三区(村中)	1909 年	1923 年—1928 年	萃、卜、后、佚	明义士、刘体智	三、四期

我们认为,“坑位”作为断定甲骨文时代的标准,只能起一定的旁证作用,而不能像其他标准那样起决定作用。这是因为,首先,我们今天的理解,“坑位”应指出土甲骨的窖穴及窖穴的具体地层,这些是“古已有之”的遗迹,而不应是发掘时为记录方便由后人划定的区域。因此,董作宾“坑位”这个概念本身是很不明确的。其次,即使“坑位”如我们今天的理解,是确切的甲骨出土窖穴或地层,依此断定甲骨的时代也是较为困难的。不仅新中国成立前的十五次发掘殷墟的总报告迄今尚未发表③,就是已发表的一些著作,人们也无法据以判断出土甲骨的地层、灰坑及与他们伴出陶器等遗物的总体关系,而且一些“坑位”本身的时代,至今也还是难以究明的。即使地层关系较为明确,如一九七三年安阳小屯南地出土甲骨,但依坑位

① 参见董作宾:《〈殷虚文字甲编〉自序》。

② 董作宾对著录甲骨材料出土地区的划归,基本可信。但也有不够精确之处,陈梦家《殷虚卜辞综述》第一四四至一四五页对其不够全面之处有所辩难,可参看。

③ 《甲编》所收甲骨坑位记录已发表,见石璋如:《殷虚文字甲编的五种分析》,《史语所集刊》五十三本三分,一九八二年九月。

断代仍很困难。例如,一个灰坑出土甲骨时代单纯,只有武丁一世物,但也有可能此坑武丁以后还在使用,灰坑的时代不一定与甲骨同期。因此,“不可能以某坑的甲骨年代来拘束同坑的其他实物的年代,反之其他实物的花纹形制足以决定此坑堆积中实物的最晚时期,而不是堆积的最晚时期”①。其三,大量著录甲骨多为盗掘所得,无“坑位”可以参考,只能推断其大体出土区域。因此在分期断代时,这批甲骨就不能使用“坑位”这一标准了。

陈梦家指出,利用坑位断代时要“十分谨慎”。即使是一个独立的有意识储藏的窖穴,“就其实物本身的断代可知此窖穴所包含实物的最早与最晚的期限,而实物的最晚期限乃是此窖停止堆积的最早期限”。这样的窖穴有可能“只包含一个时期,如武丁卜辞”。但也有可能“包含连续几期卜辞,如武丁、祖庚、祖甲卜辞”。还有可能“包含了太长的时期,对于我们的断代,没有很大的帮助”。只有那种包含一个时期甲骨的窖穴,在我们分期断代时才有较为重要的参考价值。“譬如某一组不能决定年代的甲骨,若总是和具有武丁卜人的甲骨同出一坑,则此组甲骨很可能是武丁时代的”②。因此,“坑位”这一标准在甲骨文断代中的作用,只不过是对由甲骨文本身诸因素所决定的时代提供某些旁证而已,不能估计得过高。

在上述各项标准中,虽然字形、书体和方国、人物、事类等项标准一样,都是在“第一标准”确定的时代明确的甲骨基础上综合、归纳出来的,但字形和书体在断代分期实践中是不可忽视并行之有效的十分方便的标准。许多既无贞人又无称谓的残辞或意义不明的卜辞,据此两项,就可以很快判定其时代。因此,熟练地掌握字形、书体这两项标准,对分期断代是很有实用价值的。

第四节　分期断代“五期”说及“十项标准”(下)

就在董作宾进行甲骨文分期断代研究的同时,旅居日本的郭沫若正在

① 陈梦家:《殷虚卜辞综述》,第一四〇页。

② 陈梦家:《殷虚卜辞综述》,第一四一页。

编纂《卜辞通纂》并潜心为之考释。一九三一年发表的董作宾《大龟四版考释》,对郭沫若有很大启发。正如他自己所说,“又‘某日卜某贞某事’之例,所在皆是,曩于卜贞之间一字未明其意。近时董氏彦堂解为贞人之名,遂颇若凿破鸿濛。今据其说以诠之,乃谓于某日卜,卜者某,贞问某事之吉凶;贞下辞语当付以问符。且贞人之说创通,于卜辞断代遂多一线索”。郭沫若于是也开始进行甲骨文分期断代的探索,并拟在《卜辞通纂》“书后附以卜辞断代表,凡编中所列,就其世代可知者一一表出之”。其后不久,郭沫若在与董作宾的通信中,得知《甲骨文断代研究例》的十项标准。他认为,十项标准“体例綦密”。“贞人本董氏所揭发,坑位一项尤非身亲发掘者不能为。文虽尚未见,知必大有可观。故兹亦不复论列”①。

就在《卜辞通纂》一书录就付梓以后,董作宾将《甲骨文断代研究例》三校稿本寄给了身在日本的郭沫若。郭沫若对此文评价极高,谓:“复惊佩其卓识。如是有系统之综合研究,实自甲骨文出土以来所未有。文分十项,如前序中所言,其全体几为创见所充满。”“多数贞人之年代既明,则多数卜辞之年代直如探囊取物,董氏之贡献诚非浅鲜。”虽然董作宾以亲身发掘殷墟的有利条件,先郭沫若完成了甲骨文断代研究的体系,但郭沫若在整理甲骨文时对分期断代也有不少发现。正如郭沫若所说:“余尤私自庆幸者,在所多相暗合,亦有余期其然而苦无实证者,已由董氏由坑位贞人等证实之。”②

郭沫若赞成董作宾《甲骨文断代研究例》所创立的分期断代标准和方法,说:“董氏之创见,其最主要者仍当推数‘贞人’,其他均由此所追溯或派演而出。氏由贞人之同见于一片及辞中之称谓或坑位等,得以判定多数贞人之时代。”“此中旅即行三名与余所见同,其他就余所能复核者,均确无可易。”郭沫若并有所补充:“别有名尹者,董氏未能考定,今据其例知亦祖庚、祖甲时人,其用字与文例与行、即等相同。”③郭沫若与董作宾,一位羁縻海

---

①　郭沫若:《〈卜辞通纂〉序》,文求堂印行,一九三三年。

②③　郭沫若:《〈卜辞通纂〉后记》。

外,在亡命中孜孜求索,并以金石自励坚贞;一个踯躅洹滨,亲执锄铲掘出了"层垒"造成的甲骨文的奥秘。真是殊途而同归!他们基本在相同的时间里,不约而同地对甲骨文分期断代进行了创造性的研究,说明甲骨学的发展已到了必须并已有可能解决这一问题的时候了。

虽然董作宾郑重声明,他这一篇甲骨学史上划时代的论著"不是断代研究成功后的一篇结论,这乃是断代研究尝试中的几个例子"①。但在其后几十年甲骨文分期断代研究的实践中,他提出的"五期"说和"十项标准"一直行用不衰,除了有一小部分甲骨分期稍欠精确,需要重新加以研究和调整外,这一方案直到目前还是国内外甲骨学界分期断代的依据,还没有任何一个新的方案能取而代之。

胡厚宣先生自一九四五年《甲骨六录》出版起,开创了分期分类的编辑甲骨著录的体例。他的《南北》、《宁沪》、《京津》、《续存》等书,分期断代都采用了"四期"分法。所谓"四期"分法是:

第一期　盘庚、小辛、小乙、武丁时期

第二期　祖庚、祖甲时期

第三期　禀辛、康丁、武乙、文丁时期

第四期　帝乙、帝辛时期

胡厚宣先生的第三期,包括了禀辛、康丁、武乙、文丁四王,实际上是合并了董作宾《甲骨文断代研究例》"五期"说中的第三、四期。他之所以这样做,是因为第三期和第四期甲骨中,除了有一部分根据贞人和称谓可以直接分在第三期或第四期外,还有一部分甲骨在分期实践中较难处理。这批甲骨,就是出自村中和大连坑附近的甲骨,字体严整,笔画首尾尖而中间粗。它们既不同于第三期有贞人名甲骨的"颓废",也不同于第四期一部分甲骨的"劲峭"。因这些甲骨不具贞人名,故被有的学者称之为"无名组"卜辞②。这批卜辞的称谓,有的有"父甲"、"兄辛",当指第三期禀辛、康丁称其父祖

① 董作宾:《甲骨文断代研究例》。

② 李学勤:《小屯南地甲骨与甲骨分期》,《文物》,一九八一年,第五期。

甲及康丁称其兄禀辛者,如《通》334(例图 104),可分入第三期。但这批甲骨又有称谓“父丁”者,当为第四期武乙称其父康丁,如《甲》840(例图 105),应是第四期康丁物。因此,这批卜辞虽然文字书体作风完全相同,但据称谓却分属两个时期。有“称谓”的可以如此这般处理,但无称谓的这类卜辞又归在哪期?如《萃》544(例图 106)等片,文字、书体作风与上列二片完全一致,只是没有称谓。三期乎?四期乎?实在难以斟酌。胡厚宣的“四期”分法,将董氏的第三、四期合并,就是为了调和这一矛盾现象。

如果从其实质来看,胡厚宣的“四期”分法,仍然是以董作宾的“五期”说为基础的一种变通处理办法。虽然“四期”分法迁就了一些矛盾,但正如有的学者所指出,他“所分的第三期包容了三世四王,究竟太长”。“他将董氏的三、四两期合并为一,是不妥当的”①。在我们编纂《甲骨文合集》时,仍采用“五期”说,将这类卜辞中有称谓的尽量根据称谓分在第三期或第四期,而无称谓的就一律作为第三期处理了。因为据一九七三年小屯南地甲骨发掘和研究表明,这类卜辞(即“第一类”)常出土于小屯南地中期,即禀辛、康丁时代的地层中。关于此,本书第十章第二节将予以详述。

陈梦家一九五六年在《殷虚卜辞综述》一书的第一三七至一三八页,对董作宾的“五期”说和“十项标准”也进行了某些修正,提出了分期断代的三个标准和“九期”说法。

陈梦家所说的“第一标准”,即世系、称谓、贞人。“乃是甲骨断代的首先条件”。已如前述,这也是董作宾分期断代“十项标准”的核心部分。

他的“第二标准”是:

甲、字体,包括字形的构造和书法、风格等。

乙、词汇,包括常用词、术语、合文等。

丙、文例,包括行款、卜辞形式、文法等。

陈梦家谓,“用此特征可以判定不具卜人的卜辞年代”。可以看出,这“第二标准”的甲项,实际是董氏“十项标准”中的文字、书体。而乙项和丙项,实

① 陈梦家:《殷虚卜辞综述》,第一三九页。

际是董氏"十项标准"中的文法所包含的内容而已。

陈梦家论定的"第三标准",将甲骨按内容分为不同的事类,大致有如下六种:

一、祭祀　对祖先与自然神祇的祭祀与求告等;

二、天象　风、雨、启、水及天变等;

三、年成　年成与农业等;

四、征伐　对战争与边鄙的侵犯等;

五、王事　王之田猎、游止、疾、梦、生子等;

六、卜旬　来旬今夕的卜问。

据此进行研究,"即可综合成某一时期的祀典、历法、史实以及其他制度"。因为"各种制度的不同,也可作为判别时代的一种用途",这就是陈氏的"第三标准"。董作宾"十项标准"中的方国、人物、事类,基本上已囊括了上述六事。

陈梦家依上述三项标准,将殷墟甲骨文分为九期:

一、武丁卜辞		1	一世	早期
二、庚、甲卜辞	祖庚卜辞	2	二世	
	祖甲卜辞	3		
三、廪、康卜辞	廪辛卜辞	4	三世	
	康丁卜辞	5		中期
四、武、文卜辞	武乙卜辞	6	四世	
	文丁卜辞	7	五世	
五、乙、辛卜辞	帝乙卜辞	8	六世	晚期
	帝辛卜辞	9	七世	

从理论上说,在分期断代时,应把全部卜辞分在晚商每一王世之下。"但在实际分辨时,常有困难"。其实,董作宾的"五期"说在分期断代时,也是力图把称谓明确的甲骨分在每一王世之下的。他早在一九三三年就指出:"断代研究,本应以每一帝王为一代"。"就是每一帝王,仍有他时期早

晚的不同"①。事实上,有不少不具贞人名和称谓不明的甲骨,是不可能细分在每一王的名下的。所以陈梦家"提出早、中、晚三期大概的分期,同时也保留了董氏五期分法。在可以细分时,我们尽量的用九期分法;在不易细分别时则用五期甚至于三期的分法"。应当指出:董氏的"五期"分法已包括了在可以细分的情况下,将卜辞分在九个商王名下的"九期"说。而陈梦家所谓的"三期"说,则大可不必。因为"五期"说可以划分全部卜辞,还没有哪些卜辞不能被"五期"说所范围,而需要采用更加笼统的"三期"说的。

可以看出,陈梦家的"三个标准"和"九期"说法,从内容和方法方面看,与董作宾的"五期"说和"十项标准"并没有什么实质上的不同。所以我们认为,无论是胡厚宣的"四期"分法,还是陈梦家的"九期"说,仍是以董作宾的"五期"说和"十项标准"为依据的。这就是为什么我们把上述二说放在本章的甲骨文"分期断代"五期"说及"十项标准"(下)"一节叙述之原因所在。

董作宾《甲骨文断代研究例》提出的"五期"说和"十项标准",把甲骨学商史研究推向了一个全新阶段。同时,也对考古学研究有巨大影响。正是由于甲骨文分期断代研究的深入,我们"才可以根据伴出的甲骨文,来较为可信地确定每一建筑遗迹或遗物相当于某一王的时代。甲骨文成为遗址分期的一个重要参据"②。

安阳殷墟迄今的科学发掘,发现了王陵区、宫殿基址、房屋、窖穴、祭祀场、冶铜遗址、制骨作坊和平民墓等等,并出土了大批铜器、玉石器、骨蚌器、陶器、甲骨文等遗物。如此丰富的遗迹和遗物,为我们将殷墟遗址进行科学分期提供了可能。虽然这一工作前人已从不同角度有所尝试,但都较为零碎和片面。北京大学考古系邹衡教授,"在前人研究的基础上,试图通过对陶器和铜器的研究,以探讨殷墟遗址和墓葬的分期和年代,并进一步

① 董作宾:《甲骨文断代研究例》。

② 王宇信:《建国以来甲骨文研究》,第十三页。

探索殷墟文化分期问题”,取得了超越前人的丰硕成果。他的论文《试论殷墟文化分期》(收入《夏商周考古学论文集》,文物出版社,一九八〇年)在殷商考古学史上占有重要地位,蜚声中外,在一定意义上,与董作宾《甲骨文断代研究例》有着同样重要的价值。

《试论殷墟文化分期》,依据新中国成立前、后在殷墟遗址发现的探沟、探方、房基、窖穴和墓葬等典型单位的材料,从分析有显著变化的陶器和铜器的形制入手,再结合一部分单位的典型地层和器物的共存关系,确定遗址和墓葬的分期。进而再综合殷墟各期遗物和遗迹的特征,并对各期文化内容的不同进行了全面分析。邹衡教授把殷墟文化分为不同的四期,其绝对年代,是参照每个不同时期出土所属不同王世的甲骨文确定的。具体地说,它们的绝对年代是:第一期“约相当于甲骨第一期以前”,即“盘庚、小辛、小乙时代”。第二期“约相当于甲骨第一、二期,即武丁、祖庚、祖甲时代”。第三期“约相当于甲骨第三、四期,即廪辛、康丁、武乙、文丁时代”。第四期“约相当于甲骨第五期,即帝乙、帝辛时代”①。邹衡教授对殷墟文化分期绝对年代的考订,与胡厚宣先生的甲骨文“四期”分法基本相近②。

中国社会科学院考古研究所根据解放以后的发掘材料,对殷墟遗址的文化分期也做了不少研究。他们根据一九六二年发掘大司空村遗址时,灰坑打破关系的材料,将遗址分为四期。据研究,其绝对年代,“一期遗存约当武丁时代或稍早,即公元前十三世纪后期至十二世纪初”;“二期约相当祖庚、祖甲前后”;“三期遗存则属康丁、武乙、文丁时代,约公元前十二世纪后期至十一世纪初”;“四期遗存为帝乙、帝辛时代,约公元前十一世纪中叶”③。虽然上述两说略有不同,但陶器的演变和时代序列基本上并无龃龉。各家对殷墟文化的分期与甲骨文分期的相应关系,我们列表如下:

---

① 参见邹衡:《试论殷墟文化分期》,《夏商周考古论文集》,文物出版社,一九八〇年。

② 胡厚宣:《〈宁沪〉自序》;又《〈南北〉序》、《〈京津〉序》、《〈续存〉序》等。

③ 参见《新中国的考古发现与研究》,第二二三至二二四页;《殷墟青铜器》,文物出版社,一九八五年;《中国考古学研究》,文物出版社,一九八六年。

殷墟文化分期与甲骨文分期对照表

<table>
<tr><th rowspan="2">项目 / 代表者 / 分期 / 王名</th><th colspan="2">殷墟文化分期</th><th colspan="2">甲骨文分期</th></tr>
<tr><th>邹衡</th><th>考古所</th><th>胡厚宣</th><th>董作宾</th></tr>
<tr><td>盘庚</td><td rowspan="3">第一期</td><td rowspan="4">第一期</td><td rowspan="4">第一期</td><td rowspan="4">第一期</td></tr>
<tr><td>小辛</td></tr>
<tr><td>小乙</td></tr>
<tr><td>武丁</td><td rowspan="3">第二期</td></tr>
<tr><td>祖庚</td><td rowspan="3">第二期</td><td rowspan="2">第二期</td><td rowspan="2">第二期</td></tr>
<tr><td>祖甲</td></tr>
<tr><td>廪辛</td><td rowspan="4">第三期</td><td rowspan="4">第三、四期</td><td rowspan="2">第三期</td></tr>
<tr><td>康丁</td><td rowspan="3">第三期</td></tr>
<tr><td>武乙</td><td rowspan="2">第四期</td></tr>
<tr><td>文丁</td></tr>
<tr><td>帝乙</td><td rowspan="2">第四期</td><td rowspan="2">第四期</td><td rowspan="2">第五期</td><td rowspan="2">第五期</td></tr>
<tr><td>帝辛</td></tr>
</table>

第十章　甲骨文的分期断代(下)

一九三三年董作宾发表《甲骨文断代研究例》,当时他曾满怀信心地预言,甲骨学研究将在此文基础上取得丰硕的成果,即:

一、可以还他殷代每一帝王的真实而贵重的史料。

二、可以编著每一帝王的传记。

三、可以作各种专史的研究,如礼制、历法、地理等。

四、从各期史实中,可以看出殷代社会发展的程序。

五、从各期文字上,可以看出殷代文化演进的阶段。

六、对于发掘工作,由每坑卜辞的时代,可以证明同出的一切遗物的时代。

七、可以印证古代记载里的真实材料。

八、可以纠订前此混合研究的各种谬误①。

七十多年来甲骨学研究的实践和检验,完全证明了这一预言。如今,《甲骨文合集》等甲骨著录已按期别著录了甲骨资料。丁山的《新殷本纪》②及周鸿翔的《商殷帝王本纪》③等,根据甲骨文材料的董理,使文献记载的商王本纪更为充实。董作宾的《殷历谱》④、日本岛邦男的《殷墟卜辞研究》⑤、陈梦家的《殷虚卜辞综述》⑥、李学勤的《殷代地理简论》⑦、加拿大许进雄的《殷卜辞中五种祭祀研究》⑧等专著,对商代的礼制、历法、地理等方面进行了专

---

① 董作宾:《甲骨文断代研究例》。

② 丁山:《新殷本纪》,《史董》第一册,一九三〇年。

③ 周鸿翔:《商殷帝王本纪》,一九五八年。

④ 董作宾:《殷历谱》,《史语所专刊》四册,一九四五年。

⑤ 岛邦男:《殷墟卜辞研究》,一九五三年;温天河、李寿林中译本由鼎文书局于一九七五年出版。

⑥ 陈梦家:《殷虚卜辞综述》。

⑦ 李学勤:《殷代地理简论》,科学出版社,一九五九年。

⑧ 许进雄:《殷卜辞中五种祭祀研究》,《文史丛刊》,一九六九年。

题研究。而胡厚宣①、刘起釪②等学者,则据甲骨文材料证补史籍记载的真伪。可以说,董作宾《甲骨文断代研究例》所构成的断代体系,使几代国内外甲骨学、商史学和考古学者受益匪浅。

但是,《甲骨文断代研究例》毕竟是开拓性的著作。几十年来,随着出土材料的增多和研究的不断深入,董作宾早年的一些看法必然要得到补充、修正,使之愈臻精密和科学。也有学者在董氏断代法以外,寻求新的方法,创构新的断代理论。甲骨学断代研究的各种热烈争论,促进了断代研究的发展。

第一节 分期断代研究的深入——“揭穿了文武丁时代卜辞的谜”

学术界所谓的“文武丁卜辞”③、帝乙时代的“非王卜辞”④和所谓的“多子族卜辞”、“王族卜辞”⑤等等,名称虽然不一样,但所指都是一回事,这就是陈梦家在《殷虚卜辞综述》所全面概括的“子组”、“午组”、“自组”三组卜辞⑥。《甲骨文合集》将其分为甲、乙、丙三组,集中著录在第七册中。

一九三三年董作宾写作《甲骨文断代研究例》时,由于这类卜辞所见不多,故没有引起学者们的注意。随着一九二八年殷墟科学发掘工作的不断展开和甲骨文出土的日益增多,特别是第十三次科学发掘殷墟时YH119和YH127坑有不少这类卜辞出土,才引起了学者们对它们的重视。董作宾在一九四五年写作《殷历谱》以前,一度把较为少见的这类卜辞一部分放在第一期,一部分放在第四期。这是因为他当时还没有认出这类卜辞

① 胡厚宣:《甲骨文四方风名考》,《甲骨学商史论丛》初集二册。

② 刘起釪:《甲骨文与〈尚书〉研究》,《甲骨文与殷商史》第三辑,上海古籍出版社。

③ 董作宾:《〈殷虚文字乙编〉序》。

④ 李学勤:《帝乙时代的非王卜辞》,《考古学报》,一九五八年,第一期。

⑤ 参见贝塚茂树:《京都大学人文科学研究所藏甲骨文字》本文篇,《序论》第二章。

⑥ 陈梦家:《殷虚卜辞综述》,第四章之第四节、第七节、第八节。

的“卜”字之下还记有贞人名,或有时将“贞”字省略。此外,有的贞人如“扶”的卜辞,贞卜祭祀的是父乙、母庚(《甲》2907),自应划为第一期武丁时。但在进一步处理的过程中,他发现这类卜辞的书法、字体、文法、事类、方国、人物等方面与武丁时期的卜辞多有不同,这一矛盾现象成了解释不通的“谜”。他在撰写《殷历谱》时,又提出所谓“新、旧”派祀典不同的说法,认为在文武丁时代的纪日法、月名、祀典等方面都恢复了武丁时的各项旧制,因而把原划入第一期武丁时代的这类卜辞全部移后八九十年,重新确定为第四期文武丁时代物。经过这样的调整后,武丁时代有各种不同的书体、字形、文法、事类、方国、人物的矛盾就可以“解决”了。

董作宾在深入研究了这类卜辞以后,得出了以下的看法:一、文武丁在文字、历法、祀典等方面属于旧派,复武丁之古;二、文武丁时代有一批贞人(十七名),虽然有不少贞人前已见于著录,但因这种卜辞大多不书“贞”字,所以从前没能认出“卜”下一字就是贞人名;三、文武丁时代卜辞词例很复杂;四、文武丁时代卜贞的事类也大体上恢复了武丁时代的各种旧制;五、文武丁时代卜辞的称谓与商代传统的大、小宗称谓不合……如此等等。因此他认为这类卜辞应全为第四期文武丁时期之物,从而也就避免了这类卜辞既出现在第一期,也出现在第四期的矛盾现象。这就是他所宣称的“揭穿了文武丁时代卜辞的谜”①。

但“谜”底至此并未揭穿。随着甲骨文分期断代研究的深入,学者们对其时代的认识愈来愈众说纷纭,展开了热烈的争论。日本贝塚茂树和伊藤道治一九五三年在《东方学报》(京都)第二三号上发表了《甲骨文研究的再检讨——以董氏的文武丁时代之卜辞为中心》一文,首先提出了“多子族”卜辞和“王族”卜辞的问题。所谓“多子族”,应是商王朝强有力的部族,与王室有密切的关系,能参加祖先的祭祀,但不能对殷王室的直系祖先祭祀。而多子族占卜的卜辞,就是“多子族”卜辞。所谓“王族”,是隶属于历代殷王的强族。这一家族所占卜的卜辞,就是“王族”卜族。这两种卜辞从内

① 董作宾:《〈殷虚文字乙编〉序》。

容、形式、书体方面看，具有一定晚期特征。但又与第一期武丁时卜辞有许多共同点。根据称谓研究，更与第一期接近。因此，在第一期存在着与一期典型卜辞不同的另外两种卜辞。胡厚宣则认为这些“笔划或纤细、或扁宽、或劲挺”字体的卜辞，“因见这期卜辞有父丁、子庚的称谓，父丁即祖丁，子庚即盘庚，疑皆当属武丁以前，即盘庚、小辛、小乙时之物”①，但以后未见胡先生论此问题的专文发表。

陈梦家一九五六年在《殷虚卜辞综述》一书中，将这类卜辞分做“自组”、“子组”、“午组”三组进行全面整理，并对其特征及时代进行了系统研究。陈氏认为：

“自组”卜辞的贞人有自、扶、勺等，在殷墟第一、二、三、四、五、八、十次科学发掘的甲骨文中都有出现。“自组”卜辞的称谓有的同于第一期宾组，有的同于“子组”，有的同于“午组”，也有的是自己独有的。“自组”卜辞的字体、文例虽然与武丁时宾组卜辞有所区别，但“自组的干支字有和宾组相同的，有接近晚期的，后者实为自组的新形式”。自组卜辞的记时法，也和宾组“相似而小异”。“自组某种卜辞形式，或同于宾组，或为自组所特有，或下接祖甲卜辞，与字体的情形一样，足以表示自组当武丁之晚叶，开下一代的新式”②。

“子组”卜辞的贞人有子、余、我、彵、妇、史等。其称谓有的同于第一期武丁时的宾组，有的同于自组，有的同于午组，有的同于子丁群，也有的是自己独有的。而在文法方面，有的句子形式同于宾组、自组，也有为自己所独有的。特别是武丁时的子商出现在“子”卜的卜辞中(《前》8·10·1)，而且“子组自组和宾组常常出于一坑，而同坑中很少武丁以后(可能有祖庚)的卜辞，则子组自组应该是武丁时代的”③。

“午组”卜辞只有二名不系连的贞人，文字喜用尖锐的斜笔。其称谓有的同于宾组，有的同于自组、子组，也有不少是独自所有的。称谓中的“下

① 胡厚宣:《〈甲骨续存〉序》，一九五五年。
② 陈梦家:《殷虚卜辞综述》，第一四五至一五五页。
③ 陈梦家:《殷虚卜辞综述》，第一五八至一六一页。

乙”与武丁时宾组卜辞相同,“足证午组属于武丁时代”[1]。如此等等。

李学勤认为这类卜辞是“非王卜辞”,并将其分为五种,论述了它们的总体特征是:“(一)问疑者不是商王;(二)没有王卜,辞中也不提王;(三)没有先王名号,而有另一套先祖名号;(四)没有符合商王系的亲属称谓系统,而有另一套亲属称谓系统”等等。经考证,他一度定其时代为“帝乙时代的非王卜辞”[2]。但他根据甲骨材料进行再研究后,逐渐改变了原来的看法,宣布“自一九六〇年后,我们逐渐改正了这个错误的意见”,并转而赞成其为第一期武丁时物的看法。但又指出自组、午组“都不是武丁最晚的卜辞”[3]。

自陈梦家论证了子组、午组、自组卜辞为武丁时物之后,新的证据不断发现,使其说日益得到补充和验证。吉林大学所藏甲骨有一片曾著录于《前》3·14·2。但在《前》著录拓本时,剪裁了上端有贞人“争”的残辞部分。这片为“干支表”,全为典型的“子组”卜辞字体。而剪去的部分,恰是骨上端的残辞“□□卜,争,〔贞旬亡〕祸”的部分,完全是武丁时宾组贞人“争”的标准字体[4]。子组卜辞与宾组卜辞共版,说明了其时代约略相同。此外,一九七三年小屯南地发掘出大批甲骨,各单位所出不同时期的甲骨和相应时期的陶器共存,再一次“证明陶器分期与卜骨、卜甲的时代是一致的”[5]。特别是T53(4A)层出土的“自组”卜甲,由于有科学发掘地层的证据,引起了学术界的重视。

T53(4A)层共发现八片整齐叠放在一起的甲骨,其中七片刻有文字。这七片有字卜甲,有一片(T53(4A):116)记有自组卜辞贞人“扶”的名字。其他六片虽然没有录记贞人名,但从其较特殊的字体、文法看,应为自组卜辞的特征。此外,七片卜甲的钻、凿、灼的作风也基本相同。因此小屯南地T53(4A)层出土的七块卜甲全为自组卜辞。对小屯南地T53(4A)层的分析,为学术界争论不休的自组卜辞断代提供了新佐证。

---

① 陈梦家:《殷虚卜辞综述》,第一六二至一六五页。

② 参见李学勤:《帝乙时代的非王卜辞》。

③ 李学勤:《小屯南地甲骨与甲骨分期》。

④ 姚孝遂:《吉林大学所藏甲骨选释》,《吉林大学社会科学学报》,一九六三年,第四期。

⑤ 《一九七三年安阳小屯南地发掘简报》。

T53(4A)层在遗址里与其他各层位、遗迹的关系是:T53(3B)层叠压T53(4)层,T53(4)层又叠压T53(4A)层,T53(4A)层被灰坑H91、H110打破,T53(4A)层下又叠压灰坑H111、H112,而灰坑H111又打破灰坑H112。

根据以上各单位出土陶器早晚的不同,可将它们进行分期:H91、T53(3B)、T53(A)为小屯南地中期(康丁、武乙、文丁);H111、H112为小屯南地早期(武丁时期);T53(4A)层出土的陶鬲、簋、罐等与小屯南地早期(武丁时期)接近。由于H102打破H110,而H110又打破T53(4A),所以H102比H110、T53(4A)要晚。但从H102出土的鬲、盆、簋、罐等陶器看,应稍早于小屯南地中期,但又略晚于小屯南地早期。这样,小屯南地T53(4A)层最晚也不会到小屯南地中期,应相当于小屯南地早期稍晚,即武丁时代晚期。小屯南地文化分期与T53(4A)层有关单位的时代如下表所示:

王　　名	文化分期	典型层位(单位)关系
文　丁 武　乙 康　丁	小屯南地 中　　期	T_{53}(3B) ↓ T_{53}(4)　　H_{91}
		H_{102} ↓ H_{110}
武　丁	小屯南地 早　　期	→ T_{53}(4A) ← ↓ H_{111} ↓ H_{112}

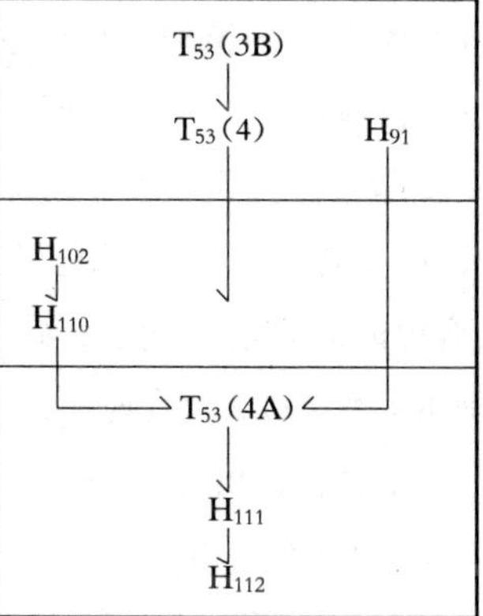

肖楠根据出土𠂤组卜甲的T53(4A)层的层位关系分析,得出了"'𠂤组卜辞'的时代绝不可能是在第三期以后(即廪辛、康丁以后)和在武丁以前,而是属于武丁时代"的结论。再进一步根据T53(4A)层之下叠压早期灰坑H111、H112和其他现象判断,𠂤组卜辞的具体时代"似属武丁晚期"①。

① 参见肖楠:《安阳小屯南地发现的"𠂤组卜甲"——兼论"𠂤组卜辞"的时代及其相关问题》,《考古》,一九七六年,第四期。

这就为陈梦家据卜辞本身研究所确定的自组卜辞为武丁晚期,提供了有力的地层证据。

一九八〇年《小屯南地甲骨》上册出版时,甲骨的发掘和整理者在该书的前言中又对小屯南地早、中、晚三期所出甲骨作了全面而深入的论证。"自组卜辞与宾组卜辞有许多共同之处:如地层关系上,此次都出土在小屯南地早期地层;父辈称谓基本一致;其他在内容、文例、字体等方面也有不少相似之处。因此他们在时代上基本是一致的,都属武丁时代"。同时还强调了"二者也有许多重要的差别,如宾组卜辞的许多重要人物与事件不见于自组卜辞,说明二者虽都是武丁卜辞,但在时间上不一定是平行关系,可能是先后关系"。至于午组卜辞,"根据地层、灰坑叠压打破关系,午组卜辞的时代稍晚于自组卜辞"。再从内容方面看,其"称谓方面有下乙(祖乙),人物有光、戊、虎、[illegible]侯等,这些都见于武丁时代的宾组卜辞"。其他如前辞形式、字体、祭法等方面,也有不少与"武丁时代各类卜辞相同处"。因此午组卜辞的时代可"大体确定在武丁时代"。

与此同时,谢济在全面整理已著录的这类甲骨的基础上,也进一步论证了卜辞的时代,他称之为"另种类型卜辞",即"不同于所谓宾组正统派王室卜辞"者。他考察了这类卜辞的称谓、世系,提出"值得注意的集合称谓",如"四父"(《安明》2266)、"父甲至父乙"(《掇二》170),认为"另类卜辞有这样的集合称谓是难得的,武丁宾组还没有这样对分期断代有意义的集合称谓"。他也考察了贞人,"发现王贞和弜贞能够直接联系武丁宾组和武丁另类卜辞"。他并且指出,武丁另类卜辞与武丁宾组卜辞的二告、三告、叶朕事,叶我事、祸凡有疾、有疾祸凡、祸凡等等兆辞成语是互见的,但"并不出现在四期武乙文丁甲骨上,就从这方面排除了武丁另类卜辞为武乙文丁卜辞的可能性"。此外,在序辞、书体方面,另类卜辞也"反映了早期卜辞的一些特点"。在事类方面,"武丁宾组卜辞和武丁另类卜辞有许多相同之处",而不少内容却是"武乙文丁时所没有的"。这一切,都说明了武丁时宾组卜辞和另类卜辞的"时代相一致"①。

---

① 参见谢济:《武丁时另种类型卜辞分期的研究》,《古文字研究》第六辑,中华书局,一九八一年。

随着研究的不断深入和新证据的增多,目前国内学术界对这批甲骨分期的意见已渐趋一致。基本上都认为,这一批所谓"文武丁时代卜辞"、"非王卜辞"、"王族卜辞"、"多子组卜辞"和"自组、子组、午组"卜辞等名目繁多的甲骨,其时代不是第四期文武丁时期,而应提前到第一期武丁时代。可以说,现在才真正地"揭穿了文武丁时代卜辞的谜"。

第二节　甲骨文分期断代的又一个"谜团"——所谓"历组"卜辞的争论和武乙、文丁卜辞的细区分

如上节所述,"文武丁时代卜辞的谜"的真正揭开,是将原分在第四期的自组、子组、午组卜辞前移至第一期武丁时代。这是多年来经过学者们认真研究、探讨后,看法渐趋一致的结果①。但一波未平,一波又起。一九七七年,以著名的殷墟妇好墓的发现为契机,李学勤又提出要拆穿分期断代的另一个"谜团"——所谓"历组"卜辞不是第四期武乙、文丁时代物,而应是"武丁晚年到祖庚时代的卜辞"②。

李学勤提出所谓"历组"卜辞的"谜团"以后,赞成者有之,反对者也有之,在甲骨学界展开了一场热烈的争论。

持赞成意见的,主要有下述论著:

李学勤:《论妇好墓及有关问题》,《文物》,一九七七年,第十一期。

裘锡圭:《论"历组卜辞"的年代》,《古文字研究》第六辑,中华书局,一九八一年。

---

① 有的学者仍不赞成这种看法。严一萍在《商周甲骨文总集》(台湾艺文印书馆,一九八五年出版)序中全面论证了自己的意见。他指出:"董先生指出'大乙'这称谓是文武丁时代的坚强证据,二十五年前我又加上'母戊'的称谓,与侑祭的祭祀系统,最重要的是闰二月的发现。"并提出问题:"这些问题能用地层或者攻治技术来解决吗?"认为"如果用错误的地层判断来断甲骨的时代,那结果是可想的"。并呼吁"反对文武丁时代的甲骨研究者,作一个全盘考虑,用'观其全体'的方法,重新估量这一问题"。等等。

② 李学勤:《论"妇好"墓的年代及有关问题》,《文物》,一九七七年,第十一期。

李学勤:《小屯南地甲骨与甲骨分期》,《文物》,一九八一年,第六期。

李先登:《关于小屯南地甲骨分期的一点意见》,《中原文物》,一九八二年,第二期。

林　沄:《小屯南地发掘与殷墟甲骨断代》,《古文字研究》第九辑,中华书局,一九八四年。

彭裕商:《也论历组卜辞的时代》,《四川大学学报》,一九八三年,第一期。

……

持反对意见,认为所谓"历组"仍应是第四期武乙、文丁时代的文章主要有:

肖　楠:《论武乙文丁卜辞》,《古文字研究》第三辑,中华书局,一九八〇年。

罗琨、张永山:《论历组卜辞的年代》,《古文字研究》第三辑,中华书局,一九八〇年。

《〈小屯南地甲骨〉序言》,中华书局,一九八一年。

谢　济:《试论历组卜辞分期》,《甲骨探史录》,三联书店,一九八二年。

曹定云:《论武乙、文丁卜辞》,《考古》,一九八三年,第三期。

肖　楠:《再论武乙、文丁卜辞》,《古文字研究》第九辑,中华书局,一九八四年。

陈炜湛:《"历组卜辞"的讨论与甲骨文断代研究》,《出土文献研究》,文物出版社,一九八五年。

……

对一个问题有如此众多的文章进行讨论,在甲骨学史上也是所见不多的。既反映了学术界对此问题的关心和重视,也反映了这一问题在甲骨学研究中的重要性。

之所以又有一个"疑团"需要拆穿,是因为第四期武乙、文丁时代甲骨多不具贞人,而且文字字体也较为复杂。除去分到第一期的自组、子组、午组这部分卜辞以外,还有一些卜辞字体与贞人历的大字劲峭卜辞作风近似但略小,也有一些卜辞文字、书体与自组卜辞很为相近。本书第九章第四节所谈的"字体严整,笔划首尾尖而中间粗"的卜辞,一部分也应包括其中。这些卜辞的称谓、人物、事类有时竟与第一期武丁时有某些雷同。这批卜辞,有的学者统称之为"无名组"。董作宾在《甲骨文断代研究例》中用"劲峭"二字以概之,这对第四期武乙、文丁时包容不同字形书体的甲骨来说,当然是不全面的。

我们是不赞成所谓"历组"卜辞这一提法的。陈梦家把第一期"互见同版而可系联的一群武丁卜人称之为宾组"。把"其他一些少见的卜人而其字体文例事类同于宾组者附属于宾组"①。把第二期卜人"称之为出组",是"因为出是若干小群的联系者。另外两个卜人大、涿与出组无联系,但由于称谓、制度、字体同于出组,也附属于此"。第三期因"廪辛卜人大多数是可以系联的","我们称之为何组"②。第四期只有一名贞人"历",既无同版系联关系,而且本期字体也风格各异。因而有的学者将四期卜辞处理为"无名组"和"历组"——即将有贞人"历"的卜辞和与之书体接近的卜辞划为一组。虽然范围精确了一些,但正如一些学者所指出的:"这范围因人而异,大小不同,有些明显不属此'组'的卜辞也混杂其间了"。因而"'历组卜辞'这一名称是不够科学的"③。

"历组"卜辞的特征及其时代的前提,是李学勤第一个提出来的。主要根据是:

首先,他认为"历组"卜辞的文字具有早期特征。诸如"王"字、"贞"字、干支字等常见字的写法,历组卜辞与早期武丁时代的典型字体接近。

其次,"历组"卜辞的文例,也与早期武丁时代卜辞文例接近。而"历组"卜辞上的署辞、兆辞(二告、弜玄。《宁》1.349)等,也与第一期武丁时的

① 陈梦家:《殷虚卜辞综述》,第一五六页。

② 陈梦家:《殷虚卜辞综述》,第一八七页。

③ 参见陈炜湛:《"历组卜辞"的讨论与甲骨文断代研究》,《出土文献研究》,文物出版社,一九八五年。

兆辞相近,而与晚期廪辛、康丁常用的吉、大吉、弘吉、习一卜等辞大不相同。

其三,“历组”卜辞出现的许多重要人物,诸如妇好、子渔、子画、子戠、妇井、妇女、望乘、沚或等,多见于武丁期卜辞。此外,“历组”卜辞中的卓、六、并、由、自般、犬征等也见于属武丁晚期至祖庚时的“出组”卜辞中。因此在时间上,“历组”卜辞也应与武丁时期接近。

其四,“历组”卜辞的贞卜事类方面与武丁时期宾组卜辞或稍晚的出组卜辞有许多相同之处。

其五,“历组”卜辞的两套称谓系统明确地表明了它应为武丁时期。一套是以父乙为中心的称谓系统。《南明》613“父乙”与“母庚”共版。《佚》194、《甲》611 父乙与兄丁、子戠共版。而子戠见于《续》4·12·5 和《乙》4856,这是武丁时的称谓。而父乙,当指武丁之父小乙,母庚乃小乙之配偶。另一套称谓系统是以父丁为中心。这个父丁,李学勤据《缀合》15 和《南明》477 这两片“历组”卜辞,发现父丁“排在小乙之后,显然是武丁”。所以,“如果把‘父丁’理解为康丁,那么在祀典中竟略去了称为高宗的武丁及祖甲两位名王,那就很难想象了”。此外,“历组”卜辞记载的“二母:妏、象甲母庚”(《京人》2297)及“母妏”(《萃》8 + 276)的称谓,与武丁卜辞称谓中的“母妏”(《乙》3363)相同。《京人》2297 所祭祀的“二母”,“就是母妏和阳甲(武丁的父辈)之妃庚,她们合称‘二母’,也显然是武丁卜辞”①。

以后李学勤在《小屯南地甲骨与甲骨分期》(载《文物》,一九八一年,第五期)一文中对所论“历组”卜辞又作了补充。主要是:

其六,“历组”与“出组”共版问题。小屯南地 H57 出土一版胛骨,为论证“历组”卜辞年代提供了最好的证据。《屯南》2384 左下方有一条“历组”卜辞,三行十五字。其上又排列整齐的七条“出组”的“卜王”卜辞。此版“字体分属历组、出组的八条卜辞的卜日都是庚辰,其为同一天占卜的正式卜辞,没有疑义”。

---

① 参见李学勤:《论“妇好”墓的年代及有关问题》。

其七,从考古层位关系上看,对"历组"卜辞断代的看法,也"和现有的考古资料是互相符合的"。

裘锡圭在李学勤论点的基础上,从卜辞中出现的人名、占卜事项和亲属称谓等方面作了详细的补充论证,认为"如果两组卜辞的称谓成套地相应,这两组卜辞属于同一时期的可能性就非常大了"。而"立足于人名为族氏这一基础上的异代同名说",对"人名重复出现于不同时期"以及"武丁祖庚时期和武乙文丁时期起重要作用的族如此一致,而分于这两个时期之间的廪辛、康丁时期的情况却截然不同"等等,是"无法作出完满的解释的"。"所卜事项相同的实例,除了承认历组与宾组和出组早期时代相同以外,是没有其他办法的"①。林沄则认为,"字体演变比较快而且呈现出一定的阶段性,所以从型式学观点来看,无疑是分类的最好标准"。宣称他"在本文中所强调的型式学上的演变序列,则是确定诸类卜辞在纵向上接续关系的有效办法"②。李学勤提出的"历组"卜辞字体的演变序列被进一步理论化了,但却过于复杂,正如陈炜湛在《"历组卜辞"的讨论与甲骨文断代研究》一文中所指出的,有的学者"创造出一些只有自己才能确知其义的新名词,如'历自间组'、'自历间组','历组一类'、'历组二类'等等,令读者眼花缭乱,颇有玄之又玄,机深莫测之感"。正因为如此,所以在分期断代研究中还没有能实际应用。

而反对把这批甲骨的时代前提,仍坚持应为第四期武乙、文丁时代物的论者主要以肖楠等为代表,他们的理由是:

首先,武乙、文丁卜辞基本没有"贞人",而武丁、祖庚卜辞则具有大量贞人。

其次,武乙、文丁卜辞与武丁、祖庚卜辞在字体和风格上有很大差别,在文字的结构方面也有很大差别,如本书所列"武丁、武乙、文丁常用字比

① 参见裘锡圭:《论"历组卜辞"的时代》,《古文字研究》第六辑,中华书局,一九八一年。

② 参见林沄:《小屯南地发掘与殷墟甲骨断代》,《古文字研究》第九辑,中华书局,一九八四年。

较表”所示。

武丁、武乙、文丁常用字比较表

	武丁	武乙	文丁
庚			
子			
辰			
巳			
午			
未			
酉			
有			
侑			
羌			
伐			
甾			
災			

其三,武乙、文丁卜辞的文例也与武丁、祖庚时不同。在前辞形式方面,武乙、文丁卜辞较为简单,一般不记贞人。而武丁、祖庚卜辞则较为复杂。此外,兆辞形式也完全不同。武乙、文丁时常出现“兹用”、“不用”,武丁时则常出现“二告”、“小告”、“不玄冥”等。

其四,在称谓方面,这类卜辞中的“父丁”应是武乙称其父康丁而不是武丁。《屯南》4331同卜祭父丁和自上甲十示又三,“正好就是三报、二示、父王(康丁)以外的全部直系先王,即上甲、大乙至祖甲”。这类卜辞中的“父乙”,“当指文丁父武乙”。应注意的是“武丁卜辞中父辈称谓除父乙外,还有父甲、父庚、父辛。我们所确定的文丁卜辞中的父辈称谓只有父乙一个”。

其五,武乙、文丁时期的记事刻辞与武丁时期的形式是不同的。因此,“记事刻辞不是武丁时期所特有的。它本身也有时代的区别,不能笼统地都归于武丁时代”。

其六,同名问题。这种现象“在卜辞中普遍存在的,不仅存在于武乙、文丁卜辞与武丁祖庚卜辞之间。其他各期卜辞之间都不同程度地存在”。“这些与方名、地名一致的人名,就不是私名,而是氏”①。

随着讨论的深入,肖楠等在《再论武乙、文丁卜辞》一文中,又对武乙、文丁卜辞的称谓、人名、事类、坑位和地层关系等方面的问题,作了更为深

① 参见肖楠:《论武乙、文丁卜辞》,《古文字研究》第三辑,中华书局,一九八〇年;《〈小屯南地甲骨〉前言》,中华书局,一九八〇年。

入的论述。

讨论的双方各执其辞,争论还在继续中。陈炜湛《“历组卜辞”的讨论与甲骨文断代研究》(《出土文献研究》,文物出版社,一九八五年)一文,对这场讨论提出了很有见地的看法。可以说,此文是这段时间关于“历组”卜辞讨论的总结。陈文指出了讨论中存在的问题,即“双方尽管争论得很激烈,但很少具体讨论‘历组卜辞’的核心——真正有贞人历的卜辞。有的文章干脆把它们抛在一边,却大谈‘历组卜辞’的各种特点,与宾组、出组的异同等等”。而“说‘历组卜辞’属于武乙文丁时期者也很少着墨于历贞之辞”。因此他提议“具体地分析一下历贞的卜辞,以期先在‘小范围’内取得较为一致的意见,显然是非常必要的”。

陈炜湛认为“十万余片甲骨中,现在确知贞人是历的卜辞,一共只有十二片”,再加上“贞历”或“历”这些“不见于前辞而见于命辞中”的“确实历贞或与历有关的卜辞”,“迄今共见二十三片”。他将这些卜辞及摹本列于文中,并从前辞形式、卜辞内容、不涉及任何先王先公和任何人物、地层和坑位、钻凿形态、字形等方面分析其特点;他以二十三片中的《京》4387 为例,“与文字风格完全一致的”《明后》2630 相比较,发现两片“干支亦同,所异者一有‘历’,一省去‘历’而已”。而《明后》2630 告于父丁,“则是武乙之称康丁,此片乃武乙所卜”。这就反证《京》4387“当亦为武乙时所卜,贞人历当为武乙时人无疑”。因而得出结论说,这批甲骨“属于武乙时代也应该是比较可信的”。他还论证了这二十三片历贞卜辞不可能是早期武丁至祖庚时物,指出:“其一,字形、书体风格及文例明显属于晚期,而与早期不类”。“其二,这二十余片卜骨没有武丁卜辞(特别是宾组)的特征”。如果将历贞卜辞扩大到上述所谓“历组”卜辞所涉及的范围,“除个别特例需另作解释以及某些骨片(如《萃》273)有可能属于武丁期外,大多数‘历组卜辞’也不属武丁祖庚时期,而是属于武乙文丁时期”①。

关于所谓“历组卜辞”的讨论,对甲骨文分期断代研究的深入还是有一

① 见陈炜湛文附录二:《裘锡圭〈论‘历组卜辞’的时代〉一文中二十组文例的商榷》。

定意义的。虽然讨论尚未能取得一致意见,但在讨论中却完成了对第四期武乙、文丁时代卜辞的再区分。

学者们一般都统称第四期为武乙、文丁时期。但何者为武乙卜辞,何者为文丁卜辞,还没有人做过细致的工作。陈梦家认为贞人历的卜辞,"他的字体似当属于武乙"①。肖楠不同意,说:"但贞人历也属文丁时代,则未能指出。如他所举贞人历的卜辞《甲》544,应是文丁卜辞,他却列为武乙卜辞"②。

肖楠根据一九七三年小屯南地出土甲骨的研究,认为,"发掘得的地层关系使我们第一次有可能将武乙卜辞与文丁卜辞初步区分开来"。他在《论武乙文丁卜辞》一文中阐述说:

小屯南地的遗迹可以分为早、中、晚三期。而中期地层及灰坑根据打破关系及陶器分析,又可分为中期一组(稍早)、中期二组(稍晚)。中期所出卜辞可分三类。

第一类,如《屯南》2085、2497、2531、2254、2064、2567等。这一类卜辞的特点是笔划纤细、字体秀丽而工整。主要称谓有父甲、父庚、父己、兄辛等。如例图107(《屯南》2531)。

第二类,如《屯南》2065、2079、2058、4331等。字体较大,笔划较粗,笔锋刚劲有力。主要称谓有父丁等。如例图108(《屯南》4331)。

第三类,如《屯南》2100、2126、2601等。较二类字小,笔锋圆润而柔软。主要称谓有父乙。如例图109(《屯南》2126)。

小屯南地中期地层与灰坑的时代,相当于康丁、武乙、文丁时期。"其所出卜辞的时代也应该与此一致的"。而且从三类卜辞本身的特点看来,也完全证明了这一点。

小屯南地所出第一类卜辞,其主要称谓"与文献记载康丁之诸父祖庚、祖甲、孝己及其兄廪辛是一致的。因此,这类卜辞当属康丁卜辞"。

小屯南地中期所出第二类卜辞,"有父丁称谓,偶尔也看到有父辛称

---

① 陈梦家:《殷虚卜辞综述》,第二〇二页。

② 肖楠:《论武乙文丁卜辞》。

谓”。其“字体风格与第一类又有区别,结合地层关系,此类卜辞当属武乙卜辞无疑。其父辈称谓也正与文献记载武乙诸父有康丁、廪辛相符”。

而所出第三类卜辞,“根据地层关系晚于第一类、第二类,即晚于康丁卜辞与武乙文丁卜辞。从卜辞内容看,有父乙称谓,与文丁父武乙之称谓相符合。因此,当为文丁卜辞”。

尽管有的学者指责这一探索有某些不够缜密之处,但毕竟给甲骨学者提供了较为切实和有益的分期线索,今后通过更深入、细致的研究,可望在这方面取得一致的看法。

因此我们说,这一段时间关于“历组”卜辞时代的讨论,还是使甲骨文的分期断代研究工作深入了一步。

第三节　关于甲骨文分期断代的几个新方案

虽然董作宾一九三三年发表的《甲骨文断代研究例》开创了一个甲骨学研究的全新时期,但他自己却一再说,“而此所谓断代,也只是初步的工作”。并且“郑重的声明:这不是断代研究成功后的一篇结论”。表现了他的谦虚和不固步自封的进取精神。断代研究实践表明,董氏这一方案是切实可行的。因此,一些重要甲骨著录,如《京津》、《宁沪》、《南北》、《续存》、《京人》等等以及集大成式著录《甲骨文合集》、《甲骨文合集补编》、《商周甲骨文总集》以及《安明》、《明后》、《怀特》、《东京大学东洋文化研究所藏甲骨文字》图版篇等等,都是以“五期”分法和“十项标准”为依据的。各书将甲骨文分为五期处理,为研究提供了极大方便。

董作宾还一再强调,“每一种学问,都要经了由粗疏而趋于精密的过程,甲骨文字的研究,当然也不能例外”。“现在,只是粗略地分为五期”。他希望有更多的学者对他的分期断代研究“是否完备”等问题,进行深入的探讨。

随着甲骨学研究发展,董作宾先生提出的断代研究“五期”分法和“十项标准”愈益得到补充和完善。不少学者为使其更加缜密,做了很多的工作,本书第九章第四节已作介绍。董作宾分期有误和笼统之处,诸如“文武丁卜辞”应为第一期武丁时物和武乙、文丁卜辞的细区分等等,学者们也进行了深入而细致的讨论,详细情况可参见本章第一节。董作宾一九三三年构筑的分期断代方案是否唯一最好的方案?是否还有另外的方案可以取代它?多年来,不少学者围绕这一问题也作了认真探索,促进了甲骨学研究的活跃和繁荣。

一、 所谓“新派”和“旧派”,即分派整理法

董作宾并不满足于自己提出的“五期”分法和“十项标准”所取得的成功。他利用甲骨文材料研究殷历时,又首先提出了“新派”和“旧派”说。他在一九四五年出版的《殷历谱》(《史语所专刊》四册)绪言中说:“此种新观察,须打破余旧日分卜辞为五期之见解,而别自树立一标准也。”并且论述了“新、旧”派的特征如下:

所谓“旧派”,就是“自盘庚迁殷,至小辛小乙之世,在早期卜辞中,每不易分辨之,今姑以武丁为旧派代表”。“今于卜辞中亦可见其时之气象雄伟,规模宏大,贞卜事项,包罗万有,史臣之书契文字,亦充分表现其自由作风也。在本谱中,可见其历法之因仍古制,无所改进,余名之为‘遵古派’,祀典亦迥异于祖甲。文字,卜事,又复多有不同。其时礼制,殆所谓‘先王之政’。余故称之曰‘旧派’也”。

而所谓“新派”,“自祖甲创之,在卜辞中,充分表现其革新之精神。如历法之改进,祀典之修订,卜事及文字之厘定皆其大端”。

武丁、祖庚为“旧派”。其后祖甲、廪辛、康丁为“新派”。传至文武丁时,“锐意复古,极力摹仿旧派”。后至帝乙、帝辛时,“则又复宗新派”。

“旧派”与“新派”的礼制是不同的。主要表现在:

首先,祀典的不同。旧派祭祀对象有上甲以前的先公远祖,诸如高祖夔、王亥、王恒、季等。而上甲以下,祭大宗不祭小宗。祭大宗的配偶,不过五世以上之先妣。此外,还祭及黄尹(文武丁时作伊尹)、咸戊等旧臣及

河、岳、土(社)等神祇。祭祀的祭名有彡、叀、咎、侑、尞、勺、福、岁等(新派也见使用,只个别文字写法不同),专有的祭名有御、报、册、帝、烄、告、求、祝等。

新派的祭祀自上甲起,大宗小宗依世次日干排入祀典致祭。先妣自示壬的配偶妣庚起,也依世次日干排入祀典致祭。祀典主要以"彡、翌、祭、叀、咎"五种为主,"遍及祖妣,周而复始",即所谓"周祭"。其他的祭名还有:又(旧派之侑)、㱃(旧派之尞)、勺、夕福、濩、登、岁、彡龠、彡夕、禣等。自祖甲创立以后,廪辛、康丁继续实行,到帝乙、帝辛时加以增修,更加严密起来。

其次,历法的不同。旧派一岁之中有月名,一月至十二月为一年。年终置闰,称之为"十三月"。纪日用支干,十日为一旬,十旬为"百日"。而新派称一月为"正月",废十三月的名称。祖甲改订了闰制,打破旧制一至十二月的排列,插置闰月于当闰之月。纪日将干支系于每一太阴月。月名上加"在"字,表明干支日"在"某月。

其三,文字的不同。旧派时王所用的王字作太形,俗谓王字不戴帽。文武丁复古,也写成这样。但新派自祖甲起,经廪辛、康丁、武乙和帝乙、帝辛,比旧派的王字上多一横,即俗称王字戴帽。此外,旧派以㞢为有,新派以又为有。旧派以㞢为祭名,新派以又为祭名。旧派祭名之尞字写作[illegible],文武丁复古写作[illegible]或[illegible]。新派改为从又持木,焚于示前的㱃字。

其四,卜事的不同。旧派文字多自由放纵,新派多规矩谨饬。旧派的行款文例不甚规整,而新派严密规整。在占卜材料方面,旧派一版上卜辞错综交叉,无甚程序。而新派用龟用骨都有一定制度,各类卜辞都有专版。旧派武丁时卜辞内容繁多,新派卜辞有条不紊①。

一九四九年出版的《中国考古学报》第四期上,发表了董作宾的《〈殷虚文字乙编〉序》,他在文中又具体将"旧派"与"新派"分为四期。即

第一期是旧派,可以从盘庚迁殷算起,经过小辛、小乙、武丁、祖庚

① 参见董作宾:《〈殷历谱〉绪言》,《史语所专刊》四册,一九四五年;及董作宾:《甲骨学六十年》,第一〇二至一一八页,艺文印书馆,一九六五年。

凡三世五王。可是武丁以前还不太清楚；

第二期是新派，是祖甲创始的，经廪辛、康丁二世三王；

第三期又是旧派，武乙、文丁父子；

第四期又是新派，帝乙、帝辛父子。

他并对这两派的卜事的不同作了进一步的概括，指出：

卜祭祀、征伐、田猎、游观、卜夕、卜旬都是新旧两派所共有的，不同的是祭祀的典礼，征伐的方国，田游的地方，卜夕、卜旬的文法和附记的事项而已；至于卜行止，记每日王所经过的行程，只见于新派。而卜告、卜敦、卜旬、卜求年、受年、卜(或记载)日月食、卜梦、生育、疾病、有子、死亡、求雨、求启各事，则只见于旧派，新派是很少见的。因此，我们可以知道旧派的迷信相当深，而新派则许多迷信都破除了。

董作宾的“旧派”与“新派”四期的划分，反倒不如原来的“五期”精确。此外，所谓“旧派”保守而“新派”的改革等等，亦可商榷。正如陈梦家指出的：“即在同一朝代之内，字体文例及一切制度并非一成不变的；它们之逐渐向前变化也非朝代所可隔断的。大体上的不变和小部分的创新，关乎某一朝代常例与变例(即例与例外)之间的对立，乃是发展当中的一个关键。这一朝代的变例与例外，正是下一朝代新常例的先河。已经建立了新常例以后，旧常例亦可例外的重视。”①“因此董氏《殷历谱》所标的新派旧派不但是不需要的，也是不正确的。”②特别是在所谓“文武丁卜辞之谜”揭穿以后，这一批卜辞已提前到第一期武丁时了，所谓文武丁“复古”的问题也就不复存在。也有的学者指出，“自历史发展的观点看，‘复古’之说是不能成立的。历史上的‘复古’是政治制度和意识形态范围的现象，很难想象文丁‘复古’竟使文字的结构、占卜的事项、甚至妇、子、朝臣的名字，都恢复到和四代前的武丁时期相同”③。

董作宾曾一再呼吁：“有了《乙编》这一批材料，更参考《甲编》和已著录

① 陈梦家：《殷虚卜辞综述》，第一五三页。
② 陈梦家：《殷虚卜辞综述》，第一五五页。
③ 李学勤：《小屯南地甲骨与甲骨分期》。

的各书，作一次全部的整理，比较新旧派一切礼制的异同，当不是太难的事，希望有人先我而下这一番功夫。”①虽然有不少学者研究了甲骨文各期祭祀、方国等方面的变化和发展，但多年来一直没有人专门用“旧派”、“新派”的方法去整理甲骨文。

虽然如此，董作宾“对于分期分派之方法，则仍存信心”。尽管他“环顾海内外，治甲骨文字者，尚多未能深深了解余之提案”，但仍“不惮其烦，再申述之，冀能与大家共同讨论，觅得一正确之方法”②。

董先生如地下有知，应感到欣慰的是，李立新博士对全部十多万片甲骨中的祭名进行了统盘的爬梳整理，分析研究，于二〇〇四年完成了博士学位论文《甲骨文中所见祭名研究》，对商王祭祀典礼“新、旧”派的变化和发展进行了系统的研究，证明了董先生倡导的“分派”整理新提案“统观十万片甲骨，随着十二位国王的政策不同，兴趣有异，因而占卜事项，变动不属”的观点的深刻性。

不仅如此，我们在进行多卷本《商代史》“政治制度”卷的研究和撰写过程中，发现商王武丁“复古”，实是董氏所说的“殷代十二国王，在政治的背景上曾有四次变革”的开始。《史记·殷本纪》所列诸王，武丁是唯一“祭成唐”者。他还“开先祖之府，取其明法，以为君道之大节”(《大戴礼记·少间》)，就是打着成唐的旗号，对“废适而立诸弟子，弟子或争相代立，比九世乱”的“兄终弟及”的王位继承制度进行大力改革。为了“殷复兴”，他行汤之“明法”，恢复汤立“太子太丁”和立“成汤适长孙”太甲的长嫡继承法，武丁预立太子并对“兄终弟及”的王位继承制进行了划时代的改革。经祖庚、祖甲的“立王”(《尚书·无逸》)和祭祀制度的创新和初变，又经廪辛、康丁的守成和武乙、文丁的子继父，父传子的实践，在帝乙、帝辛时终于确立了商王王位长嫡子继承制，并在严密的周祭祀谱上加以特祭和祀典制度化。

长期以来，董作宾这一“提案”的深刻学术价值被后学者忽视了，实际

---

① 董作宾：《〈殷虚文字乙编〉序》。

② 董作宾：《为书道全集详论卜辞时期之区分》，《中国现代学术经典·董作宾卷》，第五二四页，河北教育出版社，一九九六年。

上是董先生把“狭义的”甲骨学分期断代研究，推向深层次的“广义的”甲骨学商史研究的一个“提案”给我们后世学人规划了新的进击目标，即在分期基础上的“分派”整理，方能使我们进一步认识到“一、卜辞所能表现的殷代史实，因两派的卜事多少各异，不能代表二百七十三年所有的文化。二、因为有新旧两派的不同，殷代十二国王，在政治的背景上曾有四次变革。三、这种政潮起伏的情形，并不见于古代记录，可以证明古代记载遗留到现在是如何的贫乏”①。

我们相信，将会有更多的人实践董作宾大师为我们规划的对十五片甲骨文的“分派”整理，并将会有所发现，有所发明。

二、 贞人分组与“两系”说

李学勤认为：“武丁时期并存有宾组、自组等等的事实，证明在一个王世里可能存在几种互有差异的卜辞。反过来，一种卜辞也可能存在于不同的王世。因此，简单地用王世来划分甲骨卜辞殊嫌不够，陈梦家为此创用了自组、宾组等词，这种办法显然比王世划分详密的多。”因此李学勤把殷墟甲骨分为九组，每组借用一个贞人名作为组名；有一组没有贞人叫“无名组”。如下表②所示：

今名	董作宾	陈梦家
宾组	一期	宾组　武丁卜辞
自组 子组 卂组	四期，文 武丁卜辞	自组　武丁晚期 子组 午组
出组 历组 无名组 何组 黄组	二期 四期 三期 五期	出祖　庚甲卜辞 　　　武文卜辞 　　　康丁卜辞 何组　廪辛卜辞 　　　乙辛卜辞

① 《中国现代学术经典·董作宾卷》，第五四六页，河北教育出版社，一九九六年。

② 李学勤：《小屯南地甲骨与甲骨分期》。

其实,“分组”说的最早提出,还应当是董作宾。董氏在《甲骨文断代研究例》中根据称谓、世系和系联关系,确定了“贞人集团”,“从其中的任何一个贞人,所贞卜的事项中,找出他的时代,其余同时各人的时代,也可以连带着知道了”。这“贞人集团”,在陈梦家《殷虚卜辞综述》中叫贞人“组”。虽然李学勤也“分组”,但他声明“陈氏分组主要指卜人系联,与我们的观念有别”①。显而易见,他分组的标准与传统的“分组”标准是不相同的。

至今还没有看到李学勤谈“分组”的依据。如果我们没有理解错的话,李说的坚决支持者林沄《小屯南地甲骨发掘与殷墟甲骨断代》②一文所说的“类”,当与李学勤的“组”是相同的概念。因为该文常将所谓“历组一类”、“历组二类”等与“自组”、“自历间组”、“无名组”等相提并论。从作者在文中的一些论述,诸如:“划定自组卜辞的另一基本标准”为“字体特征(包括书体、字形结构和用字习惯三个主要方面)”,“不见卜人名之卜辞可根据字体特征而归于自组”,“没有共版关系的卜人之所以被确定为自组卜人,也是由于字体特征相同而建立联系的”,“宾组卜辞的划定也是一样”。“历组卜辞”也“完全可以‘仅根据字体’而分为两个亚组,但不应从称谓考虑而分成什么‘父丁类’,‘父乙类’”。“由于字体演变比较快而且呈现出一定的阶段性,所以从型式学观点来看无疑是分类的最好标准。其他如独立于卜辞内容之外的钻凿形式、甲骨整治形式、记事刻辞形式等等,当然在型式学上也有分类的意义,但都不如字体所能分的类细致。而且,在多数人只能据拓本来分类的情况下,字体最便于使用”,等等。可知他与传统分“组”的标准不同之处,是依据文字的“型式学”分析来分组(或类)的。特别是“习惯上不署卜人名的一大批卜辞,堪称分类第一标准的,只是字体而已”。

我们认为,这种“利用字体对现有的各种卜辞作更细致的分类”,即把“甲骨分类学”作为“甲骨断代学之基础”,是本末倒置的。因为甲骨文字本身,只是表达商代晚期各王思想的一种形式,是由各不同时代的商王所卜决定的。如果不是董作宾发现了“贞人”,并由世系和称谓确定了贞人的时代,再进一步推演出其他各项标准,从而将甲骨文分为五个不同时期,要将

---

①　李学勤:《小屯南地甲骨与甲骨分期》注⑧。

②　载《古文字研究》第九辑,中华书局,一九八四年。

十五万片混沌一团的甲骨文依字体分组谈何容易！所谓"型式学"分析，是借用考古学对文化遗物整理的方法，也就是将器物排队而来。从事田野考古工作的人都知道，遗物型式学的分析整理，是以地层学为依据的。标准地层决定文化遗物的相对年代早晚和器物型式演变的序列，而不是器物型式的发展序列决定地层的早晚，或没有地层关系的型式学。此外，依字体风格定"组"(或"类")，在实践中也很难掌握，因为见仁见智，各人的理解和侧重的角度不同，往往会把本是互不相干的卜辞强拉在一起。这一点是陈炜湛指出的，很有道理。

新的"分组"说的提出，是用"两系"说取代董作宾分期断代方法的一个新探索。殷墟王室卜辞在演进上可以分为两系的思想，是李学勤先生一九七八年在第一届古文字讨论会①上首次提出的，其支持者林沄将其系统化分类及时代归纳为下页演化表。(见后附表)

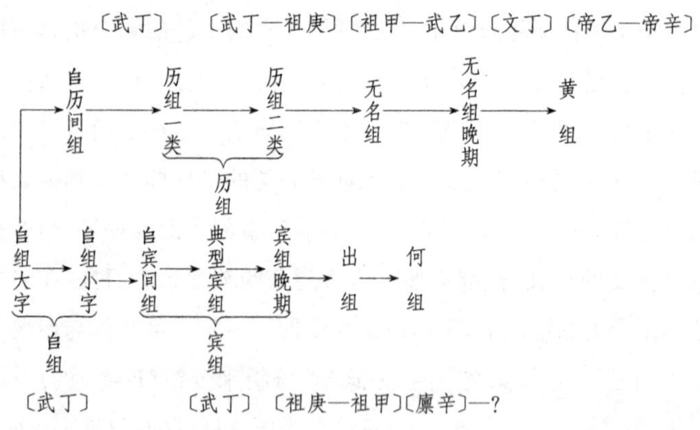

该表虽然提出"两系"说，但没有提出具体的标准以使甲骨学者在分期实践中进行检验。此外，各"组"的划分因过于烦琐，很难使人掌握。所以在目前的研究工作中，还不能用"两系"说驾驭十五万片甲骨的全部。就是"两系"说的倡导者李学勤本人，他的近著《英国所藏甲骨录》，也仍然是以董作宾的"五期"分法和"十项标准"为依据进行整理的。

① 第一届中国古文字学术讨论会于一九七八年九月在吉林省长春市召开，出席会议的有来自全国各省市的古文字学者五十一人。

李学勤提出的“两系说”,在甲骨学界产生了很大影响,不少学者在全面整理甲骨文材料的基础上,为构筑“两系说”的完整体系,进行了创造性研究并推出一批新成果。黄天树《殷墟王卜辞的分类与断代》(文津出版社,一九九一年)、彭裕商《殷墟甲骨断代》(中国社会科学出版社,一九九四年)、李学勤和彭裕商《殷墟甲骨分期研究》(上海古籍出版社,一九九六年)等书,就是阐述“两系说”的代表作。

黄天树《殷墟王卜辞分期断代》,用严密的类型学分析,将殷墟卜辞分作A(即小屯村北和村中)B(即小屯村南)两系共二十类,并对各类卜辞的划分依据及其所跨年代进行了系统全面的分析与论述;彭裕商《殷墟甲骨断代》在整理甲骨卜辞时,“充分使用考古学的方法,先分类,再断代。分类的主要标准有字体和卜人”,而“确定时代的主要标准有称谓系统,考古学依据,卜辞间的相互关系等三项。其中称谓系统可确定绝对年代(王世),其余两项可推求相对早晚”。但“对某一王世的卜辞再进一步细分早晚时,称谓系统就不起作用了,这里只能以后二者为主要依据”(彭书第二十一页)。彭氏《殷墟甲骨断代》广征博引,对殷墟早期各种卜辞进行了分类与断代的全面研究;李学勤、彭裕商《殷墟甲骨分期研究》,则在彭书《殷墟甲骨断代》的基础上,扩充了“何组卜辞”、“黄组卜辞”、“无名组卜辞”等三部分内容,从而涵盖了晚商全部卜辞。书中全面论证了“𠂤组卜辞村南、村北均有出土,是两系的共同起源。𠂤宾间组只出村北,𠂤历间组只出村南,才开始两系发展。往后宾组、出组、何组、黄组为村北系列,历组、无名组、无名黄间类为村南系列。无名黄间类以后,村南系列又融合于村北系列之中,黄组成为两系共同归宿”(李书第三〇五至三〇七页)。如此等等,此书为“两系说”首创者李学勤的力作,在理论上、方法上都有示范意义。

上列三书是“两系说”构建断代新体系的典型力作,“从理论上、方法上把‘两系说’大大向前推进了一步,反映了‘两系说’研究的最新水平。因此,无论是赞成‘两系说’者,还是目前尚不赞成‘两系说’者,都应对此三书给以特别注意!”①

---

① 王宇信、杨升南:《甲骨学一百年》,第一八〇页,社会科学文献出版社,一九九九年。

第四节　分期断代研究有待解决的几个问题

董作宾《甲骨文断代研究例》发表五十多年来,虽有某些修正,但至今有没有"过时"呢? 有学者指出,"董氏断代学说的基础或核心是贞人说——据世系、称谓确定贞人的时代,又据同版关系将贞人划分为各个'集团'(即今之所谓'组'),又据有明确时代的卜辞研究其字形、书体、人物、事类等方面的异同,反过来再进行断代"。董氏断代说的"核心部分是正确的,其原理现在还是基本适用的"。"经过近五十年的检验,证明董氏提供的方案虽不完备,却是大体可用的。如果没有董氏提供的这个方案,甲骨文断代研究能否达到今天的水平,也很难预料"①。这是很正确的意见。

在对所谓"历组"卜辞的讨论中,李学勤提出了分期断代的"两系"说,力图用这一新的方法取代董作宾的分期断代法。这是一件好事,既反映了断代研究的不断深入,也反映了学者的不囿于旧说、大胆探索的开创精神,给甲骨学研究注入了新的活力。学界期待持"两系"说的学者能早日把这一方案完善并实用化,以供甲骨学同行参考、使用。只要实践证明这一新的探索比董氏断代法更为精密、科学和方便,就一定能逐渐被学术界所接受。

董作宾的"五期"分法和"十项标准"的断代体系为目前学术界所公认,但分期断代也还有不少问题需要我们注意解决和深入研究。这就是:

一、董作宾早在一九三三年在《甲骨文断代研究例》中指出:"武丁在位有五十九年之久,差不多相当于由祖庚以至于康丁的四世,在五十九年间的史实,也当然有个先后。"十五万片甲骨中,武丁卜辞几占一半以上。武丁期卜辞能否再分期? 特别是王室正统以贞人宾为核心的大量卜辞,能否再行分析出早晚? 虽然大量的卜辞材料,为我们提供了这种可能,而且甲

---

① 陈炜湛:《"历组卜辞"的讨论与甲骨文断代研究》。

骨学研究也有这种必要，但迄至目前，虽然有人在做，但还没有人全面进行这一工作。

所谓“文武丁时代卜辞之谜”虽已解开，这部分甲骨被上移至武丁时代，但是，且不说还有一部分学者仍坚持“文武丁”说，就是多数同意将其提前的学者，对其具体应为武丁期的那一阶段，也还没有全面研究。这一问题的解决，应该是与武丁时王室卜辞，即宾组卜辞时代的分析相辅相成的。

此外，武丁以前，有无盘庚、小辛、小乙卜辞？胡厚宣虽在五十年代就已提出，但迄今虽有人在尝试，但未见有人对此进行全面论述。

二、第五期帝乙、帝辛时期甲骨中，究竟有没有帝辛卜辞？郭沫若早在一九三一年就提出“卜辞乃帝乙末年徙朝歌以前之物”①，对有帝辛卜辞提出了怀疑。一九三三年郭沫若又在《卜辞通纂》后记中对此加以重申，认为“帝乙末年必有迁沫之事，如无此事，不唯旧史料中有多少事实成为子虚，即卜辞中有多少现象亦无从说明”。直到晚年，郭沫若还要求参加《甲骨文合集》编辑工作的学者就“到底有没有帝辛时的卜辞”进行研究②。近年有人根据商代周祭制度的研究，论证了《龟》1・13・18片辞中的“妣癸是文丁之配，帝辛称其为妣，因此这条卜辞应为帝辛时所卜”③。周原凤雏 H11：1 片商人庙祭甲骨，是确定无疑的帝辛时物，也使我们增加了对第五期甲骨中帝辛卜辞的认识。但乙、辛卜辞的区分还很不够，帝辛时物仍知之不多。这一问题需要深入、系统地进行研究。

与所谓“历组”卜辞的讨论和“两系”说的提出一起，也发生了这批甲骨提前到武丁祖庚时期以后，原来的第四期甲骨将会被抽空的问题。持此说的学者们又将一部分原分在帝乙、帝辛时的甲骨划入“无名组晚期”，并认为这“才是文丁卜辞”④。有的学者已对此进行了辩难，认为这“是难以令人信服的”⑤。第五期这部分字形较大卜辞的时代既然有人提出异议，那也就

① 郭沫若：《戊辰彝考释》，《殷周青铜器铭文研究》，一九三一年。

② 引自胡厚宣：《郭沫若同志在甲骨学上的巨大贡献》。

③ 常玉芝：《说文武帝》，《古文字研究》第四辑，中华书局，一九八〇年；陈梦家已指出妣癸是文丁之配，见《殷虚卜辞综述》，第三八八页。

④ 林沄：《小屯南地甲骨的发掘与甲骨分期》。

⑤ 陈炜湛：《“历组卜辞”的讨论与甲骨文断代研究》。

有必要继续深入讨论和验证。

三、所谓“历组”卜辞时代的讨论,还在热烈进行中。而有关第四期武乙、文丁卜辞的再区分,虽然有了一条切实的线索,但也还有待深化。

四、我们认为,学术界不同意见的争论和分歧是有利于学术发展和繁荣的大好事。争论的各方,在断代讨论中应抱董作宾在《甲骨文断代研究例》中所倡导的“平心静气”的态度,既不盛气凌人,对别人采取教训的口吻;也不必揶揄挖苦,使用刺激性的语言。因为这些都无助于问题的解决。如果确认自己的看法正确,那就更要摆事实、讲道理,学者们是会根据材料的研究得出正确的判断的,要给持不同意见的学者以时间。当年董作宾《甲骨文断代研究例》发表以后,也有一些异议,但为时不久,就得到了学术界的承认。

“他山之石,可以攻玉”。大师董作宾虚怀若谷,为我们后世学人树立了榜样。我们不嫌重复,将他《甲骨文断代研究例》中的几句话再次引述如下:

> 本篇匆匆写成,所举一些粗疏的例证,作者自己也不认为是十分满意,所以在末后要郑重声明:这不是断代研究成功后的一篇结论,这乃是断代研究尝试中的几个例子。大体的轮廓是有了,一个研究甲骨文字的新方案,我已提供在这里。希望治此学者,平心静气来批评这方案是否可用?是否完备?既然甲骨文字有断代研究的必要,那我们先决问题就是如何断代?以何者为断代标准?标准有了,方法定了,我们就可以把所有出土的材料统统荟萃起来,然后用这标准,这方法,去整理研究他,以完成殷代的一部信史。

这几十年来学者间有关断代问题的种种分歧和尖锐的争论,不正都符合董作宾这里所谈的初衷吗!?

第十一章　使用甲骨文材料应注意的几个问题

在我们掌握了百多年甲骨学发展史并学习、吸收了前辈学者对甲骨文字考释的成果的营养，认识了一定数量的单字并对甲骨文例和分期断代具有一定的基础知识以后，就可根据自己所研究的课题，翻阅甲骨著录书，并有意识地收集和使用甲骨文资料了。

甲骨文是从地下出土的一种新史料，由于科学发掘时期和非科学发掘时期的不同，以及它本身就是珍贵的古代文物这一特点，在使用甲骨文材料的过程中，还存在着对它的鉴别和对它的科学价值的“再发掘”的问题。前者指甲骨文的校重和辨伪，后者指甲骨文的缀合和残辞互补。甲骨文只有经过校重和辨伪以后，材料才更加准确和翔实；而甲骨文经过缀合、残辞互补以后，又可以使材料更为全面和完整，等于在现有材料的基础上，发掘出更有价值的新史料。

因此，进行甲骨文的校重、辨伪、缀合和残辞互补等项基础训练，对甲骨学研究是很必要的。

第一节　甲骨文的校重

所谓“校重”，就是剔除甲骨著录书中的重见片。这种情况的发生，主要是因为甲骨文出土以后，收藏家视所得甲骨为“圭臬”，争先著录发表。特别是非科学发掘时期所得甲骨，往往辗转流传，反复易主，有的不止墨拓一份。收藏家把新收集到的甲骨墨拓，再与手中原有的拓本编在一起出版。有时同一片甲骨，会在先后出版的几种著录中出现。也有时一片甲骨，会在同一种著录书中前后不同的地方出现。此外，甲骨文字细小，有时拓印不清。或在著录时根据需要将拓本加以裁剪，因而同一甲骨面目全非,辨别困难。由于这种种原因,在甲骨著录书中就出现了重片的问题。

著录书中重片的出现,给甲骨学研究带来了很多不便。同一片甲骨在不同书中重复出现,既浪费了研究者的时间,也给研究工作带来了混乱。

罗振玉编纂的《前》、《后》、《菁》等书,就与《铁》、《戬》等书中的一些甲骨先后相重。而《续》一书,"其重录者,更多至全书五之四分以上",真是"展卷翻览,令人眩然"①。

为了使甲骨材料精湛和避免庞芜,不少甲骨学者在校重方面做了很多工作。郭沫若一九三三年出版的《卜辞通纂》,集当时所见到的甲骨著录中的精品于一书。书中对各片出自何书,在考释时都在编号下加以注明。明义士在《表校新旧版〈殷虚书契前编〉并记所得之新材料》②一文中,对《殷虚书契》一书的自重片及与它书的重片也做了全面的校对工作。可以说,这些都是最早的甲骨文校重工作。曾毅公一九三九年出版的《〈殷虚书契续编〉校记》一书③,则是对《续》中的自重片和与它书的重片作全面校勘工作的一本专书。其后胡厚宣对曾毅公此书又做了进一步的校补,他一九四一年发表的《读曾毅公君〈殷虚书契续编校记〉》指出:"总计《续编》一书,著录甲骨二〇一六片,其与他书及自重者一六四一片,其不重者,仅三七五片而已"④。

为了提高甲骨著录的科学性和为研究者提供方便,不少严肃的甲骨论著和著录都非常注重校重工作。日本岛邦男的《殷虚卜辞综类》,是据六十多种甲骨著录中的材料编纂而成的一部大书。书中的每一条卜辞,如有重见片,都在辞后一一注明。郭沫若主编、胡厚宣总编辑的巨著《甲骨文合集》,也在校重方面做了大量的工作:"总计用了六十多种著录,并以新得的与著录相关的多种拓本,互相校对。仅就著录书粗略统计,共校出重片六千多片,重片次达一万四千多。这是一项繁琐而艰巨的工作,它的完成,可以说对旧著录书作了一次清算。"⑤《甲骨文合集》编辑组的工作人员,自一

---

① 胡厚宣:《读曾毅公君〈殷虚书契续编校记〉》,《甲骨学商史论丛》初集四册。

② 载《齐大季刊》第二期,一九三三年六月。

③ 载齐鲁大学国学研究所《国学丛编》,一九三九年。

④ 收入《甲骨学商史论丛》初集四册。

⑤ 王贵民:《一部大型的甲骨文资料汇编——〈甲骨文合集〉》,《中国史研究动态》,一九七九年,第九期。

九六一年正式工作起直至一九七四年以前这一段时间，除了去全国各地搜集、墨拓甲骨外，主要的工作就是校重。每一种甲骨著录都有一本“账”——对重表。账上有片号、重出号、新拓号、现藏等等栏目。可以说，每一本“账”都可以作为一本专门的校记出版①。这里面包含着大量学者的辛勤劳动。

甲骨文的去重工作虽然繁琐，但并不神秘。只要方法对头，就可以收到事半功倍的效果。在校重时，一般应注意的是：

一、确定校重的范围。一部书的校重工作，首先应尽量地缩小校重的范围。不然，十五万片甲骨犹如汪洋大海，无目标、无范围地校重，可谓大海捞针。因此，首先要了解这部书著录的甲骨原系何人所藏，大体出土年代及出土地带，后又转到何人之手，基本著录在哪几种书中。这样，就可以把与此无关的甲骨著录书排除，只剩下较小范围而彼此有关系的著录书了。

二、再进一步缩小校重的范围。就是有一定关系的甲骨著录书，每书所收入甲骨也有一至五期时代的不同，而且每期的内容、类别也很复杂。因而在校重时，范围还是嫌大了。我们可先将需校重书中的某片定好期别并按内容分类，然后再有目的地去到有关的一些著录书中的同期、同类甲骨拓本中去校核重片。这样，就可排除书中那些与我们所校该片无关期、类的拓片，使校重范围又缩小了许多。

三、将所需校对片的片形、主要内容记熟，在有关著录的同期甲骨拓本中去校重。如果片形相同，而且内容也相同，那就是重片了。之所以要注意内容，是因为有一些著录书在编纂时，将拓本剪割成数块，这样的拓本光据片形是不易校出的。

简言之，甲骨著录的校重工作要有明确的目标，并不断地缩小应校的范围。当然，学者们良好的记忆力、耐心和细心是搞好校重工作首先应具有的条件。著录非科学发掘时期出土甲骨的不少书，或多或少地都存有重

---

① 后经整理并结集出版，见胡厚宣：《甲骨文合集资料来源表》，中国社会科学出版社，一九九九年。

片问题,使用时,需要首先校重。幸运的是前辈学者已为我们做了这项工作。科学发掘时期所出甲骨的著录书,曾在很长一段时间不存在这个问题。如自一九二八年第一次科学发掘殷墟至一九三四年第九次科学发掘殷墟所得甲骨的著录总集《殷虚文字甲编》,和一九三六年第十三次科学发掘殷墟至一九三七年第十五次科学发掘殷墟所得甲骨的著录总集《殷虚文字乙编》,及一九七三年科学发掘所得甲骨的著录集《小屯南地甲骨》等书,都无重片。但自集大成的甲骨著录《甲骨文合集》出版以后,《甲》、《乙》二书作为十五万片甲骨的一部分,分期分类收入《合集》之中,也就出现了《合集》与《甲》、《乙》二书的重出问题。但后来在《甲骨文合集》的《资料来源表》部分,《甲》、《乙》片号与其他各种著录书的片号,在《合集》的有关片号后一一注出,这个问题也就解决了。

第二节　甲骨文的辨伪

甲骨文自一八九九年被发现和购藏以后,真是身价倍增,很快就由每斤才值数钱的"龙骨",一跃而成为每字值银二两五钱的"古董"了。随着收藏家的大量购求以及售价日昂,也就发生了甲骨文的"造伪"问题。

在甲骨文发现的初期阶段,由于研究不够和鉴别不精,一些收藏家与真片一起,购入了一些伪片。在刊布拓本时,有些伪片也混入了甲骨著录书中。如一九〇三年出版的第一部甲骨著录书《铁云藏龟》,就收入了《铁》57·1、《铁》84·1、《铁》130·1、《铁》256·1 等伪片。其他一些书,如一九一七年出版的明义士《殷虚卜辞》的《虚》758(例图 110),一九二一年日本人林泰辅的《龟甲兽骨文字》的《龟》2·28·12、《龟》2·29·12、《龟》2·29·16 等(例图 111)以及一九三三年出版的商承祚《殷契佚存》的《佚》381 和一九三五年出版的黄濬《邺中片羽初集》的《邺初》26·1、《邺初》31·6、《邺初》37·6、《邺初》37·8 等都是伪片。

随着甲骨文研究的深入,学者们开始注意对甲骨真伪进行鉴定。在著录甲骨时，多经过审定真伪的工作，所以书中很少再有伪片出现。只是欧美学者以摹本出版的一些甲骨著录，如一九三五年出版的方法敛、白瑞华编纂的《库方二氏所藏甲骨卜辞》、一九三八年出版的方法敛、白瑞华编纂的《甲骨卜辞七集》和一九三九年出版的方法敛、白瑞华编纂的《金璋所藏甲骨卜辞》等书中还出现了较多的伪刻。其中《七》、《金》出版较晚，而且发表时曾得到明义士的帮助，已将不少全为伪刻的摹本剔除。《库》书则未经辨伪处理，故所收伪刻很多。上述三书"虽然摹本有伪刻，其不伪的部分还是有价值的，所以剔去伪刻部分是很必要的"①。因此，不少学者，如董作宾、胡光炜、容庚、陈梦家、郭沫若、胡厚宣、于省吾等人，都先后对伪刻较多的《库》书进行过辨伪工作。"他们的意见大同而小异，伪刻有全部伪刻的，有真伪杂列的部分伪刻"。一九五六年陈梦家《殷虚卜辞综述》一书，又在前人辨伪的基础上，"审慎地重新把伪刻部分"列表，计《库》一书全部伪刻七十片（附号数），部分伪刻（注明伪刻部分）四十四片（附号数），可疑的四片（附号数）。

这三部书之所以伪刻较多，是因为所著录甲骨多系外国人早年购得。第四章第二节曾介绍美国人库寿龄和英国人方法敛等人从一九〇三年起就在山东潍县通过古董商之手大量收购甲骨的情形，他们在几年之内，就收得甲骨三千片左右，并转卖到美国、英国等各大博物馆。方法敛还是一个颇具心计的人，"方氏凡购得甲骨一批，必先画其图形，摹其文字。后来见到别人收藏的甲骨，也都设法摹写下来。十年之间，以所摹甲骨，编为《甲骨卜辞》一书。书中包括摹本甲骨文字四二三页及其他附件数种。一九一四年方氏死，遗稿后归美国纽约大学教授白瑞华保存"②。《库》、《七》、《金》三书所收甲骨，就是从这部遗稿中选辑而成的。方法敛虽然有心，但限于当时水平，他还不知道甲骨中有伪片存在，也不具有初步的辨伪知识。如本书第四章第二节所述，迟至一九一四年，加拿大人明义士在安阳收购甲骨还上当受骗，把刻字的新鲜牛骨购回，以致腐烂发臭。更何况早他十

① 陈梦家：《殷虚卜辞综述》，第六五二页。

② 胡厚宣：《临淄孙氏旧藏甲骨文字考辨》，《文物》，一九七三年，第九期。

多年的库寿龄和方法敛呢!

不仅库寿龄和方法敛如此,不少国内和国外甲骨收藏家都与真片一起,购入了一些伪片。如收藏我国殷墟甲骨文最多的日本,据调查,“个人的搜集品乃至商贾的出售品中,大体上十分之七八是伪品。从这种事实,可以充分地想象到制造的伪片有多么多”①。

大量的甲骨伪片,当出自古董商和安阳当地人之手。山东潍县自清末以来一直是我国著名的文物集散地,被称为“东估”或“山左估人的”不少古董商,以潍县为他们经营文物生意的据点。著名的金石学家、古董收藏家陈介祺(号簠斋)就是潍县人。这些古董商,不仅精于鉴别,而且善于造伪。他们仿造文物,特别是仿造青铜器是很有名的,可以达到以假乱真的地步。因此,他们为求厚利而仿刻甲骨,乃是驾轻就熟之事。更多的伪片当为甲骨文出土地河南安阳人所伪刻。董作宾一九二八年去安阳调查时,曾了解到当时甲骨文的伪刻情况:

> 至钟楼巷遵古斋,肆主王姓……出其所藏数十片,亦甚小,大者长寸许而已。惟观其文字,则皆为真品。又出仿刻者示余,谓是蓝葆光君所做。字甚整齐,然错杂不成文理,又中多倒置之字,一望而知其赝。其壁间悬挂之骨版累累,皆新出土之无字者,预备仿刻者也。又闻安阳卖出之甲骨,每次皆有伪品羼杂,惟多少不等,其伪品则皆为蓝刻。蓝某以仿造古董为业,其雕骨、刻玉之功尤精,世之号为小屯出土之玉与骨,蓝某手笔为多。此外尚有王姓者亦能仿刻,而远不如蓝。然蓝刻犹如此,王刻则更可知矣②。

大量仿刻甲骨的出现,给甲骨学研究造成了混乱。因此甲骨学研究和其他一些学科一样,也出现了史料真伪的鉴别问题。

掌握了一定的甲骨学基本知识,特别是在卜法、文例和分期断代等方面有了相当的基础知识以后,对甲骨文进行初步的辨伪是不难进行的。主

① 松丸道雄:《甲骨文伪造问题新探》,《古文字研究》第六辑,中华书局,一九八一年。

② 董作宾:《民国十七年十月试掘安阳小屯报告书》,《安阳发掘报告》第一期,一九二九年。

要应注意以下几个方面：

一、辨文字之伪。甲骨文的字形、书体，在不同时期有独特的风格。因此如果发现一片甲骨上的文字胡乱刻来，如瑞士所藏甲骨(例图112)上面所刻有一些根本不是文字，即知此片为伪①。也有的一辞中文字期别不一，或刻错文字，或倒正不一，也可据此判断为伪刻。如《库》1633，骨上共有两辞，但一眼望去，就知文字期别不一。其中左边一条卜祭壬子日祭父甲，为第三期字体，此辞风格统一，当为真。而右边的另一辞字大且多，总体作风似一期书体，但辞中"叀"为四期字体，"王"字戴帽，上加一横，为二期以后字体，"宔"字刻错，再加上不合卜辞格式等等，可判断此辞为伪刻(例图113)。

二、辨辞例之伪。甲骨文是殷商王室占卜记事之作，卜人契刻甲骨，已成例行公事。因此，卜辞的辞例基本有固定程式。关于此，本书第八章第一节"甲骨学的基本专业用语"已作过介绍。有的伪刻甲骨，虽然文字较多，而且仿刻的文字也很形似，但全辞仅是单字堆积而已，不合卜辞的叙辞、命辞、占辞、验辞的常例，读来莫知所云。如上举《库》1633的伪刻部分即是。而此版上的不伪部分，则文从字顺，读辞即知其意。

以上两种一般造伪情况，多出现在甲骨学研究的早期阶段。这样的伪刻品，较易辨别。但随着甲骨学研究的发展，造伪的手段也愈来愈高明。造伪者往往把一些出土甲骨的整篇文字摹录在本子之上，然后再据此在甲骨上全篇仿刻，以至从书体、文字和辞例等方面都无懈可击。鱼目混珠，给辨伪工作加深了难度，但我们还是可以找出破绽的。

三、辨文例之伪。卜辞在甲骨上的分布、走向，卜辞与卜兆、兆序的关系等等，皆有一定规律，这就是甲骨文例。关于此，本书第八章第二节"甲骨文例"已作过介绍。虽然有的造伪者文字仿刻极精，而且仿录全篇卜辞，但他们不懂甲骨文例。因此，经过认真分析，并"观其全体"，还是能将他们的伪刻甲骨辨识出来。一九五八年报载江苏扬州地区泰州博物馆在泰州

① 王宇信：《〈西德、瑞士藏我国殷墟出土的甲骨文〉考辨》，《人文杂志》，一九八一年，第三期。

凤凰墩泰州公园修路时,发现了甲骨文一片。在殷墟以外的江苏泰州地区发现甲骨文,自然是一重要的新闻。此骨“像是殷旧物,但非牛的肩胛骨,亦无钻凿灼兆之痕,不像是卜骨,字迹刻的也有一点可疑”之处。经仔细鉴定发现,“这一伪刻与早期胡乱造字不为文理的伪刻不同,这一伪刻,不是杜撰,乃是抄录的真的甲骨卜辞”。经查校,是以《通》440(即《前》3・30・3)为蓝本的(现为《合集》10024)①。如果我们将此仿刻与《合集》10024 相对照(例图 114),就会发现两片虽然极其相似,但就文字来说,仍有不同之处。

甲骨文的辨伪工作,包括辨拓本之伪、辨摹本之伪和辨甲骨实物之伪。多数人因接触不到甲骨实物,所以主要是对著录书中的拓本(或摹本)进行辨伪。最好是将拓本(或摹本)的辨伪与原骨的辨伪工作结合起来。特别是甲骨摹本本身,是凭人的目力和经验摹录的,有时不免将原骨上的文字摹错和出现不准确之处。而原骨,则可根据钻、凿、灼的有无或骨的真假等,并结合文例考察,判断其真伪。特别是后期的仿制品,光凭拓本(或摹本)鉴定真伪是不够的。

仿刻的甲骨,以兽骨为多。有的骨料就是遗址出土的古兽骨,或上面原来就有部分文字(但一般文字很少),仿刻者利用其空隙,再仿刻假辞。或把新骨经过“做旧”处理,再在上面仿刻卜辞。一般说来,非科学发掘时期的传世甲骨经常会遇到伪刻问题。因此,不仅甲骨学者要注意对这一部分甲骨进行辨伪工作,而且文物、博物馆工作者征集甲骨也要注意这个问题。

一百多年来出版的著录书中所收甲骨,一般都已经过学者们的辨伪。科学发掘所得甲骨的著录书《甲》、《乙》、《屯南》等,则不存在伪片问题。集八十年来甲骨文之大成的《甲骨文合集》所收的四万一千九百五十六片甲骨,每一片都经过学者认真的鉴定,在研究时尽可放心使用。虽然如此,仍有一些甲骨的真伪问题学者们看法不一。如《库》1506 这块甲骨,“从一九三〇年到一九四七年,经过十八年的论辩,其为伪刻,本来已经不成问题”②。但新

① 胡厚宣:《泰州博物馆所藏甲骨文字辨伪》,《殷都学刊》,一九八六年,第一期。

② 胡厚宣:《甲骨文〈家谱刻辞〉真伪问题再商榷》,《古文字研究》第四辑,中华书局,一九八〇年。

中国成立以后，又对它的真伪问题进行了再讨论，至今仍没有取得一致的意见。陈梦家认为，“我们得到此骨的旧拓本，更可证明它不是伪作”①，并认为是“家谱”，还举出了《契》209及《乙》4856等片为证②。李学勤也认定此片为真，认为此片及《契》209“两版都是武丁时契刻的家系”③。于省吾认为此片是“商代的世系谱牒”，“这是一个从商代初年开始，以男子为世系的专记私名的谱牒”。他还据此论证了“商王室和其他贵族谱牒世系的上限，都应在夏末或商初之际”④。而胡厚宣则力主此片为伪，认为此片骨头为真，但上面所刻的“家谱刻辞”“显然为伪”。他在《甲骨文〈家谱刻辞〉真伪问题再商榷》中列举了大量证据，全面论证此片为伪刻。于省吾在《甲骨文〈家谱刻辞〉真伪辨》⑤中，对胡厚宣提出的理由进行了驳难，仍认为此片不假。再如，《甲骨卜辞七集》一书所收临淄孙文澜氏旧藏甲骨三十一片，不少学者认为是伪刻⑥。但胡厚宣认为这批甲骨“乃全部为真，没有一片是假的，也没有一片是仿刻的伪片”。胡厚宣访知这三十一片甲骨中有六片藏于山东省博物馆，八片藏于中国社会科学院历史研究所。这十四片没有一片伪刻，并“由此可以推知不特《孙氏所藏甲骨卜辞》不见实物之十五片不伪”，而且亦可证明“孙氏所藏全部一百片亦当全为真物”。他为孙文澜氏旧藏十四片甲骨做了考释，指出了方法敛的误摹之处，并指出：“这些甲骨，不但不是伪品，而且内容较精”⑦，这就为甲骨学研究增加了一批可信的资料。此外，我国早年流散于德国、瑞士的甲骨有一部分共三十三片摹本在国内发表⑧，也有人对此进行了辨伪，指出“这批甲骨中，1至3号德国所藏全部为真，而瑞士所藏的4号、8号、11号、12号、13号、14号、18号、21号

---

①②　陈梦家：《殷虚卜辞综述》，第六五二、四九九、六七二页。

③　李学勤：《论殷代的亲族制度》，《文史哲》，一九五七年，第十一期。

④　于省吾：《略论甲骨文“自上甲六示”的庙号以及我国成文历史的开始》，《社会科学战线》，一九七八年，创刊号。

⑤　载《古文字研究》第四辑，中华书局，一九八〇年。

⑥　陈梦家：《殷虚卜辞综述》，第六五二、四九九、六七二页。

⑦　胡厚宣：《临淄孙氏旧藏甲骨文字考辨》，《文物》，一九七三年，第九期。

⑧　徐锡台：《西德、瑞士藏我国殷墟出土的甲骨文》，《人文杂志》，一九八〇年，第五期。

等八片为仿刻”①。

这里需要提醒大家注意:近年又有一批新的“仿刻”甲骨出现。这些仿刻品做为篆刻艺术的一个新品种,在文物商店或旅游点公开出售,以满足人们欣赏甲骨文书法的要求。虽然出售时将这些作品都标明“仿制品”字样,但古朴的甲骨书法篆刻艺术受到了欢迎,有的被一些大学购去当作标本(因为传世甲骨已很难买到,而科学发掘品又归发掘单位珍藏),也有的被喜爱中国古代文明的外国朋友作为“纪念品”购走,流入日本、美国、英国、意大利等国家。虽然目前还不存在对它们的辨伪问题,但过了若干年以后,这些仿刻甲骨也可能成为学者们辨伪的对象。

这些新的仿刻甲骨,是随着甲骨学的发展和甲骨文知识的普及而出现的。有一批书法篆刻爱好者,因接触卜辞的机会增多了,纷纷钻研甲骨文书法和篆刻艺术。他们经过长时间对甲骨文字刀法和风格的观察、临摹,能在龟甲和兽骨上熟练地刻出整篇的甲骨卜辞。这些新的甲骨仿刻作品,主要出自河南省安阳市博物馆的刘某、河南省博物馆的刘某及河南郑州工艺厂的侯某及河北廊坊的王某等人之手。他们这批新的仿刻品有下述几个特点:

一、取材。仿刻甲骨所用的骨料,安阳当地仿刻者多将发掘古墓出土的古骨取回,再在上面刻字。而郑州和其他地方的仿刻者,多用新鲜牛胛骨或龟甲。他们将龟腹甲周围及内里刮磨平整,削去牛肩胛骨背面骨脊。然后将甲骨进行脱脂再“做旧”处理。牛胛骨的处理过程是先将牛胛骨浸泡水中一至两月,其间换水两至三次。然后放在水中煮三小时左右,骨内油脂便可全部逸出。再将煮过的骨放在火碱中烧一小时左右,用清水冲洗干净,骨便呈现出牙白色。为了使骨更呈现出“古色”,再在骨上洒一些灰锰氧(即高锰酸钾),用手轻擦,骨面便呈现暗黄色,并可出现“古”斑②。但切记:龟、骨之版水煮时间不能“过”,“过”则变软。

二、刻字。找出《甲骨文合集》中与骨料近似的片形,然后将《合集》该

---

① 王宇信:《〈西德、瑞士藏我国殷墟出土的甲骨文〉考辨》。

② 此据一九八五年十一月二十日在河南安阳宾馆与河南郑州工艺厂侯某谈话记录。

片的卜辞全文仿刻在骨料上,既不增减一字,也不遗漏兆序,甚至卜兆也尽量照原样刻出。

安阳刘某、郑州刘某及侯某,曾和胡厚宣先生及笔者研讨甲骨文基础知识。笔者和他们交往多年,手头就存有他们馈赠的作品。笔者曾一再嘱咐他们:仿刻的作品一定要进一步提高篆刻水平,并要刻好记号,便于人们识别真片和仿刻,以免将来谬种流传。一般说来,安阳刘某仿刻的甲骨片形较小,以仿三、四期"无名组"小字为多,并在背面用红漆写上所仿《合集》的片号及期别。郑州刘某所刻多用完整龟腹甲,基本照录《甲骨文合集》一期的全龟卜辞,在背面刻有一个三角作为记号。而侯某所刻,既有龟腹甲,也有牛胛骨,有时刻一期字体,也有时刻四期大字。他是在仿刻品背面刻二小横划为记号的。

虽然上述三家所刻甲骨略有不同,但都基本上达到了以假乱真的地步,比当年蓝葆光的作品有过之而无不及,作为书法艺术和旅游纪念品的一个新品种,受到了国内外人士的欢迎。上述三家的仿刻甲骨也不难辨别真伪。首先,它们有一个共同点,即所用的骨料,背面都不做钻、凿、灼的处理。仅凭这一点,即使过了若干年后,辨原骨之伪还是很容易的。只是他们的仿刻品被墨拓以后,与原拓的鉴别则需要略加斟酌。不过,由于他们都是照录原拓,而这些被他们仿刻的对象,又都是大家所熟悉的著录品,故可根据书体作风的优劣,能把这些仿刻品的拓本辨识出来的。而且,完整龟甲多为科学发掘所得,为公家所有。将来一旦新的完整龟甲拓片问世,必然引起世人注意,众目睽睽之下,只要一考源流,自然会知其出自仿刻者之手了。

二〇〇五年,韩国淑明女子大学大学院长梁东淑教授寄笔者一份由她审读的文章,并介绍了作者写此文的原委。原来,作者为某研究所负责人,此公来中国东北某大城市旅游时,为孩子买了紫砂朴满作礼物。某日忽然发现上面刻有文字,经研究认为是甲骨文的"占辞",并撰文请梁氏教正……笔者看过朴满上满篇涂鸦,根本不是什么甲骨文字,便在电话中对梁先生云:字既不是甲骨文,"占辞"也没有刻在紫砂质地上的,这是缺乏常识耳！二〇〇七年六月笔者在广州参加“盛世收藏:鉴定与市场高层论坛”时,见到老友陈炜湛教授时,陈公以一篇文章抽印本见示,原是韩国此公正式发表的论发现“占辞”甲骨文的论文。文前特将陈公王顾左右而言他的“意见”刊出……“如为真品,将很有意义”云云。笔者笑言曰:“君既知为伪造,为何不明确指出？当年君力辨契斋藏甲为真和与他们论辩时,态度明确,文字泼辣尖锐的风格何在？难道是‘内外有别’乎?”说罢二人相视大笑。此外,笔者在二〇〇六年曾为北京红太阳国际艺术品拍卖公司鉴定过“古象牙刻文字”一批二十余块。拍卖前,北京《信报》曾介绍这批象牙刻文乃王国维后人所赠,“文革”期间收藏家将其埋在后院地下。现“盛世”挖出这批宝物,拟起价五千万元人民币拍卖,以其得金建私人博物馆云云。某君亦对笔者说,如为真品,乃重大发现,可在拍卖前组织文字学家开研讨会,必是第二次孟定生旧藏甲骨四千八百万天价再现,将引起轰动！笔者到红太阳拍卖公司后,见中央电视台记者已架好摄像机,并有多家媒体在场,静候重大新闻发布。笔者认真审视刻字象牙后,说:此象牙有科技检测报告,定其时代为六千年,我无由置喙。但象牙上之文字,乃仿金文伪刻,文辞杂凑,刻工拙劣,水平低下！由此,为炒作拟开之研讨会取消,起拍价亦降至一千五百万元。据云:这批刻字象牙最后被一收藏家以一千八百万元拍得。事后所见另两版满布卜辞之胛骨,亦完整无损,但背面无一钻、凿、灼痕,当知亦为仿刻。拍卖会上以八千元起价,但终竟至十八万元落锤。

近年来,文物市场活跃,民间购藏甲骨文身价以“百倍”、“千倍”递增。据透露:字多且内容重要者,每字已达万元。二〇〇五年六月,安阳洹宝斋主人傅君携甲骨四百多片来京,请笔者及著名甲骨学家杨升南教授鉴赏。我们从中选出三百零二片(四片存疑)真品,后在《洹宝斋所藏甲骨》一书(内蒙古人民出版社,二〇〇六年)中公布。此后,傅君常携甲骨进京邀笔者赏析,每批真假相参,或全为伪刻。凡笔者鉴定为真品者,傅君必厚值留之。傅君洹宝斋日积月累,收藏日益丰富。洹宝斋欲办私人“殷墟甲骨文博物馆”,并请笔者题写馆名。笔者欣然允诺,并祝博物馆早日办成开放！

第三节　甲骨文的缀合

密布甲骨背面的钻凿，使甲骨厚薄不一。再加上占卜时的灼炙，更使甲骨裂痕累累。地下深埋的三千多年时光，地层的压力和水的浸润，使甲骨还在“埋藏时期”就已破裂了许多。而发掘时的翻动，又进一步使甲骨断裂。这些出土时就残断已甚的甲骨在转运过程中，往往一片会断为数块。再几经转卖、传拓并数易其主，本为一版的残碎甲骨不免身首异处，分属于不同的藏家。因此，这些支离破碎的甲骨文，成了很难看出它们原来在整版上的相互关系的“断烂朝报”。

随着甲骨学研究的深入，不仅要求甲骨文的材料要多，而且还要求材料要“全”。所谓“全”，就是把原来本是一版，残碎后著录在不同书中的甲骨缀合起来，使它们“重聚一堂”。甲骨文经过缀合复原的处理，才能找出各辞之间的相互关系，恢复当时的卜法文例等等，从而成为我们认识商代社会的重要史料。因此，甲骨文的缀合复原，也是甲骨学研究的基础工作之一。

学者们早就注意了甲骨文的缀合工作。王国维一九一七年就缀合了《戬》1・10与《后上》8・14，发现上甲至示癸的世次与《史记・殷本纪》不合，从而纠正了《史记》的错误。郭沫若一九三七年出版的《殷契粹编》113号缀合了三片甲骨，得知“上甲之次为报乙、报丙、报丁、示壬、示癸，又为王说得一佳证”①。在此书以前，郭沫若一九三三年出版的《卜辞通纂》一书就已缀合了三十多版。一九三四年他出版《古代铭刻汇考》，又补刊了断片缀合八例。一九四五年董作宾在撰写《殷历谱》时，也对甲骨断片多有缀合。

有的学者专门从事断片缀合工作并出版了专书。曾毅公一九三九年出版了《甲骨叕存》，共收入缀合七十五版。一九五〇年曾毅公又出版了《甲骨缀合编》凡四百九十六版，各版基本按一定的事类编次，每版下注明

---

① 郭沫若：《殷契粹编考释》第一一三片，一九三七年。

所缀各片出自著录书的卷、页及号数。书前的附图为拓本所缀的七十二版。《甲骨缀合编》取材于《铁》、《前》、《菁》、《余》、《戬》、《龟》、《簠》、《通》、《甲》等三十一种著录,较之《甲骨叕存》充实并丰富得多了。

《甲》、《乙》两书收录的甲骨,是殷墟科学发掘所得。因甲骨出土时不少就已很破碎,所以一版往往成为不同号数的残片,给研究工作带来了很多困难。内地和台湾的学者对《甲》、《乙》两书的甲骨缀合作了不少工作。郭若愚将《甲》、《乙》两书的材料缀合了三百二十四版(其中缀合《甲》七十六版)。曾毅公、李学勤又继续缀合郭氏所未得者,共得一百五十八版(其中缀合《甲》四十六版)。一九五五年科学出版社将郭、曾、李三氏的缀合成果四百八十二版集为《殷虚文字缀合》一书出版。《甲》、《乙》两书所著录的甲骨实物现藏宝岛台湾,学者根据原骨进行缀合工作,比仅凭刊布的拓本缀合要准确和方便得多。屈万里在《殷虚文字甲编考释》一书的序中,谈他据实物进行缀合时,发现《殷虚文字缀合》一书缀合有误的十一版和可能有误的一版,多是"骨(包括甲)版厚薄不同,或骨质坚朽各异,或部位不合。而最重要的条件,则是骨缝不能密接"。并指出:"这对于以拓本或影摹本互相拼合的甲骨学者,实在是一个严重的警告。"一九六一年出版的《殷虚文字甲编考释》上、下,将缀合《甲》所得成果共二百十一版附于书后。其中有的已为《殷虚文字缀合》所缀,或对其所缀者又有所增补,全为新缀者共一百零六版。张秉权则根据原骨对《乙》进行缀合,共得六百三十二版,收入《殷虚文字丙编》三辑六册("上一"出版于一九五七年,"上二"出版于一九五九年。"中一"出版于一九六二年,"中二"出版于一九六五年。"下一"出版于一九六七年,"下二"出版于一九七二年),并作有考释,为甲骨学和商史研究提供了大量重要而完整的资料。

一九七五年出版的严一萍《甲骨缀合新编》和自一九七八年开始出版至一九八三年全部出齐的《甲骨文合集》所收缀合版,是八十多年出土甲骨缀合的总结。严书共十册,第一至九册共收缀合版六八四个,每版拓本在前,摹本在后。编号之下将过去曾为某书所缀者皆注明。其缀合出处,分别在所缀部位注明 A、B、C、D 等字样。过去诸家缀合有误者,共三百八十四版编入《甲骨缀合订讹》一册中，并指出其不合理之处。一九七六年严氏又出版了《甲骨缀合新编补》。《甲骨文合集》与各种甲骨著录相比，则更重视甲骨的缀合复原工作。“在前人已经做过的基础上尽量继续加以拼合，所以所得就较前人为多”①。“总计拼合不下两千余版，单《殷虚文字》甲、乙两编，就拼合了一千版以上”②。见物思人，《甲骨文合集》缀合工作所以取得如此成就，是和笔者的师母桂琼英先生辛勤劳动分不开的。桂先生多年从事甲骨学研究，自历史研究所承担《甲骨文合集》的编辑工作以来，她就专门负责缀合的全部工作。她十五六年细心追索，精心拼对，终于在缀合方面做出了超越前贤的成绩。《甲骨文合集》收入的二千多个缀合版，耗尽了桂先生的汗水和心力。就在《甲骨文合集》定稿付印前夕，她竟于一九七七年因患癌症逝世。桂先生一生任劳任怨，勤勤恳恳，默默无闻地为甲骨学研究作出了巨大贡献是永远值得我们怀念和尊敬的。

虽然经过几代学者的努力，甲骨文缀合工作取得了很大成绩，但十五万片甲骨并没有缀合尽净。就是《甲骨文合集》一书所收，也还有一些未缀之片。而所缀各版，其不准确或缀错之处，亦在所难免。例如《丙》117，是《乙》2452＋2508＋2631＋3064＋3094＋3357＋7258＋8064＋8479共九片缀成，《甲骨文合集》672在上述各片缀合的基础上，又加缀了《乙》2862。现在又发现故宫藏甲骨74177片也可与《合集》672缀合。但未来得及增缀，《合集》第二册就已经印出，只得留待来日订补了。《甲骨文合集》10456正是三片甲骨缀合而成。未缀前，一分为二，权做两片处理。胡厚宣先生发现《宁沪》所收两片与故宫沈德建旧藏的一片甲骨可以缀合，因而将此三片缀合为一（例图116）。此片缀合以后，“卜辞完整，字迹明朗”，过去辨识不清的文字可以确认了，从而弄清了在“殷代疾病史和医学史上也是一件重要史实”的武丁时子由生了双胞胎，几乎要死的一件大事③。

---

① 胡厚宣：《郭沫若同志在甲骨学上的巨大贡献》。

② 胡厚宣：《〈甲骨文合集〉序》。

③ 参见胡厚宣：《记故宫博物院新收的两片甲骨卜辞》，《中华文史论丛》第一辑，一九八一年。

严一萍认为《甲骨文合集》一书“并没有采用我的缀合新成果”[①],并在《中国文字》等刊物上多次撰文为《甲骨文合集》缀合版订讹并补缀。也有人专门对《甲骨文合集》未缀者进行再缀合,并有论述发表[②]。这些学者的意见和批评,值得认真研究和重视的,说明缀合工作并非尽善尽美,仍需要继续努力。蔡哲茂在前辈学者缀合的基础上用力尤勤并取得丰硕成就。他于一九九九年出版的大部头著作《甲骨缀合集》(乐学书局)及二〇〇四年出版的《甲骨缀合续集》(上、下),堪为百多年甲骨缀合研究集大成,受到海内外甲骨学界的推崇。

甲骨文缀合是一项复杂、繁琐而细致的工作,并且还是学术性极强的工作,是对学者的学识和才智的综合检验。在缀合时,首先要求学者有广博的甲骨学知识。不仅要熟悉龟(腹甲、背甲)、肩胛骨(左骨、右骨)的各部位及正、反的特点和龟、骨的区别,还要能依据拓本(或摹本)就可准确地断定其在龟(或骨)上的所在部位。而且还要熟悉甲骨的整治以及卜法、文例、行款,卜辞与卜兆、兆序的关系等。此外,要能熟练地将甲骨分期断代,并了解和掌握甲骨材料的著录范围、出土区域以及研究和缀合的成果等。缀合者本身还要有较强的记忆力和敏锐的眼光,在缀合时要耐心、细心,具有不怕繁琐和一丝不苟的科学精神。

有的学者把前辈学者缀合甲骨的方法归纳为下述五种,对我们的缀合工作有很大启发:

一、类聚:此为事前之准备工作,亦即储积缀合资料之方法……顾类聚,必凭分期断代、拓片性质(腹甲、左右背甲、左右胛骨)、卜辞事类等分置之;一俟积聚有成,施于缀合,必获事半功倍之效……

二、比勘:此为作缀合最基本、最确切、最必需之紧要方法……据五事以必甚密合,亦可以从事缀合甲骨矣。

(一)部位:缀合之前,必先确定欲缀素材之部位;部位之认

① 严一萍:《〈商周甲骨文总集〉序》,艺文印书馆,一九八五年。

② 蔡哲茂:《甲骨文合集缀合补遗》,《大陆杂志》第六十八卷六期,一九八四年六月;及同刊第六十九卷二期,一九八四年八月。

定，为施行缀合之第一要义。

（二）文例：各时期之卜辞，虽各有其特征，然亦有其通则可循。如逆兆为常例，而顺兆、跳兆、犯兆等则为特例；

至其行款之左右而下行，则皆为求对称也。

（三）辞例：虽属同一事类之卜辞，固有常例可循；但因时期之异，遂有详略之差，与正问反问之别。

（四）书体：各期皆有其特具之书体风格，尤以人地名之差异，不仅可据之断代，亦为缀合之最佳证据。

（五）征候：就版面言：如卜兆之刻画，术语与卜兆卜辞之关系，记兆数字之契刻，剩辞残字，卜辞行款错落之致，版面剜刻之情形等，均其显著之征候。施行缀合时，均宜详为比对，求其正确。至于折痕，则无论面背，必求其密合。

三、范例：此为作甲骨缀合之应用法。小则可施于同文异版，大则可行于成组卜甲或骨之缀合。

（一）标本：以既得之完整，或较完整之卜甲或卜骨为标本，并以另纸描绘其轮廓为矩矱；将所采集、类聚之残辞素材，据其部位，浮置于矩矱内，与标本缜密比勘，施予缀合。设若不能密接时，则暂予遥缀。如《新缀》272、273 等版，均为此法之例。

（二）互范：以既得之同性质、同类例素材，相互为缀合之标本，而寻觅其残佚之它片，施予缀合。如《新缀》441 等版，即为此法之例。

四、推理（略）

五、密合与遥缀：

（一）密合：缀合之最高标的，在求缀合素材之密合，期使其复原如初，而考知其全体大用……然密合之义，非仅折痕而已；他如烂字残辞或其他各种征候之复原，均须无间，姑谓之密合。

（二）遥缀：……然缘素材散佚，即时无法密合，无已，暂以遥缀为之，亦为缀合方法之一。如《新缀》315 版……顾遥缀之先决条件,必得肯定其为同版之折;否则,岂非“自由缀合”欤?①

上述第四项“推理”,并不是将甲骨拓本(或摹本)真正缀合在一起,而只是根据甲骨文例拟补(即推测出)的残断部分,不能说就已经是将甲骨缀合了,故我们略去此项。而所谓“遥缀”,各片也不是互相联在一起,因而也不能说是已经将各片缀合了。《甲骨文合集》在遇到这种情况时,是将各有关的片编为一号,分做此号的甲、乙、丙……等部分。

随着科学技术的现代化,也有学者把计算机技术引入甲骨文的缀合工作。一九七三年国外有人用计算机作缀合甲骨的尝试,一九七四年我国也有学者在用计算机缀合甲骨方面进行了有益的探索。实验者从第三次科学发掘殷墟大连坑所得卜甲中选出二百六十三片,从第四次科学发掘殷墟E16坑中选出一百五十四片甲骨,按时代、字迹、骨版、碎片、卜辞、边缘等六项拟定若干限制条件,使之数字化,并为计算机缀合拟定了若干规则,然后进行缀合实验。其结果是前一组中缀合二十对,正确的八对。后一组缀合六十一对,正确的二十五对,缀合率达40%左右②。

使用计算机缀合甲骨的实验虽然取得了可喜的成功,但还存在用人工录制标本信息工作量较大、缀合的准确率不高等缺陷。因此,目前主要还是靠甲骨学者广博的甲骨学知识和丰富的经验以及良好的记忆力去缀合甲骨,诸如蔡君等即是如此。

经过学者们的缀合,不少看来并无太大意义的残碎甲骨,在复原后产生了使人意想不到的学术价值。确实像有的学者所说,缀合工作是对甲骨文学术价值的“再”发掘。因此董作宾先生把缀合工作视为甲骨学深入研究的重要内容之一,一再提醒学者要“尽量拼合复原的工夫,把全部材料,化零为整”③。

---

① 以上参据白玉峥:《读甲骨缀合新编暨补编略论甲骨缀合》,《中国文字》第一期,艺文印书馆,一九八〇年。

② 童恩正等:《关于使用电子计算机缀合商代卜甲碎片的初步报告》,《考古》,一九七七年,第三期。

③ 董作宾:《〈殷虚文字甲编〉自序》。

第四节　甲骨文的残辞互补

研究某一课题，翻阅甲骨资料时，常会遇到著录书中有许多甲骨因残断太甚，一些卜辞不能属读，其上下文义也不甚了了，只得弃而不用。因而好不容易才得重见天日的甲骨文，不少又被学者冷落，成了无人问津的一堆“死”材料。

由于甲骨学研究的深入，学者们有了使这批“死”材料发挥其价值的“起死回生”术，这就是甲骨文的“残辞互补”。“殷人占卜，一件事，常常使用多块甲骨进行，占卜之后，每块甲骨，都刻上同样的卜辞，这样就出现了卜辞同文的例子。同文卜辞，如果遇到残缺，这块缺这几个字，那块缺那几个字，凑在一道，残缺的文字就可以相互补充”①。几条不明其义的残辞，可以互相勘补为几条完整的卜辞，这就是所谓的“残辞互补”。

郭沫若最早系统论述这一问题。他在一九三四年出版的《古代铭刻汇考》一书中，收入了《残辞互足二例》，既论述了残辞互补的原则，也为我们做了残辞互补的示例。他指出：“卜辞纪卜或纪卜之应，每一事数书，因之骨片各有损坏时而残辞每互相补足。”他以《通》430 和《续》5・32・1（《簠地》27）互足为例。

《通》430 左侧一辞为：

癸卯卜，争，贞旬亡祸。甲辰大骤风，之夕𡆥，乙巳（□）　　奉（□五）人。五月在（□）。

《续》5・32・1（《簠地》27）应与《通》430 为同文。但此片残损太甚，残辞仅有：

……大骤风……𡆥，乙巳𢓊奉……人。五月在敦。（例图 115）

上辞所有者，恰是本辞所无。而上辞所无的几个关键字，又恰是本辞所有。

---

① 胡厚宣：《〈甲骨文合集〉序》。

因此可将此二辞互相勘补,《通》430辞中缺字处(□)可补上𢼸、敦等字。而本辞也可据上辞补足所缺之文,即为:

〔癸卯卜,争,贞旬亡祸。甲辰〕大骤风,〔之夕〕㞢,乙巳𢼸𡴫(□五)人。五月在敦。

这样,就成了完整的卜辞了。

早年的甲骨学者因不懂甲骨文例和卜辞同文,在作释文时不知用残辞互补的方法将卜辞补齐,故有一些书的释文不能使人知其文义。现在学者们在研究工作中都十分注意残辞互补的工作。能补齐全辞的,则尽量补齐全辞。实在不能补齐全辞的,则用缺字符号代替。有的用"□"表示确知缺一字,用"▨"表示残缺二字以上;也有的径用"……"表示缺字之处。

要做好甲骨文的残辞互补,必须熟悉卜辞的各种辞例。既要掌握同时期各种辞例的不同,也要了解各不同时期辞例的变化。此外,还可使用工具书,找出相同的辞例与内容不明的残辞相勘补。《甲骨文合集》将"所有同文的例子,都按照卜序把它们排在一起,这样残辞互足的例子就有很多,用起来可以有很大的方便"①。日本岛邦男的《殷墟卜辞综类》,将六十多种著录书中的卜辞分条按类集中,也为我们残辞互补提供了很多依据。因此,我们今天进行残辞互补还是不难办到的。如果到了甲骨学已经成为一门成熟学科的今天,有的小册子竟还出现不做残辞互补处理释文的情形,那就实在太不应该了。

在残辞互补的基础上,我们还可以根据某些祭祀卜辞所具有的内在规律,经过科学推理,把残辞部分补齐。

在第五期甲骨里有肜、羽、祭、壹、劦等五种祭祀的卜辞很多。这"是有系统而成组的,就是我们在以上所屡及的所谓'周祭'。祭完一个整套的周祭所用的时间就是'祭祀周'"。而"'祭祀周'以旬为单位,每旬十日皆依天干甲乙丙丁为序,商王、妣以天干为庙号,即依世次及各王、妣庙号之天干顺序而祭。如第一旬甲日祭上甲,乙日祭报乙以至报丙、报丁、示壬、示癸

① 胡厚宣:《〈甲骨文合集〉序》。

六世，第二旬祭大乙、大丁，第三旬祭大甲、外丙。每旬之祭，我们称之为‘小祀周’。当祖甲时，从上甲至祖庚行‘羽日之祭’凡九旬而毕，此九旬即‘羽日’之季，我们称之为‘祀季’或‘中祀周’。凡用‘羽日’、‘肜日’、‘劦日’三种祭法遍祀其先王与其法定配偶一周而毕，即称为‘一祀’，我们称之为‘大祀周’”①，相当于一年的时间。学者们经过多年研究，发现甲骨文周祭非常严密并有一套固定的程式，“卜祭日与王名或妣名一致是这种卜辞的特定规律。因此我们只要掌握了这个规律，就可以在王名或妣名残缺的情况下，根据卜祭日求得。或者在卜祭日残缺时，根据王名或妣名求得”②。

此外，还有一些特祭卜辞。我们如果熟悉它们的规律，不仅对我们确定一些祖先的庙号或卜祭日很有意义，而且还可以互相参据，推断出所缺的庙号或祭日。

第五期有一种“肜夕”卜辞，如：

（一）甲戌卜，贞王宾祖乙肜夕亡尤。（《京》5029）

（二）乙酉卜，贞王宾外丙肜夕亡尤。（《前》1·5·1、《通》227）

第一辞卜祭王名祖乙在甲戌日，第二辞卜祭王名外丙在乙酉日，卜祭日都比王名日干提前一日。有学者考察了全部此类卜辞后发现，“卜祭日比王名提前一天是以‘肜夕’为祭名的‘王宾’卜辞的特有规律”。我们“掌握了这个规律，也可以在卜祭日残缺时，根据王名求得。或者在王名残缺时，根据卜祭日求得”③。

如《前》4·21·3辞云：“□卯卜，贞王□戋甲肜夕□尤”。残去了卜祭日及若干字。首先可据残辞互补原则，将此辞与其他同型卜辞互补，王后所缺之字应为“宾”，尤之前所缺字应为“亡”。再根据这类卜辞卜祭日比王名日干提前一天的规律，所祭王戋甲的日干为甲，提前一天则应为癸，此辞卜祭日应为癸卯。此辞补齐之后应为“〔癸〕卯卜，贞王〔宾〕戋甲

① 关于甲骨文中的周祭，参阅陈梦家：《殷虚卜辞综述》，第十一章第五节、第六节；岛邦男：《殷墟卜辞研究》中译本，第一篇第一章及第四章第一节，鼎文书局，一九七五年；许进雄：《殷卜辞中五种祭祀研究》。常玉芝：《商代周祭制度》，中国社会科学出版社，一九八七年。

②③ 常玉芝：《说文武帝——兼略述商末祭祀制度的变化》，《古文字研究》第四辑，中华书局，一九八〇年。

肜夕〔亡〕尤”。

第五期还有一种“祊祭”卜辞,其句型主要是“干支卜,贞祖先名祊其牢”;“干支卜,贞祖先名必祊其牢”;“干支卜,贞祖先名宗祊其牢”。经学者考察研究后发现,上述三种类型卜辞的卜祭日和先祖名的日干间有着相同的规律,“即卜祭日均比祖先的日干提前一天”①。因此,在我们遇到上述类型的残缺卜辞时,可先以残辞互补法补齐所缺之字。然后,如卜祭日干残缺而王名日干存在时,据王名日干提前一日,即可补齐所缺卜祭日干。如卜祭日干完整而王名日干缺残时,则可将卜祭日干移后一日,将王名日干补齐。

如此等等,我们可根据残辞互补的原则,将大量存在的残辞补齐。又可在此基础上通过科学推理——掌握第五期周祭卜辞和一些特祭卜辞的规律,把第五期不少有关这方面的卜辞补齐。因此,不少无法利用的残辞变成了研究时有价值的资料。所以我们说,甲骨文的残辞互补也和缀合一样,是甲骨文史料价值的“再发掘”。

---

① 常玉芝:《说文武帝——兼略述商末祭祀制度的变化》,《古文字研究》第四辑,中华书局,一九八〇年。

第十二章　重要甲骨的著录及现藏

甲骨文是甲骨学的研究对象，也是有关商代社会的第一手资料。同时，甲骨文本身又是一种特殊的古代文物，所以被收藏家作为稀世珍宝收藏。因此，除了少数的甲骨收藏家和甲骨文的科学发掘者以外，限于条件，多数甲骨学者是难以据甲骨实物进行研究的。此外，百多年来出土的甲骨分属海内外不同藏家，多数学者也难以一一寓目。就是那些有条件接触甲骨实物的为数不多的甲骨学者，他们所据以研究的实物也只不过是十五万片甲骨文中的一小部分而已。

一九〇三年第一部甲骨著录书《铁云藏龟》的出版，才使甲骨文从收藏家的书斋中不胫而走，扩大了流传范围，成为甲骨学者容易得见的科学研究资料，大大促进了甲骨学研究的开展。继此书以后，不少收藏家的甲骨陆续著录出版。迄至目前，国内外出版的"有关甲骨文材料的著录书刊，不下一百多种，著录甲骨达十万片"。可以说，历年出土甲骨中的重要部分都已公布。"这对于中国古代史特别是商代史，中国古文字学，特别是甲骨学的研究，确实具有极为重大的意义"①。

第一节　著录甲骨的准备

甲骨资料的刊布，一般是先将其墨拓（或摹写，照相），再将拓本（或摹本、相片）纂集成书出版。这些专门公布甲骨文资料的书，就是我们通常所说的"甲骨著录"。不仅在编纂甲骨著录书时需要掌握传拓甲骨（或摹写、照相）的技术，而且在研究实践中，也可能遇到新的甲骨文材料，如果掌握

① 胡厚宣：《八十五年来甲骨文材料之再统计》，《史学月刊》，一九八四年，第五期。

传拓(或摹写、照相)甲骨的技术,对及时搜集和保存资料是很有好处的。因此,在论述重要甲骨的著录及其现藏之前,我们有必要将甲骨拓本(或摹本、照相)的制作方法介绍如下:

一、 拓本的制作

我国传拓技术有着悠久的历史,曾对"金石学"的形成和发展起了重大作用。传拓技术的发明,至迟当在南北朝梁元帝以前[①]。到了隋唐时期,传拓技术更为发达。唐人段成式《酉阳杂俎》前集卷六十二记有:"历城县魏明寺中有韩公碑,太和中所造也。魏公曾令人遍录州界石碑,言此碑词义最善,常藏一本于枕中,故家人名此枕为麒麟函。"著名文学家韩愈的《石鼓歌》也说:"张生手持石鼓文,劝我试作石鼓歌……公从何处得纸本,毫发尽备无差讹。"可见当时传拓技术之精和拓本流传之广。在甘肃敦煌莫高窟藏经洞中发现的《九成宫醴泉铭》,是保存到现在的最早的拓本[②]。

传拓技术的发明,对我国古代金石材料,诸如碑碣、铜器铭文等文字材料的流传和保存起了很大作用。宋代印刷术发明以后,历经明、清,以拓本著录铜器、碑碣、货币、玺印等金石材料日益繁盛,进一步扩大了金石材料的流传和研究的范围。直到今天,传拓铜器、玉器、货币、玺印等古代文物的器形、花纹、文字等等,还是公布考古新材料并据以研究的重要手段。

甲骨文的传拓技术就是由继承和发展传统金石学的传拓技术而来。但由于甲骨文的文字细小,再加上骨(或龟)版松脆易折,所以传拓甲骨文要比碑碣、铜器铭文、货币等古代文字资料困难得多。尽管如此,只要我们掌握了要领,在实践中细心揣摩,不断改进,还是不难制作出满意的拓本的。

传拓工具:

扑子 扑子是为了施拓上墨用,可自己制作。先将干净白绸一块,内

---

① 《隋书·经籍志》四:"《杂碑集》二十二卷"。注曰:"梁有碑集十卷,谢庄撰;释氏碑文三十卷,梁元帝撰"。

② 参见阎文儒:《中国考古学史》第三章,北京大学考古专业讲义,一九六三年油印本。

包棉花一团，裹紧成球状（棉花团外还需包一层打字腊纸，以防濡墨过多）。再用橡皮筋（或线）将球上端缠住即可使用。可根据所拓甲骨大小，做成直径约二厘米、一厘米、半厘米等不同大小的扑子。总之，以施拓方便为原则。

纸　传拓甲骨最好使用薄而韧性强的棉连纸。因为纸质厚了，不能将纸打入甲骨文的字口之内，文字就会模糊不清。如果纸的韧性不强，施拓时由于反复摩擦，纸上会出现孔洞。一般以“六吉棉连”为传拓甲骨的最好用纸。

托板　为固定甲骨用的底座，备一块小平木板即可。

油泥　传拓甲骨时不能使其移动，因此要用油泥将甲骨固定在托板之上。此外，因甲骨不平，在用油泥固定甲骨时，还要适当支撑甲骨底部与托板之间的空隙，以免施拓时因骨面受力而引起断裂。油泥是用石灰与桐油搅拌而成，建筑业常用于安装玻璃，可以从建筑材料商店购买。此外，儿童玩具象皮泥柔软可塑，也不易干燥，可代替油泥使用。

白芨　温水中放入白芨浸泡后，水便具有黏性。用毛笔蘸白芨水涂在甲骨上，便可固定棉连纸。用白芨的好处在于，干燥后，从龟骨上取纸时，其黏性不至使纸取不下来，或使纸撕破。白芨为我国传统的一味中药，可从中药店购买。

刷子　清洗甲骨及将纸打入甲骨字口时用，可准备大小不同规格的刷子二至三把。

毛笔　干净毛笔一至二支，蘸白芨水用。

墨　传拓甲骨最好不用墨汁，宜用胶性小的好墨在砚池中研磨。

传拓前的准备工作：

将白芨投入盛有温清水的容器内。

清刷甲骨。甲骨久置库房，其表面积尘和字口内的尘土需用毛刷蘸清水刷净，以免不洁物影响传拓效果。

固定甲骨。将甲骨用油泥固定在托板之上，并将悬离托板部分用油泥支好，以防断裂。

传拓甲骨：

先用毛笔在甲骨表面刷遍白芨水，再将棉连纸敷在甲骨上。随后用干毛刷在纸面上轻轻敲打，直至文字上所敷的纸凹进字划中显出字口为止。注意不要将纸敲破或敲毛。然后将甲骨置于通风处，使纸干燥。

用扑子从砚池蘸墨少许，在砚盖上轻叩几下，避免扑面着墨太多，也使扑面墨匀。再将扑子在附着甲骨的纸面上轻轻叩击，纸上即呈现墨色。拓时用力要匀，切忌上墨太急，以致纸上出现明显墨斑。上墨时，应由浅逐渐加深，一般以上墨三遍为适宜。

传拓甲骨，有人习惯用墨轻淡，拓本形同蝉翼，俗称“蝉翼拓”；也有人习惯施墨浓重，文字与骨面黑白分明，拓本黑中透亮，俗称“乌金拓”。总之，以文字清晰为佳。

传拓甲骨时，不仅要注意上墨匀，而且不能使字划浸墨。否则，文字模糊，将会给研究工作带来不便。

传拓后应注意的事项：

施拓完毕，将拓本轻轻揭下，并及时将拓本的藏品号注明，以免忘记出自何处。再取下所拓甲骨，检查甲骨的反面有无文字、骨臼处有无文字。如有文字，再继续一一拓下，注明藏品号，将正、反、臼的拓本放置一处收藏。所拓甲骨拓本，不能随意剪裁，务必保持原状。

传拓甲骨时，还要注意不要将墨浸在甲骨上，造成污染。拓毕将甲骨及时还回，再换另骨施拓，以免造成混乱。

二、 摹本制作

甲骨摹本的制作比较简单，是在没有准备传拓工具的情况下，或由于种种原因不能施拓时的一种变通的搜集甲骨资料的方便方法。

一般是在纸上先将甲骨片形的轮廓勾出，最好大小与原片一致。然后再在勾出的轮廓内，按原骨文字所在部位，将文字在轮廓的相应部位摹写出。要注意的是，既不能误摹、漏摹文字，也不能将文字的书体、风格摹写失真。应达到使读者据摹写本判断甲骨的期别，和据原骨所判断的期别一致的效果。

另外一种摹本是据甲骨拓本制作的。在遇到新的甲骨拓本，因种种原因不能翻照时，可以将透明度较高的纸（以硫酸纸为最佳）覆在拓本上，用铅笔轻轻勾出轮廓并将文字摹出，然后再上以墨线即可。

三、 照相

在甲骨不胜传拓，或甲骨较多，来不及细细摹写时，照相是不损害甲骨而且是最快、最方便的搜集资料的方法。但甲骨文字纤细，在拍照时必须选择最佳角度和光线，尽量使文字清楚。

一般说来，甲骨多以拓本著录，也有少数用摹本著录的，用相片出版的极少。用拓本著录甲骨，文字准确。用摹本著录甲骨，虽然清楚，但容易失真或出现错误。用照相著录甲骨，虽然立体感强，但文字多模糊不辨。因此，过去用摹本（或相片）所著录的甲骨，在条件允许的情况下，现已陆续换用拓本重印。

有的学者主张将拓本、摹本、相片三位一体著录甲骨，可以达到互相勘校，各取其长的效果。但在实践中有许多困难。十五万片甲骨分属国内、外不同公私藏家，即使某一藏家（或某一地区）的藏品可以墨拓、摹写、照相兼施，但要将国内几十个城市，一百几十个公私藏家以及遍布国外十二个国家的公私藏家的甲骨全部施以墨拓、摹写、照相，则是难以办到的。就是有朝一日实现了这一目标，那三位一体的甲骨著录书将会卷帙浩繁，个人之力也难以购置。十三巨册的《甲骨文合集》将会扩大三倍！此外，有不少用拓本（或摹本）著录过的甲骨，现已下落不明，要想重新施拓或摹写、照相已是不可能了。

第二节　国内学者著录的甲骨及现藏

《铁云藏龟》　刘鹗纂辑，一九〇三年十月抱残守缺斋石印六册，一九三一年五月又由上海蟫隐庐石印,与《铁云藏龟之余》合为六册,附鲍鼎释文。本书共收甲骨一千零五十八片。书前有罗振玉序,云:“光绪已亥(一八九九年)而古龟古骨乃出焉”,并论及甲骨文“正经补史”的价值等等。刘鹗在自序中亦主“龟板已亥岁出土”,并定其为“殷人刀笔文字”。自序中还谈到了他收集甲骨的经过:先后共得五千多片,其中包括王懿荣死后,其子王翰甫为还债出售给他的一部分。并试图对甲骨文字进行一些考释。我们曾多次谈过,刘鹗此书是甲骨学史上第一部著录书。此书之所以重要,是因为它筚路蓝缕,使甲骨文从收藏家书斋中的“古董”,变成了可资学者研究使用的科学资料。正因为《铁云藏龟》是一部前无古人之作,所以全书编纂无一定体例可循,而且还收入了少数伪片。此外,由于此书出版较早,拓本制作不精,再加上印刷质量较差,书中不少拓本模糊不清,文字难于辨识。本书所著录甲骨,多为第一期武丁时代物,有不少重要内容。一九七五年,严一萍将《铁云藏龟》加以整理,编为《铁云藏龟新编》,由艺文印书馆出版。严一萍在序中谈到,《新编》与《铁》不同之点在下述六事:“一曰选换拓本,二曰断代分类,三曰缀合,四曰补背,五曰去复,六曰去伪。”《铁云藏龟新编》一书中的每片都附有摹本,片号仍标《铁云藏龟》原片号,并注明重片号数。

《铁云藏龟之余》 罗振玉编纂,一九一五年出版,一九二七年重印,一九三一年蟫隐庐石印本附于《铁云藏龟》之后,合为六册,附鲍鼎释文。全书共收甲骨四十片。罗振玉在序中说:“予之知有贞卜文字也,因亡友刘铁云。”“欲揭君流传之功以告当世,乃搜箧得君曩日诒予之墨本。选《藏龟》所未载者,得数十纸,为《铁云藏龟之余》”云云。

《戬寿堂所藏殷虚文字》 姬佛佗编纂。一九一七年五月广仓学宭丛书《艺术丛编》第三集石印本一册。一九一八年又出单行本,与王国维《戬寿堂所藏殷虚文字考释》合为二册。本书共收甲骨六百五十五片。罗诗氏(英国籍犹太人,大资本家哈同夫人,又名罗迦陵)的叙说:“丙辰(一九一六年)冬,得甲骨千片于海上,乃丹徒刘氏故物。其中见于《铁云藏龟》者什一、二。而未见者什八、九。乃复选其尤者影印。”姬佛佗本不学无术之人,

"按此书实王国维所编"①。本书第一页第十片与《后上》8·14乃一片之折，王国维据此在《殷卜辞中所见先公先王考》一文中纠正了《史记·殷本纪》中某些世次之误，其意义前已述及，此处从略。

《铁云藏龟拾遗》 叶玉森编纂。一九二五年五月五凤砚斋影印本，附考释，合为一册。本书共收甲骨二百四十片，叶玉森在序中说："今年春，闻先生(按指刘鹗)所藏，家不能保。王君瀣与同年柳君诒让先后抵余书，爰得收其千三百版。乃就《藏龟》及《藏龟之余》未著者，选集二百四十版，手自拓墨，编订成册"，"管见所逮，并附考释于后"。

《福氏所藏甲骨文字》 商承祚编纂，一九三三年金陵大学中国文化研究所影印本，与《考释》合为一册。共收入甲骨三十七版，为旅居我国的美国收藏家福开森氏所藏。商承祚的叙说："……共选拓得三十七版，精印行世。文字之末附以考释。甲骨皆刘铁云(鹗)徐梧生(枋)故物也(七、八、九、十、十一、十三、二十九凡六版为徐氏旧藏)……"书后附有董作宾跋，云："殷虚文字截至现在，已著录者为书十四种。甲骨卜辞约计一万一千三百四十版，而据余所知，未著录者，且数倍之。今后从事于搜辑拓印以广流传，俾并世学人得资研究，实吾辈之责也。"董作宾还在文中为此书所收甲骨进行分期断代，有一期、三期、五期物，还按内容将卜辞分类，并对骨臼刻辞进行了论述。

《殷契佚存》 商承祚编纂，一九三三年金陵大学中国文化研究所影印本一册，与《考释》合二册出版。全书共收甲骨一千片。书前有董作宾序、唐兰序及商氏自序。董作宾序论述了四个问题，即："一，第三期之一批材料。二，肋骨刻辞之重要。三，美国施氏所藏甲骨之出土地及其渊源。四，肋骨之出土与安阳农之盗掘"。特别是追述了该书所收施密士一批甲骨的来源，"大连坑附近，吾人第三次工作始发掘之。及河南民族博物院之争执起，此停彼作者兼旬。继乃复由吾人开大连坑，得第三期甲骨甚多。前乎此，固未尝有人开掘之也。民族博物院所采获者旋被盗窃，失去盛放甲骨

① 胡厚宣：《五十年甲骨学论著目》，第三十四页，中华书局，一九五二年；又参阅胡厚宣：《殷墟发掘》，第十七页。

文之绿布小箱一件,事经轩、邱(良臣)两人手,其所居五洲旅馆主人畏罪逃,馆舍查封者累月……施氏一批材料之渊源,大抵如此"。并说殷墟发掘停止后,"小屯邻近各村乃乘机而起,洹河两岸,盗掘古物者数百成群……出土古物,散之四方估客,得值动以万计"云云。唐兰序则论述了文字学史、"六书"说及甲骨文的史料价值等等。商承祚自序说:"凡估人所鬻,财力所及,必购得之。"《殷契佚存》所收甲骨,其中一部分原为刘鹗旧藏,即胡厚宣所说,刘鹗的一部分甲骨二千五百多片,"在一九二六年由商承祚和几个朋友合购。商氏曾选文辞少见和字之变异不同者,手拓六百多片,在一九三三年编入《殷契佚存》"①。此外,书中还收入了北平孙壮、侯官何遂、美国施密士、冀县王富晋、丹徒陈邦怀、海城于省吾、江夏黄濬等人的甲骨拓本共四百多片。商承祚还在自序中指出:"甲骨多贞卜之辞,至纪事之文,除中央研究院历史语言研究所所藏三兽骨外,寥若晨星。"《佚》518之宰丰花骨,"一面镂花文,一面刻记事。文两行二十八字,完整未损,弥足珍贵",文中还将此骨"精拓本"与中央研究院所藏三版兽头刻辞文相参照。

《铁云藏龟零拾》 李旦丘编纂,一九三九年上海中法文化出版委员会出版,收入《孔德图书馆丛书》第二种,合《考释》为一册。该书共收甲骨九十三片。书前李旦丘叙云:"吾友金祖同君携会稽吴振平先生所藏甲骨拓墨九十三片来寄存馆中,且嘱余为之考释……按吴氏所藏甲骨,本铁云旧物。其中数片已见《铁云藏龟》,然多半未经著录者,今得公之于世……"

以上各书所收甲骨,多为刘铁云故物。刘氏一九〇九年因卖仓粟事获罪,被流放新疆而死,其所藏甲骨五千多片分散于不同藏家:

一部分一千多片归英籍犹太人哈同夫人罗诗(即罗迦陵),《戬》著录其中一部分。其中七百多片后又归诚明文学院,胡厚宣先生将其中《戬》未著录者摹写,收入《南诚》部分(九十一片)。原骨现藏上海博物馆。

另一部分一千三百多片归叶玉森,《铁遗》所收即为其中的一部分。叶

---

① 胡厚宣:《殷墟发掘》,第十七页。

氏逝世后，甲骨实物又复分散。一部分辗转流传，现藏上海博物馆。一部分几十片归美国人福开森氏，即《福》所著录者，原骨现藏南京大学①。一部分百余片归吴振平，即《铁零》所著录者。

还有一部分二千五百多片归商承祚等人，《佚》收入其中六百片。后来部分归中央大学（现归南京大学②）；部分归束世澂，原骨现藏复旦大学；部分归陈中凡，即一九五六年董作宾《殷虚文字外编》所收录的部分。胡厚宣先生一九四五年曾将上述三部分收入《甲骨六录》一书中的《六中》、《六束》、《六清》部分。还有一部分即王瀣（伯沆）“无想山房”所藏六百多片，归中央研究院历史语言研究所，胡厚宣先生曾将其摹写，收入《南无》部分，原骨现藏宝岛台湾。另外部分现藏南京博物院、浙江省博物馆、扬州市博物馆等地，并先后被著录于郭若愚一九五三年出版的《殷契拾掇》二编和胡厚宣先生一九五五年出版的《甲骨续存》等书中。

甲骨文的第一个鉴定和购藏者王懿荣，共收得甲骨一千五百多片。王氏殁后，甲骨大部分售归刘鹗。其余，一小部分归天津新学书院，收入一九三八年出版的《甲骨卜辞七集》，原骨下落不明；一部分四百几十片归王氏后人王福重，原骨现藏天津市博物馆（其中二片已赠方豪，现藏宝岛台湾）；一部分一百多片归王福庄，原骨现在美国；另一部分确知为王氏故物几十片，现藏中国社会科学院历史研究所③。王懿荣次子王汉辅曾有甲骨拓本一册，后归前辅仁大学（现归北京师范大学图书馆）。王氏四子王汉章亦有甲骨拓本二册，现藏南开大学图书馆。唐兰一九三九年出版的《天壤阁甲骨文存》，就是从王懿荣后人的三册拓本中选出一百零八片著录出版的。

《簠室殷契征文》十二卷　王襄编纂，一九二五年天津博物院石印本，与《考释》合为四册。本书共收甲骨一千一百三十五片。书前王襄序云："自清光绪己亥（一八九九年）至民国纪元（一九一一年），此十四年间所出甲骨，颇有所获。"他"念古物出土，终有佚毁之时，因选所藏，分拓若干本，

---

①②　陈梦家：《殷虚卜辞综述》，第六七〇页。

③　关于王懿荣、刘鹗所藏甲骨的著录及现藏情形，参看胡厚宣：《五十年甲骨文发现的总结》，第二十二至二十四页；又胡厚宣：《殷墟发掘》，第十三至十四页、第十六至十八页。

类别十二。曰:天象、地望、帝系、人名、岁时、干支、贞类、征伐、游田、杂事、文字。各为一编,后附考释”。此书编纂时,为迁就分类,常将同一拓本剪裁成几部分编入不同类目,达一百六十五片之多。此外,在拓本上石之前曾经“粉饰”,即加工描摹,故“文字多用毛笔痕迹”。因此问世后,郭沫若等不少学者一度曾疑此书所收为伪品。其实王氏精于鉴别,所收并没有假片。后来郭氏改变了看法,谓:“知《征文》不伪,则其书自为一可贵之研究资源,中多足以证佐余说者,亦有仅见之例为它书所未有者”①。有人评价此书“长处大率有四”,即:其一,“依贞卜事项分类”,“基本概括了卜辞内容”。其二,“引证鲜明,颇多贡献”。其三,“介绍了一批有学术价值的甲骨材料”,如《簠天》1 关于日夕有食、《簠天》2 关于月有食和《簠岁》5 之令众人𦔳田等等,是研究商代天文、历法和社会性质不可多得的材料。其四,卜辞印本后附有考释二册,“使读者便于研究”②。

王襄藏骨三千多片现归天津历史博物馆。与王襄同时购藏甲骨的孟定生(广慧),共收得甲骨四百三十一片,后归杨富村,又转归书法家李鹤年。李氏将其中四百多片售出,现藏北京国家图书馆。李氏自留精品三十片,“文革”时其中二十八片精品被查抄(两片遗失),“文革”后甲骨归还李鹤年后人。其中的十二片李先登以《孟广慧旧藏甲骨选介》为题,发表于《古文字研究》第八辑(一九八三年,中华书局)。二〇〇四年上海崇源拍卖公司对这批“天津孟氏旧藏殷墟甲骨”进行拍卖,以四千八百万元落槌成交③。

《殷虚书契》八卷(即《殷虚书契前编》) 罗振玉编纂,一九一一年《国学丛刊》石印本三期二卷,不全。一九一三年影印本四册。本书共收录甲骨二千二百二十一片。罗振玉在序中写道:“光绪二十有五年(一八九九年),岁在己亥,实为洹阳出龟之年”,其时他正值三十四岁盛年。“越岁辛

① 郭沫若:《卜辞通纂·后记》,日本文求堂,一九三三年。

② 崔志远:《王襄及其甲骨文研究》,《天津社会科学》,一九八二年,第五期。

③ 《殷墟甲骨拍出四千八百万》,《北京日报》,二〇〇四年七月十五日。又,同日《北京晚报》等各报刊均加以报道。

丑(一九〇一年),始于丹徒刘君许见墨本”。他感到甲骨文出土以后的“先后数年间”研究的人很少,虽有孙诒让对文字进行了考释,“然其札记则未能阐发宏旨,予至是始有自任意”,开始对甲骨文进行研究。一九一〇年日本人林泰辅将其甲骨文论作寄罗振玉,较孙诒让的《契文举例》水平有了提高。罗振玉也把自己的研究心得写成了《殷商贞卜文字考》,但“已而渐觉其一、二违失”。这是因为他“所见较博于畴昔”后,才“于旧知外亦别有启发”。他认为“搜求之视考释,不尤急欤?”因此他开始大规模地搜购甲骨,所得甚伙。后来在日本将所拓墨本“乃以一岁之力,编为《前编》八卷”。

《殷虚书契菁华》　罗振玉编纂,一九一四年影印本一册,翻印本一册。本书共收甲骨六十四片。罗振玉在序中说,本书所收四版大骨的正、反面“尚未拓墨,盖骨质至脆,惧或损文字也。然又不忍使湮没不传”,故照相著录。这四版大骨,是罗振玉数万藏品中的最精品,片大字多,内容重要,因此他才名此书为《殷虚书契菁华》。关于此四版大骨收集时的情形和有关趣话,本书第三章第一节已作过叙述,可以参看。

《殷虚书契后编》二卷　罗振玉编纂,一九一六年影印本一册。《艺术丛编》第一集本。又重印本。本书共著录甲骨一千一百零五片。《殷虚书契》出版于前,故亦称《殷虚书契前编》。罗振玉在《后编》序中说,自一九一四年《殷虚书契前编考释》出版以后,他希望甲骨文字的考释“必将有嗣予而阐明之者”,但“乃久而阒然”。他期望有人“会最(撮)殷虚文字,以续我书者久。亦阒然无所闻也”。因此他一九一五年春从日本返国并踏访殷墟后,“尽出所藏骨甲数万,遴选《前编》中文字所未备者,复得千余品,手施毡墨,百日而竣”。“乃以十日之力,亟厘为二卷付之,俾与《前编》共传当世”。《殷虚书契后编》一书遂在英国籍犹太人资本家哈同资助下刊行。

《殷虚书契续编》六卷　罗振玉编纂,一九三三年影印本六册。全书共收甲骨二千零十六片。罗振玉在自序中说,《前编》、《后编》二书,“皆就予箧衍所藏手施毡墨”。而别人所藏甲骨却不能得到拓本。经过千方百计搜求,“十余年间复得墨本约三千纸”。为保存珍贵史料,他“以一月之力,就此三千余纸,选三之二,成书六卷,往昔《前》、《后》两编,约得三千纸。合以此编,总得五千余纸。虽不敢殷墟精华悉萃于是,然亦略备矣"。本书所收拓本多为刘鹗、王襄、北京大学、马衡氏等藏骨。虽然此书内容较精,但与其他各书重见较多。曾毅公有《殷虚书契续编校记》及胡厚宣先生《读曾毅公君〈殷虚书契续编校记〉》为之校对重片,全书不与它书重见者仅三百七十五片。关于此,可参看本书第十一章第一节。

罗振玉是继刘鹗之后的最大甲骨收藏家,先后购藏三万片之巨。上述《前》、《后》、《菁》等书所著录者,主要为罗氏藏骨中的精品(但也有一些非罗氏自藏品,如《前》一书就收录了日本听冰阁所藏一百零八版①)。罗振玉此三书著录的甲骨及罗氏购藏甲骨的现藏情形是:

一部分甲骨现藏山东省博物馆。关于此批甲骨,还有一则趣闻。原来,罗振玉晚年隐居旅顺,一九四〇年病逝。此后,甲骨开始散失。一九四五年抗日战争胜利以后,中共胶东区委派一批干部去大连接收部分日本人开办的企业,远东榨油厂即是其中之一。当时,这个工厂的日本人都已回国,只有一名神秘的日籍"工程师"未走。此人对厂内放置的一个没有锁而密封焊死的大铁箱十分注意。一名干部想办法凿开了这个来历不明的大铁箱,发现箱子里面装有大小木盒七十三个,布盒十四个,盒内共装甲骨一千三百十五片。胶东行署各救会会长闻讯后,连忙做了周密安排,秘密派船将这批甲骨运往山东栖霞根据地。而那个日本"工程师",在此以后也就不辞而别了。可能这批甲骨是日本人没有来得及偷运走的。一九四七年国民党军队重点进攻山东解放区,中共胶东区党委抽调了几百名民兵将甲骨从栖霞转移到海阳,又转移到莱阳,终于使这批珍贵文物完好无损地保存下来②。这就是现藏山东省博物馆的罗振玉旧藏甲骨一千三百十五片的由来。

罗振玉旧藏甲骨另一部分现分藏于以下单位:三百九十四片现藏辽宁

---

① 严一萍:《重印〈殷虚书契前编〉序》,一九七〇年。

② 严强、度伟:《甲骨入藏山东记》,《文物天地》,一九八六年,第一期。此文所记甲骨数字略有出入,胡厚宣先生予以匡正,见胡厚宣:《甲骨入藏山东补记》,《文物天地》,一九八六年,第三期。

省博物馆,《菁》一大片就在其中(现已归中国国家博物馆);二千九百二十五片现藏旅顺博物馆;二百零六片现藏吉林省博物馆;四百八十四片现藏吉林大学历史系;七十七片现藏东北师范大学历史系;四百六十一片现藏北京图书馆;十五片现藏故宫博物院;《菁》的另外三大版,现藏中国历史博物馆一版,中国社会科学院考古研究所两版①。胡厚宣出版的《京》、《续存》曾著录过以上各家所藏甲骨的一部分。

此外,罗振玉还有一批旧藏甲骨已卖给了日本人,几经易主。其中现藏日本京都大学人文科学研究所三千五百九十九片②,贝塚茂树《京都大学人文科学研究所藏甲骨》已将其著录出版。其他如天理大学参考馆③、东京国立博物馆、东京大学考古研究室、京都大学考古学研究室、早稻田大学东洋美术陈列室、明治大学考古学研究室、大原美术馆、藤井有邻馆、富冈谦藏旧藏、内藤虎次郎旧藏、藤田丰八旧藏、小川睦之辅旧藏、植林清二、曾我部静雄、佐藤武敏等所藏也是④,具体收藏情况将在本章第三节有关部分叙述。

《卜辞通纂》　郭沫若纂辑,一九三三年日本文求堂石印,合《别一》、《别二》、《考释》、《索引》共四册。一九八三年科学出版社合为一册重印。本书共著录甲骨九百二十九片。郭沫若在序中说:"余以寄寓此邦之便,颇欲征集诸家所藏以为一书",但"因种种关系"对在日本殷墟甲骨文的"大宗搜藏""未得寓目",而"所见也未能拓存","于是余之初志遂不能不稍稍改变"。"选择传世卜辞之菁粹者,依余所怀抱之系统而排比之,并一一加以考释,以便观览。所据资料多采自刘、罗、王、林诸氏之书,然亦有未经著录者"⑤。全书所收甲骨依干支、数字、世系、天象、食货、征伐、田游、杂纂八项分类。特别是书后附有释文,画出原片形,逐辞作出释文并补足残辞,标明

① 胡厚宣:《殷墟发掘》,第二十四页。考古研究所所藏之二大版,亦调归中国国家博物馆。

② 《京都大学人文科学研究所藏甲骨文字》本文篇,《序论》第一章。

③ 伊藤道治编为《天理大学附属天理参考馆甲骨文字》于一九八七年出版。

④ 参见胡厚宣:《关于刘体智、罗振玉、明义士旧藏甲骨现状的说明》,《殷都学刊》,一九八五年,第一期。

⑤ 郭沫若:《〈卜辞通纂〉述例》,日本文求堂,一九三三年。

卜辞行款走向,“原辞有当疏证之事项,悉述于辞后”①。郭沫若此书,考释中有许多精辟见解,而对初学者也是一部极为方便、实用的入门书。

《殷契粹编》 郭沫若编纂,一九三七年日本文求堂石印本,与《考释》合五册,附索引。一九六五年科学出版社重印本合一册。全书共著录甲骨一千五百九十五片。郭沫若在本书序中说:“刘氏体智所藏甲骨之多且精,殆为海内外之冠。氏已尽拓出其文字,集为《书契丛编》,册凡二十”。郭沫若从刘体智拓本中“择取其一五九五片而成兹编”。《殷契萃编》的分类,基本与《通》相同,“唯此乃一家藏品,各类有多寡有无之异,故浑而出之,不复严加限制”,基本上是“次序以类相从”②的。此外,郭沫若“为初学者之便”,做有考释。考释中对商朝的文字、礼制、政治、经济等各方面多有阐发。

上述郭沫若两书,《通》为集《铁》、《前》、《后》、《菁》、《铁余》、《戬》、《龟》等书著录的精品而成。其中除《龟》一书所著录的甲骨现藏日本外,其余均选自刘鹗、罗振玉所藏甲骨的拓本。而《萃》一书,乃是刘体智所藏二万八千片甲骨中的精华。《通》、《萃》两书所著录的甲骨有不少重要内容。此外,书后的考释也有不少宏论发前人之所未发,无论对于研究者,还是对于初学者,都有很高参考价值。刘体智所藏甲骨现归北京图书馆。这批甲骨,除了《萃》著录部分外,还有一部分曾著录于孙海波一九四〇年出版的《诚斋殷虚文字》、李旦丘一九四一年出版的《殷契摭佚续编》、胡厚宣一九五四年出版的《战后京津新获甲骨集》等书中③。

《战后宁沪新获甲骨录》三卷 胡厚宣编纂,一九五一年来熏阁书店出版摹本二册。本书共著录甲骨一千一百四十三片(卷一收六百八十八片,卷二收一百六十六片,卷三收二百八十九片)。每卷都按时代先后先分期,再按内容分类。本书二卷 24 及 26 片与《菁》3 同文,二卷 25 片、27 片与《菁》4 同文。一卷 197 片与《双剑誃殷契骈枝》三编附图一为同文,一卷 597 与《摭续》201 为同文。这些就是胡厚宣序言中所说的“俱为一事多卜

①② 郭沫若:《〈殷契粹编〉述例》,科学出版社,一九五六年。

③ 胡厚宣:《五十年甲骨文发现的总结》,第四十七至五十四页;并参见胡厚宣:《关于刘体智、罗振玉、明义士旧藏甲骨现状的说明》。

之例”。本书一卷110、111为最大最全的牛胛骨。此外，书中收入甲骨还有刻划卜兆、朱书、刻字涂朱涂墨，以及同版朱、墨兼施的不少例子。《宁》二·145为一帝乙、帝辛时的文字画，“象以弓矢射麋于京室，其旁另有一兕牛状”，十分形象、逼真。《宁》一·141王亥的亥字上加一鸟形，为商族鸟图腾遗迹的佳证①。第四期甲骨所见不多的有关妇好的材料，本书就收录四条之多。书中还有研究商代阶级关系的竦、方伯等珍贵材料，特别是《宁》二·29所记的“亦（夜）焚廪三”最为重要②。

《战后南北所见甲骨录》五卷　胡厚宣编纂，一九五一年来熏阁书店出版摹本三册。一九六五年台湾重印本。全书共收甲骨三千二百七十六片。书前有陈子展《题战后南北所见甲骨录》及胡厚宣先生序例。本文所收甲骨，按辅仁大学、诚明文学院、上海文管会、南京博物院、无想山房、明义士旧藏、南北师友（一、二）、南北坊间（一、二、三、四）等藏家分卷，每卷著录的甲骨再分别以时代为序，每期甲骨，再以类分。“以及其它一切体例”，都仍《京》、《宁》二书之例。书中将甲骨“时代暂分四期，一曰盘庚小辛小乙武丁时期；二曰祖庚祖甲时期；三曰廪辛康丁武乙文丁时期；四曰帝乙帝辛时期”。《南北》一书所收甲骨，除一部分与《邺三》、《摭佚》、《掇》（一、二）、《外》、《佚》、《京》、《铁》、《后》、《诚》、《七》等书略有重复外，不少甲骨为首次著录的新材料。

《战后京津新获甲骨集》　胡厚宣编纂，一九五四年上海群联出版社影印四册。全书共收甲骨五千六百四十二片。书前有杨树达序，谓胡厚宣搜集甲骨“于倭寇战败请降后，奔走南北，遍搜甲片，御风乘传，席不暇温。私家之藏，婉辞以请。市肆所列，重金以求”。真是历尽了艰辛。并盛赞胡厚宣甲骨学研究所取得的成就，谓他“既擅静安（笔者按：指王国维）考释之美，又兼叔言（笔者按：指罗振玉）播布之勤。以一人之身，殆欲并两家之盛业，何其伟也！”此书所录甲骨，仍先行分期，每期内再行分类，与《南》、《宁》

① 胡厚宣：《甲骨文商族鸟图腾的遗迹》，《历史论丛》第一辑，中华书局，一九六四年；又胡厚宣：《甲骨文所见商族鸟图腾的新证据》，《文物》，一九七七年，第二期。

② 胡厚宣：《甲骨文所见殷代奴隶的反压迫斗争》，《考古学报》，一九七六年，第一期。

两书体例同。书中所录甲骨,据胡厚宣序要云:“约计实物三之一,拓本三之二”,不少内容较为重要。如:刻画卜兆、朱书甲桥刻辞、牛肋骨刻辞、人头刻辞、令众魯田卜辞(《京》580)及著名的“四方风”名大骨(《京》520)等等。书中除一部分甲骨与《前》、《后》、《佚》、《粹》、《天》、《外》、《双图》、《宁》、《掇》、《邺》、《续存》、《摭佚》、《通》等重见外,不少为新公布的材料。

《甲骨续存》上、下 胡厚宣编纂,一九五五年上海群联出版社三册本。上编两册为拓本,下编一册为摹本。全书共收甲骨三千七百五十三片。书前有胡厚宣序。本书上下编所收甲骨拓本、摹本,亦经分期分类处理。较为重要的内容有:《续存下》388、389 和 442、443 为两版整龟之正、反面,刻划卜兆并在辞中涂赭色。还有“屎西单田”(《续存下》166)、“立中于北土”(《续存下》803)、人头刻辞(《续存上》2358)、最长的一条战争记事刻辞(《续存下》915)、有关月食的记载《续存下》149)等等。本书除去一部分甲骨与《通》、《铁》、《龟》、《珠》、《后》、《佚》、《天》、《甲零》、《京》、《掇》等略有重复外,不少为新公布的材料。

以上胡厚宣出版的《南》、《宁》、《京》、《续存》四书,共著录甲骨一万三千八百十四片,占殷墟出土全部十五万片甲骨的近十分之一。此四书所收甲骨,有一部分为刘鹗、罗振玉、刘体智所藏,现已流散全国各地,其现藏情况我们在前面已经作过介绍。主要则是胡厚宣在抗日战争胜利后和新中国成立初期于全国南北各地所访得。胡厚宣寻访甲骨的详细情况,可参看《五十年甲骨文发现的总结》一书的第七章《战后甲骨文的出土和采访》及他所编以上四本著录的述例或序例。

不仅如此,胡厚宣为学术界所耳熟能详的《续存》一书的补编,终于在一九九六年由天津古籍出版社出版。胡厚宣生前所辑《甲骨续存补编》,由胡振宇、王宏整理,全书共收入甲骨一万八千八百三十六版,共分七卷编次。其第一卷为十九家博物馆所藏,共一千五百零二版。第二卷为十三所大学收藏品,共九百三十九版。第三卷为十五种甲骨著录已收者,共二千二百三十三版。第四卷为九地文管会及研究机构收藏者,共二百七十一版。第五卷乃三十四位私人藏家之物,共七千七百四十四版。第六卷亦为二十一位私人藏家之物，共五千六百十七版。第七卷为十五处单位所藏，共三百三十五版。此次出版之《续补》为甲编上册、中册、下册，为拓本。尚有《续补》乙编（摹本一批）待出版。裘锡圭、胡振宇在《后记》中指出，虽然《续补》（甲编）与《合集》等书有相重者，“但仍不乏有相当重要之使用价值，更有未见著录之材料”。特别是书中“间有胡先生批语、通信等件，由此可知搜集甲骨之艰辛，之艰难。亦可窥出胡先生与甲骨学同仁友情交谊，同时也记录了部分资料之源流”，是甲骨学史的重要资料。胡厚宣先生于二〇〇四年四月病逝后，《续补》一些未竟工作，将由哲裔胡振宇完成，即“待摹本内容付梓时，将于书之后附表列明《续补》各片之著录情况、现藏等项内容，其余附录均由振宇一一整理，使《续补》益臻完善，使学术界了解这几乎为最后一大批流传甲骨之面貌”。学术界期待着《续补》乙编的早日出版。

此外，安阳民间所收藏的甲骨也在《洹宝斋所藏甲骨》（内蒙古人民出版社，二〇〇六年）、焦志勤等《殷墟甲骨辑佚》（文物出版社，二〇〇八年）等书中公布了一批。

第三节　国外学者著录的甲骨及现藏

《龟甲兽骨文字》二卷　日本林泰辅纂辑，一九二一年日本商周遗文会影印本二册，附抄释。又北京富晋书社翻印本二册。本书共收甲骨一千零二十三片。林泰辅在序中说，“有周以前，文献阙如。钟鼎彝器，亦不甚多。而今获此一科，可不谓至幸哉！”“然殷墟出土之龟甲兽骨，不知其几万。异文逸辞，刘氏罗氏所未收者，亦复不鲜。我吉金文会有慨于此，据诸家所藏实物拓本，编印《龟甲兽骨文字》，且抄释其字体明白无疑者”。此书是日本学者编纂的第一部刊布中国殷墟甲骨文的著录书。

《京都大学人文科学研究所藏甲骨文字》图版篇　日本贝塚茂树纂辑，一九五九年京都大学人文科学研究所出版图版篇一、二两册，本文篇（释文）一册于一九六〇年出版。全书共收入甲骨三千二百四十六片。图版前有凡例。此书所收甲骨,皆注明拓本为龟甲(S),抑或卜骨(B),按时代分期并再行分类著录。主要分为祭祀、求年、风雨、旬夕、田猎、往来、方国征伐、使命、疾梦、卜占、贞人、杂卜等十二项。本书为收录日本所藏甲骨最多的一部著录,在甲骨学界和甲骨学史上有着一定的影响和地位。

《东京大学东洋文化研究所藏甲骨文字》图版篇 日本松丸道雄纂辑,一九八三年东京大学出版会出版。全书共收甲骨一千三百十五片。书中所收甲骨,每片均以拓本、相片入录,并注明龟甲(S)或兽骨(B)。甲骨先按藏家集中,如河井荃庐氏旧藏甲骨为一至九七二号,田中救堂氏旧藏甲骨为九七三至一〇一三号,三浦清吾氏旧藏甲骨为一〇一四至一三一五号。然后再将每家甲骨分期分类,在目次中一一注明。书前有松丸道雄序及本书编辑凡例。本书所收甲骨,有的曾著录在《龟》、《通》、《珠》及《日本散见甲骨文字搜汇》(一至五)等①。也有不少未曾著录者。此书印刷较精,并且将甲骨拓本与实物照相相勘校,既可据拓本识读文字,又可据照片认识实物原形。自一九〇三年第一部甲骨著录《铁云藏龟》出版迄今,此书著录甲骨的方法还是所见不多的。

此外,著录日本所藏甲骨的著作还有东洋文库中国史研究会出版的《东洋文库所藏甲骨文字》(一九七九年)、青木木兔哉的《书道博物馆藏甲骨文字》②、松丸道雄的《日本散见甲骨文字搜汇》等。伊藤道治还发表了《故小川睦之辅氏藏甲骨文字》(《东方学报》,京都,三十七册,一九六八年)、《大原美术馆所藏甲骨文字》(《仓敷考古馆研究集报》第四号,一九六八年)、《藤井友邻馆所藏甲骨文字》(《东方学报》,京都,四十二册,一九七一年)、《桧桓元吉氏藏甲骨文字》(《神户大学文学部纪要》一,一九七二年)、《关西大学考古资料室藏甲骨文字》(《史泉》五一号,一九七七年)。以上伊藤道治五文所著录的甲骨,集中名为《日本所见甲骨录》,附于日本朋

---

① 松丸道雄:《日本散见甲骨文字搜汇》五,《甲骨学》,一九七六年,第十一号。松丸道雄此文,共分一、二、三、四、五、六部分。除第五部分外,其余分别发表在《甲骨学》七、八、九、十、十二各号上。刘明辉将全文译为中文,发表在《古文字研究》第三辑(中华书局,一九八〇年),共著录甲骨四百八十四片,每片皆注明藏家。

② 载日本《甲骨学》六至十号,一九五八年至一九六四年。

友书店一九七七年重印郭沫若《卜辞通纂》一书之后。另外，伊藤道治还发表了《黑川古文化研究所藏甲骨文字》（神户大学《文化学年报》第三号，一九八四年）及《国立京都博物馆藏甲骨文字》（神户大学《文化学年报》第三号，一九八四年）等等。

国外搜贮的中国殷墟甲骨文，以日本所藏为最多。经过日本学者的努力，连大宗藏家天理参考馆所藏甲骨也由伊藤道治在一九八七年二月出版的《天理大学附属天理参考馆甲骨文字》（天理时报社出版）一书中公布。该书共收入甲骨文字六百九十二片。书前有彩色图版二十四版，并有序、总论、遗迹地图等项。另有《甲骨文字释文》（别册）一本。书中所收甲骨，将照相与拓本相对照，印制精美。荒木日吕子《中岛玉振旧藏甲骨》（创荣出版）一书，也于一九九六年面世。自此日本主要藏家的甲骨基本上都已公布，为甲骨学的研究提供了极大方便。现在，日本各公私藏家收藏甲骨的情况已经明了，共有公家收藏三十一个单位，甲骨七千六百六十七片。私人收藏三十一家，甲骨四千七百七十六片。公私共收藏一万二千四百四十三片。公家的收藏情况是：

京都大学人文科学研究所　三千二百五十六片

东京大学东洋文化研究所　一千六百四十一片

天理大学参考馆　八百零九片

书道博物馆　六百片

东洋文库　五百九十一片

东京大学考古部考古学研究室　一百十三片

亚非图书馆　八十一片

京都大学文学部考古学研究室　五十六片

大原美术馆　三十九片

富氏短期大学　三十五片

东京理科大学人类学室　三十片

庆应义塾大学文学部考古学研究室　二十二片

关西大学考古学资料室　二十二片

早稻田大学东洋美术陈列室　二十一片

藤井有邻馆　十六片

大阪市立美术馆　十四片

九州大学教养学部资料室　十三片

明治大学文学部考古学研究室　十二片

不言堂美术店　十二片

国学院大学文学部考古学资料室　十一片

国立京都博物馆　十片

黑川古文化研究所　九片

东洋教育大学东洋史研究室　七片

筑波大学历史人类学系　七片

早稻田大学高等学院　六片

武藏大学历史学研究室　五片

出光美术馆　三片

东京大学教养学部美术博物馆　一片

庆应义塾大学图书馆　一片

桃山中学旧藏　一片

私人收藏的情况是：

三井源右卫门旧藏　三千片①

富冈谦藏旧藏　八百片

田中庆太郎旧藏　四百片

中岛玉振旧藏　二百片

今井凌雪(奈良市)　七十六片

小仓武之助(习志野市)　五十三片

秋山公道(京都市)　四十二片

---

①　一九八七年五月二十九日胡厚宣先生及笔者在中国社会科院同松丸道雄教授会面，交谈过程中，松丸先生云：三井源右卫门所藏甲骨三千片不确，因一部分已毁于战火，现仅存一千多片于东洋文化研究所。

加藤某氏(高松市)　四十片

小林斗庵(川越市)　三十三片

内藤虎次郎旧藏　二十五片

藤田丰八旧藏　二十片

谷边橘南(京都市)　十八片

白川一郎(东京都)　十片

宕间德也旧藏　十片

工藤愚盦(东京都)　九片

小川睦之辅(京都市)　七片

川合尚雅堂(京都市)　七片

宕井大慧(东京都)　五片

狩野直祯(京都市)　三片

园田湖城(京都市)　三片

江口宽(京都市)　三片

三浦清吾(东京都)　二片

松谷石韵(京都市)　二片

佐藤武敏(神户市)　一片

松丸道雄(东京都)　一片

菅保原(东京都)　一片

植村清二(东京都)　一片

西川静庵(东京都)　一片

长岛健(东京都)　一片

富冈昌池(长野县)　一片

曾我部静雄　一片①

日本学者松丸道雄教授对日本甲骨的现藏情况做了不少调查工作，在《日本散见甲骨文字汇搜》(中译本载《古文字研究》第三辑)及《日本搜藏的

① 参见胡厚宣:《八十五年来甲骨文材料之再统计》。

殷墟出土甲骨》载《东洋文化研究所纪要》第八十六册,一九八一年十月)两文中都有所论述。松丸道雄与胡厚宣先生所掌握的情况略有出入。他认为:有一些甲骨数字不确定,如书道博物馆(六百片)及出光美术馆(三片),私人如加藤某氏(四十片)、故内藤虎次郎(二十五片)、曾我部静雄(一片)等;也有一些去向不明,如东京理科大学人类学室的四十片、桃山中学的一片、故三井源右卫门所藏部分约三千片、富冈谦藏旧藏七百片至八百片、故中岛玉振旧藏二百片、故田中庆太郎所藏部分数十片(?)、故宕间德也旧藏数片(?)、故园田湖城三片及富冈昌池一片等等。总计已确知公私藏家所藏、未确定数字公私藏家所藏及公私藏家甲骨现已去向不明的原藏品,日本共约藏甲骨八千二百片,这是目前最为准确的统计。应该指出的是,其中有五千七百四十五片是通过罗振玉之手流往日本的。这些甲骨,为罗振玉自己所著录的不多,除《前》、《后》、《菁》有少量著录外,"还有很多当时并未著录的重要材料"①。

《殷虚卜辞》 加拿大明义士纂辑,一九一七年三月上海别发洋行石印摹本一册。又一九七二年艺文印书馆重印本。本书共著录甲骨二千三百六十九片,为欧美学者出版的第一部甲骨著录书。此书所收甲骨,为明义士所购藏者选摹而成。原骨现藏南京博物院。

《明义士收藏甲骨》二册 加拿大籍华裔学者许进雄编纂,一九七二年加拿大皇家安大略博物馆铜版影印。释文篇一九七七年出版。全书共收录甲骨三千一百七十六片,第一册为图版,第二册为释文。此书第二册释文前有序说、凡例、引用甲骨书目简称表及附录等项。序说谓:"借释文以辨拓本不清楚者"。还在释文中对甲骨的钻凿形态尽可能地加以详细描述,以提供"可以被利用为研究的资料"。本书作者还在附录中对分期断代、五种祭祀、田猎卜辞等加以论述,指出殷代后期"田"与"过"(即逘)的不同:

一、"田"以狩猎为主要目的,遂行有一定日期。而"过"以巡视为主要目的,基于某种情况而可能不如田之有一定日期。

---

① 胡厚宣:《关于刘体智、罗振玉、明义士旧藏甲骨现状的说明》。

二、田猎时常卜问天气情况，过则不见。这可能是因为田猎时要驾马驭车以追逐野兽，视线不明、道路泥泞的阴雨天是危险的。过则不必有快速的奔跑，故比较不必顾虑天气的情况。

三、比较上，田猎需时较短，但有时也会滞留在外的。过则历时较长而常在外过夜。故过的目的地可能较田猎为远，但田猎也不限在安阳二十公里以内的地方。

四、田猎的规模有时很大，猎物有超过百只的，但通常是十只左右。

此书所收甲骨拓本，凡龟甲皆注明“S”，兽骨则注明“B”。先将甲骨分期，每期内再行分类编纂。本书所收甲骨，以第一期武丁时物为多。

《殷虚卜辞后编》　加拿大籍华裔学者许进雄编纂，一九七二年艺文印书馆印行，拓本二册，共著录甲骨二千八百零五片。本书编辑体例，一仍《明藏》之旧。此书上册有许进雄撰编者的话，谈及明义士早年就注意了“贞人”名、《周易》为卜辞所衍变、钻凿的不同形态等等。此外，还谈到了明义士收藏五万片甲骨的下落：

一、一九一七年他于收集的五万片甲骨中，选出二千三百九十六片摹写为《殷虚卜辞》一书。现藏南京博物院的三千三百七十片甲骨，即是此书所著录过的原骨。

二、一九五二年齐鲁大学校园内挖出的一万多片，即是其中之一部分，已有八百四十七片著录于《南明》①。

三、加拿大多伦多皇家安大略博物馆藏四千七百片，已选出三千一百七十六片编为《明藏》。

四、前不久发现四百多片，其中到底有多少为明义士旧藏已不可得知。

五、一九二八年明义士将甲骨墨拓共二千八百十二片编为《殷虚卜辞后编》，原骨已不知去向。据明义士夫人对李棪云：原骨埋在山东②。

---

①　有关这批甲骨被从地下找到的详情，见本书第四章第二节。原骨现藏山东省博物馆。但许进雄所云《南明》所录八百四十七片即此，不确。胡厚宣先生在《关于刘体智、罗振玉、明义士旧藏甲骨现状的说明》云：“这是故宫博物院收藏明义士旧藏甲骨的一部分。”

②　胡厚宣先生《关于刘体智、罗振玉、明义士旧藏甲骨现状的说明》云：其实这批甲骨没有被毁，不过也并没有埋在山东，现在在北京的故宫博物院。

关于这批拓本,胡厚宣先生曾说:明义士《殷虚卜辞后编》共拓五份,“一份自存;一份赠马衡;一份赠容庚,后归于省吾,再归清华大学,今归北京大学;一份赠商承祚,于抗战期间遗失;一份赠曾毅公,后又索回,转赠加拿大多伦多大学图书馆”①。

但据本书编者的话考证,明义士当年只拓了四份。安大略博物馆的藏本,是明义士逝世后才收到的;多伦多大学并未收藏这部拓本;收录于《南明》一书的甲骨摹本,当为胡厚宣先生据商承祚、于省吾的拓本所摹,都没有藏龟拓本。可能因为龟甲骨质脆弱,不便多拓,所以只赠送他们卜骨拓本。因此,安大略博物馆这份拓本,既有龟甲,又有兽骨,当是最全的一份了。

安大略博物馆的《殷虚卜辞后编》原拓本分为九大册,每页一片,前六册为藏甲,后三册为藏骨,共二千八百十九片。其中有七片可以与其他片缀合,实为二千八百十二片。又有二片被撕去、二片伪刻、三片模糊不清,实为二千八百零五片。由许进雄编纂成《殷虚卜辞后编》一书正式出版。

本书的精华是三、四期卜骨,不少有关卜问前一世祭祀的刻辞,可以从称谓判定时代。此书与《佚》相重十七片,又与《南明》一部分甲骨相重,书前附有《由〈明后〉对照〈南明〉》、《由〈南明〉对照〈明后〉》等二表,可以互相查找两书的重片。

《怀特氏等收藏甲骨文集》 加拿大籍华裔学者许进雄纂辑,一九七九年加拿大多伦多安大略皇家博物馆影印出版,全书共收甲骨一千九百十五片,书后为释文。书前许进雄的序言,谈及一九三一年多伦多博物馆入藏怀履光大宗甲骨三千片及入藏其他四家少量藏品和明义士一些藏品的情形。这些都是编纂《明藏》、《明后》等书“未及采用或可与本馆尚未出版之甲骨缀合者”。此书的编辑体例仍依上述著录明义士旧藏甲骨的体例。本书的释文一册中,在有关卜辞的简单释文后,还描述个别甲骨的长凿形态,并将保存较为完整的长凿,绘制简图附于拓本之后。书中所收甲骨,多为第一期武丁时之碎片,但有不少重要内容,如 B 1915 是唯一的虎骨刻辞、

① 胡厚宣:《殷墟发掘》,第三十三页。

B 1919是人头刻辞、B 0959 文长且不多见、S 0389 三期贞人何与一期贞人史共版等等。此外，B 1464 的东行、上行，S 1504 的中行，B 1640 的右旅，B 1581 的大行，B 1901 的大左族，S 0141 的最大计贝数字等等，为研究商代的军事、经济提供了重要材料。

有关明义士收藏我国殷墟甲骨文情况，第四章第二节已叙述，这里不再重述。总之，明义士收藏的我国殷墟甲骨文，大部分现留国内，主要为三处所藏，南京博物院二千三百九十六片，山东省博物馆三千六百六十八片，故宫博物院二万零三百六十四片。也有一部分流散加拿大，《明藏》及《安怀》所著录的甲骨，现藏加拿大多伦多博物馆的约八千七百零二片，主要就是明义士藏品，也有一部分为怀特氏旧物。加拿大收藏的殷墟甲骨文数量仅次于日本，在世界十二个收藏国中占第二位①。

《库方二氏所藏甲骨卜辞》　美国方法敛摹，白瑞华校，一九三五年十二月商务印书馆石印摹本一册，共收甲骨一千六百八十七片。书中所录甲骨，现藏英国苏格兰皇家博物馆七百六十片，伦敦博物馆四百八十五片，美国卡内基博物馆四百三十八片，芝加哥飞尔德博物馆四片②。

《甲骨卜辞七集》　美国方法敛摹、白瑞华校，一九三八年美国纽约影印摹本出版，共收甲骨五百二十七片。书中收入以下七家所藏甲骨：天津新学书院二十五片，原为王懿荣旧物；上海皇家亚细亚学会博物馆一百九十五片，现藏上海博物馆；柏根氏旧藏七十九片，后归前济南广智院，现藏山东省博物馆；美国普林斯顿大学一百十九片；德国卫礼贤旧藏，现归瑞士民俗博物馆七十二片；临淄孙文澜所藏三十一片，现归山东省博物馆、中国社会科学院历史研究所；伦敦皇家亚细亚学会六片③。

《金璋所藏甲骨卜辞》　美国方法敛摹、白瑞华校，一九三九年美国纽约影印摹本一册，共著录甲骨四百八十四片。原骨系英国金璋氏所藏，现

---

①　参见胡厚宣：《八十五年来甲骨文材料之再统计》；又胡厚宣：《关于刘体智、罗振玉、明义士旧藏甲骨现状的说明》。

②③　参见胡厚宣：《五十年甲骨文发现的总结》，第二十五页；又陈梦家：《殷虚卜辞综述》，第六七一页第四十五条。

藏英国剑桥大学。

以上三书著录的甲骨,都是美国人方法敛和英国人库寿龄在山东潍县购得。方法敛从一九〇三年就开始购藏甲骨,“是欧美搜集和研究甲骨文字的第一人”①。有关库、方二氏购藏殷墟甲骨的情形,已见本书第四章第二节;关于《库》、《金》、《七》三书的编纂及辨伪情形,第十一章第二节也已作过交待。经库、方二氏之手,流散到欧美各国的甲骨,近年也分别以拓本或照片著录发表,而且比《库》、《金》、《七》所著录的材料增加了很多。

著录美国所藏甲骨的著作,近年出版的主要有:

李　棪:**《北美所见甲骨选粹考释》**,香港中文大学《中国文化研究所学报》三卷二期,一九七〇年。

严一萍:**《美国纳尔森美术馆藏甲骨卜辞考释》**,艺文印书馆,一九七三年。

饶宗颐:**《欧美亚所见甲骨录存》**,《南洋大学学报》第四期,一九七〇年。

周鸿翔:**《美国所藏甲骨录》**,美国加州大学一九七六年出版,共收录甲骨七百片,由卡内基博物馆、哈佛大学皮巴地博物馆、哥伦比亚大学图书馆、圣·路易斯城市艺术博物馆、华盛顿弗里尔美术馆等十一处藏品选拓而成。本书一至四一三号与《库》九七一至一四〇八相重见,即卡内基博物馆所藏。

据调查,美国现共有二十一个单位、九个私人藏家,共藏甲骨文一千八百八十二片。藏有甲骨的单位是:

哈佛大学皮巴地博物馆　九百六十片

卡内基博物馆　四百四十片

普林斯顿大学图书馆　一百十五片

　又补遗　二十四片

哥伦比亚大学东亚图书馆　七十三片

① 胡厚宣:《〈五十年甲骨学论著目〉序》。

又补遗　三十六片

大都会美术博物馆　二十五片

自然历史博物馆　二十四片

哈佛大学福格美术博物馆　十四片

纳尔逊美术陈列馆　十二片

圣路易斯美术博物馆　七片

夏威夷东西中心图书馆　七片

旧金山亚洲艺术博物馆　五片

历史与工艺博物馆　五片

国会图书馆　四片

加州大学人类学博物馆　四片

普林斯顿大学艺术博物馆　三片

丹佛艺术博物馆　三片

耶鲁大学美术陈列馆　三片

洛杉矶美术博物馆　二片

西雅图艺术博物馆　二片

加州大学东亚图书馆　一片

私人收藏甲骨的情形是：顾立雅　五十片；星格　二十五片；发纳　十五片；福斯特　五片；沙克来　二片；本奈　一片；吉德炜　一片①；刘先（罗吉眉夫人）　一片；某女士　二片②。

著录英国所藏甲骨的著作有：

《欧美亚所见甲骨录存》　饶宗颐辑，一九七〇年出版。

《英国所藏甲骨集》上编上、下册　李学勤、齐文心、艾兰（英）纂辑。此

① 笔者的学生祝德胜君二〇〇六年八月寄我一份旧金山出版之华人报纸《世界日报》二〇〇四年六月二十七日第八十三版剪报，标题为《三千年前甲骨，教授割爱》，并有吉德炜一大幅照片。为纪念逝世的加大柏克莱校长田长霖，加州大学决定在校园内新建东亚图书馆大楼，吉德炜教授决定把一片由现中文教授布德伯格教授所赠的甲骨捐赠东亚图书馆，以使"一片有着三千多年历史的甲骨将和一座现代化的图书馆一起，继续激励加大的学生，不断探索有着丰富内涵的东亚文化"。

② 参见胡厚宣：《八十五年来甲骨文材料之再统计》。

书是根据中英文化协定,将英国各家所藏甲骨全部墨拓编成,中华书局于一九八五年九月出版。上编上下有序、前言、凡例和图版,收入英国现藏全部甲骨文资料(凡有一字以上者,都尽量收入),共著录甲骨二千六百七十四片。本书所录甲骨,先行分期,分期采用五期分法。每期之内再按内容分为二十类,并有《分期分类目录》,将各期甲骨按页码号和片号与各分类相对应,便于查考。本书下编为释文,并附录有材料来源表、与《库方》《金璋》等书著录对照表、部分摹本、甲骨文字的显微照片、索引等。本书所收甲骨,来自英国十一个公私藏家,即不列颠图书馆、皇家苏格兰博物馆、剑桥大学图书馆、不列颠博物院、牛津大学亚士摩兰博物馆、伦敦大学亚非学院珀西沃·大卫基金会和剑桥大学考古与人类学博物馆、维多利亚与阿尔伯特博物馆、柯文所藏(现已转赠中国社会科学院历史研究所)、孟克廉夫妇所藏、库克所藏等。

英国公私藏家所收甲骨,有不少原为库寿龄、方法敛、金璋等人早年收藏品,部分已陆续被著录过(计一千六百四十九片)。如不列颠图书馆所藏,一部分收入《库方》一五〇六至一六八八号。皇家苏格兰博物馆所藏,一部分收入《库方》一至七六〇号。此外,饶宗颐《欧美亚所见甲骨录存》(一九七〇年)也著录不列颠图书馆、剑桥大学图书馆和亚士摩兰博物馆所藏甲骨的拓本、照相共三十五片。还有不多的甲骨照片曾附于有关论文中发表过。但“本书所收英国所藏甲骨,绝大多数是未经著录或首次以拓本形式发表的”①。

多年来甲骨学界对英国所藏甲骨极为关心。再加上《库方》、《金》等书虽收入了不少重要材料,但所收既不是全部英国所藏,又时有误摹、伪片或有争议的甲骨收入,所以墨拓出版一部收入全部英国所藏甲骨就十分必要了。

《英国所藏甲骨集》果然不负众望。首先,该书收入了很多重要材料。如《英藏》一四八原骨已断为三块,现经缀合,是一版欧洲所藏最完整的武丁时龟腹甲②。《英藏》三五三是一版较完整的武丁胛骨,虽然卜骨侧边因

① 参见《〈英国所藏甲骨集〉前言》,中华书局,一九八五年九月。

② 此片曾著录于方法敛《中国原始文字考》第三十二页(载《卡内基博物馆报告》第四期,一九〇六年)。

凿灼较甚而多与骨扇脱离，但此版骨侧边仍与肩扇相连，这在卜骨中是很难得的，对研究骨扇、侧边卜辞的关系有一定意义。其他的如《英藏》八八六反面验辞记月食、《英藏》一一二记祭刻辞、《英藏》一八九〇卜骨两面所刻结构奇异文字等等，都有重大价值。其次，一些以摹本发表的甲骨，失摹反面或骨臼、漏摹卜辞等情况时有发生，《英藏》拓本都予以补拓或纠正。其三，原著录时摹本有误，这次墨拓发表时予以更正，这对甲骨学商史研究更有意义。如著名的《库》三一〇妇好伐"羌"卜辞等即是，这条学者们反复引用的"辛巳卜，□，贞登妇好三千，登旅万，呼伐〔羌〕"卜辞，原是一块龟腹甲右甲桥下端内侧，摹本误以片左为原边。该片右沿甲桥齿纹折去一部分，所余笔画并不是"羌"字左角，而是"方"字左端。这条卜辞应为"辛巳卜，□，贞登妇好三千，登旅万，呼伐□方……"。因此，学者们津津乐道的妇好以一万三千人征伐羌方之事也就不复存在了。其四，早期甲骨中的伪刻和疑难，仅据摹本还是不能解决的，只有审视实物才可以确定。《英藏》一书的编者，在这方面做了许多工作。更有意义的是，为展开讨论，还发表了《库》一五〇六大骨的彩色照片、拓本，并将于下编附有关甲骨照片及部分文字的显微照片，以供学术界深入进行辨伪和文字契刻研究①。

《英国所藏甲骨集》印制精美大方，内容丰富。胡厚宣在本书序中指出，此书出版，"无疑是对甲骨学研究的一大贡献"。

英国甲骨的现藏状况，胡厚宣曾作过调查，为我们提供了宝贵的线索②。经过学者亲赴英国调查、墨拓，已知现藏的确切情况，共有甲骨三千零八十九片（包括伪片），分属十一处公私藏家，即：

不列颠图书馆（原藏不列颠博物院，伦敦）　四百八十四片

皇家苏格兰博物馆（爱丁堡）　一千七百七十七片

剑桥大学图书馆（剑桥）　六百二十二片

不列颠博物院（伦敦）　一百十四片

---

① 参见《〈英国所藏甲骨集〉前言》；齐文心：《关于英藏甲骨整理中的几个问题》，《史学月刊》，一九八六年，第三期。

② 参见胡厚宣：《八十五年来甲骨文材料之再统计》。

牛津大学亚士摩兰博物馆(牛津)　三十七片

伦敦大学亚非学院珀西沃·大卫基金会(伦敦)　七片

剑桥大学考古与人类学博物馆(剑桥)　二片

维多利亚与阿尔伯特博物馆的私人藏品(伦敦)　二十片

孟克廉夫妇旧藏(汉普夏)　二十一片

柯文藏　四片

库克藏　一片①

其他一些国家收藏的甲骨,如法国,饶宗颐《巴黎所见甲骨录》(一九五六年)及雷焕章《法国所藏甲骨录》(一九八五年)已将其著录;瑞士所藏,已收入饶宗颐《海外甲骨录遗》(香港大学《东方文化》四卷一至二期,一九五七、一九五八年);前苏联所藏,胡厚宣《苏联国立爱米塔什博物馆所藏甲骨文字》(《甲骨学与殷商史》第三辑,上海古籍出版社)已将其以摹本著录。

这些国家和另外一些地区收藏甲骨文的情形是:

德国的西柏林民俗博物院　七百十一片。法兰克福中国学院一片。私人收藏　三片。以上德国公私共收藏甲骨七百十五片。

前苏联国立爱米塔什博物馆　一百九十九片。而莫斯科国立东方文化博物馆藏十七版完整龟甲,据胡厚宣先生一九五八年访问苏联时鉴定,全为伪片。

瑞典远东古物博物馆　一百片。

瑞士巴赛尔人种志博物馆　七十片。某私人　二十九片。公私共收藏九十九片。

法国法京国家图书馆　二十八片。归默博物院　十三片。策努斯奇博物院　九片。巴黎大学中国学院　四片。私人甘德茂　十片。以上公私藏家共九十九片。

新加坡南洋大学李光前文物馆　二十八片,李孝定《李光前文物馆所藏甲骨文字简释》(一九七六年)已将其著录并加以考释。

比利时皇家艺术博物馆　七片。

---

① 参见《〈英国所藏甲骨集〉前言》;又齐文心:《关于英藏甲骨整理中的几个问题》。

韩国汉城大学博物馆　六片[①]。淑明女子大学图书馆　六片[②]

以上收藏我国殷墟甲骨文的国家共十二个,收藏总数二万六千七百片左右。众所周知,由于过去我国半殖民地半封建的地位,不少珍贵文物(包括甲骨文)流散到国外,给我国文化学术事业造成了不可弥补的损失。现在,这些流散国外的甲骨基本都已发表,比我们以前所知的《库》、《金》、《七》著录的内容要丰富得多。特别是随着我国实行对外开放政策以来,不仅著录国外所藏甲骨的著作能够陆续传入国内,而且我国学者还能通过出国访问的机会,见到各所在国所藏的甲骨实物。这对我国甲骨学研究的发展也起了很大促进作用。

第四节　科学发掘甲骨的著录及现藏

《殷虚文字甲编》　董作宾编纂,一九四八年商务印书馆出版。全书共收入甲骨三千九百四十二号(其中包括牛头刻辞一,鹿头刻辞二,鹿角器一)。书前有董作宾的自序和李济《跋彦堂自序》。

《甲编》一书的出版,历经了种种磨难。自一九二八年开始第一次科学发掘殷墟,至一九三四年第九次科学发掘殷墟结束后,这批举世瞩目的研究材料至一九四八年才得以面世,历时十四五年之久。在此书迟迟未能出版期间,一些学者因不了解情况,责备发掘者将甲骨"秘藏椟中"、"包而不办"云云。董作宾在《甲编》自序中历数了纂辑《甲编》时的种种苦衷,相信"事实是足可以替我们辩白的"。原来,每次科学发掘所得甲骨,都得及时

① 胡厚宣:《八十五年来甲骨文材料之再统计》。汉城大学(现为首尔大学)藏品中有一大骨,董作宾先生曾在《汉城大学所藏大胛骨刻辞考释》(《庆祝胡适先生六十五岁论文集》下册,一九七七年五月)作过研究。一九九五年又从俄罗斯收得二十余片,适逢笔者在韩国,这批甲骨经我目验,不仅片小,且皆为伪刻。

② 淑明女子大学六片甲骨,乃一九九五年经许进雄教授之手,从美国购得。笔者曾借出席淑明大学九十校庆甲骨学会议之机会,目验过甲骨,皆为在《殷契遗珠》所著录过者。此为韩国第二家拥有甲骨者,故校方十分珍贵并自豪。

加以整理、加固、传拓,一九三四年春的第九次科学发掘工作结束以后,当年冬天就已把第一至第九次发掘所得甲骨全部清拓完毕了。一九三五年春夏之间,初步完成了《甲编》的图版编排工作。一九三六年交由商务印书馆承印,至一九三七年春已印出八十页图版的样稿。但一九三七年七月七日抗日战争全面爆发,不久上海失陷,在沪东印刷厂中的图版,因日军占领无法出版。一九三九年又与商务印书馆达成协议,《甲编》一书在香港出版。书虽然已经印出,但连编者都还未见到,就毁于一九四一年十二月日军入侵香港的战火中了。直到一九四五年抗日战争胜利以后,历史语言研究所迁回南京,一九四六年才得以提出出版《甲编》之事,这就是一九四八年问世的《甲编》。前后三次出版,经历了种种磨难。在如此困难条件下,董作宾等学者不折不挠,忍辱负重,终于将此书出版,为甲骨学研究作出了巨大贡献。平心而论,他们当时的工作效率还是非常之高的。我们应当充分理解他们的处境和一心想把材料早日公布的心情。

《甲编》所著录的甲骨,既不分期,也不分类,而是依照出土的先后次序排列。之所以如此,是"为的显示这一批材料是经过科学发掘工作"而得到的。著录甲骨的编号之后又注明登记号,从左向右第一位数字表示发掘次数,第二位数字表示出土甲骨的种类("〇"表示有字卜甲,"1"表示无字卜甲,"2"表示有字卜骨,"3"表示无字卜骨),第三位数字是甲骨的出土号。据此,我们在研究甲骨的出土情形或与遗迹、遗物的关系时,就可在发掘报告的遗址部分将其查明了。董作宾在《乙编》的序中列有《九次发掘殷墟所得甲骨文字出土时期数量地点与〈甲编〉图版拓本对照表》,可以参看①。

《甲编》李济的《跋彦堂自序》,对董作宾自序中所谈第四次发掘的E16坑于第二期祖甲时塌陷,"废而不用"的问题提出了自己的意见。对董氏论断的"若说照断代的研究,这一坑所出的甲骨文字,没有比祖甲时代更晚的,因此也就联带地断定了,与甲骨同出的器物,也必然与它们同时"的"必然"提出了异议。指出:"我们不能因为某一坑内出有某一时代的甲骨,

① 《甲编》坑位记录已发表,见石璋如:《殷虚文字甲编的五种分析》。

也就断定其他的实物与甲骨同时；甲骨的存在，若运用得适当，只能给同坑出土的实物一个最早时代的限制；至于最晚时代的限制，单靠甲骨文的联系，是不够的。”这对我们依甲骨判定遗迹的年代（或依遗迹判定甲骨的年代），很有启发。

《殷虚文字乙编》上、中、下辑 董作宾编纂。上辑一九四八年、中辑一九四九年商务印书馆出版，下辑一九五三年台湾“中央研究院”历史语言研究所出版。一九五六年科学出版社将《乙编》下辑重印。本书共著录甲骨九千一百零五号。《乙编》所收甲骨，由殷墟第十三次、第十四次、第十五次科学发掘所得一万八千四百零五片中选拓而成。书前有董作宾序。因此书所收材料和《甲编》一样为科学发掘品，故编辑体例与《甲编》相同。但正如董作宾在序中所指出的，“《乙编》所收材料，超过《甲编》的四倍以上；出土的坑位简单明晰；内容新颖而且丰富，研究的价值，也远在《甲编》之上”。参加此书编辑工作的还有屈万里、张秉权、李孝定等人。特别重要的是，《乙编》主要集中著录了第十三次发掘所得 YH127 坑的大批材料。众所周知，一九三六年 YH127 坑一万七千零九十六片甲骨的发现，是甲骨学史上的一大奇迹。关于此坑甲骨的重大学术价值，第四章第三节（下）已予叙述。此外，董作宾在本书序中提出了所谓“揭穿了文武丁时代卜辞的谜”，引起了甲骨学界一场持续多年的热烈争论。这一问题争论的进程及发展第八章第一节已经叙述。

《甲编》、《乙编》二书著录甲骨的缀合复原，先后出版的有关论著有郭若愚、曾毅公、李学勤的《殷虚文字缀合》、屈万里的《殷虚文字甲编考释》和张秉权《殷虚文字丙编》等书，详见第九章第三节。

《甲编》、《乙编》所著录的甲骨，现藏台湾的“中央研究院”历史语言研究所。该所所藏甲骨包括第一至第九次、第十三次至第十五次科学发掘所得全部二万四千九百十八片，购自王伯沆旧藏六百六十二片，购自南京四十五片，一九三八年调查所得十六片，所内人员检购五十九片等几宗，共计二万五千七百片①。

---

① 胡厚宣：《八十五年来甲骨文材料之再统计》注①。

一九三〇年河南省图书馆何日章两次发掘殷墟,共得甲骨三千六百五十六片。关百益《殷虚文字存真》八集,每集著录一百片(一九三一年)。孙海波《甲骨文录》(一九三八年)著录九百三十片。《存真》与《文录》二书没有甲骨出土编号,科学性远逊于《甲编》、《乙编》。这批甲骨共三千六百五十六片,现藏宝岛台湾的历史博物馆。此外,台湾的"中央图书馆"还藏有甲骨七百四十四片,"中央博物院"藏有甲骨七十九片,台湾大学考古人类学系藏甲骨十二片,私人收藏家庄尚严旧藏七片,金东溪旧藏四片,方豪旧藏二片(为王懿荣后人王福重所赠)。

二〇〇一年七月,原河南省图书馆一九三〇年何日章等人两次发掘甲骨,经董作宾哲裔董玉京的整理,以《河南省运台古物甲骨文专集》为书名在台湾出版,终于使学术界得见两次"争掘"所得甲骨全貌。河南省运台古物监护委员会主任于镇洲在此书"序"中说:"河南省运台古物,其中甲骨共三六四六片",已在台湾"封存四十余载(仅少数骨片曾作展览),未见天日"。委托董玉京先生"历时三年有半",终于完成。整理者董玉京在"甲骨文摹写图片"说明中指出,摹写清点甲骨原统计三千六百四十六片不确,"本次摹写完竣后,应为二六七三片,而于摹集后竟缺三五七片(正另追查中)。"本书前第一、第二、第三第四部分全为摹本(第八至一六三页)。后部为甲骨文拓片图录(第一六五至二一二页)。本书所收摹本、拓本,未与前此出版著录对重。就是本书所收拓本,也未与各摹本对重。此外在出版"覆查时已将原缺部分做出著录"(董氏"前言"),但仍有一些误摹之处。我们希望,将来能将全部甲骨墨拓出版,以提供更准确的研究资料。此外,应有人对此书进行与著录书的校重工作,以便全面掌握这批甲骨的著录情况。总之,《河南省运台文物甲骨文专集》的出版,使甲骨学界多年所关心的一九三〇年何日章两次发掘所得全部内容公诸于世,为甲骨学和商史研究增加了一批新资料。

以上是我国台湾地区公私藏家共有的甲骨三万二百零四片①。

---

① 胡厚宣:《八十五年来甲骨文材料之再统计》。

《小屯南地甲骨》上、下册　中国社会科学院考古研究所编辑。上册一、二分册中华书局于一九八〇年出版，下册一、二、三分册中华书局于一九八三年出版。上册为图版，下册为释文、索引及卜骨的钻凿形态等。此书共著录甲骨四千六百十二片（包括一九七三年小屯南地出土四千五百八十九片及一九七五年至一九七七年在小屯一带零星采集的二十三片）。上册书前有凡例、前言、图版号及拓片顺序号目录表、龟甲统计表、背文统计表（骨、龟）等。书中著录的甲骨，按一九七三年出土时的单位，如灰坑（H）、房基（F）、墓葬（M）、探方（T）等为序纂辑。《小屯南地甲骨》下册的第一分册为释文，书前亦有凡例、引书引文目录等，释文后为第一分册勘误；第二分册为索引、摹本，包括索引凡例、部首、检字表、字词索引、隶定字词表、人名索引、地名索引、摹本号登记表及摹本图版等项。第三分册为钻凿图版，书前有《小屯南地甲骨钻凿形态》、钻凿统计表、骨面钻凿统计表、钻凿摹本拓本目录表及钻凿图版（摹本图版、拓本图版）等，最后是编者所写的后记。本书的编纂有以下几个特色：

一、按出土单位著录甲骨，这在甲骨学史上第一次提供了一批可与出土地层及有关遗物互相联系起来的科学资料，从而使甲骨文分期断代研究的考古学考察有了很大进展。董作宾早在一九三三年《甲骨文断代研究例》中就提出“坑位”是分期断代标准之一。但他所谓的“坑位”，并不是指出土甲骨的考古学层位关系，而是出土甲骨的大体方位——即“区”。《甲编》、《乙编》虽然按出土顺序号著录科学发掘甲骨，但新中国成立前十五次发掘安阳殷墟的总报告迄今尚未发表，即使能据出土号将甲骨按单位集中①，此坑的层位关系以及相伴出土遗物也很难据现已发表的材料查考清楚。而《屯南》一书著录的甲骨，则可以方便地查考出土单位及该单位的科学地层、共出陶器等遗物，并据以进行分期研究。因而根据甲骨文本身的世系、称谓、贞人等项标准判断的时代，才能真正与科学地层的早晚关系，作“观其全体”的研究。特别是《屯南》上第一分册的序言，全面论证了一九

---

①　参见石璋如：《殷虚文字甲编的五种分析》。

七三年安阳小屯南地甲骨发掘及整理经过、甲骨出土情况、地层堆积与甲骨分期,并对某些甲骨的分期和一些问题进行了全面论述。此文对学术界争论不休的所谓"文武丁卜辞之谜"和"历组"卜辞的时代等问题讨论的深入,起到了推动和促进作用。特别是关于武乙、文丁卜辞的区分,比前人又有了前进。关于此,第十章第一节、第二节有详细叙述。

二、本书的释文和有关各种索引,为研究者提供了极大方便。众所周知,甲骨学者多数是据著录书中的拓本(或摹本)进行甲骨学研究的。有不少重要材料,常因拓摹不清或印制不精,关键的字往往模糊难辨,成了研究工作中的"拦路虎"。《甲编》一书,由于屈万里《甲编考释》的出版,学者在看不清拓本时,可据《甲释》对照辨明不清之处。而《乙编》一书,虽然张秉权《丙编考释》对每个缀合版都作有考释,使用时方便多了,但《乙编》仍有不少未被缀合的甲骨,模糊难辨,特别是甲骨学者常为其反面不清所苦。此外,不只训练有素的甲骨学者要利用甲骨材料,很多别的学科的学者也都在利用甲骨文材料去研究各自的学科,他们在没有释文的情况下,利用甲骨材料就更为困难。而《屯南》图版出版才仅过三年,释文就已作出并出版了。特别是还编制了各种索引,极方便各个学科的研究者查考使用,这比《甲编考释》、《丙编考释》就要略胜一筹了。我们应当感谢《屯南》一书编者所花费的巨大劳动。他们的劳动不仅有利于甲骨学研究,而且也有利于甲骨文材料的多学科利用。并且此书释文还可作为甲骨初学者的入门向导和标准教科书。

三、我们今天去古已远,甲骨的占卜和整治过程早已成了历史的遗迹。不少前辈学者据出土实物,对甲骨的钻凿制作过程和工艺进行过研究,他们的一些看法似已成不易之论。但一九七三年小屯南地甲骨的出土,使一些前人的成说受到了挑战。《屯南》一书的编者在整理甲骨实物的过程中,对卜骨上钻凿制作工艺及形制有了新的发现,从而比前辈学者的有关论断前进了一大步。关于此,第七章第二节已作全面介绍,此处从略。特别是《屯南》下第三分册卷首的《小屯南地甲骨的钻凿形态》一文,是八十多年来关于钻凿制作工艺过程最全面、系统,也是最科学的论述。

四、甲骨上钻凿形态的观察研究，是甲骨文分期断代的一个新途径。过去，学者们多注意甲骨文字的研究和社会历史内容的考证，很少有人注意甲骨背面的钻凿。因此，甲骨著录书一般只发表甲骨的有卜辞部分，而将大量无字的钻凿部分略去了。郭若愚在钻凿尚未被人注意的情况下，于一九五三年出版的《殷契拾掇》二编上刊出了一些甲骨背面钻凿拓本，并在序中指出："我觉得做学术工作是严肃的、精密的，因此亦必须是负责的，根本不能忽视一点现象，而且要立刻说明，以供大家研究。"但他没有对钻凿形态做进一步的研究。全面、系统研究甲骨上的钻凿形态并据以进行分期断代的，是一九七三年许进雄的《卜骨上的凿钻形态》（台湾艺文印书馆）及一九七九年许进雄的《甲骨上钻凿形态的研究》（台湾艺文印书馆）。此后，甲骨上的钻凿形态考察才引起甲骨学界的重视，国内也有人开始这方面的探索，发表了《甲骨的凿钻形态与分期断代研究》①。而《屯南》一书，"把凡是能看出钻凿形状的甲骨都作了统计，根据形状进行类型的划分。然后将其中钻凿较完整而清晰的甲骨作了墨拓，有的并画了图"，集中发表在《屯南》下第三分册里，提供学术界研究，这无疑将促进甲骨文分期断代研究的全面考察和探索的深入。

书中的《小屯南地甲骨的钻凿形态》一文，将一九七三年小屯南地所出甲骨的凿型分为六型（有的型内又可分为若干式），论述了凿型变化与甲骨分期断代的关系，并具体地论证了"从凿的型式上看，自组和午组甲骨是具有较多的早期特点"，这与根据地层、坑位和其他方面论证其为武丁时代是相符合的。而根据地层关系和卜辞内容对武乙、文丁卜辞的区分，也与从卜骨上凿型方面分析得出早、晚不同的结果是相合的。此文是目前国内学者关于钻凿形态与分期断代研究关系的较全面、系统的论述。

总之，《小屯南地甲骨》一书所著录的甲骨，其著录号与出土层位、钻凿形态、释文、有关索引等项浑然一体、互相呼应，给不同需要和从不同角度查找研究材料的学者提供了极大方便。而将甲骨的钻凿形态的拓本全部公布，并

①　于秀卿等著，载《古文字研究》第六辑，中华书局，一九八一年。

将凿、钻的制作工艺和钻凿的种种形态与分期断代相联系,对甲骨学断代研究的发展作出了一定的贡献。《屯南》一书比《甲编》和《乙编》两书前进了一大步。因此我们说,它是科学发掘所得甲骨的一部最科学的著录书。

《殷墟花园庄东地甲骨》一至六册 一九九一年安阳殷墟花园庄东地甲骨一千五百八十三片(其中有刻辞者六百八十九片)重大发现的消息,在一九九三年《考古》杂志第六期以《一九九一年安阳花园庄东地、南地发掘简报》为题的文中公布以后,立即引起了海内外学术界的关注。之所以如此,是因为自一九二八年殷墟科学发掘以来,这是继一九三六年 YH 127第一次集中出土甲骨一万七千零九十六片和一九七三年小屯南地第二次集中出土甲骨七千一百五十片(其中有刻辞者四千八百二十九片)以后,第三次成批出土甲骨的重大发现。特别是这次花东 H3 出土甲骨以大版和完整者居多,考古地层和出土坑位清楚,为所出甲骨的考古学考察提供了成批的新鲜资料,因而海内外学者期盼着这批材料的早日面世。经过甲骨学家刘一曼、曹定云教授十多年夜以继日的潜心整理和创造性研究,这批甲骨共 561 号以《殷墟花园庄东地甲骨》为题由云南人民出版社出版了。《花东》是第一部以甲骨拓本、摹本、照相"三位一体"出版的科学发掘所得甲骨的著录书,是百年来著录甲骨的首创。此书也是甲骨文的考古学考察和整理的最新成果,是新时期甲骨学研究的开拓性著作,它的出版推动了甲骨学研究的深入发展。

一、 科学发掘所得甲骨的第一部"三位一体"式著录

甲骨文材料的著录出版,是甲骨学研究和前进的基础。一八九九年殷墟甲骨文被王懿荣发现以后,甲骨文按斤计价的"龙骨",一跃成为计字论值的"殷人刀笔文字",使甲骨学史上的"药材时期"进入了"金石文字时期"。但由于它的珍贵,收藏家们"秘不示人",只成为少数人书斋中的"金石"藏品,因而学术界鲜有人见知,这就极大地限制了甲骨学研究的发展。直到一九〇三年第一部甲骨著录书《铁云藏龟》出版以后,才使甲骨文出走了收藏家的书斋,扩大了流传范围,成为甲骨学者容易得见的科学研究资

料，从而使甲骨学研究的开展成为可能。迄至目前，国内外公私藏家的十多万片甲骨均已著录在上百种书刊之中，以供学者研究、利用。

学者们著录甲骨的专书，有用拓本编辑成书者，如《铁云藏龟》、《殷虚书契》（即《前编》）、《殷虚书契后编》等即是；有用甲骨照相编辑成书者，如《殷虚书契精华》、《殷虚甲骨相片》等；还有用甲骨摹本编辑成书者，如《殷虚卜辞》、《新获卜辞写本》、《战后宁沪新获甲骨集》等即是。而集大成式的著录《甲骨文合集》（十三巨册）所收的四万一千九百五十六号甲骨，绝大多数是拓本，但也有个别号数为照相，并有一册全为摹本（第十三册）。这是因为原骨（或拓本）已不能找到，但卜辞内容重要，故将个别照相或存有摹本者也编入以拓本为主的《合集》（一至十二册）之后。甲骨文材料的著录，不断推动甲骨学研究的前进。特别是一九七八年《甲骨文合集》出版以后，更使甲骨学研究进了“全面深入发展”时期。

但是，不同形式出版的甲骨著录书，对甲骨学深入研究仍存在有一定的局限性。诚如胡厚宣先生所指出的：“著录甲骨，当然是以拓本为最好。但有时遇到特别纤细的笔画，就拓不出来。照片比较真实，但一些刻画的字体，就不容易看得清楚。摹写本虽然笔画容易失真，但是根据原骨摹录，字迹笔画，就比较看得清晰。三者各有短长。”（《苏德美日》，第三页）因此，为了给研究者提供更全面、准确的研究资料，董作宾当年在编纂《殷虚文字甲编》和《乙编》时，“最初的研究设计，也是要把拓本、照相、摹本三位一体，汇集在一起的。但因历经战乱，事与愿违”（《甲骨文与甲骨学》，第一一三页）而没能实现，只得权将发掘所得甲骨拓本和少量朱书文字的照相编在一起出版。虽然如此，董作宾一再呼吁并直到晚年还念念不忘“三位一体”式的甲骨著录出版（《乙编摹写本示例》，一九六一年），并得到胡厚宣、张秉权等不少老一辈甲骨学家的赞同和响应。

一些传世甲骨的著录出版，逐渐向拓本（或照相）、摹本（或片形部位释文）“二位一体”式或“三位一体”式的目标前进。日本学者松丸道雄《东京大学东洋文化研究所藏甲骨文字》（图版篇）一九八三年出版，书中将每号甲骨的照相与拓本相对应，虽然我们尚未见“本文篇”再附每号摹本出版，但“图版篇”堪称最早出版的“二位一体”式甲骨著录了。此后,一九八五年法国学者雷焕章博士出版的《法国所藏甲骨录》及其一九七七年出版的《德荷瑞比所藏一些甲骨录》,都是将每号甲骨照相和摹本互相对照编辑成书,亦可称之为“二位一体”式的甲骨著录书。此外,一九九九年齐文心等出版的《瑞典斯德哥尔摩远东古物博物馆藏甲骨文字》一书,也是将每号甲骨照相(含无骨之拓本)与摹本对照收入书中的“二位一体”式著作;一九八七年日本伊藤道治出版的《天理大学附属天理参考馆藏甲骨文字》(图版篇),是每号甲骨的照相与拓本互相对照,而“释文篇”则在每号甲骨的释文旁附有该号甲骨的摹本,以与“图版篇”的甲骨照相、拓本相勘校。因此从这个意义上说,《天理》一书,应是前辈学者“声声唤”的“三位一体”式的传世甲骨面世的第一部甲骨著录了。此外,笔者等为适应甲骨初学者和甲骨书法篆刻者需要而编纂,于二〇〇四年由云南人民出版社出版的《甲骨文精粹释译》一书,将 692 号甲骨的拓本、摹本、片形部位释文(即《丙编》所附的所谓“楷释本”)“三位一体”加以著录,并逐片、逐条作出有标点的释文、白话翻译,以为学习甲骨文和研究殷人的“刀笔”和文字布局提供一些方便,但仍不是严格意义上的拓本、照相、摹本“三位一体”式的著录。

传世十余万片甲骨,分藏世界十多个国家、地区和国内几十家公私单位和个人,如著录每一片甲骨都按“三位一体”的要求,由于各种条件的限制,已是不可能做到的了。而一九二八年以后殷墟科学发掘所得的甲骨,相对集中,且由公家收藏,对之进行“三位一体”式的著录有较为方便的条件和可能。

已如前述,董作宾曾打算把一九二八年至一九三七年殷墟十五次发掘所得甲骨“三位一体”加以著录而未能实现。但《甲编》和《乙编》仍开创了科学发掘所得甲骨著录书的新体例。《甲编》“所著录的甲骨,既不分期,也不分类,而是依照出土的先后次序排列”。此书著录甲骨号之后又注明出土登记号(标有发掘次数号、出土甲骨种类代号、出土次序号),据此,在研究甲骨的出土情形或与遗迹、遗物的关系时,就可在发掘报告的遗址部分将其查明。《乙编》的体例,基本与《甲编》相同。虽然《甲编》、《乙编》所开创的编纂体例有利于甲骨文的考古学考察，但有的拓本因文字过密或细小，且行款复杂、辞条错综，或有的拓本制作不精、印刷漫漶，给研究者审读卜辞带来了诸多困难。

前贤深解读者之苦，因而张秉权在编著《殷虚文字丙编》时，“就设法在拓本之上，加上了一层透明纸的楷释图版，并以阿拉伯数字分别辞句，再以箭头示以行款。这样，不但甲骨文字可以与现代的楷书互相印证，辞句行款也可以一目了然”。因《丙编》的“楷释图版”是在甲骨实物观察的基础上，再参考拓本上的笔迹完成的，故而有较强的科学性和准确性，从而使拓本不清的缺憾得到弥补。因此可以说，《丙编》这部“二位一体”式著作，向前辈学者所倡导的“三位一体”式的著录（更严格地说，是应加上“楷释”的“四位一体”）接近了一大步。但研究、使用时仍存有一定的不便。《丙编》的编著者说：“我们所感到最遗憾的是未能将每一片甲骨的正反两面照成相片，编成图版。也没有能将每一拓本都配上一幅摹本”。“所以拓、照、摹三者并存，可以互相对照比较，也可以互相补救阙遗，如果再加上楷书释文图版，自然更臻完善了。只可惜到目前为止，还没有这样一部完美的著作”（《甲骨文与甲骨学》，第一一三页）面世。

二○○四年出版的《殷墟花园庄东地甲骨》，就是这样一部“完美的著作”。《花东》第一、二、三分册为甲骨拓本图版、摹本图版（一至四六四），第四、五分册为照相图版（一至五四六）。图版上的每号甲骨拓本清晰，摹本准确，不仅是研究的重要参考资料，而且具有很高的“欣赏”和摩挲价值，其本身就成为值得收藏的珍品。全书所收甲骨共编为五百六十一号，每一号下都标明甲骨原出土编号。而每号甲骨所载图版，又分别编有“拓片图版”号和“摹本图版”。在第一、二、三分册中，只要把书打开，均是左边图版是拓本，右边图版是摹本，一号卜甲可以互相对照、勘校，研究、悉察十分方便；而《花东》每号甲骨照相，则集中收在第四、五分册之中。全书所收五百六十一号甲骨的彩色照相与原骨十分形似，效果极为逼真，文字刀契痕迹也很明显，便于进一步对拓本、摹本上的文字进行核校。不仅如此，凡编著者认为刻辞较为重要或特殊者，均在以比例尺标明原大的卜甲全形照相旁

(或其下),作有卜甲有关部位的局部放大照相。这样,就使研究者对卜辞文字进行微观的深入考察有了可能。因此,把甲骨局部放大照相与原骨照相放置一起著录甲骨,在百年甲骨著录史上,《花东》应是首创,从而把“三位一体”式的著录体例,向更细化方面推进了一步。

虽然《花东》每号甲骨拓本、摹本的对照十分方便,但再与收入第四、五分册的甲骨照相进行对校就略有不便。三者之所以分开,是因为出版时编辑、排版和印制技术的要求所致。此外,甲骨原形照相与局部放大照相不能分开而编在同一页图版之上,如果再与拓本图版、摹本图版编在一起,反倒成了不便对照的单页,因此,索性将全部甲骨相片集中在第四、五分册之中,以便于阅读。《花东》的编著者早已察觉这一问题,故在第一分册中列有《甲骨顺序号、图版号目录表》,表中列出“顺序号”、“原编号”(即出土编号)、“拓本图版号”、“摹本图版号”、“照片图版号”等项内容,从而使读者查找材料时,在观察拓本、摹本后,如需核校照片,一查此表的照片图版号,就可在第四、五分册相关号的图版上把照片翻出,且还有局部放大照相供仔细揣摩。这极大地方便了读者的研究工作。

因此,《花东》是百年甲骨著录史上第一部科学发掘所得甲骨“三位一体”式的著录书,特别是它又收入了甲骨局部放大照相,把前辈学者倡导的编纂“最完美”的甲骨著录体例推进了一大步,成为此后科学著录甲骨的范例。

二、《花东》是考古学方法整理甲骨材料的新成果

一九二八年开始的殷墟科学发掘甲骨文和一九三三年董作宾先生的《甲骨文断代研究例》的发表,“把甲骨学研究纳入了历史考古学范畴,从而使甲骨学由金石学的附庸,成为中国考古学的一门分支学科”①。因此,科学发掘所得甲骨文的整理、著录,已不能再沿袭传统金石文字著录的方法仅将拓本分类编纂成书。虽然《甲编》、《乙编》的编纂体例突破了传统金石学著录的局限,即“如果从考古学的眼光看法,就和以前的甲骨文字书籍大

① 张岂之主编:《中国近代史学学术史》,第五一四页,中国社会科学出版社,一九九六年。

大的不同了。它们每一片都有它们的出土小史，它们的环境和一切情形都是很清楚的”(《甲编》自序)。但是，由于殷墟发掘总报告尚未出版，加上此前发表的有关材料较为零碎，而且出土器物与地层往往互相脱离，因而利用《甲编》、《乙编》进行甲骨文的考古学考察十分困难。

随着新中国考古学研究的发展，一九七三年小屯南地出土甲骨整理和著录《小屯南地甲骨》，就比《甲》、《乙》二编要前进了一步。该书按出土单位著录甲骨，这在甲骨学史上第一次为学界提供了一批可与出土地层及有关遗物联系起来的科学著录，全书的释文和有关各种索引，为研究者提供了极大方便。此外，甲骨上凿、钻形态的研究和整理，特别是“六型”的划分并把墨拓集中在《屯南》下册中公布，为从新的角度进行甲骨断代研究提供了一批重要资料，被誉为当时著录科学发掘所得甲骨的一部最科学的著录书。而二〇〇四年出版的《殷墟花园庄东地甲骨》，在用考古学方法整理甲骨方面，又较《屯南》前进了一步。这就是：

(一) 考古地层学的依据。《花东》和《屯南》一样，在第一分册《前言》中把一九九一年 H3 甲骨出土经过和 H3 坑所在探方(T4、T5)的地层关系及地层包含陶器明确地提供给研究者。特别是揭取甲骨时，“由于甲骨堆积较厚，我们是逐层清理，每剔剥出一层，先照相、绘图，然后按其叠压的先后，一片片编号取出，共画了十六张图”。《花东》所公布的这十六张图非常重要，是进一步研究每片甲骨分布及相互关系、与无字甲骨的关系的依据。不仅如此，研究者还可据这些图片将书中所收甲骨再复原为甲骨堆积 H3 的原状，因而使我们对 H3 所出甲骨“的环境和一切情形都是很清楚的”了。这不仅对 H3 坑时代的判定提供了科学依据，而且还可对 H3 坑堆积甲骨的每层甲骨发生细微变化与否作深入观察提供了可能。

(二) 考古类型学方法的全面运用。甲骨学者依据考古类型学的原理，对甲骨文字进行类型学分析。“由于字体变化比较快而且呈现出一定的阶段性，所以从型式学观点看来，无疑是分类的最好标准”。①从而提出了殷墟

① 林沄：《小屯南地甲骨发掘与殷墟甲骨断代》。

甲骨文字演进的“两系说”，并推动了甲骨断代研究的深入和发展。而《花东》一书，则是用考古类型学整理H3坑甲骨取得全面发展的典范。

《花东》在《前言》中，根据考古类型学原理整理甲骨文字的成果，专论“H3甲骨刻辞的特点”，并列有《常用字字形表》以供分析、比较。此外，还从文字类型学的角度，比较了表中所列32个字形与宾组、自组、午组、子组、无名组、“历组一类”、“历组二类”和黄组卜辞的相似之处。在深入分析了H3的八例文字特有写法后，论断其“表现出更多的原始性”。特别值得注意的是，《前言》指出：“过去学术界公认的晚期字形”，在《花东》H3卜辞中，却“比比皆是”的。指出：“随着新资料的不断出土，过去对甲骨文断代的一些传统看法有的应予修正”①。这预示着传统的分期断代方案，将面临着再认识的挑战。

不仅如此，《花东》还对H3卜辞的文例进行了全面分析并总结出其有显著的特点，列有“表二”（H3龟甲行款形式表），以十七种类型概括之。事实表明，《花东》H3的卜甲、卜骨刻辞行款走向及分布规律，并不尽与甲骨学奠基人董作宾先生所总结的规律相同。其原因，可能是时代较早的反映，这就把学者们所宗信的甲骨行款及分布的传统认识向前推进了。

近年来，“学者们还从断代研究中被遗忘的角落——钻凿形态方面进行了整理，可以说是另辟蹊径，从而实现了对甲骨文分期断代全方位研究”②，并取得很大成绩。《屯南》下册第三分册所收甲骨凿、钻线图、拓片总计四百二十一版，这是甲骨学史上第一部与甲骨文字一起，全面著录甲骨背面钻凿形态的著作。《花东》一书，也十分注意对H3卜甲和卜骨上钻凿形态的整理、研究工作，并又有所深化。根据对卜甲上凿、钻形态的考古类型学考察，《花东》将全部卜甲上的凿共分四型，即尖头弧形凿、尖头长形凿、圆头弧形凿、圆头长形凿。每一型又根据凿之长短分若干式，并列有“表一”（钻凿形态表）以供研究者查考。书中自第一七七七至一八四〇页刊有“钻凿图版”六十四幅（其中三十五版为整龟卜甲反面钻凿拓本，二十

① 《殷墟花园庄东地甲骨》第二十页。

② 王宇信、杨升南等：《甲骨学一百年》第一八六页。

五幅为整龟卜甲反面照相)，为研究者提供了一批新标本。

如所周知，一九七三年小屯南地所出甲骨，多为卜骨而鲜见卜龟，因而学者们在研究时，还存有卜甲上凿钻形态及其规律是否与卜骨一致的疑虑。而一九九一年花园庄东地所出甲骨，恰与小屯南地相反，即多为卜龟而鲜见卜骨(仅有五版)。因此，《花东》与《屯南》互为补充，为卜骨和卜甲反面的凿钻形态规律的研究提供了全面的资料。《花东》卜甲反面凿、钻的制作工艺(除了质料龟、骨不一)基本与《屯南》相同。卜甲在制作时，先是将甲骨反面削平，有的还经过掏挖，例如 281(H3:844)；但大多数不掏挖，如 280(H3:840 + 859)、284(H3:855 + 1612)。经掏挖后，再在其反面施凿钻。根据观察，所有的凿均为轮开槽，其凿底呈弧形状，凿旁之钻也都是轮开槽；“有的钻再加工，用刀扩其边缘”，有的则不加工，钻则是一小的弧形凿。《屯南》据卜骨总结出的商代凿钻制作工艺及形态规律，在《花东》卜龟上得到了印证。与此同时，再一次通过发掘所得实物的研究，否定了传统的认识，即甲骨上的“凿”是凿子凿成，而“钻”是钻子钻就的看法。

不仅如此，《花东》对此前学者所忽略的卜甲中一个较为特殊部位——甲桥单独进行了研究，以探索其中奥秘。这是整理甲骨开拓性的工作。《花东》把 H3 所出甲桥分为 A、B、C 三型，每型下又分若干式，并列有各种型式甲桥图以明之。《花东》在对 H3 坑所出甲桥较完整的三百八十五片卜龟进行全面整理的基础上，列有“表二”(甲桥型式统计表)，统计有各种型式甲桥出土数量、各式所占百分比及各型所占百分比等项。在各式甲桥中，以 A4 式数量最多，占 27.7%。这表明，H3 卜甲甲桥型式中，以宽肩甲桥为多。而在各型甲桥中，以 A 型甲桥为多，占 47.7%，几近一半。其次是 C 型和 B 型。《花东》还对甲桥上的钻凿形态作了开创性的研究，“在攻治凿钻时，或不施凿；或施凿，但小而浅”。甲桥上的凿，以 I_D 型凿最多，约占全部卜甲甲桥的一半；Ⅲ型凿次之，Ⅱ型凿最少；甲桥上无凿者占有相当的比例，约占全部卜甲甲桥的四分之一。并指出其原因：“甲桥上不施凿与甲桥大小有一定关系”①。

---

① 《殷墟花园庄东地甲骨》第一七七一页。

如此等等。《花东》对甲骨凿钻形态及制作的类型学分析,从卜甲反面的整理扩大到甲桥,不仅第一次使甲桥形态从型式上有了科学的分类,而且还进行量化统计与分析,从而也第一次为学者提供了集中出土卜甲甲桥的科学数据。《花东》的甲骨整理"扩大"到甲桥,这和著录甲骨由原骨照相旁及局部放大照相一样,较之《屯南》对甲骨反面的考古学整理又上了一个层次。

三、 甲骨学研究的新成果

《花东》这一部"三位一体"式的甲骨著录,不仅把一九九一年发现的成批甲骨材料完整、准确地提供给学术界,其包容的巨大信息量对甲骨学研究的发展产生深远的影响,而且这部书以它的《序言》、《释文》、《甲骨钻凿形态研究》等项站在学科研究前沿的成果,堪称嘉惠学林的一部力作。

《花东》的全部五百六十一号甲骨以拓本、摹本、照相为依据,因而准确、可信,反映了当前文字考释的新水平。在对每号甲骨进行释文研究的工作中,前人未释的文字,能隶定者则进行隶定,不能隶定者,则按原形加以摹画,留俟贤哲的发现和发明,这反映了编著者"缺疑待问"的科学态度和实事求是的精神。同时,《花东》的编著者还对某些学术界有争议的字及部分新发现的字,作了简要的考释。因此,时见于每号下的考释,是作者文字研究的最新成果,对从事甲骨文字研究的学者颇有启发意义。此外,《花东》一书将释文与甲骨材料同时推出,改变了已往著录甲骨先行面世,释文"留俟后日"——往往是遥遥无期的"半部书"状况,因而满足了多学科学者利用这批新材料发掘中国古代优秀文明的亟需。从这个意义上说,《花东》的释文,是当前甲骨文字考释的重要著作。

一八九九年殷墟甲骨文发现以来,学者们长期坚信其都是殷王室的占卜记事文字,即"王卜辞"。直到上世纪二三十年代,才有日本学者提出甲骨文中的"子卜贞"卜辞不是"王卜辞"的意见①。此后,董作宾、陈梦家、李

① 贝塚茂树《论殷代金文中所见图象文字》,《东方学报》第九号,一九三八年。

学勤、林沄等学者们对其性质、时代等诸多问题展开了长期的讨论，并逐步取得在殷墟甲骨中，与“王卜辞”一起，确实存有部分“非王卜辞”的共识。《花东》编著者根据自己对甲骨实物的深入观察、研究，对此发表了较为系统的意见，即“武丁时代的宾组、自组卜辞，祖庚、祖甲时代的出组卜辞，廪辛时代的何组卜辞，康丁、武乙时代的无名组卜辞，武乙、文丁时代的历组卜辞，文丁、帝乙、帝辛时代的黄组卜辞都是王卜辞”。而“武丁时代的午组卜辞、子组卜辞、非王无名组卜辞，以及一九七一年小屯南地所出的十片牛胛骨刻辞，都是非王卜辞”。并特别强调，“非王卜辞的情况也不完全相同：有的属于王室成员；有的虽不属王室成员，但与王室同宗，有密切的血缘关系；有的则可能属于商族之外的他族。总之，要具体情况具体分析，不能一概论之”①。多年从事殷墟科学发掘甲骨文的编著者的深刻认识，颇值得没有参加过田野考古工作的甲骨学者重视。

《花东》的编著者，依据H3坑甲骨堆积的地层及伴出遗物、甲骨文的字体与文例、甲骨的凿钻形态等方面考古学的考察，论证了H3坑甲骨的时代当属于殷墟一期晚段，其历史年代，大致相当于武丁早期。并从H3坑甲骨占卜主体“子”的称谓系统分析，表明他与YH 127坑“子组卜辞”的子不是同一个人。又通过对H3坑甲骨中所出现的七八十名人物中，时见于武丁宾组、自组、子组、非王无名组中十一位人名的比较分析，得出了H3卜辞时代最迟不会晚于武丁时期的看法。《花东》还通过见于H3坑卜辞中的“妇好”、“子戠”与宾组卜辞中的同人进行具体、细致的比较分析，进一步得出了花东H3子卜辞的年代应为武丁前期。这一结论，与H3坑所处的地层关系和共存陶器也基本吻合。时代明确的花东H3坑子卜辞的论定，为学术界讨论多年的“非王卜辞”年代及性质增加了新证据。

商代家族形态的研究，是深入研究商代社会结构的关键和甲骨学术界的热门课题。自一九九三年花园东地甲骨发现的消息公布以后，不少学者把研究的目光转到了这批甲骨上。而一九九八年刘一曼《殷墟花园庄东地

---

① 《殷墟花园庄东地甲骨》第二十六页。

甲骨坑的发现及主要收获》(《甲骨文发现一百周年学术研讨会论文集》)公布了八版刻辞和一九九九年刘一曼、曹定云《殷墟花园庄东地甲骨卜辞选释与初步研究》(《考古学报》,一九九九年,第三期)公布了二十三版刻辞以后,虽然H3坑甲骨尚未全部面世,不少海内外学者就开始探索与研究了。诸如对刘、曹二教授在《殷墟花园庄东地甲骨卜辞选释与初步研究》中论定的H3坑"卜辞主人与殷王同源于祖乙,可能是沃甲之后"的论断,(按:沃甲即甲骨文中的羌甲)展开了针锋相对的争论。参加讨论的文章有赵诚《羌甲研究》(《揖芬集》,二〇〇二年)、刘源《花园庄卜辞有关祭祀的两个问题》(《揖芬集》)等。台湾学者朱岐祥也曾几次撰文对花园庄东地甲骨卜辞进行了考证。刘源不赞成刘一曼、曹定云关于H3卜辞辞主的意见,指出"H3卜辞最常见的祖乙、祖甲不会是王卜辞中的祖乙和羌甲。我们发现祭祀祖甲的时间一般要比祭祀祖乙早一日。这有悖于商王祭祖的常规:如果祖甲是羌甲的话,祭祀祖乙应当在他之前"。刘源的意见受到甲骨学家杨升南的赞同,杨氏在《殷虚花园庄东H3卜辞"子"的主人是武丁太子孝己》(《(二〇〇四)安阳中国殷商文明国际学术研讨会论文集》)一文中别开蹊径,认为该坑不祭祀"父"辈,是一个十分值得重视的现象,指出这是因为"子"的父亲还没有死去。杨文用大量的证据多角度论证了这个"子"应是武丁太子孝己。因此,花东H3卜辞的"子",究竟是羌甲之后,还是商王武丁的亲子孝己,学界尚无定论。

《花东》一书的出版,为"子"身份问题的研究,提供了更为完备的资料,《花东》的《前言》,本身就是一篇全面论述H3卜辞占卜主体、"子"的身份及在商王朝所处地位研究的最新成果。作者在《殷墟花园庄东地甲骨卜辞选释与初步研究》的基础上,又从九个方面作了深入讨论,发现"H3卜辞祭祀的男性祖先最多的是祖乙和沃甲(H3中的祖甲),祭祀女性祖先最多的是妣庚,此妣庚多为祖乙之配与沃甲之配(三妣庚)"。并重申"H3卜辞主人与殷时王同源于祖乙,可能是沃甲之后,故H3卜辞自然是'非王卜辞'"。在花东H3卜辞占卜主体"子"的身份确定之后,《前言》又从"子"主持祭祀、作占辞、与妇好的关系、有呼令他们的权力、拥有相当规模的占卜机关等六个方面对"子"在商王朝所处的地位进行了分析,得出"H3卜辞的主人'子'是一位地位很高、权力很大的人物。他不仅是族长，可能是沃甲之后这一支的宗子，而且又是朝中重臣”。“其地位远在目前所知其他非王卜辞主人之上”①。

《花东》是甲骨文字考释和非王卜辞及断代研究的最新成果，其中对H3卜辞占卜主体“子”的时代、身份地位的讨论，为商代家族形态和社会结构的深入探索作了重要贡献。

综上所述，《殷墟花园庄东地甲骨》是对甲骨文进行考古学考察、整理并有所拓展的结集，是百多年甲骨著录史上第一部以“三位一体”式体例著录科学发掘所得甲骨的典范。书中所提供的花东H3甲骨坑全面、准确、完整的科学信息和编著者颇富启示意义的创见，将推动今后甲骨文分期断代、非王卜辞和商代社会结构及家族形态研究的深入。因此，《花东》一书，将在甲骨学史上占有重要地位。

据悉，二〇〇二年殷墟小屯南发掘的一批甲骨近四百片，有刻辞者二百二十八片（卜甲一百零六片，卜骨一百二十二片）正在抓紧整理中，可望不久将由云南人民出版社出版②。

第五节　集大成的著录——《甲骨文合集》及其编纂

自一九七八年起，由郭沫若主编、胡厚宣总编辑的《甲骨文合集》由中华书局陆续出版，至一九八二年全部十三巨册出齐。这部集大成式的甲骨著录的出版，是新中国成立以来学者全面集中、整理、刊布甲骨文材料所取得的丰硕成果。此书出版后，被誉为古籍整理工作的最大收获，受到了国家的多次表彰和奖励③。

---

① 《殷墟花园庄东地甲骨》第三十二页。

② 《安阳殷墟新出土甲骨六〇〇余片》，《中国文物报》，二〇〇二年十月二五日。

③ 柯办：《郭沫若〈甲骨文合集〉获奖》，《北京晚报》，一九八三年二月十九日。此外，《甲骨文合集》又获“吴玉章奖金”历史学特等奖人民币五千元。见周建明：《“吴玉章奖金”首次评奖》，《人民日报》，一九八七年，十月十日（第三版）。及全国图书出版“特别奖”、中国社会科学院著作奖等等。

《甲骨文合集》一书,共著录甲骨四万一千九百五十六号。所收甲骨,先行分期,每期内再按内容做分类处理。书前有我国著名史学家尹达的前言和总编辑胡厚宣先生的序。扉页上列有《甲骨文合集》工作组成员的名单:

组长　胡厚宣

编辑　(以姓氏笔画为序)

王宇信　王贵民　牛继斌　孟世凯

胡厚宣　桂琼英　常玉芝　张永山

彭邦炯　杨升南　齐文心　肖良琼

应永深　谢　济　罗　琨

以上学者为编辑这部大型的甲骨资料汇编付出了巨大劳动。在编辑过程中,就有人为此耗尽心力而逝世。在此书出版后出版后二十六年的今天,又有几位学者驾鹤西归。但他们的贡献精神和学术成果却永远留在人间,值得我们永远尊敬与怀念。

《甲骨文合集》甲骨分期的处理"暂时仍采用董作宾先生五期分类的学说。只是董先生认为是第四期的所谓'文武丁时代之谜'的卜辞,我们认为应该属于早期,但早到什么时候,学术界仍有不同意见,所以我们把它们集中附在武丁期后边,以供学者进行讨论研究"①。对此,严一萍在《商周甲骨文总集》序中指出:"在十万片甲骨中理出为'武丁时期附'的一部分,是要有'观其全体'的甲骨研究工夫,决不是随便'剪剪贴贴'可以做到的",这对甲骨文分期断代研究的深入很有意义。《甲骨文合集》全书共五二四一页,十三个分册中,第一册至第六册为第一期,第七册为"附第一期",第八册为第二期,第九册至第十一册为第三期和第四期,第十二册为第五期,第十三册为摹本(各期均有)。

《甲骨文合集》的分期处理,仍有不少不足之处。诸如本书的"附第一期"甲组和第一期都有"王贞"卜辞。虽然根据两者特点判断,基本上可以

① 胡厚宣:《〈甲骨文合集〉序》。

分清，但仍有一些交叉；也有的与第四期少数卜辞交叉。期与期之间有某些过渡现象，但应根据主要的特征将其全部归入所应属的期别。第三、四期也有一些甲骨很难确指，但根据近人研究成果也做了分期，这对那些无称谓仅据字体分期的甲骨，就可能有不准确之处①。

每期之内，再按卜辞内容分为四大类二十二小类。四大类为：一，阶级和国家。二，社会生产。三，科学文化。四，其它。二十二小类是：一，奴隶和平民。二，奴隶主贵族。三，官吏。四，军队、刑罚。五，战争。六，方域。七，贡纳。八，农业。九，渔猎、畜牧。十，手工业。十一，商业、交通。十二，天文、历法。十三，气象。十四，建筑。十五，疾病。十六，生育。十七，鬼神崇拜。十八，祭祀。十九，吉凶梦幻。二十，卜法。二十一，文字。二十二，其它。书中入录的许多版大骨，往往有各种不同内容的卜辞杂置其间，只从其一类入录当然是不全面的，但也只能采取根据主要内容处理的变通办法。全部内容的分门别类的科学分类，只有将来作事类索引时解决了。

《甲骨文合集》一书的图版出版之后，还要继续出版材料来源表、释文、选本及续集等。此外，还要出版几种《甲骨文合集丛刊》。每册释文完成初稿后，又经王宇信、杨升南总审毕。虽然出版时有某些困难，但《甲骨文合集释文》终于在一九九九年由中国社会科学出版社出版。《甲骨文合集选本》正在编选中。其他各项目，如《甲骨文合集来源表》等，也经积极筹备后，于一九九九年由中国社会科学出版社出版。

《甲骨文合集》一书的编纂和出版，是我国科学研究事业发展的需要。首先，随着八十多年来甲骨学研究的发展，甲骨文中记载的商代社会历史文化资料对研究我国古代优秀文明愈益重要。且不说甲骨学者、历史学者和考古学者需要利用甲骨文材料进行自己的研究，就是语言学家，以及古代医学史、农学史、天文学史以及生物学史等等方面的专家，也都需要从我国这一最古老而有系统的记载里去“溯本求源”，进行自己的研究。正如李

① 参见《〈甲骨文合集〉编辑凡例》，第二页。

学勤先生为拙著《建国以来甲骨文研究》一书所写的序中说的:“甲骨学发展到现在,已经是一门比较成熟的学科,积累了大量的材料和文献,有自己的研究范围和课题。谁要研究中国古代的历史文化,就必须对甲骨学有一定的知识。”甲骨学已成为一门与多种学科有着密切联系的学科①。编辑《甲骨文合集》,将八十多年来出土的甲骨资料尽可能完整地提供给学术界,以供进行多学科研究,充分发掘我国历史上的文化珍品,是非常必要的。

其次,自一九〇三年第一部甲骨著录书《铁云藏龟》出版以后,到《甲骨文合集》一九七八年出版以前,“著录甲骨文的书刊,单是专著,就有八十多种,论文五十多种,再加上有关参考的重出著录,也有五十多种,共有一百八十多种,著录甲骨,将近十万来片”②,对甲骨材料的公布和科学研究起了重大作用。但是,有不少著作,特别是早年出版的一些重要甲骨著录,出版时间早,印数少(三至五百部),还有不少是在国外出版,传入国内为数不多,本身就已成了珍本。一些书出版以后,“时一过往,难以寻觅。至于报刊论文发表的材料,不是印刷不清,就是缩小比例,搜集使用,就更不方便”。这种种情况,给研究者利用甲骨文材料带来了很大困难。许多大学或科学研究机构,所藏甲骨书籍稀如凤毛麟角,而重印各种著录,已不可能。为适应研究的需要,也急需出版一本资料齐备的《甲骨文合集》。

其三,学术界在使用已往出版的著录材料时感到很不方便。以往的一些甲骨著录书,或印刷不精,文字模糊难辨;或摹写失真,字体常有错误;有的为了分类,削足适履地将拓本分条剪割;有的墨本不全,只拓印了有字的部分,很难看出原骨的全貌;也有的将一骨的正反分开,俨如二骨,或再将骨臼另外排列。各书著录的甲骨,往往互相重复,材料庞芜。因此,对已著录的甲骨,进行一次全面的科学整理,出版一部科学性强的《甲骨文合集》,是甲骨学以及其他学科发展的非常迫切的需要。

---

① 有关甲骨学与其他各学科的关系及重要性,参看本书第一章的第三节;及拙著《建国以来甲骨文研究》的第六章,中国社会科学出版社,一九八一年。

② 胡厚宣:《〈甲骨文合集〉序》。

其四,虽然历年出版的各种甲骨著录已刊布了近十万片甲骨,但分藏于中国大陆二十五个省市自治区、四十个城市、九十五个机关单位、四十四个私人藏家的九万多片,中国台湾、香港地区的三万多片,日、英、加、美等十二个国家的二万多片,这总计十五万片甲骨中,还有不少未被著录过。而且各单位还收藏有不少甲骨拓本,仅国内就有二百七十余种,近二十万片之多。有的拓本,不但没有见诸著录,连原骨的下落也不可得知了。胡厚宣在《甲骨文合集》序中说:“有的都还是一些很重要的材料。这些材料,在单位里,一般都被列为珍品或善本,没有经过拓印和整理,更是不好使用的。”尽可能地将那些尚未著录的材料公布,也是编纂《甲骨文合集》的目的之一。

编纂一部大型的甲骨资料总集不仅有以上种种必要性,而且也具备了编成的各种条件。一百几十种甲骨著录书,可以千方百计地从国内外购置到。国内外公私所藏甲骨或拓本,通过多年的寻访,已基本掌握其线索。特别是国内公私藏家的甲骨实物,胡厚宣先生早在日本投降以后和新中国成立初期就两次专意访求,可以说甲骨文出土以后直到现在的藏家,胡厚宣先生一桩桩、一件件都早已了如指掌,烂熟于胸。这为大规模地集中材料,提供了有利条件。

不少学者,如董作宾等人,早就有志于出版一部甲骨文总集。但限于种种条件,没有哪个个人能完成这样一部前无古人的著作。一九五六年国家制定十二年科学研究远景规划,提出落实编纂《甲骨文合集》这一大型科研项目。其后虽经过不少风风雨雨,时停时作,历二十多次春华秋实,终于在一九七八年编纂完成,并至一九八二年全部出版。

由于甲骨文出土八十多年来,“这批研究商代社会历史的极为珍贵的史料,长期处于分散状态,未能充分发挥其应有作用”①,所以在编纂《甲骨文合集》时,第一步工作就是将甲骨文材料集中。首先是把一百八十多种甲骨著录搜集齐备,并注明书名、片号,然后剪下制成卡片。与此同时,进

① 尹达:《〈甲骨文合集〉前言》,中华书局,一九八二年。

行了校重、缀合、辨伪及同文集中等科学整理。其次是广泛调查分散在全国各地的甲骨实物或拓本,如片数不多,便随时施拓或照相。如实物较多,则组织编辑组工作人员分期分批去各地集中墨拓。流散到国外的甲骨材料,也想尽办法搜集齐全。这些甲骨实物拓本和照片(包括摹本)搜集齐全以后,再将它们与著录过的材料相勘校。已著录但拓本不清的,都尽可能用原骨新拓本(或清楚的拓本照相)换下。用摹本著录的甲骨,有拓本的一律换用拓本。著录时把一骨的正、反、臼分开的,一律根据实物拓本将其集中在一起,作为一号处理。最后,再把这些著录过的材料和没著录过的材料,合在一起,进行校重、缀合和集中同文的一系列科学整理工作。

至今已出土的十五万片甲骨文,有的字数极少,且于研究无大意义;有的字迹模糊,研究时无法利用。《甲骨文合集》,既不是一本有片必录的"全集",也不是一部只择其要者的"选本"。它应是一部基本上能囊括十五万片甲骨中对商代历史文化有研究价值的甲骨材料总集。因而在录入甲骨时,还须经过一番"去粗取精,去伪存真"的选片整理工作。编纂的原则是,"凡是大片字多的当然入选。其有常见的辞句,但卜辞齐全或比较齐全的,亦予以选收。其辞句或文字常见,又残缺过甚者,则不予入选"①。这样,《甲骨文合集》一书共著录了四万一千九百五十六号甲骨,约占全部十五万片甲骨的四分之一强。可以说,凡是有研究价值的材料,都已收入《甲骨文合集》之中了。有关《甲骨文合集》一书的校重、缀合、辨伪等科学整理工作所取得的超过前人的成就,第十一章第一、二、三节有关部分已作介绍。

总之,"这样规模的较全面的学术资料工作,决非个人或少数人所能为力的"。"若不是我们这样一个社会主义的国家,没有党的正确领导,像这样一项大型的工作,无论如何是作不成的"②。

《甲骨文合集》一书的出版,是对自甲骨文一八九九年发现以来的八十多年来殷墟出土甲骨文的一个总结。虽然尚有一些传世的甲骨,诸如加拿大《怀特氏等收藏甲骨文集》和日本《东京大学东洋文化研究所藏甲骨文

① 尹达:《〈甲骨文合集〉前言》。

② 胡厚宣:《〈甲骨文合集〉序》。

字》等没有来得及收入，但《合集》与以上两书和《小屯南地甲骨》等书一起，为学术界提供了极为齐备的殷墟甲骨资料。从此，改变了甲骨学和商史研究资料匮乏的局面，大大地促进了多种学科，特别是甲骨学和殷商史、考古学的发展。

在《甲骨文合集》编辑、出版过程中，也训练和培养了一支整理、研究甲骨文的队伍。参加《合集》一书编辑工作组的不少工作人员，当时还相当年青，多数并没有学习过古文字学，对甲骨文是相当陌生的。在他们“进入这一工作的初期，曾感到烦琐，但工作进行到一定阶段时，就认识到它的每个环节都具有一定的学术性质，必须逐步掌握古史、考古、古文字等各个方面必要的知识，才能处理手头的资料”。他们从工作中认真学习，全面地检视了甲骨文字资料，从而取得了比较系统的认识。由于接触了大量资料，也发现了其中的某些问题。在编纂《合集》的同时，不少同志还选了专题，进行了必要的探索，写出了论文。如今，这些当时的青年人，都已临近或过了“古稀”之年。他们不仅成了训练有素的整理甲骨文资料的行家里手，而且已经成为著述颇丰的甲骨学专家。不少人至今仍豪情不减，继续在甲骨学的园地上笔耕不辍，时有新作问世。

此外，《甲骨文合集》一书的出版，“不仅仅为古代社会研究提供了一部丰富的‘资料汇编’，更重要的是反映着社会主义的学风”。这就是把一大批经过科学整理的甲骨资料集中并公布，“使之成为学术工作者的共同财富”①。

第六节　甲骨学史上里程碑式著作：《甲骨文合集》

一九八二年十二月，中国社会科学院由郭沫若主编、胡厚宣总编辑，王宇信、王贵民、牛继斌、孟世凯、胡厚宣、桂琼英、常玉芝、张永山、彭邦炯、杨升南、齐文心、肖良琼、应永深、谢济、罗琨等学者（按《合集》扉页排序）参加

---

① 尹达：《〈甲骨文合集〉前言》。

编纂的《甲骨文合集》十三巨册,收录甲骨四万一千九百五十六片的煌煌大书出齐不久,就受到院长胡乔木等领导同志和海内外学术界的广泛关注。国务院古籍整理小组领导李一氓盛赞此书为“建国以来古籍整理的最大成就”。《甲骨文合集》陆续荣获古籍整理奖、吴玉章奖、国家图书奖特别奖、中国社会科学院著作奖等国家和部委级最高奖项,被誉为甲骨学发展史上的里程碑式著作。

一、 集八十多年来出土甲骨文之大成

一八九九年甲骨文被王懿荣发现以后,一九〇三年第一部著录《铁云藏龟》才将之公诸于世,成为学者的研究资料。此后,随着甲骨文出土的不断增多和陆续著录公布,至《甲骨文合集》出版以前,已有著录达百种之多。

甲骨文是三千多年前商朝遗留下来的我国最早有系统的文字,是商朝历史和文化的百科全书,它证明了《史记·殷本纪》等古文献记载的商代历史并非空穴来风,因而纠正了历史学界“疑古过头”的偏差,使“东周以上无古史”的历史虚无主义销声匿迹。所以,甲骨文的发现,不啻是发现了一个商朝奴隶社会,并把中国有确切文字记载的信史上提了一千多年。

虽然学者们依据甲骨文研究古代文明取得了不小成绩,但种种不便限制了研究的更大发展:一是材料难见。尽管八十年来出版了上百种著录,但早年出版者不仅印数少,且经世事沧桑,存世稀如凤毛麟角,加之不少是在海外出版,流入国内不多,这些著录本身就成了各大图书馆的“珍本”、“善本”而特藏,一般研究者已很难“谋面”。二是早年著录材料不全或不精。有的著录,或将拓本加以剪裁,使本来一版完整甲骨“体无完肤”,而不能“从整体上”认识各辞之间的关系及占卜规律;或将拓本“涂脂抹粉”,因而失去了真实性;或同片在同书或他书中重复出现,因而造成材料的庞芜;或拓摹不精,加之印刷制版不良,往往刊出的拓片“玄冥”模糊,特别是关键字令人颇费斟酌。三是尚有一些公私藏家的甲骨并未著录,仍有一些珍贵资料有待“再发掘”。四是海外新公布的甲骨材料,不能进入紧锁的国门,需要想方设法加以搜集。

如此等等。为了充分利用这批弥足珍贵的从未经后人窜改过的殷人第一手史料，以供语言学、汉语史、古文字、考古学、商代历史文化、古代科技史等方面学者研究的急需，中国社会科学院历史所将编纂《甲骨文合集》列入了国家科学十二年远景规划，并成立了以郭沫若等著名专家组成的编委会，而工作自一九五九年由胡厚宣教授领导一些年轻人具体实施。其间，经一九六四年“四清运动”和一九六六年“文革”的几度停顿，直到一九七三年五月，在郭沫若的过问下，编纂工作才逐渐转入正规。特别是胡乔木坚决贯彻中央提出的“必须保证六分之五”的研究时间以后，学者们在前一段完成的通校各书重片的基础上，又转战各地，完成墨拓和收集甲骨的工作，并进行选择精片、辨伪、缀合和分期分类的大量繁琐的工作，终于从十五万片甲骨中精选出四万一千九百五十六片甲骨，陆续编成十三巨册，并在一九七八年至一九八二年十二月全部出齐。

在《甲骨文合集》的编辑过程中，不少单位主动提供甲骨线索，并无私地把自己珍藏的材料贡献出来。总编辑胡厚宣先生无比感动地说，《合集》是“全国各方面热情协作的产物，是全国各单位专家支持的成果，是我们编辑组全体同志长年劳动的结晶”。虽然也有不少海内外学者立有编纂《合集》的宏愿，但“决非个人或少数人所能为力的”。“若不是我们这样一个社会主义的国家，没有党的正确领导，像这样一项大型工作，无论如何是作不成的”。

二、 新时期甲骨学发展的里程碑

百年来，经过海内外几代学者的努力，甲骨学研究经历了发展历程的“草创时期”、“发展时期”和“深入发展时期”，取得了辉煌成就，成为一门国际性显学。

而一九七八年《甲骨文合集》出版以后，使研究资料匮乏的局面得到了彻底改变，从而使不少有志于探索中国古代文明的学人挑战号称“绝学”的甲骨文研究，这就把一九七八年以后的研究推进到“全面深入发展阶段”，使研究在广度和深度方面超过了以前的几个时期。这表现在：

(一) 在《甲骨文合集》集中、整理和刊布材料的基础上,甲骨著录又有新的收获。这就是一九九九年《甲骨文合集补编》和《来源表》的出版。《补编》不仅把新材料和遗漏的重要甲骨公布,还把历年新出西周甲骨汇集刊出。而《来源表》则全面提供了《合集》所收各片著录和现藏的信息;与此同时,《小屯南地甲骨》、《花园庄东地甲骨》又把一九七三年、一九九一年考古发掘所得甲骨公布,这为研究者提供了较全的传世甲骨和最新出土甲骨材料,便于学者研究探索。

(二) 在文字考释方面涌现了一批论文和专著。裘锡圭的《古文字论集》多有发现。于省吾主编的《甲骨文字诂林》和日本松丸道雄等的《甲骨文字字释综览》则是几十年海内外学者考释文字的集成。

(三) 甲骨学分期断代研究又有了新的深入。如肖楠的《再论武乙、文丁卜辞》(一九八九年)据一九七三年小屯南地发掘的地层关系,第一次初步分开了武乙、文丁卜辞。而吴俊德的《殷墟第三、四期甲骨断代研究》则对传统分期进行了深入的论证,并进一步申论"历组"卜辞应为四期之物;与此同时,有学者在论证"历组"提前的基础上,进一步从理论上构筑了王室卜辞演进的"两系说",对传统的"五期分法"和"十项标准"提出了挑战。

(四) 一些总结性的著作不断推出,诸如《甲骨学通论》、《甲骨文与甲骨学》、《殷墟甲骨文简述》、《百年甲骨学论著目》、《甲骨学一百年》、《甲骨文献集成》等。总结是为了以"最前进的一线为起点而再出发",有利于把甲骨学热点、疑点、难点问题的研究推向深入。

(五) 甲骨学的研究成就是全面继承前人的成就并不断予以创新而取得的,因而前人的成果及治学经验也和甲骨文一样成为民族的文化财富。一九七八年以后,不少因政治原因而被否定的学者,诸如罗振玉、陈梦家和加拿大人明义士等得到了客观公正的评价,并出版了不少他们的传记。也有学者把几代学者取得成就的共同性,作为"值得继承和弘扬的共同财富"加以探索和论述;随着我国的改革开放,海内外不断召开有关甲骨学的国际会议,从而使甲骨文成为国际学者间共同的语言,扩大了学术交流,增进了各国学者间的友谊。

（六）现代科技手段引入了甲骨学研究领域，诸如用电脑缀合甲骨、把甲骨文释文和拓片输入电脑、甲骨文字库及检索系统等方面都取得了成功。而利用常规法与AMS法碳十四测定甲骨年代和把甲骨文月食记录与现代天文学推算年代相结合等手段，在夏商周断代工程中取得了可喜的成功。

（七）由于材料的齐备，不少深入研究商代历史文化的专著得以出版。诸如杨升南的《商代经济史》、常玉芝的《商代周祭制度》、彭邦炯的《商史探微》、朱凤瀚的《商周家族形态研究》、王贵民的《夏商考信录》、彭邦炯的《甲骨文农业资料考辨研究》、宋镇豪的《夏商社会生活史》、晁福林的《夏商西周的社会变迁》、刘源的《商周祭祖研究》、李雪山的《商代分封制度研究》等等。中国社会科学院历史所学者全面勾勒商王朝政治、经济、军事、人物、都邑、地理、宗教、殷遗民等的多卷本大型《商代史》也已完成，可望在二〇〇九年由中国社会科学出版社出版。

据统计，一九四九年至一九七九年共出版甲骨学论著三百十五种。而一九七八年《甲骨文合集》陆续出版以后，甲骨学研究进入了“黄金时期”。一九八〇年至一九八九年的近十年期间，共出版甲骨学论著九百种，是前三十年的三倍多。而自一九八九年至一九九九年前后，共发表论著二千多种，是前三十年的七倍多。由以上发表论著的统计数字可以看出，一九七八年《甲骨文合集》的出版，把一九四九年以来的研究从“深入发展时期”推向了“全面深入发展阶段”，因此《甲骨文合集》称得上是一部甲骨学发展史上里程碑式的著作。

第十三章　甲骨学与殷商史研究要籍

甲骨文资料只有经过著录出版以后，才得以从收藏家的书斋或考古家的研究室里走向学术界，使更多的人能接触它、研究它。甲骨学与殷商史等学科的研究和成就，是随着甲骨著录书出版的不断增多而日益发展和取得的。自一八九九年殷墟甲骨文发现以来，甲骨学与殷商史研究所经历的四个阶段和所取得的进展，第四、第五章已做过叙述。简言之，这一百多年的甲骨学和殷商史研究，在识文字，断句读，分时期，考商史等几个方面取得了很大成就，不少前辈学者为后世留下了博大精深的研究著作。这些著作，不仅培养了几代甲骨学者，而且它们本身也和甲骨文一样，成为中华民族乃至全人类的共同文化财富。

继承前辈学者的甲骨学与殷商史研究成果，从前辈学者的著作中汲取营养，不仅为学习和研究甲骨学与殷商史打下扎实的基础，而且对开创甲骨学与殷商史研究的新局面也很有意义。

第一节　甲骨文字考释的专书

文字的释读，是甲骨学、商史研究的首要工作。正是由于一百多年来不少学者的苦苦追索，才从约五千个甲骨单字中，破译了近千个无争议并经常使用的字，从而使我们有可能了解这三千多年前遗留下来的珍贵史料中所记载的商代社会历史情形。不少甲骨学者的文字考释著作，或开拓榛莽，或钩沉索赜，为甲骨学、殷商史的研究奠定了坚实的基础，具有重要的参考价值。

《契文举例》　孙诒让撰，一九一七年《吉金盦丛书》本一册，又一九二七年上海蟫隐庐石印本二册。

此书撰于《铁云藏龟》一书出版的第二年——一九〇四年，孙氏序中所注"光绪甲辰十一月"，即是证明。但直到一九一六年，此书原稿才在上海被王国维发现，后方得出版。《契文举例》是甲骨学史上第一部研究著作。该书所据材料，仅《铁云藏龟》一书。正如孙诒让在序中所说，"顷始得此册，不意衰季睹兹奇迹，爱玩不已。辄穷两月力校读之"。他当时就认为"甲文多记卜事，一甲或数段，纵横反正，交错纠互无定例，盖卜官子弟时记识以备官成，本无雅辞奥义"。这是难能可贵的。孙诒让"就所通者略事甄述，用补有商一代书名之佚，兼以寻究仓后籀前文字流变之迹"，遂写成《契文举例》一书。

《契文举例》共分十章，即：

月日第一	贞卜第二	卜事第三
鬼神第四	卜人第五	官事第六
方国第七	典礼第八	文字第九
杂例第十		

这是将甲骨文按内容进行分类的最早尝试。虽然今天看来，只要具有一定甲骨学知识，进行这样的分类并不困难，但在当时却属首创。有的学者指出："由书名《契文举例》及其章目来看，孙氏的卓识很了不起。因为刘鹗在早年尚称甲骨为龟版，对其用途不甚了然。而孙氏于契文内容已进行分类，进展是很大的。"①

毋庸讳言，《契文举例》一书所考释的文字，在今天看来，基本已无新意。但从历史的发展观点看，此书"在甲骨学史上筚路蓝缕，它的草创之功是不能抹煞的"②。

《殷虚书契考释》　罗振玉撰，一九一四年石印本一册，又一九二七年东方学会石印增订本三卷二册。

罗振玉在《殷虚书契》一书编讫出版后，就想"继是而为之考释"。这首先是因为甲骨文的"书既出，群苦其不可读也"③。其次是虽有个别学

① 肖艾：《甲骨文史话》，第三十七页，文物出版社，一九八〇年。

② 王宇信：《建国以来甲骨文研究》，第十四页。

③ 罗振玉：《〈殷虚书契后编〉序》，一九一六年。

者如孙诒让开始对甲骨文字进行考释工作,但罗振玉认为他"惜未能洞析奥隐"①。因此罗振玉在一九一〇年出版了《殷商贞卜文字考》一书以后,又集中全部精力,进行甲骨文字的考释工作,"遂成考释六万余言",是为《殷虚书契考释》。

罗振玉在考释文字时,是"由许书以溯金文,由金文以窥书契,穷其蕃变,渐得指归,可识之文遂几五百"。在文字考证的基础上,结合史籍,再考求商代典制,"所得则有六端":"一曰帝系",罗振玉认为商朝"自武汤逮于受辛,史公所录为世三十,见于卜辞者二十有三"。虽然大丁未立,"而卜辞所载祀礼俨同于帝王"。而大乙、羊甲、卜丙、卜壬,"校以前史,并与此异"。至于"庚丁之作康祖丁,武乙之称武祖乙,文丁之称文武丁,则言商系者之所未知"。"二曰京邑",他认为"商代迁都,前八后五,盘庚以前,具见书序"。但"小辛以降,众说多违"。曾认为安阳殷墟为"亶甲城","今证之卜辞,则是徙于武乙去于帝乙"。"又史称盘庚以后,商改称殷,而遍搜卜辞,既不见殷字,又屡言入商。田游所至,曰往曰出,商独言入,可知文丁帝乙之世,国尚号商"。而"《尚书》曰戎殷,乃称邑而非称国"。"三曰祀礼"。"四曰卜法"。"五曰官制"。"六曰文字"。共考释并加以解说四百八十五字。至一九二七年又将其增订出版,《增订殷虚书契考释》增至五百七十一字。正如郭沫若所高度评价的,"甲骨出土后,其搜集保存传播之功,罗氏当居第一,而考释之功亦深赖罗氏"②。罗振玉《殷虚书契考释》及《增订殷虚书契考释》,在甲骨学史上占有重要地位③。

《殷卜辞中所见先公先王考》、《续考》及《戬寿堂所藏殷虚文字考释》 《先公先王考》及《续考》,王国维一九一七年发表,收入《学术丛书》及《观堂集林》卷九。此两文第四章第二节(下)已作介绍,两文不仅考证了甲骨文

---

① 罗振玉:《〈殷商贞卜文字考〉序》,一九一〇年。

② 郭沫若:《中国古代社会研究》,第二一三页,科学出版社,一九五五年。

③ 罗振玉此书稿完竣后,由王国维笔录抄清,罗福颐"恭校"后影印出版。但一度有人为贬低罗氏贡献,硬说此书"乃王著而冠以罗名"云云。陈梦家因见过罗氏原稿本,力为罗氏辨诬。二〇〇八年五月,商志.出示《殷虚书契考释》原稿本及罗氏在写作过程中与王国维有关书信十八通一并由文物出版社影印出版,学界对罗氏的流言可休矣!

中所见殷代先公先王，而且是“把甲骨学研究推向一个新阶段，标志着‘文字时期’进入了‘史料时期’”的重要论文。《戬寿堂所藏殷虚文字考释》一卷，是王国维一九一七年所作。此书在考先王，考礼制，考文字等方面发明颇多。正如郭沫若所说：“王氏之学即以甲骨文字之研究为其主要的根干，除上所列四种之外（笔者按：即《先公先王考》、《续考》、《戬考》及《殷周制度论》），其他说礼制、说都邑、说文字之零作更散见于全集中。谓中国之旧学自甲骨之出而另辟一新纪元，自有罗王二氏考释甲骨之业而另辟一新纪元，决非过论。”①

《甲骨文字研究》　郭沫若撰，一九三一年大东书局石印本二册。一九八二年科学出版社合《甲骨文字研究》、《殷契余论》、《安阳新出土的牛胛骨及其刻辞》等为一编，以《甲骨文字研究》为书名，作为《郭沫若全集》考古编第一卷出版。郭沫若在一九二七年大革命失败后，旅居日本。为阐述人类社会发展的共同规律，他潜心研究中国古代社会史。他在搜集甲骨文资料的同时，“对于殷代的甲骨文字和殷周两代的青铜器铭文也就不得不进行研究”②，“开创了为探讨古代社会的实际而研究古文字的道路”。一九三一年出版的《甲骨文字研究》一书，就是郭沫若“研究甲骨文的第一个集子”③。此书不仅对断片缀合、残辞互补、缺刻横划、分期断代等方面多有发现，而且在文字考释方面也颇有创获。诸如在《释祖妣》一文中，论定“祖妣为牝牡之初字，则祖宗崇祀及一切神道设教之古习亦可洞见其本源”。“盖上古之人本知母而不知父，则无论其父之母与父之父。然此有物焉可知其为人世之初祖者，则牝牡二器是也。故生殖神之崇拜，其事几与人类而俱来”。他对古籍记载的“燕之驰祖”、“齐之社稷”、“宋之桑林”与“楚之云梦”等作了精辟的考证，恢复了古代婚姻制度和母权时代的历史遗迹，使那些“视此事为不雅驯而讳莫如深”的“缙绅先生”们所不能（也不敢）想象的史迹得到了科学的解释。《释藉》一文论定“藉之初字，象人持耒耜而操作之形”。

---

①　郭沫若：《中国古代社会研究》，第二一三页。

②　郭沫若：《〈金文丛考〉重印弁言》，人民出版社，一九五四年。

③　《郭沫若全集》考古编第一卷《说明》，科学出版社，一九八二年。

《释勹勿》指出甲骨文勹、勿“二者各不相干”,“殷代已有犁有笏”。《释五十》研究古代纪数。“数生于手。古文一、二、三、四作一=≡≣,此手指之象形也”,认为“表数之文字自三、四以上不免发生变例”。我国“数字系统大抵即以四为界,由四之异体以至于九,则别为一系”。而“十之倍数,古文则合书”。“万与千之倍数亦合书”。“不足十百千之数,于文每加‘又’”。并在《释七十》一文中说,七十亦合书,“十上而七下”。“九十之例迄今未现,其为殷文意必亦十上而九下,将来终必有出现之一日”。《释朋》一文,论证“贝朋之由颈饰化为货币,当在殷周之际”。《释岁》一文论述起初“岁”、“戉”本一字,但“古人尊视岁星,以戉为之符征以表示其威灵,故岁星名岁”。由“岁星之岁始孳乳为年岁字”,以后岁与戉才进一步有所区别。《释支干》一文,对十二辰的起源进行了研究,“把它解释为起源自巴比伦的十二宫”等等。郭沫若《甲骨文字研究》一书,开辟了用历史唯物主义研究甲骨文字的新途径,在甲骨学史上占有重要地位。

《甲骨研究》 明义士著,齐鲁书社一九九六年重印。著名甲骨学家、加拿大人明义士于一九三三年石印出版的《甲骨研究》,这是他执教齐鲁大学时的讲义。此书由于印量小和未公开发行,因此存世很少,早已成为个别图书馆或学者秘不示人的“孤本”。虽然此书为甲骨学界所熟知,但多数学人却无缘寓目,成为“踏破铁鞋无觅处”的憾事。

山东大学方辉博士在赴加拿大讲学期间,从居于渥太华的明义士之子、前加拿大驻华大使明明德先生处求得《甲骨研究》的底本,并获允加以整理,由齐鲁书社于一九九六年二月出版发行,从而使广大读者对这部渴望已久的《甲骨研究》得来全不费工夫。

一九一〇年,时年二十五岁的明义士奉加拿大长老会之命,来中国豫北地区传教,后专驻河南安阳。他对中国古代文化极其倾慕,在传教之暇,潜心搜集和研究殷墟出土的甲骨文、铜器和玉器等古代文化珍品。他最初收购甲骨,被当地人以假充真而受骗上当之事,是甲骨学界所熟知的佚事。但难能可贵的是,他面对一堆腐臭发霉的假甲骨并不气馁,而是不断比较、分析、总结,终于成为甲骨辨伪的行家里手和搜求甲骨的大家。他的著录书《殷虚卜辞》(一九一七年)、《柏根氏旧藏甲骨文字》(一九三五年)和《表校新旧版〈殷虚书契前编〉并记所得之新材料》(一九三三年)等书，在甲骨学史上占有重要的地位。不仅如此，他还为外国学者的著作，诸如方法敛、白瑞华的《甲骨卜辞七集》(一九三八年)、《金璋所藏甲骨卜辞》(一九三九年)进行过鉴定真伪片的工作。明义士通过刻苦自学，终于成为一位学识渊博的甲骨学家，一九三二年受聘山东齐鲁大学文学院考古学教授，一九三七年抗日战争爆发后回归加拿大，任职于安大略皇家博物馆远东部。一九四二年完成《商戈》的论文，获多伦多大学博士学位，一九五七年病逝于多伦多。

明义士的《甲骨研究》价值颇高，首先其记述甲骨文出土和流传情况较为可信并历来为学者所重视。众所周知，早年甲骨的收藏大家，多为身居京师的达官贵人。他们的藏品，多通过古董商之手所得，而鲜有人亲身赴安阳考察。只有其中的个别人，如罗振玉曾派其弟罗振常等人去殷墟实地收购甲骨。罗氏本人踏访小屯殷墟，则已是一九一五年的事情了。而明义士自一九一〇年来华传教，直至一九三二年受聘齐鲁大学以前，除了一九一七年至一九二〇年去法国、一九二八年回归加拿大度假、一九二九年春秋两度参加耶路撒冷地区的考古发掘工作等短期离开安阳外，这二十多年的大部分时间是在安阳度过的，与罗振玉走马观花式的考察殷墟大不相同。正因为如此，他才有可能“获得甲骨出土与流传的最新信息”(明明德《甲骨研究》序二)。故其所著的《甲骨研究》记载最为准确、详赡和具有权威性。明义士有关甲骨文发现情况的记载和早年甲骨收藏家刘鹗、罗振玉、王襄等人在公开出版著录中的记述相互印证：甲骨文于一八九九年为王懿荣首先发现，是无可置疑的事。

其次，自一八九九年甲骨文发现，至一九三三年《甲骨研究》石印出版，已历时三十多年。而本书主要反映了一九二八年殷墟科学发掘以前的甲骨学早期阶段的水平。这从全书的章目就可看出这一点。即：第一章甲骨之定义，第二章甲骨发现小史，第三章收买甲骨者，(第四章缺列)，第五章甲骨片数，第六章出版品，(“第七章”三字为后加，而无章题)，第八章商代帝系。《甲骨研究》既谈到甲骨的用途及整治、卜法,也谈到了甲骨文的内容和价值,并详列了甲骨文的出土、收藏、著录和研究的情况。特别是第八章商代帝系,先以王国维论商先王为准,再以帝名、《殷本纪》、《三代世表》、《古今人表》、卜辞事项列表对照,然后将商远祖、先公、先王名及有关卜辞列出,并加以考证。本章全面反映了当时学者对甲骨文中商王王名的研究水平。因此可以说,明义士的《甲骨研究》是一部甲骨学早期阶段(三十多年)研究的总结,它和董作宾的《甲骨学五十年》、《甲骨学六十年》等著作一样,推动和指导了下一阶段的研究工作,是研究甲骨学发展史的重要著作。

其三,《甲骨研究》一书,在总结一八九九年至一九二八年前这一阶段的研究工作时,很显然是将这三十多年分为前后两个阶段的。书中谈甲骨文的“收买者”时,以罗振玉以前的收藏家为“前段”,而罗振玉及罗振玉以后的收藏家为“后段”;在介绍甲骨学研究的“出版品”时,前一段自《铁云藏龟》(一九〇三)为始,而后一段则以罗振玉的《前编》(一九一二年)等书出版为标志。在一九二八年以前的甲骨文“非科学发掘时期”,正是罗振玉的收藏、研究,推动了研究的发展,实现了从前段向后段的前进。因此可以说,罗振玉和王国维及其弟子的甲骨学研究——罗王之学,是一九二八年以前甲骨学研究的高峰。《甲骨研究》以罗振玉作为当年甲骨学研究发展前段和后段的分水岭,是非常公允和科学的。

遗憾的是,《甲骨研究》这次整理出版时一仍其旧,没有在正文前理出全书的章目。虽然原书底本缺列一些章目,给整理者造成困难,但补全章目还是可以做到的。根据我们的分析,《甲骨研究》的目次应是:第一章甲骨之定义,第二章甲骨发现小史,第三章收买甲骨者,第四章后一段收买甲骨者,第五章甲骨片数,第六章出版品,第七章后一段出版品,第八章商代帝系。

总之,方辉博士不远万里地从异国将濒成绝本的明义士《甲骨研究》底本求回,并加以整理出版,满足了甲骨学界一睹为快的愿望和甲骨学史研究的亟需,为甲骨学研究做了一件好事。

《双剑誃殷契骈枝三编》 于省吾撰,初编一九四〇年石印本一册。续编一九四一年石印本一册。三编一九四四年石印本一册。于省吾在此书序中说，“契学多端，要以识字为其先务。爰就分析点划偏旁之法，辅以声韵通假之方，寤疑通滞，荟辑成编”。全书共收考释文章九十八篇。于省吾此书文字考释简练、精到、严谨，并将所释就之字再放到有关卜辞中去核校，做到了文从字顺。《骈枝》一书，在学术界有重大影响。

《甲骨文字释林》　于省吾撰，一九七九年中华书局出版。本书上卷是将《双剑誃殷契骈枝三编》所收的九十八篇论文加以删订(其中有的已重新写定，收入本书其他各卷)，共存五十三篇而成。本书的中、下卷，一部分是经过删削的作者新中国成立前所写《骈枝》四编中的文章，有十篇是重新改写的；另一部分是改写、改定的新中国成立后在报刊上发表的一系列文字考释论文。全书共收入文字考释之作一百九十篇。《甲骨文字释林》一书是于省吾研究甲骨文字的总结。他在序中说，“专就甲骨文字来说，我所认识的字和对已识之字在音读、义训方面纠正旧说之误而提出新解，总共还不到三百”。“对于甲骨文中旧所不识之字，还拟加以新的解释者”，“约共二十余字”①，可惜没有来得及完成。于省吾先生的《甲骨文字释林》，考证并加以解说了“三百”个甲骨文字，为甲骨学的研究作出了重大贡献。需知，“截至现在为止，已发现的甲骨文字，其不重复者总数约四千五百个左右，其中已被确认的字还不到三分之一”呵②!

《积微居甲文说·卜辞琐记》　杨树达撰，中国科学院一九五四年出版。杨氏自序谓，“甲骨文者，殷商之文字也。欲识其字，必以《说文》篆籀彝器铭文为途径求之，否则无当也。甲文中已盛行同音通假之法。识其字矣，未必遽通其义也，则通读为切要，而古音韵之学尚焉，此治甲骨者必备之初步知识也。甲骨文所记者，殷商史实也。欲明其事，必以古书传记所记殷周史实稽合其同异，始能有所发明，否则亦无当也。大抵甲骨之学，除广览甲片，多诵甲文，得其条理而外，舍是二术，盖不能有得也。就形以识其字，循音以通其读，然后稽合经传以明史实，庶几乎近之矣”。《积微居甲

① 于省吾：《〈甲骨文字释林〉凡例》，中华书局，一九七九年。

② 于省吾：《〈甲骨文字释林〉序》，中华书局，一九七九年。

文说·卜辞琐记》一书就是这样做的。该书卷上说字的论文共三十三篇,分识字、说义、说通读、说形等四类。卷下考史论文共二十篇,分人名、国名、水名、祭祀、杂考等五项。《卜辞琐记》之部则收入考证四十九条。因杨树达在研究时,"识字必依篆籀,考事则据故书,不敢凭臆立说"①,故书中所考文字及史事皆较允当,而且文字精练,至今仍有参考价值。

《耐林庼甲文说·卜辞求义》 杨树达撰,一九五四年群联出版社印行。本书《耐林庼甲文说》之部共收入六篇论文。而《卜辞求义》之部共考证甲骨文字二百一十多个,按二十八韵部排列。《卜辞求义》自序说,"治文字之学,以形课义,亦以义课形,务令形义二者吻合无间而后已。治金文,初据字以求义,继复因义以定字。余于古文字之研究重视义训如此。殷虚文字古矣,然既是文字,未有不表义者也"。此书所考文字及所论史实,不少至今仍有参考价值。

《殷虚文字记》 唐兰撰,一九八一年中华书局出版。唐氏此书,写于一九三四年,讲义本曾由北京大学石印。一九七八年中国科学院历史研究所曾油印五百部②。中华书局出版的《殷虚文字记》,较一九三四年讲义本

---

① 杨树达:《〈卜辞琐记〉序》,中国科学院出版,一九五四年。

② 当时《甲骨文合集》组工作转入正常进行,但唐氏此书坊间难觅。为满足大家学习亟需,胡厚宣先生命笔者和杨升南经办此事。笔者与杨兄骑自行车去旧鼓楼大街小石桥唐兰先生家,就重印此书事说明来意,唐先生慷允。我们请书法家韩树绩先生楷书缮写,原页数行字数不变,缮写极精。装订成册前,我们又去唐先生家请赐题签。先生答应写好寄我,并希望送他二十本装订好的《殷虚文字记》。一九七八年七月九日收到唐先生给笔者寄到历史所的信及题签。书装订好后,我们即去旧鼓楼大街给先生送去。唐先生见到书后,非常高兴,与我们谈起他的计划及对铜器研究的心得等等。笔者和杨兄虽恭听,但当时水平太差,根本听不懂。后来,因有人写信给邓力群院长,反映《甲骨文合集》提纲"反马克思主义"。院长责成历史所邀请专家座谈。笔者又与杨兄去接唐先生,说明来意后,先生非常生气地说:反什么主义?先把资料编出来,才是第一要紧事。唐兰先生寄笔者的信和书签题字,至今和信封一起珍存。信上说:"宇信同志:属写书签,写两个备选用,笔墨生疏,塞责而已。致 敬礼 唐兰"虽然未写日期,但从信皮的邮戳可知,是一九七八年七月九日。此外,唐兰先生赠笔者之《中国有六千多年的文明史——论大汶口文化是少昊文化》的(《大公报在港复刊卅周年纪念文集》)论文抽印本也至今珍藏,上面有唐先生签字"宇信同志存 作者"。我在此文上写有"此文七九年元月二日唐先生所赠。岂料十天以后,唐先生已成故人,此文成为永久的纪念物了。记于一九七九年一月十二日晚"。睹物思人,唐先生的著作和学术贡献,在学术史上永存!

增加了目录、补正，并将原讲义本上的眉批一并集中在书后的说明部分。唐兰在该书序中说，“考据之术，不贵贪多矜异，以照耀于庸耳俗目，朝树一义，夕已传布，流传既广，异说滋出，各相是非訾誉，使承学眩瞀，莫知所生，余颇惩焉。然余所识殷虚文字，较之昔人，几已倍之，而迟久未出，或又尤之。假日稍闲，因先写定若干字，以为此记”。共收入考释论文三十三篇。此书与他的《天壤阁甲骨文存考释》一起，集中了他对甲骨文字的考释所得。此外，他的《古文字学导论》增订本（齐鲁书社，一九八一年）等专著也对文字理论和文字多有解说。

除上述文字考释专著以外，还有不少学者发表的考释文字论文，散见于国内各种报刊杂志，其中有不少很有参考价值。国内发表这些文章较多的刊物是《考古》、《文物》、《考古学报》以及《考古与文物》、《中原文物》、《殷都学刊》等。此外，还有一些论文集（或不定期刊物），诸如《古文字研究》、《甲骨探史录》、《甲骨文与殷商史》、《古文字研究论文集》、《出土文献研究》以及“三代文明研究”系列从书（中国殷商文化学会编）等等。

还有一些甲骨著录附有释文（或考释）。这不仅可使著录拓本不清的缺陷得到弥补，而且这一工作本身对甲骨文字的研究也很有意义。此外，将著录甲骨拓本（或摹本）与有关考释认真地对照研读，是初学者较快掌握一定甲骨单字，进而了解甲骨文内容的最好方法。较有参考价值的甲骨著录的释文（或考释）主要有郭沫若的《卜辞通纂考释》、《殷契萃编考释》，屈万里的《殷虚文字甲编考释》，张秉权的《殷虚文字丙编考释》，日本贝塚茂树的《京都大学人文科学研究所藏甲骨文字》本文篇，加拿大许进雄的《明义士收藏甲骨》第二册（《明义士收藏甲骨释文篇》）、《怀特氏等收藏甲骨文集》释文部分，中国社会科学院考古研究所的《小屯南地甲骨》下册第一分册，姚孝遂、肖丁的《小屯南地甲骨考释》等。《甲骨文合集》一书的各册释文由编辑组的学者分头做完，由胡厚宣主编，王宇信、杨升南总审校，已于一九九九年出版。《殷墟花园庄东地甲骨》也将释文和拓本一并于二〇〇四年出版。

一百多年来，学者们考释甲骨文字的论著非常之多。但是，一些文字的说解,或由于方法的不正确,或由于材料的局限,往往众说纷纭,莫衷一是。因此,在学习、继承前辈学者的文字考释成果时,首先应注意吸收学术界的最新研究成果,以较为权威而正确的说法为依据。不然,就会感到一些文字的考释前后矛盾,使人莫知所从。对此郭沫若曾谆谆告诫说:

> 卜辞研究是新兴的一种学问,它是时常在变迁着的。以前不认识的事物后来认识了,以前认错了的后来改正了。我们要根据它作为社会史料,就应该采取“迎头赶上”的办法,把它最前进的一线作为基点而再出发。目今有好些新史学家爱引用卜辞,而却没有追踪它的整个研究过程,故往往把错误了的仍然沿用。或甚至援引错误的旧说以攻击改正的新说,那是绝对得不到正确的结论的①。

这对我们如何学习和继承前人的文字考释成果,是很有参考价值的。

第二节　甲骨学研究著作

与甲骨文字的考释同时,甲骨学者对甲骨学本身的一些规律,诸如分期断代、卜法文例等方面的研究也取得了很大进展。特别是一九二八年殷墟科学发掘甲骨文以后,甲骨学研究由“草创时期”进入全面发展时期,甲骨学的研究论著日益增多。以下介绍几部较为重要的著作:

《甲骨文断代研究例》　董作宾撰,一九三三年发表在《庆祝蔡元培先生六十五岁论文集》上编(《史语所集刊》外编)。此文是甲骨学史上划时代之作,为甲骨学和商史研究奠定了基础。自此以后,二百七十三年的晚商甲骨文才犁然贯通为五个不同时期,我们才有可能认识和研究晚商各个不同时期政治、经济和文化的发展变化。由于论证缜密、科学,文中所提出的分期断代“五期”说和“十项标准”,以后虽有小的修正,但基本原则一直行用不衰。关于此,第九章和第十章已有全面论述。

---

① 郭沫若:《十批判书》,第五页,科学出版社,一九五六年。

《甲骨断代问题》 严一萍①撰，一九八二年台湾艺文印书馆出版。有关自组卜辞的时代及所谓“历组”卜辞的讨论，我们在第十章第一节、第二节已作过介绍，多年来国内外也发表了不少有关讨论的文章。严一萍《甲骨断代问题》，就是对上述分期断代研究中这两个争论较大的问题的总回答。此前，严一萍在写作《甲骨文断代研究新例》时，首先“用月食作定点，根据科学的天文学，使贞人宾的时代有了着落，修正了董先生的盘庚二十六年说，定在武丁十五年，决不是武丁晚期的”。其次，是“把所有扶的甲骨片，就我所能见的统统摹录起来，共有一四五版，分成四种不同的类型。使没有署贞人名的许多不同书体的卜辞，有人称为‘自组’，有人称为‘王族多子族’的，很正确的归属于文武丁时代”。又经过仔细研究，“共摹图三五二幅。整理的结果，不能不承认董彦堂先生的文武丁说是对的，大陆上盛道的自组早于宾组的说法，根本站不住脚。唯一修正董先生的是过去认为文武丁时代卜辞里，有一部分是武乙的”②。

《甲骨断代问题》全书由下列部分组成：序。一，前言。二，月食所引起的问题。三，甲骨的异代使用问题。四，上甲廾示与用侯屯。五，贞人跨越时代与历扶。六，贞人扶的书体。七，相同称谓的不同时代（甲、父；乙、母；丙、兄；丁、子）。八，后语。

本书全面论证了“自组”卜辞应为文武丁时代，并论证了“贞人历与贞人扶的时间相近，贞人历是武乙时人，贞人扶在文武丁早年任职，正可以衔接”③。

这样专就分期断代研究中的某些问题（主要是论述文武丁卜辞的时代）进行全面研究而写成的专著，当时在国内外还是不多见的。特别是书中坚持并进一步论证董作宾的“文武丁时代”的看法，与不少学者的意见针

① 一九八七年九月十日至十六日在河南安阳召开中国殷商文化国际讨论会期间，日本大东文化大学前校长、著名学者池田末利教授见告：严一萍先生已于一九八七年八月病逝于美国内华达。诚如池田末利教授所言，严一萍先生对甲骨学研究的发展，是作出了不小贡献的。特补记于此，以寄大陆学人对他的悼念。作者谨志。

② 严一萍：《〈甲骨断代问题〉序》，艺文印书馆，一九八二年。

③ 严一萍：《甲骨断代问题》，第八十五页，艺文印书馆，一九八二年。

锋相对。因此,就更值得我们重视并认真加以研讨。应该指出的是,本书《从月食所引起的问题》一章,对卜辞中可以确定的五次月食进行了“科学的天文学”研究,得出“这五个月食,最早的是西元前一三二五年,最晚的是西元前一二七八年,中间相隔四十八年,这是不能变动的数字,无论如何,这第一个月食,总是在武丁的早年”。① 从而论定了“问题之一是贞人宾的时代”,“一三二五年的月食卜辞,贞人是宾。如果说贞人宾属于武丁晚期,那么武丁的元年应在何时?而盘庚迁殷至帝辛之亡,共几年?”“如果只说‘宾组是武丁晚期’,而‘自组比宾组早’,这样做,不能算是研究,而是百分之百的猜测”。“问题之二是书体风格”。这就是“在四十八年的长期经历中,并没有什么特殊变化。要不是所记月食的时间可考,简直看不出贞人宾与贞人争的书法有什么前后,也分不出贞人争前后书体有何两样。这就关系到贞人扶所写多样变化的书体,绝难安排在武丁时代”。“问题之三是贞人延续任职两代的情形”。“贞人争所记的八月乙酉月食在祖庚二年,二月癸未月食在祖庚三年。王死,贞人并没有跟着殉葬,必然继续任职,这情形在二、三期卜辞中也有发见”②。如此等等,严书以月食做定点,根据天文学进行研究以论证“宾”与“自组”卜辞应非同时代。从这一方面着手进行分期断代研究,大陆学界还没有人系统进行过。这一途径值得认真研究并作出论证。

此外,《甲骨断代问题》随文附图三百五十二纸,便于读者将书中的论述与所引甲骨对照,这也是值得效法的。目前不少有关分期断代研究的论文,附图极少,“读的时候,必须一一查对原书,这就增加很多困难”③。在讨论的时候,还要认真地研究卜辞的内容。不然,正如严氏所指出的,“林林总总,种种谬说,不一而足”④。这是我们在研究中应引起注意的。

---

① 二〇〇〇年结项的“夏商周断代工程”,组织甲骨学家、历史学家、历法学家,联合攻关,在“宾组月食年代的认证”中得出武丁时最早癸未月食为公元前一二〇一年,武丁最晚乙酉月食在公元前一〇八一年。见《夏商周断代工程 1996 至 2000 年阶段成果报告书》(简本),第五十七页,世界图书出版公司,二〇〇〇年。

② 参见严一萍:《甲骨断代问题》,第二章。

③ 严一萍:《〈甲骨断代问题〉再序》,艺文印书馆,一九八二年。

④ 严一萍:《甲骨断代问题》,第一页。

《殷虚卜辞综述》 陈梦家撰，一九五六年科学出版社出版。本书由总论、文字、文法、断代上、断代下、年代、历法天象、方国地理、政治区域、先公旧臣、先王先妣、庙号上、庙号下、亲属、百官、农业及其他、宗教、身分、总结、附录等二十章组成，全书七十五万字。这是一部全面、系统地总结自甲骨文一八九九年发现，至一九五六年以前近六十多年研究成果的巨著。陈梦家在充分总结、利用前人研究成果的基础上，结合自己研究甲骨学的精深造诣，对甲骨文出土及其研究的经过、方法和内容等方面，特别是分期断代研究方面进行了科学论述。本书在不少方面，较前人研究有所提高。因此，本书国内几经再版，国外也几经翻印，在学术界有着巨大的影响。

《殷墟卜辞研究》 日本岛邦男著，一九五八年出版。中译本一九七五年由台湾鼎文书局出版，译者温天河、李寿林。本书由《序论》及《本论》两部分组成。《序论》包括贞人补正、卜辞上父母兄子的称谓等内容。《本论》第一篇为殷室的祭祀，共分四章：第一章为先王先妣的五祀，第二章为禘祀，第三章为外祭，第四章为祭仪。《本论》第二篇殷代的社会共七章：第一章殷的地域，第二章殷的方国，第三章殷的封建，第四章殷的官僚，第五章殷的社会，第六章殷的产业，第七章殷的历法。本书也是总结甲骨学研究成果的巨著。全书充分研究了甲骨文所反映的祭祀制度，特别是对周祭的论述颇为详密。“殷王室的宗庙祭祀里，有五祀与禘祀。五祀是按照五种祀典依序依例地祭祀先王和先妣的祭祀；禘祀是尊祀父王而及于五世先王的祭祀”。“于前者，可将祭祀的体系和先王先妣受祀的祀序从卜辞中归纳出来，本此结论来修正《史记·殷本纪》的世系；同时把第二期和第五期的祀谱复原，根据这结果，证明帝乙在位二十年，帝辛在位三十一年”。此外，“宗庙外的祭祀，则是以祈求农业与战胜为主要目的，而来祭祀上帝、自然神、高祖神、先臣神。在这里把上帝的祭祀、诸神的神格、禘祀与郊祀、上帝和天等等问题都加以解释明白。更且关于祭仪问题，先讲明祭祀用语的意义，据此来考察内外两种祭祀的祭仪”。全书还全面考察了商代社会情形，特别是方国、地理。“卜辞的五百四十二个地名中，根据可以得知两地间之行程日数的一百零五个地名，来考定殷的地域；在此地域的四周，例如武丁时有二十二个敌国,武丁曾予以讨伐;尤其是帝乙十年征伐盂方,帝辛八年、十年的征伐夷方,以及殷、周间的关系,都加以特别精密的论证”①。本书行文中插入表格、甲骨摹本及地图,在地图上还标明走向及日程,与正文的论述互相对照,对读者十分方便。《殷墟卜辞研究》一书,材料丰富、翔实,是作者根据他“在日本所能见到已经刊印出来拓本著录的全部”②进行全面整理、研究而写出的一部巨著。

《殷墟卜辞研究》和《殷虚卜辞综述》一样,在甲骨学史上也占有重要的地位。两书各有侧重点,正如屈万里在《译本〈殷墟卜辞研究〉序》中所说:“大抵以涉及之范围言,则陈书为广博;以祭祀及舆地言,则岛氏之书为详赡。”合两书而并观之,则一九五六年以前“甲骨刻辞研究之成果,大要具是矣”。

《殷代贞卜人物通考》 饶宗颐撰,一九五九年香港大学出版社出版。全书二十卷,上、下二册。卷一《前论》谈及殷代以前的占卜及卜用甲骨的分布、商代甲骨的属类、龟卜占书源流、占卜事类与《周礼》作龟之八命等等,将殷代占卜与古文献有关占卜相勘校。卷二《贞卜人物记名辞式释例》,则全面列举了卜辞的各种句型,还对“卜”、“贞”二字的字义作了考释。卷三至卷十七为《贞卜人物事辑》,将有关贞人占卜的卜辞内容进行了整理。卷二十为附录。书后还有补记及索引。索引有人名、地名、成语、祭名等项,并可据所列页码在书中找到上述各项内容。本书对当时所能见到的六十多种甲骨著录进行了全面的整理,是一部集大成式的著作。

《殷代贞卜人物通考》一书的作者,对甲骨文“研讨有年,窥测所得,窃以断代根柢,在于卜人,分人研究,当务尤急。惟有比次其贞卜之文辞,钩稽相关之人物,则时代序次,庸有脉络之可寻,融会旁通,庶免枘凿之难入”。贞人是甲骨文分期断代研究的重要标准之一,殷墟出土的十五万片甲骨文中,有的记有贞人名,有的不记贞人名,有的为时王所卜。而有贞人名出现的甲骨,约占全部甲骨文的三分之一。本书“专从卜人记名之刻辞

①② 《〈殷墟卜辞研究〉中译本自序》,鼎文书局,一九七五年。

加以研究”,“使有卜人记名之刻辞得一综合之整理”。《殷代贞卜人物通考》提出了“分人研究法”,对分期断代研究和全面整理甲骨卜辞很有参考价值。

《商代史料——中国青铜时代的甲骨文》　美国吉德炜(David.N.Keightly)撰,一九七八年美国加州大学出版。全书共五章,第一章论述商代占卜过程;第二章论述卜辞的内容和结构;第三章介绍甲骨文研究和考释成果,包括所取得的成就、甲骨著录情况、甲骨字汇索引编纂情况以及概论、文献目录的出版等。此外,还介绍并讨论了卜辞的解读、通读甲骨残辞、如何全面研究甲骨上卜辞的各项内容等方面。第四章是有关甲骨断代问题的讨论。书中系统地介绍了董作宾分期断代理论并提出了自己的看法,将断代标准分为“内在标准”(祖先称谓、贞人、字体、刻辞、卜辞位置、边缘记事刻辞、序辞与后辞形式、卜兆、验辞、兆序和成套性、兆辞、事类与习用语等)、“甲骨形态标准”和“考古学标准”等三个方面。还介绍了“午组”、“子组”的争论并提出自己的看法,认为应是“王族”卜辞,不同意董作宾的“新、旧”派说。第五章论述了甲骨文不是唯一的商代史料,在铜、陶、骨、石、玉等材料上的文字以外,将来还有可能在丝、帛、竹、木等材料上发现商代文字。并认为不能将甲骨文作为商代“档案”,它只能反映商代思想的某些方面而不能包括商代社会的各个方面。此外,还对辨伪的方法与标准、拓本(摹本、照相)的制作方法作了介绍。本书附录的一至三项是有关甲骨鉴别、牛胛骨龟腹甲的比例、标本的尺寸等方面的内容。第四项和第五项主要是依据年代学研究成果和碳十四测定甲骨的绝对年代、见于各期的事类、习用语出现的规律等等。书中还有三十三幅插图和三十八个表格,书后附有引证甲骨著录书目及文献目录。此书对中国台湾、香港地区以及其他国家和地区的甲骨学研究成果,作了较为全面的介绍,这一点对我们颇有参考价值。

虽然西方学者诸如方法敛、库寿龄、金璋、明义士等人,很早就开始对我国甲骨学进行研究,但是用欧美文字写作的全面论述甲骨学的著作还是所见不多的。吉德炜这部《商代史料——中国青铜时代的甲骨文》,堪称西方甲骨学者总结甲骨学研究成果的第一部成功的著作。它不仅反映了西方甲骨学者研究的成就,而且对欧美一些国家了解和研究甲骨文这一古老华夏文明也起到推动作用。正如美国著名考古学家、哈佛大学教授张光直在该书封底所指出的,“本书将受到学习中国古代历史文化的学生们的热情欢迎与感谢。作为西方第一部系统介绍商代甲骨刻辞的入门书,作为对于以任何语言撰写的同类著作来讲都是最完善的一部著作,《商代史料——中国青铜器时代的甲骨文》在未来的岁月里将是这一领域里的一本标准教科书。同时,学习中国古代古典文献和古典宗教的学生们也会感到它是十分有用的”①。由于吉氏此书的贡献,被授予“麦克阿瑟天才奖”,奖金二十万美元。

《甲骨学》 严一萍撰,一九七八年台湾艺文印书馆出版。上、下册,一四三〇页,分为九章:第一章,认识甲骨与殷商的疆域;第二章,甲骨的出土传拓与著录;第三章,辨伪与缀合;第四章,钻凿与占卜;第五章,释字与识字;第六章,通句读与识文例;第七章,断代;第八章,甲骨文字的艺术;第九章,甲骨学前途之展望。虽然八十多年来甲骨学研究取得了很大进展,但一直没有一本系统而全面地论述甲骨学自身规律的专著,而《甲骨学》正是这样一部著作,填补了这方面的空白。正如严一萍在序中所说,“甲骨学的书,前人已经写了不少,但都是一般的叙述,没有一个人谈到应该怎样研究的。我这一本《甲骨学》,主要的就是要告诉读者,甲骨学是这样研究的”。《甲骨学》不仅可供学者研究时参考,而且对初学甲骨的人,也是很好的入门读物。本书论述详赡,插图丰富,便于参考。但此书严承师说(董作宾氏的各项发明),对近年国内外甲骨学研究所取得的成果和进行的讨论注意不够。因此,在参考、使用此书的同时,应充分注意国内外甲骨学研究领域提出和解决的问题,以求全面了解甲骨学研究的状况。

此外,一些重要甲骨学著作,诸如李学勤《殷墟甲骨分期研究》、张秉权《甲骨文与甲骨学》、许进雄《卜骨上的钻凿形态》等等,我们在本书的有关

① 参见范毓周:《戴维·N.凯特利的〈商代史料〉》,《中国史研究动态》,一九八〇年,第十二期。

部分已作过介绍，此处就从略了。

第三节　商史与甲骨学史专著

甲骨学研究的发展，使学者们得以认识甲骨文这些“断烂朝报”上所记载的商代重要史实。从此，几千年来若明若暗的史料不足征的商代社会面貌逐渐被勾勒出来。而一百多年来甲骨学研究所走过的历程，学者们也为我们积累了有益的经验。前辈学者的一批有价值的商史和甲骨学史研究专著，是今后研究商史和甲骨学史工作中必备的重要参考书。

《中国古代社会研究》　郭沫若撰，一九三〇年上海联合书店出版；又一九四七年群益出版社重印《郭沫若全集》本；又一九五四年人民出版社本；又收入《郭沫若全集》历史编第一卷，一九八二年人民出版社出版。

一九二七年大革命失败以后，郭沫若为了宣传历史唯物主义的社会发展规律学说和“向搞旧学问的人挑战”①，在日本潜心研究中国古代史。这就是他一九三〇年出版的《中国古代社会研究》一书写作的原委。他依据“人类社会的发展是以经济基础的发展为前提”，而“人类经济的发展却依他的工具的发展为前提”的唯物史观，对商代社会历史进行研究，发现“(一)中国的古物属于有史时期的只出到商代，是石器、骨器、铜器、青铜器，在商代的末年可以说还是金石并用的时期。(二)商代已有文字(三十年前在河南安阳县有龟甲骨板上契刻着的贞卜文字出现)，但那文字百分之八十以上是象形图画，而且写法不一定，于字的构成上或倒书或横书，或左或右，或正或反，或数字合书，或一字析书。而文的构成上亦或横行或直行，横行亦或左读或右读，简直是五花八门。可以知道那时的文字还在形成的途中。(三)商代的末年还是以牧畜为主要的产业，卜辞中用牲之数每多至三百四百以上，即其证据。农业虽已发明，但所有的耕器还显然在用

① 郭沫若：《〈金文丛考〉重印弁言》，人民出版社，一九五四年。

蜃器或石器,所以农业在当时尚未十分发达”。因而郭沫若当时曾认为“中国的历史是在商代才开幕,商代的产业是以牧畜为本位,商代和商代以前都是原始公社社会”①。

郭沫若在《中国古代社会研究》一书的第三篇《卜辞中的古代社会》部分,对甲骨文里所反映的商代社会从经济基础到上层建筑进行了全面的分析。他研究了甲骨文中所反映的商代渔猎、牧畜、农业、工艺、贸易等方面的史实,认为商代是“由畜牧业发展到农业的时期”。渔猎在商代“确已不视为主要的生产手段了”,进入了畜牧业最繁盛阶段,但农业还不甚发达。“当时的青铜器已很发达”。与此同时,“石器骨器尚盛见使用”,“尤可注意者则殷墟中无铁器出现”,因此“殷墟时代还是考古学上所说的‘金石并用时代’”。

商代这样的经济基础在上层建筑领域里的反映,“也呈出一种过渡时代的现象”。甲骨文里有许多“多父”、“多母”的记载,“实显然犹有亚血族群婚制存在”的反映。而“殷之先妣皆特祭”,“帝王称‘毓’”和“兄终弟及”等制度,就是以母权为中心的痕迹。甲骨文里今王称王,而先王称“毓”(后),反映了女性酋长曾一度活跃在历史舞台上。但商代社会私有财产已经产生,奴隶开始为私人所有,原始社会已开始瓦解。

郭沫若《中国古代社会研究》,是一部“划时期的作品”,在我国史学界发生过相当大的影响。特别是用历史唯物主义为指导研究甲骨文,开辟了我国史学研究的新天地。虽然在写作此书时,“在材料的鉴别上每每沿用旧说,没有把时代性划分清楚,因而便夹杂了许多错误而且混沌”,但本书所“用的方法是正确的”②。它与《甲骨文字研究》等书“辅车唇齿”,奠定了我国马克思主义历史科学的基础。其开创之功,是任何人也抹煞不了的。

《十批判书》 郭沫若撰,一九四五年重庆群益出版社初版;又一九五六年科学出版社第一版;又收入《郭沫若全集》历史编第二卷,一九八二年人民出版社出版。

---

① 郭沫若:《〈中国古代社会研究〉导论》,人民出版社,一九五四年。

② 参见郭沫若:《〈中国古代社会研究〉后记》,人民出版社,一九五四年。

随着文献材料、青铜器铭文的整理研究有了新的进展，特别是科学发掘甲骨文的增多和断代研究的趋于缜密，郭沫若研究中国古代社会也有了进展，他认为“是达到了能够作自我批判的时候”了。“十几年前认为殷代是原始公社末期的那种看法，当然要修正才行”。一九四四年郭沫若写成《十批判书》，其中的《古代研究的自我批判》一文，对商代社会性质加以重新认识，得出了“殷代是奴隶社会”的看法。此后，这一认识愈益被更多的材料所证实。一九五〇年郭沫若在《十批判书》的《改版书后》中论断说，“在今天看来，殷周是奴隶社会的说法，就我所已曾接触过的资料看来，的确是铁案难移”。

《奴隶制时代》　郭沫若撰，一九五二年新文艺出版社出版；又一九五四年人民出版社第一版，一九七三年人民出版社第二版；又收入《郭沫若全集》历史编第三卷，一九八四年人民出版社出版。

郭沫若在本书《读了〈记殷周殉人之史实〉》、《申述一下关于殷代殉人问题》、《奴隶制时代》等论文里，对商代是奴隶社会的看法作了进一步的论证。他在对大量甲骨文材料和考古材料进行了科学分析后论证说，“殷人的王家奴隶是很多的，私家奴隶也不在少数。‘当作牲畜来买卖’的例子虽然还找不到，但‘当作牲畜来屠杀’的例子是多到不可胜数了。主要的生产是农业，而从事农耕的众人是‘畜民’中的最下等”，因而“殷代是奴隶社会是不成问题的”①。

《中国史稿》第一册　郭沫若主编，一九七六年人民出版社出版。本书全面系统地体现了郭沫若对中国古代社会的看法。自一九五八年起，由郭沫若主编的《中国史稿》开始编写，一九六二年曾作为大学文科试用教材印行。《中国史稿》在马克思主义指导下，把文献材料与考古学材料（包括甲骨、金文等文字材料）有机地结合起来，科学地恢复了中国古代社会面貌，为以后通史著作的编写提供了范例。

《甲骨学商史论丛》初、二、三集　胡厚宣撰。初集共四册，一九四四年

---

①　郭沫若：《奴隶制时代》，第二十五页，人民出版社，一九七三年。

齐鲁大学国学研究所(四川成都华西坝)出版,初版二百部。二集上、下二册,一九四五年齐鲁大学国学研究所出版,初版二百部。三集一册,即《甲骨六录》,一九四五年齐鲁大学国学研究所出版,初版二百部。

《甲骨学商史论丛》初集一册有徐中舒序、高亨序、缪钺题辞、自序等。书中所收论文有《殷代封建制度考》、《殷代婚姻家族宗法生育制度考》、《殷非奴隶制度论》。初集二册所收论文有《殷代舌方考》、《殷代之天神崇拜》、《殷代年岁称谓考》、《"一甲十癸"辨》、《甲骨文四方风名考证》、《论殷代五方观念及中国称谓之起源》等。初集三册收入论文有《卜辞下乙说》、《殷人疾病考》、《殷人占梦考》、《武丁时五种记事刻辞考》等。初集四册论文有《殷代卜龟之来源》、《卜辞地名与古人居丘说》、《释死》、《厦门大学所藏甲骨文字》、《读〈曾毅公君殷虚书契续编校记〉》、《甲骨文发现之历史及其材料之统计》、《引用甲骨文材料简明表》等。初集四册共四十万言。

《甲骨学商史论丛》二集上册有自序,书中收入《卜辞中所见之殷代农业》。下册收入论文《气候变迁与殷代气候之检讨》、《甲骨学绪论》、《甲骨学类目》等。二集上、下册共二十五万字。

《甲骨学商史论丛》三集为《甲骨六录》,书前有自序,所录甲骨有中央大学所藏甲骨文字、华西大学所藏甲骨文字、清晖山馆所藏甲骨文字、曾和宭氏所藏甲骨文字、释双剑誃所藏甲骨文字等,共著录甲骨六百七十片,每片甲骨都附有摹本并作有考释。

胡厚宣《甲骨学商史论丛》初、二、三集,是他彻底整理殷墟甲骨文,拟撰写《甲骨文字学》及《商史新证》等一系列专著的"轫始之工作"。他研究甲骨文,"欲免断章取义,穿凿附会之嫌,则所见材料必多。于是乃发愤搜集所有国内外公私已否著录之材料,先做一总结之研究"。为此,他"十年以来,凡已出版之书,必设法购置;其未出版之材料,知其下落者,必辗转设法,借拓钩摹。国内国外,公私所藏,虽一片不遗,虽千金莫惜。而中央研究院先后发掘所得大版碎片近三万,以工作关系,玩之尤为熟悉。迄今所得见之材料,约七八万片,以视全部材料,所差不过十之一二或二三而已"。他在当时所能见到的已出版的四十三种甲骨著录和尚未出版的二十二种甲骨拓本，特别是前中央研究院所藏科学发掘的大批甲骨材料的基础上，“对甲骨文字作一通盘总括之彻底整理”①后，完成了《甲骨学商史论丛》。《论丛》不仅材料齐备，而且引用了不少当时人们所罕见的科学发掘材料，是一部集当时甲骨文之大成的巨著。

《甲骨学商史论丛》涉及的商史范围较广。从上面所列篇目就可以看出，不仅谈到了商代社会的经济基础农业生产，而且谈到了商代上层建筑如封建制度、婚姻家族、宗法生育、天神崇拜等方面。此外，对商代的天文历法、气象和医学等方面也作了深入研究。可以说，《甲骨学商史论丛》一书涉及了商代政治、经济和文化的各个方面，是一部百科全书式的著作。书中的不少真知灼见，是在研究了大量甲骨文资料的基础上得出的，因此立论精当，历时常新，直到今天还很有参考价值。

《甲骨学商史论丛》在不少地方纠正了前人的旧说，如初集一册的《殷代焚田说》，推翻此前学者引卜辞焚字，“谓殷人为使用烧田耕作法”的成说，得出甲骨文“焚”字应为“殷人常烧草以田猎”的结论。其最有力的证据是《乙》2507。《卜辞下乙说》考定“下乙”为商王祖乙，为殷代名王，而非地名。《年岁称谓考》一文，列举卜辞称“岁”十二例，称“祀”三十三例，称“年”六例，证明商代岁、祀、年通称，从而纠正了罗振玉、董作宾等学者墨守《尔雅·释天》“夏曰岁，商曰祀，周曰年”，谓商代无年、岁之称的错误。

《甲骨学商史论丛》在不少方面有新的见解。如《殷代婚姻家族宗法生育制度考》，不仅论证了殷代早、晚婚姻制度的不同，还论证了商代已有宗法制度，已有求生典礼及生育之神，以及重男轻女的观念和子子命名的制度等。《殷代封建制度考》，论述了周代五等爵的来源、畿服说的演变。还论证了殷代制度与周代基本相近，周代各种制度当滥觞于商代。《五种记事刻辞考》及《卜龟之来源》，综合当时所能见到的有关五种记事刻辞进行全面研究，既解决了前人的争论，又考定了商代采集与贡纳龟骨的制度，以及商代的南北交通问题等等。《甲骨学商史论丛》不少论述发前人之所未

---

① 参见胡厚宣：《〈甲骨学商史论丛〉自序》，齐鲁大学国学研究所出版，一九四四年。

发,使人耳目一新。

《甲骨学商史论丛》依据对甲骨文的整理研究,还证实了我国古书有不少是可信的。如《甲骨文四方风名考证》等文,不仅据《乙》4548+4794+4876+5161论证了刘体智善斋旧藏四方风名大骨(《京》540)不伪,还论证了"自来多数学者所视为荒诞不雅驯之言"的《山海经》以及《夏小正》、《尧典》等,"其中有不少地方,亦确有远古史料之依据"①。

正因为如此,《甲骨学商史论丛》出版以后,获得了国民政府教育部"著作发明贰等奖",奖金大洋八千元。日本立命馆大学文学部白川静教授一九五三年评价说,此书是"斯学(笔者按:指甲骨学)空前的金字塔式论文集,是继董先生《甲骨文断代研究例》之后又一划时代的著作"②。《古代殷帝国》(一九五七年出版)的撰写者之一,日本爱知大学教授内藤戊申评价说,它"不是通史,但几乎包含了殷代史的主要方面,确可称为殷代研究的最高峰。由于此书,一举而确定了胡氏在甲骨学界的地位,与王国维、董作宾先生并而成为三大甲骨学者之一"③。

胡厚宣的《甲骨学商史论丛》,直到今天还是国内外甲骨学者的必读参考书。曾获日本最高国家学术功勋奖的京都大学贝塚茂树教授一九六三年在他所撰《神的诞生:中国史》一书的封首提要中说,他写此书的动机之一,就是由于"中国的甲骨学者胡厚宣发现了殷代四方神和四方风神的祈年祭卜辞"。《甲骨学商史论丛》在国内外享有极高声誉。二〇〇二年,河北教育出版社将《甲骨学商史论丛初集》(上、下)作为"二十世纪中国史学名著"丛书之一出版。

《商殷帝王本纪》 周鸿翔撰,一九五八年香港出版。书前有饶宗颐序及作者自序。全书由四部分组成:(一)夏商周帝系比较表;(二)前论(包括商殷正名,卜辞所见商先公上甲以上无征说,王亥非振说,商殷诸王系年,

① 参见《〈论丛〉高亨序》。

② 白川静:《胡厚宣氏的商史研究》下篇,《立命馆文学》一〇三号,第五十六页,一九五三年。

③ 《古代殷帝国》,第二〇二页。

卜辞所见商殷男女地位平等说,商殷诸王别名、配偶、在位年数及定都所在总表等五项);(三)本纪;(四)附图:甲骨所见商殷帝系表。

本书主体部分为本纪。作者"于本纪但求简当,于注解则力求详尽。全书体裁,以司马氏《殷本纪》、皇甫氏《帝王世纪》及两本《纪年》为经,六艺、诸子、甲骨及他史籍以至近贤论著为纬。裁断他书,缀而为文"①。古代典籍中有关商代诸王的史料,基本囊括于其中。正如饶宗颐在本书序中所指出的,"其书以经传为主,而甄采甲骨资料及诸家新说,则取其戛然可信,犁然有当于人心者,以补旧乘所不及",对商史研究有一定的参考价值。

《殷代地理简论》 李学勤撰,一九五九年科学出版社出版。全书分为三章:第一章为殷、商与商西猎区。第二章为帝乙十祀征人方路程。第三章为殷代多方。附录有殷代王卜辞分类表等。

《殷代地理简论》,是新中国成立以来出版的第一本有关商代地理研究的专著。本书有以下几个特点。其一,首先在卜辞中找出相邻近或商王所经过地名的内在联系,然后对地名加以考释和排比。正如该书序言中所说,"本书中,我们试以安阳即殷这一肯定的事实为基点,联系论述殷代历史地理及有关历史事件"。前人研究殷代地理,往往单纯、孤立地就甲骨文地名的考释和现在的地名加以比附,或根据古文献记载的三代都邑来研究甲骨文的地名,往往南辕北辙,与甲骨文地名的实际不符。郭沫若在《卜辞通纂考释》中,对殷王田猎区"衣"地在河南沁阳附近及对噩、衣、盂、雍等相邻四地进行考证,开创了运用地名之间的联系加以系统考订的方法。《殷代地理简论》就是采用这一方法对殷代地名进行考证的。有人评介说,"从学术研究的路线方向来讲,本书努力的方向还是对的"②。其二,本书对大邑商西南部狩猎区域及一些有关地名,分为凡区、敦区、盂区、邵区进行联系论述,较为详细,确定了"这些猎区是东起今河南辉县,西至山西南隅及其以西,太行山以南,黄河以北"。这"是在前人研究的基础上,又为引申了一步"③。其三,

---

① 周鸿翔:《〈商殷帝王本纪〉自序》,一九五八年。

② 许艺:《〈殷代地理简论〉评介》,《考古》,一九五九年,第五期。

③ 许艺:《〈殷代地理简论〉评介》。

书中还对一些问题进行了探索,如提出商末“十祀征人方”的应是帝乙而不是帝辛。还提出了狩猎区逐渐转为农田的变化,“盂是此区中最重要的地方,有卜受年的卜辞,所以也是一个农业区域”。古文字学家张政烺对此十分赞同,说:“关于这个问题,我完全同意李学勤同志的意见。”①此外,书中还把武丁时期的重要敌国与商王朝的战争分为早晚不同的时期等等,都是很有意义的工作。书中还提出了一些新问题,但有的论述过于简略,有的没有进行论证。此外,将征人方所至的攸的地理位置考订在大散关一带,也与学者一般认为在淮河流域不同,其方位未免相去甚远。虽然如此,《殷代地理简论》一书与陈梦家《殷虚卜辞综述》有关方国地理的章节都是研究商代地理较为有用的参考书。

近年,商代地理研究专著出版不多的情况有所改变。二〇〇二年七月,笔者的学生林欢完成了优秀的博士论文《商代方国地名研究》,孙雅冰也完成了硕士论文《商代地理研究》。二〇〇〇年宋镇豪主持多卷本《商代史》立项,林、孙二同学负责“商代方国地理”卷的撰写工作。惜林欢君英年早逝,使甲骨学商史研究失去一位有无限潜力之研究人材。林欢博士论文部分章节,答辩后被破例收入辛德永先生所编之《历史研究所集刊》之中。现“方国地理卷”只得由孙雅冰在两份论文的基础上统一、增补、提高,即将由中国社会科学出版社出版,必将在商代方国、地名研究上有所创获。为寄托对林欢的哀思和无比惋惜之情,笔者曾写文以志难忘的师生一场②。此外,李雪山《商代分封制度研究》一书于二〇〇四年十月由中国社会科学出版社出版。此书“实际涵括了商代封国、方国以及相关的分封制度两个方面内容”,“是商代方国地理和政治制度研究的重要成果”③。

《商周史料考证》 丁山撰,一九六〇年龙门联合书局出版。全书十二章:第一章,殷虚考古之鸟瞰;第二章,洹滴与商虚;第三章,盘庚迁殷以前

---

① 张政烺:《卜辞裒田及其相关诸问题》,《考古学报》,一九七三年,第一期。

② 王宇信:《寄语青年学子》,《中国社会科学院院报》,二〇〇二年十二月十日。文中发《哀林欢》小诗一首:“只爱学问不爱身,小荷露角慕泥尘。杳然烛尽诗文去,惊得朋长凄泪纷。”

③ 《商代分封制度研究》王宇信“序”。

商族踪迹之追寻;第四章,盘庚迁蒙泽武丁始于小屯;第五章,神话时代商人生活之推测;第六章,传说时代的王号与传统;第七章,武丁之武功;第八章,武丁的内治;第九章,武丁以后的诸王积年;第十章,孝己康丁之间世系补证及其大事;第十一章,武乙死于河渭之间;第十二章标题空缺,考证了商末周初文丁至帝辛时的一些人物及史迹。

此书为丁山遗著。书中搜集了大量甲骨文、金文材料以及古文献中的记载,并旁及前人的解说,论述了商、周两代,特别是商代历史上的一些问题。虽然有关甲骨材料的解说略嫌陈旧了一些,但本书资料丰富,涉及范围较广,对商史研究有一定的参考价值。

《五十年甲骨文发现的总结》　胡厚宣撰,一九五一年商务印书馆出版。全书共八章:一,引言;二,甲骨文的命名;三,甲骨文的认识;四,甲骨文出土的地方;五,甲骨文的搜购和流传;六,科学发掘的甲骨文字;七,战后甲骨文的出土和采访;八,五十年甲骨文出土的总计等等。

本书将一八九九年甲骨文出土以前的历史,和一八九九年以后的非科学发掘时期及一九二八年以后科学发掘时期出土的甲骨文及流传情况,作了详细介绍。此书及胡厚宣先生一九八四年发表在《史学月刊》第五期上的《八十五年来甲骨文材料之再统计》一文,是研究甲骨源流及甲骨学史的重要参考文献。

《甲骨学六十年》　董作宾撰,一九六五年台湾艺文印书馆出版。本书是在一九五五年出版的《甲骨学五十年》基础上增订再版的。有严一萍的后记、甲骨学五十年序、英译本编辑琐言。正文为:一,解题和概说;二,殷代文化宝库的开发;三,前期研究的经过;四,后期研究的进程;五,甲骨文材料的总估计;六,最近十年的甲骨学。书后的附录包括董作宾遗照、传略及殷墟发掘工作存真图片四十五幅。并将董作宾、胡厚宣所编《甲骨年表》及董作宾、黄然伟编《续甲骨年表》附于书后。《最近十年的甲骨学》一章,殷墟发掘工作存真图片,甲骨年表正、续是新增加的。

《甲骨学六十年》一书,详细叙述了甲骨文发现和发掘的历史,并对出土甲骨材料进行了总估计。特别重要的是,本书对甲骨学自一八九九年起至一九五五年这一段时间的研究进行了总结。并以一九二八年殷墟科学发掘工作为界,将甲骨学研究分为前后两期。前期研究的主要成就是字句的考释和篇章的通读,而后期主要成就是分期的整理和分派的研究。这是非常概括并准确的。本书还为今后的甲骨学研究指出了方向:“瞻望甲骨学之前途,结集资料第一,次为缀合复原,又次为索引工具之编纂,而研究方法,除依旧分期、分类,而更注意于‘分派’观察,进以时日,甲骨之学,庶几可能有正确之结论乎!”

书后的《甲骨年表》,是在一九三〇年《年表》的基础上“增订重编”的,起自一八九九年,止于一九三六年。而《续甲骨年表》,则起自一九三七年,止于一九六一年。表中共分三栏,一栏为纪年,二栏为记事(包括甲骨文发现、流传及研究撰述情形),三栏为撰著(详列中外学者甲骨文专著及论文)。总计《甲骨年表》记事栏共录九十七条,撰著栏共录三百三十三条(订补原表记事栏二十九条,撰著栏八十四条)。一九三〇年七月以后至一九三六年,原年表上没有,现增加记事栏二十三条,撰著栏一百八十七条。《续甲骨年表》记事栏三十六条,撰著栏五百七十二条。自一八九九年以来甲骨学研究的大事及撰述在《年表》及《续年表》中都有所反映。

总之,《甲骨学六十年》是甲骨学大师董作宾对甲骨学研究六十年,特别是前五十年,所作的高屋建瓴式的总结。甲骨学研究不少重大成就的取得,都和董氏本人有着密切的关系。正如严一萍在序中所说,“五十年来,经过无数学者的钻研努力,而能够提纲挈领建立起甲骨学体系的,惟有彦堂先生。第一,如果没有贞人的发见,就不能作断代的区分。第二,如果没有殷历谱的建立,就没有正确的殷商年代;也不会知道礼制上的新旧分派。今天十万片甲骨离不开这个体系;也就是甲骨已经有了成为一种专门学问的基础”。因此,《甲骨学六十年》一书,“对于学术界,将不仅是过去甲骨学研究的总报告,而更是今后研究甲骨学的指程碑”。

《建国以来甲骨文研究》 王宇信撰,一九八一年中国社会科学出版社出版,一九八二年重印。书前有胡厚宣序、李学勤序。全书共八章:第一章,建国前五十年甲骨文发现和研究的回顾;第二章,建国以来的甲骨文发现和著录;第三章,建国以来的甲骨文研究;第四章,建国以来的甲骨文研究和考古学;第五章,建国以来的甲骨文研究和历史学;第六章,建国以来的甲骨文研究和古代科学技术;第七章,郭沫若对甲骨文研究的卓越贡献;第八章,三十年来甲骨学的进展与我国甲骨文研究的展望。书后有附录,一为甲骨文主要著录及其通用的简称,二为建国以来甲骨文编年论著简目(一九四九年至一九七九年九月),三为建国以来甲骨文作者论著简目。

新中国成立以来,是我国甲骨学研究在历史唯物主义指导下,取得深入发展的时期。"本书就是为了概要介绍这一新时期甲骨文的发现和研究的重要成就而作"①。胡厚宣先生在此书序中说:"我们必须全面地继承前人研究的科学成果,并在前人研究的基础上不断有所发现,有所发明,有所创造,有所前进。随着《甲骨文合集》一书的出版和今后研究工作的深入,我们就十分需要对建国以来甲骨文研究作一全面的总结并对在哪些方面取得了科学的结论,哪些问题正在探索,哪些问题则刚刚提出等等有所了解"。"这本《建国以来甲骨文研究》,虽然不能说对三十年来甲骨文研究成果面面俱到,但甲骨学界所取得的主要成果及提出的一些主要问题基本已概括于该书之中"。"就从本书的内容方面来说,对研究甲骨学、古代史、考古学和科技史等方面的学人也有一定的参考价值"。李学勤则在序中指出,"对于有志涉猎甲骨学这一园地的人们,王宇信同志这部书是很好的导游图,值得竭诚推荐。书中不仅对甲骨学近三十年的成果进行概括,而且提出了甲骨学研究未来方向,所以即使是对这门学科已经相当熟悉的读者,从这部书也可以得到很大的启发"。书后的论著简目,收入了从一九四九年至一九七九年国内出版的重要甲骨学论著,特别是将有关作者论著与胡厚宣的《五十年甲骨学论著目》相接,为研究者提供了查阅时的方便。美国加州大学伯克利分校历史系教授吉德炜一九八二年在《哈佛大学亚洲研究杂志》四二卷一期上评价说,"《建国以来甲骨文研究》一书,为一九四九年以来甲骨学的研究作了非常宝贵的总结","具体包含了中国甲骨文研究

① 王宇信:《建国以来甲骨文研究》,第二页。

的现状,条理清晰,颇有见地,书中论述精彩,富有指导意义;它的文献目录是令人鼓舞的,我高度地评价这本书,并向读者推荐它"①。

《殷墟卜辞研究——科技篇》 温少峰、袁庭栋撰,一九八三年四川省社会科学院出版社出版。全书共分八章,分别论述甲骨文材料所反映的商代天文学、历法、气象学、农业、畜牧、交通与驿传、医学、手工业等方面所取得的成就。这本书结合自己的研究心得,综述近年甲骨文研究中所反映的殷代科学技术成果,"尽可能地将前辈师长与并世学人的重要成果加以概括,择善而从。在这一过程中,我们当然也不免要对许多问题提出我们的看法,揭示新材料,给以新的解决,并提出新问题"。"本书中引用了一千多条有关科技问题的卜辞材料,并进行了释读","目前卜辞中有关科技问题的重要材料应当说'大体如斯'了"。《殷墟卜辞研究——科学技术篇》,是一本专门论述商代科学技术成就的综述之作,它既反映了商代科学技术的发展,也反映了利用甲骨文材料研究古代科学技术史的进程,对研究我国古代科技史有一定的参考价值。

第四节　重要的工具书与入门著作

甲骨文工具书,是甲骨学科学成果的反映和总结,是甲骨学深入发展所需要的。甲骨学入门著作,则普及甲骨学知识,宣传学科本身的成就和价值,是培养和造就更多的甲骨学研究后备力量,保持甲骨学研究队伍的青春,和增强甲骨学研究队伍活力的重要保证。一百多年来,不少学者在这些方面做了大量工作,受到初学者的尊敬。他们的有关著作,在甲骨学史上也占有一定地位。

《甲骨文编》 中国科学院考古研究所编辑,一九六五年中华书局出版。本书是孙海波一九三四年出版的《甲骨文编》的改定本,内容有所增

① 引自[美]戴维·恩·凯特利:《评〈建国以来甲骨文研究〉》,译文载《历史教学》,一九八二年,第十一期。

益，体例亦经改订。这次编辑出版，充分利用了已经著录的四十一种甲骨书中所刊布的资料，正编共录定一千七百二十三字（见于《说文》的有九百四十一字），附录共收入二千九百四十九字，全书共计收入甲骨文单字四千六百七十二个。可以说，所见甲骨文已经释定和未能释定的单字，基本已经齐备了。《甲骨文编》在文字的考释方面也采纳了很多新成果。虽然只有九百多个字是可以确认的，但较原本只能辨认五六百字，已经增加了很多。本书正编所收单字，依《说文》部首顺序编为十四卷。正编之后为合文及附录（上、下）、检字等项。检字以隶定字笔划为序，并注明所见卷、页，便于查找。《甲骨文编》是目前收字较多，便于历史、考古学者研究查考的工具书。

《古文字类编》　高明编纂，一九八〇年由中华书局出版。本书分为三编，第一编为古文字，第二编为合体文字，第三编为徽号文字。第一编分为四栏辑入文字，第一栏为商周时代的甲骨文；第二栏为商和西周时期的金文；第三栏为春秋、战国时代的石刻、竹简、帛书、载书、符节、玺印、陶文、货泉文等；第四栏为秦篆。所收文字主要为现已考定者，大体以时代先后顺序在各栏内排列，以便于观察每字在不同时期字体的演变。本编共收入单字三千零五十六个。第二编为合体文字，分甲骨文、铜器铭文、盟书及其他刻辞三栏，共收合文三百零四种。第三编为徽号文字，分甲骨文、铜器铭文两栏，共收徽号五百九十八种。此外，书后还有引书目录、引器目录及以笔划为序编制的文字索引。

《古文字类编》，是一部综合先秦文字的很有价值的工具书。首先，该书收入可识之字已达三千，反映了多年以来考古发现新材料和研究的最新成果。如所周知，《甲骨文编》收入正编的可识字仅九百多个。《金文编》、《古玺文字征》、《古陶文舂录》、《陶文编》等书收入可识的字共约二千三四百个。而《古文字类编》一书所收可识之字已超过了上述各书可识之字的总和，可以说本书是对古文字研究的总结性著作。其次，本书分栏分期编次不同时代、不同时期的古文字，这就“很自然地显现出许多汉字的发展过程和演变情况，可以从中总结许多带有规律性和普遍性的理论问题”①。

---

①　高明：《〈古文字类编〉序》，中华书局，一九八〇年。

与《古文字类编》性质相近的书,还有徐中舒主编的《汉语古文字字形表》,线装本于一九八〇年,标准本于一九八一年由四川人民出版社出版。

《甲骨文字集释》 李孝定编述,八册,一九七五年台湾"中央研究院"出版。本书第一册为卷首,包括屈万里序、张秉权序、自序、凡例、正文目录、补遗目录、存疑目录、索引、诸家异说索引、后记及第一卷。第二册至第七册为正文二至十三卷。第八册为正文十四卷及补遗、存遗、待考各一卷。

本书与《甲骨文编》及《续甲骨文编》虽然所收文字皆依《说义》顺序编次,但前二书"但列各字异体,不著各家说解之辞",因此"学者欲究某字何以释某,初释其字者何人,至何人而成定谳,凡此,皆不克于二书得之也①。"《甲骨文字集释》,则将每一甲骨文字的有关各家解说详列于后,并加编者按语,从而解决了这一问题。

考释文字的论著,专书出版较少,且印数不多,很难寻觅。虽然论文发表较多,但散见各种报刊杂志,很难搜集齐备。《甲骨文字集释》将各种专书及散见于报刊的有关文字考释论文的要点广为收集,类次于有关文字之下,为研究者提供了极大方便。可以说,《甲骨文字集释》是一部集七十多年甲骨文字考释之大成的巨著。

总之,《甲骨文字集释》"定论歧说骈列,省检索之劳"。它"既可为初学者升堂之阶,又足为绩学商兑之资"②,将对甲骨学研究的发展产生重要影响。

但也应该指出,此书搜集各家的考释不够齐全,引摘各家说法亦有不少错字、丢句或出处遗漏处。这些,是使用此书时应该注意的。

《五十年甲骨学论著目》 胡厚宣编,一九五二年中华书局出版,一九八三年中华书局重印。书前有序言、略例。正文分为八类:发现、著录、考释、研究、通说、评论、汇集、杂著等。每类之中,又根据情况再分为若干项。本书自第一部甲骨著录《铁云藏龟》出版的一九〇三起至一九四九年为止,共收论著八百七十六种,其中专书一百四十八种,论文七百二十八种。涉

---

① 参见《〈甲骨文字集释〉屈万里序》,台湾"中央研究院",一九七五年。

② 参见《〈甲骨文字集释〉屈万里序》。

及的中外甲骨学者二百八十九人，其中我国学者二百三十人，国外学者五十九人。编有作者索引、篇名索引、编年索引等，据此可从不同角度查找有关论著出版情况。

此书总结了甲骨文一八九九年发现后五十多年间发表的有关论著，对甲骨学者、历史学者和考古学者很有参考价值，对初学者也是一本重要的工具书。

一九四九年至一九七九年的甲骨学论著目有王宇信《建国以来甲骨文研究》一书的附录二及附录三；肖楠的《甲骨学论著目（一九四九——一九七九）》（载《古文字研究》第一辑，中华书局，一九七九年）及本书之附录《甲骨著录目》。

《百年甲骨学论著目》　宋镇豪主编，宋镇豪、常耀华编纂，语文出版社一九九九年七月出版。

《百年甲骨学论著目》，全书一五九六页，共收入甲骨论作一万零九百四十六种，共分十项：一、甲骨发现。二、甲骨综论。三、甲骨著录。四、甲骨研究。五、专题分论。六、甲骨类编。七、书刊评介。八、其他杂著。九、学人传记。十、附录，每项中再细分若干小类录入。书前有王宇信、杨升南的“甲骨学一百年”成果总序、主编宋镇豪的序、凡例等。在这一万多种甲骨学论作之后，该书作者还作有“编年索引”、“作者索引”、“篇名索引”等，可据年代查找发表的该年论作，也可据作者姓氏笔画和篇名的笔画查找有关人的著作，或已知篇名的作品发表年代、刊名及作者等，使用时极为便捷，为研究者提供了极大方便。

一八九九年甲骨文发现以后的一百年，经过几代海内外学者的不懈努力，取得了辉煌的成就，并成为一门国际性的学问。前辈学者对甲骨文奥蕴的锲而不舍的追求和探索，推动着甲骨学研究的不断前进。百多年来出版的上万种甲骨学论作，也和面世的十几万片甲骨文一样，成为中华文化宝库中熠熠发光的瑰宝。因此，《百年甲骨学论著目》的出版，是一百年来甲骨学发展的一个重要总结。

为了展示甲骨学研究成果，掌握学科发展动向，以期在前人研究的基础上有所创新和不断前进,不少著名学者都十分注意论著目工具书的编纂工作。胡厚宣教授《五十年甲骨论著目》就是集一八九九年至一九四九年甲骨学成果之大成的经典著作。宋镇豪的《百年甲骨学论著目》,则在时间范围上、篇目数量上、作者的广泛上较《五十年甲骨学论著目》更上一层楼,成为当今海内外治甲骨学、殷商文化学者的必备工具书。

当今已进入信息化的时代,知识"爆炸",新一代甲骨学者已经崛起。不断涌现出的新人和他们不断问世的新作,散见于海内外各种学术刊物、报纸和出版社,凭学者个人之力,要想掌握全面的甲骨学研究信息相当困难。宋镇豪的《百年甲骨学论著目》,把自一八九九年甲骨文发现以来直至一九九九年六月一百多年的已发表的甲骨学、殷商文化论著收集为一编,是大有益于研究者参考的功德无量的善事。《百年甲骨学论著目》所收集甲骨论作,不仅见于大陆各种学术刊物,还有较难见到的港、澳、台地区的出版物。此外,日本、美国、加拿大、英国、法国、德国、意大利、比利时、荷兰、瑞士、瑞典、俄国、匈牙利、澳大利亚、韩国、新加坡等十多个国家发表的不同语种的有关甲骨学论著,《百年甲骨学论著目》也加以搜集辑入。因此可以说,一部《百年甲骨学论著目》在手,便可综览世界甲骨学风云,极大地便利了学者的研究工作。

据《百年甲骨学论著目》统计,一百年来有关甲骨论著超过一万种,作者队伍达到三千八百三十多人。发表甲骨学论作的学者,中国(大陆、香港、台湾)有三千三百三十二人,而国外十四个国家和地区的研究者达五百零二人。后五十年(一九四九年至一九九九年),甲骨学研究论作较前五十年(一八九九年至一九四九年)大有增长,"几超出前五十年的十倍强"。研究队伍也在日益扩大,"本国人数约增加十三点五倍,国外则增加约七点五倍,国别又增加了七个"。这反映了甲骨学这门国际显学的兴旺发达,代有传人。

《殷虚卜辞综类》 日本岛邦男编纂,一九六七年汲古书院出版,一九七一年增订出版,一九七九年增订版第二次印刷。

本书将六十三种甲骨著录中的卜辞逐条按内容分类编次,是一部大型的甲骨资料书。全书共确立一百六十四个部首，部首后的卜辞按时代顺序排列。部首凡经前人释定的，都注明汉字，并在其上标明该字在《甲骨文字集释》中所出现的页数，便于读者查找诸家对此字的说解。书后有检字索引、释字一览，可据所注页数查找书中所列卜辞全文。书后还有按笔画多少为序编制的汉字索引，每字下也都列有本书页数和《甲骨文字集释》页数，既可在本书中查找有关卜辞，又可在《集释》中查找各家对此字的考释。

《殷虚卜辞综类》材料丰富，内容集中，索引方便，是一部对甲骨学和商史研究极有参考价值的大型工具书和资料书。

《殷墟甲骨文简述》　孟世凯著，一九八〇年文物出版社出版。此书简明扼要地总结了八十多年来甲骨文发现和研究的情况，特别是甲骨文中所反映的阶级关系、农业畜牧业、田猎、气象、天文和历法、疾病等方面所取得的研究成果，对初学者了解甲骨文的发现情况和甲骨文的内容有一定的参考价值。

《甲骨文史话》　肖艾著，一九八〇年文物出版社出版。本书概要地叙述了甲骨文发现和研究的历史，并介绍了王国维、罗振玉、董作宾、郭沫若、唐兰、于省吾、陈梦家、胡厚宣等前辈学者对甲骨学研究的贡献。文字简明流畅，叙述生动活泼，是初学甲骨者了解甲骨学史的入门读物。

《中国甲骨学史》　吴浩坤、潘悠著，一九八五年上海人民出版社出版。本书虽名为《中国甲骨学史》，但主要在于讲述甲骨学基本知识。胡厚宣先生在本书序言中所说："对于初学来说，要读通《合集》和掌握第一手珍贵史料，非要先认识甲骨文字和具备必要的甲骨学知识不可。现在要想学甲骨文的青年是那么多，就是苦于没有适当的参考书。陈梦家先生的《殷虚卜辞综述》是有一定见解和一定深度的一部巨著，可惜不少青年看不懂。"吴浩坤、潘悠的《中国甲骨学史》，"正可应青年学习甲骨文的急需。"

《古文字学初阶》　李学勤著，一九八五年中华书局出版。本书涉及古文字的各个学科，包括甲骨、金文、战国文字、简牍等方面的内容。还谈到了考释古文字的方法以及古文字的入门必读书目等。有专章介绍甲骨学的基础知识。特别是《十五个课题》一章，专门提出了甲骨学研究中应注意的几个问题,如“根据实物的观察,结合文献去揭示卜辞的文例”;“甲骨文的分期研究,目前讨论非常热烈”;“甲骨的缀合和排谱,也是整理工作不可缺少的环节,现在还有许多事情可做”;“商代历法的研究,很需要开展”;“卜辞地理的研究,应该从头做起,对过去的成果要重新加以审核”等等,不仅为初学者指出了今后研究的方向,而且也是甲骨学界应认真加以研究和探讨的重要课题。

此外,介绍甲骨学基础知识的论著还有:仁言(王宇信)的《殷墟甲骨文基础七讲》,连载于《殷都学刊》一九八五年第一至四期。游寿的《殷契选释》,一九八五年由黑龙江人民出版社出版。后一书选有甲骨卜辞辞条和甲骨摹本,并有释文,可互相参照。书后附有字形表,还将甲骨文与金文、说文古文及三体石经相对照。王明阁的《甲骨学初论》,一九八六年由黑龙江人民出版社出版。此书分总论、释字、解辞、考史等四部分,是作者“讲授有关甲骨学和古文字方面课程的讲稿”,“在边教学边修改的过程中增订而成的”①。此外,范毓周的《甲骨文》,一九八六年由人民出版社出版。这些论著,对甲骨初学者都有一定的参考价值。

《甲骨学一百年》 王宇信、杨升南主编,参加撰写者有王宇信、杨升南、孟世凯、常玉芝、宋镇豪等。全书共一百六十余万字,一九九九年八月由社会科学文献出版社出版。

一八九九年殷墟甲骨文的出土,是我国近代学术史上的大事。经过几代海内外学者的努力,甲骨学经历它发展道路上的“草创时期”、“发展时期”和“深入发展时期”,已成为一门成熟的学科,并取得了辉煌的成绩。迄今已出土的十万多片甲骨文,珍藏在我国二十五个省市自治区的四十一个城市和台湾、香港地区。此外,日、美、英、加、法、俄等十二个国家的博物馆也都有收藏。我国的甲骨文与古埃及的纸草、巴比伦的泥版文书相辉映,成为世界文明宝库中的瑰宝。而中外三千多名学者的锲而不舍追求和凝聚着他们心力的上万种甲骨学著作,不仅推动了甲骨学研究取得今日的成

① 王明阁:《〈甲骨学初论〉后记》,黑龙江人民出版社,一九八六年。

就，而它们本身也将成为中华民族学术宝库中的珍贵财富。

为了全面地继承和弘扬前辈学者留下的宝贵精神财富，并以前辈学者们所取得成就“最前进的一线为基点而再出发”，去创造新一百年研究的辉煌，王宇信、杨升南提出了国家重点课题《甲骨学一百年》。本课题就是为了在世纪之交，对已经过去的甲骨学一百年，进行全面而科学的总结。

《甲骨学一百年》全书共分十五章，其具体的写作分工情况是：

第一章	绪论	王宇信
第二章	百年出土甲骨文述要	孟世觊
第三章	甲骨学研究基础工作的不断加强	孟世凯
第四章	甲骨文的考释及其理论化	宋镇豪
第五章	甲骨文的分期断代	王宇信
第六章	甲骨占卜和卜辞文例文法(上)	宋镇豪
第七章	甲骨占卜和卜辞文例文法(下)	宋镇豪
第八章	甲骨学研究的新发展——西周甲骨分支学科的形成	王宇信
第九章	前辈学者的成果和经验，是可资借鉴的文化遗产	王宇信
第十章	学科成果的不断认识和总结，指导和推动了研究的发展	王宇信
第十一章	商代社会结构和国家职能研究	杨升南
第十二章	商代社会经济研究	杨升南
第十三章	商代宗教祭祀及其规律的认识	常玉芝
第十四章	关于商代气象、历法与医学传统的发掘与研究	常玉芝
第十五章	新世纪甲骨学研究的展望	王宇信
附录一	甲骨学大事记(一八九九至一九九九)	王宇信辑
附录二	甲骨文著录目及简称	王宇信辑
后记		王宇信、杨升南

《甲骨学一百年》课题所谓的“全面科学”总结,既包括学者所说的“狭义的甲骨学特指甲骨及其文字本身的研究”,即有关甲骨文字考释成果、文字学理论的探讨和甲骨自身规律的探索与抉发。也包括“广义的甲骨学”,即学者所说的“举凡以甲骨文为材料论述历史文化者皆得纳入”。课题的研究成果所形成的《甲骨学一百年》专著,既从“狭义的”,也从“广义的”甲骨学角度,对过去的一百年甲骨学研究进行了系统而科学的总结。

甲骨学一百年间,名家辈出,论作如林,特别是自一九四九年以来,发展更为迅速。对百年来的甲骨学研究进行总结,将使我们在新的一百年研究从理论上、方法上、规律上的探索更为明确和自觉,避免盲目和重复,使甲骨学研究更上一层楼。因此,《甲骨学一百年》对百年来甲骨学研究不同阶段的每一项成就的取得,力图从发展的角度予以论述。即讲清问题是怎样提出的,又是怎样展开研究,并逐渐取得较为一致的结论性意见的;而对一些尚在进行讨论的问题,则尽量客观地摆出讨论各方的意见,以供学者分析、判断、思考和研究。

由于材料的增多和历年来甲骨学研究的发展,一些传统的看法和结论受到了挑战和检验。前辈大师们把甲骨学研究看成是“新兴的一种学科,它是在时常变迁着的”。研究的每个进展都“差不多常常是今日之我在和昨日之我作斗争”。这就是学者不断超越自我,把甲骨学研究引向深入的过程。因此,《甲骨学一百年》也注重对前辈学者取得成功的规律性的东西加以总结,这对今后开创甲骨学研究新局面大有裨益。

百年来的甲骨学研究,由于学者们的不断开拓和创新,已涉及中国古代文化研究的各个方面。谁要研究中国的古代历史文化,就必须对甲骨学有一定的知识已经成为许多学者的共识。因此,对多学科利用甲骨文,发掘中国古代优秀文化遗产所取得的成就加以总结是很有必要的。《甲骨学一百年》在这方面也花费了很多力气,力图对有关问题的研究和阐述从资料上、观点上能有新的前进。

近百年来的甲骨学辉煌成就的取得,是中国学者和海外学者共同努力的结果。因此,《甲骨学一百年》在写作过程中,在充分反映中国大陆学者的研究成果及贡献之所在的同时，对外国学者的有影响著作及其贡献，也予以足够的叙述。而我国台湾地区学者所取得的成就，对推动甲骨学研究的发展也有重要贡献，《甲骨学一百年》对此也花了很多笔墨。

总结是为了更好地推动研究的前进。《甲骨学一百年》各章节对有关研究课题的阐述，在得出结论性的意见的同时，对相应的课题也作出了开拓性的展望和可操作性的预测。《甲骨学一百年》的最后一章，就是在前述各章的基础上，提出新世纪甲骨学研究的展望，显示了甲骨学发展的持续性和开拓性。

《甲骨学一百年》出版以后，受到了海内外学者的重视和好评。该书在一九九九年八月二十日至二十三日河南安阳举行的"纪念甲骨文发现一百周年国际学术研讨会"上首发时，著名甲骨学家林沄认为其"比五六年陈梦家的巨著《殷虚卜辞综述》要上了一个新台阶"。台湾著名甲骨学家钟栢生在《中国文字》（新二十五期，艺文印书馆，一九九九年十二月）上发表了《〈甲骨学一百年〉书评》，认为此书与陈梦家《殷虚卜辞综述》，"合读则可综览甲骨学这条学术大河的全貌"；一个世纪以来，甲骨"学者大量投注心血的成果，笔者认为由两本综合性的大书得以窥知"。一年以后，著名学者朱岐祥也在《中国文字》（新二十六期，艺文印书馆，二〇〇〇年十二月）上发表《评〈甲骨学一百年〉》，认为此书"对于甲骨的研究不但有总结之功，而在若干课题上更有开创的价值"，并指出此书的影响："想必能吸引无数的后学投身于此一显学研究行列之中。它的影响当在下一个世纪逐渐开花结果"。韩国教育部组织专人将《甲骨学一百年》译成韩文。译者河永三教授告之笔者，翻译工作已告竣，并由教育部指定出版机构印制，韩文译本《甲骨学一百年》可望于二〇〇九年面世。《甲骨学一百年》还先后获第九届"五个一工程"一等奖及第五届国家图书奖的提名奖等国家多种奖项。

一九九九年以后，甲骨文又屡有出土，甲骨学研究不断有新的进展。宋镇豪、刘源二〇〇六年三月由福建人民出版社出版的《甲骨学商史研究》一书，就是追踪甲骨学发展的前沿之作。诚如作者在"绪论"中所说，"本书与从前综述甲骨学殷商史研究成果的专著不同，并未逐一介绍该学科各个专题研究的状况,只圈定了几个从前没有深入评述过的重要课题,并容纳新发现、新材料和众多最新论著(包括博士学位论文)于其中。在一定程度上,读者可以把本书看作《甲骨学一百年》的补充和阶段性的续篇";王宇信、徐义华收入"二十世纪中国文物考古发现与研究丛书"的《商周甲骨文》,于二〇〇六年七月由文物出版社出版。该书最大的特色,是认为把传统的一九四九年以后的甲骨学研究,统称之为一个"深入发展阶段",不能反映六十多年甲骨学研究发展的阶段性特点,应进一步细分为"深入发展阶段"(一九四九年至一九七八年)和"全面深入发展阶段"(一九七八年至今),并系统地对两个不同阶段的甲骨文发现、著录和研究的进展进行了论述。此书是首次对新中国甲骨学研究发展阶段性予以全面论述的著作。

第五节　日本出版的几部重要甲骨学著作

近百年甲骨学研究取得的辉煌成就,是几代中国学者和外国学者共同努力的结果。而日本学者对殷墟甲骨文的研究,更是倾注了极大的热情。不少老一辈的日本学者老当益壮,笔耕不辍,推出了他们总结性的巨著。而年青一代的学者,也不断以他们富有新意的论文而崭露头角,反映了日本甲骨学商史研究的繁荣。前些年面世的《甲骨文字字释综览》(松丸道雄、高岛谦一)、《中国古代文化研究》(英文版,伊藤道治、高岛谦一)、《关于中岛玉振旧藏甲骨片》(荒木日吕子)和成家彻郎《甲骨文研究日本人著作目录》等书,是日本学者在甲骨文字研究、甲骨文与商史研究和甲骨文著录等方面的最新成果,引起了甲骨学界的重视。

承蒙日本朋友们的慷慨,笔者自一九九五年以来有幸陆续先睹上述大著。拜读以后,颇受教益。现把这几部著作略作介绍,以飨关心甲骨学发展的同行朋友们。

一、 甲骨文字考释的集大成著作

松丸道雄和高岛谦一教授的大著《甲骨文字字释综览》(日本东京大学

出版),是一部集近百年来甲骨文字考释之大成的巨作。

之所以这样说,是因为甲骨文字的考释,乃甲骨学研究的基础工作。一八九九年甲骨文被王懿荣鉴定、购藏以后,一九〇三年《铁云藏龟》问世,就有学者开始了甲骨文字考释工作,这就是一九〇四年孙诒让撰写的《契文举例》。但甲骨文毕竟去古已远,再加上材料的局限,学者们对甲骨文字的识读存有很大难度。直到罗振玉一九一一年《殷虚书契》出版时学术界还是处于"书既出,群苦其不可读也"(《后编》序,一九一六年)的状况。由于罗振玉、王国维、叶玉森、商承祚、郭沫若等前辈学者的努力,甲骨文字逐渐被破释,甲骨文字研究走过了它"识文字,断句读"的阶段。

郭沫若曾深有体会地说:"卜辞研究是新兴的一种学问,它是时常在变迁着的。以前不认识的事物后来认识了,以前认错了的后来改正了。我们要根据它们作为社会史料,就应采取'迎头赶上'的办法,把它最前进的一线作为基点而再出发。"(《郭沫若全集》(历史编)第二卷,第七一八页)甲骨文字的考释也是如此,随着新材料的增多和研究方法的日趋臻密,一些释错了的字渐被改正,而一些众说纷纭的字识读日趋一致。虽然如此,仍有一些字需做进一步研究,才能成为定论。也还有不少的字,需要做出考释。这就需要学者全面掌握前人的研究成果,既可从中受到启示和教益,又可避免重复性劳动,从而在此基础上前进一步,得出更为科学和合理的解释。

应该说,一九三三年叶玉森出版的《殷虚书契前编集释》,就是一部反映当时学者关于甲骨文字考释成果的汇释性著作。此书以《殷虚书契》所收拓本为纲,按片、按字列举前人成说及叶氏自己的研究心得而成,但还不是按一定序列部居文字的专门字书;而同年出版的朱芳圃编纂的《甲骨学文字编》(十四卷),则是专门的字书了。该书按《说文》顺序部居甲骨文字,并在摹写的甲骨文字下标有出处,其后列有各家对此甲骨字的考释,反映了甲骨学研究草创时期的文字考释成果和水平。此后,由于殷墟科学发掘所得甲骨的增多和研究的加强,甲骨文字考释的论文和专著有了较大的增长。一九六五年台湾李孝定教授编纂出版的《甲骨文字集释》,总结了甲骨文发现六十多年来文字考释的成果。此书在国内外行用颇广,推动了甲骨文字研究的发展。

在当前,学者凭个人之力,想要全面掌握海内外的甲骨文字研究成果是很困难的。松丸、高岛二位教授的《甲骨文字字释综览》,就满足了学术界的这一要求。此书全面收集了一九八八年以前,中国、日本和西方甲骨学者近五百多人所撰述的有关甲骨文字考释的论述,约有一千六百多种,并按文字将有关考释著作列于其后,供学者研究时检索。

《甲骨文字字释综览》书前有松丸道雄教授的"序"和全书的"凡例";主要部分为"字释综览"。"综览"按《甲骨文编》的收字顺序部居甲骨文字,共十九篇。其中第一篇至第十四篇为单字,第十五篇为合文。第十六篇、第十七篇为《甲骨文编》未释字,第十八篇为《甲骨文编》所无字,第十九篇为《甲骨文编》和《殷虚卜辞综类》所无字;另有"文献目录"、"字释索引"、"《甲骨文编》内相关番号检索表"、"《殷虚卜辞综类》《甲骨文编》检索表"、"后记"等项。松丸、高岛二教授精心编制的这部七百三十多页的甲骨文字煌煌巨典,有下述几个特色:

首先,该书全面反映了甲骨文字考释的来龙去脉和研究成果,显现了九十多年来文字研究的发展轨迹。本书"字释综览"所列各个栏目有"《文编》字号"栏、"《综类》部首及字栏号"、"甲骨文字(原篆)"栏、"字释"栏、"参考(即说解)"栏、"出典(即有关学者论著)"等六项。我们不妨以该书所列第八字"下"为例说明之:

文编	综类	甲骨文字	字释	参　考	出　典
0008	014—002		下	⌒ ⚍	罗振玉 1915 : 2 • 13b * 1 • 0035
1 • 3			下	地の诸祇の总称	赤塚 1964 • 101
			下		李孝定 * 1 • 0035
			下	先五或は河なごを指す	伊藤 1975 : 35—36, 50
			下		白川 1976 : 12—13
			下		姚孝遂 1983 : 96
			下		林沄 1986 : 21
			下		裘锡圭 1988a : 105—106

我们从表上“出典”栏所列作者姓名及著作年月，就可看出收列学者著述自一九一五年罗振玉出版的《殷虚书契考释》第二卷十三页对“下”字进行说解起，直到一九八八年裘锡圭在《文字学概要》第一〇五至一〇六页的有关“下”字说解。而＊号者，即为《甲骨文字集释》第一卷所收第三十五页“下”字的集释。《甲骨文字字释综览》所列其他甲骨文字均依此表之例。总之，《综览》一书关于甲骨文字的“参考”及“出典”，全面反映了九十年甲骨文字研究的成果和由表及里的发展轨迹。

其二，《甲骨文字字释综览》的第十六、十七篇，所收为《甲骨文编》所未释字。第十八篇，是《甲骨文编》所未收字，但见于《殷虚卜辞综类》。第十九篇，则是《甲骨文编》和《殷虚卜辞综类》所没有收录的甲骨文字。我们可以看到，《甲骨文字字释综览》第十六、十七篇的有关甲骨文字的“字释”、“参考”、“出典”，将学者们近年对《甲骨文编》作为“附录”而无说解一批文字的研究成果列入。而十八篇、十九篇，将《甲骨文编》和《殷虚卜辞综类》所失收的甲骨文字，也按“《综类》（或《综类》部首）”、“甲骨文字”（或“论者摹本”）、“字释”、“参考”、“出典”等栏目加以系统整理并纳入，反映了自一九六五年《甲骨文编》出版以后，学者们在甲骨文字考释方面所作的努力和研究。虽然其中还有不少未成定论并有待进一步考证的字，但毕竟为学者们今后的研究提供了信息和启示。

其三，《甲骨文字字释综览》一书的“字释综览”五百多页，几占全书三分之二以上的篇幅，其所列文字的“字释”、“参考”、“出典”，是九十年来甲骨文研究的集大成之作。不仅如此，《综览》书后的几个附录，诸如“文献目录”、“《综类》《甲骨文编》检索表”等，将《甲骨文编》、《殷虚卜辞综类》及《甲骨文字集释》等几部有影响的大型工具书与《甲骨文字字释综览》融为一体并互相参照，相得益彰。可以毫不夸大地说，《甲骨文字字释综览》也集了几部此前出版的大型甲骨文文字字书之大成。本书的“文献目录”，按姓氏笔画（另有英文字母顺序）排名，把近五百名甲骨学者近一千六百种中外文著作再按年排列于每位作者之后。读者从“字释综览”的“出典”栏所列的人名及著作年代，就可在“文献目录”中查到有关著作的篇名。而通过“出典”栏内标明的《甲骨文字集释》卷数及页数,读者可查找《集释》所收各家对此字的论说,这就使《集释》成为《综览》“参考文献”的有机组成部分了。

本书的“《综类》《甲骨文编》检索表”,依据即将再版的《综类》一书的“部首番号”,把该部出现的甲骨文字再编以字号列次,其后再列《文编》所见与此字相关字的字号。如:

001	[illegible]		(《综类》部首番号一览)
—001	[illegible]	1	0064、0986、1009、1024、1048、1058、4280、5541
—002	[illegible]	5	1024
……	……	……	……
(《综类》人部下之字号)	(甲骨原篆)	(《综类》所现页号)	(《文编》字号)

这个“检索表”说明,《综类》001 人字部下的第—001 字是 [illegible] 字,有关人字的卜辞可在《综类》第一页查到,而与“人”字有关的字,为《甲骨文编》0064 号……5541 号等;而《综类》第—002 字为 [illegible],在此书第五页可查到与“匕”有关的卜辞。而与“匕”有关的文字,《文编》所编字号为 1024。如此等等,《综类》的卜辞辞条,就与《文编》的甲骨文字对应起来了。此外,前文所举“字释综览”表中之“下”字,第 0008 为《文编》字号,其 1 · 3 为一卷三页。014 为《综类》所排“下”字的部首号,该部的—002 号字即为“下”字。《字释》也是将《文编》与《综类》互相参照的。

正因为《甲骨文字字释综览》一书集几部大型工具书之大成,所以学者研究文字时,既可知前人考释成果,又可将此文字在各条卜辞出现的位置和作用查明,从而得出正确的取舍并发现思考问题,进而作更为深入的研究。

编纂大型的甲骨文字字书,首先遇到的最重要问题是辑字的体例。近百年来编纂甲骨字书,多是按《说文》体例类次甲骨文字,如《甲骨文编》等书即是。但日本学者岛邦男氏摆脱《说文》体系,另立自然分类法,依类部居甲骨文字,也产生了很大的影响。姚孝遂、肖丁主编的《殷墟甲骨刻辞类纂》和一九九六年于省吾主编的《甲骨文字诂林》,也是按“自然分类法”部居甲骨文字的。《说文解字》是研究古文字的经典著作,自汉代以来就对文字学研究有着深刻影响。《甲骨文字字释综览》一书仍以《说文解字》体例部居甲骨文字，说明不仅在中国，而且《说文》的体例也为外国学者所熟悉和接受。

应该说，自然分类法，由于甲骨文字的原始性和多变性，分类部居文字往往见仁见智，再加上学者对自然分类法较为陌生，学者部居文字的随意性也在所难免。甲骨学者在使用《综类》等用自然分类法部居文字的著作时，往往不得其要领，多数人主要还是借助“索引”，查找想检索的内容。因此，自然分类法还存在着进一步改进和规范化的问题。而松丸、高岛二位教授之所以依然据《说文》体系部居甲骨文字，其原因恐怕也就在这里。实践表明，还是以被国内外学术界所熟悉的《说文解字》的体例统驭甲骨文字更为便捷。

《甲骨文字字释综览》一书编制的大量索引，为使用者提供了极大的方便。但是，既然本书以《说文》体例为据统驭甲骨文字，就应做一份各卷的总目录，起到画龙点睛的作用。遗憾的是，作者在花费巨大精力编制各种索引的时候，却忽略了《字释综览》总目录这一较为容易完成的工作。

瑕不掩瑜，《甲骨文字字释综览》和于省吾主编的《甲骨文字诂林》交相辉映，为近百年的甲骨学史增添了辉煌，并将对新的一百年甲骨文字研究的发展起到巨大的推动作用。

二、 商代宗教祭祀和语言学研究的新成果

伊藤道治、高岛谦一教授最近在日本出版的《中国古代文化研究》(上、下卷，英文版)，是近年海内外出版的关于商代宗教祭祀和语言学研究的一部重要著作。

“国之大事，在祀与戎”。商周奴隶主统治阶级为了巩固自己的统治，把宗教祭祀和战争作为国家的头等大事。这在殷墟甲骨文中得到了充分的反映。自一八九九年甲骨文发现起，就有很多学者致力于宗教祭祀及其规律、宗教祭祀与商朝社会政治关系等课题的研究，发表了很多精到的论述和专著。其中较为重要的有董作宾一九四五年出版的《殷历谱》，他发现

了商末对先王、先妣的祭祀存在严密的规律,即五种祀典的周祭系统,并由此恢复商代历谱,从而把宗教祭祀的研究推向一个高峰。一九五六年,陈梦家《殷虚卜辞综述》第十七章专论“宗教”,则反映了甲骨文发现六十年来学者对商代宗教祭祀的研究成果。一九七五年台湾鼎文书局温天河、李寿林译日本岛邦男《殷墟卜辞研究》(原书一九六九年日本出版),在全面清理甲骨文有关宗教祭祀材料的基础上,写成“第一篇殷室的祭祀”,并从“对先王先妣的五祀”、“禘祀”、“外祭”、“祭仪”等几个方面展开论述。他把商代的宗教祭祀分为内祭和外祭,“内祭”在商王宗庙举行,包括按五种祀典依例依序祭祀先王先妣的周祭和尊祀父王而及于五世先王的禘祀。“外祭”是在宗庙以外,诸如祭上帝、自然神、高祖神、先臣神等,行祭目的在于祈求农业丰收和战争受佑。由于内祭和外祭的对象和目的不同,祭祀仪式和祭名也不一样。因此他用专章论述了内祭的“五祀的祭仪”、“王宾卜辞的祭仪”、“其他的祭仪”和“外祭的祭仪”等。这是一部资料翔实,立论精到而全面系统研究商代宗教祭祀的著作,受到了国内外学术界的重视。此外,加拿大著名甲骨学家许进雄《殷卜辞中五种祭祀的研究》(一九六八年)和中国甲骨学家常玉芝《商代周祭制度》(一九八七年)两书,则是关于商王室周祭研究的专著。如此等等,大量的论文和全面系统的专著,使十五万片甲骨中支离破碎的宗教祭祀材料得以理出条贯,是甲骨学商史研究所取得的重要成就之一。而如今日本老一辈甲骨学家伊藤道治和高岛谦一新出版的《中国古代文化研究》,则把商代宗教祭祀的研究又向前推进了一步。

《中国古代文化研究》上、下两卷,上卷第一部分为伊藤所撰“宗教与社会”,第二部分为高岛所撰“语言与古文字”;本书下卷专为一册,全卷为以上二部分的注释,主要有上卷第一部分、第二部分的图表、第一部分各章和第二部分各章的注释。此外,还列有参考文献及简称、所引甲骨著录及简称、所引次要论著、全书重要文字索引等项。

“宗教与社会”共分四章。第一章殷代先祖神祇观念的演变,通过对至上神的本质、自然神与先祖神的威力、先祖神本质的演变、王权与占卜等几个方面的考察,得出在第一期至上神是上帝,其下为先祖神的作用与自然现象相关的其他神灵。自二期以后,先祖神逐渐获得越来越大的力量,对其祭祀也进一步系统化。在第三期和第四期,人们已普遍接受先祖神庇佑并赐福佑于后人的观点,将神灵(非先祖本身)并入先祖世系的意愿也变得很强烈。到了甲骨文第五期,先祖神庙已经定型,对其举行系统的祭祀也已牢固地确立。同时,伊藤道治先生还指出,在第四、五期,王位传子制已成为事实,族长的权威也加强了。从第一期至第五期,殷人宗教祭祀逐渐奉先祖神灵为神,对他们的祭祀愈益重要。随着这一趋势的加强,商王—王族的首领的权力也进一步确立了,商王的王权也日益神圣;第二章殷王朝宗教的政治意义,涉及了自然神与先公的起源、贞人的故土、国王的本质等方面。伊藤指出商朝卜人的原方国部族与商王朝有着不同的关系,他们或对商王朝叛服无常,表明商王朝的影响是有一定限度的。商王朝与一些方国部落是松散的联盟,有些是靠自然神的祭祀结盟的。当联盟的纽带松驰时,商王朝就会很快分裂,成为不统一的国家。因此,甲骨文的记载表明,商王直接控制的地区相当小,有关田猎区的材料就说明了这一点。虽然从安阳到沁阳的田猎区在商王的直接控制之下,但对田猎区周围地区的控制并不牢固。商王经历这些地区不用“田”字,而是使用与武力征服疆土有关的“送”字。这种征服不仅仅局限于当地的民众,也应包括征服当地信奉的神灵;第三章先祖祭祀与卜人组中,讨论了先祖祭祀与卜人组、先祖祭祀的演变、卜人组和先祖神、兄终弟及的政治意义等几个问题。伊藤道治指出,殷王朝先祖祭祀中,以即位为王的男系最受重视。而对先祖的祭祀有新派和旧派的不同,每当王位继承兄终弟及时,就会出现旧派向新派的转变。这种转变,是构成商王室家族间习俗不同的反映。第四期武乙、文丁二王是父死子继,五期的帝乙、帝辛也是父死子继。但伊藤道治发现,四、五期卜辞不仅有新、旧派之别,而且字的结构和书法也不尽相同。应该说,从一期至五期这种演变在稳步发展,特别是五期中的“干支 + 贞”型卜辞,与一期卜辞很相似。虽然还未发现说明这种变化的直接材料,但有学者推测在帝乙即位时,与文丁不同的一股殷王室势力变得较强,因而使帝乙即位出现一些麻烦。

通过本章的分析,伊藤道治发现了殷王室构成的复杂性。王族、子族、右族等及铭文中多种“族徽”,都说明了这一点。但他指出,由于王子和兄弟的繁多并由他们控制不同的族系,恰恰又是殷王室的致命弱点。正是周人实行的封建宗法制度消除了这些弊病,王室结构划一,王位继承也有了定制,有助于周王与同族人维持较为密切的关系。因此,宗法制是人为调整血缘关系的措施,晚商的宗教祭祀及实行的传子制,应是西周宗法分封制的过渡形态。

第四章为伊藤道治撰述的“宗教与社会”部分的“总结论”。伊藤道治得出了商代外祭(以自然神崇拜为中心)和内祭(对先王的祭祀)有着不同的社会意义的论断。外祭植根于王朝的扩张,在征服其他部族时起重要作用。而内祭先祖,特别是“五祀”以即位的先王为基础并强调直系,它是内向的。随着商代先祖祭祀的日趋重要,因而产生了外祭日益附属于王室祭祀体系的趋势。这正与商末殷王室权力日益加强的趋势相一致,是商代早、中期文化政治发展的结果。

伊藤道治还强调,商人对先王的祭祀不同于同时对一般先祖的祭祀,这是王权渐被神化所决定的。先王可被称为“帝”(殷代至上神的称号),献头之祭当举行先王或与之地位相近者,表明他们与其他方国部族首领有着不同的宗教地位。而现实国王拥有的最高宗教地位,也进一步加强了他们的政治权力。

伊藤道治对商代“宗教与社会”的研究,还有很多精辟的论述,在此不再一一介绍。使我们受到启示和鼓舞的是,伊藤道治明确指出了第一期占有重要地位的至上神上帝的祭祀,逐渐演变为第五期对先祖神系统祭祀确立的趋势。而以往关于宗教祭祀的研究,却很难明了一期至五期的变化和发展,多是具体、孤立地考察各种宗教祭祀活动的祭名和祭仪及所祭及的对象。伊藤道治“宗教与社会”,则从宏观上考察了各期宗教祭祀的特点及发展变化,比前人的研究大大前进和深入了一步;不宁唯是,伊藤道治还把这一变化和发展与商代社会政治的发展紧密联系起来,即商代外祭日趋附属于王室祭祀体系,是商末王室权力日益加强的反映,从而使商代宗教祭祀的研究扩大了视野，并推向更深层次的考察。所以说，伊藤道治的“宗教与社会”，是近年商代宗教祭祀研究的最重要成果，不仅对日本和西方学者，而且对中国学者的商代宗教研究，都有很大的参考价值。

《中国古代文化研究》上卷的第二部分为高岛谦一所撰“语言与古文字”。高岛谦一以多年致力于甲骨文的语言学研究而为中国学术界所熟知，该书反映了他的最新研究成果。第二部分是从下述章节展开讨论的：第一章“句法与语义学”，讨论了“从属结构与虚词‘其’”、“名词词组的结构”、“强调动词词组”、“数量补语的分析”等。第二章为“词法与语源”，分析了“㞢和又”、“鼎字研究”、“否定词词法”、“名词化与派生名词”等方面。第三章为“连词研究的问题”，研究是从“音韵问题（隹、叀的分析）”、“词法问题”等方面进行的，并专对甲骨文“隹”和“叀”的用法和古文字字义进行了分析。“语言与古文字”，对甲骨文的语言结构进行较为系统的考察和分析。

众所周知，自甲骨文出土以后，学者们多把精力用于文字的考释和利用甲骨文材料再建商史、甲骨学自身规律等方面的研究上。而专对甲骨文进行语言学考察的学者则不多。这方面较为系统的著作，主要有管燮初《殷墟甲骨刻辞语法研究》（一九五三年）和陈梦家《殷虚卜辞综述》第三章文法等（一九五六年）。虽然也还有别的学者时或发表语法研究的论文，但语言学研究一直处于较为薄弱的状况。一九九四年张玉金的《甲骨文虚词词典》出版，表明甲骨文语言学研究有了加强。而高岛谦一教授的“语言与古文字”，不仅是近年从语言学方面研究甲骨文语法规模最宏伟的著作，而且论题也较为广博和系统，堪称近百年来甲骨文语言学研究的重要成果。高岛教授的不少论述，对甲骨学人大有启发，推动和促进了殷墟甲骨文的语言学考察。

承蒙刘学顺博士于赴美研究前夕，在百忙中为笔者述及《中国古代文化研究》大著的要点，使笔者得以认识这部著作在百年来甲骨学史上的重要地位。笔者在这里把这部著作的要点向广大同行们介绍，以期与同好共同分享这一甲骨学苑重要收获的喜悦。可以肯定地说，伊藤、高岛二位教授的《中国古代文化研究》,将把商代宗教祭祀和语言学的研究引向更为深入的新阶段。我们希望,国内有识者能组织力量将此书早日翻译出版,以使更多的中国学者能从中受到启发和教益。

三、 传世甲骨材料的“再发掘”

甲骨文自一八九九年被发现以后,有相当数量流往国外,其中以日本所藏甲骨原片为最多。据胡厚宣先生统计,日本收有甲骨一万二千四百四十三片,分别为三十一家大学或研究单位、博物馆及三十一处私人所藏。

自一九二一年日本第一部公布甲骨文一千零二十三片的专书《龟甲兽骨文字》由林泰辅编成以后,不断有专书著录各家所藏甲骨文。较为著名的大书有贝塚茂树《京都大学人文科学研究所藏甲骨文字》(图版篇,一九五九年)、松丸道雄《东京大学东洋文化研究所藏甲骨文字》(图版篇,一九八三年)、伊藤道治《天理大学附属天理参考馆藏甲骨文字》(一九八七年)等,再加上《东洋文库所藏甲骨文字》(一九七九年),可以说,日本较为大宗的甲骨基本公布出来了。但日本学者对小批量的甲骨也在孜孜搜求并不断公布,如青木木兔哉《书道博物馆藏甲骨文字》(《甲骨学》六、十号)、松丸道雄《日本散见甲骨文字搜汇》(《甲骨学》五、七、八、九、十、十二。中译本载《古文字研究》第三辑)、伊藤道治《故小川睦之辅氏藏甲骨文字》(《东方学报》三七期,一九六八年)、《太原美术馆所藏甲骨文字》(《仓敷考古馆研究集报》四号,一九六八年)、《藤井友邻馆所藏甲骨文字》(《东方学报》四二期,一九七一年)、《桧桓元吉氏藏甲骨文字》(《神户大学文学部纪要》,一九七二年)、《关西大学考古资料室藏甲骨文字》(《史泉》五一号,一九七七年)等。伊藤道治教授上述五文集为《日本所见甲骨录》,附于朋友书店重印郭沫若《卜辞通纂》(一九七七年)书后。可以说,日本学者为甲骨材料的公布,做出了很大努力,基本上已将公、私所藏甲骨材料全部公布。

尽管如此,学者们并没有停止这方面的工作,继续执著地把过去未著录过的甲骨“再发掘”出来。荒木日吕子先生《关于中岛玉振旧藏甲骨片》(创荣出版,一九九六年)一书,就是著录日本新发现甲骨材料的著作。该书由以下几个部分组成:一、经纬。二、内容(《珠》未收有字甲骨、缀合甲骨等。)三、甲骨片的性格。四、释文。五、图版(拓本、照片、摹本)。后记。本书共著录中岛氏藏骨(《殷契遗珠》未收者)二十八片。此外,还有将《遗珠》与中岛氏藏骨中未发表过的有字甲骨和无字甲骨缀合所得二十四版。另有部分为伪刻、部分为甲骨文的甲骨四片等,总计编为五十六号。

中岛玉振(原名竦,号蠔叟、蠔山)是日本汉学家,也是日本私人收藏甲骨较多的学者之一。郭沫若早年寓居日本编纂《卜辞通纂》时,曾见过他所藏的这批甲骨。郭沫若在《通・别二》记:“一日往访,出示所藏甲骨凡二百片。云先年购置于北平。展示,乃知曩所据山内孝卿氏拓本,其原骨具在此中,爰选其八片影存之,以示拓本之有据也”,将八片以拓本收入《卜辞通纂》。后来,中岛玉振曾将所藏甲骨收入《书契渊源》(共五贴,十五册),一九三四年至一九三七年由文求堂出版,但此书流传不广。金祖同一九三九年出版的《殷契遗珠》,收入中岛氏所藏甲骨一百二十七片,从而使更多的学者得以使用这批重要材料。中岛玉振氏所藏甲骨,现已为山崎忠氏所有。早在一九四〇年六月左右,山崎忠氏陪同其父溪琴氏访问中岛氏,因溪琴氏与中岛氏有较深的交往,故中岛玉振以所藏甲骨馈赠之。山琦忠氏将这批赠品携回家中,予以妥善保存至今。据这批甲骨的整理者荒木日吕子先生说,郭沫若当年所见的中岛氏“凡二百片”甲骨,现共有二百二十九片。而《遗珠》所收一百二十七片中,《珠》716、732 两片之原骨已不复存在。

中岛氏这批甲骨,以一、二、五期为多。荒木先生在“甲骨片的性格”中推断,当为甲骨文发现的早期阶段的出土品,其出土地当为小屯村北洹滨,即“由第一区出土的”,“可能是一九二〇年间带到了日本的盗掘品”。

《关于中岛玉振旧藏甲骨片》所收甲骨,多数片形较小,字数不多。其中以 B_{1a} 片形较大,此为左胛骨的骨柄部分,其下部骨扇部分残去。臂上部近臼处刻有“乙亥卜,扶,肉侯蔡方骨告”,内容较为重要,作者并对此片作有专门的考释;本书的缀合甲骨包括两个方面的内容,其一,将《珠》与未著录中岛氏有字甲骨相缀者。如《珠》779 + 有字甲骨,即为本书 $B31_a$ 片,使“贞〔王〕从沚戠”辞的兆序和兆记得到了补足。《珠》759 + 有字甲骨为本书

$B35_a$,这就使《珠》759“辛卯𢀛”辞之后,还补足了“其𢀛”之问。《珠》797 + 有字甲骨,为本书 S32,这就使《珠》797“□午……今载……〔望〕……”的残“望”字补齐了目下的人形。《珠》731 + 有字甲骨,为本书的 B_{48},不仅使《珠》731“……牢……牛”残辞成为“其牢又一牛”全辞,而且还增加了一条“□牢又一牛”。《珠》712 + 有字甲骨为本书 B_{47},使《珠》712“〔贞〕王”残辞补苴为“贞王□𣪊□□”。$B29_a$ 为《通》别 = 7・2 + 有字甲骨,从而使“庚子卜,亘,贞勿曰之令貍……”辞补苴为“贞勿曰之令貍不若”;其二,将《珠》与中岛氏未著有字甲骨及无字甲骨缀合,如 B46 为《珠》714 + 中岛氏有字甲骨 + 无字甲骨(三块)而成,不仅使《珠》714“贞亡尤”相对应的残辞“十月”得以补苴,为“贞亡尤。十月”,而且使破碎的左胛骨上部得以复原。如此等等。

《关于中岛玉振旧藏甲骨片》,不仅使一批出土后又被“埋没”的甲骨资料重新“发掘”出来供学者使用,而且此书将甲骨拓本、照片和摹本三位一体,使之互相参证,避免了拓本易模糊,摹本易失真的缺陷。甲骨的正、反面原大照片,得以使研究者增强对原骨的全面观察和对钻凿形态及单骨的整治有直接的认识。这是符合董作宾等一再倡导的拓本、摹本、照片“三位一体”著录甲骨的方向的。

荒木日吕子先生《关于中岛玉振旧藏甲骨片》的出版,又给我们若干新的启示。这就是一,我们还应对已经公布的公私藏家的传世甲骨进行一番彻底的清理,仍有希望把较为重要的材料“再发掘”出来供学者研究之用,荒木先生大著的出版就说明了这一点。其二,《关于中岛玉振旧藏甲骨片》,在彻底清理原骨的基础上,又把没有公布过的残碎有字甲骨和无字甲骨与刊布的甲骨相缀合,这不仅使原片的文字内容有了增加,而且使原骨也更为完整,对甲骨的保护和复原也大有好处。应该说,甲骨文自出土以后,不少公私藏家的甲骨在辗转过程中自然破损,使原来就很支离的珍贵文物更加破碎。因此,荒木先生所做缀合有字、无字甲骨的细心工作并有所收获,将对公私藏家清理、保护和复原所藏甲骨的工作有所推动。其三,早年同一地点所出甲骨,往往由于挖掘和售卖批量的不同,分属于不同藏家。日本著名私人收藏家河井荃庐甲骨九百七十二片、田中求堂甲骨三百四十一片(两家甲骨现藏东京大学东洋文化研究所)、中村不折甲骨六百片(现藏书道博物馆)、堂野前种松甲骨四十片(现藏天理参考馆)、三井源右卫门甲骨一百六十一片(现藏东洋文库)等,多为一、二、五期之物,与中岛玉振氏所藏甲骨当为小屯村北洹滨同地出土。因此荒木日吕子先生根据对中岛氏甲骨缀合的经验,认为上述各家所藏的"甲骨片的缀合起来也有其可能性",是很有见地的。如果有识者能创造条件,对上述各家甲骨加以统盘清理,不仅会在内容方面有所收获,而且对这些历经百年沧桑的珍贵文物本身的保护,也同样是很有意义的工作。

就在甲骨文发现一百周年(一九九九年)的前夕,日本学者推出了上述三部重要著作,而中国学者也推出了《甲骨文字诂林》等煌煌巨作,甲骨学苑的丰收景象令人鼓舞。我们相信,通过海内外甲骨学者的努力,一定会有更多的总结性著作问世。

四、《甲骨文研究日本人著作目录》

已如前述,日本是较早收藏和研究我国殷墟甲骨文的国家。日本前辈学者林泰辅一九二一年出版的《龟甲兽骨文字》,早已成为甲骨学史上的名著。几代日本甲骨学家以他们大量富有创见的著述,为百多年甲骨学研究的发展作出了贡献,受到世界各国学者的瞩目。

虽然如此,但在相当长一段时间里,却没有人整理出一部全面反映日本甲骨学研究发展的甲骨学论著目出版,因而使世界各国学者了解和参考日本学者的成果较为不便。日本学者成家彻郎也有感于此:"关于日本人的著作目录,本来应该由日本人来作。只是因为这样的目录目前还没有,这或许可以说是研究甲骨文的日本学者的疏忽和懈怠。其次,若要知道日本学者所做的甲骨文研究时,又不得不翻捡中国人所作的目录。而对这种情况,我感到有点汗颜和内疚"(《甲骨文研究日本人著作目录》,大东大学人文科学研究所,二〇〇三年)。

为了填补日本甲骨学研究这一空白点,成家彻郎先生甘于清贫的生活,在寂寞中追索,从一九八〇年起,终于费十年之力,在大东大学的资助下,完成了《甲骨文研究日本人著作目录》。此书正文按发表年月的先后,共收入论作八百十三种,补遗二十三种。在本书"附录"部分,收入了日本《甲骨学》第一至十二期的目录并作有人名、论作名索引,极便读者使用此书时检索。

成家氏此书收入日本学者的论作颇为详赡,较中国学者所编论著目对日本学者的论作收入更为齐备。诸如林泰辅,成氏本书收其论作达十八种,而宋镇豪主编的《百年甲骨学论著目》仅有八种。又如后藤朝太郎,成家此书收入其论作十七种,《百年甲骨学论著目》仅收八种。因此,成家彻郎《甲骨文研究日本人著作目录》为我们"补充了以前认识的不足,对于我们全面了解日本人研究甲骨学的历史乃至整个甲骨学史是大有益处的"①。

① 郭胜强等:《日本甲骨学研究的全面展现与总结》,《北京平谷与华夏文明:国际学术研讨会论文集(二〇〇五)》,第三二四页,社会科学文献出版社,二〇〇六年。

第十四章　甲骨学研究与学者之间的友谊

在对甲骨学长期追求的学术生涯中，老一辈学者同声相应，同气相求，或切磋砥砺，或争论探索，或馈赠珍藏，或提供信息，或鱼雁往来……他们之间以学高为师，德厚为范，互相支持，建立了深厚的友谊，为甲骨学研究的发展作出了贡献，成为甲骨学史上的佳话。

第一节　于老（省吾）“致觇”（商承祚）和甲骨学史上的两大工程

古文字学大师于省吾教授，一八九六年生于辽宁省海城县中央堡，一九一七年毕业于沈阳高等师范。一九三一年九·一八事变以后，他移居北京，潜心古文字学研究、古器物的收集、古代典籍的整理。在北京期间，曾先后任教于辅仁大学、北京大学和燕京大学等名校，并被聘为故宫博物院鉴定委员会专门委员。一九五五年受聘于东北人民大学（即现吉林大学），离京赴长春任教。一九八四年七月十七日病逝于长春，享年八十八岁。

于省吾教授与商承祚、容庚教授订交，始自二十世纪三十年代。当时的北京，鸿儒荟萃，大师云集。于省吾与商承祚、容庚、董作宾、胡厚宣等著名学者，或名师传道、授业解惑，或同学少年，对真理的追求和彼此间成就的仰慕，使他们过往甚密，或聚首摩挲、鉴定古物，或交流、争论研究心得，或无私贡献珍藏，以为朋友的新著增光添彩。虽然他们晚年分住祖国的天南地北，人世的沧桑也使他们的信念经受了严酷的磨炼，但他们的友谊和理解经历了时间和空间的考验，“年愈老而弥深”！

承蒙前辈大师商承祚教授哲嗣商志䉳先生的美意，使笔者得以见到二十世纪七十年代于省吾教授致商承祚教授的三封信。反复拜读于老致商老的手迹,大师之间学术上的鼎力支持和深厚友谊洋溢在这三封短笺的字里行间,使笔者思绪万千。他们在漫长学术生涯中的互相支持和深厚友谊,为后世学人树立了典范。

一九七三年八月七日,于老在致商承祚教授的信中允诺(当然是老友之间的玩笑了)说:

我当致觋以报,一咲。但非虚言。

时年七十七岁的于老向时年七十二岁的商先生玩笑中许诺"当致觋以报",但又郑重声明"但非虚言"。原来这是"有两件事奉托"商先生的"回报",即信中所说:

(一)《卜辞综类》已寄回七十多天。请向贺君文略对书店关说,早日邮来为盼。

(二)《甲骨文字集释》一书,系李孝定所编,台湾出版,在香港能买到。以上二书我所必须,请您在公忙之中,设法办到,尽力而为。

笔者作为于省吾主编的《甲骨文字诂林》参加者之一,读了于老的信以后,才明白于省吾教授在撰述自己文字考释的总结性著作——《甲骨文字释林》的同时,就已开始运作甲骨学史上的总结文字考释成果的另一巨大工程——《甲骨文字诂林》了。

一、于老"渴望"的《殷虚卜辞综类》与《甲骨文字释林》的出版

二十世纪七十年代,于省吾先生不顾年迈,努力撰述考释甲骨文字的总结性著作——《甲骨文字释林》。正像他在一九七三年七月十四日写给商先生的信中所说:

我近来写了有关卜辞文字考释约六七十篇。又修订《骈枝三编》,集中精力以赴之,拟将新作和旧著合为一书,预计来春可以完成。

众所周知,于省吾专门考释甲骨文字的著作,诸如《双剑誃殷契骈枝初编》(一九四〇年)、《骈枝二编》(一九四一年)、《骈枝三编》(一九四四年)等书,以简洁的文字,精到的考释、严谨的方法闻名于中外学术界。一直是甲骨文和商史研究的重要参考书,真是这些功力深厚的著作奠定了他甲骨文字研究大师的地位。但于省吾教授业精于勤,学无止境,屡有发现和发明。

诚如他自己所说:“我这几年来,对于甲骨文、金文中旧所不识的字,自以为又多认出几十个”①。

于省吾先生的文字考释工作,既充分吸收前人成果,又有他创造性的发展。他主张“契学多端,要以识字为其先务。爰就分析点画偏旁之法,辅以声韵通假之方”(《骈枝初编》序);“考名识字,必须先定形,形定而音通。形音既塙,其于义也,则六通四辟。核诸文理与辞例,自能䜣合无间矣”(《殷契骈枝二编》序)。

正因为于老的甲骨文字考释方法科学、精当,所以他能在甲骨文四千多个单字中对一些释读难度较大的字,孜孜以求,每有创获,他的甲骨文字考释成绩超过罗振玉、王国维之后的同辈学者。其《双剑誃殷契骈枝》初、二、三编,共考释文字一百多个,是同辈学者中的佼佼者。于老每考证出一个新字,并不是就字释字,还要把解释的文字放到大量的卜辞辞例中去加以检验,从而做到文从字顺,毫无扞格。这就是他在《骈枝二编》序中所提倡的“核诸文理与辞例,自能䜣合无间矣”。

现在,我们就可以明白为什么于老那么急切地希望得到日本岛邦男《殷虚卜辞综类》一书了。在这封信(七月十四日)中还说:

> 我近来精力就衰,以检例为苦,需要此书,急不能待,务祈早日付邮(邮费由我负担),以慰渴望。

为了使自己文字考释成果能经得住甲骨文辞例的检验和使自己的论证更为可信,于老只得求助于自己多年的老友,以便能尽早得到《殷虚卜辞综类》这部“渴望”之书。

一九七三年正值“文革”后期,当时国门紧锁,不用说与外国学者交流学术是没人敢想的事,就连一本海外出版的学术著作都很难见到。北京如此,遑论其他地方城市!

可以想象,于省吾在这样的情况下,进行甲骨文字研究是多么困难。既要随时顶上“回潮”、“复辟”、“白专”的大帽子,又要为缺乏必要的研究资

---

①　于省吾:《关于古文字研究的若干问题》,《文物》,一九七三年,第二期。

料和工具书所困扰。要想借鉴海内外同行的甲骨学研究最新成果,更是难上加难。

而此时海外的甲骨学研究却取得了长足的进步。特别是日本,在一九六七年就出版了岛邦男的巨著《殷虚卜辞综类》。这部书,是对"殷墟甲骨文进行通盘总括之彻底整理的大型甲骨文辞例索引的工具书"①。出版后,风靡世界学术界,先后在一九六七年、一九七一年和一九七七年十余年间几经增订和再版。而中国学术界听说此书出版和见到此书,那是很久之后的事情了。商承祚教授是通过在香港的亲戚,最早得到此书的。而中国科学院历史研究所和吉林大学的于省吾能得此"渴望"之书,也都是通过商老(或容庚教授)之手的。

于省吾教授得知《殷虚卜辞综类》出版的消息以后,曾请老友中山大学容庚教授托朋友从香港购得一本,并于一九七三年五月收到。但于老喜出望外地翻览此书时,却发现是部缺页的残书。于老把残书寄回容庚教授,请他设法调换一本完好无缺的书。但直到七月中旬却还不见换书的结果。于老用书心切,七月十四日给商老写了封信,信中说:

> 兹有事奉恳,我前托希白兄代购《卜辞综类》一书,希白兄费神转托贺君代办,于五月底寄来,我深为感谢。可是,好事多磨,此书缺三十六页之多,当即寄回退换,迄今尚无回音。祈您分神向贺君婉词代催为感。

信中所提的贺先生,是商老的亲戚。于老为了早日得到这部"渴望"的《殷虚卜辞综类》,"急不能待"(七月十四日信语)了,希望通过商先生向其贺先生"婉催"。但退换《综类》毕竟须若干时日,于老索性向老朋友开口借来再说!于老急切地写道:

> 我知道,您亦有此书,拟借阅,以两个月为限,到期奉赵。

家住广州的商承祚教授得到于老的信后,自然理解老友的心情。他一方面给香港的亲戚贺先生写信,促其把残书早日退换。一方面急人之急,毫不

---

① 王宇信、杨升南等:《甲骨学一百年》,第四〇四页,社会科学文献出版社,一九九九年。

犹豫地把自己的一部《殷虚卜辞综类》寄给于老。八月九日于老在收到书后向商老去函致谢：

《卜辞综类》一书已于昨日收到。老友厚意，至以为感。

从于老七月十四日写信向商老借书，到八月六日收到《殷虚卜辞综类》，其间才二十多天。除去寄信和寄书的邮路时间，可以说商老是收到于老的信后，当即割爱——把自己的《殷虚卜辞综类》寄往长春，“以慰”老朋友的“渴望”，支持他“拟将新作和旧著合为一书”的宏伟计划。于省吾在很快得到了商老所借予的书后，仍对寄出退换的残书不放心，还要老友加以关照：

《卜辞综类》已寄回七十多天（按：指容老寄的那份缺页的书）。请向贺君文略对书店关说，早日邮来为盼。

这是因为借商老的书，是“以两个月为限，到期奉赵”的。见到了《殷虚卜辞综类》，于先生自然十分高兴。在信中又继续托商老办另一件事时，兴之所至，与老友开玩笑说要“致贶”酬谢。后来，《殷虚卜辞综类》残书退换之事终于圆满解决，书寄到了广州中山大学的商老处，商先生立即把此消息告诉了长春的于先生以释悬念。可能商老在信中与于老开玩笑，要他履行前诺——“致贶”酬劳。于老在一九七三年十一月二十八日致商老的信中说：

惠笺已悉。《卜辞综类》既已收到（按：即残书已换成正品），您就留下（按：商老所收之《综类》新书，与所寄于老处《综类》相抵了），以免往返邮寄。此书定价日币八千元，并非三千元。此书希白的女公子早已付款，并且希白兄又向贺君面催。

于老在信中也与商老索“贶”开玩笑说：

至于您曾如何为力，我还不知，故没有想到“贶”，一咲。

于老要向老朋友“赖”账了，虽然这时于老和商老都已年逾古稀，但仍童心未泯，在他们的直率、诙谐中，流露出多年形成的莫逆情谊。然而“赖”过以后，于老又一本正经地许诺：

“贶”是有的，我说话能不算数吗？

从这封信上写给商老的“附言”，我们可知于老在一九七三年九月曾得了一场大病：

我患肺炎,卧病两月,近好稍愈。还需休养一个时期,才能痊可。写字手颤,祈见谅,又及。

于老不顾年老和“近来精力就衰”的身体,一直在抓紧他自己总结四十多年研究甲骨文字成果的工作。特别是商老为他解决了“渴望”已久的《殷虚卜辞综类》以后,加快了他的《甲骨文字释林》的撰著速度,终于在一九七九年由中华书局出版。于老在一九七八年八十二岁高龄时写的“序”中说,“本书中华书局去年(按:实为一九七七年已列入出版规划,因无人誊写,延迟至一九七八年)才由同学林沄从事缮写,由同学姚孝遂和陈世辉相助校对”完成。我们可以看到,从完稿到出版,又整整晚了两年。

《甲骨文字释林》将于省吾教授将《双剑誃殷契骈枝》三编所收的九十八篇论文加以删订(其中有的已重新写定,收入本书其他各卷),共存五十三篇。而本书的中、下卷,一部分是经过删削的作者新中国成立前所写的《骈枝》四编中的文章,有十篇是重新改写的。另一部分是改写、改定的新中国成立后在报刊上发表过的一系列文字考释论文。《甲骨文字释林》全书收入文字考释之作一百九十篇,共考证和解说了三百多个甲骨文字。须知,“截至现在为止,已发现的甲骨文字,其不重复者总数约四千五百个左右,其字已被确认的字还不到三分之一”①。因此,于老的《甲骨文字释林》出版以后,备受海内外甲骨学家重视和推崇,被誉为是“达到了当代甲骨文字考释的高峰”②的经典之作。

应该说,在于老全身心地投入构筑甲骨文字研究高峰的创造性劳动过程中,也有商承祚教授的鼎力支持和无私奉献。

二、于老“期在必得”之书与《甲骨文字诂林》的巨大工程策划

于老将“致贶”于商老,还有他“奉托”的第二件事。一九七三年八月七日信中对商老说:

(三)《甲骨文字集释》一书,系李孝定所编,台湾出版,在香港能买到。以上二书(按:即《殷虚卜辞综类》与《甲骨文字集释》)我所必须,

---

① 于省吾:《甲骨文字释林序》,中华书局,一九七九年。

② 王宇信、杨升南等:《甲骨学一百年》,第三六五页。

请您在公忙之中，设法办到，尽力而为。

《综类》收到以后，那就剩下了解决于老“期在必得”的《甲骨文字集释》一书之事了。于老在一九七三年十一月二十八日大病初愈后，又一次给广州的商老写信说：

至于李孝定的《甲骨文字集释》一书，务祈转托贵戚贺君设法尽快买到，以应急须。需款若干，自当照汇。

又叮嘱说：

此书台湾出版，比《综类》易买。此书期在必得，惟您是赖，千万不要等闲视之。

于老之所以对“集释”一书，“期在必得”，而且十万火急地反复写信要商先生“千万不要等闲视之”云云，是因为他在全面总结自己研究成果的同时，又在酝酿一项甲骨学史上的巨大工程。《甲骨文字诂林》姚孝遂教授的“序”说：

《甲骨文字诂林》经过一十八年的努力，终于全部完稿。当此之际，不禁思绪万千。早在一九七三年，思泊师与肖丁同志即筹划酝酿《甲骨文字考释类编》(按：即今之《甲骨文字诂林》)。一九七四年，有关资料的搜集整理工作即已着手进行……一九七五年即匆匆赶往北京，参加由思泊师主持召集的《甲骨文字考释类编》编写工作会议。当时参加会议的还有肖丁、王贵民、王宇信、谢济诸同志。会议上确定了编写体例及分工。思泊师嘱我担任按语的撰写工作……当时决定以李孝定的《甲骨文字集释》为基础，进一步加以订正和增补。增补的原则是：严格要求，凡是缺乏参考价值的说解一概不录。由肖丁同志负责规划、组织和协调工作，由肖丁、王贵民、王宇信、谢济同志负责资料的增补及修订工作。

笔者作为《甲骨文字诂林》的编辑者之一，从于老一九七三年十一月二十八日致商老的信中，方知《诂林》这部总结九十年来甲骨文字考释之集大成的著作，早在一九七三年于老总结自己文字考释成果的工作同时，就已经开始策划了。他写信给商老，速买“期在必得”的《集释》，原是为编纂《诂林》

所做的前期准备工作。

笔者是一九七四年九月去吉林、辽宁等地拓甲骨时,才知道于老策划的这一学术史上的巨大工程的。一九七四年四月,笔者参加了《甲骨文合集》的编辑工作。但一开始面对一堆堆的"账本"(对重表)和一串串的数字,感到枯燥又繁琐,与想象的"科研"工作不一样。看到别人从干校回来在家"斗、批、改"(即当时戏称的逗孩子、劈猪头、改家具),觉得这工作没有意思,一度从编辑组退出。后来闲得没事干,才又再度参加《合集》的编辑工作,大家戏称是"二进宫"。当年九月笔者与王贵民、谢济先生同行,去"北路"拓甲骨。在长春的主要任务,就是拓吉林省博物馆和吉林大学的甲骨。在离开长春去沈阳的前一天,中华书局的赵诚先生告知我们于省吾先生要主编《甲骨文字考释类编》(即《诂林》)的宏伟计划,并邀请我们参加。我们几个一听,认为这是一次学习的好机会,便欣然同意。大家一决定第二天就去于先生家,就算《类编》编辑组正式组成……笔者就是在于老家第一次见到台湾出版的李孝定《甲骨文字集释》的。于老笑着对我们说:"这是商承祚先生从香港给我买到的。"

李孝定《甲骨文字集释》是一部集七十多年甲骨文字考释之大成的巨著,它将各种专书及各种刊物上的文字考释论文广为搜集,集中并类次于有关文字之下,为研究者提供了极大方便,遗憾的是,由于人所共知的原因,《甲骨文字集释》出版以后,直到一九七四年大陆才有少数学者见到。但《甲骨文字集释》也有不足,如搜集各家的考释不够齐全,引摘各家说法亦有不少错字、丢句或出处遗漏处。特别是一九四九年以后,大陆学者撰写大量的文字考释成果,在书中没有得到全面反映。

因此,编纂一部能全面反映甲骨文字考释成果的重大工程就这样提了出来,设计者和主编责无旁贷地落到甲骨学大师于省吾教授的肩上。他几次写信托商承祚教授购置"期在必得"的《甲骨文字集释》,可以说,《甲骨文字诂林》的编纂工作,"就是在李孝定先生《集释》的基础上进行的"。正当一九七八年以前的甲骨文字考释资料收集基本告一段落时,主编于省吾教授于一九八四年四月乘鹤西归,这无疑是对《甲骨文字诂林》编纂工作的沉重打击。姚孝遂教授不顾重病缠身，力挽狂澜，重新启动了《甲骨文字诂林》的编纂工作。于老的弟子何琳仪、吴振武、汤余惠、刘钊等先生，继续收集、补充了一九七八年至一九八九年的古文字资料。材料收集告一段落，姚孝遂教授冒着双目失明的危险，开始了"按语"撰写的艰难工作，对这部"广泛地搜集了自本世纪初到一九八九年底，甲骨文字被发现以来九十年间有关文字考释的研究成果"的大型工具书，"试图加以总结，明辨是非得失，提出我们的结论性意见"①。

《甲骨文字诂林》的出版，是我国甲骨学界的大事。学者盛赞此书说："对古文字考释成果加以综理、总结，正本清源，事属至难。编纂《甲骨文字诂林》的古文字学家们知难而上，完成了学术界企盼已久的大工程。让读者一编在手，如牢笼群籍，如坐拥书城。也为甲骨学史、古文字学史的深入研究准备了丰富的资料。"②

综上所述，我们可以看到，于省吾的《甲骨文字释林》，成为二十世纪甲骨文字考释的最高峰。而他主编的《甲骨文字诂林》，继往开来，为新世纪的甲骨文字研究奠定了基础。这些成就的取得，凝注了几代学者的心力和汗水。在这中间，商承祚教授对甲骨文字考释的发展，所作的贡献也是我们不能忘记的！他雪中送炭，急人之急，在关键时刻无私奉献出于先生急需的资料，从而保障了这两部学术史上的名著得以顺利运作并完成，在甲骨学史上留下了隽永而发人深省的佳话。

第二节　商承祚教授对《甲骨文合集》编纂工作的巨大贡献

自一九七八年底，郭沫若主编、胡厚宣总编辑的《甲骨文合集》由中华

① 姚孝遂：《甲骨文字诂林序》。

② 陈伟武：《〈甲骨文字诂林〉补遗》，台湾师大国文系编《甲骨文发现一百周年学术研讨会论文集》，一九九八年。

书局出版,至一九八二年全部十三巨册出齐。《甲骨文合集》出版以后,赢得了海内外学者的重视和高度赞誉。这部甲骨学发展史上继往开来的里程碑式著作之所以完成,“是全国有关单位和个人无私奉献的典范,是参加过这一系统工程二十余位学者的劳动成果,是具体操作编纂学者集体智慧的结晶,是二十多位不畏艰辛而付出青春的学者铸就的丰碑。”①诚如著名史学家尹达教授在《合集》“前言”中所说:“这样规模的较全面的学术工作,决非个人或少数人所能为力的。”“不少古文字学家在编辑过程中提出了许多宝贵意见,有的同志还把国外新出版的甲骨文书刊寄给编辑组使用。这种社会主义大协作的高尚风格,正是新社会中所形成的新学风、新风尚。”

作为《甲骨文合集》编纂工作的参加者,笔者对编纂过程中全国各协作单位的大力支持和许多德高望重的古文字学家对这部著作的殷切期望和无比关注之情记忆犹新。承蒙前辈大师商承祚教授的哲嗣商志𩡧教授概允,笔者有幸恭读了《合集》总编辑胡厚宣教授在编纂过程中的一九七四年至一九七九年,先后致商承祚教授的五封信及一九七七年十二月历史研究所致商承祚教授的信,读罢这几封珍贵的信函,笔者浮想联翩,仿佛又回到了三十多岁时刚刚参加《甲骨文合集》编辑工作时的情景。物换星移,哲人仙去。但这些信函字里行间所充溢的商承祚教授对《甲骨文合集》编辑工作的关怀和奉献精神,将和《甲骨文合集》一样永远存于天地之间!

一、 商老是《甲骨文合集》尽职尽责的编委

胡厚宣教授说:“《甲骨文合集》,乃是敬爱的周总理遵照伟大领袖毛主席的指示,领导制定十二年科研远景规划中大型项目之一。还在一九五九年,我们中国科学院历史研究所就接受了这一任务。在党的领导下,研究所先邀请全国有关领导同志及若干甲骨文专家,组成了以郭老为主任委员的编辑委员会,并请郭老担任主编。在所内成立了《甲骨文合集》编辑工作组,领导上让我负责,组织同志们从事具体的编辑工作,工作于一九六一年四月正式开始进行。”②

① 王宇信、杨升南等:《甲骨学一百年》,第七十九页,社会科学文献出版社,一九九九年。

② 胡厚宣:《沉痛悼念尊敬的郭沫若同志》,《悼念郭老》,三联书店,一九七九年五月。

《甲骨文合集》编委会由著名甲骨学家组成：郭沫若任主编，于省吾、尹达、王襄、王献唐、李亚农、胡厚宣、容庚、唐兰、夏鼐、徐中舒、商承祚、张政烺、曾昭燏、曾毅公任编辑委员。大师云集的编委会，保证了《合集》的编辑达到郭沫若“一定要集思广益，取得全国古文字学家及有关单位支持”的要求，提高了《合集》编纂的科学性和权威性。

从一九七四年至一九七六年胡厚宣教授先后五次写给商承祚先生的信中，可以看到，作为《合集》编委会的成员——商老非常关心《合集》编辑工作的每一步进展。为使读者进一步认识商老、学习商老的崇高奉献精神，我们不妨将几封信的有关段落，放到《甲骨文合集》编辑过程中和甲骨学发展史上认真加以体会。

一九七四年一月十二日胡厚宣教授致商老的信，向他通报了多年停顿的《合集》编辑工作有了新的进展：

> 《甲骨文合集》已经中央领导同志批示后，各方面都大力支持……学部(按：即中国社会科学院的前身——哲学社会科学学部)仍在搞运动，领导上宣布一切业务皆暂时停止，惟只少数几项国家任务不停，《合集》是不停的项目之一……预定在六月底基本上完成初稿，经编委会审查，领导上批准后，即行付印。

又说：

> 二期《工作简报》，我已寄呈。尚祈先生随时多赐指教！因搞运动，编委会尚不能召开也。

这说明，作为编委的商老对《甲骨文合集》工作的重新启动十分关心。因此胡先生寄去了《工作简报》，并对所垂询的编委会召开之事做了回答。

一九七四年二月二日，胡先生致商老的信中，又及时把《合集》编辑工作的新进展向商老通报：

> 《合集》已决定在上海厂付印，用最新一种珂罗版制版。据云技术可以超过日本，不知究竟如何。日内中华(按：即中华书局简称)即将派人去上海联系。

胡厚宣先生在一九七四年六月四日收到商老的信后，于六月八日给商

老复信,说:

> 赵诚同志去广州,承先生协助,组织座谈,对《合集》提出宝贵意见。并承先生多赐指教,至以为感!

一九七四年,中华书局的赵诚教授接受《合集》编辑组的委托,专程去广州召开座谈会,并搜集甲骨文资料,向商老、容老(容庚教授)了解海外甲骨学研究的最新进展。在商承祚教授和容庚教授的支持协助下,曾宪通、张振林、孙稚雏、商志醰、陈炜湛等青年学者们积极参加。座谈会上,大家畅所欲言,为编好《甲骨文合集》进言献策,提供不少极有价值的建议。商老出面组织座谈会并发表了很好的意见,因此胡先生在信中对身在广州的商老"至以为感"。

一九七五年三月五日,胡厚宣教授又写信给商老,向他通报了八九个月来《甲骨文合集》编辑的情况:

> 《合集》工作,因学部搞运动,又停工已逾三个月。我前曾偕同青年同志三人前往南京、镇江、扬州、苏州、上海、杭州等地补拓甲骨,亦有所获……亦因学部要搞运动,暂时由杭州先行回京。运动完后,再行出去。

因一九六一年所拓的甲骨有不少不合《甲骨文合集》的上版规格,因而决定重拓,这就是再一次"南北两路"补拓甲骨的工作。胡厚宣先生信中所说的"偕同青年同志三人",就是带领应永深、孟世凯、杨升南的"南路"之行。信中还说:

> 我曾请先生有暇,屈驾《合集》小组,与同志们见面,将工作情况向先生汇报,面请先生加以指导,亦迄未能办到。不知大驾何时可以返京,深所企盼!

作为《甲骨文合集》的编委,商老一直关心着《甲骨文合集》工作的进展。而编辑组的同志和胡先生,也一再想请商先生来工作组与大家见面,并直接指导工作。

时隔一年多,《合集》编纂有了较大的进展。一九七六年七月二十六日胡先生致商老的信中说:

> 《甲骨文合集》尊处所提意见，极为宝贵。曾反复学习讨论，订出修改措施。

从信中可以看出，《甲骨文合集》编辑组对广州座谈会意见的高度重视，反复学习讨论。并在编辑过程中认真实践和吸收，订出修改措施。从而大大提高了编辑质量并加快了工作进度：

> 前已交出三百版，日内可再交出四百版。现正赶印样书，装订样本。

《甲骨文合集》为缩短印刷周期，是编好一本，出版一本，分册印行的。此时，已是陆续交稿，海内外学者期待已久的《甲骨文合集》，出书在望了！

在此期间，还发生了一个不大不小的“插曲”，几乎使工作陷于停顿。《合集》本是一部大型的学术资料汇编，正像尹达教授在《前言》中所说，“同志们力图运用唯物史观的观点编辑这部资料合集，以便于学者参考。在分类问题上曾发生过一些分歧和争论，走过一些弯路；为此，我们曾召开过多次会议”。存在分歧是正常的，只要心平气静地展开讨论，求同存异，就一定会找出切实可行的办法。但一九七六年春，有位惯打小报告的人无限上纲，告《合集》分类提纲是“反马克思主义”的，引起了高层领导的“重视”。为了应付领导所要的“说法”，曾邀集在北京的编委和甲骨学家于省吾、唐兰、史树青、高明、裘锡圭、李学勤等召开座谈会。各位专家为使《合集》早日面世，仗义执言，一致认为分类提纲“可用”，先把材料出版供大家使用是第一要务！终使《合集》编辑工作得以正常进行。胡先生把此事也向商老作了通报，以释商先生悬念：

> 在京各方面，三月间曾召开一次会议，由学部领导主持。外地各有关方面及编委专家，如何邀请审查，领导上正在研究中。大约须俟样本订出后，再作决定。

如此等等。我们可以看到，商老作为《合集》的编委，对工作的每一阶段的进展，都在密切注视着。而胡先生对商老的意见，也是十分重视。胡先生在一九七六年七月二十六日的信中特别强调说：

> 先生对《合集》一向热心关怀，从各方面予以大力的支持和协助，

极望继续不断赐教指导为感!

胡厚宣教授和《合集》编辑组对编委商承祚先生的建议和指导之所以特别重视,决非应酬寒暄之语。商承祚教授是海内外著名的甲骨学家,在甲骨文的研究和收集、著录方面都取得了举世瞩目的成就。早在一九二三年他就出版了《殷虚文字类编》,深得国学大师王国维的推崇,谓"锡永此书,可以传世矣"。商承祚教授还是收集甲骨资料和出版甲骨著录书的行家里手,一九三三年出版的《福氏所藏甲骨文字》、《殷契佚存》等书,其中收录了不少重要材料,"在考释方面,亦多新创获"。文字说解的"精到之处,随处可见","洵为商先生研究甲骨卜辞之代表作也。"①因此,作为编辑甲骨著录书的过来人和前辈大师,商先生的经验和建议,自然对《甲骨文合集》编辑组那些"未出茅庐"的年轻学者极富教益和启迪。《甲骨文合集》的成功编纂,和主编郭沫若的威望,总编辑胡厚宣的精心组织,以及商老这样尽责尽职的编委的悉心指导是分不开的。

二、 商承祚教授对《甲骨文合集》搜集海外最新资料所做的无私奉献

《甲骨文合集》这一大型国家项目,虽然自一九五六年历史研究所承担的"十二年远景规划"中就已提出,但时作时辍,直至一九八二年十三巨册才全部出齐,历时竟达二十六年之久,真可谓历尽艰辛,好事多磨。有学者回忆这段难忘的经历时,无限感慨地说:"甲骨丰碑铸,青春忽已逝!"②

《合集》一九五九年正式立项后,就不断受到种种政治运动的干扰。一九六〇年,《合集》编辑组不少年轻学者被"下放劳动锻炼",在山东曲阜"锻炼"回来后连上故宫台阶的力气都没有了。接着又"下放干部",不少人离开了北京和编辑组。一九六一年三月重组《合集》编辑组,工作于当年四月启动。但一九六三年五月又开始"四清运动"。编辑组大部分学者分批下乡"四清",在房山还没"清"完,就抽回来,一九六四年又去了山东……直到

① 陈炜湛:《商承祚先生学术述要》,《古文字研究》第二十四辑。

② 孟世凯:《甲骨丰碑铸,青春忽已逝》,《人民日报》,一九九七年五月二十一日。

一九六五年七月才从山东海阳农村返回北京。学者们又加紧了《合集》的编辑工作，当年七月就兵分两路（一路在北京，一路去外地）墨拓甲骨，工作顺利展开。原计划在一九六六年四月开始剪贴上版，但一九六六年春节后政治风云突变。三月开始停止一切业务工作，一场史无前例的文化浩劫开始了，一直到一九七二年七月，学者们才从河南信阳的“五·七干校”回到北京。

在主编郭沫若的支持下，一九七三年六月《甲骨文合集》又被正式列为“国家重点科研项目”，使编辑组正式恢复了工作。但工作时干时停，一直到粉碎“四人帮”后，编纂工作才逐渐走上轨道。

《甲骨文合集》编辑工作首先是甲骨文材料的再搜集和整理。总编辑胡厚宣教授和编辑组的学者们按主编郭沫若“尽可能把材料搜集齐全”①的要求，开始了第二次“南征北战”的材料再搜集工作。虽然各位学者在转战南北的过程中历尽了艰辛，但毕竟有“国家重点”和郭老支持这两把“尚方宝剑”，因而在国内各地墨拓甲骨、搜集拓本还容易解决，但要搜集海外的新材料，则非常困难。

在“文革”期间，海外甲骨学的研究工作依然正常进行，并取得了很大的进展。一些重要的甲骨新材料、研究甲骨学的专著和论文以及工具书、资料书等陆续出版，甲骨学研究一片繁荣。以充分反映八十年研究成果为己任的《甲骨文合集》，责无旁贷地应把新涌现出的这批海外成果收入集中。但当时国门还未开放，搜集海外材料困难重重。商承祚教授以他在海外的巨大威望和广泛的联系，为《甲骨文合集》编纂搜集海外最新成果的工作作出了重要贡献，这在胡厚宣教授一九七四年至一九七六年间致商老的五封信中有充分反映。

一九七四年一月十二日胡先生在致商老的信中说：

在北京中国图书进口公司，尚有港台出版的几种资料，未能购到。除香港《联合书院学报》已托希白（按：即容庚教授）代为设法之外，台

① 胡厚宣：《郭沫若对于甲骨学的重大贡献》，《光明日报》，一九七八年六月二十八日。

北方面,有另列六书,拟恳先生代为设法托人购买。希白先生谓先生有亲戚贺先生可以代办,不知可否?……烦渎之处,无任感激!

一九七四年二月二日致商老的信中说:

又收到明义士甲骨一册(按:即许进雄编《明义士收藏甲骨文集》,一九七二年),甲骨文拓本九十张。这是对《合集》最有力之支持,谨致以衷心的感谢之意!

一九七二年加拿大多伦多博物馆才出版的《明藏》,一九七四年二月商老就寄到了北京。商先生办事之快和认真负责精神,令胡先生“衷心的感谢”。这真是雪中送炭呀!而所谓“拓本”,是商老自己所收藏,他寄往北京,无私地奉献给《合集》编辑组使用。商老这种大公无私,视学术为天下公器,从不垄断资料的精神为后世学人树立了榜样。胡先生在二月二日的信中写道:

明义士甲骨一书,至可珍贵,当妥善使用,保证不能污损,用毕当尽早奉还。……甲骨拓本九十张,遵嘱选留四十六页,其余四十四页,随函寄奉,敬请验收!

并又说:

其他各书,倘他日寄到,拟仍此种办法借用,不知可否?

胡先生深知这批材料“至可珍贵”,从而使《合集》及时收入了流传至加拿大的一批重要甲骨材料。在同信中还说:

承惠下《方法敛摹甲骨卜辞三种》及《善斋藏契萃编》及外文《甲骨卜辞照片》单行本一册,皆收到。盛谊至深感谢!《中国文字》七册,想日内亦可寄到。

从一九七四年一月十二日至一九七四年二月二日,时隔不到一个月,商老就又寄来了第二批书,从而保证了《合集》编纂工作的顺利开展。在二月二日的信中胡先生继续说:

《中国文字》七册,当亦如此办法。二十册,有金祥恒《国立图书馆藏甲骨文字》一文。这批材料,解放前我在南京山西路图书馆分馆屈万里处看到过。二十二至二十五册严一萍(据日本书目好像是从二十二至二十五之外，还有一本二十九册，不知是否)《美国纳尔逊艺术博物馆甲骨文字》原材料未见过。先生如能设法获得照片，那就再好没有了。

这是胡先生又请商老去搜寻新材料了，商老自然是“上穷碧落下黄泉”地认真了寻找一番。一年后，一九七五年三月七日胡先生在致商老的信中说：

前借尊藏《善斋藏契萃编》以及“文化大革命”前所借尊藏《甲骨学五十年》两书，另外挂号寄上，即请惠收，至以为感！

《善斋藏契萃编》一书，实即郭沫若《殷契萃编》的翻印本，不过改掉郭老的名字为刘体智而已。而《甲骨学五十年》，是甲骨学大师董作宾一九五五年出版的总结甲骨学五十年研究发展之作，在当时的中国内地很难见到此书。在寄还上述两书时，胡先生还向商老保证：

另有两书，《方法敛甲骨摹本三种》及《加拿大明义士旧藏甲骨文字》两书，一俟照相完毕，当即奉赵。

这是《明藏》等书，正在复制照相。《甲骨文合集》一书选补翻拍照片的大量工作，基本上均由张永山教授一人承担。当时照相，要骑自行车把大书送到位于东单的大北照相馆，十分不便，而且速度很慢。如一不小心丢了书，更是谁也负不起的责任。张永山先生因陋就简，硬是在办公室用相机(还是当时学部负责人刘仰峤特批购置的)一张张翻拍而成，而且质量极好，解决了甲骨拓片、著录翻拍照相的难题。

在一九七六年七月二十六日胡先生致商老的信中说：

日前寄上的尊斋所借《明义士甲骨》一册，《中国文字》二十、二十二、二十三三册，谅已收讫。《明义士甲骨》一书，嗣一出版，即蒙惠假，一借经年，最近照相(反复照了几次)使用完毕。盛谊深为感激！

《中国文字》亦有用处，现奉还三册，拟再暂借第二十六、二十七、二十八、二十九四册一用。

……

商承祚教授在《甲骨文合集》编辑过程中，在补充搜集资料(特别是“文革”期间海外公布的新资料)，以及在选片上版的关键时刻，即从一九七三年至一九七六年的四五年间,把大量海外出版的新资料及时收集到手,并及时地寄给了《甲骨文合集》编辑组,其中还包括他一九三三年出版的甲骨名著《殷契佚存》的原稿本。

一九七七年十二月四日中国社会科学院历史研究所以公函对商承祚教授为《甲骨文合集》的编纂搜集大量海外新成果的无私奉献精神予以高度评价:

> 您热情支持《甲骨文合集》的编纂工作,把所存的甲骨文资料和新得的甲骨文论著及时地无保留地借给我们使用,发扬共产主义风格,至为钦佩。《合集》组的同志们也经常谈及……

可以说,这是代表学术界对商老在幕后默默支持《甲骨文合集》工作的充分表彰!

我们在谈论《甲骨文合集》这部甲骨学史上里程碑式著作所取得的巨大成就的时候,应对商承祚教授的贡献写上浓重的一笔!

第十五章　甲骨学史上有贡献的学者及其研究特点

甲骨文自一八九九年发现迄今，已出土十五万片左右。甲骨学和殷商史的研究论著，已达二三千种之多。一百多年来研究甲骨文的中外学者，据统计，达四百人以上①。较有影响的学者是：

第一个十年（一八九九年至一九〇九年），王懿荣、刘鹗、孙诒让和美国人方法敛等。

第二个十年（一九一〇年至一九二九年），增加了罗振玉、王国维和日本人林泰辅、英国人金璋、加拿大人明义士等。

第三个十年（一九二九年至一九三〇年），增加了王襄、商承祚、叶玉森、胡光炜、容庚、闻宥、丁山、董作宾等。

第四个十年（一九三〇年至一九三九年），增加了郭沫若、束世澂、刘朝阳、吴其昌、唐兰、孙海波、朱芳圃、陈梦家、闻一多、金祖同、胡厚宣和美国人白瑞华、英国人吉卜生、苏联人布那柯夫等。

第五个十年（一九四〇年至一九四九年），增加了于省吾、张宗骞、李旦丘、曾毅公、杨树达和德国人魏特夫格等②。

第六个十年（一九五〇年至一九五九年），增加了管燮初、李学勤、赵锡元、姚孝遂、饶宗颐、严一萍、李棪、张秉权、金祥恒和日本贝塚茂樹、岛邦男、赤塚忠、白川静、池田末利、林巳奈夫、伊藤道治、松丸道雄等。

第七个十年（一九五九年至一九六九年），增加了裘锡圭③、林沄、李孝定、许进雄、黄然伟等。

第八个十年（一九七〇年至一九七九年）④，增加了高明、王宇信、张永

---

① 胡厚宣：《〈甲骨文合集〉与商史研究工作》，《文史知识》，一九八六年，第五期。

② 以上据胡厚宣：《〈五十年甲骨学论著目〉序言》，中华书局，一九五二年。

③ 笔名赵佩馨。

④ 自一九六五年起，我国开始了"文革"，不少国内学者被迫中断了研究工作，一切学术刊物均停刊。直至一九七二年，才在周恩来、郭沫若的关怀下恢复了停刊多年的《文物》、《考古》、《考古学报》。

山、杨升南、王贵民、孟世凯、肖艾、齐文心、肖楠、陈炜湛、曾宪通、徐锡台、陈全方和美国吉德炜、日本玉田继雄、韩国尹乃铉、苏联刘克甫等。

第九个十年(一九八〇年至一九八九),增加了肖良琼、谢济、彭邦炯、常玉芝、常正光、吴浩坤、潘悠、袁庭栋、温少峰等,以及一批后起之秀,诸如宋镇豪、范毓周、朱凤瀚、郑慧生、陈恩林、晁福林等。

第十个十年以后(一九九九年至今)第九个十年的学者多已退休。他们的学生和学生的学生,都已成为甲骨学研究的生力军。这二十多年来,甲骨学研究的后起之秀灿若群星,研究队伍兴旺发达。

不少前辈学者,为甲骨学的发展贡献了毕生的精力和智慧,他们的著作是甲骨学史上的一座座丰碑。他们所经历的道路和积累的丰富治学经验,值得后学认真借鉴和继承。只有继承和发扬前辈学者留下的这笔宝贵财富,甲骨学研究才能开创新的局面。

第一节　早年出土甲骨文的几位购藏家

这一时期包括了甲骨学研究的前三个十年,即从一八九九年殷墟甲骨文被认识以后,直到一九二八年大规模科学发掘殷墟甲骨文以前。有关这一时期甲骨文发现和甲骨学研究所取得的成就,第四章第二节已作了介绍。这里再介绍早期出土甲骨文的几位有贡献的收藏家。

王懿荣(一八四五年至一九〇〇年)

山东福山人。字正儒,号廉生。《清史稿·王懿荣传》:“懿荣泛涉书史,嗜金石,翁同龢①、潘祖荫并称其学”,他是我国著名的金石学家。殷墟甲骨文是他在一八九九年第一个认识并作为珍贵文物购藏的。

王懿荣于清朝光绪六年(一八八〇年)考中进士,授翰林。他在《天壤阁杂记》中说:“天下之地,青齐一带,河陕至汉中一路,皆古董坑也。余过

① 翁同龢(一八三〇年至一九〇四年),清末大臣,维新派。曾为清光绪皇帝的师傅。戊戌变法时,为帝党领袖,维新派首领康有为就是他密荐给光绪帝的。

辄流连不忍去。”一八八一年、一八八二年他用为官之便，在山东、陕西、四川等地搜求文物。据说他路过陕西宝鸡时，曾到神庙中去祭祀神祇，希望神明保佑他获得珍贵文物。《王文敏公年谱》(即王懿荣年谱)记云：“公性嗜古。凡书籍字画，三代以来之铜器印章泉货残石片瓦，无不珍藏而秘玩之。钩稽年代，补证经史。搜先达所未闻，通前贤所未解。”王懿荣购求文物，“固未尝一日有巨资。处极困之时，则典衣以求之，或质他种以备新收，至是以居丧奇窘，抵押市肆至百余种。然不愿脱手鬻去也。”①由于长期搜集和研究了很多古代文物，又经常与当时著名的金石学家陈介琪(簠斋)、潘祖荫、吴大澂②、胡石查等人一起切磋学术，王懿荣对文物鉴定和文字的考释有较高造诣。主要著作有《汉石存目》、《六朝石存目》、《王文敏公遗集》(八卷)等。由于王懿荣对古代文物有精深的研究，因此一八九九年“估人”携甲骨至京师，“公审定为殷商故物，购得数千片，是为吾国研究殷墟甲骨文字开创之始”③。自此以后，殷墟甲骨文才从“龙骨”变成了珍贵的古代文化研究资料，避免了这一古代文物继续大量人为的毁灭。王懿荣鉴定和购藏殷墟甲骨文，对保护和发扬我国古代文化遗产和甲骨学的建立作出了重大贡献。

王懿荣不仅是著名学者，还是一位杰出的爱国者。一八九四年甲午海战以后，日本占领朝鲜，出兵我国东北并占领旅顺。一八九五年一月，日本攻陷山东荣成，以全部海军包围威海卫。这时，五十一岁的王懿荣任南书房行走、国子监祭酒，“以回籍办理团练入奏”。他得到皇帝的批准后，“当即由京驰驿前往济南，会同山东巡抚商酌防务后，遄赴登州防次”④。但不久《马关条约》签订，清廷丧权辱国，与日本议和，王懿荣与日本侵略者决一死战的壮志未能实现。一九〇〇年八国联军进攻北京，作为办理京城团练大臣

① 王崇焕(汉章)辑：《王文敏公年谱》，二十三年丁酉五十三岁条，《中和》四卷七期，一九四三年七月。

② 吴大澂(一八三五年至一九〇二年)，清末著名金石学家、古文字学家，著有《说文古籀补》、《愙斋集古录》等。

③ 《王文敏公年谱》，二十五年己亥五十五岁条。

④ 《王文敏公年谱》，二十一年乙未五十一岁条。

的王懿荣,见"大势已去",又于七月二十日得悉慈禧太后与光绪皇帝已仓惶出逃至西安,遂决定以身殉国。他"吞金二钱不绝,复仰药仍不绝,遂入井"①而死,成为一位视死如归反抗帝国主义侵略的伟大爱国主义者②。

王 襄(一八七六年至一九五六年)

祖籍浙江绍兴,世居天津。字纶阁。因获王懿荣旧藏中白旅簠,故别号簠室。王襄和王懿荣基本同时,是我国殷墟甲骨文的最早鉴定和购藏者之一③。

王襄七岁入塾,熟悉经文词章。二十岁以后,开始研究金石学。他工于篆书,精于篆刻,但主要精力用于甲骨文的搜购和研究方面。主要著作有《簠室古俑》(一九〇九年)、《簠室殷契类纂》(一九二〇年)、《簠室殷契征文》(一九二五年)、《古文流变臆说》(一九六一年,龙门联合书局)等。

王懿荣虽然最早鉴定并购藏甲骨,但一九〇〇年以身殉国,没有来得及对所藏甲骨作全面研究,没有留下有关此学的论述。王襄则不仅有鉴定、购藏甲骨之功,还有著述传世,对甲骨学研究作出了一定的贡献。

首先,《簠室殷契类纂》是甲骨学史上的第一部字汇,编入了他对甲骨文字的研究心得并吸收了当时文字考释的最新成果。《簠室殷契类纂》在每字之下,不仅释义,而且还引用整条卜辞作为辞例。既可使读者了解有关文字在卜辞中的位置和意义,还可使读者了解出现该字的卜辞所记载的商代社会历史内容。这就较其后出版的商承祚《殷虚文字类编》、朱芳圃《甲骨学文字编》、孙海波《甲骨文编》等书未引用全段卜辞作为辞例,对读者要方便得多了。《簠室殷契类纂》一书所开创的这一编辑体例,对后世大型工具书的编纂有一定的影响④。

---

① 《王文敏公年谱》,二十六年庚子五十六岁条。

② 参见赵洛:《义不苟生——甲骨文的发现者王懿荣》,《文物天地》,一九八四年,第二期。《甲骨魂》(三集电视连续剧),安阳甲骨学会会员刘志伟编剧,即以王懿荣一生经历为素材,再现了他作为甲骨学者和民族英雄的伟大形象。此剧已在一九八七年九月召开的中国殷商文化国际讨论会上播放。又,参见吕伟达:《甲骨文之父王懿荣》,山东画报出版社,一九九五年。

③ 关于王襄鉴定和搜求甲骨文的情况,已见本书第二章,此处从略。

④ 参见崔志远:《王襄及其甲骨文研究》,《天津社会科学》,一九八二年,第五期。

其次，在甲骨文材料的公布方面，王襄也有成就。一九二五年出版的《簠室殷契征文》公布了他收藏的五千多片甲骨中的精品，为甲骨学与殷商史的研究提供了一批资料。关于《簠室殷契征文》一书的特点及价值，第十二章第二节已有所叙述。

王襄早年家境清贫，但他千方百计购求殷墟甲骨文，并为保护我国这一古代文化珍品做出了不小的努力。他对这些省吃俭用集资收集来的甲骨文，视若掌上明珠，爱护备至。一九三四年王襄由湖北回天津时，将甲骨和其他什物交铁路局装箱运回津门。但在天津提取托运物品时，发现其他箱物都在，装甲骨的箱子却不见了。这些凝聚了多年心血的“宝贝”不翼而飞，令他焦急万分。后来辗转查找了五十多天，终于在张家口站找到了这箱甲骨。但箱子已经破损严重，里面甲骨也已被翻动得狼藉不堪。原来，铁路上负责托运行李的人以为此箱装有无算珍宝，打开一看却是枯龟断骨。幸好他们不知甲骨文的珍贵，故又弃置，甲骨才幸免于劫。一九三七年抗日战争爆发后，王襄失业在家，生活拮据。天津“大罗天”一带的古董商常去他家，游说他将甲骨卖给日本人，但王襄推说甲骨已存放内地。为了不使祖国珍贵文物流往国外，他宁肯卖衣服和家中什物维持生活，也不要日本人的“高价”。抗战胜利以后，北京藻玉堂书店的一位老板和几个学校的负责人到天津和他协商了一个多月，要购买他收藏的甲骨。虽然这时物价飞涨，但他仍不为重金所动，一口回绝了他们。王襄曾说过，“甲骨是祖国的瑰宝，现在没有新的发现，将来也不会发现的很多。卖给那些大学，都是外国建立的，将来也会流失异邦。等到中国人想研究就困难了！”

新中国成立初期的一九五二年，王襄家中生活仍较困难。董作宾曾从美国来信，询问他是否有意将甲骨售与美国某大学，王襄一口回绝。一九五三年，王襄出任天津文史馆馆长，他将毕生搜购珍藏的甲骨文全部献给了国家。一九五六年，王襄以八十一岁高龄光荣地参加了中国共产党①。王襄不仅在鉴定、搜集和刊布、研究甲骨文方面作出了贡献，他的爱国主义

---

①　参见王翁如：《〈簠室殷契〉跋》，《历史教学》，一九八二年，第九期。

精神和走过的道路,对我们也是很有启示的。

刘　鹗(一八五七年至一九〇九年)

江苏丹徒人,原名孟鹏,字云搏;后更名鹗,字铁云,又字公约。别署洪都百炼生,是我国近代著名小说家。一九〇三年出版《老残游记》。“其书即铁英号老残者之游行,而历记其言论闻见,叙景状物,时有可观,作者信仰,并见于内,而攻击官吏之处亦多”。“历来小说皆揭赃官之恶,有揭清官之恶者,自《老残游记》始也”①,刘鹗也是颇有造诣的金石学家,出版了《铁云藏龟》、《铁云藏陶》(一九〇四年)、《铁云藏封泥》等书。

刘鹗性嗜金石、碑帖、字画及善本书籍。一八九五年居上海,收购铜器,已“聚古器数十”②。一九〇一年八国联军侵占北京后,社会秩序大乱,一些古物收藏家纷纷出手藏品,刘鹗收到鼎彝、碑帖、字画及善本书极多。殷墟甲骨文发现后,他大量购藏并进行研究,对甲骨学作出了重大贡献。

首先,刘鹗集中和保护了大量甲骨资料。一九〇二年十月,王懿荣之子王翰甫为还清旧债,将王氏生前所藏甲骨大部分卖给了刘鹗。此外,刘鹗又收得方若所藏三百片,经古董商赵执斋之手购得三千多片,刘鹗之子大绅亲往河南收得一千多片,前后共收得甲骨五千多片③,成为早期甲骨的著名收藏家。虽然刘鹗死后,所收的甲骨分散很是零碎④,但他生前大批搜求甲骨,对甲骨文资料的保存和集中还是有重大贡献的。

其次,刘鹗积极刊布甲骨文资料,促进了甲骨学研究的发展。他一九〇三年出版的《铁云藏龟》一书,是甲骨学史上的第一部著录。从此,甲骨文由只供少数学者观赏、摩挲的“古董”,变为广大学者研究的资料,扩大了甲骨文的流传范围,促进了甲骨学研究。《铁云藏龟》一书尽管出版较早,且拓印不精,收入了一些伪品,但也收入了不少重要材料。直到现在,此书还是甲骨学研究的重要书籍。刘鹗率先将甲骨文材料拓印出版,在甲骨学

---

① 参见鲁迅:《中国小说史略》,第二六〇页,人民文学出版社,一九七三年。

② 罗振玉:《〈梦郼草堂吉金图〉序》,一九一七年至一九一八年。

③ 参见胡厚宣:《五十年甲骨文发现的总结》,第二十二至二十三页。

④ 关于刘鹗一九〇九年逝世后甲骨分散及著录情况,本书第十章第二节已介绍,可参看。

史上有开创之功。

其三，在甲骨文的研究方面，刘鹗也提出了一些创见。甲骨文发现以后，学者们对其时代、出土地进行探索，刘鹗第一个提出甲骨文是“殷人刀笔文字”①。刘鹗筚路蓝缕，在甲骨学史上应占有一定的地位。

刘鹗还精于数学、医术、水利等自然科学。光绪十三年八月（一八八七年）黄河于郑州决口，宽达五百五十多丈，久决不能合拢。刘鹗一八八八年参加治河工程，“短衣匹马，与徒役杂作，凡同僚不能为者，悉自任之”②，终于使黄河决口合龙，河水又回到正流。刘鹗治河有功，深得河督吴大澂赏识。刘鹗还是一位对近代资本主义文明较为敏感的人物，提倡修铁路、开矿山等“洋务”。他曾于一八九六年上书直隶总监，请求修建天津至镇江的津镇铁路。一八九七年外商组福公司，筹办开采山西矿产，刘鹗被聘为华方经理。刘鹗“近欲以开晋铁谋于晋抚，俾请于朝。晋矿开，则民得养而国可富也。国无素蓄，不如任欧人开之，我严定其制，令三十年而全矿路归我。如是，则彼之利在一时，而我之利在百世矣”③。这种主张很有见地。刘鹗还曾经经商、办工厂。一九〇八年袁世凯等为报宿怨，罗织罪名，以“擅散太仓粟”及“浦口购地”为由，密电两江总督端方将刘鹗逮捕，流放新疆。

所谓“擅散太仓粟”，事情是这样的：一九〇〇年八国联军攻陷北京后，由于战乱粮运阻塞，京津一带粮食奇缺。适逢刘鹗北上办账，他看到北京居民“道殣相望”，便商议赈济之事。当时“太仓”为俄国军队占领，欧人喜欢吃面粉烤制的面包却不爱吃米饭，刘鹗遂与俄军头目商买太仓米事。他“以贱价得之”，再卖给北京的居民，使京城的居民得以度日，“民赖以安”。这本来是救民于水火的大好事，却被一些清廷权贵指控为“擅散太仓粟”，成为刘鹗被流放新疆的重要“罪状”之一。与此同时，刘鹗还在北京设“瘗埋局”，收掩无主尸骸。著名的爱国侠士大刀王五，就是刘鹗收葬的。大刀

① 刘鹗：《〈铁云藏龟〉自序》，蟫隐庐出版，一九〇三年。

② 蒋逸雪：《刘鹗年谱》，光绪十四年条，齐鲁书社，一九八〇年。

③ 蒋逸雪：《刘鹗年谱》，光绪二十三年条。

王五是当时京城义侠,他看到八国联军在北京无恶不作,便率徒众数十人专门打杀那些作恶的侵略军。一九〇一年十一月的某天,侵略军围住了石姓的宅院。正从此地经过的王五见义勇为,与侵略军展开格斗,杀死数十名侵略军。但终因寡不敌众,身中数弹,被侵略军捉住,随后被枪杀并野蛮地暴尸刑场。刘鹗收葬侠士王五之躯,表现了对爱国志士的同情。所谓"浦口购地"的原委是,刘鹗预见到浦口"来日必为商货吐纳地",故与亲戚集资购买浦口一带土地。津浦铁路修建以后,浦口为终点。果不出刘鹗所料,浦口地价飞涨。浦口的一个官僚想强得刘鹗所购之地,但遭拒绝,因此怀恨在心,便与袁世凯等人勾结,陷害刘鹗为"汉奸"。一九〇九年,刘鹗在新疆迪化(今乌鲁木齐)因患脑溢血病逝①。

第二节　罗振玉、王国维和"罗王之学"

罗振玉、王国维是对中国近代学术史产生重大影响的学者。郭沫若高度评价了罗、王的成就,"谓中国之旧学自甲骨之出而另辟一新纪元,自有罗王二氏考释甲骨之业而另辟一新纪元,决非过论"②。罗振玉、王国维培养和影响了一批学者,他们和他们的学生的研究成果,代表了殷墟科学发掘以前甲骨学研究的最高水平,因此草创时期的甲骨学研究又被称之为"罗、王之学"。

罗振玉(一八六六年至一九四〇年)

江苏淮安人。字叔蕴,又字叔言,号雪堂,又号贞松。因祖籍浙江上虞县永丰乡,又称上虞人、永丰乡人。罗振玉自五岁入塾读《毛诗》,十五岁读完《周易》、《尚书》等五经,十六岁中秀才。后屡试不第,曾在山阳刘氏、邱于蕃、刘鹗等人家中做教师。刘鹗子大绅曾从罗振玉读书,后罗振玉以长女妻之。罗振玉熟读经史,又广泛涉猎训诂名物、金石文字等。一八九六年

① 以上参见蒋逸雪:《刘鹗年谱》。

② 郭沫若:《卜辞中的古代社会》,《中国古代社会研究》,人民出版社,一九五四年。

罗振玉在上海创立“农学社”，办“农报馆”，介绍西方农业技术，十年间翻译农业书刊百余种。为了培养日语翻译人才，他又于一八九八年创立“东文学社”，教授日文。一九〇〇年应湖广总督张之洞之请，赴湖北武昌主持农务局，兼农校监督。此后，罗振玉走上仕途并与清廷发生了联系。

一九〇一年罗振玉主持武昌江楚编译局并创办《教育》杂志，后辞职归上海，又被张之洞、刘坤一派往日本考察教育。一九〇二年盛宣怀聘罗振玉为上海南洋公学虹口分校监督。一九〇三年两广总督岑春煊聘罗振玉为教育顾问。一九〇六年，经端方等人推荐，罗振玉由地方被召进京师，在清政府学部任参事厅行走，后擢升为参事，直至一九一一年旅居日本。在此期间，曾往直隶、山西、山东、江西、安徽等省视察学务。在京居官期间，他常去厂肆收购古籍、铜器、碑帖、字画以及甲骨等。

一九一一年辛亥革命爆发，罗振玉以清朝遗臣自居，与王国维全家东渡日本。在日本期间，罗振玉专攻经史及金石学，编成《殷虚书契》、《殷虚书契菁华》、《殷虚书契后编》及《殷虚书契考释》等重要著作。一九一九年罗振玉从日本回国，寓居天津，继续从事著述。一九二四年应清废帝之召，入值南书房，清理宫中器物。当年十一月冯玉祥发动“北京政变”，罗振玉与陈宝琛秘密护送溥仪出宫到日本使馆，一九二五年又秘密护送溥仪至天津日租界“张园”。罗振玉被清废帝任命为顾问，一九二九年移居旅顺，梦想借日本帝国主义势力“恢复清室”，参与策划成立伪满洲国，并在一九三三年出任伪满洲国“监察院院长”、“满日文化协会”常任理事。一九三四年伪满洲国改行“帝制”，罗振玉被邀为“大典筹备委员会”委员，受到“叙勋一位”封赏，成为出卖民族利益的汉奸。一九三七年六月罗振玉退休，一九四〇年六月病死于旅顺。在此期间，罗振玉出版的著作主要有《贞松堂吉金图》三卷、《贞松堂集古遗文》二十卷及《三代吉金文存》二十卷等①。

罗振玉生活在我国学术史上新史料不断有重大发现的时期。殷墟甲骨文、敦煌写经及西部各地出土的汉晋木简、内阁大库元明档案、四裔碑

---

① 参见甘孺：《永丰乡人行年录》（罗振玉年谱），江苏人民出版社，一九八〇年；杨升南：《罗振玉传略》，《中国现代史学家传略》第三辑，山西人民出版社，一九八三年。

铭、中州明器、齐鲁封泥以及大量出土的商周青铜器等等,为学术研究提供了重要的新资料。新的发现必然要促进新学科的兴起,这就给罗振玉提供了广阔的研究天地。特别是在甲骨学方面,罗振玉贡献很大。正如郭沫若所说:"罗振玉的功劳即在为我们提供了无数的真实史料。他的殷代甲骨的搜集、保藏、流传、考释,实是中国近三十年来文化史上应该大书特书的一项事件。"①罗振玉对甲骨学研究的贡献,主要是:

一、在甲骨文的搜集和保藏方面,罗振玉用力甚勤。他自一九〇六年开始搜购甲骨,并通过古董商或直接派人去安阳购求甲骨,前后所获达三万片,其中有不少稀世珍品。关于此,第二章第一节已作介绍。与此同时,罗振玉还有意识地搜集殷墟所出甲骨以外的其他文物,也为考古学研究保藏和积累了一批资料。

二、罗振玉在甲骨文资料的著录和公布方面,也做出了很大努力。第一部甲骨著录书《铁云藏龟》,就是罗振玉亲手墨拓甲骨并怂恿刘鹗出版的。他为了供学术界研究,还将自藏甲骨墨拓出版。他编纂的《前》、《后》、《续》、《菁》及《铁余》等书,出版早,印刷精,直到现在仍对甲骨学研究很有价值。

三、罗振玉将甲骨文出土地考订为河南安阳小屯村,并确定小屯村即为殷代晚期都城,这对甲骨学和殷商考古研究意义重大。详见第二章第三节、第二节,此处从略。

四、罗振玉对甲骨文字的考释和篇章的通读也作出了很大贡献。他的《殷商贞卜文字考》、《殷虚书契考释》及《增订殷虚书契考释》出版,结束了甲骨文"书既出,群苦其不可读也"②的局面。罗振玉《殷虚书契考释》等书在甲骨文字考释方面所取得的成就,"使甲骨文字之学蔚然成一巨观。读甲骨者固然不能不权舆于此,即谈中国古学者亦不能不权舆于此"③。

虽然罗振玉考释古文字的方法是"由许书以上溯古金文,由古金文以上窥卜辞"④,但他"既参证《说文》以释甲骨文,又不为《说文》所束缚,而能

① 郭沫若:《〈中国古代社会研究〉自序》,人民出版社,一九五四年。
② 罗振玉:《〈殷虚书契后编〉序》,一九一六年。
③ 郭沫若:《卜辞中的古代社会》。
④ 罗振玉:《殷虚书契考释》,第七十六页,一九一四年。

认出一批与《说文》字形不同的甲骨文，反过来纠正《说文》的谬误，这就比前人大大高出了一筹”。而罗振玉以前的学者，则不敢跨越《说文》一步①。这种创新精神，给后世学者不少启示。

五、罗振玉开了用甲骨文资料研究商代历史之先河。他在《殷虚书契考释》一书中，通读了七百六十六条卜辞，并按内容分为八类。至《增订考释》出版时，已通读一千三百零三条，按内容分为九类。他率先将甲骨文中的王名与《史记·殷本纪》中的王名勘校，“于刻辞中得殷帝王名谥十余，乃恍然悟此卜辞者，实为殷室王朝之遗物”②。这为王国维写出《殷卜辞中所见先公先王考》及《续考》打下了基础。

罗振玉不仅对甲骨学的发展作出了贡献，而且涉猎较广，对汉晋简牍、敦煌写本与敦煌学、内阁大库档案、金石学与器物学、经学与古文字学等方面，都有很深的造诣和研究。他在这些方面印行了许多有价值的著录和著作，为上述学科的建立和发展奠定了基础③。

一九一一年辛亥革命爆发以后，罗振玉反历史潮流而动。特别是他晚年，不惜投靠日本帝国主义以复辟清王朝。这是应予批判的。但是，我们“对待罗振玉和王国维这样政治立场反动而学术上有贡献的人物，形而上学的方法是行不通的。不管其政治态度而全盘加以肯定，当然不行；根据其政治态度而完全加以否定，也同样不行。唯一的办法是面对事实，运用一分为二的方法实事求是地加以分析，非其所当非，是其所当是”④，这是评价罗振玉所应采取的正确态度。

王国维（一八七七年至一九二七年）

浙江海宁人。字静安，又字伯隅，号观堂、永观。我国近代著名的学者和史学、甲骨金石学家。

王国维二十二岁赴上海，在《时务报》任书记校对工作，并入罗振玉办

---

① 参见陈炜湛、曾宪通：《论罗振玉和王国维在古文字学领域内的地位和影响》，《古文字研究》第四辑，中华书局，一九八〇年。

② 罗振玉：《〈殷商贞卜文字考〉自序》，一九一〇年。

③ 参见杨升南：《罗振玉传略》。

④ 参见陈炜湛、曾宪通：《论罗振玉和王国维在古文字学领域内的地位和影响》。

东文学社习日文,深得罗振玉赏识。一九〇一年随罗振玉赴武昌农学校任教。一九〇二年在南洋公学虹口分校任职,并开始研究哲学。一九〇三年任通州师范学校心理学、伦理学教师。一九〇六年随罗振玉赴北京,任学部总务司行走等职。一九一一年与罗振玉一起东渡日本,专攻经学、小学、历史,还协助罗振玉整理、编辑、考订所藏大批甲骨、金石等文物。一九一六年王国维从日本回国,在上海为英国人哈同编《学术丛编》,兼任上海仓圣明智大学教授。一九二二年任北京大学研究所国学门通讯导师。一九二三年到北京后,清废帝溥仪任命他为清宫南书房行走。一九二五年被聘为清华研究院教授,一九二七年投颐和园昆明湖自杀。

王国维以自沉昆明湖为清王朝殉葬,表明了他政治上对革命的恐惧和仇视。但他在五十年的短暂一生中,留下了六十多种学术著译,亲手批校的古籍近两百种,成为我国近代学术史上有巨大影响的学者。正如郭沫若所指出的:“王国维研究学问的方法是近代的,思想感情是封建式的。两个时代在他身上激起了一个剧烈的阶级斗争,结果是封建社会把他的身体夺去了。然而他遗留给我们的是他的知识产品,那好像一座崔巍的楼阁,在几千年的旧学城垒上,灿然放出了一段异样的光辉”①。

和罗振玉一样,王国维对甲骨学的形成和发展作出了巨大贡献。首先,在甲骨的著录方面,王国维编纂、姬佛佗具名的《戬寿堂所藏殷虚文字》一书,公布了刘鹗旧藏甲骨,为学术界提供了不少重要资料。

其次,在甲骨文字的考释方面多有发明,王国维的不少论著直到现在还很有参考价值。他的《戬寿堂所藏殷虚文字考释》、《殷卜辞中所见先公先王考》、《续考》、《殷周制度论》以及其他一系列文字考释论著,代表了甲骨学研究草创时期的最高水平。他考释文字的方法,突破了中国“旧学”的藩篱而“另辟一新纪元”,对后世学者有深远的影响。其具体方法是:

> 苟考之史事与制度文物,以知其时代之情况;本之《诗》、《书》,以考其文之义例;考之古音,以通其义之假借;参之彝器,以验其文字之

① 郭沫若:《〈中国古代社会研究〉自序》。

变化；由此而之彼，即甲以推乙，则于字之不可识、义之不可通者，以俟后之君子，则庶乎其近之矣。①

其三，王国维用甲骨文材料研究商代历史和典章制度，极大地提高了甲骨文的学术价值。他的《殷卜辞中所见先公先王考》、《续考》等，在考释文字的同时，还注重考证商史，是把甲骨学研究推向一个新阶段的重要论文，标志着“文字时期”进入了“史料时期”。关于此，第四章第二节下已作论述。

其四，王国维发凡启例，最早进行甲骨断片的缀合工作。一九一七年他缀合了《戬》1.10 与《后上》8.14，从而发现甲骨文上甲至示癸的世次与《史记》所记不合，纠正了《史记·殷本纪》之误②。缀合工作是甲骨学研究必须进行的基础工作，做得好不啻是甲骨文史料价值的再发掘。不少学者是在王国维的启示下，缀合甲骨取得了成绩，为甲骨学和商史研究提供了一批完整的资料。关于此，第十一章第三节已作论述。

王国维学识渊博，在其他不少学科，诸如金石学与古代史、小学与经学、宋元戏曲之学、流沙坠简与敦煌写经、西北史地及元史等方面都有不少建树，为学术界留下了大量很有价值的著作③。

王国维之所以能在学术研究的不少领域都取得巨大成就，是和他生活的时代分不开的。首先，王国维生活的清末民初，西方资产阶级的先进科学技术已经传入我国。王国维在《农学报》和东文学社时，就已接触国外的农业科学技术，还钻研过数学、物理、化学等。一九一二年从日本回国后，钻研过康德、叔本华和尼采等人的哲学著作④。近代自然科学、西方哲学和社会科学，对王国维的科学研究产生了很大影响。“正因为他具有和当时一般封建学者的不同眼光，许多旧东西经过他用资产阶级观点分析研究，得出了封建学者所不能得出的新结论”⑤。其次，王国维生活的时代，正是

---

① 王国维：《〈毛公鼎考释〉序》，《观堂集林》卷六，第二九三页，中华书局，一九五九年。

② 参见肖艾：《王国维评传》，第一〇三至一〇八、一三五至一四七页，浙江文艺出版社，一九八三年。

③ 参见周传儒：《史学大师王国维》，《历史研究》，一九八一年，第六期；及肖艾：《王国维评传》。

④ 参见肖艾：《王国维评传》，第三十六至四十六页。

⑤ 参见袁英光：《王国维》，《中国史学家评传》下，中州古籍出版社，一九八五年。

我国近代学术史上新史料不断发现的时代。这给他的研究提供了广阔的天地。特别是王国维一九一一年随罗振玉再度赴日本后,终止了哲学、宋元戏曲的研究,专心于我国古代文物和古史的整理研究,得以在不少领域里取得了丰硕的成果。其三,王国维和罗振玉一样,全面继承了清代乾嘉学派的研究成果。“乾嘉学派无论启蒙时期的几位大师,如顾炎武、阎若璩,或全盛时期的皖派戴震、段玉裁、王念孙王引之父子,吴派惠栋、王鸣盛、钱大昕,他们研究学问,都是从文献到文献,考证来,考证去,总离不开书本”①,而王国维则较这些前辈学者前进了一步。他不仅重视书本,而且还特别重视出土文物,认为古文字、古器物学、经史之学是密切相关的。一九二五年他在《古史新证》中提出了著名的“二重证据法”,即:

> 吾辈生于今日,幸于纸上之材料外,更得地下之材料。由此种材料,我辈固得据以补正纸上之材料,亦得证明古书之某部分全为实录,即百家不雅驯之言,亦不无表示一面之事实。此二重证据法,惟在今日始得为之。

由于王国维既对我国古代典籍十分熟悉,又对传世及新出土的古代文物所见甚广,因此他能“将二者结合起来研究,于是别开生面,在中国学术史上揭开了新的一页”②。

王国维以他出众的才华早年即深得罗振玉赏识,罗振玉为他治学创造了条件。王国维晚年又与当时在学术界很有影响的梁启超和陈寅恪等结为学术上的知己。“正是这‘三巨头’把清华学术研究,导向航程,使新学问不断成长”③,在我国近代学术史上产生了巨大影响。

一九二七年革命军北伐消息传入北京,王国维以五十岁盛年于旧历五月初三日投昆明湖自尽,过早地结束了自己宝贵的学术生涯。关于王国维之死的原因,历来众说纷纭。有“殉清”说,有“罗振玉逼迫致死”说,等等。肖艾在《王国维评传》一书中进行了全面的分析,认为这些都不是构成王国

---

① 肖艾:《王国维评传》,第一五二页。

② 参见陈炜湛、曾宪通:《论罗振玉和王国维在古文字学领域内的地位和影响》。

③ 肖艾:《王国维评传》,第一九一至二〇五页。

维之死的主要原因。他认为,“叔本华的悲观主义的人生观,是王国维自沉的最根本的原因”。“叔本华的唯意志论,尼采的超人学说,更进一步加强加深王国维的自我意识”。因而他害怕革命的冲击,“他宁肯以死来卫护‘人’的尊严。他宁肯拖着长辫死去,不愿活着被人强迫剪辫。资产阶级悲观主义、西方人文主义者的王国维最后就这样结束了他的一生”。

王国维不仅留下了丰富而有价值的著作和宝贵的治学经验,他短暂的一生,也从反面给世人很大的教育和启示。正如肖艾在《王国维评传》前言中所指出的,通过王国维的研究,使我们认识到,“一个人活在世界上必须要有正确的世界观;一个学者更不能没有先进的理论作指导。否则,即使像王国维那样出类拔萃,最后还是走向自沉的道路,在学术研究上也划然中止,不可能跟着时代进步,取得更大更新的成功”。

罗振玉和王国维以自己的大量著作为甲骨学研究奠定了基础,并且奖掖和提携了一批古文字研究的专门人才。关葆谦、柯昌济、商承祚为罗振玉的及门弟子。容庚、商承祚、董作宾、丁山为王国维任职北京大学国学门时的研究生。余永梁、吴其昌、朱芳圃、卫聚贤、刘节、刘盼遂、戴家祥、周传儒、徐中舒等人是王国维任职清华大学研究院时的研究生。唐兰虽然没有直接在罗振玉、王国维门下受教,但也曾写信向罗振玉、王国维请教并得到指点。“就连被称为‘异军’的郭沫若,也不能不受到罗、王的滋润和影响”①。郭沫若步入甲骨学堂奥,就是从罗振玉《殷虚书契考释》一书度得金针,得其门径的。关于此,第一章第四节已有叙述。罗振玉、王国维继往开来,影响和造就了几代甲骨学者。因此,有学者称这一时期的甲骨学研究为“罗、王之学”。

第三节　甲骨文科学发掘时期有贡献的几位学者(上)

自一九二八年殷墟科学发掘工作开展以后,近代田野考古方法引入甲

① 参见陈炜湛、曾宪通:《论罗振玉和王国维在古文字学领域内的地位和影响》。

骨学研究领域。甲骨学研究进入了分时期、探商史的全面发展时期,取得了比罗王时代更为丰硕的成果。这些成就的取得,是与董作宾、郭沫若、唐兰、于省吾、胡厚宣等一批学者的创造性劳动分不开的。

董作宾(一八九五年至一九六三年)

河南南阳人。原名守仁,字彦堂,号平庐。六岁入塾读经史,十六岁肄业高级小学。自幼家境清贫,曾辍学经商,仍坚持自学。一九一五年肄业县立师范讲习所,后留校任教员。一九二二年入北京大学研究所国学门,从师王国维。一九二五年任福建协和大学国文系教授,后回河南任中州大学文学院讲师。一九二七年任北京大学研究所国学门讲师,后至广州任中山大学副教授。一九二八年中央研究院历史语言研究所筹备处成立后,被聘为通讯员。一九二八年受命调查殷墟,并于十月主持第一次殷墟科学发掘工作。一九三二年被聘为专任研究员。他参加过历次殷墟科学发掘工作,还参与了其他各地的田野考古和调查工作。一九三四年任古物保管委员会委员。一九三七年抗日战争爆发后,殷墟科学发掘工作停止,董作宾随史语所辗转长沙、桂林、昆明、四川等地,在极端困难的条件下,仍著述不辍。一九四九年一月去台湾,兼台湾大学文学院教授。一九五〇年任史语所所长,一九六三年病逝于台湾①。

董作宾是我国甲骨学和考古学的主要奠基者之一。他知识渊博,涉猎广泛,包括古文字学、考古学、历史学、古年代学、地理学、文学艺术等学科。董作宾著作等身,有专著十多种,论文二百多篇,由严一萍辑为《董作宾全集》甲、乙编共十二册出版(台湾艺文印书馆,一九七七年)。董作宾对甲骨学发展的重大贡献,主要是在以下几个方面:

一、正是董作宾一九二八年八月亲赴河南安阳殷墟调查甲骨文出土情形,得出"甲骨挖掘之确犹未尽"的结论,才促成了中央研究院历时十年之久的大规模殷墟科学发掘工作。这结束了甲骨文的"盗掘时期",而开始了有组织的甲骨文"科学发掘时期"。科学发掘的甲骨文,由于有明确的坑位和相伴出的遗物,学术价值大大提高。同时,一九二八年到一九三七年进

① 参见严一萍:《董作宾先生传略》,《甲骨学六十年》附录,艺文印书馆,一九六五年。又参见董敏:《走近甲骨学大师董作宾》,上海大学出版社,二〇〇七年十二月。

行的十五次大规模科学发掘工作，还奠定了我国田野考古学的基础，并培养和造就了一批考古学专家。

二、董作宾是殷墟历次科学发掘工作的主持者（或重要成员）之一，亲自发掘和整理了大批甲骨文，为甲骨学和殷商史研究提供了大量科学发掘资料。科学发掘殷墟出土甲骨情形，第四章第三节已介绍，此处从略。

三、董作宾将殷墟科学发掘所得甲骨文辑为《殷虚文字甲编》和《殷虚文字乙编》出版，在刊布甲骨文材料方面成就卓著。特别是《甲》、《乙》两书开创了著录科学出土甲骨文的新体例，为甲骨文的考古学考察提供了极大方便。《甲》书的出版，经历了种种曲折和磨难，董作宾等学者忍辱负重，历时十年，三次出版，终于将这批材料完整地提供给学术界。关于此，第十二章第四节有详细论述。

四、一九三三年董作宾发表名篇《甲骨文断代研究例》，将甲骨学研究推向一个新阶段。董作宾断代研究的“五期”说及“十项标准”，虽然个别地方尚需完善、修订，但几十年来行用不衰，证明它的体系缜密和科学。关于此，第九章、第十章已作论述。

五、董作宾对甲骨学的自身规律和不少基本问题，诸如甲骨的整治与占卜、甲骨文例、缀合与复原、辨伪等方面，都有重要贡献。现今具有严密规律的甲骨学之所以与“罗王之学”不可同日而语，究其源，是董作宾等学者用近代考古学方法全面整理甲骨后奠定的基础。

六、董作宾还为我国古史年代学的研究作出了贡献。他以十个月的时间，利用甲骨文材料研究殷代历法，在一九四五年出版了《殷历谱》这一研究商代历法的巨著。其后，又完成了《西周年历谱》、《中国年历总谱》等著作。陈梦家评价说：“甲骨刻辞关于月日的记载虽然不少，但由于它们不联贯，不能恢复成某一年或二年的历谱。没有整齐的一两年的历谱，便很难拟出某个朝代的历法的具体内容。”《殷历谱》虽然收集了丰富的甲骨资料，“但其基础不坚强”。尽管如此，《殷历谱》一书“对殷代历法提供了可能利用的材料，提供了若干假设，是研究殷代历法所不可缺少的”专著①。

---

①　陈梦家：《殷虚卜辞综述》，第二二三页。

七、为甲骨学深入研究时期指出了方向。董作宾去台湾以后,虽然他“侧重于古史年代学的研究和撰述,在甲骨学方面也做了不少工作。但由于各方面的原因,使这位本来还可以大有作为的学者受到了一定限制”①。特别是自此离开了甲骨文的发祥地——殷墟的田野考古工作,使他离开了第一手新鲜资料,因而在甲骨学研究方面基本处于停滞状态。但董作宾仍然关心着国内外甲骨学研究的状况和未来的发展。他在《甲编》自序以及其他著作中,不止一次地提到发展今后甲骨学研究的设想:“一,首先应该把材料集中,把所得十万甲骨,汇为一编;二,用分派、分期、分王的方法,整理全部材料;三,尽量拼合复原的工夫,把全部材料,化零为整;四,作成字典、辞典、类典等索引,以便从事各方面的研究;五,要应用隅反的原则从一鳞一爪中去推测殷代的文化。”②现在,国内外不少甲骨学者已经完成或正在完成的许多工作,诸如《甲骨文合集》、《商周甲骨文总集》、《殷墟甲骨刻辞类纂》、《甲骨文字典》等等,正是当年董作宾所预见的有利于甲骨学发展的基本项目。

董作宾建立了甲骨学的科学研究体系,是甲骨学史上划时代的一代宗师。

郭沫若(一八九二年至一九七八年)

四川乐山人。学名开贞,号尚武;又名沫若③,号鼎堂。三四岁能背诵古诗,一八八七年(五岁)入塾,十四五岁时已熟读四书、五经、《左传》等。一九〇五年考入嘉定高等小学堂,一九〇七年至一九一三年就读于嘉定府中学、四川官立高等分设中学堂、成都高等分设中学堂、成都高等学校理科等。在一九〇九年暑假,已读完《史记》及《皇清经解》等书。一九一三年考入天津陆军军医学校。一九一四年赴日本,就读于东京第一高等学校预备班医科,一九一五年升入冈山第六高等学校,一九一八年就读于九州帝国

① 参见陈建敏:《董作宾后期的甲骨学研究》,《中国史研究动态》,一九八一年,第八期。

② 董作宾:《〈殷虚文字甲编〉自序》。

③ 四川乐山为大渡河(古名沫水)青衣江(古名若水)交汇处,郭沫若之名乃合二水古称。

大学医科。一九一九年因两耳重听，听课困难，遂产生“自己的学医是走错了路”的想法，创作了《女神》等著名诗篇。一九二三年九州帝国大学医科毕业后，放弃医学而从事文学创作。一九二四年十一月回上海。一九二六年就任广东大学文科院长，后参加北伐，任国民革命军总政治部宣传科长、秘书长、副主席、代理主席等职。一九二七年大革命失败后，郭沫若于一九二八年东渡日本，在千叶县市川市开始以历史唯物史观研究中国古代社会。他的《甲骨文字研究》、《中国古代社会研究》、《两周金文辞大系图录考释》、《殷周青铜器铭文研究》、《金文丛考》、《卜辞通纂》、《殷契粹编》等一系列在中国学术史上有重大影响的著作，皆在这一时期完成。一九三七年七月七日抗日战争爆发，他于同月回国参加抗日，任国民政府军事委员会政治部第三厅厅长。一九三八年至重庆，在从事革命活动的同时，继续进行古史研究。这一时期，他写出了《十批判书》、《青铜时代》、《历史人物》等重要学术著作。一九四七年赴香港，一九四八年赴东北解放区。新中国成立后，郭沫若历任政务院副总理兼文化教育委员会主任、中国科学院院长、哲学社会科学部主任、历史研究所所长等职。在从事繁重的国务活动、科学文化和国际交往等工作的同时，仍对古代史和考古学进行深入研究，出版了《奴隶制时代》、《文史论集》等著作，并主编《中国史稿》、《甲骨文合集》等大型历史学、甲骨学著作。一九七八年六月十二日病逝于北京①。郭沫若大量蜚声中外的历史、考古学著作，已收入《郭沫若全集》的历史编及考古编出版。

郭沫若才华横溢，知识渊博，是著名的作家、诗人和剧作家，又是一位在国内外享有盛誉的马克思主义历史学家、考古学家和古文字学家。他在哲学社会科学的许多领域，诸如文学艺术、哲学、历史学、考古学、甲骨金文研究和马列主义著作、外国文艺作品的翻译介绍等方面，都作出了巨大贡献。他是继鲁迅以后的我国无产阶级文化战士和文化战线上的又一面旗帜。

---

①　参见龚济民、方仁念:《郭沫若年谱》上、下，天津人民出版社，一九八二年、一九八三年。

半个多世纪以来,郭沫若一直没有中断对甲骨文的研究。他对甲骨学与殷商史研究所作出的贡献是多方面的:

一、郭沫若致力于甲骨文资料的搜集和公布,推动了甲骨学和商史研究的发展。郭沫若旅居日本时,千方百计地寻访日本所藏甲骨,拟将各家所藏甲骨汇为一编出版,提供学术界进行研究。由于种种原因未能如愿,他才改变初衷,编成《卜辞通纂》和《殷契粹编》两书。前者选辑各家藏品之精萃,后者是选自一家所藏大宗甲骨中之精品。直到今天,这两部书对甲骨学和商史研究仍具有重要参考价值。关于两书的特点及贡献,第十二章第二节已做叙述,这里不再重述。新中国成立以后,郭沫若又主编了传世甲骨的集大成著录——《甲骨文合集》,为此后甲骨学的发展奠定了基础①。

二、郭沫若的甲骨文字考释也取得了很大成就。他批判继承了汉学传统,精通古代典籍和各种古文字。因此,他在历史唯物主义指导下研究古文字,游刃有余,屡创新说,在不少地方超过了前人。郭沫若博大精深的文字考释新说,体现在蜚声中外的《卜辞通纂考释》、《殷契萃编考释》及《甲骨文字研究》等书中。

三、郭沫若对甲骨学自身的一些规律,诸如分期断代、断片缀合、残辞互补、卜法文例等方面的研究,也作出不少贡献。本书有关章节已有叙述②。

四、郭沫若以历史唯物主义为指导,利用甲骨文资料研究商代社会历史,奠定了我国马克思主义历史科学的基础。他的划时代著作《中国古代社会研究》、《十批判书》、《奴隶制时代》和主编的《中国史稿》等书,勾划出了我国马克思主义历史科学从不成熟阶段到成熟阶段的发展轨迹。

郭沫若在甲骨文、金文和古文字学等领域所取得的辉煌成就和他五十多年所走过的革命史学家的道路,对后世学人有很大启示。首先,他的历史唯物主义的甲骨金文和史学研究,是与祖国的命运和革命事业紧密联系在一起的。他在革命处于低潮时,“爰将金玉,自励坚贞”③,埋头研究诘屈

① 关于郭沫若对《甲骨文合集》一书编纂的贡献,参阅王宇信:《建国以来甲骨文研究》,第一六九至一七〇页;及本书第十章第五节。

② 并参见《建国以来甲骨文研究》,第一七一至一七五页。

③ 郭沫若:《〈金文丛考〉扉页》人民出版社,一九五四年。

聱牙、暴眼鼓睛的甲骨金文，是为了“向搞旧学问的人挑战”①，通过中国古代社会的研究，阐述人类共同的社会发展规律学说。郭沫若《中国古代社会研究》一书的出版，“有力地回答了各种奇谈异说，极大地鼓舞了处在徬徨歧途的革命者，尤其是青年一代，坚定了他们对马克思主义的信仰。这就是郭沫若在革命退潮时，以他的学术研究成果为革命事业所作的新的贡献”②。其次，郭沫若坚持用历史唯物主义指导自己的研究工作。他是我国第一个用历史唯物主义的立场、观点来指导古文字和古代史研究的学者。他的《中国古代社会研究》，力图以恩格斯的研究方法为指导，在体例上，也是效法《家庭、私有制和国家的起源》一书的。郭沫若的甲骨学著录，诸如《卜辞通纂》、《殷契粹编》直至他主编的《甲骨文合集》等书的分类，也都是力图以历史唯物主义为指导的。因此他在研究工作中能够高屋建瓴，取得超越前人的成就。其三，郭沫若坚持史料与观点统一的科学精神。他一贯主张：“掌握正确的科学的历史观点非常必要，这是先决的问题。但有了正确的观点，假使没有丰富正确的材料，材料的时代性不明确，那也得不出正确的结论”③。又说，“只有历史唯物主义的一般原理而没有史料，那是空洞无物的……没有史料是不能研究历史的”④。所以他研究中国古代社会，十分注意史料的搜集和整理工作。他非常关注殷墟的考古发现，并注意甲骨学研究的最新成果。但有了史料，还不等于历史科学研究，这“好像炊事员手中有了鱼、肉、青菜、豆腐而没有烹调出来一样，不能算作已经做出了可口的菜”⑤，还必须用马克思主义的立场、观点和方法加以分析研究，用史料来具体阐明社会发展规律。其四，坚持实事求是，勇于自我批判。郭沫若回顾自己走过的史学研究道路时曾说：“二十多年来我自己的看法已经改变了好几次，差不多常常是今日之我在和昨日之我作斗争”；“错误是人所难免的，要紧的是不要掩饰错误，并勇敢地改正错误”⑥。郭沫若曾不止一

---

①　郭沫若：《〈金文丛考〉重印弁言》，人民出版社，一九五四年。

②　尹达：《郭沫若》，《中国史学家评传》下，中州古籍出版社，一九八五年。

③　郭沫若：《〈中国古代社会研究〉新版引言》，人民出版社，一九五四年。

④⑤　郭沫若：《文史论集》，第八页，人民出版社，一九六一年。

⑥　郭沫若：《〈中国古代社会研究〉新版引言》。

次地对自己早年关于商代社会性质的错误论断进行自我批判,说:“隔了十几年,我自己的研究更深入了一些,见解也更纯熟了一些,好些错误已由我自己纠正。那些纠正散见于《卜辞通纂》、《十批判书》等书里面,尤其是《十批判书》中的《古代研究的自我批判》那一篇”①。“我诚恳地说一遍,责任实在是应该由我来负的。是我以前搞错了,把殷代定成金石并用时代和氏族社会末期”,“我希望朋友们实事求是,根据史实把那种不正确的判断丢掉”②。一九六四年秋郭沫若为胡厚宣写的条幅“做学问总要采取批判的态度,实事求是,要占有资料,而不为资料占有”,对我们的研究工作很有教益。

胡厚宣(一九一一年至一九九五年)

河北省望都县人。一九三四年北京大学史学系毕业后,入中央研究院历史语言研究所考古组,先从梁思永先生在河南安阳参加侯家庄西北冈王陵和同乐寨三层文化的发掘,继又作《殷虚文字甲编》的释文,并协助董作宾先生整理《殷虚文字乙编》的甲骨文字。一九四〇年起任成都齐鲁大学国学研究所研究员、教授、中国文学系主任、历史社会学系主任。一九四七年任上海复旦大学历史系教授、中国古代史教研室主任。一九五六年调北京中国科学院历史研究所(现属中国社会科学院)任研究员、历史研究所学术委员会委员、先秦史研究室主任。一九八〇年被聘为《东亚文明》期刊顾问委员会委员,一九八五年被加拿大多伦多大学东亚人文科学研究所聘为该所领导小组成员。

胡厚宣早年就读于河北保定培德中学第一班,受业于著名学者缪钺门下,深受赏识。中学毕业后,因品学兼优,母校每年以二百银元奖学金,资助他完成了北京大学预科(二年)和本科(四年)的六年学业。在北京大学上学时,中央研究院历史语言研究所的傅斯年、李济、董作宾、徐中舒、梁思永等都曾到史学系兼课。所以胡厚宣北京大学毕业后就进入了中央研究院历史语言研究所。五十多年来,胡厚宣勤于著述,勇于探索,撰有专著和

① 郭沫若:《〈中国古代社会研究〉后记》,人民出版社,一九五四年。

② 郭沫若:《奴隶制时代》,第九十五至九十六页,人民出版社,一九七三年。

论文一百三十余种，其中不少饮誉海内外。胡厚宣在甲骨学和殷商史研究的主要贡献是：

一、在集中、整理和刊布甲骨文资料方面，胡厚宣作出了超越前人的成绩。由胡厚宣总编辑的《甲骨文合集》，是新中国成立以后，学术界集中、整理和公布甲骨材料方面取得的最大成功。在编纂这部著录的过程中，胡厚宣为调查和搜集全国各地的甲骨文收藏和拓本，餐风饮露，寝不暇暖，奔走于大江南北，长城内外。事实上，对甲骨文材料的搜集工作，早在抗日战争刚刚结束时胡厚宣就已开始了。第四章第三节曾介绍胡厚宣战后寻访甲骨的情形，并指出他出版的《宁沪》、《南北》、《京津》等书，是以后大规模集中、整理、公布甲骨文材料的“序幕”。新中国成立后他利用假期到全国各地继续寻访甲骨，出版的《甲骨续存》一书，是以后大规模集中、整理、刊布甲骨材料的“准备阶段”。

胡厚宣还十分注重考察国外甲骨的收藏情形。一九五八年，胡厚宣访问苏联，观察、摹写了列宁格勒爱米塔什博物馆所藏甲骨一百九十九片①。一九八一年胡厚宣访问日本时，专门去奈良的天理参考馆寻访所藏甲骨。此前关于这里所藏甲骨各家说法不同。有的学者说藏有三千五百片，有的学者说藏有一千片，也有的说没有那么多。经过胡厚宣对实物的清点，搞清楚确切数字是八百零九片。一九八三年胡厚宣赴美国讲学时，不去外面观光和猎奇，为了搞清几片《美国所藏甲骨录》著录的文字模糊的甲骨，却去了卡内基博物院。在一个很深的地下室内，他用去整整一天的时光，一一摩挲鉴赏博物院全部所藏甲骨。

经过坚持不懈的努力，胡厚宣对十五万片甲骨的每一宗、每一片的来源、著录情况和现藏处所都烂熟于胸，使《甲骨文合集》一书能够达到郭沫若“尽可能把材料搜集齐全”的要求，为学术研究提供了最完备的传世甲骨的著录总集。

二、胡厚宣在甲骨学本身的规律，诸如卜龟来源、卜法文例、卜辞同文、

① 胡厚宣：《苏联国立爱米塔什博物馆藏甲骨》，《甲骨文与殷商史》第三辑，上海古籍出版社。

卜辞杂例、记事刻辞、分期断代、残辞互补、辨伪缀合等方面,或有所发明,或有所匡谬。对董作宾的说法或有发展,或使之具体化和深入。这些,本书有关章节都已做过详细论述。

三、胡厚宣在甲骨著录的编纂体例方面,创造了纲目清晰、科学性强和使用方便的"先分期,再分类"的编辑体例。这对以后一些大型甲骨著录书的编纂和出版有很大影响。

四、胡厚宣利用甲骨文材料研究殷商史,研究和解决了不少商代历史上的重要问题,这些研究主要集中在农业生产、奴隶暴动、宗法封建、方国战争、四方风名、图腾崇拜、历法气象等方面。他主张对丰富的甲骨文材料要"应用最科学的方法,去统计、分析、解释,作一种精密的研究","通盘全部的彻底整理"。这种研究方法,对后世学人有很大影响。他的《甲骨学商史论丛》等著作,就是他这一主张的具体实践。新中国成立后,胡厚宣"站在新的立场,应用新的观点方法,对甲骨文另作一番新的研究"①,在甲骨学和殷商史研究领域中不断有新的创获。

五、胡厚宣为发展我国甲骨学研究事业,不负郭沫若生前要他"大力培养接班人"的嘱托,身体力行,努力培养了许多甲骨文研究人才。他奖掖后进,对自学的青年鼓励指点,不少人在工作和学习中得到他的提携。他在总编辑《甲骨文合集》的工作过程中,对编辑组的青年人言传身教,并主编《甲骨文与殷商史》、《甲骨探史录》等不定期专刊,为青年学者发表研究心得提供园地。经过二十多年的努力,他为历史研究所培养了一支在甲骨学界有一定影响的研究队伍。他还培养了几批研究生,著名学者裘锡圭教授就是他的学生。

"胡君崛起四君后,丹甲青文弥复光"②。胡厚宣一生追求真理,追求甲骨,在甲骨学和殷商史研究界享有巨大声誉,被国内外学术界誉为继罗振玉、王国维、董作宾、郭沫若等前辈学者之后的甲骨学一代宗师。

---

① 胡厚宣:《〈五十年甲骨学论著目〉序言》。

② 陈子展:《题〈战后南北所见甲骨录〉》。"四君",指郭沫若、董作宾、王国维、罗振玉。

第四节　甲骨文科学发掘时期有贡献的几位学者（下）

陈梦家（一九一一年至一九六六年）

原籍浙江上虞，一九一一年生于南京。一九二七年十六岁时以同等学历考入中央大学法律系，一九三一年出版《梦家诗集》，成为新月派诗人。一九三二年随闻一多赴青岛大学任教并开始研究古文字学。一九三三年曾在安徽芜湖任中学语文教师。一九三四年至一九三六年为燕京大学容庚教授古文字学研究生，此后研究古文字学和古代史。一九三七年抗日战争爆发以后，任教于清华大学（已迁至长沙），一九三八年任西南联合大学副教授，进行青铜器和《尚书》研究。一九三九年应迁至昆明的北京图书馆之约，全面研究青铜器并研究古史。一九四四年赴美国芝加哥大学讲授中国文字学，搜集了流散在美国、加拿大、英、法、瑞典、荷兰等欧美国家的我国古代青铜器。一九四九年毅然放弃留美国定居的邀请，回国任教于清华大学，进行甲骨学研究。一九五二年调至中国科学院考古研究所（现属中国社会科学院），任研究员、考古所学术委员会委员等职。一九六六年因受迫害，含冤而死①。

陈梦家涉猎范围较广，不仅在甲骨学研究方面，而且在殷周青铜器、汉代简牍以及年代学等方面都有很深的造诣。陈梦家"能够按照考古学的要求发扬金石学的传统，尽可能科学地整理大量非发掘出土的资料，在某些方面达到超越前人的水平"②。

陈梦家自三十年代就开始研究甲骨学。在他调任考古研究所以后，更精心收集四万多片甲骨拓本，进行全面的综合整理，取得了很大成绩：

一、对甲骨文分期断代研究作出了新的贡献。陈梦家自一九四九年开

---

①②　参见周永珍：《怀念陈梦家先生》，《考古》，一九八一年，第五期；王世民：《陈梦家》，《中国史学家评传》下，中州古籍出版社，一九八五年。

始写作《甲骨断代学》(后收入《殷虚卜辞综述》《断代》上、下),对董作宾分期断代"五期"说和"十项标准"作了补充和修正,深化为"九期"分法。特别是他提出"午组"、"自组"、"子组"卜辞的说法并分析其时代应为武丁期,为学术界"文武丁卜辞之谜"的讨论作出了贡献。关于此,第十三章第二节和第九章第一节已做过论述。

此外,陈梦家对殷墟卜辞中的贞人进行过较为彻底的整理,共发现贞人一百二十名,较董作宾《甲骨文断代研究例》所定贞人增多四倍,这就为更准确地断定甲骨文时代作出了新的贡献①。

二、陈梦家在甲骨文字的考释方面也卓有成就,诸如他的《古文字中之商周祭祀》②、《商代的神话与巫术》③、《祖庙与神主的起源》④等论文,直到今天仍然是研究古文字和古代礼制的很有价值的参考文献。

三、陈梦家还对甲骨学六十多年来的研究成果,进行了科学的总结。他一九五四年完成写作,一九五六年出版的《殷虚卜辞综述》,整理了前人和近人的各种成说,并根据掌握的甲骨文资料进行补充修正,综合地叙述了卜辞中的各方面重要内容。这部七十万字的巨著,"认真地总结了甲骨文研究和有关考古发现的客观情况,既可供专门研究者参考,又能为初学者指点门径,因而在国内外学术界有较大的影响,为甲骨学的普及和提高发挥了积极作用"⑤。《殷虚卜辞综述》这部甲骨学史上百科全书式的重要著作的内容及贡献,第十三章第二节已作过介绍,此处从略⑥。

陈梦家由一位有才华的诗人,成为在考古学、古文字学、古代史等许多领域都能融会贯通,自成体系的著名学者,与他数十年的勤奋治学是分不开的。一九五七年他在政治上受到不公正对待,但忍辱负重,仍坚持不懈地进行研究工作,取得很多成果。陈梦家善于汲取诸家之长以为己用,在

① 参见王世民:《陈梦家》。
② 载《燕京学报》第十九期,一九三六年。
③ 载《燕京学报》第二十期,一九三七年。
④ 载燕京大学《文学年报》第三期,一九三七年。
⑤ 参见王世民:《陈梦家》。
⑥ 并参见王宇信:《建国以来甲骨文研究》,第三章第五节。

探索每个重要问题的时候，“都注意彻底弄清已有的研究成果，力求在前人的基础上前进和提高，常取得后来居上的效果”。在详细占有资料的基础上，他“要求自己的学术研究，逐步扩而大之，再大而化之，进而恢复一部信史”。他“为了总的目标需要触及什么领域，就彻底清理什么领域的已有资料和研究成果，大处着眼，小处着手，搞的都是全面性的综合研究，从来不在枝节问题上钻牛角尖”①。陈梦家大量有价值的著作和他的治学经验，是我国学术史上的宝贵财富。

唐　兰（一九〇〇年至一九七八年）

浙江省嘉兴县秀水兜人，故自称秀水唐兰。号立厂，又作立庵、立盦。自幼家境清贫，曾就读于商业学校，后改习医学。一九二〇年弃医学入无锡国学专修馆，治小学并研习群经。一九二九年在天津编《将来》月刊及《商报》文学周刊，同时研究古文字学。唐兰自学古文字成才，深得王国维称许：“今世弱冠治古文字学者，余所见得四人焉，曰嘉兴唐立庵友兰……”②，“立庵孤学，于书无所不窥，尝据古书古器以校《说文解字》”③。一九三一年至沈阳参加《东北丛书》编写工作并于东北大学讲授《尚书》。九·一八事变后至北平（即北京）。一九三二年起任教（及兼职）于燕京大学、北京大学、北京师范大学、辅仁大学、清华大学、中国大学等，讲授《尚书》、金文及古籍新证、甲骨学、古文字学。一九三六年被聘为故宫博物院专门委员。一九三九年辗转至昆明，在西南联大中文系任教。一九四〇年任北京大学文科研究所导师，一九四七年任北京大学教授、中文系主任。一九五二年调至故宫博物院，先后任设计员、研究员、学术委员会主任、陈列部主任、美术史部主任、副院长等职。

唐兰二十年代即打下坚实的学术基础并崭露头角，三十年代在学术上日臻成熟，论著颇丰。四十年代在困难的条件下，坚持治学，著述不辍。为了提高自己的学术研究水平，五十年代以后，刻苦钻研马列主义经典著作，

① 参见王世民：《陈梦家》。
② 其余三人为商承祚、容庚、柯昌济。
③ 王国维：《〈殷虚书契类编〉序》，一九二三年。

还自学俄文。七十年代他在青铜器、竹简、帛书等方面发表了一系列有重大影响的论著,是他学术研究的高峰时期。

唐兰治学严谨,在古文字学、青铜器学、古代史、音韵学、文字改革等领域都颇有建树,著作等身,专著、论文达二百多种①。

唐兰对甲骨学的发展也作出了杰出的贡献。他的《天壤阁甲骨文存》,为甲骨学研究提供了一批新鲜资料。更重要的是,本书的考释及《殷虚文字记》等论著,共考释甲骨文字一百多个,在文字的释读和研究方法等方面做出了成就。

唐兰曾在《天壤阁甲骨文存》自序中说:"余于卜辞文字致力最久,所释倍于前人。"还在《古文字学导论》自序中说过:"前人所称已认识的文字不过一千,中间有一部分是不足信的;根据我个人的方法,所认识的字几可增至一倍。"唐兰不仅在释读甲骨文难字方面做出了成绩,更重要的是,他根据前人的经验和自己的研究心得,总结出了考释文字时辨明古文字形体的四种方法。他说:"认清字形,是学者最须注意的,假如形体笔画,没有弄清楚,一切研究,便无从下手。认清字形的方法,首先要知道,文字的变化虽繁,但都有规律可寻,不合规律的,不合理的写法,都是错误的。"②他总结出的四种方法是:

一、对照法(或比较法)。我国文字已有五千多年的历史,虽然蝉递之迹可见,但因经历几次变革,其间毕竟差异很大。"古文字和近代文字的差异,有时很多,《说文解字》一书,就是这两者中间的连锁。自然,严格说起来,这种连锁应属于小篆和六国古文的"。因为二者形体较近,因而自宋代以来,就有学者将铜器上的文字和小篆对照,进行文字的释定。罗振玉"由许书以上溯古金文,由古金文以上窥卜辞",就是用的对照法。

二、推勘法。"有许多文字是不认识的,但由寻绎文义的结果,就可以认识了"③。这就是根据古文献或已识古文字的成语,经过文句的勘校,确

---

① 参见曾礼:《唐兰传略》,《中国当代社会科学家》第三辑,书目文献出版社,一九八三年。

② 唐兰:《古文字学导论》增订本,第一六一页,齐鲁书社,一九八一年。

③ 唐兰:《古文字学导论》增订本,第一七〇页。

定未识字的意义。这一方法也自宋代就开始使用了。

三、偏旁分析法。把已识的古文字分拆为若干单体(即偏旁),“再把每一个单体的各种不同形式集合起来,看它们的变化;等到遇到大众所不认识的字,也只要把来分析做若干单体,假使各个单体都认识了,再合起来认识那一个字”①。这是自许慎开始,而孙诒让广为使用的方法。但要注意,“第一,得把偏旁认真确了。第二,若干偏旁所组合成的单字,我们得注意它的史料。假使这字的史料亡缺,就得依同类文字的惯例,和铭词中的用法等,由各方面推测。假如无从推测,只可阙疑”②。

四、历史考证法。在对文字的偏旁进行精密的分析以后,如果不能认识或仍存有疑问,“就得去追求它的历史。在这里我们须切戒杜撰,我们得搜集材料,找求证据,归纳出许多公例”。这就是对文字的“历史的考证”。

偏旁分析法是对文字进行横向分析,历史考证法则是对文字进行纵向研究。“这两种方法是古文字研究里的最重要部分,而历史考证法尤其重要”③。

正如陈梦家所评价的,“在辨明形体上,唐氏强调用分析法是正确的,他应用分析而认定的字确实是有贡献的”④。与此同时,唐兰还对影响了我国学术界二千多年的“六书”说提出了挑战。所谓“指事、象形、形声、会意、转注、假借”,实际是汉朝人对文字构成的看法,并不能反映汉以前古汉字的结构。但研究汉字理论的学者,一般都摆脱不了这一传统说法的束缚。唐兰根据甲骨文字的研究,在《中国文字学》中指出,所谓的“六书”,“从来就没有明确的界说,各人可有各人的说法。其次,每个文字如用六书来分类,常常不能断定它应属那一类。单以这两点说,我们就不能只信仰六书而不去找别的解释”。他在《古文字学导论》一书中提出了“三书”说,即:象形文字、象意文字、形声文字。“三书可以包括一切中国文字,只要把每一类的界限、特征弄清楚了,不论谁去分析,都可以有同样的结果”⑤。唐兰一

① 参见唐兰:《古文字学导论》增订本。

② 唐兰:《古文字学导论》增订本,第一八六至一八七页。

③ 唐兰:《古文字学导论》增订本,第一九七至一九八页。

④ 陈梦家:《殷虚卜辞综述》,第七十页。

⑤ 唐兰:《中国文字学》,第七十九页,上海古籍出版社,一九七九年。

九三五年提出这一汉字理论新说,“用今天的眼光看,先生的文字理论可能还不够完备,但在当时不能不说是重大的突破”①。

正如古文字学家张政烺所指出的,“中国古文字学研究已有一两千年的历史,但很少理论性著作”。唐兰的《中国文字学》及《殷虚文字记》、《古文字学导论》等书,“是空前的,在今天仍很有用”②。唐兰的文字考释和古文字的理论研究,对古文字学(包括甲骨文)的发展和提高,有深远的影响。

于省吾(一八九六年至一九八四年)

辽宁海城人。字思泊,别号双剑誃主人③、泽螺居士、凤兴叟。七岁入私塾,十七岁入海城中学,一九一九年毕业于沈阳国立高等师范。曾在安东县署编辑县志,后在奉天交通银行任职员。一九二〇年任西北筹边使文牍委员及奉天省教育厅科员兼临时省督学。一九二四年任奉天省城税捐局局长。一九二八年任奉天萃升书院院监。一九三一年九·一八事变后移居北京,潜心研究古文物和古文字学。一九三二年至一九四九年,在辅仁大学、燕京大学、北京大学等校任教授或名誉教授,讲授古文字学。一九五二年被聘为故宫博物院专门委员,一九五五年被聘为东北人民大学(今吉林大学)历史系教授,从事古文字和古文献的研究、整理工作④。一九八四年病逝于长春,享年八十八岁。

于省吾治学严谨,在古文字考释、古代典籍考证及古史研究等方面成绩卓著。他六十多年的学术生涯,笔耕不辍,留给我们专著十八种,论文六十多篇。

在古文字研究方面,于省吾不仅在铜器铭文的考释、研究和重要铜器资料的公布等方面很有成就,而且对甲骨文的研究也取得了很大的成绩。首先,于省吾的甲骨文字考释成绩超过罗、王之后的同辈学者。于省吾《双剑誃殷契骈枝》初、二、三编,共考释文字一百多个,是同辈学者中的佼佼

① 参见朱德熙:《纪念唐立厂先生》,《古文字研究》第二辑,中华书局,一九八一年。

② 张政烺:《〈古文字学导论〉出版附记》,齐鲁书社,一九八一年。

③ 因曾得吴王夫差剑和少虞剑,故以“双剑誃”为斋名。

④ 参见《于省吾自传》,《中国现代社会科学家传略》第三辑,山西人民出版社,一九八三年。

者。众所周知,甲骨文共有单字四千五百多个,一些易识的字,罗振玉、王国维等学者早已释出。剩下的一些字,释读难度较大。于省吾知难而进,孜孜以求,每有创获。他于一九七九年出版了总结自己考释文字成果的专著——《甲骨文字释林》,共考释前人所未识或已识而不知其造字本义的甲骨文字三百个左右,达到了当代古文字研究的高峰。于省吾在古文字研究方面能取得巨大成就,是和他运用科学的考释文字的方法分不开的。

于省吾"在清代汉学家用考据学所取得的某些优秀成果基础上","运用辩证法,对文字的点画或偏旁以及它和音义的关系"①进行分析。他深刻地指出,"不应孤立地研究古文字,需要从社会发展史的角度,从研究世界古代史和少数民族志所保存的原始民族的生产、生活、社会意识等方面来追溯古文字的起源,才能对某些古文字的造字本义有正确的理解,同时也有助于我们去正确释读某些古文字资料"②。他的不少文字考释之作,就是这一考释文字新途径实践的示范③。于省吾还提出,"早期古文字中的独体象形字的某一部分带有声符是形声字的萌芽,但它与两个或两个以上的偏旁所构成的合体形声字是截然不同的"④。关于"独体形声字"的这一创见,对我们分析文字的结构很有启发。

于省吾在甲骨文字考释的广度和深度方面超过了前人。不仅他考释或加以解说的三百多个甲骨文字对学术界很有参考价值,而且他将罗、王以来考释甲骨文字的方法加以继承并发展,对文字的考释工作将产生深远的影响。

于省吾主编的《甲骨文字诂林》(中华书局,一九九六年)上、中、下三大册,是九十多年来甲骨文字考释集大成之作。已如第十四章第一节所述,这部费时十八年之久完成的甲骨文字考释成果总结性巨著,继往开来,为新世纪的甲骨学研究发展奠定了坚实的基础。

---

① 参见于省吾:《关于古文字研究的若干问题》,《文物》,一九七三年,第二期。
② 《于省吾自传》。
③ 参见王宇信:《建国以来甲骨文研究》,第五十五至五十六页。
④ 于省吾:《释羌、苟、敬、美》,《吉林大学社会科学学报》,一九六三年,第一期。

于省吾还通过古文字考释研究商史,为恢复我国古代社会面貌作出了贡献。于省吾主张:"研究古文字的主要目的,是为探讨古代史,尤其是探讨古代的阶级和阶级斗争史服务的。而且,中国古文字中的某些象形字和会意字,往往形象地反映了古代社会活动的实际情况,可见文字的本身也是很珍贵的史料。"他指出,甲骨文字字形本身,反映了商代统治者对民众的"人身蹂躏"、"捆缚"、"械具和囹圄"、"肉刑"、"火刑"、"陷人以祭"、"砍头以祭"、剖肠刳腹和裂肢体杀之等等①。他的《略论甲骨文"自上甲六示"的庙号及我国成文历史的开始》②、《殷代的交通工具和驲传制度》③、《商代的谷类作物》④、《从甲骨文看商代的农田垦殖》⑤、《释奴婢》⑥等论文,对我国成文历史的开始、我国古代的社会经济基础与上层建筑等方面作了创造性的探索。

于省吾在古文字和古史研究过程中,"进一步体会到古史研究单靠典籍是非常不够的"。虽然王国维已提出将地下资料和古代典籍互相参证的古史研究的"二重证据法",较前辈学者前进了一大步,但于省吾认为这"还没有充分认识地下资料的重要性"。在于省吾看来,"地下资料和先秦典籍两者还应该有主辅之别,即以地下资料为主,典籍为辅,才能得出真正符合客观实际的结论。这主要是因为地下出土的古文字资料和其他考古资料是原封未动的最可靠的资料,这和辗转传讹不尽可据的典籍记载是有主辅之别的"⑦。这就较王国维更前进了一步。于省吾利用古文字材料勘校古代典籍,撰成《易经新证》、《论语新证》、《诸子新证》等书,把古籍整理提高到了一个新水平。

于省吾十分注重培养甲骨学以及其他古文字的研究人才,为古文字学研究队伍的建设和发展作出了贡献。他在进行繁忙的研究工作的同时,不

① 参见于省吾:《〈甲骨文字释林〉序》,中华书局,一九七九年。

② 载《社会科学战线》创刊号,一九七八年。

③ 载《东北人民大学人文科学学报》,一九五五年,第二期。

④ 载《东北人民大学人文科学学报》,一九五七年,第一期。

⑤ 载《考古》,一九七二年,第四期。

⑥ 载《考古》,一九六二年,第九期。

⑦ 《于省吾自传》。

顾高龄，还努力培养接班人。早在一九五五年、一九六六年他就培养了两届研究生，这批研究生后来都成为在古文字学界卓有成就的著名学者。一九七八年以后，于省吾又招收了硕士研究生和博士研究生，继续为培养古文字学高级研究人材贡献力量。他还主办古文字学进修班并亲自授课，培训来自全国各大学、文物和研究单位的进修人员，给古文字学研究队伍增添了新的活力。

甲骨文科学发掘时期的一批有造诣的甲骨学家，通过辛勤劳动和艰苦探索，把甲骨学由“草创时期”推向了“发展时期”，甲骨学研究达到了一个新的高峰。他们承上启下，为下一阶段的甲骨学深入研究时期奠定了坚实的基础。

第五节　新一代的甲骨学者和成长中的新一代

日月光华，生生不已。从一九四九年新中国成立起至今，甲骨学研究又经历了它发展道路上的第六个十年、第七个十年、第八个十年、第九个十年，以及第十个十年、第十一个十年……在这一新的时期，老一辈的甲骨学者老当益壮，不断推出力作。与此同时，他们言传身教，培养和造就了一批又一批的甲骨学者。新中国的甲骨学研究，较前五十年取得成就的基础上，进入了以马克思主义为指导的全面深入发展研究时期。关于此，前面第五章已有论述。

现在，新一代的甲骨学者已成为不少方面的学术带头人。而一批有志于此学的青年人，也刻苦钻研，锲而不舍，在有造诣的学者关心和指导下，取得了和正在取得成功。

李学勤（一九三三年至二〇一九年）

北京市人。一九四五年就读于北京汇文中学，一九五一年考入清华大学哲学系。由于对古文字学有浓厚兴趣，一九五四年大学没毕业便进入中国科学院考古研究所(现属中国社会科学院)研究甲骨学,同年入中国科学院历史研究所(现属中国社会科学院),在著名学者侯外庐指导下研究思想史。一九七三年以后,研究重点由思想史转为古文字学、考古学和中国古代史,一九七五年参加了国家文物局组织的新出土帛书、竹简的整理工作。曾任中国社会科学院历史研究所研究员、学术委员会委员、副所长、所长,并为国务院学位委员会评议组成员。后调任清华大学教授。

李学勤涉猎面广,在甲骨学、青铜器、战国文字和秦汉简帛以及先秦史等方面都有颇高造诣。他善于思考,勤于著述,发表《殷虚文字缀合》(与郭若愚、曾毅公合著,科学出版社,一九五五年)、《殷代地理简论》(科学出版社,一九五九年)、《东周与秦代文明》(文物出版社,一九八四年)、《古文字学初阶》(中华书局,一九八五年)等专著和论文多种,对古文字学领域的不少新的分支学科的建立和发展都作出了贡献。

李学勤在甲骨学研究领域取得的成绩,主要是:

一、在缀合甲骨方面做出了成绩。李学勤一九五〇年开始研究甲骨文,很早就与曾毅公一起缀合了《乙编》一书的甲骨,后又收入郭若愚缀合的《甲编》材料,一九五五年合编为《殷虚文字缀合》一书出版,为学术界提供了一批较完整的科学发掘甲骨文资料。此书比根据原骨缀合的《殷虚文字丙编》的出版要早两年左右。

二、对甲骨文分期断代研究作了深入讨论。在学术界争论不休的"文武丁时代卜辞之谜"的讨论中,李学勤提出了《帝乙时代的非王卜辞》(《考古学报》,一九五八年,第一期)的看法。虽然他把这批甲骨时代推断为第五期,并于一九六〇年以后改变了这一看法,但他"指出一部分讨论中的甲骨是非王卜辞,并做了更详细的划分和整理"①,还是有益于分期断代研究讨论深入的。他根据自己研究的结果,提出了《论自组卜辞的一些问题》(《古文字研究》第三辑,中华书局,一九八〇年),在同意学术界多已公认它们为"武丁时期的卜辞"的情况下,又指出了若干新问题,使这组卜辞

① 《李学勤自传》,《中国现代社会科学家传略》第三辑,山西人民出版社,一九八三年。

的讨论更加深入。此外,他主张“甲骨和青铜器的研究,应当遵循考古学的方法,从分期分组入手”①。因为传统的“五期分法有其缺点,重要的一点是把甲骨本身的分组和王世的推定混在一起了,单纯以王世来分期,实际是认为一个王世只能有一种类型的卜辞。一旦发现同一王世有不同种类的卜辞时,便很难纳入五期的框架”②。因此,他一九七七年提出了所谓“历组”卜辞时代应上移到“武丁晚年到祖庚时期”③的看法,其后又提出了将殷墟甲骨分为九组的设想,力图用“两系说”取代传统的分期断代法④。自此以后,甲骨学界对此展开了十多年的热烈争论,促进了甲骨学分期断代研究百家争鸣局面的形成。关于此,第十章第二节、第三节已作论述。

三、西周甲骨是甲骨学研究领域的一个新分支,李学勤对这门新分支学科的建立和发展作出了贡献。他第一个明确指出山西洪赵坊堆村出土有字甲骨为西周初期物,从而标志着西周甲骨探索阶段的结束和研究阶段的开始,完成了从不认识到认识西周甲骨的飞跃⑤。其后,又通过陕西岐山凤雏和扶风齐家等地甲骨的研究,对西周甲骨的特征、文字的释读、性质及族属等问题发表了许多意见,为这门新学科的形成奠定了基础。关于此,将在中编第十七章中进行论述。

四、李学勤利用甲骨文材料研究商代历史和方国地理也取得了成功。他对商代亲族制度作了深入研究,指出亲族称谓的最复杂形式可包括区别字、亲称和日名三种成分,作出“日名有些像谥法,是死后选定的,和生日死日无关。祭祀日依日名而定,并不是日名依祭祀日而定”⑥等论断。他的《殷代地理简论》一书,则是研究商代方国地理的专著。关于此书的内容及特点,在第十三章第三节已有论述。

五、李学勤等人编纂的《英国所藏甲骨集》(中华书局,一九八五年),墨

① 《李学勤自传》。

②④　李学勤:《小屯南地甲骨与甲骨分期》。

③　李学勤:《论“妇好”墓的年代及有关问题》,《文物》,一九七七年,第十一期。

⑤　参见王宇信:《西周甲骨探论》,第十四页。

⑥　参见李学勤:《论殷代的亲族制度》,《文史哲》,一九五七年,第十一期。

拓了英国各家所藏我国殷墟甲骨文。该书的出版,为甲骨学和殷商史的研究提供了新鲜资料。

李学勤在五十多岁的盛年时,已以广博的知识和在古文字学研究不少领域里所作出的建树而饮誉海内外。有人总结他治学成功的经验在于“勇敢、勤奋和会通”①。所谓“勇敢”,就是在学术研究工作中,不囿于旧说的探索精神。他在学生时代,“对有的书也并不是全部读懂,可贵就在于不管多难的书,他都敢于去啃它。啃不动的地方肯定会有的,如果你连碰都不敢碰它,那些即使你能懂的地方,不是也无缘去领略它吗?”李学勤治学,尊重权威,但不迷信权威。“如果一旦抓住了真理,还要敢于冒犯权威,敢于顶住传统的偏见”。李学勤在甲骨分期断代研究方面,不断提出新问题,深入探索,力图找出更合理的分期断代方案来取代传统的“五期”分法和“十项标准”。所谓“勤奋”,这是从事一切事业取得成功的重要条件。李学勤十六岁以后开始钻研古文字学,有时整个假期都去北京图书馆钻研甲骨文、金文。他在不长的时间内,几乎涉猎了北京图书馆所藏的全部甲骨、金石资料。青年时代的勤奋努力,为他以后的研究工作打下了坚实的基础。《殷虚文字缀合》的编纂占去了他两年多的时间,就在这段时间里,他还写出了不少有见地的论文。即使在他以后担任行政职务后,虽然行政事务、出国讲学访问、培养研究生和审阅中青年研究工作者的论文和专著等,占去了他很多时间,但他仍然进行研究,出国或去外地讲学归来,马上就又投入工作。孜孜以求,锲而不舍,所以能够不断推出新作。所谓“会通”,就是在历史唯物主义指导下,把研究对象放到历史发展的总体中进行全面研究,从而得出科学的规律性的东西。正如有人说的,李学勤“学无专师”,但他“在长期治学的道路中,就特别注意对许多先辈名家的治学特点和专长,进行认真的揣摹,以期融而贯之,据为己有”。他主张考古与历史应有机地结合起来,“学考古的人,如果没有历史理论和文献知识,就会目无全牛,最大的能耐不过摆弄一些坛坛罐罐而已。对于出土的文物只有从一定理论

① 忍言:《科学高峰、学术师承及其他——李学勤治学经验谈》,《读书》,一九八一年,第二期。

高度去认识，从文献角度去印证，才能把一堆死的物变成活的社会”。而研究古文字，“要真正有所成就，还必须懂历史学、语言学和考古学”，“以为抱住一本《说文》，就能成为古文字学家，那识见还在清代学者的水准之下，充其量也只是个文物鉴赏家，等而下之，甚至不过是一附庸风雅的假古董罢了”①。

李学勤走过的研究道路和治学特点，对有志于古文字和古史学研究的人们，是有很大启发的。逝前，他仍活跃在清华大学的讲坛和学术研究的第一线上。

裘锡圭（一九三五年至　）

浙江慈溪县人。一九五二年考入复旦大学历史系，一九五六年大学毕业后考上研究生，从胡厚宣研读甲骨文与殷商史。同年胡厚宣调至北京，裘锡圭亦随胡厚宣先生入中国科学院历史研究所（现属中国社会科学院）。一九六〇年研究生毕业后，裘锡圭任教于北京大学中文系。一九七四年参加国家文物局组织的整理银雀山竹简、云梦秦简、马王堆帛书等出土文献的工作。曾任北京大学中文系教授、古文献研究室主任，后调任复旦大学任教。

裘锡圭在甲骨学、金文、战国文字、简牍等方面都很有造诣。对历史学、考古学和语言学也有一定的研究。他的论著严谨，涉及面广，功力深厚，深受前辈学者郭沫若、王力、胡厚宣、张政烺、朱德熙等人赞赏。裘锡圭在甲骨学研究方面的主要成就是：

一、在文字考释方面，他的《甲骨文中所见的商代五刑》（载《考古》，一九六一年，第二期。署名赵佩馨）、《读〈安阳新出土的牛胛骨及其刻辞〉》（载《考古》，一九七二年，第五期）、《甲骨文中的几种乐器名称》（载《中华文史论丛》第二辑，一九八〇年）等论文和其他一些有关铜器铭文考释的正文或注解，诸如《史墙盘铭解释》（载《文物》，一九七八年，第三期）等，对一些考释难度较大的甲骨文字进行解说，多为甲骨学界所接受。其《古文字论

① 以上参见忍言：《科学高峰、学术师承及其他——李学勤治学经验杂谈》。

集》(一九九二年),是文字考释的力作。

二、在甲骨文的分期断代研究方面,裘锡圭也积极参加了讨论。他“原来也相信历组卜辞为武乙文丁卜辞的传统说法,读了李文(笔者按:指李学勤《论“妇好”墓的年代及其有关问题》《文物》,一九七七年,第十一期)以后,经过认真的考虑,觉得不能不放弃旧说而改从李说”。他“顺着李文的思路作一些补充的论证”,写成《论“历组卜辞”的时代》一文①。文中对宾组出组和所谓“历组”卜辞中同见的人名进行了全面整理,并对二十项相同的占卜事类进行了对照,全面论述了“历组卜辞应该属于武丁、祖庚时期”。这对学术界关于“历组”卜辞年代的讨论,起了推动作用。

三、裘锡圭在殷商史研究方面也进行了有意义的探索。他的《关于商代的宗族组织和贵族平民两个阶级的研究》②,论述了商代社会存在由统治阶级族人组成的宗族组织,而“众”则是指被排斥在宗族组织之外的平民。《甲骨卜辞中所见的“田”、“牧”、“卫”等职官的研究》③一文,论述了“‘侯、甸、男、卫’这几种诸侯名称,都是由职官名称演变而成的”。“第一批具有诸侯性质的侯、甸、男、卫,是分别由相应的职官经历了一个发展过程而形成的。中央王朝应该是在承认了这种由职官发展而成的诸侯以后,才开始用‘侯、甸、男、卫’等称号来封建诸侯,并把这些称号授予某些臣属方国的君主的”。《甲骨文中所见的农业》④一文,对商代的农作物、农业生产工具及农业生产过程作了较为全面的论述。

裘锡圭之所以能在学术研究中取得突出的成就,首先,与他的刻苦治学是分不开的。“衣带渐宽终不悔,为伊消得人憔悴”。三十多年来,裘锡圭对学问孜孜以求,有时达到了废寝忘食的地步。他在大学时代,时间抓得很紧,几乎没有睡过午觉或虚度过星期天。有些书买不起,诸如郭沫若的《两周金文辞大系图录考释》、《卜辞通纂》、《殷契粹编》以及罗振玉的有

① 载《古文字研究》第六辑,中华书局,一九八一年。
② 载《文史》第十七辑,中华书局,一九八三年。
③ 载《文史》第十九辑,中华书局,一九八三年。
④ 载胡厚宣主编:《全国商史学术讨论会论文集》。

关文字考释著作等，他就一本本抄录。在做研究生时，他一边参加政治运动，一边坚持学习专业，几年间积累了六盒资料卡片。一九七六年唐山地震波及北京，他安之若素，依然在灯下研读。由于刻苦勤奋，他终于升堂入室，成为一位有影响的古文字学家①。其次，裘锡圭有严格的科学态度。他要求自己的知识面要广，诸如古代史、民族学、考古学、古器物学、文字学、音韵学、训诂学等方面都要懂。而且对我国古代典籍，诸如经书、史书、子书都要研读。就古文字学领域来说，他在甲骨文、金文、战国文字（货币、陶文、盟书、玺文）、秦汉文字等方面都有相当造诣。为了考证一个古文字，他总要搜集大量有关资料以及这个文字前后发展变化的各种旁证，因而每有立论，就考证精到，说服力强。他一九六一年发表了《甲骨文所见的商代五刑》一文，引起学术界注意。但此后十年，把精力全部放到钻研学问上，再也没有发表论文。他把《颜氏家训·勉学篇》"观天下书未遍，不得妄下雌黄"作为自己的座右铭，十年不鸣，一鸣惊人。裘锡圭坚实的基础和严谨的治学精神，很快就引起了国内外学术界的注意②。其三，裘锡圭有高度的科学事业心。他不是就古文字而研究古文字，而是为了研究中国古代史，到古文字里去寻找资料，使古文字研究发挥最大的社会价值。所以，他能高屋建瓴，从全局的观点考察文字的变化发展，往往能举一反三，触类旁通。古文字研究为他的古史研究奠定了基础，而古史研究，又使他对所考释的古文字的社会环境有了深刻的理解。

此外，还有一批甲骨学者，出版了甲骨学专著，诸如肖楠出版了《小屯南地甲骨》上、下册，肖艾出版了《甲骨文史话》，孟世凯出版了《殷墟甲骨文简述》、《甲骨学小辞典》，王宇信出版了《建国以来甲骨文研究》、《西周甲骨探论》、《甲骨学通论》、《甲骨学一百年》等，温少峰、袁廷栋出版了《殷墟卜辞研究——科学技术篇》，姚孝遂、肖丁出版了《小屯南地甲骨考释》等，吴浩坤、潘悠出版了《中国甲骨学史》，李圃出版了《甲骨文选读》，王明阁出版了《甲骨学初论》等等；好些学者还发表了不少很有见地的论文，如王贵民、

① 参见晓江：《刻苦治学的古文字学家》，《北京晚报》，一九八一年四月六日。

② 参见骏征：《锲而不舍，金石可镂》，《光明日报》，一九七八年六月二十九日。

杨升南研究商代的军事制度①,林沄把甲骨分期断代"两系"说具体化②,张永山研究商代阶级关系③,罗琨研究商代传说时代④,谢济研究甲骨文分期断代⑤,齐文心研究商代的监狱设置⑥,常玉芝研究商代的祭祀制度⑦,彭邦炯研究商代的邑制⑧,等等。这些专著和大批论文,为甲骨学的深入研究作出了贡献。

与此同时,甲骨学研究的更下一代新人也在茁壮成长。在十年"文革"期间,我国科学文化事业曾遭受严重摧残,古文字学领域也不能例外。一代宗师郭沫若曾为此担心并采取了一定的措施。在科学的春天到来以后,甲骨学研究队伍青黄不接的现象有所改变。不少老一辈的学者,在研究和整理自己著作的同时,还大力培养接班人。一批硕士、博士研究生毕业,充实了甲骨学研究队伍,并带来了新的活力。这批甲骨学研究的新生力量逐渐步入堂奥,在学术舞台上显露峥嵘。

与这批经过严格训练的甲骨新秀一道,在全国各地还有不少自学成才者,他们是甲骨学研究队伍的雄厚后备力量。在甲骨文的故乡——河南安阳,一九八六年成立了专门的甲骨学会,定期交流学术体会,切磋研究心得。学会创办了刊物《甲骨学研究》,为成员发表新作提供园地。不少人学有所成,推出了一批力作,诸如史昌友《灿烂的殷商文化》(中国社会科学出版社,二〇〇六年)、孟宪武《安阳殷墟考古研究》(中州古籍出版社,二〇〇三年)、焦志勤等《殷墟甲骨辑佚》(文物出版社,二〇〇八年)等等。

甲骨学研究后继有人,可以预料,这门学科也将取得更多的研究成果。

---

① 杨升南:《商代军队略论》,《甲骨探史录》。王贵民:《就殷墟甲骨文所见试说"司马"职名的起源》,《甲骨文与殷商史》。

② 林沄:《小屯南地发掘与殷墟甲骨断代》,《古文字研究》第九辑。

③ 张永山:《论商代的"众人"》,《甲骨探史录》。

④ 罗琨:《殷墟卜辞中的高祖与商人的传说时代》,《全国商史学术讨论会论文集》。

⑤ 谢济:《试论历组卜辞的分期》,《甲骨探史录》。

⑥ 齐文心:《殷代的奴隶监狱和奴隶暴动》,《中国史研究》,一九七九年,第一期。

⑦ 常玉芝:《关于周祭中武乙文丁等的祀序问题》,《甲骨文与殷商史》。

⑧ 彭邦炯:《商代"作邑"蠡测》,《甲骨探史录》。

第六节　值得继承和弘扬的共同财富

通过上面的叙述，我们可以看到，自一八九九年甲骨文发现以来，一百多年的甲骨学发展史上，名家辈出，群星灿烂。虽然每位学者所处的时代不同，他们所走过的道路也迥然有异，但都以自己甲骨学研究所取得的成就，达到了他们所处甲骨学研究发展阶段的高峰，成为甲骨学的一代宗师。这些在甲骨学发展史上不同时期和阶段的大师，都有其成功的共同之处。充分认识和总结他们的成功经验，对推动新世纪甲骨学研究取得更大成绩大有裨益。

一、深厚的国学基础，是前辈学者取得成功的前提

深厚的国学基础，即对中国古文献的博学和音韵训诂等方面的精深造诣，是前辈甲骨学者取得成功的前提。最早鉴定和认识甲骨文的王懿荣，“泛猎书史，嗜金石，翁同龢、潘祖荫并称其学”①，具有深厚的国学基础，因而他一见甲骨文，便能“审定为殷商故物”；而甲骨学宗师罗振玉在十六岁以前，就经过了严格的国学基础教育。王国维在一九一一年赴日本以后，一度专攻经学、小学和历史，以其精深造诣成为国学大师；著名学者郭沫若，也是在十四五岁时，就已熟读四书、五经、《左传》；董作宾虽然家境清贫，但他早年“入塾”，经过传统古典文献的训练。前辈甲骨学者，无不“入塾”，早期都经过严格的中国古代文献的训练和传统文化的熏陶。

一九〇五年以后，清廷废除科举，兴立学堂。尽管传统的儒家经典退出了新学校的课堂，但有成就的甲骨学者，无不以对古代经典和传统文化的精深造诣而见长。胡厚宣虽然没有经过“入塾”的训练，但他一九二四年在保定培德中学就已打下了深厚的国学基础。

① 《清史稿·王懿荣传》。

至于李学勤和裘锡圭等新中国成立以后成长起来的著名学者,尽管“学校”里已不再有“四书”、“五经”等传统文献的教学内容,但他们通过自己的钻研,在古代文献方面也具有深厚的造诣。李学勤在十六岁以后,就对古文字学产生了浓厚的兴趣,他几乎每个假期都去北京图书馆,钻研甲骨文、金文,差不多涉猎了全部北京图书馆的有关书籍,为他以后从事古文字研究打下了坚实的基础。而裘锡圭,则要求自己对古代史、民族学、考古学、古器物学、文字学、音韵学、训诂学等学问都要懂,并研读了经书、史书、子书等许多古代典籍,因而他才能在古文字和古史研究方面游刃有余,屡创新说。

在甲骨学史上有成就的学者,无不堪称“国学大师”。正是他们对中国古代典籍和传统文化的丰厚底蕴和积累,使他们在文字考释和商史研究方面阐幽发微,广征博引,举一反三,把甲骨学研究推向一个又一个新的高度。毋庸讳言,由于时代和条件的限制,我们今天在文献和国学基础方面的积累已不可和前辈学者同日而语了。只有在这方面知难而进,才能像前辈学者那样在研究领域里不断创造和前进,这是我们新一代学者终生努力的目标。

二、 学贯中西,是几代学者推动甲骨学研究不断前进的保障

自一八四〇年以来,帝国主义的炮舰打开了清王朝封闭的国门。帝国主义与封建势力相勾结,加速了中国殖民地、半殖民地的进程,我国历史开始进入了近代时期。一八九四年中日甲午海战的失败和北洋水师的全军覆没,宣告了清王朝“洋务”运动的破产。但与清王朝办“洋务”的初衷相反,不少派出去的留学生在学习西方科学技术的同时,认识了西方社会并接受了西方的社会学说,深感有必要用西学和西方社会学说唤醒民众,以救亡图存。因此,他们大量翻译和介绍西方的社会、政治和经济学说以及哲学、自然科学知识等等,不仅对几千年来的封建思想进行了冲击,也深刻地影响了中国的近代学术界。“试观中国近代的学风,有一显著的倾向,即

融会中西。近代以来，西学东渐，对于中国学人影响渐深。深识之士，莫不资西学以立论。初期或止于浅尝，渐进乃达于深解。同时这些学者又具有深厚的旧学根柢，有较高的鉴别能力，故能在传统学术的基础之上汲取西方的智慧，从而达到较高的成就”。①

在我国近百年来甲骨学史上有成就的学者，无不“具有深厚的旧学根柢”，又“在传统学术的基础上吸取西方的智慧”。罗振玉虽然“以满清遗臣自任”②，但还是接受并大力推进西方先进科学技术在中国的传播。一八九六年他在上海创立“农学社”，设立“农报馆”，翻译农业书刊百余种，大力介绍并推广西方农业技术。与此同时，他还监督“东方学社”，培养日语翻译人才。他身体力行，于一九〇〇年在湖北主持农务局，兼任农校监督，培养新型农业科学技术人才。一九〇一年他去日本考察教育，深感“日本实业多师法各国……冰寒青胜，前事可师，我邦人其勉旃，勿耻学步也”，主张学习西方科学技术。在日本期间，他还考察过水利工程。他在“视察之余，遍阅书肆”，并结识日本著名学者河井荃庐、日下部鸣鹤等，与他们“纵论金石学”③，交流研究心得。正因为罗振玉接受并掌握了先进的自然科学和社会科学知识和研究方法，因而“他的殷代甲骨的搜集、保藏、流传、考释，实是中国近三十年来文化史上所应该大书特书的一项事件。还有他关于金石器物，古籍佚书之搜罗颁布，其内容之丰富，甄别之谨严，成绩之浩瀚，方法之崭新”④，皆较其前辈学者大大前进了一步。另一位甲骨学宗师王国维，在十八岁以前，“接受传统的教育，也可以说基本上是接受旧学的时期”。但自十八岁以后，从家乡到上海是他“追求新学的时期”。在此期间，他曾在罗振玉所办“东文学社”学习日文，扩大了他学习西方近代科学知识的眼界，并在一九〇〇年赴日本留学。一九〇一年王国维随罗振玉赴武昌农校任教，受过近代农业科学技术方面的熏陶。自一九〇二年在南洋公学虹口分校任职时起，王国维开始研究西方哲学。“他学习了康德、叔

---

①　张岱年:《国学大师丛书》总序，百花洲文艺出版社，一九九五年。

②④　郭沫若:《中国古代社会研究》自序，人民出版社，一九五四年。

③　罗继祖等:《罗振玉年谱》，第二十六至二十七页，行素堂发行，一九八六年。

本华等德国哲学家的思想,努力用自己学到的新的思想总结中国文化发展的历史经验”。[①]他一九一一年随罗振玉赴日本后,全力钻研中国古代文化。王国维深厚的国学基础与近代科学方法相结合,使他在古代史、甲骨文、考古、音韵学等方面的研究都取得了成就。诚如郭沫若所指出的:“王国维一生的学业结晶在他的《观堂集林》和最近所出的名目实远不及《观堂集林》四字冠冕的《海宁王忠悫公遗书》”之中,即使“那遗书的外观虽然穿的是一件旧式的花衣补褂,然而所包含的却多是近代的科学内容”。[②]正因为“王国维研究学问的方法是近代式的”,所以“他遗留给我们的是他知识的产品,那好像一座崔巍的楼阁,在几千年来的旧学的城垒上,灿然放出了一段异样的光辉”。

另一位甲骨学大师董作宾,曾接受旧式教育,他六岁入塾打下了深厚的国学基础。自一九〇五年以后,他进学堂接受近代学校教育。特别是他二十八岁入北京大学作旁听生,并于一九二三年至一九二四年在北京大学研究所国学门做研究生,使他受到“五四”以来新文化运动的强烈影响和近代科学研究的全面训练。一九二七年董作宾任职于中山大学时与著名学者傅斯年相识,作为新文化运动和筹建历史语言研究所的重要人物傅斯年,“对董氏的学术生涯有重要的影响”。[③]一九二八年八月董作宾受命赴河南安阳,调查殷墟甲骨出土情形,同年十月由他主持殷墟第一次科学发掘工作,开始了把西方近代田野考古方法应用于中国历史时期都城遗址的考古学研究工作。在殷墟考古发掘工作中,董作宾把田野考古方法移入甲骨学研究领域,这就是他“从安阳县小屯村殷墟的地面下发掘出来”了“甲骨文字的断代方法”[④],“使在金石文字之学影响下形成的甲骨学发生了一场深刻的变革,即《甲骨文断代研究例》把甲骨学研究纳入了历史考古学范

---

① 刘烜:《王国维评传》,第十一页,百花洲文艺出版社,一九九六年。

② 郭沫若:《中国古代社会研究》自序,人民出版社,一九五四年。

③ 裘锡圭:《董作宾先生小传》,《中国现代学术经典·董作宾卷》,河北教育出版社,一九九六年。

④ 董作宾:《为书道全集详论卜辞时期之区分》,《中国现代学术经典·董作宾卷》,第五二八页,河北教育出版社,一九九六年。

畴，从而使甲骨学由金石学的附庸，成为中国考古学的一门分支学科”。①不仅如此，董作宾在全面掌握甲骨文材料的基础上，还进行跨学科的研究，把精力集中到殷历的恢复方面。董作宾虽然自知“对于天文历法之知识犹极浅薄”②，但他知难而上，全身心地投入天文历法的研究。董作宾曾记述了研究天文历法的艰苦历程：“二十五年（一九三六年）曾与高平子先生约，请其推算殷代年历，编制一合天之历谱，余则以卜辞中有关历法之材料供给之，议未定而战事起。二十六年秋（一九三七年）迁长沙，曾编制帝乙、帝辛之祀谱各二十年，稿经数易，未敢自信。翌年居昆明，乃发愤攻读天文历法书，复承天文研究所李鸣钟先生相与商讨，代为推算四分术一部七十六年之朔闰表，同时余亦制定古历纪元章蔀对照表，藉以推证六历，较之自历元起算，积累庞大数字者，为事半而功倍也。斯时余于天历之学亦略具常识，遂作殷历图，以汉传六历中之殷历为蓝本，正其朔闰，邀高去寻君相助，著手殷历之编制，竭一年半之力，成历谱若于卷，上起迁殷，下接汉元”。③为了编制《殷历谱》，董作宾不断拓展自己的研究领域。特别是他从头开始，在天文历法这一自然科学领域下了很大的功夫。“积年治此，独行踽踽，备感孤诣之苦”④，终于完成了被学术界誉为“毕生巨献——殷历谱的编制”，为甲骨学跨学科的研究树立了典范。学术界对《殷历谱》的成就毁誉不一，“但每一种学问都须要有人发凡起例，引导研究，才能发展开来。《殷历谱》已经给予后学者一个完整的档架，可依循的范本，至于如何修订补苴，充实档架，使它更为完整可依，本来就是后进者的责任”⑤，这是非常允当的评价。

甲骨学大师郭沫若所走过的道路更为典型。他六岁入塾，早年便已熟

---

① 张岂之主编：《中国近代史学学术史》，第五一四页，中国社会科学出版社，一九九六年。

②③ 董作宾：《殷历谱·历谱之编制》上编卷二，第八页，史语所专刊之二十三，一九九二年九月影印版。

④ 傅斯年：《殷历谱》序，《殷历谱》，史语所专刊之二十三，一九九二年九月影印版。

⑤ 黄竞新：《董彦堂先生对甲骨学的贡献》，《历史博物馆馆刊》，第三卷第三期，一九九三年七月。

读四书、五经,受过中国传统文化的熏陶。十六岁以后,郭沫若又接受了近代小学、中学的教育,直至一九一四年二十三岁以后留学日本帝国大学医科,全面接受近代自然科学的训练。后因双耳重听,放弃了医学之路,进行创作和翻译活动。自一九二八年三十七岁以后,他抱着“对于未来社会的待望逼迫着我们不能不生出清算过往社会的要求”①,潜心研究中国古代社会。他的《中国古代社会研究》一书“可以说就是恩格斯的《家族、私有财产及国家的起源》的续篇”②,与《甲骨文字研究》等书“辅车唇齿”,奠定了我国马克思主义历史科学的基础。“郭沫若以二十年代最新的思想——唯物史观为指导,综合了当代最有代表性的两大国学派别——古史辨派、考古证史派的最新研究成果,确立起自己独特的‘国学’研究体系,领导了当时的学术文化潮流”。③

与此同时,郭沫若十分重视在中国才开始起步的田野考古工作,并把西方著名考古著作——德国米海里斯的《美术考古发现史》(澳田耕作日译本)翻译介绍到中国来。他认为,要“真实地阐明中国的古代社会还需要大规模地做地下的发掘,就是要仰仗‘锄头考古学’的力量,才能得到最后的究竟”。④他高度评价一九二八年开始的殷墟科学发掘工作“足为中国考古学上之一新纪元”。⑤因此,殷墟科学发掘工作,对他的甲骨文和中国古代社会研究产生了一定的影响。但对郭沫若影响最大的还是他所翻译和介绍给中国学术界的德国米海里斯的《美术考古发现史》(即《美术考古一世纪》)。在翻译此书的过程中,使他认识和接受了西方近代田野考古学的研究方法。郭沫若在中译本《序》中说:“我的关于殷墟卜辞和青铜器铭文的研究,主要是从这部书把方法告诉我,因而我关于古代社会的研究,如果多少有些成绩的活,也多是本书赐给我的”。“我自己要坦白的承认,假如我

---

①② 郭沫若:《中国古代社会研究》自序,人民出版社,一九五四年。

③ 谢保成:《郭沫若评传》,第二十九页,百花洲文艺出版社,一九九五年。

④ 郭沫若:《周代彝铭中的社会史观》,《中国古代社会研究》,第二七九页,人民出版社,一九五四年。

⑤ 郭沫若:《殷墟之发掘》,《中国古代社会研究》,第三〇一页,人民出版社,一九五四年。

没有译读这本书,我一定没有本领把殷墟卜辞和殷周青铜器整理得出一个头绪来"。郭沫若把近代田野考古学方法引入甲骨学和青铜器研究领域,特别是他所开创的青铜器分期断代研究的新体系,"使传统金石学发生了一场深刻的变革。他的殷周青铜断代研究体系与董作宾的甲骨断代'十项标准'交相辉映,标志着我国传统金石学研究被纳入了我国近代科学意义的历史考古学轨道"。①

新中国成立以后,老一辈的甲骨学者"站在新的立场,应用新的观点方法,对甲骨文字另作一番新的研究"。②科学的历史唯物主义和辩证唯物主义成为他们研究工作中的望远镜和显微镜,因而高屋建瓴,在研究中取得了新成就。与此同时,有的学者主张"不应孤立地研究古文字,需要从社会发展史的角度,从研究世界古代史和少数民族志所保存的原始民族的生产、生活、社会意识等方面来追溯古文字的起源",③把世界史和民族学成果引入甲骨学研究领域,为甲骨文字的考释和商史研究的多方位探索开辟了全新的途径。胡厚宣的《甲骨文虒字说》④,引用了三至九世纪玛雅人关于勇士和战俘的一幅壁画的材料,"勇士们用虎皮的情形,栩栩如生。用它来说明甲骨卜辞中的虒字,那就再适当没有了"。于省吾《释羌、苟、敬、美》⑤等论文,为了证明羌族戴羊角的古老习俗,搜集了十二条散见于古籍和中外期刊里有关世界各原始民族习见的戴羊角、牛角、鹿角为饰物的证据,并对其不同用途进行了论证。

如此等等。我们可以看到,十九世纪末殷墟甲骨文发现之时,正是"西学东渐",中国传统文化遭受冲击和挑战的时候。一批甲骨学者处变不惊,紧随时代的步伐,汲取西方自然科学和社会科学中的精华,在研究中取得

---

① 张岂之主编:《中国近代史学学术史》,第五二五页,中国社会科学出版社,一九九六年。

② 胡厚宣:《五十年甲骨学论著目》序言,第二十二页,中华书局,一九五二年。

③ 于省吾:《于省吾自传》,《中国现代社会科学家传略》第三辑,山西人民出版社,一九八三年。

④ 载《甲骨探史录》,第六十六至六十七页,三联书店,一九八二年。

⑤ 载《吉林大学社会科学学报》,一九六三年第一期。

了超越乾嘉时代的成就。可以说,“他们对经、史、子、集博学宏通,但治学之法已有创新;他们的西学造诣令人仰止,但立术之本在我中华,从而广开现代风气之先”。①前辈学者在深厚的中国传统文化的基础上,努力把西方自然科学和社会科学的理论和方法应用到自己的学术研究中去,从而取得了甲骨学研究的成功。

在未来的新时期,仍存在着甲骨学研究的现代化问题。前辈学者“学贯中西”,为我们提供了中国传统文化研究向现代化转型的成功范例。在我们今天,甲骨学研究的现代化,就是不仅要与社会科学的多种学科,诸如历史文献学、民族学、宗教学、考古学等学科研究相结合;而且还要与当代自然科学,诸如天文学、气象学、农业学和物理学等多种学科的研究相结合。由于当前科学发展的迅速和学科分工的精细,再由一个人进行跨学科的研究愈益困难。但我们可以充分发挥社会主义学术事业的优越性,组织多学科的学者联合攻关。国家“九五”重点科研项目“夏商周断代工程”,就是组织社会科学家和自然科学家联合攻关的成功范例。它不仅对夏商周年代学研究有重大推动,而且也为甲骨学研究的现代化提供了可资借鉴的经验。我们相信,从甲骨文发现时开始,经由几代学者所实现的由传统到现代转型的甲骨学研究,必将在新的一百年得到发扬光大。而甲骨学研究手段的现代化和进一步与自然科学研究相结合,将会使甲骨学研究取得新的世纪成果。

三、 重视甲骨文资料的搜集、整理和刊布工作

纵观百年来有成就的甲骨学家,无不重视甲骨文材料的搜集、整理和刊布工作,这不仅使甲骨学者屡有创获,而且推动了整个甲骨学界向研究的广度和深度方面不断前进。甲骨学一代宗师罗振玉,十分注意甲骨文资料的收集工作。“搜求之视考释,不尤急欤?”②他不仅派古董商去安阳搜集

① 钱宏:《重写近代诸子春秋》,《郭沫若评传》,百花洲文艺出版社,一九九六年。
② 罗振玉:《殷虚书契》序,一九一四年。

甲骨文，而且派自己的亲属去安阳小屯村坐地收购，先后共收得甲骨约三万余片，成为国内学者中最大的收藏家。①对这批珍贵的材料，罗振玉“不忍使湮没不传”。②为此墨拓整理，并编纂成书公布，以提供给学术界更多的人研究。他一九一一年出版《殷虚书契》，公布甲骨二千二百二十九片。一九一四年出版《殷虚书契菁华》，公布甲骨六十八片。一九一五年出版《铁云藏龟之余》，公布甲骨四十片。一九一六年出版《殷虚书契后编》，公布甲骨一千一百四十片。再加上一九一六年《殷虚古器物图录》公布甲骨四片和罗福成一九二八年《传古别录》二集公布的甲骨四片，共刊布殷墟甲骨三千四百八十五片。在甲骨学研究的“草创时期”（一八九九年至一九二八年），出版的甲骨著录有十二种书，共九千九百十九片甲骨被公布③。其中与罗振玉所藏甲骨有关的书共六种，占著录书的一半。而罗振玉刊布的甲骨文，就占了当时著录总片数的三分之一强。“总之，关于甲骨文的搜集拓印和流传，在私人方面，罗振玉是很有贡献的一位。就以五十年整理的甲骨材料来说，除了前中央研究院的（殷虚文字乙编）之外，至今罗氏四书（按：指《前》、《后》、《续》、《菁》），还应该是最重要的一部分”④，推动了“草创时期”甲骨学研究的发展。

甲骨学大师王国维认为，“古来新学问之起，大都由于新发现”。⑤因此他对甲骨文等新材料的出土也给予了特别的注意。虽然他限于财力，不能大量购藏甲骨，但自一九一一年随罗振玉去日本，并转向中国古代社会和古代文物研究以后，接触并研究了大量甲骨实物和拓本。“可以说，在他的时代，他是看到这方面材料最多的一位学者。除了刘鹗、罗振玉所印的资料外，他看到哈同藏的资料，他看到了‘鄞县马君叔平赠余以京师大学及其所藏甲骨拓本千余片’，看到了徐乃昌所藏甲骨拓本，作《随庵所藏甲骨文

① 胡厚宣：《殷墟发掘》，第三十六页，学习生活出版社，一九五五年。

② 罗振玉：《殷虚书契精华》序，一九一四年。

③ 胡厚宣：《殷墟发掘》，第三十七页。

④ 胡厚宣：《五十年甲骨文发现的总结》，第三十一至三十二页，商务印书馆，一九五一年。

⑤ 王国维：《最近二三十年中中国新发现之学问》，《学衡》，第四十五期，一九二五年。

字序》。这样,他的眼界更开阔了”。[①]一九一六年王国维从日本回上海,在英国籍犹太人哈同处编学术刊物时,见到哈同夫人罗氏购入的铁云旧藏甲骨一千多片。他在一九一七年将这批甲骨编为《戬寿堂所藏殷虚文字》,收入甲骨六百五十五片并作有考释出版。虽然此书署名姬佛佗,但王国维著录和公布这批重要材料的功绩学术界尽人皆知。王国维就是在整理这批材料时,发现了《戬》1·10片与《后上》8·14片为一版之折,论证了甲骨文上甲至示癸的世次与《史记》不合,从而纠正了《史纪·殷本纪》所列商王世次的错误。其说见于他的名作《殷卜辞中所见先公先王考》及《续考》之中。王国维用甲骨文研究商史,大大地提高了甲骨学的学术地位,开了甲骨文断片缀合工作的先河。今天甲骨缀合成为甲骨学研究领域的重要课题并取得一批重要成果,应与王国维发凡启例的贡献分不开的。

甲骨学一代宗师郭沫若,一九二八年“开始了古代社会的研究”工作,诚如他自己所说的:“为了研究的彻底,我更把我无处发泄的精力用在了殷虚甲骨文字和殷周青铜器铭文的讨论上面。”[②]他深感“殷虚出土甲骨多流入日本,顾自故林泰辅博士著《龟甲兽骨文字》以来,未见著录,学者亦罕有称道”。从一八九九年甲骨文被发现以后,直到一九二八年殷墟科学发掘甲骨文以前,日本人共收得我国殷墟甲骨一点五万片左右。但这么多的珍贵甲骨资料,除了林泰辅一九二一年出版的《龟甲兽骨文字》公布一千零二十三片以外,绝大多数未与学术界见面,给研究工作带来极大不便。“余以寄寓此邦之便,颇欲征集诸家所藏以为一书”,以提供甲骨学者研究利用。为此,郭沫若自一九三二年夏秋之际,就开始了寻访日本公私藏家收集甲骨的活动。虽然他已访知三千多片甲骨的下落,但“闻尚有大宗搜藏家,因种种关系,未得寓目”。就是所能见到的材料,也因“此间无拓工,余亦不长于此”,“未能拓存”。因此郭沫若只得改变初衷,“其改变后之成果”,就是一九三三年《卜辞通纂》一书的出版。虽然此书“在选辑传世卜辞之菁粹者”,即“所据资料多采自刘(铁云)、罗(振玉)、王(襄)、林(泰辅)诸氏之

---

① 刘烜:《王国维评传》,第二八六页,百花洲文艺出版社,一九九六年。

② 郭沫若:《十批判书》后记,《十批判书》,第四六二页,科学出版社,一九五六年。

书”。但“亦有未经著录者”，收入了马衡氏《凡将斋藏甲骨文字》拓本、何叙甫氏藏骨拓本，以及在日本所搜集到的甲骨八十七片等“公私家藏品之墨拓或照片均选尤择异而著录之”。此外，还收入了殷墟第三次科学发掘所得“大龟四版”及第一次科学发掘所得新获卜辞二十二片。这些甲骨在著录时，都经过了校对重片和缀合的科学整理。“由二以上之断片经余所复合，亦在三十事以上，中有合四而成整简（按：即《通》596）、合三成整简（按：即《通》259）、合二而成整简者（按：即《通》730），均为本书所独有”。“进而言乎考释，亦颇有意外之收获”。其对甲骨学商史研究的重要发明，郭沫若在《卜辞通纂》“序”（一九三三年一月十一日）中作了画龙点睛式的论述。一九三七年，郭沫若又从大收藏家刘体智所藏甲骨拓本《书契丛编》（二十册）中“择取一五九五片而成兹编”，即《殷契粹编》一书的编纂。此书“视原著虽仅略当十之一，然其菁华大率已萃于是矣”。特别是“本编复得第一一三片，乃刘氏二断片与燕京大学藏片之复合，所见先公名号，其次亦正为上甲、报乙、报丙、报丁、示壬、示癸”。又“第一一四片，虽字缺横画而辞亦不全，唯报乙亦次于上甲”，再加上“本编第一一二片之甲乙二分，乃由王氏由罗氏及戬寿堂藏片所复合”，则证“史记之误为绝对无疑”。而此前“王氏（按：即王国维）所得，亦仅此一例而已。卜辞每有契误之事，例仅一焉，笃古者将疑其为不足据，王说犹不足以破除其先入见也”。因此，《殷契萃编》一书，“于殷代世系多所发明，此于卜辞文献中可云鼎足而三者也”。①郭沫若在整理和公布这批材料时，又有不少创造性的发现。“识见所及，具详释文，其尤特出者，今略举数事，著之编首”。他在《殷契萃编》序中，将这批甲骨“足以矜耀于契林”的研究心得和创造性的发现作了科学的论断，从而把甲骨学商史研究推向了前进。

不仅如此，郭沫若在晚年还主编了《甲骨文合集》，为甲骨文材料的搜集、整理和刊布做出了新的贡献。

另一位甲骨学宗师董作宾，则把全部心力都用到了殷墟甲骨的科学发

---

①　郭沫若：《殷契萃编》序，科学出版社，一九六五年。

掘和研究整理刊布上,正是他促成一九二八年十月中央研究院进行的大规模科学发掘殷墟甲骨文的工作,结束了甲骨文的“盗掘时期”。以后直到一九三七年进行的持续十年的大规模科学发掘工作董作宾或主持或参与其事,或指导、检查工作的进行。在先后进行的十五次科学发掘工作中获得了大量的甲骨文,为我国殷商考古学奠定了基础。殷虚的科学发掘工作,第一次至第九次共得甲骨六千五百十三版,第十三次至第十五次共得甲骨一万八千四百零五版。为了把这批科学发掘所得甲骨文资料提供给学术界研究,董作宾花费了大量劳动,投入了殷墟所出甲骨的整理和编辑出版工作。他于一九三五年春夏之间就完成了殷墟第一至九次发掘所得甲骨《殷虚文字甲编》的图版编排工作,但由于种种曲折,直到一九四八年方得面世。而收录第十三至十五次发掘所得甲骨的《殷虚文字乙编》上、中、下三辑也分别于一九四八、一九四九和一九五三年出齐。《殷虚文字甲编》和《殷虚文字乙编》,不仅是“科学发掘甲骨文的总集”,也是“新时期甲骨学和考古学相结合的标志,从而也进一步提高了甲骨文的科学价值”。①董作宾在发掘、整理和刊布殷墟科学发掘甲骨文过程中,不仅提出了甲骨文分期断代的科学方法,而且在《甲编》和《乙编》序中还提出了不少创造性的意见,推动了这一时期的甲骨学商史研究的深入。

另一位甲骨学大师胡厚宣,在甲骨文材料的收集,整理和刊布方面也取得了空前的成绩。他曾在一九三四年、一九三五年参加过殷墟科学发掘,并自一九三五年起协助董作宾编纂《殷虚文字甲编》,一九三六年胡厚宣参加了《殷虚文字乙编》所著录的主要部分 YH127 坑甲骨的“室内发掘”和整理工作。他研究甲骨学商史,“欲免断章取义,穿凿附会之嫌,则所见材料必多。于是乃发愤搜集所有国内外公私已否著录之材料,先做一总结之研究”。为此,他“十年以来,凡已出版之书,必设法购置;其未出版之材料,知其下落者,必辗转设法,借拓钩摹。国内国外,公私所藏,虽一片不遗,虽千金莫惜。而中央研究院先后发掘所得大版碎片近三万,以工作关

① 王宇信:《建国以来甲骨文研究》,第十至十三页,中国社会科学出版社,一九八一年。

系，玩之尤为熟悉”。胡厚宣在当时所能见到的已出版的四十三种甲骨著录和尚未出版的二十二种甲骨拓本，特别是他曾经整理过的中央研究院科学发掘所得甲骨材料的基础上，完成了《甲骨学商史论丛》这部甲骨学“空前的金字塔式论文集”，这是继董先生《甲骨文断代研究例》之后“又一划时代的著作”。①

新中国成立以后，为了提供大家研究的方便，胡厚宣将自己所搜集得见的甲骨资料，“及时的公布出来”。②在甲骨文资料的搜集、整理和刊布方面又取得了新成就。在《甲骨文合集》一书的编辑过程中，胡厚宣“除了参加运动并经过‘十年浩劫’之外，我只写了几十篇学术论文。此外，绝大部分的时间和精力，都带着十来位初学的年青同志，投入到搜集材料，整理、编排、校对、付印，出版《甲骨文合集》这一部书”③上了。正是胡厚宣“以他的辛勤劳动和可贵的奉献精神，总编辑成功了《合集》一书，为国家赢得了荣誉”。④

不仅如此。胡厚宣还以个人之力编纂出版了《战后宁沪新获甲骨集》、《战后南北所见甲骨录》、《战后京津新获甲骨集》、《甲骨续存》、《苏德美日所见甲骨集》等和胡厚宣辑，胡振宇、王宏整理的《甲骨续存补编》。以上各书共著录甲骨三万一千六百五十片以上，占出土十万片甲骨的三分之一。胡厚宣以他五十多年的追求，成为百年来著录甲骨数量的第一人。

从上面的叙述中我们可以看到，百年甲骨学发展史上有成就的学者，都十分重视甲骨文资料的搜集、整理和刊布工作。甲骨文资料是甲骨学商史研究的基础。学者们通过新资料的搜集整理和公布，不仅使自己的研究有所创获和深化，也使甲骨学商史研究不断获得新活力，从而集思广益，把研究推向新的高峰。

---

① 〔日〕白川静：《胡厚宣氏的商史研究》下篇，《立命馆文学》，一〇三号，第五六页，一九五三年。

② 胡厚宣：《甲骨续存》序，上海群联出版社，一九五五年。

③ 胡厚宣：《苏德美日所见甲骨集》总序，四川辞书出版社，一九八八年。

④ 王宇信：《甲骨学研究的发展与胡厚宣教授的贡献》，《甲骨文与殷商史》第三辑，上海古籍出版社，一九九一年。

四、开拓进取，不断追求，把甲骨学研究推向深入

一八九九年殷墟甲骨文发现和一九〇三年《铁云藏龟》出版以后，由于甲骨文在古文献中失载，是“与古文或异，固汉以来小学家若张杜杨许诸儒所不得见”之物，所以直到一九一一年罗振玉《殷虚书契》出版时，国内外学术界还只是将它视为传统的金石文字资料，研究多限于它的出土地及大时代的考定，而对它的内容却知之甚少。虽然国学大师孙诒让在一九〇四年写出了《契文举例》，但流传范围极窄。据说曾寄罗振玉、刘铁云和端方(王国维于一九一六年在上海找到一部书稿，一九一七年正式出版发行)。直到一九一四年，罗振玉看到文字的释读已成为甲骨学研究前进的关键，遂杜门谢客，“发愤键户者四十余日，遂成考释六万余言”①，这就是当年出版的《殷虚书契考释》。后罗振玉又在一九二七年将其增定补充为《增订殷虚书契考释》出版。在文字考释时，罗振玉锐意创新，“既参证《说文》以释甲骨文，又不为《说文》所束缚”，“这就比前人大大高出了一筹”。②经过罗振玉等学者的努力，甲骨学研究有了很大进步。“在孙诒让写《契文举例》的时候，由于识字太少，或释错的字太多，一般卜辞的内容还十分费解，不能通读。但自《殷虚书契考释》出版以后，甲骨上的文字就可以基本认识，并可通读整段文句了”。③罗振玉筚路蓝缕，他的甲骨文字考释，把甲骨文研究从“古董时期”推向了“文字时期”的新境界。

王国维在甲骨文字考释方面也多有发明，并且“在文字考释的基础上，用甲骨文作为史料研究商史”。“特别是他一九一七年所写的《殷卜辞中所见先公先王考》及《续考》这两篇著名论文，把甲骨学研究推向一个新阶段，标志着‘文字时期’进入了‘史料时期’”。④

与此同时，王国维在《殷周制度论》一文中进一步把商史研究与西周史

---

① 罗振玉:《殷虚书契考释》自序，一九一四年。

② 陈炜湛、曾宪通:《论罗振玉和王国维在古文字研究领域内的地位和影响》,《古文字研究》,第四辑，中华书局，一九八〇年。

③④ 王宇信:《甲骨学通论》,第七十八页，中国社会科学出版社，一九八九年。

研究结合起来,发现"周人制度之大异于商者,一曰立子立嫡之制","二曰庙数之制","三曰同姓不婚之制"等。并以大量甲骨、金文材料和古文献材料为据,充分分析、比较了商周制度的不同,从而得出了"中国政治与文化之变革,莫剧于殷周之际"的论断。郭沫若高度评价此文在学术史上的地位:"又《殷周制度论》(《集林》卷十),此为对于卜辞作综合比较的研究之始。"①

王国维在多年从事古文字与古史研究的工作中,充分认识出土文物在研究中的重要作用,一九二五年他在《古史新证》中提出了著名的"二重证据法":"吾辈生于今日,幸于纸上之材料外,更得地下之材料。由此种材料,我辈固得据以补正纸上之材料,亦得证明古书某部分全为实录,即百家不雅驯之言,亦不无表示一面之事实。此二重证据法,惟在今日始得为之。"这样,王国维就比乾嘉学派的研究学问从文献到文献要前进了一大步。"王国维不仅十分重视古代文献,而且还对传世及新出土的古代文物搜集甚广,因此他能将二者结合起来研究,于是别开生面。在中国学术史上揭开了新的一页"。②

甲骨学大师董作宾肇始的科学发掘殷墟甲骨文和他所构筑的《甲骨文断代研究例》,开辟了甲骨学研究的历史考古学新时代。虽然《甲骨文断代研究例》构筑的"五期"分法和"十项标准",得到了国内外甲骨学界的普遍承认,但董作宾对它"不认为是十分满意"。并郑重声明:"这不是断代研究成功后的一篇结论"。热诚地"希望治此学者,平心静气来批评这方案是否可用,是否完备"③,期待有更多的学者参加甲骨文断代体系的讨论并使之完善。董作宾自己身体力行,在《殷虚文字乙编》序中,"揭穿了文武丁时代卜辞的谜"。经过十八年的研究,解决了"村中出土的,以前著录的,都有文武丁时代之物,都被我们大部分送给武丁了"的一批甲骨的时代问题,从而

① 郭沫若:《卜辞中的古代社会》,《中国古代社会研究》,第二一三页,人民出版社,一九五四年。

② 陈炜湛、曾宪通:《论罗振玉王国维在古文字学领域内的地位和影响》,《古文字研究》,第四辑,中华书局,一九八〇年。

③ 董作宾:《甲骨文断代研究例》,《庆祝蔡元培先生六十五岁论文集》上册,一九三三年。

使《断代研究例》“没有注意到那些在卜字之下记有贞人而省去贞字之例”,以及“当时注意的只限于武乙时代的卜辞,所举第四期之例,也只限于武乙之世”的不精确处,得到了加强和修正。

为了“觅得一正确之方法,进而整理全部卜辞”,董作宾一直在对分期断代进行不断地探索。他利用《断代研究例》的方案,作进一步的研究。并写成了《殷历谱》。“在这次分期辑录卜辞中,仅有一千余片整理研究的结果,发现了在卜辞中所表现的殷代礼制,曾有过四次变动,于是修正了分期办法,又有了分派之说”。虽然“这种分派办法,仍然不为多数甲骨学者所了解”。但“在我自己,最近十年以来,无时不注意到印行的甲骨新资料,不但未发现过对于分派研究的反证,同时又感到今于这种研究方法的证据日益增多,更加强了自己的信念”。①我们可以看到,董作宾对甲骨文断代研究多年探索,充分反映了他学术研究的创造精神。

甲骨学大师郭沫若,他“自己的兴趣是在追求”。因而他的甲骨学商史研究,在不断探索和不断认识中前进。诚如他自己所说:“二十多年来我自己的看法已经改变了好几次,差不多常常是今日之我在和昨日之我作斗争”。②“我自己的研究更深入了一些,见解也更纯熟了一些,好些错误已由我自己纠正。那些纠正散见于《卜辞通纂》、《十批判书》等书里面。尤其是《十批判书》中的《古代研究的自我批判》那一篇”。③在古代社会的研究方面取得了辉煌成就,“郭沫若一九四五年全面论述商代奴隶社会,把甲骨学研究‘全面发展时期’的商史研究推向了新的高峰”。④

作为甲骨学研究“异军”的郭沫若,“与董作宾等亲自参加殷墟科学发掘的甲骨学家殊途同归,共同为甲骨学研究的发展做出了卓越贡献”。⑤

---

① 董作宾:《为书道全集详论卜辞时期之区分》,《中国现代学术经典·董作宾卷》,第五二四至五四六页,河北教育出版社,一九九六年。

② 郭沫若:《中国古代社会研究》新版引言(一九五二年十一月),人民出版社,一九五四年。

③ 郭沫若:《中国古代社会研究》后记,人民出版社,一九五四年。

④ 林甘泉等主编:《郭沫若与中国史学》,第四九七页,中国社会科学出版社,一九九二年。

⑤ 林甘泉等主编:《郭沫若与中国史学》,第四六三页。

郭沫若成就的取得，始终是以甲骨学商史研究的最新成果为起点的。“卜辞研究是新兴的一种学问，它是时常在变迁着的。以前不认识的事物后来认识了，以前认错了的后来改正了。我们要根据它作为社会史料，就应该采取‘迎头赶上’的办法，把它最前进的一线作为基点而再出发”。①一九二八年开始的殷墟科学发掘，把甲骨文研究从“金石文字”时期推向了“历史考古学”的新阶段，从而使甲骨学研究进入了全面“发展时期”。郭沫若正是“追求”新时期的甲骨学研究成果为基点而再前进，使他的研究处于领先地位，因而他“不仅以许多博大精深的著作和开拓性的多方面研究成就超过了前人。而且他许多深邃的见解，使同代学者耳目一新，并给甲骨学研究以深远的影响”。②

前辈学者的开拓进取，不断追求，把甲骨学研究推向深入，取得了辉煌成绩。③在新的一百年里，甲骨学研究还应再接再厉，发扬老一辈学者的进取精神，奋发有为，向研究的深度和广度前进。前辈学者的谆谆告诫为后学的研究指明了方向。董作宾说：“甲骨学是一门最新的学问，是我国最古的文字，是我国文史的渊泉。我的看法，这门学问现在才初得门径，还没有升堂入室，窥其奥妙。不要以为六十年来已经无可研究了。我们应以全副精力从事工作，以求得最真实的殷代历史，最正确的古代文化，来结束甲骨学这门学问的研究。”④胡厚宣也持同样的看法：“真正科学的甲骨学研究，至多是刚刚开始，也许还尚待起头。”⑤李学勤则不止一次地谈到，“甲骨学当前的课题还有许多”。“甲骨学的研究不是已经完成，而是刚刚开始。有些人看到这门学科有了这么多论著，仅目录和索引便有厚厚的一本，以为

---

①　郭沫若：《古代研究的自我批判》，《十批判书》，第五页，科学出版社，一九五六年。

②　林甘泉等主编：《郭沫若与中国史学》，第四九八页，中国社会科学出版社，一九九二年。

③　王宇信：《近百年来的甲骨学研究》，《炎黄文化研究》，第三期（《炎黄春秋》增刊），一九九六年十二月。曹定云：《殷墟甲骨文研究百年回顾与展望》，《社会科学战线》，一九九七年第五期。朱凤瀚：《近百年来的殷墟甲骨文研究》，《历史研究》，一九九七年第一期。李学勤：《甲骨学一百年的回顾与前瞻》，《文物》，一九九八年第一期。

④　董作宾：《甲骨学六十年》，第一四六至一四七页，艺文印书馆，一九六五年。

⑤　胡厚宣：《五十年甲骨学论著目》序言，中华书局，一九五二年。

重大课题都被前人做尽,今后不会有较大的突破,这并不符合学科发展的实际。其正深入于甲骨学研究的人,会感到这片园地虽经过很多人开辟,仍然是满目丛莽,有好多很基本、很重要的问题尚待解决”。①“实际上,甲骨学的奥蕴大部分还不曾抉发,用以研究古代历史文化也大有可为,以为甲骨学研究得差不多了的止步自画的观点,是不可取的”。②因此,在总结甲骨学研究一百多年来取得的成就的时候,应清醒地认识到,骄傲自满的观点和无所作为的观点都是错误的。几代学者的辛勤探索,为学术界打开了甲骨学殿堂的门径。而“升堂入室,窥其奥妙”,则需要学界同仁像前辈学者那样勇于开拓进取,不断追求创新并付出最大的努力,只有这样,甲骨学研究才能有所发现,有所发明,有所创造和有所前进。

---

① 李学勤:《序〈甲骨学通论〉》,《甲骨学通论》,中国社会科学出版社,一九八九年。

② 李学勤:《甲骨学一百年的回顾与前瞻》,《文物》,一九九八年第一期。

第十六章　前辈大师点石成金，泽及后学

前辈甲骨学大师们，有着深厚的学术功底和对甲骨学精深的造诣。在甲骨学发展的不同时期，或开拓蓁莽，规模经纬；或屡创新说，发凡启例；或钩沉索颐，阐幽发微。他们石破天惊的论断和发现，拂去了蒙在殷商甲骨文上厚厚的历史泥土，展现商代历史的辉煌。可以说，学者们点石成金，使商代断烂朝报的枯龟断骨，成了人类文明宝库中的瑰宝。前辈学者的宏篇钜制成为甲骨学史上的一座座丰碑，润泽着一代又一代的后世学人。前辈学者睿智的学术火花或思想闪光点，也将启示着后辈学人，令他们在甲骨学研究领域里去追索、去丰富、去拓宽，并最终取得成就。前辈大师的道德文章，泽及后学，润物无声，他们甘为人梯，不断发现和培养甲骨学研究的新人，这是甲骨学研究队伍兴旺发达的保障。

第一节　明义士殷商文化研究的成功及对我们的启示

明义士（一八八五年至一九五七年）加拿大人，是学术界熟知的甲骨学家。他一九一〇年来华，一九一四年踏访殷墟并开始购藏甲骨文。自此以后，他就“将自己的一生同认识和解读商文化联系在一起了”①。在其后的四十多年中，明义士在甲骨文的搜集、著录和甲骨学与殷商文化的研究方面，取得了巨大成就，成为同时代研究中国殷商文化学者的佼佼者。他所取得的巨大成功，对后世学人有不少启示。

① 方辉：《明义士在皇家安大略博物馆》，《殷都学刊》，二〇〇〇年，第一期。

一、明义士对甲骨学与殷商文化研究的贡献

明义士一九一四年第一次踏访殷墟,开始搜购甲骨文。他是第一个亲自踏访殷墟并在实地购藏甲骨文的西方学者。其后,明义士以常驻安阳传教之便,经常去殷墟考察。在短时期离开安阳以后,他在"一九二一年至一九二七年仍回到彰德。也就是在这期间,他收到大量的甲骨、陶器和青铜器等古物"。其子明明德追述说:"我那时还是个孩子,但我清楚地记得好多次跟着父亲来到甲骨出土地小屯村。古董商有时也来到我家。"[①]明义士在安阳收购甲骨达三万五千片[②],成为外国人中收藏最富者。当时明义士"作为一名传教士,他买不起那些在北京或上海能卖大价钱的青铜礼器和大片甲骨"[③]。他最后能购藏如此之多的甲骨,付出了很大的努力。目前,明义士所藏甲骨部分流往加拿大,大部分尚存山东省博物馆、南京博物院、故宫博物院等处。应该说,作为最大的甲骨购藏家之一,明义士为甲骨文资料的集中和流传是作出了贡献的。

在甲骨文著录方面,明义士也作出了成绩。一九一七年他出版了《殷虚卜辞》,收入二千三百九十六片甲骨,这是继刘鹗氏《铁云藏龟》和罗振玉氏《前》、《后》、《菁》、《余》之后可数的几本早期甲骨著录书之一,也是西方学者编纂的第一本甲骨著录书。本书用摹本出版,开了著录甲骨不用拓本的新手段,影响很大。明义士逝世后,其所藏甲骨由许进雄教授整理,编为《明义士收藏甲骨》(一九七一年)和《殷虚卜辞后编》(一九七二年)等,公布了一批重要材料,为甲骨学商史研究提供了很多史料。

明义士还是甲骨文辨伪的行家里手。他早年曾因疏于此道而上当受骗,但经认真总结、观察,"乃知小者不可忽,故所得以碎片为众"[④]。一些外国人出版的甲骨著录,如一九三八年《甲骨卜辞七集》和一九三九年《金璋氏所藏甲骨卜辞》所收甲骨,因出书前得到明义士的鉴定,所以伪片就较一

---

①③ 明明德:《甲骨研究》序,齐鲁书社,一九九六年。

② 胡厚宣:《殷墟发掘》,第三十六页。

④ 《甲骨年表》,一九一四年栏。

九三五年出版的《库方二氏所藏甲骨卜辞》要少了许多。

更重要的是，明义士在甲骨文断代方面作出了发凡启例的成绩。他和董作宾、郭沫若不约而同地把考古学方法引入甲骨学研究领域，为甲骨学的形成奠定了基础。郭沫若从《美术考古一世纪》，董作宾从殷墟发掘，明义士从西方考古学的类型学分析，三人都对甲骨文字体进行了分析，并取得了突破性的成就。明义士在这方面的贡献曾一度被学术界所忽略，但在后来甲骨文断代新方案的探索中，受到文字演进"两系说"的推崇。溯其源，明义士应是"两系说"的不祧之祖。

明义士还注意搜索甲骨文以外的殷商文化遗物，诸如陶器、铜器、玉器等。他"独自一人来往于遭盗掘的地方，从劫余的残物中采集第一手资料"①，为考古学的古器物学保存了一批资料。他这方面的贡献，限于材料公布不多，人们尚认识不够。随着这方面材料的公布和研究的深入，人们对明义士作为考古学家的贡献认识将更为全面。明义士的藏品数量巨大，种类繁多。方辉《明义士和他的藏品》一书（山东大学出版社，二〇〇〇年）第六章"藏品流布"、第七章"藏品选粹"有较全面介绍。

二、明义士的成功对我们的启示

如上所述，明义士在甲骨文的收集、著录和研究方面取得了重要成就，而且在殷商考古和商史研究方面也有不俗成绩。他晚年完成的著作《商戈》，涉及的内容"包括了商代的编年、商王世系、商文化特征及其周边文化关系等一系列历史学和考古学问题"。学者评价这部书"无论是在研究的广度，还是在研究的深度方面，在当时西方乃至中国学术界，都堪称高水平"②。因此，作为一位学术研究取得巨大成功的前辈学者，他的研究历程对我们有很大启示。这就是：

（一）对中国文化的深厚感情。作为一位外国学者，明义士对中国古代文化有着深厚的感情。他自一九一四年至一九二七年的十三年中，收购了

①② 方辉：《明义士在皇家安大略博物馆》。

不少甲骨、陶器、青铜器和其他资料,他认为自己这是“一直在为中国,为更好地理解她的文化和她的人民而工作”①。因此,他对文物“只重收藏,从不倒卖牟利”②。一九二七年一月,明义士拒绝了皇家安大略博物馆负责人将他的藏品卖给博物馆,并邀请担任皇家博物馆在中国的经纪人,为其在中国购买文物的“劝说”。为此,他得罪了博物馆的负责人,他花了五年时间在一九四一年完成的数十万字的博士论文《商代青铜时代文化》,也因此遭博物馆负责人在答辩委员会里做手脚而没有获得通过③。

明义士的收藏品,在一九二七年军阀混战时受到了很大损失,这使他十分痛心。他说:“这不仅是对于我个人,而且对于整个的中国考古学来说,都是一个巨大的无法弥补的损失。因为被摧残的这些资料,对于商文化的研究具有相当重要的学术价值。”所幸的是,明义士积累了一批研究资料,因而“器物遗失了,但从这些遗物中所得到的知识却不会丧失”④。明义士更用心地保存其余的藏品。一九三七年抗日战争爆发,明义士在回国前,将其一部分藏品交加拿大驻华使馆(后归南京博物院)⑤。一部分埋藏于齐鲁大学的藏品,在新中国成立后挖出,现归山东省博物馆。还有一部分归故宫博物院。就是明义士带到加拿大的一批甲骨和殷商文物,也一直妥为珍藏而没有流入市场。明义士一九五七年逝世后,据其子明明德《甲骨研究序》说:“母亲和我将父亲生前收藏的中国文物捐赠给多伦多安大略皇家博物馆,这些古物包括甲骨、青铜器和中国古籍等。作为回报,博物馆出资出版《商戈》一书,并将明义士藏品中的甲骨(包括拓片)整理出版。”

正是因为明义士不为金钱所累,因此实现了他“将自己的一生同认识和解读商文化联系在一起”的目标。一九三六年他回到加拿大后,为博物馆义务做了许多工作。这是“因为这个博物馆为了让加拿大人更好地了解

①③④ 方辉:《明义士在皇家安大略博物馆》。

② 明明德:《甲骨研究》序。

⑤ 一九四九年四月南京解放后,加拿大大使尚未撤回,仍在观望。使馆临时代办契斯特·朗宁在中国逗留三四个月时间。一次他请老友著名翻译家杨宪益吃饭,表示把使馆这批“无主财物”(明义士已回国)交杨氏全权处理。杨宪益经手把这批甲骨交南京博物院。见《商朝甲骨回归中的插曲》,《解放日报》,二〇〇一年十月二十六日。

中国和中国人民，做了许多有益的工作”。与此同时，他在加拿大安大略博物馆的研究除了兵器外，还包括了商文化的其他方面。这包括“(A)骨文化——甲骨文和其他骨制品。(B)玉石文化。除了本馆的藏品外，研究范围还涉及收藏于芝加哥田野考古博物馆中方法敛博士的藏品，桑尼森藏品和芝加哥研究所藏品等；(C)陶文化。这是其他各项研究的基础。这还包括一项关于白陶的专门研究……(D)青铜器铸范和冶金技术……”。诚如明义士自己所说，“所有这些课题同商代的历史、宗教和生活方式等密切相关，构成了当时社会生活的背景。这些资料对于正确认识商代人类生活的整个面貌，无疑是极为重要的”①。可以说，明义士的研究站在了甲骨学和商史的最前沿，为在海外弘扬华夏文明作出了卓越贡献。

（二）勇于开拓，站在研究的最前沿。把近代田野考古学方法引入甲骨学领域，是明义士甲骨学研究取得重要成就的关键。一九二八年明义士在整理殷墟甲骨文时，就开始把田野考古学方法引入甲骨学研究领域，在《殷虚卜辞后编序》中，明义士最早用“字形”，即考古类型学的方法，进行甲骨文分期断代研究的探索。

遗憾的是，此“序”一直未见公开发表，因而他在断代研究方面创造性的实践未能成为社会性的研究成果。直到一九八一年学术界在讨论“历组卜辞”的年代问题时，才由学者将其提供给学术界，见于《小屯南地甲骨与甲骨分期》的“附录”中(《文物》，一九八一年第五期)。六十多年后甲骨文断代新方案的“两系说”，其中的重要手段即文字“类型学”，则是把明义士的“字形”断代发挥到了极至。

明义士《殷虚卜辞后编》中所收甲骨，主要是一九二四年“小屯人打墙，发现一坑甲骨，为余所得，其中有大的。一九二七、一九二八(丁卯、戊辰，民国十六、十七年)二年间拓本成，即《殷虚卜辞后编》”②。在“序”中，虽然明氏也提出了以“称谓”定时代，并按时期的先后把甲骨分为武丁后半期、祖庚、祖甲、康丁、武乙诸王之时，但由于他将甲骨分置于不同“屉”中整理，

① 方辉：《明义士在皇家安大略博物馆》。
② 明义士：《甲骨研究》序。

因而发现了字体的变化。诸如他说"甲屉五"(明氏定为盘庚时)"予曾长时间,疑此大字诸骨,或属于盘庚、小辛及小乙时代"。"甲屉六"(明氏定为祖庚时)"其字形大而粗率"。"丙屉二"(明氏定为祖甲时)"此时代之字体,变为小而细整"。虽然缺乏系统整理甲骨字体的早晚发展变化的论述,尚无总结出规律性的东西,但明义士已发现所谓"王宾"这一类特殊事类的字体"小而细整"的特点。他的这一天才实践,仅局限于对一九二四年所得一坑之物的探索,而没有能在他所得几万片甲骨中加以验证、总结和归纳分析,并由此得出规律性、系统性的断代意见,殊为可惜。尽管如此,此举的影响却是十分深远的。一九八一年,大力主张"历组卜辞""其实是武丁晚年到祖庚时期的卜辞"的李学勤认为:"明义士一九二八年起草的《殷虚卜辞后编序》已有类似见解。"可见明义士的见解对后学研究所具有的重要启示意义。

明义士分期断代开创性成就的取得,是他把传统金石学方法与近代考古学方法相结合的结果。如所周知,一个热爱中国文化的外国人,学习和研究中国古代文明存有很大的困难。首先就是语言和古代社会知识关。明义士以他执著的追求,在"一九一〇年来华,先是在一位老先生指导下学习三年汉语,读了一些四书五经之类的经书,后被派往豫北传教"①。他过了语言文字关,并在中国古代典籍方面有了一定的基础。再加上其后长期在中国的学习和研究,特别是在一九一七年出版《殷虚卜辞》以后,明义士已经步入以罗、王为代表的甲骨学研究"金石阶段"的堂奥。明义士一九三三年出版的《甲骨研究》中对商代帝系的研究,是最能体现"明义士甲骨学深厚功底的部分"。特别是"明义士先生根据自己独立的研究,在《甲骨研究》中得到了与郭沫若相同的结论"②。

虽然在一九二八年殷墟科学发掘以前,甲骨学研究"草创阶段"取得了重大成就。但甲骨文为晚商自盘庚迁殷至纣之灭二百七十三年之物,其间在礼制、政治、经济等方面当有不少变化。罗振玉、王国维虽然从"称谓"方

① 明明德:《甲骨研究》序。
② 方辉:《甲骨研究》序。

面进行了划分甲骨时期的尝试，但只是偶尔为之。甲骨文仍是二百七十三年的一团“混沌”。因此，分期断代的任务自然提到学者的面前，这是甲骨学研究进一步发展的需要。

甲骨学大师董作宾自一九二八年开始发掘殷墟时起，“就使我时时刻刻苦思冥索，要找出一个可以判别卜辞时代的方法”来①。经过三次殷墟科学发掘以后，终于在一九三三年发表了《甲骨文断代研究例》，从而按“十项标准”，将甲骨文分为五个不同时期。“从此凿破鸿濛，有可能探索甲骨文所记载的史实、礼制、祭祀、文例发展变化，把晚商各期的历史研究建立在科学的基础上。所以‘断代例’的发明，是甲骨文断代研究中的一件划时代大事”②。

董作宾《甲骨文断代研究例》的成功，得益于他把近代田野考古学方法移入甲骨学研究领域，与他基本同时的郭沫若的甲骨文分期断代研究，也是受到近代田野考古学方法的启示而获得成功的。郭沫若在《美术考古一世纪》“前言”中说：“我的关于殷墟卜辞和青铜器铭文的研究，主要是这部书把方法告诉我”。因此，“近代考古学方法的引入，使在金石文字之学影响下形成的甲骨学发生了一场深刻的变革，即《甲骨文断代研究例》把甲骨学纳入了历史考古范畴，从而使甲骨学由金石学的附庸，成为中国考古学的一门分支学科”③。

明义士甲骨断代创造性的探索，同样也是在近代考古学的影响下进行的。过去，学界多年来忽略了明义士这方面的贡献，这是非常不应该的。自一九一〇年明义士来华，长期的中国文化熏陶，使他成为一位“金石阶段”的有成就的甲骨学家，他十分注意世界各国的考古进展。虽然中国真正的田野考古工作自一九二一年发掘仰韶村时才开始了“萌芽时期”，但直到一九二八年殷墟科学发掘开始，还没有进入到以“地层学”为标志的“形成时期”。直到一九三三年后岗的“三迭层”发现以后，历史时期的考古学

---

① 董作宾：《甲编自序》。

② 王宇信：《建国以来甲骨文研究》，第三十页。

③ 张岂之主编：《中国近代史学学术史》，第五一四页。

才真正形成。明义士虽未亲身发掘,但已经积累了丰富的考古学知识。首先,他是外国人,接触欧美刊物上发表的新材料较中国学者要方便得多;其次,一九一七年至一九二〇年明义士"服务于英国在华北招募的劳动军,被派往法国服役"。他在近代考古学的策源地法国,肯定要受到近代考古类型学的熏陶。这虽然是我们的推测,但对善于学习的明义士是不无可能的,他对法国考古学的地层学、类型学当有认识和心得。方辉教授《明义士在皇家安大略博物馆》一文,披露了明义士于"一九一八年将在法国修路时挖掘出土的石器、陶片等古物邮寄给该博物馆(按指安大略博物馆)",可见我们的分析是有根据的。一九二八年明义士从法国回到中国以后,将收集到的大量甲骨、铜器进行整理,当"他在北京华语学院任教一年"①时,曾将"从河南带出来的甲骨拓片,分赠马衡、容庚等学者",这就是他用中国传统方法与近代考古学方法相结合的成果,即用"称谓"区分时代,并提出"字体"的变化。应该说,这就是考古"类型学"方法在整理甲骨时的应用;其三,明义士对近代考古学的兴趣还表现在他一九二八年底与家人度假回加拿大时,曾在归途中,"参观了印度、伊拉克和巴勒斯坦的考古现场"。而在"一九二九年夏、秋二季,明义士参加了由美国加利福尼亚大学伯克利分校威姆博士主持的在耶路撒冷等地进行的两次发掘,获得了科学考古发掘的经验"②。两河流域是世界文明最早发祥地之一,那里发现的大批泥版文书,早已引起世界学术界瞩目。如果此前明义士没有对西方考古学成就的了解和对两河流域考古重要性的认识,是不可能贸然去伊拉克、巴勒斯坦考古现场参观访问,并亲身参加考古发掘工作的。因此,明义士最早用"字形"分析,即考古类型学方法进行甲骨文分期断代探索,快不是偶然的,这是精深的金石学修养和近代考古学知识积累的必然结果。

(三) 坚持认真严肃的科学精神。明义士之所以在甲骨学和殷商文化

① 应正名为"华语学校"。《北京晚报》二〇〇八年七月十日载《老北京的"华语学校"》一文在"培养'中国通'的摇篮"一节中,曾谈及第一次世界大战结束后,明氏曾在齐鲁大学任教并与著名作家老舍为邻。后又北上在华语学校讲学,并把一批甲骨存学校图书馆,解放后,由故宫接收。

② 明明德:《甲骨研究》序。

研究方面取得巨大成就，与他坚持认真严肃的科学精神是分不开的。他曾因初涉甲骨而不能辨别伪片，但他知难而进，从小片的收集、观察、比较和鉴别，终于成为辨别伪片的行家里手；他收集文物，经常“独自一人来往于遭盗掘的地方，从劫余的残物中采集第一手资料”。诚如他夫子自道：“我知道这样的收藏很难有惊人收获，成效也很慢，但我却可获得事实的真相”。“凡经过我手整理的东西，我都对学术界负责”。由于他对殷商文物的精深造诣，曾指出了安大略博物馆收藏品的不少断代错误。他可以慷慨地把自己对商代文物的鉴定知识告诉给怀履光，但对怀履光掠夺、剽窃他人成果的劣行也进行无情的揭露。正因为明义士坚持严肃认真的科学精神，因此明义士“学会了如何从细微的线索中获得有价值的信息，如何从身边大量的赝品中分辨真伪。我知道哪些发现有重要的价值，并花很多时间去弄清有关的事实真相”①，从而为中国考古学“古器物学阶段”收集和保存了一批珍贵的资料。

今天，明义士的著作也和他搜集的甲骨文一样，成为中华学术宝库中的珍品。在创造甲骨学新的辉煌时，明义士的成就和经验，值得进一步弘扬和光大。

第二节　甲骨学史上的一代宗师——郭沫若

“认清过往的来程，也正好决定我们未来的去向”。郭沫若自一九二八年开始他的中国古代社会研究，是为阐明“中国人所组成的社会不应该有什么不同”②，也和世界其他各民族一样，经历了原始公社制、奴隶制、封建制等社会发展阶段，以在革命“低潮”时期，坚定革命者的信念和回答敌人的挑战。

---

①　方辉：《明义士在皇家安大略博物馆》。

②　郭沫若：《中国古代社会研究·自序》（一九二七年九月），《郭沫若全集·历史编（一）》，第六页，人民出版社，一九八二年版。

“频年以来颇有志于中国古代社会之探讨,乃潜心于殷代卜辞与周代彝铭之释读”①。郭沫若在研究中国古代社会的同时,也开始了他的甲骨学和金文研究。他不仅在金文和青铜器方面凿破了“两周八百年的混沌”②,取得了突破性的成就,而且对甲骨学研究也作出了卓越贡献。郭沫若开辟了马克思主义甲骨学研究的新天地,是甲骨学史上的一代宗师。

一、郭沫若的甲骨文搜集、整理与著录

郭沫若历来主张“研究历史,和研究任何学问一样,是不允许轻率从事的。掌握正确的科学历史观点非常必要,这是先决的问题。但有了正确的历史观点,假使没有丰富的正确的材料,材料的时代性不明确,那也得不出正确的结论”③。因此他在研究过程中,十分注意有关史料的搜集、整理和考证工作。

但是,“中国的社会固定在封建制度之下已经二千多年,所有中国的社会史料,特别是关于封建制度以前的古代,大抵为历来御用学者所湮没、改造、曲解”④。就是这些有关我国古代社会凤毛麟角的史料,不仅充满着剥削阶级的偏见,而且不少还真伪难分、时代不明。虽然清初乾嘉学派和二十世纪初期“古史辨”派曾对文献真伪的考订做了大量工作并取得了很大成绩,但距郭沫若进行古代社会研究,其时间也不过十五六年之久。因此,“当他写出《周易时代的社会生活》和《诗书时代与其思想上之反映》两文以后,就对传统的《周易》、《诗》、《书》出现时代的看法,产生了怀疑”⑤。自此以后,郭沫若把“自己的追求,首先转移到了资料选择上来。我想要寻找第

---

① 郭沫若:《两周金文辞大系·序》(一九三五年)。

② 郭沫若:《古代研究的自我批判》,《全集·历史编(二)》,第十页,人民出版社,一九八二年。

③ 郭沫若:《中国古代社会研究·新版引言》(一九五三年十一月),《全集·历史编(一)》,第四页。

④ 郭沫若:《中国古代社会研究·自序》(一九二九年九月),《全集·历史编(一)》,第六页。

⑤ 方诗铭等:《只有忠实于事实,才能忠实于真理》,《郭沫若研究(一)》,文化艺术出版社,一九八五年八月。

一手的资料，例如考古发掘所得的，没有经过后世的影响，而确确实实足以代表古代的那种东西"①。他认为，"地下发掘出的材料，每每是决定问题的关键"②。

郭沫若抱着"挑战意识"，首先所寻找的第一手资料，就是殷墟甲骨文。自一八九九年河南安阳小屯村发现甲骨文，到郭沫若在日本开始进行了中国古代社会研究的一九二八年前后，正值甲骨学初具规模，完成它的"草创时期"。因而当郭沫若"得见甲骨文字以后，古代社会之真情实况灿然如在目前"③。"从旧的文献与新的文献得以证明，中国古代确曾用过大规模的奴隶来作生产事业，确曾经过奴隶制度阶段"④。正由于郭沫若充分认识了甲骨文对中国古代社会研究的重大学术价值，所以在他五十多年的学术生涯中，一直重视甲骨文资料的搜集、整理和研究工作。

郭沫若在日本一开始接触的甲骨文书籍，都是"毫无考释的一些拓片"。真是满目暴睛鼓眼，比穿山甲、猬毛还要难于接近的"逆鳞"。但他并未就此却步，而是怀着"读破它、利用它，打开它的秘密"的坚定信念，在一两个月内，读完了东洋文库中所藏全部甲骨和金文著作。同时，他把有关中国考古发现的著作，也"差不多都读了"。从而"对于中国古代的认识算得到了一个可以自信的把握"⑤，步入了甲骨学和古史研究的殿堂。郭沫若一开始他的马克思主义甲骨学研究，就力图把流入日本的全部甲骨文著录出版，为学术界提供更多的研究资料。因此，他对日本各家所藏甲骨文作了全面的探访和收集。

郭沫若搜集、整理和刊布甲骨文资料的贡献之一，就是他一九三三年《卜辞通纂》一书的出版。他在此书的《序》中说："殷墟出土甲骨多流入日

---

① 郭沫若：《海涛》，第一一九页，新文艺出版社，一九五四年版。

② 郭沫若：《中国古代社会研究·新版引言》（一九五三年十一月），《全集·历史编（一）》，第四页。

③ 郭沫若：《卜辞中的古代社会》，《全集·历史编（一）》，第一九五至一九六页。

④ 郭沫若：《论古代社会》，《全集·历史编（三）》，第四一〇页，人民出版社，一九八二年。

⑤ 参阅龚济民等：《郭沫若年谱》，第一九四至一九五页，天津人民出版社，一九八〇年。

本,顾自故林泰辅博士著《龟甲兽骨文字》以来,未见著录,学者亦罕有称道。余以寄寓此邦之便,颇欲征集诸家所藏以为一书。去岁(笔者按:即一九三二年)夏秋之交即从事探访。计于江户所见者,有东大考古学教室所藏约百片,上野博物馆廿余片,东洋文库五百余片(林博士旧藏),中村不折氏约千片,中岛蠔山氏二百片,田中子祥氏四百余片,已在二千片以上。十一月初旬,偕子祥次子震二君赴京都,后见京大考古学教室所藏四五十片(半为罗叔言氏寄赠、半为滨田青陵博士于殷墟所拾得),内藤湖南博士廿余片,故富冈君㧑氏七八百片。合计已在三千片左右。此外闻尚有大宗搜藏家,因种种关系,未得寓目。"郭沫若很快就把日本各地收藏甲骨的情况探访清楚了。而在当时,这么多的甲骨文,除了在《龟甲兽骨文字》(上、下卷)一书中发表些许(一千零二十三片)以外,其他大量的珍贵资料,只能在公私藏家的书斋或仓库里"束之高阁",对学者们的研究来说,实为一大憾事。

郭沫若本想把日本公私藏家甲骨汇为一编,供学术界研究使用。但处在日本刑士和宪兵严密监视下的他,政治上毫无自由,生活上也非常窘迫,穷得连买一支毛笔都很费酙酌,又哪里有遍征诸家甲骨的雄厚财力呢?此外,"又因此间无拓工,余亦不长于此,所见未能拓存"。因此,郭沫若纂辑全部日本所藏甲骨的宏伟计划,"遂不能不稍稍改变。其改变后之成果,则本书(按:即《卜辞通纂》)是也"①。一九三三年日本东京文求堂出版了《卜辞通纂》。此书出版以前,已面世的甲骨著录主要有《铁云藏龟》、《殷虚文字》、《龟甲兽骨文字》等,不过十三四种左右,其中公布了一批传世甲骨材料。《卜辞通纂》"选辑传世卜辞之菁粹者"编纂而成,"所据资料多采自刘、罗、王、林诸氏之书,然亦有未经著录者"。"及余于此间所得公私家藏品之拓墨或墨本,均选优择异而著录之"②。

《卜辞通纂》正编共选入甲骨八百片。可以说,集中了当时已出版的甲骨著录书,诸如《铁》、《前》、《菁》、《余》、《后》、《戬》、《龟》等书中的菁华。而

① 郭沫若:《卜辞通纂·序》(一九三三年),《全集·考古编(二)》,第七页。
② 郭沫若:《卜辞通纂·序》(一九三三年),《金集·考古编(二)》,第八页。

该书的“别录”，则刊布了不少郭沫若在日本新收集的资料。其中“别录一”，收集了史语所新获大龟四版的拓本和董作宾在《新获卜辞写本》中，曾用摹本发表过的一批甲骨中的精品二十二片。还有何叙甫氏收藏品中精选的十六片等；而“别录二”，则收入了日本岩间氏、河井氏、中村氏、东洋文库、京都大学等十一处公私藏家的精品八十七片。《卜辞通纂》展示了甲骨学“草创时期”所取得的成果，反映了殷墟科学发掘时期的最新收获，它精到的考释不仅使一代又一代的甲骨学者受益匪浅，所收各片丰富而重要的内容也成为甲骨学者研究时须臾不离座右的必备参考。《卜辞通纂》历年长新，在国内外几经翻印和再版，成为甲骨学史上蜚声海内外的名著。

郭沫若搜集、整理和刊布甲骨资料的贡献之二，就是他一九三七年《殷契粹编》一书的完成。上海著名收藏家刘体智“所藏甲骨之多且精，殆为海内外之冠”。他把所藏甲骨二万八千多片“尽拓出其文字，集为《书契丛编》，册凡二十”。由于他对郭沫若古文字研究所取得的成就十分敬重，因此在一九三六年“蒙托金祖同君远道赍示，更允其选辑若干，先行景布”。《殷契萃编》一书，就是从刘体智《书契丛编》中，“择取其一千五百九十五片而成兹编。视诸原著虽仅略当十之一，然其菁华大率已萃于是矣”①。

《殷契萃编》的编纂体例与《卜辞通纂》基本相同。在不到一年的时间里，郭沫若从二万八千片甲骨中选出一千五百九十五片精品编成了《萃编》，而且还作有考释，可见用力之勤。书中不少创获，“足以矜耀于契林”②。不少精辟见解，至今还很有参考价值。因此，《萃编》的出版，又有一批传世甲骨的重要材料公诸学术界。此书与一九二九年以来陆续公布的殷墟科学发掘甲骨文材料一起，对甲骨学研究“发展阶段”的形成，起了重大的推动作用。

郭沫若搜集、整理和刊布甲骨文资料的贡献之三，就是他主编了《甲骨文合集》。此书十三巨册，收入甲骨四万一千九百五十六片。一九五六年，《甲骨文合集》的编纂被列入了国家重点科研项目，并成立了以郭沫若为主

①② 郭沫若：《殷契萃编·序》（一九三七年四月），科学出版社，一九六五年版。

任委员的编辑委员会。《甲骨文合集》这部被誉为“甲骨学史上里程碑式”巨著的完成,与主编郭沫若的大力支持、悉心指导是分不开的。

在《甲骨文合集》的编纂过程中,郭沫若倾注了不少心力。遵照他“尽可能把材料搜集齐全”①的要求,编辑工作组的青年学者,在总编辑胡厚宣的指导下,从六十年代初期起,全面收集了几十种国内外出版的甲骨著录和分散在国内外不同藏家的尚未著录的甲骨或甲骨拓本,《甲骨文合集》可以说是一九七三年小屯南地甲骨出土以前的一部集大成的巨著。

在《甲骨文合集》编纂过程中,经历了我国政治生活中的种种风风雨雨,因而几度停顿。一九七二年底,在郭沫若的过问下,停顿数年之久的《合集》编纂工作才再次得到恢复。当时,年届八旬的郭沫若对编辑工作的每项进展都十分关心。有关《合集》的工作计划,都由郭沫若亲自审阅。一九七三年五月,胡厚宣把《合集》恢复工作后的进展情况写信向他汇报,他非常高兴地在回信中说:“《甲骨文合集》的工作大有进展,颇为欣慰。”他还鼓励编辑工作组的青年们说:“工作既在进行,就积极推进,把稿子编好,是目前第一要紧事。”②

当《甲骨文合集》各册书稿陆续编完以后,又遇到了出版困难的问题。《合集》不仅卷帙浩繁,而且要求珂珱版精印。但在“文革”期间,偌大的中国,竟然找不到一家能承印《甲骨文合集》的工厂。

郭沫若不顾“四人帮”的淫威,毅然把胡厚宣写给他的信加上批语,送交国务院有关部门,一九七三年《合集》的出版问题得到了落实。为此,上海一家印刷厂调回了被下放或已改行的熟悉珂珱版印刷业务的老工人,成为承印《合集》的厂家。郭沫若的支持不仅使《甲骨文合集》得以出版,也挽救了濒于灭绝的传统珂珱版印刷工艺。《合集》一书印制完毕以后,这家工厂又承接了《金文合集》等大部头著作的印刷任务,成为印刷古文字巨作的专门厂家。

---

① 胡厚宣:《郭沫若在甲骨学上的巨大贡献》,《考古学报》,一九七八年第四期。

② 引自胡厚宣:《郭老对甲骨学的重大贡献》,《光明日报》,一九八七年,六月二十八日。

一九七五年，郭沫若应《甲骨文合集》编辑组之请，不顾高龄和大病初愈后身体的虚弱，欣然命笔，为《甲骨文合集》封面题字。他一连写了几份苍劲有力的“甲骨文合集”五个大字，供编辑组选择，表现了他一丝不苟，精益求精，一心提高《合集》质量的精神。

一九七六年，郭沫若在家中亲切接见了胡厚宣等几位《合集》编辑工作组的负责同志。他细心听取了胡厚宣等关于《合集》工作进展的汇报，并痛快地答应了由他亲自为《合集》撰写“前言”的要求，希望同志们为他提供一些资料，以供他撰写“前言”时参考。在接见时，有人谈起不同意他将一九七一年安阳新出土的几块甲骨定为“武丁时期”的意见。他笑着说：“我从众。”他还非常关心工作组的其他青年学者，说：“想念着他们。”郭沫若盛情邀请《甲骨文合集》工作组的全体成员，在“春暖花开的时候”去他家里作客。当有人汇报说，工作组内有“先整理，后研究”与“边整理，边研究”的争论时，郭沫若当即表示，还是“边整理，边研究”的好。他认为资料的整理和研究并不互相矛盾，而是互相促进的。研究能提高整理的质量，而整理能促使研究更为深入。郭沫若这一席话，使同志们顿开茅塞。此后，《合集》编辑工作组的研究气氛更浓，而整理材料的水平也有了新的提高。随着《甲骨文合集》一书的编迄出版，不少青年人成为整理甲骨文的行家里手，一批甲骨学商史著作也相继问世。可以说，《合集》工作的每一进展和参加此书编辑工作的青年学者的成长，凝聚了郭沫若的大量心血。

一九四九年新中国的成立，我国的甲骨学研究进入了“深入发展”时期。而这一时期以《甲骨文合集》为代表的著录书的出版，标志着集中材料、整理材料、公布材料方面取得了巨大的成功，此后，甲骨学商史研究论著较《甲骨文合集》出版以前，无论是数量还是质量，都有较大的增长和提高。作为《合集》主编的郭沫若，对甲骨文资料的搜集、整理和刊布又作出了新的贡献，推动了甲骨学商史研究的深入发展。

不宁唯是。郭沫若编纂的一系列甲骨文著录，还勾画出我国甲骨学者在马克思主义指导下，搜集、整理和刊布甲骨文资料发展的轨迹。

众所周知，从一九〇三年第一部甲骨著录《铁云藏龟》出版起，直到一九二五年王襄的《簠室殷契征文》出版以前，其间有《殷虚书契》、《殷虚书契菁华》、《铁云藏龟之余》、《戬寿堂所藏殷虚文字》、《殷虚卜辞》等十余种甲骨著录面世，这些著录在编纂时，有的只不过是把资料随手编排，并不按内容加以分类，也有的虽然基本已按内容分类，但并不严格，没有加醒目的内容分类标题。因此，学者们查找资料时，每每为一项内容，不得不翻遍全书，十分不便。而自《簠室殷契征文》一书起，把全书所收甲骨按天象、地望、帝系、人名、岁时、干支、贞类、典礼、征伐、游田、杂事、文字等十二项进行分类以后，不仅可对全书内容一目了然，还可使研究者在有关类别中方便地查出所需资料。按内容进行分类，是甲骨学研究发展的反映。但在《殷虚书契》出版几年以后，甲骨学界还处在"书既出，群苦其不可读也"①的状况，学者们又怎么能对甲骨文进行分类呢？因此，严格意义的分类著录甲骨文，要从王襄《簠室殷契征文》开始。此后出版的甲骨著录书，有的仍不进行分类，如《新获卜辞写本》、《传古别录》二集、《殷虚文字存真》、《福氏所藏甲骨文字》等。而有的著录如董作宾一九二八年《新获卜辞写本》第三章考释中，已把卜辞按内容分为卜祭、卜告、卜敦、卜行止、卜田渔、卜征伐、卜年、卜雨、杂卜等九项内容加以考释。一九三三年出版的《福氏所藏甲骨文字》，董作宾在《跋》中也将著录甲骨分为祭礼、征伐、田游、狩猎、疾病、风雨、卜旬、杂卜、骨器刻辞等九类；也有一些学者将甲骨直接按内容进行分类编纂，如一九三三年容庚出版的《殷契卜辞》，将书中所收甲骨按祭礼、田猎、往来、征伐、卜旬、卜夕、受年、天气、其他等次序排列。但从总体上看，甲骨著录的分类依然杂乱无章，随意性很大而缺乏有机联系。

而郭沫若一九三三年的《卜辞通纂》一书，是"依余所怀抱之系统而排比之"②。他把甲骨按干支、数字、世系、天象、食货、征伐、田游、杂纂等八项内容进行编排，是有其内在的规律的。这就是干支"诸辰适为判读之键，故首出之"。而数字"同为判读卜辞之基础智识，故以数字次于干支"。"世系在定夺卜辞之年代与历史性"。"世系之排比即由文丁以至于夒，倒溯而上

① 罗振玉：《殷虚书契考释·自序》(一九一四年)。

② 郭沫若：《卜辞通纂·序》(一九三三年)，《全集·考古编(二)》，第八页。

以入于神话之域。夒即帝俊，亦即帝喾，乃天帝而非人王，故以天象次于世系”。“天时之风雨晦冥与牧畜种植有关，故以食货次之”。“殷时已驱使奴隶从事生产事业，奴隶得自俘虏，故以征伐次之”。“征伐与田游每相同，卜辞中尤多不别，故以田游次之”。杂纂“以殿于后，大抵以属于抽象的事项为多”①。这样的分类，较之前人和同时的甲骨著录高出一筹。其后，郭沫若在一九三七年纂辑的《殷契萃编》一书，“唯此乃一家藏品，各类有多寡有无之异，故浑而出之，不复严加限制，次序以类相从”。但“本书分类大抵与《卜辞通纂》相同”②，是他在历史唯物主义指导下，选辑一家精品的成果。

郭沫若在《卜辞通纂》和《殷契萃编》两书中开创的以唯物史观为指导的甲骨分类编纂体例，在他主编《甲骨文合集》时得到了充分的体现。《甲骨文合集》每期内按内容将甲骨分为四大类二十二小类。“四大类为一、阶级和国家。二、社会生产。三、科学文化。四、其他”。“二十二小类是：一，奴隶和平民。二，奴隶主贵族。三，官吏。四，军队、刑罚。五，战争。六，方域。七，贡纳。八，农业。九，渔猎、畜牧。十，手工业。十一，商业、交通。十二，天文、历法。十三，气象。十四，建筑。十五，疾病。十六，生育。十七，鬼神崇拜。十八，祭祀。十九，吉凶祸福。二十，卜法。二十一，文字。二十二，其他”。《甲骨文合集》一书的分类，既谈到了经济基础，又涉及了上层建筑。它纲举目张，是在历史唯物主义指导下，成功进行甲骨文内容分类的范例，受到了学术界的好评③。

二、郭沫若甲骨学研究的多方面成就

郭沫若开始在日本进行甲骨文研究的时候，正是甲骨学研究的“草创时期”刚刚结束，并向新的高度前进的关键时刻。这一新时期开始的标志就是自一九二八年起，大规模殷墟科学发掘工作的进行。大批科学发掘甲

---

① 郭沫若：《卜辞通纂・述例》（一九三三年），《全集・考古编（二）》，第三十三至三十四页。

② 郭沫若：《殷契萃编・述例》。

③ 参见沈之瑜：《郭沫若同志在甲骨学方面的重大贡献》，《中华文史论丛》第三辑，一九七八年。

骨文的出土和近代田野考古学方法引入甲骨学领域,突破了传统金石学和史料学的局限,推动了甲骨学研究向“发展”时期前进。

而在这甲骨学研究的“发展时期”,以董作宾为代表的一批甲骨学者用更为科学和缜密的方法论分期,探商史,说卜法,谈文例,把甲骨学研究提高到了新的水平。郭沫若则“异军突起”,用马克思主义指导甲骨学商史研究,开辟了甲骨学商史研究的新天地,并取得了巨大成就。

作为甲骨学研究“异军”的郭沫若,人们过去多以为他只是在甲骨文字考释和商史研究方面作出了不少成就。而对他在甲骨学自身规律的发现和研究方面所作的大量工作和取得的一系列突破性成就,很少有人述及或不甚了了。事实上,郭沫若以他敏锐的洞察力和严格的科学精神,对甲骨学的自身规律,诸如分期断代、卜法文例、断片缀合、校对重片与残辞互补等许多方面的研究,与董作宾等亲身参加殷墟科学发掘的甲骨学家殊途而同归,共同为甲骨学研究的发展作出了卓越贡献。正如有学者所评价的,“夫甲骨之学,前有罗(振玉)王(国维),后有郭(沫若)董(作宾)”。也就是说,甲骨学研究的前期——草创时期的“雪堂导夫先路,观堂继以考史”。而在甲骨学研究的新时期——发展时期的“鼎堂发其辞例,彦堂区其时代”①。甲骨学许多自身规律的发现,很多得归功于郭沫若创造性的研究。

(一) 创造性的分期断代探索

甲骨文是“殷室王朝之遗物”普遍为学术界所承认。而关于小屯村为盘庚迁殷后晚商都城的研究,不仅明确了甲骨文为晚商之物,也为此后进行分期断代研究确定了具体的时间范围。但是,中国历史上的商王朝,又可划分为不同时期(或王世)。每一片甲骨文究竟是相当于哪一位商王,是研究时首先要搞清楚的。只有将每片甲骨文的具体时代判明,才能从中钩稽出不断变化和发展的商代信史。

自一八九九年甲骨文发现起,学者就开始了对甲骨文时代的探讨。前辈学者王懿荣、刘鹗、罗振玉、王国维等都做过一些工作。早在一九一七

① 唐兰:《关于尾右甲刻辞》,《考古社刊》第六期,一九三六年。

年,王国维、罗振玉就曾以“称谓”对甲骨文进行区分时代的尝试。可惜这些工作都片断而零碎,没有能系统化并形成科学规律。因此,直到一九三三年以前,学者们“将晚商二百七十三年‘层叠’造成的甲骨文材料,还只是做‘平面’——即横向处理,笼统称之‘殷商书契’或‘殷墟甲骨文’”。直到董作宾根据殷墟科学发掘工作的启示,并综合大批科学发掘甲骨材料以后,发表了《甲骨文断代研究例》以后,才凿破了晚商二百七十三年甲骨文的一团“浑沌”,使之犁然贯通,横中有纵,使十五万片甲骨文尽在经纬之中。

郭沫若虽然没有能亲执锄铲,参加殷墟的科学发掘工作,但他在纂辑《卜辞通纂》一书时,也在进行着分期断代的研究。原拟“余编中所列,就其世代可知者一一表出之”。当他从董作宾的来信中得知,董氏《甲骨文断代研究例》“分世系、称谓、贞人、坑位、方国、人物、事类、文法、字形、书体十项以求之。体例綦密。贞人本董氏揭发,坑位一项,尤非身亲发掘者不能为。文虽尚未见,知必大有可观,故兹亦不复论列”①。郭沫若因而没有对自己进行的分期断代研究心得作进一步系统的总结。当《卜辞通纂》基本完成后,他收到了董作宾寄赠的《断代例》三校稿本。郭沫若“既感纫其高谊,复惊佩其卓识。如是有系统之综合研究,实自甲骨文出土以来所未有”。欣佩之情跃然纸上。“而使余尤私自庆幸者,在所见多相暗合。亦有余期其然而苦无实证者,已由董氏由坑位贞人等证实之”。“此中旅、即、行三名与余所见同”。他还对董作宾《断代例》所列第二期贞人有所补充,即“别有名尹者,董氏未能考定。今据其例亦祖庚祖甲时人,其用字与文例,与行、即等相同(参看《通》723、725 等)。而一辞言‘丙辰卜,尹,贞其夕父丁三牢’(别二·6)。父丁者,祖庚祖甲之称其父武丁也”②。

郭沫若的甲骨文分期断代研究,首先依据的标准是“称谓”:如《通》40“乙卯卜,即,贞王宾毓祖乙、父丁岁,亡尤”。他根据辞中的称谓“父丁乃武丁也”,判断其时代“辞乃祖庚若祖甲时所卜”。或根据“贞人”:如《通》

---

① 郭沫若:《卜辞通纂·序》(一九三三年四月),《全集·考古编(二)》,第十六页。

② 郭沫若:《卜辞通纂·后记》(一九三三年)《全集·考古编》,第二十页。

87“甲戌卜,即,贞翌乙亥彡于小乙,亡它。在一月”。郭沫若判断其“与第40片同时,因卜人名即可知。祖庚祖甲时物”。或根据“书体”:如《通》39为第五期物,他依据“此与上二片(《通》37、38)字迹同出于一人,且均有文丁,乃帝乙迁沬时所卜。此可为辨别时代之标准。凡同此手笔者,均帝乙时物也”。《通》别二之岩间大龟,“此等龟甲,由字迹察之,当是帝乙时物,试举与前揭第37片比较自明”。并指出“帝乙时卜辞罕见贞人名,余所见者仅此派与黄(《通》570)二人而已。由字迹言之,帝乙时物多出派手,其字至圆熟秀丽”。如此等等。

《卜辞通纂》一书所收甲骨,多为一、二、五期之物。在董作宾《断代例》发表以前,郭沫若已基本上将这批甲骨分在不同的王世,可见其目光之犀利。虽然郭沫若没有把他的分期断代创造性的探索系统化,但他在断代分期时所依据的世系、称谓、贞人等“第一标准”和书体等主要标准方面,与董作宾殊途而同归,他为甲骨学断代研究作出的贡献是不可磨灭的。

不止如此,郭沫若对断代研究作了更深入的探索。早在一九三一年,他在董作宾《断代例》发表之前,就提出了“卜辞乃帝乙末年徙朝歌以前之物”①的问题。学者依古本《竹书纪年》“自盘庚迁殷至纣之灭,二百七十三年更不徙都”之说,定殷墟甲骨文上、下限为盘庚至帝辛(包括一九三三年董作宾《断代例》),但也有学者据《帝王世纪》“帝乙复济河北徙朝歌”,定其下限为帝乙之时。学者们对此众说纷纭,见仁见智。但郭沫若“于排比世系时,亦不期而得一消极之现象,足证帝乙之世确曾迁沬。盖武乙之配妣戊,其名见于戊辰彝,而于卜辞迄未见也。传世卜辞有文丁以后物。文丁在位十三年,帝乙三十七年,受辛五十二年。若帝乙无迁沬事,不应终殷之世无妣戊之名。且受辛当称文丁配为妣,而其妣名尚未见。若说以尚未出土,无解于文丁以后物之特多,更无解于其他妣名均屡见,而此独不一见。故卜辞之不见妣戊,乃其逝世在帝乙迁沬以后也。卜辞有帝乙廿祀之物,是知妣戊之逝世在帝乙廿祀以后。戊辰彝言‘王廿祀’,彼彝之王,知是受

① 郭沫若:《戊辰彝考释》,《殷周青铜器铭文研究》,一九三一年。

辛矣”。因此，“得知卜辞迄于帝乙，则知凡卜祭文武丁及武祖乙之片均为帝乙时代之物”①。并又在《卜辞通纂·后记》中再次重申说，“帝乙末年必有迁沫之事。如无此事，不唯旧史料中有多少事实成为子虚，即卜辞中有多少现象亦无从说明”。指出，“董氏既否认帝乙迁沫事，因而帝乙时代之卜辞遂多被认为帝辛时代之物”。

直到郭沫若晚年，还对甲骨文的分期断代进行着思考。他对早年提出的问题仍极为关注，要《合集》编辑工作组的学者就“到底有没有帝辛时的卜辞”进行研究②，以证明是否有帝乙迁都之事。二十世纪八十年代以来，我国学术界对帝乙、帝辛时是否迁都展开了热烈的讨论③，有人认为“盘庚未迁殷墟”。现在的安阳“殷墟”，“只能是殷代晚期的陵墓区和祭祀场所”。而真正的殷墟，“有可能是在淇县朝歌”④。在甲骨文中，有人根据周祭制度的研究，进一步论证了《龟》1·13·8“妣癸是文丁之配，帝辛称其为妣，因此这条卜辞应为帝辛时所卜”⑤。这些讨论，溯本求源，实自郭沫若始。

此外，郭沫若对一九七一年小屯西地发现的二十一枚卜骨的时代也发表了自己的看法。他不赞成有的学者依据甲骨上的字形和伴出陶器的型制，判断其为廪辛、康丁时物。他依据“刻辞中父乙出现了六次，父庚出现了两次，父甲出现了一次。据此可知，留下了这些刻辞的殷王至少有父乙、父庚、父甲三位诸父，这和武丁的情况颇相符”。因此，认为“这一批牛胛骨应该是武丁时代的遗物”。虽然不少学者不赞成郭沫若关于这几片甲骨的定年，但他有关分期断代研究中要注意刻辞早晚混淆的现象以及甲骨与伴出陶器即使同时埋入，也不一定为同时遗物的看法，却颇有参考价值。

---

① 郭沫若：《卜辞通纂·序》（一九三三年），《全集·考古编（二）》，第十二页。

② 胡厚宣：《郭沫若同志在甲骨学上的巨大贡献》。

③ 戴志强：《试论帝乙帝辛时期殷都未迁》，《全国商史学术讨论会论文集》。田涛：《谈朝歌为殷纣帝都》（同上论文集）。

④ 秦文生：《殷墟非殷都辨》，《郑大学报》，一九八五年第一期。

⑤ 常玉芝：《武文武帝》，《古文字研究》第四辑。

(二)见微知著的商代卜法复原

甲骨文是商朝遗留下来的占卜记事文字。由于文献失载,人们对当时如何使用它已经语焉不详了。正如有学者所指出的:"中国古代的文献中,除了述及边裔少数民族风俗,从来没有记载骨卜的。战国时代的《周礼》、诸子和汉以后书,往往有记龟卜的,但此等记载,多是片断的又不甚明白"①。直到一九二八年殷墟科学发掘以后,董作宾在整理第一次、第二次科学发掘的甲骨材料时,才初步摸清了龟甲的整治和占卜过程,其《商代龟卜之推测》一文发表在一九二九年出版的《安阳发掘报告》第一期上。郭沫若虽然没有见到殷墟科学发掘甲骨资料,但他通过对传世甲骨的认真观察和细心研究,也从中得出了规律性的东西。在《卜辞通纂》和《殷契粹编》、《古代铭刻汇考》等书文字考释的字里行间,对甲骨文的卜法作了很多见微知著,具有高度洞察力的复原工作。

众所周知,甲骨经过取材、削锯与刮磨、凿钻制作等工序后,才能供占卜之用。考古发掘中常发现龟甲卜材,如初期科学发掘时,"前数年村北河干(约当第一区九坑之北,即所谓'朱家地'处),曾发现一个储藏龟料之所,大小数百只,皆为腹背完整之龟甲"。也常发现胛骨卜材,在第一次发掘殷墟时,"吾人得此等骨料甚多,可数百斤"②。一九七三年小屯南地窖穴(H16)发现"坑内埋藏二十片经过整治、凿、灼的卜骨,但无一片有刻辞"。小屯南地窖穴(H99)还出土未经加工的牛胛骨三十一片③。郭沫若通过对骨臼刻辞的研究,曾指出占卜前先对卜材整治的事实。即"由其所刻之地位以觇之,其性质实如后人之署书头或标牙签耳。盖甲骨既经修治以待卜用,必裹而藏之。由肩胛骨之性质而言,势必平放,平放则骨臼露于外,故恰好利用其地位以作标识。其曰'王示'、曰'小臣某示'、曰'妇某示',盖其检封时经手殷王之代理者所省视"④。这一精辟的论断,得到了考古发掘所

① 陈梦家:《殷虚卜辞综述》,第九页,科学出版社,一九五六年。
② 董作宾:《新获卜辞写本后记》,《安阳发掘报告》第一期,一九二九年。
③ 肖楠:《一九七三年安阳小屯南地发掘简报》,《考古》,一九七五年第一期。
④ 郭沫若:《骨臼刻辞之一考察》,《全集·考古编(一)》,第四二七页。

得龟、骨卜材的证明。尽管董作宾一九三三年也对骨臼刻辞进行了研究，并论定这类刻辞为“馈矛刻辞”，得出了“是专门记载馈送颁发铜矛于各地、各国、各人及守卫者的文字”①。但这显然是不符合刻辞实际内容的。

商人占卜时，首先在经过整治的龟甲或兽骨的背面进行灼炙，以使正面呈现裂兆，再根据兆枝的情况判断吉凶。每灼一兆，就要刻写一序数字，以表示占卜次数，现称之为“兆序”。郭沫若早就留意于此，在《卜辞通纂》和《殷契萃编》两书的文字考释中，对“兆序”及其作用有精辟的见解。他在《萃》7考释中指出：“殷人一事必数卜，或卜其正，或卜其反。或卜如此，或卜如彼。每于兆旁纪其卜次”，这就是我们今天通常所说的“兆序”。他在《通》10说，“六、七、八，均记卜之数”。《通》13说，“一、七、八，均记卜之数”。如此等等。并指出有关“兆序”的规律，即《通》10“一、二、三、四等数字乃记卜之数，数止于十，周而复始”。此后，一些学者继续对“兆序”进行了系统研究。一九四七年，胡厚宣在《卜辞同文例》中进一步指出，龟甲上的兆序有一、二、三、四、五、六、七、八、九、十，至十以后，“仍由一起，绝不用十一、十二等类合文”。十以后的兆序仍用一、二、三……“但表示的是第十一卜、十二卜、十三卜……有多至十八卜者”②；张秉权也对兆序进行了全面观察，他一九五六年至一九五七年出版的《卜辞腹甲的序数》说，“殷人贞卜一事，最多只到十次为止”③。

有关兆序的研究，对确定“同文卜辞”极有意义。由于郭沫若较早地发现了兆序的规律和作用，所以他也较早地涉及了同文卜辞（虽然当时他还没有准确地提出这一科学术语）的研究。他在《通》781中说，“前辞言‘贞三卜’，殆即前三片之三卜”。《萃》7考释说，“有一事卜至八次者。此乃卜之第二次”。《萃》48考释说，“此与前片乃同时所卜。前片纪卜之数为一，乃第一卜。此卜纪卜之数为三，乃第三卜也”。但是，郭沫若没有进一步阐述

① 董作宾：《帚矛说》，《安阳发掘报告》第四期，一九三三年。

② 参见胡厚宣：《卜辞同文例》，《史语所集刊》九本，一九四七年。

③ 参见张秉权：《卜辞腹甲的序数》，《史语所集刊》二十八本上，一九五六年至一九五七年。

他发现的“卜辞同文”规律。直到一九四七年胡厚宣专门在《卜辞同文例》中对此进行了全面论述,指出:“两版或两版以上之甲骨,有一辞相同者……有多辞相同者,有辞同卜序相同者,有同文异史者,有同文而一事之正反两面者。”张秉权的《卜辞腹甲的序数》,也对同文卜辞进行了深入研究。不过,他与胡厚宣称之为“同文卜辞”略有不同,而称为“成套卜辞”或“成套甲骨”。

郭沫若轫始和其后不少学者继续深入研究的同文卜辞,对甲骨文的“残辞互足”很有意义。通过集中同文的比较分析,就可以把残损严重,不能属读的卜辞的残缺文字补齐,使看来意义不大的残文只字成为研究时的重要史料,这实际上是甲骨文史料价值的“再发掘”。

郭沫若在《卜辞通纂考释》和《殷契粹编考释》两书中,对残辞作了不少补足工作。诸如《通》42“下辞残泐字颇多,然仍卜辞通例及上辞均可复原”。《萃》362“此据《通》38片补”。他在两书的考释中,随释文尽量补足所收各片卜辞的残缺部分。如实在无例可鉴者,则用“□”表示所缺之字。经过这样的处理后,书中不少原来片言只字、意义不明的甲骨文的学术价值大大提高。郭沫若还在一九三四年专门撰述了《残辞互足二例》,论述了残辞互补的原则,并作出了残辞互补的示例。他指出:“卜辞记卜或记卜之应,每一事数书,因之骨片各有坏损时,而残辞每互相补足。”他所举第一例《通》430片“中行及尾行下端均损去一字。或读为‘五月在’,以为‘在’字系于‘月’下之例。案乃非是。‘在’下一字当是地名,犹有残划可辨。由下片证之,知是‘敦’字。而‘乙巳’下所缺乃‘[illegible]’字也”。“此片(《续》5·32·1、《簠地》27)左辞与前辞(《通》430)所纪者乃一事,文乃右行,今可补足之矣”。所举之第二例,即甲片(《前》5·6·4、《铁》114·1)、乙片(《前》7·5·3)、丙片(《续》3·40·2、《簠游》122)、丁片(《前》7·18·3)等,他指出:“右四片所纪者同是一事,虽各有坏损,而互相补苴,于其全辞,尚可其大较。”这样,不少残损严重的甲骨文,经过“残辞互补”,又发挥了它的史料价值。为了使更多的学者在研究时能对残损卜辞进行互补处理,郭沫若主编的《甲骨文合集》,把“所有同文的例子,都按照卜序把它们排在一起,这样残辞互足的例子就有很多，用起来可以有很大的方便”①。

不仅如此。郭沫若对“卜用三骨”的问题，也一直在进行探索。《通》别一·何12有“习一卜”、“习二卜”。郭沫若指出，“疑古人以三龟为一习，每卜用三龟(《洪范》言‘三人占’，亦一证据)。一卜不吉，则再用三龟。其用骨者，当亦同然。言‘习一卜’、‘习二卜’者，疑前后共卜六骨也”②。四十多年以后，他对一九七一年小屯西地二十一片甲骨出土情况进行研究时发现，“卜骨分为三组，西南一组三枚，东南一组六枚，北面一组十二枚。三、六、十二，是以三为他们的公约数，这很值得注意”。并指出：“由此次二十一枚卜骨出土情况看来，我四十多年前的揣测，似乎已由出土实物而得到了证明。即是卜骨或卜龟甲是以三枚为一组，一次卜用三龟或三骨，卜毕后储。在当初想必有帛以裹之，有绳以缠之，有箧以藏之。年代既久，帛朽、绳烂、箧毁，化为灰土，便仅剩下甲与骨”③。郭沫若关于“卜用三骨”的探讨，是很有意义的课题。到二十世纪八十年代末，学者宋镇豪在《论古代甲骨占卜的“三卜”制》④文中，阐述并认定我国古代“在进入阶级社会后，甲骨占卜一度以‘三卜制’形态，有效地发挥过维护国家政权权威的作用，成为统治阶级意识形态领域中极好的统治术”。

在甲骨的卜兆旁，不仅记有占卜次数的“兆序”，还记有有关卜兆墨象的“兆记”。郭沫若在《卜辞通纂》和《殷契萃编》两书的释文中，也对甲骨上的兆记作了科学的解释。他对《通》9上出现的“二告”考释说，“‘二告’二小字乃标示卜问次数之术语”。在《通》640考释中指出：“于‘于宫亡灾’之兆文系一‘吉’字，盖谓四卜之中，此卜协吉也”。“此乃标示兆文性质之术语，有‘吉’、‘大吉’等之分”。他还在《通》9中指出“不”及“不玄”等小字“均‘不[illegible]’之略，乃兆文术语之一，习见。‘不’下二字不识，说之者虽不乏人，尚无可信者”。一九三四年，他在《古代铭刻汇考》一书中的《镘黽解》，对这三

① 胡厚宣：《甲骨文合集·序》。

② 郭沫若：《卜辞通纂考释》别一·何12。

③ 郭沫若：《安阳新出土的牛胛骨及其刻辞》，《全集·考古编(一)》，第四四四至四四五页。

④ 载《殷墟博物苑苑刊》(创刊号)，中国社会科学出版社，一九八九年。

个“均在兆璺之旁,与卜辞不属”的字进行了考证,说此三字“犹言不迷茫、不朦胧,不纷乱,言兆璺之鲜明也”。“或又省作‘不[illegible]’,是则单言不漫而已。亦谓不模糊,不漫漶”。他在《殷契粹编》52片考释中,也从字的形、音、义进行了考证,“意谓兆璺之鲜明”。对此三字的研究,在郭沫若之前或同时的学者有孙诒让、胡光炜、董作宾、陈邦福、商承祚等。而郭沫若以后,则有闻一多、许敬参、于省吾、唐兰等①。但众说纷纭,莫衷一是。直到一九五五年,杨向奎在《历史研究》第一期上发表了《释不玄冥》一文,释此三字为“不玄冥”,即记卜兆鲜明,不模糊,明晰可识。杨向奎所释“不玄冥”,得到了学术界的共识,基本结束了这场长时间的讨论。虽然郭沫若释此为“不镘黾”,没有得到学术界的首肯,但他关于此三字表示兆璺鲜明的解说,很有见地。

郭沫若还较早地提出了甲骨上的“用辞”问题并作了科学的解释。他在《通》18考释中说,“御者用也。‘兹御’殆犹它辞言‘兹用’矣”。《萃》12考释中说,“‘兹用’,盖言于多次卜贞之中决用此卜”。《萃》688考释说,“‘兹御’,卜辞恒语,盖犹它辞言‘兹用’也”。后来,胡厚宣全面整理了有关甲骨上的“用辞”,一九四〇年有专论《释兹御兹用》②一文发表。

殷人每事必卜,卜完以后,把所问之事或其结果用刀刻在龟甲兽骨之上。但甲骨文字究竟怎样刻上去的?这一问题自一八九九年甲骨文发现以来,一直到今天,仍是学者们关心和讨论的重要课题。一九三三年,董作宾《断代例》中提出,甲骨文的刻写,是先刻全篇的竖划,然后再刻横划。认为“这种先直后横的契刻方法,也同于三千年后今日的木板刻字,工匠们为着方便都是先刻了横划,然后补刻直划”。“卜辞既经写,就一手执版,一手提刀,为的版是向着自己,所以就先刻纵笔及斜笔,刻完了,横转过来,再一一补足横划”。与此同时,郭沫若在一九三三年《通》6及其后一九三四年出版的《古代铭刻汇考》一书中的《缺刻横划二例》、一九三七年在《萃》114及118等片的研究中,就开始侧重对缺刻横划问题的研究。郭沫若晚年,还以

① 参见:《甲骨文字集释》卷十三,第三九四九至三九六四页。

② 载《史语所集刊》八本四分,一九四〇年。

《通》6“在一个骨片上连刻了一月与二月各三十日的干支，和少数其它文字。文凡八行，共一百三十字”的甲骨为例，“前两行的每一个字是刻全了的，但自第三行起直到第八行，其中只有‘二月’的‘二’字有横划之外，其它应有横划的字都缺刻横划”。论证说，“它证明好几件事。（一）刻横划时也用刻竖划、斜划的刀法，每刻一字，如遇有横划必须转移骨片。（二）刻这一件的人，每件先刻竖划、斜划，等全文刻完，再转移骨片补刻横划。如此只须转移一次，可以节省时间”①。有关刻写卜辞奏刀先后的问题，近年学者还在进行着讨论。有学者经模拟实验，认为“卜辞刻字基本上应是一字刻完再刻一字，而不是许多字先竖后横地刻。为了减少转动骨版的次数而采取通篇或通行先竖后横的流水作业法，不见得是普遍的规律”②。但是，郭沫若不赞成董作宾关于甲骨文字“先写后刻”的看法。郭沫若认为“甲骨文是信手刻上去的，并不是先书后刻”③的意见是有道理的。这和陈梦家主张“刻辞有小如蝇头的，不容易先书后刻，况且卜辞常用的字并不多，刻惯了自然先直后横，本无需先写了作底子”④是一致的。学者们经模拟刻写甲骨实验，也进一步印证了郭沫若意见的合理性。他们认为：“估计一般不必书写起稿，而是依熟练的技术，以刀为笔信手刻来而成的”⑤。

郭沫若认为甲骨文刻写者之所以有如此熟练的技术，“是需要有长期艰苦练习的”。他很早就注意到了“习刻甲骨”的问题。《萃》1468中说，此骨“内容乃将甲子至癸酉这十日，刻而又刻者。中第四行，字细而精美整齐，盖先生刻之以为范本。其歪斜刺劣者，盖学刻者所为。此与今世儿童习字之法无殊”。“又学刻者诸行中，亦间有精美之字，与范本无殊者，盖亦先生从旁执刀为之”。郭沫若在晚年为了论证甲骨文的契刻者“无疑是当时的书家，而且有篆刻的高度技巧，为后人所无法企及”，因而可以“信手刻写”甲骨文时，仍以此例为证，说，“这种情形完全和后来初学写字者

---

① 郭沫若：《古代文字之辨证的发展》，《考古》，一九七二年第四期。

②⑤ 赵铨等：《甲骨文契刻初探》，《考古》，一九八二年第一期。

③ 郭沫若：《古代文字之辨证的发展》。

④ 陈梦家：《殷虚卜辞综述》，第十五页。

描红一样”。“故甲骨中有不少的练字骨,用干支文字练习,留下了不少的干支表”①。

郭沫若对甲骨文“缺刻横划”的研究,不仅使他解决了刻写时不需“先写后刻”的问题,还使他触类旁通,进而论述了有关训练甲骨刻写者的“习刻甲骨”问题。更有意义的是,他通过对缺刻横划的补写,为我们发掘出极为珍贵的商代史料。诸如《通》6补足缺刻横划后,恢复了卜辞中罕见的“食麦”。“‘食麦’者,《月令》‘孟春三月食麦与羊’”。此外,辞中“又两月均三十日,且正月起甲子,二月起甲午,此为初历月无大小之一证”,为古代历法研究提供了重要史料。而《通》270王国维在《观堂集林》中读为“小癸”的人名,“案此乃示癸之缺刻横划者也”,从而纠正了王氏之误。《缺刻横划二例》中之第一例(《续》3·13·1,《簠文》84),虽然王襄曾对缺刻横划进行过补苴,但有不少不准确之处。经郭沫若补齐以后,“‘四丰方’当即指上𠭯方、羌方、羞方、庚方之等而言。揆其意似言四属国。卜辞又屡见‘三丰方’、‘二丰方’之文,旧解为国名,今得此例,知其非是”。第二例(《续》6·27·6、《戬》46·14)王国维、叶玉森、董作宾等学者也曾“以意补之。然亦均有未尽”。经郭沫若补齐,知“亚乃人名,函、宫均地名。函字与金文函皇父之函同,当即一地。《诗·小雅·十月》‘皇父孔圣,作都于向’。向,周畿内邑,在今河南济源县南。向地既知,函可知矣。二者均济源附近之地无疑”,为商代地理交通的研究提供了重要资料;《萃》114“原辞凡有横划之字均缺刻横划,补足之”。“文虽残缺,仅余十一字,但上甲之次为报乙,前后共得三证矣”。众所周知,王国维通过缀合《后上》8·14与《戬》1·10,纠正了《史记》上甲之次报丁、报丙、报乙的错误。后来郭沫若又缀合了《萃》113“又为王说得一佳证”。而他再通过把《萃》114片横划补足后,为王国维纠正《史记》之误又提供了第三条证据;而《萃》1189“此残片文均缺刻横划,然辞之内容,粗可复原。前中央研究院所得一片,其根据也”,从而增加了“多田于多伯征盂方白炎”的史料,对研究商末乙辛时期征人方的战争很有

① 郭沫若:《古代文字之辨证的发展》。

价值。

（三）创通阃阈的甲骨文例研究

刻辞在甲骨上的刻写部位（即分布情况）及行款（即左行、右行；或向左、右转行）是有一定规律的，这就是甲骨文例。认识和掌握甲骨文例的基本知识，对正确识读布满一版大龟（或兽骨）上的刻辞内容及认识它们之间的内在联系非常重要。经过孙诒让、罗振玉、王国维、叶玉森、胡光炜、董作宾、郭沫若、胡厚宣等几代学者的努力，甲骨文例的基本规律才得以明晰，从而使看来错综复杂、漫无章法的卜辞，还原为划然有序并系连清楚的卜辞了。而郭沫若对甲骨文例的研究，也有发凡启例、创通阃阈的贡献。

一九二八年，胡光炜曾出版过《甲骨文例》专著。此书的《形式篇》，专论甲骨文例。但胡光炜的所谓左右，是以龟为主，与我们今天的以人面对为主恰恰形反。书中“一则不别常例与例外；一则纲目不清。徒使读者对于契文，益增繁难之感”①，因而此书的实用意义不大。其所以如此，是因为在甲骨学研究“草创时期”，学者们虽然在“识文字、断句读”方面取得了不小成就，但一些学者，诸如叶玉森等对文例研究不够，在《前编集释》中，曾把《前》4・6・8两辞合为一条卜辞。而《前》6・10・6本应右行，但他却误为左行，成了莫名其妙的一段文字。凡此种种，说明学者们在这一时期对甲骨文例研究尚不充分。

一九二八年殷墟科学发掘工作开始以后，董作宾等学者通过对大量科学发掘的甲骨文的爬梳整理，一九二九年发表了《商代卜龟之推测》一文。他曾“蓄志拼集龟版，使成完全之腹甲，以觇其文字之体例。今既不可行，乃就龟版中之可认定其部位者，凡七十，分别排比，以求其例。其结果乃发现商人书契之公例，盖如此研究之价值，实不减于拼成完全龟版也”。这就是董作宾使用的著名“龟版定位法”。董作宾通过对大量甲骨的定位研究以后，判明了龟卜文例的规律。即：“沿中缝而刻辞者向外，在右右行，在左左行。沿首尾之两边而刻辞者，向内，在右左行，在左右行。如是而已。”稍

① 董作宾：《商代龟卜之推测》。

后,郭沫若的《卜辞通纂考释》和《殷契萃编考释》也对甲骨文例多所阐发,并纠正了前人不少错读。特别是《通纂》一书,画出每片甲骨片形,并将释文标出段落、行款走向,使人一目了然。此外,每每随文用寥寥数语,画龙点睛地道出龟甲和兽骨上文例的规律。关于龟卜文例,郭沫若曾论断说:

《通》37“殷人命龟使用腹甲,凡卜多一事二贞。以腹甲之正中线为轴,取左右对称之形。此片乃腹甲右半之残,逸其左半,故此中辞例均缺其对称辞”。

《通》54“卜次乃由下而上,由左而右”。

《通》64“此片乃龟甲之较完整者,其卜以中线为轴,一事在二卜以上,左右对称,先右后左(其卜兆右书一,左书二,即示其先后之次)。由下而上(由 A_1、B_1 二辞之干支可知),此可确知者”。

《通》786“此左右对贞例”。

关于兽骨上的刻辞,即骨卜文例,他论断说:

《通》7“此当是巨大之肩胛骨……其次序乃先下而上。卜辞刻次往往如是”。

《通》16“此片刻文由下而上,由右而左。凡卜辞分段契刻者,文如左行,则单行在右。文如右行,则单行在左”。

《通》23“此片由下而上,右行”。

《通》75“凡卜辞成段者均先下后上,由此片‘癸酉’与‘乙亥’二日即可证之。左行则全体左行。右行则全体右行”。

《通》259“此言‘求年于河’与‘求年于夒’为对贞”。“‘采于岳’亦左右对贞之例”。

《通》381“由下而上,第一辞(按:即下段)与第二辞(按:即中段)‘不遘雨’‘其遘雨’为对贞”。

《通》383“此‘不雨、其雨’上下三组,互为对贞”。

郭沫若一九三七年出版的《殷契粹编》中,继续对龟卜文例进行探索。他在研究时也曾采用“定位法”探索龟卜文例。《萃》1402 说,“右自 1396 片以下均龟甲。余故意选其对称者而排比之,以仿佛整甲之原形”。他也对骨卜文例继续研究。《萃》1 指出，"'惟册用'与'惟祝用'为对贞"。《萃》61 总结说，"卜辞契例，凡于长骨分契成段者，左行右行率一律。然亦有参差互行者"。《萃》1328 指出，"此一事十卜。卜次初沿骨右缘由下而上，抵骨之上端，则复沿骨左缘，由上而下"。而《萃》1345 则"与上 1328 片相反，初由骨之左缘刻起，由下而上，刻至顶端，复沿右缘由上而下"。

上述诸端，足以看出郭沫若在甲骨文例方面洞其奥隐以开通阃阈的功力。他的《卜辞通纂》基本上与董作宾同时窥破了"龟卜文例"的奥秘。而他关于骨卜文例的研究，却走在了董作宾的前头。一九三六年，董作宾在《骨文例》①一文中，对骨卜文例作了全面论述。这就是："凡完全之胛骨，无论左右，缘近边两行之刻辞，在左方，皆下行而左，间有下行及左行者。在右方，皆下行而右，亦间有下行及右行者。左胛骨中部如有刻辞，则下行而右；右胛骨中部反是，但亦有下行而右者"。我们不难看到，董氏研究的结论，与上列郭氏《卜辞通纂》等书中关于骨卜文例的创见，相得益彰。因此郭、董两位大师在揭示甲骨文例的规律方面，都作出了重要贡献。

不仅如此，郭沫若一九三四年在《骨臼刻辞之一考察》中，还发现了"凡书妇某及骨臼之例均武丁时物，其前后均所未见，盖一代之典礼习尚如是也"。后来胡厚宣对骨臼刻辞继续实施综合研究，在一九四四年出版的《武丁时五种记事刻辞考》②一文中，将其作为武丁时五种记事刻辞之一，这一观点已为学术界所接受。

郭沫若还注意到了一些特例卜辞。有"倒字之例"。如《萃》193"'甲大'即大甲之倒文，犹大乙之作'乙大'，祖丁之作'丁祖'也"；有"夺字之例"。如《通》75"下起第二段'王'下夺一'宾'字。由上二片可知，卜辞夺误，亦往往有之"；有"错字之例"。《通》74"上第四辞之'庚己'，以下第一辞之'兄己'例之，'庚'乃'兄'之误"；有"改字之例"。《通》609"此片第二辞'往来亡灾'句，初脱一'来'字，继乃改'亡'为'来'，改'灾'为'亡'，其痕迹斑斑可辨"；有"添削字之例"。《通》743"此片第二辞初刻成'王步亡灾'，后

① 载《史语所集刊》七本一分，一九三六年。

② 收入胡厚宣：《论丛》初集三册，一九四四年。

添‘自雇于勆’句。乃将‘步’下‘亡’字削去,别剩一小‘亡’字于‘勆’字下,此卜辞添削例也”。如此等等。后来胡厚宣对此全面整理研究,一九三九年发表了《卜辞杂例》①,对“特例卜辞”作了系统论述。

一条完整的卜辞,应包括叙辞、命辞(贞辞)、占辞、验辞等项。郭沫若早就注意到甲骨文“卜以决疑”的用途,在《通》604 指出,“凡贞辞每辞均当加问号”。他也较早地注意到“验辞”。《通》426“又谛审此辞,乃于八日前之癸丑卜,其兆有祟。至八日后庚戌而言应者”。“左侧三行乃庚申后四日之癸亥所卜,兆言有祟,于五日后之丁卯而纪其应”。《通》430“癸丑所得之繇,于翌日甲辰既应,于第三日之乙卯又应”。这类记验之辞,郭沫若虽然没有像以后学者那样称之为“验辞”②,但关于其用途的论述却很有见地。此外,郭沫若在《萃》415 还指出“义京刻辞”的字形文例,大抵相同而于卜辞下系以左、中、右等字样。在《萃》1534 中他研究了“剐辞”。“自右 1524 片以下凡十一片,其文均自成一例,与寻常之卜辞不同,与骨臼刻辞亦复不同”。“余意此等当是作龟骨之记录”。“奂若干,冎若干”者,前者盖犹龟言,后者盖犹骨言。即“钻若干龟,凿若干骨也”。“此于‘奂若干’之下又有系以圆字者,盖殷人于龟甲又称圆也。有于“‘奂若干、冎若干’之下系以‘自□’,盖志龟之所自来”。郭沫若关于此类刻辞的论述,不仅为记事刻辞的研究增加了新内容,还为有关甲骨的整治和卜用龟甲的来源研究提供了新线索。

(四)甲骨文系统缀合和校对重片的奠基者

甲骨背面钻凿密布,使骨版本身厚薄不一。加上占卜时的灼炙,更使甲骨裂痕累累。地层的压力和水的浸润,使甲骨在三千多年的“埋藏时期”就已断裂了许多。发掘时的翻动和环境的变迁,又使不少甲骨出土之日即为离断之时。再在转卖、传拓和易主的过程中,本为一版的残碎甲骨又身首异处,分属不同的藏家。这些支离破碎的甲骨文,已很难看出它们的“全豹”了。

---

① 胡厚宣:《卜辞杂例》,《史语所集刊》八本三分,一九三九年。
② 参见胡厚宣:《甲骨学绪论》,《论丛》,二集下册。

甲骨学研究的发展，不仅要求甲骨文的材料要多，而且要求材料要“全”。所谓“全”，就是把原来本是一版，残碎后著录在不同书中的甲骨缀合起来只有经过缀合复原的处理，才能找出各辞之间的相互关系，恢复当时的卜法文例等等，从而成为认识商代社会的珍贵史料。因此，甲骨的缀合也成为甲骨学研究的重要课题之一。郭沫若很早就开始了这一工作，是甲骨文系统缀合的奠基者。

我们之所以这样说，并非不承认王国维一九一七年第一个缀合《戬》1·10与《后上》8·14，由此发现了上甲至示癸的世次与《史记·殷本纪》不合，从而纠正了《史记》之误的重大贡献。但王国维仅举此一例，以后他再没有有意识地系统进行这一工作。不仅王国维，就是其他学者，直到郭沫若进行全面系统缀合工作，即一九三三年《卜辞通纂》出版以前，并没有认识到缀合残碎甲骨的重要性并对此进行追索。只有郭沫若的甲骨缀合，绝不是偶一为之，而是就他当时所能得见的材料范围内，细心追索，精心拼对，对甲骨残片进行了系统的缀合。

郭沫若《卜辞通纂》一书，“其已见著录者，由二以上之断片经余所复合，亦在三十事以上。中有合四成整简者（《通》596）、合三而成整简者（《通》259）、合二而成整简者（《通》730），均为本书所独有”①；一九三四年他发表了《断片缀合八例》②，专以缀合甲骨为论题，刊出了他缀合成果八版；他一九三七年出版的《殷契粹编》，“原拓因甲骨破碎，每有本相衔接而分贴于册中者（笔者按：即刘体智《殷契丛编》，凡二十册），今就所见悉为之复原”。郭沫若不仅对这一批二万八千片甲骨尽量作了缀合工作，还将这批甲骨拓本中“其与他家著录业经表见之片相衔接者，亦一一剔出，为之联合，如第112、113、959诸片，其最著者也”③。据初步统计，《萃编》一书缀合了甲骨二十余版。郭沫若对传世甲骨进行有系统的缀合，取得了丰硕成果。

① 郭沫若：《卜辞通纂·序》（一九三三年），《全集·考古编（2）》，第八页。
② 收入《全集·考古编（1）》。
③ 郭沫若：《殷契萃编·述例》。

经过郭沫若缀合以后,一些残断甲骨上面本不能属读的卜辞,具有了重要的史料价值。有关商代先公世次方面,《萃》112 在王国维已缀的基础上(《戬》1·10、《后上》8·14),董作宾又加缀一片,“于殷先公先王之世次至关重要。”但是,“王氏所得,亦仅此一例而已。卜辞每有契误之例。例仅一焉,笃古者将为不足据。王说犹不足以破除其先入见”①。而《萃》113 片“上甲之次为报乙、报丙、报丁、示壬、示癸,又为王说增一佳证”。《通》220“案此片以卜丙、大甲、大庚、大戊为次。卜丙之为外丙无疑”。《通》597 有“九月在上虞,王廿祀”,为帝乙时物,证明“帝乙在位年限,今本《纪年》作‘九年陟’者,伪也”。《萃》9“求年于河”,“河为商人高祖”。《通》259 夒与河对贞,王国维释为夋,后又训夒。郭沫若“以夒为是”,乃殷人高祖;有关战争方面的材料,《通》592“余步从侯喜征人方”,《通》498“魌夹方相四邑”,《通》538“多子族眔犬侯寇周”,《萃》1190“册盂方伯炎”,《萃》1113“王勿从望乘伐下危”,《缀合例》1 片“呼多臣伐𢀛方”,《缀合例》2 片“途虎方告于祖乙”、“望乘及舆”、“途虎方告于丁”等。为商代战争研究增加了完整的史料;有关商代畜牧、狩猎方面,《通》585“在正月获狐十又一”、《通》641“获鹿八、兔二、雉五”及《通》730“唯豞及罽”,《通》733“□史入马,王使其惠”等得以连读。有关商代地理交通方面,《通》586“贞王其至于潢霍亡灾”。《通》596 由三片缀成后,得以属读六月的“癸巳在上虞贞,旬亡祸”、“癸卯卜在向贞,亡祸”、七月的“癸巳在上虞贞,旬亡祸”等,从而再与本片其他各条完整卜辞一起,根据日程研究商代地理。其他如《通》615、《通》620、《通》624、《通》625 等缀合片,也为这方面的研究提供了完整的资料;有关卜法文例的研究方面,通过缀合也增加了不少有价值的材料。《通》74 的缀合,发现了倒字例。《通》259 的夒与河为“对贞”。《通》220 刻辞自下而上。《萃》1468“足证三千年前之教育情况”,贞人刻字娴熟乃经过严格训练。如此等等。

《卜辞通纂》和《殷契粹编》等书的五十多缀合版及其重要内容,“均为本书所独有,故仅就资料而言,本书似可要求其独立之存在矣”②。虽然郭

---

① 郭沫若:《殷契萃编·序》(一九三七年)。

② 郭沫若:《卜辞通纂·序》(一九三三年),《全集·考古编(2)》,第八页。

沫若没有将缀合版独立成书,但他一九三四年将《甲骨缀合八例》作为专论刊出,为甲骨学研究提出了新的课题。其后,学者们有的专门从事断片缀合研究并出版了专著。曾毅公一九三九年出版了《甲骨叕存》,收入缀合七十五版,郭沫若的缀合成果不少被此书吸收参考。一九四五年,董作宾撰述《殷历谱》时,也对甲骨多有缀合。一九五〇年曾毅公又出版《甲骨缀合编》,收入四百九十六版缀合,每版之下注明所缀各片出处。《缀合编》取材于《铁》、《前》、《戬》、《龟》、《通》、《萃》等三十一种著录,郭沫若的缀合成果经过增缀或剔除个别部位,不少被收入书中。一九七五年,严一萍出版了《甲骨缀合新编》十册。第一至第九册共收缀合六百八十四版,每版编号下注明过去缀合情况。过去缀合有误者,《甲骨缀合订讹》一册收入三百八十四版。一九七六年,严一萍又继续出版了《甲骨缀合新编补》等。而郭沫若的缀合成果,在严氏《新编》中也有反映。

随着传世甲骨缀合的深入,科学发掘甲骨的缀合工作也在进行。一九五五年郭若愚、曾毅公、李学勤出版了专缀《甲》、《乙》二编断片的《殷虚文字缀合》四百八十二版。一九六一年屈万里《甲编考释》发表缀合《甲编》三百十一版。张秉权则根据《乙编》实物缀合,共得六百三十二版,以《丙编》结集三集六册,在一九五七年至一九七二年出齐。

郭沫若主编的《甲骨文合集》,则更重视缀合工作。此书所收传世甲骨及科学发掘所得甲骨,都“在前人已经做过的基础上,尽量继续加以拼合,所以所得就较前人为多”①。“总拼合不下两千余版,而《甲》、《乙》两编,就拼合了一千版以上”②。可以说,《合集》的缀合,是自一九二八年以来缀合甲骨的总结。而从甲骨缀合这一课题的提出,到这一课题的研究取得丰硕成果,与系统缀合的奠基者郭沫若的贡献是分不开的。

如果说,缀合是为了使残断材料中的史料得到“再发掘”,那么经过去除重片的整理,将会使甲骨材料更为精湛。郭沫若在甲骨文的全面校重方面也作出了贡献。他无论是编纂各家已著录甲骨文之精华的《卜辞通纂》,

---

① 胡厚宣:《郭沫若同志在甲骨学上的巨大贡献》。

② 胡厚宣:《甲骨文合集·序》。

还是编纂一家之珍品的《殷契萃编》,都十分注意这方面的工作。他《通纂》一书的编号之下,都把该片曾经著录过的书名、片号注明。《萃编》一书,虽然所选各片当时罕见著录,但个别已被著录者,他在考释时也随文注明。而在当时(甚至其后)不少学者对这一工作并未引起重视,如与《通纂》同时出版的罗振玉《殷虚书契续编》一书,还是"其重录者,更多至全书的五分之四以上",可谓"展卷翻览,令人眩然"!"总计《续编》一书,著录甲骨二〇一六片,其与它书及自重者一六四一片,其不重者,仅三七五片而已"①。

明义士基本与郭沫若同时开始了校重工作,一九三三年发表了《表较新旧版〈前编〉并证所得之新材料》一文。此后,注意校重的学者日益增多,曾毅公一九三九年出版了《〈续编校记〉》。胡厚宣在曾毅公书的基础上,又进一步校补,一九四一年发表了《读曾毅公君〈殷虚书契续编校记〉》一文。此后,学者们更加重视校重工作。日本学者岛邦男《殷虚卜辞综类》一书,收集了六十余种甲骨著录材料。书中各条卜辞,如有重见片,都在辞后注明。而郭沫若主编的《甲骨文合集》,共校出重片六千多片次,重见达一万四千多片次。此书的完成,对旧著录书的重片作了一次总清点。因此可以说,郭沫若也是系统进行甲骨文"去重"工作的奠基者。

三、 马克思主义甲骨文字研究的开创者

文字的释读,是甲骨学商史研究的首要工作。自甲骨文发现至今的一百多年来,不少甲骨学者钩沉索颐,从甲骨文五千多个单字中,破译了一千多个无争议并被经常使用的甲骨字。剩下的那些尚不认识的文字,大多是专名,如人名、地名、族名之类。由于与今天时间相隔太为古远,一些字其义可知,其音却不可读了。甲骨学者在考释文字方面不断取得的成就,是甲骨学商史研究的基础。

从一九二八年起,郭沫若就开始了马克思主义甲骨文字研究。"余之研究卜辞,志在探讨中国社会之起源,本非拘拘于文字史地之学。然识字

① 胡厚宣:《读曾毅公君〈殷虚书契续编校记〉》,《论丛》,初集四册。

乃一切探讨之第一步，故于此亦不能不有所注意。且文字乃社会文化之一要征，于社会生产状况与组织关系略有所得，欲进而追求其文化之大凡，尤舍此而莫由”①。因此，郭沫若的马克思主义甲骨文字研究，不仅有许多震聋发聩的文字考释之作，而且在不少文字说解的字里行间，揭示了商代社会许多史实，并为他一九四五年《古代研究的自我批判》中确立的“商代奴隶社会论”的学说奠定了坚实的基础。

（一）“矜耀于契林”的甲骨文字考释

郭沫若的《甲骨文字研究》与《中国古代社会研究》，两书“辅车唇齿”，在文字考释方面屡创新说。《释祖妣》一文，他论定“知祖妣为牡牝之初字，则祖宗崇祀及一切神道设教之古习，亦可洞见其本源”。深刻地揭示了“古来凡神事之字大抵从示”。“示乃牡神，亦有以牝为神者，其事当在祀牡之前。”“神事乃人事之反映，于神事有征者，于人事亦不能无征。”并继而对齐之“社稷”、燕之“驰祖”、宋之“桑林”、楚之“云梦”作出了科学的解释；他的《释臣宰》考证臣字“均象一竖目之形。人首俯则目竖，所以象屈服之形者，殆以此也”。“臣民均古之奴隶，宰亦犹臣”；《释藉》论定了“藉之初字，象人持耒耜操作之形；”《释和言》指出了“龠当为编管之乐器”，古人“用龢以助祭”，而常见之“言”，当“假为燕”；《释岁》考证了岁钺古为一字，殷人已知岁星，“以钺为之符征以表示其灵威”。“岁星之岁始孳乳为年岁字”；《释支干》一文则对“十日”和“十二辰”进行了考证，提出十二支“起源自巴比伦的十二宫”的著名论断。《殷契余论》一书，对《卜辞通纂》中提出的创见作了更深入的论证和阐述。《殷奭拾遗》“于殷奭妣名复有新遇”。《申论芍甲》进一步论证了其“为沃甲，断无可易”；《易日解》则继续阐述“‘易日’犹言阴日矣”。《宰丰骨》对骨上之记事刻辞作了释读，使人明了“王锡宰丰饮小兕觥”刻辞的意义。《骨臼刻辞之一考察》申论了“妇某为殷王之妃嫔，世妇之属”，论定“每治毕二骨则合一勹”。“由王或王之代理者加以省视而封存之。陪观之大卜或大史于骨臼刻记日期、省视者及勹数等以醒目”。等等。

① 郭沫若：《甲骨文字研究·序》。

郭沫若《卜辞通纂》和《殷契萃编》两书,虽然在考释文字时着墨不多,但他的创见充满于字里行间。在《通纂考释》中,“得破‘王宾’之旧说”(《通》161);象甲“名屡见,罗、王未能识。今此在南庚之次,小辛之前,决为阳甲无疑”(《通》118)。郭沫若还发现了“殷人于甲日卜祭某甲合祭某甲时,此二甲必相次。所祭者在后,所合祭者在前”。“戋甲必为河亶甲”。因而他“于殷之世系除仲壬、廩辛而外,其为罗王诸家所未知或遗误者,遂得有所揭发”。此外,《卜辞通纂》中还有不少“罗王诸家所未识,即余纂述此书以前所未料”的收获。诸如伯虎仲熊均见祀典(《通》398)、云霾视为灾异、蜺有两首并有饮水之记、卜雨四方之辞(《通》375)、祈年多于二三月,亦于十月十一月卜来年、殷王之车仅驾二马、卜辞记应有百七十九日以后者(《通》788)等等①;《殷契粹编》在文字考释方面也有不少新发现。如《萃》112、113、114“于殷代世系多所发明,此于卜辞文献中可云鼎足而三者也”,为纠正《史记》之误提供了坚实证据。“其他如日之出入有祭,足证尧典‘寅宾出日’及‘寅饯入日’之为殷礼。凤为伊奭,步有方位,足证殷人神话之残痕。曦假兮字为之,昏实不从民作,雩或舞,舞旱之意甚明。廐本作写,畜马之闲如睹。方伯舞胥之官,南单三门之地,又史又宗,五山五臣,或制启后来,或名属仅见。又如巳字为语助词,假火以代祸,八千八百,三万十朋诸合文,大今三月之异语”等等,“均为本编所创获,足以矜耀于契林者也”②。

郭沫若的甲骨文字考释,不少地方对前人的成说作了更深入的阐释或自己的说解。诸如《萃》2 的“秋”字,郭沫若从唐兰释③。但指出唐兰由字形推测,似是龟属而有两角“则未为得”。“今案字形实象昆虫之有触角者,即蟋蟀之类。以秋季鸣,其声啾啾然。故古人造字,文以象其形,声以肖其音,更借以名其所鸣之季节曰秋”。又如《萃》1268 之“青”字,过去学者释为“南”字,但“于用为祭牲之事苦难解”。“近时唐兰始改释为青,而读为縠”。

---

① 郭沫若:《卜辞通纂·序》(一九三三年)。

② 郭沫若:《殷契粹编·序》(一九三七年)。

③ 唐兰:《古文字学导论》,第四十一页。

郭沫若指出，“今案释青是，而读縠则未为得”。论其“当是动物名”，“自当是小豚”。如此等等；郭沫若在进行文字考释时，也时而纠正前人的误说。诸如《萃》20“亳土自为亳社。凡卜辞所祀之土，王国维均说为相土。以此例之，殊未见其然”。《萃》47“﨟字旧释为羊，揆以文义，无一可通。案此当是䀠若瞿之古文，象鹰瞵鹗视之形”。“细审其意，盖﨟与言当均为虚辞，﨟用为遽。”《萃》611“霍当是冡之古文，读为雺。旧或释风，非是”。《萃》834“即河字，旧或释沉，非是”。“岳河连文，正其确证”。再如上文已经谈到的他纠正董作宾的“馈矛说”等。郭沫若考释文字时，有许多发前人之所未发，而且还在不少地方纠正了前人的错误，他很多精到论断，为学术界所接受。

（二）文字考释中所揭示的商代奴隶制社会

郭沫若的甲骨文字考释，“是想通过一些已识未识的甲骨文字的阐述，来了解殷代的生产方式、生产关系和意识形态”①。因此他的文字考释，充溢着对商代社会的看法。

一九三〇年郭沫若在《中国古代社会研究》一书第三篇《卜辞中的古代社会》中，研究了甲骨文中的渔猎、牧畜、农业、工艺、贸易等方面所反映的“商代产业”，得出了“商代是金石并用时代”。“产业状况已经超过了渔猎时期，并进展到畜牧的最盛时期”。而“农业已经出现，但尚未十分发达”的结论。《中国古代社会研究》是郭沫若“‘用科学的历史观点研究和解释历史’的草创时期的东西”。郭沫若自己说，那时虽然他所“用的方法是正确的，但在材料的鉴别上每每沿用旧说，没有把时代划分清楚，因而便夹杂了许多错误而且混沌”。但随着研究的深入和见解的成熟，“好些错误已由我自己纠正，那些纠正散见于《卜辞通纂》、《两周金文辞大系》、《青铜时代》、《十批判书》等书里面，尤其是《十批判书》中的《古代研究的自我批判》那一篇”②。郭沫若根据多年对甲骨文字的研究，一九四五年在《古代研究的自我批判》中论断说：“殷代确已使用大规模奴隶耕种，是毫无问题的。”此后，

① 郭沫若：《甲骨文字研究·重印弁言》（一九五三年），《全集·考古编（1）》，第七页。
② 郭沫若：《甲骨文字研究·后记》（一九四七年），《全集·考古编（1）》，第三四四页。

郭沫若对这一论断不断充实和丰富,在我国史学界产生了巨大的影响。现在,商代奴隶社会论愈来愈得到考古发掘的证明。显而易见,郭沫若在《中国古代社会研究》出版以后和《十批判书》出版以前这一时期所进行的甲骨文字研究和考释,是他得出"殷代奴隶制社会"这一科学结论的"酝酿时期"。

在商代社会经济基础方面,郭沫若《卜辞通纂》通过对"食货"类甲骨文的研究,指出了"大抵殷人产业以农艺牧畜为主","已远远超越于所谓渔猎时代矣"①。他把商代农艺放在畜牧之前的提法,显然比在《卜辞中的古代社会》论及商代的产业时,以渔猎、牧畜、农业等为序,而把农业放在第三位要更符合历史实际。在《释支干》一文中,他论证了戊为戚,己为惟缴,庚为钲,辛为剞,锯为削,壬为镵,癸为戣。除辛壬外,"几乎全部均属戎器,而辛壬亦刃器之类也"。认为"此与专属于鱼身之物之甲、乙、丙、丁显然成为二类,更显然为二个时期之产物。甲、乙、丙、丁当属于渔猎时代之文字,而钲、钺、戣、削,则非金石并用之时代不能有"。"而钲则决当为金器。由他项考古学之证明,殷代确已有青铜器之钲。与此十干文字之后六字恰相合"。他认为戊己庚辛壬癸"此六字至少当为殷人之所补造"②。现在人们已经熟知,所谓严格意义的"金石并用"时代的标志,是指用冷锻法制造红铜工具的出现。由于红铜质软,不能取代石器,故称"金石并用"时代。考古发掘材料证明,青铜器的出现,使生产力有了较大的提高,我国开始进入阶级社会。"青铜时代"与"金石并用"时代是有严格区别的。青铜器是铜、铅、锡的合金,较红铜工具硬度大。尽管青铜工具较红铜工具有很大优越性,但还不能像铁器那样,很快取代石器。因此商代作为青铜时代,还大量使用着石器、蚌器、骨器等。虽然郭沫若的商代"金石并用"时代的提法不准确,但他关于戊己庚辛壬癸等字为进入青铜制作的商人所补造的看法却十分精辟。在商代,与青铜工具一起,生产中还大量使用石器和蚌器。郭沫若论述说,"父乃斧之初文,从又持斧,石斧也"③。"辰与蜃在古当系一

---

① 郭沫若:《卜辞通纂考释》,第四七四片。

② 郭沫若:《释支干》,《全集·考古卷(1)》,第一八八页。

③ 郭沫若:《卜辞通纂考释》第六片。

字，蜃字从虫例当后起。盖制器在造字之前，辰既蜃为之，故蜃亦即以辰为字”。“辰本耕器，故农、辱、蓐、耨，诸字均从辰”①。郭沫若指出，商代农业生产中还使用了耒耜。他认为藉之初字，“象人持耒耜而操作之形”②。此外，郭沫若还通过对“勿”字的考证，发现了商代可能已使用牛耕③；虽然甲骨文反映“殷王好田猎，屡有连日从事田游之事”。特别是“卜辞中帝乙时代物特多”，“然足见殷时之田猎已失去其生产价值，而纯为享乐之事矣”④。因此，郭沫若在《卜辞通纂》一书中，已改变了商代是“渔猎社会”的看法；由于商代社会生产的发展和分工的加强，产品交换早已超出了以物易物的阶段。郭沫若根据甲骨文“朋”字的研究，发现了“贝朋在为颈饰时，其来多得自实物交换。虽有货币之形，而无货币之实。其实际用为货币，即用为物与物之介媒者，余以为亦当在殷周之际”⑤。商代晚期，商品经济确有了较大发展。作为一般等价物的贝币，不仅以“朋”作为计算单位，而在考古发掘中也发现大量的以贝币殉葬⑥。在安阳大司空村晚商墓中，还发现了青铜铸造的贝币三枚⑦，这与郭沫若的预见是一致的。

殷代社会生产的主要承担者是奴隶。郭沫若在《卜辞通纂》中指出了商王朝“且已驱使奴隶从事于此等生产事项”⑧。而这些“奴隶本来自俘虏，故奴隶字多有缧绁之象”⑨。“盖古人于异族之俘虏或同族中之有罪而不至于死者，每黥其额而使之”⑩。“童、妾、仆等字从辛，辛者天也，剞也。剞刑不易表示，故以施剞之器为之。”“卜辞有奚字……其为缧绁之象尤显著。凡此乃由文字可以证明者也”⑪。这些来自战争的异族俘虏和沦为奴隶的

---

① 郭沫若：《释支干》，《全集·考古编(1)》，第二〇五页。
② 郭沫若《释藉》，《全集·考古编(1)》，第八十页。
③ 郭沫若《释勿勿》，《全集·考古编(1)》，第八十七页。
④ 郭沫若：《卜辞通纂》，《全集·考古编(2)》，第五四〇页。
⑤ 郭沫若：《释明》，《全集·考古编(1)》，第一一二页。
⑥ 中国社会科学院考古研究所：《殷墟妇好墓》，第二二〇页，文物出版社，一九八〇年。
⑦ 《一九五三年安阳大司空村发掘报告》，《考古学报》第九册，一九五五年。
⑧ 郭沫若：《卜辞通纂》第四七四片考释。
⑨ 郭沫若：《释臣宰》，《全集·考古编(1)》，第六十九页。
⑩ 郭沫若：《释支干》，《全集·考古编(1)》，第一八四页。
⑪ 郭沫若：《释臣宰》，《全集·考古编(1)》，第六十九页。

同族人,不仅要承担商朝的主要农业生产,而且人身极不自由。除了备受缧绁之苦以外,还要惨遭杀伐。郭沫若在《通》232中指出:"此言'伐二千六百五十六人',于伐上冠以戈字,又非卜祭之辞,盖谓斩伐也。此所伐者当是俘虏"。郭沫若从甲骨文中发现了商代的奴隶有"臣"、"宰"。"臣民均古之奴隶,宰亦犹臣"。而宰"本罪隶俘虏之类,祭祀时可用为人牲,征伐时可用作兵士,而时有逋逃之事"①。有"奚"。"以字形而言,乃所拘者跪地反剪二手之形"。"然谓当以罪隶为本义,则固明白如画也。此字足证奴隶之来源"②。由于郭沫若在《卜辞通纂》和《殷契粹编》中所出现的"众"字不多和研究不够充分,因此他解释《通》472、473片之"众黍"为"众者众庶意,黍字作动词用"③。以后经过进一步研究,一九四五年郭沫若在《古代研究的自我批判》中,提出"这些'众'字都作'日下三人形'","耕田的人称为'众'或'众人'",得出了"殷代确已使用大规模的奴隶耕种"④的论断。这一深刻论断,在学术界引起了长期的讨论⑤,促进了商代社会历史研究的开展。

商代奴隶制社会在意识形态领域也有所反映。虽然郭沫若《卜辞中的古代社会》认为"殷人之社会尚为氏族组织",并从普那鲁亚制、母权中心等方面进行了论述,但在《卜辞通纂》等著作中就有了新的认识。在《通》300指出,"凡于甲日卜祭某甲而吝某甲者,所吝之甲必为所祭之甲之前一名甲者"。并强调指出,"殷世于先妣特祭,兄终第及之制,犹保存母系时代之孑遗,然其父权制度确已成立。每有专祭其所出之祖若妣而不及其旁系者,即其证"。"有一极可注意之事项,即自示壬以下,凡所自出之祖,其妣必见于祀典,非所自出之祖,其妣则不见"。说明商代立长立嫡之制已逐步确立了。"殷之先世,大抵自上甲以下入于有史时代,自上甲以上则为神话传说时代,此在殷时已然。观其祀典之有差异,即可判知"⑥。随着商王地

① 郭沫若:《释臣宰》,《全集·考古编(1)》,第七十五页。

② 郭沫若:《卜辞通纂考释》第四八五片。

③ 郭沫若:《卜辞通纂考释》第四七四片。

④ 郭沫若:《古代研究的自我批判》,《全集·历史编(2)》,第十八、十九页,人民出版社,一九八二年。

⑤ 参阅王宇信:《建国以来甲骨文研究》,第一一〇至一一六页,中国社会科学出版社,一九八一年。

⑥ 郭沫若:《卜辞通纂》,《全集·考古编(2)》,第三六〇至三六二页。

位的巩固，“大抵至上神之观念，殷时已有之，年岁之丰啬风雨之若否，争战之成败，均为所主宰”①。商奴隶主统治阶级进一步把王权与神权结合起来，加强对奴隶和平民的欺骗和统治。

殷商奴隶主统治阶级，为了对外发动掠夺财富和奴隶的战争和对内镇压平民与奴隶的反抗，建立了强大的军事机器。郭沫若首先论证了《萃》957“王作三自，右中左”的有关商代军队编制的材料。他指出：“自乃古堆字，然多用为屯聚之屯。此亦当读屯为适。言作左中右之三营以屯聚三军也”。他还发现商代军队的一部分士兵由奴隶，诸如“奚”(《通》485)、“宰”、“臣”等充当。他指出，“征伐时可做兵士，而时有逋逃之事，余疑此即宰之初字也”②。而“殷人似以臣为兵士，此事于古代希腊罗马尝有之，今则如英人用印度人任军警，法人用安南人任军警，亦同此意。然则殷王受辛与周武王战于牧野时，发生‘前徒倒戈’之事者，恐即俘虏兵之掉头矣”③。与殷王朝交战的方国，“土方乃殷人西北方之大敌”。推知“土方之地望当在包头附近”。而“舌方更在其西”，“盖猃狁之一部落也”④。他指出“殷人之敌在西北，东南无劲敌”⑤。《通》549片进一步论证说，“卜辞凡言‘来艰’大抵乃开疆理之事。言‘自西’、‘自北’者多见。‘自东’者次之，‘自南’者仅此一例而已”，“足见殷人南方无劲敌，与周人之屡与‘南夷’构兵者适相反”。特别重要的是，郭沫若不仅对甲骨文一批征伐人方卜辞的地理方位进行了考证，而且还指出了董作宾的错误：“董氏既否认帝乙迁沫事，因而帝乙时代之卜辞遂多被认为帝辛时代之物，如‘征人方’一事说为‘纣克东夷’。帝乙田游之纪录尽归之帝辛”⑥等等。他还根据甲骨文的研究，发现“周人已上舞台，与殷和逆无常。殷人于周独屡言寇，足证周人文化比他国较高，有宝物或货财可供寇掠也。亦有称周侯者，则周亦殷之同盟国，其后稍稍强大者也”⑦。

---

① 郭沫若：《卜辞通纂》，《全集·考古编(2)》，第四〇〇页。
② 郭沫若：《释臣宰》，《全集·考古编(1)》，第七十五页。
③ 郭沫若：《释臣宰》，《全集·考古编(1)》，第七十三页。
④ 郭沫若：《土方考》，《全集·考古编(1)》，第七十七至七十八页。
⑤ 郭沫若：《卜辞通纂》，《全集·考古编(2)》，第五三九页。
⑥ 郭沫若：《卜辞通纂·后记》，《全集·考古编(2)》，第二十五页。
⑦ 郭沫若：《卜辞通纂》，《全集·考古编(2)》，第五三九页。

商王朝奴隶制经济的发展，促进了科学文化的发达。商代天文历法已达一定水平，郭沫若认为习见的干支表，“殆当时之时宪书也，亦即中国最古之时宪书”①。“藉此可觇古代历法之变迁。盖古人初以十干纪日，旬甲至癸为一旬。旬者遍也，遍则复始。然十之周期过短，日份易混淆，故复以十二支与十干相配，而成复式之干支纪日法。多见三旬式者，盖初历月无大小，仅逮三旬已足，入后始补足为六十甲子者也”②。他指出“卜辞已有年终置闰之事，则月份自当已有大小”③。他在《释支干》中指出，“就甲骨文字之十二辰以为十二月之符号之说，实属徒劳而无益之举”。认为“十二辰文字本黄道上十二恒星之符号，与巴比伦古十二宫颇相一致”。提出了“巴比伦之星历系殷人先人由西方携来，抑系西人于殷代时之输入，此事殊难论断”这一课题，对深入开展中西交通和文化交流史的研究很有意义；商代数学也达到一定水平。郭沫若《释五十》探讨了数字的起源，指出“数生于手。古文一二三四作一二三亖，此手之象形”。“数字系统大抵以四为界，由四之异体以至于九，则别一系”。还发现了从二十至八十倍数的“合文”规律④；此外，郭沫若还通过甲骨文字的考证，发现了不少商代乐器，证明商代音乐也达到了一定水平。如他考证“庚”字时，“观其形制，当是有耳可摇之器，以声类求之，当即是钲”⑤。而通过“龢”字的考证，发现“龢之本义必当为乐器”。“盖由龠可以知龢，由龢亦可以返知龠也”。“当为编管之乐器，其形转与汉人所称之萧相类”⑥。郭沫若还发现了甲骨文中有“磬”。他在《通》523考释中说，“殸字作，左旁之形古磬之象形也”。并将日本京都大学所藏之殷磬与之相比，“此古文字与古器物相互为证者也”。他还发现了甲骨文中有“鼓”。《通》258考释了“鼓之初文，象形”，并以《泉屋清赏》古铜鼓“上有饰而下有脚，与此字酷肖”为证。

因此，郭沫若指出，“殷代文化为我国文化之渊源。中国北部本开发于

① 郭沫若：《释支干》，《全集·考古编(1)》，第一六一页。
② 郭沫若：《卜辞通纂》，《全集·考古编(2)》，第二一九页。
③ 郭沫若：《释支干》，《全集·考古编(1)》，第十六页。
④⑤ 郭沫若：《释支干》，《全集·考古编(1)》，第一七三页。
⑥ 郭沫若：《释龢言》，《全集·考古编(1)》，第九十六、九十七页。

殷人，南部长江流域之徐楚文化实亦殷人之嫡系。盖徐楚乃殷之同盟而周之敌国，亘周代数百年间积不相能者也”。商王朝发达的文化对周围各民族有深刻而强烈的影响，这就是“周人承继殷人文化发展于北，徐楚人亦承继殷人文化而发展于南”①。后来在陕西、湖北、湖南、江西等地发现了不少商代遗址并出土大量的陶器、铜器等遗物，不仅有浓厚的地方特色，而且表现了强烈中原文化影响。这些，完全证明了郭沫若上述论断是科学的。

以上荦荦数端，可以看出，郭沫若在《甲骨文字研究》、《卜辞通纂》、《殷契萃编》等书的文字考释中，虽然没有着意论述商史，但“一部阶级统治史，于一、二字即已透露其端倪，此言文字学者所不可不知也”②，基本上已勾勒出商代奴隶制社会生产方式和意识形态的方方面面。这一切，与他在《卜辞中的古代社会》所论定的商代为原始社会末期的看法已有很大不同。特别是他一九四二年发表的《论古代社会》一文③，就已论述了商代为奴隶社会。可以说，此文基本上是他《古代研究的自我批判》一文的论纲。正由于郭沫若以坚实的甲骨文材料为依据，所以他一九四五年坦然地说：“我在十几年前认为殷代是原始公社制末期的那种看法，当然要修正才行。”④

郭沫若改变了商代为原始社会末期这一最初的看法，不仅标志着郭沫若研究的成熟，而且也是甲骨学研究发展的必然结果。这是因为“卜辞研究是新兴的一种学问，它是时常在变迁着的。以前不认识的事物后来认识了。以前认错了的后来改正了。我们要把它作为社会史料，就应该采取‘迎头赶上’的办法，把它最前进的一线作为基点而再出发”⑤。这一时期的甲骨学研究，与“草创时期”的罗、王时代已不可同日而语了。而大规模殷墟十五次科学发掘所得甲骨文新材料以及殷墟宫殿区、王陵区、奴隶殉葬墓等遗迹的发现，大批精美绝伦的青铜器、白陶等遗物的出土，已为学者们科学认识商代社会作好了材料准备。因此郭沫若一九四五年全面论述商

---

① 郭沫若：《殷契萃编·序》（一九三七年）。
② 郭沫若：《释臣宰》，《全集·考古编（1）》，第七十六页。
③ 郭沫若：《论古代社会》，《全集·历史编（3）》，第三九八至四一九页。
④ 郭沫若：《古代研究的自我批判》，《全集·历史编（2）》，第十九页。
⑤ 郭沫若：《古代研究的自我批判》，《全集·历史编（2）》，第七至八页。

代奴隶制社会,是把甲骨学研究全面“发展时期”的商史研究推向了新的高峰。

郭沫若从《中国古代社会研究》到《十批判书》中关于商代社会性质看法的变化,正是他追求真理,勇于修正错误的严格科学精神的体现。郭沫若一系列甲骨文字考释著作,是我们研究商史的百科全书,他的严谨的实事求是的治学精神,是后辈学者学习的典范。

综上所述,我们可以看到郭沫若以马克思主义指导甲骨学研究,“异军突起”,取得了辉煌成就。他许多深邃的见解,使同代学者耳目一新并给甲骨学研究以深远的影响。直到今天,他许多科学论断,仍为国内外学者所接受并继续影响着一代又一代的学者。

“知我罪我,付之悠悠”①。全面研究郭沫若,正确认识郭沫若在甲骨学史上的地位,对我们继承前辈学者留下的丰富文化财富,推动今后甲骨学的深入研究是很有意义的。众所周知,在甲骨学研究一百多年的发展史上,有五十多年所取得的成就是与郭沫若创造性的探索分不开的。他以《甲骨文字研究》、《卜辞通纂》、《古代铭刻汇考》、《殷契萃编》等蜚声中外的著作为甲骨学研究的“草创时期”作了总结,并推动了甲骨学研究“发展时期”,即“甲骨学研究取得长足进步的第二时期”的形成。在这“甲骨学形成和发展的关键时期”,郭沫若和董作宾及其后的于省吾、胡厚宣、陈梦家等学者建树甚丰,成为了甲骨学坛的中心人物。在新中国成立后的甲骨学研究“深入发展时期”,郭沫若又主编了传世甲骨的集大成著录——《甲骨文合集》,为今后甲骨学的发展奠定了基础。只要不是出于偏见,就会承认郭沫若在甲骨学发展史上所占有的重要地位。“堂堂堂堂,郭董罗王”②。郭沫若(鼎堂)以他对甲骨学研究的卓越贡献,与董作宾(彦堂)、罗振玉(雪堂)、王国维(观堂)一起,被誉为甲骨学史上的“四堂”,是甲骨学研究的一代宗师。

---

① 郭沫若:《卜辞通纂·序》(一九三三年),《全集·考古编(2)》,第十八页。

② 陈子展:《题战后南北所见甲骨录》。

第三节　甲骨学研究的发展与胡厚宣的贡献

从一八九九年殷墟甲骨文的发现，讫至目前，百多年来共出土甲骨文十五万片以上。诚如胡厚宣先生所言：这么多甲骨，“每片平均，就以十字计算，已经是一百六七十万言了。”“从前孔子所叹为文献难征的商代的直接史料，竟发现了一百六七十万言之多，这能说不是近代中国学术史上一件惊人的盛事么？”①

“古来新学问之起，大都由于新发现。”②经过我国和世界的几代优秀学者的艰苦努力，甲骨学研究已取得了辉煌的成就。甲骨学以它对中国古代文明研究的特殊作用，引起了大量外国学者的重视，愈来愈成为一门“国际性”的学问。而在甲骨学形成和发展的一百多年历史上，许多前辈大师的宏文巨著，为甲骨学发展奠定了基础。这其中，也包括了胡厚宣先生的大量著作。

胡厚宣自一九三四年北京大学史学系毕业后，被选入中央研究院历史语言研究所考古组，一九三四年十月参加了第十次殷墟大规模科学发掘工作。一九三五年三月，又参加了第十一次殷墟科学发掘工作，亲执锄铲，主持了一〇〇四号大墓的发掘。著名的牛鼎、鹿鼎，就由他发掘面世。在经受了严格的科学考古发掘工作和器物整理训练后，胡厚宣以全部身心投入了整理殷墟科学发掘所得甲骨的工作。几十年来，胡厚宣孜孜不倦地研究和探索殷商文化，出版专著、论文一百六十余种，成为在国内外享有盛誉的甲骨学一代宗师。

一、一声裂帛惊天下

一八九九年殷墟甲骨文被王懿荣等学者发现，一九〇三年出版了第一

① 胡厚宣：《五十年甲骨学论著目·序言》，第七页，中华书局，一九八三年九月版。
② 王国维：《最近二三十年中中国新发现之学问》，《学衡》，第四十五期，一九二五年。

部甲骨著录《铁云藏龟》,一九〇四年孙诒让完成了第一部研究著作《契文举例》。其后,一批甲骨著录,诸如《前》、《菁》等陆续出版。但直到一九一四年罗振玉的《殷虚书契考释》问世,才改变了甲骨文的"书既出,群苦其不可读也"的状况①。正是由于孙诒让、罗振玉、王国维、叶玉森等学者的不懈努力,不少甲骨文字陆续得以释读。在此基础上,学者们开始用甲骨文研究商代史。一九一七年王国维撰成《殷卜辞中所见先公先王考》及《续考》,是这一时期用甲骨文研究商史的代表作。甲骨学研究所经历的识文字、断句读阶段,再加上初期研究者对它出土地的探寻、甲骨文的时代和安阳小屯村为殷墟的确定,大致经过了三十多年。由于大量甲骨资料的积累、著录和研究,甲骨学初具规模,完成了它的"草创时期"。

自一九二八年开始,大规模的殷墟科学发掘工作前后共进行了十五次之多,取得了丰硕的成果。科学发掘出土了二万七千六百七十四片甲骨②,还发现了丰富的遗址和遗物,为我国考古学研究奠定了基础。甲骨学大师董作宾在一九二八年主持殷墟发掘工作时,解决了他"时时刻刻在苦思冥索,要找出一个可以判别卜辞年代的方法"问题③。经过充分酝酿,他提出了甲骨文分期断代的十项标准和五期分法,从而澄清了晚商二百七十三年甲骨文的一团浑沌。一九三四年董作宾发表了《甲骨文研究断代例》,把甲骨学研究推向新的高峰。而第十三次发掘时 YH127 坑所得一万七千零九十六版甲骨,不仅数量为历年出土最多者,而且现象十分丰富,大大开阔了学者们的眼界④。

就是在这一时期,"曩年读书于北京大学"、"每感书阙有间,文献难征"的胡厚宣在参加了第十次和第十一次殷墟科学发掘工作以后,转入了整理第一至第九次发掘所得甲骨和 YH127 坑甲骨文的工作,步入了甲骨学和史学研

① 罗振玉:《殷虚书契考释·自序》,一九一四年。

② 其中包括:第一次至第九次发掘所得六千五百一十三版;第十三次至第十五次发掘所得一万八千四百十五版;河南省图书馆两次发掘所得三千六百五十六版。

③ 董作宾:《甲编自序》。

④ 参见董作宾:《乙编自序》、拙著《建国以来甲骨文研究》第二十至二十三页、胡厚宣:《纪念殷墟甲骨文发现九十周年,想到一二七坑》,《文物天地》,一九八九年六期。

究的殿堂。他抱着“对甲骨文字作一通盘总括之彻底整理”的决心①，做完了《殷虚文字甲编释文》，并就YH127坑的丰富材料和现象，写成了一系列富有创见的论文。《甲骨学商史论丛》（初、二、三集），就是胡厚宣在这一时期的力作。此书与董作宾的《甲骨文研究断代例》前后呼应，把甲骨学研究推向了一个新高潮。

《甲骨学商史论丛》初集共四册，一九四四年齐鲁大学国学研究所出版。初集一册收入《殷代封建制度考》、《殷代婚姻家族生育制度考》等。初集二册收入《殷代舌方考》、《殷代之天神崇拜》、《殷代年岁称谓考》、《“一甲十癸”辨》、《甲骨文四方风名考证》、《论殷代五方观念及中国称谓之起源》等。初集三册收入《卜辞下乙说》、《殷人疾病考》、《殷人占梦考》、《武丁时五种记事刻辞考》等。初集四册收入《殷代卜龟之来源》、《卜辞地名与古人居丘说》、《释死》、《厦门大学所藏甲骨文字》、《读〈曾毅公君殷虚书契续编校记〉》、《甲骨文发现之历史及其材料之统计》等等；《甲骨学商史论丛》二集上、下两册。上册收入《卜辞中所见之殷代农业》，下册收入《气候变迁与殷代气候之检讨》、《甲骨学绪论》、《甲骨学类目》等；《甲骨学商史论丛》三集为《甲骨六录》，收入中央大学、华西大学、清晖山馆、曾和宭氏、双剑誃于氏等六家所藏甲骨六百七十片，每片甲骨都附有摹本并作有考释。

《甲骨学商史论丛》一书，是胡厚宣拟撰写的《甲骨文字学》、《商史新证》等宏伟计划的“轫始之工作”。胡厚宣历来主张“欲免断章取义，穿鉴附会之嫌，则所见材料必多”。《甲骨学商史论丛》就是他在当时所能见到的已出版的四十三种甲骨著录和尚待刊布的二十二种甲骨拓本，特别是当时的中央研究院所得大批新材料的基础上完成的。因此，这部著作不仅囊括了当时人们已著录的传世甲骨材料，还涵括了很多人们所罕见的科学发掘资料，是一部集当时甲骨文材料之大成的著作。

《甲骨学商史论丛》涉及了甲骨学商史研究的各个领域。在商史研究方面，胡厚宣不仅论述了商代社会的经济基础农业生产的发展，而且还论

---

① 胡厚宣：《论丛自序》。

及了商代社会的上层建筑领域,诸如封建制度、婚姻家族、宗法生育、天神崇拜等等方面。对商代社会的科技文化,诸如天文历法、气象和医学也进行了探讨;在甲骨学研究方面,胡厚宣对记事刻辞、卜龟来源、文字释读、校对重片等方面都有所论述,并对甲骨学史进行了总结。特别是他还刊布了传世甲骨,为学者们的研究提供了新的资料。胡厚宣的许多精辟见解,是在研究了大量甲骨文材料的基础上得出的,因而经得起时间的检验。直到现在,这部百科全书式的巨著,仍是研究甲骨学商史的必备参考书。

《甲骨学商史论丛》有不少地方纠正了前人的错误。如《殷代焚田说》,推翻了前人"谓殷人为使用烧田耕作法"的成说,根据大量甲骨文材料,得出了"焚"字应为"殷人常烧草以田猎"的结论。特别是列举了《乙》二五〇七的一条材料,使其结论铁案无移;胡厚宣在《卜辞下乙说》中考定"下乙"为殷代名王祖乙,而非前人所论的地名;在《年岁称谓考》一文中,胡厚宣列举了称"岁"卜辞十二例,称"祀"卜辞三十二例,称"年"卜辞六例,从而论证了商代岁、祀、年通称,以充分证据纠正了罗振玉、董作宾等学者墨守《尔雅·释天》"夏曰岁、商曰祀、周曰年"的成说,称商代无年、岁之称的误说。

《甲骨学商史论丛》在不少地方还发前人之所未发,或对前人成说有所补苴和深化。在《殷代婚姻家族宗法生育制度考》中,胡厚宣不仅论证了商代早、晚婚姻制度的不同,还论述了商代已有宗法制度和求生典礼及生育之神,当时已有重男轻女观念和子子命名制度等等;《殷代封建制度考》一文,则论述了周代五等爵的来源、畿服说的演变等。还指出了殷代制度与周代基本相近,周代各种制度当滥觞于商代,并非如前人所言殷周之际变动剧烈;在《五种记事刻辞考》及《卜龟来源》等甲骨学论文中,胡厚宣对当时所能见到的五种记事刻辞材料进行了综合研究,不仅解决了前人的种种争论,还考证了商代采集与贡纳龟骨的制度,谈及商代的南北交通问题等等。在《释死》一文中,分析了有关"死"字的卜辞七十七条,论证确为"死"字,使孙诒让、商承祚、丁山等学者关于此字考释的是是非非有了明确的结论;而《厦门大学所藏甲骨文字》、《甲骨六录》等,则每有新字及不常见之成语。《读〈曾毅公君殷虚书契续编校记〉》一文,订正曾书之误三十一条,补校出《续编》与其他书相重的三百二十八条；此外，还对甲骨文的辨伪也作出贡献。如《四方风名考证》，据《乙》四五四八加四七九七加四八七六加五一六一论证了刘体智善斋旧藏四方风名大骨（即《京》五四〇）不伪。诸如此类，《甲骨学商史论丛》不仅为甲骨学研究增加了很多新资料，也为学者使用材料提供了方便。

胡厚宣的《甲骨学商史论丛》不仅充分发掘了甲骨文的史料价值，而且通过甲骨文这种商代社会的第一手资料，又印证了我国古文献的重要价值，例如，《四方风名考证》等论文，论证了“自来多数学者所视为荒诞不雅驯之言”的《山海经》、《夏小正》、《尧典》等文献，“其中有不少的地方，亦确有远古史料之依据”①。

上述诸端，仅是荦荦要者。《甲骨学商史论丛》中的许多创见，都为学术界所公认并产生了深远影响。也正是这部著作，一举确定了胡厚宣在甲骨学界的地位，日本学者内藤戊申称他为“与王国维、董作宾先生并而成为三大甲骨学者之一”②。另一位日本著名古史专家白川静教授一九五三年评价此书是“斯学（按：即甲骨学）空前的金字塔式论文集，是继董先生《甲骨文断代研究例》之后的又一划时代的著作”③。

在《甲骨学商史论丛》以外，胡厚宣还撰写了不少研究论文和出版了甲骨书刊多种，涉及了甲骨学研究的各个方面。这些重要论著与《甲骨学商史论丛》相辅相成，互为表里，推动了这一时期甲骨学研究的发展。

在甲骨文的卜法文例方面，继董作宾一九二九年《商代龟卜之推测》和一九三六年《骨文例》两文之后，胡厚宣也于一九三九年发表《卜辞杂例》、一九四七年发表《卜辞同文例》等，在董作宾基本论定龟甲和兽骨上的文例以后，又有所突破，对“甲骨文例多有补苴和深化”。经过董作宾和胡厚宣等学者对甲骨文例的研究，才使看来错综复杂、“漫无章法”的卜辞，还原为

① 《论丛》高亨《序》。

② 内藤戊申：《古代殷帝国》，第二〇二页。

③ 白川静：《胡厚宣氏的商史研究》下篇，《立命馆文学》，一〇三号，第五十六页，一九五三年。

划然有序并系连清楚的卜辞了。

在甲骨文的搜集、著录和刊布方面,胡厚宣也有不凡成绩。一九三七年抗日战争爆发以后,殷墟科学发掘工作被迫停止。此后一直到抗战胜利,安阳殷墟的私人盗掘甲骨之风又起,不少甲骨或流散国外,或散落北京、上海等地。为了抢救这批宝贵文化财富,胡厚宣不辞辛苦,在一九四五年抗战胜利后不久,就由大后方成都飞往北平、天津等地,调查并搜集甲骨文资料。此后,又于一九四六年去上海、南京等地调查收集甲骨文资料。其中一部分材料,收入一九四六年出版的《战后平津新获甲骨集》一书。特别重要的是,就是在这部书里,他开创了甲骨学著录编纂的"先分期,再行分类"的新体例,并在其后出版的《宁沪》、《京津》、《续存》等几书中一以贯之,从而为传世甲骨的著录提供了范例。

正是由于胡厚宣在研究工作中,"期能综合归纳,分析疏通。著笔之前,必先将有关材料网致无遗,悉参于前人之说,然后旁印之史乘旧说"①,所以他写出的一系列科学论著石破天惊,震聋发聩,在学术界产生了深远的影响。著名史学大师顾颉刚盛赞胡厚宣的论著是"一声裂帛惊天下"②,充分肯定了他在甲骨学研究的"发展时期"所作出的卓越贡献。

二、《合集》书成蔚似林

一九四九年新中国成立以后,我国的甲骨学研究进入了深入发展时期。这一时期,以《甲骨文合集》为代表的著录书的出版,标志着集中材料、整理材料、公布材料方面取得了巨大的成功,从而为甲骨学和殷商史的研究奠定了坚实的基础。

胡厚宣作为《甲骨文合集》的总编辑,无论是材料的搜集和集中,还是全书的总体设计和编辑体例方面,以及具体的去重、弁伪、缀合、选片,甚至版面的安排等等,事无巨细,皆事必躬亲。他既是《甲骨文合集》编辑组的

---

① 胡厚宣:《论丛自序》。

② 顾颉刚先生的诗句引自胡振宇:《胡厚宣教授的甲骨学商史研究》,《殷都学刊》,一九九〇年四期。

一名普通成员，又是该书的总设计师。

《甲骨文合集》这一国家重点科研项目，是由胡厚宣提出，并得到当时历史研究所的领导，特别是尹达先生的支持。好事多磨。从一九五六年《甲骨文合集》项目被列为国家重点科研项目以后，直到一九八二年全书十三巨册出齐，这期间经历了不少风风雨雨，时停时作，历时二十六个年头。这部被誉为“甲骨学史上里程碑”式的集大成巨著的完成，与胡厚宣的百折不挠的精神是分不开的。是他抗日战争胜利以后在祖国南北各地搜访甲骨文工作的继续。

早在一九五一年，胡厚宣就出版了《战后宁沪所获甲骨集》、《战后南北所见甲骨录》和《战后京津所获甲骨集》等一批甲骨著录。这些甲骨著录书凝聚了胡厚宣在各地搜访甲骨文的汗水和心血。可以说，上述三书的出版，是新中国甲骨学大规模集中材料、整理材料、刊布材料的“序幕”。

胡厚宣一九五六年奉调北京以前，任教于复旦大学。为了搜访甲骨文，他经常放弃休假，利用寒暑假期到各地探访甲骨。每到一处，他“于公私所藏，续有所见，随手描录，或施墨拓，日又渐积，就多了起来。略加整理，我想还是把它发表出来，好供大家研究的方便”①，这就是一九五五年出版的《甲骨续存》一书。该书收入甲骨三千七百五十三片，汇集了全国各地不少甲骨的精品，为甲骨学商史研究提供了不少新资料。

新中国成立以后，胡厚宣寻访甲骨的足迹，大大超过了他在抗战胜利以后的活动范围。通过他多年孜孜不倦的追求和探访，国内外公私藏家的传世甲骨一宗宗、一件件的来龙去脉他都烂熟于胸。而《甲骨续存》一书的完成，为他日后总编辑《甲骨文合集》打下了坚实的基础。

一九五六年《甲骨文合集》被列为国家重点科研项目，是我国科学事业发展的需要。不少学者深知，编纂一部集成式的大型甲骨文合集，对发展学术事业是十分重要。董作宾早就希望，“首先应该把材料集中，把所得十万甲骨，汇为一编”②。我国台湾和香港地区的学者也在做这方面的工作。

---

①　参见胡厚宣:《甲骨续存序》，一九五五年。

②　董作宾:《乙编自序》。

严一萍曾拟采取“名归主人之办法”[①],编纂《甲骨集成》。但是,限于条件,只出了一集,没有能继续编辑下去。一直到《甲骨文合集》出版以后的第三年,才在《合集》的基础上,重新编辑了《商周甲骨文总集》十六册。确如胡厚宣所指出的:像《甲骨文合集》“这样规模的较全面的学术资料工作,决非个人或少数人所能为力的”。“若不是我们这样一个社会主义的国家,没有党的正确领导,像这样一项大型的工作,无论如何是作不成的”[②]。

《甲骨文合集》既不同于一部有骨必录的“全集”,也不同于只择其精的“选本”,而是一部能涵括十万片甲骨中对商代历史文化有研究价值的甲骨材料总集。所收四万一千九百五十六片甲骨,先行分期,每期内再按内容进行分类处理,因此纲举目张,查找材料颇为便利。特别重要的是,《合集》的分期处理虽然仍采用董作宾的“五期”学说,但将董氏所认为是第四期“文武丁时代之谜”的一批甲骨,按字体分为甲、乙、丙三组集中编排于第一期附,以供学者进一步研究讨论。严一萍指出:“在十万片甲骨中理出‘武丁时期附’的一部分,是要有‘观其全体’的甲骨研究工夫,决不是随便‘剪剪贴贴’可以做到的。”[③]这对甲骨学分期断代研究的深入进行很有意义。

《甲骨文合集》在集中甲骨文材料时,首先是把当时已出版的一百八十种甲骨著录收齐,再广泛调查收集大陆各地的甲骨实物或拓本。同时尽力搜集流散海外的甲骨,拓本或照片。胡厚宣身先士卒,带领编辑工作组的青年学者,在三年困难时期“南征北战”,几乎跑遍了全国。编辑成书时,尽可能采用原骨新拓本,并把一骨的正、反集中,并进行了校重、弁伪、缀合、集中同文等一系列科学整理工作。在编纂《合集》过程中,“仅就著录书粗略统计,共校出重片六千多片,重片次达一万四千多”,“对旧著录书作了一次清算”[④],这是前无古人的繁重工作。《甲骨文合集》还非常注意断片的缀合,共收入缀合版两千多,“使不少看来并无太大意义的残碎甲骨,在复原

① 严一萍:《商周甲骨文总集序》,艺文印书馆,一九八五年。

② 胡厚宣:《甲骨文合集序》。

③ 严一萍:《商周甲骨文总集序》。

④ 王贵民:《一部大型的甲骨文资料汇编——〈甲骨文合集〉》,《中国史研究动态》,一九七九年九月。

后产生了使人意想不到的学术价值”，其成果超过了前人。

《甲骨文合集》的出版，是对八十多年来殷墟出土甲骨文的一个总结。从此，改变了甲骨学研究资料匮乏的局面。此后，甲骨论著较《合集》出版以前，无论在数量方面还是质量方面，都有较大的增长和提高，促进了新时期甲骨学研究的进一步深入。可以说，《合集》一书继往开来，是甲骨学史上的里程碑式著作。而作为总编辑的胡厚宣，对这一时期甲骨学研究的发展所作出的巨大贡献是不言而喻的。虽然编辑《甲骨文合集》，耗费了胡厚宣的不少精力，但他仍然完成许多有影响的专著和论文。他的《五十年甲骨文发现的总结》（一九五一年）、《五十年甲骨学论著目》（一九五二年）、《殷墟发掘》（一九五五年）等专著和他的《关于刘体智、罗振玉、明义士旧藏甲骨现状的说明》①、《八十五年来甲骨文材料再统计》②、《甲骨入藏山东补记》③、《读〈殷墟甲骨历劫记〉》④等论文，对甲骨文的流传、著录和研究作了总结。一位在甲骨学史上占有重要地位的权威学者谈他所经历过的甲骨学史，更能显出这些著作的重要性。它们不仅是甲骨学者须臾不可离开座右的参考书，也是研究殷商文化的学者的必备工具书。

在甲骨文的弁伪和缀合方面，胡厚宣也有新的力作发表。如《临淄孙氏旧藏甲骨文字考辨》⑤、《甲骨文“家谱刻辞”真伪问题再商榷》⑥、《泰州博物馆所藏甲骨文字辨伪》⑦等，使一批被人们认为是“假”的甲骨，恢复其庐山真面目。而对一些被认为“真”的甲骨，胡厚宣则提出了质疑。他的《记故宫博物院新收的两片甲骨卜辞》⑧，是在《甲骨文合集》各册陆续印出后，并不满足于在缀合方面所取得的成绩，与编辑组的学者和国内外学者一道，精益求精，继续对《合集》进行的再缀合。此文在《甲骨文合集》六七二

---

① 载《殷都学刊》，一九八五年，第一期。
② 载《史学月刊》，一九八四年，第五期。
③ 载《文物天地》，一九八六年，第三期。
④ 载《中原文物》，一九九〇年，第三期。
⑤ 载《文物》，一九七三年，第二期。
⑥ 载《古文字研究》第四辑，中华书局，一九八〇年。
⑦ 载《殷都学刊》，一九八六年，第一期。
⑧ 载《中华文史论丛》第一辑，中华书局，一九八一年。

的基础上,发现故宫藏骨可与此片缀合。而这些工作都是他为将来增缀《合集》所做准备的一部分。

在甲骨文的搜集和刊布方面,胡厚宣“怀着这样一个意念,为了提供大家研究的方便,我应该把自己所搜集得见的甲骨材料,及时的公布出来”①。他既成批地公布新搜集的资料,诸如《苏德美日所见甲骨集》,公布了苏联、德国、美国、日本所藏甲骨摹本五百八十二片。《苏联国立爱米塔什博物馆所藏甲骨文字考释》②,公布了苏联所藏我国殷墟甲骨一百九十九片中的精品七十九片;也不捐细流,时而把所见零星甲骨,在《释流散到德国的一片卜辞》③、《记日本东京都大学考古研究室所藏一片牛胛骨卜辞》④、《记香港大会堂美术博物馆所藏一片牛胛骨卜辞》⑤等文章中及时提供给学者研究。这一切,都是他为做好《甲骨文合集》补遗和日后增补他的《甲骨续存》所做的准备工作。

胡厚宣对甲骨的分期断代研究也贡献了重要意见。早自一九五一年他出版的《战后南北所见甲骨录》一书起,和其后陆续出版的《宁沪》、《京津》、《续存》等书中,就提出并具体实践他的“四期”分法,特别是他一九五五年关于一批“笔划或纤细、或扁宽、或劲挺”字体的卜辞,“因见这期卜辞有文丁、子庚的称谓,文丁即祖丁,子庚即盘庚,疑皆当属武丁以前,即盘庚、小辛、小乙时之物”⑥的意见,在分期断代的讨论中引起学者的重视。胡厚宣是继国外学者一九五三年对董作宾断代说的“五期”分法提出质疑以后⑦,国内较早参加这场讨论的学者之一。

在文字的考释方面,胡厚宣和于省吾、张政烺等一批著名学者,发表了一系列考释甲骨文字的论著,诸如《说贵田》⑧、《殷代的刖刑》⑨、《说我王》⑩、

---

① 胡厚宣:《甲骨续存序》。

② 载《出土文献研究续集》,文物出版社,一九八九年。

③ 载《郑州大学学报》,一九八〇年,第二期。

④ 载《考古与文物》,一九八五年,第六期。

⑤ 载《中原文物》,一九八六年,第一期。

⑥ 胡厚宣:《甲骨续存序》。

⑦ 贝塚茂树、伊藤道治:《甲骨文研究的再检讨——以董氏的文武丁时代之卜辞为中心》,《东方学报》(京都),第二十三号,一九五三年。

⑧ 载《历史研究》,一九五七年,第七期。

⑨ 载《考古》,一九七三年,第二期。

⑩ 载《古文字研究》第一辑,中华书局,一九七八年。

《殷代的史为武官说》①、《甲骨文𡨄字说》②等等，考释严谨、精到，为学术界所重视。为适应多学科学者利用甲骨文资料，在《甲骨文合集》一书图版出齐以后，胡厚宣又主编了《甲骨文合集释文》。这部《释文》全面反映九十年来文字考释成果，由学者分卷释完，并由王宇信、杨升南逐片、逐条总审校完毕，于一九九九年由中国社会科学出版社出版。

新中国成立以后的商史研究，比前五十多年的研究有了很大进展，胡厚宣为此也作出了很大的贡献。如果说，胡厚宣《甲骨学商史论丛》一书中关于商代社会的许多深邃见解，是以他学者的敏锐目光和科学精神，不自觉地接近了历史唯物主义真理，从而与郭沫若、范文澜、吕振羽等为代表的马克思主义史学家殊途同归，揭示了中国古代社会的奥秘，那么他在甲骨学研究深入发展时期，“站在新的立场，应用新的观点方法，对甲骨文字另作一番新的研究”③，则是他学习马克思主义，自觉以历史唯物主义观点进行商史研究，因而取得更为丰硕的成果。胡厚宣在商史研究的各个方面，都又有了新的建树。在商代的经济和社会生活研究方面，发表了《殷代农作施肥说》④、《殷代农作施肥说补正》⑤、《再论殷代农作施肥问题》⑥、《说贵田》⑦、《殷代的蚕桑和丝织》⑧等论文；在商代社会性质和国家机制方面的研究方面，发表了《甲骨文所见殷代奴隶的反压迫斗争》⑨、《中国奴隶社会的人殉和人祭》上下篇⑩、《释“余一人”》⑪、《重论“余一人”问题》⑫、《说我王》⑬、《中国奴隶

---

① 载《全国商史学术讨论会论文集》，一九八五年。
② 载《甲骨探史录》，三联出版社，一九八二年。
③ 胡厚宣：《五十年甲骨学论著目序言》。
④ 载《历史研究》，一九五五年，第一期。
⑤ 载《文物》，一九六三年，第五期。
⑥ 载《社会科学战线》，一九八一年，第一期。
⑦ 载《历史研究》，一九五七年，第七期。
⑧ 载《文物》，一九七二年，第一二期。
⑨ 载《考古学报》，一九七三年，第一期。
⑩ 载《文物》，一九七四年，第七、八期。
⑪ 载《历史研究》，一九五七年，第一期。
⑫ 载《古文字研究》第六辑，中华书局，一九八一年。
⑬ 载《古文字研究》第一辑。

社会最高统治者的称号问题》①、《殷代的史为武官说》②等著述;在商代的宗教信仰和图腾崇拜的研究方面,发表了《甲骨文商族鸟图腾的遗迹》③、《甲骨文鸟图腾的新证据》④、《殷卜辞中的上帝和王帝》上下⑤、《释殷代求年于四方和四方风的祭祀》⑥等文章;在商代的科学技术史研究方面,有专论气候、天象的《殷代的冰雹》⑦、《卜辞"日月有食"说》⑧等论文。而专论商代医学的论文有《论殷人治疗疾病之方法》⑨等。胡厚宣还对甲骨文中保存的夏史遗迹进行了考察,写成《甲骨文土方为夏民族考》⑩一文,从而为夏史研究在甲骨文中找到了有力证据。这篇重要论文的发表,推动了夏史和夏文化研究,引起了国内外学术界的重视。

胡厚宣以他总编辑的《甲骨文合集》十三巨册和发表的一系列有关甲骨学商史研究的高质量论著,推动了甲骨学研究的发展。国务院古籍整理小组表彰《甲骨文合集》是"建国以来最大的一项学术成就",誉为是"自清末发现殷墟甲骨文以来划时代的一部甲骨文汇编",给予以隆重的表彰和奖励。其后,《甲骨文合集》又荣获"吴玉章奖金委员会"的"历史学特等奖"。这是党和国家对胡厚宣及其领导下的《合集》编辑组全体学者所作贡献的充分肯定。

胡厚宣先生以他等身著作,深刻影响了国内外甲骨文商史学界,并赢得了崇高声誉。日本著名学者贝塚茂树教授一九六三年在其所撰《神的诞生:中国史》一书的封首提要中说,他写作此书的动机之一,就是由于"中国的甲骨学者胡厚宣发现了殷代的四方神和四方风神的祈年祭卜辞"。胡厚

① 载《纪念顾颉刚学术论文集》上册,巴蜀书社,一九九〇年。
② 载《全国商史学术讨论会论文集》。
③ 载《历史论丛》第一辑,中华书局,一九六四年。
④ 载《文物》,一九七七年,第二期。
⑤ 载《历史研究》,一九五七年,第七、九期。
⑥ 载《复旦学报》,一九五六年,第一期。
⑦ 载《史学月刊》,一九八〇年,第三期。
⑧ 载《出土文献研究》,文物出版社,一九八五年。
⑨ 载《中原文物》,一九八四年,第四期。
⑩ 载《殷墟博物苑苑刊》创刊号,中国社会科学出版社,一九八九年。

宣的学术事业和贡献，深受国内外学者的推崇。一九八七年日本著名学者白川静教授赠胡厚宣先生诗中的“合集书成蔚似林，遗珠十万采华新”①，充分表达了国内外学者的共同心声。

三、传经还望君

胡厚宣一九一一年十二月二十日出生在河北省望都县一个中等人家中。他父亲曾中清末秀才，民国后在天津教家馆，收入不高。他家中兄弟姐妹较多，土地又少，在清贫的生活中度过了童年。艰苦的生活环境造就了胡厚宣奋发向上的性格。他十岁离家到保定读书，小学毕业后，考入河北保定培德中学第一班，每年都名列榜首，学习成绩优异，深受国文老师缪钺先生的赏识。中学毕业以后，因品学兼优，母校以每年二百银元奖学金，资助他读完了北京大学预科（二年）和本科（四年）的六年学业。北京大学毕业后，被选入中央研究院历史语言研究所。

著名学者缪钺确是独具慧眼。对这位朴实无华、聪颖过人，并有远大抱负的年青弟子，格外赏识并寄予厚望。他曾赠诗给胡厚宣说：“胡生诚秀出，卓尔凤凰群；美志云霄上，清才兰蕙芬；荷衣须自洁，聋俗岂相闻；马帐多高足，传轻还望君。”②

胡厚宣确实没有辜负恩师的教诲和期望。在他成为甲骨学大家以后，用如椽之笔，不断传播甲骨学与殷商史之“经”，而且还言传身教，身体力行地表率同侪，奖掖后进，把他追求了半个多世纪的甲骨学商史之“经”传给下一代学人。

首先，他由一个爱国主义的知识分子，成为一名共产主义者所走过的道路。现在，每当我们阅读《甲骨学商史论丛》等著作，从中汲取营养和启示的时候，无不为他的博大精深学说所吸引和对他年青时代就取得辉煌成就无比崇敬和羡慕。但是，很少人会想到他当时取得这些成就的时恶劣的工作环境和他为此所付出的巨大代价。一九三七年抗日战争爆发以后，胡

①② 引自胡振宇：《胡厚宣教授的甲骨学商史研究》。

厚宣随史语所由北京辗转迁徙至上海、南京、长沙、昆明、南溪等地。后又从昆明到成都,任教于迁移至四川的齐鲁大学。又何止于“八千里路云和月”!他是以极大的毅力,在“流离迁转之中,仍得治此不辍”①的。虽然过着“室家窘窭,衣食艰屯,典裘易薪,鬻书籴米”的艰苦生活,但仍“夙兴夜寐,覃研潜修,以扬学术之耿光,而培文化之华果,是乃报国之坦途”②。胡厚宣等一批爱国学者,在极为困难的条件下进行学术研究并取得了成就,是为了弘扬华夏文明,以实际行动实现他们抗击日本侵略者的报国之心。因此,《甲骨学商史论丛》的字里行间,充满了一个学者的爱国之情。可以说,它本身又是绝好的抗战“文物”,是一部爱国主义的教材。新中国成立前夕,胡厚宣毅然留在上海,“以无比兴奋的情绪”迎来了新中国的成立和甲骨文发现五十周年。“在这个新时代中”,决心“愤发努力,毅然的担负起这一桩伟大时代的伟大任务来”③。从此,胡厚宣努力学习历史唯物主义理论并指导自己的研究工作,写出了一系列有深刻见解的甲骨学商史论文。在他总编辑《甲骨文合集》的集体工作中,全身心地予以投入。他还无偿地把“旧存人头骨刻辞及大中小片甲骨共一九二片,又甲骨拓本十二册八九一〇片,都捐赠给《甲骨文合集》编辑工作组”④。他以辛勤劳动和可贵的奉献精神,终于编辑成功了《甲骨文合集》,为国家赢得了荣誉。他从一个爱国主义知识分子走向共产主义者的道路,对后辈学者很有教益和启迪。

胡厚宣传给后学者的“经”,还在于他为了甲骨学研究的发展,大力培养接班人。胡厚宣的等身著作,是后学者“不言”的老师,不少年轻人从此“度得金针”,步入甲骨学商史研究的堂奥。他还身体力行,作为一位甲骨学殷商史的硕士、博士研究生导师,培养了一届又一届的学生。他对学生,严格要求,循循善诱,并使他们经过实际工作的锻炼,成长为甲骨学商史研究的专家。如他培养的第一届研究生裘锡圭,已成为国内外很有影响的专

① 《甲骨学商史论丛》徐中舒《序》。
② 《甲骨学商史论丛》高亨《序》。
③ 胡厚宣:《五十年甲骨学论著目序言》。
④ 胡厚宣:《苏德美日所见甲骨集总序》,四川辞书出版社,一九八八年。

家。他选择学生“有教无类”，只要有终身献身科学研究的精神。他的第三届中有一位学生，入学考试成绩优异，但因家庭出身地主，在当时片面强调阶级成分的情况下，使单位在决定录取与否问题上颇有犹豫。在征求导师意见并授权导师决定时，胡厚宣毅然说：“这个学生我收了。”真是一语定终身。从此，王宇信幸运走上了甲骨学商史研究道路，并以自己的工作成绩和《甲骨学通论》等著作，被晋升为研究员。“文革”以后，在第四届学生招生时，有一位考生专业成绩优秀，但因外语不够标准而落选。胡厚宣看到这位考生在偏僻的山村中学坚持甲骨学研究并在缀合方面做出了成绩，便写信向一家大学力荐录取。功夫不负有心人。这位学生经过几年的学习和教学实践，很快评为教授。胡厚宣不仅教书，而且育人，平时注意对学生思想的正确引导。“文革”后期，一个学生因看了一些业务书被人说成是“白专”。当他把自己的苦闷向导师诉说后，胡厚宣在当时政治气氛极不正常的情况下，坦然地说：“这么多年来，别人一直说我是‘白专’。我这个‘老白专’，带出你这个‘小白专’来了。专又有什么不好？看点书就是‘白’了？”“文革”以后，研究室的青年同志振作起来，但又为找不到问题、写不出文章而着急。胡厚宣常用“蓬生麻中，不扶自直”来勉励大家。他语重心长地对学生说，研究历史是个笨工夫，不像艺术家那样靠天才。只要肯下功夫，总会学有所成的。特别是在科学研究机关里，环境的熏陶也会使人奋发向上，步入堂奥。他举史语所的一位同仁为例，说这位先生原来负责看门打铃，但平时留心学习，终于学有所成，著书立说而成为专家。有一位学生，把甲骨文结合考古新发现写出了第一篇研究论文，胡厚宣不仅对这篇习作认真审阅，还为他列出了几种参考论著，让他继续修改、充实。文章写成以后，《文物》杂志决定发表。但后来编者看到另一家刊物的拟目上也有同类的议题，就退还给作者。作者只得先后改投北京和上海的两家报纸。当时全国笼罩在一片大批判声中，哪里会发表这种考证论文呢？他只得又把稿子拿给胡厚宣。在胡先生的力荐之下，文章终于在《文物》一九七三年十二期刊出并引起社会重视。这位学生以这篇论文为起点，在以后的岁月里，不断有论文和专著问世。他怎么能忘记在自己成长的道路上，严师所倾注的心血和对他的奖掖、提携呢!

胡厚宣不仅对他的学生传道、授业、解惑,而且对与他一起工作的年轻人也是如此。参加《甲骨文合集》编纂工作大多是刚从大学毕业、没有接触过古文字的青年人。胡厚宣经常为他们讲授甲骨学基础知识,耐心解答他们在工作、学习中遇到的疑难。这些年轻人深入到甲骨文世界后,又遇到了文章写出后,因刻字太多而难于发表的问题。为了给年轻同志提供发表作品的园地,胡厚宣先生主编了《甲骨探史录》、《甲骨学与殷商史》等专辑,使这些年轻学者们的论文有了发表的园地。胡厚宣还主持了对青年学者文章的讨论、修改,使他们在讨论中交流了学术,受到了训练。随着《甲骨文合集》一书的编成,这些学者逐渐成长,积累了一批资料,发表了许多很有见地的甲骨学商史研究论文,出版了《建国以来甲骨文研究》、《商史探微》、《西周甲骨探论》、《商代周祭制度》、《商周制度考信》、《甲骨学通论》等一系列专著。看到学生和同事们的成长,胡厚宣感到无限欣慰。不仅为他们审阅书稿、撰写序言,甚至还亲自撰写书评,向学术界热情推荐。他语重心长地说,“学无止境,应该精益求精”。鼓励他们“继续努力,写出更加精湛的著作来。余虽不敏,愿更为序之”①。

对自学成才的年轻人,胡厚宣也关怀备至。他既工于雕龙,完成很多高质量的学术论著;也着意于雕虫,深入浅出地讲解奥秘的甲骨学规律,使更多的年轻人认识甲骨学、了解并热爱甲骨学。他虽是国内外享有极高声誉的著名学者,但谦虚谨慎、平易近人。自学青年们的来信,他每信必复,尽可能给予圆满回答。而登门拜访的年轻人与之依依惜别时,胡先生总是亲送门外,并躬身施礼,举手作别。不少青年人为在通信中,或有机会拜访了这位著名学者而受到鼓励和指点激动不已,铭记终生。他的第四届有两位研究生,虽然没有上过大学(一位是海员,一位是中学教师),但在与胡厚宣长期通信中,已自学成才,经过研究生的系统培养以后,很快晋升为副教授和副研究员。在胡厚宣出差期间或参加学术会议的时候,不少青年人慕

① 胡厚宣:《甲骨学通论序》。

名而来，想一睹大师的风采和聆听他的教诲和指导。他总是抽出时间，尽量满足这些年轻人的求知渴望。一九八五年，安阳一批年轻人成立了“甲骨学会”，胡厚宣和他的学生王宇信欣然应聘为顾问，并致贺信，鼓励他们“详细占有资料，结合文献，结合考古，结合文字音韵训诂，结合古代历史问题，结合篆刻书法艺术，在甲骨学的各个方面，都作出卓越的成绩”。一九八七年七月，胡厚宣与王宇信、杨升南赴安阳筹备中国殷商文化国际研讨会期间，还与安阳甲骨学会会员亲切座谈。胡厚宣先生鼓励他们说，“蓬生麻中，不扶自直。在安阳这个地方，肯定能出人才，能成为专门家的”。并用韩愈的话勉励他们：“勿望其速成，勿诱于势利，善其根而俟其实，加其膏而希其光。根之茂者其实遂，膏沃者光晔。仁义之人，其言蔼如也。”他还语重心长地教诲这些年轻人要扎扎实实地打好基础，不要为了速成而草草了事。他强调说，搞学术研究是件吃苦的事，不要一心追求名利，不要见异思迁，要持之以恒……胡厚宣这席发自肺腑的话，使这些年轻人受益匪浅。

在胡厚宣等老一辈学者的亲切关怀下，甲骨学研究的一代新人正在茁壮成长。有些新一代的甲骨学者已成为学科的带头人。成为甲骨学研究的中坚力量。

胡厚宣传给后学者的“经”，还在于他为发展殷商文化研究奔走呼号，团结了殷商文化研究队伍，加强了国内外学者间的友谊和交流。一九七九年，美国加州大学周鸿翔教授致信胡厚宣，希望他发挥影响，在甲骨文的故乡安阳召开一次有各国学者参加的甲骨学会议。胡厚宣派王宇信、杨升南与有关方面反复磋商和认真准备，一九八四年在安阳召开了全国商史学术讨论会。这次盛会是安阳殷墟发现以来的第一次大规模学术会议。会议取得了丰硕成果，其文章收入《全国商史学术讨论会论文集》。在这次会议上，筹备成立了“中国殷商文化学会”，并决定在条件成熟后，召开“中国殷商文化国际研讨会”，以促进国内外学术交流，并推举胡厚宣为筹备委员会主任。经过三年多的认真准备，胡厚宣或与王宇信、杨升南同行，或委托王宇信、杨升南专程前往安阳协商，举世瞩目的中国殷商文化国际研讨会终于在一九八七年九月十日至十五日在安阳召开。来自国内的一百十七位学者与各国学者三十八人出席了这次国际盛会。会议收到论文一百零三篇,会后编成《殷墟博物苑苑刊》由中国社会科学出版社出版,反映了国内外研究的最新水平。在这次会议上,中国殷商文化学会正式成立,推举周谷城教授为名誉会长,胡厚宣为会长。会议决定在一九八九年甲骨文发现九十周年的时候,举行国际性的学术纪念活动;一九八八年为殷墟科学发掘六十周年,胡厚宣又在安阳主持了座谈会,充分肯定了前辈学者的贡献并回顾了六十年来殷墟科学发掘所取得的成就。会后,胡厚宣和王宇信、杨升南又与有关方面就甲骨文发现九十周年纪念活动的筹备工作做了安排。一九八九年九月十日至十四日,"殷墟甲骨文发现九十周年国际学术讨论会"在安阳召开,来自国内外一百零七位代表济济一堂,共收到论文六十九篇,经学会秘书处王宇信、杨升南编选,委托《中原文物》(一九九〇年三期)、《史学月刊》(一九九〇年三期)、《殷都学刊》(一九九〇年三期)等三家刊物集中刊出。这些凝聚着国内外学者汗水和探索精神的论文,是献给甲骨文发现九十周年的厚礼。就在这次会议上,还发送了新出版的《苏德美日所见甲骨集》、《殷墟博物苑苑刊》、《甲骨学通论》等著作,展示了我国学术界的新成果。此外,为了促进夏史和夏文化的研究,一九九一年在河南洛阳召开了夏商文化国际研讨会。几次大规模的学术会议召开,以它取得的丰硕成果,推动了殷商文化研究的发展,在国内外学术界产生了深远的影响。胡厚宣先生的威望和影响,是这些会议取得圆满成功的保证。而这一切,正是实现了他孜孜为之奋斗的初衷。早在新中国刚刚成立的时候,胡厚宣就"希望有机会把所有有兴趣有毅力的同志们,集合在一起,从事于集体的学习商讨与研究。在光明的新时代中,为大众人民服务。"①这些理想,已经逐步得到实现。

安阳殷墟,以出土大批甲骨文、青铜器以及丰富的遗迹和遗物闻名于世,是全国重点文物保护单位之一。但多年以来,由于自然和人为的原因,遗址不断遭到损坏。不少慕名而来的国内外学者,身临殷墟只是看到一片

---

① 胡厚宣:《五十年甲骨学论著目序言》。

庄稼和空地，不免大失所望。而遗址的损坏，也使他们感到忧虑。安阳当地的有识之士为了保护和开发殷墟，拟在遗址上重建仿殷建筑，使这里成为充满商代情趣的苑林遗址公园。为此，有关专家协助安阳市有关领导部门邀集文物、考古、历史学界人士和领导，先后在北京和安阳组织了几次论证会。胡厚宣先生每次都积极参加论证会并发表了很多建设性意见。在胡厚宣、苏秉琦、谢辰生、罗哲文、单士元等专家和文物、考古部门领导的大力支持下，杨鸿勋教授设计的一座大型遗址公园——殷墟博物苑在一九八七年“中国殷商文化国际研讨会”召开时正式落成了，受到了中外学者的肯定和赞扬。学者们认为这是“为我国古代文化遗址的保护、开发、利用创造了范例，是一项有益于文化事业的创举”①。为了进一步充实博物苑的内容，展示九十年来甲骨学研究成果和国内外学者的贡献，胡厚宣又应聘为“殷墟甲骨文展厅”学术委员会主任，审定了王宇信等起草的陈列提纲，与其他学者一起，为展厅的陈列内容和设计出谋献策。在展厅筹建和布展过程中，得到了国内外学者的关心，他们不断寄赠资料和自己的著作。“殷墟甲骨文展厅”经过一九八八年的预展，终于在一九八九年甲骨文发现九十周年国际学术讨论会时开放，受到了国内外学者的高度评价。他们认为，展厅“反映了九十年来国内外甲骨学研究的新成就，把深奥的甲骨文通俗、形象化，为弘扬华夏文明作出了新贡献”②。因此可以说，殷墟的保护和开发，与胡厚宣先生率领一批学者和有识之士的辛勤工作是分不开的。一九九九年，在纪念甲骨文发现一百周年国际学术研讨会上，与会学者发起了殷墟申报世界文化遗产名录的倡议。经几年的努力打造，殷墟终于在二〇〇六年七月，被第三十届世界文化遗产大会通过，列入“世界文化遗产名录”。

综上所述，我们可以看到，甲骨学研究一百多年的发展史上，有五十六年是与胡厚宣先生所作出的巨大贡献分不开的。他的道德文章，促进了甲骨学研究的发展，推动了甲骨学研究的深入。而德高望重的胡厚宣先生作

---

①② 《殷墟甲骨文发现九十周年国际学术讨论会纪要》，《中原文物》，一九九〇年，第三期。

为中国殷商文化学会会长并被聘为东亚问题研究会的顾问委员、加拿大东亚人文科学研究所的领导成员，又为推动世界范围的中国殷商文化研究，加强各国学者间的友谊和学术交流作出了新的贡献。

在王懿荣发现甲骨文一百一十周年即将到来之际，我们深入研究胡厚宣教授的学说，认识他经历的道路，对后学者发扬光大胡厚宣所追求的甲骨学研究事业是很有意义的。作为众望所孚的“斯学第一人者”①胡厚宣先生，曾在相当长时间，率领我们向新的高峰继续攀登。虽然在今天胡先生已离开了我们，但他的道德文章永存！我们也期待并希望他的哲裔胡振宇教授能把胡厚宣先生花费多年心血收集的资料和研究心得早日整理并公诸于世，以嘉惠士林，润泽后生！

后记

此节成稿于一九九〇年十一月三日，乃为庆祝胡厚宣师八十华诞(先生一九一一年阴历十一月二日诞生于河北省望都县)而作，收入本书时略作修正。当年先生老当益壮，在《甲骨文合集》十三巨册于一九八二年出齐以后，又带领研究室的年轻人投入了《合集释文》的撰著工作中。与此同时，先生还应邀出席各种海内外学术会议或出访，继续“南征北战”。但毕竟岁月不饶人，终因积劳成疾，于一九九五年四月十六日病逝于北京，享年八十四岁。

此文中所提及受胡先生恩泽的年轻人和学生们，现都已成为著名的教授、研究员，其中多已成为退休的老人。有的人退而不休，仍在关心着甲骨学的风云。而当年胡先生学生们的学生们，如今都已成为活跃在甲骨学研究前沿的教授、研究员了。继胡厚宣先生总编辑《甲骨文合集》一九八二年出齐以后，经过十余年的努力，一九九九年又推出了胡厚宣主编，王宇信、杨升南总审校的《甲骨文合集释文》和王宇信、杨升南主编的《甲骨学一百年》等大型著作，迎来了甲骨学研究一百年的辉煌。八年以后的二〇〇七

---

① 日本学者白川静语，引自《胡厚宣氏的商史研究》上篇。

年，由宋镇豪主编的《商代史》十一卷本大型著作，已通过专家评审，并以“优秀成果”结项，可望于二〇〇九年由中国社会科学出版社出版，作为王懿荣发现甲骨文一百一十周年献礼！而笔者的这本《中国甲骨学》，也将届时在“纪念王懿荣发现甲骨文一百一十周年国际学术研讨会”上首发。胡厚宣先生对甲骨学的终生追求和他全身心投入的甲骨学研究事业，代有传人，高潮迭起。先生如地下有知，当含笑九泉矣！

二〇〇八年六月十五日补记

中国甲骨学（增订本）

王宇信 著

下

经典力量

上海书店出版社

中　　编

小　引

从上编有关各章节的论述，我们可以看到，甲骨学已成为一门相当成熟的学科和国际性的学问。

我们通常所说的甲骨学，是以殷墟出土的甲骨文为研究对象。因此，人们长期以来形成了一个传统的观念，即所谓甲骨学，就是对殷墟甲骨文的研究。

“周因于殷礼”。代殷而起的西周王朝，还有没有甲骨文？学者们很早就在思索着这些问题。

早在一九四〇年，就有人发表了《陕西曾发见甲骨之推测》①的文章，根据山东城子崖遗址发现一块陶片上刻有“齐人网获六鱼一小龟”②的文字，推测在河南安阳殷墟小屯村以外，也还会有“甲骨和近于甲骨文字遗物的发现”。并特别指出，在陕西还应有周人甲骨的发现。理由是：其一，“在历史上，可以找到显明的证据。如《诗·大雅·文王之什·绵》：‘周原朊朊，堇荼如饴；爰始爰谋，爰契我龟’。《绵》是周民族的史实……大约在殷民族亡灭之前，已经和周人常有往来，彼此交通，周民族学得了殷人占卜的方法，于是在周原一带也利用龟来占卜了。周民族是并未有它固有的文字做基础的；周民族的‘契’刻卜辞，和用龟的方法，完全是从殷民族那里学去的”。其二，“我们拿《水经注》所记高陵县（属陕西西安府境）发见‘背文负八卦古字’的龟和《大雅》‘考卜维王，宅是镐京，维龟正之’的话相引证，知道在陕西西安府附近曾有发见卜辞的可能（这种卜辞大半恐属于周民族），这似乎已不完全是我们的推测了”。

虽然此文的“推测”颇有见地，但限于条件，陕西周原及西安等周代遗址没有进行过有计划的科学发掘工作，因而一八九九年殷墟甲骨文发现以

---

① 作者何天行，载《学衡》第一辑，一九四〇年（上海）。

② 傅斯年等：《城子崖》，第七十二页，中央研究院史语所出版，一九三四年。

后,几十年间也没有出土过一片西周甲骨。因此,学者们的甲骨学研究,一直着眼于殷墟所出的十五万片甲骨文,而对西周甲骨一直不甚了了。

新中国成立以后,随着大规模经济建设的发展和考古发掘工作的全面展开,各地不断有西周甲骨出土。特别是一九七七年春在陕西岐山凤雏宫殿基址西厢二号房内窖穴 H11、H31 内出土的大批甲骨,把西周甲骨的研究推向了一个新阶段。由于西周甲骨的不断发现,在甲骨学研究领域内逐渐形成了一门新的分支学科——西周甲骨学。自此以后,甲骨学的研究范围扩大了,打破了凡谈甲骨则必殷商的传统看法,甲骨学的研究有所拓展并更加深入。

今天的甲骨学,既应包括对殷墟甲骨文的研究,也应包括对西周甲骨文的探索。本书的中编,就专门对西周甲骨学进行论述。

第十七章　甲骨学研究的一门新分支学科
——西周甲骨学的形成

西周甲骨学这一新的分支学科的形成，与全国各地西周甲骨不断出土密切相关。此外，经过上百年对殷墟甲骨的观察和研究，学者们对古代占卜的程序和内容也有了较为深刻的理解和认识。在对殷墟甲骨研究的基础上，去认识新发现的西周甲骨文，自然是驾轻就熟，可以少走不少的弯路。新中国建立以来的几十个年头，西周甲骨研究经历了它发展道路上的萌芽时期、形成时期，现已进入了深入研究时期，成为一门独立的分支学科。

第一节　西周甲骨的发现

西周甲骨学主要以周代遗址出土的卜用有字龟甲和兽骨（也包括无字龟甲和兽骨）为研究对象。历年全国各地出土有字西周甲骨的情形是：

一九五一年，陕西邠县发现一块牛肩胛骨的上部，背面施钻灼十三处，正面呈兆。这一肩胛骨背面修整的很薄，钻处大而浅，灼痕较少，但未切臼角①。

一九五二年，河南洛阳东郊泰山庙遗址东侧窖穴 H2 内发现方凿龟版，残存龟腹甲的上部②。“其特色是方形的钻和长方形的凿结成一个低洼的正方形，凿则更深一点。这个钻凿与那个钻凿之间，保留了几乎等宽的狭长条，成方形界于钻凿之外之上。近顶端处钻一圆孔，未透过”③。此外，一九七五年至一九七九年洛阳北郊北窑铸铜遗址的发掘中，“共出土卜甲

① 陈梦家：《殷虚卜辞综述》，第二十五至二十六页。

② 郭宝钧、林寿晋：《一九五二年秋季洛阳东郊发掘报告》，《考古学报》第九册，一九五五年。

③ 陈梦家：《殷虚卜辞综述》，第二十六页。

(骨)约数十版(片)之多,但完整者甚少。卜甲一般为龟之腹甲制作,边缘经过修整,往往两端尾角各钻有一小圆穿孔,‘凿’和‘钻’均为方形,排列整齐”。“卜骨一般是用牛肩胛骨制作,边缘经过修整,一块骨版上一般钻有两排或三排密集的圆形‘钻’”①。据初步统计,洛阳北窑铸铜遗址共发现三十块卜用甲骨,“其中龟腹甲十六块,甲桥六块,背甲二块,牛胛骨十一块,未见有其他骨料的”。一九八三年在北窑遗址以北一点五公里处的西周灰坑中,还采集到一块龟背甲和甲桥②。龟腹甲两面都经过削磨,甲骨经过掏挖。凿孔对称,方凿较浅,其外侧有长于凿的条形纵槽,有灼痕,正面兆枝指向中间千里路。也有的如 T 25H 238:1 甲首正中有一长方浅穴,在浅穴下方两方凿左右并列,而纵槽开在方凿内侧,故灼后兆枝向外。T 3H 83:14+T 3H 90:3+T 3 H83:8 为腹甲下少半部;其上有较为完整的左甲桥。甲桥与背甲相连处锯痕光平,上下角尖切去,边缘磨平,内面磨光。甲桥背面为纵列两行方凿,纵横施于方凿外侧(只第二横列的右凿纵槽例外),兆枝相对。背甲剖开者,甲首及较厚处依背甲弧面削薄,正面经刮磨,外缘与甲桥相连处锯痕平直。方凿纵槽,施灼处兆枝向外。未锯开的整背甲修治粗糙,方凿小而深,灼后兆枝向中间千里路;胛骨都经修整,骨臼背面削去一半,切去臼角,两面修磨光滑。钻孔正圆,孔壁垂直,纵槽在孔底外侧,灼后兆枝朝中间方向③。二〇〇八年,洛阳又有带字西周卜骨发现,在一块牛胛骨上,刻三段文字,共十四字④。

一九五四年,山西洪赵县坊堆村(现属洪洞县)周代遗址出土的“卜骨在地下已碎裂很厉害,一块破得不能全部复原,另一块出土时也碎成若干片。经修复后才知道这两块卜骨用的左右两个牛胛骨。应该注意的地方,在两个卜骨正面的下部的中央同一个地方都有一个浅浅的圆窝”。较完整的胛骨,“两面及周围都经过打磨,但比较粗糙,所以表面留有许多纵的磨

---

① 《一九七五至一九七九年洛阳北窑西周铸铜遗址的发掘》,《考古》,一九八三年,第五期。

② 赵振华:《洛阳两周卜用甲骨的初步考察》,《考古》,一九八五年,第四期。

③ 参见赵振华:《洛阳两周卜用甲骨的初步考察》。

④ 洛阳考古专家蔡运章教授二〇〇八年六月六日晨电告,材料尚未发表。二〇〇八年十一月二日《北京晚报》云:此西周有字卜骨长三十八厘米,宽二十二厘米,残存十四字。

擦痕迹。骨的背面削去约三分之一，靠近臼处有钻窝十六个，不规则地排成三至四行；在中下部靠左又有钻窝五个，纵列一行”。在圆窝的底部正中或稍偏，刻有纵纹一道。而灼痕就在刻纹附近，但不很明显。卜骨的正面，相当钻窝的位置呈现卜兆，并在骨正面刻有一行八个文字①。

一九五六年，在陕西西周腹地丰镐遗址张家坡发现了有字甲骨。其中一片卜骨是“用牛肩胛骨制成，大部已残，现存者为肩胛骨之柄部”。骨的“背面靠一边有圆形钻孔三个，其中一个已残”。“靠一边有凿一道，与骨长同方向，极细，不及〇·一厘米宽。灼痕不显。正面均有卜兆。在卜兆附近有刻划极细的文字两行。一行与骨长同方向，一行与骨宽同方向”②。还有一片是“用兽类的肢骨做成的，制作较粗。残存两个圆孔，在骨面上，相当于钻孔的部位，刻有笔道很细的近似文字的记号”③。另一片上也刻有类似文字的记号④。这里还发现无字卜甲，一般背面都经过修磨，并在背面施有方凿，槽底外侧凿一条细沟，凿孔排列整齐。也有的兽骨因较薄，不施钻凿而直接施灼。也有的龟甲未施凿，而直接在龟甲的正面施灼。总计一九五五年至一九五七年在张家坡遗址共发现卜骨二十五片，卜甲一〇片⑤。

一九七五年，北京昌平白浮西周墓葬中出土了一批甲骨。墓葬 M2 在人骨的左上方发现数十片残碎卜甲，均为龟腹甲和背甲。甲片都经过修磨，方凿。其中有两片刻有文字；另一墓葬 M3 的椁室右侧中部也出土了百片左右的龟腹甲和背甲。卜甲背面都经过修磨整治，施有方形凿，凿孔排列整齐，上有灼痕。也有的卜甲上刻有文字⑥。一九九六年，北京房山区琉璃河燕都遗址发现了有字西周卜甲三片⑦。此外，北京房山镇江营西周遗

---

① 畅文斋、顾铁符：《山西洪赵县坊堆村出土的卜骨》，《文物参考资料》，一九五六年，第七期。

② 《长安张家坡村西周遗址的重要发现》，《文物参考资料》，一九五六年，第三期。

③ 见《沣西发掘报告》，第一一一页，文物出版社，一九六三年。

④ 参见张亚初、刘雨：《从商周八卦数字符号谈筮法问题》插图，《考古》，一九八一年，第二期。

⑤ 参见《沣西发掘报告》，第一一一页。

⑥ 参见：《北京地区的又一重要考古收获》，《考古》，一九七六年，第四期。

⑦ 《琉璃河遗址一九九六年度发掘简报》，《文物》，一九九七年，第六期。

址也发现刻字牛骨一片①。

一九七七年,陕西岐山凤雏建筑基址西厢二号房窖穴H11和H31内出土了成批西周甲骨。窖穴H11"开口于建筑基址3B层,这一层堆积有大量红烧土、三合土和墙皮"。窖穴呈长方形,"上段四壁为夯土(属于房屋的夯土台基),高一·三米,下段为生土,高〇·六米,说明窖穴打破了房屋台基,时代应晚于房屋台基"②。而窖穴H31的"窖口上部堆积与H11相同,窖口亦开口于3B层夯土台基。窖内地层堆积,由口往下深〇·四八米为红烧土块和'三合土'墙皮等,下压夹有红烧土碎粒的灰褐色土,厚一·〇五米,内含甲骨和蛤蜊等文物。这层下边是淤土,厚〇·二米。淤土下为生土"③。这两个窖穴共出土卜甲和卜骨一万七千二百七十五片,以卜甲为多,约一万六千三百七十一片。卜骨较少,约六百七十八片。其中有字甲骨共二百八十九片。甲骨都经过整治,"卜甲几乎全系方孔,有圆孔者极少,方孔一般呈长形,平底浅孔,在孔的底部一侧凿一条细槽"。"所有方孔大小有别",但"也有钻凿圆孔的卜甲,为数极少"。而"卜骨皆钻圆孔,其孔壁有垂直与错叠两种",其"孔内底部约三分之一处有槽"④。

一九七九年,位于周"岐邑"手工业作坊和平民区范围内的扶风县云塘齐家遗址,在属西周中期的灰坑H3、H4内也有甲骨发现,并在遗址采集到卜用甲骨,共发现有字甲骨六件,无字甲骨近二十件。这里发现的"卜骨和卜甲都是先经修整然后钻凿和施灼的。卜骨是先把牛肩胛骨的骨臼和中脊部分锯割掉,使骨壁变薄,与肩胛扇取平,有的还加锉磨,然后在整修好的骨面上钻直径一·三至一·五厘米的圆窝。又在窝底靠外的一侧凿一竖槽,把灼出的兆纹控制在朝中间的方向。钻孔排列似无规律,由骨臼附近到肩胛扇都有。卜辞大都刻在正面,有的守兆,分刻在卜兆附近;有的远

① 《北京文博》,一九九七年,第四期之封二。

② 参见:《陕西岐山凤雏村发现周初甲骨文》,《文物》,一九七九年,第十期。

③ 参见陈全方:《陕西岐山凤雏村西周甲骨文概论》,《古文字研究论文集》,一九八二年五月。

④ 参见陈全方:《陕西岐山凤雏村西周甲骨文概论》;及《岐山凤雏村两次发现周初甲骨文》,《考古与文物》,一九八二年,第五期。

离卜兆，刻在骨臼附近或肩胛扇中脊两侧。有由肩胛扇一端向骨臼一端竖刻，也有横刻的，但不见从骨臼一端向肩胛扇一端竖刻的”。而“卜甲是先把龟腹甲里面铲挖平整，顺两边甲桥凿几行竖槽，再用平口凿或半圆凿自里而外向凿槽内侧铲去，使甲版变薄”。“铲出的凿孔也就有方有半圆。也发现个别凿孔是圆的”。甲骨上的文字刻在卜兆附近，“从两边向中缝对刻”。卜骨的灼点很小，烧灼较轻。而卜甲灼点较大，烧灼较重①。二〇〇二年陕西扶风齐家出土有字西周甲骨后②，二〇〇三年，陕西岐山周公庙遗址又有西周甲骨的重大发现，共出土有字背甲二版，一版二条十七字，一版二条三十九字③。陕西岐山周公庙遗址二〇〇三年及二〇〇七年分别发掘到甲骨刻辞，经正规考古发掘出土的刻辞甲骨文约百余片，累计字数五百二十九字。周公庙西周甲骨有其特点。即一，刻辞以龟腹甲为主，约占百分之九十五以上。另有背甲文字和少量肩胛骨文字。其二，文字形体大，运刀流畅，刻划有力，与凤雏微雕文字细小不同。其三，甲骨片大，不乏刻辞完整者，最大片上有字三十八个；可缀合片较多。其四，埋藏情况清楚，不同地点存有差异。出土层位明确，并与陶器共存。岐山周公庙甲骨刻辞内容丰富，涉及祭祀、战争、天象、王事、百工等。有关天文等内容过去少见或不见，并出现一些人名、地名、方国名及一些新的字、词。甲骨上多次出现的“周公”、“新邑”，尚属首见。这批甲骨的年代，“主要集中于西周初年至西周中期以前”④。

一九九一年，河北省邢台市南小汪遗址出土了西周有字卜骨，正面两条刻辞，一辞已残，仅余一字。另一辞十字。⑤总之，历年各地出土的西周甲骨，扩大了甲骨学者的研究范围，使他们把眼界放宽到殷墟甲骨文以外。特别重要的是，在出土西周甲骨的遗址中，有多处出土了有字甲骨。山西洪赵坊堆村出土一片，共八字。陕西长安张家坡出土三片，合文五字。北

---

① 参见《扶风县齐家村西周甲骨发掘简报》，《文物》，一九八一年，第九期。

② 曹玮：《周原新出西周甲骨文研究》，《考古与文物》，二〇〇三年，第四期。

③ 《二〇〇三年陕西岐山周公庙遗址调查报告》，《古代文明》（第五卷），文物出版社，二〇〇六年十二月。

④ 《陕西夏商周考古发现与研究》，《考古与文物》，二〇〇八年第六期。

⑤ 《邢台南小汪周代遗址西周遗存的发掘》，《文物春秋》，一九九二年增刊。

京昌平白浮出土四片,共十一字(这批材料尚未全部整理公布,可能还有有文字的甲骨)。陕西岐山凤雏出土二百八十九片,共计九百零三字,合文十二个。扶风齐家出土六片,共一百零二字。北京琉璃河遗址三片八字,镇江营一片一字(筮数以一字计)。河北邢台一片十一字。岐山周公庙遗址二片共五十六字。河南洛阳一片十四字,如此等等。以上十处已公布的西周有字甲骨共三百十片,总字数一千一百三十一个之多。①此外,近年山东高青陈庄发现了西周"筮数"卜甲,宁夏彭阳姚河塬西周 M13 墓道内也发现了刻字卜骨。②

西周有字甲骨的出土,为研究西周早期的历史提供了弥足珍贵的史料,并促进了西周甲骨学这一新分支学科的形成。虽然如此,我们还应看到:历年出土的西周有字甲骨与殷墟出土甲骨文相比,毕竟数量太少了。因此,各地所出西周无字甲骨,对我们观察其整治、使用以及甲骨的特征等就具有特殊重要的意义。我们现在所形成的对西周甲骨的认识,就是通过对上述各遗址出土的西周有字甲骨和无字甲骨、西周腹心地区出土甲骨和边远地区所出甲骨的互相比勘、补充而综合研究得出来的。也正由于西周甲骨出土数量较少,研究的难度也就更大。因而今天对西周甲骨的认识和看法,还有待今后出土新材料的不断验证和深化,这是我们应该注意的。此外,据全国各地不断出土西周甲骨判断,今后一些重要西周遗址或封国都邑遗址,还有出土西周甲骨的可能。虽然数量不会很多,但仍要密切加以注意。

---

① 此数字欠完备。据《陕西夏商周考古发现与研究》(《考古与文物》二〇〇八年第六期)统计,周原遗址加齐家等处的零星发现,"该遗址的甲骨文共有一二九六个字,其中尚有因各种原因而不能认识的字(一七四个)。可见,仅陕西就比我们统计的要多。另外,北京大学周原考古队在二〇〇四年夏,对周公庙遗址考古发掘出土西周甲骨迄至目前尚未发布消息。据北京大学考古系教授雷兴山见告,此次发掘得西周甲骨七百几十片,其中上有文字共四百七十多个,人名有"周公",地名有"新邑"、"唐"等等。发现情况,详见前第六章第五节所述。

② 参见《山东高青陈庄西周建地考古发掘获重大收获》,《中国文物报》,二〇一〇年二月五日。又,马强学《宁夏彭阳姚河塬发现大型商周遗址》,《中国文物报》,二〇一八年一月二十六日。

第二节　西周甲骨研究的几个阶段

自一八九九年至一九四九年的五十多年当中，学者们的主要精力是放在殷墟甲骨文的研究方面，再加上西周甲骨一片也没有发现过，所以西周甲骨的研究还没有被提到日程上来。

一九五〇年春天，在河南安阳殷墟范围内的四盘磨村西地SP11内发现了卜骨，主持发掘的学者注意到“内有一块卜骨横刻三行小字，文句不合卜辞通例”①。这说明，学者已开始考虑，在通常的甲骨卜辞外，是否还有其他性质的甲骨刻辞的问题。

陕西邠县和河南洛阳所出卜用甲骨，学者们虽然看到了它们的整治与殷墟甲骨有所不同，但直到一九五四年还把邠县所出甲骨推断为“可能是北殷遗物”。而洛阳所出卜用甲骨，则“根据历史记载，周武王灭商以后，周公成王迁殷民于成周近郊，当有西周初期的殷人遗址。殷人遗址可以有殷代物，也可以有西周初物”②。因而推断其为殷亡以后，属于周初迁洛邑的殷遗民之物。虽然时代已非商朝，但仍把它们看做是与殷墟甲骨为一个系统。二〇〇八年洛阳出土了西周有字甲骨，使学者的论断得到证明。③

一九五四年山西洪赵坊堆村有字甲骨文发现以后，为学者们提供了整治和文字契刻与殷墟甲骨文完全不同的例证。这就使学者们得以明确地提出，在殷墟甲骨以外，还存有时代应晚于殷代的甲骨文。有的学者认为，坊堆村所出甲骨“可能属于春秋或较晚的东西。洪赵春秋时为赵简子采邑，应是晋或赵的遗物”④。李学勤则根据伴出铜器、陶器等遗物进行研究，并“由字形判断它的时代”，指出卜骨上的“止”、“疾”、“贞”字形较殷墟甲骨

---

① 郭宝钧：《一九五〇年春殷墟发掘报告》，《中国考古学报》第五册，一九五一年。

② 陈梦家：《解放后甲骨的新资料和整理研究》。

③ 《洛阳新发现西周有字卜骨》，《北京晚报》，二〇〇八年十一月二日。

④ 畅文斋、顾铁符：《山西洪赵县坊堆村出土的卜骨》，《文物参考资料》，一九五六年，第七期。

文时代要晚。但“周以下的‘疾’字中人横已经变成一横;‘贞’字下部的‘鼎’已经变成‘贝’字形。此骨‘疾’字人形仍然保存,‘贞’字的‘鼎’还没有完全变成‘贝’形,与散氏盘‘贞’字最为相近”。因而指出,“认为是春秋战国时代的,实在失之太晚”。李学勤第一个指出坊堆所出甲骨,“应当是西周的”①。陈梦家也注意到坊堆村“遗址出了很多西周的青铜器”,定这里所出卜骨为殷末周初物②。

山西洪赵有字西周甲骨的发现,打破了凡谈甲骨则必殷商的传统看法。特别是一九五六年又在西周中心地区丰镐遗址张家坡的西周地层中发现了三片有字甲骨,说明坊堆出土有字西周甲骨绝不是偶然、孤立的现象。学者们认识了西周甲骨以后,再回过头来对以往出土的一些与殷墟甲骨作风不尽相同的甲骨进行再认识,也得出了陕西邠县所出甲骨“可能是殷末周初之物”的看法。洛阳所出甲骨,其钻凿形态以及近顶端钻一未穿透的圆孔,“这种形制显然是很进步的,其时代要稍晚一点”,也应是“殷末周初”③的遗物。

从一九五〇年学者提出存在与殷墟甲骨通例不合的卜辞这一问题起,到一九五六年李学勤明确指出山西洪赵坊堆村所出甲骨为西周时期遗物,学者们探索了五六年之久。从不认识到认识西周甲骨文,这是甲骨学研究领域的一个突破,从而展开了甲骨学者的研究思路。因此我们称这一阶段的研究,为西周甲骨学的草创时期,或称之为“萌芽时期”。

西周甲骨被认识以后,随着有字甲骨发现的增多和材料的不断公布,研究进入了第二阶段,也就是西周甲骨学的发展时期。这一时期,北京昌平、陕西岐山凤雏、扶风齐家等地都不断出土甲骨;特别是凤雏所出有字甲骨,不仅数量多,而且内容丰富,学者研究的重点,自然放到了岐山凤雏所出甲骨文上面。这一时期学者对西周甲骨研究所取得的成果主要是在以

---

① 李学勤:《谈安阳小屯以外出土的有字甲骨》,《文物参考资料》,一九五六年,第十一期。

② 陈梦家:《殷虚卜辞综述》,第二十八页。

③ 参见陈梦家:《殷虚卜辞综述》,第二十六、二十八页。

下几个方面：

一、 材料的及时公布

自一九五六年十一月西周甲骨被认识以后，每有新的甲骨出土，便及时地将消息或材料发表，提供给学术界进行研究。丰镐地区张家坡遗址一九五五年至一九五七年大规模发掘所得甲骨，已在一九六二年文物出版社出版的《沣西发掘报告》(第一一一页)中公布。北京昌平白浮周初燕国墓中所出甲骨，也在一九七六年《考古》第四期上发表。中外学术界瞩目的一九七七年春在周人发祥地——周原凤雏出土的一万七千多片甲骨，在一九七九年《文物》第十期上，刊出了总计二百八十九片有字甲骨中的三十一片。其余的有字甲骨，陆续发表在徐锡台的《陕西岐山县凤雏村发现周初甲骨文》、《探讨周原甲骨文中有关周初的历法问题》(均载《古文字研究》第一辑，中华书局，一九七九年)、《周原卜辞十篇选释及断代》(载《古文字研究》第六辑，中华书局，一九八一年)，陕西周原考古队的《岐山凤雏村两次发现周初甲骨文》及徐锡台的《周原出土卜辞选释》(均载《考古与文物》，一九八二年，第三期)等简报和论文中。《岐山凤雏村两次发现周初甲骨文》及《周原出土卜辞选释》两文所公布有字甲骨摹本较历次公布为多，但除去与上述几批已公布的相同重见片和该两文互相重见一片以外，实际新刊出摹本七十六纸，还不是凤雏所出二百八十九片的全部。一九八二年五月作为《四川大学学报丛刊》第十辑出版的《古文字研究论文集》上刊出的陈全方《陕西凤雏村西周甲骨文概论》，才将岐山凤雏 H11、H31 所出全部有字甲骨二百八十九片①，经过“反复查对校正”后，分十类发表。陈氏此文为学术界提供了凤雏甲骨中的有价值材料，促进了西周甲骨向深入研究阶段发展，受到国内外学术界的重视和好评，日本林巳奈夫教授编的《古史春秋》第一辑将该文刊载②。

---

① 陈文中云：凤雏全部有字甲骨为二百九十二片，但我们发现公布的摹本中有二片自重，附录部分五十片实为四十九片，因此实为二百八十九片。

② 日本京都朋友书店，一九八四年六月。

在岐山凤雏所出有字甲骨文分批公布的过程中,扶风齐家村也在一九七九年发现了甲骨,这批材料于一九八一年出版的《文物》第九期以《扶风县齐家村西周甲骨发掘简报》为题全部公布。此外,北京琉璃河、镇江营、昌平白浮,河北邢台,以及岐山周公庙等遗址出土西周甲骨也陆续公布。

西周有字甲骨的及时公布,促进了研究工作的开展。今天西周甲骨学研究之所以能取得成绩,首先应归功于考古学家发现并及时公布了材料。

二、 文字的释读

为了认识西周甲骨刻辞的性质及所反映的社会历史内容,每批甲骨材料公布的同时及公布以后,都有学者进行文字和内容的考释,这是将这批珍贵史料应用于商周史研究的必要工作。文字的考释是西周甲骨研究第二阶段的主要工作之一。各家对历年出土西周甲骨文字的考释和解说,王宇信《西周甲骨探论》(中国社会科学出版社,一九八四年)第二篇《西周甲骨汇释》已作全面汇辑。我们可以看到,虽然诸家对多数文字的说解基本接近,但也有不少文字由于先后公布摹本的差异和精确度的不同,以及解说各家见仁见智,还存有很大分歧。近年新出西周甲骨,诸如周公庙甲骨文字的考释和文句的解释,学者们同样存有很大分歧。

三、 周原所出甲骨的时代及族属问题的探索

在历年各地出土西周有字甲骨中,陕西周原岐山凤雏遗址出土最多,内容也最丰富,搞清周原凤雏所出甲骨的时代及其族属,是利用这批材料将周初历史的研究建立在科学基础之上的关键工作。虽然较少有专门论述西周甲骨的时代和族属的文章发表,但从一些简报、考释论著的字里行间,反映出学术界对周原凤雏所出甲骨的时代和族属有着不同的看法。主要有下述几种意见:

(一) 周原甲骨(主要指凤雏所出)不是周族而是商王室的。“绝大部分是商王室的卜辞”,“很可能是在殷商末年商纣王时,掌握占卜的卜人投奔周人时,携带过去的”。但“也必须承认周原甲骨中也还有一小部分卜甲,

确乎是属于周人的"，其"时代应略晚于商王室卜辞"①。

（二）"周原甲骨绝大部分都是文王时代遗物"，但"也应有成王遗物在内"②。

（三）周原甲骨从字体和内容看，"似可分为前后两期"，即武王克商以前和克商以后③。持这种看法的有徐锡台④、李学勤和王宇信⑤。李学勤等指出，其中应有"确实的帝辛卜辞"⑥。此后，李学勤更进一步论断"凤雏甲骨的年代上起周文王，下及康、昭"⑦。陈全方在《陕西岐山凤雏村西周甲骨文概论》中也持这种看法。

（四）周原甲骨最早"当属于周文王早期，或王季晚期作品"，即相当于"殷墟卜辞第三、四期，属于廪辛、康丁、武乙时卜辞"⑧。

上述种种分歧，说明西周甲骨时代和族属问题尚需全面深入的研究。正如有的学者所说，"认为是周族人的甲骨，就可以把商亡之前商、周两族关系说成是极为亲密；若说是商族王室的甲骨，就可以把它说成是商周敌对的物证。真是一字之异，则千里是谬。所以这个问题不解决，便使一大批极为珍贵的史料，完全变为无法利用的古董"⑨。

四、 西周甲骨的特征及与殷墟卜辞关系的认识

学者们根据对所能见到的周原凤雏和齐家等地出土较完整有字甲骨和无字甲骨的观察，并在逐渐认识西周甲骨的整治、钻凿形态、卜法及文字契刻等方面的一些规律的基础上，总结出西周甲骨的基本特征，并将西周甲骨与殷墟甲骨相比较，认为"商周甲骨有许多根本的差别，应该认为两种

① 王玉哲：《陕西周原所出甲骨文的来源试探》，《社会科学战线》，一九八二年，第一期。

② 徐中舒：《周原甲骨初论》，《古文字研究论文集》，一九八二年五月。

③ 《陕西岐山凤雏村发现周初甲骨文》。

④ 徐锡台：《周原出土的甲骨文所见人名、官名、国名、地名浅释》，《古文字研究》第一辑，中华书局，一九七九年。

⑤⑥ 李学勤、王宇信：《周原卜辞选释》，《古文字研究》第四辑，中华书局，一九八〇年。

⑦ 李学勤：《西周甲骨的几点研究》，《文物》，一九八一年，第九期。

⑧ 徐锡台：《周原卜辞十篇选释及断代》，《古文字研究》第六辑，中华书局，一九八一年。

⑨ 王玉哲：《陕西周原所出甲骨文的来源试探》。

不同传统的卜法。西周甲骨不是殷墟甲骨的直接延续"①。王宇信则认为,西周甲骨与殷墟甲骨有许多共同性,这"正说明它们是一脉相承的"。西周甲骨的种种特征,"规定了它与殷墟甲骨的不同本质。这些特征不是独创的,而是早在殷人那里就始露端倪,加以继承和发展而形成,是时代进步性的表现"②。周原出土西周甲骨的特征,已为其后陆续在北京、河北、河南等周原以外出土的西周有字卜甲和卜骨所证明。

五、 对甲骨上一种异形文字讨论的深入

一九五〇年春天,殷墟四盘磨遗址出土甲骨上刻有文句不合卜辞通例的由数字组成的异形文字。一九五六年在丰镐遗址出土的西周甲骨上,又发现了同类性质的异形文字,引起了学者们的注意。唐兰最早对这些异形文字进行了探索,认为这些由一到八数字组成的一种"特殊形式的文字","可能是曾经住过现丰、镐地域的一个民族(例如古丰国之类)的文字"③。李学勤则在一九五六年第一个提出了"这种纪数的辞和殷代卜辞显然不同,而使我们想到《周易》的'九''六'"④的看法。虽然这一说法很有见地,但因当时这种异形文字发现不多,因而没有引起学术界的注意。此外,郭沫若⑤、裘锡圭⑥等学者也对这些"异形文字"从中国文字发展史的角度进行过探索。

周原凤雏和齐家西周甲骨中这类异形文字的再次发现,愈益引起学者们的探索兴趣。一九七八年十一月张政烺在吉林长春举行的中国古文字学术讨论会上,提出这种由数字组成的符号是"八卦"的看法⑦,其后,

---

① 参见李学勤:《西周甲骨的几点研究》。

② 参见王宇信:《西周甲骨探论》,第一五七至一七四页。

③ 唐兰:《在甲骨金文中所见的一种已经遗失的中国古代文字》,《考古学报》,一九五七年,第二期。

④ 李学勤:《谈安阳小屯以外出土的有字甲骨》。

⑤ 郭沫若:《古代文字之辩证的发展》,《考古学报》,一九七二年,第一期。

⑥ 裘锡圭:《汉字形成问题的初步探索》,《中国语文》,一九七八年,第三期。

⑦ 参见李学勤:《古文字学术讨论会与古文字学的发展》,《中国史研究动态》,一九七九年,第三期。

他又对历年出土铜器、甲骨上出现的三十二例这类异形文字作了全面研究，论证了这类奇字就是“易卦”，其说以《试释周初青铜器铭文中的易卦》为题，发表在《考古学报》一九八〇年第四期上，从而使学术界探索多年的“奇”字之谜得到了突破。在此基础上，又发表了徐锡台、楼宇栋的《西周卦画探源》①及《西周卦画试说》②，张亚初和刘雨的《从商周八卦数字符号谈筮法》③，管燮初的《商周甲骨和青铜器上的卦爻辨识》④等论文。管燮初在文中指出：“古代易卦的用途一是占筮记录，二是表意符号。占筮纯属迷信。易卦表达意思，其作用相当于上古结绳而治的结绳，不是文字”。“卦爻表达意思，不与语言的词汇、语法结合，直接同思想联系。卦爻是语言文字之外的一套表意符号”。因此，这一时期对西周甲骨异形文字的研究，“对探索《易》的起源及文化史、思想史都有很大意义”⑤。二〇〇三年扶风齐家出土西周卜骨，共六行三十七字，三行筮数与三行卜辞交错排列。曹玮《周原新出甲骨文》(《考古与文物》，二〇〇三年第四期)对此片卜筮同位的甲骨进行了深入的研究。

六、 商周历史文化的考索

众所周知，我国古代典籍中有关周初史迹记载很少。而西周甲骨，特别是周原凤雏所出甲骨，内容较为丰富，被人们称道为“继殷墟商代甲骨文后的又一重要发现”。虽然历年有很多铜器铭文出土，但“大都是记载诸侯大臣的活动情况，对王室的活动只是有所涉及，而这批甲骨文有不少直接记载了周初王室最高统治阶层的政治情况，为研究商周之际的历史提供了珍贵材料，这是迄今我国发现的金文中所没有的”⑥。

学者们研究了灭商以前的商周关系。有人认为“周人的受封于商，可

---

① 载《中国考古学第一届年会论文集(一九七九年)》，文物出版社，一九八〇年。
② 载《中国哲学》第三辑，一九八〇年。
③ 载《考古》，一九八一年，第二期。
④ 载《古文字研究》第六辑，中华书局，一九八一年。
⑤ 参见李学勤：《西周甲骨的几点研究》一文的《卜与筮的关系》一节。
⑥ 陈全方：《陕西岐山凤雏村西周甲骨文概论》。

能是在太公诸盩时代”。“在周原甲骨中,有一片上的卜辞可以为上述说法提供有力的证据”①。也有人指出,“公亶父时代,殷周关系,全属空白。其见于记载者始于王季历”。而“周原甲骨凡称王的卜辞皆指王言”。对周原出土甲骨中的四条进行了考释,论述了“殷周关系所以达到长期稳定的原因”,是“文王时代周之事殷处处都要通过盟誓之言,作为周不叛殷的保证”②。也有人将周原卜甲所记周人祭祀殷王太甲、文武帝乙和殷王在帛地狩猎的卜辞与《国语·鲁语》的记载相印证,“证实武王灭商以前的西周为殷的附属国,是殷在西方的一个侯国”③。但有学者认为,“周原甲骨文实是殷商末年商王室的卜辞,其中的‘王’是商王,很可能是帝辛”。因而“这些卜辞内容根本与周族无任何瓜葛,更涉及不到商周关系的密切不密切了”。“主持占卜的贞人是掌握甲骨的,他们的投奔周族,必然也会载其甲骨档案,挟以俱来。这就是在周原发现的大批商王室甲骨的主要来源”④。

周原出土甲骨中还有不少方名和地名,对商末周初方国地理的研究很有价值。在公布材料的一些简报中,不少已随文做了考证。也有专门的考证论著发表,如顾铁符的《周原甲骨文“楚子来告”引证》⑤,对周初与楚的关系作了研究,论证了“楚子来告”的刻辞,“就是鬻熊投奔西周的原始记录”。缪文远的《周原甲骨所见诸方国考略》⑥,则对周原甲骨中出现的蜀、楚、巢、微等方国地名的地理位置及与周人的关系作了专门的论证。周原出土甲骨上出现的这些方名,“反映了周初和它四周方国的关系及其势力”。出现的山川地名,“说明周人自从古公亶父迁到岐邑之后,其势力发展很快,到周文王时已征伐了西北、西南的一些诸侯小国,为周武王联合这些国家共同举兵灭商奠定了基础”⑦。

---

① 参见范毓周:《试论灭商以前的商周关系》,《史学月刊》,一九八一年,第一期。
② 徐中舒:《周原甲骨初论》。
③ 陈全方:《陕西岐山凤雏村西周甲骨文概论》。
④ 王玉哲:《陕西周原所出甲骨文的来源试探》。
⑤ 载《考古与文物》,一九八一年,第一期。
⑥ 载《古文字研究论文集》,一九八二年五月。
⑦ 陈全方:《陕西岐山凤雏村西周甲骨文概论》。

不少学者对周原甲骨上出现的一些官名进行了考证，对研究商、周官制很有意义。还有学者指出，甲骨中出现的与殷不同的“月相”记时法，“体现了周人对天体运行规律独特的认识，说明周文化发展有它自己的个性，早在武王克商前就有了自己的历法知识”①。

北京琉璃河西周遗址出土“成周”二字卜甲，对确定北京燕都城址当始建于西周城王时代提供了有力的证据。

如此等等，西周甲骨的研究在这一阶段取得了较大的进展。学术界对文字的考释作了大量工作，对内容和分期、甲骨的特征和族属等方面进行了深入的探索，对西周甲骨的认识不断深化，有可能利用这批材料进行商周社会历史和文化的研究。因此我们说，这一阶段已由西周甲骨研究的“萌芽时期”，进入了“形成时期”。而在一九八二年五月陈全方《陕西凤雏村西周甲骨文概论》一文将H11、H31有字甲骨全部公布以后，西周甲骨研究开始进入了第三阶段——全面深入研究时期。

在这新的阶段里，研究向全面综合分析材料和加深对西周甲骨的认识方面前进。已如前述，西周甲骨（特别是周原凤雏所出）是分批零散公布的。学者们只能依据当时所能见到的不完全材料进行研究，这就难窥全豹，不可避免地要出现某些错误或不全面之处。随着材料的全部公布，对过去的一些看法进行认识和再认识，必然有所修正或补充。此外，在第二阶段一些已经提出的问题，在全面综合材料的基础上，会逐渐解决和深入，一些新的问题也会逐渐被发现。

在这一时期里，有的学者继续对周原出土甲骨的特征和年代进行研究，如李学勤在《人文杂志》一九八六年第一期发表了《续论西周甲骨》一文。本文从西周甲骨的形制、辞例、斯字的考证等几方面研究，认为“‘斯……’或‘尚……’这样以命令副词开首的句子，绝不是问句。这表明，西周卜辞都不是问句”。声明“我们在《几点研究》②文中，认为有些是问句，

---

① 陈全方：《陕西岐山凤雏村西周甲骨文概论》；徐锡台：《探讨周原甲骨文中有关周初的历法问题》，《古文字研究》第一辑，中华书局，一九七九年。

② 即李学勤：《西周甲骨的几点研究》。

有些不是,这看法是错误的,现在应该更正”。并认为 H11:1、H11:82、H11:84、H11:112 等四片“都是王卜辞”。“它们的卜法是周人系统的,又有两片提到‘方伯’,所以我们还是把它们划为周的卜辞”。也有人对甲骨刻辞做进一步考释,主要论文有徐锡台《周原齐家村出土西周卜辞浅释》①和《周原出土卜辞选释》②,孙斌来《对两篇周原卜辞的释读——兼论西伯昌称王的问题》③,等等。

在西周甲骨的族属问题方面,也有专论发表。问题的讨论由前一时期笼统的周原甲骨“殷人所有说”或“周文王时周人所有说”,逐渐缩小了讨论对象的范围。高明《略论周原甲骨文的族属》④一文认为,“起码是其中载有殷王先祖名号的那部分卜辞,族属尚未完全解决”。指出,周原甲骨文的族属,“既不能单纯从祖先名号决断,也不能从出土地点确定”。他从周原甲骨的特征、载有殷王名号甲骨的时代、武王伐纣前的殷商关系、卜辞的内容及背景等几方面考察,论述了族属问题争议较大的几片甲骨应“都是周文王被囚居于殷时所贞卜,在周原卜辞中有一部分是随同文王归周时,从殷带回周原的”。并赞成“周族不可能在自己的老家周原建造商族先祖宗庙,祭祀商族的始祖成汤;更不会向商族的先祖太甲祈求保佑”,等等。

在商周历史文化的研究方面,陈全方对西周甲骨中的河山、人物、官职、动物、月相计时、八卦等方面的内容,在其所著《概论》论述的基础上加以归纳,补充了一些新的意见,撰成《周原新出卜甲研究》一文,发表在《西周史研究》(《人文杂志》丛刊第二辑)上。也有人对西周甲骨中的方国,如古巢国的地望,进行了专门的考证⑤。也有学者从古文字学、历史学、考古学、民族学等方面综合研究,对周原甲骨中所见“蜀”字进行了考证⑥。唐嘉

① 载《西周史研究》,一九八四年八月。

② 载《出土文献研究》,文物出版社,一九八五年。

③ 载《考古与文物》,一九八六年,第二期。

④ 载《考古与文物》,一九八四年,第五期。

⑤ 崔思棣、崔恒升:《古巢国地望考辨》,《安徽大学学报》,一九八四年,第四期。

⑥ 林向:《周原卜辞中的“蜀”——兼论“早期蜀文化”与岷江上游石棺葬的族属之二》,《考古与文物》,一九八五年,第五期。

弘在《试谈周王和楚君的关系——读周原甲骨“楚子来告”札记》①一文中，根据古文献和民族学材料，论证了“‘楚子’并非表示楚国君为‘五等爵禄制’中的子爵”。“‘楚子’当为周人的养子部落的首领或酋豪”。“周原甲骨H11:83和H11:14似可通释为:楚的首领(楚伯)在一个秋天来到西土，拜会周文王。在另一个秋天(可能经过加入式后)，作为养子部落的酋豪——‘楚子’来拜会父后周王，有所告请”。

为了把建国后“三十多年来西周甲骨的发现和研究成果做一总结，并谈一些我们的看法，为下一阶段的研究做些承上启下的工作”，一九八四年四月王宇信出版了《西周甲骨探论》一书。书中首先介绍了三十多年来西周甲骨的发现和研究情况，其次是将历年各家有关文字的考释汇集在一起，以“方便读者在研究时参考比较，并了解西周甲骨文字考释已达到的水平，从而得到一定的启示”。此外，书中对当时学术界争论较多的问题，诸如西周甲骨的特征、西周甲骨与殷墟甲骨的关系、西周甲骨的分类与用途、西周甲骨的分期及其科学价值、今后研究中尚需深入探索的问题等等，做了专门论述。还将各地所出西周有字甲骨汇摹在一起。并附有重要文字索引及论著简目等。李学勤在该书序中评价说:此书“一方面对各家研究西周甲骨的论作加以综合总结，另一方面又深入钻研，提出自己的见解。特别是通过‘王’字字形演变的分析，对西周甲骨试行分期，将殷墟甲骨用字形演变进行分期这一行之有效的方法移用于西周甲骨，尤其是有启发意义的工作”②。

此外，一些全面研究周原甲骨的专著也陆续出版，一九八七年徐锡台出版了《周原甲骨文综述》(三秦出版社)，一九九七年朱歧祥出版了《周原甲骨研究》(台湾学生书局)，二〇〇二年曹玮出版了《周原甲骨文》(世界图书出版公司)，二〇〇三年陈全方等出版了《西周甲文注》(学林出版社)等等。《甲骨文合集补编》(一九九九年)也将周原、北京、山西、河北等地出土

---

① 载《文物》，一九八五年，第七期。

② 并参见杨升南:《一本研究西周甲骨继往开来的著作》，《社会科学评论》，一九八五年，第八期。

西周甲骨收入。此外,陈全方一九八八出版的《周原与周文化》(上海人民出版社)下篇第一节也专论了周原甲骨文。

我们可以看到,在西周甲骨研究新阶段,学者们的研究力图从零碎的材料向全面综合材料的方向努力。对前一阶段的没有充分论证、研究的课题,逐步展开,进行深入的专题研究,向着深度和广度前进。有关这一阶段西周甲骨学的研究,王宇信、杨升南主编的《甲骨学一百年》(一九九九年)第八章"甲骨学研究的新发展——西周甲骨分支学科的形成"进行了全面总结。而随着二〇〇三年和二〇〇七年陕西岐山周公庙成批西周甲骨的发现,西周甲骨的研究可望进一步深入。

第三节　西周甲骨的特征及与殷卜辞的关系

在西周甲骨研究的第一阶段,即一九五六年以前,研究的重点在于完成从不识西周甲骨到认识西周甲骨的飞跃,还没有来得及对西周甲骨的特征及与殷卜辞的关系等方面进行探索。在西周甲骨研究的第二阶段(即一九五六年至一九八二年五月),随着各地发现有字甲骨的增多,对西周甲骨特征的认识及与殷卜辞关系的研究提到了日程上。

周原凤雏出土甲骨虽然多达一万七千多片,但卜甲都很碎小,而且主要为龟腹甲,使我们对卜甲的观察受到了局限。一九七九年扶风齐家出土的甲骨,则有一版有字龟腹甲仅缺甲桥和甲尾(H3〔2〕:1)。这版较完整的龟腹甲,使我们对甲骨刻辞在龟甲上的分布情形、与卜兆的关系、龟甲的整治与凿的形态、灼痕等有了较为整体的认识。此外,齐家还出土了较为完整的有字卜骨,也使我们认识到周人卜用胛骨的整治、凿钻形态、灼痕和文字的分布情形。以对周原甲骨的认识为基础,扩而大之,与历年各地出土的西周有字甲骨和无字甲骨相印证、补充,学者们基本上总结出了西周甲骨与殷墟甲骨的不同特征:

一、 甲骨的整治方面

卜用甲骨主要是龟腹甲。一般两面都经过刮磨平整。甲首都经过掏挖，并留有宽厚的边缘，因此“一望可知与殷墟、济南大辛庄等地商代卜甲不同”。《文物》一九八一年第九期图版一・1〔H3(2)：1〕的正面和反面照片可供参考。周原出土卜甲的这种整治作风，还见于一九五二年河南洛阳泰山庙西周遗址出土的半版龟腹甲。此卜甲的甲首亦经掏挖。此外，“其中央有一浅圆穴。同样的圆穴也见于齐家村 H3 的无字甲。在周原其他地点，还出土过类似的卜骨”①。《考古》一九八五年第四期第三七五页图二・10 及三七六页四・3 发表的线图及照片可供参考。洛阳还出土一块卜甲(T 3 H83：14 + T 3 H90：3 + T 3 H 83：8)，为腹甲下半部及甲尾并连接较完整的左甲桥，为我们补充了腹甲下部及甲桥的整治情形。这一腹甲的下部也削磨平整，厚薄一致。甲桥与背甲相连处是锯开的，锯痕光平，甲桥上下角尖削去，边缘削平，内面磨光。洛阳还出土卜用背甲，有的沿中脊对剖为二，甲首及中脊较厚处依背甲弧面削薄，正面经刮磨，外缘与甲桥相连处锯痕平直。也有背甲未剖而整体使用，仅在背面较厚处稍加刮磨，修治粗糙②。北京昌平白浮出土的背甲，“有的保留着完整的背甲，说明它不是象殷墟背甲那样对剖为二”③。

卜骨主要材料是牛胛骨。一般“先把牛胛骨的骨臼和中脊部分割锯掉，使骨壁变薄，与肩胛扇取平，有的还加锉磨”④。周原齐家 N H1：1 胛骨未切臼角，其骨臼处削去一半。齐家采：94、80 FQN 采：112 等都是肩胛骨的上部，骨臼修治与此相同。沣西张家坡有字西周甲骨，骨臼和背面的修治与齐家所出基本相同。其他一些遗址出土的无字卜用胛骨，如陕西邠县、洛阳西周铸铜遗址等地所出西周卜骨，也都经过整治。而殷墟卜用胛

① 参见李学勤：《西周甲骨的几点研究》；赵振华：《洛阳两周卜用甲骨的初步考察》，《考古》，一九八五年，第四期。

② 赵振华：《洛阳两周卜用甲骨的初步考察》。

③ 据李学勤：《续论西周甲骨》，《人文杂志》，一九八六年，第一期。

④ 参见李学勤：《西周甲骨的几点研究》。

骨,整治时都切去臼角,这是与周人甲骨不同的。但洛阳所出卜骨有的也“臼角切除,两面修磨光滑”①。

二、 钻凿形态方面

西周卜甲一般是方凿,排列整齐、密集。个别的也有圆凿,如齐家H3〔2〕:2。周原卜甲的方凿基本上是“分组排列”,“从残存卜甲看,大体以三个为一组”。凿孔之间,横距小,纵距大。排列以横组者为多,以纵为组者少②。在凿的靠外部有一道较深的竖槽。各地所出有文字卜甲,如周原凤雏、齐家、北京白浮等地凿型均如此作。各地所出无字卜甲,如洛阳泰山庙、北窑铸铜遗址以及周原凤雏、齐家、北京昌平白浮所出,上面的凿型也是如此作。因此,卜甲作方凿应是西周时的普遍作风。洛阳出土卜甲甲桥上纵列两排凿孔,竖槽凿于方凿外侧,“除自上而下第二横列之右凿槽外,其余皆靠近甲桥左右两缘”③。

胛骨一般是在修整好的背面施圆钻,然后在窝底靠外部刻一竖槽,“呈所谓猫眼状”④。钻孔排列不规整,上从骨臼之下,下到肩胛扇附近都有分布。西周卜用胛骨上的这种圆钻,不仅齐家、凤雏、坊堆村、沣西等地出土有字卜骨如此,而且陕西邠县、洛阳等地所出无字卜用胛骨也是如此。

三、 灼与兆

甲骨的整治、钻凿和施灼,都是为了控制正面所呈现卜兆的走向,借以判断吉凶。历年各地所出西周甲骨的整治、钻凿形态等方面作风一致,因而施灼后正面所呈现的兆纹,也必然会显示出共同的作风。卜甲方凿,凿外侧有一竖槽,因而灼后竖槽部分必然呈现出兆干,而内侧部分则呈现向内的兆枝。卜甲上的灼痕较大,呈焦黑状。较完整的龟甲,如齐家H3〔2〕:

---

① 参见赵振华:《洛阳两周卜用甲骨的初步考察》。

② 徐锡台:《周原出土甲骨的字型与孔型》,《考古与文物》,一九八〇年,第二期。

③ 赵振华:《洛阳两周卜用甲骨的初步考察》。

④ 李学勤:《西周甲骨的几点研究》。

1 背面有方凿三十五个，左右两边的兆枝都朝向中间的“千里路”。洛阳北窑甲桥上的卜兆也“兆枝相对，类似于左右对贞”①。牛胛骨则灼炙较轻，灼处一般呈黄褐色小圆点。由于圆钻之内的靠外侧刻有竖槽，故灼后竖槽部分裂为纵向兆干，靠内部较薄部分裂为横向的兆枝。因而兆干在外，兆枝向内。齐家卜骨 N H1〔3〕：1、采：94、80FQN 采：112 等胛骨，兆枝相对。洛阳等地出土卜用胛骨灼后也是如此。

四、刻辞胛骨一般以骨臼一方为下

西周有字胛骨一般以骨臼一方为下，与殷墟胛骨通常以骨臼一方为上的作风完全相反。张政烺在研究一九五六年张家坡出土上刻两行小字（一行与骨长同方向，一行与骨宽同方向）的卜骨时首先发现了这一现象。他指出，“殷墟卜骨使用胛骨皆骨臼向上，张家坡、四盘磨带奇字的肩胛骨则不同，皆骨臼向左，以便左手把持，右手刻字。可知 1 是正着刻的（按：即简报谓与骨长同方向者：五一一六八一。此文字走向是上方为骨扇，下为骨臼）”②。周原齐家出土的刻辞卜骨 T 1（4）：1、N H1（3）：1、采：108（背）、80 FQN采：112 等都是以骨臼一方为下，骨扇一方为上的。而采：94、采：108（正）都为横刻。西周刻辞胛骨“有由肩胛扇一端向骨臼一端竖刻，也有横刻的，但不见从骨臼一端向肩胛扇一端竖刻的。以肩胛扇一端为上，骨臼一端为下，可能是西周甲骨的一个特征”③。但也不排除有特例存在，“坊堆村卜骨的特殊处，是它以骨臼为上，与其它西周卜骨相反”④。

五、文字

西周甲骨上的文字一般都很少，而且字迹纤小，需要放大几倍才能辨识清楚。不仅周原，而且远离周原的北京昌平有字西周甲骨也是如此。但

---

①　参见赵振华：《洛阳两周卜用甲骨的初步考察》。

②　张政烺：《试释周初青铜器铭文中的易卦》，《考古学报》，一九八〇年，第四期。

③　《扶风齐家村西周甲骨发掘简报》，《文物》，一九八一年，第九期。

④⑤　李学勤：《西周甲骨的几点研究》。

也并不尽然。于二〇〇三年、二〇〇八年发现的周公庙西周甲骨就“文字形体大,运刀流畅,刻划有力,与周原凤雏的‘微雕字’形体不类”(《陕西夏商周考古发现与研究》,《考古与文物》,二〇〇八年第六期)。周原出土卜甲上的文字基本上是竖长方形[①]。周原齐家村较为完整而且字数较多的卜用龟甲和兽骨的出土,才使我们对文字与卜兆的关系有了较为清楚的认识。齐家卜甲 H3(2):1 六条刻辞分别布于相关兆枝的一侧,这种“顺着兆枝的走向,也就是朝着腹甲中线‘千里路’横向纵行,这是商代卜辞没有见过的”[⑤]。有字卜骨,如采:94 的几条刻辞,也有的分布于兆枝一侧,在殷墟卜辞中也是没有见过的。

综上所述,西周甲骨形成了自己的特征。特别是卜甲和卜骨的钻凿形态方面,无论有字的还是无字的,无论是在周人的发祥地还是远离王畿的边远地区,基本已成“定制”,显示出西周甲骨与殷墟甲骨有不同的独特作风。但也应当承认,西周甲骨毕竟出土数量较少,而且完整者不多,因而全面认识西周甲骨的特征有一定困难。随着今后新材料的出土和研究的深入,现在所认识到的西周甲骨特征会不断得到补充和验证。

也正是因为西周甲骨有自己的特征,所以有的学者认为“西周甲骨不是殷墟甲骨的直接延续”[②]。但是,正如有的学者的研究表明,周人与商人很早就发生了联系[③]。而且“周因于殷礼”,灭商以后的周王朝又全面地继承了商王朝在政治、经济和文化等方面的全部遗产。在利用甲骨进行占卜方面也不会例外。而出土的甲骨也证明,西周甲骨与殷墟甲骨有着一定的共同性。这种共同性表现在以下几个方面:

首先是在甲骨出土情况方面。殷代甲骨虽然在郑州也有少量发现,但主要是在晚商都城河南安阳小屯村所出。西周甲骨类似,主要出土于周人早期活动中心周原遗址和西周政治、经济和文化的中心丰镐遗址,其他一些远离中心地区的北京、山西、河北等地虽也有发现,但数量不多。殷墟甲

---

① 徐锡台:《周原出土甲骨的字型与孔型》,《考古与文物》,一九八〇年,第二期。

② 李学勤:《西周甲骨的几点研究》。

③ 参见范毓周:《试论灭商以前的商周关系》。

骨有的出土于宫殿区，在宫殿基址之下或打破宫殿基址的灰坑里，如甲十二基址上窖D42、打破乙七基址的H17等都出土甲骨①。而周原凤雏建筑基址西厢二号房窖穴H11、H31也出土了西周卜甲一万七千多片。在遗址以外，殷墟墓葬M331中，有甲骨出土(《乙》9099)②。藁城台西村商代墓葬M14、M56、M100中，在二层台的位置上每墓出土卜骨三片③。而西周甲骨，在北京昌平白浮西周墓M2、M3内也有出土。商代甲骨不少是“散佚”或“废弃”的，但也有有意的“存储”，如本书上编第五章第四节所介绍的YH127坑出土的大量甲骨。一九七三年发掘的安阳小屯南地窖穴H62、H99等也都是有意识地将经过整治的甲骨或未经整治的卜用材料集中放置在一起④。周原凤雏窖穴H31、H11集中出土了大量甲骨，当也是有意识的“存储”。

其次，在钻凿形态方面。虽然在殷墟甲骨中还没有发现像西周甲骨那样施以方凿的情况，但在卜骨上施用圆钻却不乏其例。这种“圆钻里边包含长凿”的形式，严一萍著《甲骨学》(艺文印书馆，一九七八年)第五四六页、五五九页曾举出若干例。尽管圆钻的形制、钻法、工具可能与周原甲骨不完全相同，但说明西周甲骨的这种圆钻当早在武丁时代就已开了先河。西周卜骨上兆枝相对，而商代卜骨虽然一般左胛骨上兆枝全向左，右胛骨上兆枝全向右，但也有一些胛骨在同一钻处两边施灼，骨面上呈相反兆枝的现象。商代的卜甲，卜兆通常是以中间“千里路”为中心，左右对称(但个别也有兆枝相反的情况，严一萍《甲骨学》第五四二至五四六页有几版武丁时代卜甲的例子可参看)。西周卜甲上的兆枝也是朝向中间的千里路，左右对称的。

其三，在文字与辞例方面。从现已发表的全部有字西周甲骨看，大部分单字在殷墟甲骨文中就已使用。西周甲骨文中出现新单字，只不过是随

---

① 石璋如：《建筑遗存》(遗址的发现与发掘：乙编)，第七章《基址的时代》，表一二七，一九五九年。

② 李济：《记小屯出土之青铜器》，《中国考古学报》第三册，一九三八年。

③ 《河北藁城台西村商代遗址发掘简报》，《文物》，一九七九年，第六期。

④ 《一九七三年安阳小屯南地发掘简报》。

时代前进有所增创而已。就文字结构看,西周甲骨文字不是属于另外一个新的造字系统。西周甲骨文字沿兆枝一侧走向千里路,这与殷墟卜辞不同,但西周甲骨刻辞一般都守兆,这同殷墟卜辞与一定的卜兆有密切关系是一致的。西周甲骨文的卜问之辞不多,多为记事之作。但就卜辞来说,凤雏 H11:1 有前辞、贞辞,H11:84 有贞辞,这种辞例在殷墟甲骨文中是最常见的。至于记事刻辞,在殷墟甲骨文中也可以找到相同的辞例①。西周甲骨上的异形文字(有学者认为是易卦,我们认为不过是"筮数"),在殷墟四盘磨出土的甲骨上也有发现。此外,西周有字卜骨以骨臼一方为下,骨扇一方为上;在殷墟甲骨中也有这样的例子,如《殷虚文字甲编》789、2858、2878、2902 等等。

其四,在甲骨分埋方面。周人和殷人一样,龟甲和牛胛骨都用于占卜。但我们可以看到,北京昌平白浮、陕西岐山凤雏出土的有字甲骨以龟甲为主,而坊堆、沣西、齐家等地出土有字甲骨以牛胛骨为主。特别是凤雏 H11、H31 所出一万七千多片甲骨中,牛胛骨所占比例甚小。北京昌平白浮墓中所出全为龟甲。这种甲骨分埋的情形在殷墟遗址也可以看到。著名的 Y H127 坑出土一万七千多片甲骨中,胛骨只有八片,其余全为龟甲。一九七一年小屯西地一号探沟中集中出土卜骨二十一片,一九七三年小屯南地的 H99、H62 等灰坑中也集中出土卜骨。这种甲骨分埋的现象,并不说明占卜时只用卜甲(或卜骨)一种卜材。"经过研究证明,有不少与 Y H127 坑的龟甲同时占卜的同文胛骨,散见各种著录中,龟甲的集中发现只说明它们不与骨放在一起"②。西周甲骨的卜毕处理,也与殷墟甲骨的"甲骨分埋"是基本相近的。

值得注意的是,作为重要特征的西周甲骨钻凿形态(龟甲方凿与胛骨圆钻中的竖长槽),在殷墟甲骨文第一期武丁时代就可以找到它的"祖型"。上述西周甲骨与殷墟甲骨的许多共同点,说明它们是一脉相承的。

---

① 参见李学勤:《续论西周甲骨》。

② 李学勤:《西周甲骨的几点研究》。

第四节　西周甲骨的分期

将西周甲骨进行分期断代，是利用这批材料研究周初历史的基础工作。周原凤雏和齐家有字甲骨大量出土和公布以前，西周甲骨都是零星出土，很难分期断代。在此之后，分期断代研究才有可能进行。特别是凤雏所出甲骨，不仅数量多，而且内容丰富，因而学者们把分期断代研究的重点放在凤雏窖穴 H11、H31 所出的有字甲骨上。虽然迄至目前，系统论述分期断代的文章所见不多，但有关西周甲骨的简报、考释文章，字里行间也透露了学术界的种种不同看法。本章的第二节对此已作过介绍。

我们认为，西周甲骨（主要是周原甲骨）基本可分为三个不同的时期，即文王时期（主要是凤雏所出文王“受命”前、“受命”后，及与文王同时的帝乙、帝辛卜辞）、武成康时期（包括凤雏及洪赵坊堆村所出甲骨）、昭穆时期（包括周原齐家及北京昌平白浮所出）。

虽然西周甲骨形成了自己的特征，但与殷墟甲骨还是一脉相承的。“殷鉴未远”。殷墟甲骨分期断代种种行之有效的方法，对探索西周甲骨分期仍有很大启示。我们的西周甲骨分期研究，是从下述几个方面进行的：

一、 西周甲骨中“王”字的变化是探索分期的一把钥匙

在对周原凤雏遗址所出二百八十九片有字甲骨和齐家出土六片有字甲骨进行考察后，我们发现没有一个像殷墟甲骨文中一以贯之的“世系”可以作为分期断代研究的核心，也不可能据西周甲骨中不存在的贞人、称谓进行西周甲骨的分期断代工作。因而，西周甲骨似乎成了互无内在联系的一团“浑沌”。但是，西周甲骨中却有一个经常出现，而且字形又富于变化的“王”字。一般说来，这些有“王”字出现的甲骨，不仅字数较其他无“王”字出现的甲骨多，而且内容也较为重要。将“王”字的横向差异和纵向变化考订清楚，对我们进行甲骨的分期断代和利用这批甲骨研究周初历史是很

有意义的。

周原甲骨中共有二十九片出现了"王"字。根据各"王"字字形的不同,我们可将其分为四种类型,即:

Ⅰ型　王　王字写作三横一竖,与殷墟甲骨文第五期王字写法相同。

Ⅱ型　王　王字写作上二横平直,下一横略斜,竖划与上下横相抵。

Ⅲ型　王　王字写作上二横平直,下一横略呈弧状,一竖划自第二横与第三横中间部分分岔,交于第三横上。

Ⅳ型　王　王字写作上二横平直,第三横略呈弧状,一竖划自第二横下分岔与第三横相交。

第Ⅰ型"王"字片有:H11:112、H11:82、H11:84、H11:174、H11:1、H11:48、H11:38、H11:233、H11:72、H11:189 等。第Ⅱ型"王"字片有:H11:167、H11:191、H11:246、H11:136、H11:80 等。第Ⅲ型"王"字片有:H11:132、H11:14、H11:3、H11:261、H11:113、H11:100、H11:11、H11:60、H11:75+126、H11:133、H11:134、H11:210 等。第Ⅳ型"王"字有:齐家 N H1〔3〕:1、采:94 等。

周原甲骨上出现"王"字的各片,各家所定时代不同。为研究者比较方便,我们将《西周甲骨探论》(简称《探论》)、《陕西岐山凤雏村西周甲骨文概论》(简称《概论》)及《周原卜辞十篇选释及断代》(简称《十篇选释》)所定时代列为《岐山凤雏甲骨文所见诸"王"时代表》如下:

岐山凤雏甲骨文所见诸"王"时代表

片　号	字形	型式	内　　容	《概论》所定时代	《十篇选释》所定时代	《探论》所定时代
H11:112	王	Ⅰ型 1式	彝文武丁必,贞王翌日乙酉其求称[illegible]……文武丁豊……汎卯……左王	约文王时(与殷帝乙、帝辛时相当)	文王晚期(与殷帝乙、帝辛时相当)	帝乙
H11:82	王	Ⅰ型 1式	……文武……王其加帝……天爂罾周方白,囟正,亡左……王受又又。	约文王时(与殷帝乙、帝辛时相当)		帝乙

（续表）

片　号	字形	型式	内　　容	《概论》所定时代	《十篇选释》所定时代	《探论》所定时代
H11:84	王	Ⅰ型1式	贞王其求又大甲，曹周方白，盡，囟正不左，于受又又。	约文王时（与殷帝乙、帝辛时相当）	文王晚期（与殷帝乙帝辛相当）	帝乙
H11:174	王	Ⅰ型1式	贞王其曰用胄，叀□胄乎求，受囟不妥王		文王晚期（与殷帝乙帝辛时相当）	帝乙
H11:1	王	Ⅰ型1式	癸巳彝文武帝乙宗，贞王其加吅成唐鬻禦，艮二母。其彝血羊三，豚三，囟又正。	约文王时期（与殷帝乙、帝辛时相当）		帝辛
H11:48	王	Ⅰ型2式	王其□　兹用　既吉渭渔			文王受命前
H11:38	王	Ⅰ型2式	王卜			同上
H11:233	王	Ⅰ型2式	其王			同上
H11:72	王	Ⅰ型2式	王用			同上
H11:189	王	Ⅰ型2式	曰吉　其五　正王受			同上
H11:167	王	Ⅱ型1式	王贞			文王受命前后
H11:191	王	Ⅱ 1式	……王……			同上
H11:246	王	Ⅱ型1式	王用……			文王受命前后
H11:136	王	Ⅱ型2式	今秋王囟克往密	文王时期（约与帝乙、帝辛时相当）		文王受命后
H11:80	王	Ⅱ型2式	王其往密山舁	文王时期（约与帝乙、帝辛时相当）	文王早期（与殷廪辛、康丁武乙时相当）	同上
H11:132	王	Ⅲ型	王禽森	成王		成王
H11:14	王	Ⅲ型	楚白乞今秋來于王其则	成王	文王早期或王季晚期（与殷廪辛康丁武乙相当）	成王

(续表)

片　号	字形	型式	内　　容	《概论》所定时代	《十篇选释》所定时代	《探论》所定时代
H11:3	王	Ⅲ型	王佳田至于帛衣王田	文王时期	同上	武成康时期
H11:261	王	Ⅲ型	商王彡			同上
H11:113	王	Ⅲ型	辛未王其逐戏兕……亡眚			同上
H11:100	王	Ⅲ型	其从王……	《两次发现》定成王时		同上
H11:11	王	Ⅲ型	……巳其乎赓毕父陟		文王早期,王季晚期(与殷廪辛康丁武乙相当)	同上
H11:61	王	Ⅲ型	王身			同上
H11:75+126	王	Ⅲ型	……王其			同上
H11:133	王	Ⅲ型	丁卯王在　三牢			同上
H11:134	王	Ⅲ型	弜巳　王卯(?)			同上
H11:210	王	Ⅲ型	王　其五牛			同上
齐家 NH_1〔3〕:1	王	Ⅳ型	王目我牧单兕豚卜	《简报》定昭穆时代		昭穆时期
齐家Q7原号81FQ操:17	王	Ⅳ型	王其罘			昭穆时期

出现Ⅰ型"王"字的甲骨,根据片上所记事类,如"彝文武丁必……文武丁豊……"(H11:112、四七、9)①、"……文武……朁周方伯……"(H11:82、四〇、14)、"王其求又大甲,朁周方伯……"(H11:84、七、12)、"贞王其曰用胄……"(H11:174、四六、8)等,我们在《西周甲骨探论》一书第四篇考证应

① 此为王宇信《西周甲骨探论》号。为便于读者查找甲骨摹本及诸家对该片甲骨的有关考释,我们在书中编制了三位一体的编号,即H11:112为甲骨摹本出土编号,四七为汇释编号,9为该书摹本顺序号。以下同此,不再注。

为帝乙时商人物。"癸巳彝文武帝乙宗，王其……"（H11：1、一、13）片应为帝辛时商人物。"王其□　兹用　既吉　渭渔"（H11：48、七三、15）片，应为文王"受命"前的周人物。虽然Ⅰ型"王"字都写作三横一竖，但商人甲骨与周人甲骨的"王"字又有细微差别。Ⅰ型1式商人的"王"字第三横略呈弧状，而Ⅰ型2式周人的"王"字第三横平直。这种差异反映了殷、周两族的不同。

文王时期殷甲骨与周甲骨字型比较表

殷甲骨				
字型	字形	王世	片号	事类
Ⅰ型1式	王	帝乙	H11：84、H11：82、H11：112、H11：174	文武丁必文武暜周方伯
		帝辛	H11：1	文武帝乙宗
周甲骨				
字型	字形	王世	片号	事类
Ⅰ型1式	王	文王受命前	H11：38、H11：48、H11：72、H11：189、H11：233	王……渭渔
Ⅱ型1式	王	文王受命后	H11：167、H11：191、H11：246	
Ⅱ型2式	王		H11：136、H11：80	王……往密
Ⅲ型	王	武成康	H11：133	丁卯王在　三牢
Ⅳ型	王	昭穆	齐家 NH_1〔3〕：1，Q7	王目我牧……王其罙

出现Ⅱ型王字的甲骨，王字字型也稍有不同。或第三横略斜，或近第三横处稍出一小杈与直竖斜交（需放大方显），故又可细分为Ⅱ型1式及Ⅱ型2式。其时代，我们根据甲骨上"今秋王囟克往密"（H11：136、六九、24）、"王其往密山……"（H11：80、六九、24）等内容考证，所记当是周文王"受命"以后伐密须之事，与商纣王帝辛时代相当。Ⅰ型1式、Ⅱ型1式、Ⅱ型2式的"王"字变化，反映了周文王"受命"前后的不同。Ⅱ型1式的"王"字是Ⅰ型1式与Ⅱ型2式"王"字的过渡环节。周人甲骨"王"字的这种不同，正是因为时间早晚而产生的纵向变化。

出现Ⅲ型“王”字的甲骨,我们根据“王禽森”(H11:132、二九、25)、“楚伯乞……王其则”(H11:14、四八、28)等片内容考证,应为周人成王前后物。其他一些有Ⅲ型王字出现的甲骨所载事类极为简单,不易判明其具体王世。但Ⅲ型王字既然与Ⅱ型王字有区别,又与时代明确之Ⅳ型昭、穆时期之王字有区别,这就规定了它的上限绝不会早到Ⅱ型王字的文王时,而下限也不会晚于Ⅳ型王字的昭穆时期,我们将它笼统地定为武成康时代物,相去不会甚远。

出现Ⅳ型“王”字的甲骨,虽然据所载史迹不易判明其时代,但根据甲骨出土地层,“此件标本不应晚于穆王时期,这与灰坑的地层关系也大体相符”①。

因此我们可以看出,周原甲骨上出现的“王”字有横向的不同,即Ⅰ型1式与Ⅰ型2式的差异,这反映了殷周两大民族的不同;也有纵向的不同,即Ⅰ型2式→Ⅱ型1式→Ⅱ型2式→Ⅲ型→Ⅳ型的发展变化,这是周人甲骨时代不同的演化。这些变化,与甲骨上所反映的历史事件是相一致的,绝不是偶然的巧合。西周甲骨的横向差异与纵向变化,如下表所示:

周原甲骨王字字形演化表

项目 字型	字　型	时　代	备　考
Ⅰ	1式 　↓　2式	文王(受命前)	Ⅰ型1式为帝乙、帝辛甲骨,与文王时期相当。
Ⅱ	1式  ↓ 2式	文王(受命后)	
Ⅲ	 ↓ ↓	武成康	
Ⅳ		昭穆	

① 《扶风齐家村西周甲骨发掘简报》。

这样，我们就可以根据“王”字的字型变化，将西周甲骨中一批重要材料的时代判明了。

二、 根据甲骨所载史迹判断时代

西周甲骨是周初历史的“大事记”。周初不少重大历史事件，都在西周甲骨上有所反映①。将周原甲骨上所载史迹与古文献结合起来进行考证，可以将一部分没有“王”字出现的甲骨的时代确定下来。根据甲骨所载史迹及近人成说，可以确定为文王时期的甲骨有：

H31:5(五、200)，H11:31(七〇、60)，

H11:68(一二、57)，H11:110(一三、56)，

H11:232(七五、232)等。

武、成、康王时期的甲骨有：

H11:4(二、46)，H11:117(三五、61)，

H11:20(三、65)，H11:37(三三、43)，

H11:116+75(九一、41)，H11:278(九五、42)，

H31:2(一、288)，H31:3(三、289)，

H11:9(八、66)，H11:115(九三、77)，

H11:27(六、68)，H11:102(六六、69)，

H11:42(八七、107)，H11:83(九、47)，

H11:8(二〇、74)，H11:164(八五、76)，

H11:15(三二、37)，H11:50(一七、38)，

H11:45(一六、39)，H11:86(八九、40)，

H11:22(一五、44)等②。

为学者分析和使用方便，我们将各片主要内容及各家所定时代列表于后。

---

① 参见王宇信:《西周甲骨探论》，第五篇。

② 每片的具体考证，参见王宇信:《西周甲骨探论》，第四篇第二节。

岐山凤雏甲骨文时代表

片号	内容	《探论》所定时代	《概论》所定时代	《两次发现》所定时代	《十篇选释》所定时代
H31:5	密囟(斯)郭(城)	文王受命后	文王时代		
H11:31	于密	同上	同上	文王时代	
H11:68	伐蜀	文王时代	同上		
H11:110	征巢	同上	成王时代		
H11:232	其于伐䝪(胡)	同上	同上	文王时代	
H11:4	其微楚𠂤燎师氏受燎	武王时代	同上		
H11:117	祠自蒿(镐)于周	成王时代	武、成时代		
H11:20	祠自蒿(镐)于壴	同上	文王末武王初		
H11:37	宬(郕)叔弗用,兹燎	武王时代	武、成时代	武王时代	
H11:116+175	宬(郕)叔族	同上	同上	同上	
H11:278	宬(郕)叔	同上	同上	同上	
H31:2	唯衣,鸡(箕)子来降,其执罘其史	同上	同上	同上	
H31:3	隻其五十人,往,囟(斯)亡咎	同上	同上		
H11:9	大出于河	同上	疑武王时代		
H11:115	……于商其舍若	同上	成王时代	武王时代	文王晚(与殷帝乙帝辛相当)
H11:27	于洛	成王时代	文王时代	成王时代	
H11:102	见工于洛	同上	成王时代	同上	
H11:42	新邑……𨘗……用牲	同上	同上	同上	
H11:83	曰今秋楚子来告父后哉	同上	同上	同上	文王晚(与殷帝乙帝辛相当)
H11:8	六年史乎(呼)宅商西	同上	同上		

（续表）

片　号	内　　容	《探论》所定时代	《概论》所定时代	《两次发现》所定时代	《十篇选释》所定时代
H11:164	……㛤商	武成时代	文王时代		
H11:15	大保今二月往	武成康时代	疑成王时代	成王	
H11:50	大保	同上	约武成康时代		
H11:45	毕公	同上	文王时代		
H11:86	毕公	同上	疑武成时代		
H11:22	虫(崇)白(伯)	同上	文王时代		

表中论著简称注

《概论》:《陕西岐山凤雏村西周甲骨文概论》,《古文字研究论文集》,一九八二年。

《两次发现》:《岐山凤雏村两次发现周初甲骨文》,《考古与文物》,一九八二年,第三期。

《十篇选释》:《周原卜辞十篇选释及断代》,《古文字研究》第六辑,一九八一年。

《探论》:《西周甲骨探论》,一九八四年。

三、 西周甲骨的字形书体与甲骨分期

字形和书体,是对殷墟甲骨中一些世系、称谓、贞人和事类不明的残碎卜辞进行分期断代的有效依据。西周甲骨多很碎小,一些片上所载史迹无法考定,也不具备“王”字,可否将殷墟甲骨分期断代使用的书体和字形的考察方法移用于西周甲骨呢?

西周甲骨,除了我们指出的“王”字字形颇富变化以外,其他各字很难找出早晚变化的规律。想用字形的变化来进行西周甲骨时代的区分是很困难的。

西周甲骨书体上的变化是有的。由“王”字变化和所载史迹确定了时代的西周甲骨有五十四片左右,我们可以以这五十四片左右的甲骨为依据,进行书体分析。

有Ⅰ型1式"王"字和Ⅰ型2式"王"字出现的几片甲骨,时代基本都属文王时期(或与之相同的帝乙、帝辛时期),总的书体作风都严整、谨饬。但仔细观察、品味,仍可发现它们有一定细微的差别。除了"王"字的差异以外,Ⅰ型1式"王"字出现的甲骨,字体显得柔弱。而Ⅰ型2式"王"字出现的甲骨,文字行款不规整,字体刚劲有力并显得生硬。这正反映了族别,即殷民族与周民族甲骨的不同。

Ⅱ型1式"王"字甲骨、Ⅱ型2式"王"字甲骨和另外几片无"王"字甲骨,基本上都属于文王"受命"后的文王后期。这一时期的文字书体更显得刚劲有力,实开了武、成、康时期劲遒、豪放之先河。

Ⅲ型"王"字甲骨以及其他无"王"字的武成康时期甲骨①,文字书体劲遒、豪放,但其间也还有某些细微的不同。即:

有显得较为严整、谨饬的,如H31:2(一、288),H31:3(三 289),H11:83(九、47)等;

有显得刚劲、粗犷的,如H11:37(三三、43),H11:8(二〇、74)等;

有略呈圆润、飘逸的,如H11:11(六五、26),H11:135(一四四、146)等。

虽然目前我们尚不能进一步判断这三种书体风格之早晚,但略呈圆润、飘逸的第三种,实开了齐家所出昭、穆时代甲骨书体之先河,或比前两种书体略晚。

第Ⅳ型"王"字出现的甲骨及其同时甲骨,字体显得圆润、飘逸。主要以扶风齐家和昌平白浮所出甲骨为代表。

根据甲骨书体作风,我们可以判定一些甲骨的时代。H11:237(一八三、10)片和H11:168+268(一六一、11)等片,与Ⅰ型1式"王"字出现之H11:174(四六、8)片书体作风一致,当为帝乙时物。H11:130(四三、116)片书体作风也与有Ⅰ型1式"王"字出现之甲骨相同,当也为同时之物②。

---

① 见前《岐山凤雏甲骨文所见诸"王"时代表》及《岐山凤雏甲骨文时代表》。

② 参见王宇信:《西周甲骨探论》,第四篇第三节。

周原凤雏出土二百八十九片有字甲骨，除去文字不能辨识的四十九片，实际有字可识者仅二百四十片左右。这二百四十片甲骨中，根据上文三个方面的分析，文王时期（包括同时的帝乙、帝辛时期）甲骨共有二十三片（据“王”字判定十五片、据事类判定五片、据书体判定三片），其余大部分都应为武成康时代物①。而不是有的学者所论断的，“绝大部分都是文王时代遗物”。文王时代的二十三片甲骨中，帝乙、帝辛甲骨只有八片，这说明凤雏甲骨主要为周人之物，而不是有学者所说的“绝大部分是商王室卜辞”。

西周甲骨（主要是周原凤雏甲骨）的分期断代研究，是一件较为复杂但又非常有意义的工作。因材料较少和研究的侧重点不同，学者们对西周甲骨分期的意见很不一致。

拙著《西周甲骨探论》（中国社会科学出版社，一九八四年）曾对西周甲骨的分期进行过较系统的论述。而此前，学者们在有关简报和论文中，也对周原甲骨的时代和族属发表过自己的意见。在这里，仅就一九八四年以后出版的专著中对西周甲骨分期断代的较系统看法加以介绍：

一、徐锡台《周原甲骨文综述》（三秦出版社，一九九一年）的分期断代探索。

作为周原甲骨文的发现者之一的徐锡台教授，发表过多篇有关西周甲骨的论述。他在《周原甲骨文综述》一书中，对周原甲骨的分期作了较为系统的研究。他也从甲骨文中出现较多的“王”字入手进行字型分析，即“一型一式、二式王字，董作宾先生定其为殷墟卜辞的第三、第四期，属于廪辛、康丁、武乙时卜辞”，即“相当于周王季或周文王早期”。而二型王字，“当属于殷王文武丁、帝乙时的卜辞”，即“相当于周文王中期”。三型王字“当属于第五期卜辞，即帝辛时期”，也就是“相当于文王末年或武王时期”（徐书，第一五四页）。并根据甲骨内容，将六十四片甲骨进行分期（文王末年四十三片、文武王时期十二片、周武王时七片、武王至周公旦二片）。《周原甲骨文综述》将周原甲骨分为两期，即“第一期：周王季晚期至周文王中期。第

① 参见王宇信：《西周甲骨探论》，第四篇。

二期:周文王晚期至周公摄政时期"(徐书,第一七一页)。

二、朱岐祥《周原甲骨研究》(台湾学生书局,一九九七年)的分期断代研究。

《周原甲骨研究》的下篇第一章,即是"由'王'论周原甲骨的断代",虽然肯定王宇信《西周甲骨探论》一书"尝试排比西周甲骨中习见的'王'字字体探讨甲骨分期","其意义十分重大",但作者"对于周原甲骨'王'字字形的定位和评鉴,与王先生有不一致的结论"(朱书,第七十四至七十五页)。朱氏《周原甲骨研究》一书,强调探讨周原甲骨分期,"首先需要掌握的,是'王'字的殷代甲骨的常态流变,从而了解周原甲骨的定位。"《周原甲骨研究》依据"董作宾先生提出由武丁至帝辛五期断代标准,比较殷诸相同辞例中'王'字的前后期写法"(朱书,第七十五页),将西周甲骨中的"王"字进行了分期,并论定周原甲骨中的王,有周王,也有殷王。并由周原甲骨中出现的"贞"字、虚字的用法分析,周原甲骨的时限宜与晚商帝辛时期相距不远(朱书,第九十一页)。而六片有"正"字出现的甲骨,经其字形、辞例、句义的分析,"也应与殷墟第五期卜辞的时代相同"(朱书,第一一三页)。

如此等等。对王氏、徐氏、朱氏西周甲骨分期的探索,《甲骨学一百年》在"西周甲骨分期探索得失观"进行过分析①。此外,宋镇豪、刘源《甲骨学殷商史研究》(福建人民出版社,二〇〇六年)也指出:因"三家方法与结论有较大差异,也给一般读者带来困惑"。三家分期的探索,"相对而言,王氏重视材料所见事类对断代的作用,分析四型王字的时代建立在事类考察的基础上,其结论较为客观"。而"徐、朱二氏对凤雏甲骨文王字的分析,直接借用董氏对殷墟甲骨文的五期断代法,其结论多少有些偏差"。

如此等等。我们相信,待不久的将来,随着二〇〇三年以后岐山周公庙二次发现西周甲骨的公布,西周甲骨的分期研究,将会由于这批材料数量较多和考古地层丰富而有新的前进和深入。我们也期盼着这一天的早日到来!

---

① 见王宇信、杨升南等:《甲骨学一百年》,第三〇二至三〇八页。

第十八章　周原出土的商人庙祭甲骨

周原凤雏窖穴 H11、H31 有字甲骨的大量出土，引起了国内外学术界的极大兴趣。十七章第二节曾谈到学者们对周原甲骨的时代和族属的不同看法。为了展开本章的论题，有必要在这里将一些学者有关西周甲骨族属的看法，再作较为详细的介绍：

一、周原甲骨多为商族所有说。王玉哲认为，周原凤雏所出甲骨不是周族的，"绝大部分是商王室的卜辞"。但他也同时指出，"必须承认周原甲骨中也还有一小部分卜甲，确乎是属于周人的"，其"时代应略晚于商王室卜辞"①。

二、周原甲骨为周族所有说。周原考古队首先提出，这批甲骨应属于周人，并指出："从文字和内容看，似可分为前后两期"，即"武王克商以前"和"武王克商以后"。还特别指出，"H11：1 记载周人祭祀殷人的先帝文武帝乙，H11：84 记载周人求佑于殷人的先帝太甲，说明周确实是殷的附属国，但附属国祭祀宗主国的祖宗，这在文献记载中是没有见过的"②。持周原甲骨周人所有说的学者还有徐锡台③、陈全方④等。

三、周原甲骨多为周人遗物，但也有商人物。李学勤赞成"凤雏甲骨的年代上起周文王，下及康、昭，包括了整个的西周前期"⑤，多数应为周人遗物。但指出，"周原这一坑甲骨的时代和性质等方面都是相当复杂的，今后还需要综合全部材料，细心地作出判断"。我国古代文献的记载表明，"祭祀的原则是'神不歆非类，民不祀非族'，所谓'非我族类，其心必异'，周虽

---

① 王玉哲：《陕西周原所出的甲骨文来源试探》。

② 《陕西岐山凤维村发现周初甲骨文》。

③ 徐锡台：《周原出土的甲骨文所见人名、官名、国名、地名浅释》；又《周原卜辞十篇选释及断代》。

④ 陈全方：《陕西岐山凤雏村西周甲骨文概论》。

⑤ 李学勤：《西周甲骨的几点研究》。

是商朝的诸侯国,也没有必要(或可能)去祭祀商王的祖先”。他认为一些甲骨“是确实的帝辛卜辞”,“这些卜辞都是在占卜后移来周原的”①。但李学勤一九八六年在《人文杂志》第一期上发表的《续论西周甲骨》又认为,“它们的卜法是周人系统的,又有两片提到‘方伯’,所以我们还是把它们划为周的卜辞”。

四、徐中舒认为周原所出甲骨为周人所有,但认为其“绝大部分都是文王时代遗物”,“也当有成王遗物在内”。他不赞成李学勤的分析,认为,“文王在周原建立殷王宗庙,在旧史中也有此事例。《史记·秦本纪》记秦昭王五十三年(公元前二五三年)‘韩王入朝,魏举国听令’。此时魏已沦为秦之属国,委质于秦,‘称东藩,筑帝宫,受冠带,祀春秋’。此虽战国纵横策士之言,(一见于张仪说韩王,一见于苏秦说魏王)也是他们耳闻目睹的事实。《后汉书·匈奴传》说:‘匈奴岁有三龙祠,常以正月、五月、九月戊日祭天神,兼祀汉帝’。汉宣帝时匈奴降汉,当在三龙祠兼祀汉帝。这和周文王在周原建立殷王庙,在这里与周大臣杀牲受盟,又有什么不同呢?”②

周原凤雏甲骨材料部分公布以后,学者们对其族属问题展开争论,分歧较大。一九八二年五月周原凤雏H11、H31有字甲骨全部公布以后,学者们对其绝大部分应为周人所有,基本取得了一致的看法。争论的范围日趋缩小,逐渐集中到涉及商王宗庙名和祭祀商人祖先的甲骨,即H11:1(一、13),H11:84(七、12),H11:112(四七、9),H11:82(四〇、14)等片上。这类甲骨数量不多,因涉及商王宗庙名和祭及商人祖先,我们不妨称之为周原出土的“庙祭”甲骨。

周原所出甲骨中,有没有商人的东西?关键在于如何认识庙祭甲骨上出现的商王宗庙名、受祭商先王名和周方伯等。换句话说,也就是周人能否在岐邑为商王立庙并祭及商人祖先。

高明在《略论周原甲骨文的族属》(载《考古与文物》,一九八四年第五期)一文中,认为“周族不可能在自己的老家周原建造商族先祖的宗庙,祭

① 李学勤、王宇信:《周原卜辞选释》。

② 徐中舒:《周原甲骨初论》。

祀商族的始祖成汤;更不会向商族的先祖太甲祈求保祐"。认为上述族属有争议的卜辞,"它们都是周文王被囚居于殷时所卜,在周原卜辞中有一部分是随周文王归周时,从殷带回周原的"。虽然我们不同意高明周原庙祭甲骨为周人所有物的说法,但他的不赞成周原立商王庙并祭祀商人先王的看法是与我们相同的①。

我们认为,周原庙祭甲骨确为商人之物。下文拟从古代礼制、甲骨刻辞本身及所祭的王名等方面进一步予以说明。

第一节　商周时代的祭祀制度与祭祀异姓

要辨明周原出土庙祭甲骨的族属,首先要对我国商周奴隶制时代的祭祀制度作进一步的考察②。

《左传·僖公》十年载,"晋侯改葬共大子。秋,狐突适下国,遇大子。大子使登仆而告之曰:'余吾无礼,吾得请于帝矣。将以晋畀秦,秦将祀余。'对曰:'臣闻之,神不歆非类,民不祀非族'"。《正义》解释说,"皆谓非其子孙,妄祀他人父祖,则鬼神不歆享之"。

《左传·僖公》三十年载,卫成公梦见康叔对他说,夏人的祖先相夺了对他的祭祀。卫成公要祭祀夏人之祖相,大臣宁武子不同意,说:"鬼神非其族类,不歆其祀。"

《国语·周语》记惠王十五年,丹朱之神降于莘,内史过"使太宰以祝史帅狸姓,秦牺牲粢盛玉帛往献焉"。韦昭注:"狸姓,丹朱之后也。神不歆非类,故帅以往也。"

以上事实说明,我国古代一族(姓)是不能祭祀外族(异姓)的祖先的。虽然春秋时代宗法制度已遭到严重破坏,但人们仍抱着古制不放。商周时

---

① 参见王宇信:《西周甲骨探论》,第三篇、第四篇有关论述。

② 我们在《周原卜辞选释》一文,王玉哲在《陕西周原所出的甲骨文来源试探》一文曾有所述及。

代的宗法制度,当比春秋时还要严格。《说文》云:“宗,尊祖庙也。”《白虎通·宗庙》说:“宗者,尊也。庙者貌也,象先祖之尊貌也。”宗庙祭祀是宗法制度的重要组成部分。《国语·周语》:“商人禘舜而祖契,郊冥而宗汤。”“周人禘喾而郊稷,祖文王而宗武王。”商、周是不同的民族,当然只能各自祭祀自己的祖先。

“天子建德,因生以赐姓,胙之土,而命之氏”①。“选建明德,以藩屏周”②。周天子把自己的子弟封为诸侯,而各国“诸侯立家,卿置侧室,大夫有贰宗、士有隶子弟”③。周天子以嫡长子继位,是“大宗”,永为天下共主。各国诸侯为众子,是“小宗”。但诸侯在其国内对卿大夫而言,则为“大宗”。周天子就是这样通过血缘关系,裂土授民,把自己的子弟分封在外。又通过宗法祭祀活动,加强大宗“天下共主”的地位和对小宗的控制。宗法制度与分封制度是互为表里的。

宗庙祭祀是有一套严格制度的。《左传·襄公》十二年记载,“同姓于宗庙(即所出王之庙),同宗于祖庙(诸侯始封君之庙),同族于祢庙(即父庙,同族即高祖以下)。是故鲁为诸姬临于周庙,为邢凡蒋茅胙祭临于周公之庙”。因为以上六国都为周公庶子,所以以鲁国始封君周公之庙为祖庙。为了维护周天子天下大宗的特殊地位,诸侯是不能立王庙的。《礼记·郊特牲》载:“诸侯不敢祖天子,大夫不敢祖诸侯。”注谓:“鲁以周公之故,立文王庙。”疏谓:“正义曰,‘知鲁得立文王庙者,案襄十二年秋,吴子寿梦卒,临于周庙礼也。注云:周庙谓文王庙也。’此经云‘诸侯不敢祖天子’,而文二年《左传》云:宋祖帝乙,郑祖厉王。‘大夫不敢祖诸侯’,而庄二十八年《左传》云:凡邑有宗庙先君之主曰都。与此文不同者,此据寻常诸侯大夫,彼据有大功德者……”周代各国诸侯中,只有鲁国既是文王所出,又有大功德于西周王朝,所以才得到特许,在国内破例地立有周庙——文王之庙。郑国是厉王所出,所以立有王庙。如果诸侯没有功德,也未得到周天子的特

① 《左传·隐公》八年。
② 《左传·定公》四年。
③ 《左传·桓公》二年。

许而立王庙，那将是“非礼”的。由此可见，周代同姓诸侯都不能随便在国内为王立庙，作为异姓的周人，在周原的岐邑为商王立庙，不仅没有必要，也是不可能的。这就排除了周原出土的庙祭甲骨是周人在岐邑为商王立庙并举行对商王祭祀时占卜之物的可能性。

《左传·襄公》十二年说，“凡诸侯之丧，异姓临于外”。异姓诸侯只能在城外，向其“国”而哭之，是没有资格进入宗庙祭祀的。不仅如此，就连司空见惯的会盟活动，也要恪守“异姓为后”①的原则。可见，宗法血缘关系支配着商周奴隶社会的一切政治活动。“非我族类，其心必异”②。与商王异姓的周文王，当然也不可能进入商朝都城的宗庙里参加祭祀商先王的典礼。更何况商周两大民族结下深仇，周文王曾一度处在商纣王帝辛的缧绁之中呢？因此，周文王能在商王宗庙里举行占卜的说法，也是缺乏文献依据的。

前已述及，为了论证周原出土的庙祭甲骨为周人所有，有的学者，例如徐中舒先生持“周原立商王庙”说。认为“文王在周原建立殷王宗庙，在旧史中也有此事例”，并在学术界产生了一定的影响。他们的依据主要有两点，我们不妨考察一下这些依据是否确有道理。

“周原立商王庙”说的重要依据之一，是《后汉书·南匈奴列传》“匈奴俗，岁有三龙祠，常以正月、五月、九月戊日祭天神。南单于既内附，兼祠汉帝”。我们认为，这条材料并不足以说明周人会在“周原立商王庙”。首先，这里存在着社会发生变动后与社会发生变动前的不同。与此同时，作为上层建筑的宗法制度及其内容也会随之发生变化。汉宣帝时南匈奴“兼祠汉帝”，距商末周初已有一千多年。在此期间，中国社会早已发生了重大变动。商周以来的血缘宗法制度经过春秋时期的兼并战争，再加上家族的繁衍和宗族内部与宗族之间的斗争，受到了很大的削弱和破坏。春秋时，不少国家出现了像“晋无公族”③那样的局面，天子、诸侯、大夫、士的地位发生

---

① 《左传·隐公十一年》。
② 《左传·成公四年》。
③ 《左传·宣公二年》。

了变化。进入战国时期以后,各国相继变法,我国步入封建社会。这时,国王与臣子的关系已不复是大宗、小宗的宗法血缘关系,分封制已为郡县制所取代,世卿世禄制也为领取俸禄并可随时罢免的官吏所代替。秦统一中国的战争又进一步扫荡了宗法制残余,并在秦汉以后形成了高度中央集权的封建专制的官僚机构。虽然汉初也封"同姓"为王,但与商周时期宗法血缘制度下的诸侯已不可同日而语了。他们杂置郡县之间,由中央王朝为其配备大傅、丞相乃至二千石以上的官吏,诸侯王终至不能处理国事。汉武帝的"推恩令"更使诸侯嫡子封地日狭,成了由郡县辖制的"列侯"。宗法制度破坏,祭祀制度及其内容也随之发生了变化。汉惠帝继位以后,"令郡国诸侯各立高祖庙,以岁时祭"①。"高祖庙"纯粹成了中央王朝的象征,与商周时"诸侯不敢祖天子,大夫不敢祖诸侯"的礼制大不相同了②。

此外,南匈奴"既内附"以后与"既内附"之前也有不同。如所周知,南匈奴之所以"兼祀汉帝",是因为匈奴统治阶级为争夺单于的宝座而发生了内部矛盾,分裂为南北单于。南单于比为得到汉中央王朝的支持,才表示"愿永为蕃蔽,捍御北虏"的。他在东汉建武二十四年(公元四十八年)得到汉帝承认,自立为呼韩邪单于。而在南单于"内附"以前,《汉书・匈奴传》也有每年五月,匈奴"大会龙城,祭其先、天地、鬼神"习俗的记载,但并不祭汉帝。在整个西汉一朝,匈奴经常窜扰汉朝边境,时有大规模兵戎之事发生,根本不承认西汉中央王朝政权。持"周原立商王庙"说学者所据《后汉书・南匈奴传》这条材料,只能说明在宗法制度已不复存在的封建社会地方政权对中央王朝的承认,不能用以证明依靠宗法血缘关系加强自己统治的周人,会在周原的岐邑为异族统治者商王立庙并祭祀商王。

"周原立商王庙说"的另一重要依据,是《战国策・魏策一》所载两事:一是苏秦为赵"合纵",说服魏王不要与秦联合,"夫魏,天下之强国也。大王,天下之贤主也。今乃有意西面而事秦,称东藩,筑帝宫,受冠带,祠春

① 《史记・高祖本纪》。

② 参见金景芳:《古史论集》,第一一一至一四一页,齐鲁书社,一九八一年;田昌五:《古代社会断代新论》,第八十八至一〇一页,人民出版社,一九八二年。

秋，臣窃为大王愧之”。二是张仪为秦“连横”，说服魏王与秦联合，魏王表示“称东藩，筑帝宫，受冠带，祠春秋”。据缪文远《战国策考辨》（中华书局，一九八四年）二一三页考证：“据《苏秦传》，说魏在秦取魏雕阴之年，即显王三十六年”。《战国策・魏策一》所记苏秦为赵“合纵”说魏王“与当时的情势绝不相符，一、显王三十六年，秦尚未称王，何以魏乃于此时‘称东藩，筑帝宫’？二、上年魏齐方会徐州相王，二国平分霸业，此时安得‘有意西面事秦’？”又同书第二一三至二一四页考证：张仪说魏王，应发生在“秦攻败韩将申差之年，即慎靓四年（公元前三一七年）”。《战国策・魏策一》所记此事“通体背于史实，举其大者，约有四端……魏王‘请称东藩，筑帝宫’。秦称帝在赧二十七年（公元前二八八年），在此后二十九年，去张仪之死已二十二年（依《史记・六国表》），与此章所言年世差互甚多”。因此，《战国策・魏策一》所谓“称东藩”、“祠春秋”云云是不足为据的，当然不能用以佐证周人在周原为商王立庙并举行祭祀商王祖先的典礼。

《左传・僖公》二十一年记载说：“崇明祀，保小寡，周礼也。”如果说周人为异姓立庙，那是通过分封一些“先圣王”之后来实现的。如封神农之后于焦，黄帝之后于祝，帝尧之后于蓟，帝舜之后于陈，大禹之后于杞。商亡之后，曾“封纣子武庚禄父，以续殷祀”。武庚叛乱被诛以后，又“以微子开代殷后，国于宋”①。这种礼制一直延续到春秋后期，如《左传・僖公》二十一年说，“任、宿、须句、颛顼，风姓也，实司太皞有济之祀”。邾人灭须句，成风请求鲁僖公帮助须句子复国，说：“若封须句是崇皞济而修祀纾祸也。”这与一些学者所说的周人在周原为商王立庙并祭祀商先王的性质是完全不同的。

根据以上对古代礼制和宗法制度的分析，可知不仅周人不可能在周原为商王立庙并祭祀商人先王，而且周文王也不可能进入殷都的商王宗庙参与对商王的祭典并占卜。因此，周原出土的庙祭甲骨，应是属于商族而不是周人的。

① 《史记・周本纪》。

也有不少学者赞成徐中舒的意见,并对“民不祀非族”加以辨析。张永山在《周原卜辞中殷王庙号与“民不祀非族”辨析》(收入《商承祚教授百年诞辰纪念文集》,文物出版社,二〇〇三年)一文中,“从史实方面阐述‘民不祀非类’并不具有至高无上的意义”。论述了历史上“天子却不受只祭自出之祖的约束”,“天子至高无上的权力,决定了他可以祭祀任何鬼神,而诸侯、大夫只能在命祀范围内祭祀相关的鬼神”。此外,“我们对‘民不祀非类’的戒律应以辩证的观点来看待,他随着时间、地点和历史环境的转变而变化”。他认为四版“庙祭甲骨”辞主的“王”,“确指殷王无疑”。但此四版只能有两种解说,一是“西伯在殷都参加殷王主持祭祀先王典礼”,卜辞是西伯的周人卜官所作。二是“属国周在周原立有殷先王宗庙”,西伯据商王策令以殷王名义祭殷先王。但不论哪种解释,“这类卜辞(按:即四版庙祭甲骨)都与‘民不祀非类’无关”。

第二节　周原出土庙祭甲骨诠释及其族属(上)

周原出土庙祭甲骨 H11:82(四〇、图 14)、H11:84(七、图 12)、H11:112(四七、图 9)、H11:1(一、图 13)等片刻辞(例图 117),曾有不少学者进行过考证。学者间不仅对其文字,而且对其族属的看法有很大分歧①。下文谈谈我们的意见。

第一片(H11:82、四〇、图 14)

□□〔彝〕文武……王其卲禘……天□翌,曾周方伯……囟正亡左……王受又又。

本辞“文武”前后均残,但以“彝文武丁必”(H11:112、四七、图 9)及“癸巳彝文武帝乙宗”(H11:1、一、图 13)辞例例之,“文武”之前当缺“干支彝”三字,“文武”之后可能残去一“必”字或“帝乙宗”三字。“必”亦作“祕”,“甲骨文以必或祕为祀神之室”②。“文武”,据研究,殷墟卜辞“对文丁则称文武

① 参阅王宇信:《西周甲骨探论》,第二篇。
② 于省吾:《释必》,《甲骨文字释林》,中华书局,一九七九年。

丁，还单称文武、文，又称文武帝，共四称”①。我们认为此“文武”应是文丁，而“文武〔必〕”应为文丁之庙（至于残处为什么不是“文武〔帝乙宗〕”的理由，我们将在后面第四节说明）。“卲”，即“卲”，卲和“禘”都是祭名。“羿册”，羿即“古典字。指简册言之”②，典与羿通，羿亦与册字通用（为减少刻字，以下用典字代替），如殷墟甲骨文有：

乙卯卜，争，贞沚馘称册，王从伐土方，受有佑。（《续》3·10·2、《簠征》36）

壬申卜，𣪊，贞□□祸，称典乎从……（《前》7·6·1）

□申卜，□贞侯□称典……（《京》1380）

殷墟甲骨文常见“称册”之辞，岛邦男《殷虚卜辞综类》第四二二页、四五四页所列甚详，此处不赘举。所谓“称册”，多与征伐有关。于省吾《双剑誃殷契骈枝》续编《释称册》一文考证说，“称，谓述说也。册，谓册策也”。即征伐方国时，“必先称册述命也”。殷墟甲骨文多有“称册，𢦏某方”之例，如：

……〔沚〕馘称册。𢦏𢀛〔方〕……敦卒，王从受有佑。（《前》7·25·1）

□戌〔卜〕，𣪊，贞〔沚〕馘称册，𢦏土〔方〕……王从……（《粹》1098）

此处之“𢦏”字，胡厚宣谓：“其义实同于伐。其言𢦏方者，除本辞‘𢦏𢀛’之外，亦言‘𢦏土方’，盖犹言伐工伐土方也”③。于省吾谓：“其于征伐言𢦏某方，以及祭祀于人牲和物牲言𢦏者，并非𢦏告之义”。“𢦏从册声，古读册如删，与刊音近字通，俗作砍”④。因此，H11:82（四〇、图 14）本辞之“天□典，𢦏周方伯”与上引殷墟卜辞文例完全相同，所记应是称册受命，征伐周方伯之事。

我们通读全辞可以看出：本辞中的“王”，是主持祭典之人，是主体。而

① 常玉芝：《说文武帝》。

② 于省吾：《释𢦏》，《甲骨文字释林》，中华书局，一九七九年。

③ 胡厚宣：《殷代𢀛方考》，《甲骨学商史论丛》初集二册。

④ 于省吾：《释𢦏》，《甲骨文字释林》，中华书局，一九七九年。

周方伯,是被眀伐的对象。很清楚,王与周方伯决不会是同一人。作为被征伐对象的周方伯,决不可能置身于商王宗庙中,并当着商王的面,公然从容占卜自己将要被商王征伐之事。因为占卜和契刻文字有一套复杂的程序,非片刻之功所能完成。

第二片(H11:84、七、图12)

贞王其求又大甲,眀周方伯,𧯞,囟正不左,于受又又。

此片之“𧯞”字,因字迹临摹不清,各家所释不一。有学者认为是“粮食类”祭品,有学者认为是周方伯私名,详见拙著《西周甲骨探论》第二篇汇释所辑。高明认为“此字分上下两部”,考证为“势”字。释此为威胁商王朝安全之势力或形势。认为此片“省略的贞者当为周文王,在他被囚禁于殷的时候,闻知殷纣祈求太甲,并诅咒自己的时候,故进行占卜,贞问殷纣王这一行为,对西方和自己是否有害,能否受到保佑”①。

这条卜辞不具贞人,这种辞例在殷墟甲骨中是常见的。这个不具名的卜者,为王占卜两件事,其一是求又大甲,其二是眀周方伯。有关眀字的解释,我们已在前边谈过,此处不再重述。而王对太甲举行求又之祭的目的,正是为了让先王大甲保佑王本人在征伐周方伯的战争中取得胜利,即“囟正不左,于受又又”。很显然,这个不具名的贞人在占卜时,完全是站在“王”的立场上,即希望王在对大甲举行求又之祭后,征伐周方伯能取得“受又又”的成功。这位能祭殷人先王大甲、并能征伐周方伯的王,必然只有商王才能胜任。而那个被省略其名的贞人,也绝不会是周文王本人。因为很难想象即将被征伐的周文王,会希冀并贞问商王在对自己进行征伐时会得到好结果。此外,“王”在这条刻辞中是主体,他能主持“求又”祭典和征伐周方伯之事。而周方伯则是客体,是商王征伐的对象。王与周方伯不同,这也排除了他们是同一人的可能。

高明文中认为殷墟卜辞“贞王甶望乘从伐巴方,帝受我又”(《乙》3787)的句型与本辞相同,这一点我们并不赞同。即使算是句型基本相同,

① 参见高明:《略论周原甲骨文的族属》,《考古与文物》,一九八四年,第五期。

也决不能证明 H11:84(七、图 12)本辞被省略的贞人应就是周文王。我们对《乙》3787 辞的理解是,辞中省略了贞人,句中的“王”应是辞中的主体,他“从”望乘,即“率领”①望乘,目的是为“伐巴方”。他卜问是希冀得到上帝授与“我”以护佑。这个我,正是站在商王朝立场上代王占卜的贞人,希望在伐巴方的战争中,上帝能授予我〔王〕或我〔商王朝〕护佑。而不能把《乙》3787 辞说成被省略了的贞人是站在巴方的立场上,当他闻知商王率领望乘要伐巴方时,进行占卜,希望上帝授予“我”〔巴方〕护佑。因此,这一类型的句子,也只能说明被省略的贞人是站在商王朝立场上并代时王卜问的,而不能佐证 H11:84 本辞被省略了的贞人,是站在与商王朝敌对立场上的即将被征伐的周方伯。

辞中之“囟”即“斯”,在此处做指示代词用。它在全辞中表示“王求又大甲”及“酉周方伯”两层意思完成以后,即可得出“不左,于受又又”的结果(本章第三节将从文法上进行分析)。因此,也不能把 H11:84 本辞解释为,在“殷王祈求太甲保佑,诅咒周方伯之势以威胁殷王的安全”的条件或原因下,反而会得出“西方能受到保佑”的结果。若此,从逻辑上也是解释不通的。

第三片(H11:112、四七、图 9)

彝文武丁必,贞王翌日乙酉其求称[中]……文武丁豊……汎卯……左,王□□□。

“文武丁”即商王文丁。“彝文武丁必”,即居处于商王文丁的宗庙。“[中]”即中字。唐兰谓:“然则中本旂旗之类也”。“然中虽有九斿、六斿、四斿之异,当以四斿者为最古”。“盖古者有大事,聚众于旷地,先建中焉。群众见中而趋附,群众来自四方,则建中之地为中央矣。列众为阵,建中之酋长或贵族,恒居中央,而群众左之右之见中央之所在,即知为中央矣。然则中本徽帜,而其所立之地,恒为中央,遂引申为中央之意,因而引申为一切之中。后人既习用中央等引申之义,而中之本义晦。徽帜之称,仍假常以称之”②。

① 杨树达:《释从犬》,《积微居甲文说》,中国科学院,一九五四年。

② 参见唐兰:《殷虚文字记》,第五十二至五十四页,中华书局,一九八一年。

旗是有不同等级和名目的。《周礼·春官·司常》云,“王建大常,诸侯建旗,孤卿建旜,州里建旟,县鄙建旐,遂车载旞,斿车载旌”。按质料及所画徽帜的不同,又各有其专名。即“日月为常,交龙为旂,通帛为旜,杂帛为物,熊虎为旗,鸟隼为旟,龟蛇为旐,全羽为旞,析羽为旌”。H11:112(四七、图9)片之“称[illegible]”,即金文卫盉铭之“称旂”。唐兰谓“是举旗,与建旗意义相近”①。车和旗,是商周奴隶主贵族等级和身份的重要标志之一。《周礼·春官·司常》职云:“司常掌九旗之物名,各有属,以待国事……及国之大阅,赞司马颁旗物,王建大常,诸侯建旗……”。王所建的旗叫“大常”,诸侯所建的旗叫“旗”,从王以下各级奴隶主各建其旗。

何时才“建旗”呢?《周礼·夏官·司马》谓:“中秋,教治兵,如振旅之阵,辨旗物之用,王载大常,诸侯载旗……”“中冬,教大阅。”注云:“春辨鼓铎,夏辨名号,秋辨旗物,至冬大阅简军实,凡颁旗物,以出军之旗则如秋,以尊卑之常则冬司常左司马时也。”而所谓“大阅”,《春秋穀梁传》桓公六年说:“大阅者何?阅兵车也。修教明谕,国道也。平而修戎事,非正也。”集解谓:“礼因四时田猎以习用戎事,存不忘亡,安不忘危之道。平谓不因田猎,无事而修之。”奴隶主统治阶级四时田猎,一个重要目的是为了训练军队。中秋教治兵,为了演习出兵,要颁建旗物。中冬教大阅,和中秋一样,所颁旗物如出军之制。可以看出,建旗往往和军事行动有密切关系。《周礼·春官·司常》“凡军事,建旌旗。乃致民,置旗,弊之”,也说明了这一点。

此外,王和各级奴隶主贵族因不同需要,在特制的车上也要建旗。一是在祭祀时,《周礼·春官·司常》云:“凡祭祀,各建其旗。”注云:“王祭祀之车则玉路。”疏谓:“偏据王而言,云乘玉路则建大常。经云‘各建其旗’,则诸侯以下所得路各有旗。”二是王与诸侯会同或巡守时也要各建其旗。即“会同宾客,亦如之,置旌门”。注谓:“宾客朝觐宗遇,王乘金路。巡守兵车之会,王乘戎路,皆建大常。”疏云:“齐仆云‘掌驭金路以宾’。又齐右亦

① 唐兰:《陕西省岐山县董家村新出西周重要铜器群铭辞的译文和注释》,《文物》,一九七六年,第五期。

云‘会同宾客前齐车’。齐车亦金路。朝觐宗遇即会同……知巡守兵车之会王乘戎路者，以其同是军事，故知亦皆乘戎路也。知皆建其大常者，此大阅礼。王建大常，即知巡守兵车之会皆建大常也……”因此，H11：112（四七、图9）片之“贞王翌日乙酉其求称[illegible]”，记的是王建大常之旗的典礼。因为占卜的贞人（虽未具名）能居处在商王文丁的宗庙之中，所以他必然是站在商王朝立场上代王卜问的卜者，因而辞中的王也就必然是商王而不会是周文王。至于这个商王是帝乙抑或帝辛，我们将在下面第四节考证。

有人可能会问：《周礼》成书较晚，这种严格的颁旗物之制当为较晚时事，西周早期或商末是否如此？我们认为有可能如此。《史记·周本纪》记商朝被灭后，“武王持大白旗以麾诸侯”，并“以黄钺斩纣头，悬大白之旗”。将纣之二嬖妾“斩以玄钺，悬其头小白之旗”。此事正与《周礼·春官·巾车》“建大白以即戎，以封四卫”之制相合。注云：“即戎，即谓兵车。四卫，四方诸侯守卫者，蛮服以内。”但武王建大白似与《周礼·夏官·司马》所记的中秋教治兵和中冬教大阅时的王建大常之旗相矛盾。故《巾车》疏解释说：“殷之正色者，或会师或劳师。不亲将，故建先王之正色异于亲自将。”或解释说，《周本纪》武王用大白而不用大常是因为“时未有周礼，故武王虽亲将，犹用大白也”。其实，殷末帝乙、帝辛与周文王基本同时，后世的旗制早在商朝应已滥觞。虽然文献中语焉未详，但甲骨文中的“[illegible]”和“事”字已经向我们透露了商代出兵打仗要用旗帜的情事。有人考证甲骨文“事”字本意，认为，“事字从中带斿，正与卜辞中字结构同”。“事字和中字都是聚众之意，但也有区别。中是建旗以聚众，旗是静止的。事是手举旌旗，象征旗在移动中。战争时，用旌旗以指挥军队进退，不能插在地上固定不动，故用手举。所以，事字表示征战时举旗以导众”①，这是很有道理的。周武王伐纣时之所以建的是太白之旗，是因为他当时还身为商王朝的诸侯，承认商王朝的共主地位。虽然敢出兵伐纣，但尚未易车服，改正朔，使用的还是商朝的旗制，因而用大白旗就不足为怪了。“周因于殷礼”。灭商以后，周

① 参见杨升南：《卜辞“立事”说》，《殷都学刊》，一九八四年，第二期；胡厚宣：《殷代的史为武官说》，《全国商史学术讨论会论文集》，一九八五年。

人继承了商王朝的礼制并加以发展,因而武王在尚为商朝诸侯时,建大白之旗伐纣的史实也就如实地保留在《周礼・巾车》职中。而后儒把武王伐商时尚为诸侯的身份与伐商后身为天子的身份混为一谈,从大一统的封建君臣关系看,《巾车》职的王建大白与《司常》职的王建大常的矛盾不好解释,遂用武王时"未有周礼"来自圆其说。

如果武王伐纣时尚无"周礼"(按:实为商礼)中有关旗制的规定,何以他能在灭商后马上就能颁发旗物呢?如"分鲁公以大路大旂"。注谓:"鲁公,伯禽也。此大路金路,锡同姓诸侯车也。交龙为旂,周礼同姓以封"。又如"分康叔以大路,少帛、绮茷、旃旌"。疏谓:"正义曰,'《周礼・司常》云:通帛为旜,杂帛为物'。郑玄云,'通帛谓大赤,从周正色,无饰。杂帛者,以帛素饰其侧。白,殷之正色'。大赤是通帛,知少帛是杂帛也"。"……知绮茷是大赤,大赤即今之红旗……盖王以通帛、杂帛并赐卫也。然则大赤亦是旃也,于绮茷之下更言旃者,茷言旂尾,旃言旂身"①。这说明,周初早就有一套车旗制度,但这不过是身为方伯、诸侯的周武王,仍沿用商王朝颁发诸侯的车旗制度罢了。商朝灭亡,周武王从诸侯一跃为天子,旗制自然会升格为天子颁旗物的规格,他的属国就成了诸侯,这不过是商王朝颁发周方伯旗制的翻版而已。不然,为何武王伐纣时尚无"周礼",而伐纣后一夜之间就有了一整套颁旗物的制度了呢?这套制度后来经过完善化、复杂化,就成了《周礼》书中的一整套车旗制度。

"豊"字见于殷墟甲骨文,郭沫若谓:"豊当读为醴"②。《说文》云:"醴,酒。一宿孰也"。段注:"礼经以醴敬宾曰醴宾"。H11:112(四七、图9)之"……文武丁豊",即对商王文丁行酒醴之祭。

"……左王……"此二字前后均残,但以H11:82(四〇、图14)之"……囟正亡左……〔王〕受又又"和H11:84(七、图12)之"囟正不左,于受又又"例之,此处不能径释为"左王",而应在"左"与"王"中间断读,"〔囟正亡〕左,王〔受又又〕"或"〔囟正不〕左,王〔受又又〕"。

---

① 《左传・定公四年》(《十三经注疏》本,中华书局,一九八〇年)。

② 郭沫若:《殷契粹编考释》,科学出版社,一九六五年,第二三二页。

H11:112(四七、图9)全辞大意是:居处在商王文丁宗庙里卜问:王在未来的乙酉日求祭并举行建大常之旗的仪式……向商王文丁行酒醴之祭……杀剖了〔祭牲〕……〔这些事情做完〕很好,王〔会受到保佑吧〕?

此辞中的商王文丁庙是不能立在周原的,周人也不会向商先王文丁行酒醴之祭,这就排除了辞中的"王"是周文王——即周方伯的可能性。此外,根据我们上面的考证,只有王才能建"大常"。而周文王当时尚为西伯,虽然《史记·周本纪》云"西伯盖即位五十年……谥为文王,改法度,制正朔矣",但正义说"《易纬》云,'文王受命,改正朔,布王号于天下'。郑玄信而用之,言文王称王,已改正朔布王号矣。按:天无二日,土无二王,岂殷纣尚存而周称王哉?若文王自称王改正朔,则是功业成矣,武王何复云大勋未集,欲卒父业也?《礼记·大传》云,'牧之野武王成大事而退,追王太王亶父、王季历、文王昌'。据此文乃是追王为王,何得文王自称王改正朔也?"因此,H11:112(四七、图9)片有资格"称旗"即建"大常"的王,只能是商王而不可能是周文王。

本片刻辞从内容分析,应是商王朝之物。

第三节　周原出土庙祭甲骨诠释及其族属(下)

第四片(H11:1、一、图13)

癸巳彝文武帝乙宗,贞王其邵吼成唐〔[illegible]〕、[illegible],艮二女。其彝血羊三、豚三,囟又正。

本辞之"文武帝乙宗",即商王帝乙之庙。帝乙为帝辛(纣王)之父,既已立庙,当为死后帝辛即位之后。有关本片文字,许多学者已有考释,详见拙著《西周甲骨探论》第二篇所列。此片的族属,有学者据"周原立商王庙"说并释"囟"为"西"字,谓"西又正"指周大臣,认为此片应为周人物。并把本片刻辞解读为:站在周族立场上的贞人,"在周原岐邑所建的商王帝乙庙中,卜问:周文王祭祀商王朝的先祖成唐及两个配偶,并杀牲为盟,在殷王祖先神明监临下与周大臣同吃血酒”,似乎可以说得过去。但据本章第一节考证,古文献所记载的古代礼制,否定了周人在“周原立商王庙”并祭祀商族祖先的可能性,因此,本片也就不能这样释读,不能断为周族之物。

我们认为本辞所记,应是代商王占卜的贞人(此贞人不具其名),癸巳日居处于帝乙宗庙中卜问,所问之事是:商壬帝辛祭祀成唐,二嬖妾参与其事,杀了三头公羊和三头小猪做祭牲,上述各事(即“斯”字所代表的)完成之后,能得到保佑(或安定)否?

高明是不赞成“周原立商王庙”说的。但他也释“囟”为“西”,并对H11:1片刻辞“从句法分析,仍是一主从复合句,与前句(按指H11:84)不同点是,在主句谓语贞字之前,增加了一些状语,以说明贞卜的时间和地点”。“但主语——贞者仍然被省略了。贞卜的事情,即动词贞的直接宾语,当为最后的短句‘西又正’。但是,在什么原因和背景下而问周族的老家西方有无安定呢?即贞的间接宾语所云:‘贞王其邵吅成唐,鬳祝㞋二女,其彝血羊三、豚三’”。以上语法关系的分析,可表述如下:

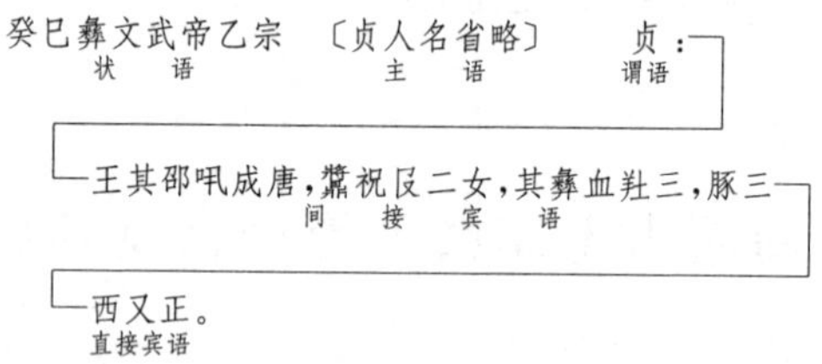

因此高明认为此片是贞问“西有正”,即“主要贞问周族老家西方有无安定”,所以应是“周文王被囚于殷时所贞卜”①。

从语法关系方面研究甲骨刻辞,很有意义。正如陈梦家所指出的:“甲骨出土以后,学者们纷纷去考释单字,很少留意到文法的研究。我们以前已屡次谈到,脱离了文法,我们不能正确的认识单字,也无法考验所认识单字的正确性”②。但是我们不同意上述高明对H11:1刻辞所进行的语法分

① 参见高明:《略论周原甲骨文的族属》。

② 参贝陈梦家:《殷虚卜辞综述》,第八十五页。

析。因为一条完整的卜辞，通常由叙辞、命辞、占辞、验辞等几部分组成，但各部分却时有省略。叙辞所记的是占卜的时间和贞人。贞人代时王卜问之事是命辞。命辞并不是贞人本身所要做某事的预卜，因此主体不是贞人(除去王自贞者)。叙辞一般都程式化，但可省略。命辞虽可省略，但不能全部略去，否则就不成其为卜辞了。因此，我们的理解，“命辞”不是贞人自己(视为主语)贞(视为谓语)：关于自己某事的结果(视为宾语)。命辞是不与叙辞，即“贞人”和卜问动词“贞”字发生主语——谓语——宾语的语法关系的。命辞构成一句完整而独立的话，本身是相对独立的。因此，研究甲骨卜辞语法结构的学者，也是多就命辞本身的语法结构进行分析的。一些分析甲骨文语法结构的著作，如管燮初《殷墟甲骨刻辞的语法研究》(中国科学院出版，一九五三年)的《句法》部分、陈梦家《殷虚卜辞综述》第三章《文法》部分等，就是这样分析的。

我们认为 H11:1(一、图 13)片的“癸巳彝文武帝乙宗，贞”是叙辞，不是这次卜问的内容，因而这一程式化的刻辞不与下面的命辞发生主语、谓语的语法关系。从“王其……”至句末的“囟有正”是命辞，分析语法关系应从这里进行。辞中的“王”是句中的主语，全辞内容由两个并列短句组成，即短句一、王其……〔又并列(一)、(二)、(三)个短句〕，短句二、其彝血……短句二主语王字省略，与短句一共用。全辞的语法关系可图解如下：

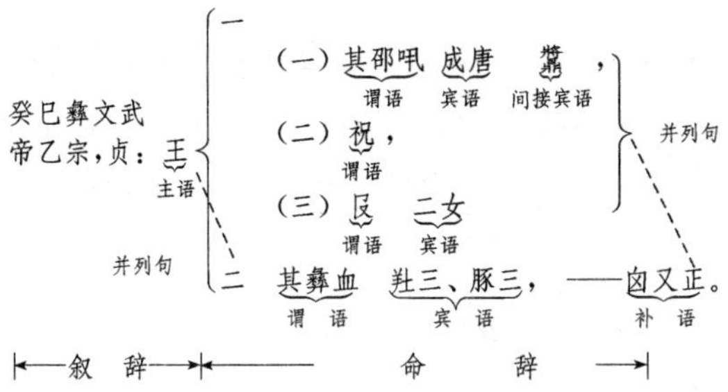

以上语法分析表明，辞中“囟有正”本身就是一个短句。“囟”即斯，为主语。“有正”是谓语。这个短句在全辞中主要补充说明“〔王〕其彝血……”这个动作完成以后的情况，是短句二的补语。

短句一与短句二为并列句，因此“囟有正”当也与短句一有一定的补语关系。“囟”即“斯”,斯即“此也”,为指示代名词①,表示短句一、二的各事完成以后,即受到护佑(或好结果)。因此,它不是“动词贞的直接宾语”。如释该字为“西”,认为是西方周侯,这一段刻辞里就会既有不具名的贞人主语,又有王,再加上“西”——西方周侯,是否一个人?谁是句中的主体?语法关系是不好分析的。此外,据H11:174(四六、图8)“叀”与“囟”共见一辞,我们在《西周甲骨探论》第二一三页已指出“可证二字确非一字”,因此“囟”也不能释为“叀”字。

很显然,居处在商王帝乙庙的这个不具名的贞人,应是商王朝的卜人。从情理上说,站在商王朝立场上的贞人是不会为周族祈求“西又正”的。因此,本辞这个被省略其名的贞人,既不是句中的主语,也不会是周文王。这与我们在第一节所得出的周文王不能进入商王庙,也不能祭祀商先王的看法是相一致的。本片时代明确,应为商末帝辛时所卜。

第四节　周原出土庙祭甲骨的时代

通过上两节对刻辞内容的诠释和族属的分析,可知周原出土庙祭甲骨H11:82(四〇、图14)、H11:84(七、图12)、H11:112(四七、图9)、H11:1(一、图13)等都是商王朝物,其时代应为殷墟甲骨文第五期帝乙、帝辛时期,与周文王(包括灭商前的周武王)基本同时。这是根据庙祭甲骨上出现的文丁庙名、帝乙庙名、成唐、大甲等先王和商王所要征伐的“周方伯”等因素判定的。

殷墟甲骨文第五期数量较多,但何者为帝乙卜辞,何者为帝辛卜辞很难分清,一般都将其统称为“乙辛卜辞”。多年来,学者们在区分帝乙、帝辛卜辞方面进行了认真的探索。这已在第十章第四节叙述。周原凤雏出土的庙祭甲骨H11:1(一、图13)是确定无疑的帝辛时物,这使我们增加了对

① 杨树达:《词诠》,第三二二页,中华书局,一九六五年二版。

第五期卜辞中帝辛甲骨的认识。

那么，其余三片，即 H11：82（四〇、图 12）、H11：84（七、图 12）、H11：112（四七、图 9）究竟是帝乙还是帝辛时物呢？

首先，从刻辞文字书体作风上看，此三片较为挺直，似出自一人手笔，与文字书体作风较为圆润的 H11：1（一、图 13）有明显的不同。

其次，从刻辞所记事类方面看，三片内容也较为接近。H11：82（四〇、图 14）有"晢周方伯"，H11：84（七、图 12）有"口典，晢周方伯"，即要征伐周方伯——文王。据文献纪载，商末帝乙、帝辛时商王朝与周人交战只有帝乙时，即"二年，周人伐商"①。商王文丁十一年杀了周文王之父季历，文丁也在同年死去，其子帝乙即位。周族文王为报父仇，在帝乙二年，不顾国力，匆忙出兵攻打商王朝。商王帝乙对周人的进攻有什么反应？文献中无记载，周原出土的商人庙祭甲骨为我们补充了这一史实。即商王帝乙面对周人的进攻，连忙祭祀祖先大甲，卜问晢伐周方伯之事会顺利否。H11：82（四〇、图 14）"□□〔彝〕文武……"残损，我们认为应为"□□〔彝〕文武〔必〕"，即文丁之庙，而不能是"□□〔彝〕文武〔帝乙必（或宗）〕"。这样就得到了合理的解释。因为文献中没有关于帝辛时与周方伯——文王打仗的记录，因此此片所记"□□〔彝〕文武〔必〕"，"……□典，晢周方伯"必为帝乙二年对"周人伐商"反击之事，此片应为帝乙时物，故称其父文丁之庙为"文武〔必〕"或"文武〔宗〕"。如果是"文武〔帝乙必（或宗）〕"，那就应是商王帝乙死后，由其子帝辛所立父庙。但文献上只有关于帝辛与周武王打仗的记载，因此不可能是"文武〔帝乙宗（或必）〕"。

H11：112（四七、图 9）的"文武丁必"，即商王文丁之庙。居处于文丁之庙，帝乙、帝辛都有可能。因此光凭庙名还不能确定此片为帝乙抑或为帝辛时物。但此片上的文字字体与上述二片基本一致，当与"晢周方伯"的战事有关，故应为帝乙时物。这样本片之王"称旗"即建大常，也可以得到合理的解释。

《周礼·夏官·司马》大司马职"若大师，则掌其戒令……及致，建大

① 范祥雍：《古本竹书纪年辑校订补》，第二十三页，上海人民出版社，一九六二年。

常,比军众,诛后至者”。注云:“大师,王出征伐也”。疏谓:“以上文大师王亲御六军,故司马用大常致众。若王不亲,则司马自用大旗致之”。正因为商王帝乙举行庙祭,要曹伐周方伯,所以又在文丁之庙举行建大常之旗的典礼,亲率军出征,以反击周方伯的进犯。这就是H11:112(四七、图9)王“称旗”的原因。从文献记载来看,没有关于周方伯参与商王帝乙、帝辛举行的教治兵和大阅的史料,也没有关于周文王参与商王帝乙、帝辛的祭祀或会同活动的记载,只有关于帝乙二年周人伐商的史实,所以为反击周人入侵,建大常之旗以率军的商王,应是帝乙而不是帝辛。

此外,H11:237(一八一、图10)之“叀三胄”、H11:174(四六、图8)之“贞王其自用胄,叀……胄,乎奏,受……囟不妥王”、H11:168+268(一六一、图11)之“叀二胄”等片文字书体风格与上述三片接近,也应为帝乙时物。而辞中关于“用胄”和“×胄”的记载,也正与商王帝乙建大常,亲率军征伐周方伯的战事有关。《说文》云:“胄,兜鍪也”。段注:“古谓之胄,汉谓之兜鍪,今谓之盔”。殷代头盔为铜质,安阳殷墟王陵一〇〇四号大墓曾发现“数以百计的铜盔层,就其纹饰来分,至少约在六七种以上”①。这几片甲骨上有关用胄的记载,应与帝乙时征伐周方伯的刻辞为同时所卜。铜盔是重要的防护装备,非一般奴隶兵士可得。商王出兵征伐周方伯,遣将于庙,颁发兜鍪,对他们表示关怀嘉勉以激励士气,正是上述有关“胄”字记载甲骨所反映的史实。

值得注意的是,周原出土庙祭甲骨所祭的殷先王主要是唐、大甲和文丁。殷墟甲骨文中,有不少商王朝与各方国交战的记录。一般说来,以第一期武丁时期征伐方国为最多,《甲骨文合集》第三册予以集中收录。第五期帝乙、帝辛征夷方卜辞也较为集中,其他各期所见征伐卜辞不多。

𢀛方为第一期武丁时的强大方国之一,对商王朝为患最烈,胡厚宣《殷代𢀛方考》一文有专门论述。𢀛方直至武丁晚期才被平定②。胡厚宣谓:

① 胡厚宣:《殷墟发掘》,第八十三页。

② 参见王宇信:《武丁期战争卜辞分期之尝试》,《甲骨文与殷商史》第三辑,上海古籍出版社,1991年。

"殷人既知舌方内侵，恐惧怖虑，常祷告于先祖，其祷告之祭，曰告，曰求，曰匄"，"皆祷告请求之祭也"①。我们翻检殷墟卜辞，殷人在舌方入侵时，行告请之祭以求保佑的先公先王有上甲、报乙、示壬、唐、大丁、大甲、祖乙等。土方也是武丁时对商王朝构成强大威胁的方国之一，当在武丁晚叶前期被平定②。土方入侵，殷人行告请之祭以求护佑的先公先王有上甲、唐等。方入侵时，还"求方于大乙"(《前》1、3、1)，大乙即是唐。还有个别的方国入侵，行祭于很少的几个先王，如芫方，"……芫方于大甲"(《乙》6686)。[illegible]方，"畐[illegible]方"于大丁、大甲等先王(《前》1.4.7 及《乙》6686)。此外，第四期还有召方来，"告于父丁"(《甲》810 及《京人》2520)者，此父丁即是康丁。其他许多方国入侵，行告请之祭于先公先王的卜辞就再也不见了。我们可以看出，上述交战时被行告求之祭的先公先王中，祭于唐的共有三个方国(舌方、土方、方)，祭于大甲的也有三个方国(舌方、芫方、[illegible]方)。我们发现，此二王在各王中，征伐时受告请之祭所涉及的方国是最多的。可知他们在殷人征伐方国的战争中有着特殊的作用和地位。

王国维曾特意提出："惟告祭者乃称唐，不知何故。"③"汤有七名而九征"④。唐即"大乙(天乙)、成、唐(汤)、成汤(成唐)、履等不同名称"⑤。关于成唐和大甲，《殷虚卜辞综述》第四〇九至四一二页、第三七五至三七六页介绍颇详，我们于此不再罗列。他们是殷代大有作为的名王，在一定意义上，成为殷人心目中的战争胜利之神。因此，在帝乙时，要伐周方伯，就要"求又大甲"(H11:84、七、图 12)。在商王帝乙举行建大常典礼时，祭"文武丁"(H11:112、四七、图 9)即文丁，也是因为文丁曾杀死文王之父季历，故其子文王伐商时，帝乙祭文丁是为了冀求文丁的英灵能镇慑或为祟于来犯的周人。

---

① 参见胡厚宣:《殷代舌方考》,《甲骨学商史论丛》,初集二册。

② 参见王宇信:《武丁期战争卜辞分期之尝试》,《甲骨文与殷商史》第三辑，上海古籍出版社，1991 年。

③ 王国维:《殷卜辞中所见先公先王考》,《观堂集林》,第四二九页。

④ 《太平御览》卷八十三引《纪年》。

⑤ 陈梦家:《殷虚卜辞综述》,第四一〇页。

至于H11:1(一、图13),虽然所记目的不详,但我们据辞中祭“成唐”的记载和成唐在征伐方国时的地位与作用,推测此片亦当与战事有关。具体地说,可能为帝辛时武王伐纣(即“东观兵”或“以东伐纣”),商王帝辛对周人大规模军事行动所作出反应的记录①。

周原出土庙祭甲骨出现商先王成唐、大甲等绝不是偶然的。这不仅证明了这些甲骨应为商王朝物,而且也是我们分析刻辞内容得出的这些庙祭甲骨应与商末帝乙、帝辛时的军事行动有关的重要佐证。

第五节 对周原出土商人庙祭甲骨的几点认识

综上各节所述,我们可以对周原出土商人庙祭甲骨得出以下几点初步认识:

一、根据古代文献中有关宗法和祭祀制度的记载,周人不可能(也没有必要)在周原为商王立庙并祭祀殷人祖先。这是商周奴隶制血缘宗法关系所决定的,直至春秋时代还保留着这一“古制”。战国时期以后,随着奴隶制的瓦解和封建制度的确立,奴隶制的宗法血缘关系遭到彻底破坏,祭祀制度和内容也发生了深刻的变化。不能用后世的礼制去分析在周原出土的商人庙祭甲骨。

二、从刻辞内容分析,庙祭甲骨也是商王朝帝乙、帝辛时物,而不是周文王居殷时所卜。对H11:1(一、图13)刻辞的语法分析所得结论也是如此。而周原出土庙祭甲骨中对商朝名王成唐和大甲的祭祀,不仅说明这些甲骨为商人物,也是这些庙祭甲骨与商末周初两族战争有关的有力佐证。

三、因此,周原出土商人庙祭甲骨为我们提供了重要史料。首先,帝乙时期的H11:112(四七、图9)、H11:82(四〇、图14)、H11:84(七、图12)等庙祭甲骨和有关用“冑”的刻辞,即H11:237(一八三、图10)、H11:174(四

① 参见王宇信:《周原出土庙祭甲骨商王考》,中国古文字学术研究会第六届年会论文(《考古与文物》,一九八八年)。

六、图 8)、H11:168+268(一六一、图 11)等片,为我们再现了帝乙二年商人与周人一场战争的史迹。即:帝乙二年,周人(文王)伐商。商王帝乙闻讯后,连忙在"文武丁"(即文丁)的宗庙里举行祭祀先王大甲及文丁的典礼,祈求这些能征善战先王的在天之灵,保佑征伐周方伯的战争能取得胜利。商王帝乙决定亲征,建大常之旗以致兵众。与此同时,商王还对参与此役的将领颁赐甲胄,以示慰勉……

其次,有关帝辛时期商、周之间的决战,文献记载周人的行动较详,如《史记·周本纪》载,"九年,武王上祭于毕,东观兵,至于孟津";二年以后,武王"遂率戎车三百乘,虎贲三千人,以东伐纣"。有关商王帝辛对周人军事行动有何反应却语焉不详。而帝辛时的庙祭甲骨 H11:1(一、图 13)为我们补充了这一史实,即:在周武王第一次"东观兵,至于孟津",或二年后"以东伐纣"的时候,商纣王闻讯,于癸巳日在其父帝乙宗庙中占卜、并对英武的先王成唐举行祭祀,希望这位战神能对平定周人叛乱予以保佑。此片还可与其他周人甲骨所记伐商之事互相补充①。更具体地说,帝辛庙祭甲骨 H11:1(一、图 13)与武王伐纣的关系当更密切一些。周武王正式伐纣,是"十一年十二月戊午,师毕渡盟津",至"二月甲子昧爽,武王朝至于商郊牧野",其间共六十七天。癸巳日商纣王祈求成唐保佑而举行祭祀时,距武王师渡孟津的戊午日已四十六天,距甲子日决战还差三十一天左右。

四、既然周原出土庙祭甲骨不是周人之物,也不是文王居殷时所卜而带回周原的,那么商人庙祭甲骨为什么在周原出土?王玉哲认为,"可能是在殷商末年商纣王时,掌握占卜的卜人投奔周人时,携带过去的"②。我们也曾指出,"这些卜辞都是在占卜后移来周原的"③。周人灭商后,夺取了商王朝的一切权力、财富和奴隶。《史记·周本纪》云:"命南宫括、史佚展九鼎保玉。"《逸周书·世俘》:"凡武王所俘商玉亿有百万。"因此,作为战利品,把记有周人奇耻大辱的这些商朝档案劫回周原,对胜利了的周人是很有意义的。既可发泄往日的不共戴天之仇,一洗耻辱;又可作为胜利的纪

① 参见王宇信:《西周甲骨探论》,第二六五至二六六页。
② 王玉哲:《陕西周原所出的甲骨文来源试探》。
③ 李学勤、王宇信:《周原卜辞选释》。

念品,传之子孙,使他们不忘“小邦周”创业之艰辛。还有一种更大的可能是,这些为商王朝占卜的贞人就是周族人。因为当时周族是商王朝的附属国,承认商王朝的宗主权。在商朝,诸侯国“对商王室在军事上和经济上的负担是相当重的”,“在经济上的榨取也是多方面的:既要贡入奴隶、牲畜、各种玩好之物,又要为王室耕种耤田,还要致送一定的谷类产品”①。甚至“包括让小国贡士”,“还要派遣贞人”。例如“祖庚祖甲时的贞人黄和帝乙、帝辛时的贞人黄都是来自黄国”,二期至五期有一百多年的时间,都有贞人黄在王朝供职,不会是一个人,可能是世袭贞人之职②。因此,周族有人入朝充当贞人,当也是完全可能的。当然,他们既然入朝充当贞人,就必须站在商王朝和商王的立场上进行卜问,俨然是王朝的一员而不能再代表周方国行事。商周两族战事起,他们只能代商王向成唐、太甲等祈求护佑商朝胜利。这就是出自周人之手的庙祭甲骨却卜问征伐周方伯等事的原因所在。从这个意义上说,庙祭甲骨还应是商中央王朝之物,而不能说是周人的。但因出自周族入朝的卜人之手,这些甲骨也就不可避免地保留周族的作风,诸如甲骨整治的方凿和圆钻等等,与一般的殷墟甲骨有所不同。也正因为他们是商中央王朝的贞人,占卜时必须用殷制,故庙祭甲骨上刻写的是卜辞,同于殷墟甲骨而不同于周人甲骨上的记事文字③。这些来自周方国并任职于商中央王朝的贞人,自然熟知他们所卜各片的利害关系及其藏处,因此,在武王灭商以后,他们献出这批甲骨并随武王返回故国是顺理成章的事情。这批甲骨在周原出土,也就可以得到合理的解释。

当然,有关周原出土商人庙祭甲骨还有很多争论。但我们相信,随着研究的深入和新材料的发现,特别是岐山周公庙的又一次成批西周甲骨的发现和公布,将来一定会取得较为一致的看法。

---

① 参见杨升南:《卜辞中所见诸侯国对商王室的臣属关系》,《甲骨文与殷商史》,上海古籍出版社,一九八三年。

② 参见齐文心:《商殷时期古黄国初探》,《古文字研究》第十二辑,中华书局,一九八五年十月。

③ 关于此,我们另有专文《周原甲骨刻辞行款的初步分析》(《人文杂志》,一九八八年,第三期)。

第十九章　周原甲骨探论

一九八二年陕西周原凤雏有字西周甲骨全部公布以后，推动了西周甲骨研究的深入进行。而其后齐家、河北邢台南小汪、北京房山琉璃河等地西周甲骨的出土和陆续公布，为全方位、多角度对西周甲骨进行研究和考察增加了新证据。

第一节　周原庙祭甲骨“曶周方伯”辨析

一九七七年，周原凤雏宫殿基址西厢二号房窖穴H11、H31有字甲骨成批出土，引起了国内外学者的极大兴趣和热烈讨论①。对于这批甲骨的族属，看法有很大分歧。一九八二年五月全部有字甲骨材料公布以后，研究日益深入，学者们逐渐把争论的焦点集中到载有殷先王宗庙名和涉及殷先王的几片庙祭甲骨（H11∶1、H11∶82、H11∶84、H11∶112）上。

判断这几片庙祭甲骨的族属（周人之物，抑或商人之物），应对我国古代的祭祀制度和刻辞本身的内容，特别是对辞中所祭先王和刻辞行款进行全面分析。而对“曶周方伯”的辞意作出较为符合商周之际历史实际的诠释，是解决庙祭甲骨族属问题的关键。

“曶周方伯”见于下述两片周原庙祭甲骨：

(1) ……文武……王其邵帝□天□贾（以下用典字代替），曶周方伯……斯正亡左……王受有佑。（H11∶82）

(2) 贞王其求又大甲，曶周方伯，盡，斯正不左，于受有佑。（H11∶84）

---

① 参见王宇信：《西周甲骨探论》，第二十至三十页，中国社会科学出版社，一九八四年。

对“酉周方伯”,学术界的诠释有很大分歧。

有学者认为,“酉周方伯”“就是把周方伯作为祭牲”,这是因为在殷墟甲骨文里大量存在的酉祭“不管是对物牲或人牲真正杀死,或者只作为杀的象征的登记,被酉的人或物,总是一种被牺牲的对象。”①

也有学者考证“酉周方伯”与战争有关,辞中周方伯是被酉伐攻战的对象②。

上述“用牲说”和“战事说”,都反映了商王朝和周族处于完全敌对的状态。

还有的学者认为“酉周方伯”“即文王往殷王宗庙中拜受殷王新命为周方伯之事”③。有的学者更进一步考证“酉周方伯的酉与征伐战争是无关的”,应“作为册封册命解”,乃是指周文王“被商王帝辛册封为方伯”④之事。这种“册封说”认为周文王“未像其父一样,受到商人怀疑”,反映了商周之间的关系较为融洽。

如此等等,一字之异,所得结论截然相反。为了进一步作出诠释,我们以时代相近的殷墟甲骨文中性质相近的辞例,进行比较辨析。

一、 关于战事说

殷墟甲骨文中常见“称册”,每与征伐方国的战事有关。如:

(3) 乙卯卜,争,贞沚戫称册,王从伐土方,受有佑。(《续》3.10.2)

(4) 王其从,望称册,光及伐,望、王弗每,有戋。(《摭续》141)

(5) □□卜,争,贞沚戫称册,王从伐土方,受有佑。(《库》1549)

(6) ……戫称册,今载……土方,受有佑。(《金》384)

(7) □□卜,敲,贞戫称册,乎从伐巴。(《乙》7732)

---

① 王玉哲:《陕西周原所出甲骨文的族属试探》,《社会科学战线》,一九八二年,第一期。

② 李学勤、王宇信:《周原卜辞选释》,《古文字研究》第四辑,中华书局,一九八〇年;王宇信:《试论周原出土的商人庙祭甲骨》,《中国史研究》,一九八八年,第一期。

③ 徐中舒:《周原甲骨初论》,《古文字研究论文集》,一九八二年五月。

④ 杨升南:《周原甲骨族属考辨》,《殷都学刊》,一九八七年,第四期。

以上各辞在“称册”之后，多有“伐”等军事行动。“称，谓述说也。册，谓册策也。”征伐方国时，“必先称册述命”①。

甲骨文中也有“称曹”、“称典”的辞例：

(8) 贞兴称曹乎归。(《缀合》223)

(9) 癸巳卜，贞商称曹。(《甲》2123)

(10) 壬申卜，㱿，贞……祸。称典，乎从。(《龟》2.11.11)

(11) □申卜，□，贞侯……称典……(《京》1380)

“典”亦“指简册言之”②。虽然在甲骨文中所见“称曹”、“称典”之例不如“称册”为多，而且文意不全，但我们以“称册”辞例例之，当也与战事有关。无论称册、称曹或称典，都是在与方国交战前所举行的一种仪式，即殷王将书写战争誓词或出兵命令的典册当众宣读并授予领兵之将。商末武王伐纣，在牧野决战前向周师宣读《牧誓》，也就是这种仪式的沿袭。

“称册”又往往与“曹某方”相连。如：

(12) ……沚戓称册，曹𢀛〔方〕，其敦卒，王从，下上若，受有佑。(《续存下》293)

(13) ……戓称册，曹𢀛〔方，其〕敦卒，王从，受有佑。(《前》7.25.1)

(14) □戌〔卜〕，㱿，贞〔沚〕戓称册，曹土〔方〕，王从，〔受有佑〕。(《粹》1098)

上述诸辞“曹”某方之“曹”字，胡厚宣先生谓“其义实同于伐。其言曹方者，除本辞‘曹𢀛’之外，亦言‘曹土方’，盖犹言伐𢀛伐土方也”③，是完全正确的。应该注意的是，卜辞凡“称册，曹某方”连言，基本没有将“曹某方”之“曹”字写作“册”或“典”字的。这也说明它们在一起连用时，意义是有所区别的。

就是单言“曹某方”，也与战争有一定关系。如：

① 于省吾：《释曹》，《甲骨文字释林》，中华书局，一九七九年。
② 于省吾：《释称册》，《双剑誃殷契骈枝》续编，一九四〇年。
③ 胡厚宣：《殷代𢀛方考》，《甲骨学商史论丛》初集二册，一九四四年。

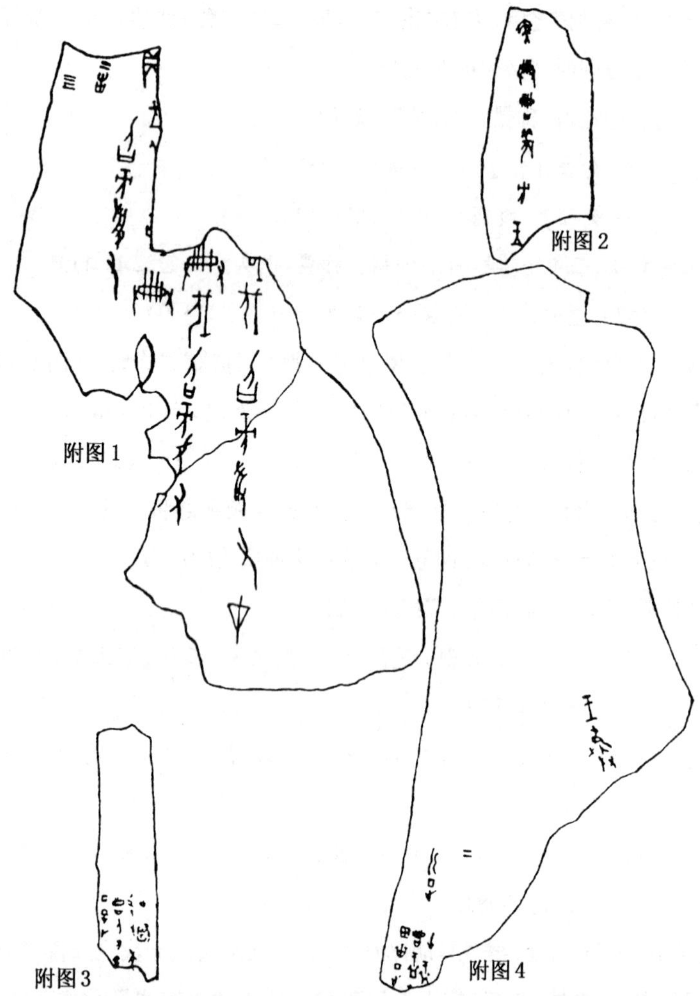

附图1 附图2 附图3 附图4

1《合集》33020 2《京人》1876 3《合集》36498 4《合集》36512 《粹》1190

(15) ……↓盂〔方〕……（上“𠕁”下“口”）盂〔方〕……田𢆶正……(《合集》36512、《粹》1190,附图 4)

(16) 丁巳王卜,贞……（上“𠕁”下“口”）人方,余……受又,不……在祸。王占……(《合集》36498,附图 3)

盂方、人方是商末帝乙、帝辛时长期征伐的主要对象。(15)、(16)辞中之“（上“𠕁”下“口”）盂方”、“（上“𠕁”下“口”）人方”,很显然与商晚期征伐这些方国有关。《合集》

3653还有“……率伐……䇂盂〔方〕……余其……盂方”,“伐”与“䇂”同辞,更是指军事行动的直接证据。也有个别言“册方”的。如:

(17) 乙丑王卜,禽巫九劵,余其尊遣告侯田,册𠭯方、羌方、羞方、辔方。余其从侯田,甾伐四邦方。(《合集》36528)

本辞的“册”字,我们理解与册伐四个方国的军事行动有关,当不悖于全辞辞意。因为所“册”的羌方、羞方等四个方国,正是“余其从侯田”所“甾伐”的“四邦方”。“册”字在这里,不会是册封、册命四个邦方的意思。

我们可以看到,第(2)辞周原庙祭甲骨之“䇂周方伯”,与第(15)辞之“䇂盂方”、第(16)辞之“䇂人方”及第(17)辞之“册𠭯方、羌方、羞方、辔方”的辞例基本相同。既然殷墟甲骨文中“䇂”某方、“册”某方指与方国的军事行动,那么“䇂周方伯”当也应指䇂伐周方伯的军事行动。第(1)辞“□典,䇂周方伯”与上述辞例略有不同,但在殷墟甲骨文中也可找到基本相同的辞例:

(18) ……𠬝典,䇂羌方,王……(《京人》1876,附图2)

本辞之“䇂羌方”,以上述辞例例之,系指伐羌的战事。前面的“典”字,则与前述第(9)辞、第(10)辞的“称典”意义相近。其实,“典”字直接与方国相连时,也与征伐方国的战争有密切联系。如:

(19) 贞王从〔沚〕或典〔伐〕召方,受佑。

……典伐召方,受又。(《合集》33020,附图1)

本辞不仅证明“典”字与方国相连时与军事行动有关,而且还可印证第(18)辞“䇂羌方”就是册伐羌方的军事行动。试以第(18)辞与第(19)辞对比,在“典”字后,方名前的位置上,前者是“䇂”字,后者是“伐”字,这说明“䇂”和“伐”字意义应相近。第(18)辞“……典,䇂羌方”之意已明,与此辞例相同的周原庙祭甲骨“□典,䇂周方伯”,自然也应理解为册伐周方伯的军事行动。

二、关于用牲说

于省吾先生根据二百多条“䇂”字作为人牲和物牲的用法,指出:“其言𠕋若干伐或𠕋伐,以伐为名词,伐指以戈断头的人牲而言。其既言伐又言𠕋者,这是说,已被断头的人牲又砍断其肢体。”而“𠕋羌”,“是说砍断羌俘的肢体,与言𠕋伐者有别”。“其言𠕋艮或𠕋若干艮者,指砍断降虏之肢体言之”。而“其于物牲言𠕋者,则物牲的肢体也同样被砍断”①。这是很精辟而全面的见解。有的学者据此认为,“𠕋周方伯”“就是把周方伯作为祭牲”②。我们则认为还值得讨论。

用方伯做人牲的例子并不少见,如:

(20) 羌方伯其用,王受又。

其用羌方□于宗,王受又。(《甲》507)

(21) 用危方囟于妣庚,王宾。(《南明》669)

(22) □亥卜,羌二方伯其用于祖丁父甲。(《京》4034)

(23) 丁卯卜,□,贞𢦏㘿伯盉,用于丁。(《合集》1118)

(24) ……𢦏㘿盉。(《合集》1119)

胡厚宣指出:“殷人征伐方国,俘获了方国的伯长,也常常用以祭祀。或称用、又,或称𠬝、寻,都是祭祀的名称。”③但在殷墟卜辞中用方伯作祭牲时,尚未见与周原庙祭甲骨上“𠕋周方伯”相同的辞例。故“𠕋”祭与用方伯作祭牲无关,“𠕋周方伯”或不会是以周方伯为祭牲。

三、关于册封说

论者据《说文》“𠕋,告也”,论证甲骨文“𠕋”字可“用于册命册封”④。下述两辞曾被学者引为证据:

(25) 乎从臣沚㞢𠕋卅邑。(《乙》696)

(26) 贞妇㚤𠕋册画。(《簠杂》89)

应当指出,上述两辞确实使甲骨学者费解,但与其他辞例相近的卜辞

① 于省吾:《释𠕋》,《甲骨文字释林》,中华书局,一九七九年。

② 王玉哲:《陕西周原所出甲骨文的族属试探》,《社会科学战线》,一九八二年,第一期。

③ 胡厚宣:《中国奴隶社会的人殉和人祭》(下篇),《文物》,一九七四年,第八期。

④ 杨升南:《周原甲骨族属考辨》,《殷都学刊》,一九八七年,第四期。

进行比较，其义还是可以基本明确的。甲骨文中常见“侑𠕋”，如：

(27) 贞卬侑𠕋。(《乙》2210)

辞中之“卬”为人名。“侑𠕋”为常见两种相连的祭名。祭名“侑”，有劝、求之意。“𠕋”字在此亦为祭名，“于祭祀言侑册者，皆指简策而言”①，即以简策侑告神明。也有侑告于祖先的辞例：

(28) 贞子商侑𠕋于父乙，乎酒。(《续》1.28.5)

(29) 贞子渔侑𠕋于父乙。(《铁》231.1)

(30) □酉〔卜〕，□，贞子渔侑𠕋于娥，酒。(《铁》264.1)

以上各辞的子商、子渔等，都是主祭的人名。而父乙、娥等，都是被祭的对象。以上述各辞辞例例之，第(25)辞之“臣沚”，当也是主祭之人。“卅邑”应与祭品有关，如何将之用祭尚待研究。第(26)辞之妇某“𠕋册画”，论者举子画与商王朝关系亲密的材料，认为“‘册画’当不是对其宣战的战书，而是册封、册命画”②之意。但问题还有另一方面，那就是甲骨文中还有子画曾与商王朝交恶作战的材料，如：

(31) 贞……师……屠子画。(《续存下》461)

(32) 庚子，贞王、禽屠子画。(《宁》一.491)

(33) 刚令骨屠子画。(《掇一》432)

“屠”字于省吾谓作动词时有“屠戮伐灭”意。商统治阶级内部发生矛盾，子画曾被屠伐。此外，诸如禽也曾被屠伐，如：

(34) 贞惟陾令屠禽。(《前》7.32.1)

还有一些方国也曾遭屠伐，如危方(《京》6386、《佚》913 等)、虎方(《叕》19)等。

因此，画地与商王朝关系亲善和交恶两种情况都曾存在，我们很难仅凭一二条亲善材料，就判断妇某“𠕋册画”为“册命画”。在卜辞中还找不到较为相同的辞例作为册命、册封的直接证据。恰恰相反，第(26)辞辞例却与第(12)、(13)、(14)、(18)较为接近，可以理解为与战事有关。而(31)、

---

① 于省吾：《释𠕋》，《甲骨文字释林》，中华书局，一九七九年。

② 杨升南：《周原甲骨族属考辨》，《殷都学刊》，一九八七年，第四期。

(32)、(33)辞子画曾被屠伐,也可以视为旁证。

既然卜辞中“侑𣪘卅邑”、“𣪘册画”与“册封、册命”无关,那在墟殷甲骨文中就再也找不到作“册命”讲的其他与“册”字有关的材料了。也就是说,第(2)辞之“𣪘周方伯”与第(1)辞之“□典,𣪘周方伯”在卜辞中没有用作册封、册命意义的例证。

根据上述,可以看出:

一、确如于省吾先生所说:“甲骨文册与𣪘习见,𣪘字说文作𣪘训告。甲骨文于征伐言称册,于祭祀言侑册者,均指简策而言。”①甲骨文册、𣪘、典意义基本相同,都有典策意。“称册”、“称𣪘”、“称典”都与征伐方国时的“称册述命”有关。

二、凡“称册,𣪘某方”连言时,所称之册、典,与𣪘某方之𣪘多不相混,说明它们连用时是有区别的。于省吾先生谓:“其于征伐言𣪘某方,以及祭祀于人牲和物牲言𣪘者,并非𣪘告之意。”“𣪘以册为音符,应读如删,通作刊,俗作砍。”②考察“𣪘某方”、“册方”卜辞,无疑都与征伐方国的战争有关。与其辞例相同的周原庙祭甲骨“𣪘周方伯”、“□典𣪘周方伯”的诠释也应相近,即与对周方伯的军事行动有关。

三、殷人杀伐被俘方国首领祭祀祖先时,用牲之法多称用、又、酓、寻、馘等。𣪘祭之法行用对象,多为牲畜和身份较低的人牲,诸如艮、垂、伐(杀头人牲)、羌、妾等等,尚未见有某方伯被“𣪘”砍的卜辞。故周原“𣪘周方伯”、“□典,𣪘周方伯”二辞不应解释为“𣪘”砍周方伯为祭牲事。

四、金文中的“册”字省去了“口”符,用于册封、册命较为习见。但这是较周原庙祭甲骨时间为后的材料,而且文字性质也不尽相同。而与第(1)辞、第(2)辞时代相近、性质相同的殷墟甲骨文中,没有用册、𣪘字于册命、册封某方伯的具体实例。因此,“𣪘周方伯”、“□典,𣪘周方伯”也不是指册命、册封周方伯之事。

五、周原出土庙祭甲骨 H11:1 即“癸巳彝文武帝乙宗……”、H11:82 即

①② 于省吾:《释𣪘》,《甲骨文字释林》,中华书局,一九七九年。

本文第(1)辞、H11:84 即本文第(2)辞和 H11:112 即“彝文武丁必，贞王翌乙酉求，称中(旗)……”，根据我们的考证，应为帝乙、帝辛时(与周文王同时)的商人之物。

这四片庙祭甲骨是应有早晚之分的。我们据 H11:112、H11:82、H11:84 各片字体相近，和 H11:112 的“王……称中(旗)”即举行建旗典礼、H11:82 的“□典，䇂周方伯”、H11:84 的“䇂周方伯”等内容的考证，认为这三片应划为一组，与帝乙二年周人犯商，商人作出反击的史事有关，是帝乙时物。而 H11:1 的“癸巳彝文武帝乙宗……成唐……”，不仅字体与上述三片稍有区别，而且所记“文武帝乙宗”即纣父帝乙死后所立之庙，此片无疑应为帝辛卜辞①。

第二节　周原出土庙祭甲骨商王考

所谓周原出土的庙祭甲骨，即指岐山凤雏宫殿遗址出土甲骨中，在刻辞里出现商先王宗庙名及祭祀唐、大甲和文武丁等商朝先王的几片甲骨。这就是：

第一片(H11:82、四十、图 14)②

□□〔彝〕文武……王其卲禘……天□费，䇂周方伯……囟(斯)正亡左……王受又又。

第二片(H11:84、七、图 12)

贞王其求又大甲，䇂周方伯，㚔(盩)，囟(斯)正不左，于受又又。

第三片(H11:112、四七、图 9)

彝文武丁必，贞王翌日乙酉其求称𢆶……文武丁豊……汎卯……

---

① 王宇信:《周原出土庙祭甲骨商王考》,《考古与文物》,一九八八年,第二期;王宇信:《周原甲骨刻辞行款的初步分析》,《人文杂志》,一九八八年,第三期。

② 此为拙著《西周甲骨探论》编号。H11:82 为甲骨出土号,四十为汇集各家考释“汇释”号,图 14 为该书甲骨摹本编号。以下皆仿此,不再注。

左,王□□□。

第四片(H11:1、一、图13)

癸巳彝文武帝乙宗,贞王其邵吼成唐〔鬻〕槃,艮二女。其彝血羖三、豚三,囟(斯)又正。(以上四片见本节后插图)

上述四片庙祭甲骨族属问题的讨论,是目前关于周原出土甲骨族属问题争论的焦点。我们曾在《试论周原出土的商人庙祭甲骨》(《中国史研究》,一九八八年,第一期)一文中指出:不仅根据我国先秦文献中有关宗法制度和祭祀制度的研究,周人不可能(也完全没有必要)在周原为商王立庙并祭祀殷人的祖先(包括文王居殷时);而且从刻辞内容本身进行分析,也说明它们是帝乙、帝辛时的商人甲骨,而不是周人在周原或周文王居殷时所卜。特别是辞中出现的"口费,曹周方伯"、"曹周方伯"及"称[illegible]"——即立大常之旗等情事,说明周原出土的庙祭甲骨应与商末帝乙、帝辛时殷周两族间发生的战事有关。

周原出土庙祭甲骨上祭及的商先王有成唐(即大乙)、大甲、文武丁(即文丁)等,充分认识这些商族先王在商王朝与外族战争中的作用及在商人心目中的地位,对判定周原出土庙祭甲骨的族属是很有意义的。

一　商王武丁征伐方国所祭商先王

"国之大事,在祀与戎"①。祭祀与征伐,是商周奴隶制国家的头等大事。为了掠夺奴隶和财富,扩大自己的疆土,商朝统治者不断向外发动掠夺性的战争,甲骨文中不乏这方面的记载。特别是甲骨文第一期武丁时期,有关征伐战争的卜辞在全部十五万片甲骨文里占有相当大的比重。

每有方国来侵,或治兵征伐方国,或在战争过程中,商王都要进行占卜或要举行专门的祭祀活动,希望得到上帝或先公远祖、先王、先妣、旧臣等对他军事行动的护佑。由于周原出土庙祭甲骨中所祭的商先王只是成唐、大甲和文武丁等,我们不妨把考察的对象只限制在商先王的范围内。

---

① 《左传·成公十三年》。

武丁时期与商王朝交战的方国很多，主要有舌方、土方、方、[illegible]方、[illegible]方、虎方、羌方、钔方、马方、巴方、夷方、基方、井方、祭方、湔方、中方、戋方、[illegible]方、周方、兴方、缶、蜀、旁方、[illegible]方、下危等等。其中所伐方国祭及先王的有：

（一）舌方

舌方“为武丁时卜辞中最多见之国名”，其地望“在今山西省以西陕西省之地”。甲骨文里有“丁酉卜，出，贞𠦪隹舌方”（《录》637）之辞，“出”为武丁晚至第二期祖庚时之贞人，说明舌方当在武丁晚叶已被商朝臣服。舌方在整个武丁一朝为患最烈，因而“殷人既知舌方内侵，恐惧怖虑，常祷告于先祖。其祷告之祭，曰告，曰求，曰匄”①。行祷告之祭所祭的先王有：

名唐者

唐即大乙汤，“汤有七名而九征”②。据考证，“在文献中他有以下称谓：(1)天乙，见《殷本纪》、《世本》、《荀子·成相篇》等；(2)成汤，见《酒诰》、《多士》、《多方》、《君奭》、《殷武》、《天问》、《殷本纪》等；(3)成唐，见《叔尸镈》；(4)汤，见《烈祖》、《那》、《长发》、《纪年》、《世本》、《鲁语》上、《天问》等；(5)武汤，见《玄鸟》；(6)武王，见《玄鸟》、《长发》；(7)履，见《墨子·兼爱》下引《汤说》；(8)唐，《太平御览》八十二引《归藏》曰‘昔者桀筮伐唐’”。卜辞中汤名有唐、大乙、成、咸等。“大乙、成、唐并是一人即汤”。“成唐犹云武汤”③。

1. 贞告舌方于唐。（《续》1.7.2）

2. 贞于唐告〔舌〕方。（《后上》29.3）

3. 贞〔勿〕𦬊〔告〕舌〔方〕于〔唐〕。（《契》76）

名乙者

4. 贞求舌方于乙。（《库》1553）

胡厚宣先生谓此名乙先王“或即大乙之省称，亦即唐也”④。

---

① 胡厚宣：《殷代舌方考》，《甲骨学商史论丛》，初集二册。

② 《太平御览》卷八十三引《纪年》。

③ 陈梦家：《殷虚卜辞综述》，第四一〇至四一二页，科学出版社，一九五六年。

④ 胡厚宣：《殷代舌方考》，《甲骨学商史论丛》，初集二册。

名大丁者

5. 贞〔于〕大丁告〔舌方〕。(《后上》29.3)

名大甲者

6. 贞于大甲告舌方出。(《后上》29.4)

7. 贞于大甲告舌。(《龟》1.12.3、《续》1.20.4)

8. 贞〔于大〕甲告舌方。(《续存》上 1.553)

名祖乙者

9. □□卜,殻,贞舌方还,率伐不,王告于祖乙,其征,匄又。七月。□□卜,殻,贞舌方还,率伐不,王其征,告于祖乙匄又。(《南明》79)

10. 贞舌方还,勿告于祖〔乙〕。(《后上》29.2)

11. 乙酉卜,殻,贞舌方还,王其勿告于〔祖〕乙。(《续》3.4.2)

12. 告舌方于祖乙。(《续》3.7.4、《簠帝》62)

13. 贞告舌方于祖乙。(《福》7)

14. 贞告舌方于祖乙。(《后上》29.2)

(二) 土方

土方与商王朝的战争,在第一期卜辞中也经常见到。据考证,"土方疑即杜,《左传》襄廿四年土匄所说'在商为豕韦氏,在周为唐杜氏',杜注云'唐杜二国名'。《左传》文四有杜祁,是杜为祁姓,亦见西周金文杜伯鬲"①。而日本岛邦男氏认为土方在"殷的北边,舌方的东部"②。土方和舌方一样是个较为强大的部族,曾对商王朝构成严重威胁。经过武丁的反复征伐后,才在武丁时被臣服。征伐土方时所祭的先王有

名唐者

15. 贞告土方于唐。(《天》61)

(三) 方

方的地理位置"当在沁阳之北,太行山以北的山西南部"③。甲骨文中

---

① 陈梦家:《殷虚卜辞综述》,第二七二页,科学出版社,一九五六年。

② 中译本《殷墟卜辞研究》,第三八五页,鼎文书局。

③ 陈梦家:《殷虚卜辞综述》,第二七〇页,科学出版社,一九五六年。

记方与商王朝交绥之事，从第一期至第五期都可见到，不过以第一期武丁时期为最多。与方交战祭及先王只见于第一期卜辞，有：

名大乙者

16. 求方于大乙。(《前》1.3.1)

17. 乙巳卜，争，贞告方出于祖甲、大乙。(《前》1.3.4)

此片贞人为第一期争，武丁不可能称其子为祖甲。武丁以前之先公先王名甲者有上甲、大甲、小甲、戋甲、羌甲、象甲等。象甲为武丁之父辈，即阳甲。因此本片之“祖甲”应指上甲、大甲、小甲、戋甲、羌甲等。小甲、戋甲、羌甲在战争卜辞中从未受祭过，而先公上甲和先王大甲在战争中却经常受祭，因此祖甲当为此中二人。但此片告祭祖甲排在大乙之前，当指先公上甲的可能性大些。

名丁者

18. 贞求方于丁。(《铁》51.4)

武丁以上先公先王名丁者有报丁、大丁、沃丁、中丁、祖丁，此名丁祖先不可确指。

(四) □方

□字于省吾释芁，谓即“《书·牧誓》‘及庸、蜀、羌、髳、微、卢、澎、濮人’之髳”①，其地在殷之西南方。征伐□方祭及的商先王有：

名大甲者

19. ……□于大甲。(《乙》6686)

(五) □方

商王朝与□方的战争，见于第一期和第三期卜辞，而祭及先王卜辞只见第一期，有：

名大丁者

20. ……畐□方大丁。(《前》1.4.7)

名大甲者

---

① 于省吾：《甲骨文释林》，第十七页，中华书局，一九七九年。

21. 壬辰卜，畐𢀛方大甲。(《续存上》634)

(六) 虎方

武丁时商王朝曾用兵江汉。《诗经·商颂·殷武》:“挞彼殷武，奋伐荆楚。”郑笺:“殷道衰而楚人叛，高宗(武丁)挞然奋扬威武，出兵伐之。”甲骨文里有曾、舆(《摭续》62)、虎方。据考证，“曾”在今“湖北枣阳、随县、京山到河南西南角的新野”一带。“舆”(即举)“应在汉东举水流域”。而虎方与中方鼎铭的夔相近，“夔应即后来楚国熊挚所居的夔，地在今湖北秭归东”①。商王朝与虎方战争祭及的先王有：

名大甲者

22. ……舆其坌虎方告于大甲。十一月。(《簠帝》37)

名祖乙者

23. ……舆其坌虎方告于祖乙。十一月。

还有名丁者

24. ……舆其坌虎方告于丁。十一月。(《簠帝》203、《佚》945、《续》3.12.6+1.13.2)

已如前述，此名丁者先王不能确指。

甲骨文第一期以后，征伐卜辞锐减，辞中所记商王朝征伐的方国也所见不多。在以后各期中，除了武丁时代就已出现的羌方、大方、𢀛方等外，其他各方多不再见。此外，第三期出现了叡方、缌方、玆方，第四期出现了[illegible]方、召方，第五期出现了人方、盂方、林方等等。而战争时所祭先王的卜辞也极为罕见，只有在第四期征伐召方时，曾告祭父丁。

25. 己酉卜，召方来，告于父丁。(《京人》2520)

26. 乙酉卜，召方来，告于父丁。(《甲》810)

此召方陈梦家释黎方，“黎与羌相提并伐，则两方当相为邻”。“《左传》昭四‘商纣为黎之蒐，东夷叛之’此黎当是卜辞黎方之地。壶关之黎与安阳殷都隔太行山东西相望，西伯戡黎危及殷都，所以祖乙恐告于纣”②。第

① 江鸿:《盘龙城与商朝的南土》,《文物》,一九七六年第二期。

② 陈梦家:《殷虚卜辞综述》,第二八七页,科学出版社,一九五六年。

(25)、第(26)辞之父丁,当是商王武乙告祭其父康丁。

以上便是我们翻检所辑的全部征伐方国祭及先王的卜辞。为便于比较,我们把有关被商王朝征伐的方国和所祭先王的关系列表如下:

被伐方国与所祭先王对照表

方名 先王	舌方	土方	方	[illegible]方	[illegible]	虎方	召方
大乙唐	✓	✓	✓				
大　丁	✓				✓		
大　甲	✓			✓	✓	✓	
祖　乙	✓					✓	
康　丁							✓

此表表明,商王朝在与敌对方国交战时,并不是所有的战争都要祭告先王的,只是众多方国中为患最烈者,如舌方、土方、方等等。就是表中所列祭及先王,在全部商先王中所占比例也很小。这些被祭先王所涉及的方国也有多寡的不同,其中以大乙(唐)和大甲为最多。祭大乙涉及被征伐方国有舌方、土方和方等三方,祭大甲涉及被征伐方国有舌方、[illegible]方、[illegible]、虎方等四方。这很清楚地说明,大乙和大甲等几位为数不多的先王在商王朝对外战争中占有特殊的地位。

二　商朝对外战争所祭先王的重要地位

甲骨文中所反映的大乙、大甲等先王在战争中的重要地位,与古文献所反映的是一致的。《晏子·内篇谏上》:"夫汤、太甲、武丁、祖乙,天下之盛君也。"《孔丛子·论书》:"汤及太甲、祖乙、武丁,天下之大君。"正因为商汤、大甲和祖乙等是商朝历史上有作为的名王,所以商王朝在与强敌发生战争时,都要对他们行祭告之典,以期得到他们的护佑,并对敌方作壱致祸和从心理上予以震慑。因此,这些先王既是作为商王朝进行战争的授命者,又是作为商王朝的战神而被崇拜的。这就是殷墟甲骨文征伐卜辞祭祀历史上著名先王原因之所在。

《尔雅·释天》:“是禷是祃,师祭也。”注:“师出征伐,类于上帝,祃于所征之地。”疏:“祃之所祭,其神不明……其神盖蚩尤或曰黄帝。”古代出兵打仗,是有一套礼制的。出兵时不仅要在南郊祭天,还要在所征之地“立表处”祭祀战神蚩尤或黄帝,以“祭造军法者,祷气势之倍增”。此外,还要祭祀祖先。《礼记·王制》:“天子将出征,类乎上帝,宜乎社,造乎祢,祃于所征之地。受命于祖。”注:“告祖也。”疏:“受命于祖,谓出时告祖,是不敢自专,有所禀承,故言受命。祖祢皆告,以祖为尊,故特言祖。此据以征伐之事,故云受命于祖。”《史记·周本纪》载,周武王在“东观兵,至于孟津”前,就是先“上祭于毕”的。集解谓:“马融曰:毕,文王墓地名也。”出兵时,还要“为文王木主,载以车,中军。武王自称太子发,言奉文王以伐,不敢自专”。在正式出兵“以东伐纣”时,仍是打着这次行动“乃遵文王”的旗号的。周武王两次出兵之所以这样做,除了表示他伐商是“师修文王绪业”之外,还表示希望在战争中能得到文王在天之灵的护佑,以“祷气势之倍增”,把文王作为战神看待的。

这是因为作为战神的蚩尤,在商周之际还没有被人们“造”出来。战神蚩尤的形象,据《史记·五帝本纪》正义引《龙鱼河图》云:“黄帝摄政,有蚩尤兄弟八十一人,并兽身人语,铜头铁额,食沙石子,造立兵仗刀戟大弩,威震天下……天遣玄女下授黄帝兵信神符,制服蚩尤,帝因之使主兵,以制八方。蚩尤没后,天下复扰乱,黄帝遂画蚩尤形象以威天下。天下咸谓蚩尤不死,八方万邦皆为弭服。”蚩尤事迹最早出现在《尚书·吕刑》。云:“王若曰:若古有训,蚩尤始作乱,延及于平民。”《吕刑》为吕侯奉周穆王之命所制定,成书于西周中期以后。这时的蚩尤,只不过是传说中的犯上作乱的部落首领——九黎之君。其后《山海经·大荒北经》记“蚩尤作兵伐黄帝,黄帝使应龙攻之冀州之野。应龙蓄水。蚩尤请风伯雨师,纵大风雨。黄帝乃下天女曰魃,雨止,遂杀蚩尤”。说明在战国时代蚩尤已进一步成为继炎帝后,能与传说中的黄帝相抗衡的重要人物了。正因为蚩尤“作五兵”和英勇善战,战国、秦汉之际就被奉为战神了。《史记·封禅书》记秦始皇统一中国后,曾“东游海上,行礼祠名山大川及八神”。昔时齐地的八神之三“曰兵主，祠蚩尤”。在秦汉之际，刘邦起兵时，也曾“祠黄帝，祭蚩尤于沛庭，而衅鼓旗”①。

正由于商周之际还没有产生战神蚩尤，所以商周统治者为了表明自己所进行战争是秉承先王的意志，“受命于祖”并希望先王在战争中护佑自己和激励士气，因此要对自己历史上著名的先王进行祭祀，这和后世祭祀战神蚩尤的性质是一样的。

三　周原甲骨庙祭成唐、大甲与庙祭甲骨的族属

周原出土庙祭甲骨中所祭商先王，特别是成唐（即大乙）和大甲，为我们判断这些甲骨的性质和族属提供了重要线索。

本节篇首所列第三片（H11：112、四七、图 9）记有“王翌日乙酉其求称[illegible]”。“称[illegible]”，唐兰谓“是举旗，与建旗意义相近”②。王建之旗，《周礼·春官·司常》谓：“王建太常，诸侯建旗。”王建大常之旗是在下述几种情况之下：（一）《周礼·夏官·司马》云：“中秋，教治兵，如振旅之阵，辨旗物之用，王建大常，诸侯载旂。”“中冬，教大阅。”注云：“至冬大阅简军实，凡颁旗物，以出军之旗则如秋。”治兵和大阅典礼与军事训练有密切关系，这时主要建大常之旗。（二）出兵打仗时王要建大常之旗。《周礼·夏官·司马》大司马职“若大师，则掌其戒令……及致，建大常，比军众，诛后至者”。（三）在祭祀时王要建大常之旗。《周礼·春官·司常》“凡祭祀，各建其旗”。疏谓：“偏据王而言，云乘玉路则建大常。经云各建其旗，则诸侯以下所得路各有旗”。（四）王与诸侯会同或巡狩时也要建大常之旗。“会同宾客亦如之，置旌门”。注谓：“宾客朝觐宗遇，王乘金路。巡狩兵车之会，王乘戎路，皆建大常。”第三片之王“称[illegible]”，是说王建大常之旗。

从第三片之“彝文武丁必”即居处在文武丁庙和“文武丁豊”，即祭及文武丁（即文丁）看，此片当为商王帝乙祭及其父文丁时所卜。古文献中没有帝乙与周方伯——西伯共同田猎或会同、巡狩及祭祀文武丁的记载。而

---

①　《史记·高祖本纪》。

②　唐兰：《陕西省岐山县董家村新出西周重要铜器铭辞的释文和注释》，《文物》，一九七六年，第五期。

《竹书纪年》却有帝乙二年,周人伐商的记录。所以本片之“称[illegible]”,当是商王帝乙建大常之旗,与大司马职的“若大师……建大常,比军众……”的军事行动有关。而商王帝乙之所以在建大常之旗的时候祭祀其父“文武丁”(即文丁),是因为“文丁杀季历”[1]以后,周文王即位,他为报父仇,在帝乙二年伐商。商王帝乙建大常之旗召集兵众,并祭其父文丁以表示他反击周人是秉承其父遏制周人发展的意志,也希望其父在天之灵能威慑周人并保佑自己在战争中取得胜利。如果像有些学者所说,这片甲骨属于周人的话,那么与商人有杀父之仇的周文王(或者有杀祖之仇的周武王),居然会祭祀起自己不共戴天的仇敌文丁,这在脱离“野蛮”畛域不久的周族来说是不可想象的。

与第三片基本同时的还有篇首所列第一片(H11:82、四十、图 14)及第二片(H11:84、七、图 12)。这两片都有“曹周方伯”。我们同意于省吾先生对曹字的考证,他说:“其于征伐言曹某方,以及祭祀于人牲和物牲言曹者,并非曹告之义。”“曹从册声,古读册如删,与刊音近字通,俗作砍。”[2]“……卑,曹周方伯”与“曹周方伯”,当同指帝乙二年商王朝反击周文王入侵之事。如果把“曹周方伯”解释为周方伯被册封之事,不仅与殷墟甲骨文中常见的“曹某方”即指征伐某方而言的卜辞辞义完全不合,而且与同时第三片(H11:112、四七、图 9)所记的帝乙为反击周人入侵,庙祭文丁并建大常之旗准备出征的情事也不相合。此外,第二片(H11:84、七、图 12)在“曹周方伯”时,还“求又大甲”,这也为“曹”字与征伐方国有关提供了佐证。大甲在商王朝征伐方国战争中的地位,我们在前面已经谈过。征伐(曹)周方伯并祭祀战神大甲,这才是合乎逻辑的解释。

篇首所列第四片(H11:1、一、图 13)的“彝文武帝乙宗”,即居处在商王帝乙的宗庙里。帝乙既已立庙,此片甲骨当为帝辛时物。持周原甲骨周人所有说者,可据此“文武帝乙宗”定此片为与帝辛同时的文王时代物(或定为帝辛末期的武王时代物)。但据我们的考证,周人不可能在周原为商王立庙,周文王居殷时也不能入“文武帝乙宗”并卜祭商族著名先王成唐[3]。

---

① 范祥雍:《古本竹书纪年辑校订补》,上海人民出版社,一九六二年。

② 于省吾:《释曹》,《甲骨文字释林》,中华书局,一九七九年。

③ 王宇信:《试论周原出土的商人庙祭甲骨》,《中国史研究》,一九八八年,第一期。

本片只能是帝辛时的商人甲骨。辞中祭成唐的王，只能是帝辛而不可能是周文王（或周武王）。帝辛为什么在其父帝乙的宗庙中占卜，并准备隆重的祭祀先王成唐呢？他希望什么事情能得到成唐的保佑并使之顺利呢？辞中并没有说明。但所祭先王成唐，为我们透露了帝辛这次占卜的目的。

成唐是商王朝的开国之君。《诗经·商颂·长发》记他"韦顾既伐，昆吾夏桀"，建立了商王朝。经过商汤的经营，商王朝的版图急剧扩大，正如《诗经·商颂·殷武》所歌颂的："自彼氐羌，莫敢不来享，莫敢不来王，曰商是常"，成为当时世界上为数不多的奴隶制大国。正因为商汤在对外征伐战争的胜利中建立和加强了商王朝的统治，因此他"号曰武王"。也正是由于商汤的"甚武"①，所以在商王朝与为患最烈的一些雄族，如𢀛方、土方、方的战争中，他都要受到后世子孙的祭祀，希望他们的"武王"——商王朝的战争胜利之神能使后代取得胜利并励扬卒伍的士气。因此，第四片周原出土庙祭甲骨所记帝辛隆重祭祀成唐是事出有因的，很可能与商末帝辛与周人的决战有关。

众所周知，商末帝辛时没有与周文王发生军事冲突。只是在周文王死后，周武王才开始大规模对商纣王（即帝辛）用兵。据《史记·周本纪》载，一次用兵是"九年……东观兵至于孟津"。一次用兵是"十一年十二月戊午，师毕渡孟津"，直至次年"二月甲子昧爽"，进行了历史上有名的牧野之战，商纣兵败，商朝灭亡。对周人这两次大规模军事行动，商王帝辛作何反应，古籍所记语焉不详。只有第二次伐商，周人陈师牧野时，"帝纣闻武王来，亦发兵七十万人距武王"的记载。第四片周原出土庙祭甲骨为我们补充了史籍的不足。即在第二次周武王"师渡孟津"以后（或第一次"东观兵，至于孟津"时），商纣王闻讯还是认真对付的。他曾在帝乙宗庙行告庙出征之礼，并祭祀战神先祖成唐，然后出兵在牧野与周武王大军决战。因此，本片甲骨祭祀先王成唐，不仅可以使我们推断出此片甲骨应与武王伐纣的战事有关，而且还可以进一步确定此片甲骨的具体时间应在商纣王末年，即

① 《史记·殷本纪》。

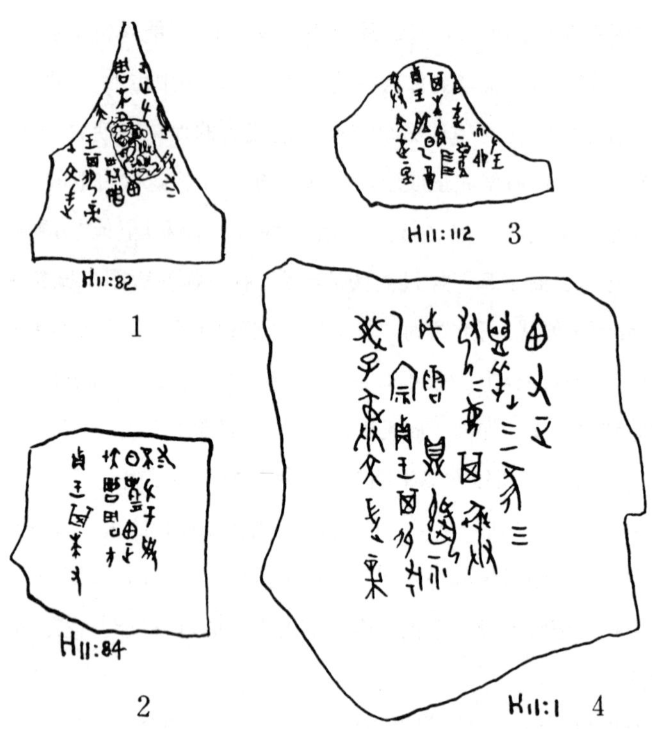

1 2 3 4

周武王第一次出兵之后或第二次正式出兵伐纣的过程中。

总之,在研究上述几片周原出土庙祭甲骨时,我们不能仅限于一字、一辞或一片的考释。而应把一字、一辞或一片的考释与同时的殷甲骨以及古文献所记的历史环境结合起来,作"观其全体"的综合研究。不仅要尽量做到一字、一辞的解释在该片中能文从字顺,而且还要把一字一辞的解释放到同时的甲骨中去验证并放到当时的历史环境里进行考察,看看这组同时的甲骨的解释是否也文从字顺、互无捍格。只有这样,才会逐步接近历史的真实。

第三节　周原甲骨刻辞行款的初步分析

周原出土甲骨刻辞虽然字数不多,但辞例、行款却较为复杂。有学者分析了它们的字型与孔型①,有学者研究了它们的文法②,也有学者从辞例、命令副词开首的句子等方面进行了分析③。如此等等。从不同方面对周原出土甲骨刻辞进行分析,对判定它们的用途和族属极有意义。

但迄至目前,还没有人对其行款进行整理和分析。我们拟在这里专就刻辞行款进行初步整理,为学者深入分析提供一些线索。根据我们的整理,周原出土甲骨刻辞的行款,基本可分为下述四种类型:

一、刻辞行款自左始下行再右转行。

(1) H11:1(一、13)"癸巳彝文武帝乙宗,贞王其邵吼成唐鬻,挈,艮二母。其彝血羖三、豚三,囟又正(如图)。

(2) H11:84(七、12)"贞王其求又大甲,酉周方伯,盡,囟正不左,于受又又"。

(3) H11:112(四七、9)"彝文武丁必,贞王翌日乙酉其求称[illegible]……武丁豊……氿卯……左,王□□□"。

(4) H11:82(四〇、14)"□□〔彝〕文武……王其邵帝……天□褜,酉周方伯……囟正亡左,〔王〕受又又"。

(5) H11:174(四六、8)"贞王其皀用胄,叀□胄,乎奏受,囟不妥王"。

(6) H31:4(四、291)"卲曰毋既克尤宣用"。

上述各辞,都有叙辞或以"贞"字起首的命辞。我们以殷墟卜辞辞例例之,(1)—(5)辞应为卜辞。

此外,第(6)辞没有出现"贞"字而以"卲"字起句。有学者考定此字不仅"与'贞'字的训解相同",而且"用法确与'贞'字相同"④。因而可视此类刻辞为与周原甲骨较为典型的卜辞(即(1)—(5)辞)略有不同的另一种卜辞,在殷墟卜辞中是不见的⑤。

---

① 徐锡台:《周原出土甲骨的字型与孔型》,《考古与文物》,一九八〇年,第二期。

② 高明:《略论周原甲骨文的族属》,《考古与文物》,一九八四年,第五期。

③④ 李学勤:《续论西周甲骨》,《人文杂志》,一九八六年,第一期。

⑤ 此字作用实与甲骨文"占曰"的占字同,见本书第二十章"读邢台新出西周甲骨刻辞"之第二节"邢台南小汪西周卜辞诠释"之(四)"卲辞相当殷墟甲骨文的占辞"。

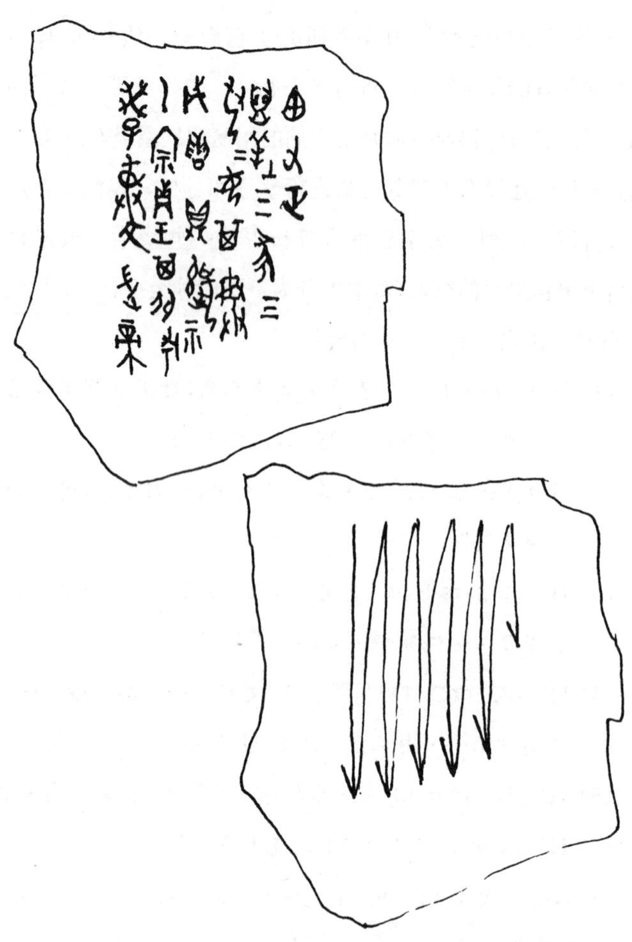

二、有的刻辞行款自右起下行再向左转行。

(7) H31:2(二、288)"唯衣鸡子来降,其执眔氒事。在旃尔卜,曰南宫鸹其乍"(如图)。

(8) H31:3(三、269)"隻其隻五十人往,囟亡咎。

八月辛卯卜,曰其瘽(夢)"。

(9) H11:48(七三、15)"渭渔,既吉。兹用。〔王〕其乎……"。

(10) H11:189(一七一、21)"曰吉。其五……王,王〔受〕□□"。

(11) H11:138(三六、22)"今秋王囟克往密"。

(12) H11:80(六九、24)"王其往密山舁"。

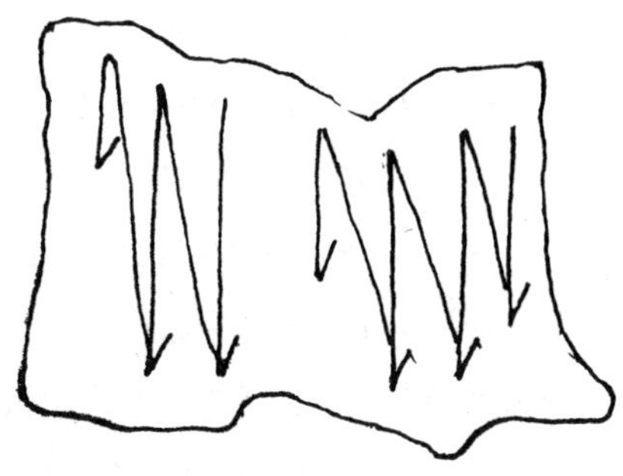

(13) H11:3(一一、27)“王隹田，至于帛，衣王田”。

(14) H11:113(七二、29)“辛未王其逐戏兕……亡眚”。

(15) H11:4(二、46)“其微楚，氒燊，师氏舟燊”。

(16) H11:83(九、47)“曰今秋楚子来告父后戋”。

(17) H11:21(五六、49)“舟呇囟克事”。

(18) H11:92(九〇、52)“龙乎见莒”。

(19) H11:117(三五、61)“祠自蒿于周”(如图)。

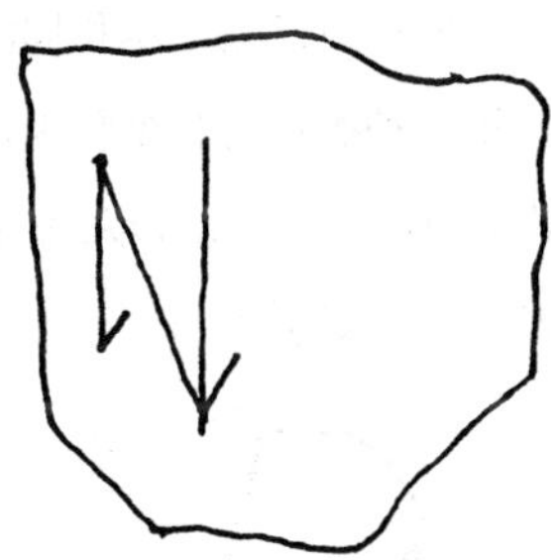

(20) H11:20(三、65)“祠自蒿于壴”。

(21) H11:98(一〇七、82)“毋公用鼰”。

(22) H11:28(一一〇、90)“一戟，囟亡咎”。

(23) H11:35(六二、103)“□车乘，囟亡咎”。

(24) H11:170(七四、102)“庚子……逐其四”。

(25) H11:114(四一、115)“弜巳其若艮，囟正”。

(26) H11:2(二一、122)“自三月至于三月，唯五月囟尚”。

(27) H11:47(二五、130)“大还，囟不大追”。

(28) H11:55(二四、133)"隹十月既死□亡咎"。

(29) H11:6+32(一四、138)"尔囟克事"。

(30) H31:4(四、291)"廼则……墬迖,囟亡〔咎〕"。

(31) 齐家 NH1〔3〕:1(二、296)"卜,曰衣车马,囟又翼"。

在周原出土的甲骨中,这一类行款的刻辞较多,字数也仅次于前述第一种类型的卜辞。它们的行款走向恰恰与第一种类型刻辞的行款走向相反。那么,这种类型的行款是否与第一种类型的行款为左、右对贞呢?我们认为不是的。这是因为其一,西周甲骨文与殷墟卜辞一脉相承,但又形成了自己与殷墟卜辞不同的特征。从齐家出土的较完整有字卜甲 H3〔2〕:1(一、300)看,虽然刻辞守兆,但看不出左右对贞的现象。而凤雏 H11、H31 所出卜甲更为碎小,要想找出对贞关系是不可能的。齐家出土较完整的有字卜骨,如 80FQN 采:112(六、302)、NH1〔3〕:1(二、298)及采:49(五、299)等版看,刻辞虽与卜兆有一定关系,但没有见到刻辞相间或对贞的现象,因此,就据目前我们所能见到的较完整西周卜甲、卜骨材料判断,西周甲骨文例与殷墟卜辞是不尽相同的,即不对贞。这就排除了第二种类型行款刻辞与第一种类型行款刻辞为对贞的可能性。

其次,第(6)、(30)辞为两种不同走向行款的刻辞,共同分布于 H31:4(四、291)片上(如下图)。

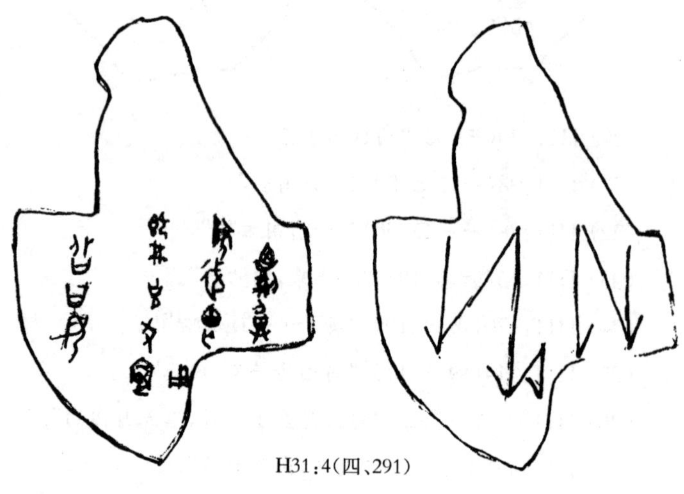

H31:4(四、291)

此碎甲片为左下甲近外缘处。(6)辞自外向内右行，这与殷墟卜辞“在外向内”的作风是相同的。而第(30)辞行款走向与其相对，自右左行。我们之所以说它们不是对贞，因为此甲不是中央“千里路”部而且(6)辞以“卲”字开头，(30)辞却以“廼”字起首，故刻辞(6)与(30)虽然分布于同版之上，但决不是对贞卜辞。

其三，从刻辞内容看，这一类型行款的刻辞，不见第一种类型行款刻辞的“前辞”或有可供判断卜辞的起首字“贞”“卲”等，因而不能定其为卜辞。

董作宾先生曾论定，“商代的记事文字，无一非‘下行而左’者”。指出诸如牛头刻辞(《甲》3939)、鹿头刻辞之一(《甲》3940)、鹿头刻辞之二(《甲》3942)、骨柶刻辞之一(《佚》518)、骨柶刻辞之二(《佚》427)、小臣墙刻辞(《合集》36481)、骨简刻辞(干支表)、玉器刻辞、石器刻辞、牛距骨刻辞(《乙》8688)、人头刻辞、金文(小臣兹卣)等等，都是自右下行而左的记事文字①。当然，也有极个别的例外，如虎骨刻辞(《安怀》B1915)，行款走向与上述记事相反，自上而下向右转行。

周原甲骨上第二类型行款的刻辞，与殷墟卜辞中的记事文字行款颇相一致。但是，周原甲骨刻辞背面都有凿、灼，正面呈兆，当与占卜有一定联系，这与上述商代各种记事文字刻在没有钻、凿、灼痕的甲骨上或其他与占卜无关的材料上又不完全相同。但是，在殷墟甲骨上，有的背面布满钻、凿和灼痕，正面密布卜辞，在卜辞附近，有一种与占卜有关，但又不是卜辞的记事文字，如《合集》10405 正“己卯媚子寅入宜羌十”(如图)。周原甲骨上的第二种类型行款刻辞，当与殷墟甲骨的这种记事文字性质相近。

① 参见董作宾:《殷代文例分“常例”“特例”二种说》,《中国文字》第六期，一九六二年。

此外,就从第二种类型行款的内容考察,文字简明,多为单句或主从附句(即附以“囟”字开头构成的单句),句中经常见到的“亡咎”、“亡眚”等词汇,在《周易》卦、爻辞中常见。而卦、爻辞就是判断句而不是问句。因此李学勤指出,周原甲骨刻辞中以“‘囟……’或‘尚……’这样以命令副词开首的句子,绝不是问句。这表明,西周卜辞都不是问句”①。我们上面分析的第二种行款刻辞为记事之作,与从辞例分析所得出的看法是一致的。

个别的刻辞,如(7)、(8)、(32)辞都出现了“卜曰”,有学者据此论定其为前辞的一种形式②。我们以(49)辞“弗用兹卜”、H11:38(二八、16)“王曰卜”、(31)辞“王目我牧单兕豚卜”及(16)辞“曰:今秋楚子来告父后戋”等辞例例之,这一类刻辞应在“卜曰”之间断读。即(7)辞应读为“在旃尔卜,曰南宫辝其乍”。(8)辞应读为“八月辛卯卜,曰……”。(31)辞应读为“卜,曰衣车马……”。

殷墟卜辞常有在叙辞、命辞之外记此次占卜举行的地点或时间的记事。如:有记时间的,

“戊寅,贞来岁受禾?在六月卜”。(《邺三》39.5)

有记地点的,

“癸未卜,行,贞今夕亡囚?在自裳卜”。(《录》690)

又有兼记时间、地点的,

“乙未卜,行,贞王其田亡灾?在二月在{山鹿}卜”。(《通》729)

以上句末所记虽与占卜有关,但不是卜辞本身所问的内容。而西周甲骨上的“在旃尔卜”、“八月辛卯卜”、“王目我单兕豚卜”等与殷墟卜辞的句末记事文字相近。而(7)、(8)、(32)辞“曰”后的文字,则不具有卜以决疑的口气,而更多的是叙述记事的意味。殷墟卜辞中也有不多的特例。如《合集》23805片有两条卜辞,一条是“丙寅卜,吴,贞卜竹曰:其侑于丁宰。王曰:弜祷。翌丁卯止率若?八月”。这是丙寅日吴卜问翌日丁卯止率若否?卜竹和王所说的话,当是贞人吴所转述。另一条是“丙寅卜,贞祸其入?王曰:入。允入”。这是丙寅日吴问:祸其入否?而“王曰:入”,当是贞

①② 李学勤:《续论西周甲骨》,《人文杂志》,一九八六年,第一期。

人吳所转记。“允入”是验词，当然更不是卜问的内容了。此外(7)辞的文字与同版上的“唯衣……”记事文字，(8)辞的文字与其同版上的“其隻五十人……囟亡咎”的记事文字行款也完全一样，这也说明了它们的性质和用途是相近的。因此，周原甲骨上这些“……卜”或“……卜，曰……”的刻辞，虽然有学者认为与卜辞辞例接近，但我们更倾向于应是记事文字。

三、有的刻辞为自上而下的一竖行。根据字数的多少，又可分为下述几种：

（一）四字以上竖行的有：

(32) H11：11(六五、26)□子(己)王其乎更(赓)，𢀛父陟……

(33) H11：210(一七七、33)“今春王其……”。

(34) H11：133(四四、35)“丁卯王在……”。

(35) H11：100(六八、36)“其从王□”。

(36) H11：51+107(三四、63)“尸其丰兹……”。

(37) H11：9(八、66)“大出于川”(如图)。

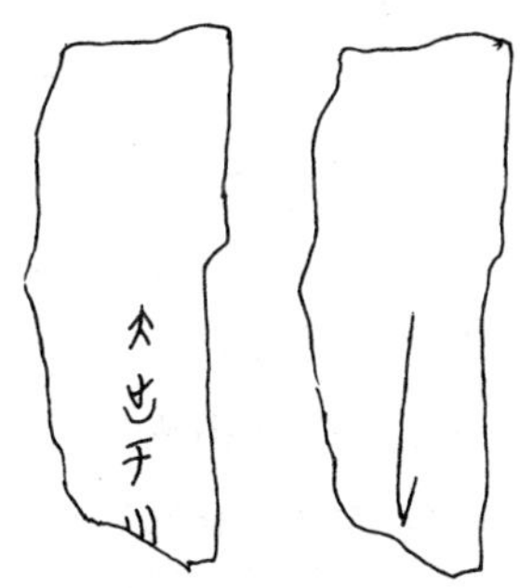

(38) H11：102(六六、69)“见工于洛”。

(39) H11：115(九三、77)“……商其舍若”。

(40) H11：59+118(四二、86)“……天乍，其牛九虢”。

(41) H11：12(四、88)“其又大乍其……”。

(42) H11：119(五三、92)“□其三牢”。

(43) H11：42(八七、107)“……邑廼□□用牲□”。

(44) H11：96(四九、108)“川告于天，囟亡咎”。

(45) H11:17(七六、172)“族其于□”。

(46) 齐家采:94(五、299)“卯□王□□”。

(47) 齐家 T1〔4〕:1(三、301)“今又言,□弗食其褢,延隹卒毕饫。又言,曰既丧疑廼融”。

(48) H11:5(六三、139)“卲曰其□……”。

(49) H11:65(一〇三、136)“弗用兹卜”。

(50) H11:6+32(一四、138)“卲曰竝囟克事”。

(51) H11:62(八八、135)“□乎宝卜,曰……”。

(二) 三字竖行者有:

(52) H11:116+175(九一、41)“宬叔族”(如图)

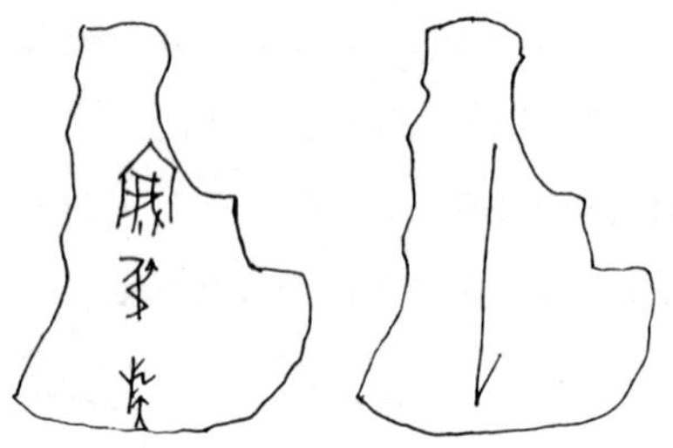

(53) H11:132(二九、25)“王畲森”。

(54) H11:261(一六九、30)“商王彡”。

(55) H11:30(五、67)“尞于河”。

(56) H11:23(一九、70)“于尚桃”。

(57) H11:18(一〇、72)“出自黾”。

(58) H11:24(三九、87)“乍天大……”。

(59) H11:125(一〇六、89)“五百牛”。

(60) H11:40(二六、125)“隹三月”。

(61) H11:222(一六五、134)“周隹若”。

(62) H11:127(九八、121)“乙卯㒸”。

(63) H11:128(九九、142)“乙酉㒸”。

(64) H11:187(一〇〇、143)“□丑㒸”。

(65) H11:188(一七〇、145)“自不栺”。

(66) H11:135(一四四、146)“自不〔楷〕”。

(67) H11:131(一四三、147)“自不楷”。

(68) H11:108(一三九、148)“自不杝”。

(69) H11:172(一六三、149)“自楷”。

(70) H31:5(五、290)“密囟郭”。

(71) H11:5(六三、139)“邵曰巳”。

(72) H11:168+268(一六一、11)“叀二胄”。

(73) H11:237(一八〇、10)“叀三胄”。

(三) 有二字竖行的。如:

(74) H11:22(一五、44)“虫伯”(如图)

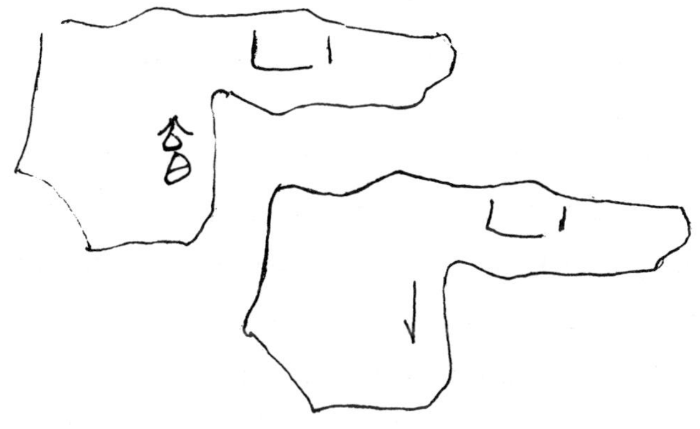

其他还有 H11:38(二八、16)“王卜”、H11:72(一二八、17)“王用”、H11:246(一九三、18)“王用”、H11:233(二〇二、19)“其王”、H11:174(四五、31)“弜巳。其卯”、H11:50(一七、38)“大保”、H11:145(一六、39)“毕公”、H11:278(九五、42)“宬叔”、H11:94(八一、45)鼆子、H11:157(一五一、53)“庶蛮”、H11:105(一三六、55)“乑奴”、H11:110(一三、56)“征巢”、H11:68(一二、57)“伐蜀”、H11:31(七〇、60)“于密”、H11:101(七八、71)“利易”、H11:46(一一七、73)“上腧”、H11:64(二七、75)“亡年”、H11:273(一九九、85)“徝钔”、H11:25(七九、100)“曰䌛”、H11:141(五五、119)“弜巳”、H11:26(二三、132)“既吉”、齐家采 94(五、299)“六骊”,等等。

这一类型的刻辞,虽然行款简单,但性质却较为复杂,包含有卜辞和记事文字。如(72)辞的“叀二胄”、(73)辞的“叀三胄”,与殷墟卜辞“叀羊”(《续存上》1217)、“叀羓”(《甲》2689)、“叀羏”(《续存下》797)等辞例相同,当为较典型的卜辞。而(71)辞“卲曰巳”,已如我们在分析第一种类型刻辞时所述,为与较典型卜辞稍异的另一种类型卜辞。

其余各辞,就是记事性质的文字了。这其中,又可分为与准备卜事有关的记事刻辞和与占卜有关的记事文字。

与占卜前准备卜事有关的记事刻辞有(65)、(66)、(67)、(68)、(69)等的“自不楷”,有学者将其与殷墟卜辞中的记事刻辞相比较,认为它们是“记录甲骨的来源和数量”的“记事刻辞”①。而(62)、(63)、(64)、(65)的文字,有两例“可看出是刻在甲骨凿旁”的。而辞中的“㒸”字,学者考定其为“从‘卜’‘㒸’声,字书所无,疑读为‘燧’,《文选·西京赋》薛注:‘火也’。这些刻辞疑系记灼的日期”②。因此,这些也当是与卜前准备卜事有关的记事文字,是周人的特殊记事刻辞。

从上到下竖直行的记事文字,在殷墟卜辞中也经常见到。如:《合集》7780反“□□ 㞢 彡 岁母庚”、《合集》7814反“己卯宜钊在盐”、《合集》14938“庚辰子切 㞢 彡〔岁〕……”、《合集》3157“〔子宻〕徲牡……”、《合集》3153“壬戌子婝……”、《合集》3138“□子子豪徲畓……”等等。这些记事文字,有的刻在甲骨的正面,有的刻在甲骨的反面无钻、凿、灼处,但都是刻在占卜用的甲骨上。如《合集》3139的记事文字“□□〔子〕豪徲畓牡三”刻在卜骨正面的近边缘处,而左边分布着卜辞“……旬亡囚”及“……〔旬亡〕囚”等。这说明,这类记事文字,与占卜有一定的关系。在周原出土甲骨中,刻辞一竖直行者,除去我们上面所分析的三条卜辞和九条与占卜前的卜事有关的记事刻辞外,应都是与殷墟卜辞中这类记事文字性质相同。

四、有的刻辞行款极不规整。如:

(一) 自上下行,再从下部呈直角转向右行。

(75) H11:87(一三一、114)“其受異鼎……”。

(76) H11:11(六五、26)“□巳王其呼更毕父陟,囟亡……”。

---

①② 李学勤:《续论西周甲骨》,《人文杂志》,一九八六年,第一期。

(77) H11∶61(一二二、32)“王身”。

(78) H31∶1(二、292)“巳唯左”。

(79) H11∶8(二〇、74)“六年史呼宅商，囟……”(如图)。

(二) 自上下行，再从下部呈直角转向左行。如：

(80) H11∶232(七五、59)“其于伐䟣〔侯〕”(如图)。

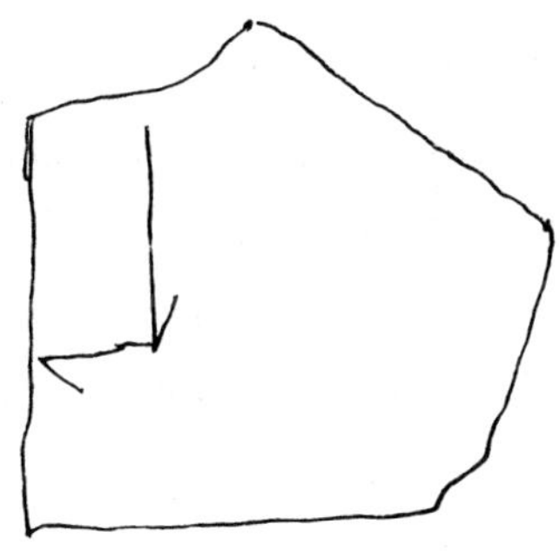

(三) 自左向右横行，再呈直角折向下竖行。如：

(81) H11∶15(三二、37)“大保今二月往□……”(如图)。

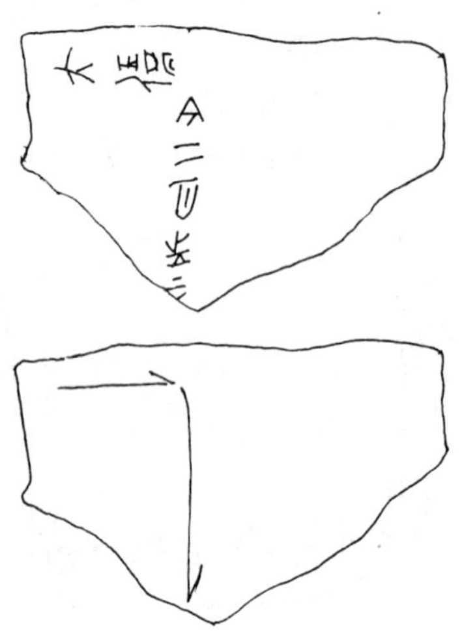

此类型的行款,虽然变化较大,但内容较为明确。殷墟卜辞一般行款整齐,段落清楚,但也有少数不规整者。如《甲》2274及《甲》2356等。周原甲骨这一类型行款与此作风相近。但上述殷墟卜辞,都有叙辞"干支卜"或"干支卜,某",是确定无疑的卜辞。而周原这一类型行款的甲骨刻辞,却没有可供我们判断其为卜辞的叙辞,而为意义明确的叙述单句,因而有学者指出它们当非卜辞①是有道理的。

我们曾经指出,"西周甲骨刻辞不能统而笼之称为'西周卜辞'",而要进行具体分析,"这就是小部分的卜辞和多量的记事刻辞",还有一部分"与占卜无关,即'奇'字——筮数"②。这是基于我们对刻辞行款等方面进行分析所得出的看法。有学者从刻辞辞例和有关"囟"字进行分析后,也表明了"西周卜辞都不是问句"③,与我们的看法基本是一致的。

应该指出的是,周原甲骨中,较为典型的卜辞不多。就是为数不多的几条较为典型的卜辞,诸如"庙祭甲骨"等,根据我们的分析,行款全是自左而右,与大量的记事文字自右下行而左截然相反。这一现象值得研究和作

① 严一萍:《周原甲骨》,《中国文字》新一号,艺文印书馆,一九八〇年。

② 王宇信:《西周甲骨探论》,第三十页,中国社会科学出版社,一九八四年四月。

③ 李学勤:《续论西周甲骨》,《人文杂志》,一九八六年,第一期。

出合理的解释。

饶有兴味的是，周原出土较为典型的卜辞，据我们的考证，毫无例外都是商王朝之物[1]。而周原出土的记事文字，基本上都是周族或西周王朝物[2]。刻辞行款和用途的不同，或许反映了殷周两大民族占卜方法和习俗的不同，值得进行深入探索[3]。

董作宾先生认为，“卜辞”应只是商朝占卜时使用文字的一种“特例”。而与占卜文字一起，还应有大量使用于日常生活中的记事文字，这才是商代文字的“常例”。他认为我们因所见卜辞以外的记事文字不多，所以本末倒置了。将卜辞这种“特例”误作为“常例”了[4]。

“惟殷先人，有册有典”[5]。迄至目前，即殷墟甲骨文发现已百多年，殷墟科学发掘八十年的时候，在甲骨文、金文、石器、骨器、玉器上文字以外的“典册”仍未发现。就目前甲骨文中所见的殷代记事文字(武丁时与卜材有关的五种记事刻辞除外)，以第一期和第五期为多。而第五期的记事文字，不仅比第一期片数要多，而且片上的文字也增多了，内容也要丰富和复杂。而历年出土青铜器上的记事文字，据分析，“第一期礼器上尚未发现铭文”。第二期“铭文已较普遍，各类埋葬几乎都发现有铭铜器”。“铭文一至四字不等，以二三字最为普遍”。而第三期“实用礼器多数铸有铭文”。“一般说来，铭文以二三字为多见”。第四期“铜器铭文的主要特点是字数增多，内容较为丰富。就发掘而言，铭文最少的一字，最多的三十字(戍嗣子鼎)，一般三至五字”。而“在传世铜器中，属于乙、辛时期的有铭铜器约四十多件，其中有些为短篇记事性铭文，最长的达四十六字”。这“反映出殷人思维能力和记事文字的水平的提高”[6]。青铜器铭文与甲骨刻辞所反映的殷人记

① 王宇信:《试论周原出土的商人庙祭甲骨》,《中国史研究》,一九八八年,第一期;及《周原出土庙祭甲骨商王考》,《考古与文物》,一九八八年,第一期。

② 王宇信:《西周甲骨探论》,第二三九至二四二页之表三、表四,中国社会科学出版社,一九八四年四月。

③ 王宇信:《周原出土商人庙祭甲骨来源刍议》,《史学月刊》,一九八八年,第一期。

④ 参见董作宾:《殷代文例分“常例”“特例”二种说》,《中国文字》,第六期,一九六二年。

⑤ 《尚书·多士》。

⑥ 参阅郑振香等《殷墟青铜器的分期与年代》,《殷墟青铜器》,文物出版社,一九八五年。

事水平基本上是一致的。因此,就我们目前的知识而论,还不能说殷代大量常见的卜辞是"特例"。

入周以后,有长篇铭文的铜器增加,或称扬先祖,或记征伐功烈,或祭祀封赏、册命诸侯,最长铭文有达四百九十七字的《毛公鼎》者。这就是《墨子·鲁问篇》所说的"为铭于钟鼎,传遗后世子孙"。

根据我们的考察,周原出土甲骨上多为记事之作,当与商周青铜器铭文所反映的记事之风日盛是相一致的。从这个意义上说,周代甲骨卜辞确实是"特例",而大量的记事文字才是"常例"。

以上就是我们根据已发表的周原出土甲骨刻辞摹本所做的行款分析。由于我们没有机会再校以实物,因而这一分析难免有不确切之处。这里只不过是提出一些线索,希冀通过对周原甲骨刻辞多方面的研究、比较和讨论,使其用途和族属的探索能有所深入。

第四节 周原出土商人庙祭甲骨来源刍议

不仅从我国古代宗法制度的考察,可以否定周人在周原立商王庙并祭祀商先王的说法,而且对 H11:1、H11:84、H11:112、H11:82 等庙祭甲骨本身的解读(特别是祭及商族先王成唐、大甲等)和刻辞行款的分析,也说明了这些庙祭甲骨应为商人之物①。

但是,这些商人庙祭甲骨在周原出土却是事实。为什么商人庙祭甲骨却在周原出土呢?这是在否定了这些甲骨为周人所有说以后,学者们所必须回答的问题。

我们曾经指出:"周原卜辞出土于岐山凤雏,然而其占卜地点并不都在当地。如在文武帝乙宗的卜辞,占卜举行于商王宗庙,帝乙庙自然不会在周原"。"这些卜辞都是在占卜后移来周原的"②。王玉哲先生则认为"这批

① 参阅王宇信:《周原出土庙祭甲骨商王考》,(《考古与文物》,一九八八年第二期)、《周原甲骨刻辞行款的初步分析》,《人文杂志》,一九八八年第三期。

② 李学勤等:《周原卜辞选释》,《古文字研究》第四辑,中华书局,一九八〇年。

甲骨很可能是在殷商末年商纣王时，掌管占卜的卜人投奔周人时，携带过去的"。"他们的投奔周族，必须也会载其甲骨档案，挟以俱来"①，云云。

但是，周原出土庙祭甲骨"外来"说虽然解决了这些商人庙祭甲骨在周原出土的原因，却还有一个问题不容易解释清楚，即为什么周原出土的商人庙祭甲骨的整治方凿，竟和殷墟出土的甲骨上枣核形凿作风完全不同，而却与周人甲骨的整治作风完全一致。

应该明确的是，我们所讨论的周原出土庙祭甲骨的族属，即所谓商人物或周人物，应指的是商王朝帝乙、帝辛时的商人物及作为商王朝的方国——周方伯文王时（直至武王灭商以前）的周人物。商人与周人，不是两个并列的概念，而有着中央与方国、宗主国与附属国的不同和从属关系。从这个意义上说，所谓"商人物"，应是商中央王朝之物，而"周人物"却只能作为商王朝方国之一的周方伯文王（直至武王灭商以前）时期的周族人之物。

在商王朝，诸侯国林立。他们对商王朝时服时叛，这在甲骨文中有所反映。商王朝的诸侯国，"对商王室在军事上和经济上的负担是相当重的"。在经济上的榨取是多方面的，"既要贡入奴隶、牲畜，各种玩好之物，又要为王室耕种籍田，还要致送一定的谷类产品"②。甚至"还要派遣贞人"③，输送高级文化人。商王朝武丁时期的贞人亘和我，就有可能商亘方和我方入值王朝的人物。

亘方在武丁时期曾自称王，如《乙》3823"王亘"、《缀合》"贞……王亘"即是。亘方曾与商中央王朝交战，甲骨文中记载有：

"癸卯卜，𣪊，贞呼雀衔伐亘，𢦏。十月。

勿呼雀衔伐亘，弗其𢦏"。　　　　（《乙》6310）

"戊午卜，𣪊，贞雀追亘，有隻"。　　　　（《乙》5303）

---

① 王玉哲：《陕西周原所出甲骨文的来源试探》，《社会科学战线》，一九八二年第一期。

② 参见杨升南：《卜辞中所见诸国对商王室的臣属关系》，《甲骨文与殷商史》，上海古籍出版社，一九八三年。

③ 参见齐文心：《商殷时期古黄国初探》，《古文字研究》第十二辑，中华书局，一九八五年。

“乙巳卜,争,贞雀弗其隻亘”。 (《乙》4693)

“辛亥,贞雀幸亘受又”。 (《续存上》638)

“贞犬追亘有及。犬追亘亡及”。 (《缀合》302)

“乙亥卜,争,贞令弗其执亘”。 (《乙》4693)

在雀等人的打击下,亘被战败并在武丁前叶臣服了商王朝[①]。此后,商王开始关心其有亡灾祸。

“贞亘其㞢祸。” (《乙》6698)

“壬辰卜,贞亘亡祸。” (《乙》2443)

亘方承认了商王朝的共主地位,常常向中央王朝入贡占卜用的宝龟:

“亘入十。” (《乙》3451)

“亘入二。” (《乙》5204)

亘方的首领还入朝充当史官,甲骨文中有:

“癸巳妇井示一屯。亘。” (《簠典》41)

这是一骨臼刻辞,亘即为签名的史官。“知此官者,乃记事之史”[②]。亘还充当卜用甲骨的征收者:

“丙戌妇示□□,亘自㬎乞。” (《明》2339)

据胡厚宣先生考证,本辞之“乞”字应“读为取”,所记“乃采集龟甲牛骨之事”[③]。此骨臼刻辞记妇所检示之卜骨,乃为亘自㬎地征集索取而来。

亘还参与了商王武丁的占卜,成为甲骨文第一期有名的贞人。有关贞人亘的卜辞所在多有,此处不再列举。

武丁时期还有一个“我方”(《南师》292),我方曾参与了亘方同商王朝的战争:

“辛巳卜,殻,贞雀得亘、我。

① 王宇信:《武丁期战争卜辞分期之尝试》,《甲骨文与殷商史》第三集,上海古籍出版社。

② 胡厚宣:《卜辞记事文字史官签名例》,《史语所集刊》十二本,一九四八年。

③ 胡厚宣:《武丁时五种记事刻辞考》,《论丛》初集三册。

辛巳卜，㱿，贞雀弗其得亘、我。”　　（《丙》119）

我方被平定的时间基本与亘方同时，亦当在武丁前叶①。我方被臣服后，向商王朝贡纳龟壳最多，每次曾入贡千枚，并多次入贡：

“我氏千。”　　（《乙》6967）

我方曾配合商王武丁在南方的征战：

“乙未〔卜〕，贞立事〔于〕南，右从〔我〕，中从舆，左从曾。”

（《掇二》62、《南·上》52）

“乙未卜，贞立事〔于南〕，右从我，〔中〕从舆，左从〔曾〕。十二月。”

（《虚》2324）

杨升南谓“立事”即“莅于戎事，参与战争”②。胡厚宣谓史“主要乃是担任国家边防的一种武官”。“我、舆、曾俱为地名，乃从这三方面立史以面向敌方，随时防御抵抗，或向敌方进攻，所谓立三史和立三大史，可能就是这个意思”③。我成为商王朝武丁时期威震南国的三大史之一，可见地位之重要。

我方与商王朝关系密切，商王武丁曾“使人于我”（《续》5.16.17）。子组卜辞中的贞人“我”，很可能就是来自我方国的贞人。

此外，有学者指出：“祖庚祖甲时的贞人黄和帝乙帝辛时的贞人黄都是来自黄国。”④这说明直到商王朝末年乙辛时期，仍有来自方国的人物在中央王朝充当贞人。

鉴于以上方国人物入朝充当贞人的实例，作为商王朝帝乙、帝辛时期的附属国周族人入朝充当贞人，完全是有可能的，这就是庙祭甲骨不具名的卜者。当然，他们既然被派遣入朝任职，也就必须和其他来自方国的贞人一样，是作为中央王朝的一员代商王占卜，而不能作为原方国的代表行

---

①　王宇信：《武丁期战争卜辞分期之尝试》，《甲骨文与殷商史》第三集，上海古籍出版社。

②　杨升南：《卜辞“立事”说》，《殷都学刊》，一九八四年第二期。

③　胡厚宣：《殷代的史为武官说》，《全国商史学术讨论会论文集》，一九八五年。

④　参见齐文心：《商殷时期古黄国初探》，《古文字研究》第十二辑，中华书局，一九八五年。

事了。他们在 H11:1 等庙祭甲骨上卜问的是在商先王的宗庙里,祭祀祖先成唐或大甲等,祈望能得到护佑,取得哲伐周方伯战争的胜利,自然就不能表达自己作为商王朝附属国周族人的意愿,祈求对周族的护佑。这就是出自周人之手的庙祭甲骨却卜问征伐周方伯等事之原因所在。从这个意义上说,庙祭甲骨应是商中央王朝之物,也就是我们通常所说的商人物。

但是,这些甲骨毕竟是出自周族入值的卜官之手,不可避免地保留着周族占卜的某些作风,诸如甲骨整治的方凿,与通常的殷墟甲骨整治作风不同。而作为卜辞的辞例,也与通常的殷墟甲骨不尽相同。但也正因为他们是商中央王朝的贞人,占卜时仍需遵用殷制,故庙祭甲骨上刻写的是卜辞,同于殷墟卜辞自左而右行的行款走向,而不同于周原出土周人甲骨上的记事文字自右而左行的行款①。

商纣王兵败身死,西周王朝建立。周人从附属国一跃而为天下共主,夺取了商王朝的一切权力、财富和奴隶。《史记·周本纪》云:"命南宫括、史佚展九鼎宝玉。"《逸周书·世俘》:"凡武王所俘商玉亿有百万。"这些来自周族的原商王朝的贞人,自然熟知他们所卜各片的利害关系及其藏处。在周武王灭商以后,设立三监,分封诸侯,西归镐京时,他们献出这些庙祭甲骨并随武王返回故里是顺理成章的事情。因此,这些商人庙祭甲骨在周原出土,也就可以得到合理的解释。而商人庙祭甲骨与殷墟甲骨作风有所不同的矛盾,也就迎刃而解了。所以,"这些卜辞都是在占卜后移来周原的"②的说法是可信的。

---

① 王宇信:《周原甲骨刻辞行款的初步分析》,《人文杂志》,一九八八年,第三期。

② 李学勤等:《周原卜辞选释》,《古文字研究》第四辑,中华书局,一九八〇年。

第二十章　读邢台新出西周甲骨刻辞

第一节　周原甲骨卜辞行款的再认识和邢台西周卜辞的行款走向

正确识读甲骨刻辞的行款走向，对正确理解刻辞的内容有着重要的意义。应该说，历年各地出土的西周甲骨，因为片数较少和内容较为简单，判别其行款走向并不困难。周原凤雏甲骨，虽然文字较其他各地所出甲骨为多，内容也较为复杂，但因破损严重，片形较小，而可资比较的辞例又缺乏"观其全体"的综合工作，所以学者们对一些刻辞行款的走向识读迥然有别，存有很大分歧。

笔者曾对周原甲骨刻辞行款走向进行过初步的整理分析①，但限于材料和综合研究尚不够充分，当时的一些意见肯定有加以修正和再认识的必要。今后希望有更多的新材料出土，以期使我们对周原甲骨刻辞行款的认识不断得到验证和深化。

一九九一年邢台南小汪西周卜辞的出土，是继山西洪赵、陕西沣西、北京昌平、陕西凤雏和齐家、北京房山②等六处西周遗址出土甲骨以后的又一次重要发现。邢台甲骨刻辞完整清晰，可与周原甲骨同类刻辞相互比较印证并互相发明，为我们认识西周甲骨的行款走向和内容提供了极有价值的例证。

周原甲骨刻辞，不能笼统称之为西周卜辞或周原卜辞，而需要进行具体分析。"这就是小部分的卜辞和多量的记事刻辞"③。如所周知，在周原甲骨中，学者们公认的"典型"卜辞，不仅"贞"或"卜曰"出现的卜辞行款走

① 王宇信：《周原甲骨刻辞行款的初步分析》，《人文杂志》，一九八八年，第三期。

② 承蒙北京市文物研究所赵福生研究员关照，笔者有幸目验房山镇江营所出西周甲骨。

③ 王宇信：《西周甲骨探论》，第三十页，中国社会科学出版社，一九八四年。

向一般无大分歧;就是出现“卲曰”的另一类卜辞,虽然学者间对其文字的释读有所不同,但关于其行款走向的识读却是基本一致的,为了较为正确地识读邢台西周卜辞的行款走向,我们首先便把注意力集中到周原出土的几片辞例与其相近的“卲曰”卜辞行款走向的分析比较上。凤雏 H31:4(图一,1)的辞例,与邢台卜辞的辞例较为相近。有学者释此片为:

卲曰:母(毋)既弗克尤宣(?)用。

隧戋卣(斯)亡咎,迺则□[①]。(图一,1、3)。

也有学者释此片为:

卲曰:毋(女)既弗克衣(殷),安□□□□□□□□□。通隹绝(过),西(是)亡(无)咎(凶险)迺鼎(则)畀□[②](图一,1、2)

上述两种关于周原 H31:4 片的释文虽有所不同,但都识读刻辞的行款走向为自左向右。这一出自周原甲骨重要发现者的意见,为多数学者所接受(见本文后附图一,2、3)。迄至目前,学术界对 H31:4 自左向右的行款走向尚无任何异议。是否邢台新出西周卜辞行款当以此为依据,释全辞为“卲曰:巳四白驳骢陟其事”[③](见本文后图一,8、11。以下图皆为本文图,不再注。),即其行款也应自左向右行呢?在我们将这一尝试进一步与周原卜辞中同 H31:4 片刻辞例基本相同的另一片 H11:6+H11:32 相印证时,却发现了该片在缀合前和缀合后,学者们对其行款走向产生了明显的分歧。因而我们重新将 H11:6+H11:32(图一,5)片和 H31:4 片与有关周原甲骨刻辞进行深入分析比较后,便对当前并无争议的 H31:4 片的行款走向产生了怀疑。

H11:6+11:32 片在缀合前,学者视为不相连的两片。

以《周综》为代表的学者,释 H11:6 片为:

卲曰:竝西(是)克事(吏、使)。

---

① 陈全方:《陕西岐山凤雏村西周甲骨文概论》,《古文字研究论文集》(《四川大学学报》增刊,第十集),一九八二年。以下简称《概论》。

② 徐锡台:《周原甲骨文综述》,第一一五页,三秦出版社。以下简称《周综》。

③ 《邢台南小汪周代遗址西周遗存的发掘》,《文物春秋》(一九九二年增刊)。以下简称《邢台发掘》。

以《概论》为代表的学者，释此片为：

　　卲曰：竝囟克事。

此片文字竖行直下，学者们对其行款无何争议。而另一片 H11：32《周综》释为：

　　圉西克事（吏、使）。

《概论》释为：

　　肹囟（斯）克吏。

虽然学者们对此片文字隶定略有不同，但关于其行款走向，即刻辞自右向左行也是无任何争议的。学者们也发现了 H11：6 和 H11：32 两片卜甲所卜事类基本相同。周原考古队的学者经过仔细追索和精心的拼对，将这两片卜甲“合二为一”，缀合为 H11：6 + H11：32 片。但在缀合以后，学者们关于缀合版（H11：6 + H11：32）刻辞行款的走向产生了不同的看法。

以《周综》为代表的学者，释此缀合版为：

　　卲曰：并西克事（使），

　　　　圉西克事。

以《周综》表一“岐山凤雏村扶风齐家村甲骨文时代表”所列各片甲骨释文常例例之，应是学者认为此片为两条卜辞，即第一辞为“卲曰……”，第二辞为“圉西克事”。我们从释文的字面上看，全版刻辞顺序是第一辞“卲……”再至第二辞“圉……”，即全版刻辞总的走向是自左向右分布的（图一，6）。而实际在卜甲上的篆刻程序是：如果左方一辞“卲……”为先刻，接着就要在右边刻“圉……”一竖直行三字后，再向左转行刻一“事”字。因而此辞在卜甲上的实际走向与释文自左向右的总体走向相逆了。

《岐山凤雏村两次发现周初甲骨文》①释此缀合版（H11：6 + H11：32）刻辞为：

　　尔囟（唯）克事（使）。卲曰：竝（并）囟（唯）克事。

《两次发现》认为辞中的“尔、竝（并）等乃是所命使臣之人”，并指出此缀合版与 H11：21 片（即“舟咨囟克事”）的“辞例相同，似为卜问出使外方之

① 陕西周原考古队：《岐山凤雏村两次发现周初甲骨文》，《考古与文物》，一九八二年二期。以下简称《两次发现》。

人”。很显然,缀合者认为此版上的两段刻辞为一条卜辞,并识读此辞的行款为自右向左走向(图一,7)。学者们向右行的行款识读与向左行的行款识读可真是左右大相径庭了!

那么,在学者关于H11:6+H11:32缀合版行款走向尖锐对立的看法中,究竟哪一种行款识读更为合理呢?我们认为,应以《两次发现》识其行款为自右向左行较有道理。这是因为其一,H11:6在与H11:32的“尔囟克事”缀合以前,学者们都认为它是一段自右左行的完整刻辞。在缀合以后,从卜人刻写的实际操作过程来看,应是自此片右方首先起刻第一辞的“尔囟克”三字后,再向左转行刻“事”字,全辞刻写完成。再继续在左边刻另一辞“卲曰……”直行。这样,卜者自右边一路刻来,总比自左起刻一辞后,再移到右边起刻一直行后再向左转行为一辞,即在全版上忽左忽右的交叉作业更方便得多。因此,即使不把此缀合版读为《两次发现》那样自右向左行的一条卜辞,至少也应读为自右起刻的两辞,即“(1)尔囟克事。(2)卲曰:竝囟克事”,在全版上为从右向左分布的两条。只有这样,《周综》把缀合版(H11:6+H11:32)上的两条刻辞在释文时作为总体上自左向右的分布,即(1)卲曰……(2)尔囟……的两条,而实际原版却有一条行款与释文总体方向相逆的矛盾,才能得到了解决。

其二,《两次发现》把缀合后的H11:6+H11:32版上的两段刻辞作为一条卜辞是有道理的。因为在两片缀合前,学者们就发现了这两段刻辞事类完全相近(均为卜“曶克事”),只是人名不同(尔、并),因此都认为两条刻辞应有着一定的关系。而它们的重新缀合,也说明了学者们的推断是正确的。

虽然西周甲骨是与殷墟甲骨有所不同,但有着一定的联系。特别是较为典型的卜辞,“与殷卜辞的辞例有一定的相同之处”①。因而按殷墟卜辞的常例,即一条典型卜辞应包括叙辞、贞辞(或称之为命辞)、占辞、验辞各项(但各项中刻写时或有省略)。据我们对西周甲骨“卲曰”刻辞(我们称其

① 王宇信:《西周甲骨探论》,第一七五页,中国社会科学出版社,一九八四年。

为"卲辞")的整理和分析(见本章第二节"邢台南小汪西周卜辞诠释"),西周甲骨中的卲辞虽与贞辞性质相近,但又有所区别,而与殷墟卜辞中的占辞作用相同。贞辞加上卲辞,才是更为完整并与殷墟卜辞可区分清楚的典型西周卜辞。因此,《两次发现》把缀合版 H11:6+H11:32 的两段刻辞视为一条卜辞,即为我们提供了包括贞辞(尔西克事)和卲辞(卲曰:竝囟克事)的典型西周卜辞辞例。而且可以说,这样的辞例在西周甲骨中是有例可寻的(诸如我们即将分析的H31:4 和邢台西周甲骨)。

H11:6+H11:32 缀合版这样的行款走向,只能算是初步的解决,还须要在周原卜辞中得到进一步的验证。我们本节所举的第一片甲骨,即周原 H31:4 片上就有与缀合版 H11:6+H11:32 相同的辞例。我们曾经指出过,虽然以《周综》为代表的学者释此片为一辞,以《概论》为代表的学者释此为二段,但迄至目前,H31:4 全版刻辞都无一例外认为是自左向右的行款走向。我们受到缀合版 H11:6+H11:32 缀合前后行款认识不同的启示和典型西周卜辞的结构以及同类有关周原甲骨刻辞的分析、研究,是赞成将 H31:4 片上的刻辞分为两段的。但具体读辞时,我们的分段法又与此前学者们的成说完全不同。我们读该片为(1)"迺则畀……队戋囟亡咎。用"为一段,而(2)"既弗克尢宣。卲曰:毋"为另一段(图一,4)。由于我们识读此版各辞行款走向与各家完全相反,因此两辞的起句和结句也就与传统的看法不大一样了。我们上述两段刻辞行款的读法,是有周原甲骨刻辞的不少例证为依据的。

根据我们的整理,在周原甲骨中,"囟亡咎"为最常见的用语之一。如:

□戕,囟亡咎。(H11:28)(图二,1)

□车乘,囟亡咎。(H11:35)(图二,2)

隹十月既死……囟亡咎。(H11:55)(图二,4)

……囟亡咎。(H11:77)(图二,3)

川告于天,囟亡咎。(H11:96)(图二,5)

隻其五十人往,囟亡咎。(H31:3)(图二,6)

而在上引诸辞中,无一例外的各辞都是至"囟亡咎"处结束。因此,"囟亡咎”当是周原甲骨用于全句之末的恒语。以此例之,《概论》释此段为“肸囟亡咎,迺则鼻”,即把周原甲骨的句末恒语放于句中,这在西周甲骨中,是无例可寻的。而《周综》也是把“囟亡咎”这一句末恒语放在整段卜辞之中,自然也不合“囟亡咎”在周原卜辞中的常用之例。而我们释 H31:4 片的这一段刻辞为“迺则鼻……隊戋囟亡咎”,当符合上述以“囟亡咎”为句末恒语的诸例。如果这一理解无大错的话,H31:4 片此段刻辞行款自应是自右再向左。因而此前没有争议的读此段行款为自左向右的方向,自然就需要加以重新认识了。

不仅如此。在周原甲骨以“囟亡咎”为结句的刻辞中,凡是刻辞两行(如前举H11:28、H11:55、H31:3 等)或三行者(如 H11:35),其行款也都无一例外的是自右向左转行。这也为我们识读 H31:4 片第 1 辞的行款提供了旁证。

通过上面的比较和分析,说明我们此前识读 H31:4 片上的行款,至少有一半的刻辞走向有误。而此片上的另一半刻辞行款呢?

我们认为,H31:4 的另一半刻辞,与缀合版 H11:6 + H11:32 的辞例极为相近,即包含贞辞和卧辞的一条典型西周卜辞,全释应读为“既弗克尤宣。卧曰:毋”。我们这样的读法也是与此前完全不同的。现在的关键是,H31:4 片上的“卧曰:毋”,究竟是全辞的起句,还是全辞的结束呢?

我们可以看到,H31:4 片“卧曰毋”的“毋”字之下,留有较大的空隙处(图一,1),这就说明卧辞至“毋”已结束,而不是“越国以鄙远”地再向右行,与另一行“即弗克尤宣”相接。如果硬将“卧曰:毋(即隔有较大的间隙)与“既弗克尤宣”连结在一起,不仅不符合本片“毋”字因其下留有较大的空隙为结束字,也是不符合周原甲骨中其他卧辞的常例的。试看周原 H11:5 片上的两条卧辞,其中一辞以“卧曰:子”为一句,“子”字下为较大的间隙,并不再刻任何文字,说明全辞至“子”处已经结束。而另一辞为“卧曰:其〔豕〕……”,虽其辞残缺,但文字紧密相连,说明此卧辞尚未收句是很清楚的(图二,7)。而前面分析的缀合版 H11:6 + H11:32 版上之卧辞,以“卧曰:竝囟克事”为一句,七字紧密相接,其间也没有明显的间隙之处。

即使是周原甲骨中的“曰……”残辞(因残去“曰”上面的文字,故“贞”或“卲”曰不可得知了),如果是以“曰……”为全句结束,其辞下一定留有空处。如 H11:189“曰:吉”。(图二,8)“吉”下有较大的空处而再无他字,一看原片便知全辞应到此结束。如果“曰……”以下内容较多,其文字必相接有致,其间没有较大的间距。诸如 H32:2“在旃尔卜,曰南宫商其乍”、H31:3“八月辛卯卜,曰其疾取”等即如是作。虽然这些是周原甲骨中较为典型的卜辞(有前辞、贞辞),就是非卜辞的筮数 H11:85“七六六七一八曰其大既鱼”,也是全段文字疏密有致,其间没有较大的空隔之处的(图二,9)。这一切,都给西周甲骨以一段文字下留有较大空处,表示该辞的结束提供了旁证。

既然 H31:4 片的另一段刻辞不能以“卲曰毋”为全辞之始,即该辞不能从左边向右边刻写了。那么我们识此段刻辞的行款为自右向左刻写全辞,就应是较为合理的了。

H31:4 片还有一个“用”字,《概论》把它隶在“卲曰……”条之末。由于我们讨论了该片上的四行刻辞应是两两为自右向左行的两条卜辞(图一,4),那么介于两辞之间的“用”字的归属和意义也就明确了。周原甲骨中,有“弗用兹卜”(H11:65),是记某次占卜不用。H31:4 片两辞行款均自右向左行的情况下,介于中间的“用”字,自应属于“迺则……囟亡咎”辞之后,才与全版方向一致。如将此“用”字归于其左边的“即弗克……宣”条的“宣”字之下,则此辞行款就是自“即……”直下至“宣”字,再转向右边的“用”字。然后再转向左,刻“卲曰毋”直行。这样的忽右忽左的行款,不符该辞在卜甲上自右向左行的款式。“用”字属“囟亡咎”条既明,那么“用”字在此处的作用应与殷墟甲骨上的“用辞”①有着同样的意义,即记此版上的“囟亡咎”条和“尤宣”条两次卜问,“囟亡咎”条施行、施用了。

值得高兴的是,一九九一年邢台西周甲骨的出土,又为我们识读周原甲骨刻辞行款提供了新例证。邢台甲骨上共有两段刻辞,《邢台发掘》释为:

---

①　胡厚宣:《释兹用兹御》,《中央研究院历史语言研究所集刊》八本四分,一九四〇年。

1. 其……

2. 卧曰巳四白驼騜陟其事(图一,8、9、10)。

此甲骨第一辞仅余一"其"字,与第二辞文字相背。请注意:"其"前无字,有较大空处。而"其"字之后,文字已残去。很显然,如将甲骨调转方向,"其"字就为正刻,这是一条以其字起句的卜辞,如文字不残缺,全部行款应为自右向左行(图一,9)。

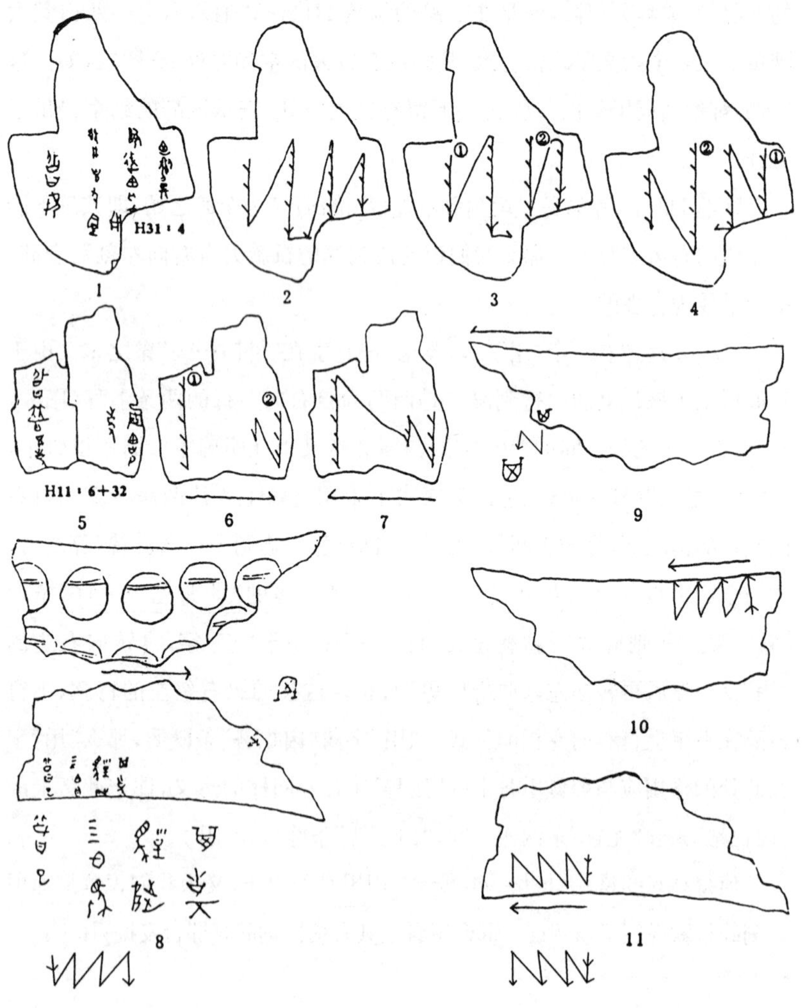

图一

第二段刻辞，十字四行。我们认为全辞也应自“其”字起句，而至“卧曰巳”结束的。此卜辞应隶定为“其事骢陟四白驰。卧曰巳”，其行款应自右左行（图一，8、11）。我们之所以认为“卧曰巳”为全辞之尾而不是全辞之始，是因为邢台甲骨这“一组十个字”的刻辞，有三行的最末一个字，诸如“事”、“陟”、“驰”等，字划临近骨边。特别是“陟”、“驰”二字，字划已超出骨边并刻至骨缘之上。而另一行的末尾“巳”字，其下却较上述三字有稍大空间，说明此“巳”字应为全辞的结束。此外，准于周原甲骨卧辞常例，邢台卜辞的“卧曰巳”作为卧辞，也应在“贞辞”“其事骢陟四白驰”之后。

还有，邢台甲骨这段完整刻辞以“其”字起句，也反证了“卧曰巳”应为全辞之末而不是全辞之始。我们曾说过，这片甲骨的另一条残卜辞就是以“其”字起句的。如将甲骨调转方向，这条残卜辞应是自“其”字始，行款是自右左行的。因而这条残辞也可证明我们认为这条完整卜辞自“其”字起句是合理的。而其刻辞行款也是自右向左转行。此外，卜辞以“其”字起句，在殷墟也常见到。“其”字常用于加强“贞辞”不定的语气。陈梦家先生指出：“‘其’字加重的表示疑惑的语气。《经传释词》‘其，犹将也若也’，《词诠》‘其，抑也（选择之词）’，《古书虚字集释》其有期望之意。”①因此，邢台甲骨这段完整的刻辞，是一条包括贞辞和卧辞的较为完整的西周卜辞。

综上所述，周原甲骨典型的西周卜辞，即包括贞辞和卧辞的辞例，为我们认识邢台甲骨刻辞行款提供了依据。特别是周原甲骨 H31：4 片以卧辞为结句，使我们得以判明邢台甲骨的卧辞也应是全辞的结束而不是开始；而邢台甲骨以“其”字起句，其卜辞行款自右向左转行，也给我们提供了典型西周卜辞行款的新证据，从而使学者识读周原较为典型卜辞行款，诸如 H11：6＋H11：32 和 H31：4 片等，得到了新的启示。对周原甲骨的进一步综合研究并将其与邢台甲骨相互勘证，互相补充和发明，会使我们的西周甲骨研究取得新的认识。

---

①　陈梦家：《殷虚卜辞综述》，第八十七页，科学出版社，一九五六年。

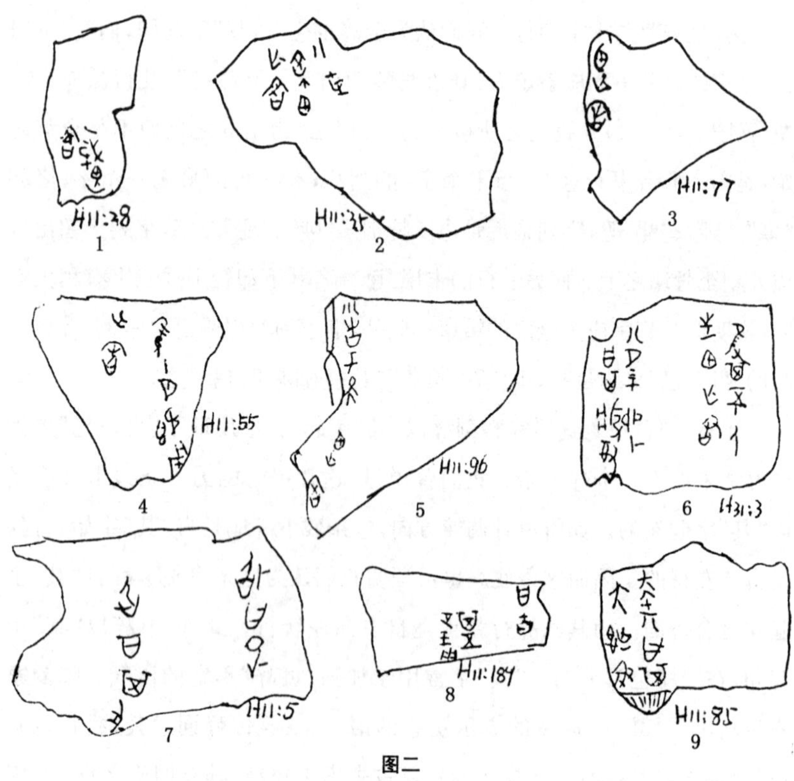

图二

值得注意的是,在没有争议的较为典型的西周卜辞中(无论是在周原,还是在几千里外的邢台),其刻辞行款几乎毫无例外都是自右向左行。而学者间关于其族属争议较大的另一类典型卜辞(即周人之物,抑或商人之物),其行款走向都与典型的西周卜辞(即含贞辞、卧辞)不同,均为从左向右。谓予不信,请翻检周原出土全部有字甲骨摹本!这一现象究竟说明了什么,值得学术界进一步深思和研究。

第二节　邢台南小汪西周卜辞诠释

根据我们在《周原甲骨卜辞行款的再认识和邢台西周卜辞的行款走向》一节的分析,邢台南小汪出土的西周甲骨卜辞行款应为自右向左行。

因此，这条卜辞应隶定为：

其事騜陟四白[illegible]。卲曰：巳(祀)。

我们在此对这条卜辞略作诠释：

(一) 其事

“其”字在这条卜辞的开头，用于“加强命辞不定的语气”。关于此，我们在分析刻辞行款时已经指出过，此不赘述。

本片的“ ”字，又见于周原所出甲骨刻辞 H11：21( )、H11：6＋32( )、H31：2( )等片，学者释为“事”字。事字于殷墟甲骨文中亦常见，字写作“ ”(乙 2766)、“ ”(铁 250.1)等形，基本结构与周原甲骨无异。王国维释此字为“史”，谓：“史为掌书之官”，“史之本义，为持书之人。引申为大官及庶官之称。”又引申为职事之称。“其后三者各需专字，于是史吏事三者于小篆中截然有别。持书者谓之史，治人者谓之吏，职事者谓之事。此盖出于秦汉之际，而诗书之文尚不甚区别”。“殷人卜辞皆以史为事，是尚无事字。周初之器，如毛公鼎番生敦二器，卿事作事，大史作史，始别为二字”①。此后，学者多宗王氏之说。

《甲骨文编》将这一批字形相同字，根据学者们对其在卜辞中所起作用的不同的分析，分别部居在卷一“吏”下和卷三“史”及“事”字之下。但学者们在释读卜辞时，往往史、吏不加区分，而吏、事互相混用，因此同一条卜辞的隶定，经常因人而异，给理解卜辞造成了一定的困难。

杨升南先生在一九八四年的《卜辞“立事”说——兼谈商代的战法》②一文中，最早对王国维有关“史”字的本义提出了异议。他指出，“卜辞中 、 字的本义是事而不是史，史使吏等用法是由事义派生出来的。事字的最初义当与军旅征伐之事相关”。甲骨文中有的“事字从中带斿，正与卜辞中字结构同”。“征战时必先建旗聚众。事字从中，当亦是聚集众人之意”。进一步分析了“中”和“事”的区别在于“中是建旗以聚众，旗是静止的。事是

① 王国维：《释史》，《观堂集林》，第二七〇页，中华书局，一九五九年。

② 杨升南：《卜辞“立事”说——兼谈商代的战法》，《殷都学刊》，一九八四年二期。

手举旌旗,象征旗在移动中。战争时,用旌旗以指挥军队进退,不能插在地上固定不动,故用手举。所以,事字表示征战时举旗以导众。可见事字与‘记事’的史是没有直接关系”。

但何以从“事字的本义是戎事”之中,演化出史、使诸义呢?杨升南认为:“戎事之中文书当不可少:出师前预卜吉凶,出师时登记人数,册命将领,战争结束时所获战利品清点登记、献祭于祖庙……所以戎事的事,就假为‘记事’的‘史’。各方国之间,使者往返,当有文书,是史又假为有‘派遣’意的使而作为动词,并将被派遣者称为‘使’而作为名词。使者必有一定的身份,故‘使’字在甲骨文中也是一种官职,后来人们常用事字的引申义,而其本义则晦。”

胡厚宣先生一九八四年的论文《殷代的史为武官说》①,则对前人有关“史”字的研究作了通盘考察。他不仅全面整理了前人皆以“史官的初职,本以记事为务”,而且还从“史字”在文字上的意义方面,发现前人“无论从中为笔聿,为简册,或为盛算之器,然其最后结论,仍是以史为记事之官”。他又对自王国维《释史》发表以来国内外学者有关“史”字的考证进行了分析。胡厚宣不囿于旧说,在文中提出了与前人完全不同的看法。他指出:“殷代的史,尚非专门记言记事,掌握国家文书诏令簿书的文官,也不是专门担任着王朝钻龟占卜,钻燧取火以及国家庶事的任务。主要乃是担任国家边防的一种武官。”史从又持干,或又从斿,像史官奉命出使。因而“由甲骨卜辞看来,史官者正是出使的或驻在外地的一种武官”。“史在卜辞有用为事者,如言‘叶王事’、‘叶朕事’、‘叶我事’,皆言协服殷王战事之意”。“或言‘我有事’、‘我亡事’、‘今岁有事’、‘今秉有事’,有事无事,亦多指战事而言”。

近年学者们关于史为“武官说”和“卜辞皆以事为史,是尚无史字”,即事字的本义是“戎事”说的提出,突破了自王国维以来的“史为记事之官”的传统看法,因而推动了关于商代战争史和战争卜辞的整理和研究。

---

① 载《全国商史学术讨论会论文集》(《殷都学刊》增刊),一九八五年。

《左传》成公十三年:“国之大事,在祀与戎。”疏谓:“宗庙之祀,则有执膰。兵戎之祭,则有受脤。此是交神之大节也。”在夏、商、周奴隶制时代,戎事是为了开疆辟土,掠夺奴隶和财富,巩固和发展奴隶制国家政权的需要。而祀事活动,则是为了给奴隶制王权涂上神秘的色彩,即使是战争也每有“兵戎之祭”,是巩固和维持奴隶主贵族国家政权另一种重要手段。因此,“祀与戎”恩威并用,文武结合,二者既相辅相成,又互相依存,是我国古代奴隶制国家的头等“大事”。

在殷墟甲骨文中,“祀与戎”作为“国之大事”,有充分反映。近年学者们专就“事”字的本义源于戎事以及有关战事活动及军事制度等方面,进行了不少新的研究。但迄至目前,关于“事”的另一重要方面,即指祭事活动却注意不够。虽然陈梦家早在一九三六年就有所涉及,指出殷人“是以祭事为有事,而战争亦曰有事”①。但他后来改从王国维之说,没有把这一研究深入下去。诚如胡厚宣指出的,“陈梦家氏前说本不误,不知何以后来又复更改”②。其实,甲骨文中所反映的祭事活动所在皆有,我们不妨在这里再加以整理申述之。

在古代文献中,“事”字还有一个重要方面,是指祭事活动。《尚书·说命》:“事神则难。”孔传:“事神礼烦则乱而难行,以戒之。”《春秋公羊传》庄公四年:“(齐)哀公亨乎周,纪侯谮之。以襄公之为此焉者,事祖祢之心尽矣。”《左传》昭公七年:“侯主社稷,临祭祀,奉民人,事鬼神,从会朝。”《礼记·表记》记夏商周对祭祀鬼神之事时说:“夏道遵命,事鬼敬神而远之,近人而忠焉。”郑注:“远鬼神近人,谓外宗庙而内朝廷。”疏谓:“宗庙在外是远鬼神也,朝廷在内是近人也”;“殷人尊神,率民以事神”。疏谓:“正义曰:此一节明殷代尊而不亲之事。尚虚无之事,故率民以事神”。而“周人尊礼尚施,事敬鬼神而远之”。《礼记·祭统》:“既内自尽,又外求助,昏礼是也。故国君取夫人之辞曰:请君之玉女,与寡人共有敝邑,事宗庙社稷。此求助

---

① 陈梦家:《史字新释》,《考古学社社刊》第五期,一九三一年。

② 胡厚宣:《殷代的史为武官说》,《全国商史学术讨论会论文集》(《殷都学刊》增刊),一九八五年二月。

之本也。夫祭也者,必夫妇亲之,所以备外内之官也。官备则具备。"疏谓:"正义曰:此一节,以上文孝子事亲,先能自尽,又外求伉俪供粢盛之事"。"粢盛之事",即为"事宗庙社稷"的祭祀之事。因此,文献中的这些所谓"事",当为祭事活动。正如学者所指出过的,"事"字造字之初,指手持旗帜或田猎、战争之工具进行的戎事活动。但是,每有战争发生,则必先于宗庙"尚虚无之事",即行祭于鬼神,命将建旗,以求得神明、祖先的护佑。待战争结束,则告庙献馘,亦举行盛大祭典。因而祭祀活动也引申为"事"。它和戎事活动一样,是奴隶制王朝的"国之大事"。

在殷墟甲骨文中,也常见商王有关"大事"的卜问。

(1) 贞其大事于西,于下乙匄。(《合集》1672)

(2) 贞于来丁酉酒大事,易日。(《合集》25934)

(3) 丙戌卜,大,贞于来丁酉酒大事,易日。(《合集》25950)

(4) 贞于来丁酉酒大事,易日。八月。(《英藏》2179)

(5) □□卜,出,贞大事其酒告于血室。十月。(《合集》25950)

上述各辞说明,商王每有"大事",要举行隆重的祭祀活动。惟从(1)辞可知,"大事"于西方,向先王下乙(即祖乙)乞来护佑。祖乙是商代发生重大战争时,行祭于大乙唐和大丁等为数不多的先王之一①,说明此辞"大事"当与战争有关。至于其他各辞之"大事",具体不可得其详了。但有一点却很明确,即"大事"均与祭祀有关。《屯南》2838 云:

(6) 翌日乙大事祖丁又去,自雨,启。

此辞之"大事",应与对先王祖丁的祭祀有关。对商王来说,祀、戎诸事均可统称为"事":

(7) 贞其事。(《合集》26872)

(8) 壬戌卜,我……弗入商,我有事。(《合集》21716)

商王的各级臣下,则将商王朝的祀、戎诸事称之为"王事"。如行祀事者有

---

① 王宇信:《周原出土庙祭甲骨商王考》,《考古与文物》,一九八八年,第二期。

(9) 弜執乎归,克飨王事。弘吉。

更多的"王事"活动与战事有关,如:(10) 贞令多子族眔犬候寇周,叶王〔事〕。贞令多子族从犬眔亩苪,叶王事。(《通》538)

由于学者对戎"事"研究较为充分,对祀"事"活动不免有所忽略。事实上,甲骨文中的不少"事",是指祀事活动。诸如:

祭先公高祖的"事":

(11) 于丁丑祝夒事。(《怀特》1461)

(12) 叀上甲事遘酒。(《合集》27051)

(13) 贞上甲事五牢。(《合集》27052)

(14) 上甲事其祝父丁必。(《合集》32390)

上述各片皆为第三期廪辛、康丁卜辞,从其上下文意看,所谓"夒事"、"上甲事",当为祭祀之事无疑。而第(14)辞为四期卜辞,"父丁必"为文丁之庙。

也有祭先王、先祖和先妣的"事",诸如:

大乙事:

(15) 先酒大乙事,又正。(《合集》27106)

(16) 大乙事王飨于[illegible]。(《合集》27124)

(17) 大乙事王其飨。(《合集》27125)

上述各片为第三期卜辞。大乙即成唐,在卜辞中又称为唐、成等。"大乙是庙号而唐是私名,成即可能是生称的美名"①。从以上各辞上下文意看,"大乙事"当系祭祀大乙的活动。

小丁事:

(18) 丁丑卜……小丁事,有正。(《合集》32642)

郭沫若谓:"武丁以前殷王之名丁者为大丁、沃丁、中丁、祖丁,沃丁乃旁系,余三丁盖以大中小为次,则小丁舍祖丁莫属矣。"②陈梦家也指出:"小丁之名不见于廪辛卜辞,但康丁、武文卜辞中则常常出现。"③此片为第四期

---

① 陈梦家:《殷虚卜辞综述》,第四一一至四一二页,科学出版社,一九五六年。

② 《卜辞通纂考释》,第二二三片。

③ 《殷虚卜辞综述》,第四二五页。

武、文卜辞,小丁即指祖丁。

小乙事:

(19) 甲申卜,小乙事其征。(《合集》27355)

此为第三期卜辞。此“小乙”,即为武丁之父小乙。在卜辞中“自祖庚以后,小乙的名称一直用到乙辛,然中间还有别的名称”①。也有称祖乙者。

(20) 甲申卜,□,贞祖乙事……(《合集》27203)

此片为第三期卜辞。辞中之祖乙,应为廪辛时称小乙为祖乙。对此,陈梦家早已指出②。

象甲事:

(21) 象甲事其征盘庚、小辛,王受又。(《屯南》738)

此片为第三期卜辞。郭沫若考证“象甲若喙甲即阳甲矣”③,阳甲、盘庚、小辛、小乙为商代名王武丁之诸父,“武丁卜辞中亦偶作象甲的,在武丁晚期较多些,但武丁时代宾组卜辞中则仍以称父甲为普遍”④。此辞的“象甲事”并延祭于“盘庚、小辛”等,说明直至廪辛、康丁时,也称先祖为象甲。

祖丁事:

(22) 戊戌卜,祖丁事其征妣辛、妣癸,王……(《合集》27367)

此片为第三期卜辞,“祖丁”即廪辛、康丁对其祖父辈武丁的称谓,而妣辛、妣癸乃武丁的法定配偶。此辞是说,祭事于武丁,并延及其配偶妣辛、妣癸者。

除了祭事先王,延及先妣者外,还专有“先妣事”之卜:

(23) 壬辰卜,妣辛事其征妣癸惟小宰。(《屯南》323)

(24) 丁丑卜,妣庚事叀蕈用隹。(《屯南》2363)

上述两辞均为第三期物。第(23)辞是廪辛、康丁行祭事于武丁之配妣辛,并征及其另一法定配偶妣癸;而第(24)辞,是行祭事于先妣卜用黄色的

① 《殷虚卜辞综述》,第四一七页。

② 陈梦家:《殷虚卜辞综述》,第四一八页。

③ 《卜辞通纂考释》,第一一八片。

④ 《殷虚卜辞综述》,第四〇八页。

牛牲。在殷墟卜辞中，殷先王法定配偶名庚者，有示壬奭、祖乙奭和四祖丁奭（祖丁）、小乙奭等①。而在第三期"廪辛卜辞很少发见祭先妣而附夫名者，我们只找到一条例子：丁未卜，何，贞钔于小乙奭妣庚，其宁乡（甲2799）"②。因本辞所祭妣庚未附王名，故不能确知此妣庚为上述诸王中何王之配偶。

在殷墟卜辞中，还有时王行祭事于其父、兄的。

卜"父其事"的有：

(25) □□卜，王其祉事父甲。（《合集》27475）

(26) ……祉事父丁。（《怀特》1732）

第（25）辞为第三期所卜，廪辛、康丁延祭事于其父名祖甲者。第（26）辞之父丁，乃第四期武、文卜辞称其父名康丁者，卜延其祭事于康丁。

有卜"兄某事"的：

(27) 辛未卜，……事其祉三兄，王受□。（《合集》27636）

此为第三期卜辞。廪辛、康丁之诸兄有多人，名甲、丙、丁、己、庚、辛、癸者皆见于卜辞③。此（27）辞之所谓"三兄"，不能确知为何许人。

由上述各辞可知，殷王事祭的先公高祖有夒、上甲等，先王和先祖有大乙、小丁（祖丁）、小乙、象甲、祖丁（武丁）。先妣有妣辛、妣癸、妣庚等。殷王事祭于其父、兄的有父甲、父丁、三兄等。商王举行祭事，是有固有的专门场所的：

(28) 乙酉卜，兄，……丁亥事其酒告南室。（《合集》24940）

(29) 贞事其酒于血室。十月。（《合集》24944）

所谓"南室"、"血室"，学者认为"都是祭祀所在的宗室"④。

虽然学者们根据"[illegible]"字在卜辞中的不同作用，经过分析、比较，从字形相同的"[illegible]"中分辨出了"史、卿史、御史"似皆主祭祀之事。"朕御史""我

①② 陈梦家：《殷虚卜辞综述》，第三八三页。

③ 《殷虚卜辞综述》，第四六五页。

④ 陈梦家：《殷虚卜辞综述》，第四七六、四七七页。

御史”指王及商国的御史。“北御事”似指派遣于北土的御史,“美御史”则是邦方的御史①。但因“史”的本义仍未考订明确,所以每每史、吏、事仍混淆不清。如释《续》2、6、3为“丁酉史其酒告(于)南室”、《甲》1949为“史其征三兄”等的史为主祭祀事的史官。根据我们上引诸辞判断,这里的“ ”不是史官之史,而应是祭事之“事”。

自史为“武官说”指出以后,明确了史的本义是戎事,卜辞皆以事为史字,从而使自王国维以来的史为记事之官的传统看法有了突破,并把卜辞中的“国之大事”——戎事活动战争卜辞从史官的活动中区别出来。但对“国之大事”的另一方面,“事”为祭事活动却完全忽略了。经过我们的整理,甲骨文中的“事”除了为戎事以外,还专指祭事活动是确定无疑的②。

（二）騜与白[马匕]

邢台甲骨有“ ”字,从马从皇,即騜字。《尔雅·释畜》“黄白騜”。騜为毛色不纯马的颜色。疏引孙炎说:“有黄处有白处曰騜”。《诗经·豳风·东山》“之子于归,皇驳其马”,传曰:“黄白曰黄”。

騜字在本辞,既为马色,又可为身有白色、黄色之处马的马名。在殷墟甲骨文里,以马的毛色为马命名有不少例证。经整理,有“用铜、白、赤、深黑、黄、杂色来形容马或为马名”的③。

“ ”即为[马匕],为母马。白[马匕],即白色的母马。殷墟卜辞中也有白色的马:

(1) 甲辰卜,殻,〔贞〕奚来白马。王占曰:吉,其来。

甲辰卜,殻,贞奚不其来白马五。(《丙》157)

(2) 贞 乎取白马氏。(《乙》5305)

(3) ……白马……(《龟》2.1504)

《礼记·檀弓上》“殷人尚白”,以白马为珍贵,但在卜辞中所见不多。

---

① 《殷虚卜辞综述》,第五二〇页。

② 王宇信:《说邢台西周甲骨“其事”》,《中原文物》,一九九四年,第四期。

③ 王宇信:《商代的马和养马业》,《中国史研究》,一九八〇年,第一期。

"周人尚赤"。曾有学者指出:"金文用白为白色义者罕见。乍册大鼎云:'公赏作册大白马',仅此而已。"①但后又有璺尊铭中出现一例"白懋父易懋白马敏黄发散"②。因此,邢台甲骨上又出现一例白色的马(母马),就很有意义了。

周代青铜器上罕见的白马,都出现在重要典礼上(公朿赏作册大、白懋父赏璺)的大贵族间的授受活动中。以此律之,邢台甲骨的占卜用白駜者,其身份当也是地位不低的奴隶主贵族。

（三）陟

邢台甲骨的"[illegible]"即"陟"字,在周原甲骨 H11:11 片上也曾出现。殷墟甲骨中也常见此字,学者在考释《天》44"戊戌卜,喜,贞告自丁陟。贞告自唐降"时说:"陟,升也。降,下也。告自丁陟自唐降者,此贞告祭由于丁升乎,抑由成汤下降乎?"③自此以后,学术界多释此字为祭名。一般理解为自某王起,上祀以前的诸王。但果真如此否,未再加以深究。

《说文》云:"陟,登也。"段注:"《释诂》曰:'陟,陞也'。《毛传》曰:'陞,升也'。陞者,登之假借。《礼·丧服》注曰:'今文礼皆登为升',俗误已行久矣。则古文礼皆作登也。许此作登不作升者,许书说解,不用假借字也。""陟"象以足登陵阜,《说文通训定声》"登也,从阜,从步,会意";"陟"训陞、升为引申。《说文通训定声》,"《虞书》'汝陟帝位',传:升也。《诗·闵予小子》'陟降庭止',笺:陟降,上下也。《东京赋》'省幽明以黜陟',注:升也。《夏小正》'鱼陟贡冰',传:升也";"陟"又可假借为骘。即《夏小正》"执陟攻驹"。《说文通训定声》"按:执陟,即《礼记·月令》之絷腾驹。《周礼·庾人》之佚特",即可假借为公马之"骘"字。

"陟"在殷墟卜辞中,当为一种祭名,学者早已指出。其所用陟登之祭的对象主要有高祖王亥、上甲等:

(1) □□,贞陟大印于高祖王〔亥㠯戚〕。(《合集》34286)

---

① 郭沫若:《金文余释》,《金文丛考》。

② 白川静:《金文通释》卷七,第十七页。

③ 杨树达:《卜辞求义》德部第十五,《耐林庼甲文说》,群联出版社,一九五四年。

(2) □亥,贞陟大钾于高〔祖王亥〕吕戚。(《合集》34287)

(3) 庚辰,贞其陟……高祖上甲。兹用。王占:兹……(《屯南》2384)

也有殷人的先王:

(4) 癸酉卜,宾,贞陟岁于唐。(《合集》1292)

(5) 其陟于大乙。(《合集》32029)

(6) 其陟于大乙祖乙。(《合集》32420)

(4)、(5)辞中的唐、大乙,即商代开国君王成汤。如释"陟"为上升,(4)、(5)辞可解释为"自唐(或大乙)上升乎?",似与甲骨文中的"逆祀"①同,即上祀大乙以上的先公。但第(6)辞却说明不能如此理解。此辞为第四期卜辞,武乙文丁所称的"祖乙",当为"中丁子的称谓"②,如"陟"自大乙上升,其前的先公先王应为上甲、三报(乙、丙、丁)二示(壬、癸)等。但此辞祖乙为大乙以后的先王,其顺序为大乙、大丁、大甲、大庚、大戊、中丁、祖乙,祖乙为大乙之后的第六王,可见陟大乙、祖乙为顺祀。这就使我们明确了"陟"某先王,并不是自某王上升,与"逆祀"是完全不同的。

(7) ……勿葡陟用于下乙,丁未允用。一月。(《合集》1667)

此"下乙"即祖乙③。

(8) 辛酉卜,出,贞其帝新□陟告于祖乙。(《合集》24356)

此为二期卜辞,祖乙当为祖庚、祖甲的祖辈小乙,或其祖辈为中丁子祖乙。

(9) 贞陟于丁用。(《英藏》1969)

(10) 戊戌卜,喜,贞告自丁陟。(《合集》22747)

(9)、(10)二辞为第二期卜辞,祖庚、祖甲之祖辈先王名丁者有大丁、中丁、祖丁,其父武丁亦名丁。因此,辞中所祭名丁者不能确指。

---

① 裘锡圭:《甲骨卜辞中所见的逆祀》,《出土文献研究》第一辑,文物出版社,一九八五年。

② 《殷虚卜辞综述》,第四一三页。

③ 胡厚宣:《卜辞下乙说》,《甲骨学商史论丛初集》(上),河北教育出版社,二〇〇二年十一月。

(11) 乙未卜,其集虎陟于祖甲。(《合集》27339)

此为三期卜辞,廪辛、康丁称阳甲为祖甲①,即为武丁之诸父阳甲、盘庚、小辛、小乙之阳甲。

我们看到,上述各辞的陟、陟岁、陟用、陟大钟、其陟、陟告、告陟、集陟等,均与祭祀先公高祖和先王有关。"陟"不同于自某王"上升"的逆祀,而应是陟登祭于某祖先。而在举行陟登之祭时,还用各种品物。主要有:

虎:如上引第(11)辞。

鬯酒:(12)癸丑卜,贞翌乙卯多宁其征陟鬯自……(《合集》19222)

贝币:(13)贞勿……陟贝,我……𡆥。三月。(《英藏》771 正)

羌奴:(14)□酉卜,□羌其陟用。(《合集》32020)

刍奴:(15)……米刍陟于西示。(《合集》102)

以上陟品物之祭,与甲骨文"登"进品物之登意相同。其区别,登以双手,陟强调以双足。因此,甲骨文中的陟,不能理解为自某先王上升的逆祀,而是陟登某种品物之祭。

(四) 卲辞相当殷墟甲骨文的占辞

邢台甲骨的"[古文字]"字,学者依《说文》,"卲,卜问也,从卜召声",都释此字为"卲"。卲字不见于殷墟甲骨文,但在周原甲骨中屡有出现。如下述各片:

(1) 尔卤克事。卲曰:竝卤克事。(H11:6+32)

(2) 卲曰:子。(H11:5)

同版另一辞被释为"引(矧)……"②,实引字为卲字缺刻(或误释)。其辞应为:"卲曰:其豖。"

(3) 既弗克尤宣。卲曰:毋。(H31:4)

(4) 卲。(H11:43)

在周原甲骨中,"卲"字有卜问的意思。但这类刻辞的性质并不一定与"贞辞"(即命辞)的性质相同,不妨称之为"卲辞"。我们可以将卲辞与贞辞加

① 陈梦家:《殷虚卜辞综述》,第四〇八页。

② 《陕西岐山凤雏村西周甲骨文研究》,《古文字研究论文集》。

以比较。

在周原甲骨中,有性质与殷墟卜辞相近的贞辞,这就是“贞……”和“卜曰”类刻辞。《说文》云:“贞,卜问也。”周原甲骨的“贞”字从鼎从卜,虽然写法与殷甲骨不同,但在卜辞中的用法几乎是相同的。如下述各辞:

(5) 贞王其自用胄……(H11:174)

(6) 彝文武丁升,贞王瞪日乙酉其求称旗……(H11:32)

(7) 贞王其求又大甲畾周方伯……(H11:84)

(8) 癸巳彝文武帝乙宗,贞王其邵祼成唐……(H11:1)

(9) 保贞宫。(H3(2):4 齐家)

(10) 贞。(H11:10)

此外,山西洪赵和北京昌平白浮的西周甲骨上也有“贞”字出现。

(11) 化宫鼎三止又疾贞。(洪赵)

(12) 贞。(昌平)

很显然,(5)、(6)、(7)、(8)、(9)各辞贞字之后为贞辞,与殷墟甲骨的卜辞命辞的结构基本相同。

在周原甲骨中,还有一类与贞辞性质相近的“卜曰”刻辞。

(13) □乎宝卜曰……(H11:62)

(14) 在旃尔卜曰:南宫鬵其乍。(H31:2)

(15) 八日辛卯卜曰:其瘦取。(H31:3)

这类刻辞,在殷墟甲骨中也不难找到与此类结构基本相同的辞例:

(16) 庚寅卜,𣪊,贞来辛丑卜曰……(《乙》5411)

(17) 丁丑卜,大,贞卜曰:其㞢汎彡岁自上甲,王……(《金》122)

(18) □□王卜曰:兹卜若,自求于王帝。(《续存上》1594)

(19) 甲子王卜曰:翌乙丑其酒瞪唐,不雨。(《续存上》1489)

(20) 辛未王卜曰:佳余告多君曰:朕卜有祟。(《后下》27·13)

因此,周原甲骨中的“卜曰”类刻辞,也应为较典型的卜辞,即“卜曰”之后为“命辞”。

那么,西周甲骨的“卟辞”,即“卟曰”之后的文字,是否也和较为典型的

“贞”和“卜曰”刻辞一样，即为“贞辞”（或称之为命辞）呢？让我们考察一下周原甲骨中“卧辞”的辞例及作用。

首先，“卧辞”在刻辞中的结构与“命辞”不同。在较为典型的卜辞中，应包括叙、命、占、验各项。在周原甲骨的贞辞中，有叙辞和贞辞（即贞……、卜曰……），但没有验辞。根据我们在第一节中的分析，上引第(3)辞的“既弗克尤宣。卧曰：毋”全辞的行款走向应是自右向左，因此“卧曰：毋”是全辞的结束而不是它的开始。而“卧曰：毋”之前的文字，不同于“叙辞”，而与“贞辞”性质相同。因此，(3)辞应是包括“贞辞”和“卧辞”结构的典型西周卜辞。这一辞例，现又得到了邢台甲骨的印证，即“其事骓陟四白驼。卧曰：祀”。

其次，我们可将西周甲骨的“贞辞＋卧辞”的典型辞例与殷墟甲骨相比较：

《合集》11497 正：“丙申卜，㱿，贞来乙巳酒下乙。王占曰：酒惟㞢祟亦有酘。乙巳酒，明雨。伐，既雨。咸伐亦雨。攺卯鸟星。”《合集》11498 正：“丙申卜，㱿，贞来乙巳酒下乙。王占曰：酒惟㞢祟亦㞢酘。乙巳明雨。伐，既雨。咸伐亦雨。攺卯鸟星。”

上述两辞，是包括叙、命、占、验诸项的完整卜辞。但实际在占卜时，可视情况之不同，省去一些项目。一般说来，卜辞的占辞内容都是与其前的贞辞内容相乎应的。如上述二辞的贞辞都是问“酒”祭，占辞所问也是“酒”而与其前相同。而周原甲骨“卧辞”前的部分，即贞问的内容也是与“卧曰”后的内容相呼应和一致的。如第(3)辞的“既弗克……”与“卧曰：毋”，邢台甲骨贞辞的“事(祭)”、“陟(登)”与卧辞“巳(祀)等即是如此。就是第(1)辞的“尔”囟克事，与卧辞的“竝”也是人名虽异，事类相同的。因此，“卧辞”在周原甲骨卜辞中的作用和位置，是与殷墟甲骨中的占辞性质相同的。

学者指出，“卜辞通例，凡命辞都是发问，占辞都是预测也是发问。《说文》云：‘贞，卜问也’，‘占，视兆问也’，是对的”①。虽然西周甲骨的“卧曰”

---

① 陈梦家：《殷虚卜辞综述》，第八十六至八十七页。

不见殷墟甲骨,而且“卧”意为“卜问也”,与殷墟甲骨的“占”为“视兆问”略有不同,但“卧辞”在西周卜辞中的位置和作用,是与殷墟甲骨中的占辞相近的。

在殷墟甲骨中,占辞也和西周甲骨的“卧辞”一样,与占卜有着密切的关系。如《库》1535说:“壬戌卜,宕,贞王占卜曰:子罚其佳丁娩,其佳不其㓜。”因此,我们不能拘执于“卧,卜问也”,而把“卧曰”从句中提前为“贞辞”。这不仅是因为卧辞在卜辞中的位置与占辞相当,而且上引的“占卜曰”也说明占辞与卧辞(卜问)性质是相近的。在殷墟甲骨中,未见“卧曰”云云,而在西周甲骨中,未见“占曰”而常见“卧曰”云云,这应是西周甲骨卜辞与殷墟甲骨卜辞的不同。所以应该说,“贞辞+卧辞”的句式,才是与殷墟卜辞不同的周人特有的“典型卜辞”①。

(五)祀

邢台甲骨上的“㔾”字,即为祀字,《释诂》“祀,祭也”。周原甲骨上的诸“祀”字与邢台甲骨上的“巳”(祀)字同形,如:

(1)弜巳(祀)。(H11:134)

(2)弜巳(祀)其若叀,卣正。(H11:114)

(3)〔曰〕其巳(祀)。(H11:76)

(4)……巳(祀)其……从。(H11:200)

(5)弜巳(祀)(H11:141)

(6)巳(祀)唯左。(H31:1)

以上各片之“巳”,学者都释为祀。西周甲骨以巳作祀,与殷墟甲骨同。常见祀事活动的殷卜辞如:

(7)弜巳(祀)求,于之若。(《合集》27370)

(8)弜巳(祀)兄(祝),于之若。(《合集》27553)

(9)弜巳(祀)卬。(《合集》30759)

(10)弜巳(祀)又。(《屯南》1116)

---

① 王宇信:《周原甲骨卜辞行款的再认识和邢台西周卜辞的行款走向》,《华夏考古》,一九九五年,第三期。

(11) 弜巳(祀)用。(《屯南》2219)

(12) 贞叀巳(祀)用。(《合集》21110)

以上"巳(祀)"常与求、祝、钔、又、用、叀等祭名连用。祀祭对象有先王和土(社)等。

(13) 弜巳(祀)告祖辛。(《屯南》656)

(14) 弜巳(祀)告小乙。(《屯南》656)

(15) ……土(社)巳(祀)。(《合集》14403)

巳(祀)祭所用的品物有羗和珏等:

(16) 弜巳(祀)用羗。(《屯南》4235)

(17) 王占曰:巳(祀)珏。(《合集》5611 反)

邢台西周甲骨上的"巳"(祀)与周原甲骨的"巳(祀)"字用法和意义相同,为祭祀之意。而殷墟甲骨的"巳"(祀)字用法,也使西周甲骨的"巳(祀)"为祀祭得到了证明。

此外,从周原卜辞的结构上看,邢台甲骨卲辞的"巳"也应释为祀。我们此前已作分析,西周甲骨的卲辞性质与殷卜辞的占辞性质相近,所问的内容是与前面的贞辞内容相呼应的。邢台甲骨的贞辞是贞问事祭和陟登之祭的,那么与此内容相呼应的卲辞内容,也应是关于祭祀方面。因此,邢台甲骨上的"巳",从卜辞的结构上看,也应是祭祀之祀,才能与前面的贞问内容相呼应。

综上所述,邢台西周卜辞,应是一条包括贞辞和卲辞的较为完整的西周卜辞:

贞辞:其事騜,陟四白骓。

卲辞:卲曰:巳(祀)。

全辞为:其事騜陟四白骓。卲曰:祀。

这种结构的句式,与殷墟卜辞完全不同,当为周人特色。这才是典型的西周卜辞。全段邢台卜辞,翻译为现在的白话,就是某卜人贞问:

是不是行祭事用黄白色块的马并陟登四匹白色的母马为祭呢?另一个人又对有关这次问疑继续卜问(即卲曰):祭祀还是不祭祀呢?

第三节　邢台西周甲骨发现的几点启示

通过上面的分析,我们可以看到:

(一)邢台甲骨卜辞的出土,使周原出土同类卜辞有了可资比较的新例证。邢台甲骨与周原出土同类甲骨互相发明,使我们对西周甲骨刻辞的行款走向和卟辞性质有了新的认识。贞辞+卟辞,应是周人特有的典型卜辞格式。

(二)通过对殷墟卜辞中有关"事"祭的分析,使我们对奴隶制社会的"国之大事",即祀事与戎事有了进一步的认识。把祀事活动从"吏"(或"使")中剔梳出来,不仅使这一批祀事卜辞有了新的价值,而且也为我们认识邢台卜辞的事祭活动提供了重要依据。而殷墟卜辞中的"陟"祭,笼统地理解为"上升"之祭是不确切的。甲骨文中有专门的"逆祀",陟祭与此完全不同,当是一种陟登某种品物之祭。这对认识邢台甲骨的"陟四白驼"为祭祀活动,也提供了重要的启示。

(三)如前所述,西周铜器铭文中用白色形容马色的例证较为少见。这种罕见的白马,又多出现在大贵族间的授受活动中。邢台甲骨占卜一次能用四匹白马(母马)陟登以祭的人,是证其身份当为较高的周王朝大贵族。

不仅如此。邢台甲骨卜辞的行款与结构基本与周原出土卜辞相同。如所周知,周原甲骨出土于周人发祥地岐邑的宫殿基址西厢二号房的H11、H31之内,当为王室之物。而邢台南小汪竟出土与西周王室卜辞辞例极为相近的卜辞,说明这一地带在西周也极为重要。卜辞的出土或许预示着这一地带有可能像周原一样,会有重要的西周建筑基址发现,也为考古学者关于"邢国的初封也就在今天的邢台"①的探索,提供了重要的线索。

---

① 《邢台南小汪周代遗址西周遗存的发掘》,《文物春秋》,一九九二年,增刊。又甲骨发掘者段宏振等的研究论文《河北邢台南小汪遗址西周刻辞卜骨浅识》在二〇〇八年《文物》杂志第五期发表,请参阅。学者研究情况,该文注②所列尤详,请参阅。

第二十一章　今后的西周甲骨学研究

西周甲骨学是新中国成立以后在甲骨学研究领域形成的一门新分支学科。虽然近几十年来西周甲骨的研究取得了不少成绩，但今后还有不少问题需要作进一步的深入研究：

一、在西周甲骨的著录方面。科学地著录西周甲骨，是从事研究的基础工作。新中国建立以后，山西洪赵坊堆村，陕西沣西张家坡，北京昌平白浮村，陕西岐山凤雏、扶风齐家村等地不断出土西周甲骨，但至今还没有一部较为理想的著录全部所出西周甲骨的著作出版。虽然拙著《西周甲骨探论》第六篇《西周甲骨摹聚》将历年各地出土有字西周甲骨作了集中，但限于条件，只能依据发表过的摹本汇集。陈全方《陕西岐山凤雏村西周甲骨文概论》和严一萍《商周甲骨文总集》，所收或是凤雏，或是凤雏、齐家所出，而不是全部。这样，在研究时就不可避免地会遇到以下问题：其一，摹本比例不一。西周甲骨文字纤细，须放大多倍方能辨识。在发表时虽经过放大处理，但摹本比例不一，会使研究者无从划分甲骨文字的字型，影响对甲骨的认识和比较。其次，西周甲骨发表时以摹本为主（也有时附有少量放大照片），放大临摹时，文字点划有的摹写失真。因此有的同一甲骨摹本，发表时文字互有差异，关键文字摹写不尽相同，给研究造成很大困难，不少争论和分歧往往由此引起。究其原因，一是临摹者的水平不同，故摹本的精确度互有差异。二是文字纤细，加之甲骨表面的锈垢去除未尽，致使一些文字的笔划不显。

因此，编纂一部著录各地出土有字西周甲骨的总集，成了当务之急。近百多年来著录殷墟甲骨文材料的实践，为我们提供了有益的经验。董作宾一再提倡将一块甲骨的照片、拓本、摹本三种一起著录。西周甲骨出土数量不多，藏品也相对集中，著录时应考虑将摹本与照相二位一体编纂。西周甲骨文字过于细小，用墨拓很难显示文字。而临摹又往往会出现误摹之处。照片比较准确,但有时笔划不显。因此,在著录西周甲骨时,可以将放大比例一致的摹本和照相编为一书,以资研究者互相勘校,增加材料的准确性。此外,著录西周甲骨的专书,还应包括山西、沣西、北京等地所出有字甲骨。《甲骨文合集补编》(语文出版社,一九九九年)虽然在"附录"部分著录了历年各地所出西周甲骨,但只有摹本而没有照相。其实,比例一致地放大照相在当前不难办到。曹玮的《周原甲骨文》(二〇〇二年)对有字甲骨用二十倍显微镜观察并将甲骨放大照片用彩色图版公布,便利了学者的研究,但这仅是周原一地而已。学术界亟盼包括各地所出全部有字西周甲骨的科学著录书早日出版。

二、文字的考释需要进一步深入。文字的考释和篇章的通读,是利用西周甲骨研究商周历史的前提。学者们在这方面做了大量工作,拙著《西周甲骨探论》第二篇《西周甲骨汇释》就集中反映了学术界西周甲骨文字的考释成果。但是我们也看到,同一片甲骨上的刻辞或一些关键的字,学者们的说解往往大相径庭。之所以会出现这种情况,除了学者们研究的角度和对西周甲骨文的性质,即是卜辞还是记事文字,以及随之而来的行款(左行或右行)的理解不同外,还有一个重要原因,就是所据摹本的精确度不同。因此,出版放大比例一致的摹本、照片二位一体的"标准本",将会使文字的考释工作前进一大步。

三、对西周甲骨的认识还需要进一步深化。经过五十多年来的研究,学者们对西周甲骨的特征、与殷卜辞的关系、时代及族属和内容等方面有了较为明确的认识。但是,仍有不少问题需要深入研究并有待新出土甲骨材料的补充和验证。历年各地所出甲骨,卜骨比较完整,虽然数量较少,但对卜骨特征的认识已较为明确。卜甲出土数量较多,但都比较碎小,较完整的有字卜甲只有齐家出土的一版(H3〔2〕:1、一、300)。学者们依据此甲并辅以其他无字卜甲,得以总结出西周卜甲的特征,但对于刻辞分布规律的认识还很不深入。二〇〇三年以后周公庙又有较完整的西周卜甲发现,将会使这一问题的研究有所深化。就是西周甲骨文本身的性质,即这些刻辞全是"卜辞",抑或包括卜辞及与占卜有关的记事文字的问题,也才刚刚提出,有待研究①。西周甲骨中的异形文字,如第十七章第二节所述,是“八卦”还是“筮数”,仍存有不同的看法。我们认为,“西周甲骨上的六位数字,当为揲蓍六次的总记录”,可以称之为“筮数”。但“西周甲骨上的筮数还没有《易经》上那样严格的卦名”。“即使这些筮数就是阴阳爻,但距离创造出易卦以乾卦为首的六十四卦名恐怕还要有一段距离”。因为商末周初人们的头脑中还没有“天、地”对立的观念,故不可能如此严整地将这些筮数称为乾、坤等卦名。此外,《周易》六十四卦每卦由六爻构成。以阴、阳对立观念为核心的阴爻、阳爻排列组合的不同,构成六十四卦不同的卦象。但商末周初阴、阳对立的观念也还没有出现。“所以《易经》中把爻以阴、阳命名,或称之为代表阴阳‘九’、‘六’等数字,亦当为较晚‘阴阳说’盛行的战国之世。因此,殷末周初的筮数,恐怕还没有达到《庄子·天下篇》所谓的‘《易》以道阴阳’的发展阶段”②。西周甲骨上的“筮数”与占蓍有关,它们的作用与占卜时的卜兆是相同的。卜兆是占卜时判断吉凶的依据,而筮数是占筮时判断吉凶的依据。当然,对西周甲骨上的这种异形文字的研究,还需要进一步深入。

四、西周甲骨的分期及族属的研究还需要深入探索。在第十七章和第十八章有关部分,我们曾概要介绍了学者们对西周甲骨分期和族属问题的争论和我们的意见,这些问题还没有很好地解决,需要深入研究和出土更多的新材料进行验证。特别是周原出土商人庙祭甲骨的整治,在钻凿形态方面为什么与殷墟甲骨有明显的不同,有待作出更合理的解释。

利用甲骨上的钻凿形态变化进行殷墟甲骨文分期断代研究,是国外③和国内④学者进行分期断代研究的新途径。一九七三年小屯南地出土甲骨文的钻凿拓本,也已集中在《小屯南地甲骨》下册著录,对分期断代研

---

①　参见王宇信:《西周甲骨探论》,第一七四至一七八页;又李学勤:《续论西周甲骨》;王宇信:《周原甲骨刻辞行款的初步分析》,《人文杂志》,一九八八年,第三期。

②　参见王宇信:《西周甲骨探论》,第一七八至一八五页。

③　许进雄:《卜骨上的钻凿形态》,艺文印书馆,一九七八年。

④　于秀卿等:《甲骨的钻凿形态与分期断代研究》,《古文字研究》第六辑,中华书局,一九八一年。

究的多角度探索起了一定促进作用。而西周甲骨的钻凿形态,还没有人进行系统研究。希望今后出版较为完整、标准的西周甲骨著录时,能像《小屯南地甲骨》下册一样,把钻凿形态较完整的材料提供给学术界,以便从多种途径对西周甲骨的分期进行探索。

五、西周甲骨,特别是凤雏H11、H31所出有字甲骨,内容较为丰富,涉及周初历史、商周关系、周与一些方国关系、历法、官制等方面。可以说,西周甲骨文是周初历史的"大事记"①。但由于对甲骨性质、族属、分期断代等问题,学者们的看法不同,往往同一片甲骨却得出不同的结论。因此,结合铜器铭文、考古材料、《尚书》以及其他古文献材料研究西周甲骨文,研究周初历史,也是今后研究应当加强的一个重要方面。

六、西周甲骨文文字细小,契刻或清秀圆润,或刚劲有力,有很高艺术价值,是我国微雕艺术之祖。如此纤细、娴熟的文字是怎样契刻的,使用什么工具,诸如此类的问题都是值得探索的。这对我国微雕史、书法史的研究很有意义。

七、我们相信,已发现西周甲骨的遗址,今后还会有西周甲骨的继续出土。在其他的西周封国遗址,今后也会有西周甲骨的发现。我们期待着陕西岐山周公庙和河南洛阳的西周甲骨新发现早日公布,这将会扩大学者研究的视野和推动西周甲骨学全方位、多层次的深入研究。

总之,西周甲骨的研究正方兴未艾。今后我们要付出更多的劳动,进行创造性探索,使这门新的学科进一步完善起来。

① 参阅王宇信:《西周甲骨探论》,第二五九至二七〇页。

下　　编

第二十二章　甲骨文与甲骨书法

近二十多年来，由于《甲骨文合集》、《小屯南地甲骨》等大型甲骨著录书的出版和甲骨文知识的普及，在我国形成了一股不大不小的甲骨“热”。不少书法家已不满足于传统的篆、隶、行、草，而广大人民群众的欣赏要求和发扬祖国优秀文化遗产的责任感也促使书法家创新，因而不少书法家开始涉足甲骨文书法和篆刻。在全国各地，涌现出一批甲骨书法篆刻家。

甲骨文书法，即指今人用毛笔书写的甲骨文字，是我国墨苑里的一朵奇葩。由于这一独特的艺术形式与甲骨文研究有着密切的联系，因此本书也对甲骨文与甲骨书法提出一些看法。

第一节　中国文字的发展和甲骨书法小史

不少谈书法史的著作往往把中国文字发展史与书法史混而为一。我们认为，文字的产生，主要是为了使用。而书法，则是为了欣赏，是艺术创造活动。人们都会写字，但会写字的人并不都是书法家。而书法家，不仅会写字，而且能汲取历代流传下来的不同字体书法的精华，在艺术实践中结合自己的气质进行升华和再创造。

我国文字出现很早。相传黄帝时“其史仓颉，又取象鸟迹，始作文字”①。《易・系辞》：“上古结绳而治，后世圣人易之以书契。”在文字产生以前，有一个漫长的无文字的时期。这时期的先民们，或刻木为记，或结绳而治，把事情记载下来。大约在距今五千多年前，我国文字开始形成。有的学者认为，仰韶文化出土陶器上的刻划符号就是最早的文字。后来，在陕

---

① 《太平御览》卷七十九引《帝王世纪》。

西西安半坡遗址、临潼姜寨遗址、甘肃秦安大地湾遗址、河南淅川下王冈遗址等处都发现了不少刻划符号,这些符号多刻在器物口沿等显要的位置,而且每件器物上多为一种记号,不同地方出土陶器上的符号有时竟基本相同。郭沫若先生指出:“刻划的意义至今虽未阐明,但无疑是具有文字性质的符号,如花押或者族徽之类”,“彩陶上的那些刻划记号,可以肯定地说就是中国文字的起源,或者中国原始文字的孑遗”①。

比仰韶文化时代略晚的山东大汶口文化遗址中,如宁阳堡头村、莒县凌阳河、诸城前寨等地都发现了文字。唐兰先生认为这已经是较为成熟的文字。大汶口文化分布地区正是我国古代东夷少昊族活动的地区,因此他认为从那时起,距今大约六千多年我国已进入阶级社会,即有文字记载的文明社会②。但考古资料表明,女性在当时还占有一定地位,社会发展尚未超越军事民主阶段——即野蛮时期高级阶段。仅仅那几个文字,还不能记载成文史。因此,大汶口文化时期出现的文字,是文明社会即将到来的先声。

夏代(公元前二十一世纪至公元前十六世纪)是我国历史上第一个奴隶制王朝。夏王朝活动的地域主要在今豫西、晋南一带。这一地区的龙山文化晚期和二里头文化的发现,使我们对夏文化的探索有了眉目。值得特别提出的是,在河南登封告城镇王城冈遗址里发现了一个“[illegible]”(即共)字,时代介于大汶口文化的文字和殷墟甲骨文的中间阶段。虽然发现不多,但可以预料,夏代文字将来一定还会不断发现。

商朝晚期(公元前十四世纪至公元前十一世纪)的殷墟甲骨文,是我国目前发现的最早的有系统的文字,也是比较成熟的文字。在商朝铜器上,殷墟(即商朝晚期)前期还多无文字或只有一二个字。而到了殷墟晚期,文字增多,有达三十字左右者。如著名的邲其卣、戍嗣子鼎等,就是字数较多的铜器。其他如陶器、玉器、骨器、石器,有的也刻有文字。在殷墟以外的商代遗址,如郑州二里冈曾出土商代有字卜骨③,河北藁城台西、江西清江

① 郭沫若:《古代文字之辩证的发展》。

② 唐兰:《从大汶口文化的陶器文字看我国最早文化的年代》,《大汶口文化讨论文集》,齐鲁书社,一九七九年。

③ 裴明相:《略谈郑州商代前期的骨刻文字》,《全国商史学术讨论会论文集》。

等地也发现了商代陶文。

直到西周时期(公元前十一世纪至公元前七七一年)还有甲骨文存在，这就是在山西洪赵坊堆村，北京昌平白浮、琉璃河，陕西沣西张家坡、岐山凤雏、周公庙和扶风齐家、河北邢台等地出土的西周甲骨。但西周时期大量存世的文字材料，是铸造在铜器上的金文。文字最多的铜器首推《毛公鼎》，达四百九十七字之多。

西周灭亡以后，我国进入了春秋战国时期。这是我国奴隶制社会逐步为封建制社会所取代的社会大变动时期。西周铜器多为王朝铸造，列国器所见不多。春秋以后，列国器大增，文字也日益富有地方性，有秦器、楚器、晋器、齐鲁器等。进入战国时期以后，真是语言异声，文字异形，除金文外，这时期的文字材料还有陶文、兵器刻文、钱币、玺印、竹简、石刻等。

公元前二二一年秦始皇统一中国后，采取了一系列巩固统一的措施，其中重要的一项就是"书同文字"。通过行政措施，定小篆为通行文字，各地行用的不同字体文字——六国古文被废止了。小篆的偏旁部首较为规范化，传世的琅琊刻石，乃李斯所篆，是秦篆的代表作。

汉朝以后，在秦朝隶书的基础上，逐渐形成便于书写的汉隶。经过南北朝，到了唐朝，文字笔划削减了隶书的蚕头燕尾，变得比较匀称，布局规整，楷书成为通行的文字。

中国文字是向简化和便于书写方向前进的。小篆以前的文字，都可以叫做古文字，因为除了古文字学家，很少有人能认识它们。而书法，并不是为了实用，主要是作为艺术品欣赏。所谓"法"，即法则、规范、效法。不能说，商代只有商王和少数几个卜人能见到的卜辞就是书法创作。也不能说商代卜人教弟子捉刀代笔刻写甲骨文就是有意识地把文字书写作为一种艺术实践。金文也是这样，主要用于称颂贵族和祭祀祖先，也有的纯属"物勒工名"，用以考察做器者劳绩的好坏。当然，在今天看来，甲骨文、金文十分古朴、劲遒，具有永恒的艺术魅力，堪称"书法"之祖。但毕竟与我们今天有意识作为艺术创作的书法不同。如果从广义方面来理解书法，秦始皇靠行政命令统一文字，刻石纪功，并令李斯写《仓颉篇》，赵高写《爰历篇》，胡毋敬写《博学篇》，要全国人民以此为范本，推行小篆，可以作为我国书法之始。

奴隶社会"学在王官",只有少数贵族才有享受教育的权力。进入封建社会以后,文化下移,不少地主阶级(包括贫士)有了学习文化知识的机会。随着文化的普及以及碑碣、刻石的流行,人们对文字书写审美观念增强,才有了把文字书写作为艺术品欣赏的要求,也就为一些人专门研究书法艺术准备了条件。汉代以后,不少著名的书家把名字也附刻于他们书写的碑刻上,表明已开始有意识地把书法作为一种艺术实践看待了。隋朝以后,为供书法学习需要,"法帖"流行。特别是唐朝以后椎拓技术发展,不少书法名家的作品广为流传,促进了书法艺术的发展。因此,文字产生的历史,比作为艺术品鉴赏的书法历史要悠久得多。

甲骨文距今已有三千多年,是古文字学家研究我国文字源流的最早而有系统的资料,在我国的文字学史上占有重要地位。而且甲骨文里保存了不少商代政治、经济和科学技术等方面的宝贵资料,也是历史学家和古代科技史家研究的第一手资料。但用毛笔书写甲骨文,书写时并讲究执笔、用笔、点划、结构、章法等,作为一种书法艺术来看待,那是一九二一年罗振玉等学者集甲骨文字书写楹联以后的事情。自此,在甲骨学研究的基础上,出现了甲骨书法这朵墨苑新葩。

甲骨书法的出现,与甲骨学研究的草创阶段的完成是分不开的。甲骨文字经过释读,才有可能出现把甲骨文字作为艺术品看待的甲骨书法。甲骨文是卜辞,是用刀契刻而成的,主要用于记录商王室占卜之事。而甲骨书法,是今人用毛笔书写,有时集字书写诗词,有时集字书写楹联,是为了欣赏或陶冶性情,与三千多年前商代甲骨文的实用性大不相同。甲骨书法与甲骨学的研究水平是密切相关的,甲骨学研究的不断发展,促进了甲骨书法艺术水平的提高。

最早出现甲骨书法作品是在一九二一年。著名学者罗振玉在研究之余,首先集甲骨文字用毛笔写成楹联,以《集殷虚文字楹帖》为书名付印。他说:"取殷契文字可识者,集为偶语。三日夕得百联,存之巾笥,用佐临池。"①其后,章

① 罗振玉:《集殷虚文字楹帖跋》,贻安堂影印本,一九二一年。

钰、高德馨、王季烈等人，也集甲骨文字为楹联。一九二七年罗振玉将自己和其他三人作品集为《殷虚文字楹帖汇编》出版，共收四百余联，四言、五言、六言至十言不等。此书一九八五年以《集殷虚文字楹帖》为书名由吉林大学出版社放大重印。

一九二八年殷墟科学发掘工作展开以后，甲骨学研究完成了草创阶段向发展阶段的飞跃。在这一段期间内的甲骨书法艺术作品，基本上是由下述两部分人创作的：

一部分是非甲骨学者。一九二八年丁辅之出版了《商卜文字集联》，一九三七年出版了《观水游山集》。一九三七年简琴斋也出版了《甲骨集古诗联》上编等。因为他们不懂甲骨文，所写的文字或都为方笔，或像行书，而且集错的字也时有发现。

以上罗、章、高、王、丁、简诸氏的作品，由严一萍汇为一编，一九六九年集为《集契汇编》一书，由台湾艺文印书馆出版。此外，一九七四年台湾还出版了石叔明、林翰年编《甲骨文与诗》，文字犹如刀削斧刻，失去了甲骨文的韵味。因为作者既不懂甲骨文，也没有摹写过甲骨拓本，所以写出了不像甲骨文的甲骨书法。

另一部分是甲骨学家。著名的甲骨学家董作宾先生，不仅对甲骨学的发展作出了重大贡献，而且还对甲骨书法颇有研究。据严一萍《甲骨学》第八章《甲骨文字的艺术》介绍，董作宾曾在前中央研究院历史语言研究所所长傅斯年先生逝世时，用甲骨文字撰写了四百多字的长篇挽联。

一九五〇年汪一庵为所集董作宾、汪一庵书法的《集契集》一书稿本作序，一九六〇年十月《集契集》发表在《中国文字》第一期上。一九七六年日本欧阳可亮据稿本重新书写，以欧阳可亮、董作宾、汪一庵三人名义由日本春秋书院出版《集契集》，全书共有对联一百八十二幅、诗九十一首、词七十七阙、令六首，共三百五十六篇。董、汪、原《集契集》稿本一九七八年十月由严一萍在艺文印书馆出版。严版集词八十七阕，其他与欧阳版相同。由于董作宾作为著名学者的声望和他甲骨书法的造诣，以至有人仿写董作宾的甲骨书法。此外，台湾学者严一萍的甲骨书法，也有相当的造诣。大陆的一些甲骨学家，如商承祚、唐兰、于省吾等前辈对甲骨书法也有精深的研究。因为写的不多,故他们的墨宝更为珍贵。但可惜的是,至今也没有人对他们的墨宝进行搜集和整理。

近二十多年来,甲骨书法或篆刻作品时有出现。一九八四年十月,在河南安阳举办了“殷墟笔会”和“甲骨文还乡书法展览”,推出了一些较为优秀的甲骨书法作品。此后,甲骨书法展览不断举行,如在我国南京、北京、郑州、安阳、香港、台湾等地及美国、新加坡等都曾举办过。二〇〇七年十月,中国殷商文化学会为推动甲骨学家与甲骨书法家的互动,提高甲骨文书法的水平,在山东烟台召开了“甲骨学暨甲骨文书法国际学术研讨会”,并出版有《华夏情甲骨文书法国际大展集粹》。此外,近年还有多部个人书法专集或展览作品选集出版。

与各种传统书体相比,甲骨书法只不过才有八九十年的历史,甲骨书法家的队伍还比较小,甲骨书法也还有一个让广大人民群众接受、认同、喜爱的过程,但作为书法艺术的一个新品种,相应它会有旺盛的生命力。

第二节　写好甲骨书法的准备工作

书法是一种综合性的艺术。一幅优秀的书法作品,给人以美的享受,陶冶人们的性情和激发人们对祖国优秀文化的热爱。书法这种艺术形式,有人说它有着图画的功能,这就是所谓的“书画同源”论。诚然,在文字产生的时候,许多象形文字就是对现实生活中许多事物的极形象、生动的概括。虽然经过发展变化,文字与现实的事物愈来愈远。但一幅书法作品本身,就是一幅优美的画卷,而且能收到美术作品所不能达到的艺术效果。书法家依靠点和线的变化,写出了书体各异的令人陶醉的作品,于无声处,使人们领受到变化多端的旋律。特别是甲骨文,直划和横划的变化,构成了隽永的文字。将这三千多年前的“殷人刀笔”文字在今天用笔(或刀)发扬光大,需要我们的甲骨书法(或篆刻)家具有一定的基本功。

首先,甲骨书法家要有一定的文学修养。好的书法作品,不仅字要写得好,而且内容也要不落俗套,给人以一个新的境界。这样的书法艺术作品，才能达到陶冶情操的目的。很难想象一幅书法很好，但内容很糟的作品能得到人们喜爱。内容如何，反映了书法家的爱好、修养和情操。而要作出有意义的、催人向上的对联或警句，书法家必须具有一定的文学素养和道德修养。对生活热爱，观察细致，触景生情，豪兴大发，所得的联珠妙语才能给人以启迪和教育。我国古代许多著名的哲人和诗人给我们留下了丰富的哲理名言和不朽的诗篇，千百年来在人民群众中广为传诵。不少书法家以此为题材，创作了很多为广大人民群众喜闻乐见的作品。一些优秀的文学作品，不仅能陶冶百姓的情操，而且也使书法家本人的思想和创作境界得到升华。

其二，甲骨书法艺术作品像一座巍峨的大厦，书法家像大厦的设计师，他选择（或创作）的表达他志趣的诗联是大厦的设计图，所集的甲骨文字就是建造大厦所需的砖瓦。因此，今天的甲骨书法家要有一定的甲骨学基础，要认识一定数量的甲骨文字。

甲骨文目前已释出二千字左右，为大多数人所承认的才一千字左右。甲骨书法家继承和吸收前辈学者考释甲骨文字的现有成果是不难办到的。此外，还有一些工具书，如孙海波的《甲骨文编》，高明的《古文字类编》，徐中舒主编的《汉语古文字字形表》等，可以从这些工具书中去集甲骨字。

但是，光靠从工具书集字进行书法创作是远远不够的。甲骨书法家还应粗通甲骨文。郭沫若的《卜辞通纂》和《殷契粹编》两书可作为识字入门书，认真加以通读，就能掌握相当一批甲骨单字，比光背诵《甲骨文编》的收效要大得多。有志于甲骨书法者，不妨一试，此两书将会使你终生受益。李孝定的《甲骨文字集释》和于省吾《甲骨文字诂林》，汇集各家对甲骨文字的考释，也可参考。

其三，要看和临摹一些甲骨拓本。有一些甲骨书法家，从甲骨字典上集下一些甲骨字，就开始书法创作。由于他们没有看过、或没有临摹过甲骨拓本，不知道甲骨文字的刀法和文字在通篇的行款和布局。所以他们的甲骨书法，极少甲骨文的韵味。我们应吸取他们的教训，在掌握一定的单字，并知如何使用工具书去集字以后，还要摹挲拓本（如能见到原骨，那是最好不过的了）。甲骨文是用刀契刻而成，而我们的甲骨书法是用毛笔书写的。这就要反复体会用毛笔如何表现出刀刻的风格,而又具有毛笔的笔意。用书法家的行话来说,先要“入帖”,即写的字尽量和甲骨拓本上的字一样。但又要“出帖”,进行再创造,形成自己的风格。集大成式的甲骨著录——《甲骨文合集》和《小屯南地甲骨》两书可供摹挲参考。此外,还要懂得一些有关甲骨文例的知识①。

如此等等。初步掌握了以上几个方面的基本知识,就可进行甲骨书法创作了。

第三节　精益求精,将甲骨书法艺术提高一步

“艺无止境”。我们所说的将甲骨书法艺术提高一步,不仅限于文字书写与甲骨文形似,更重要的是甲骨书法作品要合情、合理。

一九八四年十月参加安阳“殷墟笔会”时,许多甲骨学专家学者参观了大会举办的书法展览,见到展出的一些优秀甲骨书法作品。但不容否认,也有一些甲骨书法作品连著名的甲骨学权威看后都连说“读不懂”,更何况一般的读者呢?还有一些名为甲骨书法,但写得与篆文无异,表明这些书家对甲骨文的“刀法”全然不知。我们认为,要想进一步提高甲骨书法艺术水平,就必须了解甲骨文不同时期有不同书体,也要懂得甲骨文字字形的偏旁分析和从别的文字中借字的道理,这样才能写出合情、合理的甲骨书法作品。

(一)要合情

甲骨文是商朝晚期盘庚迁殷至纣之灭,八世十二王、二百七十三年之物。在这一段时间里,由于贞人的不同和岁月的流逝,甲骨文字形、书体是有发展变化的。可以分为武丁时期、祖庚祖甲时期、廪辛康丁时期、武乙文丁时期、帝乙帝辛时期。这五个不同时期的甲骨文,字形、书体各有其特点。我们的甲骨书法家在自己的书法作品中,要能将甲骨文不同时期字

① 参见仁言:《殷墟甲骨文基础七讲》,《殷都学刊》,一九八五年,第一至四期。

形、书体的特点反映出来，这就是要合乎甲骨文当时之情。

在一九二八年殷墟科学发掘甲骨文以前，学者们研究的主要目标是文字的考释和篇章的通读，二百七十三年的晚商甲骨文被看做一团“浑沌”，没有理出一个条贯。限于甲骨学当时的研究水平，这一时期的甲骨书法当然不可能反映出甲骨文字不同时期书体、字形的不同，多是按集句内容的要求，根据有限的工具书，如《殷虚书契考释》等将文字集在一起。这样写出的书法作品，自然是不同时期的字体杂陈在一起。很显然，这不符合甲骨文字发展变化的情理，难免产生“假”的效果。甲骨学发展到今天，已能准确地将每一片甲骨分期甚至分“王”，我们的甲骨书法家不能再停留在初期甲骨书法家那样的水平上，把“辈分”不同的甲骨字胡乱地集在一起。

我们在这里还要谈一下与甲骨篆刻有关的甲骨造伪问题。随着甲骨文的售价日昂，也产生了伪造甲骨以求厚利的问题。在甲骨发现初期，造伪者把不同时期的甲骨字杂凑成篇，而且不成辞例。随着甲骨学研究的进步，甲骨学者很容易就辨认出这些假片。造伪者又录下成篇甲骨上的刻辞，通篇移刻，显得非常逼真。但造伪者不懂甲骨文例，甲骨学者也能识破。现在，也有一些人用甲骨文篆刻印章或仿刻甲骨，这也可以说是在制造假“甲骨”吧。甲骨仿刻已成为篆刻领域的一朵新花。对甲骨篆刻者来说，也存在一个“合情”的问题，不使假的甲骨使人再产生假的感觉，而要使人在假甲骨上感受到“真”甲骨的韵味。

总之，甲骨书法要通过笔写出刀意而不失笔力，要再创造出神似的“甲骨”字。甲骨篆刻，要传“真”，要能以假乱真，不能进行再创造。否则，就会成为地地道道的“假”甲骨了。甲骨书法篆刻家要想自己的创作达到合甲骨文之情的艺术效果，就必须对甲骨文的分期断代知识有一定的了解。

董作宾《甲骨文断代研究例》把甲骨文分为五个不同时期，他指出了五期文字书体的不同，即：第一期雄伟，第二期谨饬，第三期颓废，第四期劲峭，第五期严整。如果我们的甲骨书法篆刻家能反复体会这些不同，一定会创作出更符合甲骨文本身之情的优秀作品。

（二）要合理

所谓“合理”，就是我们现代人书写的“甲骨文”要有三千多年前甲骨文的韵味。也就是要使自己的书法作品从所集的文字到文字的结构、气势与真正的甲骨文字神似。为达到这样的效果,必须注意下述三个方面:

首先要使自己的甲骨书法符合甲骨文的笔意。甲骨文五个不同时期的不同书体作风,是由文字契刻时奏刀的不同,即点划的差异所决定的。

甲骨文又被学者称为“殷人刀笔文字”,也有称之为“契文”的。“刀笔文”也好,“契文”也好,都说明甲骨文不是用笔,而是用刀契刻在龟甲、兽骨上的文字。而“刀笔”,就是安阳殷墟出土的青铜刻刀或玉刻刀。当时应主要是用青铜刀契刻甲骨文字。

董作宾等学者认为甲骨文是先写后刻的。但据大量出土甲骨文材料,先写后刻的是极少数。多数是贞人随手刻来,并不先写上墨底。这已为近人进行的甲骨模刻实验所证明。要想刻出甲骨文的神韵,表现出各期不同的书体作风,必须对甲骨文字刻划的顺序及刀法进行分析、体会。有人在进行仿刻甲骨实验时,仔细观察甲骨文字下笔的先后,再按顺序奏刀,刻出的“甲骨”字与真甲骨文字极其相近。这对我们的甲骨书法篆刻家有很大的启示。

我们了解了甲骨文契刻的方法和奏刀的先后,就可以在书写时用笔体现出刀法来。有的甲骨书法家不了解这一点,笔划粗细一致,写出了小篆体的甲骨。也有的写出了“行书”体的“甲骨”字,失去了甲骨篇章的严谨、肃穆。也有的甲骨书法家不了解甲骨书法毕竟是书法而不是契刻,只强调刀法,用毛笔写出剑拔弩张的“甲骨”字,失去了甲骨文笔意的流畅、妩媚。我们书写“甲骨文”,既要写出“刀”法的劲峭,又要表现出笔意的沉静。所以在临摹甲骨时,不仅要注意每个字的笔划和笔划的结构,还要十分注意把刀法和笔法结合起来,形成自己的独特风格。

其次是要合理地使用“甲骨”字。不少学者对甲骨文字的考释作了许多工作,但由于时间早晚的不同和所见资料多少的不同,往往一字异说,使初学者莫知所从。早年学者考释文字,因限于资料,往往孤立地对文字进行解说,而没有综合全部资料进行论证,不能做到文从字顺。或把考释文字比做“射覆”——即猜谜,虽有一些文字猜对了,但有不少释错。我们今天的甲骨书法家在集字的时候,应以文字考释的最新成果为准。我们发现，不少甲骨书法作品将前人释错并已放弃的释读，为适应集字的需要重新集来，因此作品中错字连篇，几乎使人不能卒读。这是不了解甲骨文字释读一百多年来不断前进，不断发展，日益缜密的结果。考释文字较多而且比较正确的学者有郭沫若、于省吾、唐兰等人，他们的《卜辞通纂考释》、《殷契粹编考释》、《甲骨文字研究》、《甲骨文字释林》、《殷虚文字记》等书可供我们集字时参考。此外，反映文字考释成果的字典，如《甲骨文编》、《古文字类编》、《甲骨文字诂林》等在集字时也很有使用价值。

其三，虽然不少甲骨文字已被释读出来，但数量毕竟有限。还有不少的字只知其义，不可得其音读。在五千多个单字中，目前无争议的可识字仅有一千多个。而这一千多个单字，多和商王的活动，如祭祀、征伐、游田、吉祸等有关，涉及的范围较为狭窄，用以表达我们今人的思想是远远不够的。

因此，在用甲骨书法表达我们当代人的志趣和寄寓时，必须注意到甲骨文字较少这一特点。我们在创作或选择文句时，首先应考虑到哪些字可以在甲骨文中集齐，尽量避免创作出（或选择）不易集齐甲骨文字的文句。虽然如此，我们所创作的诗篇或偶句中（或选先哲名句、名诗），还可能有集不到的甲骨文字。遇到这样的情况，我们只得适当地“造”一些甲骨字或“借”一些甲骨字。

“造”字要合理，即我们所造的“甲骨字”要符合甲骨文字的偏旁结构，要用偏旁分析法合理地“造”出一些甲骨字，而不能硬将前人释错的字拿来充数。分析偏旁是考释文字的一种行之有效的方法，宋代就已开始使用了。如宋人分析“秉”字谓“从又从禾”，又即手，以手取禾即秉字本意。清人孙诒让《契文举例》一书也常用此法分析文字。在书法创作缺字时，就可根据文字的偏旁分析“造”出一些合理的“甲骨”字来。唐兰的《古文字学导论》一书对文字偏旁分析有精辟论述，甲骨书法家为造字合理，可翻阅此书。但“合理”造字毕竟不是甲骨字，因而还是少造或不造为好。

当然，有一些字用偏旁分析法也“造”不出来，那我们就只好去“借”了。首先要从与甲骨文时代较近的金文中去借。如果金文中也没有，再从战国时代的货贝文、玺印文、兵器刻文或陶文中去借，但要把“借”来的字经过改造,用甲骨书法的特点写出来,但“借”来的字毕竟不是甲骨文字。

无论“造”字,或是“借”字,都是万不得已而为之,不能在书法作品中出现太多。顾名思义,甲骨书法还应是以集原有的甲骨文字为本。如果我们的甲骨书法,不仅作风表现了甲骨文古朴的神韵,而且所集的“甲骨字”也合情合理,那基本就是成功的作品了。此外,甲骨文毕竟去今已远,多数人是陌生难识的。因此甲骨书法作品还应附写上释文,以减少欣赏者不识字之苦。这样,既可使甲骨书法的欣赏者领略劲遒、奇妙的书法艺术,还能通过欣赏书法,体会到书法家所寄托的思想、寓意,从而受到启发教益,并与书法家产生共鸣。因此我们主张在甲骨书法上加释文,这是使甲骨书法艺术不胫而走,赢得更多欣赏者所不可缺少的工作。

虽然甲骨文是一种古老的文字,但甲骨书法在书法史上却非常年轻。我国历代书法家给后世积累了大量的优秀篆、隶、行、草书法珍品,可供我们借鉴。十五万片甲骨文,又为我们提供了甲骨书法最好的“法帖”。这些,为甲骨书法融篆、隶、行、草的优秀遗产为一炉,把甲骨书法提高到一个新的水平提供了条件。我们相信,甲骨书法一定会发扬光大,在我国墨苑中大放异彩。

第四节　“序”甲骨文书法集谈甲骨文书法

近二十年来,甲骨文书法有了较为广泛的普及,甲骨文书法艺术也有了很大的提高。之所以如此,是继安阳甲骨文研究会成立以后,一些甲骨文书法研究组织先后成立,诸如江苏省甲骨文学会、湖南省甲骨文学会、山东省甲骨文国际交流中心等及甲骨文艺术研究会等等。这些学会的成立,为甲骨书法家搭建了交流书艺和展示书艺的平台,并在北京、南京、长沙、安阳、郑州、济南、烟台、上海等地先后举办过多次展览。二〇〇七年十一月烟台召开的“甲骨学暨甲骨文书法艺术国际学术研讨会”,甲骨学家与甲骨书法家互动,标志着甲骨文书法艺术进入了一个全新的阶段。

在笔者为一些书法家的作品集所作的“序”中，又进一步谈了我对甲骨书法艺术发展的一些建议和看法，现收入本节，供甲骨书法家思考、讨论。

一、序《甲骨文〈论语〉》

雷声先生书法艺术的煌煌大著《甲骨文〈论语〉》成，使我颇受震撼并深为感动！

如所周知，《论语》是记我国古代著名思想家、教育家孔子的言论和行事的集大成之作，为战国时期孔子的再传弟子、门人们根据他们的老师所述及的孔子言行辑录而成。二千多年来，作为儒家学派重要经典的《论语》，在我国思想文化史上占有重要地位，对中华传统文化和中华民族精神的形成，有着深远的影响。虽然自上世纪二十年代初以来，随着思想文化阵线反封建运动的兴起和其后不同时期的某种需要，曾几经遭受猛烈的冲击，但《论语》中深邃的哲理和博大精深的内涵却是批判所不能动摇的！不废江河万古流。在构建和谐社会和人类最先进文化的今天，《论语》的不少精辟论断，诸如“仁者爱人”、“己所不欲，勿施于人”、“学而不厌，诲人不倦”、“温故而知新”等等，仍是我们社会的行为规范和值得弘扬的宝贵精神财富，在提高民族文化自信和培育践行社会主义核心价值观中发挥着巨大作用。

《论语》作为全人类的文化珍品，其影响早已超出中华民族的范围。无论是在亚洲的日本、韩国、新加坡、越南等国家，还是在欧美的不少国家，《论语》都以不同的文字广为传播，并使肤色各异的人们接受其影响。韩国的都城首尔，有一座保存完好的古代建筑，那就是专门祭祀孔子的圣地——成钧馆。成钧馆建有大成殿，殿前两房为东庑、西庑，殿内供奉着孔子、七十二贤人和韩国的历代名儒。大成殿后建有供经师讲经的明伦堂，所悬匾额为明朝使臣朱之蕃书。明伦堂两侧为东斋、西斋，是古代儒生的住宿之处。在大成殿后，明伦堂前的宽敞庭院内，有两棵粗可五人围抱的大银杏树，据说树龄已达五百多年了。此外，还有以成钧馆为名立有成钧馆大学。为弘扬儒学，大学设有儒学系和东方哲学系。两系学生成绩优秀者，不仅可获奖学金，而且还可免费住在东斋、西斋，以表示学校对他们刻苦学习儒学的鼓励。在成钧馆的东墙之外,有一座典雅二层小楼,这就是韩国儒道会的总本部。不少对《论语》等儒家经典有研究的学者,经常在这里举行会议或活动。……在韩国,儒家学说的影响可谓潜移默化,几乎随处可见!我曾对韩国朋友说过,当年孔子感慨的"吾欲之东夷",是颇有预见的!如此等等。孔子的《论语》及他创立的儒家学说,在世界上也有着广泛的影响,并成为世界文明的有机组成部分。

在《论语》以世界各种文字为载体广泛传播的今天,雷声又以中国最古老的文字——甲骨书法形式将其录就,不仅是一大创新,而且又以艺术的形式,吸引了一大批书法爱好者。在他们欣赏、品味文字点划动感而多变的同时,也潜移默化,受到了《论语》隽永、深刻内涵的熏陶,从而又扩大了《论语》的影响范围!

之所以说雷声书甲骨文《论语》是一大创新,是因为此前还没有一位甲骨文书法家有这么大气魄,勇于把《论语》用甲骨书法全文录就。这就是使我深受震撼的原因之所在!

我们都知道,公元前一千三百多年使用的甲骨文字,要比孔子生活的时代早八九百年。而且甲骨文一八九九年被人们发现、认识至今,也不过才一百多年的光景。甲骨文是用刀契刻在龟甲兽骨上的文字,而甲骨书法是用笔写出商代人的契法之意境。商代的甲骨文是王室记卜事时实用的文字,西周以后就被金文所取代,现已成为人们所陌生的一种古文字。而甲骨书法,则是今人为了弘扬甲骨文这一古老文明的艺术再创作,并在创作中实现了与古人心灵的沟通。但是甲骨文书法,与书法领域的篆、隶、行、草、楷的异彩纷呈相比,只不过是近七八十年出现在墨苑的一朵新葩。甲骨文书法是在甲骨学研究发展的基础上,不断前进并提高艺术水平的。甲骨文书法的创始者是甲骨学一代宗师罗振玉,一九二一年他"取殷契文字可识者,集为偶语。三日夕得百联,用佐临池",出版了《集殷虚文字楹帖》。继其后,也有一些学者如章钰、高德馨、王季烈等人,对甲骨书法这一全新的艺术形式产生了兴趣。一九二七年罗振玉将自己和他们三人所撰四言、五言、六言、十言等甲骨书法共四百余联编为《殷虚文字楹帖汇编》出版(一九八五年吉林大学出版社重印此书);还有一些甲骨书法家也结集出版作品，一九二八年出版了丁辅之《商卜文字集联》，一九三七年丁辅之又出版了《观水游山集》，一九三七年还有简琴斋出版的《甲骨集古诗联》等；此外，甲骨学家也对甲骨书法倾注了心血。著名的甲骨学家董作宾，就时有甲骨书法新作问世。一九六〇年日本春秋书院出版了董作宾、汪一庵、欧阳可亮的《集契集》，书中收入对联一百二十八幅、诗九十一首、词七十七阕、令六首，共三百五十六篇。一九七八年台湾艺文印书馆再版《集契集》，除了词增至八十七阙以外，其他作品与原版同。唐兰、于省吾、商承祚等老一辈学者，也留有甲骨书法墨宝。近年，葛英会、陈炜港、董玉京、王宇信等等，也时有甲骨中堂或条幅问世。为了推动甲骨书法艺术的繁荣和发展，在甲骨文发现地安阳成立了甲骨文书法艺术研究会，南京成立有江苏省甲骨学会，台湾也有甲骨文学会的组织。为了交流和切磋甲骨文书法艺术，在南京、北京、安阳、台北等大、中城市和新加坡、日本、美国等不少国家，举办过大型的甲骨书法展览并召开学术会议。此外，在国内举办的很多书法大展上，也不乏甲骨书法精品参展。可以说，作为墨苑新葩的甲骨文书法，近八十年来有了很大的发展，逐渐绽放出令人耳目一新的绚丽花朵。虽然近年也时有甲骨书法家恭录毛泽东诗词《沁园春·咏雪》等大幅作品问世，突破了传统甲骨书法多限于对联或五言、六言、七言条幅，以及诗、词、小令等表现内容较为单薄的局限。但雷声的这部甲骨文《论语》，以宏大的篇幅一气呵成，标志着甲骨书法艺术的表现力达到了新的水平。

毋庸讳言，用甲骨书法表达像《论语》这样的长篇经典是有很大难度的。这是因为甲骨文是商王室的占卜之辞，其卜问内容和使用的文字有很大的局限性。因此，商代仅四千多个甲骨文字，就基本可供当时占卜记事之用了。而其中经过学者考证过的，有二千多字。这二千多经考证的文字中，只有一千多个得到学者的公认。至于其他不少甲骨文字，或为地名、人名，其义可知，其音就不可得其读了。因此，用这一千多个公认的甲骨文字，去表现晚他八九百年后的《论语》一书博大精深的内容，显然是十分困难的。我们在《甲骨学通论》“甲骨文与甲骨书法”一章中曾谈道：“在用甲骨书法表达我们当代人的志趣和寄寓时，必须注意到甲骨文字较少这一特点”。为了解决“可能有集不到的甲骨文字”的困难，“我们只得适当地‘造’

一些甲骨字或‘借’一些甲骨字”。但是我们也指出:“‘造’字要合理,即我们所造的‘甲骨字’要符合甲骨文字的偏旁结构,要用偏旁分析法合理地‘造’出一些甲骨字,而不能硬将前人释错的字拿来充数”。当有一些字用偏旁分析法也“造”不出来时,那就只好去“借”字了。“首先要从与甲骨文时代较近的金文中去借”。如果金文中也没有,“再从战国时代的货贝文、玺印文、兵器刻文或陶文中去借”。我们也曾强调:但有一点务必十分注意,就是要“把‘借’来的字经过改造,用甲骨书法的特点写出来”。雷声书甲骨文《论语》,为了解决甲骨文文字较少,不能全面表现《论语》丰富内涵的局限,在“造”字和“借”字方面作出了可喜的尝试并取得了成功。尽管有的字“造”得是否合理,“借”得是否合情,用笔书写出来又是否失甲骨文之“真”等等,还可以进一步推敲和完善,但每页书法旁所附的释文,总可使欣赏者明了作者所要表达的意思了。应该说,这部甲骨文《论语》是罗振玉、董作宾等几代甲骨书法家开创的甲骨文书法的继承和发展,它不仅以艺术的形式弘扬了中华传统文化的精髓《论语》,而且把甲骨文书法艺术的表现力依托《论语》,提升到一个全新的阶段。

雷声之所以取得如此骄人的成绩,与他多年来甘于寂寞和清苦,孜孜追求书法艺术和古文字学知识是分不开的。在经济改革的大潮中,他四十九岁就从铁路上“下岗”了。虽然如此,他不怨天尤人,而是自嘲说有了更多的学习和研究的机会。他从不作“急就章”,即以条幅或对联去应付各种名目“大赛”。而受他影响、指点的年轻人都纷纷设馆授徒,但他却杜门谢客,不想为些许学费而影响他用甲骨书法艺术去表现《论语》的宏伟计划。可以说,“下岗”以后的年复一年,他把全部时光和心血都倾注在这部甲骨文《论语》之上了。他的这种追求精神,使我深深地受到了感动!现在,这部海内外第一部以甲骨文书法表现《论语》的大作出版了,我向他表示衷心的祝贺!

我相信,这部雷声书甲骨文《论语》的问世,一定会受到广大甲骨文书法艺术爱好者的欢迎,并群策群力,把这朵墨苑新葩推向一个全新的艺术境界!我也相信,海内外深受《论语》影响的人们,也会对这一以甲骨文书法艺术形式出版的《论语》感到亲切和高兴。在您欣赏和体味铁笔银钩、恣肆豪放的甲骨书法艺术韵味的同时，也重温了《论语》这部历久弥新的经典，从而达到"温故知新"和"三省吾身"净化灵魂的效果！

我诚挚地向您推荐这部好书！

（二〇〇五年四月于北京）

二、序张坚（金开）甲骨文书法《耕耘集》

张坚（即金开）先生甲骨文书法《耕耘集》成，专程于二〇〇六年七月三十日来京，到我芳古园家中，兴冲冲地让我看他散发着油墨清香的全书样稿。在欣赏他这几十幅甲骨书法作品的同时，我不禁连连称好，并对他完成此书表示衷心祝贺。他不失时机地请我"提提意见"，并要我为之写一篇序。作为多年至交和编外弟子的小小要求，我毫不犹豫地答应了。

这部甲骨文书法《耕耘集》，开篇为张坚先生写的"甲骨文与甲骨书法艺术"论文。可以说，此文是他多年学习和钻研甲骨文，以及甲骨书法艺术的心得体会。我相信，广大甲骨书法爱好者，可以从中受到很多的启示和教育，或者会吸引你步入甲骨书苑，并为弘扬甲骨书法作出成绩。这部《耕耘集》所收的甲骨书法作品，既有临摹甲骨原片，也有临摹前辈大师罗振玉、董作宾等和甲骨书法家董玉京（董作宾之子）先生的作品，还有三十余幅他自己的创作。可以说，张坚先生的甲骨书法创作，是以临摹甲骨原片为基础，并在临摹前辈大师书法作品的过程中，广收博采，形成了自己的书法风格。我们还可以发现，这些书法作品，力图原汁原味的展现甲骨文字的风采——他在创作中搜索枯肠地使用甲骨文中原有的字。例如本书他歌颂世界文化遗产的《殷墟礼赞》，共用甲骨字达三百零一个，但其中没有一个"借"字或"造字"（像我一直主张的那样，如果甲骨文中没有某字时，可有根据地"借字"，或合理地"造字"，才能解决因甲骨文字太少，远不敷表达当代人丰富思想需要的矛盾）。可以说，这是迄今全部用甲骨文字创作的最长一幅作品了。这反映了张坚先生甲骨文字的深厚功力。

我历来主张，甲骨书法就应该是名副其实的甲骨书法。学习甲骨书法，首先要从临摹甲骨原片开始，并要反复摹挲、观察文字的架构及篇章结构，体会殷人占卜、刻字时的环境及意境。有一些号称"甲骨"书法家，但只从甲骨字典,诸如《甲骨文编》等书上临摹,却从未见过甲骨拓片(更不用说原骨了)!写出的甲骨书法又怎么能经得住推敲?!或写出与甲骨文一点神似都没有的“甲骨”书法,还美其名曰“甲骨草字”。但需知,甲骨文根本没有“草字”一说!虽也有一些字显得“颓废”,但这是与雄伟,或秀丽,或谨饬的甲骨文字相比较而言,但其笔划仍一丝不苟,可决不像某些书家信笔涂来,“草”得连甲骨学界都说不像甲骨字的没有甲骨文“味”的甲骨书法,其弘扬甲骨书法的目的能达到么?!或有的“甲骨”书法写成金文、篆、隶杂糅的“四不像”,当也是这些“书家”,没有摹过,或认真看过甲骨拓本,想当然而为之的“甲骨”书法。因此我可以向一些号称“甲骨”书家的朋友说,当您创作出一幅“甲骨”书法并颇为自得时,首先应自己问一问自己:我看过甲骨拓片(或实物)没有?这样,你自己就可以明白:自己的“甲骨”书法,是不是甲骨书法?或自己与甲骨书法距离的远近了,也才能有所提高。

张坚先生“甲骨文与甲骨文书法艺术”的不少看法,我是赞成并支持的。我认为,甲骨书法的弘扬,对甲骨学发展和普及是很有意义的。因此,甲骨学者应和甲骨书家联合起来,为甲骨书法这一墨苑新葩的绽放异彩,在中国书坛占有应有的地位而努力。虽然有的甲骨学者一度对甲骨书法不以为然,但中国殷商文化学会倡导老一辈学者关注甲骨书法的精神,因而近年不少学者开始重视甲骨书法并热情地投身繁荣甲骨书法艺术中来。关于甲骨书法,我一九八五年为《甲骨文集句简释》(中州古籍出版社,一九八六年)写的“跋”、一九八九年《甲骨学通论》(中国社会科学出版社,一九九九年增订版,及二〇〇四年首尔东文选译本、二〇一一年版、二〇一六年版)的第十六章“甲骨文与甲骨书法”,以及二〇〇四年在《甲骨文精粹释译》(云南人民出版社,此书拓片、摹本、片形部位释文三位一体,并对六百九十一片甲骨作出释文和白话翻译)的“甲骨学基础知识”、《甲骨文书〈论语〉》(云南人民出版社,二〇〇五年)的“序言”等等文章中,已谈过自己的意见。大家如有兴趣,可以翻阅,这里就不再多说了。我这里只想强调:甲骨书法要从摹写甲骨拓片开始,而不是从摹写字典或前人甲骨书法开始!这是因为甲骨拓本是甲骨书法之源,而前人甲骨书法是流。“流”距“源”有正、歪之不同和深、浅之别;甲骨书法要从积累甲骨文和其他古文字知识开始,而不是从甲骨字典或前人写的甲骨书法上集字开始，切忌急功近利！只有这样，才能写出真正的甲骨书法作品来！此外，请您在作品上加释文，这才能使别人(包括甲骨学者)知道您写的是什么“文”！

看到这部《耕耘集》，我佩服张坚先生的刻苦钻研精神和所取得的成绩！我与张坚先生认识，是在一九九九年前后，当时他正在安阳驻北京办事处当主任。当年五月在山东烟台召开的“纪念王懿荣发现甲骨文一百周年”的学术会议上，他向我表示：要拍摄一部《甲骨百年》大型系列片，用作九月份在安阳召开的“纪念甲骨文发现一百年周年国际学术研讨会”的献礼。我认为还有四个多月时间，恐怕难以完成。但经过他策划、组织、运作，终于在九月召开的国际会议期间播出，并受到海内外专家的广泛赞誉！这部倾注他大量心血的电视片，还获得了广电部评出的二〇〇一年“全国新闻电视一等奖”；后来，他离开了政府部门，心甘情愿地去清水衙门——安阳市文联做他的“主席”去了。就是自此以后，他在做好作家、美术、摄影、舞蹈、戏剧、书法等等十多个协会的工作以及大量送往迎来的繁忙工作之余，争分夺秒并见缝插针，挤出时间专攻殷商文化和甲骨文。他还不忘中国殷商文化学会常务副秘书长的职责，为宣传，普及、弘扬殷商文化作了许多工作。为向人民大众普及甲骨文知识，他在《安阳日报》开辟了“每日一甲骨字”专栏。当二〇〇六年七月十三日，世界文化遗产委员会在下午三时以高票通过殷墟列入“世界文化遗产名录”的消息，从立陶宛传来以后，张坚先生和安阳以及全国人民一样地兴奋不已，连夜写成了长卷“殷墟礼赞”。此篇作品，既是他深厚甲骨文书法和甲骨学深厚功力的反映，也凝聚了作为安阳人的他，对殷墟无比热爱的情结。这幅长卷，将在甲骨书法史上占有一定的位置！

我在感受张坚先生甲骨书法《耕耘集》美的艺术熏陶和浓浓的殷商文化氛围的时候，也为他努力奋斗和追求精神所振奋。虽然我如今已逾六旬，但与众多的年轻朋友和学生们在一起，真是“不知老之将至云尔”！还有许多事情要做，还有不少课题可以做成。愿与张坚等比我年轻或更年轻的朋友一起，努力“耕耘”！让我们共同祝愿“东土受年，吉。南土受年，吉。西土受年，吉。北土受年，吉。中土受年，吉”！为弘扬殷商文明，为推动甲骨书法艺术的发展而共同努力!

(二〇〇六年八月一日写于方庄芳古园"入帘青小庐")

三、序李来付先生甲骨文书法集

李来付先生甲骨文书集楹联和《论语》精选大著成,嘱我为之作序,本人欣然应允。之所以如此,是老朋友的新作出版,理应为他祝贺。再者,面对这部九百多页的煌煌巨制,应是目前甲骨文书法作品中规模空前的大书了,不仅我受到甲骨文朴拙点线艺术美的陶醉,而且其深层的文化内涵,更使我情感上受到感染,精神境界得到升华和震撼。

在甲骨文书法"集楹联"部分,李先生搜集了遍布祖国三十七个省市的名人雅士触景生情,为各地的名川大山和古迹胜境所作抒发情怀和胸臆的楹联名句,读后使人振奋,催人上进,为祖国壮美的山河和悠久的历史自豪,从而在心灵上与这些楹联的创作者产生了共鸣;而甲骨文书法《论语》精选部分,则把中华传统文化的核心《论语》中博大精深的隽永名句,以甲骨书法的艺术形式呈现给广大读者,从而使读者从先哲深邃的哲理中,使自己的精神世界得到陶冶和净化。圣哲的千古名句与甲骨书法的古朴相得益彰,收到了内容与形式高度统一的效果。因此,李来付先生这部书法集的出版,不仅弘扬了甲骨文书法艺术,还堪称一部中华民族精神和传统文化的教科书。更有意义的是,此书还有英文翻译,把中华文明推向世界,使世界各国人民认识中国甲骨文这古老文明和深刻的内涵。这部书,催人奋进,并给人以美的享受,给人以信心、力量和希望。因此,这部书将会受到海内外广大读者的欢迎,也必将推动甲骨书法艺术研究的前进。

李来付先生今天取得的成功,是他几十年来坚持不懈并不断努力研究甲骨文书法的结果。如所周知,甲骨文是中国三千多年前最早有系统的文字,暴眼鼓睛的一张张拓片上的文字,对一般读者来说,简直像"天书"一样难以识读。但对甲骨文情有独钟的李先生,虽然多年来政务缠身,在习研小篆的基础上,又把研习的目标锁定在甲骨文上。他已形成一种癖好,即凡见有关甲骨的书,不惜重金必设法买下(大书如《甲骨文合集》),买来后必坚持读(如《甲骨文字诂林》),读后必坚持写(临摹拓本,抄写字释)。他在摹写中体会甲骨文字的笔划、形体、结构、点线以及通篇的章法、布局等。日积月累，寒来暑往，竟摹写了甲骨拓本近万件！他曾从中选出二百余件临摹甲骨收入出版的《甲骨文集联》(上、中、下三册)一书中。在书中，他将甲骨拓本、释文和他的摹本互相对照，受到了广大甲骨书法爱好者的欢迎和好评。李先生的摹写本，长短线条几近笔笔中锋，起笔和收笔略呈尖形，其转笔衔接处少圆多方折，保持文字的均衡感，临摹片和拓片做到了基本神似。如此等等。李先生在临摹拓片上所下的功力和用心，为他今天达到的甲骨书法境界奠定了基础。这也是我一再倡导的，学习甲骨书法要从临摹甲骨拓片开始，只有先入帖，才能再出帖，形成自己的甲骨书风。

研习甲骨文书法，还需要掌握文字学家考释文字的成果。如今甲骨文已发现四千多个单字，经过学者考释的二千多，而得到公认的也不过一千字左右。掌握并熟悉这些已破译的甲骨文字，是进行书法创作的基本功，但存有相当的难度。李来付先生知难而上，曾将有关甲骨文的字典、辞典、《诂林》等，以及《甲骨文字字形总表》等、前贤书写的各种甲骨文楹联、条幅中使用的“甲骨文字”等，按笔划一一加以摘录，写成不同版本的文字表，然后再将这些字表加以整理，去重汰复并加以归纳，硬是整理出一套约几千字的供自己使用的“甲骨文字总表”。李先生发现，字表中有相当一部文字是待问、待考、待研究的，而其破译有相当难度和需要更多学者创造性的劳动。李先生也深知，用三千多年前的甲骨文，表达今人的思想、情趣存有很大困难，这就是所见文字不敷使用。

虽然如此，李来付先生在创作甲骨文书法时，在打下深厚的文字学基础之上，尽可能地使用甲骨文字原篆。而遇到在甲骨文中没有出现的字，则借鉴前辈书法家的成果和经验，即利用前人书法中的“字”，或是以音同的文字代替，如胜就以盛(　)代；或是分析文字的结构，以偏旁合二为一，如靦写作　、質字写作　，较为合理的“造”字。虽然甲骨文中没有这些字，但这些用甲骨文字部件组合起来的“甲骨书法字”(姑妄称之)，使读者经过“脑筋急转弯”而识读，从而使艺术作品更加兴趣盎然，余味无穷；再就是从时代与甲骨文相去不远的金文中“借”字(我认为，这要比从书法家作品中“借字”要精确得多,因为不少书家的字是乱造的),但要把金文的“铸”字写出“契”的笔意。如此等等。这就弥补了甲骨文字表现当代书家志趣时,文字不敷使用的缺陷和局限。我是主张在尽可能使用已识甲骨文字从事甲骨书法创作的。但三千多年前的甲骨文,不仅距今时代已远,而且只不过是商朝的占卜文字,其表达范围是相当有限的。因此,应允许书法家适当“借字”和“造字”,但造字要“合情、合理”,我在《甲骨学通论》(一九九九年版)第十六章“甲骨文与甲骨书法”已经谈过。应该说,这是解决甲骨书法创作时,甲骨文字不足的不得已而为之的不是办法的“办法”!虽然有个别书家对我的主张有所非议,但不少书家觉得甲骨书法创作时只能如此才能增加表现力。我现在还是这么认为,甲骨书法是艺术,书法家写的“甲骨文字”,是在出土的甲骨文字基础上的艺术再创造和升华,源于出土甲骨文字又高于出土甲骨文字。合理的“借”字和“合情合理”地造字,应该是允许的,不然甲骨书法创作会受很大的局限。但甲骨文字的笔意必须在这些字中表现出来,以保持通篇书法作品用字风格的一致性。正因为甲骨书法是艺术创作而不是“甲骨文字学”,我们就不应苛求书法家字字皆用出土的甲骨文字,就和我们今天的历史小说、历史剧等艺术作品一样,不能要求它们和历史教科书一样,艺术家们也和历史学家们一样,不能进行任何创造出史料以外的情节和想象。历史小说和历史剧等是艺术范畴,所刻划的历史人物,是“典型环境的典型性格”,只要不违背大的历史环境,不发生“关公战秦琼”的戏弄“历史的真实”,是允许艺术家发挥想象力和创造力,编造出塑造人物性格的情节和故事的,从而增加可读性、可视性;而历史著作、历史教科书,则要求“无一字无来历,无一字无出处”,严格遵照史料进行分析而再现历史,不允许离开史料的依据去“发挥”而增加枝蔓。历史著作、教科书是科学研究成果,而历史小说、历史剧是作家的艺术作品,科学与艺术体现了不同的思维模式。因此,如苛求历史小说、历史剧像历史教科书一样忠于史实,则会失去艺术魅力,因情节干巴而无人问津。既然甲骨书法是艺术创作而不是甲骨学研究,历史小说、历史剧与历史教科书的相同与不相同的辩证关系,或对我们甲骨书法创作应有所启示。就传统的书法各种书体而言,“草书”及所谓“狂草”的起笔、运笔以及字形结构,不是也有很多与常规书体有所变异么？（我一直在思考这一问题，先谈初步想法于此，适当时候，我将系统阐述之）因此我认为，李来付先生这部甲骨书法集，文字瘦劲、均衡，体现了甲骨文的象形、朴拙，既是文字又是画的“刀笔”韵味，从而把甲骨文书法推向了一个新的境界。应该说，这是他多年临摹甲骨原拓并深入研究甲骨文字的锲而不舍追求精神结出的硕果！

还应提到的是，李来付先生为弘扬甲骨文书法身体力行，不仅推出一部又一部的书法力作，并无偿地将一幅幅书法精品留给所访之处，而且他还乐于奉献，在组织、推动甲骨书艺的展示、观摩，甲骨书艺的切磋、交流方面也做了大量工作。应该说，甲骨书法今天繁荣景象的形成，与他和一批他这样的人奔走呼号，鼎力支持是分不开的。愿这样的人更多！

在李来付先生这部有价值的甲骨文书法大作出版的时候，我向广大甲骨文书法爱好者推荐此书，并祝愿李来付先生取得更新的成果。此外，把我一些不成熟想法也在此提出，以供大家讨论。

“乐人之乐，人亦乐其乐”，以此与李来付先生共勉！

（二〇〇八年五月六日于
北京方庄“入帘青小庐”）

第二十三章　谈上甲至汤灭夏前商族早期国家的形成

崛起于夏朝东方的商人，以"七十里为政于天下者，汤是也"(《孟子·公孙丑上》)。在公元前21世纪，"殷革夏命"(《尚书·多士》)，建立了我国历史上第二个奴隶制王朝——商期。

在商汤灭夏前夕，曾"为夏方伯，得专征伐"①的商人部族，究竟处于何种社会发展阶段，学者间的看法很不相同。郭沫若主编，于一九七八年出版的《中国史稿》认为，"商的'王族'是贵族中最显赫的，世代袭取了部落最高首领职位，并把部落组织逐步转变为阶级压迫的机构，发展为奴隶制的国家。从上甲微到汤的七代中，逐渐具有了国王的权力"；②白寿彝主编，于一九九八年出版的《中国通史》第三卷认为上甲微战胜有易，是商族"由于生产已有剩余可供交换，出现了掠夺财富的战争，私有财产可能已产生"③的反映，此时尚处父系氏族社会；"而灭夏后的商族，在不能把夏族部落成员吸收到自己氏族团体里来，又不能通过氏族团体去统治他们的情况下"，"军事首长的权力变为王权的时机便来到了"，因而"成汤可能就是这样逐渐变成商王朝的第一个统治者的"；④王玉哲于二〇〇〇年出版的《中华远古史》则指出："商族在建立王朝以前，是一个迁徙频繁的氏族或部落"，⑤直到"盘庚迁殷前后，国家的两个特征已经具备"。因此，"商代到这个时期，国家才正式出现"。如此等等。

上述几部有影响的历史著作，不仅对商汤灭夏前所处文明发展阶段认

---

① 《史记·殷本纪》集解引孔安国说。

② 郭沫若主编：《中国史稿》第一册，第一五八页，人民出版社，一九二八年。

③ 白寿彝主编：《中国通史》第三卷上古时代(上册)，第二二七页，上海人民出版社，一九九六年。

④ 白寿彝主编：《中国通史》第三卷上古时代(上册)，第二二九页，上海人民出版社，一九九六年。

⑤ 王玉哲：《中华远古史》，第二四九页。

识不同，而且对这一时期文明进程的具体论述也语焉不详。因此，本章拟就殷先公先王自上甲以后发生了深刻的社会变化，并在商汤灭夏前已初步形成了商部族奴隶制方国谈一些粗浅看法。

第一节　殷先公先王名号的变化与商族社会的演进

《史记·殷本纪》所列商族自“兴于唐、虞、大禹之际”的始祖契起，至“自燔于火而死”的商朝末王帝纣的世系，即学者所称的殷先公先王。王国维最早对殷先公先王进行了界定，一九一七年他发表的《殷卜辞中所见先公先王考》及《续考》两篇名文，把商族灭夏以后的“汤至于帝辛二十九帝”列入了“商先王世数”，称之为“先王”。并对自契以降至先王大乙汤以前的商人诸先世中，特别强调“先公当自上甲始”，而“上甲以后诸先公之次当为报乙、报丙、报丁、主壬、主癸”。①王国维关于殷先公先王的界定，很快为学界所接受并产生广泛的影响。

但是，随着甲骨文出土的增多和甲骨学研究的深入，王国维关于殷人先世上甲为“先公”始的说法受到了挑战。一九三三年郭沫若在《卜辞通纂》362考释中指出：“殷之先世，大抵自上甲以下入于有史时代，自上甲以上则为神话传说时代。此在殷时已然，观其祀典之有差异，即可判知。”陈梦家一九五六年在《殷虚卜辞综述》中也指出：“由于系统祭祀（周祭）的发现，王国维以上甲至示癸六世为先公的说法，已不能成立。上甲以前，属于神话传说时代，也可以得到证明。”而以上甲为界，把殷世系分为“上甲以前的先公部分”和“上甲以后先王先妣”②进行研究。

殷人先世何者为“先公”，何者为“先王”，对深入研究商族社会形态的演进很有意义。陈梦家等学者不囿于旧说，提出殷先王自上甲起，并“分

① 王国维：《殷卜辞中所见先公先王考》，《观堂集林》，第四三九页，中华书局，一九五九年。

② 陈梦家：《殷虚卜辞综述》，第三三五页，科学出版社，一九五六年。

《殷本纪》世系为三系”①对比了殷人先世名号在上甲以前及其后发生的重大变化,为探索发生这一变化的深层社会原因提供了启示。

《殷虚卜辞综述》所分“第一系共八世父子相传,其次序是帝喾—契—昭明—相土—昌若—曹圉—冥—振”。并指出:“最后一世‘振’应据《世本》作核,相当于卜辞的王亥。除此以外,皆不见卜辞。学者间尝试用卜辞人名勉强比附,而实在无一是处。”“此系人名,与第二、三系显然不同者,是皆不以天干为名。”

《殷虚卜辞综述》所分“第二系共六世父子相传,其次序是微—报丁—报乙—报丙—主壬—主癸”。此六世“相当于卜辞自上甲(微)至示癸六世。据卜辞报丁应在报丙之后,今本《殷本纪》因经后世传抄故误植于前”。

《殷虚卜辞综述》所分“第三系共十七世与第二系合并”,即将上甲至示癸六世与大乙至帝辛十七世合并,列为“表一、《殷本纪》世系表”。并指出:“《殷本纪》所记第三系,与卜辞除有小异外,大部分是相合的。”

《史记·殷本纪》:“振卒,子微立。”索隐:“皇甫谧云:‘微字上甲,其母以甲日生故也’。商家生子,以日为名,盖自微始。”我们可以看到,在《殷虚卜辞综述》第三六八页所列第三系“《殷本纪》世系表”中,自微(上甲)以下至帝辛共二十三世而已。而《殷虚卜辞综述》第三七九页所列之“卜辞世系表”,大部分也与《殷本纪》相合,其修正《殷本纪》者有两处,即“(1)外丙在大甲之后,(2)雍巳在小甲、大戊之后,中丁之前”。表中的世系,就为上甲——报乙——报丙——报丁——示壬——示癸……了。因此,从《殷虚卜辞综述》所列诸表,就可以看出商族自上甲微开始,先王命名制度发生了重大变化。上甲称微,反映了他与第一系中所列诸先世传统名号的习俗仍有一定的关系,即“《殷本纪》上甲前七世可分为三种:(1)契、冥、振(亥)都是单名,见于较早之书;《左传》四叔也是单名;(2)昭明、昌若、曹圉都是复名,见于较晚之书;(3)相土见于较早之书而复名”。②显然,上甲称作“微”,是保持了较早之书反映的殷人先公远祖单名的传统。

---

① 陈梦家:《殷虚卜辞综述》,第三七八页,科学出版社,一九五六年。

② 陈梦家:《殷虚卜辞综述》,第三三六至三三七页,科学出版社,一九五六年。

我们再看学者据卜辞整理的世系表。董作宾排有“殷代先公先王世系表”,①殷先公先王如下示:

恒
帝喾——契——昭明——相土——吕若——曹圉——冥——胲——微(以下略)……

《殷虚卜辞综述》指出:“商代上甲以前的先公,文字记载流传极少,又因为高祖往往和神祇并立,所以分辨甚难。学者之间用对音的方法比附,总嫌勉强。”并认为将甲骨文上甲以前先公“与《世本》、《殷本纪》所说上甲以前先公相对,则除了王亥以外,没有最切合的对照。尤其是复名之昭明、相土、昌若、曹圉四名,在卜辞中是毫无踪迹的”,因而“得认为他们是后出的”。②所以,陈梦家《殷虚卜辞综述》所列的“卜辞世系表”,舍弃了董表所列上甲以前诸先公名,径从上甲开始。但无论从《殷虚卜辞综述》所列“第三系共十世与第二系合并为表”、“《殷本纪》世系表”、“卜辞世系表”等,还是董作宾《断代研究例》所列甲骨文中所见“殷代先公先王世系表”,我们都可以发现,商人先公先王名号自上甲微后发生了明显的变化,即上甲以后,殷人先王都以天干为名。而微(上甲)以前诸先公,无一例是以天干为名者。因此可以说,先王上甲开启了殷王“以日为名”的先河。

上甲微承上启下,商族先公先王名号发生了变化,应是商族社会发生了重大变革的反映。已如前述,郭沫若较早地注意到这一变化在社会史方面的意义,即前引《卜辞通纂》第362片考释中深刻论断的“殷之先世,大抵自上甲下入于有史时代,自上甲以上则为神话传说时代”。这就是说,“商代上甲以前的先公,文字记载流传极少,又因为高祖往往和神祇并立,所以分辨甚难”。③神话传说正是史前社会的朦胧史影。日本学者对上甲以前诸先公的研究,为郭沫若论定殷族上甲以前“为神话传说时代”增加了有力的证据。

伊藤道治在《中国古代王朝的形成》(创文社,一九九五年)一书的第一

---

① 《中国现代学术经典·董作宾卷》,第十五页,河北教育出版社,一九九六年。

②③ 陈梦家:《殷虚卜辞综述》,第三四五页,科学出版社,一九五六年。

章“祖灵观念的变迁”中,论述上甲以前的诸先公本是各地的地方神,像河、岳、土、兕等等,也就是当地的族神。甲骨文中对上述神灵的祭祀方法主要是燎、沉、埋,即祭祀以后,把所献祭品烧化,或沉入水中,或埋入地下。伊藤道治认为,这些祭法与传统的祭祀祖先以后,把祭品分给参加祭祖的同族人吃掉不同,说明所祭对象对参加祭祀者并没有血缘关系。在全面整理卜辞的基础上,伊藤道治发现了这些“先公”由“地方神”逐渐演化为殷人“先祖神”的轨迹。他深刻地揭示了商人把一些地方的族神纳入自己先祖神的根本原因,就在于商人已占领了这些地方,为便于对所占领之地进行统治的需要。①

《诗经·商颂·玄鸟》:“天命玄鸟,降而生商。”《史记·殷本纪》:“殷契,母曰简狄。”“见玄鸟堕其卵,简狄取吞之,因孕生契。”契无父而生,说明其前尚处母系氏族社会。自契以后,传承代系井然,反映了商族在始祖契时实现了母系氏族社会向父系氏族社会的转变。《史记·五帝本纪》说,契等人“自尧时皆举用,未有分职”。由于契管理商族父系氏族部落的民事表现出才能,又被华夏部落联盟的酋领舜看中,提拔到联盟议事会“居官相事”。随着私有财富的增加,“对财富的贪欲把氏族成员分为富人和穷人”,从而使“同一氏族内部的财产差别把利益的一致变为氏族成员之间的对抗”。②《史记·五帝本纪》载,舜在“百姓不亲,五品不驯”的社会对抗中,任命商部族酋长契“为司徒,而敬敷五教,在宽”。所谓“五品”,集解引“郑玄曰:‘五品,父、母、兄、弟、子也’。王肃曰:‘五品,五常也’”。“五品不驯”,就是部落内部各家族及其成员间产生利害的矛盾冲突。而作为主管民事之官的契,要认真而小心地去处理部落联盟内各部落与部落,各部落内家族与家族之间的关系。《国语·鲁语上》说“契为司徒而民辑”,为政大有成效。

---

① 据杨升南译述。参见《甲骨学一百年》,第四三七页,社会科学文献出版社,一九九九年。

② 恩格斯:《家庭、私有制和国家的起源》,《马克思恩格斯选集》第四卷,第一六一页,人民出版社,一九七二年。

契以后，商部族经过昭明，到了相土时，已是夏朝帝相时期了。《诗经·商颂·长发》："相土烈烈，海外有截。"郑笺说："相土，契孙也。烈烈，盛也。笺云：截，整齐也。相土居夏后之世，承契之业，入为王官之伯，出掌诸侯，其威武之盛烈烈然。四海之外率服，截尔整齐。"《世本·作篇》"相土作乘马"，据今本《竹书纪年》，此为夏朝帝相十五年之事。"乘马"既可解释为驾车之马，又可解释为骑乘之马。但无论"乘"还是"驾"，皆可在军事行动中大有作为。相土能使"四海之外率服，截尔整齐"，与商族拥有一支强大的武装力量是分不开的。这表明商族在相土时期，社会已进入部落联盟组织的最高阶段——军事民主制时期。"其所以称为军事民主制，是因为战争以及进行战争的组织现已成为民族生活的正常职能"①了。《商颂·长发》疏谓"相土在夏为司马之职，掌征伐也"。虽然司马之职乃为后起，但《长发》中的相土，已俨然一副军事统帅的形象。

相土以后，商族经过昌若、曹圉两代的发展，就到第六世冥了。冥是水利专家，曾为夏朝水官，《国语·鲁语上》记"冥勤其官而水死"。据今本《竹书纪年》在夏少康十一年"使商侯冥治河"。在夏帝杼十三年，"商侯冥死于河"。冥作为夏朝水官，前后历二十三年之久。水利是农业的命脉，商族的农业在这一时期应有了较大发展。冥以后，即为其子王亥、王桓时期。《楚辞·天问》有"该秉季德，厥父是臧"，又有"恒秉季德"。王国维有考证，说："季亦殷之先公，即冥是也。"②王亥、王恒兄弟二人"秉季德"，继承了其父发展农业的传统。与此同时，王亥又"作服牛"③，使相土时期"作乘马"发达的畜牧业也有了进一步的繁荣。"农业是整个古代世界的决定性生产部门"④。商族农业和畜牧业的发展，使部族首领的财富大为增加，使与邻近方国部落的交换行为也有了可能。古本《竹书纪年》载，"王亥托于有易、河

① 恩格斯：《家庭、私有制和国家的起源》，《马克思恩格斯选集》第四卷，第一六〇页，人民出版社，一九七二年。

② 王国维：《殷卜辞中所见先公先王考》，《观堂集林》，第一四七页，中华书局，一九五九年。

③ 《世本·作篇》。

④ 恩格斯：《家庭、私有制和国家的起源》，《马克思恩格斯选集》第四卷，第一四一页，人民出版社，一九七二年。

伯仆牛”。据今本《竹书纪年》述“殷侯子亥宾于有易,有易杀而放之”,是发生在夏帝泄十二年之事。王亥被有易部落杀死,并夺走牛羊,还见于《楚辞·天问》“该(即王亥)秉季德,厥父是臧,故终弊于有扈,牧夫牛羊”。此外,《易·大壮》“丧羊于易”、《易·旅上》“鸟焚其巢,旅人先笑后号咷,丧牛于易”等,据顾颉刚《周易卦爻辞中的故事》考证,与上述王亥被杀当为一事。

王亥被有易之君杀死以后,其子微即位。上甲微为报父仇,“假师于河伯而以伐有易,灭之,遂杀其君绵臣也”①。据今本《竹书纪年》,这是发生在夏后帝泄十六年之事,距王亥被杀已经五年了。商族势力在上甲时有了较大的发展,已达到今河北的易县南部一带了。

商族王亥被有易之君杀死并掠走了牛羊,正是夏王朝时期一些后进的方国部族处在“最卑下的利益——庸俗的贪欲、粗暴的情欲,卑下的物欲,对公共财产的自私自利的掠夺——揭开了新的、文明的阶段社会”②到来的前夜。而商族的上甲微与河伯部族结成军事联盟伐灭有易,与其说是为其父复仇,还不如说是上甲时商部族由于农业、畜牧业的发展,“吸收新的劳动力成为人们的向往的事情了”。而“战争提供了新劳动力,俘虏变成了奴隶”③。《逸周书·史记解》“皮氏以亡”,据今本《竹书纪年》,“殷灭皮氏”发生在夏朝帝不降三十五年。此时距上甲灭有易已四十五年之久,此殷王是上甲或其后何王已不可得知。皮氏之地据集注引潘振云:“县属河东郡,郡为今山西平阳府”④,上甲以后的诸王,其势力已达今山西临汾市一带。

“掠夺战争加强了最高军事首长以及下级军事首长的权力,习惯地由同一家庭选出他们后继者的办法特别是从父权制确立以来,就逐渐转变为世袭制”⑤了。由于殷侯上甲功业卓著,所以在商族历史上占有重要位置。

① 《山海经·大荒东经》注引《竹书纪年》。

② 恩格斯:《家庭、私有制和国家的起源》,《马克思恩格斯选集》第四卷,第九十四页,人民出版社,一九七二年。

③ 恩格斯:《家庭、私有制和国家的起源》,《马克思恩格斯选集》第四卷,第一五七页,人民出版社,一九七二年。

④ 黄怀信:《逸周书汇校集注》,第一〇一〇页,上海古籍出版社,一九九五年。

⑤ 恩格斯:《家庭、私有制和国家的起源》,《马克思恩格斯选集》第四卷,第一六〇页,人民出版社,一九七二年。

《国语·鲁语上》“上甲微能帅契者也，商人报焉”。《史记·殷本纪》上甲“微卒，子报丁立。报丁卒，子报乙立。报乙卒，子报丙立。报丙卒，子主壬立。主壬卒，子主癸立。主癸卒，子天乙立，是为成汤”（王国维《殷卜辞中所见先公先王续考》据《后上》8·14与《戬》1·10缀合，甲骨上所列先公之次为报乙、报丙、报丁，指出“《史记》以报丁、报乙、报丙为次，乃违事实”）。商人“大示自上甲”的日干排名法与上甲以前先公判然有别，是商部族完成了由部族军事首长制向部族奴隶制方国君主世袭制转变的深刻反映。

商族自上甲伐有易起，到大乙汤灭夏建立商王朝以前，据今本《竹书纪年》，历时约一百四十五年左右。在此期间，上甲“灭”有易和殷“灭”皮氏，与军事民主制时期相土靠武力使“四海之外”“率服”的部落联盟管理方式不同，而是“灭”掉后直接把诸方国部落民众置于强制性暴力——初期奴隶制国家机器的奴役之下了。上甲以后，商部族奴隶制国家又经过报乙、报丙、报丁、示壬、示癸五王的守成，在大乙汤继位到灭夏前的十七年期间，不断对外扩张和征伐。《逸周书·史记解》有商汤伐“有洛氏”，据今本《竹书纪年》“商师征有洛，克之”，发生在夏桀二十一年（即商汤继位第七年）。同年“遂征荆，荆降”，《越绝书》三也记有此役。商方国势力的发展，引起中央王朝夏桀的疑惧，借故“召汤而囚之夏台”①。一年以后，即今本《竹书纪年》夏桀“二十三年，释商侯履（即汤）”，汤被放回。商汤被释以后，更加紧了对一些夏朝附属方国部落的军事行动。三年以后，即夏桀二十六年，“商灭温”。其后，又进行一系列的军事行动。《孟子·滕文公下》说：“汤始征，自葛载，十一征而无敌于天下。”赵氏注说：“一说言当作再字。再十一征，而言汤再征十一国。再十一，凡征二十二国也。”《帝王世纪》说，“诸侯有不义者，汤从而征之”。“凡二十七征，而德施于诸侯”②。

商汤灭夏前的频繁军事行动，不仅使商族首领获得大批财富和俘虏奴隶，而且使商族早期奴隶制方国的国家机器得到了发展和完善，从而为商汤灭夏以后，得以迅速实现从“为夏方伯”的地方强制性暴力机构，向号令

---

① 《史记·夏本纪》。据今本《竹书纪年》此事发生在夏桀二十二年。

② 《太平御览》卷八十三引。

全国的商王朝的庞大国家机器的顺利转变。

第二节 灭夏前的商部族奴隶制方国的国家机器

商族自上甲时期形成早期部族奴隶制方国,直到成汤大乙伐灭夏王朝以前,已实现由原来的军事民主制的管理机关,“从一个自由处理自己事务的部落组织转变为掠夺和压迫邻人的组织,而它的各机关也相应地从人民的意志的工具转变为反对自己人民的一个独立的政治和压迫机关了”。[①]因此,大乙汤伐夏以前,商部族奴隶方国的国家机构已初具规模,成为雄据东方的夏朝地方侯伯。这是因为:

一、 公共权力的设立——商部族奴隶制方国设置了官吏

商部族奴隶制方国,自上甲时在征战中形成以后,历报乙、报丙、报丁、主壬、主癸五王,直到灭夏前的商汤大乙时,史书中虽不见有关统治机构设置的具体记载,但商部族早在先公契时就曾为舜廷“司徒”,有精于料理民众“五常”之事的传统。入夏以后,先公相土已“入为五官之伯”,当为专掌征伐的“司马”之官而娴于武事。先公冥为夏朝“水官”,对水利颇为精通。尽管商族社会的发展较中央王朝夏朝社会的发展稍有迟滞,但自上甲时期进入文明时代以后,社会发展基本与夏王朝同步。夏中央王朝已设有外廷政务官、宗教官和内廷事务官等职事。[②]作为地方政权的一些已进入部族奴隶制方国的诸侯,当也应具体而微地有一套和夏朝相近的政权机构。因此,上甲以后的商部族奴隶制方国,应设有管理民事、工事、军事和民生方面的官吏,这是社会发展的需要和植根于民众之中的“公共权力”,蜕化为凌驾民众之上“强制性”权力的必然结果,为灭夏前大乙汤的较为完备的官

---

① 恩格斯:《家庭、私有制和国家的起源》,《马克思恩格斯选集》第四卷,第一六一页,人民出版社,一九七二年。

② 参阅:《中国政治制度通史》,第一三二至一三六页,人民出版社,一九九六年。

僚机构的形成打下了基础。

相传汤时"伊尹为丞相，仲虺为左相"。①既然仲虺为左相，自当有右相。《孟子・尽心下》赵注说，"《春秋传》曰：'仲虺居薛，为汤左相'，是则伊尹为右相，故二人等德也"。关于汤相伊尹，《史记・殷本纪》说"阿衡欲干汤而无由，乃为有莘氏媵臣，负鼎俎，以滋味说汤，致于王道"。"或曰：伊尹处士，汤使人聘迎之，五反然后肯往从汤，言素王及九主之事。汤举任以国政"。无论是伊尹"媵臣"说，"以滋味说汤"，还是汤"五反"聘迎"处士"伊尹说，"言素王及九主之事"，即以三皇五帝及大禹等历代名王的功烈为依据治国，从而使汤"至于王道"和被汤"举任以国政"的目的是一致的。

而左相仲虺，《左传》定公四年说，"薛之皇祖奚仲居薛以为夏车正。奚仲迁于邳，仲虺居薛以为汤左相"。有关仲虺其事，书缺有间，只《史记・殷本纪》"汤归至于泰卷陶，中䴡作诰"。集解引孔安国说泰卷陶为"地名，汤自三朡而还"。今存世之《仲虺之诰》为晚出之伪作，原《钟虺之诰》在东汉已失传。但今天所见之伪古文《仲虺之诰》亦可在一定程度上反映仲虺的政治思想。这是因为经后人整理而成的伪古文《尚书》中的《仲虺之诰》，当有一定的素材为依据，并非全是空穴来风。春秋时人见过《仲虺之诰》，诸如《墨子》、《左传》等书就有所引用。《墨子・非命上》说："《仲虺之诰》曰：我闻于夏，人矫天命，布命于下，帝式是恶，用丧厥师。"这是说夏桀打着上天的旗号，胡作非为，因而引起上天的憎恶，使他失去了民众。《左传》宣公十二年"仲虺有言曰：取乱侮亡"，即攻取呈现乱政之国，侮慢显露灭势之邦。基本与此相近的话，还见于《左传》襄公十四年和三十年被春秋时人所称引。因此，《仲虺之诰》的主要内容，诸如总结夏王朝灭亡的原因和赞颂商汤伐夏"取乱侮亡"是"钦崇天道"的正义之举等等，应是可信的。

从以上有关伊尹和仲虺的言行来看，汤右相伊尹应主要负责军事。他投奔商汤以后，被派往夏中央王朝为官，《国语・晋语》"末喜与伊尹比而亡夏"，古本《竹书纪年》说，"末喜氏以与伊尹交，遂以间夏"，为商汤探听到不

① 《书钞》卷五十引《帝王世纪》。

少夏朝治乱的消息。而向汤建议"请阻乏贡职,以观其动",即以"九夷之师"能"起"否,以判断伐夏决战时机的就是伊尹。一旦灭夏军事行动展开,《史记·殷本纪》载,"汤乃兴师率诸侯,伊尹从汤",可见伊尹在汤伐夏前选择战机和在灭夏决战中的重要地位。因此伊尹为汤"右相",当主要负责军事战略的咨询和军事行动方面的事宜;而仲虺"左相",从《仲虺之诰》保存的内容看,当主要负责处理商人部族奴隶制方国的政务和动员民众等事务。

还有其他人等,早已在灭夏前的商汤王廷任职了,诸如女鸠、女房等。《史记·殷本纪》载,伊尹"既丑有夏,复归于亳,入自北门,遇女鸠、女房,作《女鸠》、《女房》"。集解引孔安国说:"鸠、房二人,汤之贤臣也";还有名臣义伯、仲伯、咎单等,也早在灭夏前追随商汤了。《殷本纪》"汤遂伐三嵏,俘厥宝玉。义伯、仲伯作《宝典》"。集解引孔安国说:"二臣作《宝典》一篇,言国之常宝也。"伐三嵏的军事行动,在"汤乃践天子位"之前,即此二臣应早已服事商汤了。而仲虺,已如前述。咎单作《明居》事,虽在灭夏以后,但集解引马融说,"咎单,汤司空也"。咎单在商廷为官,也当早在灭夏之前就开始了。

如此等等。商汤奴隶制方国的政权机构,可谓人材济济,但商汤并不满足于此。《帝王世纪》载,汤还要把更多的"元士",即那些"知义而不失期,事功而不独专,中正强谏而不奸诈,在私立功,而可立法度"的人选出来。"如是者,举以为元士",充实到商部族奴隶制方国的政权机构中去。为了使商方国的国家机构更加完善,商汤曾向伊尹咨询过"古者立三公九卿大夫元士者何"①的道理。古代的士,主要是指出兵打仗的武士,士也是各级官吏的后备军。"汤令未命之为士者,车不得朱轩,及有飞軨。不得乘饰车骈马,衣文绣。命然后得以顺有德"。②连统治阶级中的最低级的"士"都有如此特权,可以想象,商方国国家机构中自元士以上的各级官吏,当有更大的特权了。他们已成为"不再同自己组织为武装力量的居民直接符合"③的凌驾于

① 《书钞》卷五十三引《帝王世纪》。

② 《玉海》卷六十五引《帝王纪》。

③ 恩格斯:《家庭、私有制和国家的起源》,《马克思恩格斯选集》第四卷,第一六七页,人民出版社,一九七二年。

民众之上的“公共权力”了。

二、 贡职——捐税的征收

“为了维持这种公共权力，就需要公民缴纳费用——捐税。捐税是以前的氏族社会完全没有的”。①商部族奴隶制方国，在灭夏以前，虽然汤“为夏方伯，得专征伐”(《殷本纪》集解引孔安国)，但地方侯伯有义务向中央王朝定其缴纳“贡职”这一种经常性的负担。否则，就会受到中央王朝的征讨。《说苑·权谋》所记对商汤的“桀怒，起九夷之师以伐之”，就是因为商汤在伊尹的建议下，“阻乏贡职”。在九夷之师的强大压力下，汤只得“谢罪请服，复入贡职”。

诸侯“贡职”的品物不一。有贵金属铜，《左传》宣公三年说，“昔夏之方有德也，远方图物，贡金九牧”，即各方国诸侯要向中央王朝贡纳铜；也有各种地方特产。《尚书大传·禹贡》说，“禹成五服，齿革羽毛器乃备”。不但夏朝所控制的广大“五服”地区，即甸服、绥服、侯服、要服、荒服地区要缴纳贡职；而且“外薄四海”，即《史记·夏本纪》集解所解释的“《尔雅》云：‘九夷、八狄、七戎、六蛮谓之四海’。《释名》云：‘海，晦也’。按：蛮夷晦昧顽敌，故云四海也”。这些僻远的“欲与声教则治之，不欲与者不强治”②的“化外”方国部落，也需贡入自己的特产，诸如“东海鱼须、鱼目；南海鱼革、珠玑、大贝；西海鱼骨、鱼干、鱼胁；北海鱼剑、鱼石、出瑱、击闾、河魧、江鳉、大龟”等等地方特产，“咸会于中国”。③除了夏中央王朝外，就连作为夏方伯的商汤，也收取其他部族方国的贡职。商汤因“夏桀无道”，“使人哭之”，被“桀囚汤于夏台”，被释以后颇受各方国部族的敬重，“咸叛桀附汤”。但这也是有条件的：“同日贡职者五百国”，即要向商部族奴隶制方国缴纳“贡职”。④如此等等。这些进献(包括向商部族奴隶制方国)的贡纳品，自然是各地方侯伯从其统

---

① 恩格斯：《家庭、私有制和国家的起源》，《马克思恩格斯选集》第四卷，第一六七页，人民出版社，一九七二年。

② 《汉书·严朱吾丘主父徐严终王贾传》“贾捐之”。

③ 《尚书大传·虞夏传·禹传》。

④ 《太平御览》卷八十三引《帝王世纪》。

治下的民众身上聚敛而来。

《淮南子·修务训》说,“汤夙兴夜寐,以致聪明。轻赋薄敛,以宽民氓。布德施惠,以报困穷”。虽然是在歌颂汤行“仁政”,但也反映了汤以前的商部族奴隶制方国的下层民众——民氓,已因赋敛过重而“困穷”了。因此汤只得“布德施惠”,反其先王(即“上甲六示”中某些王)之道而行之,所以受到民众的拥戴。这些向民氓征收的“敛”和“赋”,除了用于定期向中央王朝缴纳的“贡职”外,大部分为养活商部族奴隶制方国的一大批官吏之用了。“官吏既然掌握着公共权力和征税权,他们就作为社会机关而驾于社会之上”①了。

三、 强制性暴力——刑罚的制定

为了镇压奴隶和平民的反抗,商部族奴隶制方国有了刑罚。《左传》昭公二年记,“商有乱政,而作《汤刑》”。疏引正义说,“夏商之有乱政,在位多非贤哲。察狱或失其实,断罪不得其中,至有以私乱公,以货枉法,其事不可复治。乃远取创业圣王当时所断之狱,因其故事制为定法”。灭夏后商王朝所制定之《汤刑》,当是参照“远”世诸创业圣王,诸如商汤灭夏前及其他前王施刑的案例而作。而汤在示癸死后,“即位十七年而践天子位,为天子十三年”。②因而汤在灭夏建立商朝之前的十七年,当为其创业阶段。灭夏之前的十七年和灭夏后的十三年期间所处理的狱讼、刑罚之案例,成为商朝制定《汤刑》的依据;此外,在灭夏以前,商部族奴隶制方国为了保护贵族奴隶主阶级的利益和特权,还产生了“汤法”。“由于这种法律,他们就享有特殊神圣和不可侵犯的地位了”。③《史记·殷本纪》载,汤孙“帝太甲既立三年,不明,暴虐,不遵汤法,乱德,于是伊尹放之于桐宫”。这个“汤法”,当即商汤死后七年(太甲元年)伊尹所作《徂后》的内容。集解引郑玄说,“《徂

---

① 恩格斯:《家庭、私有制和国家的起源》,《马克思恩格斯选集》第四卷,第一六七至一六八页,人民出版社,一九七二年。

② 《史记·殷本纪》集解引皇甫谧。

③ 恩格斯:《家庭、私有制和国家的起源》,《马克思恩格斯选集》第四卷,第一六三页,人民出版社,一九七二年。

后》者，言汤之法度也”。伊尹所整理的“汤之法度”，当亦是他在辅佐商汤多年的过程中，耳濡目染汤在创业阶段和成功时期的为政牧民准则加以规范和阐释而成。法律是强制性暴力，连已即位为帝的“嫡长孙”太甲都因“不遵汤法”而获如此下场，又遑论一般贵族与社会下层平民和广大奴隶了。

四、 商部族奴隶制方国的暴力支柱——军队的建立

自上甲起至汤灭夏前的商部族奴隶制方国，已有了较为强大的军队。军队是维护国家机器的暴力。商族早自先公相土时期起，就实现了向“军事民主制”阶段的转变。“作乘马”的相土，成为商部族“相土烈烈，海外有截”传说中的“英雄”统帅，商族军事力量强大是颇有传统的。上甲以商部族军事首领的身份，并统领河伯部族方国的军队，一举打败了有易氏部族方国。而且商部族奴隶制方国的军队还能越国以鄙远，远离自己的根据地，靠武力长途奔袭皮氏方国。在不断对外的征战中，实现了商由部落向部族奴隶制方国的转变。又经过几代人的经营，大乙商汤在伐桀前，已是拥有一支相当强大的军队了。《诗经・商颂・长发》歌颂商汤道：

> 武王载旆，有秉其钺。如火烈烈，则莫我敢曷。
>
> 苞有三叶，莫遂莫达。九有有截，韦顾既伐，昆吾夏桀。

疏谓：“此述为勇之事。有有武功，有王德之成汤，载其旌旗，以出征伐。又能固执其钺，志在诛杀有罪。其威势严猛，如火之炎炽优烈烈，然曾无于我成汤敢害之者。又述成汤得众之由，克伐既灭，封其支子为王者之后，犹树木既斩，其根本更有蘖生之条。言夏桀与二王之后，根本之上有三种蘖余，承籍虽重，必无德行，莫有能行申遂天意者，莫能以德自达于天者。天下诸国无所归依，故九州诸侯截然齐整，一而归汤也。九州诸国既尽归汤，虽有韦、顾、昆吾党桀为恶，成汤于是恭行天之罚。”

在商伐桀前，已是“九州诸侯截然齐整，一而归汤的形势了”。因此，作为夏朝地方诸侯之“伯”的商部族方国，当已拥有一支强大的军队了。《吕氏春秋・简选》说商汤起兵时，就有“殷汤良车七十乘，必死六千人”的基干

队伍。在灭夏战役进程中,又不断壮大和发展了武装力量。《淮南子·本经训》所说的“汤乃以革车三百乘,伐桀于南巢”,即在追击夏桀的过程中,又使车兵有所扩充。灭夏前商部族方国拥有的灭夏武装基干力量,再加上“尽归汤”的“九州诸侯”军事力量的协助,自然使商汤灭夏的军事行动能势如破竹,所向披靡。

第三节　小　结

综上所述,商人自上甲至汤灭夏前,商族已初步形成了部族奴隶制方国,并建立了国家机器。任何事物总是由较为简单向较为复杂,从不甚完善向日益完善发展的。作为“夏伯”的商部族方国国家的形成,当非一日之功。而是自上甲实现了从父权军事民主制向初期权隶制国家形态的转变,并经报乙、报丙、报丁、主壬、主癸五世君王的发展和大乙汤即位以后,十七年间的经营才更为完善的结果。

第二十四章　商代的马和养马业

甲骨文中有一个用“金”——即铜的颜色表示马色的“钨”字。商代虽是青铜时代的高峰，但青铜主要用于铸造华美、庄严的礼器、乐器、兵器等，极少用于铸造生产工具。铜的颜色、性能虽在日常生活中已为人们所熟悉，但这是一种宝贵的、为广大奴隶可望而不可及的金属。因此，用铜的颜色——即“金”来表示马色，说明马在商代还是一种比较珍贵的役畜。

马是商代奴隶主贵族在战争和狩猎时用于骑、驾的主要畜力。商奴隶主统治阶级对养马业特别重视，设有专司养马的“小臣”。商代养马业较其他动物的驯养有了突出的发展。

我国古代的养马业，自进入阶级社会起，就处在国家政权的直接控制之中，其管理机构成为国家机器的一个组成部分。有关古代“马政”及养马的技术成就，不少学者将《周礼》等古代文献、各代史书《职官志》的有关记载，以及考古、文物等材料结合现代养马科学进行研究，发表了不少论文和著作。但关于商代养马业的研究，由于“文献不足征”，很少有人全面涉及。本章拟据甲骨文中的材料，探索一下商代的马和养马业发展的情况。

第一节　商代的马和“相马”

野生马被人类驯化为役畜，在世界各民族历史上，都较其他家畜为晚。我国仰韶文化遗址中虽有马骨的发现①，但当时是母系氏族社会繁荣期，生产处在原始的锄耕农业阶段，男子主要从事的狩猎活动，只不过是生活资料的一种补充。只有到了畜牧业有了较大发展的父系氏族社会，男人们成

---

①　山西省文管会：《晋南五县古代人类文化遗址初步调查简报》，《文物参考资料》，一九五六年，第九期。

为“畜群的主人”,马的驯养才有可能。我国马的驯养,当始于龙山文化时代。山东省历城县城子崖的龙山文化层里,发现了马骨与牛骨,数量仅次于猪骨、狗骨,在各种动物骨骼中占第二位①。可能从公元前2800年前的原始社会末期,马才开始被人们驯化为役畜。

商族祖先以从事畜牧业而著称。相传“相土作乘马”②。到了盘庚迁殷以后的商代晚期,养马业更有了较大的发展。

甲骨文保存了不少关于商代的马和养马业的史料。商代的马,不仅用途多样,而且名目繁多。有的按毛色命名,有的按其特点命名,也有的命以专名。

按毛色区分的马有如下几种:如铜色的马。

(1) 辛卯卜,在□贞,⍁王其步,叀钨□。(《合集》36984、历史研究所拓本七〇〇一号,山东博物馆藏)

“钨”即铜色的马。形容马色的“金字”即是商代的铜。步为祭名,假为酺③。此片为第五期帝乙、帝辛时代的卜辞。意思是辛卯日卜问,王用铜色的马为祭牲么?

白色的马。郭沫若说:“金文用白为白色义者罕见,《作册大鼎》云:‘公赏作册大白马’,仅此而已”④。而甲骨文中的白马却颇有几例:

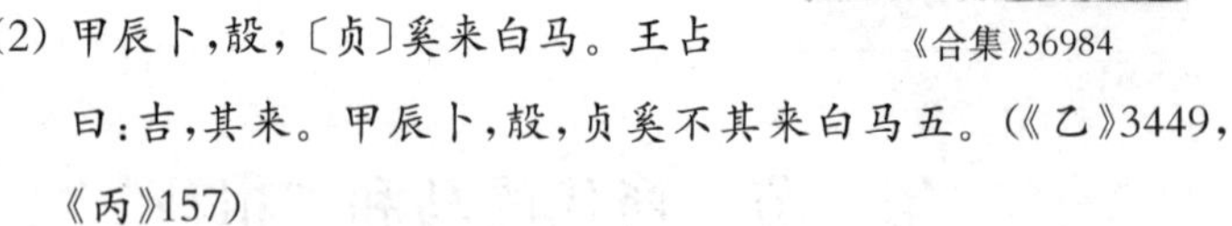

《合集》36984

(2) 甲辰卜,㱿,〔贞〕奚来白马。王占曰:吉,其来。甲辰卜,㱿,贞奚不其来白马五。(《乙》3449,《丙》157)

(3) 贞[illegible]乎取白马氏。(《丙》342)

(4) ⍁白马⍁。(《龟》2.15.14)

以上均为第一期武丁时之卜辞。奚为奴隶的一种身份⑤,在此也可能

① 《城子崖》,第九十一页,一九三四年。

② 《世本·作篇》。

③ 郭沫若:《殷契粹编考释》,第二十六页。

④ 郭沫若:《金文余释》,《金文丛考》。

⑤ 于省吾:《殷代的奚奴》,《东北人民大学人文科学学报》,一九五六年,第四期。

用为管理奚奴的人名；为人名。第(2)辞是甲辰那一天，贞人𡺚从正反两方面问卜，首先问：是派奚贡入白马五匹么？又从反面问：不是派奚贡入白马五匹吧？殷王看了正面一辞的卜兆后说：吉利，会将白马贡来吧？第(3)辞是问，这个人命令取白马贡来么？赤色的马：

(5) 乙未卜，贔，贞在宁田，□□赤马☐。(《菁》9.15 + 10.5，《通》732)

(6) 癸丑卜，贔，贞左赤马其，不。(《铁》10.2)

(7) 乙未卜，贔，贞自贮入赤㺬，其，不，吉。(《后下》18.8，《通》733)

"左马，右马，盖马种之名也"。字，"左旁从采，采字一作穗，从禾惠声。疑均假为䌤"①；于省吾谓此"𥟖通惠"，并谓即朿，"朿有棱廉棘刺之意"。"其惠不吉，言其顺不棘也。不棘谓马之驯顺，无棱廉棘刺，不驿突，利于服驾也"②。此说可从。此三辞均为第三期廪辛、康丁时所卜。第(6)辞是说，癸丑日占卜，贞人贔问：左边的赤马很温顺不暴烈吧？第(7)辞是乙未日占卜，贞人贔问："自贮这个人贡来的赤㺬，很温顺，不暴烈，吉利么？"

(8) 叀䮿眔䮑子亡灾。(4.47.5，《通》730)

此为第五期帝乙、帝辛时之卜辞。䮑，"从马利声，殆是许书之䮑字，《广韵》骛同䮑，《汉书·西域传》'西与犁靬条支接'注'犁读与骊同'古利丽同音，故䮑字后亦从丽作"③。《说文解字》骊"马深黑色，从马丽声"，䮑殆即深黑色的马。这种深黑色的马黄脊者为䮿及小䮿。

(9) 叀麡眔䮿亡灾。(《前》4.47.5，《通》730)

(10) 叀驇眔小䮿亡灾。(《前》4.47.5，《通》730)

(11) 戊午卜，在潢贞，王其𡆥大兕，叀㺬眔䮿亡灾，毕(《前》2.5.7下，《通》730)

此亦为第五期卜辞。"䮿"字，唐兰谓"似以训骊马黄脊为优"④。"𡆥"

① 郭沫若：《卜辞通纂考释》，第一五六页。

② 于省吾：《释朿》，《双剑誃殷契骈枝》。

③ 罗振玉：《增订殷虚书契考释》(中)，第二十九页。

④ 唐兰：《殷虚文字记》，第十页。

字，于省吾说"应读作窟……窟作动词用，即用窟穴以陷兽"①。第(11)辞是戊午日卜，在潢地问，王要用窟穴陷大兕，用豖马及深黑色黄脊的马(骊)去逐赶，没有灾祸么？这一卜应验了，擒得了大兕。杂色的马：

(12)"叀并驳"。(《甲》298)

(13)"庚戌卜，贞，王☐于庆驳䮐"(《前》4.47.3，《缀》71，《缀》239)

并，二者相俱为并。驳，《说文》云"马色不纯"。此驳马，即杂色的马。庆为地名。第(12)辞是问：用两匹杂色的马为祭牲么？

在甲骨文中，除了用铜、白、赤、深黑、黄、杂色来形容马或为马名外，有时还用某种动物来表示马的某些特点，并用此种动物为马命名。

有用鹿来表示马的特点。如上引第(9)辞之麍即是，鹿类俊逸温顺，伶俐机敏，奔跑迅速。此马可能在性格或外形上具有鹿类的某些特点，故名之白麍。

有用豕来表示马的特点。如上引第(11)辞之豖即是。豕驯化以后，躯体肥腯，行动迟滞；而野豕凶悍，善于奔突。此辞之马为田猎用，当具有野豕的某些特点，故名豖。

有时也用表示马匹外形的专字。上引第(10)辞之驈即是。"驈"字旧不识，驈即《说文》蘲也，驈从马蘲也，字书所无，其义为马名，以声类推之，疑即骄之或体，《说文》："马高六尺为骄"②，或因此马躯体健壮雄伟，故名之曰骄。不仅如此，有时还给比较喜爱的马直接命以专名。如玛[上引第(7)辞]，㻅[上引第(8)辞]、䮐[上引第(13)辞]。还有：

(14)"☐于马☐䮐迴"。(《前》4.47.4，《通》729)

马在此辞做地名用。"'䮐迴'者，谓并驾二䮐"③；此外，还有驹、䮂、㺸、駒、玛、駉、乌等。如：

(15)"叀小驹用"。(《福》29)

(16)"戍其归乎䮂，王弗每"。(《京人》2142)

(17)"叀㺸眔駒用"。(《簠典》62，《续》2.25.11)

① 于省吾：《从甲骨文看商代的农田垦殖》，《考古》，一九七二年，第四期。

② 唐兰：《殷虚文字记》，第十七页。

③ 郭沫若：《卜辞通纂考释》，第一五五页。

(18)“叀犸用”。(《福》29)

(19)“乙未卜,景,贞旧乙,左𫘣其惠,不朿。乙未卜,景,贞□史入𫘣,王其惠,不朿。乙未卜,景,贞□子入𫘣,王乙惠。”(《后下》18.8,《龟》2.26.7,《通》733,《珠》318)

□史、旧乙等为人名。第(19)辞是乙未日卜,贞人景词:旧乙这个人,左𫘣驯顺,不暴烈吧?又问:□史贡入的𫘣,王觉得驯顺,不暴烈难驭吧?最后问:□子进贡来的𫘣,王和乙都觉得驯顺否?

(20)“叀左马眔駂亡灾”。(《前》4.47.5,《通》730)

凡此种种,是跃然于甲骨之上的商代“名马图”。①

商代的马有上述各种命名,可能是这些不同的马在祭祀、戎事或狩猎时有不同的用途与性能。有时商王反复卜问究竟是哪匹马合适,原因也就在于此。有关这些卜辞,应是我国最早记载“相马”的文字。

我国古代的“相马”,即今天所谓的“马匹外形学”,对马匹优劣的鉴定和优良品种的选择具有重要意义。我国人民所熟知的相马家伯乐、九方皋,在战国时就广为流传关于他们“相马”的故事了。其记载见于《战国策·楚策四》及《列子·说符》。此外,诸如《庄子》、《吕氏春秋·观表篇》等也都提到了一些古代相马的名家。但甲骨文的记载表明,“相马”的开始,要比这些人早的多②。因此,作为我国“相马”的滥觞期,应从商代开始,至今最少已有三千年之久。

第二节　商代的养马业和“马政”

在甲骨文中,我们发现:武丁期战争卜辞及与之交战的方国,远较其后各期为多;而且就在第一期(武丁期)的全部卜辞中,战争卜辞也占有相当大的比例。毋庸置疑,武丁及其后各朝所进行的历次战争中,是需要不少

---

① 《福氏所藏甲骨文字考释》,第九页。

② 商代“相马”的发明,谢承侠先生曾举《通》七三〇为证。见所著《中国养马史》,第四十八页。

马匹为之役用的。不仅如此,奴隶主统治阶级还要用不少马(或马与车一起)去祭祀祖先或死后随葬;而殷王经常的田游,也是驱车逐马,厮役相从,这在甲骨文中不乏记载。因此,我们可以想见商代的养马业一定很发达。

商代马匹的数量是不少的,见于甲骨文的数字有五十匹:

(21)“□马五十丙”。(《续》1.29.4)

此为第一期卜辞。“丙”即为匹①。有廿匹:

(22)“□癸未□方于□[illegible]□马廿丙虫□月,在臭卜”。(《前》2.19.1)

此亦为第一期卜辞。此辞因残,几不能属读。有学者根据残痕补齐全辞,说:“由此可知舌方人是驭马的”②。所残者是否为舌方之舌字,姑且不论,但此辞所载马数当为二十匹以上。这么多的马匹,除了在商都附近繁殖以外,有相当一部分为贡纳而来:

(23)“甲申卜,殻,贞氏马”。(《乙》7647)

(24)“贞氏马”。(《乙》3943)

(25)“□辰卜,古,贞乎取马于[illegible]氏,三月”。(《簠地》44,《续》5.4.5)

(26)“[illegible]氏马自[illegible],十二月,允氏三丙”。(《乙》4718)

(27)“□[illegible]马”。(《铁》30.4)

(28)“□取弜马,弗其氏在[illegible]”。(《续》5.8.3)

此外,还有前引第(3)辞之“取白马氏”。以上皆为第一期。“氏”应“读底训致”③,有致送之意。[illegible]、[illegible]为地名,[illegible]、弜为人名。其名为弜者,即弜方国之首领,或为弜方国之名。此人与武丁之妻妇好有着一定的关系④,著名的殷墟五号墓出土之大圆鼎及五个一组的铜铙当为其贡人⑤。

---

① 于省吾:《殷代的交通工具和驲传制度》,《东北人民大学人文科学学报》,一九五五年,第二期。

② 李学勤:《殷代地理简论》,第六十五页。

③ 于省吾:《释氐》,《双剑誃殷契骈枝》。

④ 《安阳殷墟五号墓座谈纪要》,《考古》,一九七七年,第五期。

⑤ 《安阳殷墟五号墓的发掘》,《考古学报》,一九七七年,第二期。

(29)“㞢来马。不其来马”。(《丙》342)

(30)“☐弜☐来马☐丞”。(《后下》30.12)

此外,还有前述第(2)辞之“奚来白马”。“来”有贡来之意。除氏马、来马,还有“入”,前引第(7)辞之“自贮入赤𫘝”、第(19)辞之“入𩢍”即是。此自贮当为廪辛、康丁时一名武将,其名还见于《摭续》41。我们可从该片得知,此人曾参与商王朝与危伯美及伐望的战斗。因此,自贮能给商王贡入赤色的名马,倒是十分值得玩味的。还有:

(31)“乙未卜,㬎,贞辰入马,其惠”。(《菁》9.16+《菁》10.5,《通》732)

“入”字“有进贡之意”①。这是乙未日卜,贞人㬎问:辰这个人贡入的马,还驯顺吧?这些氏、来、入的马匹,与其他马匹一起,饲养在商王专设的马厩里。

(32)“☐卜王其作㝚榇于寎☐”。(《京》4831)

(33)“王畜马在兹寎☐母戊王受□”。(《宁》1.521)

(34)“☐兹寎☐”。(《宁》1.522)

(35)“☐畜马在兹寎☐”。(《粹》1551)

此均为第三、四期卜辞。畜字从幺从囿,明是养畜义,盖谓系牛马于囿也,字变为畜。寎字“为厩之初文”②。“王畜马在兹厩”,即把商王拥有的马养畜在专设的马厩里。此厩和《周礼·夏官·司马》“校人”中所谈的“天子十有二闲”之“闲”,当为同制。管理商王马匹的官吏有“马小臣”。

(36)“☐来告大方出,伐我𠂤,叀马小臣令”。(《粹》1152)

(37)“丙寅卜,叀马小臣☐”。(《粹》1156)

此“马小臣”和《周礼·夏官·司马》所设的校人、趣马、巫马、牧师、廋人、圉师、圉人等职掌管马的教养、乘御、医疾等事差不多。春秋时代的“校正”(《左传》襄公九年)及“马正”(《左传》襄公二十五年)就是专司养马的官吏。周代马官所掌握的一些养马技术,在甲骨文中就已开了先河。

每年春季,当母马受孕以后,便将上一年所生的小驹“离之去母”(《大戴礼记·夏小正·四月》),以避免马驹伤害孕马。这在《周礼》校人、廋人职中,

① 胡厚宣:《武丁时五种记事刻辞考》,《甲骨学商史论丛》,初集,第二册。

② 郭沫若:《殷契粹编考释》,第二〇七页。

称作“执驹”。有学者认为“执驹便是驯练小马驾车”①,这不仅是为了对小马进行调教,使之利于服乘;而且对保证马匹的顺利繁殖也有一定意义。

甲骨文中虽不见“驹”字,但有“𨇨子”[上引第(8)辞]。这当与郿县李村出土《驹尊》盖铭之“骓子”、“骆子”相同。据考证,“骓、骆是小马母亲的名字,小马尚未命名,所以称骓子、骆子。”②骓子、骆子就是所赐之驹。因此,甲骨文中的“𨇨子”当是𨇨马所生之驹。驹因才生下不久,尚不能服乘,甲骨文中又称子马:

(38) 甲辰卜,集子马自大乙。(粹135)

这里的“子马”,应和“𨇨子”一样,当同指马的小驹而言。甲骨文中有隻驹:

(39) □酉卜,角隻〔[古文字]〕。角不其隻〔[古文字]〕。(《龟》2.12.5+《龟》2.12.6)

此为第一期卜辞。角为人名。隻字原为以手抓鸟,假为获,有抓而获得之意。[古文字]为象意字,马旁之[古文字]表示为马之子,此字当即驹之初文。此辞是先从正面词:某酉日卜,(殷王命令)角去隻驹么?又从反面词:(殷王命令)角不去隻驹么?这个名为角的人,当为商王朝的马官。隻驹,就是将马驹抓获,很可能就是“执驹”。商王关心“执驹”,可见“执驹”已成为“马政”中一重要事项;到了周代,“执驹”成为马政中的重典。如《驹尊》铭载“王初执驹于㡚”③,国王参加“执驹”典礼,说明了对马政的重视。

随着养马业的发展,为了提高马的利用价值,增强马的任载力以及选择优良品种,最早的马匹去势术也发明出来了。《周礼》校人:“夏祭先牧,颁马攻特。”贾疏云:“攻其特,为其踶啮不可乘用者,亦谓騬其踶啮者也。”郑司农云:“攻特谓騬之者。”《说文解字》第十(上)騬,“犗马也”,《广雅·释兽》騬,“犗攻犗也”。孙诒让在《周礼正义》中解释攻特“谓割去马势,犹今之骟马”。根据甲骨文中的材料,“攻特”在商代可能就出现了。

---

① 李学勤:《郿县李村铜器考》,《文物参考资料》,一九五七年,第七期。
② 李学勤:《郿县李村铜器考》,《文物参考资料》,一九五七年,第七期。
③ 郭沫若:《盠尊铭考释》,《考古学报》,一九五七年,第二期。

在甲骨文中，母马和其他的动物母畜一样，较为常见。一般在畜身旁加一“匕”字（即牝）以表示之。如：

(40) 。（《前》6.46.7）

(41) ☒卜☒ 于☒。（《前》6.46.6）

此两辞为第一期物。第(41)辞马字稍残，但仍可辨出马形，可隶定作驰。还有小牝马：

(42) ☒少（即小）驰☒子白☒不白。（《续》5.26.8）

此亦为第一期卜辞。少即小。小驰即小的牝马。值得注意的是，马和其他畜类不同，甲骨文中不见用“⊥”表示的牡马（即特马）。这并不是说商代没有特马，而只能用商代为了提高马的经济价值，大部分都经过去势的处理，只留下了较少的优良特马——即种马来解释。动物的去势处理，在甲骨文中有所反映。如豕去势后，写作形。据闻一多考证，“腹下一画与腹连着者为牡豕，则不连者殆即去势之豕，因此，此字当释为豕”字，其字本义“当求之于经传之椓及劅斀等字”①。既然别的家畜已进行去势的处理，那么马的去势也不是不可能的。

(43) □酉□。（《合集》11051、历史研究所拓本5475）

《合集》11051

此为第一期武丁时卜辞，原骨现藏故宫。此辞之字，于马腹下加一形。此形在甲骨文中并不罕见，还有作形者，如：《拾》11.11；《后下》42.5；《京》2458；《金》556；《乙》8909；《京人》3245等。即表示双手所持。形与汉代遗址发现之铁剪形近，但商代遗址迄今尚未发现此类铜质实物，因此很可能为皮条（或绳索）类。我们认为此字可能是表示用绳（或皮条）为套，将马势绞掉。

因此甲骨文中之字，可能是表示马匹去势之专字。据研究生物学史

① 闻一多：《释豕》，《古典新义》（《闻一多全集》选刊二）（下），第五十四页。

的学者谈,将风干后的动物筋做成皮条(如农村弹棉花用的弓弦)给动物去势,效果比用刀、剪还好,一直到近代我国农村还沿用此法。

马匹经过去势处理,既可免去牡马对怀妊牝马的伤害,保证马匹的顺利繁殖;还可使马体强壮,增强任载力;同时,可把不纯之劣种淘汰掉,保证优质马种的繁衍。且不谈传说的黄帝时代就已经有了马匹去势的技术,就甲骨文中记载的商代马匹去势术而言,我国采用马匹去势术在世界养马史上也是较早的。

养马技术的改进,使商代马群繁衍,马种改良。而养马业的发展,还必须不断战胜马群的天敌——兽害和马疾。商代为患马群最烈者当为虎害:

(44) 贞我马有虎,佳祸。贞我马有虎,不佳〔祸〕。(《丙》201 正)

此辞为商王武丁在贞问:我的马群里出现了老虎,造成了祸害吧?又从反面问:我的马群里窜来了老虎,没有造成祸害吧?马群不仅有时受到自然界动物的攻击,而且可能还会因病致疾,引起死亡。

(45) 马其死。(《甲零》140)

(46) 贞马不死。(《邺初下》38.3)

(47) 马〔不〕死。(《簠文》13)

(48) ☐卜,穷,□马其死。(《珠》285)

以上四辞为武丁时卜辞。使马致死的原因固然多样,但病疫当是一个很重要的因素。为了使珍贵的马匹不致死去,商王借助占卜,冀求神明庇佑。除了通过这种"巫术"手段为病马治疾外,可能还会对病马施以某种治疗。尽管甲骨文中还没有发现这方面的材料,但"周因于殷礼",《周礼·夏官》巫马"掌养疾马而乘治之,相医而药攻马疾,受财于校人。马死则使其贾粥之,入其布于校人"的记载,使我们有理由推测:商代可能已出现了相当于"巫马"的马医。

第三节 商代马匹的使用

"国之大事,在祀与戎"。商代奴隶主统治阶级把马匹主要用于祭祀和战争这些国家最重大的事情中。

甲骨文里有奴隶主用马做祭祀时牺牲的记载。

(49) 癸未，贞叀今乙酉又文□岁于祖乙五马(二)，兹用。(《甲》696+《甲》697)

此为第四期卜辞，为第二卜。此外还有佚883与此同文，为第三卜。这是癸未日问：惟今乙酉这一天侑祭文某并岁祭祖乙用五匹马么？结果此卜施行了，将五匹马做了祭牲。

(50) 其三马，叀不𢆶马，兄辛。(《通别》一・何8，《佚》203)

此为第三期卜辞，兄辛即康丁称其兄廪辛。𢆶字郭沫若隶定为勿，谓即黧之初文，有一意为黑色讲[①]。此辞是卜问祭祀兄辛时，用三匹马么？不用黑马？还是用黑马？这种"用马为牲，即春秋时宋人犹有此习。《左传》襄九年'宋灾，祝宗用马于四墉，祀盘庚于西门之外'即其证"[②]。

(51) 贞㱿马。(《京》257)

此为第一期卜辞。㱿字为用牲之法，于省吾说："卜辞㱿字，初义为以朴击蛇，引申为割杀之意。"[③]此辞是问：割杀马作祭牲么？

有时用马驹(即子马)为祭牲。此即上引第(38)辞"甲辰卜，隻子马自大乙"(《粹》135)。隻字祭名。"字习见，上佳字例均倒书，或以臼以倒提之。罗振玉疑是'荐鸡之祭'。然此言'隻子马'，则所荐不必是鸡"[④]。这是卜问用子马祭自大乙以下的祖先否。

这种用马做祭牲的遗迹，于安阳殷墟多有发现。殷墟第十一次发掘时，曾发现几座专门埋马的马坑。最小的马坑内埋马一匹，最大的马坑埋马三十七匹。其他还有一坑埋马四匹、八坑各埋马二匹的。坑中之马，多带笼头，有铜饰[⑤]。《一九五〇年春殷墟发掘报告》(见《中国考古学报》第五册，1951年)披露，在武官村大墓之北墓道"开马坑三个，得马骨十六架，辔

---

① 郭沫若：《释勹勿》，《甲骨文字研究》。

② 郭沫若：《卜辞通纂考释》别录，第十二页。

③ 于省吾：《释㱿》，《双剑誃殷契骈枝》。

④ 郭沫若：《殷契粹编考释》，第二十五页。

⑤ 胡厚宣：《殷墟发掘》，第八十二页。

饰多件”。在南墓道中“亦得马坑二处,马骨七架,辔饰多组,及正中跪葬人架一”。此跪葬人架,可能为牧马奴隶。此外,1973 年小屯南地发现有埋一匹马之祭祀坑,坑中埋有五具人架,其中三具成年,当为牧马奴隶①。近年在安阳小屯又有新的马坑发现。

与祭祀同等重要的戎事,也大量使用马匹。在商代的战争中,马主要用于驾车,因此马往往与车联系在一起。在一次战斗中,商王朝曾俘获马、车等战利品。

(52) □小臣墙从伐,禼(擒)危美□人廿人四,而千五百七十,䍌百,□丙,车二丙,[illegible]百八十,函五十,矢□。又白𡟏于大乙,用魋白印□于祖乙,用美于祖丁,僿甘京,卯□。(《续存下》915)

这是十分重要的虏获战利品的记录。危为方国名,美为此方国之首领。而即馘。[illegible]为盾牌之类。僿字“为城塞之塞”②。此为第五期卜辞,追述了某次战争,有小臣名墙者被率出征,抓到危方首领名美者,俘虏二十四人,馘一千五百七十,䍌百,马若干匹,车二辆,盾牌之类一百八十,函五十副,矢若干。把一个首领白斌用于祭祖先大乙,把另一个首领魋白用于祭祖乙,把美杀了祭祖丁。并筑城塞于甘京……这说明,不仅商王朝使用车马,而且周围一些方国也使用车马作战了。可见当时车马之普及。有人根据殷墟第十三次发掘时发现一人马合葬小墓,推测骑射之制当自殷代始③。于省吾先生则更根据甲骨文材料,论证了殷代的单骑和骑射已经盛行了④。但正如恩格斯所说的“起初马匹大概仅用于驾车,至少在军事史上战车比武装骑手的出现早得多”⑤。在我国骑兵的出现也在这以后的事。

---

① 中国科学院考古研究所安阳工作队:《一九七三年小屯南地发掘简报》,《考古》,一九七五年,第一期。

② 郭沫若:《卜辞通纂考释》,另录之一,第十页。

③ 石璋如:《殷墟之重要发现附论小屯地层》,《田野考古报告》,第二册。

④ 于省吾:《殷代的交通工具和驲传制度》,《东北人民大学人文科学学报》,一九五五年,第二期。

⑤ 恩格斯:《骑兵》,《马克思恩格斯全集》十四卷,第二九八页。

除了用马拉车去打仗，狩猎时还要用马拉车去逐兽。

(53) 癸巳卜，殼，贞旬亡祸。王占曰：乃兹亦有祟。若偁，甲午王往逐兕，小臣叶车，马硪，驭王车，子央亦墜。（《菁》1.1，《通》735）

“若称谓如繇（笔者按：即占辞）所云也”，驭字“盖倾覆字”①。此为第一期卜辞。大意是癸巳日卜，贞人殸问：这一旬没有灾祸吧？王看了兆以后说：这恐怕要有祟祸吧？以下是验辞：果然如王所说的那样，甲午那一天王驾着马车去逐兕兽，小臣驾车，马失前蹄，险些压翻了王的车子，子央也从车上掉下来了。与此辞内容相同者还有《掇一》454（与《外》462、《宁》2.24、《续存上》972重）、《前》4.46.2等，虽然辞残，但仍可据(53)辞补全辞义。

(54) □亥卜，殼，贞旬亡祸。王占曰▨丁卯王狩帔祧车马▨在车。𢀛马亦▨。（《佚》980、《簠游》122、《续》3.40.2、《缀》26）

(55) ▨亡祸，王固曰㞢（有）祟▨帔祧车▨车，𢀛马▨亦有[illegible]▨。（《前》7.5.3）

此二辞同文，可互相补全其辞。这是说某日贞人殸问：此旬亡祸否？王看了兆以后说有祟祸。果然出去狩猎时，车马出了事。其他还有《前》5.6.4（《铁》114.1）、《龟》1.7.11（《珠》1368）与上二辞同文，虽残缺过甚，但亦可据上二辞补全辞意。

狩猎时，商王使用他豢养的好马。如前引《通》730各辞，反复卜问用哪一匹名马，最后选中了㛸及䍐，终于使兕陷入窟穴。

商代的车和马，用于战争和狩猎，也用于作祭祀时的贡献。近年安阳发现了几座完整的车马坑②。值得注意的是：除去新中国成立前在安阳殷墟小屯C区发现的M20为一车四马外，以后发现的殷代车马坑多是一车二马。这与上面我们所引述卜辞中马是两匹相并是一致的。“此足证殷末

① 郭沫若：《卜辞通纂考释》，第一五八页。

② 殷代发现的车马坑，杨泓在《殷周时代车子各部尺寸表》中有详细统计。见《战车与车战》，《文物》，一九七七年，第五期。

王者之事,所驾者仅二马,即所谓骈。骖驷之制盖后起者也"①。商代的车可能主要是驾二匹马。而驾马二匹以上,就需要掌握更复杂的驾驭技术和有待车子的结构有了更进一步的改进以后。

第四节　小　结

综上所述,我们可以看出:商代的养马业受到商奴隶主统治阶级的特别重视。商王朝设有专门养马的马厩和干预养马事宜的"马小臣",养马业的管理机构成为奴隶主专政国家机器的一个组成部分。我们研究养马业的上层建筑,即管理养马业的各种官吏和机构的"马政",当从商代的甲骨文记载起;由于马匹数量的增多和养马业的发展,从商代就开始有了相马、执驹、攻特等技术,繁殖出一批"名马"。商代养马业之所以受到奴隶主统治阶级的特别重视,是由于马匹在奴隶主阶级的国家大事——祀、戎的需要以及狩猎活动中的特殊作用所决定的。商代养马业的发展和在养马技术方面取得的突出成就,为世界科学文化的发展作出了宝贵的贡献。

① 郭沫若:《卜辞通纂考释》,第一五八页。

第二十五章　甲骨文“马”、“射”的再考察

——兼驳马、射与战车相配置

甲骨文材料表明，商代军队中存有特殊的兵种“马”兵与“射”队，学者间并没有什么分歧。但随着对商代军事史和军制研究的深入，在一些论文和研究专著中，每每把马、射与战车相配置并加以约演等同，以论证商代的兵种和兵制。迄至目前，由于学者们对卜辞中有关“马”、“射”的材料缺乏系统整理和几部大型著作，诸如《殷墟卜辞研究》[1]、《先秦军事制度研究》（有关商朝的军队组织编制部分）[2]、《中国古代军制史》（有关商朝的军队组织编制部分）[3]、《中国政治制度通史》（先秦卷，有关商朝的军队和兵种部分）[4]等专著在商代军事史研究中的较大影响，因而学界对此说再无异议，并为商史研究者所广泛引用和信从。

甲骨文中有大量“马”、“射”参与商王朝军事活动的记载。在我们将有关“马”、“射”的卜辞加以统盘整理后，发现并非如此。

甲骨文中常见马字，写作□、□、□、□等形[5]，其特征是突出马的背鬃和分开的马尾。虽然字形基本相同，但在卜辞中的意义和用法却很不一样。有的马为马匹之马，可供驾车、骑乘或祭祀之用。有的马则与军事活动有关，为商王朝征伐方国军队中的特殊兵种，即马队。关于商代驾车和骑乘之用的役马，本书第二十四章有专门的讨论。而这里所要进行分析的，是作为商朝特殊兵种的马队之“马”。

---

① 岛邦男：《殷墟卜辞研究》，中译本（台北：鼎文书局，一九七五年）。

② 陈恩林：《先秦军事制度研究》，长春：吉林文史出版社，一九九一年。

③ 刘展主编：《中国古代军制史》，北京：军事科学出版社，一九九二年。

④ 白钢主编：《中国政治制度通史》，北京：人民出版社，一九九六年。

⑤ 《甲骨文编》，修订本（北京：中华书局，一九六五年），卷十，第一页（总页三九七至三九八）。

第一节 “车马”与“人”马是战车和马队的基本单元

(一)甲骨文中“车马”与“人”马之分析

商代能参与商王军事活动的“马”,是以人计的:

(1) 丙申卜,贞肇马左右中人三百。六月。(《合集》5825)

专供骑手用的驭马与一名骑手配置为一个单骑,多名单骑就组成了商军的特殊兵种“马”队。而骑手,也就沿用马队之“马”名,成为特殊的“马”了。“肇”字姚孝遂谓“今作肇,卜辞均用为动词,当训为‘啟’”。“肇马”者,“谓啟动马队”①。这条卜辞是说,商王启动左右中三队各一百人的马队。由此可知,商代的马队之“马”,是以人计的。为与役马相区别,我们不妨称之为“人”马。

有学者主张“‘戎马’即驾车的马”,进而约演并推断“‘左右中人三百’是车上的甲士左右中三人的配置,三百人是一百辆战车上甲士之数”②云云,并依此恢复商代的车制。但甲骨文所反映的车兵和马队的实际并非如此。首先,商王田猎或征战用车,卜辞中都是“车马”连言并相配置成一个单元,而没有人车连言并相配置成基本单元的常例:

(2) 癸巳卜,殻,贞旬亡祸。王占曰:乃兹亦有祟。若偁。甲午王往逐兕,小臣叶车马,硪驭王车,子央亦坠。(《合集》10405 正)

与此同文的卜辞还有《合集》10406 正。“小臣叶车马”,是言小臣协理车马的行进。这里是“车马”连言并相配置为“王车”的基本单元。

(3) ……雍车马……京。(《合集》11450)

这里也是“车马”连言。以上各辞说明,“车”与“马”的配置,是一辆田猎或

---

① 于省吾主编:《甲骨文字诂林》,中华书局,一九九六年,第二三一四页,姚孝遂按语。

② 刘展主编:《中国古代军制史》,军事科学出版社,一九九二年,第五十页;白钢主编:《中国政治制度通史》,人民出版社,一九九六年,《先秦卷》第二四八页。

战时用车的基本组合。而供骑乘的马(或指骑手的乘马),则要特别提出,以与驭车的马相区别:

(4) □亥卜,殸,贞旬亡祸。王占〔曰〕:〔有祟〕……〔曰〕丁卯,王狩敉,𣪠车〔马〕……在车,𢀛马亦〔有企〕……(《合集》584)

(5) □〔亥卜,殸,贞旬〕亡祸。王占曰:有祟……〔日丁卯,王狩敉〕,𣪠车〔马〕……〔在〕车,𢀛马亦有企……(《合集》11466)

(6) ……日丁卯,〔王狩敉〕,𣪠车马,〔𢀛马亦有企〕……(《合集》11448)

虽然(4)、(5)、(6)辞较残,但辞中“𣪠车马”、“𢀛马亦有企”尚为完整并可互补。以上各辞不仅再次证明商代的战车是由“车马”配置的基本单元组成,而且各辞的“𢀛马”与“𣪠车马”都区分开,这表明驾车的马和马兵的骑乘之马性质是不同的。𢀛一人加一匹战马,正是马兵的一个基本战斗单元——单骑。马是𢀛的战马,而𢀛是一名马军。马军以“马”特称之,因而𢀛也可称为马队中的一名“马”。

新中国建立前在殷墟发掘的最后阶段(即第十三次至第十五次发掘期间),曾“发现人马合葬墓一,内埋一人、一马、一犬,另一动物和四件破烂的陶器。人的骨盘下压着一套兵器,计戈一、刀一、弓背饰一、砺石一、镞十和精美的有刺有柄的器物一件”。学者认为,“就整个现象来看,犬是猎犬,另一动物为猎物,陶器是喂养马匹的用具,而由马的装饰和人的武器看来,这匹马不像是用以驾车,很像是供人骑的,而这个人便是骑士”①。这名骑士,应就是上列诸辞中的“𢀛马”一类的马队之“马”。此外,新中国建立后在安阳殷墟的历年考古工作中,以及在西安老牛坡商代遗址等,多次发现“战马猎犬”现象。学者在历数各次发现后指出:“很难相信如此众多的马都会与马车有什么必然联系,至少那些带有羁饰的马,当初曾作为单骑或战马役使过。与马同埋的人,有的可能为骑兵”,或也不排除其中有的为一般的骑马者或养马奴隶②。因此,考古发掘材料的不断积累和甲骨文的记载表明,

① 胡厚宣:《殷墟发掘》,学习生活出版社,一九五五年,第一〇七至一〇八页。

② 宋镇豪:《夏商社会生活史》,中国社会科学出版社,一九九四年,第二四二至二四三页。

“殷代的单骑和骑射已经盛行了”①。

其次,就甲骨文中的役马(驾车或骑乘等)与“人”马的计算单位来说,两者也是完全不同的。役马均以“丙”计②:

(7) ……癸未……方于……系……马二十丙又……一月在臬卜。(《合集》1098)

(8) ……马五十丙……(《合集》11459)

(9) ……宁征马二丙,辛巳雨,氏雹。(《合集》21777)

和役马一样,甲骨文中的车也是以“丙”计的:

(10) 小臣𤛹从伐,擒危美,人二十人四,而千五百七十,𩰫百……丙,车二丙,盾百八十三,函五十,矢……又白𧆞于大□,用𩲡伯印……于祖乙,用美于祖丁,僼甘京,易……(《合集》36481正)

而甲骨文中的“人”马(即骑手),则是以“人”计的。如前列第(1)辞之“左右中人三百”,即三个各一百名“人”马的马队。

因此,无论从甲骨文中战车以“车马”连言并相配置的常制讲,还是从役马与“人”马的计算单位的不同来看,把驾车的马和左右中三名“人”马配置为一个战车的基本组合单元,是缺乏卜辞证据的。因此,前列第(1)辞是讲商代的马队,而不能推演约绎为一百辆战车的编队。

(二)“人”马——马队参与的军事活动考察

每有方国入侵,或商王征伐方国,商王朝便要征集人众。“人”马是构成商朝军队的兵种之一,当然也在征聚之列。“人”马有时是商王“登”集而来:

(11) ……𦬁登马……氏御方。(《合集》6759)

“登”字杨树达谓:“登盖当读为征”,“殷时兵制殆由于临时之召矣”。此“登

① 于省吾:《殷代的交通工具和驲传制度》,《东北人民大学人文科学学报》第二期(一九五五年),第九十六页。

② 于省吾:《殷代的交通工具和驲传制度》,《东北人民大学人文科学学报》第二期(一九五五年),第八十四页。

马”，即征召聚集“人”马入伍，以抗御“方”人入侵。甲骨文常见征伐方国而登人聚众之事，诸如“登人伐𢀛方”（《合集》6617 等）、“王登众”（《屯南》149）等等。因此，“登马”与“登人”、“登众”当性质相同。还有“共”聚“人”马的占卜：

(12) 甲午卜，亘，贞共马乎戥……（《合集》7350 正）

杨树达谓“共”“即登字之省写”。指出：“卜辞又恒云共人，与登人用法同”①。此辞“共马”，即征集“人”马——马队出战。甲骨文常见“共人”若干伐土方、𢀛方、巴方等，以及“王其共众人”（《屯南》1010）。本辞之共马，自然与所共之人、众相同，应为“人”马无疑。

此外，“人”马还常被“氏”（致）送而来：

(13) □□□，□，贞貍氏卅马，允其幸羌。贞貍卅马，弗其幸羌。（《合集》500 正）

(14) 戊戌卜，贞蕫氏㞢双马，卫……（《合集》8964）

(15) 甲申卜，㱿，贞氏马。（《合集》8961 正乙）

(16) ……癹氏马自薛。十二月。（《合集》8984）

“氏马”者有貍、蕫、癹等贵族。值得注意的是，“人”马只言“氏”，即致送而来，却无单言“取”、“来”等常用于役马的征聚和贡纳方式。而卜辞言役马贡“来”者有：

(17) 㠯来马。

不其来马。（《合集》934 正）

此外，“来马”还见于《合集》9176 正、《合集》9177 正、《合集》9172、《合集》9175 等片。商王还直接征取役马：

(18) 贞[illegible]乎取白马，氏。（《合集》945 正）

此外，“取”马还见于《合集》9796 正、《合集》8799、《合集》8984、《合集》20631 等片。

---

① 杨树达：《释登》，《积微居甲文说　卜辞琐记》，第二十三页，中国科学院出版社，一九五四年五月。

在甲骨文中,地方贵族向商王贡“来”之物主要有牛(如《合集》9178等)、犬(如《合集》945 等),以及记事刻辞中所记大量“某来若干”之牛胛骨。而商王向地方贵族征“取”聚敛之物,主要是牛(如《合集》932 等)、羊(如《合集》8811 等)、豕(如《合集》10876 正)、椃(如《合集》11003)、刍奴(如《合集》111 正等)、女奴(如《合集》9741 正等)等等。可见商王朝征聚役马的方式,与上述征集聚敛和贡来的牲畜及会说话的“牲畜”——奴隶是一样的,而与“人”马单言“氏”的方式有所不同。

我们从上面所列“氏”(致)进“人”马的卜辞可知,有资格氏“人”马者多为贵族,诸如貍、苒等。这些奴隶主贵族,平时聚族而居,又是商王朝大小宗族集团的宗族长。甲骨文中有“王族”(《合集》6946)、子族(《合集》21287)、多子族(《合集》6812)、三族(《合集》32815)、五族(《合集》28053)等。族有武装族众,其中也应有“人”马。但因缺乏记载,族马数目不可得知。商王每有戎事,也要调动“族马”:

(19) 惟族马令往。(《合集》5728)

(20) 惟三族马令。(《合集》34136)

这些被商王调动的“族马”,在有关军事和田猎活动的卜辞中,不见其仍以“族”为建制的行动。他们当与商王所“登”、“共”之马和各贵族所“氏”之马一起,在“肇”马,即启动马队时,已统编在王朝左、右、中三个百人的队伍之中了。这支马队,是在商王的直接统率与号令之下的:

(21) 令多马。(《合集》5717)

(22) 己丑卜,穷,〔贞〕令多马……(《合集》5720)

(23) 贞令多马羌。

贞勿令多马羌。(《合集》6763)

(24) 乙酉卜,于丁令马。(《合集》34136)

(25) 壬辰令马。(《屯南》243)

在商王朝对方国的战争活动中,马和多马直接投入了战场上的军事行动:

(26) 癸巳卜,穷,贞多马遘𢦏。(《合集》5715)

(27) 甲戌卜,㱿,贞我马及𢦏。(《合集》6943)

(28) 丁亥卜，贞多马从𢦏。(《合集》5716)

(29) 庚寅……令马𢦏人北。(《屯南》19)

“𢦏”字，胡厚宣释为“戎”，谓：“用为动词，则为伐。”①有学者进一步分析说，“在甲骨卜辞中，两个敌国之间发生‘𢦏’事，应释作‘征伐’和‘来犯’”②。学者指出，甲骨文中言“征”、“伐”方国都是“大事”③，而“𢦏”当较为具体。以上各辞的“遘𢦏”、“及𢦏”、“从𢦏”等说明，马、多马已与敌人交绥。

(30) □寅卜，宊，贞令多马羌御方。(《合集》6761)

(31) ……来告方大出，伐我师，惟马小臣……(《合集》27882)

(32) 丁亥卜，宊，贞惟羽乎小多马羌臣。十月。(《合集》5717 正)

此外，还有前列第(11)辞“……苣登马……氏御方”。

“[illegible]”字学者间意见不一。郭沫若说：“当是御之异文。”④姚孝遂认为“当以郭沫若释‘御’为是。字亦作‘[illegible]’，皆‘[illegible]’之繁体，用为‘防御’之‘御’”。而从行从卸者，“用为‘防御’，不用为祭名，当已开始分化”⑤。第(30)辞是命令由羌人组成的马队——多马羌去御抗“方”人的入侵。第(32)辞之“马小臣”，是马队的统领。本辞是说，因为“方”人大批出动，伐扰我师，马队的统领马小臣……(采取行动)。前列第(12)辞还有“乎戭”：

甲午卜，亘，贞共马乎戭……

“戭”字，罗振玉释“伐”⑥。郭沫若“案当是蔑之异文，假为灭”⑦。于省吾释此字为“戛”，说“戛训击。”⑧。尽管各家考释字义不同，但从“戭”字写作人

---

① 胡厚宣：《甲骨文所见殷代奴隶的反压迫斗争》，《考古学报》，第六页，一九七六年，第一期。

② 齐文心：《殷代的奴隶监狱和奴隶暴动——兼甲骨文“圉”、“戎”二字用法的分析》，《中国史研究》，第七十四页，一九七九年，第一期。

③ 张政烺：《释𢦏》，载《古文字研究》第六辑，第一四〇页，中华书局，一九九一年。

④ 郭沫若：《殷契萃编考释》，第一四四页，第一一二五片释文，科学出版社，一九六五年。

⑤ 于省吾主编：《甲骨文字诂林》，第二二八四页，姚孝遂按语，中华书局，一九九六年。

⑥ 罗振玉：《增订殷虚书契考释》(中)，第六十八页，东方学会，一九二七年。

⑦ 郭沫若：《卜辞通纂考释》，考古学专列甲种第九号，第一〇七页(总页四三〇)，第四九七片释文，北京：科学出版社，一九八三年。

⑧ 于省吾：《释戛》，载《双剑誃殷契骈枝续编·校补》，第一至二页，一九四〇年石印本。

倒持钺看,在战斗行动中应比“御”击要更进一步,或已投入白刃相搏阶段。表示直接交战的动词还有“执”,如前列第(13)辞之“幸羌”如下辞:

(33) 壬戌卜,狄,贞唯马亚乎执。(《合集》28011)

“幸”字,胡厚宣谓:“卜辞幸字像拲手刑具。”“卜辞执字从幸,幸亦作睪,知睪字即是幸字。”“幸即执,义为追捕之称。”①第(13)辞所卜之马“幸羌”,当为商军与敌方胜败大局已定,才能追捕败散之羌敌。而(33)辞是马亚,即马队的官长命令去执捕败逃的敌兵。因此,“幸”、“执”的军事行动表明,马队参加战场拼杀,一直到抓捕败敌的战斗尾声。由以上马和多马参加战争的御、戋、戝、幸、执等较为具体的不同阶段的军事行动看,他们通常要参加每场战斗的全过程。

此外,与马队有关的军事行动还有“卫”。除了前列第(14)辞之“犇氏虫双马,卫……”外,还有以下诸辞:

(34) 贞令马卫于北。

庚戌卜,古,贞令马卫,亡盖。(《合集》5711)

(35) □□卜,穷,贞……犇氏多马卫[illegible]。(《合集》5712)

“卫”字罗振玉释“卜辞韦卫一字,从□从[illegible],像众足守卫□内之形”。“或从行从止从方,古金文作衛(卫父卣)”②。郭沫若“疑防字之异”③。陈梦家谓“卫”为官名④。姚孝遂据《屯南》728 各辞之“卫”“均与‘方其至’有关,‘方’来侵犯,商王征集师旅进行保卫。‘衞’即‘卫’字”⑤。第(34)辞是命令马队防御于北方。另一辞之“盖”应为地名,甲骨文“戊辰卜,穷,贞令永裒田于盖”(《合集》9476)可证。从同版之“卫于北”可知,此地应在离殷都较远的地方。虽然调遣马队去进行驻卫,但还是“亡盖”,即亡失了盖地。而

① 胡厚宣:《甲骨文所见殷代奴隶的反压迫斗争》,《考古学报》,第五页,一九七六年,第一期。

② 罗振玉:《增订殷虚书契考释》(中),第六十五页,东方学会,一九二七年。

③ 郭沫若:《卜辞通纂考释》,考古学专列甲种第九号,第一〇三页(总页四二二),第四七五片释文,科学出版社,一九八三年。

④ 陈梦家:《殷虚卜辞综述》,第五一二页,科学出版社,一九五六年。

⑤ 姚孝遂等:《小屯南地甲骨考释》,第九十三页,中华书局,一九八五年。

第(35)辞之“□”字，各家考释无定论，但为地名无疑。“壬午卜，㱿，贞曰方出于□，允出。十一月”(《合集》6711)可证，其地乃首当“方”人出犯之冲。第(35)辞是说，用贵族𦳝所贡致的马队驻卫于□地。

从以上各辞可以看出，马队又驻卫于盖、□等殷京以北的边陲地区。其地因“方”人等外族经常出没，故商王派马队去驻卫抗御之，所以甲骨文中常有“在某(地)卫”之卜。由于驻“卫”边地成为商王朝沿习已久的国防之事并逐渐制度化，因而“在某卫”也就成了“被商王派驻在商都以外某地保卫商王国的武官”的专名，并由职官名“后来演变成诸侯”①。

正由于马或多马有为商王朝驻卫边地的任务，所以他们的头目“多马亚”等以身居边陲之便，受王命“省”视边地的军事和经济情况以报告商王朝廷，就是顺理成章的了：

(36) 甲辰卜，贞气令□氏多马亚省在南。(《合集》564 正)

(37) 乙亥卜，贞令多马亚□𦳝𥞤省陕亩至于𡨦从斋水从垂侯。九月。(《合集》5708 正)

(38) 乙亥卜，〔贞令〕多马亚〔□〕𦳝𥞤省陕亩至于𡨦……(《合集》5709 正)

“省”字卜辞作省、徝。闻一多将文句较全的几十条卜辞加以全面分析，定其义训并与金文、经传相证，“有确信而无可疑者三事焉”，即：“一曰：省，巡视也”。“二曰：省，田猎也”。“三曰：省，征伐也”②。本文所列第(36)、(37)、(38)诸辞之“省”，应为闻氏所释之“巡视”意。第(36)辞是说贵族名□者致送多马亚巡省在南方。第(37)、(38)辞之“□”字不识，当为多马亚之私名。𦳝、𥞤亦为人名。“亩”即仓廪③。《合集》583 及有“亦焚廪三”，即夜里焚烧了三处仓廪。此二辞是说“多马亚”名□、𦳝、𥞤者，受商王之命，

① 裘锡圭：《甲骨卜辞中所见“田”、“牧”、“卫”等职官的研究》，载《文史》第十九辑，第九页，中华书局，一九八三年。

② 闻一多：《释省徝》，载《古典新义》(《闻一多全集》二，三联书店，一九八二年)，第五一五至五一六页。

③ 郭沫若：《释图亩》，载《郭沫若全集》考古编第一卷，第四〇三页，科学出版社，一九八二年。

巡察省视陕地之国家仓廪,至于冒侯之地。甲骨文中有冒侯名虎者,常参与商王朝征伐方国的战争,其中就有"寇周"的军事行动:

□□〔卜〕,□,贞令旃从冒侯寇周。(《合集》6816)

周在远离殷都的西方,冒侯能参与寇周的军事行动,当与其距周方国较近有关。既然省视"陕廪"径可至于冒侯之地,此陕廪当也应在殷都之西的边陲之处。

我们可以看到,商王朝的"人"马被商王征集入伍后,经过统编,以左、右、中的百人大队的建制投入战斗。而有关御、戋、虘、幸、执等战争动词表明,马队参加了战场上交战的全过程。此外,马队还驻"卫"边陲,其统领官"亚"亦可受王命巡视省察北方、南方、西方的军事和经济情况。

(三)"人"马与商王的田猎活动

"人"马除了参加商王朝的军事活动,还参加商王的田猎之事,甲骨文中有不少记载:

(39) 庚午卜,贞翌日辛王其田,马其先,擒,不雨。(《合集》27948)

(40) 戊申卜,马其先,王兑从……(《合集》27945)

(41) 今日辛亥,马其先,不遘大〔雨〕。(《合集》27949)

(42) 贞马弜先,其遘雨。(《合集》27950)

(43) □未卜,今夕马其先,戊……其雨。(《合集》27947)

(44) 马惟翌日丁先,戊王兑从,不雨。(《屯南》8)

(45) 马其先,王兑从,不遘大雨。(《屯南》1127)

商王举行田猎活动,每每要"马其先"。于省吾谓:"古者王公外出,常有导马于前,沿习既久,则先马为专职之官名矣。周器令鼎:'令眔奮先马走'。荀子正论:'诸侯持舆挟轮先马'。杨注:'先马,导马也'。按导马后世亦称为顶马,指乘马者言之"。因此他认为甲骨文中之"先马","实后世先马、洗马之滥觞"①。上列各辞"先马"之"马",就是"人"马,也就是前列第(4)、(5)、(6)辞之"皋马"一类。值得注意的是,大凡"马其先"者,即有关田猎时导马先行的占卜,多与"雨"或"不雨"的气象相联系。这一现象在《殷墟甲

① 于省吾:《释先马》,载《甲骨文字释林》,第六十三至六十四页,中华书局,一九七九年。

骨刻辞类纂》第六二五页所辑"马其先"卜辞共十七条也有所反映。这说明,在商王去某地行猎之前,马(或即马队)要先往其地观察气象等情况,以防田猎时遇雨而致使车马泥泞难行或有特殊情况发生。第(39)辞"庚午"日占卜,"翌日辛"王其田和第(44)辞之"翌日丁"先,"戊"日王兑从等说明,王的行动都在次日就是如此。

商王田猎时,要对马下达各种指令。有时命令马去追逐野兽:

(46) 乎多马逐鹿,隻。(《合集》5775 正)

多马追逐鹿类,或能将其抓获。或是追逐鹿类使其惊跑,成为射手们的目标。因为鹿类隐慝不动,是较难发现其形迹的。虽然不见马兵在战场上射杀敌兵的记录,但有田猎时射兽的占卜:

(47) □□卜,其射豕,惟多马。(《屯南》693)

(48) 贞其令马亚射麋。(《合集》26899)

马兵因时常要"马其先",即离王前去。而"射"兵如下文所述,要护卫王之车右,因而马队受令要向射队靠拢:

(49) 壬申卜,令马即射。(《合集》32995)

"人"马行动速度快,活动范围广。此外,"人"马坐骑高,因而视野广阔,可以较为方便地观察到猎场上野兽的动向。再加上"马即射"的指令,因此可向射手传达信号并有所擒获:

(50) 惟多马乎射,擒。(《合集》27942)

(51) 惟马乎射,擒。(《英藏》2294)

通过以上的分析,可知马队在商王的田猎活动中,常为王"先导"而去田猎地观察天气等情况。而在田猎活动中,或受命追逐兽类,或受命射杀动物。因而马在王的田猎队伍中,其位置应处在王前。

第二节　甲骨文中"射"与"多射"的再认识

"射"字甲骨文写作 [glyph] 形,学者释为"射"。"射"字用法较为复杂,有的用为动词,即发射之射。有的用为名词,即为射手之射。为与射箭之动词

"射"相区别,不妨称之为"人"射。陈梦家谓这类"射"、"多射"是商代武官名①。而有学者则进一步推论"射""就是以战车一辆之射士为单位的编制",每名射就代表一辆战车②,并据此研究商代的车制。信则信矣,但一直没有人对"射"进行较为系统的论证。只要我们把甲骨文"人"射在商代军事活动中的作用加以分析,其是否能代表一辆战车也就会不言自明了。请看:

(一) 射官与射队

甲骨文中的"人"射为商朝战时军队的特殊兵种——射队,学者间并没有什么分歧。但射与多射"武官说",则应作具体的分析。甲骨文"射"后加私名者,应即是射官。如:

(52) □□〔卜〕,㱿,贞射𠧴……曰惟既,己卯……隻羌十……(《合集》163)

(53) 丙午卜,永,贞射𠧴隻……(《合集》3297)

此射𠧴,应就是射官名"𠧴"者。此外,还有射官名"午"者:

(54) 贞射午𢦏方。

贞射午𢦏方。(《合集》24156 正)

这是同版两辞反复卜问"𢦏方"之事。又有名"倗"者:

(55) 己丑卜,㝊,贞令射倗卫。一月。(《合集》19)

这是射官倗受令卫于王旁。还有名"串"者:

(56) 贞令射串于光。(《英藏》528)

射官不仅参加了与方国的军事行动,还能氏进羌俘供商王祭祀祖先之用:

(57) 己卯卜,㝊,贞翌甲申用射𠧴氏羌自上甲。二月。(《合集》277)

值得注意的是,卜辞中射𠧴氏羌和晚期卜辞中的射𠧴目羌,多祭先王上甲,

① 陈梦家:《殷虚卜辞综述》,第五一一至五一二页,科学出版社,一九五六年。

② 〔日〕岛邦男:《殷墟卜辞研究》中译本,第四六五页,鼎文书局,一九七五年;陈恩林:《先秦军事制度研究》,第五十至五十一页,吉林文史出版社,一九九一年。

或自上甲起直至父丁(康丁)的先王：

(58) 庚午，贞射𤉲吕羌用自上甲，惟甲戌。

癸酉，贞射𤉲吕羌用自上甲，乙亥。

癸酉，贞射𤉲吕羌用自上甲于甲申。(《合集》32023)

(59) 甲辰，贞射𤉲吕羌其用自上甲汎至父丁，惟乙巳用，伐四十。(《屯南》636)

此外，同样内容的卜辞还见于《合集》32022、《合集》32886、《屯南》7 等片。如所周知，上甲是商人受祭最隆重的先公。作为射官的𤉲能经常致进羌俘用于祭祀上甲，可见他与商王关系密切。甲骨文中的大多数“人”射是没有私名的，就应是射手或射队。“人”射是在发生战争时，由商王朝的宗族贵族“氏”(致)送而来，或由商王“登”聚而来。卜辞言“氏”射者有：

(60) 贞……氏……射……斳。(《合集》30)

(61) 辛未卜，贞令𡰥氏射从𡪞……方，我……(《合集》5766)

(62) 贞□不其氏射。八月。(《合集》5768)

其致进射手的贵族有名𡰥者，其所来之地为斳。此外，卜辞中常见的贵族[illegible]也有时“氏”射：

(63) 癸丑卜，争，贞[illegible]氏射。(《合集》5761)

还见于《合集》5762、《合集》5763 正等。其他氏射的贵族还有[illegible]、宁等：

(64) ……[illegible]氏射先……月。(《合集》5767)

(65) 贞令宁氏射何弋卒。四月。(《怀特》962)

氏(致)进射手的最大数字为三百：

(66) 贞勿令𠂤氏三百射。

……氏三百射。(《合集》5769 正)

其氏射者为贵族𠂤。甲骨文还有记商王“登”射者，有一次一百人者：

(67) 丙午卜，永，贞登射百，𦰩……(《合集》5760)

有一次三百人者：

(68) 登三百射。

勿登三百射。(《合集》698 正)

(69) ……三百射,乎……(《合集》5774)

此外,还有“冒”三百射的:

(70) □□〔卜〕,□,贞冒三百射,乎……(《合集》5777)

此“冒”三百射,与“登”三百射用法相近,其义亦应有聚众之义。但“冒”字突出人目,有学者谓用为动词时,“似宜解为动词巡视、视察之义为妥”①,是有道理的。被氏、登来之射,当经过商王的“冒”,即“贞冒射”(《合集》5778 反),巡检后,编为商王统率下的王家特种兵——射队。

(71) 癸卯卜,争,贞王令三百射,告十示,王𡆥隹之。

贞王𡆥不隹之,弗告三百射。(《合集》5775 正)

此辞表明,射队受王号令,还要举行仪式——告十示,以请先王不要因此而给时王带来灾祸。这些被氏、登、冒的一百射、三百射,或统称为“多射”:

(72) 乙酉卜,争,贞今夕令[illegible]氏多射先涉……(《合集》5738)

(73) □子卜,令皋吕多射,若。(《英藏》2421)

多射是在商王的号令之下的:

(74) 贞惟多射令。(《合集》5732)

(75) 贞翌己未勿令多射眔[illegible]……(《合集》5734 正)

(76) □卯卜,㱿,贞翌己未令多射眔[illegible]……于……(《合集》6735)

(77) 壬子卜,㱿,贞令戋眔多射。(《合集》5736)

(78) 贞翌己卯令多射。二月。(《合集》46 正)

“[illegible]”为人名,《合集》3307“今日……裒田……[illegible]侯”可证。[illegible]能进氏射手,又与多射一起接受命令,其身份当为射官。戋亦如此。贞人代时王占卜,其发令者自然是商王,只不过辞中“王”字省略了。也有不省略者:

(79) 甲午,贞王令多射。(《怀特》1652)

射手需有较强的臂力,还要求有准确的命中率,因此必须经过较长时间的特殊训练才能胜任行伍,远较训练一般卒众要为困难。甲骨文中有训

---

① 于省吾主编:《甲骨文字诂林》,第五八〇页,白玉峥释,中华书局,一九九六年。

练射手的记载：

(80) 贞惟[illegible]令庠射。

癸巳卜，殸，贞令皋庠射。(《合集》5770甲)

"庠"字陈梦家释，他认定此字"是动词，《说文》有羪字，此假作养或庠"。并据《孟子·滕文公上》"夏曰校，殷曰序，周曰庠"，说"令皋庠三百射"者，即"令皋教三百射以射"①。这是卜问派两个贵族中何人去教练射手。一次最多可教练射手三百名：

(81) ……令皋庠三百射。(《合集》5770丙)

(82) 贞勿令皋庠三百射。(《合集》5770戊)

(83) 贞令皋三百射。

贞惟[illegible]令庠三百射。(《合集》5771甲)

同样的内容还见于《合集》5771乙、《合集》5772等片。这些才训练成的射手称为"新射"，被进致于商王，供编入战时射队之用。

(84) 贞乎子画氏[illegible]新射。(《合集》5785)

(85) 贞……乎毋多……新射。(《合集》5786)

从甲骨文材料来看，商王朝的新射以来自斳地为多：

(86) ……新射于斳。(《合集》5787)

(87) 乙亥，贞令内㠯新射于斳。(《合集》32996)

(88) 辛未，贞冓㠯新射于斳。(《合集》32997)

(89) ……㠯新射于〔斳〕。

……〔㠯新〕射于斳。(《合集》32998)

此外，前列第(60)、(61)辞"氏射"，也是从斳地而来。因此可知，斳地一直是商王朝从武丁时直到康丁、武乙、文丁时训练和提供射手的主要基地。"氏射"和"登射"的商贵族有臤(《合集》5766)、[illegible](《合集》5761、5762、5763正)、[illegible](《合集》5767)、宁(《怀特》962)、子画(《合集》5785)、

① 陈梦家：《殷虚卜辞综述》，第五一三页，科学出版社，一九五六年。

内(《合集》32996)、菁(《合集》32997)等。这些贵族,诸如 ,在战斗时常与多射一道受令,身为射官是没有什么疑问的,只是不像前举“射䑕”那样将私名前加上官称而已。以上能氏射、庠射或与射一道受王令之贵族,应就是射队的头目,他们的群体就是“多射”官。从这个特定意义上说,陈梦家谓“射”和“多射”是武官,就是可以接受的了。这样,下述二辞也就可以理解了:

(90) ……多射共人于皿。(《合集》5742)

甲骨文能“共人”者,多为商王(《合集》6409 等)、我(《合集》795 正等)、妇好(《合集》7283 等)、某族(《屯南》2909 等)等等。而“多射”是射队,何以能在皿地征人聚众?因此“多射”应是多个射官,其在皿地“共人”就是顺理成章之事了。

(91) 贞翌乙亥易多射燕。(《合集》5745)

这是商王对“多射”,即多个射官进行宴飨。如“多射”是射队,不仅几百人的射队没有资格,而且商王也不可能安排这么多人的飨宴的。

(二) 射队与商王朝的军事行动

商王朝对各地“氏”进和“登”聚而来的射、多射,不仅要“冒”——巡视、检阅,从而成为王家大军中的特殊兵种——射队,而且也和马队一样,或进行“肇”,启动编队投入伐方的战争:

(92) 丙辰卜,内,贞肇旁射。

贞肇旁射三百。

……肇旁射三百。(《合集》5776 正)

此辞“旁”字倒书,学者谓:“诸‘旁’字则倒书”。“卜辞‘旁’为方国名、人名或地名”①。此辞即记商王启动旁(地)登致之射,成为王家伐方大军。射兵参加的军事行动,有时是“伐”某方:

(93) 贞射伐羌。(《合集》6618 正)

射队参加了征伐羌方,因而射兵的统领射䑕才能够抓获羌〔前列第(52)

① 于省吾主编:《甲骨文字诂林》,第三一五九页,姚孝遂按语,中华书局,一九九六年。

辞〕，并有可能氏羌〔第(57)辞〕、目羌〔第(58)辞〕祭祀先王。或是“𢦏”某方，即前列第(54)辞之“贞射午𢦏方”。“𢦏”字于省吾“训伤”，谓：“伤与‘失败’之‘败’义训相因。”[1]张政烺认为：“征、伐、敦、𢦏都是动词，其行为都和战争有关，而字的含义却不一样。征伐都是大事，敦前有时加一大字，说明问题也不小。𢦏字在卜辞中常单用，但是未见先言𢦏而后言征伐或敦者，盖𢦏属于战争的细节，行动比较具体。征伐敦是前提，𢦏是成果。”[2]这是射官名午者投入了商王朝与“方”方交战的战场拼杀了。

但我们发现，甲骨文中有关射队直接投入战斗的卜辞很少。与此相反，较为多见的则是多射参加的军事行动“卫”：

(94) ……令敦氏多射卫，示乎 。六月。(《合集》5746)

(95) □未卜，充，〔贞〕令多射卫。一月。(《合集》5747)

(96) 癸亥卜，贞乎多射卫。(《合集》5748)

(97) 癸酉卜，争，贞令多射卫。(《合集》9575)

(98) 贞令多射卫。(《合集》33001)

及前列第(55)辞之“令射倗卫”。我们可以看到，有关“多射卫”之卜，与前文所列之“多马卫”之占有所不同。前文的“多马卫”诸辞，其后多有地名，即所卫之处。其地或为北、盖(《合集》5711)，或为“ ”(《合集》5712)等边鄙地名。而“多射”则单言“卫”，其后基本不见地名。此外，马队之长“亚”还可受命巡省南方(《合集》564 正)、西方的仓廪(《合集》5708 正、5709 正)等边地的军事、经济情况，而射队之长就无此特殊使命了。在战争过程中，多射受王命所护卫的，自然是战场上的商王和王朝的军队。多射直接投入具体战场上拼杀的记载也所见不多，说明射兵不是冲杀敌阵的主要兵力。他们的任务主要应是护“卫”商王和充作战场上的后“卫”，即卫住己方的阵脚，以掩护大军的进攻，并防卫敌人的反扑。

---

① 于省吾：《墙盘铭文十二解》，载《古文字研究》第五辑，第九页，中华书局，一九八〇年。

② 张政烺：《释𢦏》，载《古文字研究》第六辑，第一四〇页，中华书局，一九九一年。

第三节 “射”队与商王的田猎活动

与卜辞中不见“射”或“多射”直接射杀敌兵的军事行动相反，在田猎活动中射杀各种野兽的卜辞却较为常见。由此可以推知，射兵的主要活动，应是追随商王活跃在田猎场上。田猎之时，射兵在商王的命令之下，不管是天上飞的，还是地上跑的，格射勿论。有时射飞鸟：

(99) ……不其乎多射鸢，隻。(《合集》5739)

(100) ……贞乎多射鸢，隻。(《合集》5740)

“鸢”字，于省吾释①是一种鸟。多射弋射并抓获了这种鸟。有时射杀兽类：

(101) 贞射𠭯亡其豕。(《合集》5751)

(102) 丙午卜，永，贞射𠭯隻……(《合集》3297 正)

向射队下达命令并有所擒获的，主要是商王：

(103) 乙亥卜，勿乎射。(《合集》5789)

(104) 乎射鹿，隻。(《合集》10276)

(105) 其乎射闵狐，擒。(《合集》28318)

马队也参加了商王的田猎活动，因此也要按商王的命令行事：

(106) 贞其令马亚射麋。(《合集》26899)

(107) □□卜，其乎射豕，惟多马。(《屯南》693)

除了商王下达射兽命令之外，还偶见多马、戍发令者：

(108) 惟马乎射，擒。(《英藏》2294)

(109) 惟多马乎射，擒。(《合集》27942)

(110) 惟戍乎射，擒。(《合集》27970)

但不见射𠭯、射倗、射午、射串等射官发令射兽，可见田猎活动的主要指挥者是商王本人。不宁唯是，商王还是射杀动物种类最多者：

---

① 于省吾:《释鸢》，载《甲骨文字释林》，第三二五页，中华书局，一九七九年。

(111) 丁丑卜，贞王其射，隻，御。(《合集》29084)

商王所射的动物主要有鹿(《合集》28339、28341、37439 等)、麋(《合集》27092、28360、28376 等)、兕(《合集》10422、28400、28402、28407 等)、豕(《合集》28305、28307 正等)、狐(《屯南》86 等)等等。陪同商王田猎的个别贵族，也有时猎得野兽。如匃：

(112) 匃射麋……麋……(《合集》10360)

又有名为肱者：

(113) 辛亥卜，争，贞王不其隻肱射兕。(《合集》10419)

(114) ……隻肱射兕。(《合集》10421)

贵族肱射伤了兕，但商王还是没有将其抓获。有贵族名鼬者，射涉水之象：

(115) 丁未卜，象未涉，其乎鼬射……(《屯南》2539)

此外，戈人也曾参加了商王的射猎活动：

(116) 惟戈人射。(《合集》33002)

(117) 惟戈人射。(《英藏》2416)

"戈"为地名或人名。"戊戌卜，争，贞惟王族令戈"(《合集》4915)，即戈为戈地之首领。戈人曾见于伐𠮷方，《英藏》546 正"辛丑卜，宕，贞惟羽令氏戈人伐𠮷方，𢦏。十二月"即是。第(116)、(117)辞之"戈人射"何物不详，姑附于此。

值得注意的是，商王田猎活动中所射的动物多在右方：

(118) 王其射右豕，湄日亡灾，擒。(《合集》28305)

(119) 弜射右豕，弗擒。(《合集》28366)

(120) 其射右鹿。(《合集》28327)

(121) 王涉滴，射右鹿，擒。(《合集》28339)

(122) ……射右鹿，弗每。(《屯南》495)

(123) 弜射右麋。(《合集》28364)

(124) ……斿……射右麋。(《合集》28365)

(125) ……𤞞，射右麋。(《合集》28377)

(126) ……射右麋，弗每。(《屯南》641)

(127) 惟右狐射,擒。(《合集》28317)

(128) 惟壬射右兕。(《合集》28392)

而射杀左方动物的卜辞却极为少见:

(129) ……〔涉〕滴,至〔于〕虘戈,射左豕,擒。(《合集》28882)

在射杀动物时,无论右方的目标,还是左方的目标,都是以商王为中心的位置而言的。而对于商王右前方的动物来说,其着箭点自然在它的左部。甲骨文中有所反映:

(130) 癸未卜,王曰贞:右兕在行,其左射,及。(《合集》24391)

“其”字在辞中为代名词,应即为“彼也”①,指右兕。本辞是说,右方有兕,射它的左方,就能“及”,即射中目标。前面已经谈过,田猎时射杀动物种类最多者是商王,但与商王一起出田的,还有射兵的头目和射、多射等。这些人要时而接受商王的指令,应在商王的左右。我们从被射的动物多在右方判断,射手也应在商王的右侧。因为只有如此,商王才可以向右前方的动物发箭,以射中向前奔跑的动物之左侧,而商王右侧的射手向动物发箭也较为方便。试想,射手如在商王的左侧位置,那么商王就处于射手与右前方动物的中间了。射手在向右前方动物发箭时,就会因奔突于中间的商王阻隔,或怕误中商王而加以回避,往往会殆失射机。

(131) 庚戌卜,徣,惟翌步射兕于[illegible]。(《合集》20731)

甲骨文中有“步伐”。学者谓:“步伐者,不驾车,不骑马,以步卒征伐之也”②。本辞的“步射”,应就是徒步而射。射杀兕兽不是在车上(需知,兕是善奔跑的动物),而是徒步向其发箭的。因此,我们据此可知,射、多射在田猎时,应是徒步的,在甲骨中还可找到其他线索:

(132) ……戋,余乎[illegible]。(《英藏》690)

“[illegible]”字不识,但其字构形为一人左手持弓,右手持盾,应就是一名射手的形象。文字象形,是现实生活中射兵形象的物化。所以从射兵的象形文字看,也可证明“射”是徒步的。

---

① 杨树达:《其》,《词诠》,第一五八页,中华书局,一九八二年。

② 胡厚宣:《殷代舌方考》,载《论丛》初集二册,第十九页,齐鲁大学国学研究所,一九四四年。

第四节　甲骨文中的“马”、“射”与战车的配置无关

通过上面的初步考察，我们可以断定，甲骨文的马和射是商王朝军队中的两支特种部队，其性质和作用完全不同。

毋庸讳言，马与射在商王朝的军事活动中，有着一定的共同性。但是，他们所发挥作用和性质的不同，则大大超过了他们的共同性。诸如马队参加战争的整个过程，即从双方对御、战场上的白刃格斗和追捕逃敌等战争的每个阶段。而射队参与战争的卜辞与马队相比就要少的多，除见于参加“伐”某方的大行动外，具体的军事行动，只有“𢦏”这一阶段而已。由此可知，射兵不是战场上的主力。

马和射都参加了“卫”的军事行动。但马所“卫”的，多为远离商王都城的边鄙地区。正因为如此，马队的头领还受命巡省边地的军事、经济情况；而射所“卫”的，主要是商王和己方的阵地。

尽管商王的田猎活动不是直接的战场厮杀，但与训练士卒的间接军事行动有关。虽然马和射都参加商王的田猎活动，但常见“马其先”，即先期前往猎地观察气象等情况。而射则常在王右，随时接受商王的射兽指令。凡此，表明马队可时而离王远去，而射则卫御王旁而不离开。

此外，“肇马左右中人三百”与“肇旁射三百”，是甲骨文中马和射的最大数字。虽然“肇”法相同，但反映了马与射的队列结构并不一样。马队左右中三队各一百人可分可合，机动性很强。而射兵三百人，因不见有左射、右射、中射的区分，则应是一个不可分割的整体。

以上种种，表明马与射是商王朝军队中两支性质和作用完全不同的特种部队。此外，马队人在马上，而射队则徒步持弓。因此，硬把马和射这两个兵种不同，性质和作用相异的作战单元绑到一辆战车上，一定会南辕北辙，又怎么能“叶其马”呢？而且甲骨文“车马”为一个单元组合的常制，也说明不能把“人”马和射兵推约编制为一个战车单元。

第二十六章　卜辞所见殷人宝玉、用玉及几点启示

商王朝在我国历史上占有重要地位。她上承夏王朝，并为西周王朝的各种文物制度奠定了基础。因此，专就商王朝的玉制进行研究，特别是对十五万片甲骨文里的用玉情况进行整理，对研究商代及其前、其后不同时期的用玉制度很有意义。

第一节　卜辞中的玉、珏和殷人的宝玉意识

甲骨文中有“玉”字，写作（《库》4720）、（《佚》704）、（《乙》7799）等形。此外，又有写作（《乙》1144）、（《京津》1032）等形者。自罗振玉在《殷虚书契考释》（中）第四十页据《说文》释此字为“玉”字后，学者多从之。

甲骨文另有字写作双“玉”形，如作（《铁》127・2）、（《邺三》下42・6）等形者，王国维释为“珏”字。谓：“其用为货币及服御者，皆小玉、小贝，而有物焉以系之。所系之贝玉，于玉则谓之珏，于贝则谓之朋。然二字于古实为一字”①。但姚孝遂在于省吾主编的《甲骨文字诂林》按语（三二八七页）中指出：“契文‘朋’与‘珏’形义均有别，不得混同。王国维以为‘朋’、‘珏’一字，其说非是。”“‘朋’均为‘贝’之单位，与‘珏’无涉。”《说文》“珏，二玉相合为一珏”即此。

甲骨文还有（《合集》4059正）、（《合》3272）、（《合集》14735）、

---

① 王国维：《说珏朋》，《观堂集林》卷三，第一六〇至一六三页，中华书局，一九五九年。

（《合集》15058）、（《合集》32535）等字。叶玉森在《殷虚书契前编集释》五卷五页释此字为“珏”；郭沫若释此为朋，并举此形为例，说“更有连其下作环形”①者，谓珏、朋本为一字；沈之瑜据良渚文化出土玉琮之形制，谓此为其象形字“琮”②；连劭名释此为“玉”字。他认为甲骨文“玉是的简化。甲骨文示字作、又作；又作，其简省规律完全一样”③；姚孝遂谓：“字姑释作‘玉’，但与‘王’或‘’有别”。虽然沈说立意新颖，但“是否即‘琮’之初形，尚有待进一步之证明”④。

甲骨文又有（《合集》32288）字，写作以手持玉之形，即为“弄”字⑤。《说文》云：“弄，玩也。”殷墟墓葬出土不少玉鱼、玉鸟、玉龟、玉蝉等动物形象及装饰品，当就是“弄玉”类。

玉为商代奴隶主贵族贪求的财富。《尚书·盘庚》中篇“兹予有乱政同位，具乃贝玉”。孔传：“乱，治也。此我有治政之臣，同位于父祖，不念尽忠，但念贝玉而已，言其贪。”疏谓：“其位与父祖同，心与父祖异。不念忠诚，但念具汝贝玉而已，言其贪而不忠也。贝者水虫，古人取其甲以为货，如今之用钱。然《汉书·食货志》具有其事，贝是行用之货也，贝玉是物之最贵者。言其贪，故以二物以言之。”《尚书·盘庚》，学者考定其为制作于周初的较为可信的文献。“由于周初是紧接着殷末的，即使距离盘庚时代，也只有二三百年时间。因此，其所使用的历史素材是比较可靠的，虽然其中不可避免地夹杂着一些周人的语言，反映出某些周人的思想意识，但其主要方面仍能透露出不少有关商代的政治、经济和文化状况，不失为一篇中国古代的最早、最长的历史文献”⑥。因此，《尚书·盘庚》这段话，反映了商代奴隶主贵族以贝、玉为宝贿的意识。甲骨文“宝”字，正是这种宝玉（包

---

① 郭沫若：《释朋》，《郭沫若全集》考古编（一），第一〇七至一一四页，科学出版社，一九八二年。

② 沈之瑜：《释》，《上海博物馆集刊》（总第二期），上海古籍出版社，一九八三年。

③ 连劭名：《甲骨文“玉”及相关问题》，《出土文献研究》，文物出版社，一九八五年。

④ 姚孝遂按语，《甲骨文字诂林》，第三三〇一页，中华书局，一九八六年。

⑤ 连劭名：《甲骨文“玉”及相关问题》，《出土文献研究》，文物出版社，一九八五年。

⑥ 李民：《尚书与古史研究》，第一三三页，河南人民出版社，一九八一年。

括贝)意识的生动写照。商王武丁之妻有名妇宝者:

(1) 丁卯妇□示二屯。小㱿。(《英藏》430)

(2) 庚午妇□示三屯。岳。(《合集》6451 血)

(3) 庚午妇□示三屯。㱿。(《合集》17512 血)

(4) 壬寅妇□示三屯。岳。(《合集》17511 血)

以上各辞中之宝字,都写作屋宇(宀)之下置贝、玉形。或玉置于贝之上,或贝置于玉之上。罗振玉在《殷虚书契考释》(中)第四十一页谓:“贝与玉在门内,宝之谊已明。古金文及篆增缶,此省。”贝、玉存贮于室内,会意为“宝”字。而增“缶”为声符,乃后起字。此外,“宝”字的省写,有作□(《合集》35249)、□(《南南》2·20)形者,即存放于室内的玉(或贝),皆视为宝贿。唯贝可以赏赐,且计贝单位有多至七十朋者(《怀特》142)。此外,殷墟还有铜贝出土。因此,贝已具有流通功能。而玉则不见用于赏赐者,当为价值更为昂贵的“不动产”,具有财富的储备功能。

殷王朝贵族不仅贪求货宝,而且聚敛货宝以谋求官位(当然是以贝、玉为支付手段)。《尚书·盘庚》(下)商王盘庚告诫贵族们说:“无总于货宝,生生自庸,式敷民德,永肩一心。”传谓:“无总货宝以己位,当进进皆自用功德。”疏云:“汝等无得总于货宝以求官位,当进进自用功德,不当用富也。”贵族们被告诫,不得聚财行贿以谋官位,而应建功立德以求得提拔。因此,无论从宝字的结构看,还是《尚书·盘庚》的记载,都反映了商人以贝玉为宝的社会意识和追求货宝的社会风气。在商代,由于人们宝玉、爱玉,形成了对玉的拜物教和神秘化。贵族们连做梦都想着玉:

(5) 己巳卜,亘,贞王梦玉,不隹值,小疾臣……(《合集》5598 正)

……值,小疾臣告于高妣庚。(《合集》5598 反)

《周礼·春官·宗伯》有占梦“以日月星辰占六梦之吉凶。一曰正梦,二曰噩梦,三曰思梦,四曰寤梦,五曰喜梦,六曰惧梦”。胡厚宣教授谓:“殷人以梦为灾祸之先兆。”①商王武丁梦中得玉骤富,以为有了病、灾,小疾臣告祷

① 胡厚宣:《殷人占梦考》,《甲骨学商史论丛》初集三册,第七页,齐鲁大学国学研究所专刊,一九四四年。

于高妣庚，以使武丁睡得安稳，并消灾去祸。

(6) 贞王梦玉，隹祸。(《合集》6033反)

(7) 贞王梦〔玉〕，不隹祸。(《合集》6033)

(8) □巳卜，□，贞王梦玉，隹〔祸〕。(《合集》17394)

“梦是日中想”。商王连睡梦中都是得玉之事，是祸是福，还要借助占卜讨得个说法。商王有时竟祭祀宝玉：

(9) 辛酉卜，穷，贞于二珏侑五人卯十牛。

五人卯五牛于二珏。(《合集》1052正)

“侑”为祭名，即侑求之祭。“卯”为用牲之法，即对剖祭牲。这是商王武丁侑祭五人并剖杀十牛(或五牛)以祭宝玉(二珏)。商人祭玉，充分反映了对玉的拜物教和神秘化。

而商末，纣王牧野兵败，登鹿台拥玉自焚而死，就是商人宝玉、爱玉、崇拜玉的意识，在社会生活中已具有广泛影响的反映。学者多认为“可信为西周作品”①的《逸周书·世俘解》中记这一事件说：

商王纣取天智玉琰，璲身厚以自焚。凡厥有庶告焚玉四千。五日，武王乃俾于千人求之，四千庶则销，天智玉五在火中不销。

《史记·殷本纪》也记此事的经过：

甲子日，纣兵败。纣走，入登鹿台，衣其宝玉衣，赴火而死。

《周本纪》所记基本与此相同：

纣走，反入登于鹿台之上，蒙衣其殊玉，自燔于火而死。

这些记载表明，商纣王兵败以后，是“玉身俱焚”而死的。而其自焚之地，《殷本纪》和《周本纪》都异口同词为“鹿台”。值得注意的是，此鹿台并不是一般的“苑台”，而是商王朝的“财宝库”。《史记·殷本纪》记商纣王“厚赋税以实鹿台之钱”。《史记·周本纪》记周武王“命南宫括散鹿台之财”。“钱”、“财”以贝、玉为大宗，存贮于鹿台的国家钱库之上，当为平时从各地“厚赋税”而来。正因为如此，商纣王在仓惶之中逃上鹿台，才能拥玉自焚。

① 李学勤：《序言》，《逸周书汇校集注》(一)，第二页，上海古籍出版社，一九九五年。

如果没有大量宝玉的贮备,在短短的时间里,商纣王死到临头也是找不来如此之多的宝玉、名玉的。这说明,贪婪成性的商纣王,尽管命悬一线,还舍不得撇下他的宝玉等财富,妄想到另一个世界里去继续占有和享用。

商纣王聚敛的宝玉数量确实可观。不止鹿台上的一把火就已“焚玉四千”,在周武王入主殷都后,“武王乃裨于千人求之”,派上千人去搜寻商王朝存贮的宝玉。“天智玉五在火中不销”。除了焚后之余的名玉以外,还获得了相当可观的宝玉:“凡武王俘商旧玉亿有百万。”①学者换算成当今的数字,有十九万八千零五块②之多。

商王朝聚敛如此之多的玉宝,当从以下几个途径得来:

首先,商汤灭夏以后,接收和继承了夏王朝所聚敛的包括宝玉在内全部财富。这就和周灭商以后,周武王首先就派上千人去搜寻商王朝的宝玉一样。《左传》定公四年记周武王封赐给鲁公有“夏后氏之璜”。疏谓:“哀十四年传:向魋出于卫地,公文氏攻之,求夏后氏之璜也。则璜非一也。”此“夏后氏之璜”,当是从夏王朝流传到商王朝,再为西周武王所占有并赏赐给鲁公。此璜虽几经易主,但因为是玉中极品而受到历代统治者的钟爱,故而能完好无损地流传到后代。又如著名的河南三门峡虢国墓地出土的“小臣𢆶徭”玉瑗,“本系殷商王室之器,却出现在西周晚期墓葬中,反映出商周易代的历史背景;为难得的一件珍品”③。

其次,商王朝奴隶主贵族拥有的宝玉(或玉料),当从各方国征集和聚敛而来。如所周知,河南安阳殷墟一带是不产玉的。考古学家曾将殷墟妇好墓(即 M5)出土玉器中的三百多件请有关部门作鉴定,其结果表明,“大部均系软玉。其中大部分属青玉;白玉较少;青白玉、墨玉、糖玉更少,这几种玉大体上都是新疆玉。只有三件器嘴形器(十一、十二、十三),质地近似岫岩玉,一件玉戈有人认为是独山玉”④。甲骨文中有商王命令贵族“取”

① 黄怀信等:《逸周书汇校集注》(一),第四七三页,上海古籍出版社,一九九五年。

② 杨升南:《商代经济史》第五三八页,贵州人民出版社,一九九二年。

③ 《中国文物精华》(一九九七),第二〇六页图版三十二说明,文物出版社,一九九七年。

④ 郑振香等:《近年来殷墟新出土的玉器》,《殷墟玉器》,第八至十八页,文物出版社,一九八二年。

玉，即征集、聚敛玉的记载：

(10) 庚子卜，争，贞令员取玉于龠。(《合集》4720)

"员"为人名，"龠"为地名。这是商王武丁命令臣下名员者征聚龠地之玉。

(11) ……玉于甘。(《合集》8004)

(12) ……玉取……(《英藏》1264 正)

"甘"为地名。此或记征聚玉于甘地。也有取珏的记载：

(13) 辛酉卜，穷，贞乎自般取珏不……屯……(《合集》826)

甲骨文常见商王向地方侯国毫不客气地征"取"财富的记载，其所"取"之物，常见取牛、取羊、取犬、取虎、取刍、取马、取女、取人等等。商王向各地聚"取"玉(或珏)，当和以上所"取"诸物一样，属《史记·殷本纪》所说"厚赋税"以增加商王朝财富的经常行为。学者认为，"从殷墟出土的部分玉器的造型、花纹与铜器或石器相接近分析，应是殷人在当地制造的"①。因此，商王从各地"取"征来的玉(应多为玉料)，再在殷墟的玉作坊之中，根据奴隶主们的需要，加工成各种不同的玉成品。虽然还没有在殷墟发现较大规模的王室专用玉器的制作工场，但发现了小型的玉器作坊，出土有少量的玉、石料和玉、石工艺品，诸如玉双龟、玉鳖、玉螺、玉蝉、玉饰、玉璜、玉料及经不同程度加工的玉料四块等②。

其三，也应有相当一部分玉成品为方国入贡者。著名的殷墟妇好墓(M_5)出土一件大玉戈，长三十八点六厘米，厚零点六厘米，上面刻有"卢方皆入戈五"字样③。"卢方皆"为卢方首领名皆者。"入"即贡入。表明此戈为卢方皆所贡入者。而妇好墓中只殉其中之一，其他四把已不知其详。"入"为甲骨文中常见的表示贡纳的动词。甲骨文常见"记事刻辞"的"甲桥刻辞"及"甲尾刻辞"记"某入"或"某入若干"者，为方国向中央王朝入贡龟

---

① 郑振香等：《近年来殷墟新出土的玉器》，《殷墟玉器》，第八至十八页，文物出版社，一九八二年。

② 中国社会科学院考古研究所安阳发掘队：《一九七五年安阳殷墟的新发现》，《考古》，第四期，一九七六年。

③ 中国社会科学院考古研究所安阳发掘队：《安阳殷墟五号墓的发掘》，《考古学报》，第二期，一九七七年。

甲事,其数目最大者如“画入二百五十”(《合集》952 反)、“雀入二百五十”(《合集》3333 反),即最多一次可贡入二百五十只龟。此外,还有卜问“入赤马”(《合集》28195)、“入蚂”(《合集》28196)等贡入名马的记载,既然甲骨文所见“入”贡者多为卜龟、名马等珍物,因此所贡入的玉戈,自也为价值连城的宝物。安阳殷墟小屯村北子渔墓(即 M18)所出一件朱书玉戈,当也为贡入王室之物。朱书文字为“……在泚执,更孝在入”。“泚”为地名,“执”即抓获。“更”为商王朝一重要奴隶主家族的姓氏。“孝”当为其私名。“入”于此当为地名,甲骨文有“辛酉卜,在入,戊有祸”(《屯南》附 12)、“贞于入,十月”(《合集》14407)可证。此戈乃更孝所有,为纪念在泚地曾有所幸执,于“入”地用朱砂在戈上记下此事。属于更孝的玉戈在商王武丁之子子渔墓出土①,当为更孝贡入商王室之器。此戈在子渔墓出土,或为商王将更孝所贡献之玉戈赏予子渔,也可能更孝为取悦当朝王子,直接贡献给子渔的。无怪乎早在盘庚时就告诫臣下们“无得总于货宝以求官位”了！商王朝的方国和各地贵族向中央王朝入贡珍物、财富和玉戈之类,与《左传》哀公七年所说“禹会诸侯于涂山,执玉帛者万国”何其相似乃尔!

就是在殷商奴隶主阶级宝玉意识和对玉拜物教心理的驱使下,大量的宝玉被从全国各地聚敛到当时的王都——小屯村的殷墟,殷墟科学发掘工作发现了大量玉器。“仅就解放后的考古发掘而言,据不完全统计,约有一千二百件以上。如果加上解放前发掘出土的,其数量自然更多”②。由于古今的盗掘,使殷墟的墓葬受到严重破坏,尤以大墓为甚。但一些大墓的劫后之余,仍很为可观。“不难设想,原随葬玉器当远远超过现存的劫余数”③。妇好墓是一座中型墓,保存非常完整。墓内“在一千六百余件随葬品中,铜器有四百四十多件;玉器有五百九十多件”④。玉器几占随葬品总

---

① 王宇信:《试论子渔其人》,《考古与文物》,一九八二年,第四期。

② 据唐际根教授统计,“截至目前为止,殷墟出土玉器的总数约在二千六百件左右”,见《殷墟博物馆:诠释殷商文明》,《中国文化遗产》(总第十三期),二〇〇六年,第三期。

③ 郑振香等:《近年来殷墟新出土的玉器》,《殷墟玉器》,第八至十八页,文物出版社,一九八二年。

④ 中国社会科学院考古研究所安阳发掘队:《安阳殷墟五号墓的发掘》,《考古学报》,一九七七年,第二期。

数的三分之一。或可想见殷墟大型王墓的殉玉之数量。此外，商王朝的边裔方国也大量聚敛玉器。在远离商代中心区域的“化外”遗址，诸如江西新淦大墓共出玉器一千零七十二件，占全墓随葬品总数的一半以上①。而四川广汉三星堆遗址的商代一号和二号祭祀坑，也有大量的玉器出土②。

“周因于殷礼，所损益，可知也”③。商人的宝玉意识，也被周人继承下来。《史记·周本纪》“命南宫括、史佚展九鼎保玉”。集解引徐广说：“保，一作宝。”这是周武王灭商后为把接受商王朝以九鼎为象征的权力和以宝玉为代表的财富昭示于天下。武王还把财宝分赐给同姓诸侯，以示“有富同发”的家族亲情。《左传》定公四年记周初大分封时，“分鲁公以大路大旂，夏后氏之璜”。杜注：“璜，美玉。”疏谓：“正义曰：夏后氏所宝，历代传之，知美玉名也。”《礼记·明堂位》把夏后氏之璜的重宝地位说得很明白：“崇鼎、贯鼎、大璜、封父龟，天子之器也。”注谓：“崇、贯、封父皆国名，文王伐崇。古者伐国，迁其重器以封同姓。大璜，夏后氏之璜。”周天子是将“夏后氏之璜”作为最贵重的财富，忍痛割爱给鲁公，用以加强同姓诸侯的兄弟关系，并示之与异姓有别的。《尚书·旅獒》相传为召公太保所作，说：“王乃昭德之致于异姓之邪，无替厥服。分宝玉于伯叔之国，时庸展亲。”传云：“德之所致，谓远夷之贡，以分赐异姓诸侯，使无废其职。”而“以宝玉分同姓之国，是用诚信其亲亲之道”。疏谓：“分宝玉于同姓，伯叔之国见己无所爱惜，是用诚信亲亲之道也。宝玉亦是万国所贡，但不必是远方所贡耳。以宝玉分同姓之国，示己不爱惜，共诸侯有之，是用诚信亲亲之道也。言用宝以表诚心，使彼知王亲爱之也”。“异姓疏，虑其废职，故赐以远方之物以摄彼心。同姓亲，嫌王无恩。赐以宝玉贵物，表王心”。由此可见，西周王朝从周天子到地方诸侯，也无不以玉为宝。

直到孔子生活的时期，一般人也都视玉为宝。《礼记·聘义》：“子贡问

① 江西省文物考古研究所：《江西新淦大洋洲商墓发掘简报》，《文物》，一九九一年，第十期。

② 四川省文物管理委员会等：《广汉三星堆遗址一号祭祀坑发掘简报》，《文物》，一九八七年，第十期；《广汉三星堆遗址二号祭祀坑发掘简报》，《文物》，一九八九年，第五期。

③ 《论语·为政》，《十三经注疏》（下册），第二四六三页，中华书局，一九八〇年。

于孔子曰:敢问君子贵玉而贱碈者何也?为玉之寡而碈之多与?”虽然孔子否认了子贡的说法,“夫昔者,君子比德于玉焉”,列出玉的仁、知、义、礼、乐、忠、信、天、地、德等属性,归结为“天下莫不贵者,道也”的说教,但从子贡所问的话来看,反映了当时社会上人们认为玉石难得,价值高昂,因而对玉情有独钟的普遍情结。至于以玉比德云云,当是儒家对“石之美者”宝玉形而下的深层道德说教和发挥。

儒生(此时尚未成“家”)以外的人们可没有对玉有那么多的想象和发挥能力,也没有能对玉的深层属性认识得那么“入玉三分”!在他们看来,玉就是宝,宝就是财富。《左传》襄公十五年“宋人或得玉,献诸子罕,子罕弗受。献玉者曰:‘以示玉人,玉人以为宝也,故敢献之’。子罕曰:‘我以不贪为宝,尔以玉为宝。若以与我,皆丧宝也’”。“子罕置诸其里,使玉人为之攻之,富而后使复其所”。杜注:“卖玉得富”。就是这么简单,直到春秋晚期,在一般人的心目中,玉就是财富,与子贡所说的“君子贵玉”是一致的。

第二节　甲骨文所见殷人用玉

《礼记·表记》:“殷人尊神,率民以事神,先鬼而后礼。”注谓:“先鬼后礼,谓内宗庙外朝廷也。礼者,君臣朝会,凡以挚交接相施予。”商王朝统治阶级非常迷信,凡事必卜,每事必祭,祭必有物牲,以冀求鬼神和祖先对他们的护佑。在祭时所用的祭品中,不惜动用他们所珍爱的宝玉:

(14) 贞惟大玉……十宰。(《合集》9505)

此片“大玉”之后漫漶不清,细审拓本,“十宰”二字依稀可辨。“宰”为一对羊。本辞是记以大玉和十对羊为祭品。

(15) ……玉……牛。(《合集》16089)

(16) 惟内玉用。(《合集》11364)

此玉名“内玉”,示与一般的玉相区别。“用”即施行。本辞是强调内玉可用于祭祀。

(17) 其鼎用三玉犬羊。(《合集》30997)

郭沫若释安阳新出土牛胛骨刻辞之"丙鼎犬,丁豚"时说:"'鼎犬'当是以鼎盛犬。"①也有学者认为"鼎"之一义为"用牲法"②。此辞是说:将犬、羊和三玉"一鼎煮"以为祭。

(18) 己丑〔卜〕,㱿,贞……三宰㞢……人玉……(《合集》15058)

本辞是将三对羊、人和宝玉一并用于祭祀。

(19) 壬寅卜,㱿,贞正玉……(《合集》7053 正)

(20) 贞〔正〕玉,其有祸。一月。(《英藏》1610 正)

曰其有祸,自……(《英藏》1610 反)

(21) □辰卜,□,贞……玉……亡祸。(《合集》16536)

(22) □卯……玉……(《合集》19637)

"正"字祭名。于省吾谓:"甲骨文祭名之正应读作禜,正禜迭韵,故通用。""正祭,即周代的禜祭,也是攘除灾殃之祭。"③(19)、(20)辞问商王行攘除灾殃之祭时,以玉为祭品,还有无灾祸。

(23) 丁卯,贞王其称玉,燎三宰卯……宰。(《合集》32420)

"称"即举。"卯"字郭沫若《卜辞通纂考释》第三十九片谓:"对剖也。""燎"字罗振玉释,屈万里《殷虚文字甲编》第四页说:"燎从罗振玉释(《殷释》(中)十五页),即经籍中习见之燎字。置牲于柴上,而焚之之祭也。惟殷人祭祖及地祇亦用燎祭,与后世专以祭天者不同。"此辞是问商王举玉,并烧燎三对羊,剖卯若干对羊为祭。

(24) 丁卯,贞王其称玉䵼……燎三宰,卯三大牢于……(《合集》32721)

(25) 丙寅,贞王其〔称〕玉,乙亥燎三宰,卯三大牢。(《合集》34657)

---

① 郭沫若:《安阳新出土的牛胛骨及其刻辞》,《考古》,一九七七年,第二期。

② 濮茅左:《"贞"字探源》,《上海博物馆集刊》(总第二期),上海古籍出版社,一九八三年。

③ 于省吾:《释𡳿正》,《甲骨文字释林》,中华书局,一九七九年。

“大牢”即牛、羊、豕三牲。

(26) ……玉……卯三……(《合集》34562)

商王在祭祀时,有时还专记用珏为献的。其实,珏也就是玉,只不过是“一双”而已。

(27) 王占曰:祀珏。(《合集》5611反)

本片正面刻辞为“丙子卜,韦,贞我不其受年”。原来,用珏祭祀,是为了求得好年成。

(28) □□〔卜〕,宾,贞……㞢珏……(《合集》16088)

“㞢”为祭名,“用为祭名者或即假为侑之一字”①。《尔雅·释诂》:“侑,报也”。这是行侑报之祭时,以珏为献。

(29) 丁亥卜……汏人……珏,乎艿召幸,在四月卜。(《合集》33201)

(30) 贞弜汏人……珏。(《合集》33201)

“艿”字据“何来告艿”(《合集》33225),当为人名。“幸”即被执幸者。“弜”即为否定意,同弗。以上二辞残,但为从正、反面问汏人与珏之事。

(31) □〔丑〕卜,□,贞于……申酒……珏。(《合集》16091)

“酒”为常见祭名。此辞是卜问某申日酒祭,并有珏等祭品。

此外,“弄”玉为殷人把玩,或用于装饰之物,但也有时用于祭祀献祭之用:

(32) □□卜,其烄弄。(《合集》32288)

“烄”字陈梦家《殷虚卜辞综述》第六〇二页谓:“像人立于火上之形”,“烄与雨量显然有直接关系。所以卜辞之烄所以求雨,是没有问题的”。此辞是记烧焚玉质的弄器以贿神求雨。

用玉、珏为祭品行祭时,所祭及对象有先公先王和旧臣,而自然神祇有河、山等。所祭先公先王中有先公王亥:

(33) 甲申卜,争,贞燎于王亥其玉。

---

① 胡厚宣:《卜辞下乙说》,《甲骨学商史论丛》,初集三册。

甲申卜，争，贞勿玉。(《合集》14735 正)

(34) 乙亥卜，亘，贞其玉。(《合集》5815)

“王亥”是商朝早期历史上的特殊人物，商族鸟图腾就加在他的头上。卜辞中祭祀王亥献祭人牲或物牲相当可观，“乃祭礼之最隆者”①。这是卜问用烧燎之祭祭先公王亥，并以玉品为献否？

有先王大乙成唐：

(35) 甲午卜，争，贞王奏兹玉，成佐。

甲午卜，争，贞王奏兹玉，成弗佐。(《合集》6653 正)

(36) ……奏玉……(《合集》16086)

“奏”字郭沫若《殷契粹编考释》第一一六片隶定。屈万里《殷虚文字甲编考释》第三十六页从之，谓：“多用为乐舞之义，与《说文》合”。赵诚谓：“从奏字在卜辞里所带的宾语来看，其词汇意义似是集合人众演奏乐器，或聚集人合舞，其目的都是为了祈求神灵福佑或除雨以获丰收，因而与奏祀有关。大概就是由于这一点，奏这个动词又具有与祭祀有关之意义”②。“成”即成唐。本辞是从正反两个方面卜问：商王武丁奏祭并以宝玉为祭品，先王成唐(汤)护佐，还是不护佐呢？

有先王太甲者：

(37) 甲辰，贞刚于大甲，𠂤珏，二牛。(《屯南》280)

(38) 丙辰卜，刚于珏大甲，𠂤(𠂤)。(《屯南》32487)

(39) 戊辰，贞刚于大甲，𠂤珏，三牛。(《合集》32486)

(40) 戊辰，贞刚〔于大甲〕，𠂤珏，〔□牛〕。(《合集》3423)

(41) 戊辰，贞刚一牛于大甲，𠂤珏。(《屯南》1074)

“刚”字郭沫若《殷契粹编考释》第一二二一片云：“乃刀俎之象形文”，“疑是宰之异文，在此读为刚”。李孝定在《甲骨文字集释》第一五二三页谓此字

① 胡厚宣：《甲骨文商族鸟图腾的遗迹》，《历史论丛》(第一辑)，中华书局，一九六四年；《甲骨文所见商族鸟图腾的新证据》，《文物》，第二期，一九七七年。

② 赵诚：《甲骨文行为动词探索》(一)，《古文字研究》(第十七辑)，第三三〇页，中华书局，一九八三年。

之一义“或为用牲之祭名”。“卜辞刚疑亦训断也”。《小屯南地甲骨》下册第一分册第二百八十片释文云:“皒玉,当为玉祭,但祭法不明。《粹》191‘丙辰卜,刚于大甲,自珏’(按即《合集》32487)文例与此片同。自珏应即皒珏,自殆皒省。”而大甲,为商王朝开国之君成汤大乙之孙,《孟子·万章上》:“大甲颠覆汤之典刑,伊尹放之于桐。三年太甲悔过自艾,于桐处仁迁义。三年以听伊尹之训己也,复归于亳。”《史记·殷本纪》:“帝太甲修德,诸侯咸归殷,百姓以宁。”以上诸辞是记宰杀牛牲,用“皒”祭之法献珏以祭先王太甲。

有祭祖乙者:

(42) 庚午,贞王其称玉于祖乙,燎三宰……乙亥酒。(《合集》32535)

(43) □□,□王称玉于祖乙,燎三宰,卯三大〔牢〕。兹用。(《合集》32535)

(44) 贞王攸祖……玉,燎三小宰,卯三大〔牢〕。(《英藏》1291)

这是问商王举玉于先王祖乙祭,烧燎三对羊,卯剖三大牢。

有祭先王南庚者:

(45) 庚申卜,穷,贞南庚珏出鬯。(《合集》2019)

“鬯”为香酒。这是卜问侑祭先王南庚,以珏和香酒为祭品么?

此外,还有名“丁”的先王:

(46) 乙巳卜,穷,贞翌丁未酒𠂤,岁于丁,尊出玉。(《合集》4059正)

“𠂤”为人名。“岁”为祭名,“甲骨文岁字本象斧钺形,与戉同源。后以用各有当以致分化”。其一意用“岁为刿”,“在卜辞为杀牲之法”。但“在卜辞中,用牲之法与祭名每每无别”①。“丁”为名丁的某先王名。商王武丁以前先公先王名丁者有报丁、大丁、沃丁、中丁、祖丁者,此辞中之“丁”不能确指。“尊”字“本象奉承荐进之形,此当为其本义”。“皆用作动词,乃奉承之意”②。此

① 姚孝遂按语,《甲骨文字诂林》,第二四〇六页。

② 姚孝遂按语,《甲骨文字诂林》,第二六九三页。

辞是说第二天丁未日酒祭𠂤，并岁祭某名丁先王，奉进并侑祭宝玉。

无独有偶。用玉祭名丁的先王，见于殷墟出土的古玉刻文上。《邺中片羽》三集下卷一片的玉上刻有“䵼于丁”字样。从“于”字的写法上看，应是商末帝乙、帝辛时之物。

在商代，不仅用玉献祭于先公先王，还用于祭祀旧臣黄尹：

(47) 甲辰卜，𣪊，贞我奏兹玉黄尹若。

贞我奏兹玉黄尹弗若。(《合集》10171 正)

陈梦家“疑黄尹可能是伊尹之子”。“伊尹放太甲，太甲杀伊尹而其子伊陟、伊奋，时间正相当”①。此片是从正反两个方面问奏祭此玉，王朝旧臣黄尹保佑否?

商王为了祈吉祛凶，不仅经常向先公先王和旧臣献祭宝玉，还要用玉祭祀自然神祇。虽然甲骨文祭祀的自然神祇较多，但用玉行祭的只限于河、山等。有用玉祭河者：

(48) 丙子卜，穷，贞伩珏酒河。(《合集》14588)

(49) ……河珏，惟王自正。十月。(《合集》24951)

“河”即黄河。“伩珏”有专名，当与一般珏有别，或即美如女色之珏。这里一辞是用美珏酒祭黄河，另一辞是王亲自禜祭祛灾，用珏为祭河之献品。

玉还用于祭其他河流：

(50) 戊午卜，燎于滝三宰，埋三宰一玉。(《合集》14362)

“滝”为水名。“埋”字“正罗振玉所说‘像掘地及泉，实牛于中’之形。或从牛，或从羊，或从犬，均因所埋之物而异，典籍或作薶，今字作埋。在卜辞为祭名，亦即用牲之法”②。

有用玉祭山者：

(51) 癸巳，贞其燎玉山，雨。(《合集》33233 正)

(52) 庚子，贞王其令犬玉山。(《屯南》2915)

此二辞是卜问，烧燎宝玉，或以犬、玉为祭品以祭山。商代以玉祭山的例

① 陈梦家:《殷虚卜辞综述》，第三一四页。

② 姚孝遂按语，《甲骨文字诂林》，第一五三一页。

证,见于四川广汉三星堆二号祭祀坑出土之“石边璋”的阴刻图案上。石边璋K②:201附第一组图案之“第五幅有两座大山,山的内部构图与第二幅同。两山外侧各立一枚牙璋,两山中间空处被一座山顶上横出的一个钩状物占满”①。《尔雅·释天》“祭山曰庋县”。此图不仅印证了商代以玉祭山之事,也表明祭山并不一定将祭品埋于土中。而卜辞中烧燎之祭祭山,表明《尔雅·释天》所云及注疏所讲,以及《说文》等古籍所谈燎祭专以祭天与商制不合。

由于玉为商代社会宝贵财富,而且玉以它的珍稀难得和坚韧不易加工,以及具有晶莹、温润的品质而惹人喜爱,因而它又作为“弄器”,即包括玩好及各种装饰品在内的玉,以显示人们对玉的美的欣赏和情趣,以及对财富的满足感。前面已经谈过用“奏玉”之祭取悦先祖旧臣,就是现实生活中的人王也喜爱“金声玉振”之清越:

(53) 戊戌卜,争,贞王归,奏玉其伐。(《合集》6016正)

此处“伐”字当即罗振玉《殷虚书契考释》(下卷)第十二页谓:“汤以武功得天下,故以伐旌武功,伐当是武舞。”商王武丁归来,奏祭玉质乐器,其声悠扬清越,并以节伐舞,场面颇为可观。可奏之玉质乐器,或当为磬类。殷墟历年多有石磬出土,迄今尚未见有玉磬面世。甲骨文中另有玉鼓:

(54) 己卯卜,其𤖕玉鼓于……(《屯南》441)

(55) 己卯卜,惟……玉鼓。(《屯南》441)

(56) 弜𤖕玉鼓……(《屯南》441)

“𤖕”即“将”。屈万里《殷虚文字甲编考释》第九页云:“将,扶将之将也。”“鼓”字郭沫若《卜辞通纂考释》第二五八片谓:“乃鼓之初文也,象形。”湖北崇阳曾出土一件商代铜鼓②,与另一件流入日本者造型相同③,但从未见玉鼓出土。以上各辞是记扶将玉鼓于某处,以供乐神奏祭之用。

① 《广汉三星堆遗址二号祭祀坑发掘简报》,《文物》,一九八九年,第五期。

② 鄂博等:《湖北崇阳出土一件铜鼓》,《文物》,一九七八年,第四期。

③ 容庚:《殷周青铜器通论》,第七十八页、图版一五八,文物出版社,一九八四年新一版。

还有用玉装饰的大鼓，即“”字。但此字释法学者间颇有分歧。王国维在《释礼》(《观堂集林》卷六第一四页)谓：“诸字皆像二玉在器之形。”“盛玉以奉神人之器谓之䖃若豐，推而奉神人之酒醴亦谓之醴，又推之而神人之事通谓之礼”；裘锡圭指出：“字应该分析为从‘’从‘玨’，与‘豆’无关。结合卜辞所反映的豐和庸的密切关系来考虑，可以断定‘豐’本是一种鼓的名称。”即“庸是大钟，豐是大鼓，所以它们才会时常并提”。“至于‘豐’字为什么从‘玨’，还有待研究，也许这表示是用玉装饰的贵重大鼓吧”①。没有装饰的鼓(壴)，竟与“希玉”相关，应不是巧合：

(57) 贞希玉于鼓。(《合集》16976 正)

此“希”字，郭沫若《卜辞通纂考释》第四二六片“谓乃假为祟”。“盖蔡、杀、窜古音相近，故互相通假，而同以希作之”。但学者指出，“祟”又可作祭名和用牲之法，“为杀之古文，与岁字音同，此假为岁，此知祭名亦用假借字也”②。此辞的“希玉”，当即蔡解杀磨玉于鼓，以装饰成“豐”，即大鼓之用。应该说，我们这样理解此辞，应不致牵强附会。谓予不信，请看下面玉与豐直接相联系的卜辞：

(58) 其品亚，惟玉豐用。吉。(《屯南》2346)

(59) 㲋玉豐。(《屯南》441)

此二辞表明，不仅大鼓——豐用玉为饰，而且本身就应是玉质鼓腔。前一辞是说在祭祀时，特别强调用玉鼓，才会是吉利的；而后一辞是说奉将玉鼓作某种用途。关于商代卜辞所见使用豐(即以玉为饰的大鼓)的情况，裘锡圭有全面的论述。此外，卜辞中有关豐的材料，《殷墟甲骨刻辞类纂》第一〇七五页有详尽的搜集。由于豐为乐器，已超出本文的论题，就不在此进一步探讨了。总而言之，“豐”字的考释虽然分歧很大，但无论从行礼之器说，即玉放于容器之中；还是从豐，即用玉装饰的大鼓——万变不离其宗，都表明了殷人的宝玉意识和爱玉心理，因而用玉贿神献祖，或装饰、制作成

---

① 裘锡圭：《甲骨文中的几种乐器名称》，《古文字论集》，中华书局，一九九二年。

② 胡厚宣：《殷卜辞中的上帝和玉帝》(下)，《历史研究》，一九五九年，第十期。

乐神、自娱的“弄器”等。

第三节 甲骨文所见殷人用玉的几点启示

以上所谈殷人用玉的情况,对中国古代玉器的研究,特别是对玄之又玄的古玉功能的理解,当有一定的启示。

首先,殷人有着强烈的宝玉意识并形成了对玉这种财富的拜物教,这在商人用玉祭祀时得到了充分的反映。这就是用玉为祭品的行祭次数,远较以其他品物,诸如牛、羊、豕、宰、牢等各种动物,以及羌、刍、妾、仆等不同名目的人牲为祭品的祭祀次数要少得多;而每次祭祀所用玉品的数量,与其他用人牲、物牲等为祭祀献品的数量相比,也有天壤之别。用玉最大数字仅至“三玉”(《屯南》225、《合集》30997)、“二珏”(《合集》1052正),而其他“牺牲”动辄三百、五百,直至千牛、千人!应该注意的是,用玉行祭的对象,无论是先公先王和旧臣,或是自然神祇,也为数相当有限。先公先王只祭及王亥、成唐、大甲、祖乙、南庚、丁等,旧臣只有黄尹。而自然神祇只祭及黄河、滳水和山。用玉祭祀之严格和隆重,正是殷人宝玉意识的反映。而有资格享受玉祭的先公先王,王亥自是“受祭最隆者”。其他各先王也不是等闲之辈,“大乙汤为高祖、烈祖、武王,太甲为太宗,祖乙为中宗,三王在殷代都是有为之君,所以甲骨文称他们为三示,而合并起来祭祀他们。《晏子春秋》内篇《谏上》说‘汤、大甲、祖乙、武丁,天下之盛君也’”①。因此我们可以发现,只有在商人历史上占有重要地位的先公先王,才能受到以玉为祭的最高规格的祭祀。

其次,甲骨文所见以玉为祭品的祀典和祭法,有燎、刚、卯、埋、酒、奏、侑、皉、祀等名目。值得注意的是,甲骨文中用玉的燎祭。有学者根据殷墟遗址发掘中的燎祭遗迹和甲骨文中有关燎祭卜辞的全面考察指出,“《周

---

① 胡厚宣:《殷卜辞中的上帝和王帝》(下),《历史研究》,一九五九年,第十期。

礼》、《说文》等书谓燎是祭天神的祭礼,祭祀对象只及于天神而已。殷人以燎祭自然神,亦用以祭祀他们的先公先王和社神”。并谨慎地说,“并不限于祭天神”①。我们说,商代不仅没有一条燎玉祭天神的卜辞,就全部以各种品物的燎祭卜辞,所祭对象只有先公先王、河、山、风、云、东母等,也没有一条卜辞是祭天的。而古玉鉴定家动辄就“神玉”、“祭天”、“通天”云云,商代尚无此礼,不知他们的“天”从何来？只能是把后世文献中出现的“天”超前而已。

商朝人的观念中,统管人间和天上一切的至上神信仰已经形成。但“称至上神为帝为上帝,决不曾称之为天”。而甲骨文中的“天”为大的同义语,学者早已辨明。因此,“卜辞既不称至上神为天,那么至上神天的办法一定是后起的”,“大约在殷周之际的时候又称为‘天’”②。

既然在商代没有至上神“天”的观念,殷人的燎祭卜辞也就没有一条是祭天的,因为根本就没有天可祭！不仅是燎祭,甲骨文中不论何种祭法,连祭权能无限的“帝”、“上帝”的也没有一条。因此,把《尔雅》、《周礼》等古籍和汉儒注疏中有关燎祭祭天的说法,派用到商代去,自是不符合商代的实际情况。

但甲骨文的记载表明,“殷人以为帝有全能,尊严至上,同他接近,只有人王才有可能。商代主要先王,像高祖大乙、太宗太甲、中宗祖乙等死后都能升天,可以配帝”。“如有祷告,则只能向先祖为之,要先祖在帝左右转请上帝,而不能直接对上帝有所祈求”③。这就是卜辞中没有一条祭上帝的道理。虽然甲骨文中见到用玉燎祭先公上甲,但值得注意的是,甲骨文用玉所祭的先王主要为成唐大乙、大甲和祖乙等,其中必有文章！或许这是殷人用玉专祭上述名王时(虽祭因不详),有的祭祀是向他们贿之以宝玉厚礼,以利用他们能“宾于帝”,即在帝之左右的特殊地位,要他们转请天上的

---

① 黄然伟:《殷礼考实》,《殷周史料论集》,第十八页,三联书店(香港)有限公司,一九九五年。

② 郭沫若:《先秦天道观之进展》,《青铜时代》,第一至三十页,科学出版社,一九五七年。

③ 胡厚宣:《殷卜辞中的上帝和王帝》(下),《历史研究》,一九五九年,第十期。

至上神——帝对时王的护佑。这应是西周以后,特别是汉代儒家祭天礼制的滥觞。

这里还应附带说明一点,甲骨文中也没有“地”字,直至周代金文中也没有地字。“金文中天若皇天等字样多见,均视为至上神,与天为配之地,若后土等字样绝未有见”。“是则地字当是后起之字,地与天为配,视为万汇之父与母然者,当是后起之事”①。因此,文献中关于祭地的种种礼制和祀品,也应是商代和西周以后的事情了。这对研究商代和商代以前的用玉制度,当也应有所启示。

其三,我们可知,商代应有玉料之玉,即所记“取玉”于某地者。作为玉制成品,存有多少的单位不同,如有“玉”(一串玉)和“珏”(二串玉)的分别。玉还有大、小的不同,如与“大玉”相比较,必有小玉。此外,从“我玉”、“内玉”、“攸玉”看,玉器当有不同的名目。而从“弄”、“豐”等字分析,玉成品中当有已成为专供人们欣赏、玩好之器。而“奏玉”、“玉鼓”等,则说明玉已用于制作乐器。虽然如此,“但《说文》‘玉’部共有文一百廿六,其中半数以上为玉之专名。商代肯定无此细微之专名”②。

“殷人率民以事神,先鬼而后礼”,把他们最为珍贵的宝玉,不仅用于祭赌重要的先公先王,死后还要把这些珍贵品带入地下,以供他们在阴间继续使用。《史记·殷本纪》和《周本纪》所记纣兵败“衣其宝玉衣,赴火而死”和“蒙衣其殊玉,自焚于火而死”这两段为人熟知的史料,研究者多作为纣王贪婪、愚昧的证据。但这正是殷人死后葬玉习俗的反映。这种习俗,可谓自殷以上尚矣,是原始社会末期葬玉习俗的继续和发展。而殷墟发掘墓葬中不少随葬玉器的贵族墓,就是这种葬玉习俗在正常情况下的反映。在特殊情况下,商纣王死到临头,还不忘以玉裹身,可见这种习俗的影响之深。殷墟王室大墓和贵族墓葬玉的情况,我们在前面已经述及,此不赘述。就是商代的平民墓葬出土玉的情况,也反映了他们对宝玉的追求。殷墟平

① 郭沫若:《金文解无考》,《金文丛考》,第三十二至三十三页,人民出版社,一九五四年。

② 姚孝遂按语,《甲骨文字诂林》,第三三〇一页。

民墓，多为不大的竖穴土坑墓，有的无棺，有的一棺，有的一棺一椁。一般墓内部有随葬品，或有铜器出土。应该说，墓葬在墓地所处的位置、大小及结构，是墓主地位和身份的反映。据《殷墟发掘报告》附表48:《殷代长方形竖穴墓登记表》①统计，一九五八年至一九六一年间在小屯西地、苗圃北地、张家坟、大司空村、白家坟等十二处遗址共发掘小墓三百零二座，除去被盗掘、墓底出水者一百二十三座外，保存较好的共一百七十九座。这批墓葬中，出土玉器墓共二十座，约占总数的九分之一。而其中有棺椁者共二座，一座随葬玉器；而一九六九年至一九七七年发掘的殷墟西区平民墓，共分八个墓区，九百三十九座墓中保存较好的共七百十座。其中只有木棺者六百六十三座，而木棺、椁具备者四十七座。据《一九六九至一九七七年殷墟西区墓葬登记表》②统计，出土玉器者共一百二十七墓，占七百十座墓中的六分之一强。而其中棺椁墓四十七座，有二十四座出土玉器，约占二分之一。有棺椁为葬具的墓，显然应比仅具棺的墓规格要高。以上两批平民墓，虽然仅具棺并随葬玉器的墓占总墓数的比例不尽相同，但棺、椁具备并出玉器的墓，都占两批棺椁墓数的二分之一。这说明商代平民中，地位、身份较高的人，占有玉宝的机会更多。但拥有宝玉的多少，并不一定就是身份高低的反映。请看下列数字：一九五八年至一九六一年发掘出土玉器的二十座墓葬中，一墓出三件（或种）以上的玉器墓共四座，其中棺椁具备者仅一座（小屯西地M9），占出玉最多墓数的四分之一；而在殷墟西区平民墓地，一座出玉三件（或种）或三件以上的墓共八座，其中有棺、椁墓共二座（M294、M216），也占出玉最多墓总数的四分之一！特别是一墓出四种玉者，竟然是在仅具棺而无椁的墓中。其中M842出土玉鱼、玉璜、玉刻刀、玉蝉。M45除出土玉鸟、玉刻刀、玉玦、玉珠四种玉器以外，还有金叶出土。因此我们可以看出，在殷代平民墓葬中，玉之多少并不表示其身份的高低，而只是表示其拥有财富之多寡。

毋庸讳言，平民墓与王室墓出土玉器的数量和品质是有天壤之别的。

---

① 《殷墟发掘报告》，第三三三至三六二页，文物出版社，一九八七年。

② 《一九六九至一九七七年殷墟西区墓葬发掘报告》，《考古学报》，一九七九年，第一期。

殷墟五号墓(妇好墓)和十八号墓(所谓子渔墓)出土玉器数量多,质量高,因为他们是王室的成员,自然掌握的财富就多。平民墓只能与平民墓相比较,如果同王室墓相比,就像平民墓多以小玉戈为殉,而妇好墓大玉戈就出了若干把,自是“大玉”与“小玉”的反差,即所控制的财富不同而已。

殷王室墓由于破坏严重,其出土情况无从比较,商以前的良渚文化和红山文化出玉大墓的情况可作为参据。号称“玉殓葬”①的良渚文化氏族显贵墓地,同一墓列、规格和身份相近的大墓,出土玉器的数量却有很大悬殊。如张陵山墓地共五座大墓,其中以四号墓出土二十多件玉器为最多。草鞋山三座氏族显贵墓中,以一九八号墓出土玉器为最多。寺墩墓地一排三座氏族显贵大墓,其中三号墓一个二十岁青年随葬五十七件璧琮。而一号墓与其相比,则随葬玉器就少的多了;以“惟玉为葬”②著称的红山文化墓地葬玉情况也是如此。牛河梁遗址正式发掘积石塚的四个地点,墓葬可分中心大墓、大型土圹石棺墓等五个不同等级。前三个等级墓只随葬玉器不出陶器,故学者以“唯玉为葬”概括其特征。牛河梁 $2Z_1M_{2i}$ 随葬玉器二十件,为目前牛河梁遗址积石塚中出玉最多者。但该墓位置却在塚的偏南一侧,不在塚的中心部位,其规模也不突出。很显然,这是一座富墓,但墓主身份低于中心大墓的墓主。因此,我们也可以说,在原始社会末期的氏族显贵的大墓中,随葬玉器的多少是富有程度的象征,并非身份高低的标志。

其四,殷墟发现的各种玉器,多出土于墓葬之中。这不仅是商人宝玉意识的反映,而且还可能是殷人崇信古老的“精气说”的体现。裘锡圭教授的研究,对我们全面认识商代墓葬用玉很有启示:“精气说认为人之外的生物和无生物也都可以有精气。”“这种思想的古老程度,可以从古人对玉的态度上看出来。古人十分重视玉,其重要原因,就是他们认为玉含有的精多”。而“玉经常被用作祭品,或制成各种礼器以用于祭祀等仪式,就是由于它是精物”。“汉以前,士以上几乎无人不佩玉,这种习俗的原始意义,显

① 汪遵国:《良渚文化“玉殓葬”述略》,《文物》,一九八四年,第二期。

② 郭大顺:《红山文化“惟玉为薆”与辽河文明起源特征的再认识》,《文物》,一九九七年,第八期。

然是想借精物之力以御不祥。丧葬中用玉匣、玉琀等物，也是想藉玉这种精物保护死者，并防止尸体腐烂”①。三门峡虢国墓地西周晚期出土之“小臣𢆶徣”玉瑗，乃商代之遗品。此瑗上之“小臣𢆶”，见于殷墟四期（康、武、文时期）大墓② M1003 出土之小臣𢆶石簋残耳上。从文字写法上看，M1003 大墓出土石簋耳上的文字字体为三期作风。再从簋耳所记文字内容看，当时小臣𢆶应在世。而虢国墓出土之商代玉瑗，从字体看，应为五期（乙、辛）之物。此时小臣𢆶当已死去，故可“作徣”。此瑗应因小臣𢆶作祟于某位商奴隶主，故举行“禜”（即“正”）祭以禳之。此瑗即为献玉，并把使用此瑗献祭的原因刻记于瑗边之上③。至于商末的玉瑗何以流传至虢国，已不得其详。或如周初分鲁公“夏后氏之璜”的故事，“分宝玉于伯叔之国，时庸展亲”，以示周天子“已不爱惜，共诸侯有之”，并“使彼知王亲爱之也”。与周天子同姓的虢君，分得商代尊用于祛疾禳灾用的玉瑗，在西周晚期葬入虢君墓中，可证裘教授论证的深刻！

其五，我们研究古玉，多是以儒家经典诸如《周礼》等文献和汉儒的注疏为据的。但“古书中屡见的、以君子比德于玉来说明佩玉等习俗的意义的说法，乃是这类习俗的原始意义已经不被人重视，甚至已经被认为荒谬以后，读书人想出来的一种‘合理化’解释”④。这对我们全面研究商人用玉（包括商代以前）是很有启示的。

二十几年前，夏鼐教授对古玉研究提出过十分有价值的意见，即：“我以为这书中（即《周礼》）关于六瑞中各种玉器的定名和用途，是编撰者将先秦古籍记载和口头流传的玉器名称和它们的用途收集在一起；再在有些器

---

① 裘锡圭：《稷下道家精气说的研究》，《道家文化研究》（第二辑），第一六七至一九二页，上海古籍出版社，一九九二年。

② 关于殷墟 M1003 的年代问题，学者意见不尽相同，但都认同为殷墟晚期是一致的。我们据簋耳记文小臣𢆶尚在世，及文字书体看，应以李济说此墓为“殷商中期和殷商晚期之间”较为合理。今“小臣𢆶”玉瑗的出土，又为此说增一佳证。见《殷墟的发现与研究》，第一〇九至一〇二页，科学出版社，一九九四年。

③ 限于篇幅，不再作详细的考证，容后撰文专论。但此瑗应称“小臣𢆶瑗”更为确切。

④ 裘锡圭：《稷下道家精气说的研究》，《道家文化研究》第二辑，第一六七至一九二页，上海古籍出版社，一九九二年。

名前加上形容词便成为专名;然后把它们分配到礼仪中的各种用途中去。这些用途,有的可能有根据,有的是依据字义和儒家理想,硬派用途。这样他们便把器名和用途,增减排比,使之系统化了”。而“汉代经学家在经注中对于每种玉器的形状几乎都加以说明,但是这些说明有许多是望文生义,有的完全出于臆测”①。因此,我们在研究商代玉制(包括商代以前)时,要尽可能地根据较为接近商代及较为可信的文献和考古文字资料,诸如甲骨、金文等,再对《周礼》以及汉儒的注疏加以取精去粗的分析,也就是要用“当时当地”标准去研究商代玉器。如果“尽信书”而不加分析地加以论证,就会使研究“超前化”,得出的结论有悖于历史真实。

附:春秋时期的玉、用玉及玉观念

春秋时期,是我国社会由奴隶制向封建制转化的大变革时期。有学者概括这一时期的政治形势是“天子倒霉了,诸侯起来。诸侯倒霉了,卿大夫起来。卿大夫倒霉了,陪臣执国命”。

由于王纲解纽,“礼乐征伐自诸侯出”,《左传》隐公十一年所说的“经国家,定社稷,序民人,利后嗣者也”的维护奴隶制西周王朝统治的“礼”遭遇到严重的破坏,即出现了《左传》昭公十二年所记述的“诸侯僭于天子,大夫僭于诸侯久矣”的局面。但也不容否认,就在这“礼坏乐崩”的过程中,推动了《周礼》的大普及。因此,春秋时期礼制的研究,对其前商周奴隶制时代礼制和其后战国秦汉封建时代礼制的深入认识是很有意义的。

玉和玉制是古代礼制的重要组成部分。研究春秋时代的玉及玉观念,是古代礼制的复原和玉器发展史研究的一个重要方面。随着出土春秋时期的玉器日多,有关论述也时有所见。但全面论述春秋时期的玉、用玉及玉观念的论作所见不多。本文拟将《左传》中较为可信的春秋用玉材料加

① 夏鼐:《商代玉器的分类、定名和用途》,《考古》,一九八三年,第五期。

以整理，对全面认识春秋时代玉制作一尝试，或对当前玉文化研究有所启示。不妥之处，切望海内外方家指正。

第一节　春秋时期所见的玉和玉器

玉，《说文》云："石之美。"作为一种美石的玉，深受人们喜爱并宝贵。自原始社会末期起，历经夏、商、周而不衰。此种风尚在考古发掘材料中多有反映，见于文字材料记载的，商、周以甲骨文和金文为最可信。而春秋时代则以《左传》和《国语》所记较为符合当时的历史实际。而春秋时代，所见的玉（包括玉料、成品玉及玉器）之名主要有：

玉　玉首先是玉料，如《左传》襄公十五年"宋人或得玉"，经过鉴定即"以示玉人，玉人以为宝也，故敢献之"。宋子罕"使玉人为之攻之"，这是待加工的玉料可称之为"玉"；经过攻治以后的玉器，也可称之为玉。如《左传》桓公十年"初，虞公有玉"。其他时期还所见多有（为节省篇幅，我们这里每种只列春秋时最早出现一次的玉名就够了，其后所见不再一一列举，可参考"《左传》所见春秋玉器使用统计表"，以下各种玉器名均仿此）。

玉往往与其他器物连言。诸如以"玉帛"连言者较多，如《左传》庄公二十二年"奉之以玉帛"等等。或玉帛与"子女"连言，如《左传》僖公二十三年"子女玉帛，则君有之"等。或"金"玉连言，如《左传》襄公五年"无藏金玉"，《国语·越语上》有"金玉子女"之例。

玉又与祭牲连言，如《左传》襄公八年"牺牲玉帛"、《左传》昭公十八年"不爱牲玉"等即是。与玉连言的献牲，以马为多见。《左传》庄公十八年"玉五瑴，马三匹"等等即是。

这些玉，当是经过琢磨加工或制作成器的玉，但不知其具体何指。春秋时期，所见能确知其名的玉器有：

瑞玉　《周礼·春官·宗伯》有"以等邦国"的"六瑞"，即标志等级身份的礼器。又有"以礼天地四方"的"六器"，即用于祭祀的祭器。以玉为"瑞"

见于《左传》僖公十一年,“天王使召武公,内使过赐晋侯命,受玉惰”。晋侯的不恭,受到指责:“晋侯其无后乎?王赐之命,而惰于受瑞,先自弃也,其何继之有。”瑞玉这种赐命信物,是诸侯等级的标志,是维持统治秩序“礼”的需要。“礼,国之干也。敬,礼之舆也。不敬,则礼不行。礼不行,则上下昏,何以长世。”

春秋时,“瑞玉”和“祭玉”还有以下各名:

圭、璋 《左传》昭公五年有“是以圣王务行礼,不求耻人。朝聘有珪,享頫有璋”等等。有加专名的珪,如《左传》文公十二年之“郕人立君,大子以夫钟与郕珪来奔”的郕珪和《左传》昭公二十四年之“王子朝用成周之宝珪沈于河”的成周之宝珪等等。

璧 《左传》桓公三年有“郑伯以璧假许田”等等。对比一般较小的璧而言,《左传》襄公十七年有“大璧”。大璧又称为“拱璧”,见襄公二十八年“与我拱璧”。或璧加专名,如《左传》僖公二年之“屈产之乘与垂棘之璧”。杨伯峻《春秋左传注》(以下简称杨《注》)说:“垂棘,地名,亦见于成五年。沈钦韩《地名补注》以为在今山西省潞城县北。”

璧又有时与马相连言。上文即是名马、名璧连言,又有《左传》襄公十九年见“束锦、加璧、乘马”。

环、琥 《左传》昭公四年有“仲与公御莱书观于公,公与之环”。环或与琥连言,《左传》昭公卅二年“赐子家子双琥、一环……”。

璜 西周初年,周公“相王室以尹天下,于周为睦”。分鲁公“以大路、大旂”及“夏后氏之璜”,见于《左传》定公四年。春秋时人确信有此物传世,直到春秋晚期还在追索之。《左传》哀公十四年记,“向魋出于卫地,公文氏攻之,求夏后之璜焉。与之他玉,而奔齐。”

珮 见于《左传》定公三年,“蔡昭侯为两珮与两裘以如楚”。

玦 《左传》闵公二年记,卫懿“公与石祁子玦,与宁庄子矢,使守”。

玙璠 见于《左传》定公五年,“季平子行东野。还,未至,丙申卒于房。阳虎将以玙璠殓。”杨《注》说:“《说文》‘玙璠,鲁之宝玉。’杜《注》以为‘君所佩’,盖据《吕氏春秋·安死篇》高注。”

琼瑰　《左传》成公十七年记，“声伯涉洹，梦与己琼瑰食之，泣而为琼瑰盈其怀”。杨《注》谓“琼瑰与《诗经》‘琼琚’、‘琼瑶’、‘琼玖’相同，盖一物。杜《注》分‘琼’、‘瑰’为二物，误。琼瑰是次于玉之美石所制之珠”，“所泣之泪化为石珠而满其怀”。

含玉　《左传》襄公十一年“公会吴子伐齐……将成，公孙夏命其徒歌《虞殡》，陈子行命其徒具含玉”，杜《注》：“具含玉，表示必死。”商周以来，人死后口中常含玉或贝以葬。《说文》“送死口中玉也”，即琀。交战前含玉示必死，乃为春秋时埋葬用琀习俗的反映。

玉磬　见于《左传》宣公二年，“齐侯使宾媚人赂以纪甗、玉磬与地”。

瑶瓮(甕、罋)、玉椟、斝耳　《左传》昭公七年说，“齐侯次于虢。燕人行成……燕人归燕姬，赂以瑶罋、玉椟、斝耳。”杨《注》谓：“《诗·卫风·木瓜》‘报之以琼瑶’。毛《传》：‘琼瑶，美玉。’《仪礼·聘礼》‘醯醢百罋’，罋亦作甕，《礼记·檀弓上》即作‘醯醢百甕’，本陶器，以盛酒浆，此则以美玉为之。《论语·季氏》‘龟玉毁于椟中’，椟音独，即今之柜，此亦以玉为饰。斝音贾，孔疏云‘以玉为之’，盖此器旁有耳，若今之杯。”

玉瓒　见于《左传》昭公十七年之“若我用瓘斝玉瓒，郑必不火”。杨《注》“瓒，杓也。玉瓒即圭瓒”。并以《尚书·文侯之命》“圭瓒”、《传》“以圭为杓柄，谓之圭瓒”证之。虽然杨氏《注》赞同王国维《观堂集林·说斝》“瓘当作灌，灌斝即灌尊”，但《说文》云：“瓘，玉也，从玉雚声，《春秋传》曰瓘斝。”《左传》昭公七年已有“斝耳”，即有耳玉斝。本年之“瓘斝”亦当为玉斝，方可与圭质杓柄相配套。

玉戚　《左传》昭公廿四年“朱干玉戚”，即以玉饰戚，或以玉为戚，乃仪仗而非实用器。

戚柲　或用玉装饰戚柲。《左传》昭公十二年楚国“工尹路请曰：‘君王命剥圭以为戚柲。’敢请命”。杜《注》：“戚，斧也。柲，柄也。破圭以饰斧柄。”

琼弁、玉缨　即饰以美玉的马冠、马鞅，见于《左传》僖公二十八年：“初，楚子玉自为琼弁、玉缨。”杨《注》谓：“琼弁，马冠，在马鬣毛前，前弁饰之以琼玉，故谓之琼弁。缨即马鞅，马颈之革，饰之以玉，故谓之玉缨。”

如此等等。春秋时期的玉器之名,基本都网罗在《左传》书中,惟《国语》中之玉珩未见。《楚语》见"楚之白珩",《晋语二》有"白玉之珩六双"等。另《左传》昭公二十六年有"瑱"。"夏,齐侯将纳公,命无受鲁货。申丰从女贾,以币锦二两,缚一如瑱。"瑱即瑱圭之瑱,又作镇。此处之镇乃以二两锦紧紧束为一,其形似镇圭,易于怀藏作贿赂之用。并非玉质镇圭,姑附于此。

如此等等。通过上面的叙述,我们可以看到,《左传》中玉这种品物,共可分为二十五种器类,共出现七十七次。这是当时其他任何器类所不可能与之相比的。这说明,玉在春秋时代近三百年人们的社会政治生活中,占有着重要地位。这就为我们对春秋时期用玉和玉观念的研究和发现,提供了丰富而可靠的依据。

参见第747、748页之"《左传》所见春秋玉器使用统计表"。

第二节　春秋时人的用玉

春秋时人的社会政治生活中,都与玉有着这样那样的联系。从周天王的赐命诸侯,到各国诸侯之间的朝聘盟会。从国君与臣下的关系调整,到贵族追求财富和奢靡玩好,以及统治阶段的祭祀和埋葬,无不需要用玉。

(一) 周天王赐命诸侯用玉

《史记·周本纪》载,"平王立,东迁于洛邑,辟戎寇。平王之时,周室衰微,诸侯强并弱,齐、楚、秦、晋始大,政由方伯。"虽然春秋时期(前七七〇至前四七五年)"郁郁乎文哉"(《论语·季氏》)的西周王朝已成明日黄花,但百足之虫,死而不僵。东周小王朝在当时的政治舞台上仍占有特殊的地位,这就是《左传》僖公廿五年所说的"周礼未改,今之王,古之帝也"。虽然西周以来的宗法和血缘关系受到了极大的削弱,但东周小王朝名义上的天下"宗主"地位仍有着巨大的影响。《左传》同年"求诸侯,莫如勤王。诸侯信之,且大义也"。各国诸侯争夺霸主地位,无不打着"尊王"的旗号,为"挟天子以令诸侯",首先要接受周天王的赐命。

《左传》所见春秋玉器使用统计表

		隐	桓	庄	闵	僖	文	宣	成	襄	昭	定	哀	备考	
														玉名统计	使用次数
玉			10	18		11、30	12、18		3、6	15、18、26	24	3、9	11、14	1	31
玉帛				22、24		15		10		11			7、13		
子女玉帛						23									
牺牲玉帛										8	18(牲玉)				
玉与马				18		2(屈产之乘)					8、16				
玉与金										5					
瑞						11								1	1
璋											5			1	1
圭(珪、邦)							12(成邦)			30(珪)	5、25(珪)		14(珪)	1	5
璧	璧		3、10			6、7、23、24	12		2	15、19	4、13、32		17	1	18
	大璧									17					
	拱璧									28、31					
	垂棘之璧					2									
环											4、16、32			1	3
璜												4	14	1	2
琥											32			1	1

（续表）

	隐	桓	庄	闵	僖	文	宣	成	襄	昭	定	哀	备考	
													玉名统计	使用次数
玦				2									1	1
珮											3		1	1
玙璠											5		1	1
琼瑰								17					1	1
含玉												11	1	1
玉磬							2						1	1
瑶瓮										7			1	1
玉椟										7			1	
琝耳(瓘耳)										7、17			2	
玉瓒										17			1	1
玉戚										24			1	1
玉戚柲										12			1	1
琼弁					28								1	1
玉缨					28								1	1
附 瑱										26			1	1
附 珩	《国语·晋语》《楚语下》												1	2
总计													25	77

诸侯朝王受赐见于《左传》庄公十八年："虢公、晋侯朝王。王飨醴，皆赐玉五瑴，马三匹。"但这次朝王活动中，周天王的酬币被认为"非礼也"，即与《周礼》的制度不符。应该是"王命诸侯，名位不同，礼亦异数，不以礼假人"的。杨《注》说："虢公与晋侯名位不同，而所赐不异，故左氏以此为以礼假人，而认为非礼。"周天王赐诸侯玉是和被赐人的名位高低相联系才合"礼"的。

或周天王派使者去诸侯国赐命，即前引《左传》僖公十一年"天王使召武公、内史过赐晋侯命，受玉惰"。杨《注》谓"赐策命时必赐玉为信"。此事亦见于《国语·周语上》。

有时诸侯向周王"纳玉"。《左传》僖公三十年记"晋侯使医衍酖卫侯，宁俞货医，使薄其酖，不死"。由于医衍得到了好处，酖毒经稀释，没致卫侯死命。"公为之请，纳玉于王与晋侯，皆十瑴，王许之。秋，乃释卫侯。"鲁僖公为救卫侯，请周王说情，特向周王及晋侯各行"赂"玉十瑴，卫侯才得免死并被放回。此事与《国语·鲁语上》记述同。

（二）诸侯之间朝聘盟会用玉

春秋时期，大国诸侯为在"无义战"中争夺霸主地位，而小国为了在纷纭复杂的国际环境中自保，因而各诸侯国之间的朝聘盟会活动时常举行。在这些活动中，玉就派上了大用场。

朝聘用圭、璋。《左传》昭公五年说，"楚子朝其大夫"时，对晋韩宣子一行无礼。楚薳启彊认为不妥，说："是以圣王务行礼，不求耻人。朝聘有珪，享覜有璋。小有述职，大有巡功。设机而不倚，爵盈而不饮。宴有好货，飧有陪鼎。人有郊劳，出有赠贿。礼之至也。"杨《注》谓："圭以见国君，璋以见群夫人。""小国朝于大国，犹诸侯朝于天子。"而"大国适小国，犹天子之巡守"。春秋时期周天子名存实亡，"礼乐征伐自诸侯出"(《论语·季氏》)。大国霸主对其同盟或小国附庸，自然施行起周天子的朝聘盟会礼制来了。

朝聘时是要准备大量礼品的。《左传》庄公二十二年"庭实旅百，奉之以玉帛"。杨《注》说："诸侯朝于天子，或互相聘问，必将礼物陈列于庭内，谓之庭实。"而"旅，陈也。百，举成数言之，以见其多也"。庭实多以车马等物为之,“另外加之以束帛玉璧。《吕氏春秋·权勋篇》所谓‘荀息以屈产之乘为庭实,而加以垂棘之璧’是也。故云‘奉之以玉帛’”。

各诸侯国之间朝聘用玉情况,《左传》所记多有。或云玉帛,《左传》僖公十五年记“穆姬闻晋侯将至,以太子罃弘与女简璧登台而履薪焉,使以免服衰绖逆,且告曰:‘上天降灾,使我两君匪以玉帛相见,而以兴戎。’”杨《注》谓:“孔疏引作‘使我两君相见不以玉帛’。玉,圭璋之属;帛,束帛。皆诸侯会盟朝聘礼物。”《左传》僖公二十三年记晋公子重耳“及楚,楚子飨之。曰:‘公子若及晋国,则何以报不穀?’对曰:‘子女玉帛,则君有之。羽毛齿革,则君地生焉。其涉及晋国者,君之余也。’”晋公子虽然流亡在外,但不少国家的君主和臣下是把他作为未来的晋君看待的。这里重耳不卑不亢,俨然以晋君自居,道出诸侯间相朝聘,首先考虑的就是互馈财贿玉帛等。或朝聘以玉。《左传》文公十二年记秦鲁朝聘之事说,“秦伯使西乞术来聘,且言将伐晋。襄仲辞玉”。杨《注》谓:“玉乃使者所珮之国宝,若圭、璋之属以为聘礼者。”襄仲并说:“君不忘先君之好,照临鲁国,镇抚其社稷,重之以大器,寡君敢辞玉。”杜《注》:“大器,圭、璋也。”或朝聘时“授玉”。《左传》成公三年“齐侯朝于晋,将授玉”。成公六年又记“春,郑伯如晋拜成,子游相,授玉于东楹之东”。或朝聘时“受玉”。《左传》定公十五年“邾隐公来朝,子贡观焉。邾子执玉高,其容仰。公受玉卑,其容俯”。杜《注》“玉,朝者之贽”,即以玉为见面礼。

正因为诸侯国之间朝聘时经常用玉帛,所以各有交好之诸侯国称之为“玉帛之使”。《左传》宣公十年记:“凡诸侯之大夫违,告于诸侯曰:‘某氏之守臣某,失守宗庙,敢告。’所有玉帛之使者则告。”杜《注》:“玉帛之使谓聘。”

有时朝聘用璧。《左传》僖公二十三年记晋公子重耳及曹,曹共公对他无礼。僖负羁“乃馈盘飧,置璧焉。公子受飧反璧”。虽然杜《注》谓“臣无竟外之交,故用盘藏璧飧中,不欲人见”,但僖负羁这里是把暂时落难的重耳视为“得志于诸侯,而诛无礼,曹其首也”的未来晋国君主看的。他献璧,当依曹聘晋国玉帛之使的礼节。此外,还有军阵前行礼用璧的情况。《左传》成公二年记晋齐鞌之战时，齐顷公逃跑被晋军追上。晋“韩厥执挚马前，再拜稽首，奉觞加璧以进”。杨《注》：“军帅见敌国君主，执挚为当时之礼。”并谓：“襄二十五年《传》述郑子展见陈侯战败，亦‘执挚’、‘再拜稽首’、进酒，可见当时通礼如此。此处多一‘加璧’。”两国交绥，阵前卿大夫见异国之君行礼加璧，当为平时朝聘之礼的变通。

有时朝聘用珮。《左传》定公三年，“蔡昭侯为两珮与两裘以如楚，献一珮一裘于昭王。昭王服之，以享蔡侯。蔡侯亦服其一”。但楚“子常欲之，弗与，三年止之”。蔡人汲取唐成公朝楚时的教训，即“君以弄马之故，隐君身，弃国家”，舍不得把二匹肃爽马献给子常，“亦三年止之”。蔡昭侯的臣下向他“因请。而献珮于子常”，才被放回。因而蔡昭侯所献之珮，当与“弄马”一样，为珍玩的宝玉。

在争夺霸主地位的斗争中，各国诸侯为了政治和军事的需要，还不断举行规模不等的盟会，进行政治军事集团的调整和重新组合。在盟会时，玉也是必备之物。即《左传》襄公十二年“盟，所以周信也。故心以制之，玉帛以奉之，言以结之，明神以要之”。

诸侯会盟时，玉既是等级身份的象征，又是缴纳贡职的重要组成部分。《左传》襄公十三年“夏，公会单平公、晋定公，吴夫差于黄池”。在盟会上，“吴晋急先”，即争先歃血之权，以作盟主。《国语·吴语》记此事时，述吴王夫差调动军队，剑拔弩张，欲决胜夺得盟主。晋董褐说：“夫命圭有命，因曰吴伯，不曰吴王，诸侯是以敢辞。夫诸侯无二君，而周无二王。君若无卑天子以干其不祥，而曰吴公，孤敢不顺从君命，长弟许诺。吴王许诺，乃退就幕而会。吴公先歃，晋侯亚之。”命圭是受赐圭之策命，是等级身份的象征。《左传》襄公十三年说此会后，“吴人将以公见晋侯，子服景伯对使者曰：‘王合诸侯，则伯帅侯牧以见于王。伯合诸侯，则侯帅子、男以见于伯。自王以下，朝聘玉帛不同。’”即在盟会时，按爵位名号之不同缴纳玉帛，即职贡不同。“故敝邑之职贡于吴，有丰于晋，无不及焉，以为伯矣。”即鲁为吴的附庸，所纳职贡多于晋国。“今诸侯会，而君将以寡君见晋君，则晋成为伯矣，敝邑将改职贡。”即晋为霸主，职贡将多于吴国了。

弱国与强国结盟息兵,也是要用玉帛的。《左传》襄公八年"冬,楚子囊伐郑,讨其侵蔡也"。郑国介于晋、楚之间,执政大臣有的"欲待晋",即与晋结盟抗楚;有的主张"民急矣,姑从楚,以纾吾民"。"晋师至,吾又从之"。平时只靠"牺牲玉帛,待于二境,以待强者而庇民矣"。而强国与强国之间结盟,也要以"玉帛"为礼物。《左传》襄公十一年记,秦楚联军"将以伐郑",而"诸侯悉师以复伐郑"。郑派人向楚报告"将报于晋",并建议楚国对晋"则武震以摄威之",将其打败。或"能以玉帛绥晋",使两大强国和好结盟,即玉帛奉盟。

诸侯盟会时所奉玉帛之玉何指,文献语言不详,但瑶瓮、玉椟、斝耳当是其中之一。《左传》昭公七年记:"齐侯次于虢,燕人行成。""二月戊午,盟于濡上","赂以瑶瓮、玉椟、斝耳"。

(三)国君与贵族的政治需要用玉

春秋时期,各诸侯国"弑君"、"出君"的事件史不绝书,这是国君与臣下、宗主与宗子间矛盾加剧的反映。国君为了他们的政治需要,调整与臣下的关系,也不时用玉。

有时赐玉是为了表示对下属的关爱。《左传》僖公七年所记的"初,申侯,申出也,有宠于楚文王。文王将死,与之璧,使行",这是因为文王深知申侯"专而不厌",尽量满足他。"予取予求,不女疵瑕也",而不加以怪罪。但担心"后之人将求多于女,女必不免"而获罪,因而赐璧以满足他"不厌"的贪欲,并切切嘱他"我死,女必速行",且"无适小国,将不女容焉"。真是关爱备至,知臣莫如君了!而《左传》襄公十九年也记晋平公对荀偃正常的赏赐之外,又厚爱有"加璧"等物之事。"晋侯先归,公享六卿于蒲圃,赐之三命之服。"而军尉、司马等"皆受一命之服"。但又"贿荀偃束锦、加璧、乘马,先吴寿梦之鼎"等。杜《注》:"荀偃为中军之帅,故特贿之。"《左传》昭公三十二年也记,长期滞留之外,有国不能归的鲁昭公知道自己病入膏肓,"公疾,遍赐大夫"。杜《注》"从公者",即从昭公二十八年至三十一年随昭公多年停留在乾侯者。昭公"赐子家双琥、一环、一璧、轻服,受之。大夫皆受赐"。

国君赏赐臣下玉，还意味着赋予被赐者某种权力。《左传》闵公二年“冬二月，狄人伐卫”。因国人对“卫懿公好鹤”的荒唐行为不满，卫懿公只得仓促上阵，“及狄人战于荧泽，卫师败绩，遂灭卫”。卫懿公出战前，“公与石祁子玦，与宁庄子矢，使守。曰：‘以此赞国，择利而为之。’”古人以玦表示绝决与离别。《荀子·大略篇》“绝人以玦，反绝以环”。《国语·晋语二》：“公子夷吾亦出奔……乃遂之梁。居二年，骊姬使奄楚以环释言，四年复为君。”韦《注》：“环，玉环。环，还也。释言，以言自解也。”另一方面，赐玦与矢，表示授权他们“以此赞国”，决定守国一切大事，即“择利而为之”。卫懿公“与夫人绣衣，曰：‘听于二子。’”就说明“玦”代表赋予他们决定一切的权力。

赏赐玉还可标志着承认被赐者的承嗣地位。《左传》昭公四年记，鲁叔孙氏家臣“竖牛欲乱其室而有之”。他“强与孟盟，不可”，先陷害了叔孙欲确定的继承人孟。“又强与仲盟，不可”，千方百计陷害仲壬。“仲与公仆莱书观于公，公与之环，使牛入示之。”“入，不示。出，命佩之。”杨《注》：“诈以叔孙之命佩之。”但竖牛又向叔孙挑拨说：“见仲而何？”杨《注》：“言使仲壬见昭公，确立其承嗣地位，如何也。”叔孙觉得竖牛的话问得奇怪。竖牛诬告仲壬说：“不见，既自见矣。公与之环而佩之矣。遂逐之。”叔孙氏与鲁昭公矛盾很深，认为仲壬背着自己，私自接受昭公之环，即由鲁昭公确认其承嗣地位，不配作叔孙氏接班人了，因此又把他赶走废掉。因此，玉环也可成为身份的信物。

（四）祭祀与丧葬用玉

《左传》成公十三年：“国之大事，在祀与戎。”春秋时期频繁举行的祭祀活动仍和商周统治者一样，是各国诸侯重视的国家大事。在朝聘盟会活动中以玉“贿”人，而在祭祀活动中则以玉贿神。

祭祀河神就使用玉。有时是为了祈求战争的胜利而用玉祭祀河神，《左传》僖公二十八年记，晋楚城濮之战时，“楚子玉自为琼弁、玉缨，未之服也”。在大战前夕，“楚河神谓己曰：‘畀余，余赐女孟诸之麋。’弗致也”。但荣季认为：“死而利国，犹或为之，况琼玉乎？是粪土也。而可以济师，将何爱焉。”文公十二年也记秦晋之战时,“秦伯以璧祈战于河”,杜《注》:“祈求胜。”《左传》襄公十八年“晋侯伐齐,将济河,献子以朱丝系玉二瑴而祷曰:‘齐环怙恃其险,负其众庶,弃好背盟……’沈玉而济”。这是沉玉祭河神祈战胜利。

或以玉祭河,祈求河神明鉴。《左传》僖公二十四年记,晋公子重耳由秦回晋国,“及河。子犯以璧授公子”,表示要离重耳而去。“公子曰:‘所不与舅氏同心者,有如白水。’投其璧于河。”杨《注》:“‘有如白水’即‘有如河’,意谓河神鉴之。”这是向河神盟誓。或沈圭于河盟誓。《左传》襄公三十年载,郑“游吉如晋还,闻难”,即郑国内乱。遂“不及,复命于介。八月甲子,奔晋。驷带追之,及酸枣。与子上盟,用两珪质于河”。杜《注》:“沈珪于河以为信也。”沉圭于河还见于《左传》昭公二十五年,“冬十月癸酉,王子朝用成周之宝珪沈于河”。杜《注》:“祷河求福。”王子朝沉珪于河,向河神祈求福祐。

或祭汉水之神以明心迹。《左传》定公三年记,蔡昭侯由于未把玉佩献给楚子常,被扣在楚三年。当“蔡侯归,及汉,执玉而沈曰:‘余所有济汉而南者,有若大川。’”这是沈玉祭汉水之神,使其明鉴再不赴楚的决心。

不仅河、汉等著名大河有河神,就是一般山川也有灵神,用玉祭之。祭群望以祈神显灵而择嗣子之事,见于《左传》昭公十三年。“初,楚王(按:即楚共王)无冢适,有宠子五人,无适立焉。乃大有事于群望 。”杨《注》:“遍祭名山大川,名山大川为群望。大有事,遍祭也。”祭时“而祈曰:‘请神择于五人者,使主社稷。’乃遍以璧见于群望”。或用玉祭祀山川以禳灾。《左传》昭公十八年“晋之边吏让郑曰:‘郑国有灾,晋君、大夫不敢宁居,卜筮走望,不爱牲玉。郑之有灾,寡君之尤也。’”杨《注》:“走望,谓四出祭祀名山大川。”

春秋时还见用玉祭天神者。《左传》昭公十七年记“有星孛于大辰,西及汉”。有人预报:“慧所以除旧布新也,天事恒象,今除于火,火出必布焉,诸侯其有火灾乎?”郑裨竈向子产建议:“宋、卫、陈、郑将同日火。若我用瓘斝玉瓒,郑必不火。”而各国统治者为了求得统治的稳固,经常用玉为祭品,请求神能赐福，这就是《国语·鲁语上》所说的“不爱牲玉于神”。韦《注》：“牲，牺牲。玉，珪璧。所以祭祀也。”

《左传》襄公十五年说：“事死如事生，礼也。”《礼记·中庸》：“事死如事生，事亡如事存，孝之至也。”春秋时人看来，人死以后灵魂存在，仍在保护后世子孙，所以于庙祭祖。《国语·周语上》：“使太宰以祝史帅狸姓，奉牺牲粢盛玉帛往献焉。”这是因为狸姓乃丹朱之后。古人“神不歆非类，民不祀非族”，因此狸姓去祭自己的祖先，玉等当是献祭之物。贵族统治者还追求厚葬，把生时的大批财物埋入地下，以备他们冥世继续享用。《左传》襄公五年记：“季文子卒，大夫入殓。”“宰庀家器为葬备，无衣帛之妾，无食粟之马，无藏金玉，无重(按：音崇)器备。”虽然因季文子没有东西才被推崇为“忠”廉者，但多数不忠廉者，妾、马、金玉、重器等“私积”，当为入葬之物。

随葬的玉器中就有璧。《左传》僖公六年记：“蔡穆侯将许僖公以见楚子于武城。许男面缚，衔璧，大夫衰绖，士舆榇。”古人死后常以玉璧随葬。灭国诸侯“衔璧”，表示知罪待死，正是当时人以玉璧随葬的反映。用衔璧示待死的事情还见于《左传》昭公四年，楚子“遂以诸侯灭赖。赖子面缚衔璧，士袒，舆榇”。此外，死者口中还往往含玉(或贝)而葬。《左传》哀公十一年“陈子行命其徒具含玉”，就是这种葬俗的反映。杜《注》：“表示必死。”杨《注》：“古人死多含珠玉，此所以示不生。”

玉制作的装饰品也用于随葬，如玉珠随葬。《左传》成公十七年说：“初，声伯梦涉洹，或与己琼瑰食之。泣而为琼瑰盈其怀，从而歌之曰……惧不敢占也。”杨《注》说“古人死后，口含石珠。声伯疑为凶梦，不敢卜问”。或用玙璠珮玉装饰遗体，即《左传》定公五年，季平子“卒于房。阳虎将以玙璠殓，仲梁怀弗与”。杨《注》：“《说文》‘玙璠，鲁之宝玉’。杜《注》以为‘君所佩’。”玙璠当为美轮美奂的佩玉，生时佩挂于身，死后随之入葬。

有时还把玉毁坏以入葬。《左传》昭公八年说，“陈公子招归罪公子过而杀之”，楚宋联军灭陈国之后，葬陈哀公时，“舆嬖袁克杀马毁玉以葬”，即把马杀死，把玉毁坏后，作为随葬品入葬。但具体为何种玉器，就不可得知了。

第三节 春秋时期人们的玉观念

综上所述,我们可以看到,玉深入到春秋社会政治生活的很多方面。玉常与其他有价值的器物连言,诸如玉帛、子女玉帛、金玉、牲玉、玉与马等等。而见到有名称的玉器有圭、瑞、璋、璧(及大璧、拱璧、垂棘之璧)、环、琥、璜、玦、珮、玙璠、含玉、珩、玉磬、瑶瓮、玉椟、斝耳、玉瓒、玉戚、戚柲、琼弁、玉缨等等以及"瑱"。

这些名称不同、造型各异的玉器,被用于周天王与诸侯、诸侯与诸侯和国君与贵族之间的朝聘盟会和祭祀、丧葬等活动中。

春秋时期,玉在上层贵族中,已被视为"瑞",是作为"礼之干也",以防止出现"上下昏"的局面。即《左传》昭公五年说"圣王务行礼",因而"朝聘有圭,享頫有璋"。《周礼·春官·宗伯》的"六瑞"之名,见于春秋时记载中的除圭、璋,还有璧。但不见细分之镇圭、桓圭等名。《周礼》中的"六器",即祭器,春秋时出现其名的有璧、璋、琥、璜等。而用于各种朝聘盟会和祭祀、丧葬场合较常见的,就是不知具体为何指的"玉"了。《左传》庄公十八年"虢公、晋侯朝王,王飨醴。皆赐玉五瑴,马三匹"被视为"非礼也"。这是因为"王命诸侯,名位不同,礼亦异数,不以礼假人"。因此,玉的多少(而主要不是以瑞器的不同),是贵族身份和名位等级的标志。与此同时,从春秋时各种仪节中使用璧、珮、珩、玉磬、玉甗、瓘、斝、瑶瓮、玉椟、玉瓒、玉珠、玙璠、琀、琼弁、玉缨等装饰品和玩好之器等看,用于"等邦国",即身份象征的"六瑞"礼器和"礼天地四方"的"六器"祭品,并没有像《周礼》所规定的那么严格和制度化。

至于见于《周礼》列为"六瑞"和"六器"之名的春秋时代玉器,其用途与《周礼》所记也不尽相同。诸如:《左传》昭公二十六年有瑱,学者谓即瑱圭之瑱,亦镇圭。"以币锦二两,缚一如瑱",乃季氏家臣用二两锦捆为一个状如镇圭的卷,以便怀藏,留作向齐景公宠臣行贿之用。可见镇圭在春秋时绝无《周礼》“王执镇圭”那么崇高。此外，春秋时不见于《周礼》中作为公、侯、伯身份标志的桓圭、信圭、躬圭之名，但有《左传》昭公二十四年“成周之宝圭”属王子朝、文公十二年“郕圭”属于郕大子、哀公十四年之守邑符信“圭”属司马牛等等，显然与《周礼》所规定的用圭等级不合。至于璧，春秋时见《左传》僖公六年和昭公四年的许男和赖子所“衔璧”，虽不知是否即《周礼》中的谷(穀)璧、蒲璧，但子、男的身份基本与《周礼》相合。但高于子、男的诸侯也可以有璧，如《左传》昭公十二年楚王(从不甘心称“子”)为择嗣所用之璧，桓公元年“以璧假许田”之郑伯、文公十二年“以璧祈战于河”的秦伯等。而低于子男的卿大夫也可以有璧，如《左传》僖公十二年“以璧授公子”之子犯、僖公二十三年向晋公子重耳“馈盘飧，置璧焉”的僖负羁等。与此同时，春秋时出现的与《周礼》“六器”同名的玉器，其用途也不尽是“礼天地四方”。如璧，主要用于祭河神和群望，或用于随葬。如果说春秋时有“礼天”的话，那就是《左传》昭公十七年因“天事恒象”，用瓘斝玉瓒禳除火灾而祭神了。而圭，春秋时所见也多为祭河之用。而璋，《左传》昭公五年说行礼时“享頫有璋”，而春秋时不见用于《周礼》所说“礼南方”之事。而春秋用琥，乃诸侯赏赐大夫之用，见《左传》昭公三十二年，而不见《周礼》“礼西方”之用。春秋时有令人追求的“夏后氏之璜”类，但不见其有《周礼》“礼北方”之用。

如此等等，春秋时用玉与《周礼》所列用玉制度并不尽相同。但也应看到，春秋时期的用玉制度，开了《周礼》中所严格规定玉制之先河。

之所以如此，是因为在春秋时，人的观念中主要还是把玉(无论是玉料还是玉制品)作为财富看待的。在大国与小国朝聘盟会活动中，大国诸侯是要收缴相当数额的贡物，即币的。《左传》襄公二十四年，“范宣子为政，诸侯之币重”。其贡纳的数额，《左传》襄公八年说“公如晋，朝，且听朝聘之数”。又说“会于邢丘，以命朝聘之数，使诸侯大夫听命”。这是在盟会上霸主向各小国摊派贡纳财币之事。因此，春秋时代在朝聘盟会上，常见的以“玉”纳币之事，正是“玉”作为重要财富的反映。在贵族们的眼中，玉就是财富。《左传》襄公五年的“无藏金玉”与“而无私积”同义。而一些玉器，诸如僖公二年的“垂棘之璧”等于是“吾宝也”,而僖公二十八年“琼弁玉缨”的反话“是粪土也”,但实是被深“爱”即割舍不下的财富。而宣公二年“赂以纪甗、玉磬与地”,等于“子得其宝,我亦得地”。昭公十七年的“瓘斝玉瓒”,等于“宝以保民也”的宝。如此等等,玉器也是“宝”,即财富。

不仅贵族视玉为宝,就是一般平民也是如此。《左传》襄公十五年记,“宋人或得玉,献诸子罕,子罕弗受”。尽管经“玉人”鉴定,“以为宝也”,是真正的宝玉,但子罕还不肯接受,其原因是“我以不贪为宝,尔以玉为宝”。可是“子罕置诸其里,使玉人为之攻之,富而后使复其所”。就是说,在平民和贵族看来,玉就是宝,玉可使人变得富有。

正因为如此,玉在春秋时是一种财富的贮藏手段。如上引襄公五年的“无藏金玉”是“而无私积”。如有藏金玉,即“有私积”了。僖公二年晋假道于虞以伐虢,赂虞公以宝马和垂棘之璧。公曰:“是吾宝也。”臣下对曰:“若得道于虞,犹外府也。”璧也是贮藏于外府的宝贵财富。

正因为玉是“宝”,所以春秋时人千方百计取得玉。或通过商品交易,如《左传》昭公十六年,“宣子有环,其一在郑商”。韩宣子索要而不得,只得“买诸贾人,既成贾矣”。再如昭公二十四年王子朝所沉之宝珪,被“津人得诸河上”。“拘得玉者,取其玉。将卖之,则为石。”是玉已进入商品交易领域。或以物易物交换得玉,《左传》桓公元年“公会郑伯于垂,郑伯以璧假许田”。杨《注》:“郑伯以祊加璧与鲁易许田,此实交换。”或赠贿所得,《左传》文公十二年“郕人立君,大子以夫钟与郕珪来奔”,鲁文公得玉。襄公二十六年“夫人使馈之锦与马,先之以玉”。或索求所得,《左传》桓公十年“虞叔有玉,虞公求旃”。襄公二十八年记齐崔杼因弑君罪,襄公欲戮其尸而不得。“崔杼之臣曰:‘与我其拱璧,吾献其柩。’”于是崔氏旧臣以索要崔氏大璧为条件,献出崔杼之柩。如此等等,是通过正当手段求得宝玉。

还有通过非正常手段取得宝玉者。如杀人越货抢劫宝玉者。《左传》襄公十七年记,卫庄公因内乱逃入戎州,“曰:‘活我,吾与女璧。’己氏曰:‘杀女,璧其焉往?’遂杀之,而取其璧”。宋国也发生杀人劫璧之事,“华臣弱皋比之室,使贼杀其宰华吴”。贼曰:“‘皋比私有讨于吴。’遂幽其妻曰:

‘畀余而大璧。’”或盗窃得玉，《左传》襄公三十一年，“叔仲带窃其拱璧，以与御人，纳诸其怀，而从取之”。《左传》定公八年记“阳虎说甲如公宫，取宝玉、大弓以出”。同年《经》谓此事为“盗窃宝玉、大弓”。

正因为如此，贵族们都以流传的民谚为诫。《左传》桓公十年“周谚有之：‘匹夫无罪，怀璧其罪。’吾焉用此，其以贾害也”。而一般平民更深知个中利害，所以《左传》襄公十五年记得玉的宋人说“小人怀璧，不可越乡”。杜《注》“言必为盗所害”。

之所以如此，是因为玉这种美石自然界较少，因其质美且加工费时而被人们所宝贵。《礼记・聘义》记：“子贡问于孔子曰：‘敢问君子贵玉而贱碈者何也？为玉之寡而碈之多与？’”子贡的一番话，反映了直到春秋晚期，社会上层“君子”，还是认为玉石难得，故珍贵喜爱之。

不仅如此，在春秋时人看来，玉晶莹润泽、坚实致密，由于终日爱玩不已，逐渐被发掘出并感悟到玉“形而下”的某些哲理含义。即：玉可象征人的某种品德，诸如诚敬。《左传》庄公二十四年“御孙曰：‘男贽，大者玉帛，小者禽鸟。’”杨《注》：“古人想见，必手执物以表诚敬。所执之物谓之挚。”或象征人的忠信。《左传》文公十八年莒大子“仆因国人以弑季公，以其宝玉来奔”，受到人们的抨击，“夫莒仆，则其孝敬，则弑君父矣。则其忠信，则窃玉矣”。还可理解其有坚重、沉稳之质。《左传》昭公十二年记工尹路就楚王命破圭为戚柲讨个说法，左史倚相征引祭公谋父作《祈招》劝诫“穆王欲肆其心”的典故时说：“思我王度，式如金，式如玉。”杜《注》“金玉取其坚重”。还象征人的修养涵虚。《左传》宣公十五年记晋伯宗说：“川泽纳污，山薮藏疾，瑾瑜匿瑕，国君含垢。”杨《注》：“瑾瑜，美玉也。虽其质甚美，而不无疵瑕藏匿其间。”杜《注》含垢为“忍垢耻”。即是说国君要像美玉那样能包容瑕疵，不能小不忍而危害社稷江山。玉又和良言一样对人有益。《左传》昭公十六年韩宣子经郑子产的一番劝说，认识到“起不敏，敢求玉以徼二罪，敢辞之”。并“私觐于子产以玉与马，曰：‘子命起舍夫玉，是赐我玉而免吾死，敢不藉手以拜！’”韩宣子把子产劝他不再求“其一在郑商”的玉环，而把这一番话比做“赐我玉”，即金玉良言而感激，反而赠给子产马与玉等财贿。如此等等。我们可以看出,春秋时期人们对玉形而下的种种哲理的阐释与发挥,都是从当时人的政治道德观出发和理解的。

《礼记·聘义》引孔子的话说,玉“温润而泽,仁也。缜密以栗,知也。廉而不刿,义也。垂之如坠,礼也。叩之其声清越以长,其终诎然,乐也。瑕不弇瑜,瑜不弇瑕,忠也。孚尹旁达,信也”。这个孔子,是已成“儒家”的“孔子”了。他这一番对玉形而下品德的阐述,还是有所本的,当是春秋时人们对玉深层认识的继承和发展,并经过儒家加以整理和儒学化的结果。

第四节　未结束的结语

通过我们对春秋时代用玉的初步整理及玉观念的分析,可以看到:

(一)春秋时代的人们,无论是贵族,还是平民,都是把玉作为重要财富看待的。这和我们在《殷人宝玉、用玉及对玉文化研究的几点启示》(《中国史研究》二〇〇〇年第一期)中所指出的“殷人有着强烈的宝玉意识并形成了对玉这种财富的拜物教”,是一脉相承的。商周以来直到春秋,人们一以贯之的宝玉意识,对我们研究其源头——史前社会人们的玉观念当会有所启示。

(二)春秋时期所见的玉和玉器名,据我们以“《左传》所见春秋玉器使用统计表”统计,共出现玉(及与他物连言者,诸如玉帛等)三十一次。而有具体名称的玉器二十五种,共出现七十七次之多。有名之玉器出现次数较多的有环(三见)、圭(五见),而以璧出现次数为最多(18 见)。因此,《周礼》所列“六瑞”(以圭璧为主)和“六器”之名当有所本。但从春秋时代社会政治生活中用玉情况的研究看,尽管玉与礼、玉与瑞、圭璋璧等与“等邦国”和“礼天地四方”与《周礼》“六瑞”、“六器”的规定有某些相符,但多数玉器的使用与《周礼》所定制度不符。因此,我们可以肯定地说:《周礼》玉制不是春秋时代的玉制。因此,时下对春秋时代考古发掘出土的玉器以《周礼》玉制,再加上汉人笺证《周礼》玉制的注疏作为依据加以阐释,从方法论上是值得改进的。

（三）关于《周礼》及秦汉人注疏对先秦玉制研究的意义及局限性，夏鼐教授在《商代玉器的分类、定名和用途》（《考古》一九八三年第五期）一文中，已有深刻论述。时至今日，仍是我们在先秦玉器研究中应加以注意。本文力图用可靠的材料，即较真实反映春秋时代历史实际的《左传》，间以《国语》为补充，力图恢复春秋时代人们谈玉及用玉和玉观念。我们暂放《周礼》玉制及秦汉人（特别是儒家）注疏而不用，是为了避免给春秋时代的用玉及玉观念穿上扑朔迷离的华美外衣。那样，就成为汉代人理解和包装的"春秋"用玉了。

（四）不仅春秋时期玉制研究，应力图做到春秋时人谈春秋时期的用玉及玉观念，而且夏、商、周时期的用玉，直到史前用玉的研究，都应如此。即我们所说的"要用'当时当地'标准去研究玉器。如果'尽信书'而不加分析地加以论证，就会使研究'超前化'，即儒学化，特别是'汉'儒化了"！

因此，下一步需要更换观念深入研究的问题还不少，所以本文只算是"未结束的结语"而已，愿有后我者继之，幸甚！幸甚！

第二十七章　殷墟发掘与中国考古学

第一节　我国近代历史考古学的“萌芽”和殷墟十五次发掘的“第一阶段”(一、二、三次)

一九二八年,作为全国性的最高学术机关——中央研究院成立。当年五月,傅斯年被任命为历史语言研究所代理所长,旋派青年学者董作宾于八月去河南安阳小屯村调查甲骨埋藏情况,并自一九二八年十月起,直到一九三七年抗日战争爆发才暂告停止,费时十年之久,先后进行了十五次大规模的科学发掘殷墟工作。其持续时间之久,发掘规模之大、出土遗物之精美和发现遗迹之丰富,不仅在我国,而且在世界考古学史上也是所见不多的。

就是在中央研究院科学发掘殷墟的过程中,我国近代科学意义的历史考古学由“萌芽”状态起步,经过不断地探索和总结,逐步形成,并渐渐走向了它的成熟时期。

殷墟科学发掘的第一阶段,指自一九二八年秋至一九二九年秋历史语言研究所在安阳小屯村所进行的第一次、第二次、第三次发掘工作时期。这一时期的发掘工作,取得了丰硕成果,在我国近代考古学史上,占有重要的地位。

但是,能不能说,自一九二八年十月起中央研究院开始大规模科学发掘殷墟,就标志我国近代考古学已经形成了呢?我们认为不能这样说。甚至直到一九二九年秋天殷墟第三次科学发掘工作以后,还不能说中国近代田野考古学已经形成。我们认为,一九二八年十月的第一次、一九二九年春季的第二次、一九二九年秋季的第三次科学发掘殷墟,应是殷墟大规模发掘的第一阶段。这一阶段的考古发掘工作,还处在我国历史考古学的初级阶段,即殷商考古学尚处于“萌芽时期”的水平。之所以这样说,是根据以下理由:

首先，如所周知，以田野调查发掘工作为基础的近代考古学，应“包括史前考古学、历史考古学和田野考古学等分支学科”①。“考古学所研究的‘古代’，除了史前时代以外，还应该包括原史时代和历史时代。就中国考古学而言，历史时代不仅指商代和周代，而且还应包括秦汉及其以后各代”。所谓“古不考‘三代’以下”，就是由于秦汉以降文献资料较多，而对秦汉以后考古资料在史学研究中的重要性有所忽视，这种观点是不正确的。“当然，历史越古老，文字记载越少，考古学研究的重要性也越显著。要究明人类没有文字记载的史前时代的社会历史，就必须在极大程度上依靠考古学，因而史前考古学与史前史就等同起来了”②。

一九二八年秋，我国第一次用近代考古方法发掘安阳殷墟，标志着我国近代的科学历史考古学的开始。殷墟遗址的考古发掘，要比史前遗址仰韶村（新石器时代）和周口店（旧石器时代）的发掘工作晚得多。当时的史前考古学尚处在“萌芽时期”，因而殷墟的发掘工作，当也不会超过开展较早的史前考古学所达到的水平。所以一九二八年殷墟科学发掘不能说是我国近代考古学形成的标志。即使殷墟科学发掘伊始，就应用了“地层学”的方法（而事实情况并非如此，我们将在下面分析），历史考古学已经“形成”，但作为我国近代考古学的形成，应是一个整体的概念。原始社会的新石器时代考古、旧石器时代考古和历史考古是近代考古学的三大支柱。只有史前考古学也真正形成以后，才能说我国近代考古学已经形成。但实际情况是，殷墟的科学发掘工作，不仅第一次，而且第二次、第三次，还处于历史考古学的“萌芽时期”水平。

其二，之所以说殷墟科学发掘的第一阶段还处在历史考古学的“萌芽时期”，这是因为最初发掘殷墟的宗旨还没有脱离古器物学的范畴，发掘的主要目的是为了搜求甲骨，而不是对殷墟文化进行全面考察。董作宾说，“吾人感于殷墟甲骨有大举发掘之必要，乃先从调查入手”。中央研究院委托董作宾赴安阳小屯村经过实地考察，发现的种种迹象“皆可为殷墟甲骨

---

①　参阅王仲殊：《考古学》，《中国大百科全书·考古卷》，第一页，一九九二年。

②　王仲殊：《考古学》，《中国大百科全书·考古卷》，第二页。

挖掘未尽之证”。“甲骨既尚有遗留，而近年之出土者又源源不绝，长此以往，关系吾国古代文化至钜之瑰宝，将为无知之士人私掘盗卖以尽，迟之一日，即有一日之损失。是则由国家学术机关以科学方法发掘之，实为刻不容缓之图”①。只是在第二次科学发掘李济主持工作以后，“李君最先要解决小屯地层一问题，以为解决其他一切问题之张本”②，才开始注意对殷墟甲骨文以外的遗迹、遗物的考古学考察。

其三，说殷墟科学发掘的第一阶段还处在我国历史考古学的“萌芽时期”，发掘工作主持者的水平和经验也反映了这一事实。在当时来说，“殷墟的挖掘，本是很难的一个题目。考古组同人谁也不敢说全具现代考古家的一切资格”③。第一次发掘工作主持人董作宾，“一九二八年他三十岁刚出头，是‘五四’运动的天然追随者，富有新思想并急于为自己的研究搜集资料”。“他虽不是传统意识中的古物学家，但他理智灵活”。再加上他是河南人，“这在许多方面都将有利于他的工作”。但是，董作宾和积极促成发掘工作进行的历史语言研究所所长傅斯年一样，“对现代考古学都没有任何实践经验”④。因此他发掘殷墟使用的方法，诸如“轮廓求法”、“集中求法”、“打探求法”和“村人经验”等，与私人挖掘甲骨无甚大别，只不过是由官方学术团体，即“公家”挖掘甲骨而已。诚如郭沫若一九三〇年所批评的，“发掘上最关紧要的地层之研究丝毫未曾涉及，因而他所获得的比数百片零碎的卜辞还要重要的古物，却被他视为‘副产物’而忽略了”⑤，自第二次发掘以后，改由美国归来的李济博士负责。但在美国“原是接受人类学训练的，通过偶然的机会才成为考古学者”⑥的李济，虽然一九二六年与地质学家袁复礼一起有过西阴村史前遗址的考古实践，但“西阴村是一处单

---

① 董作宾:《民国十七年试掘安阳小屯报告书》,《安阳发掘报告》(第一期),一九二九年。

② 蔡元培:《安阳发掘报告》(第一期)序,一九二九年。

③ 李济:《现代考古学与殷墟发掘》,《安阳发掘报告》(第二期),一九三〇年。

④ 李济:《安阳》,第四十一页。

⑤ 郭沫若:《殷墟之发掘》,《中国古代社会研究》,第三〇一页,人民出版社,一九五四年。

⑥ 李济:《安阳》,第三十页。

纯的仰韶文化遗址，不像仰韶村跨越很长的时间”①因此对于文化堆积复杂、遗迹现象丰富的殷墟遗址，他也有一个熟悉和认识的过程。尽管他主持工作以后，在发掘工作中开始使用一些近代考古方法，比第一次发掘有了一定的进步。而作为古生物学家的斐文中，也参加了第二次发掘殷墟工作。斐氏虽然也曾参加并主持过周口店遗址的发掘工作，但旧石器时代考古与历史时期考古的情况有很大不同。中央研究院殷墟发掘团，集中了当时中国水平最高的田野考古专家，是不容置疑的。可惜限于时代和条件，他们不可能通过对殷墟的发掘，一下子就把历史考古学提高到“形成时期”的水平。

其四，说殷墟科学发掘的第一阶段，还处在我国历史考古学的“萌芽时期”，这是因为田野考古的重要手段“地层学”在殷墟还没有形成。如前所述，殷墟第一次发掘，董作宾依据甲骨在地下分布的情形，推断殷墟为大水“漂没说”。而第二次发掘，虽然李济立意要在发掘中“清楚了解地表下地层的情况”，并开始对遗址进行测绘、登记出土遗物、坚持田野工作日记等等，使发掘工作较第一次有了进步，但李济根据发掘现象判断，仍主殷墟“地下的文化层是由洪水冲积成的”。而李济主持的第三次发掘，尽管收获颇为丰富，并以陶片为“标准”，认识到商都面积要远远超过小屯村，但对殷墟文化层仍然未能判别清楚，秉持以前的“漂没说”。

所谓“漂没说”，是由于殷墟二、三次发掘，“所采的完全是长沟式的发掘，见了这种像聚墨的砚台似的无数凹痕，就设想了好些解释。张蔚然君特别研究这个问题的结果，偏重水淹遗迹说”②。直到一九三一年第四次发掘时，把这种现象结合一九三〇年对城子崖龙山文化夯土城址的经验分析、比较，才知道了殷墟文化层中的这一现象为建筑遗存的“夯土”③，从而修正了“漂没说”。这标志殷墟遗址历史考古学“地层学”的形成，从而把殷墟发掘第一阶段“草创时期”的水平，推向了第二阶段（一九三一年至一九

---

① 严文明：《仰韶文化研究中几个值得重视的问题》，河南省考古学会、渑池县文物保护管理委员会编：《论仰韶文化》，《中原文物（特刊）》，一九八六年，总五号。

②③ 李济：《安阳最近发掘报告及六次工作之总估计》，《安阳发掘报告》（第四期），一九三三年。

三四年第四次至第九次发掘),即我国历史考古学的"形成时期"。

基于上述四种理由,我们不能同意学术界所说的,从一九二八年中央研究院进行第一次大规模科学发掘殷墟工作起,中国近代考古学就"形成"了的观点。事实上,在殷墟科学发掘的第一阶段(第一、二、三次发掘),也还没有形成真正近代科学意义的历史考古学。中国历史考古学的形成,应在殷墟科学发掘的第二阶段,即从第四次(一九三一年)至第九次(一九三四年)这一期间。

尽管第一阶段的殷墟发掘工作,还处在近代考古学的"萌芽阶段",但其重要意义却是不容忽视的。

第一,殷墟科学发掘工作是由当时国家级学术机构——中央研究院出面发起和组织的,反映了我国学术界对近代考古学这门新兴学科的迫切需要和大力提倡。正如时任中央研究院院长的蔡元培在《安阳发掘报告》(第一期)的"序"中指出的:"中国的历史人文之学发达在自然科学未发达之前,西洋的历史人文之学则发达在自然科学既发达之后;所以他们现在的古学有其他科学可资凭借,我们前代的古学没有其他科学可资凭证"。因此"我们现在从事此项工作者所凭借之不如人"。"若不扩充我们的凭借,因以扩充或变易我们的立点和方法,哪里能够使我们的学问随着时代进步呢?"①因而自一九二八年开始的安阳殷墟发掘,确实是顺应了时代的要求。中央研究院的考古发掘,推动了我国近代考古事业的发展。

由于中央研究院是国家级学术机关,所以当一九二九年与河南省地方当局发生纠纷时,才能通过中央政府与地方政府的协调,使纠纷得到妥善解决,并得以保障以后多次的殷墟发掘工作能安全、顺利地进行。也正因为中央研究院是国家级学术机关,才能使殷墟发掘团在各省能较为顺利地发掘重要遗址。在与河南省方面协调纠纷的过程中,中央研究院还与山东省政府合组山东古迹研究会,于一九三〇年发掘了龙山镇的城子崖遗址,"这个发现,除了它自身的重要外,供给了我们研究殷墟问题的人一些极重

① 蔡元培:《安阳发掘报告》(第一期)序,一九二九年。

要的比较资料”。在集中人才、筹集经费等方面，中央研究院也较地方研究团体更有优势。殷墟五次发掘工作以其取得的丰硕成果，“为中国古学开一个崭新的局面”。这说明了重大遗址的考古发掘和重点研究课题的进行，由国家集中一批水平较高的科学家和物力进行攻关是十分必要的。这一点，直到今天对我们的考古科学研究工作仍有很大的启示。

其次，一九二八年开始的殷墟科学发掘，先后有十五次的大规模发掘工作，从始至终，既没有与外国学者合作，也没有外国学者参加，完全由中国学者主持和参加。当时主持发掘工作的年青学者先后有董作宾、李济、梁思永、郭宝钧、石璋如等人。先后参加十五次发掘工作的学者，诸如董作宾、李济、梁思永、郭宝钧、吴金鼎、刘耀（即尹达）、石璋如、李景聃、祁延霈、尹焕章、胡厚宣、高去寻、夏鼐等，他们中的绝大多数人后来都成为著名的考古学家。是他们把我国历史考古学由萌芽推向形成，再由形成推向成熟，成为我国近代考古学的奠基者和一代宗师。不少曾在这些大师指导下的年青学子，也通过殷墟的发掘工作，扣开了殷商考古殿堂的门扉，成为当今中国有成就的考古学家。从这个意义上说，一九二八年开始的殷墟发掘，为中华民族培养了一代又一代的考古学专家，奠定了中国近代考古学的人才基础。

其三，一九二八年开始的殷墟科学发掘工作，为殷商文化研究积累了大批资料。自第一阶段（第一、二、三次）发掘就开始探索的殷墟范围，经过第二阶段（第四至九次）的历史考古学形成时期的继续探索和第三阶段（第十至第十五次）的考古学成熟时期全面发掘，发现了以小屯村建筑遗址为中心的宫殿区和侯家庄西北冈的王陵区以及大批精美文物和甲骨文。又经过新中国成立以后的继续科学发掘工作，基本上查清了殷墟的范围和布局，为殷商时期的政治、经济和文化的研究，提供了大量珍贵的第一手资料。

其四，殷墟考古发掘工作，是我国近代科学意义的历史考古学的开端。从此以后，逐渐形成的一整套严格的科学发掘工作方法和有关商代遗物、遗迹的分析研究，奠定了我国历史考古学的基础。以殷墟文化分期为基础①，

① 参阅邹衡：《试论殷墟文化分期》，《夏商周考古学论文集》，文物出版社，一九八〇年。

不仅可以对全国各地商代遗址的时代实行判断,又可进一步向上推断郑州二里冈期中商遗存①,并直至豫西、晋南的二里头文化早商遗存②。应该说,这些成就的取得,是一九二八年殷墟开始的十五次大规模的科学发掘工作的继续,实现了“殷墟知识不啻为其他古墟知识作度量”③的初衷。

其五,已如前述,一九二八年开始的殷墟科学发掘工作,本来是为了搜采甲骨文。但其学术意义却远远超出了甲骨学的范围。与大量科学发掘甲骨出土的同时,伴出的大量遗迹和遗物为我国殷商考古学奠定了基础。而田野考古学的科学方法被引入甲骨学研究领域,从而使著名甲骨学大师董作宾得以完成了“分期断代”的创举,甲骨学研究因此突破了传统金石学的藩篱,进入了历史考古研究的发展时期。

第二节 简论殷墟发掘第一阶段在我国考古学史上的地位

所谓的殷墟科学发掘的第一阶段,指中央研究院在安阳小屯村所进行十五次大规模发掘工作中的第一次、第二次、第三次工作期间。

一九二八年十月十三日,中央研究院开始了第一次科学发掘安阳殷墟的工作。发掘工作由董作宾主持,参加发掘工作的主要成员有郭宝钧、王湘等六人。这次发掘的工作地点在小屯村村北、村中和村东北洹河岸边等三处,发掘的主要目的是搜挖甲骨文。发掘时采用的方法是“轮廓之法,由外而内;集中之法,由内而外;打探之法,为可知一丈以内之土色计,作交叉形,盖犹是缩小范围之轮廓求法也”。但因这三种方法都不合殷墟实际,所获甲骨甚微。因而只得改为“利用村人之经验”,即经过“博访周咨”后,根

---

① 参阅邹衡:《论郑州新发现的商代遗址》,《夏商周考古学论文集》,文物出版社,一九八〇年。

② 《新中国的考古发现与研究》,第二一五至二一九页。

③ 傅斯年:《本所发掘殷墟之经过》,《安阳发掘报告》(第二期)附录,一九三〇年。

据村人提供的过去出土甲骨之处的线索进行发掘，果然在村中、村北挖得甲骨。这次发掘面积约二百八十平方米，共得甲骨八百五十四片，以及铜器、陶器、骨器、蚌器等遗物多种。通过第一次发掘，初步认识了殷墟范围“已自河畔直达村中，一里之内，皆殷墟遗物所在之地也”。并得出了殷墟为大水“漂没说”，其根据是“殷墟遗物如甲骨之类在地下之形状，又确可断定其为漂流淤积所致”（董作宾《民国十七年十月试掘安阳小屯报告书》，《安阳发掘报告》第一册，一九二九年）。

一九二八年十二月，李济被任命为历史语言研究所考古组组长，全面负责安阳殷墟发掘事宜。一九二九年三月，由李济主持的第二次殷墟科学发掘工作开始，发掘地点在村北、村南和村中等三处，工作人员主要有董作宾、王湘、裴文中等。应该指出的是，自李济主持工作后，一些近代田野考古方法才开始在殷墟发掘工作中应用。诸如雇用一位有才干的测量员对遗址进行测绘，以便准确地绘出以小屯村为中心的详细地形图。在遗址内许多地点以挖探沟的方法进行试掘，主要是为了清楚地了解地表以下的地层情况，以便找出包含未触动过的甲骨堆积。要求发掘工作人员系统记录、登记发掘出的遗物确切出土地点、周围堆积情况、层次以及发现的时间，还要求发掘工作人员坚持记田野工作日记（参阅李济《安阳》，第四八页）等等。这次发掘二百八十平方米，发现了甲骨七百四十片，以及陶器、兽骨及石器、铜器等遗物。虽然通过第二次发掘，明确了殷墟文化堆积情形，即现代耕土层下，为隋唐时代墓葬（有的稍早），其下为殷商文化层。但发掘过程中一些考古现象，经李济研究后，仍持“漂没说”。他曾认为：“我们这季找了几件具体的事实，可以证明地下的文化层是由洪水冲积成的。殷商人之所以放弃这个都城，也是因为这次的洪水。”（李济《小屯地面下情形分析初步》，《安阳发掘报告》第一册）

第三次殷墟科学发掘工作是在一九二九年秋季进行的。这次发掘工作仍由李济主持，参加工作的人员有董作宾、张蔚然、王湘等，发掘的地点在小屯村村北高地及村西北的霸台。这次发掘，共开坑一百十八个，面积八百三十六平方米。本次共获得甲骨三千十二片，其中有著名的“大龟四版”、牛头刻辞、鹿头刻辞等精品。此外,还发现有铜器、陶品、石器、骨器等遗物,最为珍贵的是石刻饕餮、白陶和彩陶片等遗物和居住遗址、墓葬等遗迹(参阅胡厚宣《殷墟发掘》,第五五页)。这次发掘,认识了“出字骨的小屯只是殷都一个特别的区域,要定商都的范围,只可用陶片定。若以陶片为标准,我们至少可以说商都的面积远超过现在小屯的领土之外”。对第二次发掘时的“漂没说”,这次发掘使李济“增加了好多同类的观察,愈益证实上次的推论”(李济《民国十八年秋季发掘殷墟之经过及其重要发现》,《安阳发掘报告》第二册,一九三〇年)。而张蔚然则进一步论断了殷墟文化层“不止为一次大水淤成”,“兹按文化层内遗留痕迹推测,约有四次。”(参阅张蔚然《殷墟地层研究》,《安阳发掘报告》第二册)关于这次发掘所得彩陶片,李济指出:“殷墟的工作可以确切证明仰韶文化不得晚过历史上的殷商,并且要早若干世纪。有些证据使我们相信这块陶器是殷商时代一件古董,好像现代人玩的唐宋瓷器似的。”(李济《小屯与仰韶》,《安阳发掘报告》第二册)

能不能说,自一九二八年十月起中央研究院开始大规模科学发掘殷墟,就标志我国近代考古学已经形成了呢?我们认为不能这样说。甚至直到一九二九年秋天殷墟第三次科学发掘工作以后,还不能说中国近代田野考古学已经形成。我们认为,一九二八年十月的第一次、一九二九年春季的第二次、一九二九年秋季的第三次科学发掘殷墟,应是殷墟大规模发掘的第一阶段。这一阶段的考古发掘工作,还处在我国历史时期考古学的初级阶段,即殷商考古学尚处于“萌芽时期”的水平。我们之所以这样说,是以以下理由为根据的:

首先,如所周知,以田野调查发掘工作为基础的近代考古学,应“包括史前考古学、历史考古学和田野考古学等分支学科”(参阅王仲殊《考古学》,《中国大百科全书·考古卷》,第一页)。“考古学所研究的‘古代’,除了史前时代以外,还应该包括原史时代和历史时代。就中国考古学而言,历史时代不仅指商代和周代,而且还应包括秦汉及其以后各代”。所谓“古不考‘三代’以下”,就是由于秦汉以降文献资料较多,而对秦汉以后考古资料在史学研究中的重要性有所忽视，是不正确的。“当然，历史越古老，文字记载越少，考古学研究的重要性也越显著。要究明人类没有文字记载的史前时代的社会历史，就必须在极大程度上依靠考古学，因而史前考古学与史前史就等同起来了。”（同上书，第二页）

一九二八年秋，作为我国第一次用近代考古方法发掘的历史遗址——安阳殷墟，标志我国近代的科学历史考古学的开始。殷墟遗址的考古工作，要比史前遗址仰韶村（新石器时代）和周口店（旧石器时代）的发掘工作开始晚得多。当时的史前考古学尚处在“萌芽时期”的发掘水平，那么作为我国历史考古学的开端——殷墟的发掘工作，当也不会超过开展较早的史前考古学所达到的水平。因此不能说，一九二八年殷墟科学发掘是我国近代考古学形成的标志。即使殷墟科学发掘伊始，就应用了“地层学”的方法（实际并未如此，我们将在下面分析），历史考古学形成了，但作为我国近代考古学的形成，应是一个整体。原始社会的新石器时代考古、旧石器时代考古和历史考古鼎足而三，是近代考古学的三大支柱。只有在史前考古学也真正形成以后，才能说我国近代考古学已经形成。但实际情况是，殷墟的科学发掘，不仅第一次，而且第二次、第三次，还处在历史考古学的“萌芽时期”水平。

其二，我们之所以说殷墟科学发掘的第一阶段还处在历史考古学的“萌芽时期”，这是因为最初发掘殷墟的宗旨还没有脱离古器物学的范畴，即发掘的主要目的是为了搜求甲骨，而不是对殷墟文化进行全面考察。董作宾说：“吾人感于殷墟甲骨有大举发掘之必要，乃先从调查入手。”中央研究院委托董作宾赴安阳小屯村经过实地考察，发现的种种迹象“皆可为殷墟甲骨挖掘未尽之证”。“甲骨既尚有遗留，而近年之出土者又源源不绝，长此以往，关系吾国古代文化至巨之瑰宝，将为无知之土人私掘盗卖以尽，迟之一日，即有一日之损失。是则由国家学术机关以科学方法发掘之，实为刻不容缓之图。”（董作宾《民国十七年试掘安阳小屯报告书》，《安阳发掘报告》第一册）直到在第二次科学发掘李济主持工作以后，“李君最先要解决小屯地层一问题，以为解决其他一切问题之张本”（蔡元培《安阳发掘报告》(第一册)序,一九二九年),才开始注意对殷墟甲骨文以外的遗迹、遗物的考古学考察。

其三,我们之所以说殷墟科学发掘的第一阶段还处在我国历史考古学的"萌芽时期",发掘工作主持者的水平和经验也反映了这一事实。在当时来说,"殷墟的挖掘,本是很难的一个题目。考古组同人谁也不敢说全具现代考古家的一切资格"(李济《现代考古学与殷墟发掘》,《安阳发掘报告》第二册,一九三〇年)。作为第一次发掘工作的主持人董作宾,"1928 年他 30 岁刚出头,是'五四'运动的天然追随者,富有新思想并急于为自己的研究搜集资料"。"他虽不是传统意识中的古物学家,但他理智灵活。"再加上他是河南人,"这在许多方面都将有利于他的工作",因而成为第一次科学发掘殷墟工作的理想主持人选。但是,他和积极促成发掘工作进行的史语所所长傅斯年一样,"对现代考古学都没有任何实践经验"(李济《安阳》,第四一页)。因此他发掘殷墟使用的方法,诸如"轮廓求法"、"集中求法"、"打探求法"和"村人经验"等,与私人挖掘甲骨无甚大别,只不过是由官方学术团体,即"公家"挖掘甲骨而已。诚如郭沫若一九三〇年所批评的,"发掘上最关紧要的地层之研究丝毫未曾涉及,因而他所获得的比数百片零碎的卜辞还要重要的古物,却被他视为'副产物'而忽略了"(郭沫若《殷墟之发掘》,《中国古代社会研究》,人民出版社一九五四年版,第三〇一页);自第二次发掘以后,改由美国归来的李济博士负责。但在美国"原是接受人类学训练的,通过偶然的机会才成为考古学者"(李济《安阳》,第三〇页)的李济,虽然一九二六年与地质学家袁复礼一起经过西阴村史前遗址的考古实践,但"西阴村是一处单纯的仰韶文化遗址,不像仰韶村跨越很长的时间"(阎文明《仰韶文化研究中几个值得重视的问题》,《中原文物特刊》〔总 5 号〕,一九八六年)。因此对于文化堆积复杂、遗迹现象丰富的殷墟遗址,他也会有一个熟悉和认识的过程。尽管他主持工作以后,开始在发掘工作中使用一些近代考古方法,比第一次发掘有了一定的进步。而作为古生物学家的裴文中,也参加了第二次发掘殷墟工作。虽然他曾参加并主持过周口店遗址的发掘工作,但旧石器时代考古与历史时期考古的情况毕竟有很大不同。此外，这一时期周口店遗址的旧石器时代考古学，和新石器时代考古学一样，也尚处在“萌芽阶段”。中央研究院殷墟发掘团，集中了当时中国水平最高的田野考古专家，是不容置疑的。但限于时代和条件，他们不可能对殷墟的发掘，不经探索、修正，一下子就把历史考古学提高到“形成时期”的水平。

其四，我们之所以说殷墟科学发掘的第一阶段，还处在我国历史考古学的“萌芽时期”，这是因为田野考古的重要手段“地层学”，在殷墟还没有形成。已如前述，殷墟第一次发掘，董作宾依据甲骨在地下分布的情形，推断殷墟为大水“漂没说”。而第二次发掘，虽然李济立意要在发掘中“清楚了解地表下地层的情况”，并开始对遗址进行测绘、登记出土遗物、坚持田野工作日记等等，使发掘工作较第一次有了进步，但李济根据发掘现象判断，仍主殷墟“地下的文化层是由洪水冲积成的”。而李济主持的第三次发掘，尽管收获颇为丰富，并以陶片为“标志”，认识到商都面积要远远大于小屯村以外，但对殷墟文化层却未能判别清楚，仍持以前的“漂没说”。

所谓“漂没说”，是由于殷墟二、三次发掘，“所采的完全是长沟式的发掘，见了这种像聚墨的砚台似的无数凹痕，就设想了好些解释。张蔚然君特别研究这个问题的结果，偏重水淹遗迹说”（李济《安阳最近发掘报告及六次工作之总估计》，《安阳发掘报告》第四册，一九三三年）。直到一九三一年第四次发掘时，再把这种现象结合一九三〇年对城子崖龙山文化夯土城址的经验分析、比较，才知道了殷墟文化层中的这一现象为建筑遗存的“夯土”，从而修正了“漂没说”。这标志殷墟遗址历史考古学“地层学”的形成，从而把殷墟发掘第一阶段“草创时期”的水平，推向了殷墟科学发掘的第二阶段（一九三一年至一九三四年第四次至第九次发掘），即我国历史考古学的“形成时期”。关于此，我们将在下面详述，此处从略。

基于上述种种，我们不能同意学术界所说的，从一九二八年中央研究院进行第一次大规模科学发掘殷墟工作以后，中国近代考古学就“形成”了。而且在整个殷墟科学发掘的第一阶段，都没有“形成”中国真正近代科学意义的历史考古学。中国历史考古学的形成，要到殷墟科学发掘的第二阶段,即从第四次(一九三一年)至第九次(一九三四年)这一期间。

虽然第一阶段的殷墟发掘工作,还在我国近代考古学的“萌芽阶段”,但其重要意义是丝毫也不容忽视的。

其一,殷墟科学发掘工作是由当时中国国家级学术机构——中央研究院出面发起和组织的,反映了我国学术界对近代考古学这门新兴学科的迫切需要和大力提倡。正如当时的中央研究院院长蔡元培在《安阳发掘报告》(第一册)的“序”中所指出的:“中国的历史人文之学发达在自然科学未发达之前,西洋的历史人文之学则发达在自然科学既发达之后;所以他们现在的古学有其他科学可资凭藉,我们前代的古学没有其他科学可资凭证。”因此“我们现在从事此项工作者所凭借之不如人”,“若不扩充我们的凭藉,因以扩充或变易我们的立点和方法,哪里能够使我们的学问随着时代进步呢?”因而自一九二八年开始的安阳殷墟发掘,“确是因应上文所说的要求而生的”。中央研究院的考古发掘,推动了我国近代考古事业的发展。

也正因为中央研究院是国家级学术机关,所以当一九二九年与河南省地方当局发生纠纷时,才能通过中央政府与地方政府的协调,使纠纷得到妥善解决,并得以保障以后多次的殷墟发掘工作能安全、顺利地进行。也正因为中央研究院是国家级学术机关,所以才能使殷墟发掘团在各省能较为顺利地发掘重要遗址。就在与河南省方面协调纠纷的过程中,中央研究院与山东省政府合组山东古迹研究会,一九三〇年发掘龙山镇的城子崖遗址,“这个发现,除了它自身的重要外,供给了我们研究殷墟问题的人一批极重要的比较资料”(同上)。至于集中人才、筹集经费等等方面,中央研究院也较地方研究团体更有优势。殷墟十五次发掘工作以其取得的丰硕成果,“为中国古学开一个崭新的局面”(蔡元培《安阳发掘报告》(第一册)序,一九二九年)。这完全说明了重大遗址的考古发掘和重点研究课题的进行,由国家集中一批水平较高的科学家和物力进行攻关是十分必要的。这一点,直到今天对我们的考古科学研究工作仍有很大的启示。

其二,一九二八年开始的殷墟科学发掘,从始至终、先后十五次的大规模发掘工作，既没有与外国学者合作，也没有外国学者参加，完全是由中国学者主持和参加工作的。当时主持发掘工作的年青学者先后有董作宾、李济、梁思永、郭宝钧、石璋如等人。在对殷墟遗址的发掘过程中，先后参加十五次发掘工作的学者，诸如董作宾、李济、梁思永、郭宝钧、吴金鼎、刘耀、石璋如、李景聃、祁延霈、尹焕章、胡厚宣、高去寻、夏鼐等，后来都成为国内外著名的考古学家。他们对安阳殷墟以外的遗址，也进行了不少卓有成效的发掘与研究工作。就是他们，把我国历史考古学由萌芽时期推向逐步形成，再由形成阶段推向成熟时期并得到了发展，成为我国近代考古学的奠基者和一代宗师。老骥伏枥，壮心未已，他们中不少人，直到新中国成立以后，还奋战在考古发掘和研究工作的第一线。不少曾在这些大师指导下成长的年青学子，也通过殷墟的发掘工作，叩开殷商考古殿堂的门扉，成为当今中国有成就的考古学家。可以毫不夸大地说，一九二八年开始的殷墟发掘，为我国培养了一代又一代的考古学专家。

其三，一九二八年开始的殷墟科学发掘工作，为殷商文化研究积累了大批资料。自第一阶段发掘就开始探索的殷墟范围，经过第二阶段的历史考古学形成时期的继续探索和第三阶段的考古学成熟时期全面发掘，发现了以小屯村建筑遗址为中心的宫殿区和侯家庄西北冈的王陵区以及大批精美文物和甲骨文，又经过新中国成立以后的继续科学发掘工作，基本上查清了殷墟的范围和布局（参阅王宇信《甲骨学通论》，第八六页），为殷商时期的政治、经济和文化的研究，提供了大量珍贵的第一手资料。而九十年来的甲骨学研究，也取得了举世瞩目的成就（参阅王宇信《甲骨学九十年》，《华夏文明》（第三辑），北京大学出版社，一九九三年）。

其四，殷墟考古发掘工作，是我国近代科学意义的历史考古学的开端。从此以后，逐渐形成的一整套严格的科学发掘工作方法和有关商代遗物、遗迹的分析研究，奠定了我国历史考古学的基础。以殷墟文化分期为基础（参阅邹衡《试论殷墟文化分期》，《夏商周考古学论文集》，文物出版社一九八〇年版），不仅可以对近年全国各地商代遗址的时代进行判断，又可进一步向上推断郑州二里冈期中商遗存（参阅邹衡《论郑州新发现的商代遗址》,《复商周考古学论文集》),并直至分布在豫西、晋南的二里头文化早商遗存(《新中国的考古发现与研究》,第二一五至二一九页)。应该说,这些成就的取得,是一九二八年殷墟开始的十五次大规模科学发掘工作的继续,实现了“殷墟知识不啻为其他古墟知识作度量”(傅斯年《本所发掘殷墟之经过》,《安阳发掘报告》(第二册)附录,一九三〇年)的初衷。

其五,已如前述,一九二八年开始的殷墟科学发掘工作,本来是为了搜采甲骨文,但其学术意义却远远超出了甲骨学的范围。与大量科学发掘甲骨出土的同时,伴出的大量遗迹和遗物为我国殷商考古学奠定了基础。而田野考古学的科学方法被引入甲骨学研究领域,从而著名甲骨学大师董作宾得以完成了“分期断代”的创举,使甲骨学研究突破了传统金石学的藩篱,进入了历史考古研究的发展时期。

第三节　殷墟发掘第二阶段与我国近代科学意义的历史考古学的形成(四至九次)

自一九三一年春天起,中央研究院继续进行第四次殷墟科学发掘工作。这次发掘,诚如发掘主持人李济所说,“在安阳发掘历史中算是最紧张的一幕”(李济《安阳最近发掘报告及六次工作之总估计》,《安阳发掘报告》第四册,一九三三年),在殷墟发掘史上有着划时代的意义。自此以后,我国近代科学意义的历史考古学,从第一阶段发掘工作的“萌芽时期”,进入了发掘工作的第二阶段(四至九次),是我国历史考古学的“形成时期”。

殷墟第四次科学发掘工作,自一九三一年三月至五月,共进行了五十二天。发掘工作仍由李济主持,成员主要有董作宾、梁思永、郭宝钧、刘耀、石璋如等十六人。发掘地点仍在小屯村北,继续在第三次发掘区域工作。这次发掘,增加了新的成员。一九三〇年“夏季梁思永君由美归国后,即接受中央研究院之聘,加入考古组的团体。梁君是一位有田野工作训练的考古家,并且对东亚的考古问题作过特别的研究。两年来他对于考古组的组织上及方法上均有极重要的贡献”。而吴金鼎,“是山东黑陶文化第一个发现者。他对于安阳的问题独具一个看法,能于他人所不注意的事实中找出新意义”(同上)。第四次发掘工作,指导思想也与前一阶段有了显著的不同。即“于第一次发掘,颇注意甲骨文之搜集,于第二、三次发掘,颇注意其他遗物之网罗。而遗迹之特别注意,实以此次为始”(郭宝钧《B区发掘记之一》,《安阳发掘报告》第四册)。这次发掘工作的方法也有了较大的改进。“想找建筑遗址,不能用滚土的方法。换句话讲,一切起出来的土必须移到别处。”因此原拟“整个的翻”,但开工一周后,又作了调整,即“我们决定了留数米翻一米的计划。如此做法,不但可以省工,并且可以省得移土。若某处认为有全翻的必要,仍可全翻”(李济《安阳最近发掘报告及六次工作之总估计》,《安阳发掘报告》第四册)。所以在郭宝钧、董作宾等学者负责的B区有了重大突破,即“版筑”遗存的发现。此外,在C区、D区也有“版筑”遗存的发现。

郭宝钧根据B区发掘的版筑及穴居遗存的材料,结合文献和山东龙山镇城子崖遗址的材料进行比较分析,写出了《B区发掘记之一》的论作(载《安阳发掘报告》第四册),指出:“殷墟文化层内聚凹纹,确为殷人版筑迹无疑,与波浪遗痕无关。”并判断“居穴与堂基之关系,有时代先后之分”,“殷之末世,确为由穴居进而为宫室居住之过渡时代者此也”。他根据大量地层证据,论证了“殷墟非漂没说”。从此,关于殷墟文化层的形成,拨去了迷雾见青天,得出了正确的看法。其重大意义正如发掘主持人李济所充分评价的:“这是我们发掘殷墟的历史中的一个极重要的转点。”(同上)

此外,这次发掘又获得了大批遗物,诸如甲骨七百八十二片,其中鹿头刻辞一件。还发现许多青铜器、陶器、骨器以及虎头骨、象牙床、鲸鱼骨、象骨等重要资料。

另外,一九三〇年山东城子崖龙山文化遗址的发掘,对学者们研究殷墟颇有启发。“要了解小屯,必须兼探四境。”大的方面讲,可将殷墟发掘的一些现象与山东城子崖遗址相比较;小的范围说,开始注意殷墟中心区小屯的文化现象与其周围的文化遗址的关系问题的探索。即“都想用由外求内的方法,发掘小屯四境,以解决小屯”(同上)的一些疑难问题。因此,在发掘小屯村遗址的同时,又发掘了殷墟的“外郊”四盘磨村“当时的平民之居址”(参阅吴金鼎《摘记小屯迤、西之三次小发掘》,《安阳发掘报告》第四册)。还发掘了后冈,发现了“白灰面”以及重要的“三层文化”遗址。其重要意义,我们将在下文专门叙述。

其后又进行的“第五次至九次发掘主要集中于小屯,发掘的宗旨仍是复原殷商朝的建筑基础”(李济《安阳》,第五七页)。这一阶段的工作情形是:

1931 年秋进行了第五次发掘殷墟,主持人为董作宾,工作人员主要有梁思永、郭宝钧等。这次继续注意对殷墟文化层的研究,在“村中发掘证明地下堆积为废弃状况,不是如先前所说漂流来的。这当然又是洪水说的一个新的反证”。此外,还观察到“甲骨原在地,显系堆积而非漂没”。对建筑基址与窖穴的层位关系,也有了进一步的认识,“版筑为比较晚期的建筑,夯土下面,另有一种居住的遗址大圆坑”(李济《安阳最近发掘报告及六次工作之总估计》,《安阳发掘报告》第四册)。另外,还发现了“黄土台基”及骨料储存坑等。遗物方面,获得甲骨三百八十一片,以牛肋骨一片最为罕见;还发现有陶器、石器等文化遗物。

一九三二年春,开始第六次发掘殷墟,主持人为李济,参加工作的有董作宾、吴金鼎、石璋如等。这次发掘工作主要是在 B 区“整个的翻”和在 E 区密集开探坑,主要目的是为了探索“版筑下之方圆坑,它们的构造及排列”情形。在 B 区的方圆坑内,发现了前五次发掘从未见过的上下排列的脚窝。“黄土台与 E 区石蛋之排列,均准磁针之南北方向,亦为耐人寻味之事。”经研究,所谓“石蛋”实为建筑基址的柱础石。此外,“这季发掘所得,与殷墟历史最有关系的事实,为坑内套坑的现象。这是殷墟曾经过长久居住的物证”。

经过第四、五、六次殷墟发掘以后,不仅否定了“漂没说”和在地层学研究方面认识了“版筑的存在”,并进一步认识了“殷商时代在此开始版筑时,此地固已有若干方圆坑之旧建筑。单据此类遗迹说,殷商文化层可分为:

a.方圆坑时期 b.版筑时期”。“从现在所知道的各种实物的演变本身说，两期的区分是再也不能少的了。”(同上)以地层为依据，开始了初期文化分期的探索。特别是第六次发掘，既“重视遗物的位置，兼注意遗址的范围。可以说由支离片断的寻找，走上系统发掘的道路”(石璋如《第七次发掘殷墟：E区工作报告》，《安阳发掘报告》第四册)，考古的发掘水平有了较大的提高。

“从第七次至第九次，董作宾与郭宝钧两人轮流领导田野发掘，主要目的仍是继续复原建筑基础。”“更集中深入研究‘夯筑法’发展的不同阶段。”(李济《安阳》，第五八页)这几次的发掘情形是：

一九三二年春，进行了第七次殷墟发掘，主持人为李济，工作人员主要有董作宾、石璋如等。发掘地点由B、E两区扩展到A、C两区。这次发掘，“注意在殷墟中找遗址，从遗址中觅遗物。远窥址与址的联络，近察物与物的关系，并详记物址个体所占的精确处所，作讨探他们彼此相互的深刻意义”(参阅石璋如《第七次发掘殷墟：E区工作报告》，《安阳发掘报告》第四册)。这次发现的建筑遗迹有矩形基、凹形基、条形基以及柱础和窖穴等，和石、玉、陶、骨、角、贝、铜、金器等遗物和甲骨二十九片。

一九三三年秋，进行了第八次殷墟发掘，主持人为郭宝钧，工作人员主要有石璋如、刘耀、李景聃等六人。发掘地点在小屯村北的D区，主要目的是沟通B、E两区，并观察黑陶、灰陶文化的关系。在遗迹方面的重要发现有东、西两座版筑基址，并发现铜柱础十个。在版筑基址之下，发现了龙山文化圆坑四个，发现小屯期商文化叠压在龙山文化之上的文化堆积层。此外，还获有甲骨二百五十七片，以及商和龙山遗物多种(石璋如《殷墟最近之重要发现附论小屯地层》，《中国考古学报》第二册，一九四七年)。

一九三四年春，进行了第九次殷墟发掘，主持人为董作宾，工作人员主要有石璋如、李景聃、尹焕章等七人。发掘工作主要在村北D、G两区进行。这次发现了版筑基址、窖穴等，和甲骨四百四十一片及其他遗物等。

如此等等，就是在一九三一年春至一九三四年春的殷墟发掘第二阶段，否定了大水“漂没说”，从而把殷墟发掘工作建立在可靠的地层学基础之上。此外,通过建筑遗存的发掘,发现了夯土基址晚于其下的居穴遗迹,再结合陶器进行文化层早晚的分期,直至剖明了殷商文化层下压龙山文化层,表明了在此期间“地层学”研究的进步。因此可以说,在殷墟科学发掘的第二阶段,我国近代科学的历史考古学形成了。

第四节　余论:从形成走向成熟

第九次发掘期间,在侯家庄发现了商代居址和窖穴,并出土了“大龟七版”;而在后冈,发掘了带南北墓道的商代大墓。后冈大墓的发现,“给我们以巨大的启示和肯定的信念,认识安阳这个地方不仅是殷都所在,而且也有为殷陵所在的可能。从此便精心调查,到处寻找,洹北侯家庄西北冈殷代墓地的发现与发掘,便是这个种子的萌芽”(石璋如《河南安阳后冈的殷墓》,《史语所集刊》第十三本,一九四八年)。从此,开始了殷墟科学发掘的第三阶段的前期(第十至十二次),即王陵区的发掘和后期(第十三至十五次发掘)的小屯村宫殿区的大规模发掘工作,达到了殷墟科学发掘的“顶峰”。中国近代科学意义的考古学,自殷墟发掘的第三阶段,进入了它的“成熟时期”了。

由于本编的论题,是中国近代考古学成果,而一八四〇年至一九一九年的中国近代史上,科学意义的中国近代考古学还没有产生。因而论述中国近代考古学的形成,已写至了一九三一年,这已经超出了“近代”的时间范围。因此再继续将中国近代考古学的“成熟时期”写出来,更会远远超出了近代的范围。但为了给读者关于殷墟十五次科学发掘一个总的概念,不妨再用一些篇幅,在此把殷墟科学发掘的第三阶段成绩及意义,权作本节“附录”,作一简要介绍如下:

殷墟科学发掘第三阶段的前期(一九三四年秋至一九三五年秋)共在侯家庄西北冈王陵区发掘了三次,即第十至十二次殷墟发掘工作。三次发掘工作主持人皆为梁思永,参加工作的人员先后有石璋如、刘耀、祁延霈、胡厚宣、尹焕章、高去寻、夏鼐等。

第十次（一九三四年秋）发掘，主要在西区发现四座大墓M1001、M1002、M1003、M1004四座。在东区发现了小墓群，共发现六十三座，出土大批精美遗物和人殉、人祭现象的发现。

第十一次（一九三五年春）发掘，继续清理西区四座大墓，又发现M1217一座大墓。东区继续发掘小墓群，共411座。重要出土品甚丰，诸如M1004大墓的牛鼎、鹿鼎及数百铜盔、十个一捆的铜矛等。其他如铜、石、玉、骨、牙、陶制品、仪杖等也很精美。著名的大理石断耳铭文簋于M1003大墓中出土。

第十二次（一九三五年秋）发掘，在西区新发现并发掘大墓三座（M1500、M1550、M1443）、假大墓一座（M1567）。在东区仍继续发掘上次及这次发现的大墓两座（M1400为上次发现，M1443为这次发现）。另外，在东、西两区共发掘小墓七百八十五座。诸墓出土了大批精美文物。

以上三次发掘，共发掘殷王大墓十座（其中假大墓一座），小墓一千二百二十八座，并出土大批精美遗物。因此，“这一阶段的发现，在中国考古学上，在殷墟学上，在中国古代史上，都是非常重要的发现”（参阅胡原宣《殷墟发掘》，第九六页。及高去寻《安阳殷代王陵》，台湾大学）。殷王陵区的发现和发掘，是我国在殷墟开始萌芽并形成的近代历史考古学进入“成熟时期”的标志。有关殷王陵的发现与研究，见于李济总编辑的《侯家庄》，其中有梁思永、高去寻《1001号大墓》，于一九六二年出版；《1002号大墓》，1965年出版；《1003号大墓》，一九六七年出版；《1217号大墓》，一九六八年出版；《1500号大墓》，一九七四年出版；《1550号大墓》，一九六七年出版。

后期（一九三六年春至一九三七年春），这一期间主要工作是“平翻”小屯村北宫殿遗址。第十三至十五次发掘工作，先后由郭宝钧、梁思永、石璋如等学者主持。参加工作的人员主要有石璋如、李景聃、祁延霈、高去寻、尹焕章、王湘、潘悫等。这次发掘工作，不仅发现了前所“未预料的发现物”，而且还由于资料的积累和观察，“也为解决一些老的历史问题提供新资料的发现物”（李济《安阳》，第七八页）。

第十三次(一九三六年秋)发掘,主要在小屯村北 B、C 两区,采用大面积"平翻法",从而打破了历次发掘所受坑位的局限。发现了版筑基址四处,窖穴一百二十七个,墓葬一百八十一座。基址之上排列有整齐的础石,基址之下有全长六十米左右的水沟。还发现了战车和武士坑(石璋如《殷墟最近之重要发现附论小屯地层》,《中国考古学报》第二册,一九四七年)。最为重要的发现,是著名 YH127 坑整坑甲骨的出土,共出土甲骨一万七千九十六片,完整龟甲近三百版。这是在殷墟发掘史上罕见的发现,为甲骨学和殷商史研究,提供了大批珍贵资料(参阅王宇信《甲骨学通论》,第八八至八九页)。

第十四次(一九三六年秋)发掘,仍在小屯村北继第十三次发掘之未完工作。本次发现遗迹有版筑基址二十六处、窖穴一百二十二处、墓葬一百三十二座以及水沟遗迹。出土铜、陶、玉、石器等遗物多种。

第十五次(一九三七年春)发掘,仍在村北原十四次发掘处向南推进,集中于 C 区。"因这里是基址的中心区,所以希望在最短期间把这里弄清,找出基址和墓葬的关系"(胡厚宣《殷墟发掘》,第一〇八页),仍采用"平翻法",获得重要基址二十处、窖穴二百二十处、墓葬一百三座,甲骨五百九十九片和大量遗物。

综上所述,殷墟科学发掘的第三阶段,继承和发展了第一阶段近代历史考古学的萌芽和第二阶段形成时期的发掘经验和成果,并参考了山东城子崖以及小屯周围遗址发掘的经验和资料,演出了一场殷墟发掘史上威武雄壮的考古史剧。才有可能在殷王陵区和宫殿中心区进行规模如此之大,现象如此错综复杂,出土物如此精美的连续六次富有成效的发掘工作,终于把殷墟考古推向了高潮。我国历史考古学自殷墟科学发掘第三阶段,进入了"成熟时期"。这一成熟时期的标志就是通过这一阶段的发掘工作,解决和提出了不少重大学术课题。这就是:

首先,历次发掘和积累的资料,使一些重要课题有了进展,诸如"1.'人牲';2.动植物;3.陶器收集;4.地下坑和住宅的进化阶段;5.地面建筑基址的方向和规模"等。

其次，就是一些新的重大发现，又给考古学提出了新的研究课题。这就是“1.车马坑；2.刻字甲骨档案的地下堆积（H127）”（参阅李济《安阳》，第七八至八八页）。

综上所述，诚如李济所指出的：“实际上，最后三次发掘积累的大量田野记录，以及以任何科学标准给予最高评价的重要发现和田野资料，为当今了解安阳文化的真实性质提供了基本材料。”而“H127 明显居于整个发掘过程的最高点之一”（同上书，第八八页），是我国历史考古学“成熟时期”的重大收获之一。

由李济总编辑的《中国考古报告集》，有关殷墟遗址的发掘报告《小屯》第一本，已出版了石璋如《殷代建筑遗存》（一九五九年）、《北组墓葬》（一九七〇年）、《中组墓葬》（一九七二年）、《南组墓葬》（一九七四年）、《乙区墓葬》（一九七六年）、《丙区墓葬》（一九八〇年）、《甲骨坑层》（一九八五年）等等，为殷商文化和历史学研究提供了大批珍贵资料，在国内外学术界有着重大的影响。

第二十八章　第一个商代社祀遗址的推定与桓台史家遗址戍队城堡的发现

第一节　铜山丘湾第一个商代社祀遗址的推定

《考古》一九七三年第二期，发表了南京博物院《江苏铜山丘湾古遗址的发掘》简报。该文第四部分“商代葬地的发现”中，特别指出：“值得注意的是在丘Ⅲ T_2 的中部偏西处，发现有四块大石紧靠在一起，这四块大石都是未经人工制作的自然石块，形状不规则，竖立在土中，中心点一块，南北西又各一块”，“在葬地内共清理出人骨20具，人头骨2个，狗骨12具。根据人骨、狗骨的分布以及人骨头部的方向观察，当时的埋葬都是以四块大石为中心，人骨和狗骨从四面围绕着它。所以这四块大石是有意识放置的，而不是一种自然的现象”，并认为这与殷墟卜辞中的用奴隶和牲畜作祭祀的牺牲品记载相合。

根据文献和殷墟卜辞的记载，殷统治阶级举行祭祀的名目非常繁多。我们认为这是属于商代方国之一——大彭奴隶主阶级的一处祭社遗址。

一、礼失求诸野

据南京博物院同志考证，“今铜山县古曾为大彭国。”我们认为是很有道理的。《史记·楚世家》曾谈到“陆终生子六人”，其“三曰彭祖”。“索隐”引《世本》说：“三曰篯铿，是为彭祖。彭祖者，彭城是。”“正义”引《括地志》云：“彭城，古彭祖国也。”又《史记·项羽本纪》：“项王自立为西楚霸王，王九郡，都彭城。”“正义”说：“彭城，徐州县。”《读史方舆纪要》卷廿九“徐州”说：“禹贡徐州之域，古大彭国也。”因此，古大彭国当在今徐州一带。丘湾遗址距今徐州不远，当属古大彭国境内。

《礼记·王制》曰："东方曰夷"。甲骨文中有"尸方"，据郭沫若考证，"尸方"即东夷，"乃合山东之岛夷与淮夷而言"。①大彭立国之地，当为东夷活动区域。大彭见于《国语·郑语》："大彭、豕韦为商伯矣。"韦昭注云："大彭，陆终第三子，曰篯，为彭姓，封于大彭，谓之彭祖、彭城是也。豕韦，彭姓之别，封于豕韦者也。殷衰，二国相继为商伯。"《国语·郑语》又云："彭姓：彭祖、豕韦、诸稽，则商灭之矣。"韦注曰："彭祖，大彭也。豕韦、诸稽，其后别封也。大彭、豕韦为商伯，其后世失道，殷复兴而灭之。"大彭在殷衰时，为殷伯。伯有霸意。后殷复兴而服之。

商王国和大彭曾发生战争。甲骨文中保存了有关的宝贵史料：

辛丑卜，亘，贞乎取彭？（《前》五·三四·一）

意思是说，辛丑这一天，贞人亘问卜：命令去攻取彭么？

亘是第一期武丁时的贞人。殷武丁（即高宗）是商代有名的国王。他南坴虎方②，北克鬼方，史称"高宗中兴"。因此，大彭在高宗武丁时曾被征服，成为商王国的方国之一，是很有可能的。

被商王国征服的周围各方国，承认商王的"共主"地位，有的还接受了商王的封号。被征服的方国和人民，对商王纳税、服役，还要从征、戍边。③大彭当然也不会例外。

古文献中有"纣克东夷"的记载，甲骨文中亦有殷末征伐尸方（即东夷）的史实。大彭活动区域离殷末此役进军路线不远。④大彭对商王国时服时叛，直至"殷之末世灭彭祖氏。"⑤

再从丘湾商代遗址出土的陶器来看，其下层接近郑州二里岗商代早期，而上层接近安阳商代晚期。郑州商代早期文化，其下限可以大致断定在盘庚迁殷以前。⑥而安阳商代晚期文化相当于盘庚迁殷以后二百七十三

① 郭沫若：《卜辞通纂》考释，第一二三页，一九三三年。

② 详见李学勤：《殷代地理简论》，第九九页，科学出版社，一九五九年。

③ 详见胡厚宣：《殷代封建制度考》，《甲骨学商史论丛》初集，第一册，一九四四年。

④ 详见《殷虚卜辞综述》，第三〇五至三〇七页，插图十，一九五六年。

⑤ 司马迁：《史记·楚世家》。

⑥ 中国科学院考古研究所：《新中国的考古收获》，第四五至四六页，一九六一年十二月。

年的晚商时期。①这说明大彭从商代早期起,就受到了商王国先进文化的影响。因此,商王国的政治制度和宗教信仰必然对大彭起着一定的作用。礼失求诸野。此前在商王朝核心地区从未见过的社祀遗址,居然在远离中央王朝边裔地区的今江苏铜山丘湾考古工作中发现了!商代晚期古大彭国的社祀遗址发现与研究,为古代社祀礼仪的研究开了先河。

二、古代的"社"与丘湾的"礼祭"遗存

《说文》云:"社,地主也。从示土。《春秋传》曰:共工之子句龙为社神。《周礼》二十五家为社,各树其土所宜之木。"②主是神主。本意是用木或石拟鬼神而祭之。社即是地神,为后土,而所祭之处亦名曰社。

在我国四千多年有文字可考的历史上,社的内容和意义随着社会经济结构的变化和发展,亦有所变化和发展。

"国之大事,在祀与戎"。历代统治阶级特别重视各种祀典。"社"及其祭祀仪式,就是其中之一。

商代的社,在文献和甲骨文中屡见。商汤伐夏桀后,天下大旱,曾"自祷于桑林之社"。③周武王灭商以后,进入商都,"其明日,除道,修社及商纣宫"。"既入,立于社南大卒之左,〔左〕右毕从"。④甲骨文中亦常见"社",仅举七例如下:

(1) 辛酉□,御□水于土(社),宰。(《铁》十四·三、《珠》835)

(2) 贞燎于土(社),三小宰,卯二牛,沈十牛。(《前》一·二四·三)

(3) 乙卯卜,王,𠦪雨于土(社)。

丙辰卜,于土(社)宁风。

□□卜,□土(社)宁风。(《宁沪》一·一一八)。

---

① 中国科学院考古研究所:《新中国的考古收获》,第四五至四六页,一九六一年十二月。

② 许慎:《说文解字》,第一篇上。

③ 徐宗元:《帝王世纪辑存》,第六五页,一九六四年六月。

④ 司马迁:《史记·周本纪》。

(4) 癸亥卜，侑土(社)，燎羌，一小宰圉。(《续》二·二十三·四)

(5) 乙丑卜，又燎于土(社)，羌，圉小宰。(《萃》十八)

(6)〔壬〕申，贞又伐于土(社)，羌〔一〕。(《萃》十七)

(7) 于亳土(社)御。(《萃》二十)

郭沫若释“土”为社，云“亳土自为亳社”。[①]胡厚宣先生也认为这里的“土即社”[②]。商承祚先生亦云“土读社”[③]。

商代的社，一般用木。《论语·八佾》曾谈到“殷人以柏”，当为此制。但也有用石的记载。《淮南子·齐俗训》云：“殷人之礼，其社用石。”社主用石见于《周礼》。《周礼·春官·小宗伯》“帅有司而立军社”郑注：“社之主盖用石为之”。贾疏：“案许慎云‘今山阳俗祠有石主。’”《周礼·夏官·量人》贾疏：“在军不用命戮于社，故将社之石主而行。”春秋时还有“石社”。[④]

此外，郭沫若认为“楚之云梦乃楚社所在之地……是则楚之游云梦，与月令之祀高禖，燕之驰祖，齐之观社，宋之祀桑林正同”。[⑤]据闻一多先生考证：“云梦即高唐神女之所在，而楚先王幸神女，与祠高禖的情事也相似，故知云梦即楚的高禖”，并认为“社神即禖神”，“古之高禖以石为主”。[⑥]孙作云亦主此说。[⑦]甲骨文中有示字，唐兰先生曰：“示与主为一字。”[⑧]有人认为：“又所谓示者，以声类、象形、制度三者考之，疑即石也。”并云：“主以石为之，社主亦以石为之”，“以石为主，最初或系自然石之原始崇拜，盖古于石室为始祖神灵所居，故于其中置石主以表之。”[⑨]现在四川、辽宁等省，还有一种古代遗存，“其制在地上立一块(或几块)大石，上面盖一块大石，其基

---

① 郭沫若：《殷契萃编》考释，第八页。

② 胡厚宣：《卜辞中所见之殷代农业》，《甲骨学商史论丛》二集，上册，一九四五年三月。

③ 商承祚：《殷契佚存》考释，第一〇一页。

④ 《吕氏春秋·贵直论》。

⑤ 郭沫若：《释祖妣》，《甲骨文字研究》，上册，一九三一年五月。

⑥ 闻一多：《高唐神女传说之分析》，正文及注 30，《清华学报》，一九三五年一月，拾卷四期。

⑦ 详见孙作云：《九歌山鬼考》，《清华学报》拾壹卷四期，一九三六年十月。

⑧ 唐兰：《怀铅随录》(续)，《释示宗及主》，《考古社刊》，一九三七年，第六期。

⑨ 《祖庙与神主之起源》，《文学年报》，一九三七年五月，第三期。

本式样如□”。有的意见认为“这就是《礼记》所谓‘天子建国,左庙右社,以石为主’之主”。①这种古代遗存与丘湾的祭祀遗址有一定的相同之处。

根据上节所谈及的大彭与商王国有着密切的联系,大彭在政治、经济和文化方面接受了商王国的影响。因此,商王国祭社及社用石的礼制也很有可能为大彭所接受。所以,我们有理由认为丘湾祭祀遗址是大彭奴隶主阶级的祭社遗址。这四块“有意识放置的”大石就是社。

据《周礼》等古籍和甲骨文的记载,奴隶主统治阶级经常由于不同的政治需要,用专门的仪式在社前举行祭祀。甲骨文中就有祭社的不同祭名,如:御、□、宁、侑、□等等。而每次祭社时,或用牛,或用羊,或用犬,或用豕,或用羌(奴隶)等等作为“牺牲”。丘湾社祭遗址的十二头犬就是“牺牲”;而二十名青年和中年的尸体及二个人头,就是“人牲”。

在丘湾遗址的商代上层,发现了青铜刀和青铜凿。此青铜刀形制与洹北武官村大墓出土的铜刀(或称削)基本属于同一类型,②虽然数量不多,但是标志此时大彭已进入青铜时代,当与商王国大体上同处于奴隶制阶段。因而商王国奴隶主阶级大量用奴隶作为祭祀的“牺牲”,在大彭也必然有所反映。丘湾被用于祭社的二十二名奴隶和十二具狗骨的头都朝着社——四块大石,这种风俗也与商王国奴隶主阶级用奴隶作牺牲的风俗很相同。

在安阳侯家庄的殷王墓地,1001 号大墓南墓道的夯土中,共有五十九具杀殉奴隶的无头肢骨。按其发现的深度和在墓道中的部位,可分为二群八组。而各组人骨,皆俯身,大都是躯体南北向,左右并列,东西成排,横列墓道中。此外,在东、西、南、北四个墓道中,共发现七十三个人头骨。各组人头骨的放置,大部东西排列成行。而各个人头骨的放置,是以头顶向上,面向墓坑为原则。据此,我们可以推断当时杀殉的残酷情景:在墓坑墓道封填的工作进行到相当程度的时候,用于杀殉的奴隶便被双手反绑,一队一队的被牵到墓道中适当的地位,面向墓坑,并肩成排跪下,刽子手就顺次

① 姜亮夫:《汉字结构的基本精神》,《浙江学刊》,一九六三年,第一期。

② 郭宝钧:《一九五〇年春殷墟发掘报告》,图版贰叁 2,《中国考古学报》,第五册,一九五一年。

砍杀。砍落的人头则另有人取去，预备后来用。因此，这一种殉葬者无疑是被作为“牺牲”之用，其作用与祭奠中所用的牛、羊、犬、豕相同。丘湾社祭遗址用于祭社而被处死的奴隶和犬的头都朝着社，风俗与此相同，当是供社神享用、驱使之意。

丘湾社祭遗址中的奴隶“双手反绑，俯身屈膝”，被处死以后，有的四肢不全，有的头骨破碎。奴隶主阶级控制着政权，从肉体上残酷压榨和奴役奴隶；而且还控制着神权。这二十二名无辜被杀的奴隶，是奴隶主阶级的政权和神权的受害者。

三、 商代社祀礼俗的影响

这种用人祭社的野蛮习俗，一直到春秋时还保留着。《左传》鲁僖公十九年，“夏，宋公使邾文公用鄫子于次睢之社”。又鲁昭公十年，“秋，七月，平子伐莒，取郠。献俘，始用人于亳社”。

春秋时的宋国，本是殷人之后。《史记·周本纪》说：“封纣子禄父殷之余民”。成王时，武庚禄父因与管叔、蔡叔一起叛周而被诛，《史记·宋微子世家》记载了“乃命微子开代殷后，奉其先祀，作微子之命以申之，国于宋。微子故能仁贤，乃代武庚，故殷之余民甚戴爱之”。因此，宋国保留了不少商朝典制是很自然的。这种杀人祭社的野蛮行径，当为从其先人——商奴隶主阶级用人祭社的旧典中直接继承下来的。

在这里，还应指出的是次睢之社的具体地理位置在古文献中虽然说法不一，但“民谓之食人社”①的记载，却深刻地反映了用人祭社的实质。奴隶主阶级用人为牲，祭于社前，以供社神享用的残酷事实，由于年代久远，便逐渐演化为后来的“食人社”传说。

刘文淇的《春秋左氏传旧注疏证》是赞成沈钦韩的说法：“次睢之社当在徐州府境。”我们认为其说可从。《左传》鲁僖公十九年杜预注：“此水次有妖神，东夷皆社祀之，盖杀人而用祭。”无怪乎宋襄公想通过这种手段来迎合东夷，借以达到拉拢、讨好东夷的目的。

---

① 《后汉书·郡国志三》刘昭注引《博物记》。

甲骨文祭社有御祭。而御祭有御除灾殃的意思①。据上边引述的杜预注,我们可以看到,直到春秋时东夷地区还普遍流行着祭社可以祓禳睢水妖神之害的信仰。丘湾的石社北有小河,南距睢水亦不甚远。因此商王国御祭于社的礼俗,可能也被大彭所接受,直至春秋时仍未辍。在丘湾石社前祭祀时杀死的奴隶和犬,根据叠压情况可能不只为二次。大概在一段时间内,由于种种不同的原因,大彭的奴隶主阶级在此举行祭社的不同仪式。而为了御除睢水的妖神之害,曾在此举行过御祭,当为祭社的内容之一。

继丘湾古大彭国“石社”被论定后,近年商周中央核心地区的“社”也陆续被发现和论定。这就是殷墟小屯村丙组基址,有学者认为是商王朝的“社”(但也有不同看法)。而周原凤雏三号基址院中立石、铺石和建于西周早期的基址一体,应为一处“社宫”遗址。②

第二节　山东桓台史家遗址商代戍队城堡的发现

《文物》一九八二年第一期《山东长清、桓台发现商代青铜器》一文,曾公布“桓台县东北 12 里田庄公社史家大队西南崖头出土”的有铭文八字的铜觚和二字的铜爵(原器现藏山东省济南市博物馆),由于系零散出土和征集所得,因而一直未被学术界所注意。据最近报载,桓台史家遗址的考古发掘获重大成果③。因此,我们重新认识和研究这件铜觚及其铭文,对判断遗址的性质和商王朝与东夷族的关系是很有启示的。

一、 史家遗址所出铜觚及铭文

史家遗址所出铜觚,敞口,圆鼓腹,圈足。腹部饰饕餮纹,由细云雷纹

① 详见王国维:《戬寿堂所藏殷虚文字》考释,第一二页;杨树达:《积微居甲文说》,第七十页;裘锡圭:《读〈安阳新出土的牛胛骨及其刻辞〉》,《考古》,一九七二年,第五期。

② 参见刘一曼:《殷墟考古与甲骨学研究》,第三九三至三九七页,云南人民出版社,二〇一九年八月。

③ 《桓台史家遗址发掘获重大成果》,《中国文物报》一九九七年五月十八日。

组成，双目及鼻部突出。其上、下又各饰连珠纹一周，连珠纹的上、下又各饰以凸弦纹三周。此觚通高二十二厘米，底径八点五厘米。圈足内壁铸铭文三行八字。

桓台铜觚铭文

从该铜觚的纹饰看，其主纹饕餮纹上、下所饰之连珠纹，与郑州白家庄中商墓（M_5）所出之器身稍粗大铜觚的上、下所饰之两周连珠纹作风相同。而觚腹所饰之饕餮面，由细线条云雷纹组成，为中商常见之“单层花”。因此，桓台所出铜觚，其纹饰作风与郑州中商铜器纹饰的作风较为接近。

但从形制看，该铜觚虽近于郑州白家庄（M_5）所出之“细颈、小腹”铜觚，但史家铜觚“圆鼓腹，圈足”，而与之略有不同。此外，史家铜觚圈足部无十字镂孔，而郑州白家庄铜觚“足部有十字镂孔三个”①。因此从器型看，桓台史家铜觚更接近于安阳小屯 M_{231} 所出之较瘦高铜觚。如所周知，小屯 M_{231} 所出铜器，“和中商铜器风格相像处比较多，应是殷商早期初迁小屯时，在承袭中商铸造技巧的基础上逐渐向中期演化的过渡物，所以它们带有中商铜器的特点还很多”②。

学者指出，殷墟所出晚商时期铜觚，“它的形制也和中商差不多，只有高低粗细之差。但在中腹部分，也就是觚的腹底部分，中商觚多是顺迤而下，殷商式可以看出显然的外鼓，这是一点小小的不同。又中商觚的悬底

① 《郑州市白家庄商代墓葬发掘简报》，《文物参考资料》，一九五五年，第十期。

② 郭宝钧：《商周青铜器群综合研究》，文物出版社，一九八一年，第一八页。

范法靠榫卯,所以圈足上透榫的十字孔均宽大;殷商中晚期的悬底范法靠范盖或底范和壁范的榫卯,所以它们的十字孔渐窄小或不透孔,甚至无有,它只成了制作习惯上的残迹”。①桓台史家铜觚与武丁晚期的妇好墓所出各式铜觚,诸如“细腰高圈足觚”、“高体圈足觚”、“四棱方体觚”、“透雕觚”的作风明显不同②,而保留着较多的郑州二里岗中商期作风。因此从桓台铜觚的形制和作风在殷墟铜觚的发展序列中所处的位置看,应是稍晚于中商,但早于武丁中、晚期,应为殷墟一期(即盘庚、小辛、小乙和武丁早期)。在远离商王朝都城安阳殷墟近千公里外的桓台史家发现晚商早期铜器,对研究商文化的影响及分布是很有意义的③。

桓台铜觚的圈足内壁上,铸有铭文三行八字:“戍□无寿乍且(作祖)戊彝”。

“□”字《山东长清、桓台发现商代青铜器》一文未释,仅作原篆不识。此字于商代甲骨文中不见,但出现在西周铜器铭文中。如西周时铜器《令彝》铭:

作册令敢扬明公尹厥□。

又见于《作册大鼎》铭:

公赏作册大白马,大扬皇天尹大保□。

郭沫若定《令彝》为成王时,《作册大鼎》为康王时,隶□为“宔”,并谓“‘厥宔’,厥休。‘明公尹厥休’,明公尹之休也”④。唐兰定《作册大鼎》为康王时,《令彝》为昭王时器。说:“宔为位宁之宁和阶除之除的本字。位宁之宁的原始象形字作□,象堂屋四面有阶,省作亞,与□相近易混,也称为除,除与宁只是声调不同罢了。《说文》:‘除,殿陛也’。《汉书·苏武传》:‘扶辇下除’。注:‘谓门屏之间’。又《汉书·王莽传》:‘自前殿南下椒除’。注:‘殿陛之道也’。《尔雅·释宫》则说,‘门屏之间谓之宁’。孙炎注:‘人

① 郭宝钧:《商周青铜器群综合研究》,文物出版社,一九八一年,第一八、三六页。

② 《安阳殷墟五号墓的发掘》,图版11,《考古学报》,一九七七年,第二期。

③ 也有学者主张此觚为殷墟晚期,但关键是“戍”官器在史家发现的意义。

④ 郭沫若:《两周金文辞大系图录考释》,第一〇页。

君视朝所宁(伫)立处也’。可见除与宁是一字。《礼记·曲礼上》说:‘天子当宁而立’,应在殿阶之上,而臣下则伫立在堂下,所以称为位宁。位宁也作位箸,箸是宁的假借字”。“金文宔字,是从宀,亘声。宁为宫室的一部分,所以从宀”。①

虽然唐兰定此二器时代偏晚,而应以郭沫若之说为可信;但释“宔”为“宁”,从字形、训诂方面较郭说为详备,因此我们这里从唐兰说释“宁”。

“戍某”铜器见于传世的有《戍甬鼎》(《三代》4.7)和《戍命彝》(《钟鼎款识》2.22)等,而确知出土地点的,除了桓台史家新出《戍宁觚》,还有安阳后岗所发现之《戍嗣子鼎》。铭曰:

丙午,王赏戍嗣子贝廿朋在𨶂,

宰用作父癸宝鼒,隹王

䰞𨶂大室,在九月。犬魚。

此鼎出土于安阳后岗的一个商代晚期圆形祭祀坑内。此坑分三层埋葬的 73 具人架和陶器铜器骨器等遗物。第一层人骨架的头北,就出土此鼎,上有铭文三行三十字②。

郭沫若认为,铭文中的“戍”,“当是国族名,殷代有戍国”。并认为“圆坑中央(按:指第一层人架)的侧身屈肢葬的一具可能是墓主”,即鼎铭中的“戍嗣子”。而赵佩馨则认为,“戍嗣子”为戍队之长,圆坑中的杀殉者应为其所统率的一队戍卒。他不同意“戍”为国族名,而“戍是殷王朝的一种‘官职’。甲骨文中常见‘戍某’之称。‘戍’显然是一种军事职务,而不是国族名称”③。

考古学者指出,此坑尽管出土了“戍嗣子”铜鼎,但“坑形制规整,底部平坦,坑内有三层人架,其中有些还带有装饰品,并埋有青铜礼器、武器等”,而“伴随第一层人架出土的还有大量的木炭、烧土和被烧过的蚌壳等”。将此现象结合殷墟范围内所发现的墓葬形制分析,认为属于“戍嗣

① 唐兰:《西周青铜器铭文分代史征》,中华书局,一九八八年,第一三八页。

② 《殷墟发掘报告》(1958—1961 年),文物出版社,一九八七年,第二六五至二七九页。

③ 赵佩馨:《安阳后岗圆形墓葬坑性质的讨论》,《考古》,一九六〇年,第六期。

子”墓葬的可能性不大，而那些被杀戮的人架中包括有较多的儿童，“更不可能是一队戍卒”。既然郭、赵之说都被排除，考古学家认为应是“一个与一种祭祀有关的祭祀坑”①。虽然如此，铭文中的“戍”应即是商代的一种武官名的说法，是与甲骨文的记载相合的。

甲骨文中有不少关于“戍”活动的卜辞。陈梦家对有关卜辞分析后，指出“卜辞记戍事除舞(舞雩)和射(田猎)外，其余诸辞记其主要的任务有二：一、管理‘衆’和‘王衆’；二、守边征伐邦方”。并认为：“戍与马、卫等官名并举，戍也是官名”，“戍某之某乃是邦族之名”②。

《戍宁觚》之“宁”，当为戍官之名。而“宁”字，疑即甲骨文之“[亞宁]侯”(《合集》3310、3311，《屯南》502 等)，限于篇幅，此处不再详论。本觚铭文是说，戍官名宁无寿者，为其祖名戊者作了此祭器。

虽然《戍宁觚》和《戍嗣子鼎》都是殷墟期“戍”官所作铜器，但《戍宁觚》的文字较为长瘦，而《戍嗣子鼎》文字则较之粗方，并出现了波磔，特别是“王”“父”“大”等字，简直与周初无异。因此从文字结构上，也显示了《戍宁觚》为殷墟早期的特征。

应该指出的是，历年殷墟各期出土铜器中，早期有铭者较少，即使铭有文字，也多为一、二字，诸如著名的殷墟妇好墓也是如此。直至殷墟晚期，才出土像《戍嗣子鼎》及傅世《邲其卣》诸器那样的铭文较长者。而桓台史家出土的《戍宁觚》铭文八字，应是殷墟早期铜器迄今所见文字最多者，不仅具有重要的史料价值，而且对我们认识殷墟早期文字也很有意义。

二、 戍官的族名与私名

桓台史家出土的《戍宁觚》说明，早在殷墟一期，商中央王朝就派宁族在远离王都河南安阳殷墟千里之遥的今山东淄博附近戍守了。

已如前述，陈梦家在《殷虚卜辞综述》中，对甲骨文中的“戍”曾作过分

① 《殷墟发掘报告》(1958—1961)，第二七九页。

② 陈梦家：《殷虚卜辞综述》，第五一六页。

析。后又有学者对商代的“戍进行了较为系统的研究”①。我们在这里可认为，“戍宁觚”之“戍”应为武官名，而“宁”应为族名（族姓），“无寿”即为戍官私名。下面，我们不妨再专门考察一下“戍某”之某在甲骨文中的作用。

商王有时命令贵族去戍守边地：

(1) 贞勿乎雀戍。(《合集》3227)

(2) 惟龚戍。(《合集》28022)

雀、龚均为贵族，雀还见于与亘等交战的记载。这二辞说明，戍守边地是受王命，并代表王朝戍守边陲的。之所以说所戍之地为边陲，以下诸辞可以为证：

(3) 弜乎戍卫，其每。

王其乎戍征卫，弗每。

方其至于戍自。(《屯南》728)

因为“方”人迫至“戍自”，自为地名，命令戍者进行卫御自地。说明所戍之地近于“方”人出没之地并远离京师。奴隶主贵族戍边，可调集土著族众（衆）：

(4) 王其衆戍舂，授人，惟亩土人又𢦏。

王其乎衆戍舂，授人，惟亩土人眔劢人又𢦏。(《合集》26898)

这是“王衆”戍卫舂地，并调集②亩土人及劢人驻防。“戍”官亦可调集地方侯伯：

(5) 丁酉卜，宾，贞惟戍朱令戠王。(《合集》6)

“戍朱”可率领“戠王”，其驻防之地应离“戠”近而与殷都远。《合集》6594“癸丑卜，贞亩往追龙，从朱西及”。朱为地名，其地应近于龙方。陈梦家说：“龙方与羌方似或合或叛，两者当相近”③。岛邦男也认为龙方“其地望近于西北的亩地”④。既然伐追龙方，从朱西可以追上，可知朱地是与龙方

① 连劭名：《殷墟卜辞中的“戍”和“奠”》，《殷都学刊》，一九九七年，第二期。

② 连劭明：《殷墟卜辞中的“戍”和“奠”》，《殷都学刊》，一九九七年，第二期。

③ 陈梦家：《殷虚卜辞综述》，第二八三页。

④ 岛邦男：《殷墟卜辞研究》（中译本），第四〇二页。

相近的边地。戍朱所统率之叚族之“王”,自也应在其附近。

“戍”通常是以族为单位的:

(6) □丑卜,五族戍弗雉王〔衆〕。(《合集》26880)

戍官即以其族名名之:

(7) 戍骨弗雉王衆。

戍并弗雉王衆。

戍何弗雉王衆。

戍馭弗雉王衆。

戍黹弗雉王衆。

戍屰弗雉王衆。(《合集》26879)

“戍骨”之骨,可为地名:

(8) 贞侯氏骨芻,允氏。(《合集》98正)

“骨芻”即骨地之芻奴。其地之首领,又称为“伯骨”:

(9) 庚辰卜,贞令目葬伯骨。(《英藏》130)

因此“骨”亦可戍守,或被称为“戍骨”。

“屰”亦为地名:

(10) 乙卯卜,韦,贞乎田于屰。(《合集》10961)

但又为带兵首领名:

(11) 戊辰卜,徭,乎屰祟小方,我七月……《合集》20472)

而“戍屰”,即为所戍之地,亦为戍官之名。

“何”亦为人名:

(12) 贞何不其氏羌。(《合集》273正)

“馭”亦为地名:

(13) ……卫馭人。(《合集》28062)

即卫御馭地之人。此地之族长名为馭:

(14) 贞乎馭从万,隻。王占曰:其乎馭隻。(《合集》6477正)

这是卜问馭率领万去打猎。馭自然也可受王命为戍官。

“黹”为地名,其地之女子有为商王之妻者:

(15) □卯卜，妇萧又子。(《合集》13935)

萧地之女妇萧者，曾为商王生子。其族长亦名萧，故命戍官于此防御外敌，并较为关心其戍地的情况：

(16) 惟戍萧又𢦏。(《合集》28036)

戍守边陲，并不只以上“五族”。除此以外，甲骨文中的戍官还有“戍辟”(《合集》26895、28034)、“沓”(《合集》28038)、“戍称”(《合集》28043、28044)等等。总之，戍官有名者在甲骨文中常见，于此不再一一罗列。

学者指出：“有些戍卒队伍很可能由被征服族组成的，戍官就是被征服族的族长。”①甲骨文地名、族名往往相同，而其族之长，亦可以地名族名冠之。因此，受商王之命代王朝戍其地者，即名为“戍某”。甲骨文中戍官未见有私名者。而桓台史家铜觚的“戍宁无寿”表明，宁是宁族之长属“戍”官者。而“无寿”，即为“戍宁”的私名。这不仅可证“戍某”之某为族长之名，更确切地说，应为“族姓”，也为戍官增加了私名的新材料。

三、甲骨的“戍自”与史家遗址“城壕”的再认识

商代的戍官既然是为了守边和征伐邦方而设，因而在其戍防之地自应有一定的防卫设施等。《屯南》728为我们透露了这方面的线索：

方其至于戍自。

《说文解字》：“自，小阜也”。段注：“其字俗作堆，堆行而自字废矣”。甲骨文“自”字，学者每假为“师旅”之师。郭沫若说其本义云：“自乃古堆字，然多用为屯聚之屯。此亦当以读屯为适，言作左中右之三营以屯聚三军也”②。金祥恒说：“自本小阜，何以有师旅之意？盖上古之世，都邑必宾附丘陵以筑。章太炎尝撰古者天子居山说，以为太上之君，王相宅度邑，必于山麓。此说近新奇。盖证以古代地名之名丘者州名陵者甚多，知此说殆不尽虚。都邑所在，又即是军旅所在。友人童丕绳为余言，西欧中古之世，城邑多筑于高原，名之曰堡，封君及军卫居焉，所以周封域而御外侮焉。上

① 赵佩馨：《安阳后岗圆形葬坑性质的讨论》，《考古》，一九九〇年，第六期。

② 郭沫若：《殷契粹编考释》第597片。

古中原有洪水之患,民非高土不可以居,是以都城所在,必宅于高原,是式亦一因也。自本小阜与丘陵同,古代帝王宅丘陵以配天,居师卫以镇衆,王者之居,军旅所守。古军旅可以曰自,于是自字遂含有师旅之义"①。

"方其至于戍自",就是"方"人出兵至商王朝戍兵所守卫之丘阜——屯兵戍守之处了。古人屯兵安营多在地势较高之处。《司法法·用衆》:"凡战……兼舍环龟"。古人行军三十里为一舍,所谓"兼舍",即宁肯日夜兼程走六十里路。而"环龟",指地形象龟形中央凸鼓而四周低下。古代作战和屯兵扎营对地形非常讲究。《孙子·地形》说:"夫地形者,兵之助也"。"知此而战者必胜,不知此而战者必败"。因此,兵法要求宁肯日夜兼程赶六十里路,也要找到"环龟"之地驻守安营,以利于防守和作战。因此,《屯南》728 在卜问"方"人出犯至于戍兵的屯聚高阜时,还接着卜问一般的戍兵进行防卫,由于缺乏戍官的有效组织和指挥,就要不吉利。而卜问由"戍征"即戍官指挥防卫时,就会一切顺利。

郭沫若、金祥恒等前辈学者说"师旅"之自的本义为屯兵之高阜,对我们认识《戍宁觚》出土的桓台史家遗址的性质是很有启示的。史家遗址原为一高埠,高出地面达六至七米左右。整个遗址南北长约六百米,宽约五百米,总面积达三十万平方米以上。据报道,此地曾有一砖厂,因多年烧砖取土制坯,高埠已大部被夷为平地,仅民房所压部分仍可看出其原来的地貌。遗址的北部是一处商代墓葬区,自 1964 年以来,曾数次出土有铭商代青铜器,其时代可早到殷墟一期。据初步整理,带有铭文铜器十几种,其中庙号有父癸、祖戊、大戊、父辛、文乙、文丁等。而族徽有举、命、箕、鱼等。经钻探调查,整个遗址是一处从龙山文化一直到商代延续时间很长的一处古文化遗址。现在遗址南部,已清理出岳石文化至西汉时期的墓葬、灰坑、水井多处。其中最为重要的是岳石文化大型木架结构的祭祀器物坑和有字甲骨,商代的杀殉坑、殉猪坑等遗迹和大量遗物。

饶有兴味的是,在遗址的中部,即北部墓葬区与南部的祭祀坑之间,清理出一段龙山文化的城墙基槽(墙体已被破坏)。现存基槽残高一点一米,

① 《甲骨文字诂林》,自字条引金祥恒说,第三〇三七页,中华书局,一九九六年。

长六米，宽零点六四至零点九米。其北坡出白陶鬶残片等。此段城墙应属龙山文化晚期。从一些探方剖面看，墙基坡面上叠压有岳石文化和商文化堆积。现共探出城壕一百六十米，壕沟宽八至十米，沟内多为黑灰土。因此，该遗址可能是一座始建于龙山文化晚期、岳石文化时期的商代继续加补使用的城址①。虽然有学者对此持慎重态度，称其为“该遗址的中部发掘清理出一段沟壕。沟壕壁为土台遗迹，遗留有加工痕迹，其使用年代自龙山文化至商代”②。

《戍宁觚》的出土不仅表明，此地在殷墟早期，商王朝就派员戍守，而且此地的地形，正是适于屯戍军队的“环龟”形。因此，《戍宁觚》的出土启示我们，这里发现城壕、城墙等防卫设施是自然的。因此，我们希望从商代戍宁于此设防的需要和条件，进一步认识桓台史家遗址的发现重要性并扩大钻探和调查范围，将会对遗址的性质有更新的认识。

四、余论

《戍宁觚》的发现，对我们充分认识桓台遗址的其他考古发现也提供了线索。

其一，据报道，“此次还清理出水井、灰坑、殉猪祭坑和人殉乱葬坑等商代遗迹，其时代从殷墟一期和商代中期至商代末期”。在遗址的南部，发现的“殉猪祭坑 4 个，多呈不规则圆形和椭圆形，一般较深，多次使用。殉猪坑多成对杀祭，有的两层殉猪，有的坑底还放置器物”。“人殉乱葬坑一个，坑口呈不规则圆形”。“坑内分布有零散的人头骨、盆骨、肢骨、肱骨等人的骨骼，并且有明显的砍锯痕迹，与郑州商城和安阳殷墟发现的殉人坑相似”③。屯兵戍守之地，何以有祭祀遗迹？又是何人主持祭祀？甲骨文“戍”官有举行祭祀活动的职责，这就为我们回答了上述问题。

(17) 惟田眔戍舞。(《合集》27891)

---

① 《桓台史家遗址发掘获重大成果》，《中国文物报》，一九九七年五月八日。

② 见专家组《桓台史家遗址发掘成果鉴定意见》，一九九七年五月二十七日。

③ 《桓台史家遗址发掘获重大成果》，《中国文物报》，一九九七年五月八日。

(18) 王其乎戍舞。(《合集》28180)

这是戍官在所戍之地“舞”,即举行求雨的祭祀。有时还举行烧燎之祭:

(19) 戍其𣪘遼,于西方东飨。(《合集》28190)

“遼”即“燎”,祭名。《尔雅·释天》“祭天曰烧柴”,即烧燎之祭。燎祭所烧燎的祭牲多为动物,诸如牛、羊、豕等。这是记戍官举行燎祭和烧燎动物(或人牲)之祭。

(20) ……惟入戍辟,立于大乙,[自]之𢀛羌方,[不雉人]。

……[惟入戍]辟,立于寻,自之𢀛羌方,不雉人。(《合集》26895)

这是记商王入于戍辟之地,对先王大乙举行祭祀,从而攻击羌方时,不会使人员受损。商王大乙,是商王朝的开国之君。《诗经·商颂·殷武》“自彼氐羌,莫敢不来享,莫敢不来王,曰商是常”,就是大乙时商王朝力量十分强大的写照。正由于商汤大乙“甚武”,因而“号曰武王”①。因此被商人奉为“战神”,在“商王朝与为患最烈的一些雄族,如𢀛方、土方、方的战争中,他都要受到后世子孙的祭祀”②。

上述戍官举行祭礼的卜辞,说明在其所戍之地有可能发现祭祀遗迹。因此,考古学家认为分布着殉猪坑和殉人圆坑的桓台史家遗址的南部地带为“商代的祭祀区”,是很有道理的。

其二,商代的戍官率族戍守边地,平时既管理从戍的“衆”和“王衆”,又要负责守边和征伐邦方。学者指出,这些戍官,虽然“他们对自己的族人有一定权力,但对殷王说则仍然是‘臣’”③。因而戍官有时还要“归”,即回到商王朝都城,并与商王朝保持着种种联系。

(21) 戍其遲,勿归,于之若,𢦏羌方。戍其归,乎𫏋,王弗每。

其乎戍卯羌方于义祖乙,𢦏羌方,不丧衆。

于洀祷,乎御羌方,于之𢦏。其大出。(《合集》27972)

---

① 《史记·殷本纪》。

② 拙文《周原出土庙祭甲骨商王考》,《考古与文物》,一九八八年,第二期。

③ 赵佩馨:《安阳后岗圆形葬坑性质的讨论》,《考古》,一九六〇年,第六期。

本片各辞表明，“可能因为与羌方接壤的地区情况紧张，商王命令那里的戍卒不要归来，继续守备一段时间”①。戍不仅要“归”，与商王朝保持着定期的联系，而且商代较为发达的“驲传”制度也保证和加强了守边的“戍”官与中央王朝的联系：

(22) 戍辟遷之戋。(《合集》28034)

“遷”字于省吾释，谓：“迖孳乳为遷迁，迖与遷为本字，驲的后起的代字。至于甲骨文偏旁中从止从辵或㣎，往往互作无别，都是表示行动之义”。因此，“甲骨文既于遷言往来，又于传言致，可见商代的遷传已相当发达”②。殷墟卜辞表明，商王国交通干道的必要路冲，择山丘或自然高地，有“迖”，以保证王朝的道路安全畅通。而在王朝二三百里方圆的中心统治区内，专设过行食宿的“羁”舍。此外，还建立了消息传报的“迖”传之制。迖传地域远较“桒陮”和“羁舍”所控制的路段要为广大，并设有“迖”站。至于“迖”者的身份，“既有直属商王朝的，又有属之地方部落与国者”③。因此，戍官虽然戍守边陲，还与商中央王朝保持着较为密切的政治、经济和文化的联系。

桓台史家遗址所出商代遗物，不仅铜器与殷墟同类器物在形制和纹饰作风上相同，而且陶器也基本保持殷墟作风，正是其与殷墟文化的一致性和联系密切的反映。

此外，遗址“出于商代地层和祭坑的三片时代为殷墟一期”的甲骨，也说明了殷墟文化对山东桓台史家“戍宁”家族在文化上的强大影响和一致性。遗址所出卜甲，其整治方法和钻、凿、灼与殷墟卜甲几无二致。而卜骨，钻、凿、灼也与殷墟基本相同。只稍有不同处，即未切臼角和未锯掉骨臼的三分之一，这显出甲骨整治的较原始性。但这不是地方性，而是时代稍早原始性的反映而已。

---

① 连劭名：《殷墟卜辞中的戍和奠》，《殷都学刊》，一九九七年，第二期。

② 于省吾：《甲骨文字释林》，中华书局，一九七九年，第二八〇页。

③ 宋镇豪：《夏商社会生活史》，中国社会科学出版社，一九九四年，第二〇七至二一五页。

其三,桓台史家《戍宁觚》的出土,为学者间关于甲骨文帝乙、帝辛征人方是否到过“齐”地,即山东临淄附近的长期争论,提供了有力的证据。卜辞第五期有征人方曾到过“齐”地的记载:

(23) 癸巳卜,贞王旬亡祸。在二月,在齐(师),隹王来征人方。(《合集》36493)

关于此“齐”地的地望,学者间看法很不一致。有力主山东临淄说者,如郭沫若、董作宾、岛邦男等。郭沫若在《卜辞通纂》第573片考释说:

齐当即齐国之前身,盖殷时旧国,周人灭之,别主新国而仍其旧称也。春秋时齐地颇广大,殷代之“齐”,当指齐之首都管丘附近,今山东临淄也。

董作宾在其力著《殷历谱》下编卷九也力主此说(第六一至六二页):

吾人仅知由攸至齐,乃向北而行者,则齐可能即今之临淄(子画之封于画,武丁时已为殷之属国,在临淄附近)。若然,则由攸至齐,半月而达,势非疾行不可也。在齐勾留,至少必有五日(己丑至癸巳)。何时去齐,辞缺无考。然观其庚申、辛酉,再至劼、淮,此二地者,皆“从侯喜征人方”时之所经也。由齐至商,何以复经劼、淮?殆帝辛巡海隅,遵海滨而南也。殷墟出土鲸鱼骨数事,與“征人方”卜旬辞(骨十四)同储一坑,此即此行之所得乎?

岛邦男《殷墟卜辞研究》(第三一九页),认为甲骨文二月下旬癸巳在齐,应为“王八祀之事’。他也赞成郭沫若《卜辞通纂》关于“齐”地在临淄的考证。说:

这次征夷从“在齐”到在“劼”共计七个多月,再从殷都至齐,以及自劼返殷都的日数一并算上的话,差不多便需时十个月。

有主张“‘齐’地在河南陈留”说者,主要以陈梦家及郑杰祥的《殷代地理概论》为代表。陈梦家在《殷虚卜辞综述》(第三〇八页)中说征人方“自夏邑之(𡝐)回到商丘之商”,中间曾经杞、齐二地。并说:

但征人方归程自夏邑至商丘约行二旬。而夏邑至临淄,临淄至杞县之直线距离各在350公里以上,非二旬所可往返。因此二地可能是夏邑商丘之间的两个地名。

因而陈梦家认为：

> 杞县近于陈留，而《汳水》注大小齐城在陈留，而归程中先留而后商和往程的方向一样。在陈留的大小齐城可能即卜辞的齐(䢅)。

郑杰祥《殷代地理概论》赞成陈梦家的看法，认为“此齐地应当指的就是济地，此济地可能就是后来的临济古城”。他据《大清一统志·河南开封府》古迹条下“临济城在陈留县西北五十里”，论证说：

> 清代陈留县即今河南开封县陈留镇，清代陈留县正和长垣县接界，古临济城当在今陈留镇西北、长垣西南一带，它可能就是卜辞中的齐地。

如此等等，学者们关于“齐”地所在的争论，见仁见智。这自然涉及商末重要历史事件，即帝乙、帝辛证伐人方是否到达了今山东临淄——古齐地的问题。山东桓台史家《戍宁觚》的出土及“戍”官城堡的发现，说明早在晚商之初，商中央王朝就已派兵戍住在临淄附近了。因而商末乙、辛征人方曾到“齐”地，并在此勾留，就是自然的、不争的事实了。

综上所述，对山东桓台史家所出《戍宁觚》进行再认识，将为史家遗址的考古现象的理解增加有益的启示。而史家遗址的种种考古现象，又为我们认识商代的“戍”官提供了新材料。因此，《戍宁觚》是一件珍贵的晚商早期铜器，进行再研究和认识是十分有意义的。

第二十九章　殷墟——人类文明的宝库

河南安阳小屯村的殷墟，是人类文明的宝库。在二〇〇六年七月十三日于立陶宛维尔纽斯召开的第三十届世界文化遗产大会上，中国殷墟以高票通过，从而被列入“世界文化遗产名录”，这是殷墟在世界文明史上所占重要地位的反映，也是世界人民对创造了灿烂殷商文明的中华民族推进世界文明进程所作出的巨大贡献的承认与肯定。

第一节　甲骨文与殷墟的发现

三千多年前的晚商都城殷虚（古人称高丘为“虚”，建都之地多为丘虚之处），是一片“车行酒，马行炙”的繁忙景象和“酒池肉林”的不夜天。但自公元前一〇四六年周武王伐纣大战牧野以后，商纣王兵败登鹿台自焚而死，繁华的殷虚都城从此成了一片废墟。两年以后，投降西周并被封于朝鲜的商王室贵族箕子“朝周”路过此地时，这里已是“麦秀渐渐兮，禾黍油油”的荒凉景象。面对此景，箕子“欲哭无泪”，昔日繁华的殷虚成了真正的殷“墟”——一片废墟。六百多年的商代历史，被深深地埋入地下……自此以后，当年商王国政治、经济、文化中心的所在地，退出了历史的舞台。除了秦末农民大起义时，项羽曾与秦朝败将章邯盟于“洹水南，殷墟上”，曾提及此地外，此后直至明朝建立小屯村，就不再有人提起，殷墟成为棋布在华北平原上极为普通的蕞尔一邑。

直到一八九九年甲骨文被著名学者王懿荣发现以后，小屯村才又逐渐声名鹊起。甲骨文出土于哪里？为什么这个地方出土甲骨文？这些问题困扰了学者们十多年。一九〇八年，甲骨学大师罗振玉才搞清了这些宝贝的出土地是安阳的小屯村。随着罗氏收集甲骨材料的增加和研究的深入，终于在一九一〇年从甲骨文上发现了“殷王名谥十余”，并进一步推断出土甲骨的小屯村当是“徙于武乙，去于帝乙”的历晚商武乙、文丁、帝乙诸王的都城所在地。在此基础上，又经董作宾、郭沫若、陈梦家、胡厚宣等甲骨学大师的深入研究，终于确定了小屯村一带是商朝自盘庚迁殷至商纣灭国，共历八世十二王、二百七十三年“不复徙都”的晚商都城。由于甲骨文的发现，才把隐退到历史“后院”的殷墟，推向了世界文明史的前台，成为享誉世界的甲骨文出土地。

不仅仅如此，殷墟出土的甲骨文是三千多年前我国最早的、自成一体的文字，与世界其他最早的文字，诸如埃及的纸草文字、古巴比伦的泥版文书交相辉映，为推动世界文明进程作出了贡献。但是，其他古文字不过是昙花一现，只有中国的甲骨文在使用中与金文、大篆、小篆、隶书、楷书一脉相传。虽然在几千年的发展、演变过程中汉字字形有所变异，但从文字的点划、结构上仍有传承之迹可寻，成为当今世界上使用人数最多的文字。因此，甲骨文是世界文明宝库中的珍品，极大地提升了中华文明在世界文明史上的地位。

第二节　科学发掘殷墟成就斐然

为了更多地收集甲骨文及与甲骨文相关的科学信息，减少盗掘挖宝造成的科学资料损失，也为了不使甲骨文这一民族瑰宝继续流往国外，我国学者自一九二八年开始了大规模的科学发掘甲骨文的工作。同时，由于殷墟是有确定年代的晚商都城，以此为标尺，还可确定其他考古文化的时代。

中央研究院的殷墟发掘自一九二八年开始至一九三七年因抗日战争爆发而暂停，历时十年之久，共进行了十五次大规模科学发掘殷墟的工作。当时的中国田野考古学才刚刚起步，因而一切都是在不断探索、不断总结和不断学习中进行的。新中国成立后，从一九五〇年起，中国社会科学院一直在此持续不断地进行着考古工作。八十多年的殷墟发掘，使中国考古学经历了萌芽时期、形成时期、繁荣时期,直到今天的"黄金时期"。对一个遗址进行时间如此之长、规模如此之大的发掘与研究,在世界考古史上也是所见不多的。在此过程中造就出一代又一代饮誉海内外的考古学家,也是发掘和研究其他古代遗址时所不能做到的。

八十多年来的持续考古工作,学者们揭去了一层层尘封在殷墟上的历史泥土,当年恢弘的晚商都城的轮廓逐渐显现出来。现在可知,殷墟的范围东西达五公里,南北近五公里,"总面积近三十平方公里"以上。此外,在大司空村以北,一九九九年还发现一座早于殷墟的大型商代中期城址——洹北商城。

在这片范围广大的遗址区内,几代考古学家挖土不止,使一个个商代文明的载体——遗迹和遗物被揭露出来。洹水以南和今天的小屯村以北,是当年的殷王朝宫殿、宗庙所在地,是都城"大邑商"的中心区。这里共发现大型建筑基址五十四处,总面积达七十万平方米。其中的"甲组基址",当为商王的居住生活区。"乙组基址",考古学家推断为"宗庙"和政务活动区。"丙组基址"形制像"祭坛",可能为社稷。在殷墟中心区周围,东、北两面以洹水为天然屏障,西、南又挖有大深壕沟与外面隔绝,从而为中心区的安全提供了保障;洹河以北是王陵区,共发现商代大墓十四座。其中"西区"发现四墓道大墓七座、单墓道大墓一座及未完成大墓(俗称假大墓)一座。而在"东区"发现四墓道大墓一座、两墓道大墓三座,单墓道大墓一座。学者研究认为,带四墓道者应为商王墓,而两、单墓道者似为商王近亲葬所。此外,在王陵区还发现了祭祀场,除了鸟祭、兽祭坑外,大部分以人为祭牲,每坑内人数不等,或砍头,或全躯,总数约杀人一万以上。殷人"先鬼而后礼",虽然大墓都被盗严重,但仍有不少精美华贵的随葬品遗留下来。在小屯村北发现一座没被盗掘过的中型墓——妇好墓,其出土的随葬品之丰富和精美,足以令人想见大墓之奢华当甚之又甚!

妇好墓是商王武丁之妻墓,商代著名女将军妇好就安葬这二十平方米的墓坑内。虽然此竖穴墓不大,但随葬品极为丰富。其中有三件华美象牙杯,三面铜镜,四百六十八件青铜器(其中有铭文者一百九十件,而铭"妇好”者共一百零九件)、一百三十件武器、七百五十多件玉器、六千多枚贝币……特别有意义的是,此墓墓主妇好可与甲骨文及文献相对照,再现了当年妇好的史迹和雄风。

此外,在孝民屯等处还发现了平民的“族墓地”,为研究商代宗族结构提供了物证。宗庙、宫殿区外围,还发现了许多大大小小的居民点和手工业作坊。铸铜作坊共发现四处,其中以孝民屯和苗圃北地为最大。制骨作坊也在大辛庄和大司空村被发现,大司空村作坊中发现了大量骨笄,而北辛庄作坊发现了贮存骨料的窖穴和半成品。在花园庄南地,有制陶作坊区,发现不少废品陶器、窑壁残块和制陶工具等。制玉作坊在小屯北地发现,出土了石料、磨石残块、玉石雕刻品等,这么多遗迹和重要现象的重见天日,对商代社会生活和生产的研究价值极大。

被考古学家、历史学家所发掘出来的如此之多的晚商遗迹,再现了殷商文明的灿烂辉煌,也为历史学家重写殷商历史提供了丰富的材料。填补大型商代史著作空白的十一卷本《商代史》已经完成,宋镇豪研究员和他的老中青团队,经过多年的努力拼搏,终于在二〇一一年由中国社会科学出版社出版,并获第三届中国出版政府大奖。

第三节　殷墟是展示中国商代文明的“地下博物馆”

在三千多年前的世界上,殷商文明处于领先的地位。殷墟不仅有丰富的遗迹可考,还有地下埋藏着无与伦比的世界文化珍品,堪称是一座藏品旷世的“地下博物馆”! 经过几代考古学者艰苦卓绝的努力,为我们打开了这座“地下博物馆”展厅的一道道大门,从而使世界人民步入珍宝库的堂奥,实现了今人与古人的对话,受到博大精深殷商文明的震撼。

殷墟的地下,埋藏着大批人类文明的瑰宝——甲骨文。自一八九九年至今天,百多年来共出土十五万片以上。其中一九三六年发现的甲骨窖藏

YH127坑,一次就出土甲骨一万七千零五十六片,被世人誉为世界上最早的"档案库"。而一九七三年、一九九一年在小屯南地和花园庄东地又有成批甲骨发现,为世界文明史增加了大量新资料。甲骨的发现,不啻发现了一个奴隶社会,并使中国有文字记载的历史提前了一千多年,而随着对甲骨文的深入研究,使原本史料较少的商代史研究建立在牢固的科学资料基础之上,而甲骨学研究本身也成为一门重要的具有广泛影响的国际性学问。

殷墟又是一座青铜宝库。历年来,这里共出土各类青铜器万件以上。不少铜器造型独特,或大气磅礴,或小巧玲珑。而纹饰或诡谲、神秘,或瑰丽、精细,是极有价值的艺术珍品。著名的司母戊大鼎,重达八百三十二点八四公斤,是世界青铜时代之最。而其他铜器,诸如偶方彝、三联甗、鸮尊等等,也是极为罕见的艺术珍品。如此之多的青铜器,反映了商代人高度发达的青铜冶铸业水平。

历年来,殷墟还出土玉器二千六百余件,按其用途可分为礼器、工具、兵器、装饰品、杂器等。商代玉器用料考究,琢磨精细,造型优美,纹饰绚丽,极富艺术价值,并在玉器的"形而下"深藏着当时人们的情趣和礼制。殷墟出土的玉龙、玉凤、玉人、玉象、玉鸟、玉龟等玉件,栩栩如生,令人叹为观止,是人类的艺术瑰宝。

殷墟出土的骨器也颇具艺术价值,诸如各式骨笄、雕花镶嵌骨柶等。而著名的象牙杯,刻镂华丽并嵌有绿松石,是一件巧夺天工的艺术精品。其他如系列的陶器、精美的白陶……更是举世无双!

可见,殷墟是一座保存无算珍品的"地下博物馆"。如今,世界文化遗产殷墟,为展示发掘和研究的成果,并保护遗址的总体风貌,在洹水岸边修建了一座在地平面以下的"殷墟博物馆"。几百件精美殷墟出土文物在这里熠熠发光,让人们感受到高度发达的殷商文明的强烈震撼。

第四节　殷墟的科学发掘与殷墟的保护

殷墟遗址之所以在今天成为世界文化遗产,与考古学家科学的发掘工作和几代学者的创造性研究和弘扬殷商文明是分不开的，也与安阳人民群众世代守护殷墟、保护殷墟是分不开的。

（一）科学发掘和研究工作，是再现殷墟在世界文明史上重要地位的保障

自一九二八年开始的殷墟科学发掘工作，持续至今天仍在进行着。八十多年来大批甲骨文和重要遗迹、丰富遗物的发现和研究，弘扬了殷商文明，并确立了殷商文化在世界文明史上的重要地位。考古学家在发掘殷墟的过程中，对发掘的遗址绘图、照相、记录，取得全面的科学资料以后，再对发掘过的珍贵遗迹加以回填保护，从而把商代人留下的遗迹保存了下来，为今天的科学复原和展示奠定了基础。甲骨学和历史学家对殷墟出土的甲骨文和大量遗物进行了深入的研究，并据此写出了大量的著作论文，再现了商代伟大灿烂的文明。因此，学者们对殷墟的科学发掘和研究工作，就是对殷墟深厚文化底蕴的弘扬和最好的保护。

（二）当地人民群众为殷墟的保护工作做出了重大贡献和牺牲

虽然一九二八年殷墟由国家学术机构科学发掘以前，当地百姓迫于生计，私挖乱掘了不少甲骨，对遗址造成了一定程度的破坏和“全面”科学信息的损失，但毕竟要比将甲骨当作中药“龙骨”吃掉要好得多。此外，由于时代的局限，当时中国田野考古工作刚刚起步，“金石学”传统的不科学性，也只能做到把“宝物”挖出的地步，从历史发展的角度看，我们不能苛求前人。

一九二八年起的殷墟由中央研究院组织发掘，使私掘盗挖之风被制止。但是，又出现了中央学术机关与地方学术机关为争夺科学资料引起的矛盾，这就是河南省博物馆何日章一九三〇年在殷墟两次与中研院的发掘对垒，致使工作暂停，一直经中央教育部与河南省政府及中央研究院协商，河南省博物馆退出后，中央研究院的发掘工作才得以顺利进行。中央研究院的公家发掘殷墟，虽制止了私人盗掘，但当地仍有人不甘心盗挖甲骨的财路被断，煽动群众与中央研究院的发掘工作对抗，到处贴出了“只许州官放火，不许百姓点灯”、“打倒破坏民众生计的董作宾”的大标语以发泄不

满。发掘工地还要借调成排建制的"自卫团",荷枪实弹日夜守卫,以防止文物遭哄抢或土匪的劫夺……尽管如此,当地多数百姓还是支持中央研究院的发掘工作,最高潮时(挖大墓)出动民工达二三百名之多。

新中国成立以后,当地群众觉悟提高,保护文物意识有了加强,安阳当地一直没有发生过盗掘文物事件。就是在改革开放初期,"要致富,挖古墓",在各地一度盗挖古墓之风炽起的时候,安阳也没有发生盗挖甲骨现象。当地人民群众,积极地参加了考古研究所的发掘工作,并及时主动地报告发现文物的线索。一九七三年小屯南地甲骨,就是一位村民在村南挖煤土时发现的,他立刻把周围的土盖好,报告了考古队,待春暖花开时进行发掘。而本世纪初的重大发现五十四号墓,也是村民向考古队报告了有形迹可疑的人在附近钻探,提醒了考古研究所时不我待,及时在大雪纷飞的春节期间进行了发掘,使此墓完整无损地被保存下来。

由于殷墟是国务院公布的第一批国家重点文物保护单位,所以小屯附近及周边不少重点保护区"不宜动土",老百姓建房以改善居住条件和办企业以增加收入就受到了种种限制。但当地居民克服这些困难和不便,为保护殷墟遗址的完整性和使文物不遭破坏,作出了牺牲和奉献。

(三)殷墟博物苑的修建,是殷墟"申遗"工作的序幕

殷墟以她出土的大批甲骨文和精美文物享誉世界,成为世界殷商文化学者向往和关注的地方。一九八二年国际殷商文明研讨会在美国的夏威夷召开,会上有专家向甲骨学大师胡厚宣提出,"能否在甲骨文的故乡——安阳殷墟召开一次国际性的学术会议"。为了开好这次会议并把安阳殷墟的昔日辉煌展现给海内外关心中国古代文明的朋友们,将殷墟遗址保护好,安阳市人民政府远见卓识,把修建殷墟博物苑的决策提上了议事日程。

安阳市人民政府在国家文物局、中国社会科学院历史所和考古所专家谢辰生、朱启新、胡厚宣、王宇信、杨升南、杨鸿勋、罗哲文、郑孝燮、李民、安金槐、许顺湛等教授和国家领导人周谷城、老革命家王定国等人的支持下并经过反复论证,殷墟遗址保护和展示工程——殷墟博物苑终于在一九八七年六月十五日动工。七十五天后,一座大型仿殷宫殿苑囿——殷墟博物

苑落成了。一九八七年九月十日，“中国殷商文化国际学术研讨会”就在新落成的“乙二十基址”仿殷大殿内举行。保护殷墟的重大举措，受到了海内外学者的高度评价。

殷墟博物苑的修建，为二〇〇〇年以后的“申遗”工作奠定了基础。殷墟后来成功地成为世界文化遗产，与安阳当地政府的大规模保护措施是分不开的。

第五节　殷墟申遗成功，是进一步保护、研究、利用殷墟系统工程的开始

二〇〇六年七月十三日在第三十届“世界文化遗产大会”上，安阳殷墟高票通过，被列入“世界文化遗产名录”，成为我国第三十三处世界历史文化遗产。

二〇〇六年十一月十七日，国家文物局公布了《世界文化遗产保护管理办法》，为殷墟的保护、管理和利用提供了法律依据并指明了方向。加强殷墟的保护、管理和研究，还有很多新课题、新现象需要我们去发掘、认识、发现、论证。殷墟的“地下博物馆”也还有更新的“展厅”，需要我们一个个去打开。

《世界文化遗产保护管理办法》第十五条中说，“在参观游览区内设置服务项目，应当符合世界文化遗产保护规划的管理要求，并与世界文化遗产的历史文化属性相协调……”。“服务项目由世界文化遗产保护机构负责具体实施。实施服务项目，应当遵循公平、公开、公正和公共利益优先的原则，并维护当地居民的利益”。“维护当地居民利益”，是一篇大文章。我们要在保护、研究好殷墟的大前提下，使当地居民享受到申遗成功的成果，要回报为保护殷墟做出重大牺牲和奉献的当地居民，这也是构建和谐社会的需要，切不可等闲视之。因此，在殷墟申遗成功后，从当前和长远利益出发，如何改善当地居民生活水平，应该也必须提上各级领导的议事

日程。

殷墟被列入“世界文化遗产名录”,是殷墟保护和研究新阶段的开始。殷墟不仅是中国的,她也属于全人类,我们有责任把她保护好,把她完整地留给子孙后代。只要我们一代又一代人去努力保护、研究、弘扬殷墟,伟大的殷商文明就永远会在人类文明史上大放光芒!

第三十章　从殷墟走来　向世界走去

二〇一九年是新中国成立七十周年，也是甲骨文发现一百二十周年。

二十世纪的百年间，经过几代学者的追求、守护和探索、开拓，一系列甲骨文研究的标志性成果先后问世。新百年开局的近二十年，甲骨文研究者们继续砥砺前行，又推出了一批重要著作，并发现了文字进一步释读困难这一阻碍研究继续全面发展的短板。

近年来，在有关部门的支持下，国家社科基金重大委托项目“大数据、云平台支持下的甲骨文字考释研究”正式实施，教育部、国家语委牵头组织的甲骨文等古文字研究与应用专项工作启动，推动甲骨文研究进入全面深入发展与弘扬的新阶段。

与此同时，甲骨文书法和甲骨文实物走出“象牙之塔”，使学者的研究成果走近大众、走向世界，在普及传播中坚定文化自信，在中外文化交流中展现中国风采。

第一节　殷墟文化二十世纪的百年辉煌

一八九九年发现的殷墟甲骨文，是中国近代史料“四大发现”之一。在二十世纪的甲骨文研究历程中，虽然时代风云变幻，但学者们初心不改，始终坚持守护和传承着甲骨文研究。

集大成的甲骨著录《甲骨文合集》（一九八二年）、《甲骨文合集补编》（一九九九年）和《殷墟文字甲编》（一九四八年）、《殷墟文字乙编》（一九四八至一九六三年）等，为公私发掘所得甲骨文做了总结。而《殷虚书契考释》（一九一五年）的问世，解决了甲骨文“识文字，断句读”的困难。《甲骨文字集释》（一九六五年）、《甲骨文字字释综览》（一九九四年）、《甲骨文字诂林》(一九九六年)等集成性著作,汇集了海内外文字考释成果。《甲骨文字释林》(一九七九年)、《甲骨文合集释文》(一九九九年)等则代表和反映了当代学者考释文字的最新水平。

总结甲骨文自身规律的探索与开创性的著作也时有推出。在狭义甲骨学研究中,有"凿破鸿蒙"的五期分法,也有"两系说"的长期争论;而在广义的甲骨学研究中,出版有《甲骨学五十年》(一九五五年)、《甲骨文与甲骨学》(一九八八年)、《甲骨学通论》(一九八九年)、《甲骨学一百年》(一九九九年)、《新中国甲骨学七十年》(二〇一九年)等,全面展示和反映甲骨文和殷商文化研究不同阶段的进展和成就。

此外,也有学者对浩瀚的甲骨文资料和上万条研究目录,进行了"上穷碧落下黄泉"式的搜集、追索,并进行了全面系统的梳理,诸如《殷墟卜辞综类》(一九六七年)、《殷墟甲骨刻辞类纂》(一九八九年)和《甲骨学商史论著目录》(一九九一年)、《百年甲骨学论著目》(一九九九年)等,资料齐备,纲举目张。这些著作不仅为甲骨学者,而且还为其他学科学者利用甲骨文材料,深入发掘和研究中华优秀传统文化提供了极大方便。

第二节　新百年的良好开局

二〇〇〇年以后,甲骨文研究进入新百年,学者们又取得了一批有所深入、有所突破的新成果。与此同时,文字释读问题成为障碍甲骨文研究取得进一步全面深入发展的拦路虎,这就为一系列研究课题的设立提供了契机。

在成果方面,学者集中力量对各单位所藏甲骨陆续进行精细化再整理,出版了一批照片、拓本、摹本"三位一体"、更臻完善的甲骨著录。将各单位所藏甲骨向学术界和盘托出,并全方位地提供甲骨上的信息,是这一时期的一大亮点。主要著录有科学发掘所得的《殷墟花园庄东地甲骨》(二〇〇三年)、《殷墟小屯村中南甲骨》(二〇一二年)等。各单位所藏甲骨著录有《中国国家博物馆馆藏文物研究丛书:甲骨卷》(二〇〇七年)、《北京大学珍藏甲骨文字》(二〇〇八年)、《上海博物馆藏甲骨文字》(二〇〇九年)、《中国社会科学院历史研究所藏甲骨》(二〇一二年)、《旅顺博物馆所藏甲骨》(二〇一二年)、《卡内基博物馆所藏甲骨研究》(二〇一五年)、《重庆三峡博物馆所藏甲骨集》(二〇一六年)等。一些私家所藏著录有《洹宝斋所藏甲骨》(二〇〇六年)、《殷墟甲骨辑佚》(二〇〇八年)、《云间朱孔阳藏〈戬〉旧拓》(二〇〇九年)、《笏之甲骨拓本集》(二〇一六年)等等。以上著录共公布甲骨1.9万版左右,为新百年的研究提供了一批新字、新资料。

十一卷本《商代史》(二〇一一年)的推出,既是对前辈学者探索开拓的全面继承,也是当代学者对大量甲骨文和考古新材料的创造性研究和前瞻性回答。史学大师王国维于一九一七年把甲骨缀合的成果用于商史研究,从而把"草创时期"的研究推向高峰。郭沫若于一九二八年开辟了马克思主义商史研究新天地。一九七八年以后,学者更为全面准确地学习和理解经典著作,也更为恰当地解读使用史料,把商史研究扩大到商代社会生活纷纭复杂的诸多方面。因而《商代史》是一部填补空白的著作,堪为打造甲骨文研究新世纪再辉煌的奠基之作。

一九三四年出版、一九六五年修订的甲骨文字典《甲骨文编》,收字仅限于四十多种著录。二十一世纪初推出的几部字典,收字据《甲骨文合集》等一百多部著录,因而集字较多,且一些文字为新见。近十年来,《新甲骨文编》(二〇〇九年)、《甲骨文字编》(二〇一二年)、《殷墟甲骨文编》(二〇一七年)、《甲骨文字新编》(二〇一七年)等字典陆续推出,是甲骨著录公布新材料的总结,也是甲骨文字释读研究取得新进展的体现。

近十多年来出版的一批著作,为新百年的甲骨文研究开了个好局。但学者们在前进的道路上,愈益发现不和谐的短板。诸如学者利用甲骨卜辞探索商史,特别是在《商代史》(十一卷)的构建中,因为不认识一些卜辞中新字,制约了对卜辞文化讯息的充分发掘和阐释,使更深入、全方位、多层次的商代史研究受到了限制。学者编纂的甲骨文字典,收字已达四千三百多个,其中二千多字有人进行过研究,但目前取得共识的破译字仅一千三百个左右。大部分未识或未定字,只能放在字典的附录中存疑待考。学者们强烈地意识到,甲骨文释读成果,远不适应新字增长。因此,加强甲骨文字释读研究,成了推动研究进一步全面深入发展的抓手。

第三节　甲骨文释读尚有潜力

甲骨文发展道路上遇到释读文字的障碍时,“大数据、云平台支持下的甲骨文字考释研究”、甲骨文等古文字研究与应用专项工作等一批研究项目及时开展,运用现代科学技术,坚持传统与现代研究方法相结合,进行多学科联合攻关,破解文字释读瓶颈。这标志着甲骨文研究进入了政府推动下的全面深入发展与弘扬新阶段。

二〇一六年十月二十八日,《光明日报》刊登《关于征集评选甲骨文释读优秀成果的奖励公告》,这是新阶段开启的标志。国家社科基金重大委托项目“大数据、云平台支持下的甲骨文字考释研究”,以甲骨文字释读为抓手,以期突破一批文字考释难关。这个项目的子课题,有的继续公布甲骨文,以期发现新字;有的全面厘清文字已有释读进展,从而确定释读文字的主攻方向;有的提供文字形成的社会形态背景和文物考古物质文化参据,以期为破译文字提供启示。

教育部、国家语委牵头组织开展的甲骨文等古文字研究与应用专项,还包括甲骨文以外的金文、战汉简帛等古文字,有的还涉及八思巴字,或甲骨文与自源民族文字比较研究等内容。

这两个项目相得益彰,互为表里,将形成一股合力,共同把新阶段的甲骨文研究推向更新的辉煌。

二〇一八年,首批征集甲骨文释读优秀成果的获奖名单公布,一等奖、二等奖各一名,奖金分别为十万元、五万元,在社会上产生了巨大反响。重奖甲骨文释读优秀成果,不仅使献身学术的才俊之士受到提携和鼓励,而且还雄辩地说明了甲骨文字还有破译的可能和余地,证明了甲骨学者们还有破译文字的无限潜能和创造力。

第四节　象牙塔外天地宽

甲骨文走出“象牙之塔”，让刻在甲骨上的文字“活”起来，体现出了甲骨文独特的时代价值。通过大众喜闻乐见的甲骨文书法，把学者考释文字的成果艺术化，是普及和推介甲骨文知识、扩大甲骨文影响的一种重要途径。

多年来，一批甘于奉献的甲骨文推介“志愿者”，在各地举办多种不同规格、不同主题的展览，让大众在怡情养志中感受甲骨文化的博大精深。甲骨书法家展示了自己的才华，并在交流观摩中提高了书艺水平。《二十世纪甲骨文书法研究》(二〇一六年)、《王宇信甲骨文书法论序集》(二〇一四年)等甲骨文书法理论著作的推出，使“无法可依”的甲骨文书法，向“回归甲骨，走出甲骨”的正确方向前行。

不少外国朋友也为甲骨文书法内在的张力和线条美所打动。新加坡、马来西亚、法国、日本、美国、韩国等不少国家都举办过不同规模的甲骨文书法展览。甲骨文书法展所到之处，都受到渴望认识和了解中国神奇甲骨文化的外国朋友追捧，其求知求真的“心弦”，无不为甲骨文隽永的线条所拨动。

象牙塔外天地宽。深藏在博物馆的甲骨从紧锁的清冷库房中走出来，在实现中华民族伟大复兴的中国梦的奋斗中，体现其时代价值。

二〇一二年四月，中国国家图书馆举办“殷契重光——国家图书馆藏甲骨精品展”，受到了各界的热烈欢迎。通过这个展览，甲骨学者认识到大众有了解、认识甲骨文的迫切需求。二〇一五年十月，“甲骨文记忆展”在国家典籍博物馆开幕，展览入选当年的全国博物馆十大陈列展览精品项目，并且持续展出三年多，直至二〇一八年底才闭展。在国家典籍博物馆，如此长时间的展览是不多见的。

甲骨文作为世界四大古文字之一,为推动文明进程作出了巨大贡献,二〇一八年十月被列入“世界记忆遗产名录”。甲骨文已不仅是中国的,而且还是世界的。二〇一六年十月,“甲骨文记忆展”远渡重洋,抵达墨西哥阿卡普尔科市,随后又抵达澳大利亚,加深当地观众对汉字文化的理解。

一百二十年前甲骨文发现之初,正值积贫积弱的晚清,当时出土的不少甲骨被外国人巧取豪夺,“蒙尘”异国他乡,给我们留下无尽的伤痛和遗憾。而今天走出国门的甲骨文书法和实物,不仅带着文化自信,而且担负着文化使者的重任,底气十足地向世界展示殷商文明,讲述站起来、富起来、强起来的中国故事。

第三十一章　黄河文明与守护、传承、弘扬甲骨文明的乡贤乡情

黄河是中华民族母亲河，而作为中华民族精神符号和汉字之源的甲骨文，就在黄河母亲的摇篮中诞生。甲骨文是目前中国最早的系统文字，传承着真正的中华基因。但甲骨文并不是最早出现的文字。那么，甲骨文是哪里发展而来？一百二十多年来中原大地甲骨学的发展经历了怎样的路径？甲骨文的故乡——中原大地的人们，又为甲骨学的传承、弘扬和发展做了些什么？

第一节　万里黄河溯字源

万里黄河，西起巴颜喀拉山，东入大海，像一条横亘在中国大地上挑起中华民族五千年荣辱的扁担。而在钟灵毓秀、汇集黄河文明精华的中原大地上，崛起的商王朝都城大邑商，是商朝文明腾飞的支点和天下文明精粹汇集的渊薮。大河上下的考古遗迹传承有序，使甲骨文的源头有迹可循。灿烂的甲骨文明，就是黄河文明的积淀和升华。

内蒙古巴盟的阴山岩画，反映了公元前一点六万年到前一万多年前的先民美学观和生活状况，但这还是画图记事，且距离文字还很遥远。

再看仰韶文化遗址出土的陶器上刻划。在西安半坡、长安五楼、临潼姜寨、宝鸡北首领、甘肃秦安大地湾、青海乐都柳湾等遗址，都出土了陶器刻划。其中以半坡、姜寨、大地湾、柳湾为最多。据《西安半坡》统计，该处共一百十三例刻符标本，形状共二十二种。有人认为是最早的“文字”。也有人认为不是“文字”，但一些元素被创造文字时吸收，还应该是记事符号。

而其后，是龙山时代一些陶器上出现的刻划。在不少龙山文化遗址，

出现了一批刻划，如永城王油坊等。在山东邹平丁公，一件陶盆底残片出现五行十一个“刻”字，成行、成列。有学者认为应是文字，但有的学者认为是汉字系统以外的一种文字，如彝文等。

考释古文字，往往由已知求未知。还有一些与甲骨文造字法、字形较为接近的文字材料：

裴李岗文化贾湖遗址出土的龟甲刻字，如目、走等，刻划象形，时间在六千至七千多年前。

莒县大汶口文化（相当于中原仰韶晚期，庙底沟二期）遗址的凌阳河、大朱村、大汶口等地发现刻、写符号共十八例十种，中有象形字（斤、戉、求）、会意字（[illegible]、[illegible]）等，学者认为属早期文字系统。

山西襄汾陶寺遗址，出土陶壶上有朱书“文”“尧”字样，时代为龙山文化晚期，人称“早期中国”之都。

在号称“禹都阳城”的河南登封王城冈遗址，出土的铜鬶底残片上有会意字“[illegible]”（共）。此外，在号称“夏都”的二里头遗址，出土了不少陶器上的刻划。而二里头文化时期，学者们发现五块字符，其质料、施灼、“字”结构与郑州中商文化骨刻有传承关系。此时期的密县黄寨遗址出土的一块字符，上刻二“字”。一为“目”“又”构成，有学者释为“夏”。一为动物形下有二短竖划，有学者释为“陷”字，皆为会意。在相当夏末商初的山东桓台史家岳石文化遗址中，出土了未整理的羊卜骨，有卜后所刻“六卜”二字。“卜”为象形、象意字。

在郑州中商二里冈遗址，二十世纪五十年代初出二片刻字骨，一块上刻“㞢”（又）字，一块“又土羊，乙丑贞，十月”。此外，一九八九年又在水利局 H1 出土二里冈期中商甲骨，上刻“㐭弜”二字。次年在离此不远（数百米）电校 H10 出土一块刻“弜㐭”的牛骨，文字皆与殷墟甲骨接近。此外，郑州商代窖穴出土的大口尊口沿上，有象形“目”字。郑州小双桥遗址还出土朱书陶文若干字。

上述“文字”材料，从裴李冈、大汶口、陶寺、王城冈、二里头、桓台史家、二里冈一路走来，直奔中州甲骨文的策源地——晚商的殷代都城大邑商。

近年，在洹北商城中商遗址，出土了大批卜骨，上面多无字。但出土了骨刻字“戈亚”，字体作风接近殷墟甲骨早期（盘庚、阳甲、小辛、小乙）作风。而盘庚早期甲骨，也被学者从15万片甲骨中找到。如此等等。我们可以看到，早期文字材料虽然发现尚不多，但可以看到有某些传承的痕迹，即造字法中的象形、会意在文字发展各时期有一定共性。有形、有会意，即有声。形、声相益即形声。因此寻找甲骨文的源头，应从更多的象形、会意及形声字符号中去找。如甲骨文“酉”字，像仰韶时代的小口尖底瓶，甲骨文时代已无此形陶器了。此字与陶小口尖底瓶相像，时代应产生较早，当在仰韶文化时期即已产生。

第二节　甲骨文从故乡中原走向世界的一百二十年守护与弘扬

从一八九九年学者王懿荣鉴定购藏甲骨文至今，一百二十多年来的研究，使不见经传的甲骨文由绝学成为显学，其蕴藏深厚的文化底蕴和传承的中华基因，不仅对中国，而且对人类文明发展进程都作出了重大贡献。甲骨学的发展有其标志性的成果，一百二十多年来可分下述几个研究发展阶段。

从大的时间段说，一八九九年至一九四九年中华人民共和国成立前为“前五十年”，而一九四九年中华人民共和国成立后至一九九九年为“后五十年”，自二〇〇〇年起至今，进入了新世纪研究再现辉煌的“新阶段”。“前五十年”，又可分为一八九九年至一九二八年的甲骨文“盗掘时期”和研究“草创阶段”，一九二八年至一九四九年的殷墟甲骨“科学发掘时期”和研究“发展阶段”；“后五十年”，又可分为一九四九年至一九七八年的甲骨文“继续科学发掘时期”和研究“深入发展阶段”，一九七八年至一九九九年甲骨文“继续重大发现时期”和研究“全面深入发展阶段”。我们下面概要介绍各发展阶段取得的重要成果，提供大家认识甲骨文一百二十年来走向世界的路径。

一、 甲骨文"盗掘时期"和研究"草创阶段"(一八九九年至一九二八年)

由于王懿荣鉴定、购藏甲骨文后,甲骨售价日昂,小屯村民竞相在村北、村中、村南盗挖出售。三十多年来出土甲骨十多万片,先后为王懿荣、刘鹗、王襄、孟定生、罗振玉等中国收藏家和日本人、英美人、加拿大人、德国人购得,不少甲骨流往国外。

刘鹗一九〇三年《铁云藏龟》第一个著录甲骨文,孙诒让一九〇四《契文举例》第一个研究考释甲骨文。

罗振玉一九〇八年《殷商贞卜文字考》第一个查知出土地确为安阳小屯,并于一九一〇年论定此地为晚商都城,为科学发掘殷墟提供了契机,是为重大贡献。他的《殷虚书契考释》(一九一三年)完成了四百八十五文字考释,从而结束了甲骨文"书既出,群苦其不可谈也"的状况,完成了"识文字、断句读"阶段。王国维用甲骨文研究商史,用《后上》8.14与《戬》1.10缀合,纠正了《史记·殷本纪》世次之误,并证明了《殷本纪》可信。《殷卜辞中所见先公先王考》及《续考》,把"草创时期"商史研究推向了高峰。

二、 甲骨文"科学发掘时期"和研究"发展阶段"(一九二八年至一九四九年)

一九二八年中研院史语所开始大规模发掘安阳殷墟,至一九三七年因抗日战争爆发中断。十年间十五次发掘,从"找"甲骨文开始,到"找"出五十三座宗庙宫殿基址和十余座王陵大墓,以及大批铜器、玉器、白陶等珍贵遗物和遗迹,中国田野考古学一九三四年在殷墟形成,并走出了一批世界著名的考古学家。

一九三四年,董作宾写成了《甲骨文断代研究例》,用十项标准把晚商八世十二王的甲骨分在早晚不同的五个时期。从此,凿破鸿蒙,把金石学的甲骨文研究纳入历史考古学领域,标志甲骨学已经形成。与此同时,郭沫若、董作宾等学者还探讨龟骨卜法、文例等，使甲骨学自身规律得以阐发。就在这一时期，郭沫若开辟用历史唯物主义指导甲骨学商史研究新天地，其《中国古代社会研究》等一系列著作，奠定了研究的基础。

抗日战争爆发，董作宾、胡厚宣等学者，在不断迁徙中保护国宝甲骨文等殷墟文物，并坚持研究。拿起笔做刀枪，保护和传承了中华文脉。在居无定所的困难条件下，董作宾完成了巨著《殷历谱》，被推崇为“抗战八年，学术著作当以《殷历谱》为第一部”。一九四四年齐鲁大学出版的胡厚宣《商史论丛》初、二、三集，被推崇为“斯学金字塔式的著作”。而编纂者董作宾忍辱负重，出版时命途多舛的《甲编》和《乙编》(上、中)，终于在一九四八年出版，为这一阶段的甲骨学发展时期画上了句号。

三、 甲骨文“继续科学发掘时期”和研究“深入发展阶段”(一九四九年至一九七八年)

中华人民共和国成立后，甲骨学家站在新立场，学习马克思主义，研究进入了以唯物主义指导的“深入发展”阶段。以郭宝钧在《光明日报》发表《记殷周殉人之史实》为契机，展开了以郭沫若《奴隶制时代》一批文章为代表的商社会性质和古史分期大讨论。不少甲骨学者在这场讨论中，加强了对马克思主义的理解，甲骨文、考古材料的运用更加全面和准确。

一九四九年十月一日新中国成立以后，国家在百废待兴的情况下，一九五〇年就恢复了殷墟发掘工作。与武官村大墓的发掘一起，在四盘磨学地发现与通常甲骨文字不同的“筮数”甲骨。此后，持续进行的殷墟考古工作中，甲骨文也屡有数量不等的发现，其中以一九七一年和一九七三年的发现最为重要。一九七一年小屯西地发现二十一版牛胛骨，刻有文字十版。而一九七三年小屯南地四千八百五十版甲骨的发现，是甲骨文“继续科学发掘时期”的最大收获。与此同时，为了解决甲骨文研究材料亟缺的问题，一九五六年“国家科学发展十二年远景规划”提出了编纂《甲骨文合集》。一九五九年启动，以郭沫若为主编的《合集》，集中了大批人力、物力、财力，时作时停，直至一九七八年全书十三册，收入四万一千九百五十六版甲骨的集大成之作编成出版。《合集》集一八九九年以来的甲骨文发现和研究之大成和为新中国甲骨学“深入发展阶段”做了总结,不宁唯是还为即将开始的“全面深入发展阶段”奠定基础,是一部里程碑式的著作。

四、甲骨文“继续重大发现时期”和研究“全面深入发展阶段”(一九七八年至一九九九年)

一九七三年小屯南地甲骨的重大发现,是继一九三六年 YH127 甲骨窖藏一万七千多片大发现之后的第二次大发现。其后不久,又有一九九一年花园庄东地 H3 坑甲骨一千五百八十三版的集中发现,这是继屯南之后的第三次重大发现。甲骨文的重大发现,推动了这一阶段的甲骨学研究“全面深入发展”。小屯南地科学地层证据,使前一时期“非王卜辞”的长期讨论取得了共识和结论,即董作宾先生一九四八年提出的“文武丁卜辞之谜”彻底揭开,应为第一期武丁时代;而以一九七七年殷墟妇好墓(M5)的发现为契机,李学勤又提出分期断代的又一个“谜团”,即就“历组卜辞”应时代前提至武丁、祖庚,并展开了热烈的讨论。在讨论中,李学勤完成了王卜辞演进的“两系说”。而持传统晚期康丁、武乙、文丁说的学者,在争论中,完成了武乙、文丁卜辞的细区分。此外,学者对有无帝辛卜辞和盘庚卜辞进行探寻……

这一时期的研究,较前一时期更为“全面”,还表现在甲骨文字研究方面,集九十年文字考释之大成的于省吾主编《甲骨文字诂林》和日本松丸道雄等《甲骨文字字释综览》,是甲骨文字考释里程碑式著作,而甲骨学商史研究总结著作也有了加强。继一九五六年出版的陈梦家《殷虚卜辞综述》,这一时期的新总结成果,有一九八七年陈炜湛《甲骨文简论》、一九八八年张秉权《甲骨文与甲骨学》、一九八九年王宇信《甲骨学通论》等出版。《甲骨学通论》还专论了西周甲骨学和有关甲骨文书法。而一九八四年出版的《西周甲骨探论》,对一九五六年西周甲骨被认识以来和周原等地西周甲骨的研究作了总结,并对分期断代进行深入研究。其后,一九八八年陈全方《周原与周文化》、一九八七年徐锡台《周原甲骨文综论》、一九九七年朱歧祥《周原甲骨研究》等著作，使西周甲骨研究有所深入。而曹玮《周原甲骨文》（二〇〇二年）提供了周原甲骨标准彩色照片，并规划了突破西周甲骨研究前进瓶颈的几个节点。

这一时期研究“全面”深入发展，还表现在研究手段方法与现代科技发展同步。诸如电脑激光照排，使文章发表和著作出版突破甲骨文制字困难；高科技加速质谱仪应用于甲骨年代的测定，取样少、准确度高，在“断代工程”中已成功应用。此外，在甲骨缀合方面，黄天树团队把“动物生态学”引入甲骨“观其全体”深层次，“甲骨形态学”的缀合取得了成功。

这一时期研究的“全面”深入发展，涌现的大量研究著作，也显出较前一时期的研究课题更为广泛。据统计一九八七至一九九九年十年间，发表论著就有二千多种，可见甲骨学商史研究的繁荣。《甲骨学与商史论著目录》（一九九一年）和《百年甲骨学论著目》（一九九九年），把甲骨学商史研究的辉煌，展现在世人面前。

就在甲骨文发现100周年到来之际，学者们经过认真准备，完成“甲骨文百年成果”系列著作《甲骨学一百年》《甲骨文合集补编》《百年甲骨学论著目》等。此外，中国社会科学院历史所学者还完成了《甲骨文合集释文》《甲骨文合集来源表》、《甲骨学通论》（增订本）等。在一九九九年九月安阳召开的“隆重纪念甲骨文发现一百周年国际研讨会”上推出的这批论著，为甲骨文研究的世纪辉煌增光添彩，又为即将到来的甲骨文研究新百年再辉煌奠定了基础。

五、凝心聚力，再创辉煌的新阶段（二〇〇〇年至今）

2000年以来，甲骨学家陆续完成了前一百年未完成的课题，并不断出版了献给新一百年的研究成果。一批科学发掘所得甲骨的著录，诸如《殷墟花园庄东地甲骨》《殷墟小屯村中村南甲骨》等出版。一批单位传世甲骨精细化“三位一体”再整理的著作，诸如《国博藏》《旅博藏》《爱米塔什博藏》《史语所藏》《北大珍藏》《上海博藏》《三峡博》《历史所藏》等著录十余部出版，共公布甲骨一点九万片左右。在反映《合集》和一批新著录文字考释和新增文字的基础上,新纂甲骨文字典陆续出版,诸如《新甲骨文编》《甲骨文字编》《甲骨文字新编》《殷墟甲骨文字编》等。这就使一九三四年出版、并于一九六五年修订再版,多年行用不衰的《甲骨文编》收字仅四十余种著录的状况得到了改观。此外,填补研究空白的十一卷本《商代史》,也成为世纪巨献。而第一部全面总结、展现世遗殷墟百年研究成果的《殷墟文化大典》(甲骨卷、考古卷、商史卷)六册的巨著,也于二〇一六年出版,为以后同类著作编纂开了个好头。这一时期,"两系说"分类断代整理的著作,如《国博藏》《史语所藏》等继续出版。而坚持"历组卜辞"为四期说的学者,在多年的沉默中认真准备后,发出了砸向"两系说"架构的重槌《三论武乙、文丁卜辞》(二〇一一年),从卜辞内容分析和考古地层学证据的检验,使其核心"历组"前提,受到了不可逾越的层位关系挑战。

就在新百年良好开局的攀登途中,学者们最大的收获是发现了阻碍甲骨学继续前进的短板,即在一批新著录中和原《甲骨文合集》书中,新发现和原有一批甲骨字尚未能识读。而在新编的一批字典中,更有不少未识或存疑字收入"附录"中。在《商代史》研究和学者论文研究中,也常遇卜辞中出现不识字,影响了学者对卜辞丰富内涵和深厚文化底蕴的阐释。因此,破解研究道路上的障碍,即实行多学科联合攻关,集中破译未识文字,就成了推动甲骨文在新世纪研究前进的抓手。

为贯彻习近平同志"要重视发展具有重要文化价值和传承意义的'绝学'、冷门学科……要重视这些学科,确保有人做、有传承"等一系列重要讲话精神,国家社科规划办经过深入调查研究,决定从破解甲骨文研究继续前进道路上的文字释读"瓶颈"入手,组织集中研究力量,并借助现代科学技术,顶层设计了"大数据云平台支持下的甲骨文字释读研究"课题,并在二〇一六年十二月启动了这一国家社科基金重大项目的十个子课题的研究。与此同时,启动了在海内外招标,重奖破译文字的优秀成果,并在二〇一六年十月二十八日以中国文字博物馆名义,在《光明日报》上发表了《关于征集评选甲骨文释读优秀成果的奖励公告》。《奖励公告》是甲骨文研究史无前例的政府推动下的全面深入发展与弘扬新阶段开始的标志,犹如甲骨学界响起了嘹亮的“集结号”，动员起方方面面的甲骨学者和殷商文化专家，以及藏龙卧虎的海内外各界人士，集中在国家社科规划办顶层设计“大数据云平台支持下的甲骨文字考释研究”和教育部语信司顶层设计“甲骨文等古文字研究与应用”的两批35个专题研究的攻关队伍中。学者们在向甲骨学文字破译高峰的攀登中，不畏险阻，群策群力，会当凌绝顶！在研究中坚持驱动性转化，并创新式发展，一大批原创性并代表国家水平的经典之作的推出，将把“新阶段”研究推向更新的辉煌。

二〇一九年十一月一日，在北京人民大会堂隆重召开“纪念甲骨文发现一百二十周年座谈会”。孙春兰副总理在会上宣读了习近平同志专就甲骨文发现一百二十周年发来的贺信，孙春兰同志还发表了重要讲话。习近平同志的贺信，使广大甲骨文等古文字研究工作者受到巨大的鼓舞。他贺信中鼓励大家“深入研究甲骨文的历史思想和文化价值，促进文明交流互鉴，为推进中华文明发展和人类社会进步作出新的更大的贡献”。这是总书记的是殷殷嘱托，也是赋予我们甲骨文研究者的历史责任与担当。

第三节　甲骨文故乡人与百多年来甲骨文的守护、传承与弘扬

甲骨文的故乡是地处中州的今安阳。自一八九九年发现至今，一百二十多年来守护、弘扬、传承发展道路上的每一个阶段，都有家乡河南人浓浓桑梓之情的守护、充盈智慧和坚韧的创造性研究，使其不断地传承薪火和弘扬光大。

一、甲骨文“盗掘时期”和研究“草创阶段”与河南人

一八九九年甲骨文发现以后，大多流向北京等处。这时期的甲骨文研究，直到一九一四年，《铁云藏龟》（一九〇三年）、《殷虚书契》（一九一一年）、《殷虚书契菁华》（一九一四年）等“书既出，群苦其不可读也”。罗振玉

《殷虚书契考释》(一九一五年)出版以后,完成了“识文字,断句读”阶段,甲骨文影响日大。自一九一四年起,加拿大驻安阳传教士明义士就在安阳坐地收购甲骨,引起了河南人的注意。特别是一九一五年罗振玉从日本回国踏访殷墟和日本甲骨学家林泰辅也于一九一八年来殷墟考察,扩大了甲骨文这一古代文字材料在河南的影响,并引起了河南乡贤的注意。一九一九年,相传安阳殷墟新出一坑“骨简”,流入开封坊间,悉数为通许乡贤时经训买去。《河南通志》第七章“文物”,曾著录其中一片。据称,这批新出“物件”可以把以往所出甲骨材料定为龟甲、兽骨推翻,应与这批物件相同为“商简”,即竹简已“矿质化”云云。《河南通志》也考证说:“其字奇古,为罗书所未载者。盖晚出处系被压于下层,自为一系,与初出者时代不同,文字自成一系耳。”后经鉴定,这坑“商简”全系伪刻。虽然如此,时经训先生守护乡土文脉,力图留住家乡文物的精神还是令人敬佩的!因当时甲骨鉴别真伪知识尚不精,一九一四年明义士曾收购大批新鲜牛骨上当。此外,一九一七年明义士《殷虚卜辞》还收入伪片(《虚》758)、一九三三年商承祚《殷契佚存》也收入了伪片(《佚》381)、一九三五年黄濬《邺中片羽》初集也收入四伪片(26.1、31.6、37.6、37.8)等。直至此时出版的《库方二氏所藏甲骨卜辞》(一九三五年),收入的伪片还很多。因此,时经训先生误收伪刻,不应大惊小怪或加以嘲笑。他不惜重金保护地方文化财富,追求、守护甲骨的精神,还是值得称道的!

就在王国维以一九一七年的《殷卜辞中所见先公先王考》、《续考》享誉甲骨学界,并应聘北京大学研究所国学门教授的时候,河南南阳人董作宾,一九二二年至一九二四年入北大研究所国学门读古文字学研究生,师从国学大师王国维。董作宾在北京大学奠定了古文学雄厚的基础,并从此步入甲骨学研究的堂奥,成为一代宗师。

二、甲骨文“科学发掘时期”和研究“发展阶段”与河南人

应该说,这一时期以董作宾为中心的一批河南人,成为科学发掘甲骨

文的核心力量，并在甲骨学研究领域形成了国家级的甲骨学研究重镇。

首先，就是以董作宾为核心的中研院史语所发掘殷墟团队，几位河南人成为团队的中坚。董作宾（一八九三年至一九六三年），河南南阳市人。名守仁，字彦堂，号平庐。一九二八年史语所在广州成立，董作宾受聘为史语所通信员。当年傅斯年所长趁董氏回乡探亲之际，请他利用河南桑梓之便赴安阳调查甲骨文出土情形。董作宾的调查得出“甲骨确犹发掘未尽”的结论，应以国家之力发掘殷墟甲骨文，“迟之一日”，将“造成一日之损失”，向中研院提交了发掘殷墟的“报告书”，并获批准。因此，董作宾是一九二八年至一九三七年十五次大规模发掘的倡议者和推动者。不仅如此，董作宾还是殷墟十五次大规模考古发掘的实践者和指导者。殷墟的十年大规模发掘，推动了中国近代考古学的形成和发展。与此同时，先后出土的二万五千片甲骨，为历史考古领域甲骨学分支学科的形成作出了贡献。殷墟发掘被迫暂停后，董作宾为保护殷墟出土国宝，在长沙、昆明、四川宜宾李庄的不断“搬迁”中，还坚持甲骨文的缀合、整理、研究，为一九四八年《殷虚文字甲编》和《殷虚文字乙编》（上、中集）的出版做好了准备。一九四九年新中国成立前夕，董作宾去了孤岛台湾，自此，离开了给他研究活力和动力的甲骨之乡殷墟大地，从而发出“则不幸此学颇形冷落”的慨叹。

中研院史语所发掘殷墟团队中坚力量“考古十兄弟”中，河南人还有老二石璋如、老四刘耀、老五尹焕章、老八王湘等。

老二石璋如（一九〇二年至二〇〇六年），偃师人，一九三一年以河南大学三年级学生身份，作为第四次殷墟发掘实习生，后参加了殷墟历次发掘并主持第十五次殷墟发掘工作。著名的洹北发现“大龟七版”和YH127坑窖藏甲骨，就出在他的手铲之下。此外，石璋如还参加过“西北史地考察团”的考古工作。一九四九年去台湾后，开展了一些台湾地区考古调查与研究工作。六十一岁退休后，专门从事殷墟考古资料的整理与研究工作，出版专著十多部、论文六十多篇，为甲骨学和殷墟学的发展作出了重大贡献。一九七八年，当选“中研院”院士。二〇〇六年一月，以一百〇五岁高龄辞世,被尊称为“考古人瑞”。

老四刘耀(即尹达),河南滑县人,一九三一年以河南大学实习生身份,和石璋如一起参加了第四次发掘殷墟,并在实习工作中从事研究生学习,一九三四年毕业留史语所,先后参加了殷墟第四次、第五次、第八次至第十二次的发掘工作。在此期间,还参加过浚县、日照两城镇等地的考古工作。一九四二年在延安还曾发掘过龙山文化遗址。一九三七年十一月赴革命圣地延安。中华人民共和国成立后,历任历史研究所、考古所副所长等职,成为史学、考古工作的领导者。他支持《甲骨文合集》的立项,并积极支持总编胡厚宣的工作,还关心研究人才的成长,要胡厚宣“出成果,出人才”,“带出一支队伍来”。

老五尹焕章(一九〇九年至一九六九年),河南南阳人。一九二四年入董作宾曾任教的省立南阳第五中学,一九二八年入河南大学预科,一九二九年经董作宾推荐入史语所史学组,在徐中舒指导下,整理内阁大库档案。一九三一年九一八事变后,一九三二年十一月护送精选档案至南京,以防日寇劫毁不测。一九三三年尹焕章调至考古组并赴安阳参加殷墟第八次发掘。自此,参加了殷墟第九至十五次的发掘工作,即连续参加了后冈、侯家庄、小屯北地的大规模发掘工作。一九三七年九月,护送辉县、浚县、汲县出土国宝,在郑州火车站遭敌机轰炸时临危不惧,十一月安全运抵武汉,一九三九年八月,一度离开史语所的尹焕章,经李济、董作宾安排入时在重庆的中央博物馆筹备处,负责保管千箱文物。一九四九年新中国成立,尹焕章入职南京博物院。一九五一年杨宪益交来的明义士甲骨二千三百九十片,就是经他之手,并妥善入藏南京博物院。尹焕章考古足迹遍华东诸省,还曾率队参加河南考古抢救工作。他出版专著《华东新石器时代遗址》等及论文多篇,是“湖熟文化”概念的提出者之一。

老八王湘(一九一二年至今),河南南阳人,虽然在“兄弟”中年龄最小,但参加殷墟发掘工作最早,自一九二八年十月参加第一次殷墟发掘后,又参加了第二次至第四次、第六次、第十次至第十五次殷墟发掘,先后共十一次。发掘过程中,出土了大批甲骨文。著名的 YH127 甲骨坑的发掘,就是由他主持并亲自下坑剥剔甲骨并指挥“搬迁”的。在此期间，王湘还参加山东城子崖考古和安徽寿县史前遗址调查工作。一九三七年十一月，王湘随史语所到长沙，受中共抗日救国的影响，投笔从戎。一九三八年王湘赴延安，后任三原县八路军联络站长。解放后任职中南重工业部，后调至国家科委任职。二〇〇八年王湘为安阳召开的“纪念殷墟发掘八十周年大会”题词：“安阳科学考古精神的发展永存”！

此外，参加殷墟科学发掘工作的还有不少地方人士，参与工作最多者当属省教育厅代表郭宝钧、马元材等人。

郭宝钧，河南南阳人，字子衡，中国当代著名考古学家。他作为河南省教育厅的代表，负责中研院与地方关系的协调处理工作。郭宝钧在工作中认真学习，努力钻研，很快掌握了考古学发掘技术与研究方法。他参加过殷墟第一次、第四次、第五次发掘等，并关注、协调其后的历次发掘工作。一九三六年三月开始的第十三次殷墟发掘就是郭宝钧主持，参加发掘工作的有石璋如、王湘、潘悫等五人及河南地方人士孙文清等。此次发掘在小屯村北，实行大面积“平翻”，著名的 YH127 坑甲骨一万七千九十六片窖藏，就是本次发掘即将结束时出现的“奇迹”。一九四九年解放后，调至北京考古研究所任研究员。

河南省地方当局的不少有识之士，愈来愈认识本乡出土甲骨文的重大学术价值。而大批甲骨外流，是本省文化财富的重大损失。国民政府出台禁止私人挖掘甲骨的法令，虽然安阳村民的盗宝外销受到遏制，但中研院大张旗鼓发掘遗址，造成本省文物的更大外流，使河南热爱乡土文化的有识之士于心不甘。河南地方当局为“护宝”，“声言拒绝中央研究院工作”，派河南省博物馆何日章去安阳殷墟，于一九二九年十月二十一日招工自行发掘。当时中研院一九二九年十月七日第三次殷墟发掘才开始不久，双方在“大连坑”附近摆开擂台，争挖甲骨，以致发生肢体冲突。中研院暂停发掘二十五天后，才又继续在十一月十五日接着发掘。

为了解决中央与地方的矛盾，史语所所长傅斯年亲赴省会开封与河南省政府协商，达成了五条协议，即加强合作，省教育厅选一、二人参加每次发掘;发掘文物登记造册,每月报教育厅存查;安阳发掘文物存至便于研究地点,但需告知省教育厅备查;每批古物研究后暂在开封展览,便于地方人士参观;待全部发掘结束后,由双方协商分配陈列办法。然而,就在一九三〇年三月,河南省政府不顾成约,又派何日章去殷墟招工第二次发掘,共开工二月余。

河南省博物馆两次发掘殷墟,共争掘甲骨三千六百五十六片,从而使本乡出土的珍贵甲骨文,得以入藏本乡的河南省博物馆,使之成为全国仅有的入藏科学发掘时期出土甲骨的省级博物馆。这批甲骨与河南省运台文物一道,现集中暂放于台北"中央博物馆"。河南省博物馆的甲骨收藏和著录研究,使这里成为河南省甲骨文研究的一大重镇。何日章等人的发掘、收藏和关百益、孙海波及其后董玉京在台湾的著录,值得家乡人尊重与怀念。

关百益(一八八二年至一九五六年),河南开封人,满族人,曾任河南省立师范学校校长、省立第一中学校长、省长秘书和省博物馆馆长、河南通志馆编纂等职。著作有《金石学》、《考古浅说》等,其《殷虚文字存真》(八卷),就是从河南省博物馆争掘甲骨中,精选八百片拓印,将拓本裱成《存真》八卷,因此书拓工精,成册甚少,因而成为甲骨学界一书难得的珍品。

孙海波(一九一一年至一九七二年),河南光州(今潢川县)人,著名甲骨学家。著作有《古文声系》、《甲骨文编》(一九三四年)、《甲骨文录》(一九三八年)、《诚斋殷虚文字》(一九四〇年)、《中国文字学》、《卜辞文字小记》等。此外,还有《评〈殷虚书契续编〉校记》《评〈甲骨地名通检〉》等等。孙海波《甲骨文录》所收九百三十版甲骨,即从馆藏争掘所得甲骨中选出。其《甲骨文编》几十年来行用不衰,可见其水平之高。孙海波生前将所藏甲骨、金文、考古、历史等类珍贵书籍一千七百余种和甲骨残片、古钱等一百七件以及字画二十四幅,全部捐献给河南省历史研究所(注:河南省社会科学院前身),以造福乡里,泽及后学。

河南大学也是当年河南省的甲骨学研究重镇。当年的河南大学,前身是一九一二年创立的河南留学欧美预备学校。此校当年曾与清华学校、南洋公学并立，为驰名中国三大留学基地。河南大学在一九四九年后几次改名，由开封师范学院，到河南师范大学，还是以百年老校河南大学最为著名。河南大学有著名学者朱芳圃、姜亮夫等执教授徒，殷墟发掘团的石璋如、刘耀是学校派去的考古实习生，尹焕章由河南大学预科走进中研院并参加了殷墟考古发掘和研究工作。如此等等，河南大学成了中央和地方甲骨学考古人才库。

朱芳圃（一八九五年至一九七三年），著名甲骨学商史专家，字耘僧，湖南醴陵县南阳桥乡（今属株洲市）人，曾主持河南大学历史系教务，可谓“惟楚有材，于‘豫’为用”。朱芳圃开设“文字学”“甲骨学”等多门课程。他出版的《甲骨学文字编》，集中可识之字达八百三十四个，较罗振玉《增订殷虚书契考释》增二百七十四字。较商承祚《殷虚文字类编》收字增一百二十九个，反映了甲骨学研究“发展时期”较“草创时期”的文字考释研究有了很大前进。而他的《甲骨学商史编》，全面反映了商史研究的进展和他精到的研究心得。

姜亮夫（一九〇二年至一九九五年），云南昭通人，早年入清华大学国学研究院，师从王国维学习文字声韵学，一九三三年应河南大学文学院之聘任文学系教授，是我国著名的甲骨文等古文字学家。姜亮夫在河南大学任教期间，先后出版的论著有《甲骨金篆籀文字统编》《中国文字的源流》《夏商民族考》等等。姜亮夫晚年任教于浙江大学古籍研究所，继续研究和培养博士研究生。

由于著名学者朱芳圃、姜亮夫等执教于河南大学历史系、中文系，而关百益、何日章等主政河南省博物馆，孙海波的多部甲骨著录和《甲骨文编》等蜚声海内外，因而甲骨文策源地河南省学者的研究，在甲骨学“形成时期”占有举足轻重的地位。

不仅如此，河南还有不少地方乡贤也投入了家乡瑰宝甲骨文的研究中。王子玉选辑一百七十二版甲骨编为专辑，收入《续安阳县志》（一九三三年），使更多人知爱家乡，感受故土文化底蕴的丰厚。

三、 甲骨文“继续科学发掘时期”和研究“深入发展阶段”与河南人

一九五〇年春,郭宝钧发掘安阳殷墟武官村大墓,标志着新中国殷墟考古发掘工作启动。而随郭宝钧在《光明日报》发表《记殷周殉人之史实》后,郭沫若等学者发表了一系列讨论文章。《奴隶制时代》一书,代表了郭沫若关于商代奴隶制社会形态的全面认识。就在这场关于商代社会性质和社会经济形态的大讨论和古史分期的大论战中,全国很多的老一辈学者都积极发表看法,显示了甲骨文商史研究的深入以及对历史唯物主义的理解日益深入和自觉。

河南学者孙海波也积极投身这场牵动甲骨学商史界的学术讨论中。他在一九五六年《开封师范学院学报》创刊号上,发表了《从卜辞试论商代社会性质》一文,从甲骨文所反映商代生产力水平、土地所有制关系和工商业发展等几个方面研究,得出了商代社会“还是停滞在奴隶制的早期阶段”的意见。其后,他还在一九五七年的《史学月刊》上,发表了《介绍甲骨文》的专篇。一九六五年,他的名著《甲骨文编》,经一些专家奉命增订、修改后,却以“考古研究所专刊”的名义,由中华书局重印,其后又几经再版。

这一时期,五十年代初考古界“黄埔”第一届文物训练班出身的年轻人许顺湛,也已成长起来。他出手不凡,一九五六年就在《历史研究》第六期发表了《对〈夏代和商代奴隶制〉一文的意见》,他初生牛犊,敢于与权威专家展开争论。1958年,许顺湛又出版了《商代社会经济基础初探》专著和多篇论文。

河南老一代的甲骨学专家朱芳圃,一九六二年由中华书局出版了考释文字的专著《殷周文字释丛》。

如此等等。我们可以看到,河南的老一辈专家笔耕不辍。他们和全国各大学、研究机构的专家一起,推动着甲骨文研究的“深入发展”。但也和全国各地一样,甲骨学研究也只是在老一辈甲骨学家的“小众”中“深入发展”,除了像许顺湛这样凤毛麟角的新人外,很少见青年人的新面孔和发表

意见的新作者出现。这是因为这时期的甲骨文研究，出现了“青黄不接”的断层。之所以如此，首先是因为甲骨资料的极度匮乏。特别近百年来，河南大地饱受军阀混战和帝国主义侵略的炮火毁劫，再加上近代水旱蝗汤的天灾人祸，社会经济和文化遭受重大的摧残。不少老的学校，一些图书不少流散、被毁殆尽。一些新建的学校，图书馆藏甲文类古书更为稀缺。一些早年出版的甲骨著作，印数少，今已难见。而海外出版的著作，被紧锁国门拒之门外，因而研究所需新材料很难见到。特别是地方院校、研究机构，较之中央研究机关和重点高校，能见到珍本、善本和海外新甲骨著作，更要难上加难。已如前述，前辈学者孙海波生前把上千册藏书捐赠，那是他平时的珍爱和完成大量著作研究的资料之源。巧妇难为无米之炊。研究资料的极度匮乏，使年轻人无缘见到并投身甲骨文研究。其次，甲骨文著作隶定字、原形字、特异字多，排版印刷困难，发表园地少，老专家的作品发表都十分困难。不少的研究成果只能“束之高阁”，也挫伤了青年人学习甲骨文的热情。

因此，这一时期的甲骨学研究，虽然很少有青人参加，但也涌现出像许顺湛这样的青年翘楚。他们与老一辈专家朱芳圃、孙海波等一道，与全国甲骨学商史界专家一起，发出了“老家”河南的强音，从而把新中国的甲骨学研究推向“深入发展”的高潮。

四、甲骨文研究“全面深入发展阶段”与河南人

一九七八年以后，《合集》的出版，解决了甲骨文研究资料匮乏的局面，社会上出现了一股“甲骨热”。不少青年人立志研究甲骨学，希望能受到老一代甲骨学家指点，从而登堂入室，为甲骨文的传承、弘扬作出更大贡献。而老一代学者，为传承他们守护一生的“绝学”薪火，也乐于招收学生。为了适应四个现代化发展形势，国家需要大批高级研究人才，时停时续的研究生招收成为制度。一九八五年恢复学院制度以后，古文字学研究高级人才的培养有了很大发展，河南学子也积极报考古文学研究生。如一九七八年，河南学生郑慧生、范毓周报考了历史所胡厚宣研究生，后者被录取，前

者则被推荐给河南大学朱绍侯教授;历史研究所杨升南招收河南大学学生孙亚冰(登封人)、安阳师范学院韩江苏(林州人)硕士研究生两名。后孙亚冰入宋镇豪门下博士毕业留京,韩江苏入北京师范大学晁福林教授门下读博士,毕业回河南。王宇信培养的博士李立新(南阳人),现就职河南社科院,培养的博士具隆会现就职河南大学。

郑州大学资深教授李民,自一九七八年招收研究生已培养硕士二十名。其中郭旭东(林州人),后又入陕西师大王晖教授门下就读博士。安阳师范学院李重山(范县人),后入北京大学吴荣曾门下就读博士。李民又先后为河南培养博士二十多人,其中张国硕、王星光等教授已成郑州大学殷商文化研究带头人。刘凤华在郑州大学历史学院获博士学位,并留校任教。此外,首都师大黄天树培养的博士齐航福(河南虞城人),已成为甲骨研究青年才俊,现任职郑州大学。

吉林大学姚孝遂教授培养的河南许昌人王蕴智博士,现就职于河南大学,为甲骨学研究领军人物。

门艺(商丘人),郑州大学历史学院获历史学博士学位,现任教河南大学。

如此等等。一批河南籍古文字研究生,或走向全国各大科研院校发展,或留守家乡,与中原同崛起,现都已成为本乡本土走出的世遗甲骨文研究专家和领军人物。

中国殷商文化学会也和河南省在“全面深入发展时期”的人才成长有很大关系。第一次筹备会议的郑州大学、河南省文物工作队(今省考古院)、河南省博物馆(院)、历史所先秦史研究室为发起单位,一九八四年安阳召开了全国商史研讨会,一九八七年召开了殷商文明国际讨论会。此后,学会以安阳为中心,先后在郑州、洛阳召开多次大型国际研讨会,并从安阳走向四川三星堆、金沙,江西南昌、新干大洋洲,北京房山董家林燕都遗址、平谷刘家河商代遗址,又走向山东王懿荣故乡福山、桓台、高青陈庄,河北邢台等地。其间,为殷墟的“申遗”和甲骨文的“申遗”作出了呼吁和大量工作。中国殷商文化学会以河南甲骨文殷商文化研究学者为核心,以推动海内外学者的学术交流和增进友谊、发展殷商文化研究为宗旨。每一次的学术盛会，都增加一批新人。而每次会议出版的论文集，则把学者的最新研究成果推向海内外，成为人才成长的重要平台。研究生的培养和学会的推动，使河南省甲骨文等古文字研究人才辈出，因而一九四九年至一九七八年期间的“青黄不接”有了根本改观。甲骨文出土地的安阳师范学院，郑州的郑州大学、河南省博物院、河南省考古研究院、河南省社科院，开封的河南大学，洛阳的文物考古研究院等，都成为河南省的甲骨学商史研究重镇。

安阳师范学院形成了以聂玉海、申斌等及其后郭旭东教授等为核心的历史文化学院团队。聂曾任学会副秘书长，对学会工作贡献巨大。又任殷商文化研究班主任，培养人才。出版有《甲骨文精粹释译》，译作有李济《安阳》等及论文多种。申斌力主办“殷商文化研究班”，培养人才，并较早把自然科技引入殷墟考古文化研究。郭旭东出版了《青铜王都》、《殷商社会生活史》、《殷墟甲骨学大辞典》等，主编《殷都学刊》并承担国家社科基金重大项目子课题“殷商社会文化形态与甲骨文研究”；韩江苏出版了《殷墟甲骨文编》、《花东 H3 卜辞主人“子”研究》等，承担了国家社科规划重大课题子课题“甲骨文已释字未释字整理、分析与研究”；于成龙承担国家文物局重大项目《中国文物志》出土古文字等文物卷的编纂；郭胜强主编了《殷墟文化大典》商史卷、《河南大学与甲骨学》、《董作宾传》等；张坚主编了《殷墟文化大典》甲骨卷、《殷墟甲骨学大辞典》等。

安阳当地人有着浓厚的殷墟情结，早在一九七六年就出版了《殷墟：奴隶社会的一个缩影》。新时期到来后，更是掀起研究乡土文化的热情。安阳政协退休干部史昌友出版了邹衡题签的《灿烂的殷商文化》等，杨银昌、杜久明出版了《走进殷墟》（王宇信主编殷墟系列丛书之一），殷杰出版《殷墟骨文化》（系列丛书之一），刘志伟出版了《百年话甲骨》、《神奇甲骨文》，等等。杜久明为《殷墟文化大典》（甲骨卷、考古卷、商史卷）副总主编，杨善清、孟宪武主编了《殷墟文化大典》（考古卷）（二〇一六年），党相魁等出版了《殷墟甲骨辑佚》等，段振美出版了《由考古遗址走向世界文化遗产》、《殷墟发掘史》等。安阳地方一批老专家退而不休,继续为家乡甲骨文、殷墟“双世遗”的弘扬作贡献。

郑州大学随新崛起的国际化大都市郑州成长壮大。一九七八年以后,曾支持、协助中国殷商文化学会发起首届全国商史大型会议。一九九三年,“郑州商城与殷商文明研讨会”在郑州召开,学会副会长郑州大学李民教授发挥了重要影响和作用。李民较早就发表了《尚书所见农业》(一九八〇年)文章,发表了有关尚书研究殷商文化专著十一部。李民主持的郑州大学殷商文化研究所,其成员王星光教授、张国硕教授等为河南省殷商文明的研究和考古人材的培养,发挥了策源地的作用,培养的考古人材遍布河南高校,并不断向北京、天津、南京等高级研究单位输送人材;近年来,郑州大学又一个甲骨文研究重镇已经形成,文学院汉字文明研究中心,通过高级人才招聘、人才培养完善了研究梯队的人员配置,在甲骨学商史界已崭露头角。以李运富为核心的课题组引进的苗丽娟等,完成了教育部语信司委托的纪念甲骨文发现一百二十周年活动的专用书《甲骨春秋——纪念甲骨文发现 120 周年》图册,并在人民大会堂召开的“纪念甲骨文发现120 周年座谈会”上首发,受到了与会专家学者的好评。此外,郑州大学学者参加了教育部语信司的“甲骨文等古文字研究与应用专项”课题。张新俊《河南所藏甲骨集成》已被通过立项,刘秋瑞《楚系金文与简帛用字对比研究》也获立项批准。前不久,黄锡全团队的《甲骨学大辞典》项目,也被国家社科基金批准立项。不仅如此,刘凤华出版了《殷墟村南系列甲骨卜辞整理研究》(二〇一四年)等等,章秀霞出版了《花东子卜辞与殷礼研究》(二〇一七年)、《殷墟花园庄东地甲骨刻辞类纂》(二〇一一年,与齐航福合著)等等,齐航福出版了《殷墟甲骨文宾语语序研究》等四部。如此等等,郑州大学人才辈出,成果累累,与前一阶段甲骨研究人才稀缺不可同日而语!

河南大学作为自殷墟科学发掘时期(一九二八至一九四九)就已经形成的甲骨学商史研究重镇,虽然在甲骨学“深入发展阶段”也出现了研究人员断层的局面,但一九七八年甲骨学“全面深入发展时期”,就努力恢复研究重镇的传统。史苏苑一九八一年七月,较早在新时期初发表了《商朝国号浅议》(《历史教学》一九八一年第七期)等。国家实行改革开放政策不久,河南大学就引进了中山大学老一辈甲骨学家容庚、商承祚一九五六年培养的研究生李瑾,研究方国地理和非王卜辞的语法语序等。又较早地从四川大学引进了古史古文字学家徐中舒教授的助手唐嘉弘,教授先秦史,培养的研究生李玉洁现已成为著名专家和博士生导师。而河南大学恢复研究生培养制度后,招收的第一批研究生郑慧生留校任教,研究兴趣广泛,涉及商代甲骨文中的天文历法、宗法制度、"家"和商代的农耕等方面多方位、多角度的研究,他早在一九八一年《历史研究》(六期)发表的《卜辞中贵妇地位考述》,就引起学界注意,专著《古代天文历法研究》《甲骨卜辞研究》等享誉学林。郑慧生为中国殷商文化学会理事。现在,河大老一辈的学者多已离开研究岗位,新一代学者又顶了上来。涂白奎教授出版了《古文字类编》等,并教授古文字学。具隆会教授出版了《甲骨文中商代神灵崇拜研究》和《甲骨学发展 120 年》(合著)等,并主讲"甲骨学通论"。王蕴智教授出版了《殷墟甲骨文研究》、《殷周古文字同源分化现象探索》、《字学论集》等专著多部。此外,王蕴智是国家社科规划重大项目"甲骨文全文数据库及商代语言文字释读"子课题的主持者,正在为"政府推动下的甲骨文研究全面深入发展与弘扬新阶段创造新的辉煌"。门艺在河南大学黄河文明与可持续发展研究中心,进行甲骨文的整理研究,发表《黄组王宾卜辞新缀十例》、《十祀征人方新谱》等。

河南省社科院的专家,是学会的中坚和依靠力量。老一代资深学者李绍连,曾任学会副秘书长,他是大型著作《河南通史》的主要撰写者,倾注了他对殷商文化的研究心得和修养。郑杰祥研究员是著名的考古学家、商代地理专家,《商代地理概论》在一九九一年洛阳夏商文明国际会议上首发。李立新研究员研究商代祭祀制度,著有《甲骨文商代新旧派祭祀制度研究》等。张新斌则是研究炎黄学名家和考古学家,并有多部著作问世,被选为中国先秦史学会副会长。河南社科院齐航福、章秀霞受聘郑州大学后,甲骨文殷商文化方面的研究力量有一定程度的削弱。

河南省文物考古研究院的杨育彬教授是学会的理事,曾主持郑州商城的发掘,并在郑州电校H1灰坑中发现刻有“弜屮”二字的骨板,又在距此几百米的H10灰坑内,发现“屮弜”二字的刻字骨,为甲骨文源头的追索提供重要证据,著作有《河南考古》等及论文多篇。青铜专家郝本性是唐兰在一九六二年接收的北大委培研究生,结业后任职河南文物研究所,升至研究员、所长。他发掘和研究温县出土的盟书和新郑出土的郑国兵器及文字,并有极深的青铜铭文的造诣。秦文生为学会理事,原就职于河南省博物院,后调入河南省文物考古研究院,主张“殷墟非都城”说,并就此多次著文论战。现河南省文物考古研究院老一代学者和资深学者都已退休,新一代学者正在田野考古中磨炼成长。

河南博物院老一辈学者早已退休,不少资深学者又高就大学或省社科院、考古研究院,因而当年甲骨学研究重镇已风光不再。

洛阳文物考古研究院也是甲骨文殷商文化的重镇。一九九一年洛阳考古研究院(即当年的文物一队、二队合并)曾与学会一起召开“洛阳夏商文明国际研讨会”,洛阳的郭引强、蔡运章、张剑、余扶危、叶万松等学者是学会的支持者、追随者。他们与学会走南闯北,并每次必有高质量论文,学会主编的“三代文明研究”系列论文集常见他们的大作。其中学会理事蔡运章,研究甲骨、金文及钱币文,发表了多篇论著,并在二〇〇八年一月鉴定和保护了洛阳出土唯一一版有字西周卜骨,对甲骨学研究作出了贡献。洛阳会议的论文集《三代文明研究》,收入了一批重要夏商文明研究论文,就是郭引强、蔡运章教授支持和运作下编辑出版完成的。

第四节　开启甲骨文研究再辉煌的“新阶段”与河南学子的使命与担当

二〇一六年十月二十八日《光明日报》发表的征集优秀释读成果的《关于征集评选甲骨文释读优秀成果的奖励公告》,是甲骨文等古文字研究进入了新一百年研究全面深入发展与弘扬的“新阶段”的标志。这一“新阶段”是在“政府推动下”启动的，即国家社科规划办和教育部语信司的介入，顶层设计了“大数据云平台支持下的甲骨文字考释研究”和“甲骨文等古文字研究与应用专项”的系列研究课题，互为表里，相得益彰，必将把这一“新阶段”的研究推向新世纪的更大辉煌。甲骨文化蕴含的深邃历史思想和文化价值，将得到全方位、深层次的弘扬与传承。

河南省广大古文字研究学者，也和全国的甲骨学等古文字学者一样，经过新世纪的一系列研究成果的推出，使新百年的研究有了良好开局。而蓄势待发的学者们，在《奖励公告》“集结号”的动员下，整合研究队伍，向顶层设计给我们提供战场——“大数据云平台支持下的甲骨文字考释研究”和“甲骨文等古文字研究与应用专项”的一系列子课题冲击了。甲骨文故乡的学者们积极申报课题，因而在研究的“新阶段”，河南省的甲骨文研究基地又有所加强和新的增长。与此同时，也展示了河南学者的甲骨文等古文字研究实力和学养。

甲骨文之乡安阳师范学院甲骨文团队被批准立项，承担“大数据云平台支持下的甲骨文字考释研究”十个子课题之中的有：郭旭东团队《殷商社会文化社会形态与甲骨文研究》，韩江苏团队《甲骨文已识字、未释字整理研究》。

甲骨文研究与现代科技手段同步，实行多学科联合攻关，是甲骨文研究取得更大发展的关键。教育部在安阳师范学院设立了“计算信息实验中心”，就是为了把现代电脑信息技术与古老甲骨文研究相结合，探索走出一条破译文字的新路。在大数据云平台支持下破译甲骨文字，是这一特设实验室的担当，也是考验。安阳师范学院的刘永革团队，承担子课题“甲骨文大数据、云平台研究”。同一批河南省的另一个甲骨文研究重镇河南大学也获立项，即王蕴智团队承担了“甲骨文全文数据库及商代语言文字释读”子课题。如此等等。我们可以看到，国家社科规划办的重大课题十个子课题中，河南学者被批准立项的有 4 个，而安阳师范学院一个学校就有三项。

二〇一七年二月教育部语信司也启动了“甲骨文等古文字研究与应用

专项”课题的支持招标工作。前后两次招标,共二十五个课题获准立项。第一批十个获准立项课题中,河南省获准一项,即安阳师范学院刘永革团队“基本文本和图形铭文融合的甲骨文辅助考释研究”。第二批共十五个获准立项的课题,河南学者有:郑州大学张新俊团队“河南所藏甲骨集成”,郑州大学刘秋瑞团队“楚系金文与简帛用字对比研究”,安阳师范学院熊晶团队“甲骨文文献数字化及智能知识服务平台建设”,河南师范大学李雪山团队“商周甲骨占卜礼制与中国早期政治信仰研究”。

从上述招标立项课题,我们可以看到,在十个省市中唯有河南省获立四项,显示了甲骨之乡较强的研究力量。与此同时,我们可以看到,河南省的几个甲骨文重镇,还是以安阳师范学院、郑州大学研究力量为最强。从上述国家社科规划办设立的课题和教育部语信司设立的专项课题获得批准立项看,国家对现代科技在甲骨文研究中的作用高度重视,安阳师范学院的甲骨文大数据实验中心连中三元就是证明;河南师范大学李雪山团队的研究课题被批准立项,表明了河南传统的甲骨文重镇城市有新的突破,即在老平原省的省会、中原重镇新乡,一个新的甲骨学研究重镇正在崛起。李雪山是著名甲骨学家,著作《甲骨文商代封国研究》、《甲骨文精萃释译》等为海内外所熟知。他从甲骨文重镇安阳师范学院调往河南师范大学任教,仍不忘守护甲骨文研究的初心,在新的研究环境中,完成了社科基金项目“商代甲骨占卜流程与卜法制度研究”并已结项,另一大项目“商代卜骨信息数字库建设”正在策划中。

河南安阳郭胜强、张坚等一批退休教授、当地退休老干部与中国社科院历史研究所王宇信同心协力,于二〇一六年十二月出版《殷墟文化大典》(甲骨卷、考古卷、商史卷)三卷六册,庆祝了《光明日报》二〇一六年十月二十八日《关于征集评选甲骨文释读优秀成果的奖励公告》开启的政府推动下的甲骨文研究全面深入发展与弘扬“新阶段”的到来。安阳师范学院韩江苏、河南大学具隆会等,又以他们承担的“国家交办重大委托项目”子课题之一的阶段性成果《甲骨文合集》第十三册《拓本搜聚》(二〇一九年十月出版),作为献给二〇一九年十一月一日在人民大会堂召开的“纪念甲骨文发现一百二十周年座谈会”的厚礼。就在这次古文字学界史无前例的盛会上，习近平总书记给甲骨学等古文字学界发来了贺信，这是我们创新世纪研究再辉煌的动员令。让我们牢记总书记的殷殷嘱托和赋予的历史使命，深入研究甲骨文的历史思想和文化价值，促进文明交流互鉴，为推动中华文明发展和人类社会进步作出更大更新的贡献！

第三十二章　甲骨学研究“新阶段”的到来与“新阶段”研究的大发展

——谈政府推动下的甲骨文研究全面深入发展与弘扬

为了贯彻落实习近平总书记“要重视发展具有重要文化价值和传承意义的‘绝学’、冷门学科”，“如甲骨文等古文字研究等。要重视这些学科，确保有人做、有传承”的重要讲话精神，国家社科基金规划办委托中国文字博物馆在二〇一六年十月二十八日的《光明日报》上，发布的《关于征集评选甲骨文释读优秀成果的奖励公告》（以下简称《奖励公告》），标志着甲骨学研究从新世纪开端的最初十多年（二〇〇〇年至二〇一六年）的蓄势聚力，开启了“政府推动下的甲骨文研究全面深入发展与弘扬新阶段”。国家社科基金规划办启动的重大课题“大数据云平台支持下的甲骨文字考释研究”和教育部语信司启动的“甲骨文等古文字研究与应用专项”，把甲骨文“新阶段”的研究推向了新高潮。一系列甲骨文研究课题的提出和完成，将铸就甲骨学研究新阶段开启的新百年更大辉煌。

第一节　“新阶段”良好开局的未雨绸缪

一九九九年，是殷墟甲骨文发现一百周年。中国殷商文化学会和中国社会科学院历史研究所、考古研究所，联合安阳市人民政府，在甲骨文的出土地安阳举行了盛大而隆重的“纪念甲骨文发现一百周年国际学术研讨会”。来自中国大陆和海外的一百二十余名甲骨学权威专家出席了会议。海内外专家学者提交大会的一百多篇研究论文，反映了当时甲骨学研究的最新水平。就是在这次甲骨学研究新旧世纪交替的重要会议上，中国社会科学院历史研究所甲骨文研究团队，以“甲骨学一百年成果”的系列著作，诸如《甲骨学一百年》、《甲骨文合集补编》、《百年甲骨学论著目》等和同时推向学界的《甲骨文合集释文·来源表》、《甲骨学通论》(增订本)等一批研究著作,作为甲骨文发现一百周年纪念的献礼。这些著作,向世界学术界展示了中国甲骨学发展的最新水平和中国甲骨学家对前辈学者百年来研究成就的全面总结和继承。诚如台湾著名甲骨学家朱歧祥所深刻指出的,这些重要著作“不但有总结之功,而在若干课题上更有开创价值”,“它的影响当在下一个世纪逐渐开花结果”。如此等等,学者们以辉煌的研究成果,为一八九九年以来百年的甲骨学研究作了总结,并继往开来,迎来了甲骨学新一百年。在新一百年开局后的十多年,一批甲骨学商史专家们继续心无旁骛地砥砺前行,在前一个百年甲骨学研究登上的高峰上继续攀登,从而使甲骨学商史研究的各领域又都取得了一批新的成果。这就是:

一、 甲骨文继续有新的发现

继一九九一年甲骨发掘史上第三次大发现——花东H3整坑出土甲骨六百八十九版以后,进入了新的一百年,仍不断有零星发现。诸如二〇〇二年小屯南地出土有字甲骨二百二十八版、二〇〇四年大司空村窖穴出土一版干支表等;西周甲骨也不断有新发现,在周原遗址,二〇〇二至二〇〇三年,齐家发现有字甲骨一件、周公庙发现有字卜骨二版。周公庙核心区五处遗址又发现甲骨五千一百六十一版,其中“王季”“叔郑”等字样首见,而“周公”“毕公”几见。此外,周原以外的河南洛阳出土有多字的大版胛骨,山东高青发现有字篦骨一件。二〇一六年,宁夏彭阳西周墓(M5)墓道填土中出土有字卜骨三件……

二、 甲骨文的继续精细化整理和“更臻完善”的著录出版

出版的加快,是这一时段的特色。首先是科学发掘甲骨的著录不断出版,诸如《殷墟花园庄东地甲骨》(二〇〇三年)著录甲骨六百八十九版,皆为非王卜辞。该书《序言》对花东卜辞“子”的身份、地位进行的抛砖引玉式的研究,颇有意义。《殷墟小屯村中村南甲骨》(二〇一二年)著录甲骨

531 版,《前言》以出土甲骨地层为依据,论述了午组卜辞应较早,而历组卜辞出土于 3、4 期武乙、文丁时地层内,为“历组”卜辞不能前提至武丁、祖庚时期提供了地层证据。

对甲骨藏品进行精细化整理和“更臻完善”的著录也时有新出版。主要有:《旅顺博物馆所藏甲骨》(二〇一四年)著录甲骨二千二百十一版;《笏之甲骨拓本集》(二〇一六年)著录甲骨 1807 号,其中《笏二》大部分甲骨未著录过,其六十版原骨为日人河井荃庐旧藏,现原骨已毁于东京大轰炸,因而拓本颇为珍贵;《重庆三峡博物馆藏甲骨集》(二〇一六年)收入甲骨二百八版;《卡内基博物馆所藏甲骨研究》(二〇一五年)收入甲骨四百六版,此书重要参考价值在于“研究”,诸如钻凿形态、异代使用卜骨、早期作伪等方面的探索;《俄罗斯国立爱米塔什博物馆藏殷墟甲骨》(二〇一三年)著录甲骨一百九十七片,乃俄罗斯爱米塔什博物馆所藏甲骨,第一次以拓本形式悉数著录;《中国国家博物馆馆藏文物研究丛书 · 甲骨卷》(二〇〇七年)著录甲骨二百六十八版,此书重要之处在于所收几篇论文颇有参考价值(朱凤瀚、宋镇豪、沈建华、刘源撰);《北京大学珍藏甲骨文》(上、下,二〇〇八年),著录甲骨二千九百二十九号;《上海博物馆藏甲骨文字》(上、下,二〇〇九年),著录甲骨五千二版;《史语所购藏甲骨集》(二〇〇九年),著录甲骨三百八十版;《中国社会科学院历史研究所藏甲骨集》(二〇一一年),著录甲骨一千九百二十版,等等。民间私人收藏甲骨也时有著录,诸如《洹宝斋所藏甲骨》(二〇〇六年),著录甲骨三百二版;《张世放所藏殷墟甲骨集》(二〇〇九年),著录甲骨三百八十四版;《云间朱氏〈戬〉旧拓》,著录《戬》拓本六百三十九号,此书附录《集锦》上收一百三十五号,下收一百五十八版,其下有六十五版未见著录,原骨也不知所终,因而拓本颇为珍贵难得;《殷墟甲骨辑佚》(二〇〇八年),著录甲骨一千八版。以上各书,即著录科学发掘所得甲骨二种,传世甲骨再整理十四种。虽各书所收甲骨数量不一,但总数在二〇一六年前已著录甲骨一万九千十四版。而甲骨缀合著录书,是对甲骨著录书和甲骨实物的再整理,其意义犹如甲骨价值的再发掘,因而当也和公布甲骨的著录书有同等的价值。

缀合著录出版有黄天树主编《甲骨拼合集》1、2、3、4(二〇一一年至二〇一六年,共缀一千十五例);蔡哲茂《甲骨缀合集》、《甲骨缀合续集》、《甲骨缀合汇编》等,自一九九九年至二〇一一年出版,共缀一千三十六号(组);林宏明《醉古集》(二〇一一年)共缀三百八十二例,《契合集》(二〇一三年)缀合四百三十一例。

此外,西周甲骨的权威标准著录《西周甲骨文》(二〇〇二年)也已出版。本书总结西周甲骨研究时,把研究者视点引向"王与周方伯"、"宗的位置"、"曹周方伯之'曹'的诠释"等焦点,很有意义。

三、 甲骨学商史著作

在甲骨著录增多的基础上,甲骨学商史研究和总结性著作时有出版。有从文字校读、甲骨排谱及花东卜辞"子"的身份等方面进行专题研究的著作,诸如朱歧祥《殷墟花东甲骨校释》(二〇〇六年)、姚萱《花东甲骨卜辞的初步研究》(二〇〇六年)、韩江苏《花东 H3 卜辞主人子研究》(二〇〇七年)等、常耀华《殷墟甲骨非王卜辞研究》中篇(二〇〇六年)、章秀霞《花东甲骨卜辞与殷礼研究》(二〇一七年)等。有专对花东刻辞文例进行探索的,如孙亚冰《花东卜辞甲骨文例研究》(二〇一四年)。还有对花东卜辞进行条分缕析整理的,如齐航福等《花东甲骨刻辞类纂》(二〇一一年)等。

集中对一坑甲骨进行研究的著作已如上述所列,而对其他出土甲骨进行研究的著作也时有面世,诸如刘风华《殷墟村南系列甲骨卜辞整理与研究》、刘义峰《无名组卜辞整理与研究》(二〇一四年)、刘影《殷墟胛骨文例》(二〇一一年)等。对广受追捧的"两系说",仍有不少学者持不同意见。在沉默了相当一段时间以后,又继续展开讨论。刘一曼等的《三论武乙、文丁卜辞》(《考古学报》二〇一一年第四期)进行了深入辩难。此文以大量证据表明,"无论从卜辞的内容进行分析,还是从田野发掘地层关系进行检验,'两系说'是难以成立的"。此外,著名甲骨学家常玉芝撰著的专与"两系说"进行讨论的大著《殷墟甲骨断式标准评议》已于二〇二〇年出版。不仅如此,一些对甲骨文字及甲骨文研究进行系统整理总结的字典类工具书和综论性著作也时有出版。开始用新著录《合集》等新版书编纂字典,诸如刘钊《新甲骨文编》(二〇〇九年),第一次涉及殷文外的西周甲骨;李宗焜《甲骨文字编》(二〇一二年),收字扩至二〇一〇年以前著录;韩江苏《殷墟甲骨文字编》(二〇一六年)等大型文字编也先后编成,反映了甲骨文字考释和新著录的进展及其中所见新字的增多。以上各书的"附录",为文字学家的文字释读指出了主攻方向。综论性著作也时有出版,诸如王宇信《中国甲骨学》(二〇〇九年)、《甲骨学导论》(二〇一〇年)、《新中国六十年(1999—2009)》(二〇一三年),则提供了甲骨学发展各阶段所取得成就的讯息。宋镇豪等主编的《甲骨文献集成》四十卷(二〇〇一年),则将百年来所能搜集到的海内外出版著作上千种汇为一编,为新阶段的甲骨学商史研究提供最全面的信息和难得的研究参考资料。更有意义的是,一部大型的为几代学者所追求、期望的《商代史》,被中国社会科学院立项,并在以宋镇豪为带头人的老、中、青研究团队的努力下,经8年多时间的打磨,终于在二〇一一年出版。这部巨著由历史研究所团队完成,是实至名归的。这是因为经过郭沫若、胡厚宣、周自强、杨升南、王宇信等几代学者的经营,历史研究所在编纂《合集》的过程中,不仅积累了大批研究资料,还培养出了一支高素质研究队伍。而在其后完成《甲骨学一百年》系列成果和《甲骨文献集成》的过程中,使学者们熟知甲骨学商史研究所达到的高度及有待解决的问题、研究的热点和突破甲骨学商史难点的症结之所在。这支学有专攻的老、中、青学者研究队伍,终于攻下了大型多卷本《商代史》的难关,使这部多卷的宏观上的《商代史》,与微观上各分卷有关专题的拓展有机地融为一体,改变了商代大型断代史研究的滞后状态,从而大大丰富了中华五千年文明史的进程。如此等等。历史研究所老、中、青三代学者,和全国各高校和科研机构的甲骨学专家一起,以自己的《商代史》和甲骨文字编等一批精品力作,为甲骨学新一百年研究的再辉煌开了个好局,并坚守在自己的研究领域里,继续探索着、追求着、积累着,蓄势待发,未雨绸缪,随时准备向新阶段的研究高峰攀登。

第二节　打造“新阶段”甲骨学研究的更新辉煌

《光明日报》刊出的征集甲骨文释读优秀作品的《奖励公告》，标志着甲骨学研究新一百年开局不久，就进入了“政府推动下的甲骨文研究全面深入发展与弘扬新阶段”。《奖励公告》在海内外学术界产生了重大影响，犹如甲骨学界响起的嘹亮“集结号”，动员了广大的甲骨学者和殷商文化专家，集中在国家哲学社会科学规划办公室的重大课题“大数据云平台支持下的甲骨文字考释研究”和教育部语信司的“甲骨文等古文字研究与应用专项”攻关队伍中。学者们在向甲骨学高峰的攀登中不畏险阻，群策群力。在研究中坚持驱动性转化，并创新性发展。一批原创性并代表国家水平的经典之作的推出，将把甲骨学研究的新阶段推向更新的辉煌。

一、 重大委托项目“大数据云平台支持下的甲骨文字考释研究”

虽然在二十一世纪初，多卷本《商代史》的完成，对百多年来甲骨学商代史研究成果进行了全面展现，但随着甲骨著录的增多和追踪文字释读成果的几部甲骨文字典的出版，学者也越来越意识到，在甲骨学继续顺利发展的道路上，遇到了文字释读滞后的难题，并成为障碍甲骨学研究再深入发展的短板。为了解决目前甲骨文字释读面临的“瓶颈”问题，使释读工作取得新的实质性进展，国家哲学社科基金规划办公室，在专家多次深入论证的基础上，决定把现代科技手段引入甲骨文字考释研究，于二〇一六年十二月批准了“重大委托项目”“大数据云平台支持下的甲骨文字考释研究”专项课题，并正式启动。本课题包括两个方面的内容，即“重大委托项目”和“释读成果奖励”。

（一）重大委托项目

此项目明确委托单位为中国文字博物馆，承担单位为清华大学、中国社会科学院、复旦大学、河南大学、首都师范大学、安阳师范学院等单位和这些单位的知名甲骨文殷商文化专家、计算机专家等。项目还聘请李学勤为首席专家,李伯谦、王宇信为项目顾问。项目设有十个子课题:

(1)《〈合集〉再整理与修订研究》,项目负责人:王宇信;

(2)《天津博物馆藏甲骨文的整理与研究》,项目负责人:宋镇豪;

(3)《甲骨文图像数据库》,项目负责人:黄天树;

(4)《甲骨文已识字有争议字和未识字综理表》,项目负责人:刘钊;

(5)《清华大学藏甲骨的综合整理与研究》,项目负责人:赵平安;

(6)《甲骨文全文数据库及商代语言文字释读》,项目负责人:王蕴智;

(7)《田野考古资料与甲骨文字释读》,项目负责人:唐际根;

(8)《殷商社会文化形态与甲骨文研究》,项目负责人:郭旭东;

(9)《甲骨文大数据云平台技术研究》,项目负责人:刘永革;

(10)《甲骨文已释字与未释字整理、分析与研究》,项目负责人:韩江苏。

以上十个课题,从其性质接近程度看,基本可分为四组。

第一组,即编号为1、2、3、5者,基本都是对甲骨材料进行整理和再整理的研究。项目中,有的是对已著录甲骨拓本或摹本、照片进行再整理和研究的,也有的是对甲骨实物进行再整理和研究者。无论是对已著录的甲骨材料,如拓片(或摹本、照相等)或甲骨实物,在再整理(包括缀合)过程中,都将会有新的文字发现,或文字笔画有误著、文字摹错者,将要予以科学纠正。或对甲骨片拾遗补阙,也将有意想不到的文字和新内容发现。如此等等,都将会给文字释读研究提供新启示或新动能。

第二组有4、6、10三个子课题,是集中力量对甲骨文已释定的字、已释但未取得共识的字、尚未释的字等进行系统的统计,即全面识认、掌握当前文字考释的水平和进展,以便确定今后文字释读研究的主攻方向,从而避免重复劳动并收到事半功倍的效果。众所周知,人们对甲骨文字释读当前的进展,即究竟有多少个甲骨字和已破译并取得共识的文字有几何,尚有几何未释者,都是人云亦云,不甚了了的。学者们对甲骨文字考释的进展，一般还是从人云亦云出发，重复郭沫若四十五年前在《古代文字之辩证的发展》中所讲的一番话，即甲骨文“程式既简单，千篇一律，故所使用的文字有限。根据不完全统计，只有三千五百字光景。其中有一半以上是可以认识的，不认识的字大多是专名，如地名、人名、族名之类，其义可知，其音不可得其通读”。现在只不过是据李宗焜《甲骨文字编》(二〇一二年)的最新统计，把三千五百个单字改为四千三百个字而已。因此上述这一组课题，是为了找准大数据云平台支持下破译甲骨文字应突破的瓶颈。本组课题的最终结果，就是要把有关甲骨文字的信息全部录入电脑信息库，以供释读文字再研究时的查询。但各项目也各有特点，即4(刘钊)课题的字头和例字，是以他的《新甲骨文编》为据，其甲骨字头和所收的文字，都是从甲骨拓片上截图再黑白翻转而成。而课题6(王蕴智)的“可识字形总表”，则是以原拓本截图形式呈现的可释文字编。10号(韩江苏)的项目，其甲骨文字的处理，则是据她《殷墟甲骨文字编》的较准确摹写本。因此，这三个项目不仅文字设计尚需整合规范，而且，一些录入标准也需程式一致化。这三个项目还有一个各字库程序和标准数据规范化问题，融三个数据库的优点为一炉，并支持“大数据云平台”总数据库的建设，即用共同的标准数据和程序可在总库中查出各分库的信息，又可方便地在各分库中及时显现有关信息及此文字在总库中的位置，供文字学家据此进行破译文字时，对有关文字进行横向的点画分析比较和纵向的文字构件基因的衍化和传承字痕的发展，以期取得文字研究的突破。

第三组为8、7子课题。8项目(郭旭东)是按照文化形态学的要求，详细观察殷商发展的历史，全面汇集当时整个社会创造的物质文化和精神文化成就，再根据甲骨文字记录，分析其存在与表现形态建立其研究框架。而7项目(唐际根)，把甲骨文字被创造出来和使用的文化背景，归结为自然环境、生活方式、事物思想、人工制品四大类，并系统整理出兼具文字和图像的数据库，为新释文字提供有关的背景启示。

第四组为9项目(刘永革)，其核心是甲骨文字“考释”，其基础工作是“大数据”。建设一个资料更全，检索效率更高的甲骨文数据大平台，为甲骨文释读提供全面信息支持,因此,本课题成了上述各子课题的归宿和取得文字考释突破的出发点。

重大委托项目的十个子课题,自二〇一八年十二月立项后,在各课题组成员的努力下,正在向前顺利推进着。

(11) 阶段性成果:《〈甲骨文合集〉第十三册拓本搜聚》,此书二〇一九年十月出版,全书共收入甲骨拓片一六二二号。《甲骨文合集》第十三册,是与前一至十二册所收为拓本不同的摹本,这是当时历史条件所决定的。所收多为早年摹本,因而摹错笔画、文字和缺漏者(不全或缺反、臼等)所在多有,极大地影响了研究的发展。《拓本搜聚》把原书二千四百四十九片摹本中,可换的一六二二号拓本收集到并结集出版,是《合集》出版四十多年来,第一次以拓本形式,对《合集》第十三册摹本加以科学再整理的著作,也是"重大委托项目"的阶段性成果,是献给甲骨文发现一百二十周年纪念活动的厚礼。

(二) 释读成果奖励

经国家哲学社会科学规划办公室批准,由中国文字博物馆组织实施的"甲骨文释读成果奖励计划",自二〇一六年十月二十八日《光明日报》发表的《奖励公告》起正式启动。此计划奖励的对象,包括海内外作出文字释读有公认的突破性贡献的学者,即那些从未有人释读并经专家检验的突破性成果,一等奖,奖金每字十万元。而曾有人识读,但在进一步研究后,经专家鉴定有新的前进和突破者,即二等奖,奖金每字五万元。《奖励公告》发表后,社会各界反应热烈并积极支持,应征稿件踊跃。至二〇一七年九月中旬止,中国文字博物馆收到应征文稿已达六十五篇,因而进行"第一批征稿"评审工作的条件已经具备,以回答社会上对重奖破译甲骨文字工作的关切。中国文字博物馆将全部收稿统编为六十五号,略去文稿作者姓名,装订成三册([一]册为一至二十号,[二]册二十一至三十号,[三]册三十一至六十五号),于二〇一七年十月陆续寄送有关专家匿名评审。初评专家要对"可"和"不可"参加下一阶段再评审的文章,在"推荐书"上写出自己的评审意见,并将"评审意见表"在二〇一七年十一月上旬寄回中国"文字博物馆”。在学术委员会专家“评审意见”的基础上，中国文字博物馆把从六十五篇文章中推荐出的十五篇初选稿汇集成册，又于二〇一八年二月中旬（旧历年前）寄给“再评”专家审读（其中有若干参加过初评的专家），并要求“再评”专家对十五份编号（匿名）文章一一匿名评审后，在“评审表”上写出“推荐意见”及“评奖等级”（十万元或五万元）。如再评审专家参加过初评者，此次可不再写“推荐意见”，但要写出“评奖等级”。评审文稿时，评委会领导规定的每位评审专家要对所评文稿内容保密，彼此间不得对所评文章的看法和评奖等级交换意见等，得到了认真贯彻。再评后，十五篇文稿连同“评审意见”，于二〇一八年三月寄至国家哲学社会科学规划办公室。二〇一八年四月十七日，由国家哲学社会科学规划办公室召开的“第一批征集甲骨文字释读成果评审会”在北京举行。出席第一次专家委员会会议的人员有有关领导和专家委员会的有关评审专家：黄德宽（组长）、吴振武、林沄、王宇信、刘一曼、喻遂生、朱凤瀚、黄天树、宋镇豪、董莲池、刘钊、赵平安、王蕴智、唐际根及王永民（王码发明人）等十五人（郭旭东因公请假）。规划办的有关领导总结了自二〇一六年十月《光明日报》发表《奖励公告》以后，评奖工作得到社会的广泛支持和评奖工作顺利进展的情况。即第一批六十五篇应征文稿，经七位专家委员的“初审”，有十五篇文章入围；再在此基础上，入围文稿经二十二位专家委员的“再评”，对其评选推荐的情况是：超过十票的有五份（其中得票最多者为十七）。此外，还有一份得九票，一份得七票，三份得五票，一份得五票，一份得三票，二份得二票。从投票推荐情况看，反映了专家委员会的共识还是较为集中的。就在这次“甲骨文释读成果评审会议”上，十五位评审委员会专家以推动甲骨绝学发展的高度责任感和使命感，认真严肃地投下自己要评出方向、评出水平、评出影响的“终审”推荐票。经过计票组的认真统计，蒋玉斌的《释甲骨金文的“蠢”——兼论相关问题》全票通过，获得一等奖十万元。王子杨的《释甲骨文中“阱”字》全票通过，获二等奖五万元，这两篇优秀论文，经在网上公示期间无异议后，二〇一八年六月已对获奖者颁发证书及奖金。这次甲骨文优秀“释读成果奖励”的完成，应是“大数据云平台支持下的甲骨文字考释研究"课题的"阶段性研究成果",即"第一批征集"的优秀释读"成果奖励"工作的胜利完成。虽然如此,甲骨文字释读的任务仍然是很艰巨的,但也是没有止境的。

第二批征集"甲骨文释读成果"又于二〇一九年五月二十八日开始了……

一唱雄鸡天下白。获奖作品的胜利评出,证明古文字学家有着无限创造力和突破文字破解困难"瓶颈"的无限潜能,也说明甲骨文字尚有破译的余地和破译的可能性。不仅如此,获奖作品的评出,还是政府推动下的甲骨文研究全面深入发展与弘扬新阶段将取得全面丰收的报喜鸟!

二、 教育部、国家语委等部委推出的"甲骨文等古文字研究与应用专项"课题

为了贯彻落实习近平总书记二〇一六年五月十七日在"哲学社会科学座谈会"上关于"要重视发展具有重要文化价值和传承意义的'绝学'、冷门学科","如甲骨文等古文字研究等"的重要讲话精神,国家教育部、语委,牵头组织、协调有关单位,展开并推动有关甲骨文等古文字的专项研究工作。二〇一七年二月,由教育部、文化部、国家语委、国家文物局联合制定了《关于甲骨文研究与应用专项方案》顶层设计并统筹规划,组织有关高校、文物博物馆和研究单位以及科研机构的甲骨文等古文字学研究和教学人员参加到"甲骨文研究与应用"这项堪称世纪第一课题中来,这是推动"新阶段"甲骨文等古文字研究取得重大发展的重要举措。

(一)"甲骨文研究与应用专项"第一批研究课题的设置

为把"深入挖掘甲骨文对中国思想文化形成发展和历史演进产生的重要影响和作用"的"研究与应用专项工作"落到实处,国家教育部语信司于二〇一七年十月还向有关单位发出了商请推荐甲骨文研究与应用专项研究项目的函件,收到函件的有关单位结合本单位研究的实际,积极落实研究项目及参加人员,并将《项目申请表》报送教育部语信司。自二〇一七年十月开始征集项目,至二〇一八年,项目经专家评审结束,本批共有十个课

题被批准立项。

(1)《甲骨刻辞类纂新编》项目负责人:黄天树;

(2)《甲骨文字考释集成》项目负责人:高景成;

(3)《吉林大学所藏甲骨集》项目负责人:吴振武;

(4)《甲骨文国际编码方案设计及甲骨文字库研发》项目负责人:王立军;

(5)《甲骨文字新编》项目负责人:黄天树;

(6)《殷商占卜思想文化再检讨》项目负责人:王素;

(7)《甲骨文的历史作用和学术意义》项目负责人:徐义华;

(8)《甲骨文契刻工艺三维微痕观察及文化内涵研究》项目负责人:宋镇豪;

(9)《甲骨文设计字库及文化衍生推广设计》项目负责人:陈楠;

(10)《基本文本和图形语义融合的甲骨文辅助考释研究》项目负责人:刘永革。

此外,王宇信研究课题《甲骨学发展120年(1899—2019)》的出版,也得到了特别资助(已于二〇一九年五月由中国社会科学出版社出版)。以上被批准立项的十个研究课题。在教育部语信司精心组织和大力支持下,多学科专家在联合攻关中注重基础研究,并在创新中使学科得到传承发展。拟用三年时间,在甲骨文基础研究,甲骨文数字化建设和推广应用方面取得一批代表国家水平的精品力作,献给甲骨文发现一百二十周年。

(二)“甲骨文等古文字研究与应用专项工作专家委员会”会议召开和第二批专项课题评审立项会

(1) 专家委员会的任务和组成

教育部语信司决定成立专家委员会的专家委员,有责任加强对“甲骨文等古文字研究与应用专项工作”研究项目的学术指导,并对其研究价值及其实现的可能性进行评估,以做好课题立项的前期工作。不仅如此,专家委员会还应关心课题的进展,并负责对完成的科研成果进行质量鉴定与推荐,作为各专项课题的结项工作。如此等等。专家委员会的专家承担着

“应用与研究”各专项课题的学术支撑,并有指导进一步发掘研究与古文字应用方面潜能的责任。与此同时,专家委员会还要重视金文、战汉简帛文字、少数民族古文字等古文字研究,并统筹协调其他古文字的研究与应用。专家委员会要在“研究与应用”诸项目的实施和推进过程中,发现人才,培养和促进人才的成长,为甲骨文等冷门绝学学科的发展提供保障。

二〇一八年十月十六日上午,教育部语信司召开了“甲骨文等古文字研究与应用专项工作专家委员会”会议,教育部语信司负责同志在会上宣布了经教育部语信司官网上公布并得到领导批准的“专家委员会”十七位委员组成名单。出席会议的专家委员有:顾问:林沄、王宇信(许嘉璐、李学勤、裘锡圭、单霁翔四位因事未出席);主任:黄德宽;委员(按音序排列):曹锦炎、黄天树、彭裕商、宋镇豪、吴振武、赵平安、朱凤瀚(刘一曼、刘钊、王素三位因事未出席)。

(2) 第二批“甲骨文等古文字研究与应用专项”课题评审会议及立项

为了进一步推进甲骨文等古文字研究,全面深入地发掘其传承的古代优秀文化基因,以丰富和不断增强社会主义核心价值观的文化底蕴和推进中华民族优秀文化的自信和民族认同,二〇一八年七至九月,教育部语信司的官网上又进行了第二次“甲骨文等古字研究与应用专项”课题的招标工作,并得到了甲骨文等古文字研究学者的热烈反应。在课题招标工作截止后,通过教育部语信司的官网,共有四十二个课题提交了研究课题的“项目申请书”。教育部语信司把这四十二项申请课题在官网上请八位古文字专家进行网评。网评专家匿名评审,对每份申请的课题严肃认真、负责地进行“综合评价”。网评专家还对每项申请课题的等级,即重大、重点、一般等,予以科学和恰如其分的评估。与此同时,还对有关课题准予立项与否,投下了自己的一票。二〇一八年十月十六日上午召开的专家委员会评审会上,出席会议的专家对网上“初审”通过的二十六份课题申请(网评得一票者共十六项,已淘汰出局)进行认真审议和热烈讨论。经过专家委员会进行立项课题终审投票,共有十五项研究课题被通过立项:①《河南所藏甲骨集成》,郑州大学张新俊;②《战国文字谱系疏证》,安徽大学徐在国;

③《辽宁省博物馆藏甲骨文字整理与研究(图集)》,吉林大学单育辰;④《甲骨文字词合编(未识字部分)》,复旦大学蒋玉斌;⑤《基于红外影像集的银雀山汉简文字全编与数据库建设》,山西大学王辉;⑥《甲骨文与北京大学藏秦、汉简牍文字文本综合研究》,中国社会科学院杨博;⑦《湖北省博物馆藏甲骨整理与研究》,湖南大学许道胜;⑧《人工智能识别古文字形体、软件系统研发与建设》,吉林大学李春桃;⑨《商周甲骨占卜礼制与中国早期政治信仰研究》,河南师范大学李雪山;⑩《甲骨文献数字化及智能知识服务平台建设》,安阳师范学院熊晶;⑪《八思巴字蒙古语词典》,内蒙古大学正月;⑫《出土文献典型资料分类整理与解读研究》,吉林大学吴良宝;⑬《甲骨文与自源民族文字比较研究》,西南民族大学邓章应;⑭《楚系金文与简帛用字对比研究》,郑州大学刘秋瑞;⑮《战国文字数据中心与平台建设》中山大学范常喜。

(三) 教育部语信司“专项研究”课题的几个特点

(1) 从课题设置看,研究范围较为广泛。教育部语信司的第一批研究的十个课题比较专一,基本上都集中于甲骨文的研究与应用方面。而第二批立项的十五个研究课题中,与甲骨文研究有关的八项(其中还包括甲骨文与秦汉简帛研究有联系的一项、甲骨文与自源民族关系研究的一项)、专与金文有关的一项、专与战汉简帛有关的研究三项、专与古文字全面整理有关的研究二项、专与蒙古古文字有关的研究一项。如此等等。包括了甲骨文研究及甲骨文以外的金文、战汉简帛文字等中华汉字前身的古文字,还涉及巴思巴蒙古和自源民族的文字的比较研究,因符合立项的初衷——“甲骨文等古文字研究与应用”的立项宗旨,因而不少甲骨文以外的古文字研究得到了立项支持,这就较国家社科规划办设置的“重大交办课题”——“大数据云平台支持下的甲骨文字考释研究”专就甲骨文研究立十个子课题,从涉及的古文字研究范围上看,要广阔多了。

(2) 研究课题设置较多,支持力度也较大。教育部语信司的“甲骨文研究与应用专项”的立项课题,第一次(二〇一七年)设立专项研究课题十个,紧接着第二次(二〇一八年),又设立专项研究课题十五个。因而从研究课题设置的数量上看,也超过了“大数据云平台支持下的甲骨文字考释研究”的重大交办项目下设十个子课题数量。此外,我们从支持项目研究的科研经费筹措力度看,教育部语信司二〇一七年度(三百六十万元)和二〇一八年度(一千万元)两次筹集到的经费还是可观的,其支持力度与哲学社会科学规划办的力度相比可谓不分伯仲。

(3) 教育部语信司设置的研究项目涵盖的范围广、调动的人员多。从参加“甲骨文等古文字研究与应用专项”课题研究的单位和人员的所在地域看,除了有北京、上海和中原的河南地区外,还有吉林、内蒙古、辽宁、广东、重庆、山东、天津、河北、江西、浙江、安徽等中国东、西、南、北、中的四面八方学者齐聚于项目和攻关队伍中,这就比“大数据云平台支持下的甲骨文字考释研究”课题的参加者,仅限于京沪两地和河南省要广泛得多,因而也进一步地扩大了甲骨文化的影响和关心甲骨文研究群体的范围。

(4) 教育部语信司“研究与应用专项”课题抓得比较紧,动作也比较快。自二〇一七年二月教育部、国家语委等单位的“甲骨文研究与应用专项”工作启动以后,二〇一七年夏,就开始了第一批“专项研究”课题的征集、论证。在二〇一七年年底,设置的十个“甲骨文研究与应用”专项课题就正式立项公布;继第一批专项研究课题立项的成功运作之后不久,第二批专项研究项目的招标工作,又在二〇一八年夏开始进行,并于当年秋就在二〇一八年十月完成了专项研究项目的评审、立项,并在网上公布。在如此之短的时间内,高质量地完成了项目的征集和评审立项等复杂的工作,其工作效率之高,是值得点赞的。而“大数据云平台支持下的甲骨文字考释研究”重大课题,自二〇一六年年底子课题立项至二〇一八年年底,两年多来只完成了第一批征集甲骨文字释读报告优秀“释读成果奖励”,而第二批征集甲骨文字释读报告的活动,直到二〇一九年五月末才提上日程。因而从研究项目的推进效率看,教育部语信司的“研究与应用专项”,还是拔得了头筹的。虽然如此,“大数据云平台支持下的甲骨文字考释研究”的系列课题,以解决甲骨文研究进一步向前发展的最大障碍,即以释读文字为核心展开的创新性探索,必将带动甲骨文研究取得全方位的发展。因而这一课题研究的重大价值及其在甲骨文研究中的重要地位，是其他研究课题所不可能取代的，而破译文字所带来的甲骨文研究新成就，将给"研究与应用"专项课题注入新动能，推动其研究与应用研究向深层次、全方位方向前进。因此之故，"重大委托项目"的多个子课题和"研究与应用"专项设置的研究课题，互为表里，相得益彰，将形成一股巨大的合力，共同助力甲骨文研究从政府推动下的研究全面深入发展与弘扬"新阶段"，走向新世纪的更新辉煌。

第三节　政府推动下的甲骨文研究全面深入与弘扬

二〇一六年十月开启的"政府推动下的甲骨文研究全面深入发展与弘扬新阶段"，与自一八九九年甲骨文发现以来，即过去的一百多年研究所经历的"草创阶段"（一八九九至一九二八年）、"发展阶段"（一九二八至一九四九年）、"深入发展阶段"（一九四九至一九七八年）、"全面深入发展阶段"（一九七八至一九九九年）不可同日而语，有着自己新世纪鲜明的"新阶段"时代特色。甲骨文研究经历前一百多年的探索，开拓和积累，并承续了新一百年开局（二〇〇一至二〇一六年）的总结、借鉴和前进，甲骨学研究蓄势待发，未雨绸缪，学者们期待着权威单位的引领与企划，统筹兼顾、齐心协力，向着顶层设计的攀登目标前进。以优秀征文《奖励公告》的面世为标志，甲骨文研究进入了新一百年的全面深入发展与弘扬"新阶段"。而这"新阶段"，是在"政府推动下"启动的，即国家社科规划办和教育部语信司的介入、顶层设计的"大数据云平台支持下的甲骨文字考释研究"和"甲骨文等古文字研究与应用专项"的系列研究课题，将把"新阶段"的甲骨学研究推向新世纪的更大辉煌。甲骨文化蕴含的丰厚历史文化底蕴，将得到全方位、深层次的弘扬与继承。因而在更新水平和更高层次上开始的甲骨学研究"新阶段"，有着与以往所经历各发展阶段不同的新时代特色。

一、 甲骨文和甲骨文研究的定位更加明确

在甲骨文研究的"草创阶段",学者们是把甲骨文作为一种和金文、石鼓文一样的金石文字看待的。除了作为文物收藏,甲骨文的价值,充其量是起到"其文字有裨六书,且可考证经史"的作用而已。把甲骨文研究推向"草创阶段"的高峰,即"继以考史"的观堂王国维,其发明研究古史的不二法门"二重证据法",也不过是把"《史记》所述商一代世系,以卜辞证之,虽不免小有舛驳,而大致不误,可知《史记》所据之《世本》全是实录"。并扩而大之,还证明了一些"谬悠缘饰之书""成于后世之书""晚出之书"等,"其所言古事亦有一部分之确实性"而已。王国维开始把甲骨文作为地下出土的"史料"和古籍史料一样看待了。二十世纪初,史学大师郭沫若的甲骨文研究,从罗王的证经考史的基础上出发并再前进。他用历史唯物主义观点和方法研究甲骨文,"想通过一些已识未识的甲骨文文字的释述,来了解殷代的生产方式、生产关系和意识形态",从而开辟了中国的马克思主义史学研究新天地。他在《中国古代社会研究》导论中,专论"殷代——中国历史之开幕时期",在海内外学术界引起了巨大的震动。随着一九二八年殷墟开始的大规模十五次发掘的开展和出土甲骨材料的增多,郭沫若的论断被越来越多的史学家所接受。诚如甲骨学家胡厚宣在《五十年甲骨学论著目》(一九五二年)序言中所指出的,在二十世纪五十年代前后,已是不少有识的史学家,愈益认识到"商代是中国信史的开端,它是中国封建社会的原始。它创生了中国三千多年的相沿的传统文明"。中华人民共和国成立以后,经过七十年的殷墟持续发掘和甲骨文不断发现和研究的深入,"学者们通过《甲骨文合集》《合集补编》和《甲骨学一百年》的积累和训练,为全方位、多角度的全面系统研究殷商史提供了可能"。中国社会科学院历史研究所的老、中、青三代学者,"在全面继承前人成果的基础上,通过个人的钻研和群众的智慧。把一部反映学科最新水平的大型《商代史》专著奉献给学术界"。也就是说,学者们所撰著的这部具有古史研究里程碑意义的多卷本《商代史》,是"在充分继承并利用前人成果的基础上,进一步爬梳甲骨

文新资料和考古新发现提出的诸多新问题，并做出科学的解释和合理的回答”，在继承中创新，在创新中发展的拼搏中完成的。因而可以说，甲骨文作为古史研究的第一手资料，《商代史》撰写时，已把其中蕴含的商代历史文化信息发掘到了极致，因而就海内外学术界而言，学者们目前多是把甲骨文视为研究古代历史文化不可多得的珍稀文献和宝贵史料的。

甲骨文是中国汉字的源头，“中国字是中国文化传承的标志。殷墟甲骨文距离现在三千多年，三千多年来汉字结构没有变，这种传承是真正的中华基因”。习近平总书记高屋建瓴，把甲骨文放到社会主义文化发展的大格局中加以认识，甲骨文在中华优秀传统文化中重要地位更加凸显。进一步发掘和弘扬甲骨文传承的中华基因，将为丰富和夯实社会主义核心价值观的文化根柢作出贡献。事关我国优秀文化传承的甲骨文，是我国目前最早有系统的文字，四千三百多个甲骨单字和承载这些文字的十五万片甲骨，是我国古代先民认识论和世界观的反映，透露出古代先民改造世界和处理人际关系的民族心理和内心世界的思维方式，对中国传统思想文化形成和传统文化的传承和发展起到了奠基石的作用。而与甲骨文传承和记载的有关商代历史和传承的丰厚文化基因，是构成中华传统文化的起点和推动传统文化在社会主义文化建设中，实现创造性转化，成为不断丰富和发展中华文化自信的巨大正能量。因此，我们在“政府推动下的甲骨文全面深入发展与弘扬的新阶段”，从甲骨文在中华传统文化几千年传承中的重要地位，和在发展中传承着中华基因的高度加以认识，就可以极大地拓展甲骨文在中华优秀文化研究的范围，而且也会使甲骨文研究的学者，为实现伟大中华文化复兴的中国梦，推动中国传统文化的创造转化作出更大贡献。

二、“新阶段”空前的研究规模和空前的支持力度

顾名思义，这一个“新阶段”是在“政府推动下”进行的，即职能部门对相关研究单位或大学的研究资源、研究人力，有协调能力或行使管理的职权，通过对研究项目的顶层设计，再组织人力财力，推动和协调研究项目的

开展。推出“大数据云平台支持下的甲骨文字考释研究”一系列重大委托项目的社科基金办公室和推出“甲骨文等古文字研究与应用专项”的教育部语信司,二者本身就是国家的管理机关,因而设计研究项目和规模之大,动员研究的人员之多,投入支持项目运作的资金力度之大,这在甲骨文百多年发展史上是空前的。

早年从事甲骨文研究的学者,多是出于爱好的个人行为,或出于对珍贵国宝守护和担当的使命感。如著名学者罗振玉,“适当我之生”,庆幸遇上甲骨文的出土,面对这些“三千年而一泄其秘”的宝物,自认应加以保护、传承,即“谋流传而攸远之者,其我之责也”,以甲骨文的搜集、传承为己任。甲骨文的第一个研究者孙诒让,一九〇四年在出版的《铁云藏龟》书中第一次见到著录的甲骨文,十分激动、兴奋。“倾始得此册,不意衰季,睹兹奇迹,爱玩不已,辄穷两月力校读之”,完成了甲骨文第一部考释研究的著作《契文举例》。甲骨学大师郭沫若一九二七年以后旅居日本,“频年以来有志于中国古代社会之探讨,乃潜心于殷代卜辞与周代彝铭之释读”时,也是和甲骨学一代宗师罗振玉、孙诒让的“冥行长夜”的冷清和孤寂一样,完全是个人的行为。虽然当时中央研究院已开始科学发掘殷墟甲骨文,从而把董作宾等学者的研究,置于研究单位(公家)的计划中,即中央研究院顶层设计了殷墟发掘研究的计划,而研究也是在公家(中央研究院)拨付的经费支持下进行的。这一个时期以后,一些在大学任教或在研究单位工作的学者,他们的甲骨文研究和著录出版,当在得到有关“公家”——所在研究单位或学校经费的部分支持下开展的。当然,也有不少收藏家和学者,仍是以个人之力从事研究和收藏,其困难可想而知。甲骨学发展史上空前工程《甲骨文合集》的编纂,虽然一九五六年立项纳入了国家科学发展十二年远景规划,项目的级别和国家对其重视程度,是与此前各研究项目所不可同日而语的。在主编郭沫若巨大声望和所处地位的影响下,全国各甲骨公私藏家,无偿地把秘藏贡献出来,供编选《合集》之用。诚如著名史学家尹达在《合集》序中所说,各收藏单位“发挥了共产主义大协作精神”。尽管如此,《合集》编纂所动用的人力也还是有限的,即中国社会科学院历史研究所一个单位且仅先秦史研究室的部分人员。《合集》编纂历经时代的风风雨雨，时作时辍，历二十多个春华秋实，出版时扉页上只列上了十五位编辑组成员的名字。而“新阶段”推出的国家社科基金办的“大数据云平台支持下的甲骨文字考释研究”的一系列重大课题和教育部语信司推出的“甲骨文等古文字研究与应用专项”的一批课题，是由国家部委直接出面、组织和协调运作全国有关研究机构和多所大学进行联合攻关的。国家哲学社会科学规划办公室每年批准的研究项目很多，但其直接管理并及时出席会议进行指导的大课题，只有关于抗战工程、高句丽渤海国研究、大数据云平台支持下的甲骨文字考释研究三项，由此可见，甲骨文研究在国家哲学社会科学管理领导者议事日程上的重要地位。因此，这个由国家有关科研领导机关顶层设计和规划研究项目，并组织、协调参加项目的人员，定期检查、推进研究项目的进展，还从科研经费方面给予大力支持和资助，保证项目的顺利运行等一系列运作，是实至名归的“政府推动下”的甲骨文研究全面深入发展与弘扬的大动作。因而在甲骨学一百二十年来的发展史上，其课题设置之多，支持力度之大，课题研究范围之广，研究手段之现代化，动员研究的人力之多等，都是空前的。我们可以满怀信心地说，在政府的大力推动和谐调指导下，“新阶段”的甲骨文全面深入发展与弘扬，一定会取得前所未有的大丰收、大发展！

三、“新阶段”极大地推动了传统优秀甲骨文化研究的大发展，并使其研究与现代科学技术发展同步

甲骨文虽然很古老，但甲骨学却很年轻。甲骨文发现的年代，正值我国处在半殖民地半封建社会之时，与帝国主义列强进入中国一起，西方自然科学和社会科学学说也传入了中国，从而使“中华学术周遭冲击，文化基脉遇空前挑战”。但中国一批博学鸿儒处变不惊，作出了创造性反应而开时代之先，完成了中国传统学术向近现代学术的转型。一八九九年甲骨文的发现和罗振玉、王国维等学者的创造性研究，使“中国之旧学自甲骨之出而另辟一新纪元”。罗振玉、王国维研究甲骨文字，在乾嘉以来学者所取得

的文字学研究成就的基础上,又随十九世纪末二十世纪初中西学术的融合大潮,把研究向前推进了一步。罗振玉、王国维研究甲骨文的方法与传统古文字学的研究方法"相异之处也很多",这是因为"他们所碰到的问题,所见到的材料(罗氏所谓'文字之福')远比乾嘉诸儒要多得多。又由于他们不同程度上吸收了近代的科学方法,所以他们的治学方法具有与乾嘉朴学迥然不同的特征",因而把一九〇四年《契文举例》开始的甲骨文字研究,推向了以《殷虚书契考释》《增订考释》为代表的甲骨文"识文字,断句读"高峰阶段。因此,学者把传统研究方法与近代科学方法相互为用的甲骨文研究,推动了中国传统学术向现代学术的转型。

甲骨学的不断发展,也表明当代科学技术对研究前进的巨大推动作用。一九二八年殷墟科学发掘甲骨文工作开始以后,甲骨学一代宗师董作宾把近代田野考古学方法引入甲骨学研究领域,从而"从安阳县小屯村殷墟的地面下发掘出来"的"甲骨文字的断代方法",把二百七十三年"混沌"一团的殷墟甲骨文,犁然划在早晚不同的五个时期之中,从而把甲骨文从传统金石学研究的附庸,纳入了历史考古学研究领域。董作宾的《甲骨文断代研究例》经典名作,把甲骨学研究推向了一九二八年开始的"发展阶段"的高峰。现代科技手段和方法对甲骨文研究发展与前进的巨大推动作用日益显现出来,不少学者对此有深刻认识并多次呼吁或躬身践行。在甲骨发现九十周年到来之际,有学者曾呼吁甲骨学者们为取得新的成绩献给甲骨文发现一百周年纪念,要认真思考"在甲骨研究的哪些领域可以引进现代化技术,又如何引入?是值得我们放在甲骨学发展的战略地位,群策群力,加以认真探索的"。不少学者身体力行,在甲骨文研究的不同领域,进行了引进现代科技手段的探讨。首先,电脑技术应用的探索与实践。早在一九七三年美国学者周鸿翔和中国学者童恩正等曾进行过电脑缀合甲骨断片的探讨。但因人工录制标本信息工作量大,且缀合准确率不高,因而无果而终。迄至目前,尚未知有学者继续进行这方面探索的。但电脑储存信息量大的功能,得到了学者研究甲骨文时的开发、利用。南京大学有学者把甲骨文字输入电脑,但使用不广。中国社会科学院历史研究所把

《甲骨文合集来源表》输入电脑，并可供一九九九年出版纸本《来源表》时使用。香港中文大学与中国社会科学院历史研究所合作，把《甲骨文合集释文》输入电脑古文字资料库，在进行殷墟甲骨释文总校研究时，发挥了重要作用。台湾学者也建立了古文字资料库，有的还可供大陆学者查询使用。中国社会科学院历史研究所先秦史网站，成了甲骨学界访问信息的中心。其次，其他高科技手段也被引进甲骨学研究领域。一九九六年启动的“夏商周断代工程”，对甲骨文年代研究进行了碳 14 的常规测定和加速器质谱仪的测定，并收到预期的效果。现代天文学手段也被用于甲骨文年代测定研究，即用现代天文学手段对甲骨文或武丁时的五次月食记录进行了测定，“得出了较为可信的年代范围”，“再与碳 14 加速器质谱仪测算出的年代数据相勘校，就会得出较为可信的年代范围”了。如此等等。在甲骨学发展“全面深入发展阶段”的一九七八年至二〇〇〇年，甲骨学者曾对其发展与现代科技同步进行了有益的探索。但这种探索，多是浅尝辄止的个人行为，鲜有坚持不懈一做到底的，因而对整个甲骨学界的影响也是微弱的。而在当前新阶段，“大数据云平台支持下的甲骨文字考释研究”课题的设置，顾名思义，课题的设计者要求参加课题的研究人员，充分利用云计算大数据等现代科技手段，并与传统研究手段相结合，形成原创性研究成果，破解甲骨文字释读瓶颈，从而全面深入地推动甲骨学研究的发展。因此，国家哲学社会科学规划办公室批准的“重大交办项目”的十个子课题，以《甲骨文大数据平台技术研究》为核心，正在围绕释读进行设计，以建设一个资料更全、设计更专业、检索效果更高的甲骨大数据平台。这个大平台搜聚的就是甲骨文释读必须依靠的海量信息，即计算机处理过的大量甲骨文著录资料和甲骨文学术资料。为了把这个研究平台打造成“重大交办课题”的核心数据库，总课题的领导和组织者还要协调各子课题，特别是把《甲骨文已识字有争议字和未识字综理表》《甲骨文全文数据库及商代语言释读》《甲骨文已释字与未释字整理、分析与研究》等的数据资源输入核心数据库，即将自享资源共享到“甲骨文大数据平台”上，再共同服务于希望得到大数据云平台支持下破译甲骨文难字的学者使用。不仅如此，教育部语信司的“甲骨文等古文字研究与应用专项工作专家委员会”评审通过的15项研究课题,其中也有甲骨文等古文字电脑数据库的建设项目,诸如《人工智能识别古文字形体软件系统研发与建设》(吉林大学)、《甲骨文文献数字化及智能平台建设》(安阳师范学院)、《甲骨文字词合编(未识字部分)》(复旦大学)、《基于红外线影像的银雀山汉简文字全编与数据库建设》(山东大学)、《甲骨文与北京大学藏秦汉简牍文字、文本综合研究》(北京大学)、《战国文字数据中心与研究平台建设》(中山大学),等等。因而可以看到,国家社科基金办重大课题的核心,是大力提倡把“大数据云平台”的现代科技用于甲骨文字破译工作,并以此为抓手,推动甲骨文研究的现代化进程。障碍甲骨文全面发展的文字“瓶颈”突破后,将会把未来的研究提高到一个全新的水平。而教育部语信司的各专项研究课题,将会在国家社科规划办“大数据云平台支持下的甲骨文字考释研究”破译甲骨难字的基础上,推动对各研究领域的再深化,并将取得一批新成果。利用教育部一批电脑数据库的建设和录入的甲骨、金文、战汉文字等古文字数字化成果,深入挖掘甲骨文等古文字传承的中华基因,推动中华优秀传统文化实现创造性转化和创新式发展,为丰富、升华、彰显当代理论自信和文化自信作出贡献。

四、“新阶段”的一个突出表现,空前力度和规模的宣传和推介

作为绝学的甲骨文研究,“看上去同现实距离较远”,是一门不被世人关注的冷门小众学科。一百多年来,几代甘于寂寞和清贫的甲骨学研究者,“衣带渐宽终不悔”,坚持守护、追求和传承着民族瑰宝甲骨文,终于迎来了政府推动下的甲骨文研究全面深入发展与弘扬新阶段。这一新阶段的突出表现,就是对甲骨文研究的宣传和推介的力度是空前的。为了推动重奖甲骨文字优秀成果的宣传工作和进一步向广大人民群众普及甲骨文知识,及时回应社会上对《光明日报》(二〇一六年十月二十八日)《奖励公告》的关切,在全国哲学社会科学规划办公室和有关宣传领导部门的推动和组织下,二〇一七年七月四日和七日,《人民日报》《光明日报》《河南日

报》和新浪网、搜狐网等三十多家网站，再次发表了征集评选甲骨文优秀释读成果的《奖励公告》，从而使政府这一推动甲骨文字研究的重大举措，更进一步为更多的人民群众所周知。其后，不少中央和地方报刊及各大网站等新闻媒体，又以空前的热情和密度，报道了有关甲骨文《优秀成果奖》论文的征集情况和“重大交办课题”的设置情况。此外还就甲骨文研究在传承中华优秀文明中的地位和作用、课题研究的进展等，对各课题负责人进行了专访。二〇一七年二月二十一日，《光明日报》头版头条以《甲骨绝学有传承》为题，对“大数据云平台支持下的甲骨文字考释研究”的立项经过和进展情况又作了综述性报道，从而把这落实“甲骨文等古文字研究”要“确保有人做，有传承”重大决策的这批研究课题，全面地展现给社会各界群众。二〇一八年十一月二十八日，《中国社会科学报》又对国家社科基金重大项目的子课题负责人黄天树、唐际根、王宇信、王蕴智、赵平安等进行子课题专访作了报道。与此同时，《光明日报》也发表了同类的报道文章。如此等等，各有关新闻单位对社科基金办设立的“大数据云平台支持下的甲骨文字考释研究”，进行了大力宣传和推介工作，并收到了扩大其影响力和使社会增强了对甲骨文的认知度和参与度的效果。社会各界进一步对甲骨文等优秀传统文化的了解和热爱，成为夯实社会主义核心价值观文化根基的巨大正能量。一时间，街头巷尾谈论甲骨文，茶余饭后热议重奖破译甲骨文，青少年涌进博物馆看龟甲兽骨上刻的神秘甲骨文……甲骨文一度成了各阶层民众关注的中心，连中国典籍博物馆的“甲骨文记忆展”的观众，也比此前增加了许多；展览还办到墨西哥和澳大利亚，使外国友人也迷上了中华国宝甲骨文……

五、“新阶段”真正实现了多学科的联合攻关，发扬协作精神，做到优势互补、资源共享

“大数据云平台支持下的甲骨文字考释研究”的各子课题，需要对大量的甲骨文资料进行整理并一一录入数据库，因而各子课题都组成了由若干学者参加的研究团队，以便高效率地完成大量甲骨文资料和有关数据信息

的整合与录入。不仅如此,"大数据云平台"甲骨资料库的建设者,虽是精通电子计算机技术的专家,但要弄清所有已识、未识甲骨字的语义,就需要熟悉甲骨学、商史的专家和古文字学家的参与了。而在对甲骨文语法进行处理时,也必须在甲骨文语法专家的全程参与下,计算机专家才能构筑成语法数据库,如此等等。现安阳师范学院有一个甲骨文信息处理河南省重点实验室(也是教育部重点实验室),参与工作的二十九位研究者,其中有计算机专家、甲骨文专家,还包括外聘甲骨学研究、计算机研究的顶级科学家,研究队伍本身就是多学科联合攻关的团队,将来还要根据研究的需要,继续聘请不同学科的专家参加攻关!而子课题"田野考古资料与甲骨文释读"的参加者,虽然都是考古学专家,但这一为甲骨文考释研究提供科学背景资料的子课题,本身就是考古学家与古文字学家相互促进、相互启示的项目。而这一考古学家从事的专题研究,还特别需要甲骨学商史专家的参与,以便将甲骨文部分涉及"器物"和"事物"的偏旁整理出来,再直接与考古资料进行对应研究,以检验已释文字的正确度和发现未识文字破解的新线索,或从中获得启示。

六、"新阶段"的"重大交办课题"、"甲骨文等古文字研究与应用专项"课题,极大地调动了甲骨学界的积极性,吸引了更多的学者回归甲骨文化的研究

政府推动下的甲骨学研究全面深入发展与弘扬"新阶段",顶层设计的一系列研究课题,不仅极大地调动了甲骨商史和考古学者的积极性,而且还进一步把古文字学界、汉语文字学界对甲骨文研究的热情、怀恋充分调动起来。不少专家放下手头的工作,纷纷投身到这一有巨大吸引力的研究中来,这是百多年来甲骨文研究从未有过的盛况。我们可以看到,"重大交办课题"的十项子课题和教育部的"研究与应用专项",还把不少一度因甲骨文研究冷清而转入热度不断升高的战国、秦汉简帛研究的青年学者,吸引回来重新研究甲骨文。也可以发现,有的汉语文字学家,从多年从事的宏观的汉语和文字学发展史研究中转型,集中于微观的甲骨文的考释研

究。不仅如此，教育部语信司的“研究与应用专项”课题的“甲骨文等古文字”的定位，扩大了“大数据云平台支持下的甲骨文字考释研究”专以甲骨文字研究为主的研究范围，“甲骨文等”古文字扩而大之，一下子就把古文字的研究范围扩大到金文、战国文字、秦汉简帛文字、楚系金文等，并进而扩大到自源民族文字和八思巴蒙古文字等。这表明教育部语信司的“研究与应用专项”课题，还重视金文、少数民族等古文字研究，并统筹协调其他古文字研究，促进研究人才培养等，为冷门学科的发展提供保障。

七、“新阶段”将培养和造就一批富有创新精神的古文字优秀人才

我们可以看到，无论是国家社科基金办“重大委托项目”的十多个子课题，还是教育部语信司“研究与应用”专项研究的一批课题，其参加者既有老一辈的资深专家，也有站在甲骨文等古文字研究前沿的领军教授、专家等，而不少热爱祖国优秀传统文化的年轻人，也义无反顾地参加了各有关课题的研究工作，并在老一辈学者的言传身教下和自己在整理大量甲骨文等古文字资料的历练和沉淀中成长起来。社科基金办实施的“释读成果奖励”的重大举措，使年轻的博士蒋玉斌、王子扬脱颖而出，并获得重奖，为从事甲骨文等古文字研究的青年学者树立了治学的榜样。我们相信，在一批有开拓性和原创性的代表国家水平的精品力作推出之时，也将有一批古文字研究新秀成长起来。甲骨文等古文字研究，“绝学”不绝，代有传人，学术的薪火将永远传承下去！

第三十三章　迎接新阶段　推出新成果

以二〇一六年十月二十八日发表的优秀征文《奖励公告》为标志，甲骨文殷商文化研究进入新一百年的“全面深入发展与弘扬的”新阶段。王宇信任总主编，并于二〇一五年立项的总体展示百多年来甲骨文殷墟文化成果的百科全书式《殷墟文化大典》，经过王宇信和张坚（甲骨卷主编）和孟宪武、杨善清（考古卷主编）、郭盛强（商史卷主编）团队的几年拼搏，终于在二〇一六年成功推出，就是甲骨文殷墟文化研究学者蓄势待发，齐心协力，向着“新阶段”顶层设计的目标攀登的“热身”，为研究全面深入发展与弘扬的“新阶段”开出了一个好局。

而在“政府推动下”启动的研究“新阶段”，顶层设计了一系列重大研究课题，将把研究的“新阶段”推向新世的更大辉煌。王宇信、常玉芝、马季凡、韩江苏、具隆会、杨升南等甲骨学家推出的《〈甲骨文全集〉第十三册拓本搜聚》就是顶层设计的“大数据云平台支持下的甲骨文字考释研究”的第一批研究阶段性成果。这部新著录的推出，使一批多年“失联”的甲骨拓本，重回《甲骨文合集》四一九五六版的“大家庭”，为“新阶段”的甲骨学商史研究注入了新动能。与此同时，此书的出版恰逢甲骨文发现一百二十周年。国家在人民大会堂召开了隆重的“纪念甲骨文发现一百二十周年座谈会”，国务院副总理孙春兰在会上宣读了国家主席习近平发来的“贺信”并发表了重要讲话，使甲骨文学古文字学界受到极大鼓舞和鞭策。《搜聚》一书的出版，适逢甲骨文发现一百二十周年。能以此书做为这一值得纪念日子的献礼，是我们学术生涯中的一大幸事！

第一节　一部集百多年殷墟文化发现与研究成果之大成的巨著——《殷墟文化大典》总序[①]

“洹水安阳名不虚，三千年前是帝都。”商王朝晚期都城遗址的殷墟文化，是商朝社会生产最高水平的代表和国家文明的集中体现。殷墟遗址出土的甲骨文、青铜器和玉器等大批珍贵文物为中国早期文字史、古代信仰、社会制度和重大历史事件提供了确切的物证。而殷墟遗址中发现的大型宗庙宫殿基址、王陵大墓和祭祀场等重要的文化遗存，为已消逝的社会文化传统复原提供了佐证，并对华夏文明的形成和发展产生了巨大的影响。殷墟文化不仅以影响广泛久远而闻名于世，而且殷墟遗址还以其无可置疑的真实性和保存的完整性，在世界文化史上具有突出的普遍价值。因此，在 2006 年 7 月于立陶宛首都维尔纽斯召开的第 30 届世界遗产大会上，中国安阳殷墟“申遗”成功，作为世界文化遗产正式列入《世界遗产名录》。

当年的商朝都城殷虚(《说文》:“虚，大丘也。”古人建都立邑多在丘虚高地)，到处是一片“车行酒，马行炙”的繁荣景象和“酒池肉林”的不夜天。“商庙翼翼，四方之极。”在殷虚林立的巍峨宫殿里，商王和官吏们在这里发号施令，制定天下四方必须则效的礼仪。公元前十四世纪“盘庚迁殷”立都于此以后的晚商八世十二王，在这里既演出过“越彼殷式，奋伐荆楚”的威武雄壮史剧，也演出过武乙“射天”的荒唐闹剧。公元前一〇四六年，西方的周武王伐纣时，在“甲子朝”一个早上商纣王牧野兵败，逃回殷都“登鹿台”，衣宝玉衣自焚而死，上演了一出“灭国迁社”的悲剧。昔日繁华的殷虚都城，在战火中烧成了一片废墟。建立在一片高地上的殷虚，可真成了名副其实的殷“墟”。晚商在这里经历的 273 年都城不再，除了《史记 · 项羽

① 在《中国甲骨学》(增订本)小样校对期间，二〇二一年七月二十九日上午，第五届中国出版政府奖表彰会在北京国二招宾馆举行。现场发布“获奖名单”有:王宇信主编《殷墟文化大典》(安徽人民出版社)获中国政府出版奖。

本纪》提到秦末项羽曾与手下败将章邯约盟于“洹水南、殷虚上”以外,此后就再没有人重提殷墟了。明朝以后,才有人在此居住,其建立的小屯村成为极为普通的棋布在华北平原上的蕞尔一邑。

一八九九年甲骨文被王懿荣发现以后,直到甲骨学家罗振玉一九一〇年考证出其出土地小屯村曾是“徙于武乙,去于帝乙”的晚商都城以后,退隐历史后院的殷墟,才又被学者们推向世界文明史的前台。不仅如此,甲骨文又使被“疑古派”否定了的商王朝,重新建立在有文字可考的基础之上,成为海内外学者公认的中国历史的开篇。为了搜寻更多有科学记录的甲骨文,自一九二八年开始的大规模发掘工作就有十五次,虽然因抗日战争爆发而暂停,但一九四九年新中国甫一成立,就又开始了继续发掘工作并持续至今。

近九十年来的殷墟发掘,几代考古学家挖土不止,揭开了尘封在殷墟地面上的历史泥土,为我们复原了当年屹立在东方的世界上为数不多的奴隶制王朝都城架构,这里是一座蕴含中华璀璨文明的“地下博物馆”。殷墟历年出土的十五万片甲骨文,是传承中华文化基因和商代历史的百科全书。殷墟出土的六千多件青铜器,有的雄伟瑰丽,诸如八百七十三点八四千克的“司母戊鼎”是世界青铜器铸造之冠;有的巧夺天工,诸如王陵区1005号大墓出土的“旋龙盂”,盂内中部下粗上细的柱子上,有头向一致的四条可旋转的圆雕龙。殷墟历年出土的二千六百多件玉器,造型精美,工艺精当,雕刻而成的各种人物和动物形象栩栩如生。惟妙惟肖的玉人雕像,为研究殷人的衣、冠、发式和不同阶层的人物形象提供了物证。此外,殷墟历年出土文物以陶器为大宗,可供复原者达万件以上。这些陶器不仅是研究殷人日常生活的重要资料,也是考古学分期断代研究的最好标志性指示器。而出土的精美的白陶、釉陶和硬陶(原始瓷)等,表明了商朝较发达的对外贸易和物资交流……

一百多年来,殷墟发现(和正待发现)的众多遗迹和重要现象,就是殷墟这座“地下博物馆”珍藏和展示无数珍宝的“地下展厅”。在小屯村北的殷墟宫殿区,有五十四座宗庙建筑基址被发现。商王和贵族在这些规制不一且功用不同的甲、乙、丙三组建筑里，实现了对“邦畿千里”的商王国控制。在洹水北岸的侯家庄王陵区，考古学家发现了有墓道的大墓十四座和上千座小墓。四条墓道的大墓埋葬的当是商王，而两条(或一条)墓道的大墓埋葬的当是商王配偶。虽然所有大墓均惨遭盗掘，但劫后之余仍不乏精品，诸如著名的“牛鼎”“鹿鼎”等就逃过了洗劫。而王陵东区南部的上千座小墓，当是殷王室祭祀祖先的祭祀场。与此同时，在殷墟西区发现了近千座可分八区并各有特点的不同家族的族墓地。此外，在后冈、大司空村、梅园庄、戚家庄等多个地点发现了平民墓葬。平民的住地也多有发现，诸如小屯西北地发现五十多座建筑基址，在白家坟也发现五十多座建筑基址。更有意义的是，在北徐家桥和大司空村还发现了“四合院”式的建筑基址群。殷代都城的生产遗迹也多有发现，诸如铸铜遗址，出土陶范、陶模上万件的苗圃北地。殷墟孝民屯也发现了一点五万平方米的大型铸铜遗址，主要遗存有取土坑、范土沉淀坑、土范阴晾坑、大型铸造间及浇铸平台等；制骨作坊遗址也在大司空村、北辛庄南地被发现，制玉作坊也在小屯东地被发现。如此等等。

几代考古学家的努力，为我们打开了殷墟这座“地下博物馆”间间华美展厅的大门，从而有可能使世界人民步入这座文明宝库的堂奥，感受博大精深的殷墟文明震撼。因此，殷墟申报世界文化遗产的成功是各国人民对殷墟文化在人类文明史上所占重要地位的高度重视与肯定。

殷墟“申遗”的成功，是我们进一步保护研究和利用殷墟文化系统工程的开始，殷墟文化的传承和弘扬无竟时！我们这套《殷墟文化大典》，当是目前海内外第一部以文字和图像相结合、全面系统而形象地展示世界文化遗产殷墟文化的大型工具书，适应了当前传承和弘扬殷墟文化的需要，必将为社会主义核心价值观的认知和践行作出应有的贡献。

殷墟文化底蕴深厚，纷纭复杂。《殷墟文化大典》以甲骨、考古和商史三个方面为纲，对一百多年来殷墟文化的发现和研究成果，进行了条分缕析的叙述，因而各有关内容可独立成卷，堪谓各相关领域百多年来研究的全面总结。不宁唯是，作为一部殷墟文化的“大典”，本书把甲骨、考古、商史等极为丰富的内容熔为一炉、三位一体,规模宏大,使殷墟文化在《殷墟文化大典》中得以全景式的展现。因此,这部殷墟文化百科全书式的著作,无疑为传承和弘扬殷墟文化提供了极大的方便。

《殷墟文化大典》的《甲骨卷》(上下册),是一百多年来甲骨学研究成果的集锦。“词目、术语编”中两千余个条目(含隶定字),全面反映了甲骨学的最新成果;“人物编”的芸芸众生相,则专对甲骨文中的商朝人名进行了一次总梳理;“著作编”林林总总书题下的文字,对一百多年来的甲骨著录专书、散篇和文字考释著述等进行了评介;而“附录”中的文献性纪录片脚本《百年甲骨》,已由安阳电视台制作成献给甲骨文发现一百周年的献礼片,并于二〇〇〇年荣获国家广电总局“中国广播电视新闻奖”一等奖,为深奥的甲骨学走向人民大众,开辟了一条成功的途径。《殷墟文化大典》的《考古卷》(上下册),内容最为丰富和引人入胜,是对殷墟考古近九十年来发现的震撼世界的遗迹和出土的无与伦比的国之重器的巡礼。其内容包括自一九二八年殷墟科学发掘后,至二〇一二年以前,殷墟历年的考古发掘重要成果。前面所提到的殷墟宫殿基址、王陵大墓和平民居址及族墓葬等,以及在制铜、制骨、制玉、制陶等手工业作坊遗址里所发现的让世人叹为观止的精美文物,本卷将会带你一一赏析。此外,还有一些传世藏品和流散海外的珍贵资料,诸如流散到法国的“虎食人卣”、日本收藏的侯家庄出土的三件“青铜盉”(俗称“高射炮”)等等。可以说,让近九十年来殷墟两个阶段(即一九四九年前及后)的考古成果和流散海外的殷墟文物精华,第一次在《考古卷》中“重聚一堂”,本身就是一场十分难得并美不胜收的文化盛宴。《殷墟文化大典》的《商史卷》(上下册),是在唯物史观指导下的中国史学家,爬梳整理刻在甲骨上的商史和文献材料,同时结合殷墟考古的成果,进行重构商史的开拓与探索的最新实践结晶,并将其成果分为政治、经济、方国部族和古文献中的商史人物等部分加以展示。此外,殷商文化研究的专著也和甲骨学和考古学新成果一样,成为人类的宝贵文化财富,在《商史卷》也占有相当位置。几代殷墟文化的探秘者,也第一次“全家福”式地在《商史卷》中集中亮相,表达了后世学人对他们业绩的怀念与尊重。他们的道德文章，也成为殷墟文化的有机组成部分。而推动殷商文化发展和学术交流的国内外学术会议和支持学者研究的殷商文化研究机构，也在本卷中集中加以数说、盘点。应该说，这是《商史卷》的又一个同类著作所没有的亮点。

总之，《殷墟文化大典》聚《甲骨卷》《考古卷》《商史卷》三卷六册为一体，全三百多万字，并随文配有一万多张重要考古遗迹和出土典型文物的精美图片。此外，每卷的卷首还配有该卷出现的顶级标志性文化珍品的彩色照片，从而使全书的文字叙述与图像互相补充，相得益彰，把殷墟文化考古发现和研究的最新成果、出土精华文物的形而上的瑰丽多姿和形而下的深厚底蕴，以及举世无双艺术品的最闪光之点和最美之处，全方位、多角度、深层次地展现给广大读者。因此，这部《殷墟文化大典》是目前海内外出版的第一部全面总结灿烂的殷墟文化的大型集成性著作。

该书的编纂历五度寒暑，经五易春秋。在一步步前进的过程中，编著者们可谓此中甘苦寸心知！各卷主编和编者们，克服了各种困难，全身心地投入爬梳整理材料和“上穷碧落下黄泉”的追索中。这支编写团队堪称传承和弘扬殷墟文化的“志愿者”，敢于担当，义无反顾地承担起前人没有人能承担的编纂任务。五年多来，大家甘于寂寞，默默奉献，终于完成了这部填补殷墟文化空白的大型综合性项目。安徽人民出版社的领导和责任编辑们，也高度重视这一国家出版基金资助的利于当代、泽及后世的让殷墟文化活起来的大型项目的编校、设计工作，定规模、调结构，删繁就简，修辞润色，不断同作者互动交流。有着打造传世精品之作意识的作者和编辑们的这两支特别能战斗的团队，精诚合作，集思广益。可以说，大家撸起袖子加油干，为该项目的完成是尽了“洪荒之力”了！作为此书的主编，我十分感谢编写团队对我的信任和全力支持；与此同时，我也感谢安徽人民出版社的领导李旭先生、白明先生等和编辑卢昌杰、秦闯、王海涛等诸位同志，他们以精益求精的敬业精神和特别能战斗的团队精神，为殷墟文化的弘扬作出了巨大贡献！我再一次感谢他们与我愉快的合作！

虽然我们力求《殷墟文化大典》反映的殷墟文化研究成果要全面、准确,要无重大遗漏和错误,但限于编纂这样的大型著作经验不足和限于我们对殷墟文化的认识和理解的水平还有待进一步再深入,出现这些情况在所难免,只得留待将来增补了。不宁唯是,编辑如此规模的殷墟文化百科全书式的著作,对学术界和我们编著者来说毕竟是第一次,因而书中难免有研究成果的遗漏,或有对材料的理解错误和描述不确之处。因此,恳请广大读者在利用和参考此书时,提出严格的批评和指导意见,从而以此书出现的不足之处为教训,为今后再编纂这类图书提供借鉴和参考。

开卷有益。我们希望,有兴趣全面了解和认识世界文化遗产殷墟,并有志于传承和弘扬殷墟文化的读者们,不妨从展阅这部《殷墟文化大典》开始!①

第二节　前辈学者的实践和理论指导下"无止境"对重的新收获——《〈甲骨文合集〉第十三册拓本搜聚》策事组的话(代前言)②

郭沫若主编、胡厚宣总编辑的《甲骨文合集》(以下简称《合集》)十三册巨著,共收入甲骨四万一千九百五十六版。可以说,自一八九九年甲骨文发现直至一九七八年的八十多年间,殷墟出土的十五万片甲骨精华尽荟于是,为学术界的研究提供了较为齐备的殷墟甲骨文资料,极大地改变了甲骨学商代史研究资料分散、匮乏的局面,有力促进了甲骨学、殷商史和考古学等多种学科研究的发展。《合集》这部"建国以来古籍整理最大成就"的集大成式著作,不仅为八十多年来甲骨文的发现和著录做了总结,还为一九七八年以后我国甲骨学研究的"全面深入发展"奠定了基础。

《合集》的出版,深为海内外学者所瞩目和赞颂。他们在利用《合集》全

---

① 王宇信主编《殷墟文化大典》(三卷六册,安徽人民出版社二〇一六年出版)于二〇二一年荣获第五届中国出版政府奖(图书奖)。

② 策事组的话(代前言),为课题组负责人王宇信执笔撰写。

方位、多角度、深层次地研究商代丰富社会历史讯息、挖掘殷商深厚文明底蕴的同时，也本着对学术负责的科学精神，从关心和爱护《合集》的角度，不断贡献自己的真知灼见，指出并弥补《合集》一些错误和不足。同时，编纂者也在使用和研究《合集》的过程中，检讨并发现当年在编纂《合集》工作中出现的一些失误和不足，并筹划着在适当的时候，把学术界的智慧和成果搜聚起来，尽可能地在《合集》修订时加以补救。

其中让学界遗憾和不便的，就是《合集》第一册至第十二册为甲骨拓本，而第十三册却全为甲骨摹本，且不少错摹或缺摹等。这一编纂的缺陷，总编辑胡厚宣先生一直引为憾事，并多次谈到一旦将来有拓本公布了，就创造条件把第十三册的甲骨摹本换成拓本！我和杨升南教授受胡厚宣先生之命总审校《合集释文》期间（一九八四年五月六日至一九八七年十月二十一日），先生常向我们谈起此事。《合集》一九七八年结稿时，不少海内外收藏的甲骨还没有以拓本的形式公布。为了尽可能把资料收集齐全，《合集》编纂者只得收录早年这些甲骨的著录摹本。而早年甲骨收藏家在制作甲骨摹本过程中，往往囿于时间或摹写者水平等因素，时有文字笔画摹误，甚至一骨漏摹正面或缺反面或臼等。尤其是外国学者早年的甲骨摹本，更是错（字）摹连篇！但因摹本中还是有不少重要材料，也只好将它们收集在一起公布，这就使第十三册编成了摹本专集，这实在是没有办法的办法呀！“将来，这些甲骨的拓片公布了，一定要想方设法搜聚起来，把第十三册的摹本尽可能地换成拓本……”胡先生的谆谆嘱托，时刻萦绕于耳！

郭沫若主编、胡厚宣总编辑的《甲骨文合集》出版四十多年后的今天，我们策事的《〈合集〉第十三册拓本搜聚》才呈现在读者面前，终于实现了胡厚宣先生把摹本换成拓本的遗愿（尽管还不是全部），真可谓好事多磨！愿胡先生地下有知，为此感到欣慰！

这部《〈合集〉第十三册拓本搜聚》之所以能在今天裒集编辑，既是甲骨学发展的迫切需要，也是四十年来甲骨学发展成果的总结。

其一，《合集》出版四十多年来，当年以摹本公布的甲骨，不少已陆续以拓本著录。诸如《合集》第十三册收录的胡厚宣先生“战后四书”（一九四六年《战后平津新获甲骨集》、一九五一年《战后宁沪新获甲骨集》和《战后南北所见甲骨录》、一九五五年《甲骨续存(下)》)中的摹本甲骨,其拓本在《上海博物馆藏甲骨文字》(二〇〇九年)、《史语所购藏甲骨集》(二〇〇九年)、《北京大学珍藏甲骨文字》(二〇〇八年)、《中国社会科学院历史研究所藏甲骨集》(二〇一一年)、《旅顺博物馆所藏甲骨》(二〇一四年)、《甲骨文合集补编》(一九九九年)等书中得到著录。海外所藏甲骨拓本的著录,在《英国所藏甲骨集》(一九八五年)、《美国所见甲骨录》(一九七六年)、《怀特氏等收藏甲骨文集》(一九七九年)等书较为集中。此外,在《俄罗斯国立爱米塔什博物馆藏殷墟甲骨》(二〇一三年)等书以及海外学术刊物上也零散公布了一些甲骨拓本。这些新的著录,不仅是公布甲骨的最新成果,也为我们策事修订《合集》反映著录的最新成就,即把《合集》第十三册甲骨摹本换成拓片提供了基础和可能。这批经过整理的甲骨拓片,必将纠正原摹本不准确的部分,为国家项目"大数据、云平台支持下的甲骨文字考释研究"提供最基本、最可信的图片资料。

其二,不少新出版的甲骨著录书,对所收甲骨进行了全方位的精细观察与整理,其所著录甲骨的"前世今生"和重见情况,在其"来源表"或其"著录现藏表"中有所反映。我们策事的《〈甲骨文合集〉第十三册拓本搜聚》的第一步工作,就是校对和发现与十三册摹本重见的拓片。学者们各书的对重成果,为我们的工作打下了良好的基础。我们就是在此基础上,有所发现和有所前进的。

其三,我们编纂《〈甲骨文合集〉第十三册拓本搜聚》时,并不是简单地利用前人对重成果,而是在前人对重成果的基础上,再学习,再核校,再发现,再丰富,寻寻觅觅,由此及彼,从不敢简单"对号入座",即按已有对重号拿来拓片一换了事!更何况,有的摹本尽管知道对重号,但也是很难找到拓本的!

现将我们的工作成果简要罗列如下:

一、 海外藏甲骨的拓本对重

《英藏》的"材料来源表"共列有八百七十六版甲骨拓本与《合集》第十

三册摹本重见。我们策事组在核校《英藏》来源表所列的《合集》号与《英藏》重见号中，发现八片《英藏》片、号有误。我们将错号之《英藏》正确片及号数找出，使之与《合集》摹本及片号准确相对应。同时，我们还发现所列《英藏》片、号正确，而对应之《合集》片、号有误者共六片。我们在《合集》中亦找出与《英藏》正确对应之摹本及片号。虽然如此，还有一片《英藏》1594所列号为《合集》40742为重见不确，经我们反复查校，尚未能发现正确的《合集》摹本与拓本相对应。这样，原《英藏》"材料来源表"中与《合集》第十三册重见者则为八百七十五片。不仅如此，我们在核校《英藏》与《合集》第十三册的重片时，又新发现十六片《英藏》拓片与《合集》重见。因此，《英藏》拓片与《合集》第十三册重见实为八百七十五＋十六片，即为八百九十一片重。

《美藏》"对重表"列有六十三版拓本与《合集》第十三册摹本重见，但我们又新对出十版与《合集》第十三册摹本重见，因而《合集》第十三册摹本应从《美藏》书中换七十三版甲骨拓本。

《怀特》的拓本，我们据《合补》《骨的文化》所提供的信息，发现其拓片与《合集》第十三册摹本有十版重见。

《合集》第十三册摹本与日本新公布的甲骨拓片重见的情况，在日本公布最后批量存骨的《天理》中，我们发现了二版与《合集》第十三册重见。而《甲骨文与殷商史》(第七辑)上公布之日本小林君藏骨拓本，研究者已经对出28版拓本与《合集》第十三册摹本重见。

俄罗斯藏骨第一次全部藏品以拓本形式在《爱什》中公布，整理者发现有二十六版与《合集》第十三册摹本重见。

二、国内藏甲骨的拓本对重

在《合集》出版以后，不少单位所藏甲骨文又进行了精细化的整理，并"三位一体"式地加以著录。胡厚宣先生"战后四书"的序和述例以及《八十五年来甲骨文材料之再统计》(一九八四年)、《大陆现藏之甲骨文字》等文章，仍经纬指导着我们进行第十三册摹本的对重范围和对重方向。

《上博》共收入五批次二〇〇二版甲骨拓本,不少此前曾以摹本著录。《上博》本书没有统一编号和甲骨对重著录表,我们据《合集》第十三册收入的“南上”“南诚”摹本的线索,陆续发现九十一版拓本相重。虽然限于时间和水平,这只是与《上博》的初步对重整理成果,但此书已是我们《拓本搜聚》搜得拓本较多的一部新著了。

《史购》原整理者在“来源表”中列出三十二片与《合集》第十三册摹本相重。我们据《合集》第十三册所收《宁沪》3及《南师》1甲骨摹本的线索,在《史购》中又发现相重拓片三十二版。《史购》与《合集》第十三册共重六十四版。

《北珍》编纂者已进行过校重整理,据其来源表统计,其拓本与《合集》第十三册摹本重见二十片,我们一一核校无误。我们又更进一步,根据《合集》所收《宁沪》3及《南师》2摹本的甲骨现藏北大的线索,在《北珍》一书中又发现拓本二十一片与《合集》第十三册摹本重见。因此,《北珍》应与《合集》第十三册重见共四十二版。

《合补》是《合集》出版二十年后的又一部甲骨文集大成式著作。本书在《合集》基础上又增收和增补了不少新材料,为研究者特别是专门从事缀合的学者提供了大量缀合材料。当年《合集》以摹本著录的甲骨,有不少已发表的拓本已经收入该书。我们根据《合补》的“著录来源表”之与《合集》第十三册摹本相重号以及先秦室网站上发表的与十三册摹本相缀合的重见号等线索进行整理,目前共有40多版拓片与第十三册摹本重见。

《甲骨文合集》前十二册所收拓本,虽然当年编纂者对各种著录书中的重片进行了一次总校重工作,并取得了空前的成绩,但难免有“漏网之鱼”,如一些拓片的摹本,又收入了第十三册摹本专册中。《合集》编辑组的学者在当年全书十三册结稿时也发现了这一问题,并在《合集》来源著录表中有所反映。此后,一些学者还专就《合集》的收入重片发表过批评意见……总之,《合集》前十二册拓本与第十三册摹本重见共计二百十片左右。此外,有的拓本正、反、臼齐备,但摹本或缺正,或缺反,有的摹本正、反齐备而缺臼等。而选定拓本一骨之骨臼、正、反齐备者,皆尽可能把摹本所缺者补齐。这就使《拓本搜聚》著录之甲骨拓片更为齐备。特别值得一提的是，在《合集》前十二册和《合补》的拓本与《合集》第十三册所收摹本校对重片的过程中，策事组成员韩江苏教授的国家社科基金项目成果“甲骨文图文数据库”起到了很大的作用。她从文字、有关文字的辞例、有关文字出现拓片等方面对目前已经著录的甲骨，特别是《合集》《合补》等书的著录，进行了全方位、多角度的系统整理，提供了不少线索。《中国社会科学院历史研究所藏甲骨》，主要收录中国社会科学院历史研究所藏一千九百二十版甲骨拓片，其中一千七百二十八片已为《合集》《合补》先后著录，并分别作有二书的收录检索表。因是本研究所藏甲骨，重要者皆已墨拓编入二书，故与《合集》第十三册摹本相重甚少。

《旅》一书也是公布甲骨拓片较多的著作，其公布的二千二百十一版甲骨拓片中，与《合集》第十三册摹本重见五十一片，《拓本搜聚》一仍其旧。

此外，据《合集》第十三册所收《宁沪・二》、《宁沪・三》摹本的线索，在《罗四》中发现二版重见拓片。据所收《续存》下摹本号线索，在《掇三》中找到三版相重拓片。据所收《南无》摹本的线索，在《冬饮庐》所录王伯沆甲骨拓本中找到九版重见片。还有，我们在《港中大》文中，发现一版香港中文大学藏甲骨拓片与《合集》第十三册摹本重见。

中国社会科学院历史研究所还藏有一批编《合集》时积累的甲骨拓本，也在《拓本搜聚》的编纂工作中发挥了作用。通过对重，我们在历史所藏无编号“甲骨文拓”中发现二版拓本与《合集》第十三册摹本重见。历史研究所藏拓本中还有一批《南博拓》甲骨拓片，即南京博物院藏甲骨拓片。南京博物院二千三百多片甲骨，乃甲骨收藏家明义士旧藏，当年《殷虚卜辞》曾以摹本著录，虽然《合集》收入时将不少摹本换成了新拓拓本，但直至目前仍没有学者将其全部甲骨进行精细整理并公布拓本，因而历史所这批“南博拓”十分珍贵难得！我们据《合集》第十三册摹本与《虚》重见号的线索，在《南博拓》这批没编号的拓本中“漫游”，居然发现了十一版拓本（一版拓本自重，实为十版）与《合集》第十三册摹本重见。

据《殷契诠释》（施涌云著，厦门大学出版社二〇一〇年）一书，其所释文字皆用南京博物院藏甲骨拓本,但书中各版均用馆藏品编号而没有标明与《虚》重见号,因而检索困难。只有"诠释"文字作为证据时,才偶在行文中的拓片下标明与《虚》的著录号,其中有《虚》一三九五、一三九八两版重见,为与《合集》四一三三四号摹本重见的甲骨拓本。两版有一版,因甲版上字口充泥硬化突起,拓出后为"阳文"者,而与另一版正为"白文",但二者重合后实为一版。如此等等。当年编《合集》时,学者们也不免"智者千虑,必有一失",对重时也难免"走眼",从千辛万苦搜拓而来的甲骨拓本中,未对出其与《合集》的重见片,使之多年"束之高阁"。而我们今天又从"存货"中找出,总算是使其发挥作用,当年的疏忽得以弥补。

此中甘苦寸心知。二〇一七年九月,我们刚提出阶段性成果《〈甲骨文合集〉第十三册拓本搜聚》时,课题组诸同仁信心满满,认为在前人已有对重成果的基础上,我们只要把著录书的有关拓本搜出换上就是了。但在核校《英藏》的对重成果时,不断碰到新问题,也不断有新的发现(前文已做过叙述,此处从略)。策事组遂研究决定,趁这次难得的换片机遇,索性再前进一步,在四十年来学界已有成绩的基础上再认真做一番"上穷碧落下黄泉,动手动脚找材料(即重片)"的工作。

其实,《拓本搜聚》工作的前期,就是在《合集》一九八二年出齐以后,再从其后在海内外陆续出版的一批公布甲骨拓片的著作中,去查找有关与《合集》第十三册摹本相重见的拓本的。这一工作与我们承担的国家社科基金重大委托项目"大数据云平台支持下的甲骨文字考释研究"的子课题之一——"《甲骨文合集》精印版的整理与研究"穿插进行,即在重新摹制第十三册一些摹本以备《合集》精印版使用时,顺便发现新公布与摹本相重的甲骨拓本……后来,我们就集中力量对重并不断有新的发现,真是欲罢不能。本拟在二〇一八年初完成《拓本搜聚》这一阶段性成果,但直至二〇一八年三月二十七日对重工作才暂告一段落。在我们沉醉于搜求甲骨重片和享受发现的快乐中,《拓本搜聚》共得拓本一千六百二十二号。原《合集》第十三册共二千四百七十四片摹本中,现仍有八百五十二版摹本没有对出拓本。之所以如此,主要是因为目前海内外尚有一些零散的甲骨没有用拓本公布，或者已有甲骨拓本，却还在“被遗忘的角落”，我们无法“搜”到，使之与其他已知拓本共“聚”一堂。而且，由于时间窘迫和限于我们的水平与眼力，《合集》第十三册摹本尚有三分之一未能对出拓本来，这是非常遗憾的。有关我们对重的具体收获，我们将在本书“材料来源表”中一一注明。总之，我们是尽了“洪荒之力”了！

习近平新时代中国特色社会主义思想和实现中华民族伟大复兴的中国梦，为我们《〈甲骨文合集〉第十三册拓本搜聚》这一阶段性成果的提出和完成提供了契机。为了贯彻要重视和发展“事关文化传承问题”的绝学、冷门学科甲骨文等古文字研究，以增强民族文化自信和夯实社会主义核心价值观，把“要重视这些学科，确保有人做，有传承”的指示精神落到实处，全国哲学社会科学规划办公室组织了重大课题“大数据云平台支持下的甲骨文字考释工程”。与此同时，教育部会同文化部、科技部等提出了“甲骨文研究与应用”的一系列课题。而以《光明日报》二〇一六年十月二十八日发表的重奖甲骨文释读优秀成果的“征稿启事”为标志，中国的甲骨文研究进入了“政府推动下的全面深入发展与弘扬新阶段”。而我们这一阶段性成果《〈甲骨文合集〉第十三册拓本搜聚》的完成，既是躬逢甲骨文新阶段到来的大好机遇才有可能提出和完成的课题，也是我们感恩和庆祝甲骨文研究新阶段到来并不断取得新成就的献礼！而更有意义的是，此书出版的时候，适逢甲骨文发现一百二十周年。能以此书为甲骨文发现一百二十年纪念活动增光添彩，也是我们学术生涯的一大幸事！

学如积薪。我们感谢胡厚宣师等一代又一代的学者，他们的心细如发和坚持，为甲骨文对重整理和研究做出了巨大贡献。而胡先生等前辈学者的对重理论和实践，将永远指导着“没有止境”的对重工作继续下去。学术是天下的公器，我们感谢卜宪群、王震中、徐义华、刘源、王泽文、孙亚冰、宫长为等同仁，特别是孙亚冰研究员，自始至终对我们的工作提供了各方面的帮助，我们在这里对她致以特别的感谢！我们还应感谢刘钊、陈年福、齐航福、章秀霞、魏文萃等学者对我们的支持和帮助！刘钊教授从厦门大学出版社档案室中“发掘”出存档的《殷契诠释》，供我们在对重时参考。陈年福教授则把他充满心力的《合集》第十三册对重表毫无保留地提供我们参考。齐航福、章秀霞两位教授论著中关于《合集》第十三册与其后出版的《合补》的重见情况,为我们提供了极大参考的便利。我们还应感谢历史研究所的领导,在办公室极为紧张的情况下,为我们这些退休多年的老同志安排了宽敞的工作处所,并与藏书丰富的先秦研究室“门户相对”,从而使我们这些耄耋之人在搬动沉重的大部头资料用书时,节省了不少力气。文物出版社社长张自成,大力支持我们的工作,不仅要求文物出版社印刷厂全力做好《合集》制版和印刷工作,还在我们《搜聚》一书出版经费尚未落实的情况下,就毅然决定接受这部书稿;编辑许海意,印刷厂的谷春华、袁心得等同志精心工作,编校书稿、修订图版,为此书增色不少。如此等等。如果《〈甲骨文合集〉第十三册拓本搜聚》能为现阶段的“政府推动下的甲骨文研究全面深入发展与弘扬”做出贡献,首先应归功上述诸位师友对我们的关爱、指导和支持!

二〇一九年六月二十九日,在烟台福山召开的“纪念王懿荣发现甲骨文一百二十周年国际研讨会”上,《拓本搜聚》策事组负责人王宇信在大会的开幕式上,向海内外学者通报了这部新著完成并即将出版的消息,引起了海内外学者的极大兴趣和关注,都希望这部期待了多年的《拓本搜聚》早日面世并先睹为快。我们“策事组”重要成员马季凡教授,精益求精,为解决编辑提出的问题,放弃出席甲骨学纪念盛会,留在研究所继续打磨书稿。我们曾经说过,对重工作是没有止境的,永远在不断发现的前行路上。马季凡先生以多年积累和深厚功底,以胡厚宣先生指示的《南坊》4 摹本著录的甲骨为线索,在本所所藏《北图》《善斋》拓本的范围中搜求。真是由此及彼,欲罢不能,竟然奇迹般地一股脑对出了与《合集》第十三册摹本重见的拓本四十九片,可谓拓本搜聚工作开展以来的最大收获!我和常玉芝教授从烟台开会回来,一面与马季凡先生分享发现的快乐,一面下载拓本、做出释文,再行补充收入《拓本搜聚》。

虽然如此,《合集》第十三册二四八〇号摹本对出一六二二号拓本以后,仍有八百五十二号摹本没有对出。我们相信,假以时日,随着甲骨文著录的不断出版和大数据、云平台技术的发展，不久的将来，一定能在十五万片甲骨文的汪洋大海中，捞出这八百五十二号摹本的甲骨文金针的！

让我们共同为甲骨文的传承和弘扬努力奋斗吧！

策事组组长　王宇信（执笔）

二〇一九年六月二十日初稿

二〇一九年七月十八日改定

附录　甲骨文著录目及简称

刘　鹗:《铁云藏龟》,抱残守缺斋石印本六册,一九〇三年十月。又一九三一年蟫隐庐石印本合《铁云藏龟之余》共六册。　　《铁》

罗振玉:《殷虚书契》,《国学丛刊》石印本三期三卷,一九一一年。又一九一三年影印本四册。一九三二年重印本四册。　　《前》

罗振玉:《殷虚书契菁华》,一九一四年十月。又重印本一册。《菁》

罗振玉:《铁云藏龟之余》,《舂古丛编》影印本一册,一九一五年一月。又一九二七年重印本。又一九三一年蟫隐庐石印本附《铁云藏龟》书后共六册。　　《铁余》

罗振玉:《殷虚书契后编》,影印本一册,一九一六年三月。又《艺术丛编》第一集本。又重印本。　　《后》

罗振玉:《殷虚古器物图录》,影印本一册,一九一六年四月。又《艺术丛编》第一集本。又翻印本。　　《殷图》

明义士:《殷虚卜辞》,上海别发洋行石印本一册,一九一七年三月。《明》

姬佛佗:《戬寿堂所藏殷虚文字》,《艺术丛编》第三集石印本,一九一七年五月。又单行本与王国维《戬寿堂所藏殷虚文字考释》合二册。《戬》

林泰辅:《龟甲兽骨文字》,日本商周遗文会影印本二册,一九二一年十二月。又北京富晋书社翻印本二册。　　《龟》

叶玉森:《铁云藏龟拾遗》,影印本一册,一九二五年五月。又翻印本一册。　　《铁遗》

王　襄:《簠室殷契征文》,天津博物院石印本四册,一九二五年五月。《簠》

董作宾:《新获卜辞写本》,石印本与《新获卜辞写本后记》合一册,一九二八年十一月。又载《安阳发掘报告》第一期。　《新》

罗福颐:《传古别录》第二集,影印本一册,一九二八年出版。　《传古》

董作宾:《大龟四版考释》,《安阳发掘报告》第三期,一九三一年六月。　《四版》

中村不折:《书道》第一卷,日本书道院,一九三一年。　《书》

关百益:《殷虚文字存真》,河南省博物馆拓本一至八集各一册,一九三一年六月。　《真》

原田淑人:《周汉遗宝》,日本帝室博物馆出版,一九三二年。　《周汉》

商承祚:《福氏所藏甲骨文字》,金陵大学中国文化研究所,一九三三年四月。　《福》

容庚、瞿润缗:《殷契卜辞》,哈佛燕京学社石印本,一九三三年五月。　《契》

郭沫若:《卜辞通纂》,日本东京文求堂石印本,一九三三年五月。又日本朋友书店一九七七年重印。又科学出版社一九八三年六月版。　《通》

董作宾:《释后冈出土的一片卜辞》,《安阳发掘报告》第四期,一九三三年六月。　《后冈》

王子玉:《甲骨文》,载《续安阳县志》,一九三三年八月。

罗振玉:《殷虚书契续编》,影印本六册,一九三三年九月。　《续》

商承祚:《殷契佚存》,金陵大学中国文化研究所影印本,一九三三年十月。　《佚》

吉卜生:《上海亚洲文会博物馆藏甲骨卜辞》,一九三四年《中国杂志》二十一卷六号,《商代之象形文字》一文所附。　《沪亚》

黄　濬:《邺中片羽初集》,北京尊古斋影印本二册,一九三五年二月。　《邺初》

金祖同:《郼斋藏甲骨拓本》,上海中国书店石印本,与《殷墟卜辞讲话》合一册,一九三五年二月。　　《郼》

方法敛、白瑞华:《库方二氏藏甲骨卜辞》,商务印书馆,一九三五年十二月。　　《库》

黄　濬:《衡斋金石识小录》,北京尊古斋影印本二册,一九三五年。　　《衡斋》

白瑞华:《殷墟甲骨相片》,美国纽约影印单行本,一九三五年。　　《相》

明义士:《柏根氏旧藏甲骨文字》,《齐大季刊》六十七期,一九三五年。又齐鲁大学国学研究所单行本一册,一九三五年。　　《柏》

顾立雅:《中国的诞生》,一九三六年。　　《诞》

董作宾:《安阳侯家庄出土之甲骨文字》,《田野考古报告》第一册附摹本拓本,一九三六年八月。　　《侯》

郭沫若:《殷契粹编》,日本东京文求堂石印本,一九三七年五月。又科学出版社,一九六五年五月。　　《粹》

白瑞华:《殷墟甲骨拓片》,美国纽约影印单行本一册,一九三七年。　　《拓》

黄　濬:《邺中片羽二集》,北京尊古斋影印本二册,一九三七年八月。　　《邺二》

孙海波:《甲骨文录》,河南通志馆出版,一九三八年一月。又艺文印书馆,一九五八年重印本。　　《录》

方法敛、白瑞华:《甲骨卜辞七集》,美国纽约影印单行本,一九三八年。　　《七》

唐　兰:《天壤阁甲骨文存》,北京辅仁大学出版,一九三九年四月。　　《天》

李旦丘:《铁云藏龟零拾》,上海中法出版委员会出版,一九三九年五月。　　《铁零》

金祖同:《殷契遗珠》,上海中法出版委员会出版,一九三九年五月。

附录　甲骨文著录目及简称

《珠》

曾毅公:《殷契缀存》,齐鲁大学国学研究所出版,一九三九年十一月。《缀存》

方法敛、白瑞华:《金璋所藏甲骨卜辞》,美国纽约影印单行本一册,一九三九年。　《金》

孙海波:《诚斋殷虚文字》,北京修文堂书店影印本,一九四〇年二月。《诚》

李孝定:《中央大学藏甲骨文字》,石印摹写本,一九四〇年八月。《中》

于省吾:《双剑诊古器物图录》,影印本二册,一九四〇年十一月。《双图》

梅园末治:《河南安阳遗宝》,日本影印本一册,一九四〇年。《宝》

李旦丘:《殷契摭佚》,来薰阁书店影印本,一九四一年一月。《摭》

何　遂:《叙圃甲骨释要》,影印本一册,一九四一年。　《叙圃》

黄　濬:《邺中片羽三集》,北京通古斋影印本,一九四二年一月。《邺三》

胡厚宣:《厦门大学所藏甲骨文字》,载《甲骨学商史论丛》初集四册,一九四四年三月。　《厦》

于省吾:《双剑诊殷契骈枝三编》附图,一九四四年五月。《骈三》

胡厚宣:《甲骨六录》,成都齐鲁大学国学研究所专刊之一,一九四五年七月。又收入《甲骨学商史论丛》第三集。　《六》

怀履光:《骨的文化》,石印本,一九四五年。　《骨》

胡厚宣:《战后平津新获甲骨集》,成都齐鲁大学国学研究所专刊之一、二册,一九四六年五月、七月。　《平》

胡厚宣:《战后殷虚出土的新大龟七版》,上海《中央日报》《文物》周刊

二十二至三十一期,一九四七年二月。　　《七版》

金祖同:《龟卜》,上海温知书店影印本一册,一九四八年一月。　　《龟卜》

董作宾:《殷虚文字甲编》,商务印书馆,一九四八年四月。　　《甲》

董作宾:《殷虚文字乙编》上、中辑,商务印书馆,上辑一九四八年十月,中辑一九四九年三月。(下辑,台湾"中央研究院"史语所出版,一九五三年十二月。又科学出版社,一九五六年三月)　　《乙》

李旦丘:《殷契摭佚续编》,中国科学院,一九五〇年九月。　　《摭续》

曾毅公:《甲骨缀合编》,修文堂书店,一九五〇年。　　《缀》

胡厚宣:《战后宁沪新获甲骨集》,北京来薰阁书店,一九五一年四月。　　《宁》

郭若愚:《殷契拾掇》,上海出版公司,一九五一年八月。　　《掇一》

胡厚宣:《战后南北所见甲骨录》,北京来薰阁书店,一九五一年十一月。　　《南》

郭宝钧:《一九五〇年春殷墟发掘报告》,《中国考古学报》第五册,一九五一年。

郭若愚:《殷契拾掇二编》,上海出版公司,一九五三年三月。　　《掇二》

《河南郑州二里冈又发掘出"俯身葬"人骨二具和有凿痕龟甲一片》,《文物参考资料》,一九五三年,第十期。

胡厚宣:《战后京津新获甲骨集》,群联出版社,一九五四年三月。　　《京》

郭若愚、曾毅公、李学勤:《殷虚文字缀合》,科学出版社,一九五五年四月。　　《缀合》

胡厚宣:《甲骨续存》,群联出版社,一九五五年十二月。　　《续存》

董作宾、严一萍:《殷虚文字外编》,艺文印书馆,一九五六年六月。　　《外》

饶宗颐：《日本所见甲骨录》，《东方文化》三卷一期，一九五六年六月。《日见》

陈梦家：《殷虚卜辞综述》附图，科学出版社，一九五六年七月。《综述》

饶宗颐：《巴黎所见甲骨录》，香港大宏雕刻印刷公司，一九五六年十二月。　　《巴》

董作宾：《汉城大学所藏大胛骨刻辞考释》，《史语所集刊》二十八本下册，一九五七年五月。　　《汉城》

张秉权：《殷虚文字丙编》上辑一，台湾"中央研究院"史语所出版，一九五七年八月。（上辑二，一九五九年十月；中辑一，一九六二年。中辑二，一九六五年；下辑一，一九六七年。下辑二，一九七二年）　　《丙》

河南省文化局文物工作队第一队：《一九五五年秋安阳小屯殷墟的发掘》，《考古学报》，一九五八年，第三期。

饶宗颐：《海外甲骨录遗》，香港大学《东方文化》四卷一至二期，一九五七年至一九五八年。　　《海》

严一萍：《中国画谱殷商编》，艺文印书馆，一九五八年九月。

青木木菟哉：《书道博物馆所藏甲骨文字》，载日本《甲骨学》六、七、八、九、十，一九五八年至一九六四年。　　《书博》

贝塚茂树：《京都大学人文科学研究所藏甲骨文字》图版篇，京都大学人文科学研究所，一九五九年三月。　　《京人》

陈邦怀：《甲骨文零拾》，天津人民出版社，一九五九年九月。《甲零》

松丸道雄：《日本散见甲骨文字搜汇》一、二、三、四、五、六，载日本《甲骨学》七、八、九、十、十一、十二，一九五九年至一九八〇年。（中译本第一至五部分发表在《古文字研究》第三辑，中华书局，一九八〇年十一月。第六部分发表在《古文字研究》第八辑，中华书局，一九八三年二月。刘明辉译）　　《日汇》

中国科学院考古研究所安阳发掘队：《一九五八至一九五九年殷墟发

掘简报》,《考古》,一九六一年,第二期。

屈万里:《殷虚文字甲编考释》附图,“中央研究院”历史语言研究所,一九六一年六月。　　《甲释》

姚孝遂:《吉林大学所藏甲骨选释》,《吉林大学社会科学学报》,一九六三年,第四期。　　《吉大》

金祥恒:《国立中央图书馆所藏甲骨文字》,《中国文字》第十九、二十册,一九六六年。　　《中图》

伊藤道治:《故小川睦之辅氏藏甲骨文字》,日本京都《东方学报》第三十七册,一九六六年三月。　　《小川》

白瑞华校:《方法敛摹甲骨卜辞三种》(《库》、《金》、《七》),艺文印书馆,一九六六年。

李　棪:《棪斋甲骨展览》,《香港中文大学联合书院十周年校庆》,一九六六年。

伊藤道治:《大原美术馆所藏甲骨文字》,日本仓敷考古馆《研究集报》第四号,一九六八年一月。　　《大原》

李　棪:《卜辞贞人何在同版中之异体》,香港中文大学《联合书院学报》,一九六九年,第五期。　　《何异》

李　棪:《联合书院图书馆所获东莞邓氏旧藏甲骨》,香港中文大学《联合书院学报》第七期,一九六九年。　　《邓联》

李　棪:《北美所见甲骨选粹》,香港中文大学《中国文化研究所学报》第三卷第二期,一九七〇年。　　《北美》

刘体智辑:《善斋藏契萃编》,艺文印书馆,一九七〇年十月。　　《善斋》

饶宗颐:《欧美亚所见甲骨录存》,《南洋大学学报》第四期,一九七〇年。　　《欧美亚》

伊藤道治:《藤井有邻馆所藏甲骨文字》,日本京都《东方学报》第四十二册,一九七一年三月。　　《藤井》

伊藤道治:《桧垣元吉氏藏甲骨文字》,《神户大学文学部纪要》I,一九

七二年一月。　　　《桧垣》

中国社会科学院考古研究所:《一九七一年安阳后冈发掘简报》,《考古》,一九七二年,第三期。

郭沫若:《安阳新出土的牛胛骨及其刻辞》,《考古》,一九七二年,第二期。　　　《安新》

许进雄:《明义士收藏甲骨文集》,加拿大皇家安大略博物馆,一九七二年。　　　《安明》

许进雄:《殷虚卜辞后编》,艺文印书馆,一九七二年。　　　《明后》

严一萍:《美国纳尔森美术馆藏甲骨刻辞考释》,艺文印书馆,一九七三年一月。　　　《纳尔森》

胡厚宣:《临淄孙氏旧藏甲骨文字考辨》,《文物》,一九七三年,第九期。《临孙》

沈之瑜:《介绍一片伐人方的卜辞》,《考古》,一九七四年,第四期。

中国社会科学院考古研究所安阳工作队:《一九七三年安阳小屯南地发掘简报》,《考古》,一九七五年,第一期。　　　《七三安》

严一萍:《甲骨缀合新编》,艺文印书馆,一九七五年六月。《缀新》

严一萍:《铁云藏龟新编》,艺文印书馆,一九七五年七月。《铁新》

周鸿翔:《美国所藏甲骨录》,美国加利福尼亚大学,一九七六年。《美藏》

李孝定:《李光前文物馆所藏甲骨文字简释》,南洋大学李光前文物馆《文物汇刊》第二号,一九七六年。　　　《李》

严一萍:《甲骨缀合新编补》,艺文印书馆,一九七六年。　　　《缀补》

伊藤道治:《关西大学考古学资料室藏甲骨文字》,《史泉》五十一号,一九七七年。　　　《关西》

郭沫若主编:《甲骨文合集》第二册,中华书局,一九七八年十月。(第三册,一九七八年十二月。第四册,一九七九年八月。第五册,一九七九年十月。第六册,一九七九年十二月。第七册,一九八〇年八月。第八册,一九八一年一月。第九册,一九八一年六月。第十册,一九八一年十二月。第十一册,一九八二年一月。第十二册,一九八二年六月。第十三册,一九八二年十二月。第一册,一九八二年十月)　　《合集》

渡道兼庸:《东洋文库所藏甲骨文字》,东洋文库中国史研究委员会,一九七九年三月。　　《东文》

许进雄:《怀特氏等收藏甲骨文集》,加拿大皇家安大略博物馆,一九七九年。　　《怀特》

胡厚宣:《释流散到德国的一片卜辞》,《郑州大学学报》,一九八〇年,第二期。

徐锡台:《西德瑞士藏我国殷墟出土的甲骨文》,《人文杂志》,一九八〇年,第五期。　　《西瑞》

中国社会科学院考古研究所:《小屯南地甲骨》上册一、二,中华书局,一九八〇年。(下册一、二、三,中华书局,一九八三年)　　《屯南》

安阳市博物馆:《安阳博物馆馆藏卜辞选》,《中原文物》,一九八一年,第一期。　　《安博》

李先登:《孟广慧旧藏甲骨选介》,《古文字研究》第八辑,中华书局,一九八三年二月。　　《孟》

胡振祺等:《山西省文物工作委员会收藏的甲骨》,《古文字研究》第八辑,中华书局,一九八三年二月。　　《山西》

松丸道雄:《东京大学东洋文化研究所藏甲骨文字》图版篇,东京大学东洋文化研究所,一九八三年三月。　　《东化》

伊藤道治:《国立京都博物馆藏甲骨文字》,神户大学《文化学年报》第三号,一九八四年。　　《京都博》

伊藤道治:《黑川古文化研究所藏甲骨文字》,神户大学《文化学年报》第三号,一九八四年。　　《黑川》

严一萍:《商周甲骨文总集》,艺文印书馆,一九八五年。　　《总集》

雷焕章:《法国所藏甲骨录》,台北光启出版社,一九八五年。

《法藏》

李学勤等:《英国所藏甲骨集》,中华书局,一九八六年。 《英藏》

肖 楠:《小屯南地甲骨缀合篇》,《考古学报》,一九八六年,第三期。《屯缀》

沈之瑜:《甲骨卜辞新获》,《上海博物馆刊》第三辑,上海古籍出版社,一九八六年四月。 《上新》

伊藤道治:《天理大学附属天理参考馆甲骨文字》,天理时报社出版,一九八七年二月。 《天理》

胡厚宣:《苏德美日所见甲骨集》,四川辞书出版社,一九八八年。《苏德美日》

胡厚宣:《苏联国立爱米塔什博物馆藏甲骨文字》,(《甲骨文与殷商史》第三辑,)上海古籍出版社,一九九一年。 《爱米塔什》

钟柏生:《殷虚文字乙编补遗》,历史语言研究所,一九九五年。《乙补》

荒木日吕子:《中岛玉振旧藏甲骨》,创荣出版(株),一九九六年。《中岛》

胡厚宣:《甲骨续存补编》,天津古籍出版社,一九九六年。 《续补》

雷焕章:《德荷瑞比所藏一些甲骨录》,利氏学社,一九九七年。《德荷瑞比》

刘敬亭:《山东省博物馆精拓甲骨文》,齐鲁书社,一九九八年。《山博》

彭邦炯等:《甲骨文合集补编》,语文出版社,一九九九年。《合集补》

齐文心等:《瑞典斯德哥尔摩古物陈列馆藏甲骨》,中华书局,一九九九年。 《瑞斯》

刘一曼等:《殷墟花园庄东地甲骨》,云南人民出版社,二〇〇四年五月。 《花东》

王宇信等:《甲骨文精粹释译》,云南人民出版社,二〇〇四年五月。

《精粹》

唐石父等:《王襄著作选集》(上、中、下),天津古籍出版社,二〇〇五年一月。

郭若愚:《殷契拾掇》,上海古籍出版社,二〇〇五年六月。 《掇》

郭青萍:《洹宝斋所藏甲骨》,内蒙古人民出版社,二〇〇六年七月。《洹宝》

中国国家博物馆:《馆藏文物研究·甲骨卷》,上海古藉出版社,二〇〇七年一月。 《国博》

焦智勤、党相魁:《殷墟甲骨辑佚》,文物出版社,二〇〇八年九月。《辑佚》

葛英会等:《北京大学珍藏甲骨文字》,上海古籍出版社,二〇〇八年。《北珍》

濮茅左:《上海博物馆藏甲骨文字》,上海辞书出版社,二〇〇九年。《上博》

史语所:《史语所购藏甲骨集》,台北"中研院"史语所,二〇〇九年。《史购》

史语所:《史语所购藏甲骨集》之"李启生"部分,台北"中研院"史语所,二〇〇九年。 《史购李》

宋镇豪:《云间朱孔阳藏戬寿堂殷虚文字旧拓》,线装书局,二〇〇九年。 《朱》

施涌云:《殷樊诠释》,厦门大学出版社,二〇一〇年。 《诠释》

宋镇豪等:《中国社会科学院历史研究所藏甲骨集》,上海古籍出版社,二〇一一年。 《历藏》

宋镇豪等:《俄罗斯国立爱米塔什博物馆藏殷墟甲骨》,上海古籍出版社,二〇一三年。 《国爱》

宋镇豪:《旅顺博物馆所藏甲骨》,上海古籍出版社,二〇一四年。《旅博》

罗琨:《殷虚书契五种》下册,中华书局,二〇一五年。 《罗五》

宋镇豪等:《殷墟甲骨拾遗》,中国社会科学出版社,二〇一五年。《殷拾》

宫长为等:《重庆三峡博物馆藏甲骨集》,上海古籍出版社,二〇一六年。　　《重庆博》

《典雅劲健·香港中文大学藏甲骨集》,香港中文大学出版社,二〇一七年。　　《港中大》

杨蒙生:《纽约苏富比2015春季拍卖会所见部分中国古文字资料简编·小林》载《甲骨文与殷商史》新七辑,上海古籍出版社,二〇一七年。《小林》

金祥恒:《"中央图书馆"所藏甲骨文字原稿》,载《甲骨文与殷商史》新七辑,上海古籍出版社,二〇一七年。　　《中图》

宋镇豪:《徐宗元尊六室甲骨拓本集》,上海古籍出版社,二〇一八年。《尊六室》

吕静:《复旦大学藏甲骨集》,上海古籍出版社,二〇一九年。《复旦》

图版与例图目录①

一、彩色图版目录(见书前彩色图版一至彩色图版十四)

① (一、二见书前,三见书后)

彩色图版十四　大龟四版之二

彩色图版采自：1.《国博》即《中国国家博物馆馆藏文物研究丛书·甲骨卷》简称。

2.《合集》即《甲骨文合集》简称。

3.《屯南》即《小屯南地甲骨》简称。

4.《英藏》即《英国所藏甲骨集》简称。

5.《花东》即《殷墟花园庄东地甲骨》简称。

二、甲骨拓本图版目录(见书前甲骨拓本图版一至甲骨拓本图版七)

甲骨拓本图版七　第五期(帝乙、帝辛)《合集》35400
第五期(帝乙、帝辛)《合集》35589
第五期(帝乙、帝辛)《合集》35745

三、例图(摹本)目录(见书后第九〇五至九六七页)

1.《合集》6057,《菁》1
2.《合集》9733 正、反
3. 用刀挖刻凿示意(《屯南》下册第三分册第一四九一页)
4. 轮开槽凿示意图(《屯南》下册第三分册第一四九三页)
5. 钻之制法示例(《屯南》下册第三分册第一四九五页)
6.《屯南》2295 反
7.《屯南》1126 反
8.《屯南》2163 反
9.《屯南》728 反
10.《屯南》619 反
11. 玉刻刀、铜刻刀(《殷墟妇好墓》第一四五至一四六页)
12. 龟腹甲部位示意图
13.《合集》9013 正
14.《合集》12862 正
15.《合集》7773 正
16.《合集》10137 正
17.《合集》24336
18.《粹》1328
19.《铁》5・1
20.《铁》72・1
21.《铁》261・3
22.《前》7・3・1
23.《前》4・30・2

52.《甲》3941

53.《甲》3939

54.《佚》518

55.《怀特》B1915

56.《前》7·7·2

57.《前》3·1·1

58.《后下》37·2,《库》1596

59.《前》5·22·2,《后上》16·8

60.《福》11,《前》4·24·1,《后上》16·11,《前》4·24·3

61.《佚》862,《龟》2·24·5

62.《佚》374,《簠征》1,《簠天》1

63.《续存上》388,《乙》6877,《乙》724

64.《续》3·2·2,《前》7·35·1

65.《乙》6668

66.《续》3·8·9

67.《粹》1212

68.《契》275

69.《前》7·30·4

70.《佚》216+《甲》2282

71.《虚》634

72.《后上》12·2+《后上》13·2

73.《续》3·35·4

74.《后上》26·5

75.《甲》2417

76.《甲》2079

77.《甲》903

78.《粹》193

79.《佚》493

108.《屯南》4331

109.《屯南》2126

110.《虚》758

111.《龟》2·28·2,《龟》2·29·12,《龟》2·29·16

112. 瑞士藏甲骨(《人文杂志》81 年 3 期)

113.《库》1633

114. 泰州博物馆藏

115.《通》430

116.《合集》10456

117. 周原凤雏甲骨

118. 岐山周公庙 1 号卜甲卜辞摹本

119. 岐山周公庙 2 号卜甲卜辞摹本

120. 岐山周公庙 1、2 号卜甲的遥缀(正面)

例　图

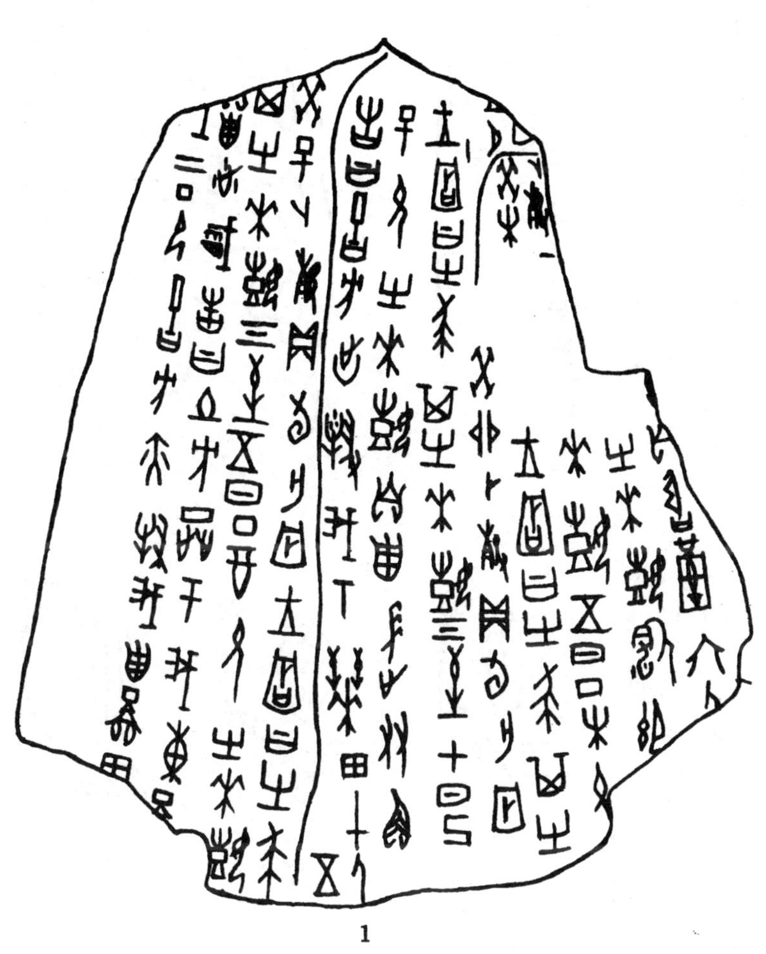

1

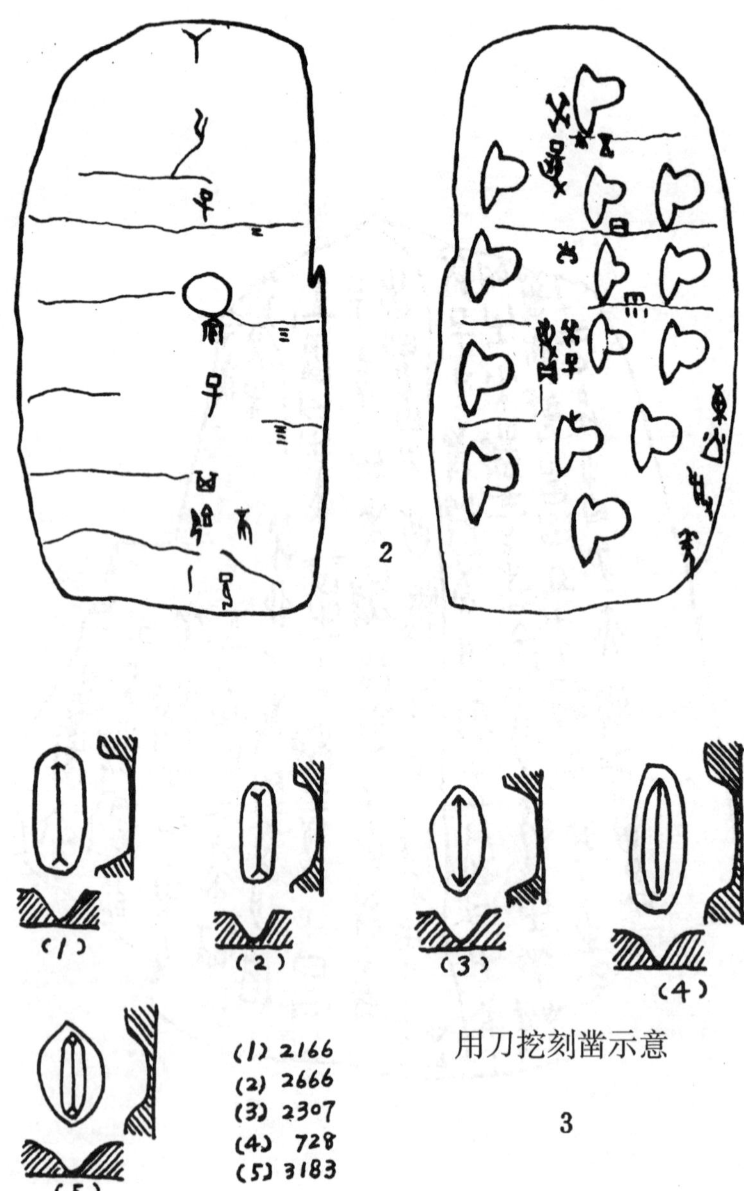

用刀挖刻凿示意

3

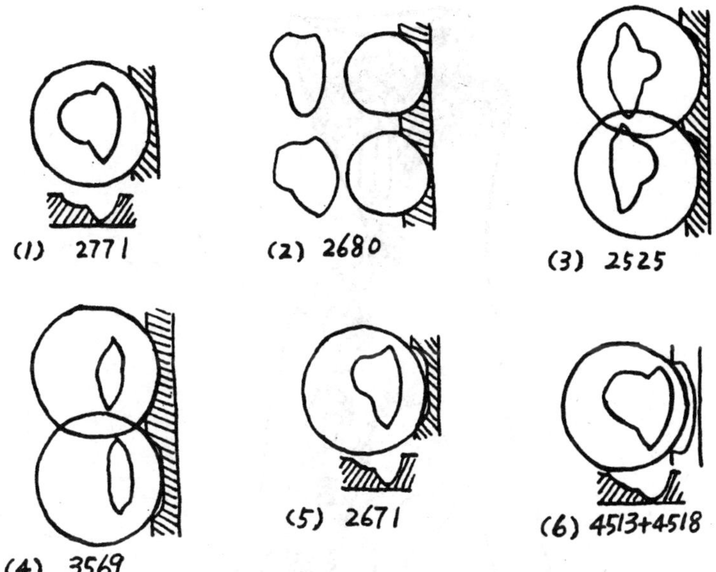

4 轮开槽凿示意图

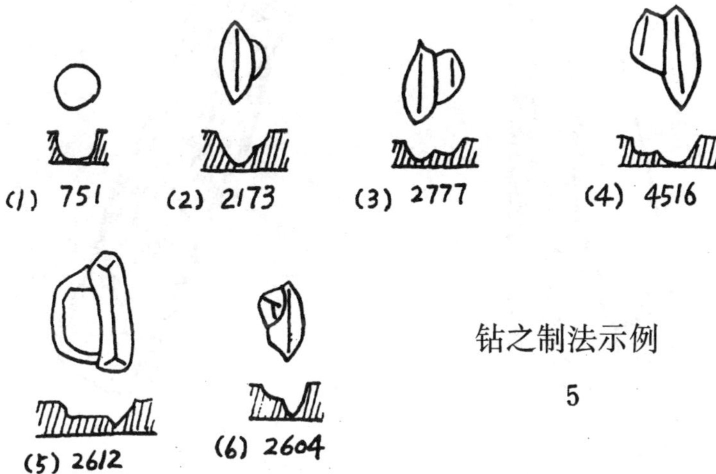

钻之制法示例

5

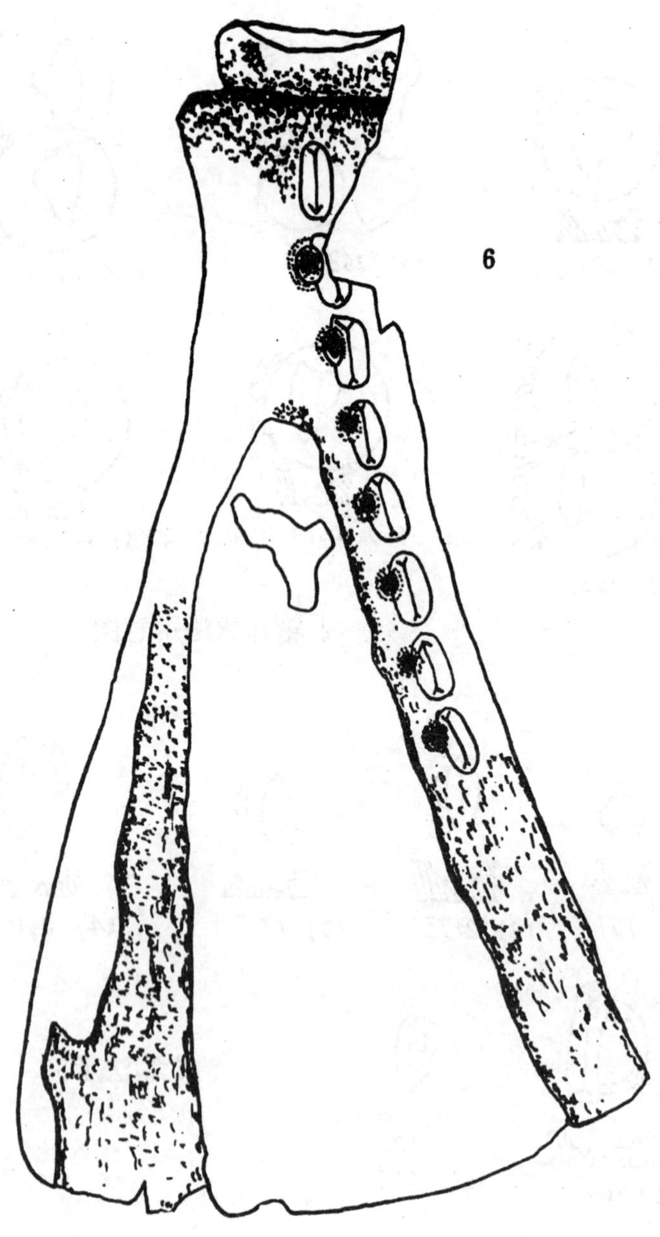
6

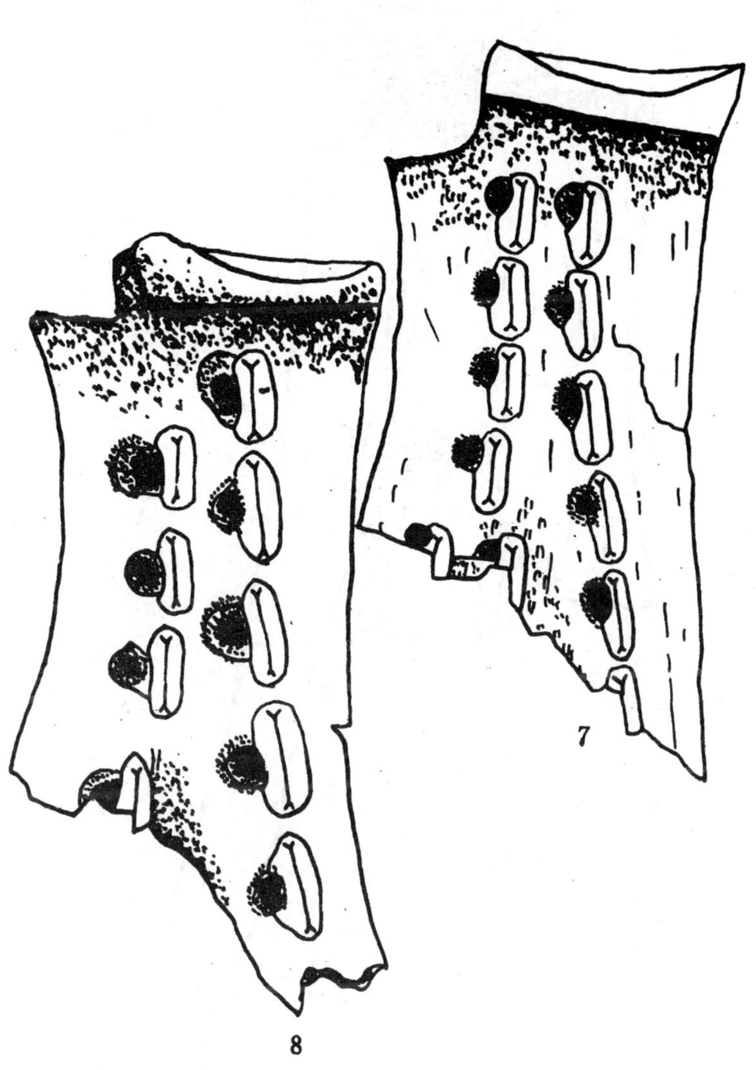
7
8

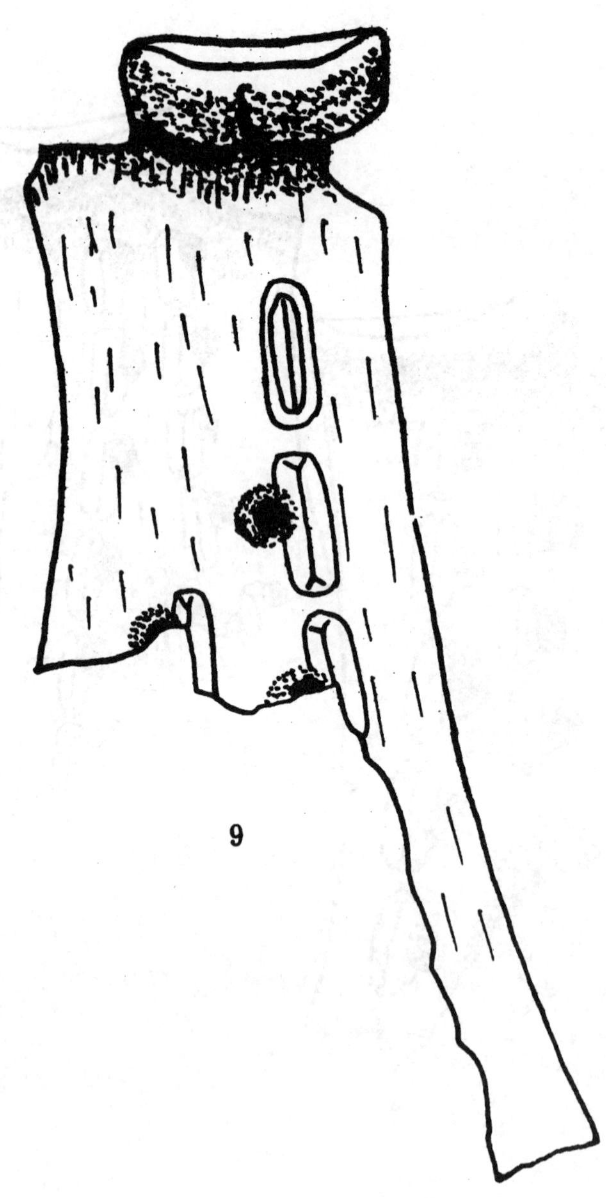

9

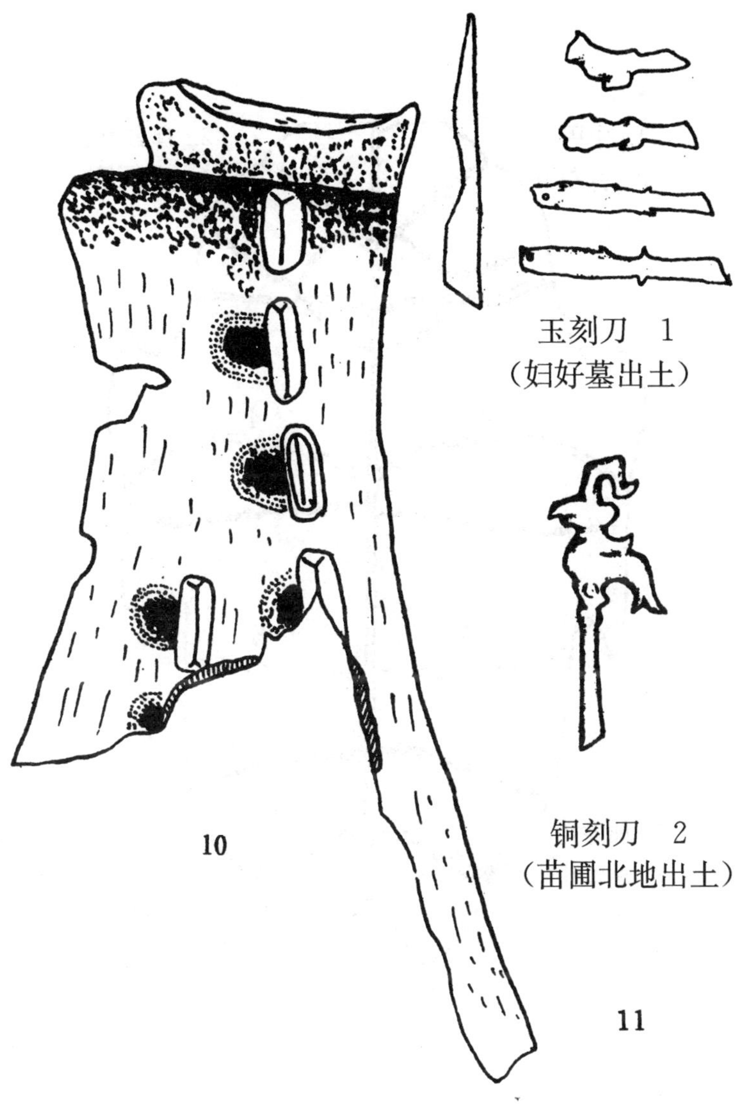

玉刻刀　1
（妇好墓出土）

铜刻刀　2
（苗圃北地出土）

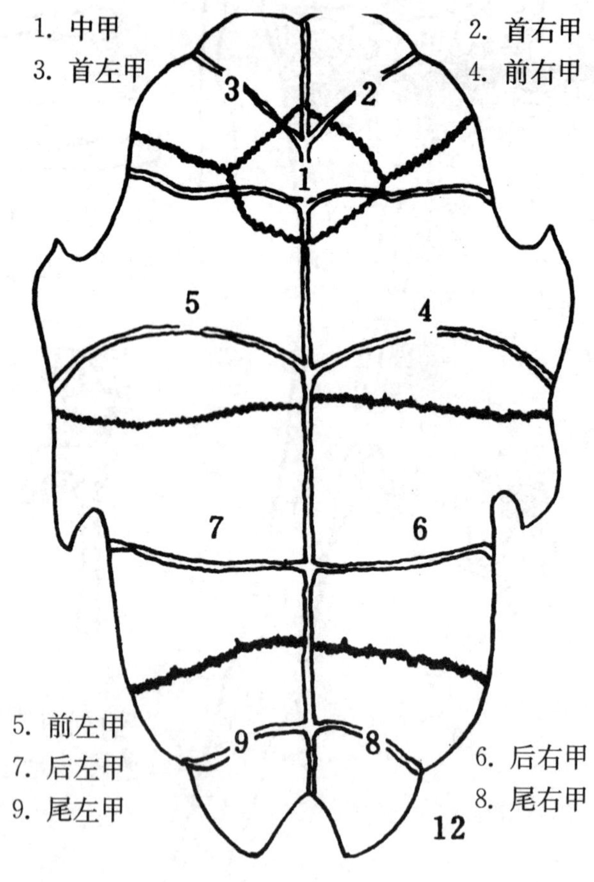
1. 中甲
3. 首左甲
2. 首右甲
4. 前右甲
3
2
1
5
4
7
6
9
8
12
5. 前左甲
7. 后左甲
9. 尾左甲
6. 后右甲
8. 尾右甲

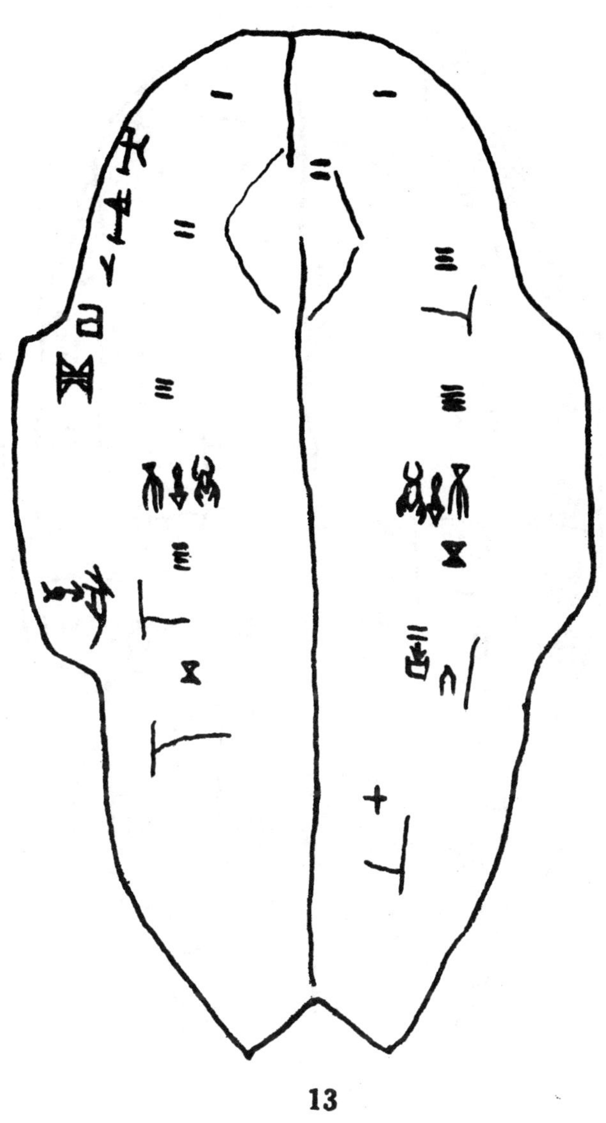

13

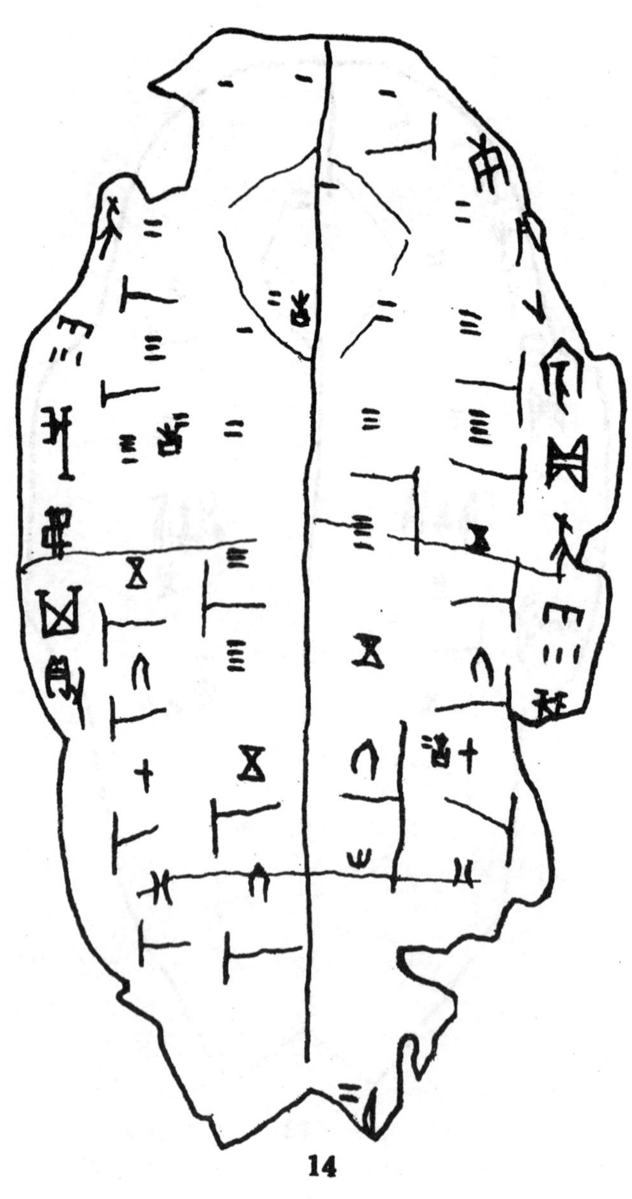

14

例图

15

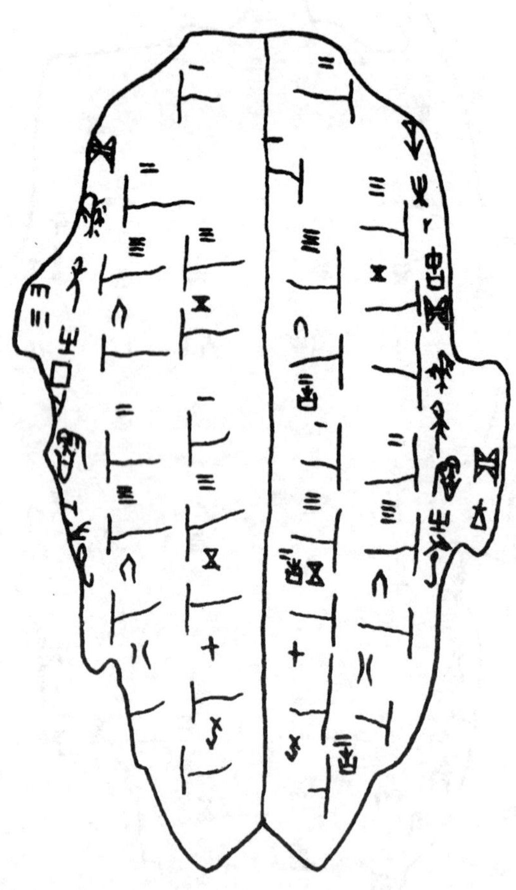

16

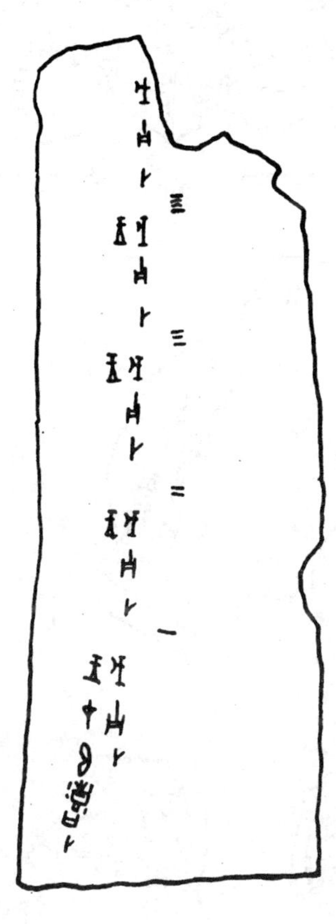

17

18

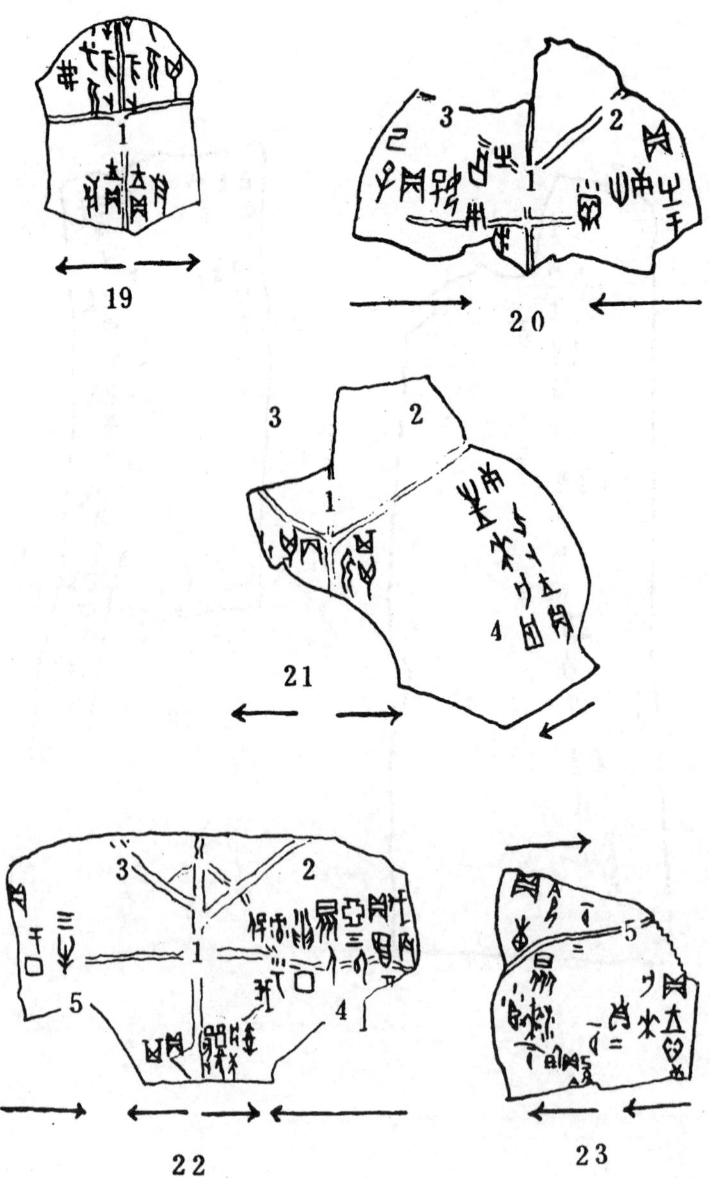
1
19
3
2
1
20
3
2
1
4
21
3
2
1
5
4
22
5
23

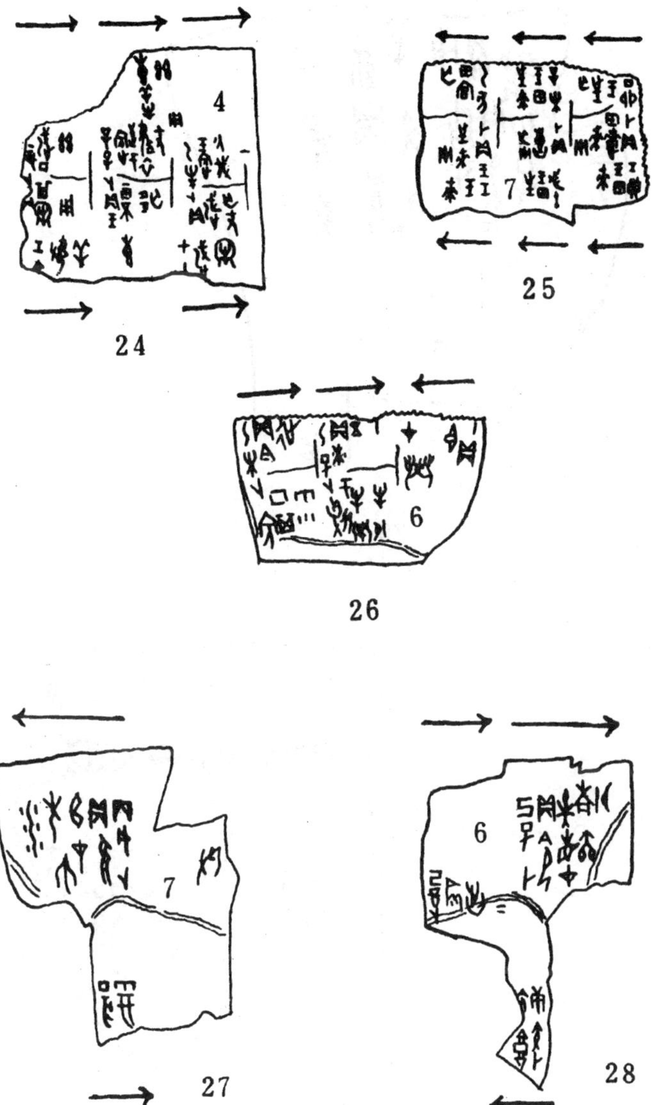

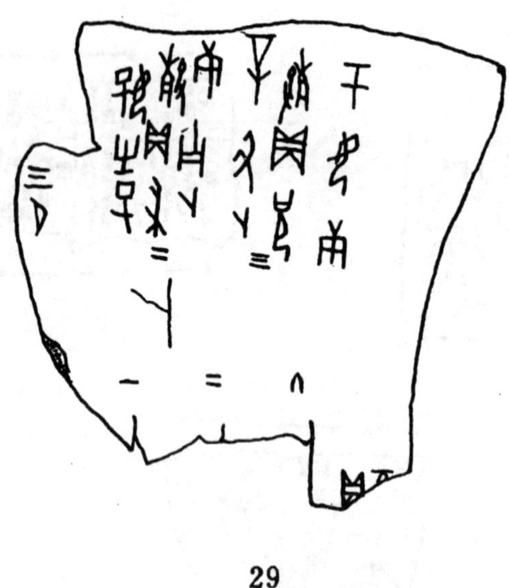

29

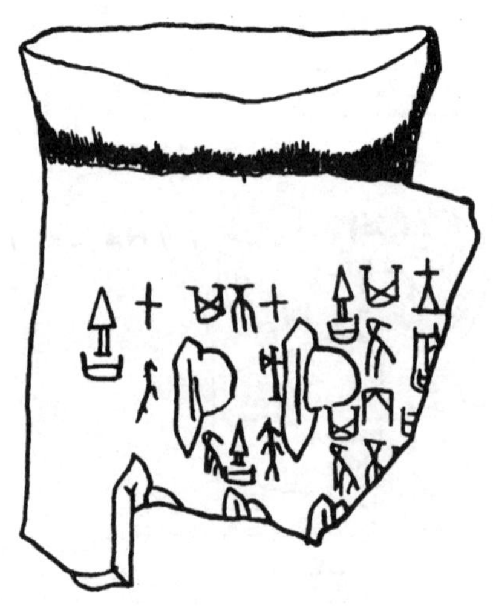

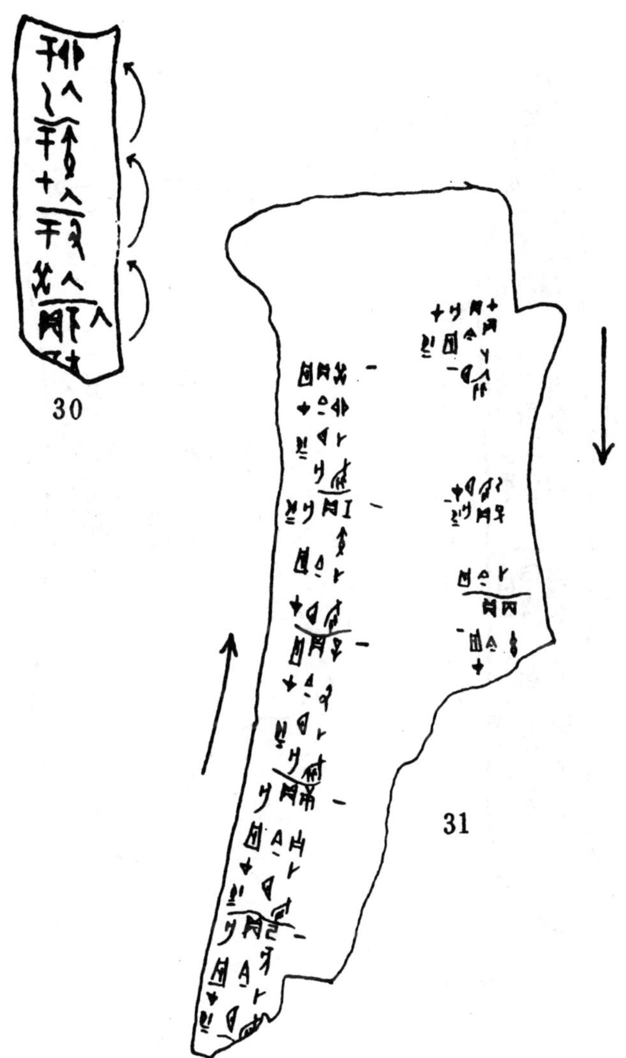

30

31

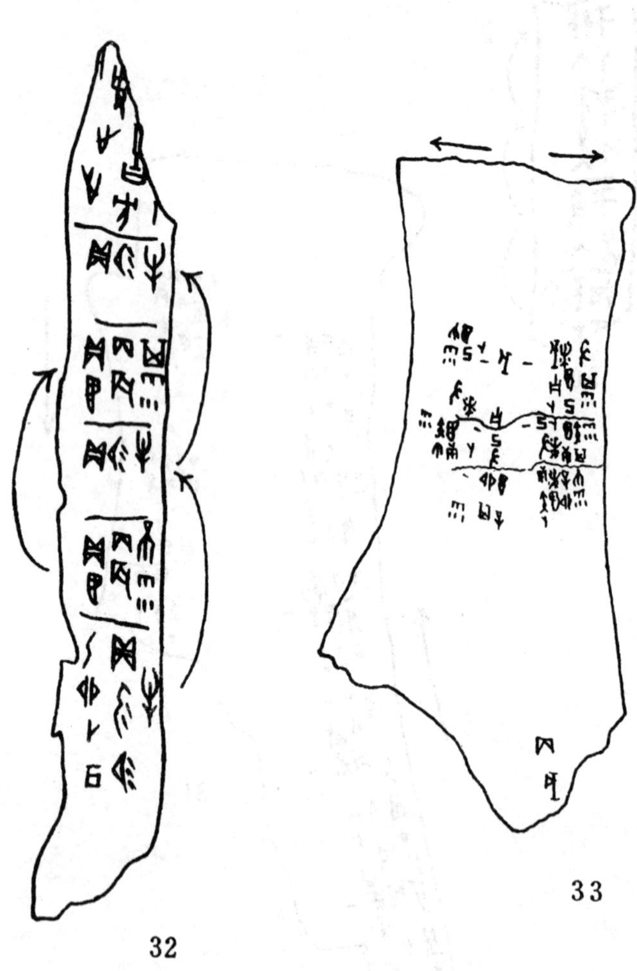

例图

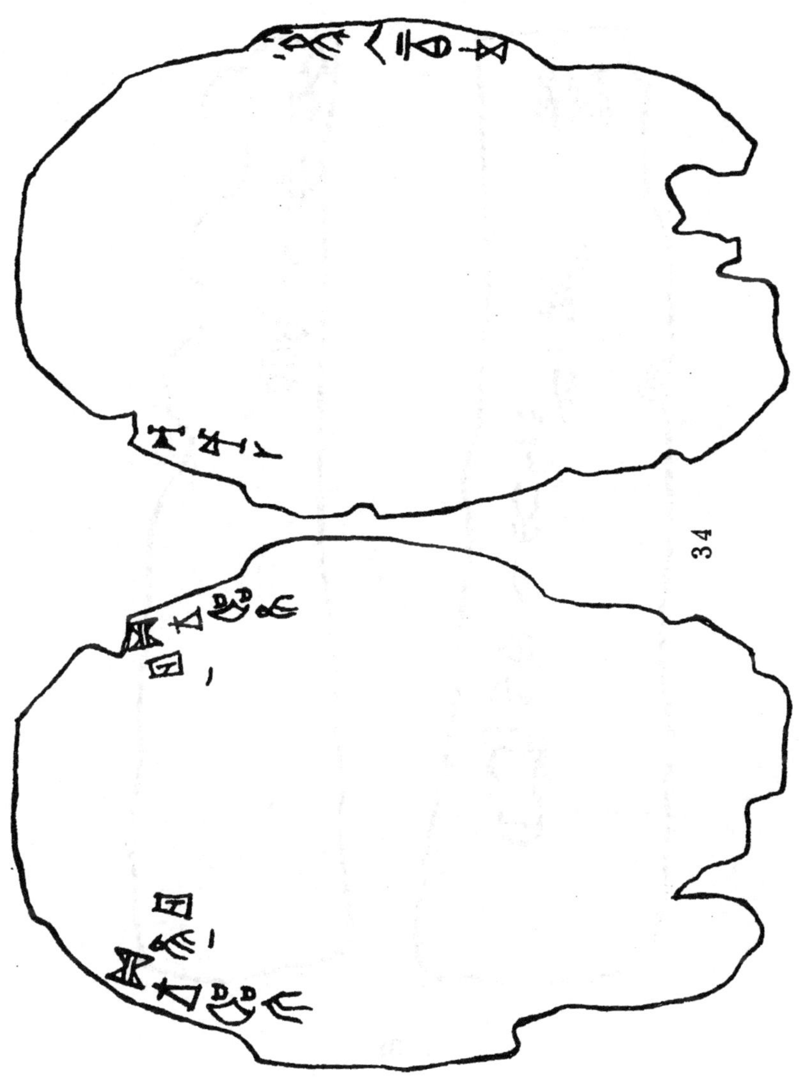

34

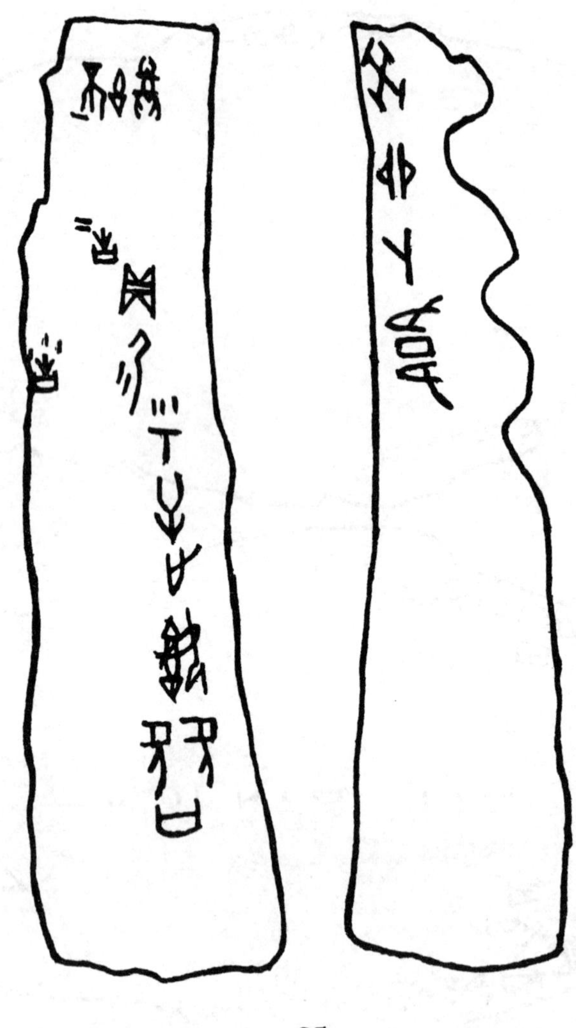

35

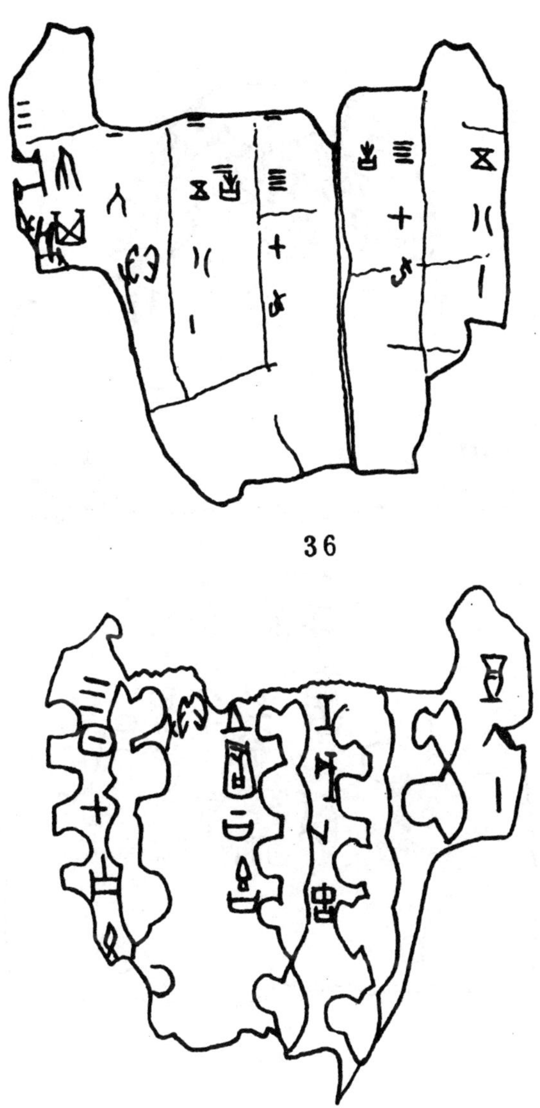

36

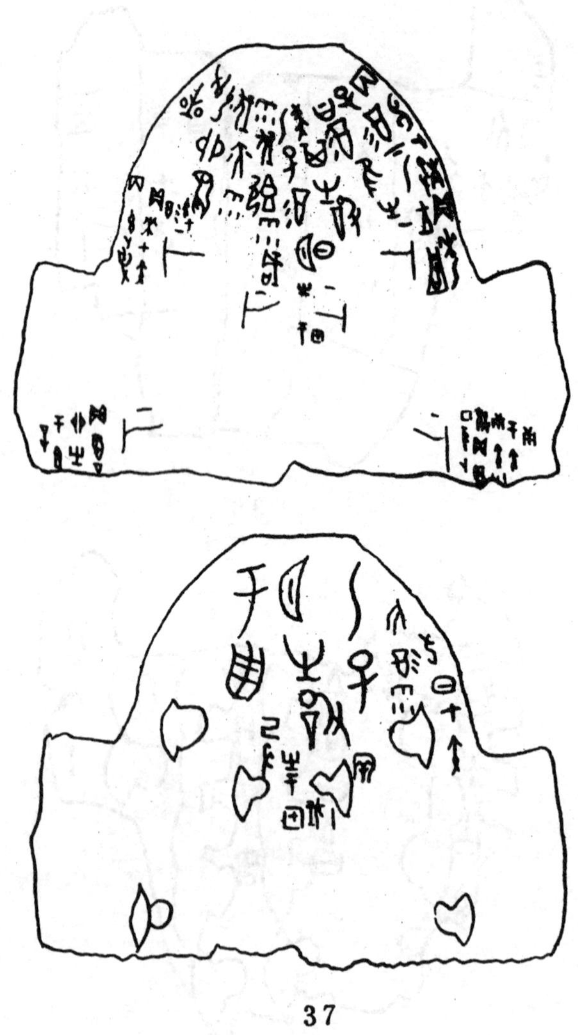

37

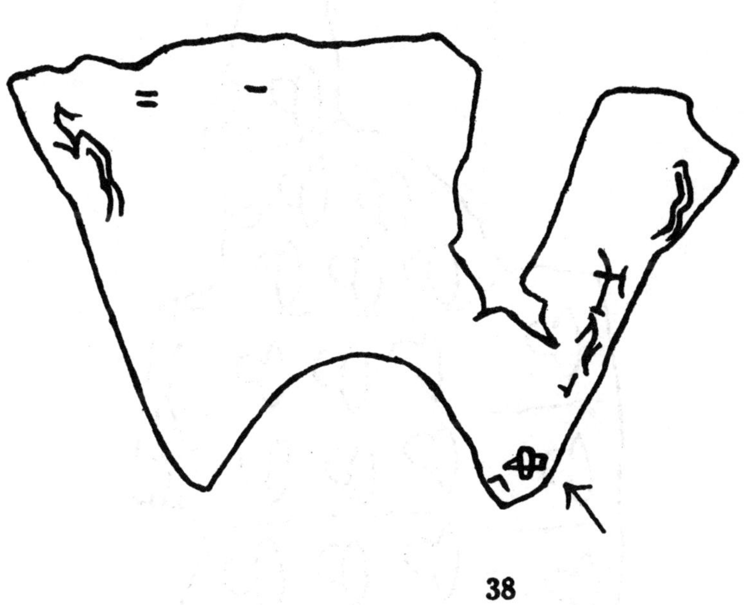

38

39

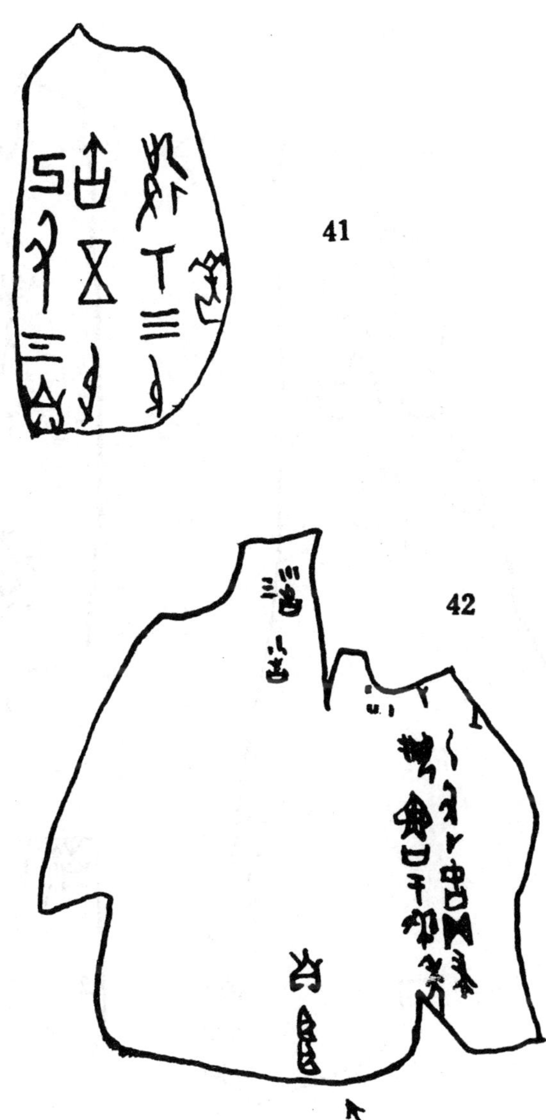
41
42

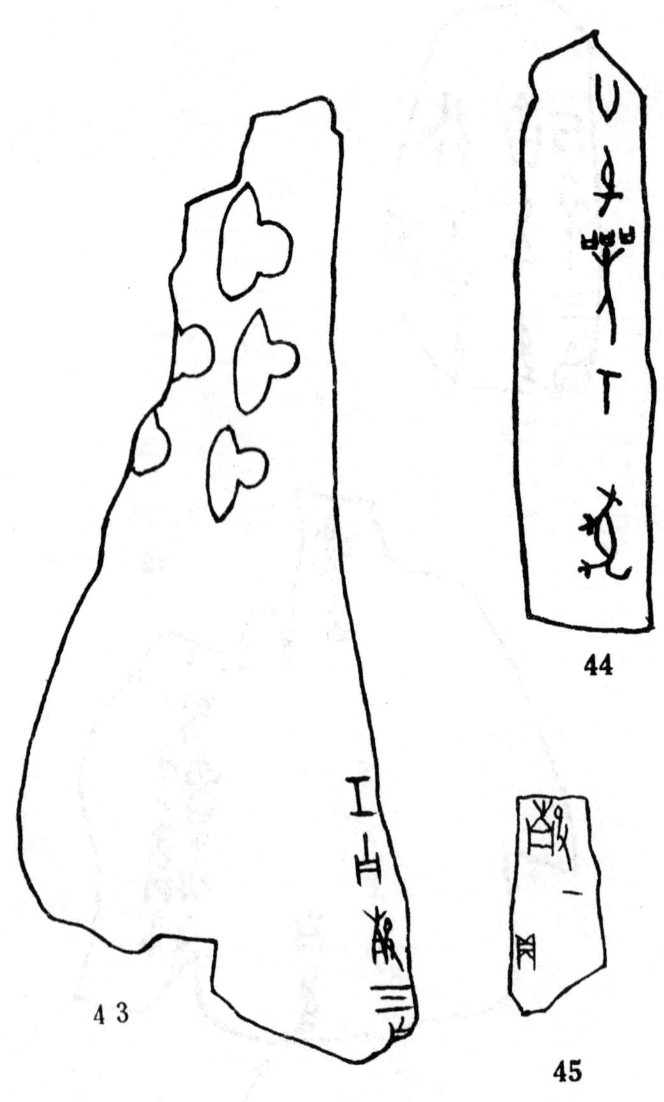
43
44
45

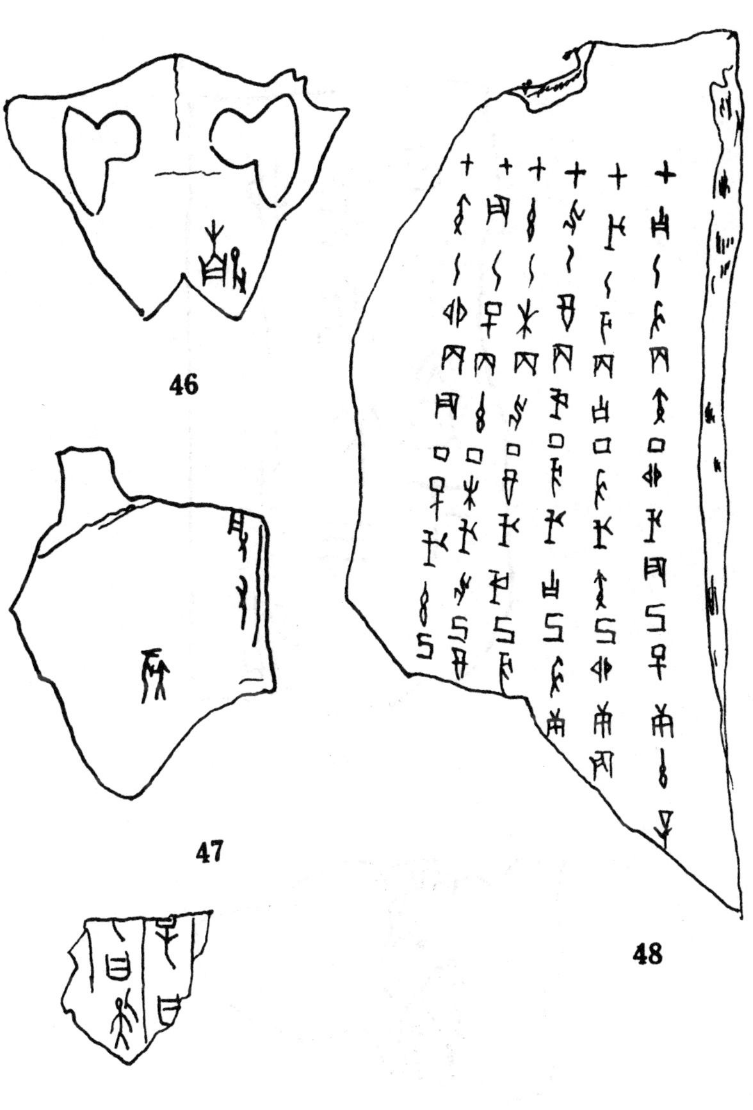

46

47

48

49

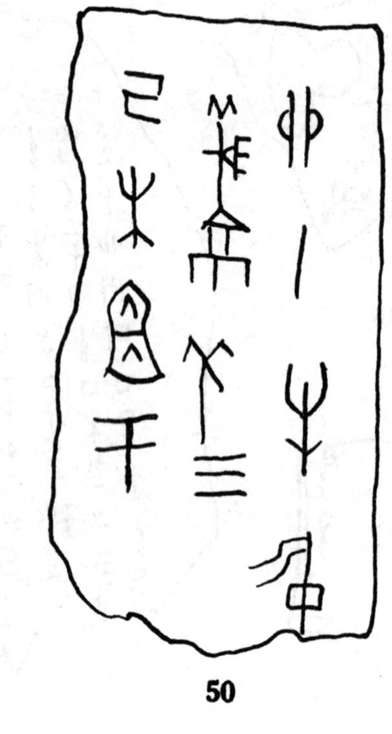

50

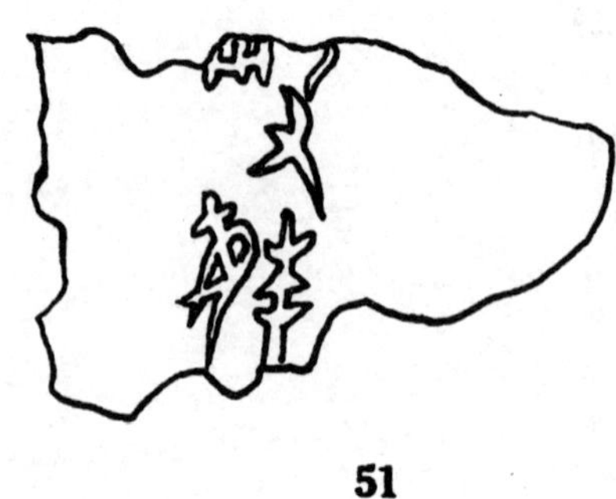

51

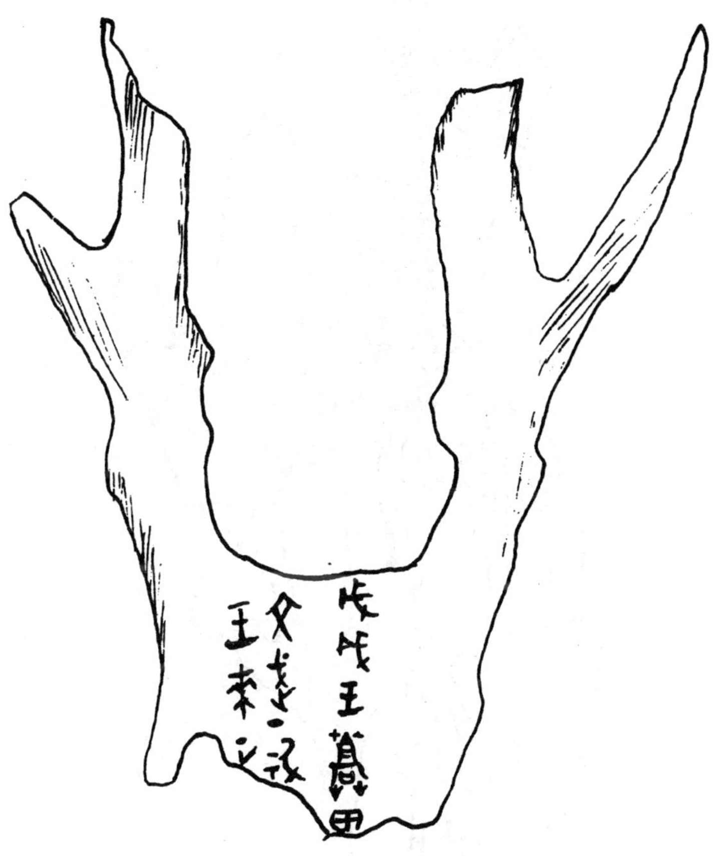

52

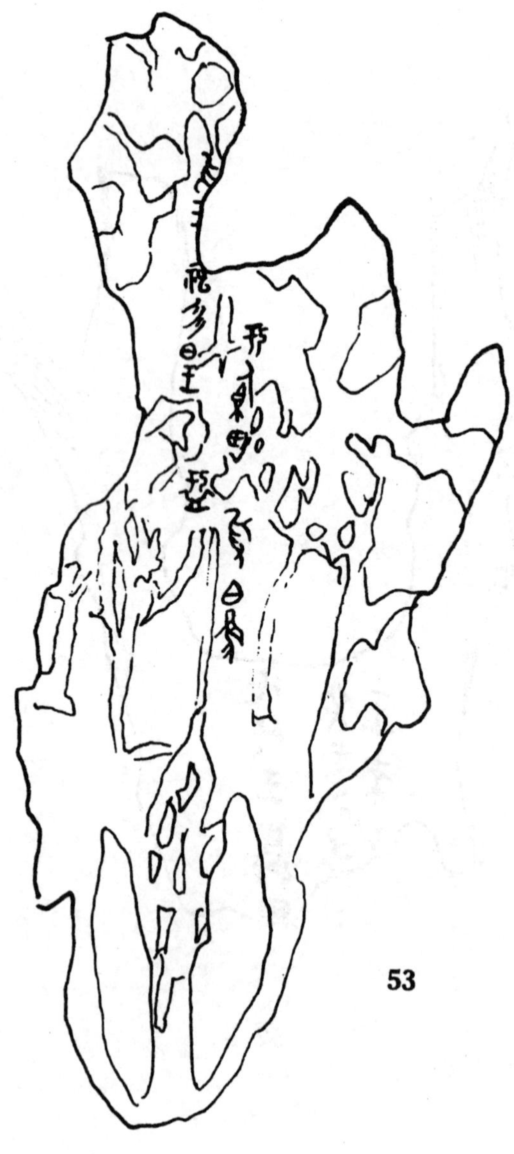

53

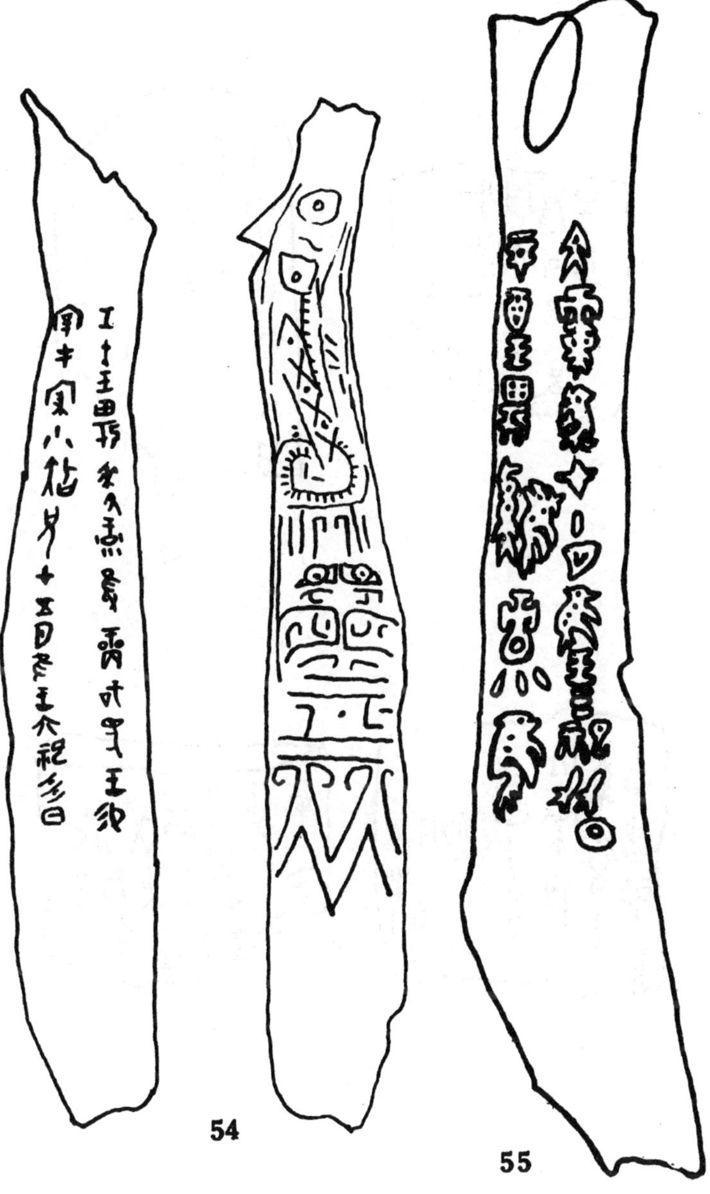

54

55

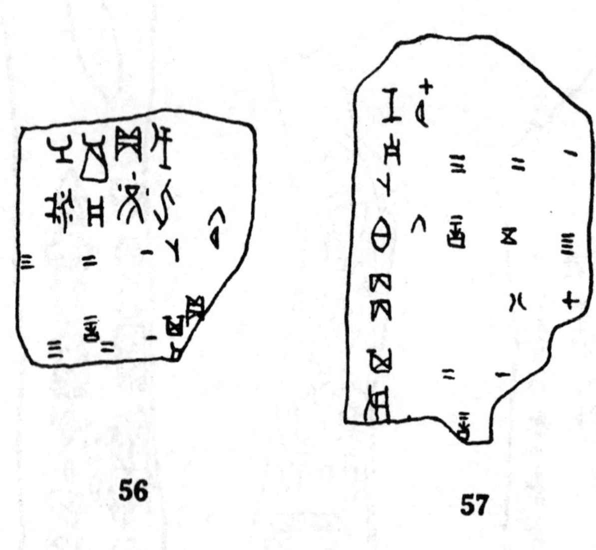

56　　57

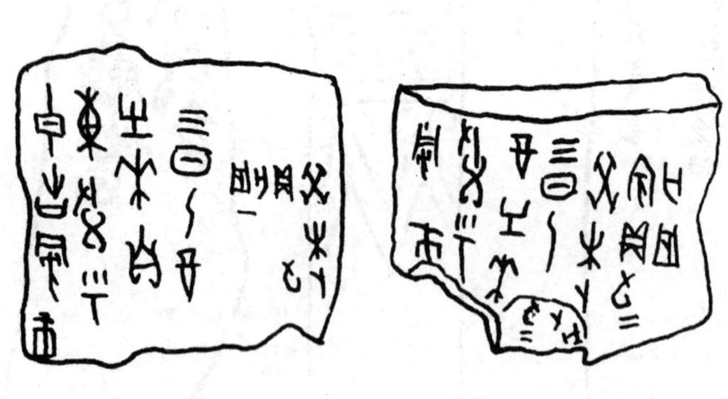

58

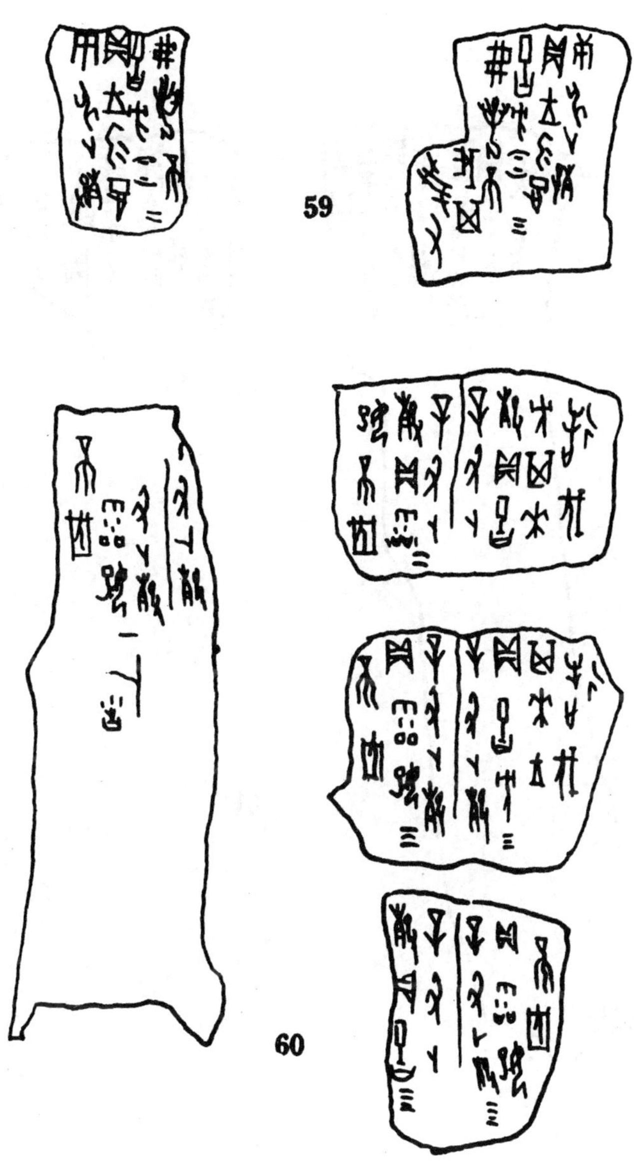
59
60

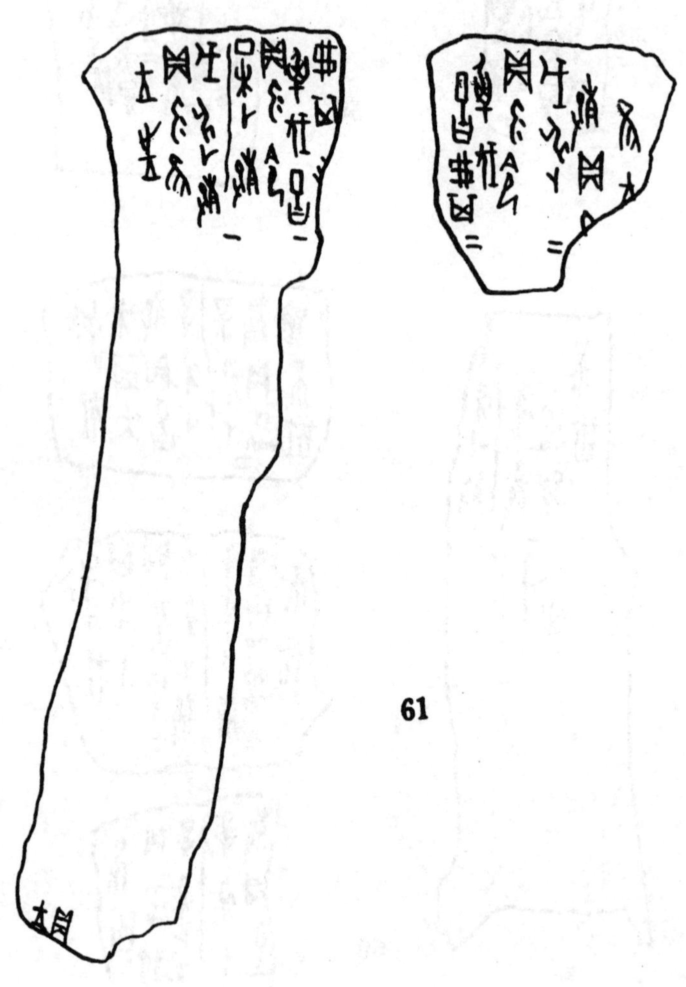

61

62

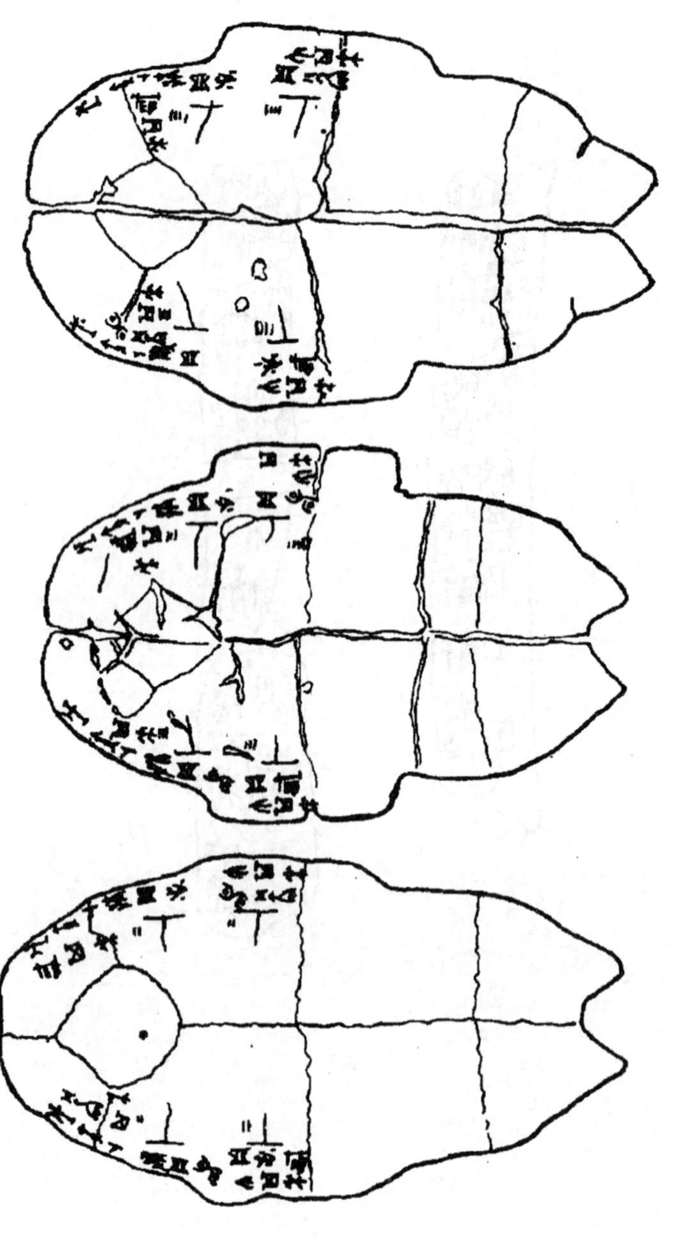

63

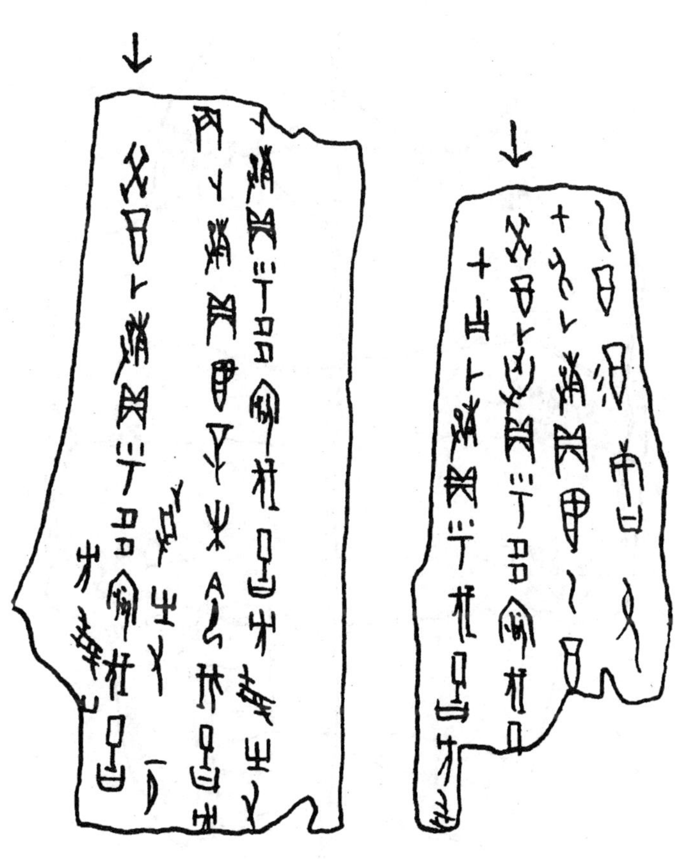

64

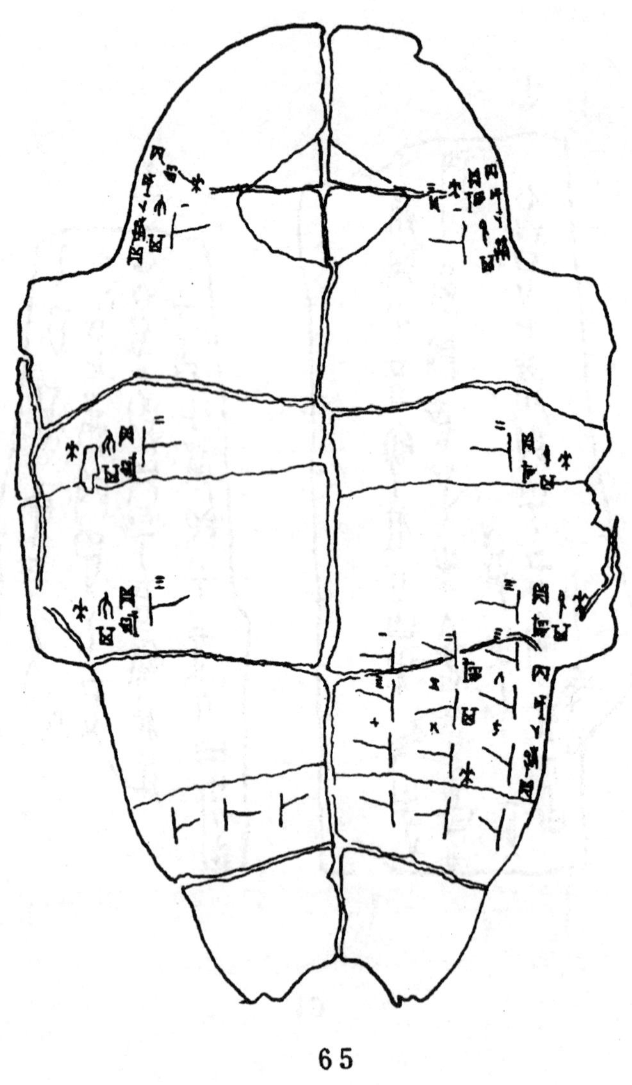

65

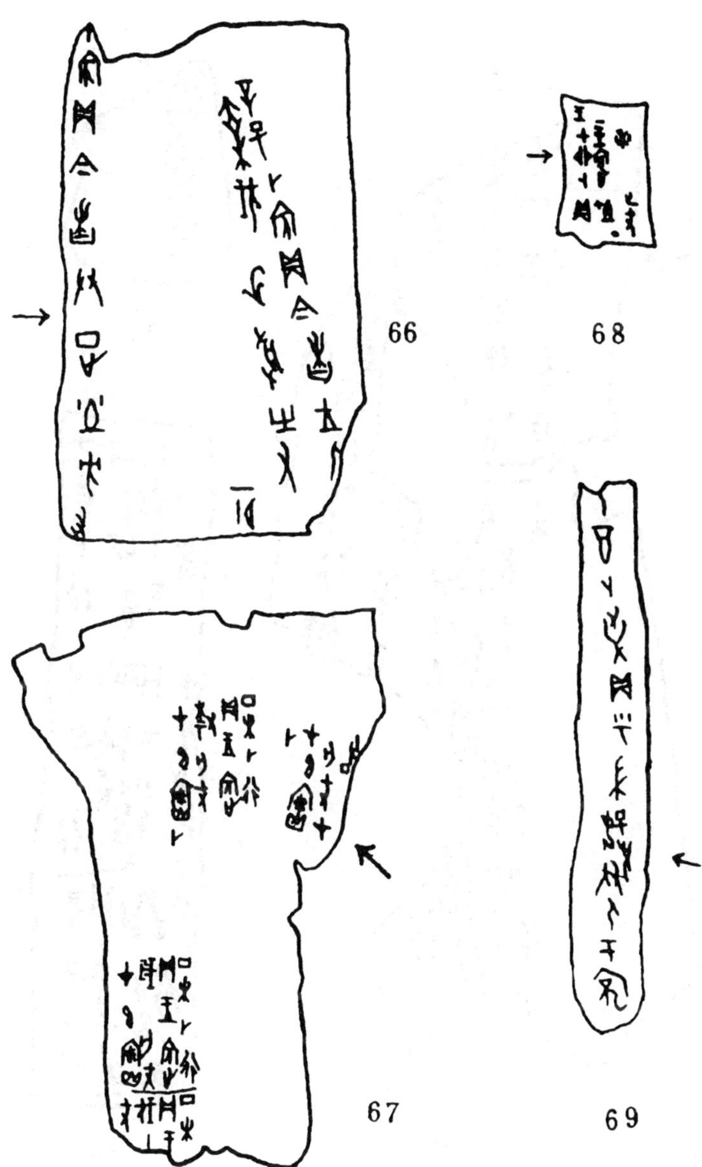
66
68
67
69

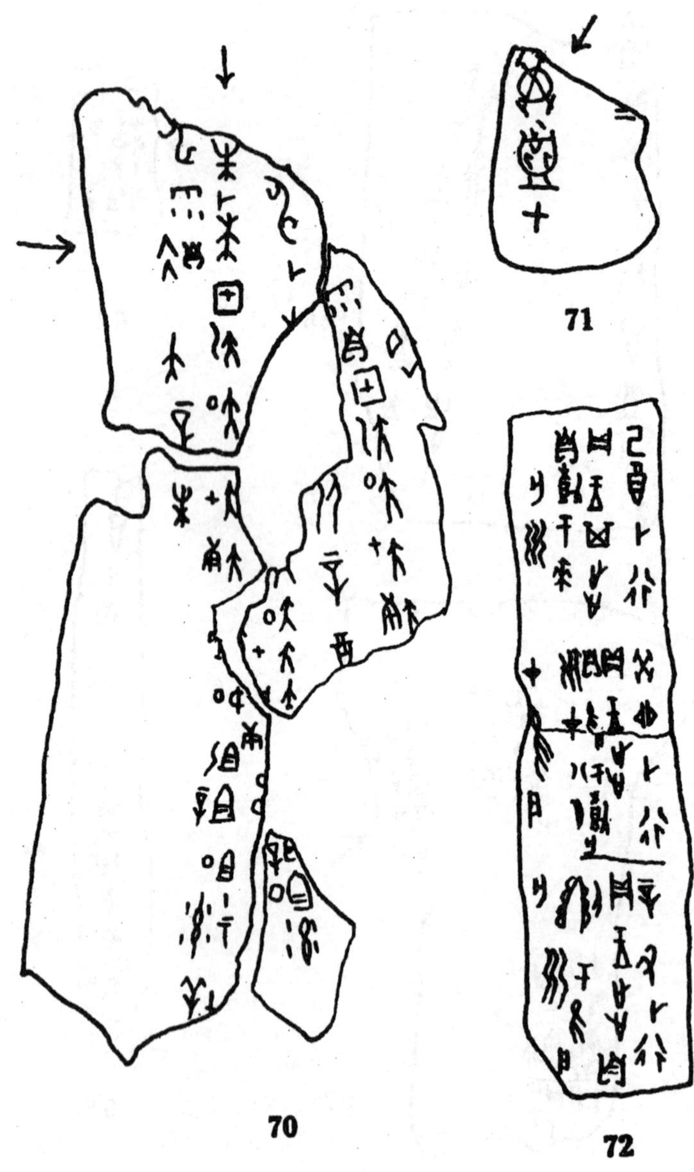

70

71

72

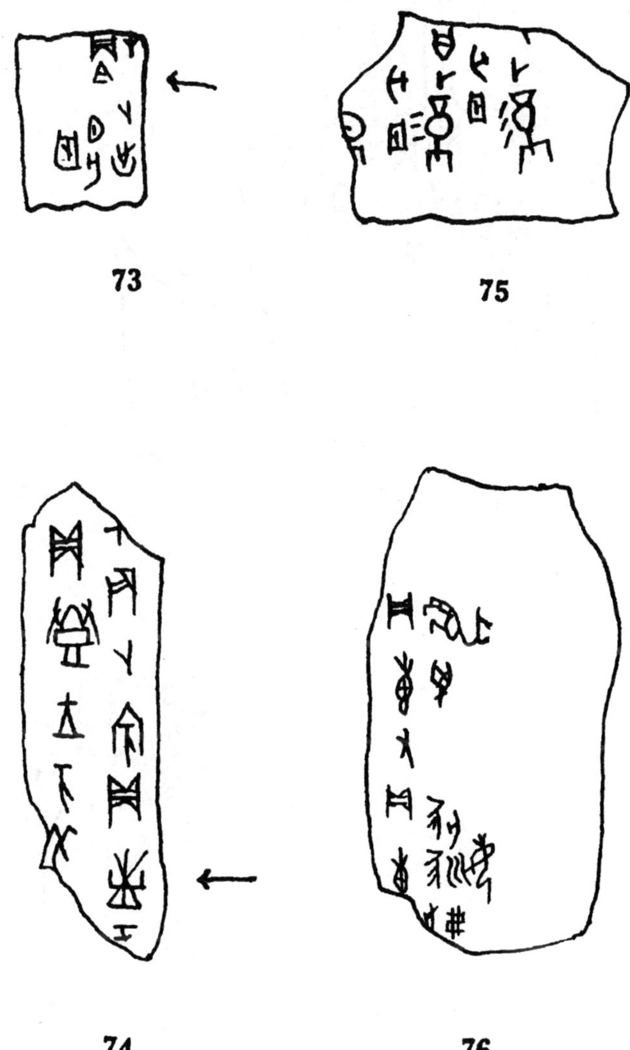

73　75

74　76

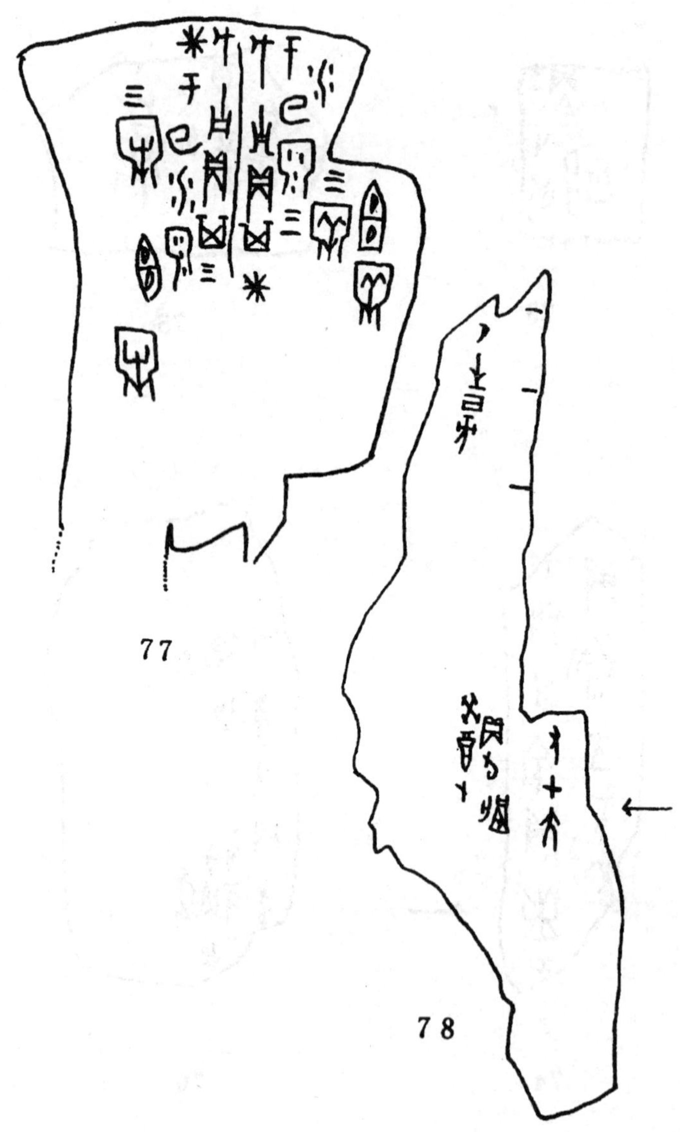

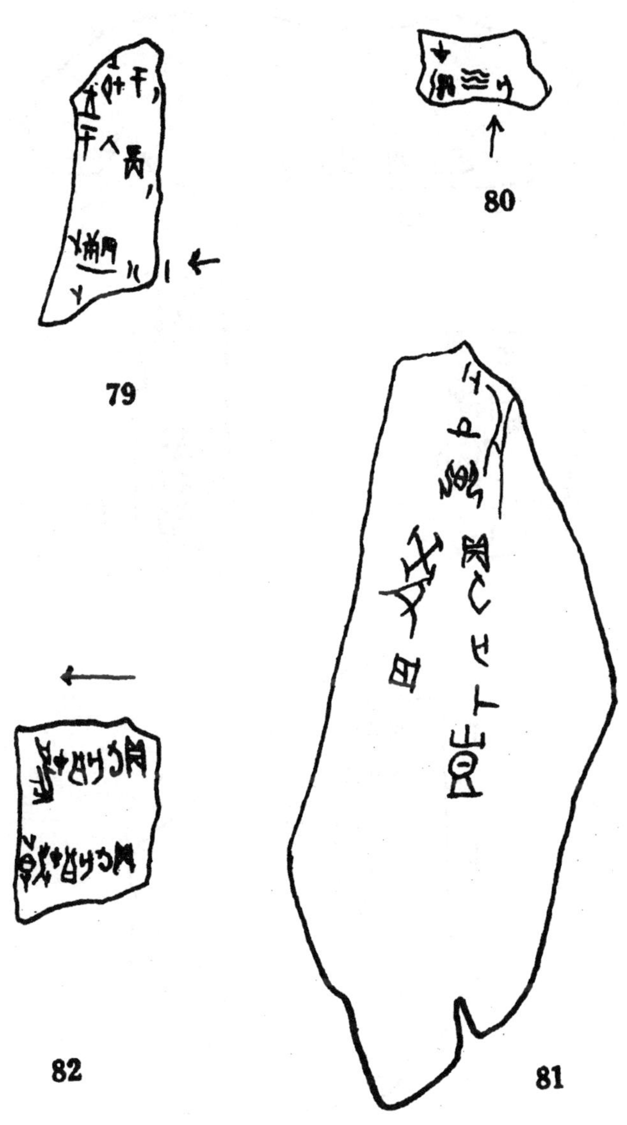

79

80

82

81

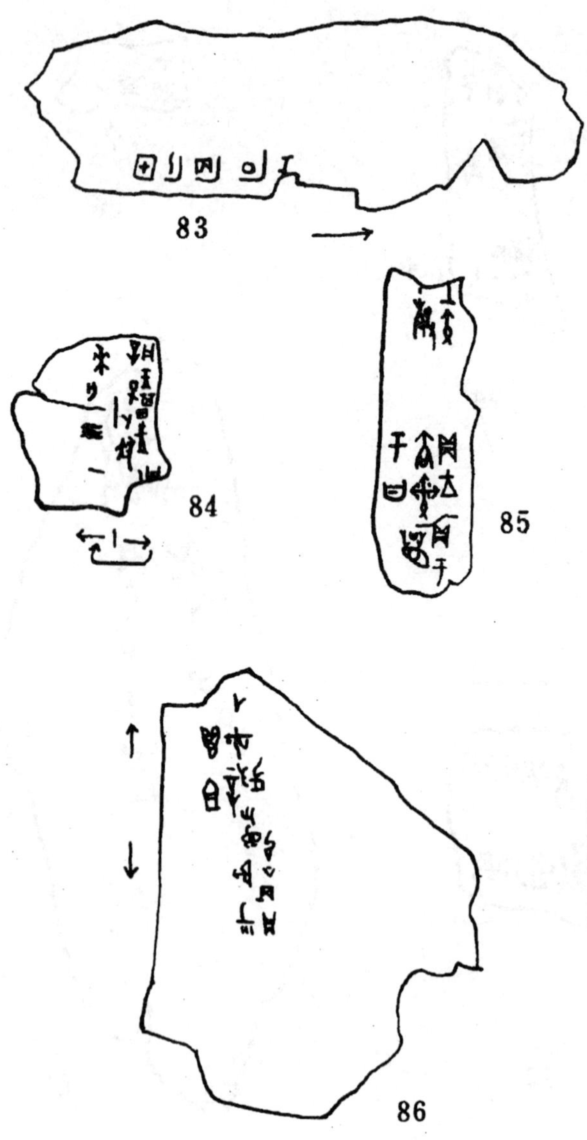

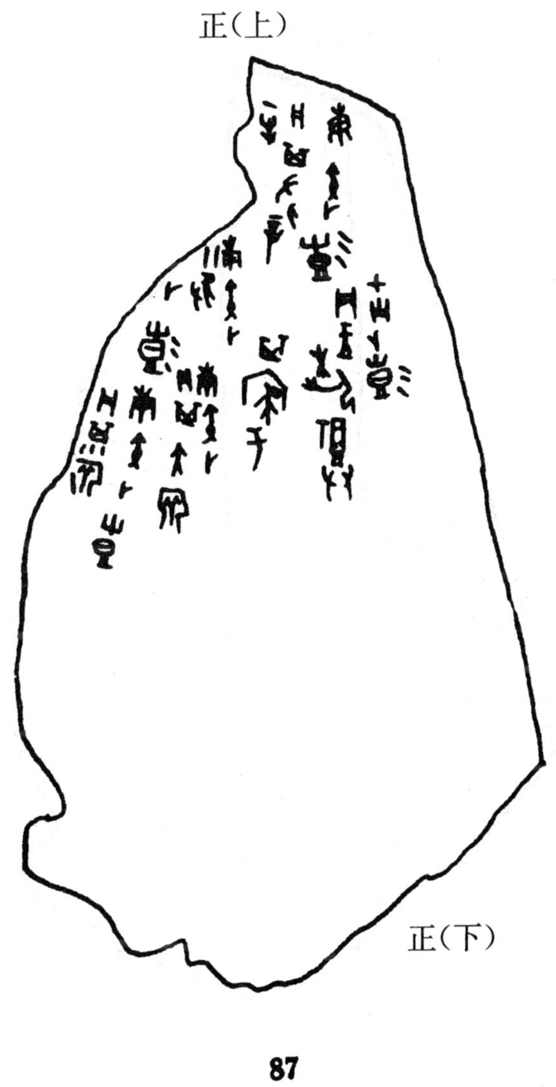

87

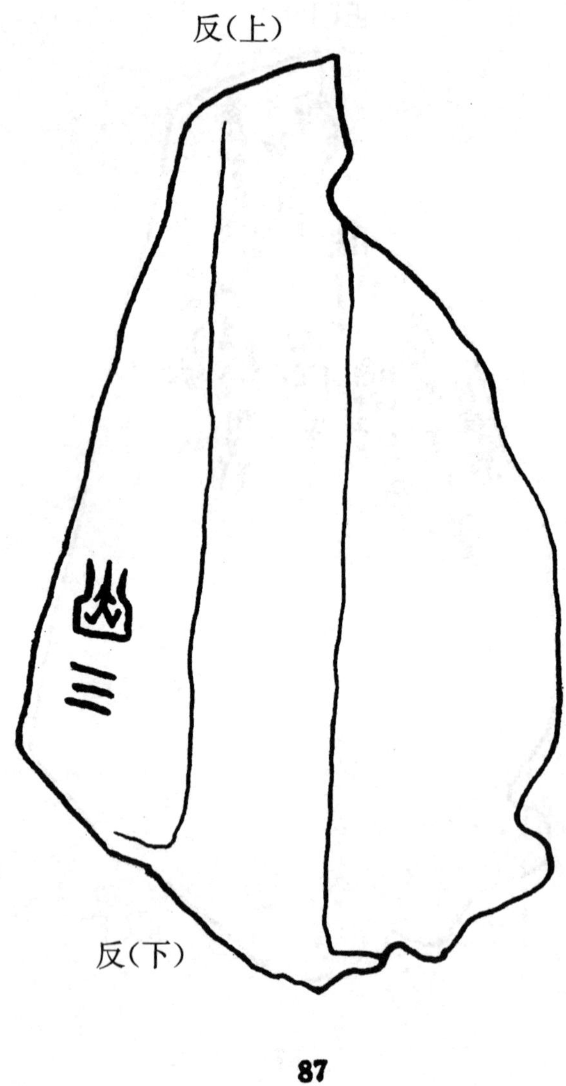

87

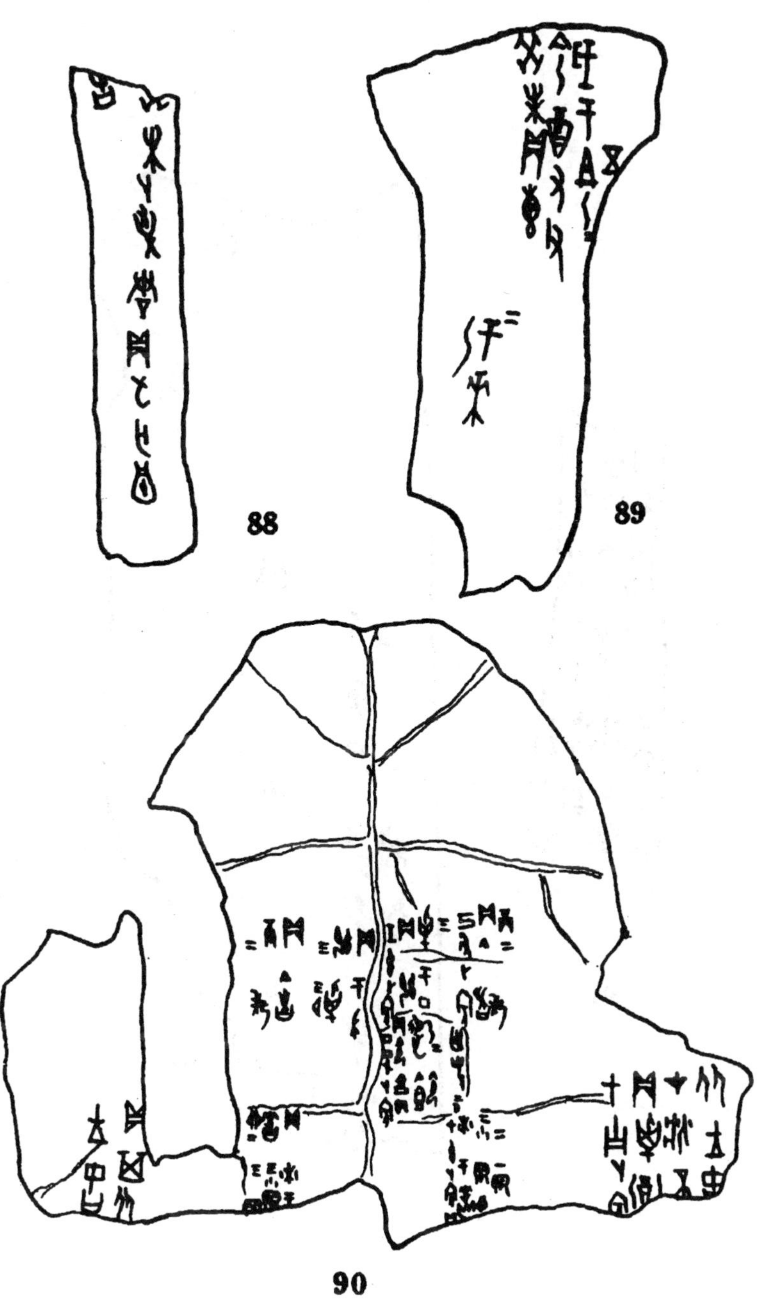

88

89

90

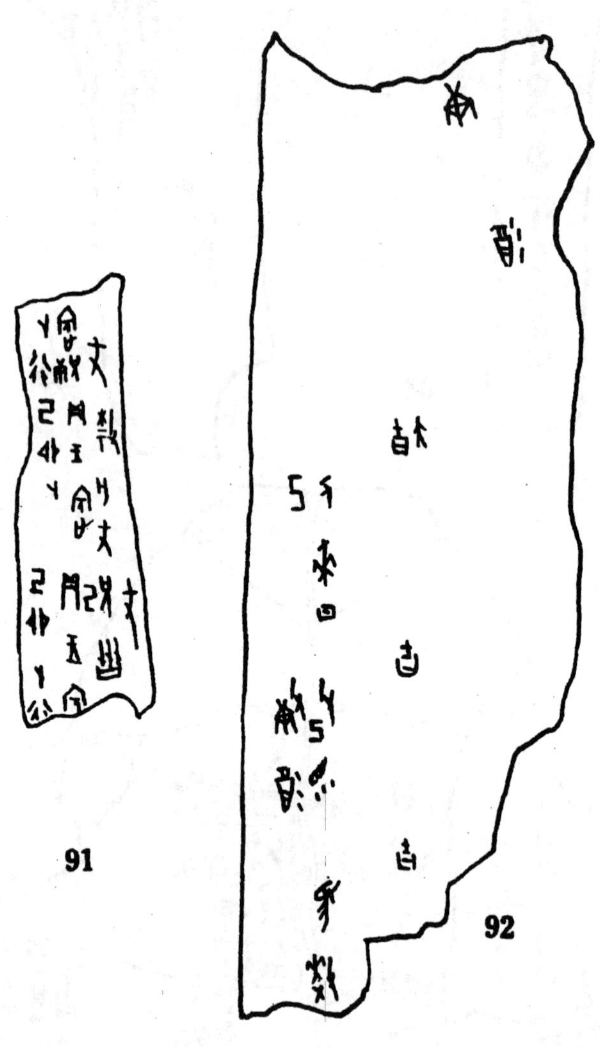

93　　94

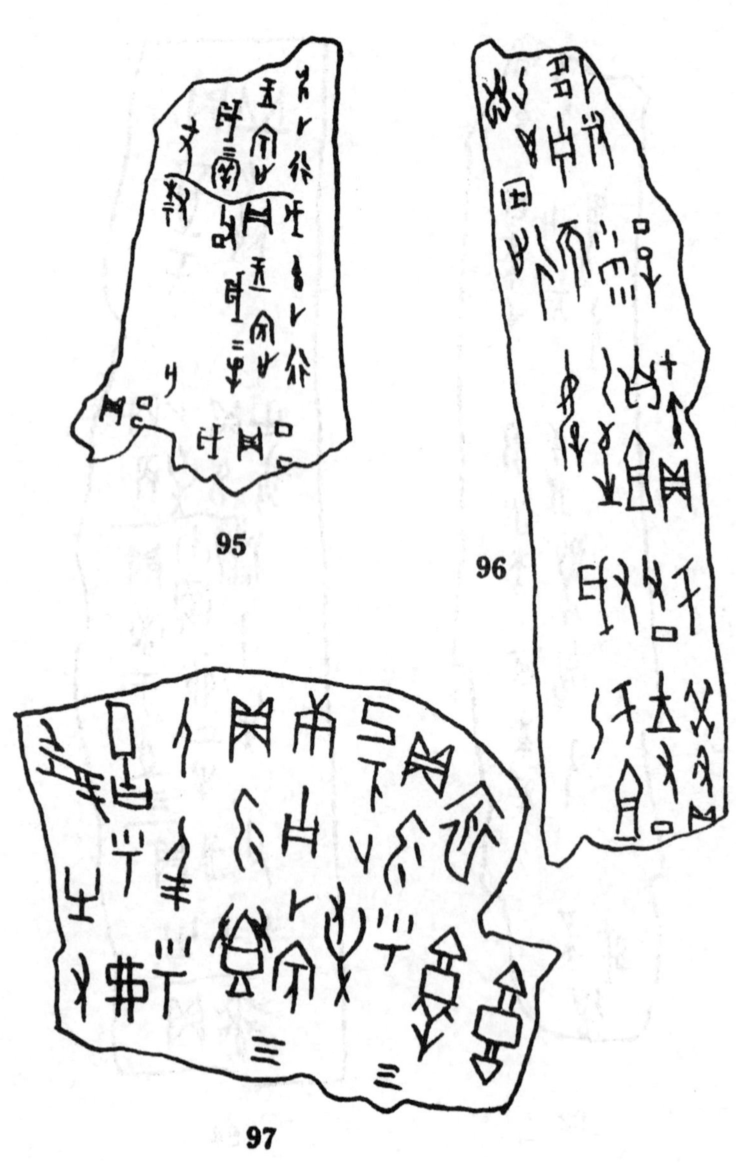

95

96

97

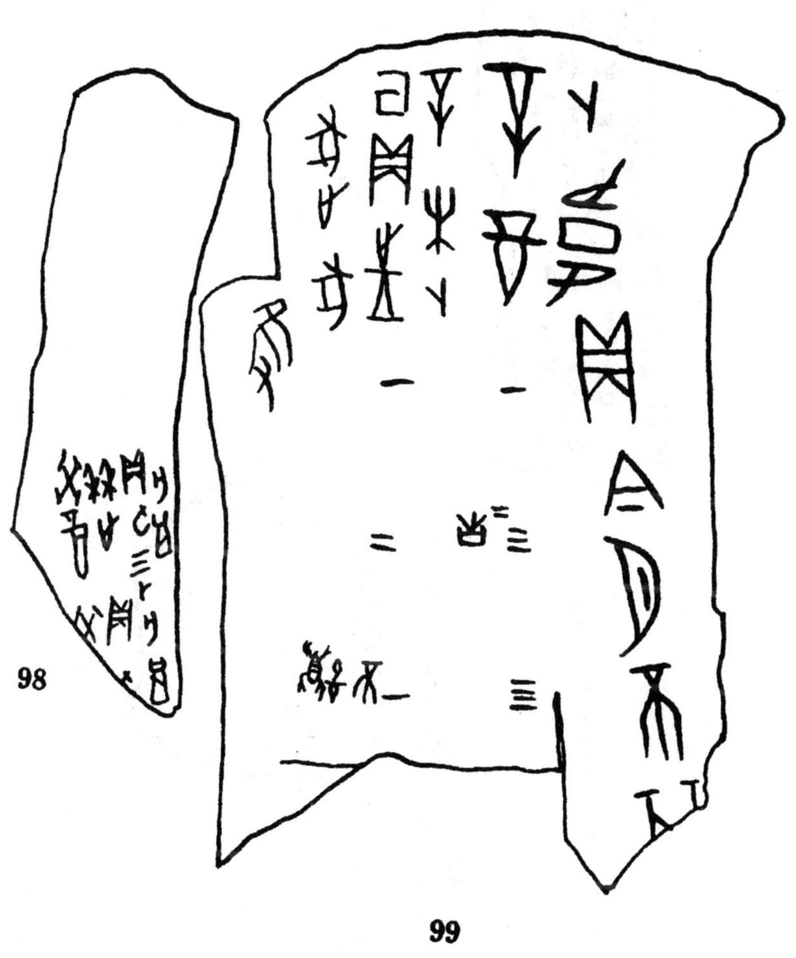

98

99

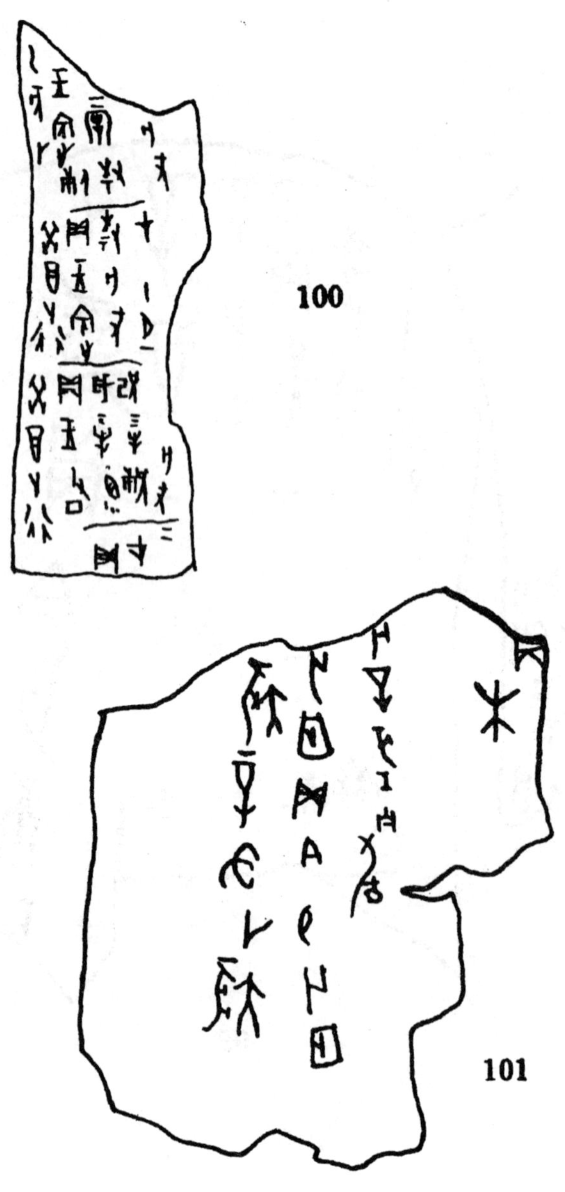
100
101

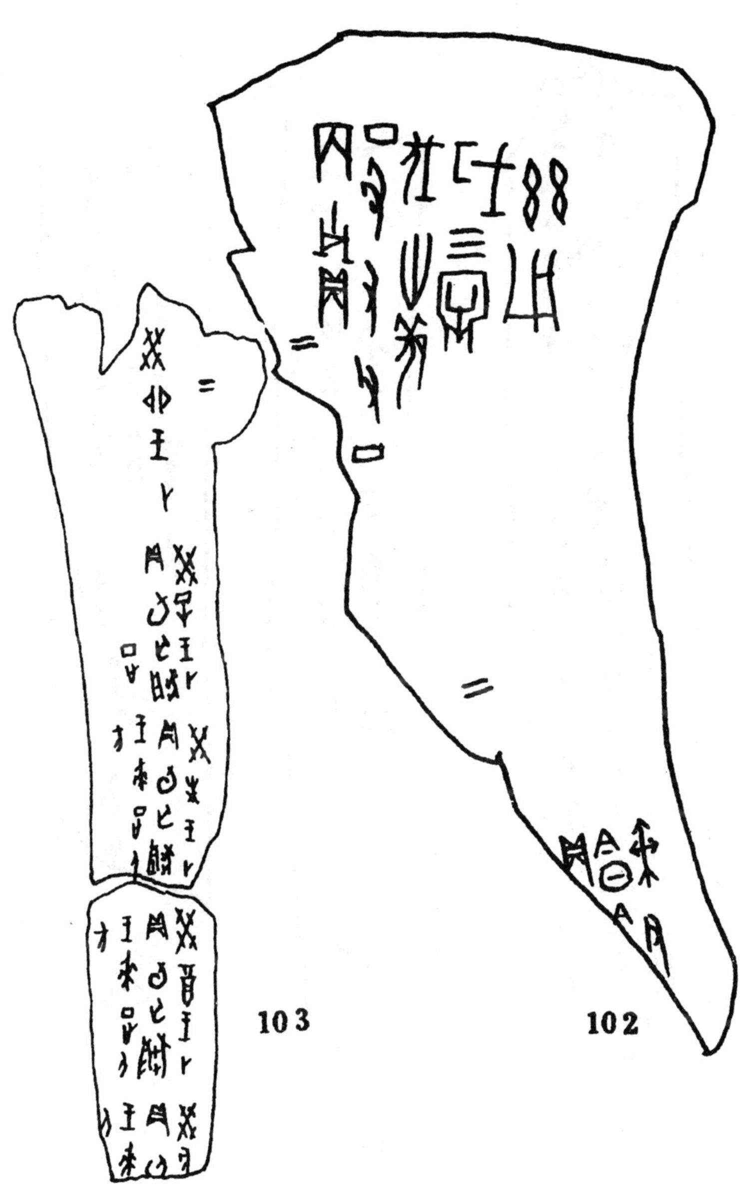
103
102

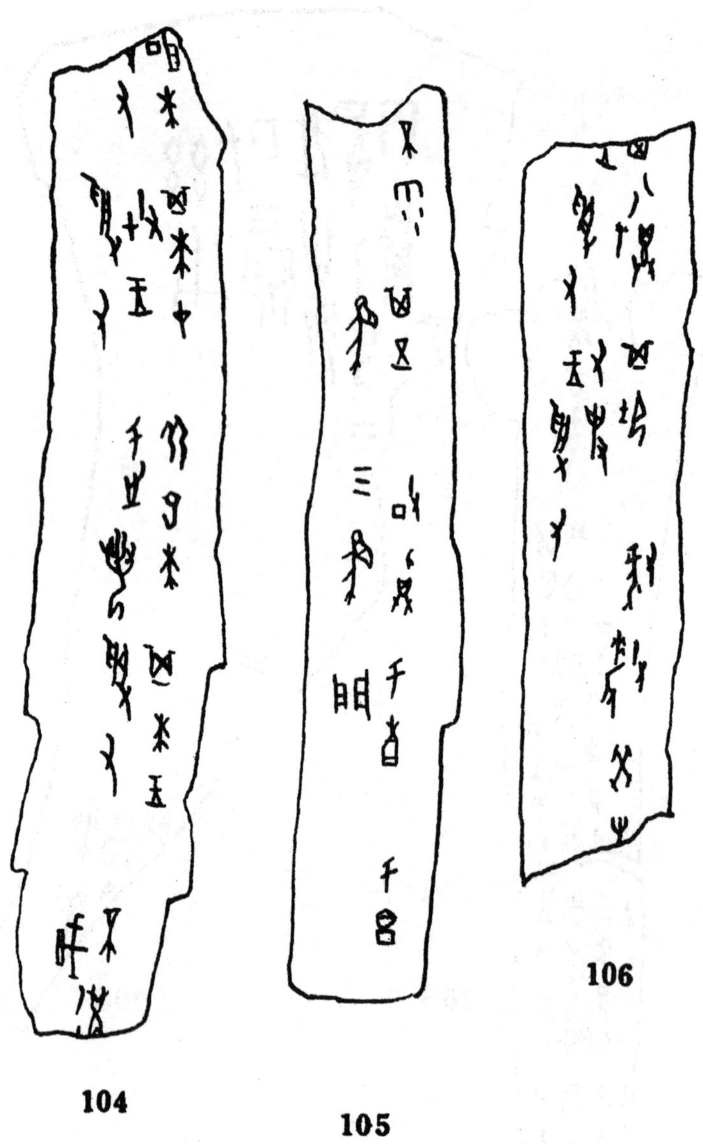

104　　105　　106

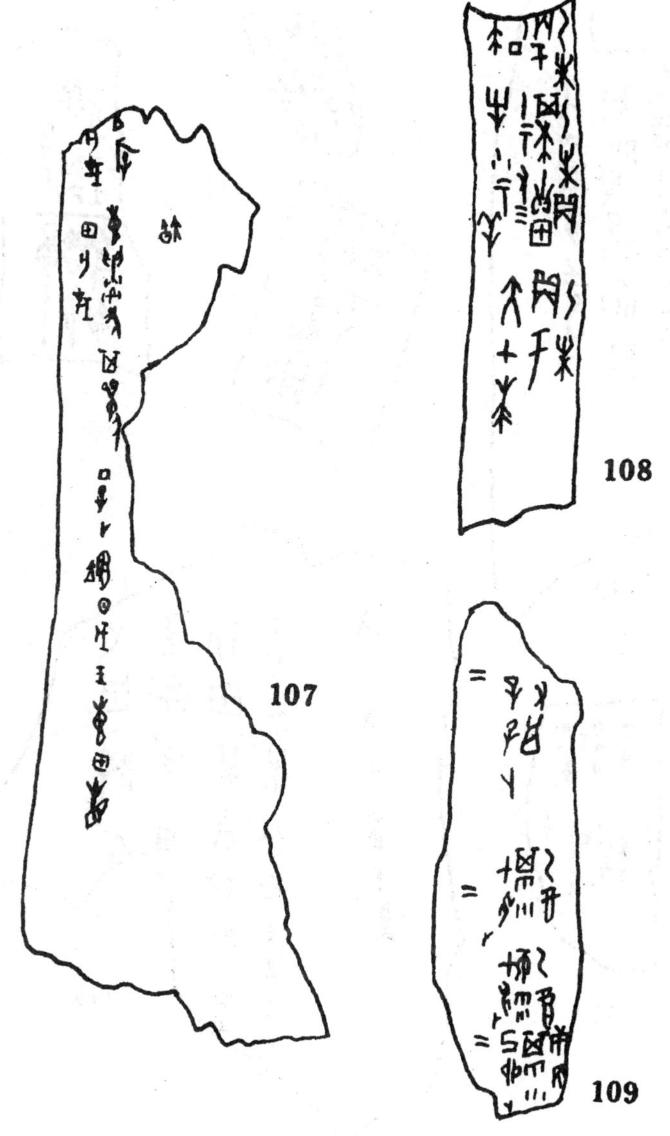
107
108
109

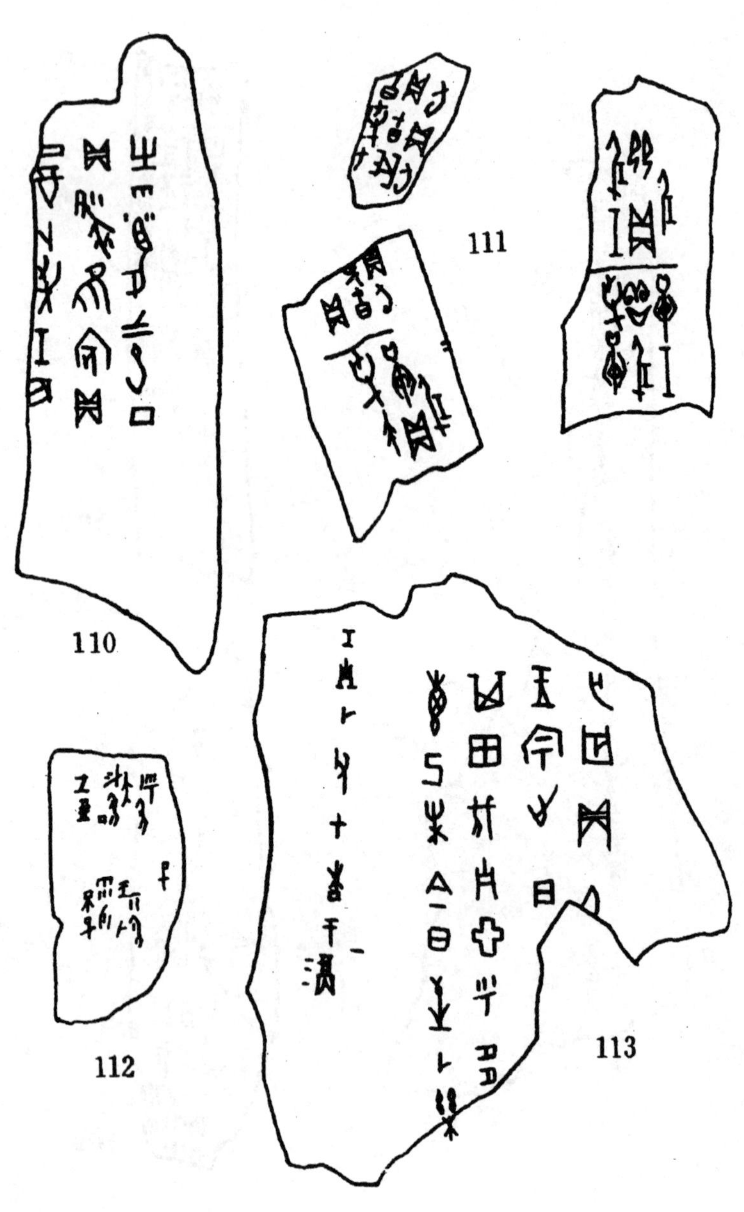

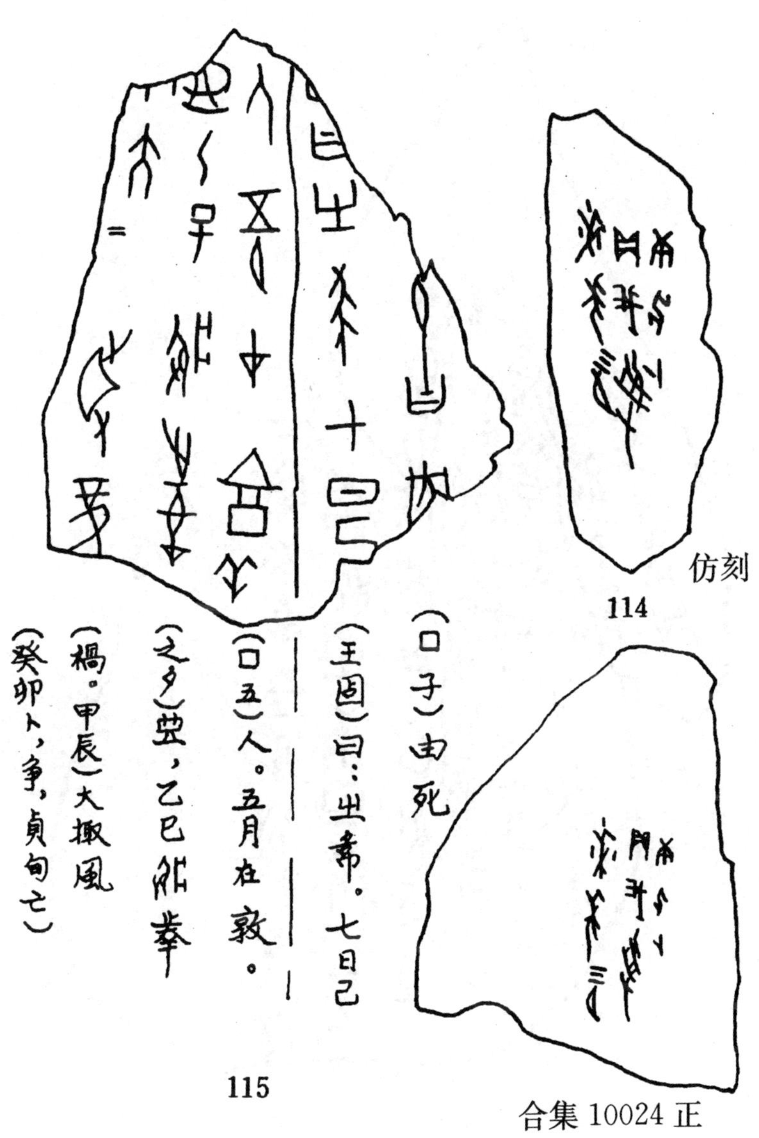

114

115

合集 10024 正

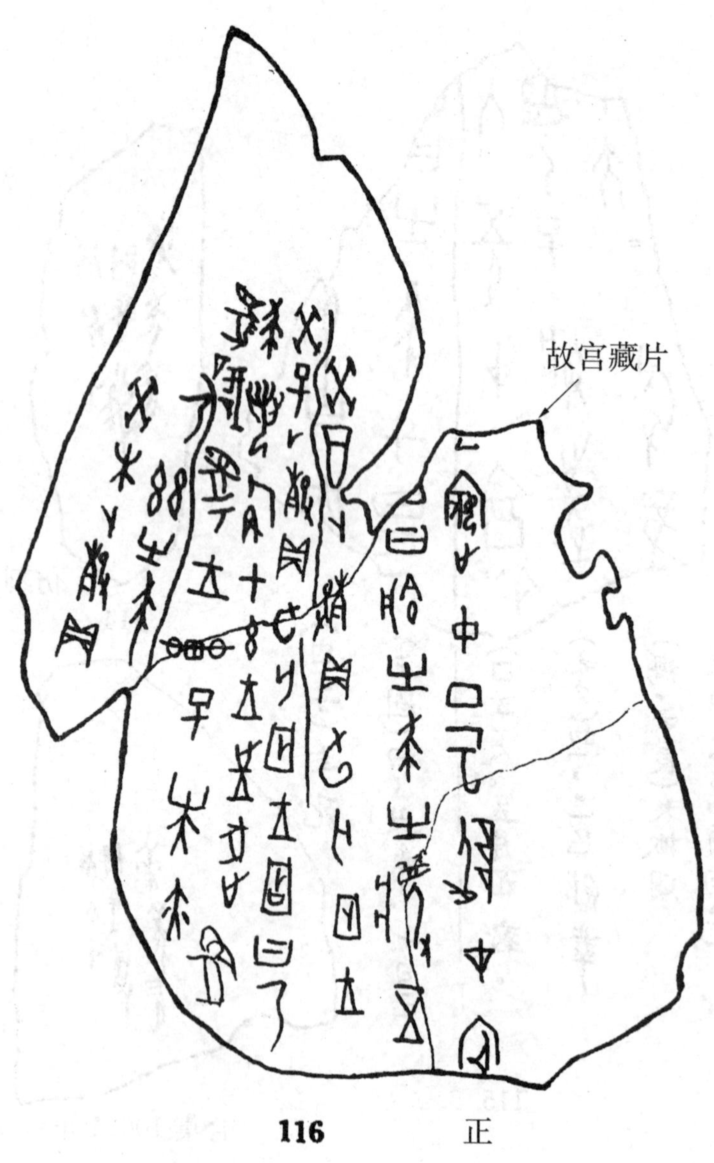

116 正

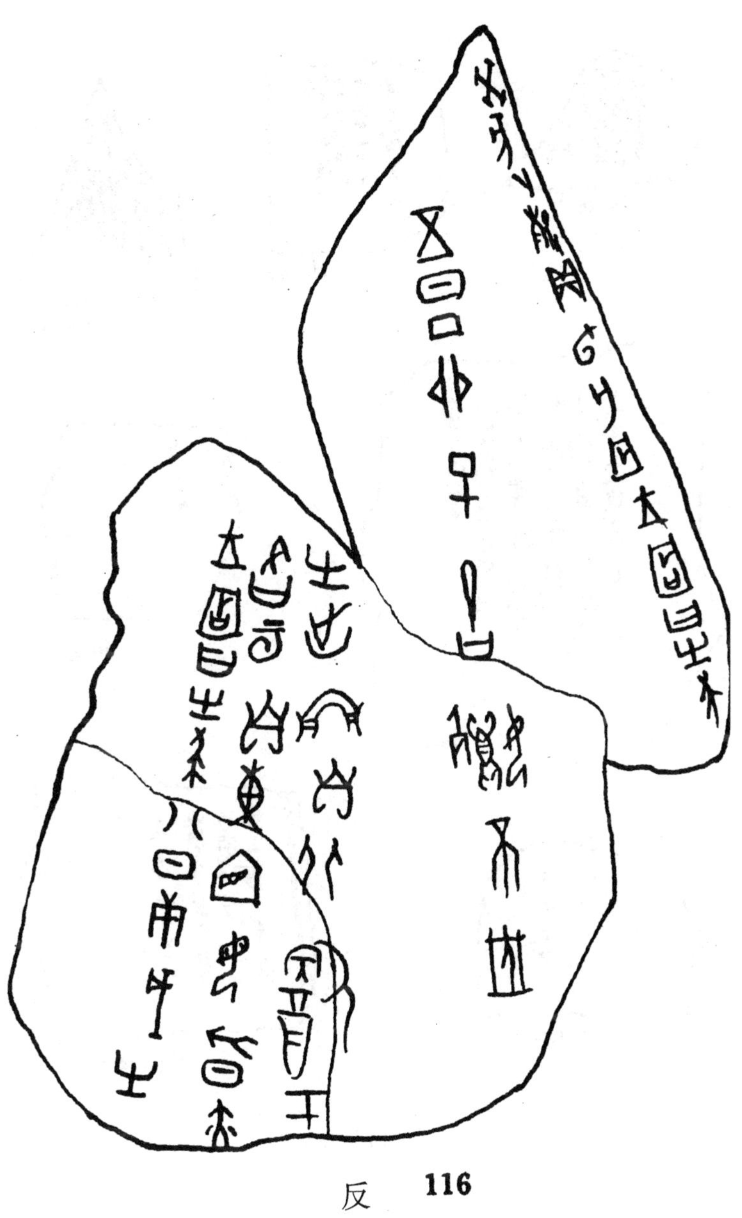

反　**116**

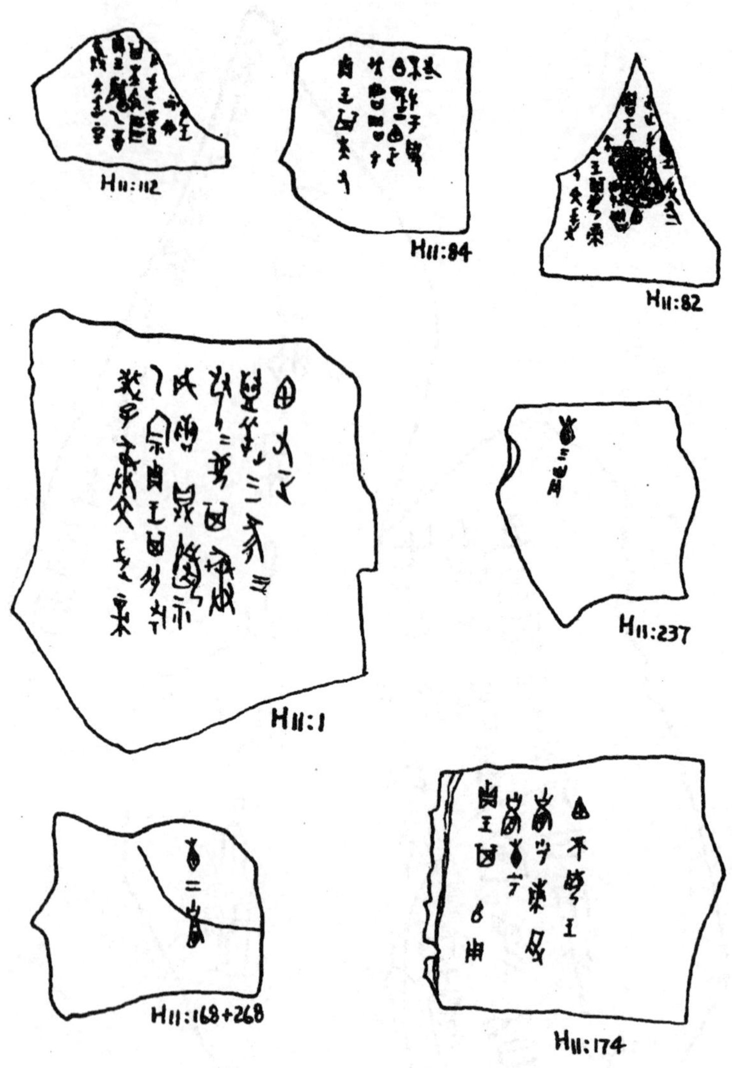

117 周原甲骨

例图

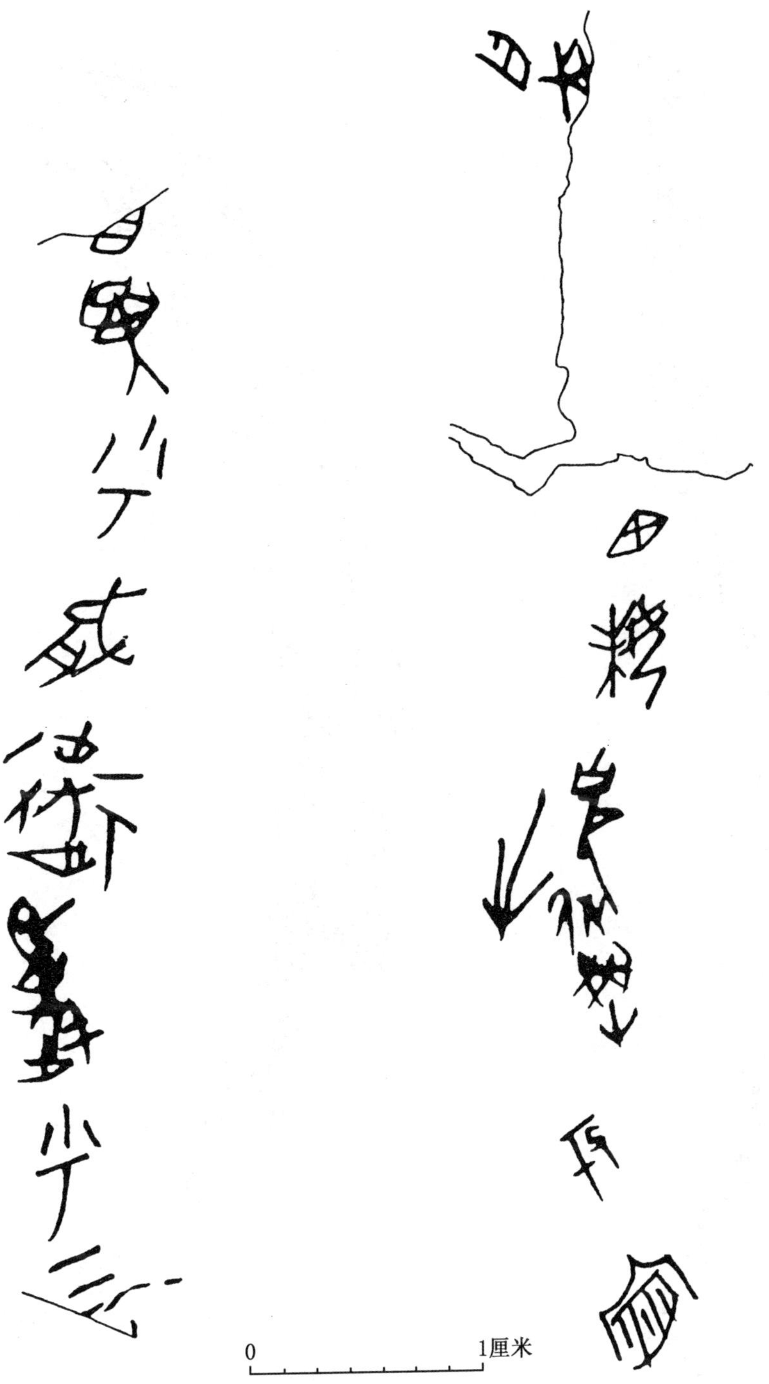

118 岐山周公庙1号卜甲(C10④:1)卜辞摹本(采自《古代文明》(第5卷),第177页,文物出版社,2006年)

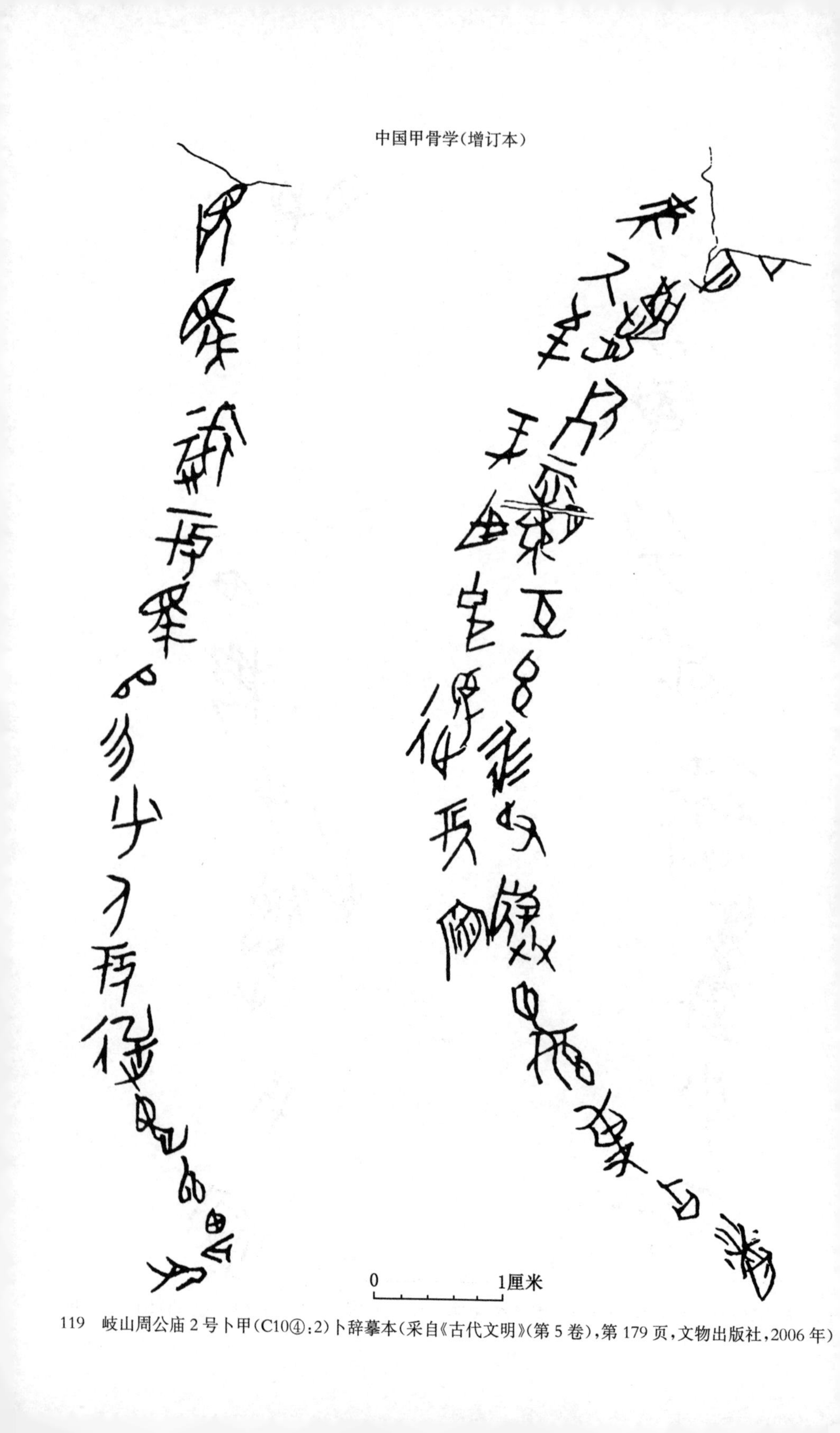

0 1厘米

119　岐山周公庙 2 号卜甲(C10④:2)卜辞摹本(采自《古代文明》(第 5 卷),第 179 页,文物出版社,2006 年)

例图

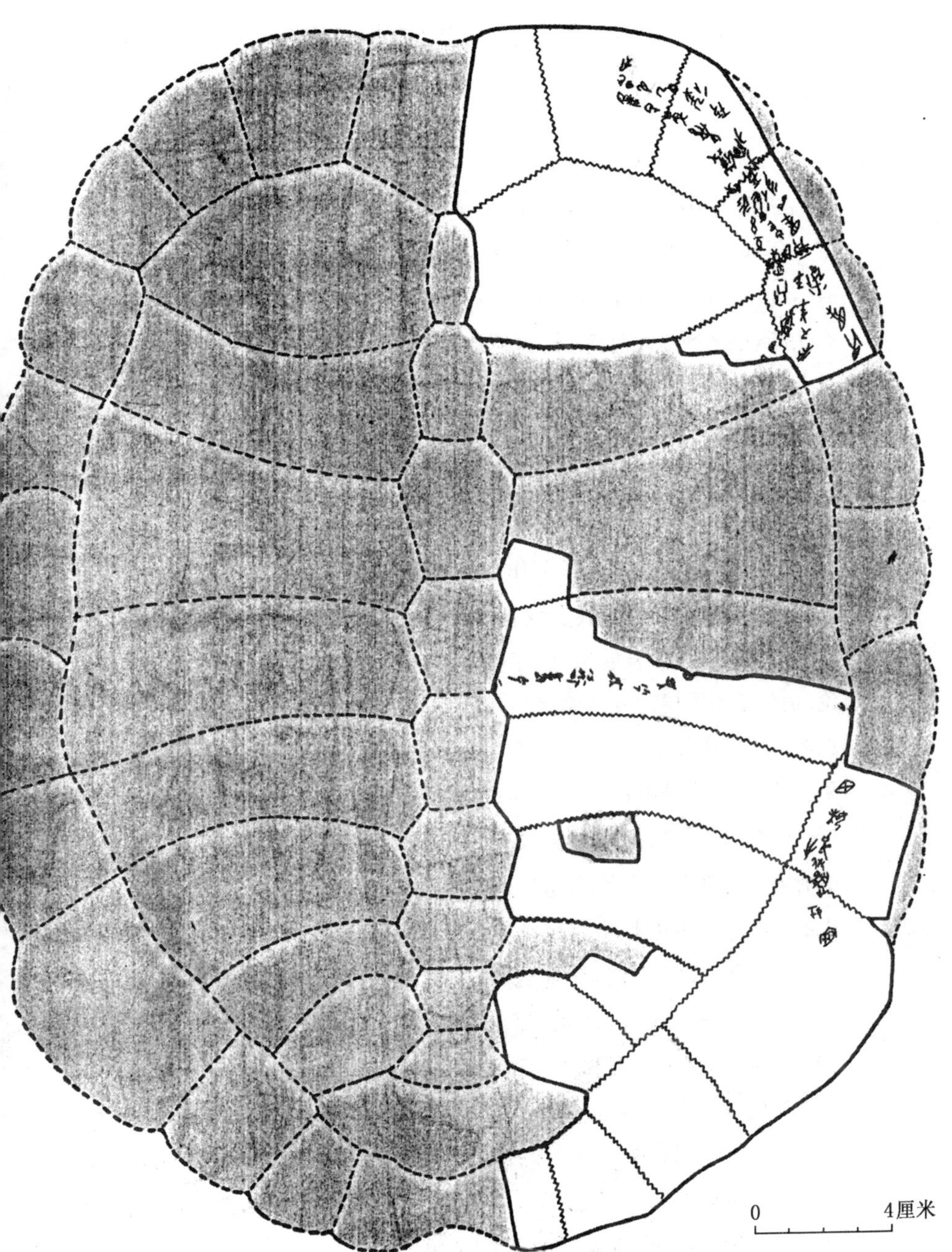

120　岐山周公庙1、2号卜甲的遥缀（正面）（采自《古代文明》（第5卷），第181页，文物出版社，2006年）

后　　记

这部《中国甲骨学》(增订本)的小样,我自二〇二一年七月一日至二〇二一年八月中旬,终于一页页地校完了。校完书稿后,就开始考虑写"前言",即现在这篇《写在〈中国甲骨学〉(增订本)书前的话》。一开始没有什么头绪,后来逐步才明确了应说清楚我为什么看重和要增订重印此书。在拙著《甲骨学通论》(一九九八年)基础上前进和拓展的《中国甲骨学》(二〇〇九年),在我心目中的分量,要比《通论》更重些。虽然《通论》在甲骨学发展史上起到了应起的作用,而且直到现在还几度重印再版。但《通论》不过是我学习百多年的甲骨学发展史和对前辈学者取得成就的较为全面科学的总结。因此,这部通论性著作,可供研究者以前辈学者所取得成就为起点而再出发;与此同时,我在撰著《通论》时,力求把深奥的理论大众化,使之成为一般初学者喜闻乐见,并兴趣盎然的甲骨文入门读物。正因为《通论》适应了不同层次读者的需要,因而它有一个较为庞大的读者群。尽管如此,《中国甲骨学》(二〇〇九年)要比《通论》(一九八九年)上了一个新台阶。这就是《中国甲骨学》(二〇〇九年)既涵括了《通论》(一九八九年)对"狭义的甲骨学"的系统总结,又包括"广义的甲骨学",即凡与甲骨文有关的殷商文化都在研究之列,这就是此书中编、下编所涉及的内容。而这些,也展示了这么多年来,我在甲骨学殷商文化园地耕耘着、探索着,并取得的一些收获和成绩。《中国甲骨学》(二〇〇九年)的上编、中编、下编,则把我的学习和继承,开拓和探索,追求和回答有机地融为一体,反映了我自1972年从河南"五·七"干校"学习",回到研究岗位后,近五十多年甲骨文殷商文化研究所达到的水平。因此之故,这就比鲜有自己创见的《通论》(一九八九年)要前进了一大步。因此,这部反映我研究领域和展示自己研究成果的增订本《中国甲骨学》,能在二〇二一年出版重印,是我学术生涯中一件特别令我激动和高兴的事情!

这次《中国甲骨学》(增订本)之所以能出版,我还应在这里再一次感谢许仲毅编审对我和我著作的理解和肯定！我也应再一次感谢上海书店出版社社长孙瑜编审和责编曹勇庆、邹烨同志为出好此书，付出的大量创造性劳动！我也感谢知我、信我和理解我和我的著述的文物出版社领导和主任编审许海意，是他们的支持，坚定了我增订再版《中国甲骨学》的信心和底气！

在这里，还要向为《中国甲骨学》的增订出版，帮我做了许多具体工作的朋友和学生们致以衷心的感谢！诸如张光明教授为我找来了一九九九年发表我论桓台史家戍队城堡的论文集，张坚教授为我复印了一九七三年发表的论丘湾社祀遗址的论文等，安芳同志为我找来了一九九六年发表的论殷墟发掘第二阶段与我国近代科学意义的历史考古学的形成论文等，并由他（她）们分头录入光盘，再集中由许海意发往上海书店出版社责编曹勇庆。真是麻烦了大家，方便了我一人！因而可以说，这部书的增订出版，也有各位朋友、学生们的劳动！

这次增订时新增加的论文，每篇都有自己的时代背景和当时提交论文的场景、人物和故事，并勾起我一段段的美好回忆。诸如论铜山社祀遗址，是我近五十年学术生涯中，发表的第一篇学术论文，在胡厚宣师大力推荐下，几经周折才得以在《文物》上发表。在写作中，胡厚宣先生审阅、修改文稿，并给我写来参考论文目录，至今我还珍藏着……又如论殷人军制的马兵、射队和战事配置等研究论文，是我第一次去我国香港出席国际会议的免费"入场券"。而论上甲至汤灭夏商族早期国家的形成，则是第一次走出国门，参加洛杉矶大学召开的夏文化国际会议的免费"门票"……如此等等，不再多举。将来如有机会，我将会陆续写出每一篇文章之外的趣闻轶事！

正由于朋友和学生们的大力帮助，因此《中国甲骨学》增补的文稿很快搜集齐备，没有影响上海书店出版社《中国甲骨学》增订版的发排制作。二〇二一年六月底，我就收到增订本全书的小样了！我集中力量进行《中国甲骨学》（增订本）全书小样的校对工作，自二〇二一年七月一日起，至八月中旬终于全书校对完成。我如释重负，顿时倍觉轻松……

就在此书即将出版的时候，我浮想联翩，出现许多在平时关心我、支持我的朋友们的身影。我感谢古代史研究所领导卜宪群教授、赵笑洁党委书记理解我的工作，二〇二一年在我八十一岁的时候，推荐我得了中国社会科学院“老有所为”大奖。我还感谢多年老朋友们的惦记和共勉，诸如王春瑜、白钢、孟祥才、单天伦、付崇兰、瞿林东、晁福林、葛英会、刘一曼、曹定云等等。我们不知老之将至，在享受获得感、幸福感中继续攀登！我还感谢我学术道路上，多年结识的朋友和如同亲人一样的学生。就是他们和我在求知的道路上共同的摸爬滚打，形成今天中国殷商文化学会的繁荣。我感谢王震中、马季凡、孙雅冰、刘源、王泽文、徐义华、李雪山、郭旭东、韩江苏、李立新、具隆会、张光明等和张坚、郭胜强、杜久明、刘志伟、孟宪武、于成龙、杨善清、吴苏桉、吕伟达、王绍东等等。我还应感谢热心发展山东人王懿荣发现的甲骨文事业，与我一起推动福山王懿荣纪念馆的建成和举办了全国唯一长期陈列的“甲骨学发展史馆”的老领导谢玉堂的支持。《中国甲骨学》(二〇〇九年)在烟台国际会上首发，就是他拍板，并拨款办成的；我也感谢甲骨书法家李来付同志。他从领导岗位上平安落地以后，坚持甲骨文书法研究，并协助中国殷商文化学会于二〇〇七年八月在烟台召开了促进甲骨学家与甲骨书法家交流合作的国际学术研讨会，为甲骨文书法的健康发展找到了正确的方向……

如此等等。这么多朋友对我的关爱和支持，得以使我继续协助现任殷商文化学会会长王震中教授做好学会的工作，和不断从年轻人那里汲取活力和动力，激发和推动我完成了一些研究课题的顺利推进流程。使我终生难忘的是，在二〇二〇年冬北京“新冠”疫情严重期间，各小区采取了严格的“封闭式”管理。徐义华教授和夫人董雪，在严格做好个人“防控”的条件下，坚持每周一次给我送来菜、果、肉、蛋、粮等生活必需品。虽然隔着小区围栏匆匆递送生活用品，但传递的却是人间大爱与真情！……

二〇二一年春天以后，在党的坚强领导下，全民“抗疫”取得阶段性成果，社会生产和生活逐渐恢复了正常。我在这一段时间，除去去郑州、安阳、开封、新乡参加学术会议以外，主要精力用在了整理增订旧著，并策划再版重印上。首先是一九八四年出版的《西周甲骨探论》增订出版事宜。作为第一部西周甲骨研究著作的此书，出版至今已近四十年。这部总结西周甲骨学形成、发展和周原凤雏甲骨全部公布后，开始的“深入发展阶段”的良好开局，堪为一部继往开来的总结性著作，在其后持续的“深入发展”阶段，学者们在全面掌握周原甲骨材料和耶台新发现西周甲骨材料的推动下，把研究引向分期、族属、行款的再认识等，特别是集中“䀆”字的辨析和被䀆周方伯的族属及周原出土“庙祭甲骨”的族属等等课题的“深入发展”与争论。随本世纪初周原周公庙甲骨的成批新发现，将把“深入发展”时期的西周甲骨研究，推向“全面深入发展”的新阶段。但周公庙甲骨的“长时期的整理”而未见公布，障碍了西周甲骨的“全面深入”发展新高潮的出现。而《西周甲骨探论》的增订再版，就是为了“倒逼”千乎万唤“不出来”，“整理”了近二十年的周公庙成批甲骨早日与学术界见面！我们希望，在二〇二二年年底以前，在四十多年后，这部《西周甲骨探论》又增订出版面世时，周公庙甲骨能与海内外学者见面，是为至盼！

在二〇二一年六月中旬，我把整理好的增订本《西周甲骨探论》书稿交中国社会科学出版社后，就又集中精力，继续整理《中国甲骨学》在上海书店出版社的书稿之事了。这部书的增订文稿，整理起来并不难。这是因为其一，我在二〇二一年年初与上海书店出版社签订了《中国甲骨学》（增订本）出版合同以后，就开始考虑应再增补的文稿和着手搜集有关文章了。因主要部分《中国甲骨学》（二〇〇九年）上海书店出版社已找到原书电子软件，一月下旬安排下厂发排制作小样就快捷、方便了。而我准备增补的部分，可以参考《中国甲骨学》（二〇〇九年）原书的目录，根据内容插入相关的章、节之间。因而从再增订的时间上说，还是较为充裕的，可使我充分权衡把哪些反映我研究和追求的文章补充收入《中国甲骨学》（增订本）书中；其次，当我选定增补文稿后，就烦请我的朋友或学生为我录入软盘，再发给上海的曹勇庆、邹烨同志。他再根据我排定的增订本目录，陆续将增补的文稿排入其所应在的位置，这就大大加快了《中国甲骨学》（增订本）印制流程。因此，我在这里要感谢为我录制文稿的张坚、郭旭东、许海意、张光明、李雪山、安芳诸位先生！也正是书外所下的这一番工夫，把《中国甲骨学》应增补的部分先后补齐了，所以曹勇庆、邹烨同志在二〇二一年四月十六日给的信中，才能向我报告说：“《中国甲骨学》原书、修订部分及新增部分已读”,并写了一封五页的信,“就书稿中发现的一些问题求教”,实际上就是二位责任编辑关于此书的“审读报告”了。二〇二一年六月底《中国甲骨学》(增订本)小样共九百八十多页寄到家中后,我自二〇二一年七月一日起,就集中全力校读小样了。我一个字一个字地校,一行一行地查,一页一页地读,终于在二〇二一年八月中旬,校完了全书的小样,又接着完成《写在〈中国甲骨学〉(增订本)书前的话》六千多字和《后记》五千多字,连打草稿再修改定稿、抄清,前后共用十多天时间,一晃就进入了九月初……这时的我,已是老眼昏花,头脑发懵了……该好好休息一下了!想当年,我写好了文稿或书稿,都由朱月新为我抄定。至今还保留着她抄写的《通论》、《甲骨学一百年》、《商代史》(阶级与国家部分)等书的部分抄稿,也还留存着一九八八年以来,发表的一系列西周甲骨论文、甲骨文殷商文化研究论文的原抄件或复印件等等。这次《西周甲骨探论》的增订和《中国甲骨学》的增补,从存稿中选出的文稿抄件(或复印件),不少就出自朱月新女士的抄工。缮写得清清楚楚的文稿,节省了我不少时间,不至于因专抄文稿而暂停写作,得以使我好不容易展开的思路一以贯之,畅通始终!我这次只抄写十五六页“书前的话”,就深刻体会到缮写书稿,也是一种艰苦的劳动!因此我在这里向多年为我抄写文稿、为学术事业默默奉献的朱月新女士致敬!我也在这里要向陪伴我多年,知我、理解我和关爱我的糟糠之妻朱月萍女士致敬!她无怨无悔地陪伴我度过了清苦的岁月。进入改革开放新时代后,她为我不断出版新著而自豪,也为我职称评定一路顺风顺水而高兴!她逐渐承担起我的对外联络、活动安排、出行票务等日常琐事,而对学生的工作和生活等等,她也能帮就帮,能助就助,显示出慈母般的爱和心胸。家中的日常生活,我除了早晨散步(或锻炼)后,顺便买点菜回来,家务就都由她一人承担了。她能做出的味美菜品,则是她几十年练就的无师自通的厨艺真功,从而使我食欲大开,保障了我的健康并提高了生活质量。因此,在朋友和学生们的眼中,她对外联络,俨然是我的“老”秘书。而在家庭生活中,是对我是无微不至、细心照顾的“贤内助”。就像朋友们说的,我的身体之所以这么健康,全是她细心照料的结果!我永远应感谢她!

看到爱孙王宬章有股“永远争第一”的昂扬向上精神和四年级期末考

试取得全班第三的成绩，我感到高兴和欣慰。愿他在老师的教育和母亲刘素芹的正确引导下，早日成长为国家需要的栋梁之材！感谢各位朋友对我小孙子的关注，请大家尽管放心！

我还应感谢我家乡的父老乡亲，他们对从山乡走入北京大学的第一个大学生，寄托着无限希望和深情。我还记得小时的玩伴和平谷中学的老同学们，有时大家聚在一起，说着充满乡音的家乡话和在桃果飘香中的乡愁。……与家乡朋友们一起在金海湖、丫髻山、大溶洞、老象峰、天云山、轩辕黄帝陵、上宅新石器时代早期遗址、刘家河商代成批青铜器出土地等自然和人文景观留下了我们的身影和痕迹，为它们的保护、开发和利用，留下了我们年轻时的激扬文字，重整山河的智慧和激情！是家乡的朋友们与中国殷商文化学会一道，成功召开了“平谷与华夏文明国际研讨会”，把家乡的七千多年的上宅文明，五千多年前的黄帝轩辕文明、四千年前的刘家河商代青铜文明和二千多年的平谷建制文明推向世界。发展和弘扬家乡文化事业的共同目标和为之所作的努力，增强了我们之间互相支持的兄弟情谊。我怀念和感谢多年来关爱我的家乡老朋友、老领导秦刚、闫维洪、刘庭海、刘军、王振林、王晓光和于海山、马立文、景国忠和周彩伶等，胡尔森、李润波、李永明、陈玉舒、张朝起、陈克勇、李雅静等等。每次回乡，老朋友们见面时的第一句话，就会问我“又出啥新书啦?”这些话表达了对我的关爱和激励我为家乡多作贡献之情！因此，我在这里向家乡的朋友们致敬！祝好人们身体健康，工作顺利，心想事成！

但愿人长久，千里共婵娟！

话说的不少了，就此住笔。

王宇信

二〇二一年九月八日

于方庄芳古园一区一号楼“入帘青小庐”寓所

图书在版编目(CIP)数据

中国甲骨学:上、下/王宇信著.—增订本.—
上海:上海书店出版社,2021.12
(经典力量)
ISBN 978-7-5458-2110-9

Ⅰ.①中… Ⅱ.①王… Ⅲ.①甲骨学-历史-中国
Ⅳ.①K877.1

中国版本图书馆 CIP 数据核字(2021)第 227127 号

责任编辑 曹勇庆 邹 烨
封面设计 郦书径

中国甲骨学(增订本)
王宇信 著

出 版 上海书店出版社
(201101 上海市闵行区号景路 159 弄 C 座)
发 行 上海人民出版社发行中心
印 刷 江阴市机关印刷服务有限公司
开 本 640×965 1/16
印 张 64
字 数 850,000
版 次 2021 年 12 月第 1 版
印 次 2021 年 12 月第 1 次印刷
ISBN 978-7-5458-2110-9/K·420
定 价 268.00 元